성격 유형과 수업

David Hodgson

저자 서문: Jane Kise

박태호 · 윤운성 · 진용성 · 김은남 · 박선영
이을순 · 이충화 · 정재훈 · 호민애 · 황진숙
옮김

개별 맞춤 학습으로
모든 학생이 성장하도록 지원한다

교사의 리더십 능력을 개발하여
행동, 동기, 자신감을 향상시킨다

각 수업마다 에너지, 창의성, 회복 탄력성,
자기 조절 등에 균형을 유지한다

모든 학생이 몰입하게 하여
스트레스와 지루함을 줄인다

모든 교사와 학생에게
동기를 부여하고 영감을 줍니다

아카데미프레스

Personality in the Classroom:
Motivating and inspiring every teacher and Student

Edited by Katherine Bennett

This translation of **Personality in the Classroom** is published by arrangement with Crown House Publishing Limited

저자 서문

만약에 여러분이 다시 학교에 간다면 여러분은 과연 어떤 유형의 학생에 속할까요? 좀 더 구체적으로 살펴보겠습니다. 만약에 여러분이 교사라면 지금 가르치고 있는 학생 또래의 어린 시절로 돌아가서 당시의 과제나 행동 및 사건 등에 대해 여러분들이 어떤 반응을 보였는지 기억해야 합니다. 만약에 여러분이 부모라면 자녀 또래의 어린 시절로 돌아갈 수 있고, 경영자라면 여러분이 가장 좋았던 어린 시절을 떠올리면 됩니다. 당시에 여러분들은 수업을 빼먹은 적이 있나요? 조퇴하거나 낙서하거나 친구들을 놀린 적은 없었나요?

여러분들은 옛날 일들을 떠올리면서 몇몇 교실을 방문하거나 학생들의 과제를 살펴볼 수 있습니다. 좀 더 효과적인 방법은 여러분과 다른 사람의 반응을 비교하는 것입니다. 반응이 완전히 같거나 아니면 다르겠지요? 이 일을 통해서 여러분은 서로의 차이를 확인할 수 있습니다.

이 책에서 David Hodgson은 Jung의 성격 유형을 바탕으로 Myers-Briggs가 제시한 16가지 MBTI 유형을 교사와 학생에게 적용하였습니다. MBTI를 활용하면 주변 사람들이 에너지를 얻고 정보를 수집하는 방법, 의사결정을 하는 방법, 자신의 삶에 접근하는 방법 등을 보다 쉽게 이해할 수 있습니다. 더 나아가 학생이 지식을 학습하는 방법과 태도를 이해하는 데 큰 도움이 됩니다. David는 교육에 대한 깊은 열정과 MBTI에 대한 해박한 이론을 바탕으로 다양한 유형의 학생 및 교사가 지닌 16가지 성격 유형을 연구하였습니다. 또한 그것을 바탕으로 현장 교사를 대상으로 한 수많은 워크숍을 진행하였고 교육 현장에 맞게 보완하였습니다.

이 책은 1부와 2부로 구성되었습니다. 1부는 총 5장으로 구성되었고 2부는 1장으로 구성되었습니다. 1장에서는 성격 유형(E or I, S or N, F or T, J or P)의 개념과 판별하는 방법을 안내하였습니다. 2장에서는 열여섯 가지(ISTJ~ISTP) 성격 유형의 특성을 교사와 학생의 특성, 교수법, 학생 지도 유의 사항, 팀 기여도, 구성 비율 등으로 구분하여 제시하였습니다. 3장에서는 8가지 성격 유형(E or I, S or N, F or T, J or P)을 파악하고 개발하는 방법과 그것이 교실 수업에서 얼마나 중요한 것인지에 대해 제시하였습니다. 4장에서는 성격 유형별 리더십에 대해 안내하였습니다. 5장에서는 교사를 위해 학생 성격 유형별 특징을 간단히 정리하였습니다. 6장에서는 교사와 학생의 열여섯 가지 성격 유형별 특징을 1대1(ISTJ 대 ISTJ, ESTJ, ESFJ, ISFJ, ESFP, ESTP, ISTP, ISFP, INFJ, INFP, ENFP, ENFJ, ENTJ, ENTP, INTP, INTJ)로 구분하여 총 256개의 사례를 제시하였습니다.

지난 20년 동안 MBTI를 활용한 성격 유형을 집중적으로 연구했습니다. 연구 성과가 점차 쌓이면서 교사와 학생의 성격 차이로 인해서 발생하는 문제에 대한 해결 방안을 찾게 되었습니다. 더불어 학교 현장을 변화시키고 싶은 열망 역시 더욱 강해졌습니다.

난이도가 동일한 수학 문제를 푸는 학생 반응을 기록하는 연구를 한 적이 있었습니다. 그 연구에서 David가 말한 곰 유형(ISTJ, ESTJ, ISFP, ESFJ), 고양이 유형(ESFP, ISFP, ESTP, ISFP), 해양 동물 유형(ENFJ,

ENFP, INFJ, INTP), 새 유형(ENTJ, INTJ, ENTP, INTP)의 학생들을 발견할 수 있었습니다. 곰과 고양이 유형의 경우에는 그림이나 매체를 활용할 때에 수학의 개념을 보다 잘 이해하였습니다. 반면에 새와 해양 동물 유형의 학생들은 추상적인 숫자를 더 선호하였습니다. 어떤 학생들은 새로운 개념을 학습할 때마다 매체를 활용한 문제 해결 방법을 선호하는 반면에 또 다른 학생들은 반복 연습에 대해 부정적인 반응을 보였고 학습 결과도 좋지 않았습니다. 캘리포니아 대학 교수이자 나의 동료인 Dario Nardi는 ESFP와 ESTP의 뇌 활동을 비교하였습니다. 칠판을 보고 일렬로 앉은 상태에서 문제를 풀 때보다 창밖을 보면서 문제를 풀 때에 더 많은 뇌 활동이 일어났다고 합니다. 적극적인 학습 활동을 유도하려면 학생의 뇌 활동을 촉진해야 합니다. 그러나 학생의 뇌 활동은 학생 성격 유형에 따라 다르게 반응한다는 점을 기억해야 합니다. 하버드 센터의 Roland Barth에 따르면, 1970년대에 학생들은 초 · 중 · 고 12학년 동안에 자신들의 삶을 살아가는 데 필요한 지식의 약 75%를 습득했다고 합니다. 그러나 오늘날의 학생들은 지속적으로 변화하고 단기간에 쏟아지는 지식의 양으로 인해서 자신의 삶에 필요한 지식의 3% 정도만 습득한다고 합니다. 이제 우리는 새로운 지식과 통찰력을 습득하여 자신의 삶을 영위하는 평생 학습자를 양성해야 합니다.

만약에 우리가 학생들의 다양한 욕구를 충족시키지 못하면 우리는 그들을 평생 학습자로 기를 수가 없습니다. 시간이 지나면 학생들 모두 어른이 되어 이 세상을 살아갈 것입니다. 그러나 그들 모두가 평생 학습자가 되는 자신의 삶을 주도적으로 사는 것은 아닙니다. 학생이 자신의 욕구를 기반으로 하여 삶을 적극적으로 살 수 있게 도울 수 있는 방법 중의 하나가 MBTI입니다. MBTI는 학생의 자연스런 발달과 성장을 돕고 이해하며 지원할 수 있습니다. 오늘날 전 세계에서 수백만 명의 사람들이 MBTI 관련 자료를 활용하여 자신의 성격 유형을 찾고자 합니다. 그러나 여전히 갈증을 느낍니다. 특히 교실에서 성격 차이로 인해서 갈등을 겪고 있는 교사와 학생을 위한 MBTI 학습 코칭 자료에 대한 현장의 요구가 강합니다. 이 책은 16가지 성격 유형을 지닌 교사와 학생의 만나면서 발생할 수 있는 사례를 256개(16형×16형)로 분류하여 아주 구체적으로 제시하고 있습니다.

그동안 수많은 교사와 학생들에게 도움을 주기 위해서 헌신한 David의 열정과 안목 및 연구 성과를 믿습니다. 여러분은 그저 이 책의 내용을 즐긴 후에 교실에서 적용하면 됩니다.

Dr Jane Kise

감사의 말

지난 25년간 인간의 본성과 성격 유형에 대해 심층적인 연구를 진행할 수 있도록 도움을 준 선생님들과 학생들에게 깊은 감사의 마음을 전합니다. 그동안 교사 대상의 연수를 진행하면서 우리는 함께 즐겼습니다. 그것은 제게 주어진 특권이자 즐거움이었습니다. 성격 유형을 공유하면서 서로의 사례를 이야기하는 것은 마치 옷을 함께 돌려 입는 것만큼이나 재미있고 흥분됩니다.

이 책이 세상에 나오기까지 많은 분들의 도움이 있었습니다. Crown House Publishing, 특히 David, Caroline, Tom, 그리고 Katherine Bennett에게 특별히 더 감사의 말을 전합니다. 또한 많은 분들의 사랑과 존경을 받는 이 분야 최고의 전문가인 Jane Kise의 격려와 성원이 제게 큰 힘이 되었습니다. 깊은 감사의 말씀을 드립니다.

역자 서문

개별 맞춤형 수업(personalising learning)은 자녀를 양육하거나 학생들을 가르칠 때 정말 중요한 과제이다. 형제자매일지라도 몰입하는 흥미 분야가 다르며, 몇 년간 같이 공부한 학생들이라도 학습 방식 등은 다를 수 있기 때문이다. 이 개별 맞춤형 수업을 위해서 다양한 교사 연구회, 교사 공동체, 교육 기관, 교육 연구소, 국내외의 학자들이 지속적인 연구를 수행해 왔다. 최근에는 이와 관련해서 AI 활용 교육, 보편적 수업 설계, 뇌 기반 교육 등의 시도가 진행되고 있는 상황이다.

이러한 개별 맞춤형 수업의 최종 목적은 무엇이어야 할까? 그 결과와 과정은 어떠해야 할까? 지금까지 학생들의 학습과 학력에 대한 논의가 너무 지식 중심으로만 치우쳐진 것은 아니었는지 성찰이 필요하다. 기존의 학력은 서열 중심이었고 시험 점수였으며, 학생들의 행복은 교실 바깥에 있었다. 이에 대한 반성으로 2010년대 중반 국내 시도교육청에서는 '참학력'의 개념이 새로 등장하였다. '참학력'에서 논의하는 '학력 = 공부할 수 있는 힘'은 학문을 학생이 깊이 이해하는 것을 중심으로 하였다. 교과의 핵심 개념을 이해하는 것을 통해서 인지적으로 학생의 수업에 대한 주도성이 크게 자리잡을 수 있었다. 그러나 학생의 행복을 이야기하는 놀라운 시도가 있었으나, 학생들의 행복은 미래에 성취될 수 있는 것이었다. 역자들은 학생들의 삶 전체가 온전히 성장하는 것이 학력이라고 생각한다. 학생들은 학문의 지식을 뛰어넘어 자신만의 지식을 구성할 수 있는 주체이고, 자신의 삶의 목적과 학습의 이유를 가지고 이해와 격려를 받으며, 직면한 삶의 문제들을 함께 도전해 갈 수 있는 존재이다. 그러기에 학습자마다 성격 유형 등의 다양한 요소들이 주목받는 것이며, 학습자는 현재에도 행복한 학습을 할 수 있어야 한다. 이러한 변화는 가르침과 배움의 연속선상에 있는 교사와 부모에게도 마찬가지로 필요하다.

역자들은 현재 초·중등학교와 대학교에서 학생들과 예비 교사들을 대상으로 수업하고 있고 동료 교사와 교사 교육자들을 만나서 함께 수업을 코칭하고 있다. 초점은 학생들을 위해서 개별 맞춤형 수업을 설계·실행·성찰하고 코칭하는 것이다. 함께 행복한 수업 코칭과 학습 코칭을 위해서 역자들은 교사들과 학생들의 삶을 이해하고, 그동안의 실천들을 격려하고 직면하며, 함께 새로운 도전을 하는 방법에 대해서 10년간 꾸준히 연구·실천하고 고민했었다. 이 과정에서 MBTI가 학생뿐만 아니라 교사들에게도 자신을 이해하고 표현하는 즐거운 놀이이자 도구라는 사실에 주목하게 되었다. 특히, 코로나-19 이후로 비대면 상황을 직면하면서 아동·청소년들도 '자신과 친구들을 알아가고 싶은 마음으로, 연결되고 싶은 마음으로, 공유하고 공감하며 가까워지고 싶은 마음으로' MBTI 검사와 친밀해져 있음을 발견하게 되었다. 그래서 국내에는 30년 전에 도입된 MBTI가 가진 한계 지점에 대한 우려를 고려하면서, 교사와 학생 모두의 행복한 수업을 위해 활용한 사례가 담겨져 있는 서적을 찾아 번역하기로 하였다.

이 책은 데이비드 호지슨 교수가 쓴 「Personality in the Classroom」의 제2판 번역서이다. 번역자들이 이 책을 함께 선정한 이유는 크게 두 가지이다. 첫째, 이 책은 MBTI를 활용해서 학습과 수업을 코칭하는 데에 실제적인 방법을 제시하고 있기 때문이다. 교사의 MBTI 성향 16가지와 학생의 성향 16가지가 만나는 256가지의 사례를 백과사전의 형식처럼 제시하였다. 서로를 이해하며, 학생과 교사의 능력을 최대한 이끌어내기 위해서 어떤 방식으로 수업을 설계하고 실행할 수 있는지를 구체적으로 제시하였다. 예를 들면, 교실 화법, 교실 공간의 활용, 모둠 구성, 학습 활동 선정, 평가 방법, 선택 활동의 준비, 교실 문제 상황의 이해, 수업의 우발적인 상황에 대한 대처 등의 다양한 수업 상황에 대한 안내를 담고 있다. 교사와 학생이 서로 공통된 성격 유형을 고려하면서도 충돌할 수 있는 부분을 극복할 수 있는 수업을 진행할 수 있도록 제시된 아이디어들은 모든 학생과 교사가 함께 성장할 수 있는 계기가 되리라 생각한다.

둘째, 이 책은 기존 MBTI의 탁월한 이론을 수용하면서도 실제 교육 현장에 필요한 부분을 고려하여서 새로운 제안들을 담고 있다. 먼저, 성격 유형별로 유사한 동물에 비유하여서 독자가 용이하게 MBTI를 이해하고 다룰 수 있게 한 점이 있다. 다음으로, 독자들은 책에 제시된 질문과 활동에 답을 하는 과정에서 자신의 성격과 선호도를 이해할 수 있다. 또한, 수업에서 어떤 방식이 최선의 실천일지를 깊이 성찰하는 계기를 마련해 준다. 나아가, 개별 맞춤형 수업을 위해서 교사가 리더십을 발휘하여, 상대적으로 부족한 성격 유형 부분을 적극적으로 개발하는 방법에 대한 안내를 제시한다. 마지막으로 수업에서 활용할 수 있는 몇 가지 자료들을 제시하고 있다.

이 번역서를 준비하는 과정에서 여러 사람의 도움을 받았다. 현장 교사의 입장에서 학부모의 입장에서, MBTI 전문가의 입장에서, 책의 내용을 함께 살펴 준 동료분들에게 고마움을 표한다. 무엇보다 이 책이 번역되어 출판될 수 있도록 지원을 해 준 아카데미프레스 관계자 분들과 꼼꼼하게 원문과 견주어 살피고, 함께 연구하는 마음으로 편집하며 교정하여 준 편집부 직원분들께 감사드린다. 어려운 상황에서도 학생과 교사의 행복을 위해서 함께 포기하지 않고 번역 작업을 함께 한 우리 번역진 분들께도 감사드리며, 모든 교사와 학생, 모든 교실과 학교에 행복이 가득하길 기원한다.

2022년 6월

역자 일동

목차

제1부

ISTJ: 북극곰
ESTJ: 흑곰
곰
ISFJ: 코알라
ESFJ: 곰인형
ENFJ: 돌고래
INFJ: 해마
해양 동물
ENFP: 흰동가리
INFP: 물개
ENTJ: 독수리
ENTP: 매
새
INTJ: 가면올빼미
INTP: 숲올빼미
ESTP: 검은표범
ESFP: 사자
고양이
ISFP: 고양이
ISTP: 호랑이

제 1 장
성격 유형과 선호도

이 장의 중점

▶ 성격 유형 이론에 대해서 배우기

▶ 당신의 성격 유형과 선호도를 알아보기

▶ 성격 유형 이론이 교육을 어떻게 변화시킬 수 있는지 알아보기

"우리 모두가 이것을 알았다면 세상을 바꾸었을 것이다."

Janice, South Wales의 교장

우리 모두가 이것을 알았다면 세상을 바꾸었을 것이다.

Janice, South Wales의 교장

위와 같은 이야기가 바로 필자가 원하는 이 책에 대한 피드백이다. 이 책을 통해 당신(교사나 학부모를 포함한 가르치는 모두를 지칭함)은 스스로를 이해하고 학생들을 이해하게 될 것이다. 그 결과, 당신은 다양한 방식으로 학생 개인의 변화를 돕게 되고, 그것은 결국 세상의 변화로 이어질 것이다.

먼저 자신에 대해서 이해하도록 하자. 여기서는 성격 유형 모델을 바탕으로 일반적인 선호도와 강점을 알아볼 것이다.

✲ 1.1. 성격이란 무엇일까?

위 질문에 대해서 몇 분 정도 생각해 보자. 이 책에서 성격의 정의로 가장 적합한 것은 "시간에 구애받지 않고 일정하게 같은 사람으로 유지하게 해 주는 기저의 성향" 정도일 것이다.

중요한 것은 성격이란 날마다 바뀌는 것이 아닌, 어떤 성향이라는 점이다. 기분과 행동은 빠르게 변화한다. 사람의 기량(역량)은 시간마다, 주마다, 해마다(시간의 흐름에 따라서) 바뀔 수 있다. 이에 비해 성격은 상대적으로 변화가 적은 안정적인 특성이다. 즉, 우리가 15살이든 30살이든 65살이든 비슷하게 유지되는 것이 성격이다. 이런 안정적인 특성들에는 충동적인 성격, 부끄러움이 많은 성격, 공상적인 성격 등이 모두 포함된다. 우리는 우리의 행동을 변화시킬 수는 있다. 어느 날 우리는 모험을 해 볼 수 있고, 그 다음날에는 안전한 곳에서 생활할 수도 있다. 기량을 발전시킴으로써 우리는 더 유연하게 행동할 수 있고, 이를 통해 우리는 더 많은 기회와 삶을 조정할 수 있는 능력을 갖게 된다.

그러므로 성격을 우리의 기본적인(default) 상태라고 생각하자. 우리의 기분과 그때그때 변하는 상황과 무관하게 존재하는 것이 성격이라는 것이다. 만약 어떤 성향이 지속적이 된다면 우리는 스스로와 타인을 더 잘 이해할 수 있을 것이기 때문에 성격은 중요하다. 또한, 성격을 이해하는 것은 더 현명한 결정을 할 수 있게 해 줄 것이다.

우리의 성격은 마치 기후와도 같고, 우리의 행동은 날씨와도 같다. 기후만으로 매일매일의 날씨를 알 수는 없다. 날이 맑을지, 비가 올지 알 수 없다는 것이다. 하지만 적어도 우리가 집 밖을 나갈 때 어떤 옷을 입어야 할지 정도의 정보는 기후를 통해 알 수 있다. 휴가철에 더운 지역을 갈 때에는 외투보다는 반팔티를 챙겨야 한다는 정도는 기후 정보로 알 수 있다는 이야기이다. 유사하게, 성격 유형은 각각 모든 학생의 매 수업마다의 행동을 알려 줄 수는 없겠지만 교사들이 수업에서 더 유능해질 수 있도록 도와줄 수는 있을 것이다.

✲ 1.2. 당신의 성격 유형을 알아볼 준비가 되었는가?

이제부터 제시될 양극단의 두 문장 중에서 무엇이 당신의 성향을 더 잘 표현해 주는지 살펴보자. 만약 당신이 바로 선택할 준비가 됐다면, 5장의 마지막에 첨부된(121~124쪽에 제시된) 성격 유형과 이를 묘사하는 단어들을 보면서 자신의 성격 유형을 점검해도 된다. 만약 당신이 더 자세하게 성격 유형을 알아보고 싶다면 6~13쪽을 살펴보면서 유형을 선택해도 된다. 만약 이것만으로도 잘 알 수 없다는 판단이 든다면 19~25쪽의 유형에 대해 주로 묻는 질문을 보면 더 많은 도움을 받을 수 있을 것이다. 만약 당신이 이미 공식적인 MBTI 검사를 해서 자신의 유형을 잘 알고 있다거나 칼 융(Carl Jung)의 성격 유형에 대한 연구들을 알아서 지식이 충분하다면 1장은 과감히 넘겨도 된다.

"적을 알고 나를 알면 백 번 싸워도 위태롭지 않고, 적을 알지 못하고 나를 알면 한 번 이기고 한 번 지며, 적을 알지 못하고 나도 알지 못하면 싸울 때마다 반드시 패한다."

손자병법, 기원전 500년경

자신감
돋보이다
흘러넘치다
각광받다
E형
활동
외부
적극적인
활동적이다
조용하지 않다
간섭
움직임
기여하다
폭넓은 관심
보여 주다

집중
심사숙고
온화하다
차분하다
침착하다
I형
내부
평화롭다
군중 속 개인
잠잠하다
깊이
경계하다
경청
녹아들다
조심스럽다
흡수하다
받아들이다

✲ 1.3. 당신의 성격 유형은 무엇인가요?

우리가 양손을 다 쓸 수 있다고 하더라도 어느 한 쪽의 손을 더 쓰는 경향이 있다. 그것이 바로 우리의 선호(preference)다. 성격과 관련된 다음의 네 가지 질문에 대해서도 마찬가지다. 우리는 두 가지 반대의 행동을 모두 할 수 있지만, 대체적으로 한 가지를 더 선호할 것이다. 다음 제시될 다섯 가지의 물음 중에서 우리는 무엇을 더 선호하고 더 자주 사용하는가? 어떤 것이 더 좋고 나쁘다는 가치의 문제가 아니라는 점을 주의하고 기억하자. 그것은 그저 다를 뿐이다.

❖ 1.3.1 당신은 에너지를 어디서 얻나요? 내부에서, 아니면 외부로부터?

E형	체크		I형
나는 소리 내어 말하면서 생각한다.			나는 말하기 전에 생각한다.
나는 보통 빠르게 행동한다.			나는 보통 신중하게 행동한다.
나는 말을 잘한다.			나는 경청을 잘한다.
나는 무리 중에서 돋보이는 것이 더 좋다.			나는 무리 속에 있는 것이 더 좋다.
나는 다른 사람들과 있을 때 일을 잘한다.			나는 혼자 있을 때 일을 잘한다.

거의 균형 잡힌 성격인가요?
나는 **E**형에 더 가깝다 ☐
나는 **I**형에 더 가깝다 ☐

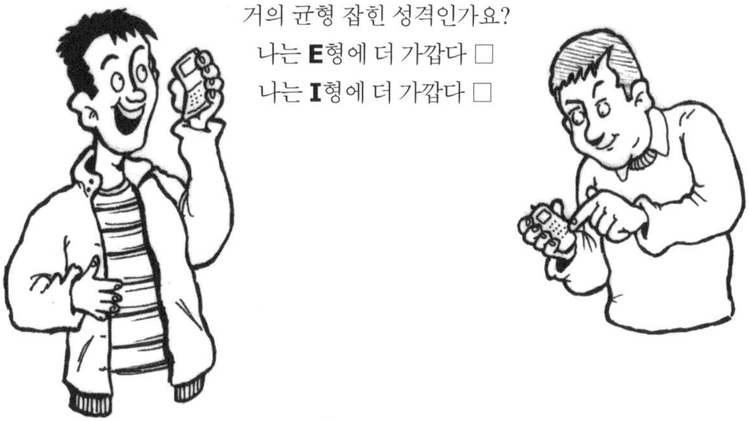

E형인 사람들은 대부분
- 자신감이 있다(confident)
- 자기 주장이 강하다(assertive)

E형 유명 인사
- 빅토리아 베컴
- 호머 심슨

I형인 사람들은 대부분
- 조심스럽다(careful)
- 좋은 경청자이다(good listeners)

I형 유명 인사
- 데이빗 베컴
- 마지 심슨

E = External(외향적인)
E형의 사람들은 주변 사람들이나 사물들을 통해서 에너지를 얻고, 사람들과 함께 있거나 어떤 활동을 하면서 재충전한다.

I = Internal(내향적인)
I형의 사람들은 스스로 내면에서 에너지를 얻고 혼자만의 시간을 통해서 재충전한다.

E형인지 I형인지 어떻게 알 수 있는가?
누군가 대화를 하는 것을 한번 들어 보라. 대화 도중 끼어들어 맞장구를 치거나 이야기하는 사람들은 **E**형일 확률이 높다. 대화 도중 다른 사람들이 그들의 대화를 끼어들게 허용하는 사람들은 **I**형일 확률이 높다.

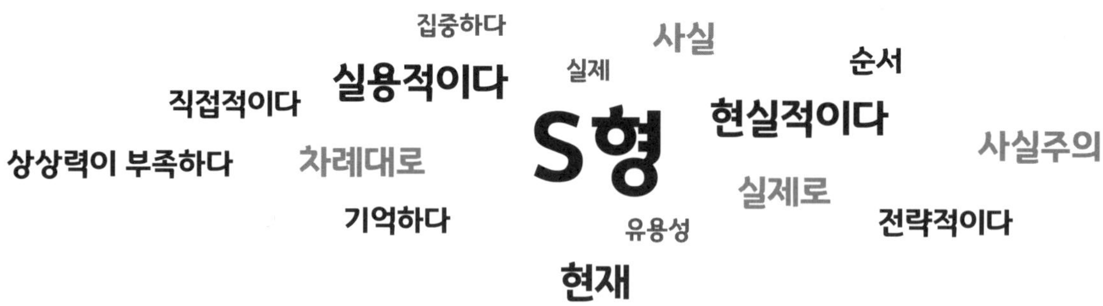
집중하다
사실
실제
순서
실용적이다
직접적이다
S형
현실적이다
사실주의
상상력이 부족하다
차례대로
실제로
기억하다
유용성
전략적이다
현재

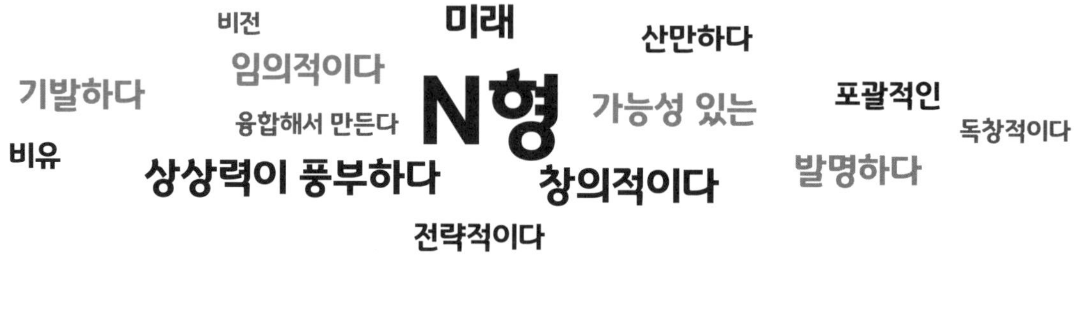
비전
미래
산만하다
임의적이다
기발하다
N형
가능성 있는
포괄적인
융합해서 만든다
독창적이다
비유
상상력이 풍부하다
창의적이다
발명하다
전략적이다

❖ 1.3.2. 당신은 정보를 어떻게 처리하나요?

세부 사항이나 사실에 집중하나요? 아니면 전체적인 상황이나 아이디어에 집중하나요?

S형	체크		N형
나는 사실에 집중한다.			나는 가능성에 집중한다.
나는 세부 사항에 집중한다.			나는 반복되는 경향성에 집중한다.
현재 무엇이 맞는지가 중요하다.			어떻게 차별화할지가 중요하다.
나는 배운 것을 적용하는 것이 좋다.			나는 새로운 것을 배우는 것이 더 좋다.
나는 차근차근 일하는 것이 좋다.			나는 일을 중간에서부터도 잘할 수 있다.

거의 균형 잡힌 성격인가요?
나는 **S**형에 더 가깝다 ☐
나는 **N**형에 더 가깝다 ☐

S형인 사람들은 대부분
- 실용적이다(practical)
- 현실적이다(realistic)
- 합리적이다(sensible)

S형 유명 인사
- 슈렉
- 제임스 본드

N형인 사람들은 대부분
- 상상력이 풍부하다(imaginative)
- 창의적이다(creative)
- 공상가이다(dreamer)

N형 유명 인사
- 신데렐라
- 닥터 후

S = Sensing, Facts(감각, 사실)
S형의 사람들은 정보를 처리할 때 세부 사항을 중심으로 파악한다. 현실적인 경향이 강하다. 틀 안에서 생각하는 것을 선호한다.

N = Intuition, Ideas(직관, 아이디어)
N형의 사람들은 정보를 처리할 때 전체적인 상황을 중심으로 파악한다. 어떻게 앞으로의 일들이 벌어질지를 생각하는 경향이 강하다. 틀을 벗어나서 생각하는 것을 선호한다.

S형인지 **N**형인지 어떻게 알 수 있는가?

그 사람에게 한번 창밖을 보라고 말하고 무엇이 보이는지 물어보라. 세부 사항과 보이는 현상들을 묘사하는 사람들은 **S**형일 확률이 높다. 현상을 해석하거나 이야기를 지어내는 사람들은 **N**형일 확률이 높다.

연민
친절하다
부드럽다
다정하다
돌보다
지지하다
F형
열정
감정
공감
주관적이다
가치
개인적이다
조언을 비판으로 받아들이다

비판을 조언으로 받아들이다
객관적이다
정의
연구하다
확고하다
T형
원칙
쉽게 동요하지 않다
솔직하다
논리적이다
윤리
분석하다

❖ 1.3.3. 당신은 결정을 어떻게 내리나요? 이성적으로, 아니면 감정적으로?

T형	체크		F형
나는 대체적으로 이성을 따른다.			나는 대체적으로 감정을 따른다.
"이게 맞는 결정일까?" 하고 자문한다.			"이것이 사람들에게 어떤 영향을 줄까?" 하고 자문한다.
나는 비판을 잘하고 잘 수용한다.			나는 비판하거나 비판받는 것을 꺼린다.
나는 내가 이 일에 대해 어떻게 생각하는지 잘 이야기하곤 한다.			나는 다른 사람의 기분을 안 좋게 할 만한 일에 대해서 이야기하는 것을 주저한다.
나는 "강하다"는 이야기를 듣는다.			나는 "부드럽다"는 이야기를 듣는다.

거의 균형 잡힌 성격인가요?
나는 **T**형에 더 가깝다 □
나는 **F**형에 더 가깝다 □

T형인 사람들은 대부분
- 논리적이다(logical)
- 객관적이다(objective)
- 정직하다(honest)

T형 유명 인사
- 리처드 브랜슨
- 스티브 잡스

F형인 사람들은 대부분
- 친근하다(friendly)
- 공감을 잘한다(sympathtic)
- 사람들을 돌본다(caring)

F형 유명 인사
- 조너선 로스
- 오프라 윈프리

T = Thinking, Objective(사고, 객관적인)
T형의 사람들은 그들이 보기에 "옳은 것"을 함으로써 결정을 내린다. 공정하기를 바란다.

F = Feeling, Subjective(감정, 주관적인)
F형의 사람들은 어떻게 이 일들이 사람들에게 영향을 미칠지를 고려해서 결정을 내린다. 다른 사람들이 자신을 좋아하기를 바란다.

T형인지 **F**형인지 어떻게 알 수 있는가?
대화 도중에 다른 사람의 의견에 대해 동의하지 않는 모습이 더 많이 있는 사람들은 **T**형일 확률이 높다. 다른 사람의 의견에 동의하고 그들의 시선에서 보는 경향이 더 많은 사람들은 **F**형일 확률이 높다.

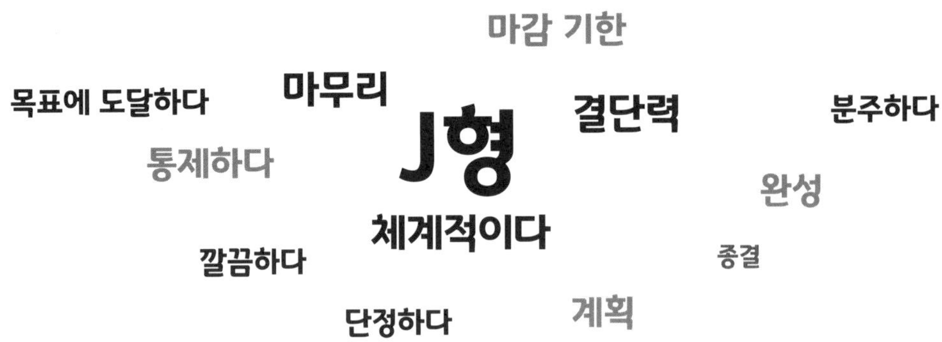
마감 기한
목표에 도달하다
마무리
J형
결단력
분주하다
통제하다
완성
체계적이다
깔끔하다
종결
단정하다
계획

제안
편안하다
유연하다
출발
재미 추구
판단을 보류하다
개방적이다
P형
어슬렁거리다
즉흥적이다
적응하다
놀다
즉흥적이다
목표 전환

❖ 1.3.4. 당신의 삶에 대한 태도는 어떤가요? 즉흥적인가요, 아니면 계획적인가요?

J형	체크		P형
나는 계획하고 조직하는 것을 좋아한다.			어떤 일이 벌어질지 상상하는 것이 좋다.
나는 목록을 작성하는 것을 좋아한다.			나는 목록을 작성하는 것을 싫어한다.
나는 정리 정돈 하는 것을 좋아한다.			나는 주변이 지저분해도 상관없다.
나는 일을 마무리했을 때 기분이 좋다.			나는 일을 시작할 때 기분이 좋다.
나는 보통 일이 끝날 때까지 계속 비슷한 속도로 일한다.			나는 보통 일을 할 수 있는 만큼 미루다가 끝낸다.

거의 균형 잡힌 성격인가요?
나는 **J**형에 더 가깝다 □
나는 **P**형에 더 가깝다 □

J형인 사람들은 대부분
- 일을 제때 맞춰서 끝낸다(get things done)
- 제시간을 맞추고 계획을 따라간다(be on time and on schedule)

J형 유명 인사
- 마크 주커버그
- 윌 스미스

P형인 사람들은 대부분
- 유연하다(flexible)
- 편견이 없다(open minded)

P형 유명 인사
- 조앤 K. 롤링
- 브리짓 존스

J = Judging, Plans(판단, 계획)
J형의 사람들은 체계적이고 계획적이다. 고용주는 **J**형의 행동을 좋아하는 경향이 있다.

P = Perceiving, Options(인식, 선택)
P형의 사람들은 유연하고 즉흥적이다.

J형인지 **P**형인지 어떻게 알 수 있는가?
쉬기 전에 일을 마치고 싶은지, 아니면 원하는 시간에 아무 때나 쉬고 싶은지를 물어보면, 첫 번째 대답을 하는 사람은 **J**형일 확률이 높고, 두 번째 대답을 하는 사람은 **P**형일 확률이 높다.

✲ 당신의 선호는?

I형 또는 E형

S형 또는 N형

F형 또는 T형

J형 또는 P형

❋ 1.4. 완벽한 교사

성격 유형의 장점을 다 가지고 있는 사람이 완벽한 교사일까? 만약, 우리가 전국의 학교에 복제되어 배치되는 완벽한 교사를 만든다면, 이들은 어떤 사람들일까?

E형 교사	I형 교사
교실에서 카리스마 – 학급을 사로잡고 학생들이 자신감을 갖도록 할 수 있다. 눈에 띄고 흥미를 불러일으키고 위엄이 있고 무대 위의 리드보컬처럼 집단의 에너지를 지휘한다.	교실 통제 – 학생 개인이나 학급 전체를 주의 집중시키고 통일된 목표 의식을 갖도록 하기 위해서 차분하게 만들 수 있다. 유연성 있고 개별화된 과업과 학생들의 배움을 강화할 수 있는 과제를 설정해 줄 수 있다.
S형 교사	**N형 교사**
실제적이고 유의미한 배움 – 학생들이 쉽게 배우고, 이해하고, 평가 받을 수 있도록 과목과 주제를 일관성 있는 별개의 묶음으로 나눈다.	창의적이고 흥미를 불러일으키는 배움 – 교사의 상상과 독창성을 사용해 교육과정에 생명을 불어넣는다.
F형 교사	**T형 교사**
격려하고 보살피는 방식 – 공감을 통해 강한 개인적 유대감을 만들고, 학생들에 대한 진정한 이해를 통해 학생들에게 동기를 부여한다.	확고하고 평등한 방식 – 투명한 목표와 기준점을 설정하고, 학생들이 도달하고 있는 수준을 지속적으로 있는 그대로 알려 줌으로써 동기를 부여한다. 학생들의 역량과 자신감을 높여 주고 원칙을 지킨다.
J형 교사	**P형 교사**
교실 안팎에서 체계적이고 계획을 잘 짠다. 협의된 기한까지 목표를 완성시킨다.	학생들과 동료 교사들의 새로운 제안에 열려 있고 융통성 있으 잘 적응한다.

+

교실에 스며드는 열정적이고 긍정적인 태도,
자기 확신과 열정을 가지고 학생들에게 영향을 주는 것

이런 교사는 존재할까? 이런 사람이 완벽한 교사일까?

성격 유형론(personality type theory)은 선천적으로 모든 교사들이 앞서 말한 특징들의 절반에 해당하는 성향을 가지고 있다고 말한다. 이러한 성향들은 교실에서의 경험과 함께 자연스럽게 성장한다. 좋다, 우리는 최고의 교사가 되기까지 이미 절반이나 왔다! 운 좋게도, 다른 절반은 우리가 배우고 연습할 수 있다.

1장은 여러분에게 여덟 가지의 성향을 모두 알려 준다. 여러분이 가진 네 가지의 선천적인 성향을 확실하게 알고, 별도의 연습을 통해 성장시킬 수 있는 나머지 네 가지 성향들을 탐색할 수 있도록 도와줄 것이다.

아래에 있는 네모 칸 안에 여러분의 이름을 두 번 써 보아라. 오른쪽 칸에는 오른손으로, 왼쪽 칸에는 왼손으로 이름을 써 보아라.

당신의 주된 네 가지 성향들(예를 들어, **ESTJ**)은 익숙한 손을 사용해서 하는 서명과 같다. 다른 절반의 성향들(예를 들어, **INFP**)은 익숙하지 않은 손을 사용해서 하는 서명과 같다. 연습만 한다면 우리는 여덟 가지 성향들을 모두 사용할 수 있는 기술을 가질 수 있다. 당신이 여덟 가지 성향을 모두 개발하고 좋은 교사가 될 수 있게 도

와줄 활동들은 3장에 소개되어 있다. 당신은 이런 모형과 활동을 학생들과 함께 해볼 수 있다. 왜냐하면, 앞서 말한 완벽한 교사에 대한 설명은 완벽한 학생에 대한 묘사와도 꽤 가깝기 때문이다. 학생들과 함께라면 당신은 완벽한 교실을 만들 수 있을 것이다.

당신이 생각하는 교실 안에서의 가장 큰 어려움 10가지는 무엇인가? 다음은 현직 교사 연수 기간 동안 교사들이 답한 것을 필자가 정리한 것이다. (1) 스트레스, (2) 업무량, (3) 결과, (4) 행동 방식, (5) 동기의 부족, (6) 모든 학생을 참여하게 하는 것, (7) 학부모의 의견 수렴, (8) 혼란스러운 가정생활, (9) 교육과정의 수행, (10) 지루함

우리의 통제 밖에 있는 요인들(예를 들어, 정부, 교육정책, 학교 조직, 교육지원청, 시험 결과, 교육과정, 사람들—학부모와 동료)을 걱정하는 것은 어려움을 극복하는 데에 큰 도움이 될 수 없다. 그 대신, 다른 사람들이 만들어 낸 체계 안에서 전문직으로서 여러분 자신의 목표에 도달할 수 있는 방법을 살펴보라. 의사, 간병인, 소방관(기본적으로 정말 가치 있는 직업을 하는 모든 사람들)도 이것을 해야 한다. 사람들이 받는 스트레스는 그 사람이 어떤 유형인지에 따라 이해될 수 있다.

만약 여러분이 만들어진 체계를 바꾸고 싶다면, 교실 밖에서 성취될 수 있을 것이다. 그리고 그것은 이 책의 영역 밖의 일이다.

여러분이 통제할 수 있는 요인들(예를 들어, 모든 학생들을 참여하도록 하는 것, 주의 집중시키는 것, 학생 맞춤식 교육, 학생들의 [좋지 않은] 행동 방식과 동기의 부족 · 지루함을 고려하는 것)은 교실 안에 있다. 모든 훌륭한 교수법의 기초인 학생의 성격에 대한 이해는 개인적인 관계를 강화함으로써 교실에 있는 교사를 돕는다. 성격 유형은 최소한 위에서 언급했던 열 가지 어려움을 완화시킬 수 있고, 아주 잘 작용된다면 여러분의 교실 경험을 바꾸고 활기를 불어넣어 줄 수 있다.

✻ 1.5. 성격이 드러난다고요?

사람들은 심리학자들이 연구하기 전부터 우리가 왜 이런 행동을 하는지를 이해하려고 노력해 왔다. 그러나 이제는 심리학자들의 헌신이 몇백 년 안에 꽤 빛을 발하기 시작했다. 대부분의 연구자들은 성격이 개개인들 사이에 개별적이고 특정한 부분들로 나뉠 수 있다는 부분에 동의하고 있다. 연구자들의 큰 동의를 얻은 다섯 가지의 성격 부분들은 다음과 같다.

1. **개방성**(Openness)
   주변 환경을 이해할 때, 개방적이고 추상적이며 다양하고 세계적(전체적)으로 생각하는지, 근거를 바탕으로 사고하고 전통적이고 수렴적이고 구체적으로 생각하는지의 정도.
   이것은 **S**형과 **N**형에 대한 선호와 관련이 있다.

2. **성실성**(Conscientiousness)
   삶을 대할 때, 질서를 좋아하고 자기 통제적이고 순종적인 자세를 열망하는지, 융통성이 있고 즉흥적이고 선택을 취하기를 열망하는지의 정도.
   이것은 **J**형과 **P**형에 대한 선호와 관련이 있다.

3. **외향성**(Extraversion)
   사교적이고 활발하고 대담한지, 당면한 상황에서 자신의 생각을 표출하려고 노력하는지, 낯을 가리고 과묵하고 고독을 즐기고 독립적인지의 정도.
   이것은 **E**형과 **I**형에 대한 선호와 관련이 있다.

4. **객관성**(Agreeableness)
   결정할 때에 주관적인 생각으로 하는지, 객관적인 생각으로 하는지의 정도.
   이는 **F**형과 **T**형에 대한 선호와 관련이 있다.

5. **신경질**(Agreeableness)

어떤 사람들은 스트레스를 주는 요인들에 대해서 침착하게 대응하며 적응하는 반면, 어떤 사람들은 예민하고, 신경 쓰는 부분이 많은 '걱정이 많은 사람들'이 있다. 이러한 신경질 요소를 통제하는 방법에 대한 전략들은 『The Buzz』(2006) 책에 언급되어 있다. 교사는 교실을 휩쓸어 버릴 수 있는 강력한 스트레스를 받는 상태일지라도, 수업 중에는 신경질에 대해서 유연하게 보이도록 노력하는 것이 중요하다. 흥분하기 쉽고 참을성이 부족한 교사는 생기발랄한 학생들을 교육하기에 적절하면서도

평온하고 긍정적인 환경을 만들 가능성이 낮다. 아이들은 대부분 그들이 만나는 어른들을 모델로 삼아 배우기에 이러한 태도는 극복하려는 시도가 필요하다.

이 다섯 가지 성격 요소를 설명하기 위해서 심리학자들은 두 가지의 다른 접근을 시도했다.

먼저, '특징(trait)' 접근은 똑같은 조건의 실험 집단 사람들에게 일련의 질문들을 하고 대답을 비교함으로써 성격 요소들을 측정하는 방법으로 사용한다. 사람들은 그때 그들의 '점수'를 받음으로써 성적이 측정될 수 있다. 예를 들어, 어떤 사람이 똑같은 나이와 성별의 사람들과 비교해 볼 때 낮은 외향성과 높은 신경질 요소를 가진다고 해 보자. 그리고 성실성 요소의 점수가 높게 나온다면, 그들은 집에 가서 그들의 성격 조언에 대해 걱정할 것이다. 이 접근은 고용 분야에서 사용되고 있고, 테스트 결과를 쥐고 있는 전문가의 능력과 의향에 따라서 긍정적 또는 부정적으로 적용될 수 있다.

또 다른 접근은 '유형(type)'이다. 이것은 우리가 왼손 아니면 당연히 오른손을 가지고 있는 것처럼, 어떤 한 유형 또는 다른 유형에 대한 선호도를 발달시킨다는 생각에 기반한다. 우리는 두 가지 유형을 모두 사용할 수 있더라도 분명히 더 선호하는 것이 있다. 어떤 유형이 다른 유형보다 낫다고 할 수 없지만 우리는 우리 자신의 한 유형 프로필을 가지고 더 잘할 수 있다는 것을 기억해야 한다. 이 간단한 개념은 유형 이론의 핵심이다.

'선천성과 후천성'에 대한 논쟁은 다행히도 계속 진행되었고 대부분의 연구는 선천성과 후천성 모두 아동 발달에 중요한 역할을 하는 것으로 확인되었다. 두 가지가 어떻게 상호작용하는지는 현재 조사 중에 있다. 필자의 경험으로는, 부모들은 유용한 통찰력을 제공한다. 한 아이를 둔 부모들은 선천적인 울타리에 앉아 있는데, 그들은 24시간 내내 부지런하게 아이를 돌보고 키운 결과로 인해 자녀가 너무나 사랑스럽고 멋지다고 그들 스스로를 확신한다. 반면, 두 아이 이상을 둔 부모들은 울타리 다른 편(탈진한 채)에 앉아 있는 경향이 있는데, 그들은 아이들이 성격이 너무 달라서 선천성과는 별 상관이 없다는 것을 알아차린다. 그들은 아이들이 기본적으로 태어날 때부터 가진 방식 그대로를 가지고 후천성을 통해 자신이 되길 원하는 모습으로 변화될 가능성이 적다고 생각하는 경향이 있다. 필자는 좋은 양육이 아이들의 발달에 중요하지 않다고 말하는 것이 아니다. 양육은 근본적인 성격 특성에 영향을 주는 것보다는 아이들이 스스로의 강점을 깨닫고 삶에서 성공적으로 이를 적용하도록 돕는 방법과 더 관련 깊다. 능력 있는 부모들은 삶에서의 긍정적인 가치들(존경, 인내, 용기, 동정 등등)을 자녀들이 수용해서 적용하도록 영향을 준다. 즉, 부모들이 직접적으로 자녀의 성격적 특징(trait)을 만들거나 건강한 결과를 기대할 수는 없다.

또한, 좋은 양육이란 자녀들이 자신의 약점을 깨닫고, 그것이 능력 발달과 행동 유연성을 통해 어떻게 극복할 수 있는지를 알게 도와주는 것이다. 좋은 양육은 아이들의 성격이 발달될 수 있는 긍정적인 정체성, 가치, 신념의 틀(오를 수 있는 사다리)을 제공한다.

이것이 선천성과 후천성이 둘 다 그 역할을 할 수 있게 하는 방법이다. 프로이트(Freud)는 불가능한 전문성(impossible profession)으로서 양육을 언급한다. 성격 유형은 부모와 그들의 아이들이 서로를 더 잘 이해할 수 있도록 돕는 도구이다.

✲ 1.6. 상황에 따른 성격

지난 20년간 필자는 여러 학교와 대학에서 선생님들과 다른 교수님들과 더불어 교실과 교무실, 그 외의 공간에서 가르침의 질을 높이려면 이 성격 유형 모델을 어떻게 적용해야 할지 연구하며 많은 시간을 보내왔다. 성격 유형을 성인의 관점에서 바라보는 이 책은 10대들의 관점에서 본 『*The Buzz*』를 높이 평가한다.

연수나 훈련 회기를 시작하면서 나는 자주 "지금 기분이 어때요?"라는 질문을 한다. 그러면 보통 다음과 같은 대답을 듣게 된다.

"조금 추워요."

'조금 피곤해요.'

"제가 이 기간에 열심히 하기를 기대받는다는 것에 조금 긴장돼요."

"저의 생각들을 전달하는 것이 기대돼요. / 기대되지 않아요."

"제가 지난 30년간의 인생에서 무엇을 해 왔는지 궁금해요."

이 대답 중 아무것도 맞거나 틀리지 않다. 모든 대답은 허용된다. 하지만 이 대답을 더 잘 이해하는 방법이 있다면 더 좋을 것이다.

다음 장면에서 우리는 이 대답들을 어떻게 구조화할 수 있을지 보게 될 것이다.

위의 러시아 인형들이 차례차례 늘어서 있는 것처럼, 우리는 다른 단계를 따라 기능한다. 모든 단계는 중요하고 유효하다. 우리는 거의 〈행동〉의 단계에서 자신을 표현하고 자신을 둘러싼 세상과 소통한다. 우리의 〈정체성〉과 〈성격〉은 행동에 스며들어 있다.

차가 쌩 하고 지나가는 것을 볼 때, 특히 그것을 먼 건물에서 볼 때 우리는 운전자를 보지 않는다. 우리는 차를 보고 그것에 반응하지만 실제 통제는 운전자가 한다. 우리가 보는 차는 〈행동〉과 같고 운전자는 〈성격〉과 같다. 〈기술〉이 우리가 〈행동〉으로 이루는 성공을 결정한다.

학생들이 어떤 논리적 단계(logical level)를 밟고 있는지를 확인하는 것은 수업에 영향을 미치기 때문에 중요하다. 만약 모든 이들이 〈환경〉(예를 들어, 너무 덥거나 춥다든지 소음 공해가 있다든지 등)에만 초점을 맞춘다면 진정한 학습이 일어날 기회가 거의 없을 것이다. 필자는 냄비와 팬을 닦고 제자리에 놓으며 주방 직원이 달그락거리는 금속 벽 뒤에서 킥킥거리는 소리까지 들리는 점심시간이 막 지난 식당에서 그럭저럭 훌륭한 연설을 한 적이 있다. 또한, 필자는 최신식 극장에서도 평범한 수준의 연설을 해낸 적이 있다. 하지만 대부분의 학습은 선생님과 학생들이 〈기술〉과 〈행동〉의 단계에서 개개인이 자기 〈성격〉과 〈정체성〉의 힘을 기술과 지식이 발달되는 데 지속적으로 사용하는 방식으로 발생한다. 우리가 계획한 학습 목표를 이루기 위해서는 우리 학생들의 〈정체성〉과 〈성격〉을 긍정적으로 발달시키고 칭찬하라. 〈기술〉과 〈행동〉에 대한 비판은 괜찮지만, 〈성격〉 그 자체를 비판하지는 말자.

이러한 규칙은 교실뿐만 아니라 교무실에서도 적용된다. 〈행동〉을 비판하되 〈성격〉이나 〈정체성〉은 비판하지 말자. 필자는 최근에 교무실에서 한 선생님이 동료에게 다음과 같이 말하는 것을 들었다.

"학과장님은 제 수업이 별로였대요. 그래서 저는 최선을 다했다고 말했죠. 학과장님은 저를 평소에 좋아하지 않았고, 제가 지난 몇 년간 해 온 노력을 인정해 주지 않아요. 영혼이 무너지는 기분이라니까요."

그 선생님은 자신의 수업에 대한 평가를 받았다. 그 평가자는 아마 수업의 조그마한 부분이라도 개선할 수 있는 방법에 대한 제안을 했을 것이다. 이것은 〈행동〉의 단계에서의 평가이지 〈기술〉에 대한 평가가 아니다. 왜냐하면 〈기술〉의 부족은 교실에서 실수나 문제가 재발하는 결과를 낳기 때문이다. 〈기술〉은 어느 영역의 〈기술〉이 부족한지 인식하고 나서 바로잡는다면 개선될 수 있다. "때때로 수업이 진로를 벗어난다.", "어떤 수업은 매우 좋지만 어떤 수업은 나와 잘 안 맞는다." 또는 "난 거의 모든 주제에 대해 정말 잘 가르칠 수 있는데 가끔 절대 풀리지 않아서 나를 당황스럽게 하는 주제도 있다."와 같은 말에서 확인할 수 있듯이, 수업 중 상황적인 문제들은 거의 〈행동〉적인 수준의 문제인 경우가 많다. 그 선생님은 자신에 대한 평가를 자신의 〈정체성〉에 대한 비판으로 해석했기 때문에 공격으로 느껴져 받아들이기 힘들었던 것이다.

나는 선생님들이 교실에서 다음과 같은 말을 하며 비슷한 실수를 하는 것을 들어왔다.

"너희는 끔찍한 학년이야!" 또는 "너희는 내가 1983년부터 지금까지 교단에 서 있으면서 본 최악의 반이야!"

이러한 실수는 〈행동〉의 단계에서 의사소통을 하면서 바로잡을 수 있다. 〈행동〉은 학생들과 선생님들에게 변하고 향상할 기회를 제공하기 때문에 〈성격〉보다 영향을 미치는 것이 더 쉽다. 어떤 보호 관찰관이 최근에 행동에 긍정적으로 영향을 끼치는 일의 예시를 이야기해 주었다. 그들이 사용한 방식은 당시 도심의 폭력 상황 발생 건수를 눈에 띄게 감소시켰다. 많은 청소년이 2시가 되면 앞다투어 택시를 타고 귀가하려 했다. 그 상으로 막대 사탕을 나누어 주었기 때문이다. 막대사탕을 입에 문 청소년들은 즉시 더 조용하고 차분해졌고 아마 따뜻했던 어린 시절의 기억을 회상했을 것이다. 물론, 학교에서 행동 단계의 의사소통 방식은 이런 방식과는 조금 다를 수 있다.

1.7. 성격 유형에 대해서 주로 묻는 질문들

<질문 1> 이 책을 어떻게 사용해야 할까요?

성격 유형은 많은 방법으로 사용될 수 있다. 몇몇 선생님들은 학생들과 학부모들 또는 동료 선생님들과 친구들의 관계를 더 잘 이해하기 위해서 성격 유형을 사용한다. 또는 전 세계적으로 결혼 상담 전문가가 성격 유형을 사용하기도 한다. 성격 유형과 이 책을 가장 잘 사용하는 방법으로 다음 여섯 가지 전략을 소개한다. 이 전략을 제시된 순서대로 사용하는 것이 가장 이상적이다.

1 교사의 성격과 가르치는 스타일을 조사하고, 이해하고, 발달시킨다(1장과 2장).
2 학생의 성격과 교실 스타일을 조사하고, 이해하고, 발달시킨다(2장와 3장).
3 교사와 학생들이 여덟 가지의 선호도를 모두 발달시키는 방법을 배운다(3장).
4 교사의 리더십 기술을 향상시킬 성격 유형 모델을 사용한다(4장).
5 교실과 교무실에서 모델을 현실로 적용하는 유형 요소를 사용한다(5장).
6 학생 개개인을 이해하고 더 좋은 관계로 발달시킨다(6장).

<질문 2> 성격 유형은 유사 과학일까요, 아니면 대중 지향 심리학일까요?

심리학자들은 매우 복잡한 시스템들을 이해하기 위해서 효과적인 이론을 사용한다. 이것은 근본적인 과정과 영향에 대한 자세한 설명 없이 관찰 가능한 현상들을 모델링한 프레임이다. 성격 유형은 효과적인 이론과 비슷하게 심리학적이며, 여전히 눈에 보이지 않는 더 깊은 복잡성을 인지하는 것으로 현재로서는 가치 있고 효과적인 모델이다.

> **과학은 당신이 아는 것이다. 심리학은 당신이 모르는 것이다.**
>
> Bertrand Russell

심리학은 과학과 철학 사이에 있는 복도와도 같다.

> **과학은 수백 년 전에 의학을 만들었다. 지금은 교육 현실을 만들 수 있다.**
>
> Royal Socitey, *Neuroscience: Implications for Education and Lifelong Learning*

과학은 과거 20년 동안 교실에 과학의 방법을 잘못 들여오고 있었다. 그러나 몇몇 시각들은 긍정적으로 교실 환경을 만들고 있다. 구체적으로, 뇌의 가소성(우리의 삶 전반에 걸쳐 발달할 수 있는 능력을 가지고 있음)과 교육은 인지 향상의 강력한 형태로서 모든 교사와 학생의 심장과 뇌를 따뜻하게 하는 개념이다.

> **각각의 사람들은 과정과 수준에서 발생하는 다양한 상호작용으로 신경과 인지, 사회 수준을 작동시키는 복잡한 시스템을 구성한다. 생물학적인 가정(predisposition)을 결정적으로 여기는 것은 실수이다. 그것들의 영향은 가능성이 있는 것이고 상황적이라고 여겨야 한다. 만약 생물학적인 차이점을 고려하지 않는다면, 배움을 최적화하기 위한 중요한 기회들은 사라질 것이다.**
>
> Royal Socitey, *Neuroscience: Implications for Education and Lifelong Learning*

성격은 이 복잡한 시스템의 일부분이다.

✾ <질문 3> 성격 유형은 점성술 같지 않은가요?

성격 유형은 점성술처럼 사람들을 비슷한 특징과 성격을 공유하는 무리들로 나눈다. 그 이외에는 유사점이 없다. 성격 유형은 각 개인이 자신의 성격 특징을 기반으로 하여 선호도에 대한 질문에 답하는 것에 초점을 두는 반면, 점성술은 태어날 때 별의 임의적인 위치를 기반으로 한다. 점성술을 입증해 줄 확실한 증거가 없다.

> **점성술사들은 모호한 미사여구로 허튼소리를 만들 수 있고, 대부분 사람들은 '아주 정확하다'라는 박스를 체크할 것이다.**
>
> Richard Wiseman, *Quirkology*

심리학자 Hans Eysenck는 점성술을 믿는 사람들은 그 예측의 정확성을 인정하지만, 점성술의 해석을 믿지 않는 사람들은 정확성을 잃고 있다는 것을 발견했다. 다만 점성술은 사람을 유형으로 묘사하는 행위의 위험성에 대한 유용한 통찰을 제공한다. 이 책의 성격 설명에서는 각각의 유형과 관련된 긍정적인 특징이 강조되지만 부정적인 특징은 점성술처럼 기술적으로 꾸며진다.

〈활동 1〉 프로파일링 (DNA 감정)

학생들에게 성격 프로파일링을 만드는 활동을 제안해보자. 교실의 모든 사람들이 자신에게 해당하는 성격이라고 인정할 수 있을 만큼 충분히 모호하고 듣기 좋은 설명을 써 보라고 하는 것이다. 예를 들면 다음과 같다. "너는 자기 비판적이고 종종 너 자신에게 엄격해. 다른 사람들은 때때로 네가 너 스스로를 믿는 것보다 더 너를 신뢰하지. 너는 네가 잠재력을 가졌다고 생각하지만 어떻게 하면 가장 잘 실현할 수 있을지에 대한 확신은 없어. 너는 과거에는 실수를 저지르기도 했지만, 지금은 옳고 그른 것의 차이를 알지."

✾ <질문 4> 사람을 유형화하는 것은 위험하거나 제한하는 일 아닌가요?

그렇다. 표면적으로 사람들을 유형화하는 것이 분류를 위해 설계된 것처럼 보일 수 있지만, 이는 성격 유형을 잘못 적용하거나 오역하는 것이다. 유형은 개인들 사이의 두드러진 차이점을 설명하고 탐색할 수 있는 좋은 방법이다. 교실에 이것을 적용하기 전에, 적어도 자신의 유형을 이해하는 시간을 가져 보자. 자신의 삶의 유형을 고려해 보고 교실 안과 밖에서 적용해 보자. 한 번에 하나씩 개인의 성격 쌍들을 기반으로 하여 자신의 현실에 변화를 만들어 보자. 유형을 기반으로 한 과정(www.thebuzzbook.co.uk 참조)을 통해 더 많은 정보를 접해 보자.

학생들에게 성격 유형을 소개할 때 다음 지침에 주의하자.

1 선택과 통제는 학생들에게 있다. 교사가 아니라 학생이 스스로의 선호도를 결정한다. 교사는 설명하고 지지하는 역할을 할 뿐이다. 만약 학생이 그들 자신의 생각이나 선호도를 드러내고 싶어 하지 않는다면 강요하지 말자. 준비가 될 때 학생들이 드러낼 것이다.

2 학생들에게 성격 유형을 도입하고 어떻게 그것을 사용할 것인지를 분명하게 설명하자. 만약 다른 교사들이 성격 유형에 대해 열의를 보이지 않고 그것을 도입하는 데에 긍정적이지 않다면 당신의 교실 안에서만 성격 유형을 사용하자. 만약 당신이 다른 사람들과 학생의 유형을 공유한다면, 시작할 때 그것을 분명히 하라.

3 어떻게 성격 유형이 자기 인식을 제한하는 것보다 향상시키는지를 분명히 탐구해 보자. 모든 유형들은 좋고 긍정적인 반면에, 몇몇 행동들은 상황적으로 부적절하다는 것을 강조하자.

4 마무리 부분이 아닌 시작 부분에서 유형을 강조하자.

성격 유형은 그것이 제한하는 것보다 더 많은 것을 드러내기에 거울에 가깝다. 우리가 자신을 정말로 이해할 수 있는 것은 우리를 다른 관점으로 바라볼 때에만 가능하다.

영국의 사람들은 그들이 무엇을 할지 알지, 오직 영국인만이 알지.

Rudyard Kipling

우리는 해외로 여행을 떠나야만 자국에서 사는 것이 어떤 것인지 안다. 우리는 새로운 경험으로써 비교를 한다. 성격 유형은 우리가 여행을 하면서 우리의 진짜 모습을 발견하고 우리의 과거를 슬쩍 바라보게 해 주는 것처럼 훌륭한 방법이다. 이것은 교사와 학생들에게 중요하다. 왜냐하면 우리가 우리 스스로와 우리 주변을 이해할 때에 우리는 더 정직해지고, 인내력 있고, 마음이 열리고, 친절해지는, 인간다운 모습이 되기 때문이다.

✾ <질문 5> 성격 유형이 약간 간단하지 않나요?

분명히 간단한 생각들은 매우 강력하다. 네 가지 선호도의 상호작용을 중심으로 성격을 구성하는 것은 미진해 보이지만 그것은 매우 정확하고 견고하다. 성격 유형 모델을 이해하는 것은 어렵지 않다. 단, 당신의 삶에 적용하는 것은 또 다른 문제이며, 일생 전반에 걸쳐서 지속될 것이다.

성격 유형 이론은 사람들이 근본적으로 다르다는 생각에 기초한다. 기원전 400년경 Hippocrates가 처음으로 이에 대해서 기술한 바 있다. Carl Jung이 이러한 차이점 중 일부를 공식화했다. 특히, 어떻게 세계를 인지할 것이지(**S**형과 **N**형), 어떻게 우리가 이 인식들을 가지고 행동할 것이지(**F**형와 **T**형)를 1920년 자신의 책 『Psychological』에서 소개했다. 그는 또한 외향성과 내향성을 좋고 나쁨이 아닌 단지 다른 사람들 사이에서 자연스러운 차이점으로서 여겼다. 심리학 이론이 '나쁜' 성격 특징을 찾아서 설명하고 치료하려는 목적인 점을 생각할 때에 이는 반대된다고 볼 수 있다. 그의 작업은 1950년대에 Myers-Briggs에 의해서 유명해져서 지금은 전 세계에 성격 평가하는 데 널리 사용되고 있다. 그들은 판단 · 인식 범주를 추가했고, 질문지를 만들어서 사람들에게 16개의 설명에서 자신의 유형을 확인하도록 했다. 이 책은 Myers-Briggs와 David Keirsey, Otto Kroeger, Paul Tieger, Jane Kise가 수행한 수십 년간의 연구를 기반으로 한다.

누군가에게 맞는 신발은 다른 사람의 발을 아프게 한다. 모든 경우에 맞는 삶의 비법은 없다.

Carl Jung

✾ <질문 6> 우리는 자신의 성격 유형을 넘어설 수 있나요?

당연하다. 성격 유형은 많은 것을 설명해 주지만 모든 것을 설명할 수는 없다. 성격 유형 모델은 우리가 다른 부분과 비슷한 부분을 받아들이게 함으로써 관계를 긍정적으로 변화시킬 수 있다. 다음 서술들은 모두 맞는 말이다.

- 우리는 모두 같다(모든 인간은 공통의 필요, 욕구, 사랑받고 존경받으며 도움을 주고자 하는 꿈을 공유한다.).
- 우리는 모두 다르다(70억 인구가 있고 우리는 모두 고유하다. 심지어 일란성 쌍둥이도 다르다. 우리는 모두 본인만의 흥미로운 길을 따른다.).

우리 안에 존재하는 성격 유형에 대한 선호를 인정하지 않을 때가 있다. 우리는 모두 또래 집단에서의 압박감에 굴복하거나 분위기, 술, 사회적 상황 등에 따라 영향을 받을 수 있다. Jung은 이것을 성격 유형에 따라 다르게 보이는 가면이라고 묘사했다. 피로연에서 우리는 장례식에서와는 매우 다르게 행동할 것이다. 피로연에서는 행복하고 기운이 넘치며 기쁜 마음에 살짝 들뜨게 되지만 장례식에서는 슬프고 말수가 줄어들게 된다. 이것이 우리의 본연의 성격을 훼손하거나 제거하지는 않는다.

나는 예언자가 아니다. 내 일은 벽이 있었던 자리에 창문을 만드는 것이다.

Michel Foucault

프랑스의 철학자 Michel Foucault는 삶 속에서 성격 유형을 적용하는 방법을 위와 같이 요약한다. 성격 유형은 우리가 누구이고 앞으로 어떻게 될 것인지를 완벽하게 설명하려는 것이 아니다. 또한 다른 사람을 넘어서려는 무기로 사용하려는 것도 아니다. 이것은 우리의 복잡한 성격을 나타내는 커다란 벽에 환영의 창문을 내는 것이다. 이 창문을 통해 들어오는 자그마한 빛이 우리가 누구인지, 앞으로 어떻게 될 것인지, 우리의 친구가 누구인지, 그들이 어떻게 될 것인지에 대한 재미있는 모습을 보여 준다.

✾ <질문 7> 최고의 유형이 있을까요?

모든 성격 유형은 동등하게 유효하다. 각 유형은 본연의 강점과 약점을 가지고 있다. 어떤 유형은 다른 유형보다 특정 상황에서 뛰어날 수 있다. 예를 들어 전통적인 교실 상황은 다른 유형보다 매 유형과 검은표범 유형에게 더 힘들게 느껴질 수 있다. 이 예측은 그들의 행동 선호, 다양성, 권위에 도전하려는 의지에 기초하여 이루어졌다. 하지만 이러한 특성은 변호와 변론을 포함하는 일과 같이 서로 다른 입장에서 유용할 뿐이다. 교실에서 가만히 있지 못하는 학생들은 대부분 활동 과잉이나 문제아로 낙인찍힐 가능성이 크다.

유형별로 선호하는 것을 알아 두는 것은 교사가 학생을 깊게 이해할 수 있도록 도와주고(그리고 학생의 자기 인식을 높이고), 교사가 학생들에게 적대감을 주거나 부정적으로 꼬리표를 단 학생을 만들기보다는 학생들과의 관계와 자신의 수업을 향상시키는 방향으로 이끌어 준다.

✾ <질문 8> 나의 성격 유형을 바꿀 수 있을까요?

이론적으로는 바꿀 수 없다. 나이가 들면서 변할 수는 있다(변하지 않으면 이상할 것이다.). 하지만 변하는 것은 우리의 내재된 성격이 아니라 기술, 지식, 자신감, 상황, 태도이다. 성격 유형이 변하는 것에 대한 세 가지 진술이 있다. 첫째, 어린아이일 때, 우리는 우리의 강점을 정확하게 인식하기 위해 학습과 경험을 통해 가장 잘하는 것이 무엇인지 이해하며 모든 유형을 탐색해 본다. 둘째, 성인 시기에 이러한 강점과 선호를 직업과 관계 속에 적용함으로써 최선을 다한다. 셋째, 자신이 선호하지 않는 유형에 관심을 갖기 시작하여(다른 네 가지의 글자 유형), 모든 상황 또는 거의 대부분의 상황에서 적응할 수 있고 효과적으로 대응하게 된다. 우리는 살아가면서 희망적으로 이 성숙의 단계를 도달한다. 하지만 많은 사람이 할머니, 할아버지가 되어서 이 단계에 도달한다고 말한다. 이 책에서 필자는 교사와 학생들이 수업을 하며 같이 모든 단계에 도달하는 것을 고려해 보라고 제안한다.

✾ <질문 9> '동물 유형'은 어디에서 유래되었을까요?

사람들은 종종 자신의 유형 네 글자를 잊어버린다. 나는 기억하기에 쉽고 증명도 되었기 때문에 동물 이름을 넣었다. 학생들은 자신과 친구들의 동물 유형을 기억하는 경향이 있는데, 이는 성격 유형을 추상적인 네 글자가 하지 못하는 방식으로 삶에 적용시킬 수 있다. 사람을 여우나 상어 또는 집게벌레라고 이름 붙이는 것을 막기 위해 의도적으로 긍정적인 동물들이 선택되었다. 때때로 학생들은 자신의 성격 유형 동물에 실망할 수 있지만 실제 성격 특색의 긍정적인 면모를 부각시키면 처음의 좌절은 사라질 것이고, 이름표보다는 내용 자체로 학생에게 집중할 수 있다. 또한 동물 집단은 16가지의 성격 유형을 간단히 요약하기 위해 네 가지 기질 개념을 사용한 David Keirsey의 작업을 포함한다. Keirsey의 작업에 익숙한 전문가들은 유형과 기질을 연구할 때 쉽게 동물 집단에 적응할 수 있을 것이다.

✪ 유형 설명에 대한 비교(comparison of type descriptions)

Myers-Briggs	Keirsey	Hodgon
NF	이상주의자(Idealists)	해양 동물
NT	합리주의자(Rationals)	새
SJ	수호자(Guardians)	곰
SP	장인(Artisans)	고양이

✾ <질문 10> 교육이 문제인가요, 아니면 해결책인가요?

Homer Simpson은 술이 모든 세계 문제의 원인이자 해결이라고 말했다. 교사와 술을 동급으로 두는 것은 위험하지만, 이 비유는 교육을 향한 전 세계 사회의 사고방식을 사로잡았다. 교육이 바로 모든 세계 문제의 원인이자 해결이라는 것이다.

이러한 극단적인 이분법은 교육을 The Guardian과 Daily Mail의 1면에 교육 문제가 실리게 하고, 정치인들의 우편함을 채우게 하며, 어떤 학부모들로 하여금 '좋은' 학군으로 이사를 가게 한다. 전 세계적으로 좋은 교육보다 더 중요하게 여겨지는 것은 없다. 우리가 좋은 교육을 받았는지 언제 알 수 있는가? (a) 성적표를 볼 때?, 또는 (b) 행복하고 자신감 넘치는 성인이 된 사회 구성원을 볼 때?, (a) 또는 (b), 아니면 (a)와 (b)를 동시에 선택할 것이다. 자신만의 (c)를 추가할 수도 있다.

교사는 악당으로도 또는 영웅으로도 비춰질 수 있다. 이 책은 교사들이 학생들과 진정으로 연결될 수 있도록 도와줌으로써 자신의 내적인 영웅을 더 많이 방출하도록 설계되었으며, 이는 해결책으로서의 가르침의 기초이다. 지속해 봐라, 당신은 이것을 누릴 만하고 당신의 학생들 또한 마찬가지이다.

✾ <질문 11> 성장을 위해 칭찬과 비판 중에서 어느 것이 더 좋은가요?

둘 다 아니다. 아이를 무너뜨리거나 일으켜 세우는 것은 메시지가 전달되는 방법이다. 정말 잘할 수 있으려면 실패가 필요하다. 최고의 개인과 팀들은 성공하기 전에 패배를 맛보고 질책을 받아야 한다. 이것이 회복 탄력성이 발달하는 방식이다. 학습도 마찬가지이다. 배우려면 선입견과 이론 없이 새롭게 시작해야 한다. 그 여정은 배우는 것으로 시작되어야 한다. 성공과 실패는 흥미로운 개념이나 주기적으로 잘못 전달된다.

> **성공은 형편없는 선생님이다. 그것은 똑똑한 사람들을 유혹해서 그들이 질 수 없다고 생각하게 한다.**
>
> Bill Gates

그렇지 않다. 빌. 이 논리를 적용한다면, 실패는 영리하지 않은 사람들이 결코 이길 수 없다고 생각하도록 유혹하기 때문에 똑같이 형편없는 선생님일 것이다. 'A' 성적을 얻는 데만 열성적으로 칭찬하고 성공한 아이들은 성공과 실패의 진정한 의미와 학습의 장소에 익숙하지 않은 채 대학에 가거나 일자리를 찾아 떠날 때 충격에 휩싸일 수 있다. 어떤 시험에도 응시하지 않았기 때문에, 성적을 전혀 받지 못하는 많은 어린이들은 교육이나 자신에 대한 믿음을 회복하지 못한다.

성공과 실패에 대한 이 정의의 위험성은 그것이 〈정체성〉 수준에서 작동한다는 것이다. 주어진 과제 또는 시험에서 그것은 잔인하게 아이의 가치와 그들의 수행을 결합시킨다. 현명한 선생님은 〈기술〉의 수준에서 성공과 실패를 정의해서 학생들의 자신감과 학습에 대한 애정을 보호한다. 아이와 함께 그들이 무엇을 배웠는지, 그리고 과제에서 〈기술〉을 발전시키기 위해 무엇을 다르게 할 수 있는지에 대해 토론하는 것이 더 좋다. 실존적인 의문과 16살이 될 때까지 두꺼운 크레용을 들고 이 테이블에 앉아 있을 것이라는 생각에 시달려 아이들을 낮은 성취자들의 테이블로 끌어내기보다는 말이다.

실수에 대한 몇 가지 좋은 정의가 있다:

실수란 무엇인가? 교육만이 아니라 더 나은 것을 위한 첫걸음일 뿐이다.

Wendell Phillips

실수를 바로잡는 것을 거절하기 전에는 실수가 되지 않는다.

John F kennedy

✾ <질문 12> 새로운 생각과 계획이 많이 있는데, 왜 하나만 선택해야 하나요?

우리는 학생들과 함께 우리에게 도움이 될 접근법, 아이디어, 기술을 필요로 한다. 유형(type)은 과제 수행의 유연성을 높여 주고 학생 개개인을 이해하도록 도와주는 고유한 모델이다.

John Corrigan(8그룹 교육의 창시자)은 두 가지 기본 모델이 존재했던 교육 접근법의 개발을 깔끔하게 요약한다. 순종 모델(obedience)("말대로 해라, 안 그러면 때린다.")은 1960년대에 의해 순응 모델(conformity)("열심히 일하면 좋은 직장을 얻을 수 있을 것이다.")로 대체되었다. 이제 새로운 접근이 필요하다.

비즈니스 모델은 비슷하게 전개되어 왔다. 가장 최근의 비즈니스 모델은 코칭, 멘토링, 개인 개발, 파트너십 및 진보의 주제와 관련된 참여 모델(engagement model)을 기반으로 한다. 우리는 학생들에게 우리나 그들을 위해 무언가를 해달라고 부탁하고 설득하지 않는다. 우리는 그들에게 흥미롭고 가치 있는 일을 하도록 요구한다. 흥미롭고 가치 있는 것은 순종과 순응 모델과 연관된 생각들보다 대부분의 교사들이 교육에 대해 가지고 있는 정의에 훨씬 더 가깝고, 이러한 새로운 접근 방식은 학교로 흘러 들어갔다.

✾ <질문 13> 어떤 교수법이 가장 효과가 있을까요?

우리는 전통적으로 무엇을 가르치는지에 대해 관심을 가져왔으며 이제 어떻게 가르치는지에 대해 관심을 가져야 한다.

John Bruer, *Schools for Thought*

성격 유형은 당신이 어떻게 가르치고, 어떻게 당신의 수업을 학급 모든 학생에게 적합하게 적응시킬 수 있는지를 탐구하는 모델로서 엄청난 영향을 미칠 수 있다. Durham 대학교의 Steve Higgins 교수가 최근 실시한 Sutton Trust 연구는 학교가 학생을 효과적으로 역할할 수 있도록 돕기 위한 세 가지 영역을 밝혀냈다.

1 **효과적인 피드백**
교사는 정의된 목표와 연관된 학생들에게 명확하고 구체적인 피드백을 제공한다(학생당 9개월의 추가 진행).

2 **메타 인지 및 자기 조절 전략**
교사는 학생이 특정 과목과 과제에서 가장 잘 배우는 방법을 파악할 수 있도록 돕는다(학생당 8개월의 추가 진행).

3 **또래 학습 · 또래 지원 학습**
교사는 학생들이 서로 응원하는 또래 학습과 또래 지원 학습을 도입한다(학생당 6개월의 추가 진행).

이 세 가지 접근법은 학교에 가장 긍정적인 영향을 미쳤다. 덜 효과적이라고 평가되는 다른 개입으로는 조기 개입, 일대일 과외, 학습에 대한 평가, 스포츠에 대한 참여 증가, 하위 계층 규모, 수준별 수업, 교복, 부모의 관여 등이 있었다.

위에서 보고된 것과 모순되는 동등하게 다른 타당한 결론에 도달하는 연구도 있을 것이다. 정말 중요한 요인은 선생님과 학생, 학생과 학생 사이의 관계뿐이다. 만약 이 관계들이 좋다면 위의 요소들 중 어느 하나라도 긍정적인 영향을 줄 것이고, 만약 나쁘다면 위의 모든 요소들은 부정적인 영향을 미칠 것이다.

교사들은 자신과 학생들을 더 잘 이해할 때 더 많은 시간을 갖고 더 많은 학생들에게 다가갈 수 있다. 성격 유형 이론은 교실 관계를 변화시키는 데 도움을 주고, 따라서 수업에서 긍정적인 영향을 끼칠 수 있다.

✾ <질문 14> 왜 성격 유형이 유용한가요?

자신의 성격 유형을 발견하고 삶에 적용하는 대부분의 사람들은 그것이 얼마나 유용한지에 대해 놀라워한다. 어떤 사람들은 심지어 자신의 성격 유형 이해에 지나치게 열심이고 그들의 애완 고양이나 햄스터조차도 유형 선호도를 보여 준다고 확신하면서 세상을 바꾸려고 노력한다. 그것이 그렇게 유용한 모델인 이유 중 하나는, 성격 유형이 우리가 우리 자신의 가장 가혹한 비평가인 것처럼 친절하게 우리 자신을 바라볼 수 있게 해 주기 때문이다.

인생에서 가장(pretending)을 그만두는 순간들이 있다. 즉, 우리가 아닌 무언가가 되려고 노력하는 순간들이 멈추는 순간들이 있다. 우리는 거울이나 사랑하는 사람의 눈을 바라보며 "이게 나야, 이게 나야."라고 말하는 순간들이 있다. 우리의 진정한 자아를 드러내면서 우리는 그들의 대답을 영원히 기다려야 한다. 반발과 거부감, 존경과 기쁨을 누린다. 그 순간 우리는 부서지거나, 만들어지거나, 찌그러지거나, 연결된다. 우리는 단숨에 살거나 죽거나 한다. 이 눈부신 순간에서 우리는 감히 우리가 진짜 누구인지 볼 수 있다. 교사들은 학생들에게 최선을 다하는 모습을 보여 줄 때 최고다.

> **어느 누구도 다른 사람들로부터 독립할 수 있을 만큼 충분히 크지 않다.**
>
> Dr William Mayo

성격 유형은 우리가 의사소통과 관계에 모델을 적용할 때 가장 많이 제공한다. 결혼 생활을 변화시키고, 사업에서 팀을 구축하고, 육아를 개선하고, 정보에 입각한 직업 결정을 내리기 위해 전 세계적으로 사용된다. 우리는 다른 사람들과 떼려야 뗄 수 없는 관계에 있다. 우리는 그들의 강점과 차이점을 이해함으로써 사이좋게 지내야 한다. 사실, 교실에서보다 더 관련성이 높은 곳은 없다.

✾ <질문 15> 교무실에서 유형을 사용할 수 있을까요?

그렇다. 성격 유형은 리더십 기술을 개발하고 강력한 팀을 구축하기 위해 비즈니스에서 광범위하게 사용된다. 4장에서는 성격 유형을 통해 리더십을 탐구한다. 또한 동물 유형(곰, 고양이, 해양 동물, 새)에 따라 교실에서 학생들을 이끄는 도구로서 유용하다.

> **집에 들어가 가구를 이리저리 옮기는데, 제일 먼저 하는 일은 다시 전부 뒤로 옮기는 것이다.**
>
> Catherine Fuller & Phil Taylor,
> *A Toolkit of Motivational Skills*

모든 사람을 여러분처럼 생각하도록 만드는 대신에, 유형 모델을 적용함으로써 그들이 어떻게 생각하는지 이해하고 그에 따라 여러분의 메시지를 전달하는 것이 훨씬 더 효과적이다.

제2장
성격 유형과 수업

이 장의 중점

▶ 교사 본인의 성격 유형에 대해서 탐색하기

▶ 교사의 교육 방식이 어떠한지 알아보기

▶ 학생의 성격 유형에 대해서 알아보기

▶ 교사와 학생을 위한 최선의 수업 실천이 무엇인지 알아보기

처음으로 진정 자기 자신을 마음껏 비웃어 본 날, 당신은 성장한다.
Ethel Barrymore

이 넓은 세상에서 확실하게 마음껏 이용할 수 있는 것이 있다면, 그것은 바로 당신 자신이다.
Aldous Huxley

✲ 2.1. 북극곰(Polar Bear) 유형 ISTJ

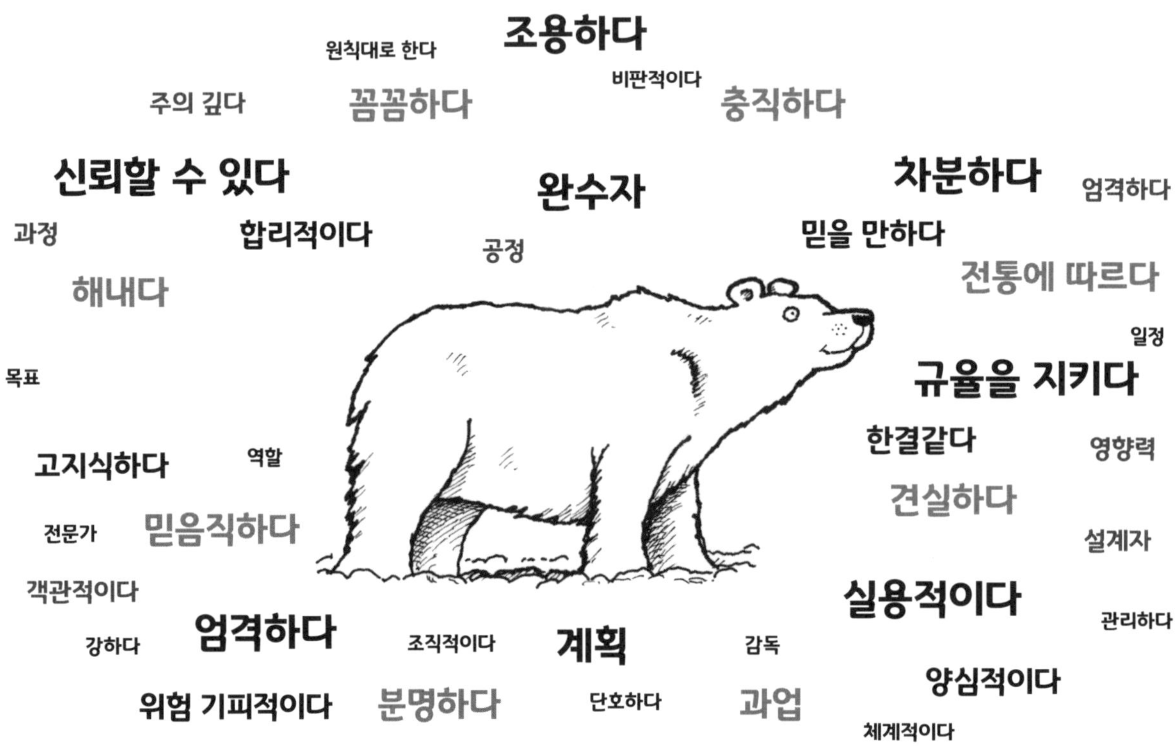

북극곰(Polar Bear) 유형은 가장 흔한 성격 유형 중 하나로 대부분의 사람들이 북극곰 유형을 가족이나 주변에서 적어도 한 명 이상 만날 수 있을 것이다. 북극곰 유형은 성격 유형 중에서 순수 왕족 혈통과도 같은 유형이다. 이들은 최선을 다해서 항상 정돈되어 있으며 모든 유형들 중에서 가장 믿음직하다. 전통, 목적, 규칙들이 그들의 삶에서 가장 기반이 되는 가치들이다. 이러한 성향은 어린 시절부터 발달되어서 교사들은 종종 이 유형의 학생들에게 다음과 같은 질문을 던지곤 한다. "우리 진도 어디 나갈 차례지?" 북극곰 유형의 믿음직함은 그들이 속한 사회, 학교 그리고 회사에 큰 도움을 준다. 그러나 그들이 옳은 길이라고 믿는 신념을 다른 사람들이 모두 아니라고 느끼는 경우가 생긴다면, 조직 내에서 큰 문제가 되곤 한다. 유연성, 특히 사람에 대한 유연함은 그들에게 꼭 필요한 인생 교훈이다. 만약 교사들이 이 유형의 학생들에게 이것을 가르친다면, 훗날 그들의 인생에 큰 도움이 될 것이다.

좌우명: 내 방식이 아니면 떠나라.

행복한 교실을 만들기 위한 북극곰 유형 교사의 태도

- 구체적이고 측정 가능한 목표를 향해 체계적으로 수행하고, 시간과 할 일을 조직하라.
- 지금까지 익혀 온, 실제적인 수업 기술과 행동을 적용하라.
- 공평하고 객관적이며 드러나는 확실한 기준들을 토대로 평가 받도록 하라.
- 안정적이고 친화적이지만 모두 자신의 분명한 과업에 초점을 맞추어 열심히 수행하는 환경에서 일하게 하라.
- 분명한 책임, 기대치, 마감 기한을 제공하라.
- 독립적으로 일할 수 있게 하라.

북극곰 유형 교사의 수업 방식

- 이미 시도해 본 검증된 방식들이 최고이다.
- 명확한 체계가 학습으로 이어진다.
- 객관적인 평가 방식들이 가장 정확하다.
- 교사가 명확한 기대치, 과정들을 제공할 것이고, 교사가 세세한 것들을 관리할 것이다.
- 수업 계획과 과정안을 벗어나지 않는다.

북극곰 유형 학생의 성격

- 세계에 대해서 이해하기 위해서 종종 강렬하고 진지한 성향을 보이며, 심지어 주변 다른 어른들보다도 성숙하다.
- 정밀한 기술들을 요구하는 과제에 더 큰 흥미를 느끼는 경향이 있다(단체보다는 혼자 하는 게임이나 취미들을 더 좋아한다.).
- 배울 때 직접 해 보는 것이 좋지만, 어떻게 해야 하는지에 관한 지침이 있는 것이 좋다. 고칠 부분이 있다면 개인적으로 이야기해 주는 것을 선호한다.
- 갑자기 주어지는 일보다 반복적인 체계를 더 선호한다.
- 세심하게 주제에 대해서 연구해서 그 분야의 전문가가 되는 것을 좋아하므로 그런 기회를 제공하는 것이 좋다.

북극곰 유형 학생을 위한 교육 실천

- 개인적으로 스스로 통제할 수 있는 독립적인 시간이 필요하다. 이 필요를 존중해 주자.
- 세상의 모든 것이 흑백으로 나뉠 수는 없음을 가르치자. 세심한 요령을 배울 수 있도록 지도하자.
- 책임을 부여하자. 그들이 흥미 있어 하는 분야에 대해서는 조언을 구하자.
- 교사의 일정을 공유하고 가능한 한 그대로 따르자. 그들은 믿음직하지 않고 체계적이지 않아 보이는 교사는 존경하지 않는다.

팀 기여도

- 과업을 완수하기 위해서 열심히 한다.
- 섬세한 세부 사항과 과정에 초점을 맞춘다.
- 프로젝트를 시작하고 추진할 능력이 있다.

취약점

- 융통성이 없고, 타인을 비판적으로 판단하고, 지나치게 규칙에 얽매인다.

✲ 2.2. 흑곰(Black Bear) 유형 ESTJ

분명하다
양심적이다
진지하다
과제
단호하다
행동
분석적이다
열정
주장이 강하다
믿음직하다
매력적이다
엄격하다
충직하다
결단력 있다

사무적이다
지도자
논리적이다
계획
관리하다
침착하다
과정
우두머리
현실적이다
현실적이다
강하다
완수하다
규율을 지키다
원기 왕성하다
갈망
평범하다
영향력
남과 어울리기 좋아하다
절차
직접적이다
실행
해내다
전문가
과감하다
허점이 없다

규제가 없다면 이 성향은 너무 거칠고 공격적이며 자신에게만 몰두한 성격이 될 수 있다. 하지만 대부분의 흑곰(Black Bear) 유형은 이러한 성격을 팀의 일부로 사람들과 균형을 맞춰 가는 경험을 통해 조절할 수 있는 법을 배운다. 교실은 흑곰 유형에게 그들의 선천적인 지도자적 성향을 팀 안에서 일하면서 타인을 통해 배우는 팀워크의 강점을 습득하는 경험을 통해 균형을 맞춰갈 수 있는 최적의 공간이다. "Dragon's Den"[1]이라는 프로그램의 Duncan Bannatyne과 같은 흑곰 유형 인물들은 성공적으로 그들의 사업가적 능력과 경영 윤리를 참가자들의 새로운 아이디어와 열정과 함께 갈 수 있도록 한다. 이 프로그램에서 보이는 이들의 모습은 모든 흑곰 유형의 사람들이 교실과 그 밖의 사회에서 성공하기 위해서 참고하면 좋을 모습이다.

좌우명: 내가 리더가 되겠다.

행복한 교실을 만들기 위한 흑곰 유형 교사의 태도

- 명확하고 측정 가능한 결과를 위해서 체계적으로 일하고, 인력과 시간, 활동을 조직하라.
- 내가 배운 실용적인 기술과 행동을 적용하라.
- 공정하고 객관적이며 표면적으로 드러나는 확실한 기준을 토대로 평가하라.
- 안정적이고 친화적이지만 모두 자신의 분명한 일에 초점을 맞추어 열심히 일하는 환경에서 일하도록 하라.
- 분명한 기대치와 마감 기간을 제공하라.
- 결정이 필요할 때, 다른 사람들과 상의하면서 함께 하도록 하라.

흑곰 유형 교사의 수업 방식

- 이미 시도해 본 검증된 방식들이 최고다.
- 명확한 체계가 학습으로 이어진다.
- 객관적인 평가 방식들이 가장 정확하다.
- 교사가 명확한 기대치, 과정들을 제공할 것이고, 교사가 세세한 것들을 관리할 것이다.
- 수업 계획과 교수 · 학습 과정안을 벗어나지 않는다.

흑곰 유형 학생의 성격

- 많은 에너지를 가진 선천적 리더들이다.
- 실용적이고 이성적이며 반복되는 규칙과 질서를 좋아한다.
- 흔히 자신의 진실함과 믿음직스러운 성향을 자랑스럽게 여긴다.
- 실제 사실을 좋아하고 과업에 집중하는 것을 좋아한다.
- 임기응변의 능력과 그것의 중요성을 배워야 한다.
- 지루하면 가만히 있지를 못한다. 자신의 열정을 발산시킬 방법과 문제를 해결할 수 있는 방법을 찾아야 한다.
- 정직한 피드백을 거짓된 칭찬보다 좋아한다.
- 나이에 비해 성숙해 보인다.

흑곰 유형 학생을 위한 교육 실천

- 조화롭게 이끌어 가기 위해서 직설적이고 정직하고 구체적이고 조직적이고 논리적으로 행동하자. 만약 당신이 정확한 사실을 잘 모르면 흑곰 학생들은 알아차리는데서 그치지 않고 아마도 반 전체 앞에서, 심지어 장학사 앞에서도 당신에게 충고할 것이다.
- 학생들에게 명확한 경계가 있는 책임감을 부여해서 그 안에서 마음껏 누릴 수 있도록 하자. 단, 가끔 그 학생들을 뒤따라가기가 어려울 수도 있다.
- 학생들이 자신의 삶에 대해서 책임을 지고 사람들에게 그들의 최선을 보여 줄 수 있도록 도와주자.
- 교사의 스케줄을 공유하고 가능한 한 그대로 따르자. 그들은 믿음직하지 않고 체계적이지 않아 보이는 교사는 존경하지 않는다.

팀 기여도

- 과업을 완수하기 위해서 열심히 한다.
- 자원을 경제적이고 효과적으로 사용한다.
- 프로젝트를 시작하고 추진할 수 있는 능력이 있다.

취약점

- 엄격하고, 이미 다 알고 있다고 생각하며, 참을성이 부족하다.

1) Dragon's Den : 영국의 TV 프로그램으로 자수성가한 다섯 명의 사업가들이 자신의 돈을 투자할 사람을 찾는 프로그램

✲ 2.3. 곰인형(Teddy Bear) 유형 ESFJ

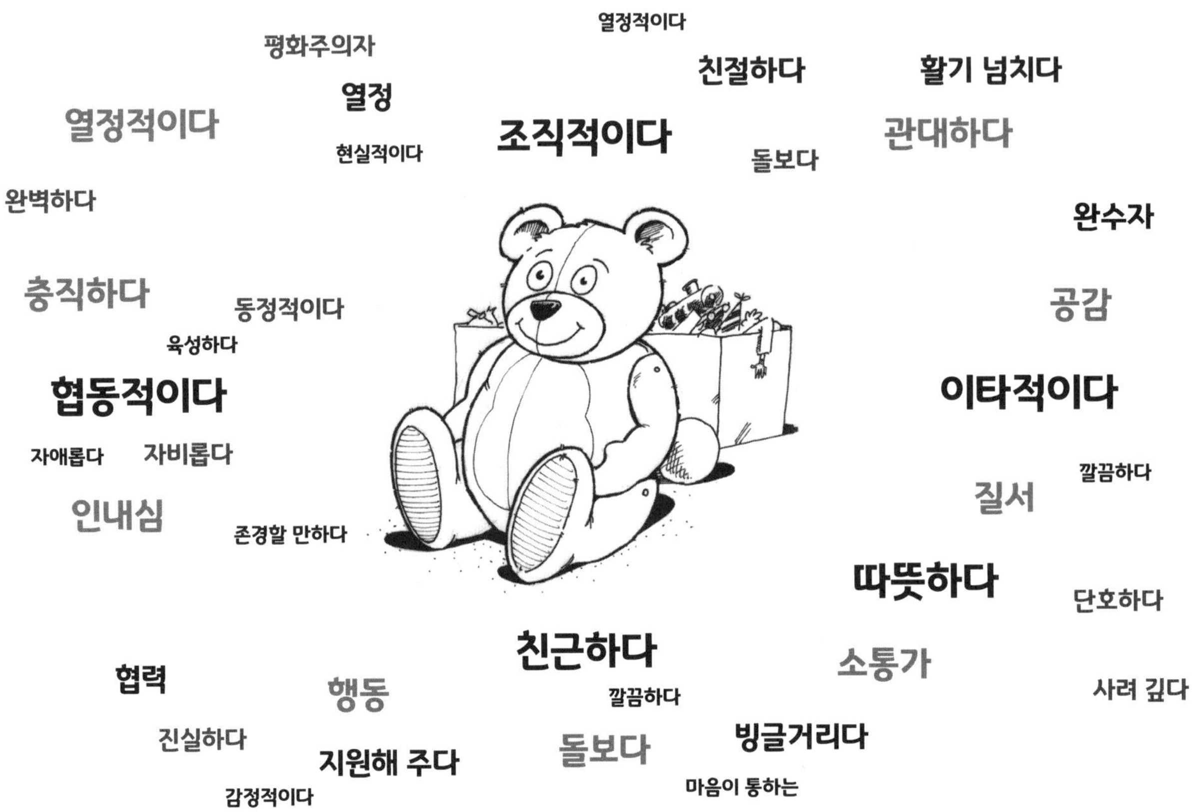

곰인형(Teddy Bear) 유형은 선천적으로 가장 사교적인 유형의 사람이다. 그들에게 이상적인 환경은 미용실, 피로연, 또는 줌바 교실 같은 곳이다. 그들은 사람들과 함께 있는 것을 좋아하고 모든 일들에 대해서 알고 싶어 한다. 그들의 교실은 때때로 마치 사교 모임과도 같은 느낌을 주기도 한다. 곰인형 유형의 교사는 보통 그들의 학생들을 잘 알고, 몇 년 후에도 개인적인 세부 사항들을 잘 기억한다. 대부분의 학생들은 자신의 발전을 향한 진실한 관심에 대해서 잘 대답할 것이지만, 몇몇 학생들은 이런 관심을 달가워하지 않을 수도 있을 것이다.

좌우명: 나는 사랑받아야 해요.

행복한 교실을 만들기 위한 곰인형 유형 교사의 태도
- 모두가 이야기하는 것을 듣고, 모임의 주도자가 되도록 하라.
- 사람들과 함께 일하고 각각의 사람들이 그들의 강점을 잘 적용할 수 있도록 도와주라.
- 따뜻하고 서로 공감할 수 있는 분위기에서 사람들과 사귀어라.
- 규칙을 이해하고 명확한 체계에 맞게 이것들을 적용하라.
- 어떤 일들을 해야 하는지 명확하게 파악하라.

곰인형 유형 교사의 수업 방식
- 이미 시도해 본 검증된 방식들이 최고이다.
- 긍정적인 관계가 배움과 사회를 뒷받침한다.
- 객관적인 평가 방식들이 가장 정확하다.
- 교사가 명확한 기대치, 과정들을 제공할 것이고, 교사가 세세한 것들을 관리할 것이다.
- 긍정적이고 사려 깊은 교실 환경을 만들어서 학생들을 책임감 있고 성숙한 미래의 시민으로 양성할 것이다.

곰인형 유형 학생의 성격
- 열정과 따뜻함을 넘치게 갖고 있고, 친근하고 쾌활하다.
- 자신감 있고 사교적이며 새로운 것들을 시도하는 것을 좋아한다.
- 안아 주는 것을 좋아하고 솔직하게 감정을 표현한다.
- 자연스럽게 행동한다.
- 학교를 친구들과 사귀고 파티하는 공간으로 생각해서 좋아하며, 친구들 집에서 놀거나 가족끼리 모임하는 것을 좋아한다.
- 선생님이나 다른 어른들에게 인정받으면 잘 성장한다.
- 전통을 존중하고 따른다.
- 특히 사람들의 의견, 가치, 시각에 대해 토의하는 것을 좋아한다.
- 자신보다 다른 사람들의 감정과 필요를 더 우선시한다.

곰인형 유형 학생을 위한 교육 실천
- 많은 열정과 열광과 소란을 예상하자.
- 그들에게 신체적인 관심과 칭찬을 많이 해 주자.
- 의견을 말하도록 격려하자. 다른 사람들의 의견과 때때로 달라도 괜찮다.

팀 기여도
- 사기를 북돋는다.
- 과업을 완수한다.
- 사람들 사이를 연결하고 마무리 짓는다.

취약점
- 죄책감을 느끼고, 지나치게 민감하고, 조정을 한다.

✲ 2.4. 코알라(Koala Bear) 유형 ISFJ

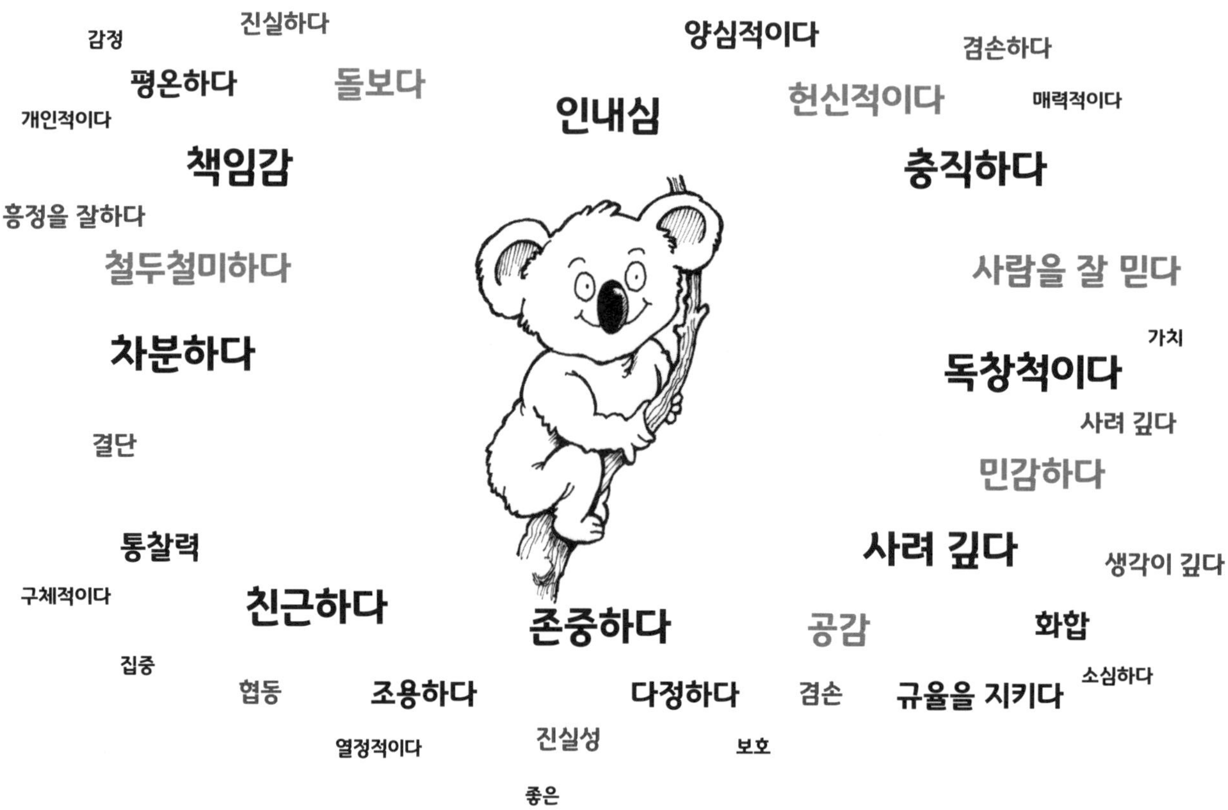

코알라 유형은 가장 자화자찬을 하지 않을 유형이다. 사실 그들은 스스로를 아예 칭찬하지 않을 뿐만 아니라 모를 수도 있다. 그들은 가장 자신을 내세우지 않는 유형이고, 부드럽게 교사에게 오랜 기간 양육 받을 필요가 있는 유형의 사람이다. 다른 사람들과 친해지고 그들을 신뢰하는 데 시간이 오래 걸리기 때문이다. 한 학급 정도 되는 30명 정도의 학생들 속에서 그들은 아마 가장 눈에 덜 띄는 사람일 것이다. 그들에게 한 가지 좋은 소식은 많은 유형의 교사들이 코알라 유형이라는 점이다. 초등학교에서는 20% 이상, 중 · 고등학교에서는 15% 정도의 교사들이 이 유형이다. 이 교사들은 코알라 유형의 학생들을 이해하고 그들의 강점과 재능을 밖으로 끌어내 줄 수 있다. 수줍음이 많은 코알라 유형의 교사들과 학생들은 자신을 내세우는 법을 배워야 한다. 아니라면 그들이 고통 받을 뿐만 아니라 다른 유형의 사람들도 손해를 보게 될 것이다. 왜냐하면, 코알라 유형이 가지고 있는 좋은 아이디어들과 그들이 기여할 수 있는 부분들을 놓치게 될 것이기 때문이다.

좌우명: 내가 묵묵하게 일을 할게요.

행복한 교실을 만들기 위한 코알라 유형 교사의 태도

- 논리적이고 차분하게 일하되, 시간과 활동을 한 번에 하나씩 구체적인 결과를 위해서 해 나가도록 하라.
- 실용적인 기술들과 교사가 배운 확실한 행동들을 적용하도록 하라.
- 공평하고 객관적이며 겉으로 드러나는 확실한 기준을 바탕으로 평가 받도록 하라.
- 안정적이고 친화적이지만 세부 사항에 대하여 정확하게 초점을 맞추어 열심히 일하는 환경에서 일하게 하라.
- 분명한 책임, 기대치, 마감 기간을 제공하라.
- 독립적으로 일하거나 소모임에서 일할 수 있도록 하되, 교사가 기여한 부분들이 협동적이고 따뜻한 분위기에서 인정받고 칭찬받을 수 있게 하라.

코알라 유형 교사의 수업 방식

- 이미 시도해 본 검증된 방식들이 최고이다.
- 긍정적인 관계가 배움과 사회를 뒷받침한다.
- 객관적인 평가 방식들이 가장 정확하다.
- 교사가 명확한 기대치, 과정들을 제공할 것이고, 교사가 세세한 것들을 관리할 것이다.
- 긍정적이고 사려 깊은 교실 환경을 만들어서 학생들을 책임감 있고 성숙한 미래의 시민으로 양성할 것이다.

코알라 유형 학생의 성격

- 보통 차분하고 조용하고 인내심이 강하며 조심스럽다.
- 어떤 일이 일어나는지 관찰하고 이해했다는 확신이 들 때까지 해 보는 것을 좋아한다.
- 반복되는 일상과 체계를 좋아한다.
- '개인적인 공간'을 좋아한다.
- 때로 자신이 손해를 보더라도 모든 사람과 잘 지내는 것을 좋아한다.
- 동물들이나 자연에 끌릴 수 있다.
- 때로 성격이 쿨해 보이고 패션 감각이 뛰어나 보이고 싶어 한다.
- 공예나 예술에 뛰어난 경우가 있다.

코알라 유형 학생을 위한 교육 실천

- 온화하면서도 지속적으로 학생들을 대하면 그들이 성장할 것이다.
- 직접 할 수 있는 배움의 기회를 제공하자(예를 들면, 직접 만들어 보고, 물을 주고, 산책하고, 방문하는 등).
- 공정하고 지속적인 규칙을 제공하고, 좋은 행동은 더 책임지고 보상해 주자. 그들은 교사가 약속을 지키지 않을 때 다른 유형보다 더 많이 낙담할 것이다.
- 코알라 유형의 학생들이 선천적으로 내성적이고 조용하다는 사실을 받아들이자. 그들은 주목 받는 것을 거의 추구하지 않고 학급 토의에 참여하기를 주저할 수도 있다. 하지만 이것을 무관심이라고 단정 지어서는 안 된다.

팀 기여도

- 세부 사항과 과정에 관심이 있다.
- 잘 챙기고 아우른다.
- 배경지식 조사를 맡는다.

취약점

- 화를 잘 내고, 사소한 일로 트집을 잡거나, 다른 사람들에게 당하고도 가만히 있는다.

✻ 2.5. 사자(Lion) 유형 ESFP

활동적이다
협동적이다
공감하다
상냥하다
동정하다
잔꾀
사교적이다
예술 감각이 있다
자발적이다
차분하다
활발하다
낙관적이다
쾌락주의
실용적이다
파티를 좋아하다
장인

즉흥적이다
적응을 잘하다
잘 보살피다
신나는
상식
돌보다
관대하다
쾌활한
사려 깊다
관찰력 있다
남과 어울리기 좋아하다
친절하다
온화한
장난이 심하다
위세당당한
조화
행동
재미 있는
인내심 있는
알아차리는
친근하다
씩씩한
너그럽다
결정
평화주의자

그들은 거의 본능적인 유형이다. 그들의 주변 세계와 자신의 몸이 편하면 된다. 순간을 위해 순간 속을 살아가는 것은 사자에게 자유뿐만 아니라 도전도 가져다준다. 만약 그들이 파티에 없다면, 그들 스스로가 쉽게 파티 분위기를 만들 수 있다. 그들은 감정적인 표현을 잘하고 다정해서 넓은 범위로 친구를 사귀곤 한다. 선생님으로서 그들은 재미있고, 흥미로우며 다소 예측 불가능하면서 가끔 비방 받기도 한다. 학생으로서 그들은 수업을 파티로 만들려고 노력하기 때문에 많은 교실에서 어려움이 될 수 있다.

좌우명: 파티하자!

행복한 교실을 만들기 위한 사자 유형 교사의 태도

- 다양한 그룹들과 협동하면서 재미있고 다양성을 가지며 직접 해 보는 수업을 하라.
- 아이디어, 가치, 신념을 즉흥적으로 그리고 충돌 없이 그룹 내에서 협동하도록 하라.
- 규칙, 일정, 구조가 없거나 거의 없게 하라.
- 서로 자신의 장점을 과제에 적용시킬 수 있도록 협동하게 하라.

사자 유형 교사의 수업 방식

- 이미 시도해 본 검증된 방식들이 최고이다.
- 긍정적인 관계가 학습과 사회를 뒷받침한다.
- 객관적인 평가 방식들이 가장 정확하다.
- 분명한 요구를 제시할 것이지만 그것을 전달할 때에는 유연성을 지녀야 한다.
- 책임감 있고 성숙한 미래의 시민을 양성하기 위해 긍정적이고 배려하는 교실 환경을 만든다.
- 경험적인 학습을 강조한다.

사자 유형 학생의 성격

- 활동적이고 힘이 넘친다.
- 활동을 즐기며, 파티가 없다면 파티를 만들어 낼 정도로 파티를 좋아한다.
- 대개 자연의 세계(웅덩이, 수영장, 숲)를 좋아한다.
- 삶은 롤러코스터나 테마파크이다. 감각적이고 모험적이며, 시도해 보고 즐긴다.
- 놀이와 갑작스러운 일에 잘 반응한다.
- 쉬도록 하거나 자신의 배터리를 재충전할 시간을 주는 것이 필요할 수 있다.

사자 유형 학생을 위한 교육 실천

- 학생들이 탐험하고 많이 이야기하며 도전할 수 있도록 하자.
- 그들에게 어떻게 하는지 말로 설명하는 것보다는 어떻게 하는지 보여 주고 따라 할 수 있도록 하자.
- 그들의 자신감은 대개 실용적인 새 기술을 익히는 데서 온다.
- 선물, 돈이나 사회적인 활동처럼 현실적인 보상을 제공하자.

팀 기여도

- 열심히 임하고 행동적인 방면에서 접근한다.
- 융통성 있고 포괄적이다.
- 요점 · 목적에 빨리 도달한다.

취약점

- 충동적이고, 신뢰가 떨어지고, 흥미로운 활동(쾌락)을 추구한다.

✲ 2.6. 검은표범(Panther) 유형 ESTP

현실주의

붙임성 있다 자신만만하다 실용적이다

행동

너그럽다 행동 꼭 해내는 쾌락주의

현실적이다

힘 있는

해내다

고집스럽다

영향력

협상하다

세련된

결단력 있다

즉흥적이다

제안하는

촉진하는

수행자

과정

강하다

실행

유연하다

모험가 다양성 실행하다

수행하다 관찰자 분석자 활기차다

적응을 잘하다

자기 주장이 강하다 해결사 엄격하다

결과 지향적

검은표범 유형의 사람들은 삶을 경험하는 것을 그 자체의 목적으로 두었다. 그들은 현재에 매우 빠져들어 그 시간만큼은 다음 활동을 계획하며 걱정하는 일이 거의 없을 정도로 한 모험에서 그다음 모험으로 넘어갈 때마다 최선을 다한다. 학교에서 이러한 성격은 검은표범들에게 문제아라는 낙인을 찍는데(매 유형처럼), 특히 학업이 충분한 성과를 이루지 못했을 때 더욱 그렇다. 교사들은 검은표범 유형의 학생들이 자신의 열정을 자신과 학교를 동시에 만족하는 활동에 집중할 수 있도록 도울 필요가 있다.

좌우명: 지금을 즐기자!

행복한 교실을 만들기 위한 검은표범 유형 교사의 태도

- 일련의 토의에서 그룹을 이끌고, 필요하면 일부러 반대의 입장을 취하는 것까지 감수하면서 재미와 다양성이 있고 직접 해 보게 하라.
- 최소한의 규칙, 일정, 구조가 있도록 하라.
- 즉흥적으로 하는 것과 혁신적인 것을 시도하게 하라.
- 교사가 사용할 수 있는 자원을 조직하는 지휘자가 되게 하라.
- 빠른 속도와 엄격한 직업 윤리가 있는 것이 좋고 대담하고 결단력 있게 행동하라.

검은표범 유형 교사의 수업 방식

- 이미 시도해 본 검증된 방식들이 최고이다.
- 명확한 체계가 학습으로 이어진다.
- 객관적인 평가 방식들이 가장 정확하다.
- 현실적이다.
- 정확한 예상 결과와 그 과정을 제공하고, 세부 사항은 지켜보며 조정한다.
- 경험적인 학습을 강조한다.

검은표범 유형 학생의 성격

- 활동적이고, 열정이 넘치고 남과 어울리는 것을 좋아하면서 가끔 짜증을 잘 낸다.
- 활동을 즐기며 파티가 없다면 파티를 만들어 낼 정도로 파티를 좋아한다.
- 대개 자연의 세계(웅덩이, 수영장, 숲)를 좋아한다.
- 삶은 롤러코스터나 테마파크이다. 감각적이고 모험적이며, 시도해 보고 즐긴다.
- 놀이와 갑작스러운 일에 잘 반응한다.
- 쉬도록 하거나 자신의 배터리를 재충전할 시간을 주는 것이 필요할 수 있다.

검은표범 유형 학생을 위한 교육 실천

- 그들이 탐험하고 많이 이야기하며 모험적이 될 수 있도록 하자.
- 그들에게 말로 어떻게 하는지 설명하는 것보다는 어떻게 하는지 보여 주고 따라 할 수 있도록 하자.
- 그들의 자신감은 대개 실용적인 새 기술을 익히는 데서 온다.
- 선물, 돈이나 사회적인 활동처럼 현실적인 보상을 제공하자.

팀 기여도

- 열정이 넘치고 솔직하다.
- 요점 · 목적에 빨리 도달한다.
- 활동 지향적이다.

취약점

- 흥미를 추구하고, 신뢰가 떨어지고, 공격적이다.

※ 2.7. 호랑이(Tiger) 유형 ISTP

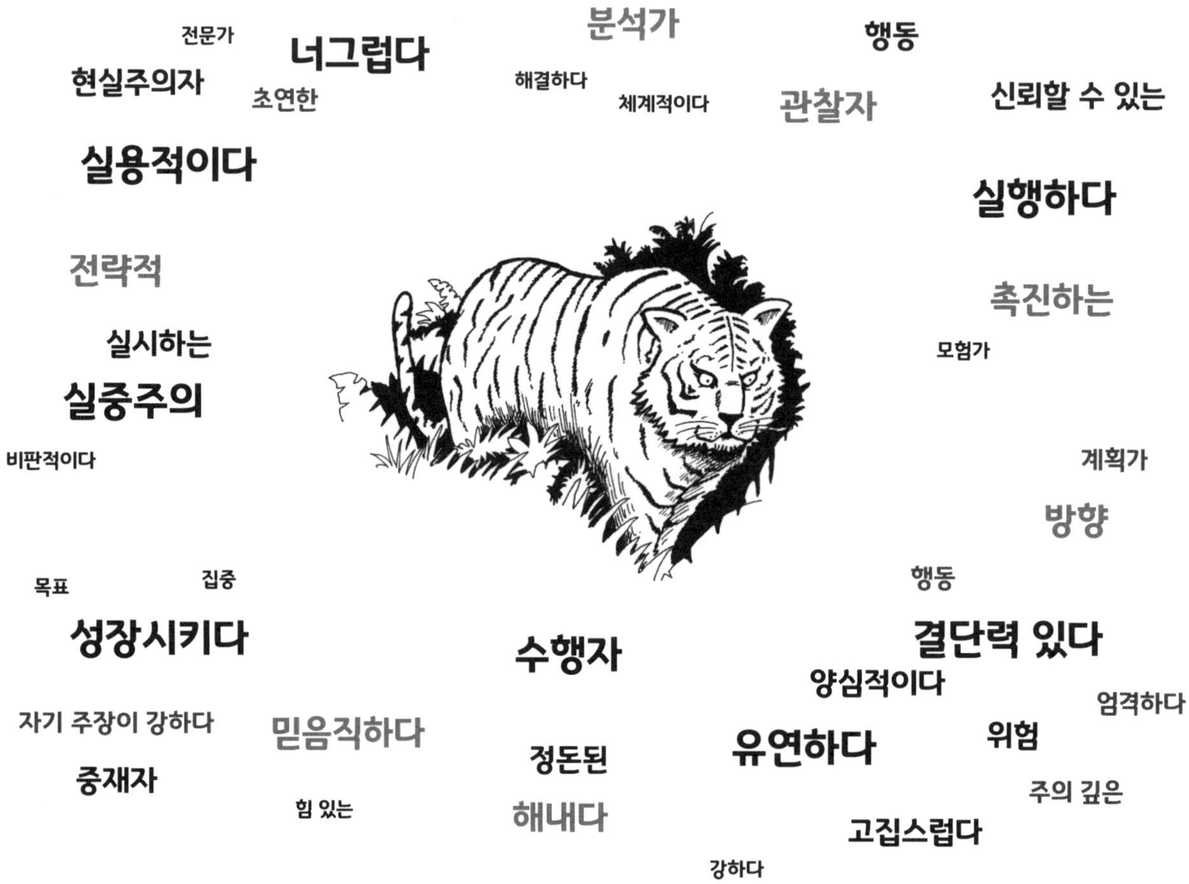

호랑이 유형은 강하고 조용한 성격이다. 이들은 직업이 필요하고 적절하다고 믿으면 그 직업을 계속한다. 그렇지 않으면 이들은 저항하려는 경향이 있다. 이 성격 유형의 사람들은 가르치는 데에는 그다지 두각을 나타내고 있지 않다. 이것은 굉장히 안타까운 일인데, 왜냐하면 기술과 역량을 배우는 전체 삶의 여정에서 과업에 대한 간단명료한 집중은 어떠한 과목에서라도 설득력 있는 토대를 제공하기 때문이다. 호랑이 유형의 학생으로서 탁월해지기 위해서는 교사와 좋은 관계를 유지해야만 하는데, 왜냐하면 만약 서로 갈등한다면 교사와 호랑이 유형의 학생의 대립이 잘 끝날 리 없기 때문이다.

좌우명: 나는 방황하는 별들 아래서 태어났다.

행복한 교실을 만들기 위한 호랑이 유형 교사의 태도

- 나만의 방식대로 기술을 연습하고 연마하고 숙달하게 하라.
- 내가 이해한 것을 적용하고 해결책을 제시하고 내가 도움을 찾을 때(굉장히 드물다)에만 도움을 받게 하라.
- 도전하고 그저 시간만 보내기 위해 어떤 것을 하는 것을 하지 마라.
- 감상적인 것을 하지 마라.
- 최소한의 규칙과 통제로 일하게 하라.

호랑이 유형 교사의 수업 방식

- 이미 시도해 본 검증된 방식들이 최고다.
- 명확한 체계가 학습으로 이어진다.
- 객관적인 평가 방식들이 가장 정확하다.
- 내가 명확한 기대치를 제공하겠지만 그것을 전달할 때에는 융통성 있게 한다.
- 경험을 통한 학습에 중점을 둔다.

호랑이 유형 학생의 성격

- 배우는 것을 즐기며, 특히 세계가 어떻게 돌아가는지에 대해 이해하도록 돕는 사실들을 배우는 것을 좋아한다.
- 굉장히 개인주의적이고, 그들의 방식으로 무엇을 해야 하는가에 대해 확고하다.
- 종종 경쟁적인 게임과 장난감을 좋아한다.
- 많은 신체적인 집중을 하지 않고, 이러한 집중을 필요로 하지 않을 수도 있다(그들이 당신을 존중하지 않는다는 것을 의미하지는 않는다.).
- (교사의) 권한에 의문을 제기할 것이고, 야단법석 떠드는 것을 좋아하지 않는다.
- 창의적인 문제 해결사로, 이론과 아이디어를 시험하는 것을 즐긴다.
- 혼자 있는 것을 즐기고, 어떻게 만들어졌는지를 보기 위해 물건들을 분해할 수도 있다.

호랑이 유형 학생을 위한 교육 실천

- 학생이 가능한 한 많이 결정할 수 있도록 하자(명확하고 논리적인 범위 내에서라면).
- 자기 비판적으로 될 수 있으므로, 어떻게 하면 그들이 잘할 수 있는지 논리적인 방식으로 설명하자.
- 강한 유대를 만들기 위해 당신이 나눌 수 있는 공통의 관심사를 찾아보자.

팀 기여도

- 열심히 일하고 솔직하다.
- 독립해서 일하는 것을 좋아한다.
- 요점 · 목적을 빠르게 파악한다.

취약점

- 일을 미루고, 냉소적이고, 냉정하다.

✲ 2.8. 고양이(Cat) 유형 ISFP

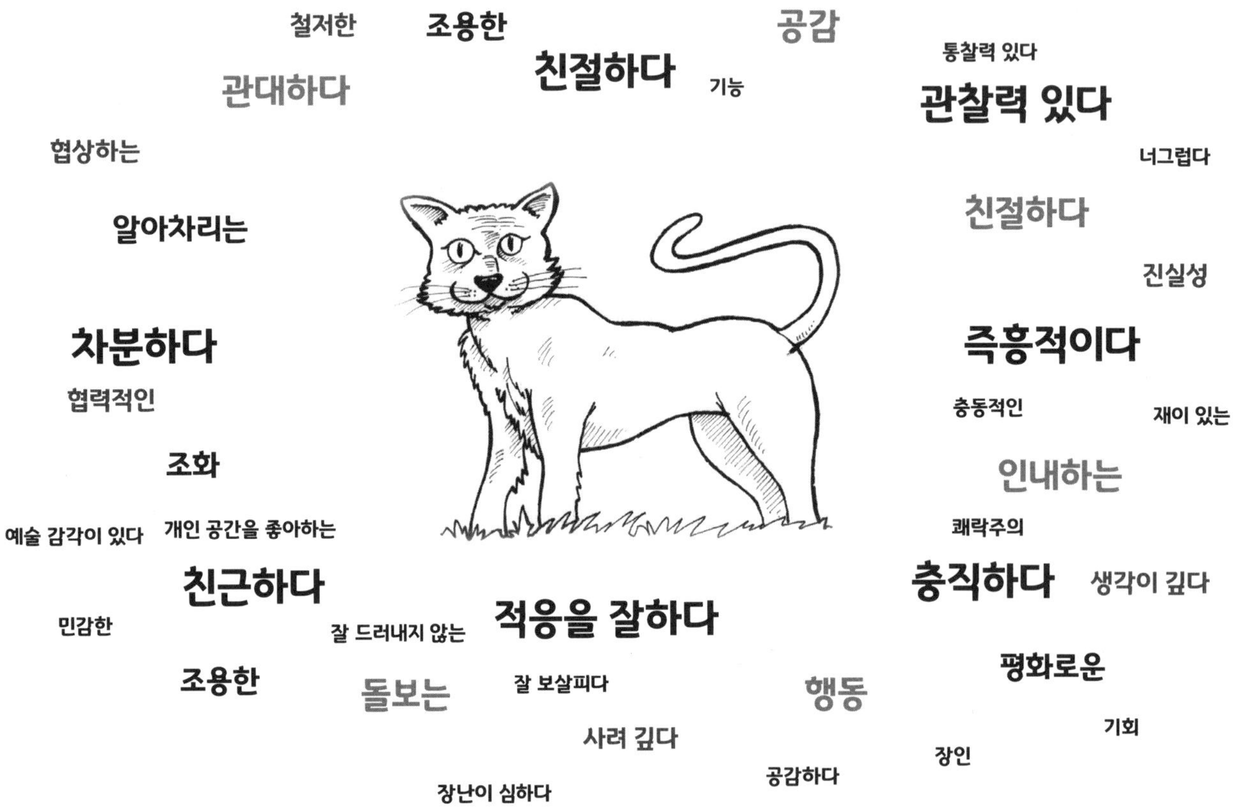

고양이 유형의 사람은 마치 실제 고양이와 같다. 이들은 친근하지만 독립적이다. 규칙적으로 하는 과업과 잡담에는 가만히 있지 않고 참을성이 없지만, 낚시, 공예, 춤, DIY, 차를 고치는 것, 육상경기, 예술과 음악과 같은 기술을 완벽하게 하는 것에는 몇 시간씩 쓴다. 그들은 말보다는 행동으로 그들 자신을 표현하는 것을 선호한다. 고양이 유형은 교실에서 가장 불편해 할 가능성이 많은 유형이다. 지식을 기르고 적용하는 것에 중점을 둔 대부분의 교육과정과는 반대로, 이들은 기술력을 높이고 적용시키는 것을 더 선호한다. 또한, 혼자 있는 것을 선호하고, 행동과 모험에 대한 갈망으로 인해 그들이 중 · 고등학교에서 교실 경험의 대부분과 조화되지 못한다. 공예와 활동은 종종 초등학교에서 더 많이 이루어지기에, 초등학교에서 고양이 유형의 사람들이 교사로서나 학생으로서나 가장 편안할 수 있는 가능성이 높다. 고양이 유형의 사람들은 일반적으로 모든 유형의 사람들 중 가장 친절하다고 생각되고, 야외 활동이나 레저 활동에 매력을 느끼는 유형이다.

좌우명: 내가 모험할 수 있게 해 줘!

행복한 교실을 만들기 위한 고양이 유형 교사의 태도

- 내가 믿는 대로 기술을 연습하고 연마하고 숙달하게 하라.
- 내가 해야 할 것을 아는 것은 좋지만 그것을 어떻게 하는지에 대해서는 모르는 것이 좋다("내가 혼자 힘으로 해 보고, 안 되면 물어볼게요.").
- 나의 노력의 결과를 볼 수 있게 하라.
- 지원해 주고 친절한 환경에 있게 하라.
- 최소한의 규칙과 통제로 일하게 하라.

고양이 유형 교사의 수업 방식

- 이미 시도해 본 검증된 방식들이 최고이다.
- 긍정적인 관계가 배움과 사회를 뒷받침한다.
- 객관적인 평가 방식들이 가장 정확하다.
- 미래의 책임감 있고 성숙한 시민으로 학생들을 성장시키기 위해서 긍정적이고 배려하는 교실 환경을 만든다.
- 경험을 통한 학습에 중점을 둔다.

고양이 유형 학생의 성격

- 계획되고 신중한 방식에서 활동적이다.
- 흔히 파티의 생생함과 파티 정신이 있는 활동을 즐기고 만약 파티가 없었다면 종종 파티를 만들기도 한다.
- 보통 자연 세계(연못, 수영장, 숲)를 즐긴다.
- 인생은 롤러코스터나 테마 파크이다. 감각적이고 모험적이며, 시도해 보고 즐긴다.
- 장난과 놀랄 소식을 좋아한다.

고양이 유형 학생을 위한 교육 실천

- 학생들이 탐구하고 학생들의 경험을 반영할 수 있도록 놓아두자.
- 언어적인 지시를 내리기보다는 어떻게 하는지 보여주고 학생들이 해 볼 수 있도록 하자.
- 학생들의 자신감은 종종 실용적이고 새로운 기술들을 배우는 데에서 나온다.
- 간식, 돈, 사회적 활동과 같은 현실적인 상을 제공하자.

팀 기여도

- 열심히 일하고 배려한다.
- 독립해서 일하는 것을 좋아한다.
- 요점 · 목적을 빠르게 파악한다.

취약점

- 자기 비판적이고, 규칙을 무시하고, 내성적이다.

✲ 2.9. 해마(Seahorse) 유형 INFJ

해마 유형은 보기 드문 성격 유형으로, 전체 인구의 3% 정도 밖에 되지 않는다. 해마 유형 사람은 교사 중에서 많이 나타나며 학생들이 자신의 잠재력을 모두 발휘할 수 있도록 이끌고 보살핀다. 해마 유형 교사는 자신의 따뜻함과 상상력을 발휘하여 차분하고 활기찬 교실 상황을 만들어 낸다. 최악의 경우, 그들은 학생들의 대치와 공격에 제압될 수 있다. 해마 유형들은 본능적으로 언어와 말에 관심이 있다. 서양 문화, 특히 실용주의 학교 분위기는 해마 유형의 역할과 성과(그리고 그들과 가까운 물개 유형)를 무효화할 수 있다. 아메리카 인디언 문화는 본능적인 해마 유형의 내부 믿음과 가치와 매우 가깝다.

좌우명: 생각해 보자!

행복한 교실을 만들기 위한 해마 유형 교사의 태도

- 나만의 생각, 믿음과 의미를 탐구하고 만들어 낼 시간을 가지면서, 다양성과 행동을 맞닥뜨리도록(만들어 내도록) 하라.
- 문제 해결을 위해 상상력과 창의성을 사용하고 발전시켜라.
- 짧든 길든 나만의 시간을 가져라.
- 내가 이룬 것이 인정받게 하라.
- 협동적이고 격려하는 환경에서 독자적으로 일하게 하라.

해마 유형 교사의 수업 방식

- 모든 학생의 고유한 잠재력을 발달시키는 것을 목표로 한다.
- 학생들을 격려하고 동기를 부여하기 위해 학습에서 선택과 다양성을 제공한다.
- 학생들이 창의성을 가지고 토의하는 것을 가치 있게 생각한다.
- 정형적인 평가를 하지 않을 수도 있다.

해마 유형 학생의 성격

- 감각적이고 감정적인 몽상가들은 안정감을 주고 지지해 주는 부모를 필요로 하는 아이처럼 행동할 수 있다.
- 다정하고 애정이 넘치며, 종종 주위의 자신보다 어린 아이들을 돌본다(해마 유형은 이야기를 만들어 내어 들려줄 수 있다.).
- 대부분 너그럽고 천성이 착하다. 그래서 정해진 규칙보다는 사람을 더 중요하게 여긴다.
- 가까운 친구들로 이루어진 작은 집단에서 어울리려는 경향이 있다.
- 10대를 지나면서 자신이 누구이고 어떤 사람이 되고 싶은지를 알아내려고 노력하며, 자아 정체성을 찾아 나간다.

해마 유형 학생을 위한 교육 실천

- 창의성을 기르려고 하고 사람들이 왜 그렇게 행동하는지에 대해 이해하려고 하는 것(책, 미술, 음악을 통해)을 격려해 주도록 하자.
- 자신만의 시간, 조용히 생각할 수 있는 시간의 필요성을 존중하자.
- 그들이 비판을 개인적으로 받아들일 때, 조심하고 긍정적인 면모를 부각하자.
- 그들이 이해되고 받아들여지고 있다는 것을 느낄 수 있도록 하자.

팀 기여도

- 과제를 끝마치기 위해 힘든 일을 도맡아 한다.
- 상상력을 발휘한다.
- 프로젝트가 다른 사람에게 미칠 영향을 예측한다.

취약점

- 내성적이고, 화를 내며, 비판적이다.

✲ 2.10. 물개(Seal) 유형 INFP

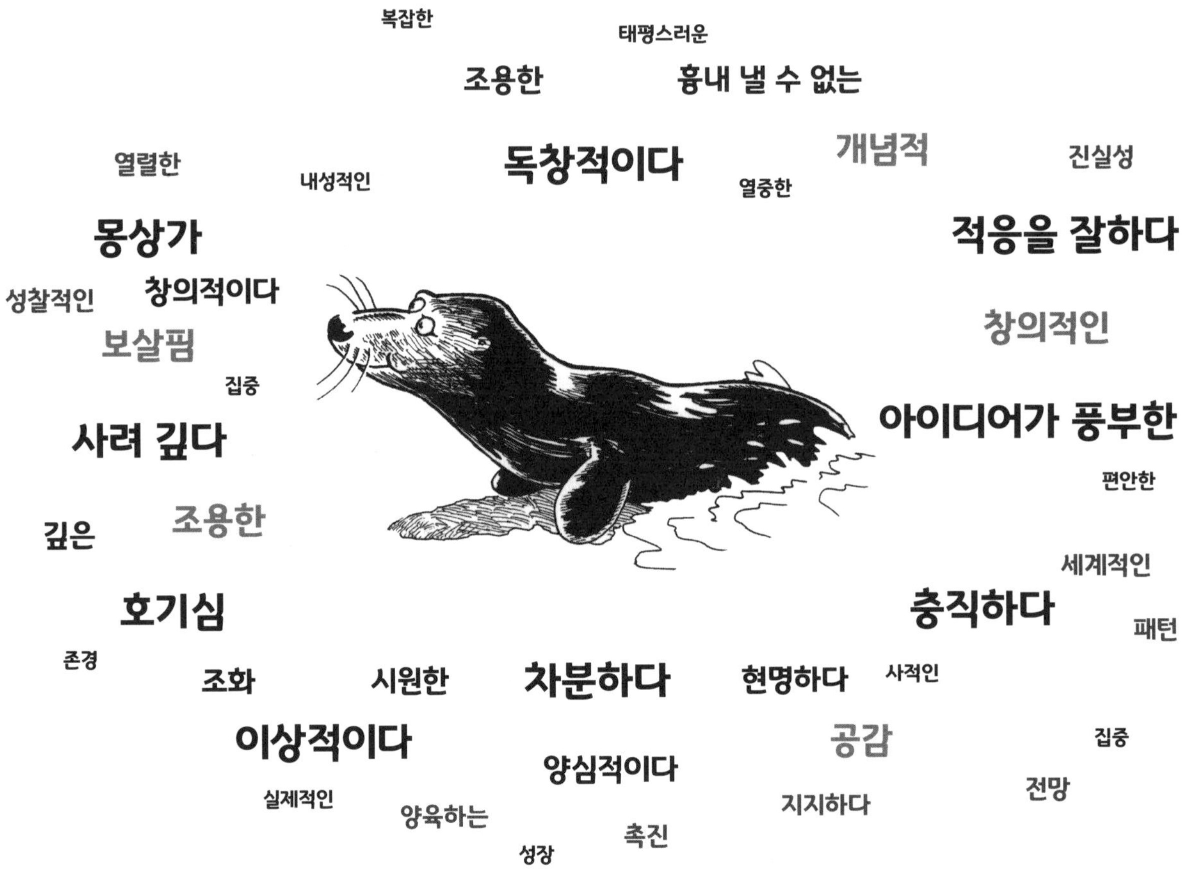

물개 유형은 모든 유형들 중 으뜸가는 공상가들이다. 물개 유형은 곧잘 자신의 생각에 빠질 뿐만 아니라 집, 교실, 휴가지에서도 어딘가로 사라질지도 모른다. 가장 쉽게 주의가 산만해지는 유형이다. 쉽게 머릿속으로 생생하고 명료한 마치 현실과 같은 것을 생각해 내기 때문에 작가가 대표적인 물개 유형인 것은 놀랍지 않다. 그들은 신비하고 마법 같은 일에 매료된다. 물개 유형의 교사는 자신의 최고 기량을 발휘하면, 학생들의 창의적인 잠재력을 길러 주며 학생들을 마법 같은 공간과 생각 속으로 이끌어 낼 수 있다. 최악의 경우, 물개 유형의 교사는 체계를 잃고 Harry Potter의 점술 선생님, Sybill Trelawney처럼 되는 대로 살아가는 아웃사이더가 될 수 있다. 물개 유형의 학생은 교사 또는 주제가 자신의 상상력을 사로잡을 만한지에 따라 우상시할 수도 아니면 아예 무시할 수도 있다. 서양 문화, 특히 실용주의 학교 분위기는 물개 유형의 기여(그리고 그들과 가까운 해마 유형)를 무효화할 수 있다. 아메리카 인디언 문화는 본능적인 물개 유형의 내부 믿음과 가치와 매우 가깝다.

> **나는 네 명의 남자 형제들과 한 아파트에 같이 살던 유일한 여자 아이였고 두 번째 실수로 부엌에 불을 낸 다음 부엌에서 쫓겨났다. 내 문제는 요리를 시작하고선 다른 방에 어떤 것을 찾으러 간 뒤, 무언가 타는 냄새가 날 때까지 요리에 대해 까마득히 잊어버린다는 것이다.**
>
> Caroline, 다행히도 요리사와는 다른 길로 간, 쉽게 주의를 잃던 물개 유형의 대표 주자

좌우명: 마음껏 상상해 보렴!

행복한 교실을 만들기 위한 물개 유형 교사의 태도

- 나만의 생각, 믿음과 의미를 탐구하고 만들어 낼 시간을 가지면서, 다양성과 행동을 맞닥뜨리게(만들어 내게) 하라.
- 정해진 틀을 벗어나 생각해 보게 하라.
- 상상력을 발달시키고 사용하며, 문제를 풀면서 창의력을 발휘하게 하라.
- 최소한의 규칙, 일정, 구조가 있게 하라.
- 즉흥적, 혁신적인 것을 시도하게 하라.
- 협동적이고 격려하는 환경 속에서 자체적으로 일하게 하라.

물개 유형 교사의 수업 방식

- 모든 학생의 독특한 잠재력을 발달시키는 것을 목표로 한다.
- 학생들을 격려하고 동기를 부여하기 위해 학습할 때 선택과 다양성을 제공한다.
- 학생들이 창의성을 가지고 토의를 하는 것을 가치 있게 생각한다.
- 정형적인 평가를 하지 않을 수도 있다.

물개 유형 학생의 성격

- 감각적이고 감정적인 몽상가들은 안심시켜 주고 의지가 되는 부모를 필요로 하는 아이처럼 행동할 수 있다.
- 다정하고 애정이 넘치며 가끔 주위의 자신보다 어린 아이들을 돌보게 된다(물개 유형은 이야기를 만들어 내어 들려줄 수 있다.).
- 마음이 편안하고 천성이 착하다. 그래서 정해진 규칙보다는 사람을 더 중요하게 여긴다.
- 그룹 활동 상황에서 평화로운 분위기를 만들곤 한다.
- 가까운 친구들로 이루어진 작은 집단에서 어울리려는 경향이 있다.
- 10대를 지나면서 자신이 누구이고 어떤 사람이 되고 싶은지를 알아내려고 노력하며, 자아 정체성을 찾아나간다.

물개 유형 학생을 위한 교육 실천

- 창의성을 기르려 하고 사람들이 왜 그렇게 행동하는지에 대해 이해하려고 하는 것(책, 미술, 음악을 통해)을 격려해 주자.
- 자신만의 시간, 조용히 생각할 수 있는 시간의 필요성을 존중해 주자.
- 그들이 비판을 개인적으로 받아들일 때, 조심하고 긍정적인 면모를 부각하자.
- 그들이 이해되고 받아들여지고 있다는 것을 느낄 수 있도록 하자.

팀 기여도

- 협동적이고 모든 아이를 활동에 참여시키려고 한다.
- 상상력과 비전이 돋보인다.
- 상황에 따라 잘 대처하는 유연성이 있다.

취약점

- 내성적이고, 비밀스러우며, 분위기를 탄다.

✲ 2.11. 흰동가리(Clownfish) 유형 ENFP

다재다능한 영리한 수근대다 따뜻하다 지지하는

카리스마 넘치는 협동적이다 불임성이 있다 매력적이다

자신만만하다 즉흥적이다

논쟁적인 재미있는 잘 잊어버리는

알아차리는 독창적인

긍정적이다 촉진하는

혁신가 재치 있는

쉽게 지루해 하는

시작하는 전략적이다 지지하는

열정적이다 수행자

극심한

어설픈 유연하다 자발적이다 멋쟁이

모험가

활동 거침없이 말하다

호기심을 자극하다 해결사

모험적인 자기 주장이 강하다

좋은 친구

완벽한 라디오 DJ를 위한 성격 스펙들을 작성한다고 상상해 보자. 여러분은 아마도 결국 흰동가리 유형(Clownfish)에 도달할 것이다. 흰동가리 유형이 가진 각각의 성향들에서 DJ의 특징이 넘쳐난다. **E**는 빠른 말투와 생각나는 것을 바로 말하는 재치 있는 말재주를 제공한다. **N**은 상상과 엉뚱한 발상을 더해 준다. **F**는 공감을 주고 청자와 게스트를 연결해 준다. **P**는 생방송에 흥미진진함을 불어넣는 즉흥성을 제공한다. 이 유형이 가진 긍정적인 의도에서 벗어나게 할 즉흥적인 아이디어들이 나타날 수 있는 가능성은 항상 있다. 흰동가리 유형의 모든 사람은 다음 프로젝트에 착수하기 전에 한 걸음 뒤로 물러나 생각해 보는 것을 배워야 한다는 것을 상기할 필요가 있다. 그들의 삶에 대한 환희와 누그러들지 않는 긍정적인 인생관("다 잘 될 거야. 그래, 그냥 해 보자. 그냥 재미로 하는 거지, 뭐.")의 일부분을 잃는 것은 흰동가리 유형 사람들이 균형을 이루기 위해서 처리해야 할 것이다. 그들의 매력은 부족한 계획에도 대부분의 상황을 헤쳐 나갈 수 있다는 것이다.

좌우명: 나에게 다른 생각이 있어!

행복한 교실을 만들기 위한 흰동가리 유형 교사의 태도

- 재미있게 하라.
- 내용의 범위에서 다른 모둠들과 공부하게 함으로써 다양성과 행동하는 것을 마주하게(또는 만들게) 하라.
- 거의 없는(또는 아예 없는) 규칙과 일정, 체계로 공부하게 하라.
- 즉흥적으로, 혁신적으로 하게 하라.
- 새로운 의미와 이해를 만들기 위해서 자발적으로 생각, 가치, 믿음에 대해 모둠에서 토의하도록 하라.

흰동가리 유형 교사의 수업 방식

- 모든 학생의 독특한 잠재력을 키우는 것을 목표로 한다.
- 학생들의 동기유발을 위해 학습할 때 선택과 다양성을 제공한다.
- 학생들이 창의성을 가지고 토의를 하는 것을 가치 있게 생각한다.
- 정형적인 시험과 평가에 응시하지 않을 수도 있다.

흰동가리 유형 학생의 성격

- 다양성 · 행동을 좋아하고, 쉽게 지루해 하며 새로운 것으로 이동한다.
- 아이디어, 단어, 장난감과 게임에서 상상력이 풍부하고 창의적이다.
- 종종 유머 감각을 가지고 있다.
- 한계를 넘고 규칙의 변화에 대해 협상하는 것을 좋아한다.
- 종종 어른스럽고, 다재다능하고 모험가 · 사고뭉치이다.
- 일반적으로 일을 임박해서 한다.
- 독특하고 '다르게' 하려고 노력하면서 자신의 개인적인 방식에 적용한다.
- 종종 유명하지만 그들의 독창적인 생각을 인정하지 않는 교사 · 어른들에게는 위협이 될 수 있다.

흰동가리 학생을 위한 교육 실천

- 그들의 활발한 상상을 장려하고 그들의 생각을 밖으로 내보이고 표현하는 것에 조롱의 공포가 없도록 하자.
- 모든 논쟁을 하려고 하지도 말고 이기려고 하지도 말아야 한다. 하지만 정말 중요한 쟁점에 대해서는 확고하게 하자.
- 그들의 자발적인 선호들을 하지 못하게 막으려고 하지 않도록 하자. 준비가 되었을 때 그들은 할 것이다(만약 그들이 원한다면). 선택과 다양성을 제공하자.

팀 기여도

- 상상력과 아이디어가 풍부하다.
- 사람들에게 미칠 영향을 예측한다.
- 에너지와 활력을 가져온다.

취약점

- 반항적이고, 너무 많이 하려고 하고, 잘 잊어버린다.

✲ 2.12. 돌고래 (Dolphin) 유형 ENFJ

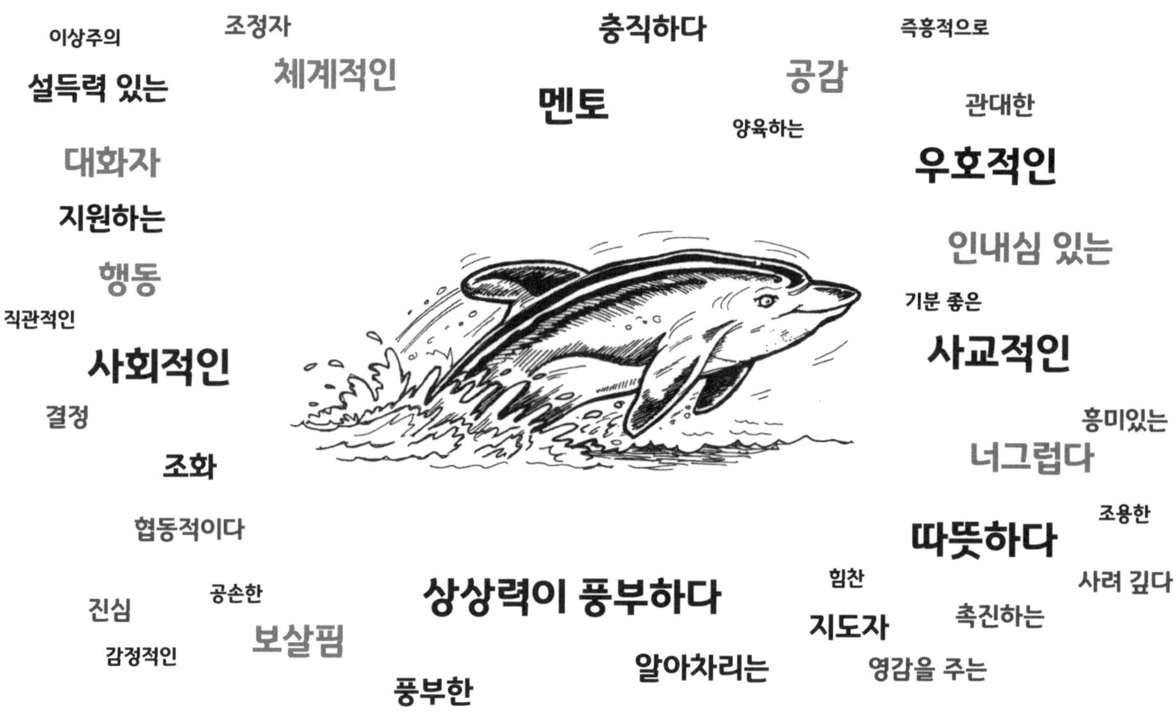

돌고래 유형의 사람들은 따뜻하고 매력 있고 호감이 가는 동료이다. 이러한 점 덕분에 돌고래 유형의 교사와 학생은 교실에서 인기가 있다. 사람들은 조언과 지지를 위해 이 유형의 사람들을 찾는다. 때때로 돌고래 유형 사람들은 모든 사람의 문제를 해결하느라 눈코 뜰 새 없이 바쁘다. 그들은 선천적으로 목회자(다른 사람을 이끄는 사람)의 역할과 잘 맞지만, 그들의 재능을 다른 쪽으로 적용하는 것을 더 좋아할 수도 있다. 이들은 최상위에 있는 인간 가치를 따르고 이에 합의한다. 그리고 이것은 돌고래 유형의 사람들을 귀하고 소중하게 생각하는 리더로 만든다.

좌우명: 우리 모두 친구가 되어 보자.

행복한 교실을 만들기 위한 돌고래 유형 교사의 태도
- 촉매 역할이 되어 자원을 조정하여 자신과 모둠이 자원을 나눌 수 있도록 하라.
- 전략적으로 계획을 짜고, 창의적으로 문제를 해결하고 제시간에 끝마쳐라.
- 해야 하는 과업에 사람들의 강점이 적용되도록 도우며 다른 사람들과 일하게 하라.
- 즐거움과 결과를 만들어 내기 위해 기업가로서의 수완(재주)을 불러일으키도록 하라.
- 규칙을 이해하고 적용하며 명확한 체계를 고수하라.

돌고래 유형 교사의 수업 방식
- 모든 학생의 독특한 잠재력을 키우는 것을 목표로 한다.
- 학생들의 동기유발을 위해 학습에서 선택과 다양성을 제공한다.
- 학생들이 창의성을 가지고 토의를 하는 것을 가치 있게 여긴다.
- 긍정적인 개인 관계를 만드는 것을 위해 정형적인 시험과 평가를 하지 않을 수 있다.

돌고래 유형 학생의 성격
- 에너지와 따뜻함의 종합, 친절하고 활기차다.
- 자신감 있고, 사교적이고, 새로운 것을 하는 것을 좋아한다.
- 포옹하는 것을 좋아하고 그들의 감정을 숨기려고 하지 않는다.
- 타고난 공연자이다.
- 친구를 만들고 파티를 즐기는 곳으로서 학교를 좋아하는 경향이 있다. 친구들의 집과 가족 모임에서 논다.
- 교사들과 다른 어른들에게 사랑받는다는 것을 느낄 때 잘 자란다.
- 특히 사람에 대한 의견, 가치, 견해에 대한 토의를 보통 좋아한다.
- 다른 사람들의 감정과 필요를 그들 자신의 것보다 먼저 생각할 수 있다.

돌고래 유형 학생을 위한 교육 실천
- 많은 에너지와 열정(그리고 소음)을 예상하자.
- 신체적인 주목과 칭찬을 많이 하자.
- 그들의 아이디어와 의견을 표현할 수 있도록 격려하자. 때때로 사람들과 의견이 달라도 괜찮다.

팀 기여도
- (주장을) 옹호하는 역할을 한다.
- (다른 사람을) 성장 시키는 사람이다.
- 촉매 역할을 한다.

취약점
- 지배하려고 하고, 자기 회의에 빠지며, 지나치게 민감하다.

※ 2.13. 독수리(Eagle) 유형 ENTJ

독수리 유형의 사람은 천성적인 기업가이다. 이 유형을 드러내는 단어들은 사업 성공의 방향을 가리킨다. **E**는 자연스럽게 사회적 상호작용을 가져오고, **N**은 번뜩이는 새로운 생각들과 접근들을 추가하고, **T**는 업무에 객관성을 공급하고, **J**는 조직적인 열의와 완성자의 모습이다. 이 유형을 종합해 보면 선생님과 학생에게 모두 도움이 된다. 독수리 유형은 뛰어난 교사 수준을 제외하고는 가르칠 때 목적이 불충분하게 표시된다. 학생들은 학교 이외에서 교육과정의 목적을 볼 수 있을 때 가장 효과적으로 동기부여가 된다.

좌우명: 나는 리더가 될 것이다.

행복한 교실을 만들기 위한 독수리 유형 교사의 태도

- 나에게 이용 가능한 요소들을 유리하게 편성하면서 수행자가 되게 하라.
- 전략적으로 계획해서 창의적으로 문제를 해결하고 제시간 안에 성취하게 하라.
- 다른 사람과 함께 일하면서 각 사람들이 직접 문제에 그들의 힘을 적용하도록 도와주라.
- 나의 기업가의 능력이 홍미를 일으켜 결과를 낳도록 하라.
- 빠른 속도로 일하고 강한 직업 윤리를 가져서 대담하고 결단력 있게 하라.

독수리 유형 교사의 수업 방식

- 교육과정을 매력적이고 도전적이게 만드는 것에 집중한다.
- 학생들이 호기심을 가지도록 격려해서 그들 자신에 대해서 생각하고 책임을 가지도록 한다.
- 학생들이 기본 이론, 모델, 개념을 이해하고 적용하도록 도와서 그들의 생각을 정의할 수 있도록 한다.
- 가르침의 목가적인 측면을 소극적으로 다룬다.

독수리 유형 학생의 성격

- 쉬지 않고, 계속 일하는 타고난 리더이다.
- 똑똑하고 창의적인 기업가들이다.
- 보통 자신의 독창성과 결정에 자부심을 가진다.
- 사실을 즐기고 문제에 집중하는 것을 좋아한다(재치에 대해 배우는 데 도움이 필요할 수 있다.).
- 지루하면 반항적이게 된다. 문제 해결 태도로서, 그들은 자신의 에너지 보충을 할 때 해낼 수 있다.
- 그들은 정직한 피드백을 선호한다.
- 어린 나이에 성숙해 보일 수 있다.

독수리 유형 학생을 위한 교육 실천

- 조화를 이루기 위해서 직설적으로 대하고 기대하자.
- 많은 책임감(분명한 경계선 안에서)을 가지고 아이들이 성장하도록 허락하자(그들과 때때로 동등하게 유지하기에는 어려울지도 모른다.).
- 그들이 자신의 삶을 책임지도록 도와서 사람들에게 최고의 모습을 보여 주도록 하자.
- 계획을 공유하고 모든 가능성을 두고 그것을 고수하자. 그들은 교사가 책임감이 없거나 체계적으로 보이지 않는다면 존경하지 않는다.

팀 기여도

- 업무를 수행하기 위해 어려운 일을 제공한다.
- 구성 요소들을 분석하고 경제적으로 재할당한다.
- 프로젝트를 디자인해서 시행할 수 있다.

취약점

- 태도가 거칠고, 거만하고, 비판적이다.

✻ 2.14. 매(Falcon) 유형 ENTP

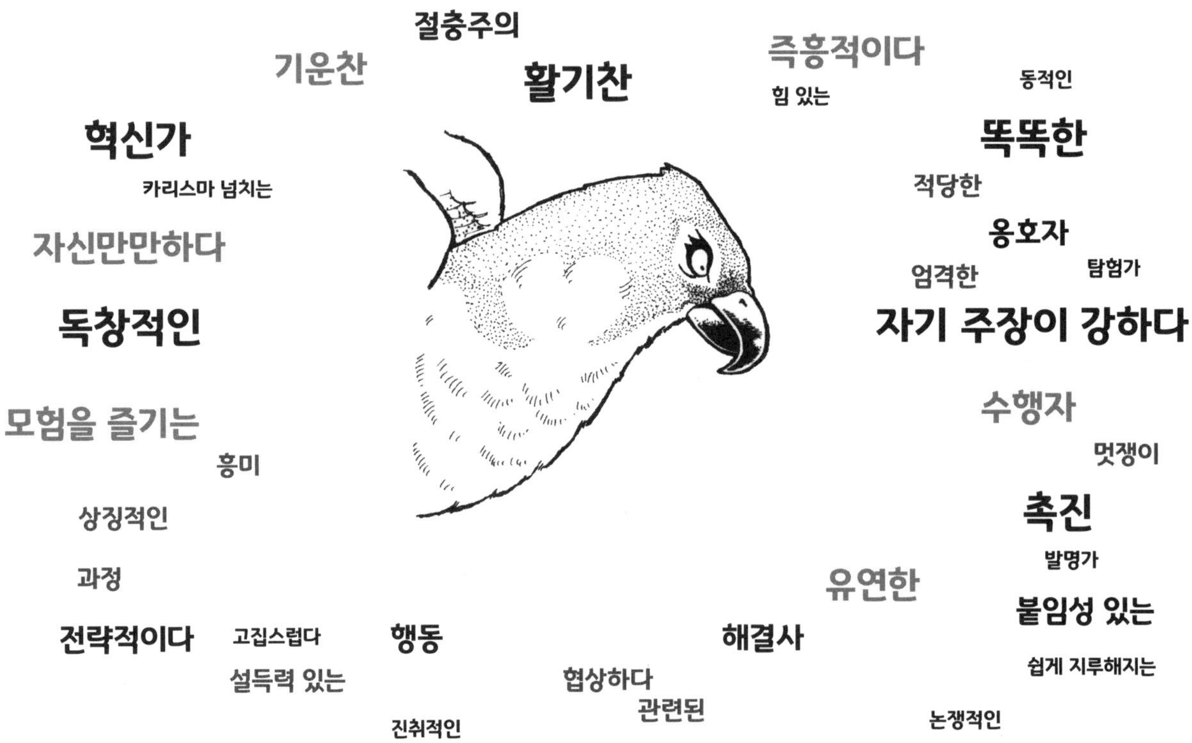

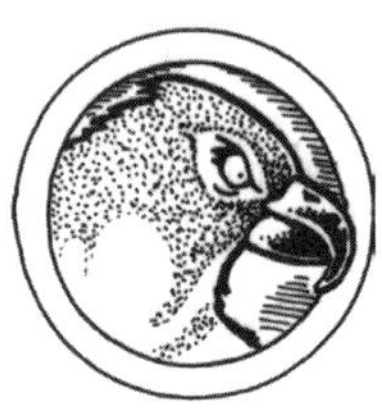

매(Falcon) 유형은 천성적인 기업가들과 코미디언들이다. 그들은 보통 날카롭고 매력적인 동료로 여겨진다. 그들은 일반적으로 강력하고 설득적인 언어 기술을 타고나서 어느 상황에서든지 그들의 방식으로 이야기를 한다. 그들은 코미디언, 배우, 락 스타가 되는 경향이 있다. 교사로서도 학교에 매우 긍정적인 영향을 끼치는 경향이 있다. 특히 비관습적인 롤모델이 필요한 학생들에게 영향을 끼친다. 이 성격 유형의 사람들은 기존 관습에 대해 타파주의자들로서 학교 리더들과 매 유형 교사들 사이에는 마찰이 있기도 하다. 교실에서 매 유형 학생들은 문제를 일으키는 유형으로 종종 불린다. 특히 학생들이 학업적으로 성취가 높은 아이들이 아니라면 더욱 그러하다(왜냐하면 그들은 지루해 할 것이기 때문이다.). 만약 당신이 지루해 하는 매 유형 학생들의 그룹에 가르치고자 하는 것을 고민할 때, 그들이 쉽게 다른 학생들의 기분에 영향을 줄 수 있기 때문에 긍정적인 방향으로 에너지를 활용할 수 있도록 하는 것은 필수적이다. 이것은 대부분 선생님들이 교실에서 10년은 지나야 배울 수 있는 것이다.

좌우명: 그런데 왜 너는 그렇게 말하는데?

행복한 교실을 만들기 위한 매 유형 교사의 태도

- 재미 요소를 가져라.
- 다양성을 가지고 행동하라. 만족하는 범위에서 다른 집단들과 같이 일하라.
- 자신의 상상력과 창의력을 발달시켜서 문제 해결하는 데에 사용하라.
- 규칙, 일정, 구조를 거의 가지지 않는 것이 좋다(아예 가지지 않는 것도 좋다.).
- 생각, 가치, 믿음에 대해서 자발적으로, 또한 갈등 없이 동료들과 토론하라.

매 유형 교사의 수업 방식

- 교육과정을 매력적이고 도전할 만한 것으로 구성하는 데에 집중한다.
- 학생들이 호기심을 가지도록 유도하고, 그들 스스로에 대해서 생각하고 책임을 가지도록 한다.
- 학생들이 근본 이론, 모형, 개념을 이해하고 적용하도록 도와주라. 그리고 그들이 그들의 생각을 정의할 수 있도록 한다.
- '가르침의 목가적인 부분'의 중요성을 소극적으로 다룬다.

매 유형 학생의 성격

- 다양성과 행동을 즐기고, 쉽게 지루함을 느껴서 새로운 것을 찾는다.
- 생각, 단어, 장난감, 게임에서 상상력이 풍부하고 창의적이다.
- 종종 유머가 좋다.
- 경계들을 밀어서 규칙 안에서의 변화들을 조정하는 것을 즐긴다.
- 종종 조숙하고 모험가이고, 사고를 당하기가 쉽다.
- 일반적으로 가장 마지막에 일을 한다.
- 기존 관습을 파괴하는 성향이 있다.
- 독립적이고, 독특하고, '다른' 사람이 되려고 노력한다. 그들 자신의 스타일을 개발한다.
- 인기가 많지만 그들의 본래 생각을 이해하지 못하는 교사들 · 학생들에게서 위협을 받을 수 있다.

매 유형 학생을 위한 교육 실천

- 활동적인 상상력을 격려하자. 생각을 넓게 하도록 하고, 그들의 생각을 표현하도록 하자.
- 모든 논리에 도전해서 이기도록 하지 말자. 하지만 정말 중요한 문제에 대해서는 견고해지도록 하자.
- 그들의 자발성을 억지로 강제하지 말자. 그들은 준비가 될 때 할 것이다. 선택과 다양성을 제공하자.

"그들이 텅 빈 방에서 논쟁을 시작할 수 있다."라는 말은 아마도 매 유형에게 처음으로 특징으로 적용된다. 그들은 조화를 지루하게 여기고 토론하기 위해서 조화를 깨며 어떤 것들을 섞으려고 할 것이다.

팀 기여도

- 이론을 이해하고 적용한다.
- 활동에 부정적인 영향을 미치기도 한다.
- 에너지와 활력을 가져온다.

취약점

- 반항적이고, 전투적이고, 집중이 잘 되지 않는다.

※ 2.15. 숲올빼미(Tawny Owl) 유형 INTP

떨어져 있는
침착한
성찰적인
괴짜
복잡한
개념적
패턴
독립적인
교수 같은
혁신가
기발한
사려 깊은
비판
숙고하는 사람
방향
떨어져 있는
객관적인
비전
추진하다
아이디어가 풍부한
깊은
조용한
개념적
호기심 있는
창의적인
이론적인
개발
고요한
과정
관찰자
정신적으로 빠른
내성적인
강한
알아차리는
별난
세계적인
지식
고집스러운
심오한
장기적인

숲올빼미 유형은 현실에서 길을 잃기 쉽다. 그들이 근본이 되는 생각이나 원리 등에 더욱 흥미를 느끼면서 몰두하기 때문이다. 그들은 가르치는 것, 특히 더 높은 교육 분야에 좋게 평가된다. 이것은 놀랍지 않은 것이 그들이 진짜 세계(4종류의 고양잇과들 : 고양이, 사자, 검은표범, 호랑이를 위한 장소가 되는 실제 세계)보다는 지적이고 추상적인 세계에 더 잘 적응하기 때문이다. 학생으로서 그들은 그들 스스로의 세계에 잠들기가 쉽다. 교실 속 선생님 또는 학생으로서 성공하는 길은 더 복잡하고 이론적인 생각에 그들 스스로를 잃지 않는 것이다. 그들이 자신의 생각을 간단하게 이해하고 적용할 수 있을 때, 그들은 가장 자유로울 수 있다.

좌우명: 나는 그걸 이해하기 위해서 분석할 거예요.

행복한 교실을 만들기 위한 숲올빼미 유형 교사의 태도

- 새로운 생각을 발달시키고, 분석해서 적용하라.
- 자신의 에너지를 과목의 지식을 이해하고 발달시키는 과정에 적용하라.
- 도전해서 단지 소일거리로 무언가를 하는 것을 피해라.
- 감상성을 피하라.
- 소수의 사람들, 규칙들, 관리로 일하는 것이 가장 좋다.

숲올빼미 유형 교사의 수업 방식

- 교육과정을 매력적이고 도전적으로 만드는 것에 집중한다.
- 학생들에게 호기심을 유발해서, 스스로에 대해서 생각하고 책임을 가지도록 한다.
- 학생들에게 근본이 되는 이론, 유형, 개념을 이해하고 적용하도록 도와서 그들이 자신의 생각을 정의할 수 있도록 한다.
- 가르침의 목가적인 부분은 소극적으로 다룬다.

숲올빼미 유형 학생의 성격

- 배움을 즐기고, 특히 세계가 어떻게 움직이는지를 이해하도록 돕는 내용을 즐긴다.
- 개인주의적이고, 자신의 방식으로 어떤 일들을 하도록 결심한다.
- 물리적 관심을 찾지 않고 피한다(이것은 학생들이 당신을 존중하지 않는다는 것은 아니다.).
- 권위에 도전하지만 소란을 피우는 것을 좋아하지 않는다.
- 상상력이 풍부한 문제 해결자로서, 이론과 생각(그들의 부모에게도 힘든)을 테스트하는 것을 좋아한다.
- 사생활을 가지는 것을 즐기고, 무언가가 어떻게 만들어지는지를 보기 위해서 그것을 분리하는 것을 즐긴다.

숲올빼미 유형 학생을 위한 교육 실천

- 할 수 있는 한 많은 결정들을 분명하고 논리적인 경계선 안에서 위임하자.
- 매우 자기 비판적이 될 수 있어서, 그들이 어떻게 논리적인 방법으로 가장 잘할 수 있는지를 설명하자.
- 공통 관심사를 찾아서 교사와 하나의 강한 결속력을 만들도록 공유하자.

팀 기여도

- 복잡한 이론들을 분석한다.
- 상상력과 비전이 있다.
- 유연성이 있다.

취약점

- 비꼬고, 논쟁을 좋아하고, 고립되어 있다.

※ 2.16. 가면올빼미(Barn Owl) 유형 INTJ

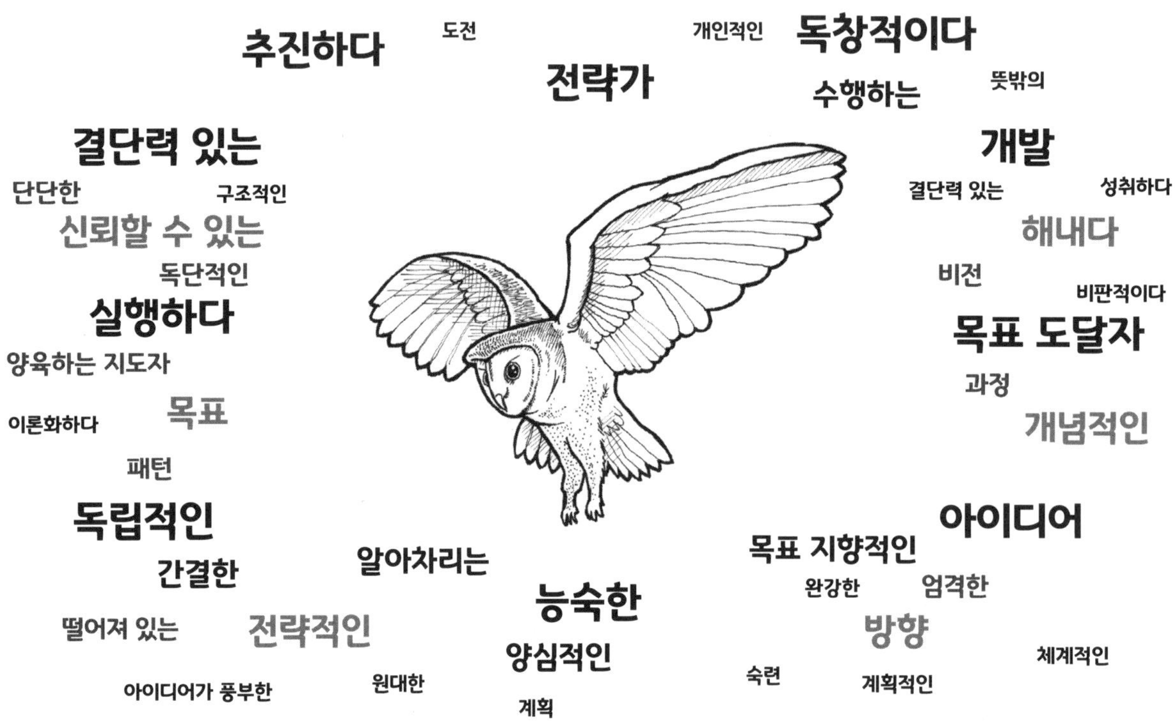

가면올빼미(Barn Owl) 유형은 전략적인 리더이고 기꺼이 사람들과 자원들을 관리하거나 담당할 수 있다. 가면올빼미가 청각을 이용해서 먹이를 찾는 것처럼, 가면올빼미 유형의 사람들은 정확성과 침착함으로 복잡한 개념들을 듣고 흡수하여 푸는 능력을 가진다. 가면올빼미 유형의 사람들은 어떤 어색함과 과묵함의 모습이 있지만, 그들 주변의 사람들보다 더 많은 것들을 보는 능력을 가지고 태어난다. 이 특징은 가면올빼미 교사가 좋을 때는 현명하게 안내를 잘하는 모습으로도 비춰지게도 하고, 나쁠 때는 거만하게 남을 비웃는 비판가와 아웃사이더로 비춰지게도 한다. 학생으로서의 가면올빼미 유형은 그들만의 세상으로 빠지지 않도록 통찰력을 공유하도록 격려해야 한다.

좌우명: 내 스스로 해낼 거야.

행복한 교실을 만들기 위한 가면올빼미 유형 교사의 태도

- 새로운 생각과 정보를 탐구하는 것을 즐겨라.
- 독창적이고 창의적인 해결책을 만들고 개발하여 현재 시스템이나 생각을 향상시켜라.
- 공정하고 객관적이고 명백한 표준을 사용하여 평가하라.
- 안전하고 친근하지만 힘든 환경(모든 사람이 구체적인 업무에 집중하여 개인적인 언쟁이 없는 곳)에서 일하라.
- 분명한 책임감과 기대와 기한을 주거나 받아라.
- 독립적으로 일할 수 있도록 하라.

가면올빼미 유형 교사의 수업 방식

- 교육과정을 매력적이고 도전할 만한 것으로 만드는 데에 집중한다.
- 학생들에게 호기심을 유발해서 스스로에 대해서 생각하고 책임을 가지도록 한다.
- 학생들에게 근본이 되는 이론, 유형, 개념을 이해하고 적용하도록 도와서 그들이 그들의 생각을 정의할 수 있도록 한다.
- 가르침의 목가적인 부분은 소극적으로 다룬다.

가면올빼미 유형 학생의 성격

- 종종 예민하고 심각하다. 그들은 그들 세계를 이해하고자 시도한다. 그리고 주변 어른보다 더 성숙해 보인다.
- 종종 정확성과 능력을 요구하는 흥미에 사로잡힌다. 팀 게임 · 취미보다는 개인적인 것을 선호한다.
- 직접 수행하면서 잘 배운다. 그리고 어떻게 그것을 수행하는지 잘 보여 준다. 피드백이나 교정은 개별적으로 받기를 원한다.
- 새로운 모델 · 생각 · 이론을 만들기 위한 기회를 가치 있게 여기는 경향이 있다.
- 구체적으로 주제를 조사해서 '전문가'가 되는 것을 좋아한다. 그들에게 이런 기회들을 허락하도록 한다.

가면올빼미 유형 학생을 위한 교육 실천

- 그들의 개인적인 욕구(자기 통제와 독립)를 존중해 주자.
- 그들의 재치와 감수성을 발달시키기 위해서 이분법적으로 보는 것을 피하도록 돕자.
- 책임감을 부여하자. 특히, 그들의 흥미 있어 하는 분야에 대한 조언을 하도록 돕자.

팀 기여도

- 이론적 개념을 분석한다.
- 심사숙고하고 침착하다.
- 객관적으로 실행한다.

취약점

- 냉담하고, 퉁명스럽고, 비판적이다.

제3장
성격 선호 인식하기

이 장의 중점

▶ 여덟 가지 성격 유형 모두 인식하고 개발하는 방법 알아보기

▶ 교실에서 성격 유형이 얼마나 중요한지 이해하기

▶ 교사와 학생들의 행동을 좀 더 유연하게 해 주는 활동 소개하기

새로운 생각으로 확장된 사람의 마음은 절대로 본래의 크기로 다시 되돌아오지 않는다.

Oliver Wendell Holmes

3.1. 어떻게 우리는 에너지를 얻을까?

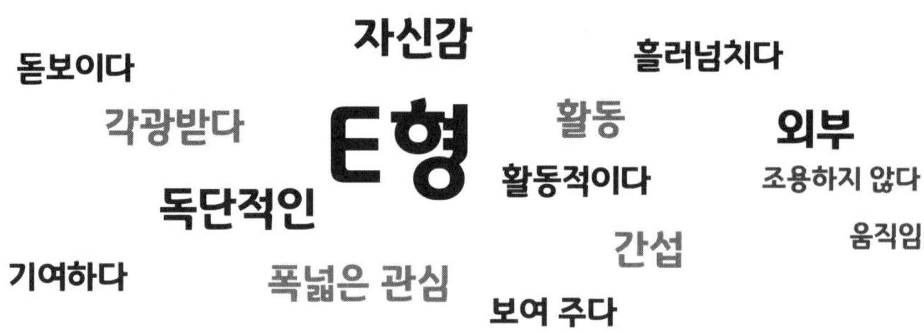

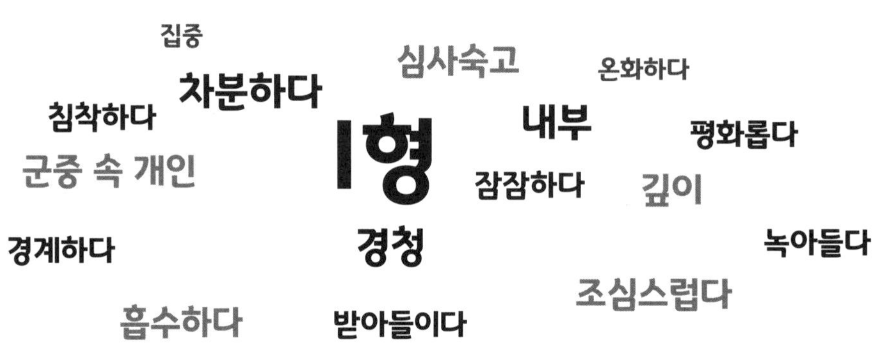

우리의 에너지는 내부로부터(내향형: I형) 또는 외부로부터(외향형: E형) 발현된다. 일반적으로 우리가 사용하는 외향적인, 내향적인이라는 단어는 융이 묘사한 정의와는 다른 부분이 있다. 성격 유형에서의 E형과 I형은 동등한 가치를 지닌다. 어떤 문화에서는 E형은 더 좋은 성격으로 간주되기도 한다. 우리는 "놀면 뭐 하니?"나 "런닝맨" 같은 프로그램에서 E형의 사람들은 I형의 사람들보다 많은 칭찬을 받는 현상을 보곤 한다. 문화적이고 종교적인 시각들이 어떤 유형이 다른 유형보다 더 뛰어나다는 편견을 주곤 한다 실제로 미국의 문화는 보통 E형의 태도를 더 높이 평가하곤 하지만, 불교의 시각에서는 I형의 태도를 더 높이 평가하곤 한다. 그러나 현실에서 E형과 I형, 두 가지 성향은 모두 동등하게 사회에서 꼭 필요하다. 이 부분에 대해서 수업에서 다루어도 좋은 토의 주제가 될 것이다. 예를 들어 학교나 특정한 과목, 또는 교사가 어떤 성향을 다른 것보다 더 낫다고 평가하고 있지는 않은지, 만약 그렇다면 왜 그런지에 대해서 토의해 볼 수 있다.

당신은 어디로부터 에너지를 얻는가? 내면으로부터인가 아니면 외부로부터인가?

E형인지 알아보는 단서들:

- 소리 내서 생각한다.
- 신속하게 행동한다.
- 듣는 것보다 말하는 것을 더 좋아한다.
- 돋보이는 것을 선호한다.
- 다른 사람들과 함께 일할 때 더 잘한다.

I형인지 알아보는 단서들:

- 말하기 전에 생각한다.
- 조심스럽게 행동한다.
- 말하는 것보다 듣는 것을 더 좋아한다.
- 집단에 녹아드는 것을 선호한다.
- 혼자서 일할 때 더 잘한다.

✻ 3.2. 교실 속 에너지 관리

능숙한 교사들은 교실에서 에너지를 조절하는 능력이 있다. 우리는 모두 우리 몸 내부에서 일어나는 일들 (생각, 아이디어, 느낌)에 주의를 집중하거나 외부에서 일어나는 일들(선풍기 돌아가는 것, 놀이터를 가로질러 도망하는 강아지를 보는 것)에 집중하면서 일정한 자극을 받는다. 우리가 그 두 가지를 모두 경험하지만, 내부 자극과 외부 자극은 명백히 다르다. 사람들은 분명히 이 둘 중 하나를 다른 하나보다 더 선호하는 경향이 있다.

이런 성향의 차이는 교실에서 가장 큰 영향을 미치곤 한다(더 큰 사회는 말할 것도 없다.). 사람들 사이에 나타나는 대부분의 문제들은 잘못된 의사소통에서부터 비롯된다. 연구에 의하면 대략 80% 정도가 그러하다. 단어를 듣고, 그들의 속마음을 해석하고 표면적이든 아니든 적절한 대답을 하는 것은 우리 생각보다 더 어려우며, 이 어려움이 개인과 사회의 많은 문제들의 근본적인 원인이다.

기본적으로 의사소통에는 두 가지 방식이 있다. '말하는 것과 듣는 것, 혹은 주는 것과 받는 것.' 두 가지 모두 중요하지만 우리는 하나를 다른 하나보다 더 잘하곤 한다. 물론 우리가 말하는 것과 듣는 것 중 한 가지만을 하면서 사는 것은 아니지만, 그래도 내가 기본적으로 무엇을 더 선호하는지 아는 것은 중요하다. 이 선호는 교실에서 당신이 더 추구하는 방식의 소통 그리고 당신이 학생들에게 바라는 방식의 소통에 반영되곤 한다. 대부분의 수업에서 당신은 이 선호를 무의식중에 나타내고 있을 것이다. 어떤 것이 더 좋다는 이야기는 아니다. 어떤 것이 더 옳다는 이야기는 더욱 아니다. 두 가지 방식 모두 중요하고 표현되어야 한다. 풍성한 교실은 이 둘의 균형이 잘 갖추어져 있으며, 두 유형 모두 수업에 기여할 수 있고 가꿔질 수 있도록 기회를 제공한다.

✻ 3.3. 드러내기와 숨어 버리기

나는 E형의 아들과 I형의 딸이 있다. 딸아이가 초등학교를 졸업하기 전 마지막 주에 딸은 그 마지막 주 내내

학교에 가고 싶지 않다고 말했다. 아파 보이지는 않았기 때문에 아내와 나는 딸을 학교로 보냈다. 수요일 즈음에 딸은 왜 이런 생각을 했는지 털어놓았다. 바로 금요일에 전교생이 모인 앞에서 교장선생님께 상을 받게 되었던 것이다. 딸은 사람들이 다 쳐다보는 가운데 앞에 나가서 상을 받아야 했고, 그러고 나서는 교장선생님과 악수를 하고 자리로 돌아가야 한다고 했다. 딸이 많은 사람 앞에서 드러나는 것을 상상하면서 느끼는 두려움과 떨림을 이해할 수 있을까. 일단 150명의 눈들이 그녀를 잡아먹을 듯이 맹렬하게 쳐다보고 있다고 상상해 보라. **I**형의 사람들은 어떠한 모임이나 수업중에 지목되는 것을 싫어한다. 그들은 그 무리 속에 잘 녹아들어 드러나지 않는 것을 선호한다. 내 딸아이가 힘들어한 이런 행사는 모든 학생이 대중적으로 드러나서 칭찬받기를 원하는 **E**형인 교장선생님의 순수한 선의에서 비롯된 것이었다. 그러나 의도와는 다르게 많은 **I**형의 사람들에게 이런 행사는 신나는 축제가 아니라 악몽 같은 일이다.

E형인 나의 아들은 이런 행사를 정말 좋아했을 것이다. 그는 앞으로 성큼성큼 자신 있는 발걸음으로 나가서 교장선생님께 감사 인사를 한 뒤 앉아 있는 학생들 중 자신의 친구들을 찾아내서 싱긋 웃으며 엄지손가락을 치켜올릴 만큼 여유롭게 즐겼을 것이다. 하루는 그 아이가 록 밴드에 속해서 메인 보컬이 될 것인지, 메인 기타리스트가 될 것인지 고민하던 적이 있었다. 결국 그는 최고의 관심과 칭찬을 받기 위해서 둘 다 하기로 결정했다. 모든 **E**형의 사람들이 이렇게까지 관심을 받고 싶어 하지 않을 수도 있지만 대체로 이 성향의 사람들은 드러나지 않는 것보다는 타인에게 보여지고 알려지는 것을 선호한다.

E형의 말하기:

- 대화 도중 끼어드는 경향이 있나요?
- 당신이 무슨 생각을 하고 있는지 잘 공유하곤 하나요?

이야기할 때 문장 중반에 다른 화제로 넘어가서 말하고 싶고 공유하고 싶은 다른 이야기를 덧붙이곤 하나요?

E형인 선생님들의 수업 시간은 대체적으로 더 활발한데, 선생님들은 더 많은 질문을 하고 토의와 조별 활동을 많이 하고 학생들 모두로부터 피드백을 받고 싶어 한다.

I형의 듣기:

- 당신의 생각을 겉으로 표현하기 전에 많이 생각하는 편인가요?
- 다른 사람들의 말 때문에 당신의 생각을 말할 기회를 놓치곤 하나요?
- 당신 주변 사람들이 옥신각신하면서 하는 말들에 종종 신경을 끄곤 하나요?

I형인 선생님들의 수업 시간은 대체적으로 더 조용한데, 선생님들은 그들의 학생들로 하여금 말은 적게 하고 생각을 더 많이 하도록 가르친다. 수업 시간은 보통 혼자하는 활동이나 짝활동으로 진행되고 피드백은 거의 요구되지 않는다. 그러나 한 **INTJ**형의 선생님은 최근에 "나는 **I**형의 사람이지만 수업 시간에는 **E**형이 되곤 합니다."라고 이야기하기도 했다.

한 사람이 꼭 절대적으로 항상 **E**형이거나 **I**형인 성향을 띠는 것은 아니다. 훌륭한 선생님들은 그 두 가지 성향을 각각 수업에 맞추어서 적절히 왔다 갔다 하면서 변화한다. 이는 비단 **E**형과 **I**형의 특성뿐 아니라 다른 **S**형과 **N**형, **F**형과 **T**형, **J**형과 **P**형의 대립형들에 모두 해당된다. 모든 학생이 적절히 수업에서 누려야 할 것을 누릴 수 있게 하기 위해서는 모든 성향의 조화가 필수적이다. 8개의 모든 성향들이 존재할 때, 가장 매끄러운 수업이 가능하다. 마치 정말 효과적인 운동을 하면 모든 근육 조직들을 사용할 수 있는 것과도 같은 이치이다. 만약 수업에서 교과서 읽기나 영상 보기 같은 한 가지 활동만 한다면, 마치 체육관에 가서 뜨거운 사우나에만 한 시간 앉아 있는 것과도 같이 효과가 없을 것이다.

> **나에게는 두 명의 아들이 있는데, 제임스는 E형이고 매튜는 I형이다. 나는 그들이 막 걸음마를 시작할 때 즈음, 나와 함께 집을 나서기만 하면 제임스의 눈이 반짝반짝 살아나는 것을 느낄 수 있었다. 그 아이는 교통, 공원 같은 그 주변의 세계를 탐구하면서 새로운 사람들을 관찰하고 만나는 데 정신이 없었다. 하지만 매튜는 정반대였다. 그 아이는 우리가 다시 집으로 돌아오면 살아났다. 그는 안심하면서 쉴 수 있었고 그가 친근하게 여기는 장난감, 책, 그리고 컴퓨터 게임을 하면서 놀고 싶어 했다. 그들은 모두 나에게 최고로 멋진 아이들이었지만 매우 다른 아이들이었다.**

Sarah, 아들들의 다른 성향을
이해하고 존중해 준 어머니

나는 최근에 초등학교 연수를 간 적이 있었다. 중간에 잠깐 쉬면서 커피를 마시는 중에 두 명의 선생님이 나에게 와서 말을 걸었다(이 두 선생님은 한 교실을 맡고 있었다.). 한 명은 **E**형이었고, 다른 한 명은 **I**형이었다. 늘상 그렇듯 **E**형의 선생님이 먼저 와서 말을 걸었다. "주중에 우리는 함께 일하고 내가 Jan 선생님 바로 다음에 교실을 맡아요. 들어가서 저는 아이들이 수업할 수 있는 분위기가 되도록 분위기를 띄우고 아이들의 사기를 불러일으키는 데만 15분이 걸려요." Jan은 그러자 아주 정반대되는 이야기를 했다. "제가 Diane 선생님 후에 교실에 들어가면 그들을 진정시키고 조용히 집중할 수 있도록 지도하는 데만 15분이 걸려요." 선생님들은 이런 현상이 교사의 다른 성향 때문에 일어나는지 나에게 물었다. 나는 그럴 것이라고 생각했다. 나는 그들에게 서로의 수업을 관찰하면서 **E**형이나 **I**형의 특징이 잘 드러나는 사례들을 발견하는 대로 기록하기를 조언했다. 교실 속에서 보여지는 "토의해 보자(**E**형).", "곰곰이 생각해 보자(**I**형)."와 같은 분명한 사례들부터 학생이 말하는 도중에 말을 시작하는 교사의 모습(**E**형) 또는 학생이 선생님의 말을 간섭하게 두는 모습 (**I**형)과 같은 소소한 사례들까지 기록해 보기로 했다. 그 후로 몇 달 후 Jan에게서 이메일이 왔다(아마 외향적인 Diane은 이메일보다는 말하면서 소통하기를 원했을 것이다.). Jan의 이메일에 의하면 그들의 수업에서 각각 자신의 성향에 편향된 말과 행동이 80%를 차지했고, 반대되는 성향의 모습은 20% 정도 밖에 나타나지 않았다고 한다. 그녀는 이것이 위험한 신호인지 몹시 걱정하는 눈치였다. 과연 어떨까?

I형의 선생님들 중 한 명이 어느 날 자신은 수업에서 모든 질문에 30초 타이머를 사용한다고 알려 주었다. 모든 학생은 질문을 하기 전에 30초 동안 생각할 시간을 갖게 되는 것이다. 나는 이 방식이 50프로의 **I**형 학생들에게 굉장히 도움이 될 것이라는 생각을 했지만 동시에 나머지 50프로의 **E**형 학생들에게는 이 시간이 고역과도 같게 느껴질 것이라고 생각했다. Rowe(1986)의 연구에서 300번의 수업 동안 선생님들이 질문을 던진 후에 학생으로부터 대답을 받거나 다시 그 질문을 쉽게 이야기해 주기 전에 기다리는 시간은 단 1초도 되지 않았다. 하지만 선생님들이 3초 동안 기다리도록 교육을 받고 그것을 하자 그 결과는 놀라웠다. 학생들의 대답의 길이는 3배가 되었고, 그들의 참여도가 높아졌기 때문에 훈육이 거의 필요하지 않게 되었다.

Cotton(1998)의 연구에 의하면 3초보다 조금 더 기다리는 것은 학생들과 교사에게 많은 이로운 점이 있다. 그들이 더 많은 질문을 하고 학생들 간 상호작용은 증가하고 방해는 줄어드는 것을 발견할 수 있었다. 즉, 학생들은 더 많은 것을 기억하고 얻게 되는 것이다. 교사들 또한 특히 전에 느리다고 생각했던 학생들의 목소리를 더 많이 들을 수 있게 되며, 교사의 질문은 다양해지고 깊어진다. 이 연구는 **E**형의 선생님들과 **I**형의 학생들의 경우에 더 잘 적용되는 경향이 있다. 몇몇의 **I**형 학생들은 수업 중 토의와 교사의 질문에 대해서 잘 기여하지 못하는 경향을 보이곤 한다. 하지만 교사가 기억해야 할 것은 학생 참여도는 그들이 무엇을 학습했는지로 평가되어야지 그들이 수업에서 얼마나 발표하는지로 평가되어서는 안 된다는 점이다. 그렇지 않다면 **I**형 학생들은 큰 불이익을 얻게 될 것이다.

많은 선생님과 접촉하는 학생들은 **E**형과 **I**형 교사를 모두 만날 것이다. 그러나 초등학교의 경우 학생들이 많은 선생님을 만나는 것이 아니기 때문에 그들의 교사와 같은 성향이 아닌 약 50%의 학생들은 중 · 고등학교보다 더 큰 스트레스를 받을 것이다. 학생들은 교사의 성격 성향에 의해서 어떤 과목을 잘할 수도 있고 못할 수도 있게 될 것이다. 당신의 성격 성향을 항상 유념해서 모든 학생이 잘할 수 있는 교육 방식을 채택해야 한다. 이것이야말로 개별화된 수업 방식일 것이다. 이것이 없으면 영국 교육청(OFSTED)에서 정의한 것처럼 '배움과 성장'은 불가능할 것이다. 기본적으로 지식을 내면화하기 위해서 **E**형의 학생들은 크게 소리 내서 이것을 말해야 하고 **I**형의 학생들은 그들의 머리로 이것에 대해 생각해야 한다. 어떤 배움이든 자리하기 위해서는 각각의 성향들의 필요가 모두 수용되어야 할 것이다.

만약 당신이 **E**형이라면, 당신은 타인을 간섭할 확률이 높다. 만약 당신이 **I**형이라면, 당신은 간섭을 당할 확률이 높다. 연수 기간 중에 나는 사람들에게 다음 두 문장 중에서 자신의 행동을 가장 잘 반영하는 문장 쪽으로 나누어 서 보는 활동을 한 적이 있다.

대화 도중 나는 상대의 말을 간섭하곤 한다.

vs

대화 도중 나는 상대에게 간섭 받곤 한다.

우리는 그 후 둘 사이에 일어나는 가능한 대화의 유형 세 가지에 대해서 살펴보았다. **E**+**E**, **E**+**I**, **I**+**I**

■ E형+E형

두 명은 잘 어울리곤 한다. 그들은 서로에게 말을 하고, 말하면서 동시에 생각하곤 한다. 그들은 모두 서로의 말을 간섭하거나 간섭 당하는 것에 대해서 불편함이 없다. 그들의 대화는 한 주제에서 다른 주제로 왔다 갔다 하며, 만약 그들이 어떤 핵심에서 벗어나도 별로 신경 쓰지 않는다. 그들은 다시 그 핵심으로 돌아갈 수도 있지만 아닐 수도 있다. 그들은 항상 중요한 것이 기억나면 언제라도 대화 도중에 그것을 이야기할 수 있다.

■ E형+I형

E형의 사람은 **I**형과의 대화를 독점하려는 경향이 있다. 이것은 사회생활에서 어색한 침묵이 나타나지 않도록 막아 주기는 하지만, **E**형과 **I**형의 대화는 형편없는 대화가 될 가능성이 제일 높다. **E**형은 **I**형의 침묵을 흥미가 없거나 동의하지 않는 것으로 간주할 수 있는데 실제로는 그렇지 않을 수도 있다. **I**형은 자신의 생각을 말할 기회를 주지 않기 때문에 말 많은 **E**형이 자신의 생각에는 관심이 없다고 생각할 수도 있다. 그래서 **E**형과 **I**형은 모두 대화를 하다가 쉽게 짜증을 낼 수 있다. **E**형은 천천히 속도를 늦추는 법을 배워야 하며, 침묵을 비어 있는 시간이라 느끼지 말고 **I**형에게 자신의 생각을 정리하고 나타낼 수 있도록 공간과 시간을 줘야 한다. **I**형은 **E**형이 말하면서 생각을 정리한다는 것을 기억해야 하고 침묵의 시간을 어색해 하기 때문에 깊이 생각하지 않은 채 아무런 말로 채울 수도 있다는 것을 명심해야 한다. **I**형은 또한 자신이 해야 할 것을 할 때에는 당장 못하더라도 이메일이나 다른 수단의 방법을 통해서라도 꼭 주장을 펼쳐야 한다.

이 조합은 교실에서 문제를 가장 잘 유발할 수 있는 조합이다. **E**형의 선생님은 많은 **I**형의 학생에게(때로는 **E**형의 학생들에게도) 건방지고 공격적이며 오만한 사람으로 보일 수 있다. 그들은 자신이 수업 중에 얼마나 많이 이야기를 하는지 간과하곤 한다. 자연스럽게 그들은 **E**형의 학생들에게 더 많은 칭찬을 말해 주며 그들을 더 좋아할 것이다. **I**형의 학생들에게 최상의 것을 이끌어 내기 위해서 **E**형의 교사들은 **I**형의 특성들을 그들의 수업 방식에 더해 가야 한다. **I**형의 선생님은 많은 **E**형의 학생들에게 너무 느리고, 지루하고, 비밀스러운 느낌을 줄 수 있다. 그들은 **E**형의 학생들을 잠시도 가만히 있지 못하는, 건방지고 가르치기 어려운 사고뭉치, 더 나아가 ADHD라고 단정 지어 버릴 수도 있다.

■ I형+I형

둘은 서로 잘 지낸다. 그들은 서로의 말을 경청한다. 그들은 말하기보다는 먼저 듣는다. 대화 도중 침묵이나 대화 끊김을 그들은 불편해 하지 않는데, 이는 그들이 상대방이 생각을 하기 때문에 조용히 있다고 가정하며, 말할 만한 유익한 것이 있을 때 이야기할 것이라고 생각한다. 수업 분위기는 조용하고 차분하며, 많은 시간이 읽기, 책의 답을 찾아서 쓰기 등 개인적으로 생각하는 데 할애된다. **I**형의 교사들은 **E**형의 학생들이 토의를 통해 의견을 주고받으면서 지식을 흡수하고 저장한다는 것을 염두하여 그들에게 이야기할 기회를 주어야 한다. **I**형의 학생들이 내면의 과정을 통해 지식을 처리하는 것과는 완전히 다르다. 이런 차이는 두 성향 모두 교사가 수용해서 모든 학생이 배울 수 있도록 하는 것이 얼마나 중요한지 알려 준다.

팁: **E**형과 **I**형의 대화의 질을 향상시킬 수 있는 가장 좋은 방법은 이것을 당신의 학생들과 공유해서 교사와 학생들이 모두 **E**형과 **I**형의 성향을 고루 발달할 수 있도록 가르치는 것이다. 그렇게 된다면 이것은 교사만 짊어져야 하는 부담이 아니라 재미있고 유익한 시간이 될 것이다.

✽ E형과 I형 알아보는 노래방 테스트

학생들의 성향을 쉽게 알아보는 방법 중 하나는 교실 속 노래방을 해 보는 것이다. E형의 학생들은 대부분 음악적 기량과 상관 없이 자신이 좋아하는 노래를 틀기 위해 앞으로 튀어나올 것이지만 I형의 학생들은 생각만으로도 지쳐서 다른 사람들 앞에서 노래를 부르기는커녕 뒤에서 손톱을 물어뜯고 있을 것이다(어른의 경우 술이 있다면 이야기가 다르다.).

✽ ■ E형 교사와 E형 학생

E형의 학생들은 마치 배고픈 어린 새들이 좁은 둥지에서 어미새가 음식을 가져올 때마다 나를 봐 달라고 서로 밀치고 마구 날개를 흔들어 대는 것과 비슷하다. E형의 교사는 이 만족할 줄 모르는 식성의 아기 새들을 먹일 수 있는 능력이 있다. 이렇게 선천적으로 적극적인 학생들에게서 최상의 결과를 이끌어 내기 위해서 교사는 다음과 같이 해야 한다.

- 뛰어난 말재주로 아이들의 만족을 이끌어 내서 새로운 에너지와 통찰력을 아이들에게 불어넣어라. 이 학생들은 이런 방식으로 가장 잘 배운다. 하지만 그들 외에 당신의 관심을 받고 싶어 하는 다른 학생들이 있을 수도 있음을 잊지 말아라.
- 요점에서 벗어나지 않도록 주의하라. 항상 긍정적이되 계속해서 질문만 던지는 것은 피하라. 교사와 학생 모두 쉽게 다른 길로 샐 수 있음을 유의하라.
- 차분하고 명확하게 행동하라. 그렇지 않으면 아무도 대답하기 위해 듣지도 않는데 모두 이야기만 하고 있을지도 모른다.
- 어떤 생각들은 밖으로 표현하지 말고 갖고 있어라. 나중에 당신을 나타낼 수 있는 더 효과적인 방법이 생각날지도 모른다.
- 당신의 의견을 말하기 전에 학생이 자신의 생각을 명료화하고 발전시킬 수 있도록 도와주라.
- 서로 조용히 할 수 있도록 도와 I형의 학생들이 수업에 더 참여할 수 있도록 기회를 제공하라.

✽ ■ E형 교사와 I형 학생

I형의 학생들은 E형의 교사를 만나면 큰 도전으로 여긴다. 무엇보다 I형 학생은 생각할 시간이 필요한데, 이 소중한 시간이 보통 E형의 교사나 동료 E형 학생들에게 빼앗겨 버린다. 선천적으로 내성적인 학생들에게서 최상의 결과를 이끌어 내기 위해서는 다음과 같이 해야 한다.

- 말하고 행동하는 속도를 줄여서 차분하고 안정적인 태도를 취하라.
- 즉각적인 대답이나 의견을 말하도록 학생을 압박하지 말고 그들이 대답하기 전에 개인적인 시간과 심사숙고가 필요하다는 것을 존중하라.
- 학생들에게 혼자서 일할 시간과 공간을 제공하라. 그들 어깨 너머에 서서 마치 굶주린 호랑이처럼 감시하거나 혼내려고 준비하는 것처럼 압박하지 말라.
- 즉각적으로 문제를 고치려 하거나 그들의 문장을 끝내려고 하지 말라.
- 모두 E형인 그룹에 혼자 I형을 두지 말라. 그들은 무시당하거나 E형의 영향 아래 들어갈 수 있다.
- 칭찬을 말이 아닌 글을 통해 전달하라.
- 가능한 한 일대일로 학생들과 소통하라. 글로 코멘트를 달고, 팀활동 때 옆을 지나가면서 살짝 관찰하라.
- 둘 다 앉거나 일어서서 당신이 칭찬하는 경우가 아니라면 너무 많이 눈을 맞추지 말고 부드럽고 천천히 그리고 간결하게 말하라.
- 만약에 질문할 것이 있거나 이야기하고 싶은 것이 있어 글을 남기면 나중에 대답해 줄 수 있다고 제안하라.
- 무엇보다 학생들을 '느린', '무관심한' 학생이라고 편견을 갖지 말라. 그들은 그저 당신과 조금 다를 뿐이다.

■ I형 교사와 I형 학생

교사와 학생 모두 조용하게 심사숙고하는 것을 선호하고 다른 사람과 어울리는 것을 좋아하지 않는다. 당신의 차분한 학생에게서 최상의 결과를 이끌어 내기 위해서는 다음과 같이 해야 한다.

- 학생의 자율성과 독립을 향한 열망을 존중하라.
- 학생이 사고를 통해 생각할 수 있도록 시간을 제공하라. 그들은 갑작스러운 것을 꺼려한다.
- 당신의 생각을 공유하고 침묵이 모든 것이 괜찮다는 신호로 간주하지 말고 서로 잘 이해하고 있는지 추가적으로 확인하라.
- 너의 생각들을 명확히 하기 위해서 시간을 가지되 대립하는 것을 두려워하지 말라. 만약 어떤 것들을 말할 필요가 있다면, 간결하고 정확하게 전달하라.
- 비언어적 소통 방법을 사용하라. 웃음과 제스처는 I형의 학생들을 안심시키는 데 탁월하다. 당신은 포스트잇이나 이메일로 그들에게 피드백을 줄 수 있다.

■ I형 교사와 E형 학생

E형의 학생들을 전통적인 교실 환경에서 다루는 것은 쉽지 않다. 특히 조용한 수업 시간을 더 추구하는 I형의 교사들에게는 더욱 그러하다. 선천적으로 활동적인 학생들에게서 최상의 결과를 이끌어 내기 위해서는 다음과 같이 해야 한다.

- 학생들의 아이디어들, 이야기들, 인용구들, 그리고 묘사들에 대해서 인내심을 가지고 적극적으로 경청하라.
- 마음을 열어 학생들의 농담과 횡설수설하는 말하는 바가 무엇인지 살펴보라. 이 학생들은 크게 말하면서 생각하는데, 이는 그들이 학습하는 데 가장 적합한 방법이다.
- 특히 조별 토론에서 당신의 생각들을 표현하고, 논쟁거리가 될 만한 주제나 화제에서 학생을 떼어 놓는 것을 명심하라.
- 학생들로 하여금 말하기 전에 생각할 수 있도록 격려하라. 그렇지 않으면 그들은 수업을 독차지하려 할 것이다.
- E형 학생들이 다른 E형 학생들과 수업 시간에 대화할 수 있도록 많은 기회를 제공하라(I형 학생들은 심사숙고하기를 더 원한다는 것도 기억하라).

두 사람이 진실을 나누기 위해서는 말하는 사람과 듣는 사람이 모두 있어야 한다.
Henry David Thoreau

다음의 두 활동은 E형과 I형을 알아볼 수 있게끔 조별로 할 수 있도록 의도된 활동들이다.

〈활동 1〉 레몬 주스 실험

우리는 레몬 주스를 혓바닥에 떨어뜨린 후에 얼마나 침을 많이 흘리는지에 따라서 E형과 I형을 나눌 수 있다.

준비물

- 레몬 주스 (10명당 레몬 한 개 혹은 레몬 즙)
- 주방용 저울
- 피펫이나 플라스틱 수저
- 탈지면 뭉치

실험

각각의 학생은 레몬 주스 한 방울을 혀에 떨어뜨려 10초 동안 그것을 입 안에서 돌린다. 그리고 탈지면 뭉치에 생성되는 침이 스며들게 한다. 충분히 스며든 후에 그 탈지면 뭉치의 무게를 저울로 재고 무게를 기록한다. 반 학생들과 그 결과를 E형과 I형으로 나눈 것과 비교해 보면서 그 상관관계를 알아본다. 실험의 결과에 대해서 어떤 허구도 가미하지 못하도록 지도한다. **E**형인 학생들이 침이 덜 고이고 **I**형인 학생이 가장 많은 침이 고였을 것이다.

✾ 결과 분석

망상 활성계(RAS)는 음식이나 사회적인 관계에 대해서 반응하는 뇌의 부분이다. 이 부분은 우리가 음식을 먹고 나서 반응하는 침의 양을 조절한다. 레몬 주스는 아주 좋은 반응 촉진제이다. 과학자들은 **I**형의 사람들이 RAS에서 더 많은 활동을 하기 때문에 자극이 없더라도 더 많은 침을 생성한다고 생각한다. 레몬 주스 같은 자극이 더해지면 더 많은 침이 생성될 것이다. RAS가 사회적인 자극에서도 반응하기 때문에 **I**형의 사람들은 사람들을 만날 때 더 극명한 반응을 보인다. 그래서 그들은 **E**형의 사람들보다 교실과 같은 조별 상황에서 더 많은 스트레스를 받는다. RAS 반응과 침의 생성은 **E**형의 사람들에게는 덜 나타나기 때문에 그들은 침을 덜 생성하고 사회적인 관계에서 스트레스를 덜 받게 된다. **I**형의 사람들이 50% 정도 더 많은 침을 생성할 것이라고 예상된다. 다른 요소들도 침의 생성에 영향을 미친다. 예를 들면 갈증, 하루 중 언제인지, 얼마나 경쟁적인 분위기인지에 따라 다르다.

만약 이런 활동이 당신의 비위를 조금 상하게 한다면 그다음 활동인 "누가누가 말했나?"를 시도해 보라. 그러나 만약 당신이 이것에 대해서 구역질이 난다면, 소변, 피, 죽은 쥐, 그리고 초파리 약물에 관한 나의 대학교 실험들을 기재하지 않은 것을 상기해 보면 좋을 것이다. 이런 것들이 결코 즐겁지 않고 심각한 수업의 한 과정이었다는 것을 다시 한 번 강조한다!

〈활동 2〉 누가누가 말했나?

학생들을 조를 이룬 후에 광범위한 토의 주제를 준다. 예를 들면 현재 TV에 나오는 가장 좋은 프로그램은 무엇인가, 친한 친구가 된다면 어떤 유명인과 친구가 되고 싶은가와 같은 주제들이 좋다. 조에서 한 사람은 토의를 하지 말고 필사를 맡는다. 서기를 맡은 사람은 모든 사람의 이름을 적고 그들이 얼마나 많이 말하기를 시작하는지, 그리고 무시당하더라도 자신의 주장을 중간중간 얼마나 말하는지 기록한다. 바를정(正)자로 표기하는 것을 추천한다.

3분에서 4분 정도가 지나면, 시간을 알려 주고 각 조별 서기에게 어떤 결과가 나왔는지 밝히도록 한다. 그러고 나서 **E**형과 **I**형에 대해서 토의를 해 본다. 우리는 **E**형이 토론에서 더 많은 참여를 보였을 것이라고 예상할 수 있다. 주의할 것은 **E**형과 **I**형의 참여도를 말할 때 그들의 기분이 상하지 않도록 해야 한다는 것이다. 단지 성향의 차이를 이해하는 것이 이 활동의 목적이기 때문이다.

이제 더 나아가서 **E**형과 **I**형의 성향을 모두 개발하는 활동에 대해 알아보자. 이 두 성향을 모두 개발하는 것이 성공적인 사람이 되기 위한 지름길이다.

〈활동 3〉 이 물건을 사 주세요! (E형 성향 개발)

학생들은 6명 정도가 한 조를 이룬다. 그다음 그들은 마치 홈쇼핑 호스트가 된 것처럼 물건을 생각하고 준비할 시간 없이 즉석에서 팔아 보는 미션을 받는다. 물건을 파는 역할은 보지 못한 채 가방에 숨겨진 연필, 칠판지우개, 넥타이, 모자, 집에서 가져온 바나나, 촛불, 애완 사료통 같은 물품들 중 하나를 선택한다. 조는 각각 파는 역할의 시간을 잰다. 이 활동의 목적은 2분 동안 쉬지 않고 사람들 앞에서 말할 수 있도록 하는 것이다.

E형의 학생들은 이런 활동을 잘할 것이지만, **I**형의 학생들은 보통 생각만으로도 움츠러들 것이다. 이런 학생들의 부담을 덜어 주기 위해서 학생들을 자신의 친한 친구와 함께 한 조가 되도록 하고, 성공의 기준을 한번 시도해 보는 것과 자신이 선택한 물건에 대

해서 이야기해 보는 시간을 점점 늘려 가도록 하는 것이 좋을 것이다.

어떤 물건을 주든 **E**형 학생들은 즉석에서 생각해 내 유머러스하고 매력 있게 그 상품을 소개할 것이다. **I**형 학생들은 무슨 말을 해야 할지 몰라 주저하고 타인의 시선을 많이 의식할 것이다. 활동 후에 만약 즉석에서 이야기할 상황이 생긴다면 각각의 성향의 사람들이 가질 장단점을 균형 있게 논의해 보자.

〈활동 4〉 경청의 미덕 (I형 성향 개발)

두 사람이 짝이 되어 한 사람은 이야기를 하고(예를 들어, 잘 알려진 영화에 대한 줄거리, 제일 좋아하는 휴일, 제2차 세계대전이 일어난 이유 등에 대한 이야기를 한다.), 다른 한 사람은 중간에 끼어들거나 자신의 생각이나 감정을 배제한 채 이야기를 들어야 한다. 그러고 나서 역할을 바꿔 본다. 누가 더 꼼꼼하게 잘 들었는지 이야기해 보자. 보통 **I**형의 사람이 그러할 것이다. 이런 경청의 기술은 삶에서 언제 유용할까? 언제 부족할까?

이 활동의 또다른 버전은 한 사람이 이야기를 하고 다른 한 사람이 이것을 정확히 따라해 보는 것이다. 그들이 모든 세부 사항들을 기억할 수 있을까? 다시 한 번 **I**형이 더 우세한 결과를 보일 것이다.

주의: 이 활동을 짝활동으로 하기를 추천한다. **E**형과 **I**형의 장단점에 대해서 말하면서 그들의 성향을 좋아하게 되고 어떻게 그리고 왜 그들이 다른 성향도 길러야 하는지 생각할 수 있도록 한다. **S**+**N**, **F**+**T**, **J**+**P** 성향들에 대해서도 이렇게 해 보자.

〈활동 5〉 네트워킹과 피드백 (E형 성향 개발)

학생들에게 자신의 강점과 얼마나 효과적으로 잘할 수 있는지를 나타내기 위해서 서로 말해 보고 피드백을 제시해 보는 시간을 갖자고 한다.

✷ 네트워킹

우리 반에서 어떤 이는 아래의 사람을 알 것이다.

- 유명한 사람
- 아주 특이한 직업을 가진 사람
- 괴짜스러운 취미를 가진 사람
- 특이한 국가를 방문해 본 사람

더 많은 리스트를 추가해도 된다. 학생들이 얼마나 서로에 대해서 잘 알고 흥미 있어 하는지 살펴보라. 어떤 현상에 대해서 알아볼 때 관련된 사람들과 이야기하는 것을 흔히 제일 좋은 방법이라고 말하곤 한다. 편안한 환경에서 다른 사람들과 이야기해 보면서 직업과 취업, 앞으로 다가올 여러 사건들, 공연, 여행 등에 대해서 더 많은 정보를 얻을 수 있을 것이다. **E**형 성향의 사람들은 선천적으로 이런 것들을 잘한다. 그들은 어디에 있든(가게에서나 여행 중에도) 다른 사람들과 이야기를 잘 나눌 수 있다. 이메일, 문자 그리고 SNS의 성장으로 **I**형 사람들이 정당에 가입하거나 더 많은 사람들과 관계를 맺는 데 훨씬 용이하다. 사실 세상은 지금 **E**형과 **I**형 모두에게 그 어느 때보다 더 많이 관계를 맺게 한다.

✷ 피드백

내가 존경하고 나를 잘 아는 타인으로부터 충고나 피드백을 듣는 것은 한 개인의 성장과 배움에 중요한 역할을 한다. 모든 것을 스스로 하는 것보다는 다른 사람들의 생각과 지혜를 빌리는 것이 일을 더 신속하게 끝낼 수 있게 한다. 학생들이 존중하는 친구나 친척으로부터 그들의 성격 성향에 대해서 피드백을 들어 보도록 권유해 보자. 존중하는 사람에게서 받은 피드백은 항상 무언가 깨달음을 주는 귀중한 자산이다.

소통하고 피드백을 받는 것의 장점은 "군중 속 지혜" 이론에서 발견할 수 있다. 예를 들어, 당신이 30명

정도 되는 사람들에게 큰 항아리 속에 몇 개 정도의 사탕이 들어 있을지 추측해 보라고 한다면, 개인이 맞힐 확률은 아주 낮다. 개인적인 추측들은 신뢰성이 떨어지고 그들이 말한 정답의 범위도 광범위하게 분산되어 있을 것이다. 하지만 전체 그룹의 평균을 내보았더니, 그들은 반복적으로 오차 없이 정확한 숫자를 맞히곤 했다. 이 이론은 다른 분야에도 적용 가능하다. **E**형 사람들은 다른 사람들의 의견을 더 듣고 싶어 하는 경향이 많기 때문에 이 이론에서 말하는 군중 속 지혜를 더 많이 누릴 것이다. **I**형의 사람 역시 그들의 과묵함을 극복하면 이것을 얻을 수 있을 것이다.

〈활동 6〉 진정한 경청

> **능동적 경청은 마치 꽃을 몇 송이 갖다 준 사람에게 그것으로 부케를 만들어 주는 것과 같다.**
>
> William Miller & Stephen Rollnick,
> 영감을 주는 인터뷰: 변화를 준비하라

학자들은 **E**형의 사람들이 작게는 종이에 베는 것부터 시작해서 차량 사고까지 **I**형보다 더 많은 사고를 당한다는 것을 알아냈다. **I**형의 사람들은 선천적으로 더 주의하고 **E**형보다 그들의 신체를 더 잘 조절하는 경향이 있다. 그들은 그들의 생각과 몸으로 깊이 들어가 간단한 휴식이나 더 거창하게는 잠잠한 명상을 통해서 좋은 것들을 더 많이 누린다. 우리는 모두 이러한 휴식을 통해 누릴 것들이 많은데, 심장 박동수가 느려지고 스트레스 지수가 호르몬 분비를 감소시키고, 우리가 우리의 몸을 통제할 수 있게 되는 것은 우리에게 많은 이득을 준다. 따뜻한 햇살이 내리쬐는 부드럽고 상쾌한 파도소리가 들리는 바다에 누워 있는 것과 비슷한 느낌이다. 학교들이 학생들에게 기초적이고 규칙적인 명상 시간을 마련하였더니 그들의 행동이 개선되고 집중력이 향상되었다는 연구 결과가 있다. 교실에서 할 수 있는 명상을 간단히 소개하면 잔잔한 음악을 고요한 가운데 4분 정도 틀어 놓고, 아이들에게 눈을 감고 음악이 그들의 전체 몸을 가득 에워싸는 것처럼 상상하며 음악을 들은 후 생각나는 어떤 색이든 떠올려 보게 하는 것이다.

벤슨의 숨쉬기 명상은 음악을 대체할 수 있는 방법 중 하나다. 간단히 학생들에게 천천히 숨을 3초 동안 들이마시고, 3초 동안 숨을 참고, 그리고 3초 동안 내쉬면서 호흡을 가다듬도록 요청한다. 이것을 5번 반복한다. 일반적인 호흡에서 우리는 단지 허파의 수용도 중 16% 정도만 사용한다. 이 운동은 더 깊고 천천히 호흡할 수 있도록 해 주고 말을 하지 않고 가만히 있는 훈련도 가능하게 해 준다. 특히 이 방법은 수업을 시작하기 전에 학습 목표를 노출하지 않은 상태에서 시도하기 좋은 방법이다.

✽ E형의 낚시

몇몇 선생님들에게 우리의 취미가 대체적으로 성향과 깊은 관계가 있다는 점을 이야기해 준 적이 있다. 예를 들어서 나는 낚시가 **I**형의 사람들에게 이상적인 취미라는 것을 말해 주었다. 그러자 한 선생님은 즉시 나에게 그가 낚시를 아주 좋아하는데 **E**형이라고 말해 주었다(그는 **ENFP** 성향이었다.). 나는 그에게 보통 어떻게 낚시를 하러 가는지 물었다. 그는 보통 이른 아침에 6명 정도 되는 친구들과 함께 낚시를 갈 준비를 한다고 말해 주었다. 그들은 보통 맛있는 통조림으로 된 음식들을 사서 배 고파지기 전까지 웃고 떠들면서 보낸다고 한다. 그러고 나서 집에 돌아오기 전에는 집 근처 펍에 가서 한 잔씩 하고 온다고 한다. 물고기는 거의 잡지 못한다고 한다. 같은 낚시라는 취미지만 **E**형의 낚시와 **I**형의 낚시는 완전히 다르다. 우리의 어떤 성향은 '무엇'을 하는지를 나타내는 것이 아니라 '어떻게' 그것을 하는지를 나타낸다. 직업의 경우에도 마찬가지다.

딜리아 스미스와 제이미 올리버는 비슷한 직업

을 갖고 있다. 그들은 둘 다 엄청나게 유명한 셰프다. 하지만 그들은 전혀 다른 성향을 갖고 있는데, 제이미는 **ENFP**고, 딜리아는 **ISTJ**이다. 어떻게 그들이 일할지 그들의 성향을 통해 상상할 수 있다. 제이미는 상상력이 풍부하고, 유연하고, 사교적이지만 딜리아는 책임감 있고, 차근차근 일을 하고, 집중력이 강하고 조직적으로 일을 할 것이다. 만약 그들이 서로를 흉내 내면 두 명 다 힘들 것이다. 딜리아가 쿨해 보이기 위해서 야구모자를 거꾸로 쓴 채 아이들을 위한 음식을 만들면서 엄청나게 빠르게 자신의 레시피를 설명하는 것과 제이미가 갖추어진 정장차림으로 은행장들을 위해서 고급스러운 음식을 천천히 만들어 서빙하는 것은 상상이 잘 안 된다.

교사들도 마찬가지로 학생의 성향을 잘 활용해서 어떻게 그들에게 영감을 주고 최선을 이끌어 낼 것인지를 생각해야지 아예 다른 사람이 되려고 해서는 안 된다. 좋은 선생님이 되기 위해서 어떻게 해야 한다고 조언하는 많은 책들은 사실 모두 "그냥 이 책에서 말하는 좋은 선생님을 따라하는 방법" 정도에 불과하다. 당신이 어떤 좋은 선생님인지와 다른 누군가가 어떤 좋은 선생님인지는 전혀 다른 이야기이다.

〈활동 7〉 생각하면 춤출 수 없어

이 활동은 **E**형 및 **I**형과 자신감의 관계에 대해서 알 수 있는 댄스 경연 활동이다.

반을 두 개의 그룹으로 나눈다. **E**형은 교실 한쪽에 서고 **I**형은 다른 편에 선다. 모두에게 어떤 심리학적 실험을 하게 될 것이라고 알려 주라. 먼저 음악을 틀고 **E**형 학생들이 춤을 추게 한다. **I**형은 몇 명 정도 조로 나누어져서 **E**형의 춤에 점수를 매긴다. 그들은 전체 학생들을 보고 점수를 매긴다. 점수를 비밀로 한 채 앞에 둔다. 다음으로 같은 활동을 하되 이번에는 **I**형이 춤을 추고 **E**형이 점수를 매긴다.

점수를 모으고 밝히기 전에 이것이 무슨 실험이었는지 토의해 본다. 자신감과 **E**형은 보통 큰 상관관계가 있다고 묘사되곤 한다. 이와 동등하게 **I**형과 자신감 부족도 큰 상관관계가 있다고 묘사된다. 이것은 잘못된 생각이다. 진정한 자신감은 내면에서부터 나온다. 그들이 어떤 사람인지 편안하게 느끼는 것이 자신감이다. "나도 괜찮은 사람이니 너도 괜찮은 사람이야."라고 생각한다는 말이다. 외부로 표출되는 자신감은 아주 다르다. **E**형은 보통 **I**형보다 더 많이 이것을 보여 준다. 최근에 **E**형인 한 친구가 내게 말했다. "사람들이 내가 많이 말하기 때문에 자신감이 있다고 생각하지만, 사실은 그렇지 않다. 나는 그저 쓸데없는 말을 하고 있을 뿐이다. 내 친구는 거의 말하지 않지만 그녀의 말 한 마디는 내가 10분 동안 말한 것보다 훨씬 더 효과적이다."

이 해석이 맞다면, **E**형은 그들의 춤에 대해서 **I**형보다 더 높은 점수를 받을 것 같다. 과연 그럴까? 어떤 맥락인지에 따라 결과가 달라지는 것은 아닐까? **I**형은 보통 그들이 감시당하고 있다는 생각이 들 때 과제를 잘 수행하지 못한다고 이야기한다. 많은 **I**형의 배우들은 훌륭하게 연기를 한 후에 관객들 앞에서 인터뷰를 하면 덜덜 떨곤 한다. 몇몇 **I**형들은 정말 좋은 춤꾼들이다. 그들은 이 재능을 보여 주었을까? 왜 그럴까?

우리는 모두 내면적 자신감과 외면적 자신감을 길러야 한다. 우리는 **E**형과 **I**형의 차이를 외면적 자신감에는 적용할 수 있다. 내면적 자신감을 기르기 위해서는 앞으로 살펴볼 다른 차원의 성격 성향들을 탐구해 보아야 한다.

3.4. 우리가 세계를 이해하는 방법

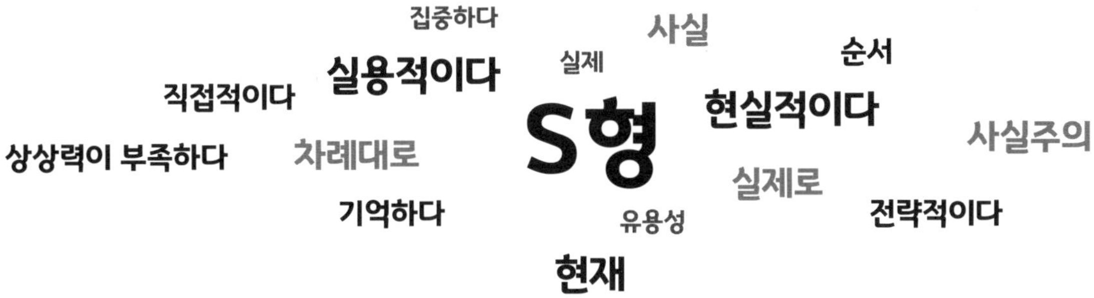

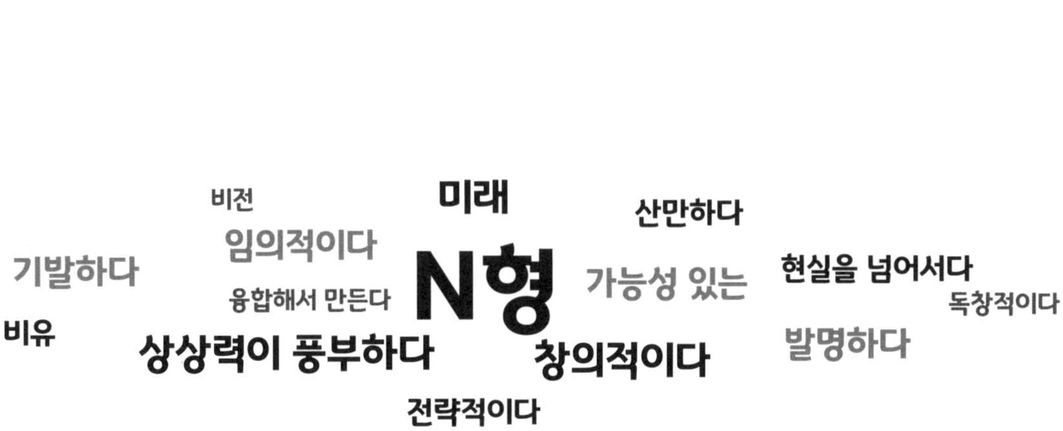

Jung과 Myers-Briggs 분류에 따르면 **S**는 감각형, **N**은 직관형을 의미한다. 이러한 단어들이 반드시 두 유형에 대한 유용한 요약이라고 말할 수 없지만 이 단어들은 간단함과 일관성을 위해 유지되고 있다(성향을 뜻하는 모든 글자들이 그렇듯).

65~75%의 사람들은 **S**형이고 25~35%는 **N**형이다. 이것은 일반적인 인구에서 각 성향을 대략적으로 절반씩 가지고 있는 인구가 없다는 것을 전제할 때만의 수치들이다. 그러나 담임선생님이 가진 성향은 각각 50%에 가까운데, 이것은 **N**형 학생들에게는 좋은 소식이지만 다수의 **S**형 학생들에게는 그렇지 않다.

당신은 정보를 어떻게 받아들이는가? 세부 사항 · 사실을 먼저 받아들이는가(**S**), 아니면 전반적인 모습 · 생각을 먼저 받아들이는가(**N**)? 이러한 성격의 분류는 교실에서 중요한데 왜냐하면 이것은 우리가 어떻게 배우는가의 문제에서 필수적이기 때문이다.

S형인지 알아보는 단서들:

- 사실 · 세부 사항을 찾는다.
- 지금 무엇을 할 수 있을지에 집중한다.
- 내가 아는 것을 적용하는 것을 잘한다.
- 차례대로 일을 진행하는 경향이 있다.
- 실용적이고 현실에 기반을 둔다.

N형인지 알아보는 단서들:

- 가능성 · 패턴을 찾는다.
- 어떻게 하면 다르게 할 수 있는지에 집중한다.
- 새로운 것을 배우는 것을 선호한다.
- 무엇이든 참여해 보는 경향이 있다.
- 나는 공상가이다.

✲ 3.5. S형 또는 N형처럼 변장하기

나의 딸은 **S**형이고 나는 **N**형이다. 딸은 학교의 성탄극에서 그리스도 역을 맡게 되었다. 나는 딸의 분장을 도와주겠다고 했다. 딸은 수염이 필요했다. 우리는 어떤 가게에서도 수염을 찾을 수 없었다. 딸은 바비 인형을 가지고 안 논 지 몇 년이나 지났고, 그래서 나는 그 인형의 머릿가죽을 벗겨 아주 부드러운 금발의 수염을 만들 수 있을 거라고 생각했다. 내가 딸에게 그렇게 만든 수염을 보여 줬을 때 딸은 충격을 받았다. **S**형인 딸은 현실 속에 살고 있었고 나의 계획이 얼마나 좋지 않은지 알 수 있었다. **N**형인 나는 나의 발상에 자제력을 잃어버린 것이었다. **N**형은 수많은 발상을 가지고 있고, 그 중 몇 개는 훌륭하지만 몇 개는 형편없다. 딸은 수염 없이 그리스도를 연기했다.

아들과 나는 둘 다 **N**형이다. '세계 책의 날'에 그는 닥터 후로 변장하기를 원했다. 아들은 있는 것을 가지고 닥터 후의 옷을 훌륭하게 만들었다. 그가 부족했던 것은 소닉 드라이버(Sonic screwdriver는 《닥터 후》에서 등장하는, 주인공 닥터(the Doctor)가 사용하는 도구로, 문을 따거나 시스템을 해킹하는 등 많은 용도로 사용된다. 볼펜처럼 생겼고 끝에서 빛이 난다.[역자 주])뿐이었다. "아빠, 걱정하지 마세요. 제가 뭔가 찾아올게요." 그는 흥분에 가득 차서 위층으로 뛰어갔다(그는 **E**형이기도 하다). 그는 몇 분 후에 내 친구가 장난으로 생일선물로 주었던 코털 제거기를 가지고 돌아왔다. 그것은 정말 소닉 드라이버처럼 보였다. 한쪽에선 흐릿한 파란 불빛이 나왔고 같은 크기와 디자인이었다. 가져가고 싶은 마음을 억누르며 "아빠, 저 이거 학교 가져가도 될까요?"라고 말했다. 아들의 **N** 상상력을 칭찬했지만 10살짜리 아이에게 칼날이 움직이는 물건을 줘도 될지에 대해선 의문을 가졌다.

S형의 생각하기:

> **훌륭한 일은 일시적인 충동에 의해 이루어지는 것이 아니라 작은 일들이 연결되고 모여서 이루어지는 것이다.**
>
> Vincent Van Gogh

N형의 생각하기:

> **우주를 상상할 수 있다면 존재하는 것이다.**
>
> Professor M. R. Franks, 우주 비행사

> **나는 보기 위해 눈을 감는다.**
>
> Paul Gauguin

사람들이 왜 새로운 생각을 두려워하는지 이해할 수 없다. 나는 오래된 생각이 두렵다.

John Cage

S형의 접근법은 중 · 고등학교에서 많이 사용되기에 **S**형 교사들과 학생들은 이 단계에서 상당한 이점을 갖는다. **N**형의 접근법은 초등학교와 대학교에서 많이 사용되기에 **N**형 교사들과 학생들은 교육의 여정 중에 처음과 마지막에 성장할 수 있다.

✲ 3.6. 아기와 목욕물, 그리고 창의력

N형 사람들이 **S**형 사람들보다 더 창의적일 것이라고 생각하는 것은 쉽게 할 수 있는 실수이다. 사실을 말하자면 두 유형 모두 다른 방식으로 창의적이다. **N**형은 현재의 패러다임을 없애는 것을 선호하고, **S**형은 현재의 패러다임을 개선하고 성장시키는 것을 선호한다. 그러므로 **N**형이 제안한 해결책들은 급진적이고 바깥에서 나타날 가능성이 크다. **S**형의 해결책들은 더 안전하고 덜 창의적으로 보일 수 있지만 다음의 예시는 **S**형과 **N**형 모두 가치 있고 창의적일 수 있다는 여지가 있다는 것을 증명한다.

1960년대에 우주여행 과학자들은 볼펜이 무중력 상태에서 써지지 않을 수 있다는 것을 깨달았다. NASA의 과학자들은 이러한 극한의 상황에서도 쓸 수 있는 펜을 개발하기 위해 600만 달러(현재 환율로 65억 2,300만 원)를 지원받는다. 그들은 기발한 **N**형의 생각을 사용해서 개발했다. 러시아의 과학자들은 훨씬 적은 금액으로 연구했고 볼펜 대신 연필을 가져가도록 결정했다. 러시아 과학자들은 **S**형의 생각을 사용했다. 하나의 해결책이 다른 해결책보다 더 창의적인 것이 아니지만 모든 문제들은 욕조 안의 아기(**S**)와 욕조에서 나간 아기(**N**)로 풀 수 있다. 대개 해결책은 '실제' (**S**) 세상에 있다. 그렇지 않다면, '상상력이 풍부한' (**N**) 생각이 그들을 구하러 올 것이다.

Ken Robinson은 창의력에 대해 광범위하게 썼다. 그는 어린 학생들이 얼마나 자신이 창의적이라고 생각하는지 그리고 어른들은 그렇지 않다고 생각하는지에 대해 언급했다. 그는 창의력(상상력과 별개의)이 인간 지능에 엄청난 선물이라고 말했다. 상상력은 **N**형 생각을 사용하고 창의력은 **S**형 또는 **N**형 또는 두 성향 모두의 생각을 사용한다. 세계가 더 복잡해질수록 어려움을 마주하기 위해 우리에게 필요한 창의력이 더 많아진다. **S**형과 **N**형을 탐구하는 것은 모든 사람에게 자신의 성향을 적용할 때, 또는 반대 성향을 사용하는 데 도전할 때 창의적일 수 있다는 것을 보여 주는 강력한 방법이 되고, 이것은 학생들에게 더 높이 목표를 가지게 하여 그들이 아는 것을 넘을 수 있도록 도와준다.

✲ 3.7. 치약 판매량을 두 배로

한 대기업 치약 제조사는 상품의 판매량을 더욱 늘리기 위해서 새로운 아이디어를 만드는 데에 힘쓰고 있었다. 모든 마케팅 전략과 광고 전략은 고갈되었다. 연필의 끝을 씹고 허공을 응시하고 있을 때, 차를 가져다주는 여인이 방 안으로 들어왔고 카트를 끌며 그들 앞으로 왔을 때, 그녀는 그들에게 치약 뚜껑 쪽 구멍을 크게 만들면 되지 않겠냐고 제안했다. 이 이야기의 다른 버전들이 있지만 다른 버전들도 같은 요점을 말하고 있다. 창의력은 크고 새로운 아이디어나 발명품에 대한 것만은 아니라는 것이다. 때때로 답은 현실 세계에 있다.

Kaizan은 상향식, 소량, 순차적인 개선을 시행하여 발전하는 일본의 사업 모형이다. 이것은 **S**형의 걸작이라고 말할 수 있다. 멀리서 바라보면 극적인 발전이 되는 많은 작은 발전들이 **S**형 생각을 적용함으로써 만들어질 수 있다. **N**형 생각은 크고 드물지만 갑작스럽고 지대한 도약과 발전을 만들어 낼 것이다. **N**형 생각들의 대부분은 실행 불가능하지만 그중 몇 개는 아주 성공적이고 패러다임을 바꾸는 것이 될 것이다. **S**형은 그들의 많은 발상들이 좋고 유용하고 적용할 수 있는 것들이라는 점에서 종종 **N**형에게 조언을 잘 해 준다.

> **내 부모님과 나는 N형이다. 우리는 오랫동안 산책을 하다가 멋진 곳에 멈춰서 20분간 앉아서 우리의 눈을 사로잡는 것, 나무, 돌이나 다른 어떤 것들에 대한 이야기나 시를 쓴다(그러고 나서 우리는 서로에게 우리가 쓴 것을 읽어 주는데, 우리 둘 다 E형이기 때문이다.).**
>
> Brenda, ENFP Clownfish(흰동가리 유형)

한 다큐멘터리 프로그램에서 최근에 음악 산업 내부의 창의성을 탐구했다. Mark Ronson은 공동 작업한 일련의 곡들에서 히트곡을 만들어 내라는 도전을 받았다. Neil Tennant는 창의력이 Lennon과 McCarteny처럼 딱딱함과 부드러움이 만날 때처럼 반대되는 의견의 충돌에 의해 창의성이 생긴다고 보았다. 많은 창의력 있는 사람들은, 특히 코미디에선 혼자 일하기보다는 짝으로 일한다. Chuckle Brothers(형제인 Barry Elliott과 Paul Elliott은 영국 엔터테이너로 Chuckle Brothers로 잘 알려져 있다. 보통 슬랩스틱과 패러디를 한다. "To me, to you"와 "Oh dear, oh dear"가 이들이 자주 하는 말이다. – 위키피디아[역자 주])가 서로가 없다면 그렇게 웃길 수 있었을까? 일반적으로 혼자 일하는 Sting은 그가 나이가 들수록 창의적으로 되는 것이 어렵다는 것을 느꼈다고 말한다. 그는 그의 아이들이 하루면 두 곡을 쓸 수 있는 반면에 그에게는 2개월이 걸리는 것을 알아차렸다. 나이보다는 태도와 관련이 더 있을 것이다. 용감하고 무모해 보이는 아이들의 놀이는 창의성을 가져온다. 아이들은 많은 발상을 빠르게 만들고 대부분은 사용할 수 없겠지만 만약 그 발상들이 헝클어진 턱수염 안의 부스러기처럼 숨겨져 있지 않다면 보석은 만들어질 것이다. 위험한 규칙 깨기는 혁신의 모체이고 N+P형 유형들(물개, 올빼미, 흰동가리, 매)은 전통적으로 정의되어 왔듯이 창의적이라고 말할 수 있다.

✽ N+P형의 창의적인 표현 유형

- **물개 유형**: 작가, 시인 (셰익스피어, J. K. 롤링)
- **숲올빼미 유형**: 전자제품 발명가 (알버트 아인슈타인 같은 정신 나간 교수들)
- **흰동가리 유형**: 배우, 공연인, 라디오 DJ (조나단 로스, 그레이엄 노튼)
- **매 유형**: 음악가, 코미디언 (노엘 갤러거, 빌리 코널리)

✽ 3.8. 창의성과 재미

창의성 전문가 Bob McKim은 아이들이 어른들보다 더 창의적인 경향이 있다는 것에 주목한 첫 번째 사람은 아니다. 그는 놀기 좋아하는 사고방식이 아이들에게 더 널리 퍼져 있다고 설명한다. 놀이는 유치원과 초등학교에서는 장려되지만 사실상 중·고등학교와 직장에서는 잘 보이지 않는다(비록 잘 알려진 애플과 구글처럼 예외가 있지만). 그는 놀이가 혼란과 관련 있고, 이것은 계속해서 학생들이 10대를 보내는 교육과정으로부터 놀이적 요소가 없어지고 있는 이유라고 말한다.

그는 놀이 능력을 측정하기 위한 두 가지 활동을 개발했다. 첫째는 학생들에게 그들 옆에 있는 사람의 초상화(머리와 얼굴)를 빠르게 그리라고 하는 것이다. 학생들에게는 30초만 주어지고 빠르게 그려야 한다는 것을 강조했다. 30초 후에 각각의 학생들에게 그들의 작품을 짝에게 보여 주라고 했다. 웃음들 가운데, 몇몇의 사람들은 사과할 것이고 그들의 그림이 잘 그려지지 않은 것에 대해서 민망함을 느낄 것이다. 이것은 어른 집단의 전형적인 모습이다. 다른 사람들은 활동에 집중할 것이고 그저 재미있어 할 것이다. 이것은 아이 집단의 전형적인 모습이다. 동료가 티내지 않게 싫어하는 것이 대부분의 어른들이 잘 그려지지 않은 초상화에 대해 사과를 하는 이유이다. McKim은 우리가 나이가 들수록 사회적으로 순응하도록 하는 것이 창의력을 떨어뜨리는 것이라고 주장한다.

그의 다른 유명한 창의력 테스트는 '30개의 원'이다. 그는 모두에게 30개의 원(6열 5행)으로 구성된 A4 용지를 준다. 그는 각각의 사람들에게 모든 원을 물건으로 바꿔 보라고 한다. 그리고 태양과 축구공을 예시로 들어 준다. 그는 60초의 시간 제한을 주고, 목표는 시간 제한 동안 가능한 한 많은 원들을 물건으로 바꾸는 것이라고 말한다. 끝난 후 그는 얼마나 많은 사람이 그의 예시(태양과 축구공)를 인용했는지 물어보았고 몇몇 사람들이 그렇게 했다고 했다. 웃고 있는 얼굴이 전형적인 해결책임에도 몇몇 사람들만이 가장 빠른 방법으로 모든 원들을 채울 수 있는 하나의 형식을 반복적으로 사용하여 모든 원을 채웠다. 그는 우리가 할 수 있을 만큼 창의적이 되려고 스스로를 바꾸려고 하기 때문에 하나의 형식을 반복하지 않는다고 말한다. 창의력을 어떨 것이라고 가정하는 것이 전부라고 생각하는 이것이 결점이라고 그는 지적한다. 삶에는 우리가 상상력보다는 해결책과 경험에 초점을 둘 필요가 있는 많은 일들이 있다. 성격 유형에서도 같은 메시지를 줄 수 있다. 그 메시지는 모든 사람이 자신의 성향을 이해할 필요가 있고, **S**형과 **N**형을 사용하기 위해서 수렴하고 확산하는 생각, 질문과 답, 새로운 답을 탐색하는 것과 깊이 생각하는 것, 실험과 가정과 같은 행동적인 유연성을 가질 필요가 있다는 것이다.

Jung은 또한 놀이가 창의성의 한가운데에 있다고 생각했다.

> **새로운 것의 창조는 지능이 아니라 내적 필요에 의한 놀기 본능을 통해 달성된다. 창의적인 사람은 자신이 사랑하는 것을 가지고 놀기 좋아한다.**

✽ ■ S형 교사와 S형 학생

교사와 학생은 같은 방식으로 정보를 얻는다. 둘 다 현실에 충실하고, 보고 있는 것을 이해하기 위해 과거의 경험들을 사용한다. 교사의 교수 방식은 선천적으로 실용적이고 순차적이고 현실적이다. 그리고 당신은 학생들도 그렇게 따라하도록 장려한다. 견고하고 능숙한 관계가 형성되고, 당신과 학생은 일을 끝내기 위해 서로가 해야 하는 것을 상호 간에 이해한다. 이러한 선천적으로 현실적인 학생을 가장 잘 지지하기 위해서는 다음과 같이 해야 한다.

- 배운 것이 현실 세계에 어떻게 적용되는지 보여 주라.
- 학생들이 할 수 있다고 만족할 때까지 연습할 수 있도록 해 줌으로써 학생들의 역량을 키워라.
- 학생이 자신의 기술적 기반에 추가할 상상력을 개발하도록 격려하라.

✽ ■ S형 교사와 N형 학생

당신의 학생은 세부 사항이 아니라 전반적인 상황을 우선시하는 것을 좋아한다. 학생들은 상상력을 사용하고 다른 어떤 것보다도 독창성을 중요시하는 것을 좋아한다. 당신은 세상을 이해하기 위해 당신의 경험을 사용한다. 당신은 선천적으로 실용적이고 순차적이고 현실적인 유형이고 학생들이 그렇게 하도록 장려한다. **N**형의 학생들은 잘해 봐야 이러한 접근법이 도전해 볼 만하다고 느낄 것이고, 최악의 경우에는 그 접근법이 따분하고 복잡하고 구식이라고 생각할 것이다. 당신은 이러한 학생들에게 공상가 또는 '환상 속에 빠져 사는' 학생이라고 낙인찍어 버리지 않도록 주의해야 한다. 왜냐하면 이것이 그 학생들이 정보를 받아들이고 그들이 경험하는 세계를 이해하는 방법이기 때문이다. 이러한 선천적으로 상상력이 풍부한 학생의 능력을 최대한 이끌어 내기 위해서는 다음과 같이 해야 한다.

- 학생의 상상력과 통찰력 그리고 수업과 과목에 가져다 줄 수 있는 것에 대해 감탄하라.
- 사실을 발견하는 것, 세부 사항, 절차, 실험, 경험을 적용하는 것, 구조, 단계별로 하는 모형의 이점들을 가진 **S**형의 접근법의 가치를 인정할 수 있도록 도와주라.

✽ ■ N형 교사와 N형 학생

교사와 학생은 전반적인 상황을 먼저 보는 것으로 정보를 얻는다. 노력보다는 영감을 우선시하고, 의미를 추론하기 위해서 직감과 비유를 사용한다. 당신은 교실에서 상상력을 펼칠 것이고 **N**형 학생들은 이에 잘 반응할 것이며 아마도 공상, 일화, 이야기에 나래를 펼치며 동참할 것이다. 당신과 학생 사이의 자연스러운 친밀감은 종종 선물이다. 왜냐하면 둘 다 세상을 같은 방식으로 보기 때문이다. 패턴, 가능성, 발상, 이론을 탐구함으로써 사물이 왜 있는지를 이해하려는 뜨거운 호기심을 가지고 있다. **S**형 학생들을 해치면서 당신이 **N**형 학생들을 편애하는 것처럼 보이지 않도록 주의하라. 모든 학생은 자신이 선호하는 방식으로 의견을 말할 수 있도록 해야 한다. 이러한 선천적으로 상상력이 풍부한 학생의 능력을 최대한 이끌어 내기 위해서는 다음과 같이 해야 한다.

- 창의적으로 탐구될 수 있는 질문과 프로젝트를 제공하라.
- 학생들이 빠르게 지칠 수 있기에 반복되는 과업을 피하라.
- **S**형 접근법의 중요한 가치를 강조하라 — 사실의 가치, 세부 사항, 절차, 실험, 경험을 적용하는 것, 구조, 단계별로 하는 모형

✽ ■ N형 교사와 S형 학생

N형 교사는 모든 학생의 흥미를 이끌어 낼 수 있지만, 당신은 **S**형의 학생들이 명확한 지침(가이드라인), 구조, 사실, 세부 사항과 절차를 받을 필요성이 있음을 존중해야 한다. 그렇지 않으면 그들은 힘들어 할 수 있다. 이러한 선천적으로 현실에 기반을 둔 학생의 능력을 최대한 이끌어 내기 위해서는 다음과 같이 해야 한다.

- 배운 것이 현실 세계에 어떻게 적용될 수 있는지 보여 주라.
- 학생들이 능숙하다고 만족할 때까지 반복하고 연습하도록 시간을 제공하라.
- 학생이 자신의 기술적 기반에 추가할 상상력을 개발하도록 격려하라.
- **S**형 학생들에게 피해를 주면서까지 당신이 **N**형 학생들을 편애하는 것처럼 보이지 않도록 주의하라. 모든 학생은 자신들이 선호하는 방식으로 의견을 말할 수 있도록 해야 한다.

선호되는 짝을 드러내기 전에 학생들과 **S**형과 **N**형을 탐색하기 위한 다음의 활동들을 사용해 보자.

■ 〈활동 8〉 그림 퀴즈

아래 사과 그림을 보세요.

학생들은 3분 동안 사과를 바라본 다음(잡담 없이, 시계로 시간을 재면서) 그들이 본 것을 적는다. 집단 간의 최선의 결과를 위해서 가능하다면 전형적인 크고 빨간 사과를 사용한다.

(S) 여러분이 쓴 것이 대부분 사실에 기반을 둔 현실적인 것들인가요?

S형은 보통 다음과 같이 답한다.

빨간 사과
중심에 있는 줄기가 1cm이다.
위쪽에 살짝 표시가 되어 있다.
깨끗한 탁자 위에 있다.
왼쪽 아랫부분에 그림자가 져 있다.
아마 레드 딜리셔스 종일 것이다.

(N) 여러분이 쓴 것이 상상하고 상징적이고 비유하는 것이 맞나요?

N형은 보통 다음과 같이 답한다.

빨간 사과
행성과 같은 구형이다.

생계를 위해 필요한 것, 음식이다.
무기 · 미사일이 될 수도 있다.
백설공주에 나오는 사과처럼 생겼다.
뉴욕의 상징

이 활동은 성격 유형 교육과정에서 약간 고전적인 활동이다. 모두 **S**형이고 모두 **N**형인 그룹에서 이 활동을 할 때, **S**형은 거의 항상 첫 번째 목록을 써내고 **N**형이 거의 항상 두 번째 목록을 써낸다. 이것은 대단히 흥미로운 사실인데 왜냐하면 이 결과는 우리가 **S**형 또는 **N**형에 따라서 본 것에 대해 다르게 정보를 받아들인다는 것을 입증하기 때문이다. 같은 창문 밖을 바라보고 있는 두 명의 사람은 아주 다른 경관을 볼 수 있다. 둘 중 누구도 옳거나 틀리지 않다. **S**형은 잎이 다 떨어진 나무, 진흙투성이의 땅, 회색빛 하늘을 묘사할 것이고, **N**형은 가을, 산책하기 좋은 날씨 또는 그들이 1년 중 가장 좋아하는 시기에 대해 생각할 것이다.

N형에게 밖으로 나가서 지금까지 배웠던 것을 상징하는 물건을 찾아오라고 해 보자. 성격 유형 강좌에서 그들은 행복하고 활기 있는 모습으로 돌아올 것인데 왜냐하면 그들이 하기 좋아하는 상상력을 사용하도록 요청받았기 때문이다. 그들은 예외 없이 잎이나 꽃을 가지고 돌아올 것이고, 비록 모든 잎이나 꽃이 기본적으로 같은 디자인을 가지지만 사람들과 그들의 성격에서의 공통점과 차이점처럼 그들은 모두 독특한 차이점을 가진다고 주장할 것이다. 호텔에서 함께 일했던 **N**형 교사들의 한 그룹은 라거나 맥주, 와인, 진토닉과 같이 각각 다른 알코올성 음료들을 가지고서 얼굴에 한가득 미소를 지으며 돌아왔다. 그들은 알코올성 음료들 간의 차이점과 사람의 성격 간의 차이점을 비교했다. 그들은 또한 그들이 술을 다 마셨을 때 그들의 성격 또한 바뀔 수도 있을 것이라고 말했다.

〈활동 9〉 눈사람

유형 전문가 Jane Kise는 전문적인 발달 훈련으로 이 활동을 개발했고 필자는 이것을 많은 교사와 학생들과 공유하여 멋지고 예측 가능한 결과를 얻었다. 더 세부적인 사항들을 알고 싶다면 Kise & Russell의 『Differentiated School Leadership』(2008)을 보면 된다. 학생들은 펜이나 연필 그리고 종이가 필요하다. 학생들은 5분 동안 써야 한다. 당신이 말할 지시 사항은 아래와 같이 묘사되어야 하는데 그렇지 않을 경우 결과에 영향을 끼칠 수도 있다.

"저는 이제 제목을 공개할 거예요. 여러분들은 5분 동안 쓸 건데, 1분은 무엇에 대해 쓸 것인지 생각하고 4분은 이 제목에 근거해서 쓰면 된답니다. 제목은 '눈사람'입니다."

S형은 이렇게 쓰는 경향이 있다.

Raymond Briggs의 스노 맨 요약
눈사람 만드는 방법
어린 시절 눈사람 만들던 추억
눈사람 만들기에 관련한 이야기의 연대순 정리

N형은 이렇게 쓰는 경향이 있다.

삶, 죽음, 사랑, 이별, 우정과 같은 주제를 언급하는 은유적인 이야기 또는 화려한 묘사와 유머로 가득 찬 이야기. 예시: '옛날 옛적에 스노 맨이라는 이름을 가진 마약 판매상이 있었습니다. 그는 이웃에게 공급하는 마약의 높은 품질로 그 이름을 갖게 되었지요...' 이 이야기는 한 초등학교 교사가 쓴 것이고 그녀가 그것을 읽을 때 다른 많은 동료들의 눈살을 찌푸리게 했다.

사람들이 이야기를 다 쓴 후에 가장 **S**형인 사람과 가장 **N**형인 사람을 맨 끝에 서게 하고 그 중간에 단계적으로 사람들을 서게 해 보는 것도 좋을 것이다. 그런 다음 당신은 양 끝에 있는 사람들의 이야기들을 예상해 보고 이야기를 읽어 볼 지원자를 받는다. 보통 예상은 아주 정확하고 교사나 학생에게 이러한 성향이 얼마나 중요한지 알 수 있게 한다. 당신 마음대로 이야기를 고르면 된다.

교사 현직 연수와 학생 행사에서 쓰인 눈사람 이야기들이다.

아주 **N**형인 사람들:

> **옛날 옛적에 눈사람이라는 이름을 가진 마약 판매상이 있었습니다. 그는 이웃에게 공급하는 마약의 높은 품질로 그 이름을 갖게 되었지요. 그는 많은 사람의 삶을 망가트렸습니다. 몇 년 동안이나 그의 앙상한 나뭇가지와 같은 손가락은 마약을 돈으로, 돈을 마약으로 바꾸었습니다. 어느 겨울 날 눈보라가 너무 심하게 몰아쳐서 대부분의 사람들은 거리로 나오지 않았습니다. 눈사람은 익숙한 골목 모퉁이에 서서 밤의 추위에서 얼어 죽고 말았답니다. 몸이 눈에 쌓인 채 뻣뻣해진 채로 말이죠.**
>
> 초등학교 교사, Bahrain, ENFJ(돌고래 유형)

> **눈사람은 항상 선탠을 하고 싶었지만 반(反) 태양 위원회에게서 그것은 불가능한 일이며 일광욕에 대한 생각을 없애버려야 한다는 말을 들어왔습니다. 그는 태닝을 하기로 마음먹었고 그의 눈 화폐를 사용해서 비행기 조종사를 고용했습니다. 그리고서 아이슬란드에서 떠나 남쪽으로 가는 여정을 시작했습니다. 그가 조종사에게 말하면서 ...**
>
> Mr Chapman, INTP(올빼미 유형)

> **해변가는 아주 더웠고, 눈사람은 녹고 있었습니다. 그의 어머니가 그에게 경고했던 것처럼 말이에요. 그리고 언제나 더 잘 아는 그는 어머니의 말을 무시했습니다. 마지막까지도.**
>
> 초등학교 교사, Rochdale, INFJ(해마 유형)

아주 **S**형인 사람들:

> **스노 맨은 Raymond Briggs의 유명한 책이고 크리스마스 때 TV에 종종 나오는 만화 영화이다. 그것은 연필로 그린 애니메이션과 기억에 남는 배경 음악으로 유명하다. 많은 사람은 타이틀 곡이 Aled Jones이 부른 'Walking in the Air'라고 생각하지만 그렇지 않다. 누가 불렀는지는 기억이 안 나지만 확실하게 그는 아니다. 확실하게.**
>
> 중학교 교사, Tyneside, ISFP(고양이 유형)

> **눈사람을 만들기 위해서 당신은 눈사람의 올바른 형태가 필요하다. 두 개의 눈덩이를 굴리는데, 몸체 부분은 더 크게(100cm) 하고 머리 부분은 더 작게(30cm) 한다. 작고 동그란 모양의 물건을 단추처럼 장식한다. 목에 오래된 목도리를 두른다(이것은 머리를 지지하기 위함이기도 하다). 작은 돌멩이로 조심스럽게 눈을 만들고, 당근이나 파스닙(설탕 당근-당근과 비슷하게 생겼는데 좀 더 하얀 뿌리채소)으로 코를 만들어 준다. 마지막으로 모자를 씌어 준다.**
>
> Mr Dalston, Wales, ISTJ(북극곰 유형)

S형과 **N**형 모두를 쓰는 학생들:

> **크리스마스 전날 밤이었습니다. 아이들은 기대와 희망으로 가득 차 잠에 깊게 못 들고 있었습니다. 마침내 아침이 되었습니다. 아이들은 아래층으로 빠르게 뛰어가 선물을 열어 보았습니다. 그들은 아직까지 마당 전체를 소복히 덮은 하얗고 뽀드득한 눈이 떨어지고 있는 것을 눈치채지 못했습니다. 아이들은 가장 멋진 눈사람을 만들기 위해 밖으로 뛰어나갔어요. 눈사람의 큰 몸과 머리를 만들고 오래된 모자와 목도리를 이용해 눈사람을 꾸며 주었답니다. 아빠는 자신이 생각하지 못한 새로운 선물을 주게 되었네요.**
>
> Alice, 10세 학생, Suffolk, ESFJ(곰인형 유형)

이 두 성향은 아주 중요한데 왜냐하면 학생들에게 과제가 어떻게 제공되느냐에 따라 학생들이 열정적으로 수행할 동기가 부여될지, 아니면 시작하기도 전에 지루해 할지가 결정되기 때문이다. **N**형 학생들에게 과제가 매력적이게 하기 위해서는 창의적이고 과제에 상상력을 적용할 수 있게 해야 한다. **S**형 학생들은 그들이 과제를 만족스럽게 하기 위해서 주목할 만한 구조와 순서를 필요로 한다, **N**형은 전반적인 상황을 먼저 아는 것을 좋아하는 것에 반해 **S**형은 세부 사항과 배움이 현실 세계에 어떻게 적용될 수 있는지 아는 것을 좋아한다. 교사들이 학생들 사이의 차이점을 무시한다면, 이것은 명확하고 쉽고 강력한 동기 유발 방법을 버리는 것이다. 두 성향 모두를 만족시키고, 가장 어려운 주제라도 당신이 만들어 줄 수 있는 학생들의 향상된 열의를 맘껏 즐겨라.

〈활동 10〉 번호로 이야기 만들기

창의력은 두 개의 임의적인 생각이나 물건을 합치고 그 결과를 보는 과정으로 정의될 수 있다. 대부분의 결과물은 형편없을 것이지만 가끔씩 마법처럼 좋은 결과를 만들어 낼 수도 있다. 진화 생물학자인 Matt Ridley는 생식 과정을 이 과정의 비유로 든다. 유성 생식은 무성 생식보다 자손에 있어 훨씬 더 많은 다양성을 만든다. 인간이 다른 종에 비하여 유전자의 전례 없는 혼합과 융합에 따라, 또는 그의 표현대로 '생각들이 만남에 따라' 지난 수천 년간 아주 많은 진보를 만들어 왔다고 말한다. Nietzsche는 또한 그것을 잘 묘사했다. "춤추는 별을 잉태하려면 반드시 스스로의 내면에 혼돈을 지녀야 한다."

다음은 무작위한 과정이 얼마나 창의적이게 될 수 있는지를 분명히 보여 주는 실내 게임인 Consequences(결과들)의 간단한 버전이다. 이 게임은 "나는 창의적이지 않고, 나는 나일뿐이다."라는 말을 하는 학생들에게 훌륭한 게임이 될 것이다.

학생들이 다음의 질문들에 대한 답들을 적도록 하라.

1. 거미를 묘사하는 단어
2. 귀여운 동물
3. 가장 좋아하는 연예인
4. 학교 안의 방이나 장소
5. 가장 좋아하는 선생님
6. 과일 종류

학생들은 어떻게 창의력이 생기는지 이해하면서 아래의 빈칸에 단어를 넣는다.

옛날 옛적에 (1) _______ (2) _______라고 불리는 사악한 범죄자가 있었습니다.

이 범죄자는 (3) _______을 납치해서 비밀 감옥인 (4) _______에 가두려고 계획했습니다.

이런 위기를 벗어나게 해 줄 수 있는 사람은 (5) _______밖에 없었고

학교 식당에서 나온 마법 (6) _______을 사용해야 했습니다.

다음은 **S**형과 **N**형 모두를 개발시킬 수 있는 활동들이다.

〈활동11〉 정원 속 코끼리

짝과 대화를 하는데 이 대화에서 당신은 짝이 말한 현실을 부정할 수 없고 그것을 기반으로 이야기해야 한다. 한 명은 **S**형 역할을 맡고 다른 한 명은 **N**형 역할을 맡는다. 한 명은 **S**형처럼 다른 한 명은 **N**형처럼 말한다. 교사가 호루라기를 불거나 손뼉을 칠 때마다 역할을 바꾼다. 예를 들어,

N: 나는 집에 코끼리를 키우고 있어.

S: 먹이 때문에 어려움이 많겠다.

N: 별로, 아프리카에서 헬리콥터로 배달된 사바나 초원의 풀들이 있는걸.

S: 얼마나 자주 배달되는데?

N: 코끼리가 배고플 때마다. 코끼리가 코로 우리 집 초인종을 누르고 네가 보고 있는 우리로 들어가면 자동적으로 배달이 돼.

S: 그러니까, 쿠팡 로켓 배송 같은 거구나?

N: 응, 헬리콥터랑 코끼리, 코끼리의 정서적 욕구를 충족시키는 동물 심리학자로 훈련된 마법 고블린만 더한다면 말이야.

S: 우리가 굉장히 크겠다. 근데 너 15층에 살지 않아?

N: 응, 코끼리를 엘리베이터에 태우는 게 얼마나 힘든지. 우리 코끼리가 밀실 공포증이 있거든. 그래도 고블린 심리학자 선생님이 최근에 정말 많이 나아지게 해 줬어.

이 간단한 활동은 **S**형과 **N**형의 차이점을 아주 잘 보여 준다. **S**형은 **N**형의 순발력과 특이함에 놀라고, **N**형은 **S**형의 명확성과 현실에 기반을 둔 진행에 놀란다. 그들은 역할을 바꿀 때 이러한 차이점에 대해 더욱 잘 이해하고 인정한다. 많은 집단에서 3명(혹은 4명)으로 팀을 구성하는 것이 좋을 수도 있는데 왜냐하면 **S**형 사람에 비해 **N**형 사람이 2 대 1의 비율이기 때문이다. 세 번째 사람은 서기의 역할을 맡고, 규칙을 따르도록 하며, 대화에서 두 주인공에게 **S**형과 **N**형의 요소들을 상기시킬 수도 있다. 이 활동은 모든 사람에게 차이점을 인정하게 하고, 다른 접근법 그 자체보다 하나의 접근법이 더 우세하지 않다는 것을 보여 준다.

〈활동 12〉 아빠 말이 맞아 · 코미디 애드리브

✺ 아빠 말이 맞아

최근 라디오 청취자 전화 참여에서 청취자들에게 청취자가 어렸을 때 아버지에게 들었던 바보 같은 것들을 공유하는 것을 진행했다. **N**형 생각들의 긴 목록들이 넘쳐 들어왔다.

- 우리 아빠는 고속도로 바닥에 있는 반사 장치가 사실은 요정들이 횃불을 들고 터널을 올라왔다 내려왔다 하면서 작동되는 거라고 나를 설득시켰다.
- 우리 아빠는 베이비 파우더가 나방을 가방에 넣고 가루를 얻기 위해 힘차게 흔들어서 만들어진 것이라고 말했다.
- 우리 아빠는 휴게소에서 파는 간식이랑 음료수가 석유 맛이 나서 절대 사면 안 된다고 말했다.

학생들에게 그들이 들은 '바보 같은' **N**형의 말이 무엇인지 물어보자. 부모의 유형에 대한 논의와 부모님이 아이들에게 끼친 영향을 볼 수 있을 것이다.

✺ 코미디 애드리브

다른 버전은 학생들에게 Eddie Izzard 스타일로 생각해 보라고 하는 것이다. 필자는 Izzard가 꿀을 만드는 꿀벌들은 엽기적이라는 것을 알았다는 것을 듣고 며칠 간 웃었다. 그는 집게벌레는 처트니(남아시아 · 서아시아를 중심으로 사용되고 있는 소스)를 만들지 않고 말벌은 마요네즈를 만들지 않는다고 말했다. 학생들에게 곤충 · 무척추 동물과 잼과 같은 저장 식품 · 양념 · 소스를 가지고 그들 자신만의 조합을 섞어 보도록 하게 하고 가장 재미있는 조합을 뽑도록 권한다. 이는 혼자 연기하는 코미디언에 의해 적용된 **N**형의 접근법이다.

〈활동 13〉 디즈니 창의력 전략

Robert Dilts는 모델링 — 어떠한 분야의 전문가를 찾고 그들이 어떻게 훌륭한 성과를 보였는지에 대한 세부 사항들을 관찰하는 것에 대한 신경 언어 프로그래밍(NLP) 접근법 — 의 선구자이자 최고의 주창자이다. 우리는 그 사람들의 과정을 모방하기는 하지만 그 사람의 흉내나 따라 하기 버전이 되려고 하지 않는 것으로부터 이익을 얻을 수 있다. 정체성의 단계가 아니라 기술의 단계에서 우리가 모방할 때, 우리가 배우고 싶어 하는 것에 있어 그 사람의 유용한 부분을 흡수할 수 있다.

상상력과 창의력은 자질이 필요하다. 과연 그것들을 배울 수 있을까? Robert Dilts는 공상가로서 유명한, 그리고 성과를 내기도 한 Walt Disney(월트 디즈니)를 모델링 했다. Dilts는 우리가 창의력을 향상시키기 위해 따를 수 있는 Disney가 사용했던 과정을 알아냈다. Disney는 순차적으로 생각의 세 가지 다른 과정들을 하나씩 해 보았다(여섯 색깔 모자와 약간 비슷하다). 이 모델은 **S**형과 **N**형 모두를 개발시킨다(다음 유형들에서 설명될 **T**형도).

비록 팀으로 하는 것이 가장 좋지만, 혼자서도 할 수 있다. 당신의 창의력을 발휘하기 위한 주제를 찾아라. 다음이 예시가 될 수 있다.

- 새로운 잡지 주제 개발
- 새로운 반려동물 먹이 브랜드 개발
- 학교 시험 성적을 올리기 위한 아이디어 고안(제발 좀 해 봐라!)
- 주요 정당들에게 요구할 매력적인 정책들을 개발할 두뇌 집단 만들기

과정별로 각각의 단계를 위해 하나씩, 뚜렷한 세 개의 장소를 표시하라. 이것은 방의 구석일 수도 있고, 분리되어 있는 책상이나 의자들, 또는 바닥에 있는 테두리일 수도 있다.

첫째 영역은 공상가 상태이다. 여기서 우리는 조롱받거나 비난받을 두려움에서 벗어나 상상하고 공상에 빠지고 아이디어와 생각들을 계속해서 생각한다. 모든 아이디어는 간단하고 빠르게 메모해야 한다. 마치 그림처럼 당신의 아이디어를 탐색하는 것이 좋다. 당신이 몽상에 빠졌을 때 당신에게 딱 알맞은 아이디어를 찾고 그것을 존중하라. 최고의 아이디어들 중 몇 개는 정말이지 바보 같고 모호한 생각에서 시작된 것처럼 이 단계에선 당신 자신을 바꾸지 마라. 음악을 연주하고 이리저리 돌아다니는 것이 이 지점에서 도움이 될 수 있다. 어떤 사람들은 잠이 들기 전에나 그들이 TV를 보고 있을 때, 또는 구름이나 불 속을 멍하니 보고 있을 때 자연스럽게 이런 행동들을 한다. 이것은 **N**형 사고방식이다. 여러분은 모두 새로운 아이디어들을 찾기 위해서 따뜻한 호수에서 헤엄치고 있는 인어들 또는 하늘에서 날고 있는 용들이라고 생각할 수 있을 것이다. 아이디어들이 차츰 적어지면 멈추면 된다.

둘째 영역은 현실주의자 단계이다. 여기서 우리는 아이디어들의 목록을 짜고 아이디어들을 구조화된 계획으로 조직화한다. 우리는 질문한다. 이것이 어떻게 작동될까? 현실 세계에서 일어날 수 있게 하려면 얼마나 더 확실히 알아야만 할까? 이것은 **S**형 사고방식과 비슷하다.

셋째 영역은 비평가 단계이다. 여기서 우리는 계획을 시험한다. 우리는 질문한다. 어떤 점이 잘못될 수 있을까? 우리가 어떻게 고칠 수 있을까? 의도되지 않은 결과나 어려움이 있지는 않을까? 이것을 비판적으로 보는 사람들은 뭐라고 말할까? 비용과 이득은 얼마나 될까? 이것은 **T**형(조금은 **F**형)과 비슷하다.

당신은 이제 아이디어 목록을 수정하기 시작한다. 이 단계 전에는 수정하지 말아야 한다. 그런 다음 몽상가 단계로 다시 돌아간다. 훌륭한 결과를 기대하기 전에 아이디어를 개선하고 개발하기 위해 이 세 가지의 단계를 적어도 세 번 반복하라.

Disney는 장편 만화 영화를 만들기를 원했다. 그것이 그의 꿈이었다. 그는 만화 형식의 진실된 스토리텔링이 전통적인 영화 제작보다 제약이 더 적을 것이라고 믿었다. 현실주의자 단계에서 그는 과정을 조사했다. 기술적으로 될 수 있을까? 그의 대답은 '그럴 수 없다.'였고 그래서 그는 이제 비용과 시간에서 기술적으로 가능해졌다는 것을 그가 깨달을 때까지 새로운 만화 영화 기술과 재료들(페인트와 아세트산을 포함해서)을 개발했다.

비평가 단계에서 그는 질문했다. 만화 이야기가 관중의 관심을 80분 동안 유지시킬 수 있을까? 그는 영화 장르들을 실험해 봤고 그중 가족 친화적 주제로 정했다. 초기의 도안들은 성공적이지 않았다. 관중들은 동물 캐릭터들에게 감정이입하지 못했다. 그는 다시 몽상가 단계로 돌아와 감정을 보여 줄 수 있는 얼굴들로 그려진 동물들을 상상했다. 그는 눈썹을 더했고 눈을 더 크게 만들었다. 그러자 관중들이 캐릭터에게 감정이입할 수 있게 되었다. 이 과정의 한 부분으로서 노래가 포함되었다.

대부분의 조직들은 이 과정을 무시한다. 특히 공상가 단계를 무시한다. 그리고 세 가지의 단계들이 완전하게 탐색되기 전에 급하게 무언가에 착수하려고 한다. 어프렌티스가 놀라울 정도로 낮은 기준에서 대부분의 일들이 완성된다는 것으로 이것을 잘 설명했

다 ('Pants Man(어프렌티스[The Apprentice]는 최고의 비즈미스 맨을 꿈꾸는 젊은 경쟁자들이 10만 파운드 연봉의 알란 슈거[Alan Sugar] 밑에서 일할 수 있는 기회를 얻기 위해 경쟁하는 리얼리티 TV 프로그램이다. 5주차 에피소드에서 텔레비전 광고를 통해 새로운 시리얼을 선보이는 과제가 주어졌고, Ignite 팀은 Pants Man이라는 캐릭터가 나오는 광고를 만들었고 이들이 선보인 시리얼은 완벽하게 완성되지 못한 것으로 비판받았다.

3.9. 창의적인 생각을 발전시키기 위한 추가의 기술들

John Davitt은 창의적인 활동 발전기를 그의 웹사이트(www.newtools.org/showtxt.php?docid=724)에서 개발하고 있다. 당신의 주제를 입력하고 '생성'을 누르면 당신이 만족할 만큼의 많은 무작위의 제안들을 볼 수 있다. 예를 들어, 필자는 '뇌가 배우는 방법'을 주제로 입력했고 다음과 같은 제안들을 받았다. U2 스타일의 락 음악처럼, 항의 편지처럼, 배경이 그 주제인 TV 기상 캐스터처럼, 익숙하지 않은 손으로 그린 스케치처럼, 1분 연극처럼, 20초 자동 응답기처럼.

역할 놀이: 새롭게 이해하고 서비스를 개선시킬 가능성 있는 방법을 만들기 위해서 공항에 있는 탑승객인 척하는 장면을 연기해 보라. 또는 불을 끄고 당신의 의자 아래로 가서 광부라면 어떨지 생각해 보라.

질문 던지기: 혼자서, 그런 다음 집단으로, 주제에 대한 가능한 한 많은 질문들을 나열하라. – 바보 같은 질문들도 종종 최고일 때가 있다. Philosophy for Children과 Ian Gilbert의 Thunks®은 창의력 있는 생각을 만들기 위해 질문들을 이용하는 훌륭한 예시들이다. 예를 들어 하늘이 어디서 시작될까? 사랑은 무슨 색깔일까? 와 같은 질문들이 있다.

Six Thinking Hats(여섯 색깔 모자)와 마인드맵은 창의적인 생각을 만드는 추가적인 접근법이다.

더 없이 훌륭한 **S**형과 **N**형의 혼합은 다음에서 가장 잘 요약되어 있다.

> **규칙을 지키는 방법을 알기 전까지 그것을 위반하는 것은 현명하지 않다.**
>
> T. S. Eliot

✲ 3.10. 당신은 무언가를 결정할 때 머리로 하는가? 가슴으로 하는가?

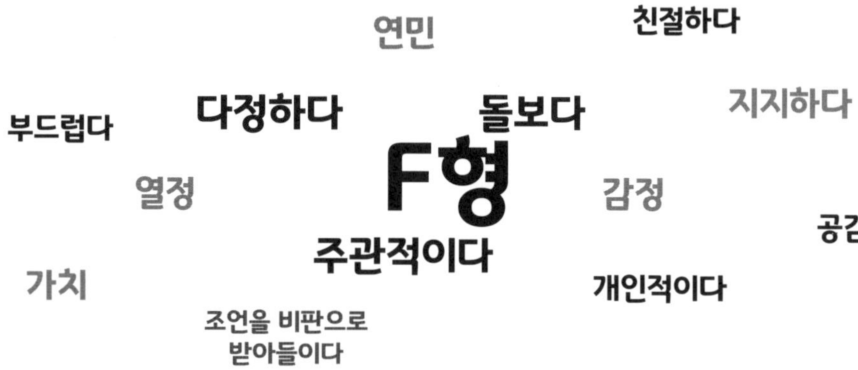

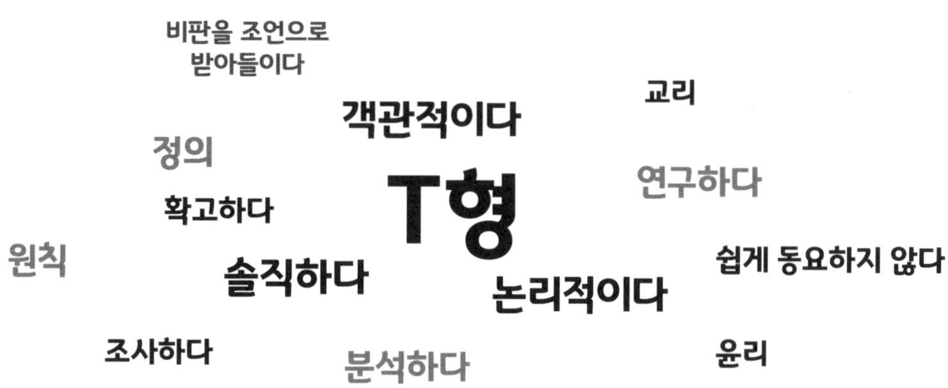

F는 감정(Feeling)을, T는 사고(Thinking)를 상징한다. 이러한 표시는 인간의 복잡한 성격이 무엇인지 단서를 찾는 일을 좀 더 쉽게 해 준다. 우리는 모두 생각하고 감정을 느끼지만 무엇인가를 결정할 때 선호하는 방법에는 사람마다 뚜렷한 차이가 있다(객관적으로나 주관적으로). T · F 선호도는 성별 차이와도 관련이 있다. 대략 2/3 정도의 남성들은 T를, 1/3이 F를 나타낸다. 여성의 경우 반대이다. 2/3이 F를, 1/3이 T를 선호한다.

T형인지 알아보는 단서들:
- 일을 먼저 걱정한다.
- 이것이 옳은 결정인가를 묻는다.
- 보통 비판을 조언으로 생각한다.
- 견고한 내면을 지닌 인상을 준다.
- 주관적이기보다는 객관적인 편이다.

F형인지 알아보는 단서들:
- 관련된 사람을 먼저 걱정한다.
- 이것이 사람들에게 어떤 영향을 줄지 묻는다.
- 보통 조언을 비난으로 생각한다.
- 따뜻한 마음을 지닌 인상을 준다.
- 객관적이기보다는 주관적이다.

내 딸은 F형이고, 내 아들은 T형이다. 내 딸이 일곱 살이 끝나갈 무렵, 난 딸에게 어떤 과목을 제일 좋아하는지 물었다. 대답을 듣고 나는 내 딸이 좋아하는 과목이 자신을 좋아해 주고, 자기도 좋아하는 선생님과 직접적인 연관이 있음을 알아차렸다. 이것이 사람과의 관계가 우선시되는 전형적인 F형의 사례이다. 만약 그들이 선생님을 좋아하면 그 과목을 좋아할 것이다. 많은 선생님들, 특히 T형의 선생님들은 이러한 사실을 간과할 위험이 있다. 만약 그들의 개인적 관계가 견고하지 않다면, 교사가 얼마나 수업을 재미있게 구성하고 훌륭하게 준비했는지는 중요하지 않게 된다.

이와 상응하게도, T형 학생들의 초점은 다른 데 있다. T형의 내 아들은 7~11세 무렵 같은 과목을 좋아했다. T형의 경우 내용, 과업이나 과정에 집중하지 관계에 무게를 두지 않는다. 교실 학생의 절반은 교육 내용이 핵심 열쇠이다. T형의 학생들은 감성적인 것을 밀어낼 것이다. 그들은 감성적인 것에 취약하다고 이해할 것이다. 그들은 교사가 허심탄회하고 확신에 차 있는 것을 선호한다.

축구 매니저들은 어떤 선수들은 호되게 꾸짖을 필요가 있고, 어떤 선수들은 격려가 필요한지를 아는 것이 좋은 경영이라는 상투적인 말을 종종 사용한다. 이러한 이분법적 접근은 알렉스 퍼거슨 경의 선수 탈의실에서와 같이, 교실(또는 교무실)에서도 유효하다. 학생들이 T를 선호하는지 F를 선호하는지를 발견하는 것은 학생들의 관계를 세우고 개개인에게 동기부여하는 데 강력한 통찰력을 준다.

내가 방문한 대부분의 학교가 초등의 경우에는 F의 분위기, 중등의 경우에는 T의 분위기였다. 조직 문화가 F인가, T인가의 질문은 흥미롭다. 선생님의 학교 문화는 어떠한가? 학교 문화가 당신과 학생들, 교사와 학부모에게 어떤 영향을 주는가? 한 연구 결과에 따르면 거의 모든 회사가 T형을 선호하는 문화이며 대부분의 사장은 T형이다. 학교의 경우에도, 80%의 교장은 T형이다.

교실에서는, 내 경험으로는 많은 남학생이 또래 압력과 그들이 살아온 남성 문화로 인해 T를 선호한다고 주장한다. 흥미롭게도 이러한 효과는 몇몇 소녀들 집단에서도 나타난다. 그룹 리더가 특히 그들의 리더가 T형일 경우(종종 검은표범 유형, 매 유형), 그룹 구성원들은 그들이 자신의 리더와 같다는 것을 보여 주길 원할 것이다. 이러한 효과는 직원들이 그들의 보스를 모델로 삼거나 모방할 때 나타난다. 따라서 누군가가 정확하게 자신의 유형을 인지하고 받아들이는 것을 막는 또래 압력과 다른 요소들의 영향을 제거하려는 시도는 중요하다.

선호 유형과 행동 유형의 차이점을 강조하는 것은 도움이 된다. 우리는 모두 F 유형이나 T 유형으로 행동할 수 있으며 그것은 우리의 선호도를 약화시키지 않는다. TV 광고나 비디오 클립을 묘사하는 것은 흥미로운 사실을 들어낸다. 예를 들어, 어린이들의 장난감 광고는 정형화된 경우가 많다. F 유형의 인형 광고의 경우, 미소 띤 두 소녀가 부엌 식탁에서 은은하게 들리는 음악을 배경으로, 하나로 묶은 인형 머리를 부드럽게 빗질을 하는 것을 특징으로 하는 경향이 있다. T 유형의 인형 광고의 경우 쿵쿵거리며 폭발하는 시끄러운 음악을 배경으로, 비 오는 날 실외에서 두 명의 소년이 얼굴에 진흙을 묻히고 두 영웅 캐릭터 인형을 서로 부딪치며 소리지르는 것을 특징으로 한다. 몇몇 TV 프로그램은 매우 거칠게 남자다움을 과시한다. 『Top Gear』와 같은 에피소드를 보면, T형의 진행자가 쓸데없이 남자다움을 과시하는 도전으로 아주 비싼 차에서 미친 듯이 날뛰는 장면이 있는데, 이는 시청자가 거의 테스토스테론을 감지하게 한다.

학생들의 **F · T**형 분석은 대단히 흥미로운 사실을 보여 준다. **F · T** 선호도는 우리가 어떻게 결정하는지와 관련이 있으며, 또래 압력과 다른 외부적 영향에 의해 가장 쉽게 영향을 받아 모호해질 수 있음을 의미한다. 성격 유형 이론 발달과 함께, 융(Jung) 또한 인간의 깊은 본능, 정신 기저의 측면을 설명하면서 모든 인류 문화가 비슷한 설명을 하고 있음을 관찰하였다. 융은 이를 원형(archetype)이라고 부르는데, 이는 인간이 세상을 경험하는 선천적인 방법으로, 인간의 욕구를 설명한다. 예를 들어, 그림자 원형(shadow archetype)은 우리의 어두운 면으로서, 우리의 머릿속에 들리는 마귀의 음성이다. 뱀, 용 또는 악마와 같은 상징으로 표현된다. 아니마(anima)와 아니마 원형(anima archetype)은 남성과 여성의 역할을 나타낸다. 우리는 모두 상황에 따라 보살피는 행동과 거리를 두는 행동을 나타낸다. 심지어 가장 거칠고, 이해하기 힘든 11학년의 학생도 새로 태어난 사촌 아기를 안고 어르고 달랠 때에는 몸집만 크지 한없이 부드러워진다. 아니마는 남성에게 나타나는 여성적 측면이고, 아니무스(animus)는 여성에게 나타나는 남성적 측면이다. 융은 여기서 전혀 성차별주의자가 아니다. 그는 두 성에서 나타나는 무의식적 과정을 언급하는 것이다. 우리는 모두 아기가 귀엽다는 것을 안다(아기 동물 또한 마찬가지이다. 교실에서 학생들에게 어린 유인원이나 강아지, 고양이나 어린 동물들이 모여 있는 사진을 보여 주면, '아!' 하는 소리가 교실이 떠나갈 듯 울릴 것이다.). 비록 거친 학생들은 그것을 인정하지 않을지라도, 속으로는 '아!' 하는 경험을 했을 것이다. 진화 생물학자들은 얼굴에서 눈이 차지하는 비율이 귀여움과 직접적으로 연관되어 있음을 발견해 왔다. 아기들을 보면 눈이 어른보다 얼굴에서 더 큰 비율을 차지한다. 두 가지 측면이 모두 우리에게 있지만, 우리가 선호하는 유형이 있다는 것을 인지하는 것은 우리가 어떻게 우리의 전 삶의 영역에서 결정을 내리고, 다른 사람들의 결정과 의도를 해석하는지를 설명하는 데 아주 유용하다.

성격 **F**형은 일반적으로 여성적, **T**형은 남성적인 특성과 연관된다. 이 주제는 교실 토론에서 다룰 가치가 있다. 아직 고정관념이 없는 어린이들의 경우, 이런 연관성을 특히 잘 찾을 수 있다. **F**형의 남자아이들은 천성적으로 배려하고, **T**형의 여자아이들은 거침이 없다. 여성이 **E**형일 경우(검은표범 유형, 흑곰 유형, 매 유형, 독수리 유형) 그들은 선천적으로 적극적이고 화를 잘 내며 솔직 담백하다. 이러한 여성들(예. 마돈나, 케이티 프라이스, 빅토리아 베컴, 데보라 미든)은 학교에서나 졸업 후 건방지거나 말썽꾼으로 낙인찍히기 쉽다. 그들은 백설공주, 잠자는 숲속의 공주와 같은 오래된 디즈니 영화에 나오는 여성에 대한 고정관념과는 대조되는 인물들이다. **E**, **T**형의 아이들에게 감정이 얼굴에 바로 드러나는 것을 조절하는 법을 가르치는 것은 교실 안팎에서 그들이 성공할 수 있도록 도울 것이다. 반대로, **I**, **F**형(코알라 유형, 물개 유형, 고양이 유형, 해마 유형)의 남학생들은 천성적으로 온화하고 친절하며 배려한다. 이는 중등학교에서 일반적으로 거칠게 행동하는 남학생들의 전형적 모습과는 다른 모습이다. 이러한 학생들에게 "네 스스로를 위해 일어나, 크게 말하고 다른 사람들에게 당하고만 있지 마!"라고 외치는 것은 의도는 좋지만, 유익하지 않을 수 있다. 이러한 학생들의 경우, 자신의 성향이 문제를 해결하는 방식에 어떻게 영향을 미치는지, 다른 사람들이 자신을 어떻게 인식하는지를 이해하도록 도울 가치가 있다.

일반적으로, 우리는 우리의 성향이 세상을 보고 해석하는 정확한 렌즈라고 생각한다. 예를 들어, 감성 지능은 **F** 관점으로부터 나온 개념이다. 심리학자, 칼 로저스(Carl Rogers)는 인간의 성장과 자아실현을 위해 우리는 모두 진정성, 수용, 공감이 필요하다고 제안하는데, 이는 **F** 관점에서 말한 것이다. **F**형에게는 이러한 접근법이 유용하지만, **T**형의 경우에는 일반적으로 이러한 조건을 추구하지 않을 것이다. 20세기 초, 사업 경영 모델(사람들을 생산의 단위로 대우함)은 **T**형으로, 대량 생산적 접근이다. 학교는 이러한 시기에 발달되었다.

자신과 타인의 성향을 아는 지식은 더 나은 대화로 이어지게 한다. 우리는 본인이 대우받기를 원하는 방식으로 타인을 대하지 않도록 조심해야 한다. 특히 **F**와 **T**형의 경우, 이를 유의할 필요가 있다.

> **우리는 사물을 그대로 보지 않습니다. 우리 자신으로 보지요.**
>
> 아나이스 닌(Anaïs Nin)

"좋은 일을 해도 인정받지 못하고 오히려 벌을 받는 경우도 있다."는 말이 있다. 이 말은 **F**형을 향한 직접적인 경고일 수 있다. 그들은 타인을 도우려 하고, 친절하며 모든 사람과 잘 지내고 싶어 한다. 데이비드 브렌트(David Brent), 릭키 제바이스(Ricky Gervais)는 브렌트가 유명해지는 것과 존경받는 것을 혼동한다고 말한다. 이것은 사람들에게 상냥하게 대함으로써 타인에게 존경을 얻고자 하는 **F**형의 특징이다. 이러한 접근법은 실패로 끝나기 쉽다. 특히 **F**형이 **T**형에게 이러한 접근법을 사용하는 것은 위험하다. **T**형은 모호함과 부드러움을 지닌 사람을 덜 존경하는 경향이 있다.

F형의 사고 방식

> **만약 내가 누군가를 좋아하지 않는다면, 그들이 숟가락을 잡는 방식조차 당신을 화나게 할 수 있다; 만약 당신이 누군가를 좋아하면, 그들이 당신의 무릎에 그들의 접시를 놓더라도 당신은 개의치 않을 것이다.**
>
> 어빙 베커(Irving Becker)

T형의 사고방식

> **나는 항상 내가 진정으로 생각하는 것을 당신에게 말할 것이다. 왜 안그러겠는가? 나는 저녁 식탁에서 이것을 말하고 반 시간 후 카메라 앞에서 다른 것을 말하지 않을 것이다. 나는 공격적인 것이 아니라, 정직한 것이다.**
>
> 사라(Sarah), Come Dine With Me의 참가자

■ F형 교사와 F형 학생

교사와 학생 모두 과제나 과목 내용보다 먼저 사람의 관계에 관심이 있다. 교사는 좋아하지 않는 학생을 포함한 모든 학생과 개인적으로 좋은 관계를 형성하길 희망한다. **F**형의 교사들은 **T**형의 교사들보다 그들이 예뻐하는 학생들이 있는 경향이 있다. 그들은 학생들과 지키지 못할 수도 있는 약속을 무리해서 하는 경향이 있으며, 학생들이 스스로 해야 하는 일까지도 대신 하는 경우도 있다. **F**형의 학생과 교사들은 따뜻하고 친근한 교실 분위기를 좋아한다. 교사와 학생들은 서로 칭찬함으로써 서로의 자신감을 올려 준다. 감사 카드는 교사의 기분을 최고로 만들어 준다. **F**형의 학생들은 교사가 자신을 좋아해 주길 바란다. 만약 교사가 자신을 좋아한다고 느끼면 그들은 열심히 공부하지만, 만약 그렇지 않으면 정반대의 결과를 가져올 수 있다. 이것은 한 학생이 한 해(그들이 좋아하는 선생님과 함께 하면)에 최고의 학생이 될 수도 있고, 선생님이 바뀐 그 이듬해에는 공부에 대해 아예 관심을 보이지 않은 이유를 설명해 준다. 선생님이 학생의 능력을 최대한 이끌어 내기 위해서

- 공감, 협업과 협동 작업을 적용할 수 있는 학습 환경을 제공하라.
- 학생들이 약점을 극복할 수 있도록 요령껏 지원할 때, 칭찬을 규칙적으로 충분히 해 줘라.
- 학생들을 향한 개인적 기대와 신념을 나타냄으로써 그들에게 동기부여하라(나를 실망시키지 마렴, 나는 네가 할 수 있다는 것을 알아, 난 네가 좋단다.).

■ F형 교사와 T형 학생

교사는 과제보다 관계를 우선시하는 반면, 학생들은 정반대이다. 교사는 학생이 자신과 다르다는 것을 받아들여야 한다. 즉, 학생이 차갑고, 무뚝뚝하며, 불친절한 것이 아니라 교사와는 다르고 과제에 먼저 집중할 뿐이다. 만약 이러한 관계를 받아들인다면, 교사와 학생 간 관계는 아주 긍정적일 수 있다. 선천적으로 객관적인 학생의 능력을 최대한 이끌어 내기 위해서

- 구체적인 칭찬을 해라. 단지 모든 것이 좋다는 식의 칭찬은 학생들에게 깊은 인상을 주지 못하며 도움이 되지도 않는다. 사실, 그런 칭찬은 학생들이 교사를 덜 존중하게 하며, 교사를 거짓말쟁이나 만만한 사람으로 여기게 한다. 학생들을 칭찬할 때에는 증거에 입각하여 칭찬을 하라!
- 토론을 할 때, 감정적이 아니라 논리적이고 객관적이 되어라.
- 만약 학생들이 교사에게 도전적인 말을 한다면, 그건 당신의 권위나 인격을 모욕하는 것이 아니라 그들의 생각을 명확하게 하고자 함이다. "이것을 바꾸고 개선하기 위해 무엇을 할 거니?", 또는 "무엇을 생각하니?"

하고 물어라. 학생들이 자신의 생각이 분명해지면, 학생들은 질문을 통해 교사의 생각을 받아들일 준비가 될 것이다.

- 학생들의 기능과 지식을 경쟁적으로 평가하는 방법을 사용하라(그들은 경쟁을 통해 성장할 것이다).
- 사람들의 50% 가량은 **F**형이므로, **F**형의 사람들은 좋은 의도의 피드백을 공격적으로 받아들일 수 있음을 알려 주어 **T**형 학생들이 재치와 소통 능력을 계발시키도록 격려해라.

■ T형 교사와 T형 학생

교사와 학생 모두 과업 중심적이며, 단도진입적이고 일관성 있으며 직설적이고 자기 주장이 강하다. 교실은 마치 사업 현장과 같은 분위기이다. 교사는 이번 학기에 기대되는 행동과 숙제 등에 관해 학생들에게 명쾌하고 간결한 가이드라인을 제시한다. 이는 학생들이 자신이 어디에 위치해 있으며 어떻게 행동해야 할지를 안다는 것을 의미한다. 과업 중심적인 학생의 능력을 최대한 이끌어 내기 위해서

- 학생들의 기능과 지식을 경쟁적으로 평가하는 방법을 사용하라(경쟁형 게임, 도전 활동, 퀴즈, 최고 기록을 갱신하는 활동 등을 통해 학생들은 성장할 것이다.).
- 사람들의 50% 가량은 **F**형이므로, **F**형의 사람들은 좋은 의도의 피드백을 비판적으로 받아들일 수 있음을 알려 주어라(교사 자신 또한 이 사실을 기억하라.).
- 학생이 성취한 것과 그다음에 해야 할 것에 집중하게 하라.

■ T형 교사와 F형 학생

T형 교사는 일이 먼저이고 관계가 나중이다. 교실은 마치 목적 의식이 가득찬 분위기일 것이다. 교사는 이번 학기에 기대되는 행동, 숙제 등에 대해 명확한 가이드라인을 제시한다. 이는 학생 모두가 자신이 어디에 위치해 있으며 어떻게 행동해야 함을 안다는 것을 뜻한다. 나쁜 경우, 교실은 반항하는 신병 혹은 의기소침하며 겁에 질린 신병으로 가득찬 군대의 훈련소와 같을 수 있다.

학생들과의 조화를 위해서는 교사와 학생 간의 개인적 관계가 중요함을 기억해라. 학생들은 교사가 자신을 좋아해 주길 바란다. 학생들은 교사가 자신을 좋아한다고 느끼면 더 열심히 공부하지만, 그렇지 않을 경우 정반대의 일이 일어날 수 있다. 이것은 한 학생이 한 해(그들이 좋아하는 선생님과 함께 하면)에 최고의 학생이 될 수도 있고, 선생님이 바뀐 그 이듬해에는 공부에 대해 아예 관심을 보이지 않은 이유를 설명해 준다. 선천적으로 관계 중심적인 학생의 능력을 최대한 이끌어 내기 위해서는

- 교사의 일 중심적 천성과는 다른 쪽으로 균형을 이루는 공감, 협력, 협동이 필요한 활동을 활용하여 학습 환경을 조성해라.
- 학생들이 자신의 약점을 극복하도록 지원하기 위해 조언할 때에는 주기적으로 충분히 칭찬하라. 피드백이 비난으로 들릴 수 있으므로 계란 껍질을 밟듯이 조심스레 전달하라.
- 학생들을 향한 개인적 기대와 신념을 나타냄으로써 그들에게 동기부여하라(나를 실망시키지 마렴, 나는 네가 할 수 있다는 것을 알아, 난 네가 좋단다.).

몇몇 교사나 학교는 학생들에게 널 좋아한다고 말하는 것이 불편할 수 있다. 왜냐하면 추후에 다른 학생들이 자신은 칭찬받은 적이 없으며, 선생님은 그 학생을 편애한다고 오해하여 불편해 할 수 있기 때문이다. 사람이 아닌 행동을 칭찬하는 것이 중요하다. 칭찬하기를 거부함으로써 **F**형의 학생들의 마음을 얻을 수 있는 기회를 놓치는 것은 안타까운 일이다. 교사는 강아지를 훈련하는 사람이 아니라, 학생들을 감화시키고자 노력하는 사람이다. 저자로서 나는 **F**형이다. 어릴 적 미술 선생님께서 나를 좋아한다고 말씀해 주신 것을 아직도 기억하고 있다. 선생님 덕분에 어린 시절, 내 생각을 넓히고 좋은 작품을 만들 수 있었으며 좋은 성취도 이룰 수 있었다. 난 여전히 내가 앉아 있는 교실에서 선생님께서 하시던 말씀을 기억한다. 너무나도 강렬했기 때문이다. 선생님은 딱 한번 말씀하셨지만, 내게는 충분했다. 만약 어린 시절, 나에게 좋은 영향을 주신 참으로 좋으신 선생님들

을 만나지 못했다면, 난 교육 분야에서 일을 하지 않았을 것이다. 이러한 접근 방법이 영향력이 있으려면 아껴서 사용해야 하며, 진정성이 있어야 한다. 자신만의 노하우로 이런 비결을 가지고 있는 것은 충분히 가치가 있다. 연구자들은 돌고래(실제 돌고래, **ENFJ**를 뜻하는 것이 아님)들이 조련사가 간헐적으로 추가 보상을 줄 경우, 특정 과업을 완수한 뒤 단 한번의 보상을 주는 조련사에게 훈련을 받을 때보다 더 열심히 일하는 것을 관찰했다. 돌고래들은, 단지 훌라후프를 얼마나 잘 넘는 것이 아니라 인간과 같이 그들의 존재를 인정받길 원한다.

F형과 **T**형을 알아보기 위한 활동은 다음과 같다.

〈활동 14〉 토론

교사는 모둠에서 토의할 수 있는 시나리오를 읽어 주거나 화면에 보여 준다. 예시 자료는 다음과 같다.

1 당신은 친구들과 밖에 나가 놀기로 약속했습니다. 그런데 한 친구가 대부분 친구들이 싫어하는 아이를 초대했습니다. 어떻게 행동하면 좋을까요?

T형의 경우, "난 그 애에게 초대된 게 아니니 오지 말라고 할 것이다.", "나는 그녀가 건방지게 행동하는 게 불편하지만 올 수 있다고 말할 것이다." 또는 "나는 그녀와 하루종일 이야기하지 않을 것이다."라고 솔직하게 말하는 쪽일 것이다.

F형의 경우, 공감하며 얼버무리는 쪽일 것이다. "그녀는 올 수는 있지만, 우리가 갈 가게를 고를 수는 없다.", "그녀는 자기가 친한 사람과 시간을 보낼 수 있을 것이다.", "이번에는 그 애가 오게 하자." 혹은 "그녀는 건방지니까 나는 그녀랑 아무 말도 안 할 것이다."

2 사진을 보여 주고(사람들이 바쁘게 움직이고 있는 풍경) 학생들에게 그들이 본 것을 쓰게 한다.

F형의 경우, 주관적인 경향이 있으며 사람들에 초점을 맞추어 그들의 관계를 추측할 것이다. "두 사람은 최근에 싸운 것 같아. 내가 생각하기에 그들은 괜찮을 거 같아. 왜냐하면..."

T형의 경우, 더 객관적일 수 있으며 사람뿐만 아니라 풍경에도 집중한다. "낙엽이 갈색으로 변하고, 깃발이 펄럭이는 것으로 보아 바람이 부는 것 같아. 정원에서는 파티를 하네."

3 고민 상담가. 둘 중 하나를 택해라.

(a) 인간관계, 오해와 무엇을 해야 할지에 대한 칼럼에서 문제를 찾아 묘사해라(집에서 찾을 법한 Jeremy Kyle과 같은 에피소드는 피해라, 만약 Jeremy Kyle을 보지 않았다면 잘했다, 계속 그렇게 해라.). 학생들 각자에게 의견을 표현하도록 물어보고 토론해라. 그들이 **F**와 **T** 반응과 일치하는가?

(b) 편지 모음에서 신중히 선택한 쪽을 나누어 주고 학생들에게 **F**형인지, **T**형인지 구분하게 하라. 큰 종이에 딜레마 칼럼을 전시하고 학생들이 질문에 답하게 하는 것은 특히 효과적이다.

다음은 **F**형과 **T**형의 성격 계발을 위한 활동이다.

✽ <활동 15> 이쪽 저쪽 TV 채널(Channel Hopping)

TV 광고를 선정하여 학생들에게 보여 주면서 **F**형인지 **T**형인지 구분하게 하라. 이러한 광고들은 무엇을 목적으로 만들어졌는가? 성역할이나 다른 분야에 관심이 있거나 영향을 받는가? 어린이들의 장난감이 좋은 예이다. 소비자가 직접 조립하는 제품(DIY products)이나 규모가 큰 광고는 보통 **T**형이라면, 방향제나 설거지용 세제 광고는 **F**형일 가능성이 높다.

✽ <활동 16> 세 가지 입장에서 생각하기(The Three Perceptual Positions)

입장 1: 나는 느낀다, 나는 생각한다, 나는 본다

우리는 자신의 눈을 통해 세계를 경험한다. 우리는 보통 무언가에 대해 자신이 느끼는 감정과 앞으로 우리가 하거나 할 수 있는 것에 근거하여 정보를 해석한다.

입장 2: 그들

우리는 타인을 공감하고, 그들이 보는 방식대로 세상을 본다. 그들의 입장에서 생각해 보고, 그들이 어떤 생각을 하고 앞으로 어떻게 행동할지 예측한다. 우리가 TV나 영화를 보거나, 소설을 읽을 때에 우리는 보통 등장인물과 우리를 동일시한다. 상담가나 범인의 다음 행보를 예측하는 범죄 심리학자와 같이 **F**형은 이런 일에 능하다.

입장 3: 외부인, 공정한 관찰자, 탐정

우리는 판사와 배심원의 입장이다. 우리는 한 인물과 우리를 동일시하지 않는다. 범죄 과학적으로 모든 등장인물의 행동과 동기를 조사한다. 모스 경감(Inspector Morse)이나 조나단 크릭(Jonathan Creek)과 같이, **T**형이 이런 일에 능력을 발휘한다.

서로 상반된 관점의 두 주인공이 등장하는 영상 자료를 선택해라(이스트엔더스[EastEnders], 영국 드라마. 런던 이스트엔드 지역에 사는 사람들의 이야기를 다룸. 셰익스피어까지 다양한 영상 자료를 찾아보라). 영상 자료를 두 번 틀어주어라. 처음 영상을 볼 때에는 학생들에게 입장 2의 관점에서, 등장인물 A나 등장인물 B의 관점에서 시청할 수 있도록 안내하고(아마도 학생들 중 절반은 등장인물 A를, 나머지는 등장인물 B를 고를 것이다.), 각 캐릭터의 기분이나 행동의 동기를 적고 의견을 쓰게 하라. 첫 번째 영상 시청 후, 전체 학급 학생들이 입장 3의 관점으로 판사나 배심원의 입장이 되어 누가 옳고 그른지, 어떤 사건이 뒤따를지 예상하면서 영상을 다시 한 번 보게 해라.

NLP(Neuro-Linguistic Programming, 신경 언어 프로그래밍)에서 입장 1로 지각하는 것을 'I' 또는 'me'라고 한다. 내가 무엇을 경험했는가? 나는 무엇을 생각하는가? 영상을 보면서 등장인물의 생각이 아닌, 본인의 생각을 말하는 것이다. 이것은 **T**형의 행동이다. 입장 2로 지각하는 것은 등장인물이 느꼈을 감정, 동기를 이해하면서 그들에게 공감하고 동일시하며 다음에 일어날 일을 예상하는 것이다. 이것은 **F**형의 행동이다. 입장 3으로 지각하는 것은 거리를 두고 상황을 관찰하고 분석하며 각 등장인물이 경험하는 것을 판사 또는 배심원의 입장으로 이해하는 것이다. 이러한 활동은 **F**형과 **T**형 모두 능력을 발휘하게 해 준다. 서로의 정보의 자원을 공유함으로써 더 정확한 결론에 도달할 수 있다.

3.11. 판단과 지각

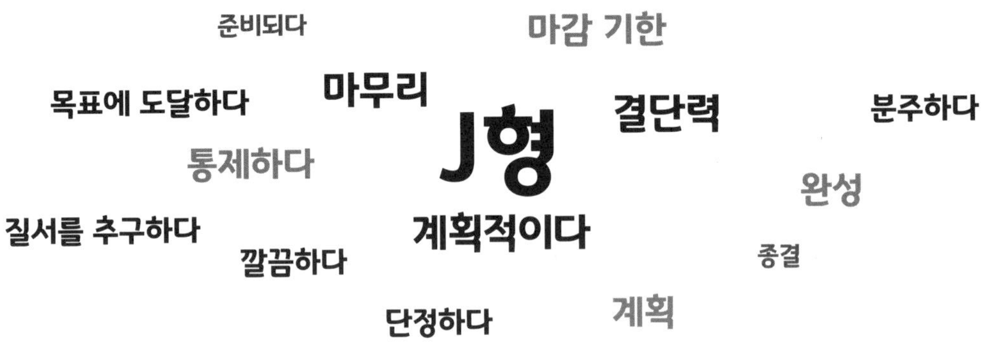
준비되다
마감 기한
목표에 도달하다
마무리
J형
결단력
분주하다
통제하다
완성
질서를 추구하다
깔끔하다
계획적이다
종결
단정하다
계획

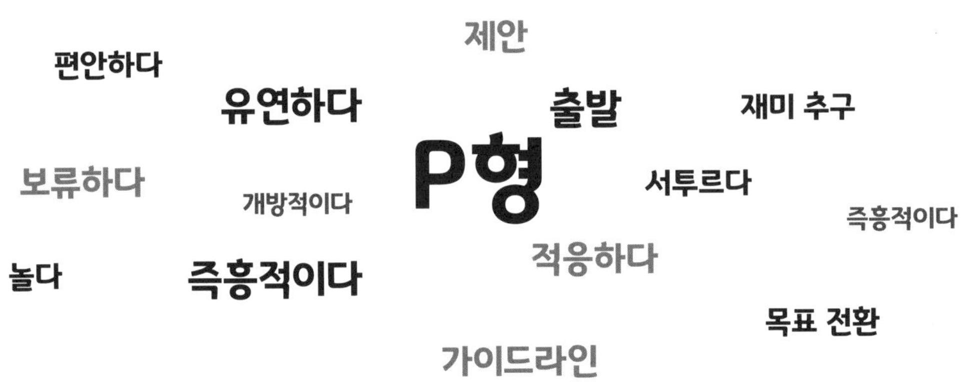
제안
편안하다
유연하다
출발
재미 추구
보류하다
개방적이다
P형
서투르다
즉흥적이다
놀다
즉흥적이다
적응하다
목표 전환
가이드라인

당신의 삶에 대한 태도는 계획적이고 조직적인 'J형'과 즉흥적이고 유연한 'P형'에 가깝나? 이러한 선호도는 삶에 대한 전반적인 접근과 관련이 깊기 때문에 학교생활(그리고 삶에서 전반적으로)에 지대한 영향을 미친다. J형은 판단을, P형은 지각을 나타낸다. 이 단어들은 정확하게 그들의 성격 선호도를 압축하지는 않는다. 판단은 P형이 더 많은 정보를 받아들이기 위해 감각을 열어 두려는 것과 대조적으로 J형은 결단하고 나아가려는 선호 경향을 나타낸다.

J형인지 알아보는 단서들:

- 계획하고 조직하는 것을 좋아하다.
- 목록을 작성하고 사용하는 것을 좋아한다.
- 물건이 정돈된 것을 좋아하기 때문에 모든 것이 어디에 있는지 안다.
- 무엇인가를 시작했으면 만족할 때까지 한다.
- 꾸준한 속도로 일한다.

P형인지 알아보는 단서들:

- 일이 어떻게 될지 생각하는 것을 좋아한다.
- 목록을 작성해서 사용하는 것을 좋아하지 않는다.
- 물건이 정돈하는 것을 좋아하지 않기 때문에 자주 물건을 찾느라 시간이 걸린다.
- 일을 시작하는 것은 좋아하지만 쉽게 지루해하고 다른 것을 시작한다.
- 일을 끝내야 할 시점인 거의 막바지에 이르러 시작한다.

John Cleese가 회의에서는 두서없이 말하곤 했지만(P형), 실로 계획적인 교장 선생님으로 출연한 영화 Clockwise는 J형과 P형의 행동에서의 강점과 약점을 보여 주는 우화이다.

J형은 선천적인 계획가다. 그들은 세상을 자신이 직접 고안한 시스템과 절차를 사용하여 계획되어야 하는 것을 본다. 그들은 제시간에 일을 해내고 자신이 신뢰할 만하다는 것에 만족한다. 자신이 하는 모든 일에 체계를 부과하기 때문에 그들의 아킬레스건은 유연성의 부족과 '내가 제일 잘 알아.'라는 태도가 될 수 있다. P형은 타고나기를 상황에 잘 대처하고 즉흥적이다. 그들은 선택을 좋아하기 때문에 세상을 통제하려고 하지 않는다. 그들은 진행되는 것에 따라 대처하고 고쳐 나가는 것을 좋아한다, 그래서 일을 거의 마지막에 끝내는 경향이 있다. 그들은 일을 시작할 때 만족을 느낀다.

대규모 조직은 J형의 행동력을 필요로 하고 또한 좋아한다. 선생님이나 학생으로서 성공하기 위해서는 자신의 경향이 어떻든 J형의 행동이 필요하다. 이 과정에서 불이익을 받는 P형 학생들은 학교에서 잘 해내기 위해서 격려가 필요하다. 대부분의 학생들이 이러한 격려를 받고 성공적으로 해내지만 P형 학생들은 전반적인 과정을 불편해 하고 부자연스럽게 여긴다. 많은 학교에서 P형처럼 행동하는 것은 멋있긴 하나 그렇게 생산적이지는 않다.

한 P형이 말한다.

> **할 일이 없을 때는 재미가 없다. 진짜 재미는 할 일은 많으나 하지 않을 때이다.**
>
> Mary Wilson Little

나의 아내는 J형이고 나는 P형이다. 아들이 태어난 후 아내는 10일을 병원에서 보내고 10일을 집에서 보냈다. 나는 수요일 저녁에 그녀가 집에서 거의 3주를 쉬었으나 아마 주말에는 Metro Centre에 갈 수 있지 않을까 생각하며 집으로 가는 중이었다. 이것을 아내(J형으로 계획을 좋아하고 딱 지키는 것을 좋아한다.)에게 제안했고 아내는 동의하여 우리는 토요일 10시에 Metro Centre에 갈 것이라고 생각하고 있었다. 아내에게 이것은 문서화된 약속이자 확실한 일정이었다. P형인 나에게는 그것은 그저 주말에 할 수 있는 활동 중 하나인 아이디어, 가능성, 선택지였다. 토요일 아침에 아내는 바쁘게 2시간짜리 여행에 필요한 70여 가지 필수 용품을 아기 가방에 챙기고 있을 때 내가 뭘 하고 있느냐고 물었다. 아내는 나에게 앞선 대화를 상기시켜 주었다.

"뭐가 문제예요, 안 가고 싶어요?" 아내가 물었다.

"날씨가 좋잖아요, 아마 다른 곳에 가도 되지 않을까요?"

"다른 데 가고 싶은 거예요?"

"확실히는 잘 모르겠는데 가는 길에 결정하면 안 될까요?"

이런 유형의 대화가 J형 P형 커플 사이에서 전형적으로 등장한다. P형은 선택을 선호하는 반면에, J형은 계획과 그 수행을 추구한다. Paul Tieger의 연구에 의하면 이러한 차이는 우리의 시간과 삶에 대한 전반적인 태도에 만연해 있기 때문에 결혼 생활에서 갈등의 시작이 될 가능성이 크다(J형과 P형이 만났을 때). 이것은 또한 수업에도 큰 영향을 미칠 수 있다.

3.12. J형의 결혼 생활 상담

두 J형이 만나는 것은 재미있는 조합이다. 한 결혼 안내 상담사는 도움을 요청한 40년 차 부부를 만난 적이 있다. 그들은 35년간 매우 행복한 생활을 했는데 그 후 남편이 정리 해고를 당하게 되었다. 그전에는 남편이 정원과 차고를 관리하고 아내가 집과 아이들을 보살폈다. 남편의 정리 해고 후 그는 아내에게 쇼핑하는 날을 바꾼다든지 대안적인 청소 계획과 같이 유용한 제안을 하기 시작했다. 그의 제안은 아내의 마음에 들지 않았고 제안을 따르는 것 대신 그녀는 결혼 생활 상담소를 찾아왔다. 상담사는 전형적인 J+J 관계로 파악했다. J형들은 서로 해야 할 일을 나누었을 때 사이가 좋다. 그들의 관계는 과제를 나누고 나머지를 상대방이 할 수 있도록 남겨둘 때 작용한다. J형들은 그들이 이것을 할 때 제일 협동적이다. 두 사람 모두 자신만의 방식대로 제시간에 과업을 끝낼 것이다. 관계의 갈등은 J형이 다른 한쪽에게 시키려고 할 때 발생하기 쉽다. 자신의 방식을 이미 자신만의 방식대로 하고 있던 다른 J형도 하도록 하는 순간, 충돌은 불가피해진다. 상담사는 그들이 모든 일을 다시 분배하고 남은 일은 간섭없이 상대방이 자신의 책임을 다해 해낼 수 있도록 두는 것을 권했다. 이것이 결혼에서든 학교에서든 두 J형을 위한 좋은 방법이 되어준다.

또 다른 조합은 두 P형이다. 이것은 Shaggy와 Scooby 또는 Homer와 Bart Simpson의 조합이다. 둘 다 느긋하며 순간을 즐긴다. 수업에서 선생님으로서도 학생으로서도 그들은 편안하고 열린 마음으로 임한다. 어떤 P형 선생님은 팀에게 차분함과 즉흥성을 복돋아 줄 수 있기 때문에 J형 선생님이 이끄는 것보다 더 좋은 팀의 구성원이 될 수 있다. P형은 일을 수행할 때에 어수선할 수 있고 그들의 접근 방법은 명백히 무질서하다. 그래서 P형만으로 이루어진 팀은 급류를 타는 배와 유사할 수 있다.

■ J형 학생과 J형 선생님

당신과 당신의 학생 모두 체계적이며 결단력 있고 계획하는 것을 좋아하고 그것에 매료된다. 당신의 수업은 조직된 요새이자 잘 관리된 기계이다. 각 과목은 차시별로 분석되고 곧 연간 계획이 다 짜여질 것이다. 많은 J형 학생들은 교사의 체계적인 계획에 안정감을 느낄 것이다. 그들은 간단히 당신의 일정을 받아들이고 전반적으로 모든 과업을 제시간에 끝내며 자신의 입장을 전달한다. 흥미롭게도 J형 학생들은 교사의 잘 의도되고 완벽한 계획에 거부감을 느낄 수도 있다. 왜냐하면 학생들 또한 본인들이 통제에 대한 욕구가 있기 때문에 계획이 짜여 주어지기보다는 스스로 자신만의 계획을 세우고 싶어 한다. 그래서 결국에는 모든 일이 잘 마무리됨에도 불구하고 두 J형은 충돌할 수도 있다. 두 J형이 아마 가장 건설적인 조합이기 때문에 대부분의 중등학교에서 학생들에게 계획적이 되라고 요구한다. 초등학교에서는 조금 더 P형을 우호적일 수 있지만 상급 학교에서는 P형에 관한 것은 마치 석회질 절벽이 돌풍 규모의 폭풍우를 마주하듯 가차 없이 무너진다. 천성적으로 체계적인 학생들과 좋은 수업을 하려면

- 질서, 깔끔함 및 마감 시간에 대한 공통된 욕구를 함께 즐겨라.
- 학생이 진정으로 원할 경우 그들의 방식대로 작업을 자립적으로 계획할 수 있도록 허락하라.
- 외적인 일로 교사의 세심한 준비가 방해받을 경우 자신의 계획을 조정할 준비를 하라. 그리고 학생이 때때로 유연성을 받아들이도록 권장하라.
- 선택할 수 있는 모든 것을 고려하기도 전에 해야 할 일에 대해 신속하게 결정하지 마라.

■ P형 학생과 J형 선생님

당신은 체계적이고 결단력이 있다. 계획을 세우고 충실히 이행한다. 당신의 학급은 대게 체계적으로, 마치 시계처럼 예측 가능하다. 과목은 차시 단위로 세분화되어 연간 계획이 세워진다. P형 학생은

- 교사의 전문성을 받아들이고 그들에게 돌아오는 장기

적인 이익을 이해함으로써 긍정적으로 반응한다.

- 교사가 안내하는 내용이나 과정을 진심으로 받아들이기보다는 편안한 삶을 위해 교사의 계획을 수동적으로 받아들인다.
- 교사와 수업 계획, 그리고 과목별 수업을 완전히 거부하며 부정적으로 반응한다. 이런 학생들은 교사의 수업을 듣지만 직접 참여하지는 않는다.

타고나기를 느긋한 학생의 능력을 최대한 이끌어 내기 위해서는 학생들이 단지 선택할 수 있는 것과 선택하는 것을 좋아하는 정도가 아니라는 것을 알아야 한다. 그들은 그것이 필요하고, 만약 없다면 불안해 하고 반항하기 시작한다. 중학교 환경은 **P**형 학생을 힘들게 하기 때문에 선생님이 학생들의 부담을 줄여 줄 필요가 있다. **P**형의 학생을 도와주기 위해서는

- 수업 내에서 과제에 대한 다양한 선택지를 두는 등 최대한 많은 유연성을 제공하라.
- 그들이 필요로 하지 않는 이상 지나친 세부 사항까지 정해 주는 것을 피하라.
- 전적으로 필요한 것이 아닌 세부 사항에는 너무 까다롭지 말고, 가능하면 학생들이 가끔 하는 실수를 꾸짖지 말라.
- 정확한 예측이 학생들을 지겹게 만들지 않도록 계속해서 상황에 변화를 주라. 정해진 일과에 예상치 못한 변화를 주는 것은 학생들의 삶에 생기를 줄 것이다.
- 그들이 성공적으로 일을 해내기 위해 시간을 계획할 수 있도록 학생들을 도와주라. 약간의 조직화는 모두에게 이익을 줄 것이다.

✽ ■ P형 학생과 P형 선생님

선생님과 학생 모두 체계적이고 효율적일 수 있다. 그저 노력에 한한다면 말이다! 교사는 학교의 필수적이지만 빡빡하고 제한적인 시간표와 과제 마감 기한 속에서 각자에게 제공되는 자발성과 즉흥성에 대한 상호 존중을 즐기면서, 필요한 과제들을 완수해야 함을 기억해야 한다. 당신은 재미있고 인기 있는 선생님이 되겠지만, 그럼에도 동시에 학생들은 사회적으로 또 학문적으로 성공하기 위한 준비에 집중해야 한다. 선생님과 학생 모두 과제를 끝내기보다는 시작하는 것을 더 좋아한다. 처음의 열정은 금방 사그라진다. 본능적으로 느긋한 학생의 능력을 최대한 이끌어 내기 위해서는 학생들이 단지 선택할 수 있는 것과 선택하는 것을 좋아하는 정도가 아니라는 것을 알아야 한다. 그들은 그것이 필요하고, 만약 없다면 불안해 하고 반항하기 시작한다. 구조화되고 시간표로 짜여진 일정이 많은 중등학교 환경은 많은 **P**형들에게 힘들다. 교사는 이렇게 도울 수 있다.

- (수업 내에서 과제에 대한 다양한 선택지를 두는 등) 최대한 많은 유연성을 제공하라.
- 그들이 필요로 하지 않는 이상 지나친 세부 사항까지 정해 주는 것을 피하라.
- 지겹지 않도록 시시때때로 일을 섞어 주라. 정해진 것에 임의적인 변화를 주는 것은 학생들에게 힘을 북돋아 줄 것이다.
- 학교든 과제든 **J**형이 유리한 세상에서 **P**형 학생들이 학문적으로 성공할 수 있도록 시간을 관리하는 기술을 배울 수 있게 도와주라.

✽ ■ J형 학생과 P형 선생님

당신의 느긋하고 상황에 따라 대처하는 즉흥적인 스타일과 선천적으로 체계적인 학생들과의 사이는 극명하게 차이가 있는데, 거대한 틈이 될 수도 있고 선생님과 학생 모두 쓸 수 있는 다리를 만드는 유용한 장소가 될 수도 있다. 긍정적인 관계를 만들기 위해서는 당신은 서로의 강점에 집중할 필요가 있다. 학생들은 선생님이 계획을 상황에 따라 변경하는 능력으로부터 혜택을 받을 수 있고 선생님은 학생들이 과제를 마무리하기 위해 계획을 갖고자 하는 그들의 열망으로부터 혜택을 받을 수 있다. 당신은 또한

- 순서, 질서, 마감 기한에 대한 학생들의 욕구를 지지해 주라.
- 학생들이 원하는 경우 자신만의 방식대로 계획을 짤 수 있는 독립성을 인정하라.

- 계획을 변경하기 위한 변경을 피하라. 학생들을 참여시키기보다는 오히려 의욕을 꺾을 수 있다,
- 학생들에게 경우에 따라 유연성을 생각해 보고 그것이 이익이 될 수도 있다는 것을 알려 줄 수 있다. 길을 잃고 허둥지둥하는 것보다 자신의 일을 재정비하는 것을 배우는 것은 좋은 삶의 교육이 된다.

언제 규칙이 유용할까? 언제 규칙을 어기는 것이 더 나은 길일까? 학생들에게 그들이 규칙에 대해 전반적으로 어떻게 생각하는지 물어보아라. 그러면 대개 **J** · **P**형의 차이점이 드러날 것이다.

여기에 학생들에게 **J** · **P**형을 소개할 만한 활동이 있다.

〈활동 17〉 완벽한 초상화

학생들에게 초상화를 그리기 위한 학습지를 나누어 준다. 미술 재료는 준비되어 있다. 이 활동의 전환점은 규칙과 지시에 대한 학생들의 태도를 발견하는 것이다. 활동 중간쯤 활동을 멈추게 한 후 자신만의 방식대로 그림을 완성하거나 지시대로 따르는 것을 선택할 기회를 제공하라. 선생님의 영향을 최소화하기 위해 너무 주의를 기울이지 않도록 하라. 10분 후 선생님은 이런 활동을 하는 목적을 밝히고 피드백을 한다.

J형은 지시를 받아들이고 따른다. 그들은 조심스럽고 섬세하다. 그들은 지시를 따르지 않아도 된다는 제안을 따르기보다는 계속 따를 가능성이 크다. **P**형은 과제에 다르게 접근한다. 그들은 주어진 지시를 따르는 것을 지겨워 하고 선생님이 제안하기 전에 먼저 지시를 따르지 않을 수도 있다. 그들은 즉흥적으로 하는 것을 선호하고 먼저 지시를 따르지 않을 가능성이 크다.

✷ 학습지

당신은 10분 만에 유명한 미술가의 스타일을 따라 자신의 초상화를 그려야 한다.

1 한 면에 최대한 크게 원을 그려라.
2 원의 바깥 면을 녹색이나 파란색 붓 · 연필을 이용하여 그림자를 넣어라. 대문자는 빨간색으로 하여 자신의 이름을 바닥에 적기 위해 밑에 조금 공간을 남겨 두어라.
3 눈, 코, 입의 경계선을 그려라.
4 얼굴 피부는 자신의 피부색에 맞게 각각 약간 다른 색으로 두 붓을 사용하여 그리고, 눈과 입을 제외하고 모든 얼굴 부분을 색칠될 때까지 점을 찍듯 붓으로 색을 넣어 주어라.
5 윗입술은 파란색을 사용하라.
6 아랫입술은 초록색을 사용하라.
7 혀는 분홍색을 사용하라.
8 머리는 가능한 한 밝은 노란색을 찾아 S 모양으로 그려 주어라.
9 눈은 오직 검은색과 흰색만 사용하라.
10 위에서부터 빨간 점을 8개 찍고 아래에서부터 검은 점을 9개 찍어라.
11 잘했다. 이제 끝난 것이다.
12 이제 그만하고 다음 지시까지 기다려라.

다음은 **P**형과 **J**형의 발달을 위한 활동이다.

〈활동 18〉 학교에서 멋진 아이

학생들에게 놀기 전에 일이 정리되고 마무리되는 것을 좋아하면 한쪽 면에, 언제든지 놀기를 원하면 다른 한쪽 면에 서 보게 하라. 또래의 압박이 10대는 전자를, 성인은 후자를 선택하게 하는 경향이 있기 때문에 솔직히 응할 수 있도록 격려하자.(특히 그들이 한 교실에 함께 있는 경우, 성인은 상사와 함께 있는 경우) 10대들이 더 전자(**J**형)보다는 후자(**P**형)를 선택할 경향이 있다.

두 성향의 장점을 말해 보자. 각각 무엇이 있을까? **P**형이 되는 것이 더 멋질까? 당신이 선호하지 않는 유형처럼 행동해야 할 때는 어떨까?

〈활동 19〉 계획하기

두 학생들에게 **J**형과 **P**형의 양 극단 사이에 줄 서도록 하라. 각각에서 5명으로 모둠을 만들어 교실의 양쪽에 모둠끼리 앉도록 하여라. 나머지 학생들은 당신과 함께 교실 앞에 서 있도록 한다. 두 모둠에게 이제 당신이 질문을 던질 것이고 그들이 그것에 대해 논의하고 자신만의 답을 만들어야 함을 안내해라. 다음과 같이 적어라. '계획의 중요성을 써라.'

각 모둠들이 논의하는 과정에서 조용히 앞에 있던 학생들과 결과가 어떨지 예측해 봐라. 이것은 **J**형 질문이기 때문에 우리는 **J**형이 그 질문을 좋아하고 진지하게 대답할 것이라고 예측할 수 있다. 그들은 전반적으로 계획을 짜는 것이 유익하다는 데 동의하고 그러한 자신의 관점을 정당화할 이유 목록들을 제시할 것이다.

P형 그룹은 그 질문을 지겨워 하고 딱히 대답하고 싶어 하지 않을 것이라는 것을 예측해 보자. 그들은 계획을 짜는 것에 불편함을 느낀다. 그들의 대답은 모호하고 진심을 다하지 않는다. 심지어 조금 비꼬면서 대답할 수도 있다. 두 모둠이 다 써낸 후 설명하게 하라. 대부분 결과는 예측한 대로이며 **J**형과 **P**형의 차이점과 숙제를 하는 데 그 영향을 논의할 수 있을 것이다.

✲ 3.13. 수업 중 여덟 가지 유형(EISNFTJP)의 발전

난 항상 내가 할 수 없는 것을 한다. 어떻게 하는지 배울 수도 있기 때문이다.

Picasso

여덟 가지 유형을 모두 사용하는 방법을 배우면 행동의 유연성이 향상된다. 우리는 마주치는 모든 상황에서 최선의 행동 방법을 선택하는 것을 배울 수 있다. 그것이 얼마나 멋진가!

〈활동 20〉 일생의 휴가

여덟 가지 유형에 어필하기 위한 휴가 광고를 만들어 보자. 각 유형에게 다른 장소나 스타일의 휴가를 제공할 수 있다. 이탈리아에서 스키 타기, 자메이카의 해변 리조트, 웨일스에서 캠핑 · 모험 휴일, 지중해 크루즈나 이비자 클럽을 가는 경험을 예로 들 수 있다.

리조트에는 밤에 놀 수 있는 클럽과 노래방이 있고 스케그네스가 적합하다(**E**형이 선호). 우리는 또한 부드러운 파도 소리와 자연의 정원에서 새들의 노랫소리를 들으며 혼자만의 생각을 즐기며 쉴 수 있는 (**I**형이 선호) 조용하고 고립된 수영장과 해변이 있다. 낮 동안은 공예를 해 보거나 춤추고 스포츠 활동(**S**형이 선호)을 하거나 그림을 그리거나 시를 쓰고 연극을 하는 등(**N**형이 선호) 창의적인 면을 발휘할 수도 있다.

마지막에 누가 휴일을 잘 즐겼는지 투표함으로써 나머지 학생들에게 각 유형들이 어필했는지를 확인하라. 만약 모든 여덟 가지 유형들이 참여했다면 모두가 휴가를 잘 보낼 수 있을 것이다.

〈활동 21〉 SWOT 분석

이 책이나 www.thebuzzbook.co.uk를 통해 본인의 성격 유형에 대해 알아본 후, 각 학생들은 알려진 장점과 단점, 알려지지 않은 장점과 단점에 대해 자기 평가를 해본다. 예를 들어 **ENTP** 유형은 자신이 창의적이고 친근하다(알려진 장점)는 것에 동의하고, 본인이 촉매제와 같은 역할을 한다는 것(알려지지 않은 장점)을 인지하지 못하는 반면 잘 어지른다는 것(알려진 단점)과 같은 것을 인지하고 있을 수도 있다.

SWOT 분석

이름: .... **동물 유형:** ....

알려진 장점:	**알려지지 않은 장점:**
알려진 단점:	**알려지지 않은 단점:**

짝을 이루어 학생들은 그 결과에 대해 논의한다. 자기가 인식하는 것의 중요성과 우리가 다른 사람들과 자신이 누구인지에 대해 공유하고 논의하는 것이 얼마나 긍정적인 효과를 내는지를 강조하라. 어느 약점에 대해 어떻게 극복할 수 있을까?

〈활동 21〉 말의 힘

그룹은 **E**형과 **I** 유형을 설명하는 다음 목록을 본다.

E: 활동적임, 시끄러움, 사회적임, 말을 잘함, 활기가 넘침, 공격적임

I: 수동적임, 조용함, 생각이 깊음, 부끄러움을 많이 탐, 느림, 지루함, 비밀이 많음

어떤 단어들이 긍정적인가? 어떤 단어들이 부정적인가? 만약 그렇다면, 당신은 적절한 대안적인 단어나 구를 생각해 볼 수 있는가? 어떤 단어들은 편견에 치우쳤고, 혼란스러우며 불확실하지 않은가? 사람들이 각 유형을 이해하는 것을 돕기 위해 다섯 가지 좋은 단어의 쌍을 집어낼 수 있겠는가?

모든 유형 다 좋다. 우리가 누구이고 타고난 장점과 스타일을 이해하는 것은 좋은 일이다. 우리는 고정관념화하고 비난하는 말 · 구를 사용하는 것의 위험을 인식할 필요가 있다.

〈활동 22〉 유형 맞히기

짝을 지어 둘 다 잘 아는 유명한 사람을 선택하여 그 사람의 유형을 알아내 본다. 그들은 유형이 맞았는지 아닌지 확인하기 위해 그 사람에 대한 것을 찾아볼 수 있다. 예를 들어 Stephen Fry는 **I**형이 아닌 **E**형, **S**형이 아닌 **N**형, **T**형이 아닌 **F**형, **P**형이 아닌 **J**형이다. Eminem은 **I**, **N**, **T** 그리고 **J**형이다.

〈활동 23〉 동물의 마법

학생들은 동물 그룹(곰 유형, 고양이 유형, 해양 동물 유형, 새 유형)으로 나누어 활동한다. 먼저 학생들에게 네 가지 설명을 네 가지 동물 집단에 맞게 매치시키도록 한다. 그런 후 학생들이 학교나 집에서 자신의 동물 유형처럼 행동하는지 물어보라. 한 집단 내에서도 공통적으로 가지는 특징과 또 어떻게 다른지에 대해 물어보라. 그들은 자신과 같은 유형끼리만 노는가, 아니면 다른 유형들과도 어울리는가? 이유는 무엇일까? 이것이 그들에게 도움 · 방해가 되겠는가?

성격 유형을 기본으로 어떻게 자신의 미래를 설계할 것인가에 대하여 논의하기 위해 학생들이 적절한 학습 스타일, 학교 · 학위별 과목 또는 직업을 자신의 성격 유형과 일치시키도록 한다. 이것은 학생들을 동물 집단으로 나눌 때 할 수 있는 활동이다.

아래의 표는 학습지로 쓰일 수 있다. 학생들에게 각 서술을 일치시켜 보라고 한 경우 제목(곰 유형, 새 유형 등등)을 지우고 싶을 것이다. 대안적으로 화면에서 제목을 지우고 학생들에게 각 동물 유형을 알아맞혀 보라고 할 수 있다. 당신은 활동 내에서 일을 진행할 때 참고할 학습지로 내줄 수 있다.

❂ 동물 유형: 대략적으로 보기

<table>
<tr>
<td>

곰 유형(SJ)

- 정해진 규칙을 좋아하고 일이 정해진 대로 처리되기를 원하며, 할 일과 안 할 일을 제공한다.
- 전통, 완전함, 정해진 역할과 준수를 가치 있게 여긴다.
- 과제를 끝내는 것을 좋아한다.
- 마감 기한을 지키지 않거나 과정을 무시하는 것에 화가 난다.
- 스트레스를 받으면 곰 유형은 본인 근처의 특혜를 없애 버린다.
- 가장 좋아하는 질문: 규칙을 따르고 있나요?

곰 유형은 그들이 이루어 낸 것, 그들의 노력과 땀의 결과를 알아봐 주기를 원한다.

</td>
<td>

고양이 유형(SP)

- 자유로운 스타일을 좋아하고 상황에 잘 대처하고 용감하다.
- 스스로 문제를 해결한다.
- 직접 해 보고 자신의 기술을 발달시키고 적용함으로써 배울 수 있도록 한다.
- 속이기 어렵다.
- 행동과 과정에 집중한다.
- 교육 분야에서 쉽게 찾아볼 수 없다.
- 엄격한 지시를 싫어한다.
- 스트레스를 받으면 엄격해지거나 태만해진다.
- 가장 좋아하는 질문: 우리가 잘 해낼 수 있을까?

고양이 유형은 그들이 얼마나 일하고 기여했는지를 알아봐 주기를 원한다.

</td>
</tr>
<tr>
<td>

해양 동물 유형(NF)

- 격려하고 잘 보살피는 '히피' 지도자
- 조화로움, 공유된 가치, 공통의 목적을 추구한다.
- 생각과 주위 사람들에 집중한다.
- 비인간적인 대우와 그들의 가치에 대한 집단적인 폭력에 화가 난다.
- 스트레스를 받으면 자신의 지지를 철회하고 오직 좋아하는 것만 한다.
- 가장 좋아하는 질문: 어떻게 하면 모두가 잘 어울릴까?

해양 동물 유형은 그들이 누군지에 대해 알아봐 주기를 원한다.

</td>
<td>

새 유형(NT)

- 전략적이고 객관적으로 논리적인 지도자
- 과제에 집중한다.
- 모든 유형 중 가장 자기 비판적이다.
- 스스로 절제하며(아이디어를 생각함), 경쟁적이고 지적인 면모가 돋보인다.
- 허접한 논리, 이유 또는 원칙과 비생산적인 규칙 · 전통을 싫어한다.
- 스트레스를 받으면 폭군이 된다.
- 가장 좋아하는 질문: 왜?

새 유형은 그들의 생각을 알아봐 주기를 원한다.

</td>
</tr>
</table>

제4장
리더십 성향

이 장의 중점

▶ 리더십 성향에 대해서 알아보기

▶ 교직원, 동료 교사, 그리고 학생들을 이끌어갈 때 성격 유형이 어떤 영향을 미치는지 알아보기

▶ 유형 기질 모델(고양이 유형, 새 유형, 해양 동물 유형, 곰 유형)을 학교와 그 외에 적용하기

음악이 바뀌면 춤도 바뀌는 법이다.

아프리카 속담

✲ 4.1. 리더십 스타일

훌륭한 리더들은 공통적으로 강한 정체성, 열정과 진실성을 가지고 있다. 그들은 비전 공유를 통해 사람들을 이끈다. 마틴 루터 킹은 수치로 표현된 상세한 사업 계획은 없었지만 꿈이 있었다. 학생과 선생님들을 매혹시킬 수 있는 비전 공유를 통해 학교와 교실을 이끌어라.

처음으로 당신과 함께 하는 사람들은 가장 용감한 부류이다. 마케팅 이론(혁신 확산 법칙[1])에 따르면 그들은 혁신 소비자들이고 한 집단에서 단지 2.5%를 차지한다. 초기에 당신의 말에 대해 서늘하게 반응하는 사람들을 보고 망설이지 마라. 다음으로 올 사람들은 13.5%의 조기 수용자들 · 평균 사람들보다 약간 먼저 신제품을 수용하는 사람들이다. 이들은 이들이 찾은 것을 좋아하고 그것의 가치와 잠재력을 찾아낼 수 있다. 그런 다음에는 (당신과 함께 하는 사람들을 모으기가) 쉬워질 것인데 34%의 후기 수용자들 · 후기 다수자들이 지배적인 문화에 들어온다. 약 16%의 뒤처진 사람들은 아마 절대 당신과 함께 하지 않을 수도 있고, 모든 사람이 당신의 비전을 따르지 않을 수도 있음을 인정하는 것이 바로 리더십에서 가장 어려운 부분이다. 몇몇의 리더들은 이후에 대다수 사람들의 필요와 지지, 조언을 무시한 채, 뒤처진 사람들의 지지를 호소하기 위해 불균형한 많은 시간들을 보낸다. 그리고 이것은 전체 조직을 망칠 수 있다. www.ted.com에 있는 Derek Sivers는 음악 페스티벌에서 찍은 동영상을 보여 줌으로써 이 과정을 설명한다. 한 댄서가 기량을 뽐낸다(학교장이나 담임교사가 되는 것에 대한 비유). 시간이 조금 지난 후 혁신 소비자들과 함께 있게 되고 그런 다음 조금씩 더 많은 사람들이 그 음악에 함께 한다. 곧 대부분의 사람들이 춤춘다(후기 수용자들).

리더십은 때때로 경영과 혼동된다. 대부분의 리더십 강좌들은 경영 강좌이다. 자원과 사람들은 경영될 수 있으나 리드될 수 있는 것은 오직 사람뿐이다. 그렇기에 리더십은 사람들(추종자들)을 한곳에서 다른 곳으로 이끄는 것에 관한 것이다. 관리자들에게는 당근을, 노동자들에게는 채찍을 주는 것이 가능했던 20세기에 리더들에게 선호된 도구였다는 것을 역사는 보여 준다. 학교 리더십에서는 둘 중 어느 것도 사용될 수 없다. 그러한 접근법을 시도하려고 한다면 학교 리더들은 절대 불가능한 것을 시도하는 것일 수 있다. 교사의 성과와 영향을 측정하는 것은 공장 생산량을 측정하는 것만큼 간단하지 않다(비록 Fischer Family Trust[2]와 Ofsted(교육기준청)은 시도하고 있지만). 교사들은 자기 자신의 교실에서 주인이고 공공 부문에 있는 많은 전문가들처럼 꽤나 고립되어 있다. 교사들을 이끄는 것은 다르다. 학교를 이끄는 것도 다르다. 많지 않은 리더들은 아주 많은 집단들(교사, 학부모, 학생, 운영 위원, 지역 단체, 정치가, 직원 등)을 통합시켜야 한다.

성격 유형이 리더십에 도움이 될 수 있다. 리더십은 사람에 대한 것이고, 우리가 가장 먼저 이해해야 하는 사람은 바로 우리 자신이다.

리더들은 중요한 가치에 기반을 둔 명확한 비전에 대한 계기를 만든다. 특징 없는 강령이 아니라 실제 원칙들을 만든다. 이러한 원칙들은 학생들, 학부모들, 교사들에게 의욕을 심어 주고 그것을 지키도록 장려될 수 있어야 한다. 당신의 생각을 확인하기 위해 다음의 질문들에 답하라.

- 만약 당신의 학교가 동물이라면 어떨 것이고 왜 그런가?
- 만약 당신의 학생들이 축구 팀이라면 그들은 어떤 팀일 것 같고 왜 그런가?
- 만약 당신의 학교가 감옥 · 병원 · 나라라면 누가 어떤 역할을 맡을 것 같은가?

최근의 회의에서 교사들의 답이다:

> 우리 학교는 Wigan이나 Wolves일 것 같아요. 최고의 선수들은 아니지만 거칠게 싸우면서 기대 이상의 성과를 보이죠.
>
> 우리 학교는 Newcastle 같아요. 형편없는 리더십이지만 그래도 아직까진 프리미어 리그에 있죠.

1) 혁신의 수용(acceptance) 과정은 개인 또는 의사결정 단위체가 처음 혁신에 대해 인지하고 태도를 형성하여 수용의 결정을 내리게 되는 일련의 정신적인 과정이며, 확산(diffusion) 과정은 일정 기간 내에 일정 채널을 통하여 사회 구성원들에게로 전달되는 과정이다(Rogers & Shoemaker, 1971) — 네이버 블로그

2) 2001년에 설립된 비영리 단체로서 학생의 성적과 진보를 분석하고 학교의 성장과 자기 평가를 위해 학교에게 통찰력 있는 데이터를 제공한다.

이것은 직원들의 태도에 대해 잘 나타낸다. 당신 학교에서 요구하는 리더십 비전은 어떤가?

교사들의 개인적인 강점들과 잠재된 팀의 가치에 대한 생각들을 나타내는 다른 활동에는 Retsina Game(레치나 게임)이 있다(이렇게 부르게 된 이유는 레치나가 보통 세계에서 가장 끔찍한 술이라고 인정받고 있기 때문이다.).

✿ 레치나 게임

교사들에게 질문하라(같은 동물 군에 속하는): '만약 당신이 레치나가 아닌 다른 술이라면 당신은 어떤 술일까, 왜 그런가?' 그들의 대답은 그들이 보여 주는 것만큼이나 재미있을 것이다.

여기 대답의 예시들이 있고 빈 영역들은 당신 자신이 쓰면 된다.

북극곰(ISTJ)	**코알라(ISFJ)**	**해마(INFJ)**	**가면올빼미(INTJ)**
깔끔한 위스키 – 간단명료하다. 물 – 필수적이지만 흥미롭지는 않다.	보온병에 든 약한 밀크티 – 멋지고, 눈에 띄지 않는다. 바다를 바라보며 차 안에 앉아 있을 때 긴장을 풀도록 하고 싶을 때(콧물감기에 걸리고 싶지 않을 때) 필요하다.	Ocean ('그 술'로 알려진) – 깊고, 은유적이고, 숨겨져 있고, 엄청난 잠재력을 가지고 있다. 아이디어와 가능성이 소용돌이친다.	최고 품질의 위스키 – 강하고, 고급이다. 절제되어 있고 효과적이다,
호랑이(ISTP)	**고양이(ISFP)**	**물개(INFP)**	**숲올빼미(INTP)**
라거 – 남자애들 · 여자애들과 함께 하는 진지한 시간에, 또는 집에 있을 때 냉장고에서 차갑게 마신다. 융통성 있고 독립적이다.	크림 · 우유 – 대부분의 사람들에게 인기 있고, 영양가 있고, 몸에 해롭지 않다.	사람들이 새로운 방식으로 행동하도록 하는 힘(또는 상상력)이 있는 마법의 약	순수한 알코올 – 무한한 가능성을 가지고 조합할 수 있다. 알기엔 위험하지만 흥미진진하다.
검은표범(ESTP)	**사자(ESFP)**	**흰동가리(ENFP)**	**매(ENTP)**
에너지와 재미를 주는 고에너지 음료	파티 칵테일 – 파티의 분위기에 맞추기 위해 밤새 마실 수 있는 펀치 한 그릇(필요하지 않은 과일들도 조금 있는)	흰동가리 유형 사람이 쓰러뜨린, 엎질러진 물 당신이 어디에 놓았는지도 기억할 수 없는 술	거품이 나는 것 보드카 – 강력한 경험을 하기 위해 다양한 탄산음료들이랑 섞일 수도 있다.
흑곰(ESTJ)	**곰인형(ESFJ)**	**돌고래(ENFJ)**	**독수리(ENTJ)**
샴페인 – 흑곰 유형 사람을 위해선 최고만이 사용된다.	가십들이 교환되는 것처럼 친구들과 함께 마시는 카푸치노	스무디 – 사람들이 잘할 수 있도록 돕는, 좋은 재료들로 가득 차 있다.	그 분야를 이끄는 가장 잘 팔리고 존경받는 브랜드의 제품. 경쟁자들은 타고난 지도자를 모방하려고 노력한다.

✽ 당신이 술이라면 무엇일까, 왜 그런가?

북극곰(ISTJ)	코알라(ISFJ)	해마(INFJ)	가면올빼미(INTJ)
호랑이(ISTP)	고양이(ISFP)	물개(INFP)	숲올빼미(INTP)
검은표범(ESTP)	사자(ESFP)	흰동가리(ENFP)	매(ENTP)
흑곰(ESTJ)	곰인형(ESFJ)	돌고래(ENFJ)	독수리(ENTJ)

✾ 훌륭한 리더로 정해진 성격 유형이 있을까?

교제하는 커플들에게 이에 대한 해답을 들을 수 있을 것이다. 90% 넘는 커플들은 건강한 관계를 나타내는 가장 중요한 척도라고 말했다. 집에서든 일터에서든 잘 소통하는 팀들은 더 잘 일한다. 서로 비슷한 삶의 흐름을 갖고 있기 때문에, 비슷한 유형의 사람들은 대체적으로 더 효과적으로 서로 소통할 것이다. 그렇다면 비슷한 유형의 사람들로 모인 팀은 더 좋은 리더가 될까? 그렇지는 않다. 그들이 더 잘 어울릴 수는 있겠지만 만약 그들이 다른 유형의 사람들로 이루어진 큰 조직을 이끈다면 리더가 되기 어려울 것이다. 결혼에 관한 통계들을 살펴보면 더도 말고 덜도 말고 2개 정도의 비슷한 성향을 갖고 있는 커플이 가장 오래 함께 할 확률이 높다.

어떤 성향이 비슷한지보다 몇 개의 성향이 비슷한지가 더 중요해 보인다. 효과적인 관계들은 다양한 성향이 주는 혜택을 누리곤 한다. 커플들과 팀들 안에 다른 관점들이 있을 때 통찰력과 결정력이 더 강해진다. 다양성은 많은 단계에서 중요한 역할을 한다. 자신과 거의 유사한 스타일의 사람들만 채용하고 승진시키는 경영진들은 그들 조직의 미래에 위험을 줄 수 있다. 좋은 리더십에는 다양한 의견들 사이에 일어나는 효과적인 소통이 필수적이다. 각각의 성향들은 다음과 같이 다양한 방식으로 이끌기도 하고 이끌어지기도 한다.

✾ 곰 유형 Bears (전체 인구의 50% — 리더의 75%)

아기 돼지 삼형제 이야기는 네 가지 곰 유형의 사람들에게 옹호와 위안을 안겨 준다. 곰 유형들은 벽돌집을 차곡차곡 쌓아가는 스타일이다. 그들은 열심히 일하는 것의 중요성을 믿고 지도에 따르는 것이 보상이 지속적으로 제공될 것이라는 것을 믿는다. 그들은 지도자로서든 추종자로서든 짚으로 쌓는 것과 나무로 집을 짓는 것을 꺼린다. 곰 유형의 사람들을 이끌 때 명확한 계획과 벽돌을 제공해 주는 것이 중요한데, 그러면 그들은 긍정적인 결과들을 줄 것이다. 아마 그들은 매일매일 늑대에게 대항할 수 있는 강한 집을 차근차근 지을 것이다.

- 규칙을 정하는 것을 좋아하고 그들의 방식대로 일들이 진행되기를 예상한다.
- 따라야 할 많은 행동 양식들과 하지 말아야 할 사항들을 놓고 규칙을 해석하고 이를 바탕으로 질문들을 한다.
- 정통, 철저함, 명확한 역할과 책임을 가치 있게 여긴다.
- 곰인형 유형과 코알라 유형은 사람들에 관심을 가지고 목적을 둔다(특히 초등학교에서).
- 흑곰 유형과 북극곰 유형은 과업 완성에 관심을 가지고 목적을 둔다.
- 기한을 넘기는 것과 과정의 소홀함에 대해서 스트레스를 많이 받는다.
- 스트레스를 받으면 주변의 사람들에게서 특권을 없애 버린다.

곰 유형의 사람들은 그들이 생산한 것, 노력해서 얻은 그들의 결과와 땀과 눈물에 대해서 인정받고 싶어 한다. 그들은 변화에 가장 잘 대응하지 못하고, 다른 어떤 유형의 사람들보다도 원래 하던 방식을 고수하려는 성향이 강하다. 그들은 혁명보다는 진보를 선호한다. 때때로 이런 그들의 판단이 맞을 수도 있고 틀릴 수도 있지만 좋은 리더라면 곰 유형에게 변화에 대해서 조심스럽게 권유하되 이 적은 변화로 이뤄질 수 있는 단계적이고 논리적인 이점들에 대해서 잘 설명한다. 곰 유형의 사람들은 지속적으로 규칙과 과정들을 따르고 현재 존재하고 있는 시스템과 규약들을 약간씩 수정하는 것을 잘한다. 그들은 다른 유형보다 세부 사항과 반복되는 일들에 대해서 인내심이 더 강하다. 그들은 여러 방식의 상징적인 보상들을 받고 싶어 한다.

아시아에서는 많은 정치인들이 연속적으로 따라가겠다고 하는 지도 방식들은 보통 자연스러운 **S · J**형의 방식들이다(실제로 이 사람들의 50%가 **S · J**형을 갖고 있다.). 정치인들과 영국의 조간 신문인 『Daily Mail』을 매일 챙겨 보는 사람들이 규칙, 존중, 그리고 규율을 따르는 것을 강조한 것은 사실 그렇게 이상한 일은 아니다. 이것이 바로 영국을 이끈 힘이니 말이다. 영국의 학생들, 학교 교복이 너무 덥다고? 그래도 이렇게 해야지 식민지에서 우리 왕과 우리나라를 섬기지 않겠니?

이것이 영국 문화에서는 오래 전에 사라졌지만, 사실 아직도 많은 아시아의 교육가들에게 해당되는 이야기다. 규칙과 전통을 존중하는 문화는 아시아에서 강력하지만 이런 많은 부분들이 그 국가들의 경제 성장을 막은 부분으로 존재한다. 뉴스나잇 프로그램에서 베이징 대학의 한 교수는 최근 청년들에게 필수적인 기업 경영가적 마인드와 도전하려는 정신의 부족을 개탄하면서, 만약 중국이 대량 생산국에서 벗어나고 싶으면 이런 부분들을 생각해 봐야 한다고 주장했다. 이런 아시아에 팽배한 정치적이고 문화적인 억압이 영국으로 하여금 조금 더 많은 세월 동안 번창하게 해 준 것일지도 모른다. 켄 로빈슨 교수에 의하면, 영국에서 전통은 200년을 의미하고, 미국에겐 20년, 중국에서는 무려 2000년을 뜻한다고 이야기했다. 변화의 속도가 빨라지는 만큼 우리는 성공하기 위해서 더 유연한 사람들을 필요로 하고, 이런 면에서 곰 유형의 사람들은 취약하다. 이런 비아냥과 비판을 가만히 당하고 있을 것이 아니라, 곰 유형의 사람들은 유연성을 더 길러서 그들의 강점을 더 돋보이게 해야 한다.

> **예전에 뒤처지는 데에 15년이 걸렸다면, 이제는 3년이면 충분하다.**
>
> Susan Nash and Courtney Bolin,
> *Teamwork from the Inside Out Fieldbook*

아마도 모든 사람들 그리고 특히 선생님들에게 이것은 유용한 말일 것이다. 우리가 알고 있다고 생각하는 그 무언가가 실제로는 뒤떨어지는 지식일 수 있다. 그들이 학교 다닐 시절을 바탕으로 교육 정책들을 만들어 내는 나이든 정치인들은 아마 시대에 너무 뒤떨어진 사람일 것이다. 그래서 우리는 **S · J**형들이 이끌어 낼 수 있는 강점들을 존중해야만 하되(50% 가까이 되는 학생들이 **S · J**형임을 기억하면서), 동시에 생각의 유연함과 계속 일을 지속할 수 있기 위해서 기량의 지속적 발전이 필요하다는 것을 가르쳐야 한다. 각각 필요한 행동과 태도를 기르기 위해서 성격 유형은 아주 좋은 틀이 된다. **S · J**형들은 가치와 고유한 특성들을 존경하고 존중해 주는 수호자다. 하지만 다른 모든 유형이 그러하듯 곰 유형들은 얼마나 자신의 성향과 안 맞는지와 상관없이 다른 성향들도 번성하기 위해서는 받아들일 줄 알아야 한다.

✽ 소통의 틈

적대적으로 꼬치꼬치 캐묻는 새 유형의 사람이 전통적이고 순종적인 곰 유형을 만났다:

새 유형: 내가 만약에 전기 콘센트에 손가락을 넣으면 어떻게 될까?

곰 유형: 절대 그렇게 하면 안 돼!

새 유형: 알아. 아는데 어떻게 될 것 같냐고?

곰 유형: 그렇게 되면 아주 혼나는 줄 알아!

✽ 고양이 유형 Cats (전체 인구의 30% — 리더의 8%)

알렉산더 대왕은 그와 그의 군대가 고르디움 도시를 방문했을 때 큰 전투를 앞두고 제우스신의 시험을 당한다. 그는 아주 복잡한 매듭을 받고 그것을 풀라는 명령을 받는다. 몇 시간이 지나고 그는 칼을 꺼내서 그 매듭을 단칼에 베어버린다. 그 후 고르디오스의 해답이라는 말이 생겼는데, 이는 새로운 사고방식을 통해서 문제를 해결하는 것, 오래된 문제를 새로운 시각으로 바라보는 것에 대한 말이다. 알렉산더의 이런 접근은 바로 네 가지 고양이 유형의 사람들이 할 만하다. 그들은 직접 행동하는 행동파 영웅들이다. 그들은 이런 방식으로 사람들을 이끌고 이런 방식으로 지도받기를 원한다. 그들은 그들이 이런 열정을 가지고 문제를 접근할 때 최상의 결과를 낸다. 그들은 마치 첩보 영화의 한 장면처럼 무전기를 들고 복도를 누비면서 범인들을 바쁘게 제압하고 문제를 해결해 버리고 싶어 하는 사람들이다.

- 손을 떼고 유연하고 대범하게 일하는 것을 선호한다.
- 다른 사람들이 직접 부딪치면서 그들의 기량을 기르고 적용하며 배우기를 격려한다.
- 주저하는 사람들에 대해서 쉽게 답답함을 느낀다.
- 속이기 어렵다.
- 행동 중심적이다.
- 가르칠 때 불충분한 경우가 있다.
- 명확한 지시에 대해서 짜증을 낸다.
- 스트레스를 받으면 권위주의적이 된다.

고양이 유형의 사람들은 그들이 어떻게 일하고 기여했는지에 대해서 인정받기를 원한다. 좋은 리더들은 그들의 모든 행동으로 직접 한 행동들을 칭찬해 주면서 어떻게 X나 Y의 일을 처음 시작할 것인지 주기적으로 물어봐 준다. 그들은 빠르게 하다가 세부 사항을 놓칠 수는 있지만, 새로운 동기부여에 빠르게 자극된다. 고양이 유형의 사람들은 선천적으로 쉼없고 초조해 하고 종종 활동 과잉이라는 말을 듣곤 한다. 그들은 오랜 시간 후에 일어날 결과에 의해서 동기부여되지 않는다. "지금으로부터 10년 후에 당신은 여기의 사장이 될 것이다."라는 말은 그들에게는 너무나도 먼 이야기다. 이와 비슷하게 고양이 유형의 학생들에게 15년 후에 결실을 얻게 될 거니까 열심히 일하라는 말은 동기부여의 말이 아니라 그들을 가혹하게 하는 말이다.

헨리 필딩의 톰 존스는 18세기의 문학 속 인물로서 아직도 그의 격동적이고 거세며 선한 마음씨를 가진 사자 같은 성격 때문에 우리에게 회자되곤 한다. 그의 삶에 대한 최고의 진실함과 강한 욕망은 네 가지 고양이 유형의 성향들을 잘 나타낸다. 그의 충동적인 도덕적 실수들과 신중하지 못한 행동들은 고양이 유형이 피할 수 있는 그들의 약점들이다. 고양이 유형의 사람들은 톰 존스처럼 삶을 살 수 있다. 그들은 자연스럽게 그들의 경험을 받아들여서 다른 유형의 사람들이 마치 지루하고 부자연스러운 것처럼 보이게 만들 수도 있다. 다른 유형의 사람들이 그늘에 앉아서 노을을 즐길 때 그들은 사는 것이 무엇일지 생각하며 그 순간에 살아 있는 느낌을 즐긴다. 우리가 롤러코스터, 광활한 하늘의 풍경, 눈 덮인 산의 설경과 발 아래를 간지럽히는 바다의 찰랑거림을 즐길 때 이 고양이 유형 사람처럼 살아 있다.

✤ 해양 동물 유형 Sea Animals (전체 인구의 12% — 리더의 5%)

『오즈의 마법사(The Wizard of Oz)』 끝 부분에서 중심인물들이 그들이 찾고 있었던 것(용기, 심장과 뇌)을 발견한다. 그들의 모험 중에서 사자는 놀라운 용기를 나타내고, 양철나무꾼의 동정은 빛을 발휘하였으며, 허수아비는 영리하고 천재적이었다. 그들은 정말로 증명서나 메달이 필요하지 않았다. 해양 동물 유형은 그들 주위 인물들의 내적인 힘을 이끌어 내도록 이끈다. 그들은 리더로서 그리고 선생님으로서 잠재력을 양육하는 것에 집중한다. 그들은 학교졸업시험 성적(문제를 일으킬 수 있는)보다 더 높은 레벨에 있었다. 그들은 동물들을 이끄는 데에 가장 어려운 집단이 될 수 있다. 왜냐하면 그들은 개인으로 대우받기를 원하고 그들의 전체적인 영향력(측정되기 어려운)으로 평가를 받기 원하기 때문이다.

- 격려하고 양육하는 '히피' 리더들
- 조화, 공유된 가치들, 공통 목적을 찾는다.
- 특히, 흰동가리 유형과 돌고래 유형을 가르치는 데 지나치게 참여한다.
- 생각과 사람들 모두에게 집중한다.
- 그들의 가치의 냉담한 대처와 유기체적인 위반에 화를 낸다.
- 만약 스트레스를 받는다면 — 그들은 지지를 철회하거나 그들이 '가장 선호하는 것'만 한다.

해양 동물 유형은 삶에서 의미를 찾는다. 관리에 대한 수업이나 발표가 (그들이 인식하는 대로) 잘못되면 그들은 자신의 정체성과 가치에 대한 모독이라고 생각하기 때문에 쉽게 무너질 수 있다. '성장해서 스스로 극복하라.'는 말보다는 어깨에 팔을 두르고 자신이 학교 · 세계에 가치 있는 기여를 하고 있다는 확신이 필요하다. 이것은 그들이 가장 필요한 사람들로 보이게 만들 수 있지만 고맙게도 그들은 때때로 격려의 말만 필요할 것이다.

돌고래 유형의 성격인 Stephen Fry는 해양 동물 유형이 사람들을 이해하기 위해 의미와 패턴을 찾는 방법을 완벽하게 설명하고 종종 인터뷰를 하면서 삶의 열쇠를 곰곰이 생각한다. 공통된 주제는 답이나 기술을 통해 부와 행복을 갈망하는 것은 실패할 운명이라는 그의 믿음이다. 목표라는 것이 잘못된 표적이다. 왜냐하면 만약 우리가 목표에 도달한다면 우리는 '이게 다인가?'라고 묻는 것에 실망할 것이기 때문이다. 만약 우리가 거기에 도달하지 못한다면 우리는 실패를 느낄 것이다. 아이디어, 사람, 장소에 관심을 갖는 것이 인생의 핵심이다. 우리가 다른 사람들에게 관심을 가질 때 그들은 우리 회사를 좋아하고 그들의 자원과 기회를 공유할 것이다. 우리 자신에게 집중하면 우리는 지루하다. '나는 이것을 원한다', '나는 이러이러한 것이 필요하다'라고 말하는 것은 우리를 자기 강박적으로 만든다.

'흥미를 끌 수 있는 가장 좋은 방법은 흥미를 갖는 것이다.'라는 문구는 해양 동물 유형을 최고로 떠받치는 경외감을 포착한 말이다. 해양 동물 유형의 성격인 Michael Palin은 여행 중에 만나는 모든 사람에게 진심으로 관심이 있는 것처럼 보이기 때문에 매우 성공적인 인터뷰 진행자이다. 여행은 해양 동물 유형의 마음을 넓히고 깊게 해 주기 때문에 본능적으로 매력적이며, 우리는 다른 사람의 말을 들을 때 비로소 우리 자신에 대해 배운다.

또 다른 고전적인 해양 동물 유형은 Percy Bysshe Shelley이다. 해양 동물 유형은 낭만적이고 시적이며 이상주의적이며, 종종 고문을 받고 소용돌이치는 영혼을 가지고 혼란 속에 던져진 의미를 끊임없이 추구한다. Shelley는 전체 세트(해양 동물 유형의 요소)를 요구할 수 있다. 무신론을 조장하는 글을 썼다는 이유로 대학에서 퇴학당한 그는 연인과 함께 아일랜드로 도피했다. 그는 나중에 이탈리아 전역을 여행하다가 슬픔에 잠긴 미망인을 남기고 30세의 나이에 바다에서 사망했다.

> **그리고 햇빛이 지구를 끌어안는다.**
> **그리고 달빛은 바다에 키스한다.**
> **만약 그대가 내게 키스를 하지 않는다면 이 모든 키스가 무슨 의미가 있을까?**
>
> Shelley

✽ 새 유형 Birds (전체 인구의 8% — 리더의 12%)

Ockham의 William은 14세기의 논리학자였다. 그는 사상이 불필요하게 복잡해서는 안 된다고 판단했다. 이론들이 경쟁할 때 간단한 논리는 모두 명쾌하고 진실에 더 가깝다. 그 개념은 크게 Occam의 면도날로 알려졌다. 불필요하고 부적합한 것은 모두 쳐서 없애고 아름다운 진실을 밝히는 은유는 네 가지 새 유형의 접근 방법을 요약하고 있다. 당연히 그의 아이디어는 Isaac Newton, Albert Einstein 그리고 Stephen Hawking을 비롯한 많은 새 유형들에게 호감을 얻었다. 새 유형들은 직관적인 논리의 면도칼을 사용하여 이끌어간다. 지도자로서 그들은 다른 사람들이 따라야 할 명확한 계획과 방향을 제시한다. 그들이 인도될 때 그들은 여행하도록 요청받은 도로에 대한 증거가 필요하다. 새 유형을 효과적으로 이끌려면 면도기를 날카롭게 갈아 두어라.

- 전략적이고 객관적이고, 논리적인 리더들이다.
- 일 중심적이다.
- 모든 유형들에 대해서 대부분 자기 비판(냉소)적이다.
- 숲올빼미 · 가면올빼미 스타일 — 독립형, 알아야 할 필요에 따라 정보를 공유한다(중등 교육이나 고등 교육에서 과도하게 대표됨).
- 독수리 · 매 스타일 — 토론하고 · 주장하며, 경쟁심이 강하다.
- 부실한 논리, 이유 또는 원리와 비생산적인 규칙들 · 전통에 화를 낸다.
- 만약 스트레스를 받는다면 — 독재적이다.

새 유형은 그들의 아이디어로 인정받기를 좋아한다. 그들은 선천적으로 비순응적이고 독립적이다. 훌륭한 리더는 날카로운 탐구적 지적 능력을 발휘하여 조언을 구하고 이를 새로운 공유 비전에 통합한다. 독수리 유형과 매 유형이 함께 하지 않으면 매우 파괴적인 영향을 끼칠 수 있다. 올빼미 유형은 더 조용하고 심지어 사회적으로 서투른 경향이 있지만, 그들은 성취도가 높고 어떤 지도자에게도 소중한 동맹이다.

> **나는 뱀을 볼 때를 대비해서 자극제를 항상 준비해 둔다.**

W.C Fields, NT 유형의 자연스러운 지혜와
숙련된 언어의 터치들을 묘사하며.

새 유형과의 대화는 급류 레프팅을 경험하는 것과 같을 수 있다. 왜냐하면 우리는 쉽게 그리고 기꺼이 그들의 수사학의 힘과 명료함에 매료되어 쉽게 그리고 거리낌 없이 따라갈 수 있기 때문이다. 우리는 복잡한 생각들이 유머와 통찰력으로 섞여 있는 방식에 놀라게 된다. 코미디언 Bill Hicks는 마지막 순회 공연이 끝날 무렵에 다음과 같은 질문을 던지며 놀랄 만한 형태로 새 유형의 매혹적인 예를 보여 준다. “요점이 있나요?”라고. 그 클립은 아래 각주의 유튜브 링크[3]에서 이용 가능하다. 완벽하게 짜여진 강력하고 열정적이며 찢어질 듯한 연설을 즐길 수 있을 것이다.

> 요점이 있나요?
>
> 네, 삶은 타는 겁니다.
>
> 세상은 마치 놀이공원의 기구를 타는 것과 같아요.
>
> 당신이 가고자 선택했을 때, 그건 진짜처럼 보이죠. 그것은 얼마나 강력한지 몰라요.
>
> 몇몇 사람들은 오랫동안 탔지만, 그것이 놀이 기구라는 사실을 잊죠.
>
> 하지만 그것은 단지 타는 거예요.
>
> 우리가 원할 때 언제든지 그걸 바꿀 수 있어요.
>
> 그냥 선택이고 노력도 없고 걱정도 없어요.
>
> 두려움과 사랑 사이에 있는 선택이죠.
>
> 두려움의 눈으로 우리는 우리의 문에 더 큰 자물쇠를 걸고 총을 사서 사람들을 죽일 거예요.
>
> 사랑의 눈을 통해서 우리는 모든 것을 하나로 보죠.
>
> 우리는 더 좋은 놀이 기구를 위해서 세계를 바꿀 수 있어요.
>
> 무기에 사용된 모든 돈으로 모든 사람을 입힐 수도 있고 교육시킬 수도 있어요. 아무도 떠나지 않아요.
>
> 어느 누구도 배재되지 않아요. 우리는 함께 내부와 외부 공간을 평화롭게 탐험할 수 있어요.

셰익스피어의 가장 강한 여성 캐릭터 중 하나인 Portia는 강철같이 정확하게 분석하고, 해부하고, 설명하는 새 유형의 능력을 전형적으로 보여 준다. 그녀는 그녀의 구혼자들의 성격을 간결하고 냉철하고 무심한 사람으로 쉽게 오인될 수 있도록 총명한 재치로 요약한다. 그녀가 젊은 남성 변호사로 변신한 것은 전략, 조정 및 추론 능력이 뛰어난 네 가지 새 유형 모두에게 주어진 역할이다. 교실에서 새 유형의 교사는 법정에서 Portia보다 더 많은 동정심을 가지고 지성을 발휘하는 법을 배워야 한다. 학생들도 교사의 영향을 면밀히 분석 없이 자신의 생각을 표출하는 것을 조심해야 한다.

선호도에 따라, 새 유형은 대답을 주고 해양 동물 유형은 질문을 묻는다. 이를 인식한 리더들은 동료들과 아주 좋은 관계를 맺을 수 있다.

✽ <활동 1> 동물 유형을 맞혀 보자

정치인의 연설문을 읽거나 TV로 연설하는 모습을 보고 그들의 동물 유형을 예측할 수 있는지 확인해 보자. 이것은 지도자에게 좋은 연습이 된다. 다음은 John F. Kennedy의 유명한 연설문에서 추출한 것이다. 당신이 생각하기에 그는 어떤 동물 유형인가?(*다음 장 아래에 대답해 보아라.)

> 국민 생산이 크다는 것은 대기 오염과 담배 광고를 포함하고, 그것은 우리나라의 문을 걸어 잠그는 자물쇠이자 그것을 부수고 들어오려는 사람들에게는 감옥이 된다. GNP는 삼나무의 파괴와 호수의 죽음을 의미하기도 한다. 네이팜탄과 미사일, 핵무기의 생산과 함께 하기도 한다. 그리고 만약 GNP가 이 모든 것들을 아우르고 있다면, 이해할 수 없는 부분이 많다.
>
> 가족의 행복, 교육의 질, 또한 노는 것의 즐거움도 없다. 우리들 공장의 체면이랄지 거리의 안전에는 무관심하다. 감수성의 아름다움 또는 결혼이 가지는 힘, 공공을

3) http://wecanchangetheworld.wordpress.com/2008/03/18youtube-john-lennon-watching-the-wheels-bill-hicks-its-just-a-ride/

위한 토론의 지력, 공무 기관의 권위 역시 없다.

GNP에는 우리나 우리의 용기, 지혜와 교육, 열정과 국가에 대한 헌신도 없다.

요약하자면, 그것은 삶을 가치 없게 만드는 것을 제외하고는 무엇도 할 수 없다는 것이다. 그리고 이는 미국에 대한 모든 것을 말해 준다. ― 우리가 미국인이라는 것을 자랑스러워 한다는 것을 제외하고는 말이다.

4.2. 종합해 보자

성격 유형은 학교에서든 수업 중 한 모둠을 이끄는 선생님이나 학생에게든, 지도자에게 매우 실용적인 틀을 제공해 준다.

지도

아마 당신에게는 좋은 생각(그러기를 바라지만, 슬프게도 형편없는 생각들이 정기적으로 전 세계를 걸쳐 학교와 사업 시장에 소개되고 있다.)을 가지고 있을 것이다, 하지만 당신이 그것들을 어떻게 표현하는지도 동일하게 중요하다. 네 동물 유형 모두에게 매력을 느끼게 할 만한 스타일과 언어로 당신의 생각을 표현할 수 있도록 해라. 대표적인 동물 유형 차트(103쪽을 참고하자.)를 확인 목록으로 사용해 보자. 당신의 말을 설득력 있게 만들어 줄 뿐만 아니라 당신이 의견을 제시할 때 받을 만한 질문을 확인(그리고 대답할 수 있도록)하게 한다. 가장 좋은 아이디어는 모든 사람에게 믿을 수 있는 것을 제공한다. 당신의 새로운 문해력 전략은,

- 곰 유형에게 단계적인 절차와 시간을 제공하며 전통적인 감각으로 매력을 발산한다.
- 새 유형에게 연구 조사로 이론적으로 안정적이고 뒷받된침다는 것에서 어필한다.
- 해양 동물 유형에게 직원과 학생에 대한 영향을 인지한 상태에서 포괄적이고 보살피는 느낌을 주어 매력을 발산한다.
- 고양이 유형에게 그들이 적응하고 함께 만들어 갈 수 있는 틀, 행동 계획을 제공함으로써 어필한다.

유형을 모두 고려한 발표는 모든 기준을 포함해야 할 필요가 있다. 개인에게 아이디어를 소개할 때 당신은 장황스러운 말을 생략하고, 좀 더 구체적인 부분에 집중할 수 있다. 개개인과의 만남을 준비하면서 2장에 나온 상세 설명을 사용하자. 이것은 조작에 관한 것이 아니다. 이것은 더 효과적인 의사소통에 관한 것이다. 내 경험상으로 일을 몰래 진행하려는 사람은 곧 발각되고 즉시 동료들의 신뢰를 잃게 된다.

가족

쌍둥이 연구는 많은 심리학적인 맥락의 집합소이다. 난 운이 좋게도 유전과 환경의 영향을 탐구하면서 네 쌍둥이를 인터뷰할 수 있었다. 4명의 17살 쌍둥이들은 같은 대학의 A 단계를 공부하고 있었다. 그들의 성격 유형은 각각 **ENFP**(흰동가리 유형), **ESTP**(검은표범 유형), **INFJ**(해마 유형) 두 명이었다. 비록 그들이 유전적으로 동일하고 같이 양육되었다고 하더라도, 서로 다른 성격 유형을 갖고 있지 않다. 유전과 환경의 조합은 반드시라기보다는 미묘한 방식으로 성격 유형을 결정한다. 이것은 가족 내에서도 다양한 성격이 있다는 것이 말이 되게 한다.

검은표범 유형과 흰동가리 유형은 먼저 나서서 이야기하고 그룹을 대변한다. 두 해마 유형은 덜 이야기한다. 검은표범 유형과 흰동가리 유형은 그들의 다른 두

*정답: JFK는 돌고래 유형(**ENFJ**)이다.

자매들에 비해 덜 보수적으로 옷을 입었고 훨씬 눈을 덜 맞추는 편이었다. 이것은 **E**형 · **I**형이 행동으로 나타난 것이다. 다른 자매들은 검은표범 유형(**E**형이자 **T**형)을 우두머리처럼 생각했다. 그들은 자신의 부모님 모두 **F**형이 아닐까 추측했다. 왜냐하면 어린 시절 그 가족에게는 이 검은표범 유형 아이가 행복하면 가정이 행복하다는 좌우명이 있었기 때문이다. 흰동가리 유형 또한 자신이 다른 자매들 간 다리 역할을 한다고 말했다. 두 해마 유형은 그들이 자매 사이를 조율하고 있으며 같은 과정을 공부하기 위해 같은 대학을 갈 것이라고 했다.

네 쌍둥이를 만나면서 흥미로웠던 점은 각 유형들은 많은 것을 예측하고 설명할 수 있다는 것이었다. 이것은 성격 유형의 차이가 이해될 뿐만 아니라 받아들여지면서 가족 구성원에게 안심이 되었다. 한 시간 내에 자매들은 얼굴에 미소를 띄운 채 서로의 행동과 선택을 설명하기 시작했다. 이것은 주요 스트레이트 모형이다. 즉 이해하고 적용하는 것이 간단하다. 또한 성격 유형은 모든 사람은 괜찮고 우리는 그저 다를 뿐이라는 원칙에 기반을 두고 있다. 자매들은 또 항상 서로를 돌보는 모습을 강조했던 끈끈한 농가답게 성격 말고도 우리를 만드는 요인이 있다는 걸 언니들이 일깨워줬다. 우리를 있는 그대로 만드는 요소들이 있다는 것을 상기시켜 주었다. 부모와 선생님은 성격 유형보다 성공과 행복에 더 큰 영향을 미치는 가치와 신념에 영향을 끼친다. 그러나 성격 유형은 우리의 잠재력을 어떻게 표현하고 행복하고 성공할 수 있게 하는지를 알려 주는 귀중한 지침이다.

제 5 장
수업 자료

이 장의 중점

▶ 성격 유형 적용표를 요약하기

▶ 어떻게 성격 유형 적용표를 수업 자료로 쓸지 알아보기

교수는 자고 있는 사람과 토론을 해야 하는 존재다.

W. H. Auden

성격 유형은 책에서 읽는 것보다 실제 삶에 가장 잘 적용된다. 성격 유형을 삶으로 가져올 때 사람들의 사이를 긍정적으로 변화시킬 수 있다. 사람들은 그들 스스로에 대해서 이야기하는 것을 좋아하고 유형 프레임은 대부분의 부끄러움을 잘 타는 사람들을 격려하여 그들이 어느 곳이든 잘 다니도록 도와줄 수 있다.

5.1. 성격 선호도

각 분야의 전문가들은 종종 그들이 선호하는 이론과 접근 방식을 성격 유형과 섞으려고 하거나 연결하려고 한다. 학습 이론, 다중 지능, Belbin, NLP(자연 언어 처리), 그리고 다른 접근법들과 분명한 연관성이 있지만, 나는 일반적으로 Myers-Briggs가 Jung의 이론을 60년 전에 번역된 이후 개발된 형태의 유형을 적용하는 것이 가장 최선이라고 생각한다. 하지만, 학문 유형에 있어서 Gregorc의 학습 방식은 유형 모델에 매우 잘 들어맞기 때문에 여기에 요약본을 넣는다.

현상학 연구자 Anthony Gregorc 박사는 다음과 같은 사실을 발견했다.

- 가장 성공적인 전문가와 학생들은 다양한 스타일로 조작하는 방법을 배우지만 자신의 선호도를 이해한다.
- 학습은 우리가 어떻게 데이터 · 자료를 인지(입수, 파악)하고, 어떻게 정렬하고 저장(조직, 정리)하는지에 관여한다.
- 우리는 구체적인 것에서 추상적인 것으로 이어지는 연속체를 인지한다.
- 우리는 순차(순차, 구조, 현미경)에서 무작위(범주, 망원경)까지 연속체를 정렬, 구성 및 저장한다.

이것들은 네 가지 '유형'으로 이어지는데 — Concrete Sequential, Concrete Random, Abstract Sequential 그리고 Abstract Random — 다음에 나오는 성격 기질과 연결된다.

1 네 가지 모든 유형이 한 수업에 적용 가능한지 확인하라.

2 학생이 과제를 하지 않는다면, 그들의 선호하는 형식을 계속 적용할 수 있는 방법을 제공하라.

3 학생들은 같은 생각을 가진 동물 유형들과 팀을 이루어 과제를 스타일별로 구분하거나 모든 학생의 기여를 장려하기 위해 보완적인 그룹으로 작업할 수 있다.

모든 학생에게 다가가기 위한 교사의 지침서

아이들은 다르다. 훌륭한 교사란 이 차이를 이해하고 모든 아이와 관계를 맺는 것이다. 모든 아이에게 다가가는 방법들에 대한 힌트들은 다음과 같다.

구체적/순차적 스타일(SJ 곰)	**구체적/임의적 스타일(SP 고양이)**
선호하는 것: 직접적, 자료, 수치, 체크리스트, 분명한 지시, 아웃라인, 차트, 기한, 매뉴얼, 방법론적인 접근, 가시적인 결과, 관습, 구체적인 대답들	선호하는 것: 문제 해결, 조사, 몹시 분주하다, 실제적인 실험들, 독립, 위험, 선택, 탐험, 선택, 도전, 열린 결말의 업무, 시행착오, 게임, 융통성, 다양한 요소들
곰 유형은 분명한 규칙들을 가지고 구조화되고, 실제적인 활동을 즐기며 어떤 지시로부터 모델을 만들고, 짧은 과업들을 완성하며, 한 전문가를 관찰하고 모방하여 하나의 책 · 메뉴얼을 통해 일한다.	고양이 유형은 방문, 계획, 실험 같은 열린 결말의 실제적인 작업들을 즐기며 어떤 것들과 기술을 발달시킨다.

추상적 순차적 스타일(NT 새)	추상적 임의적 스타일(NF 해양 동물)
선호하는 것: 읽기, 생각, 분석, 평가, 추론, 이론들, 강의, 노트 정리, 토론, 논리, 지식, 대리적 생각(자신도 같은 경험을 하는 것 같은 생각), 테스트, 구조, 객관적, 가정, 비교	선호하는 것: 소속, 환상, 토론, 동료 가르침, 그룹 작업, 유머, 게임, 이론들, 자신의 생각들, 드라마. 롤 플레이, 주관성, 미디어, 감정, 자발성, 예술, 자신의 시간표, 자기 표현
새 유형은 개념이 바탕이 된 이론, 개념들 사이의 연결들, 퍼즐과 비교를 바탕으로 한 워크북을 조사하는 것과 같은 구조화된 학문적인 연구를 즐긴다.	해양 동물 유형은 개인적인 관계와 창의적인 경험들을 발달시키는 토론, 프로젝트, 협동 작업, 발표 같은 구조화되지 않은 그룹 작업을 즐긴다.

우리는 아이들이 다르다는 것을 안다. 훌륭한 교사란 교사에게 맞는 방법이 아니라 이 차이를 이해하고 함께 하면서 모든 아이와 관계를 맺는 것이다. 모든 아이에게 다가갈 수 있는 힌트들은 다음과 같다.

북극곰 (ISTJ)	코알라 (ISFJ)	해마 (INFJ)	가면올빼미(INTJ)
구체적으로 하라. 현실적이고 논리적이므로 사실과 구체적인 정보들을 제공하라.	친절하게 하라. 구체적이고 공손하게 하라. 대답을 듣고 기다려라. 즉 강압적으로 하지 마라.	큰 그림을 봐라. 비전을 제공하라. 긍정적이고, 개인적으로 하라. 그들에게 곰곰이 생각하도록 하라.	조직적으로 하라. 모든 필수적인 사실들, 구체적인 정보와 이론들을 제공하라. 그러면 그들이 그것을 분석할 수 있다.
수업에서 자주 할 말: **이것은 올바르게 하는 방법이다.**	**수업에서 자주 할 말:** **너 다음 단계에 대해서 분명히 알고 있니?**	**수업에서 자주 할 말:'** **이 주제에 대해서 최고의 다음 단계를 계획하자.**	**수업에서 자주 할 말:** **만약 이 주제에 대해서 공부할 때 더 많은 정보가 필요하다면 내게 알려 줘.**
호랑이 (ISTP)	**고양이 (ISFP)**	**물개 (INFP)**	**숲올빼미 (INTP)**
활동적으로 하라. 실제 문제를 해결하기 위해서 행동과 도전을 강조하라. 강요하지 마라.	특정하게 하라. 분명하고 부드럽고 협동적으로 하라.	예민하게 하라. 진실하고 개인적으로 해서 생각할 시간을 주어라. 그들의 열정을 통해서 개입하라.	이론적으로 하라. 그들의 호기심을 일으킬 충분한 정보를 제공하라. 그들은 데이터를 만들고 조사하고 분석하는 것을 좋아한다.
수업에서 자주 할 말: **혼자 할 수 있니?**	**수업에서 자주 할 말:** **너 시작하기 전에 선생님이 도와줄 것이 있니?**	**수업에서 자주 할 말:** **난 이 주제에 네가 얼마나 흥미 있어 하는지 듣고 싶어.**	**수업에서 자주 할 말:** **도전해 보지 않을래?**

검은표범 (ESTP)	사자 (ESFP)	흰동가리 (ENFP)	매 (ENTP)
현실적으로 하라. 재미있는 것, 게임, 행동과 현실적인 이익을 사용하도록 동기를 부여하라. **수업에서 자주 할 말:** **여기에는 도전이 있다. 너 하지 않을래?**	친근하게 하라. 직접적이고 현실적이며 사자 유형 학생들이 이해할 때까지 말해야 한다. **수업에서 자주 할 말:** **시작하기 전에 필요한 것을 내게 말해 주렴.**	호기심을 풍부하게 하라. 그들이 그들의 생각을 묘사할 때까지 들어라. 그들의 독특한 상상에 매력을 어필하라. 선택 할 수 있게 하라. **수업에서 자주 할 말:** **이 주제에 대해서 너의 상상력을 어떻게 사용할 거야?**	즐겁게 하라. 그들의 재치와 가벼운 농담을 즐겨라. 그들에게 그들의 수행 능력을 향상시키는 방법으로 과제를 부여하라. **수업에서 자주 할 말:** **너가 나를 놀라게 하기 전에 내가 도와줄까?**
흑곰 (ESTJ) 강력히 주장하라. 직접적이고 단결하고 간결하고 공정하고 일관성을 유지하라. 그들은 너의 능력을 존중할 것이다. **수업에서 자주 할 말:** **여기에 계획이 있어. 시간에 맞게 완성하는 것을 즐기렴.**	**곰인형 (ESFJ)** 개인적으로 하라. 그들이 어떻게 느끼는지 물어봐라. 그들은 자신의 가치를 따를 것이다. 분명함과 계획을 주어라. 그들의 헌신을 칭찬하라. **수업에서 자주 할 말:** **나는 너의 일을 칭찬해. 여기에는 다음 일들이 있어.**	**돌고래 (ENFJ)** 자연스럽게 하라. 일관성을 유지하고 친절하고 공감하라. 그들의 시각에 경청하라. **수업에서 자주 할 말:** **너는 어떻게 그다음 주제에 대해서 느끼니?**	**독수리 (ENTJ)** 준비하라. 그들은 도전을 하기를 좋아하고 이해하기 위해 토론하기를 좋아한다. 대담해지고 간결해지고 도전적으로 하라. **수업에서 자주 할 말:** **그다음 주제가 진행되기 위한 너의 전략은 무엇이니?**

✲ 5.2. 모든 유형을 동기부여하기 위한 계획을 제공하기

학생들은 다양한 활동들에 의해 동기를 부여받는다. 4개의 동물 유형에게 다가가기 위해서는 아래 표를 사용할 수 있다. 교사가 간의 기능에 대해서 여섯 가지 방법을 제시한다고 가정해 보자. 이 중에서 그리기, 디자인하기, 토론하기, 사람들을 인터뷰하기 네 가지 방법들은 학생이나 선생님들이 주제에 대해 배우는 데 적절한 방법을 만들도록 영감을 줄 수 있다. 예를 들어, 각각 다른 기능을 설명하는 7개의 캐릭터를 그리고, 7개의 포스터를 디자인하며, 어떤 기능이 가장 중요한지 토론하고, 7개의 순서를 정하여 투표하게 하고, 왜 그렇게 투표했는지를 인터뷰하며 간 기능 장애를 가진 사람들과 인터뷰한 것을 조사한다. 학생들에게 주제에 대한 학습 성과를 달성하는 방법을 선택하도록 허용하면 기억력이 향상된다.

고양이 유형	곰 유형
1 신체적 · 직접적인 도전	1 확인하기
2 게임	2 그래프
3 노래	3 완성하기
4 조립 · 모으기	4 시간선 (순서 · 조직화)
5 방문 · 탐험	5 만들기
6 그리기	6 디자인하기

새 유형	해양 동물 유형
1 비교하기 2 생각하기 3 조사하기 4 비위 맞추기 · 옹호하기 5 발명하기 6 토론하기	1 창조하기 2 상상하기 3 가장하기 4 드라마 · 역할극 5 그룹 안에서 6 사람들 인터뷰하기

❀ 스타일을 이용한 리더십

다음 접근들은 동물을 그룹화하기 위한 각각의 스타일에 매력적으로 보이는 것들이다.

NT 새 유형	**NF** 해양 동물 유형
큰 그림 주제들, 이론적으로 들리고 언급되는. 자치적, 모델들 그리고 시스템, 도전들, 분석 그리고 논리	인간적, 비전, 개인적 성장, 창의적인 자유, 칭찬, 격려, 가치, 동기부여, 소속감
SJ 곰 유형	**SP** 고양이 유형
분명한 설명들과 명시된 과정들, 데드라인, 일치, 조직화된, 어려운 일 예시에 의한 것.	모험, 다양성, 융통성, 자극, 절차를 따르는 것보다는 진취적인 것, 재미, 일 중심.

❀ 개에게 나쁜 이름 주기: 부정적인 라벨은 종종 각 유형에 있다.

부정적인 라벨들은 아이들에게 평생 손상을 줄 수 있다. 교사들은 매우 조심스럽게 행동해야 하고 상처 주는 것을 피해야 한다. 아래의 라벨들은 학교에서 부여한 라벨에 기초하여 선생님들이 제공한 것으로, 일반적으로 각각의 유형과 연관되어 있다. 이것들을 사용하기를 피하라.

북극곰 (ISTJ)	코알라 (ISFJ)	해마 (INFJ)	가면올빼미 (INTJ)
너무 느린, 매우 조용한, 외로운, 헌신하지 않는다, 떠먹여 줘야 한다, 모든 것들에 요점을 가지길 원한다, 너무 열심히 하는, 너무 경쟁적인, 일 끝내려고 몰아치는, 너무 엄격한, 지루한, 거만한, 고집 센	너무 느린, 매우 조용한, 외로운, 헌신하지 않는, 절대 그들의 손을 들지 않는, 떠먹여 줘야 하는, 모든 것의 목적을 알기를 원하는, 너무 부드럽고 신경과민적인, 일을 끝내려고 몰아치는, 너무 엄격한, 지루한	너무 느린, 조용한, 외로운, 헌신하지 않는, 동화에서 벗어나라, 꿈속에서 사는, 지시를 따르지 않는, 너무 부드럽고 신경과민적인, 일을 끝내려고 몰아치는, 너무 엄격한, 지루한	너무 느린, 너무 조용한, 외로운, 헌신하지 않는, 몽상가, 지시를 따르지 않는, 상상 속에 사는, 너무 열심히 하는, 너무 경쟁적인, 일을 끝내려고 몰아치는, 너무 고집이 센, 거만한

호랑이 (ISTP)	고양이 (ISFP)	물개 (INFP)	숲올빼미 (INTP)
충분히 읽지 않는, 외로운, 헌신하지 않는, 모든 것의 요점을 원하는, 너무 열심히 하는, 너무 논쟁적인, 경쟁적인, 게으른, 가장 마지막, 뒤에 있다.	너무 느린, 너무 조용한, 외로운, 헌신하지 않는, 떠먹여 줘야 하는, 모든 것의 요점을 원하는, 너무 부드러워서 신경과민적인, 게으른, 마지막, 뒤에 있다.	너무 느린, 너무 조용한, 몽상가, 동화에서 벗어나라, 지시를 따르지 않는, 너무 부드러워서 신경과민적인, 게으른, 가장 마지막, 뒤에 있다, 엉덩이가 무겁다.	너무 느린, 너무 조용한, 외로운, 헌신하지 않는, 몽상가, 상상 속에 사는, 지시를 따르지 않는다, 너무 열심히 한, 너무 경쟁적인, 게으른, 가장 마지막, 뒤에 있다.
검은표범 (ESTP)	**사자 (ESFP)**	**흰동가리 (ENFP)**	**매 (ENTP)**
안절부절못하는, 충분히 읽지 않은, 건방진, 대답을 미루는, 사소한 것에 집중하는, 모든 것의 요점을 바라는, 지시를 무시하는, 너무 거친, 너무 경쟁적인, 일을 끝내려고 막 몰아치는, 게으른, 가장 마지막, 뒤에 있다.	안절부절못하는, 충분히 읽지 않은, 건방진, 대답을 미루는, 모든 것의 요점을 바라는, 너무 부드러워서 신경과민적인, 가장 마지막, 뒤에 있다.	안절부절못하는, 거만한, 대답을 미루는, 동화에서 벗어나라, 상상 속에 사는, 지시를 따르지 않는다, 너무 부드러워서 신경과민적인, 게으른, 가장 마지막, 뒤에 있다.	안절부절못하는, 거만한, 대답을 미루는, '왜'라고 너무 물어보는, 상상 속에 사는, 지시를 따르지 않는, 너무 열심히 하는,너무 경쟁적인, 논쟁적인, 게으른, 과잉, ADHD(주의력 결핍 과잉 행동 장애)
흑곰 (ESTJ)	**곰인형 (ESFJ)**	**돌고래 (ENFJ)**	**독수리 (ENTJ)**
안절부절못하는, 충분히 읽지 않은, 대답을 미루는, 모든 것의 요점을 바라는, 너무 열심히 하는, 너무 경쟁적인, 일을 끝내려고 막 몰아치는, 너무 엄격한, 지루한, 고집이 센, 거만한	너무 수다스러운, 충분히 읽지 않은, 무뚝뚝한, 떠먹여 줘야 하는, 모든 것의 요점을 원하는, 너무 부드러운, 신경과민적인, 일을 끝내려고 막 몰아치는, 너무 엄격한, 지루한	너무 수다스러운, 안절부절못하는, 몽상가, 동화에서 나와라, 너무 부드러운, 신경과민적인, 약한, 순교자	안절부절못하는, 충분히 읽지 않은, 거만한, 대답을 미루는, 모든 것의 요점을 원하는, 몽상가, 그들 만의 세상에 사는, 너무 열심히 하는, 너무 경쟁적인, 너무 엄격한, 고집이 센, 거만한

✾ 유명한 유형들

모든 사람은 자신을 TV · 영화배우 및 롤 모델과 비교하기를 좋아한다. 여기 잘 알려지고 긍정적인 유명 인사들의 샘플 목록이 있다. 학생들은 자신의 제안을 최근의 차트를 유지하기 위해 추가할 수 있다. 당신은 유형 옆에 있는 이름들을 좋아하는 가? 당신이 공유하는 특징은 무엇인가? 당신은 누구처럼 되기를 원하는가?

북극곰 (ISTJ)	코알라 (ISFJ)	해마 (INFJ)	가면올빼미 (INTJ)
Denzel Washington Mr Spock Delia Smith Queen Elizabeth II George Washington	Jerry Seinfeld Marge Simpson David Beckham Nelson Mandela Peter Andrew	Oprah Winfrey Gandhi Cinderella Velma (Scooby-Doo)	Morrissey Willy Wonka George Lucas Bill Gates Steven Spielberg

호랑이 (ISTP)	고양이 (ISFP)	물개 (INFP)	숲올빼미 (INTP)
Vin Diesel Clint Eastwood Shrek James Bond Roy Keane	Paul McCartney Ray Mears Mozart Michael Jackson Bill Oddie Rembrandt	J. R. R. Tolkien Peter Jackson J. K. Rowling A. A. Milne Johnny Depp Michael Palin Shakespeare	Issac Asimov Newton Einstein Richard Dawkins Descartes Nietzsche
검은표범 (ESTP)	**사자 (ESFP)**	**흰동가리 (ENFP)**	**매 (ENTP)**
Jack Nicholson Liam Gallagher Tom Sawyer Bart Simpson Madonna Zorro	Ben Affleck Homer Simpson Elvis George Best Ian Botham Shaggy and Scooby	Jack Black Sinbad Jonathan Ross Graham Norton Katie Holmes Belle(미녀와 야수)	John Lennon Tracy Beaker Noel Beaker Eddie Murphy Larry David Doc (백 투 더 퓨쳐) Dr Who Jimmy Carr
흑곰 (ESTJ)	**곰인형 (ESFJ)**	**돌고래 (ENFJ)**	**독수리 (ENTJ)**
Alan Sugar Alex Ferguson Duncan Bannatyne Victoria Beckham Katie Price	Britney Spears Kylie Minogue Gary Lineker Truly Scrumptious (치티치티뱅뱅) Mary Poppins Wonder Woman (1970년대 캐릭터)	Sean Connery Peter Kay Martin Luther King Stephen Fry Peter Ustinov	Harrison Ford Arnold Schwarzenegger Quentin Tarantino Steve Jobs Whoopi Golberg

✽ 수업 중 선생님의 고충과 대처 방법

선생님의 고충	유형별 원인(과 그 대처 방법)
학생들이 말이 너무 많다.	**E**형의 특성(**E**형에게 수업 중간이 아닌, 수업의 일부로 말할 기회를 정기적으로 주어라.)
학생들이 허락 없이 교실을 돌아다닌다.	**E**형의 특성(수업에 움직이는 것을 포함하고 짧은 쉬는 시간과 속도, 방향 그리고 강조점에 있어 변화를 두어라. – 이것은 모든 학생에게 도움이 된다.)
학생들이 모둠 활동을 어려워한다.	**I**형의 특성(아이들을 어떻게 나눌 것인지 주의하라. – 조용한 학생들을 배려한 조합을 만들어 내자.)

선생님의 고충	유형별 원인(과 그 대처 방법)
학생들이 수업에 참여하지 않는다.	**I**형의 특성(대부분의 학생이 배제되므로 선생님이 이끄는 토론을 하기보다는 짝을 이루어 토론하게 하든지 아니면 발표시키기 전에 먼저 개인적으로 적어 볼 수 있도록 한다.)
학생들이 이어진 단계마다 자신이 잘하고 있는지 확인해 달라고 한다.	**S**형의 특성(학생들이 잘 따라올 수 있도록 더 명확하고 세부적인 설명을 제공하라.)
학생들이 창의적인 면모를 발휘하지 않고 알던 지식만을 사용한다.	**S**형의 특성(즉각적이고 임의적으로 창의성을 발휘할 수 있는 것을 제공하고(84쪽을 보자), 학생들이 스스로 어떤 식으로 접근하고 있는지 확인하라고 한다.)
학생들이 계속해서 다시 가르쳐 달라고 한다.	**N**형의 특성(참을성을 가져라. 학생들은 규칙보다는 과정에서 흥미를 느끼는 경향이 있다. – 세부적인 단계에 더해 명확한 개요가 도움이 될 것이다.)
학생들이 주제를 벗어나거나 선생님이 물어보지 않은 대답을 한다.	**N**형의 특성(무엇을 하고 있는지 명확히 하되 그것을 제시할 때 융통성 있게 하라.)
학생들이 선생님의 평가에 너무 예민하게 군다.	**F**형의 특성(선생님은 사람이 아닌 작품, 그리고 그것을 개선할 수 있을지에 대해 질문하고 있다는 것을 명확히 해라.)
학생들이 고집스럽고 공격적으로 굴거나, 합의를 하려고 하지 않는다.	**T**형의 특성(선생님의 입장의 위협 · 강압 없이 객관적으로 전달하고 논의해라.)
학생들이 대들고, 다른 아이들에게 짜증을 내거나 선동하려고 한다.	**T**형의 특성(자신의 접근 방식의 결과에 대해 알게 하고 대안적인 방법을 알려 주어라.)
학생들이 소문이나 또래의 의견에만 관심을 기울인다.	**F**형의 특성(수업에 집중할 수 있도록 해라.)
학생들은 안심하길 원하고 해야 할 일을 끝내기 위한 충분한 시간이 있는지를 알기 원한다.	**J**형의 특성(확실한 일정과 시간표를 제공하라. – 계획대로 할 수 없을 경우, 나중에 시간을 따로 내서 시행할 것이라고 말해 주어라.)
학생들이 완벽하게 과제를 끝내고 싶어 한다.	**J**형의 특성(다른 종이에 마인드맵 작성, 핵심어 적어 보기 등을 먼저 하게 하여 대략적으로 자신의 과제를 만들어 보게 해라.)
학생들은 적응하는 데 오래 걸리고 보통 과제를 끝내지 않는다.	**P**형의 특성(주제를 소개하기 전에 먼저 학생을 적응시키고, 마감 기한을 정기적으로 상기시켜 주어라.)
학생들이 과제를 마지막까지 남겨 둔다.	**P**형의 특성(과제를 한꺼번에 하지 않도록 과제를 더 작은 크기로 나누어 주어라.)

자신감
돋보이다
흘러넘치다
각광받다
E형
활동
외부
활동적이다
조용하지 않다
독단적인
간섭
움직임
기여하다
폭넓은 관심
보여 주다

집중
심사숙고
온화하다
차분하다
침착하다
I형
내부
평화롭다
군중 속 개인
잠잠하다
깊이
경계하다
경청
녹아들다
조심스럽다
흡수하다
받아들이다

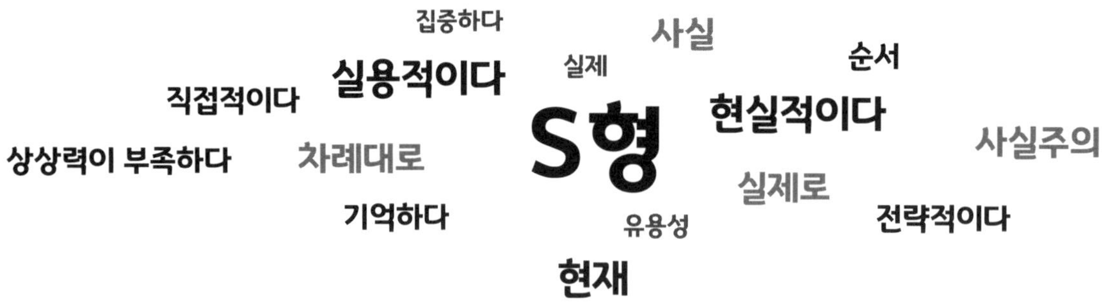
집중하다
사실
순서
실제
실용적이다
직접적이다
현실적이다
S형
사실주의
상상력이 부족하다
차례대로
실제로
기억하다
유용성
전략적이다
현재

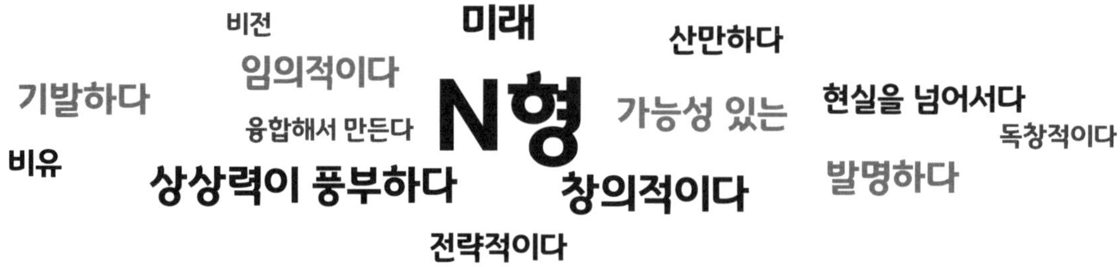
비전
미래
산만하다
임의적이다
기발하다
N형
가능성 있는
현실을 넘어서다
융합해서 만든다
독창적이다
비유
상상력이 풍부하다
창의적이다
발명하다
전략적이다

연민 친절하다
부드럽다 다정하다 돌보다 지지하다
열정 **F형** 감정
공감
주관적이다
가치 개인적이다
조언을 비판으로 받아들이다

비판을 조언으로 받아들이다
교리
객관적이다
정의
T형 연구하다
확고하다
원칙 솔직하다 쉽게 동요하지 않다
논리적이다
조사하다 분석하다 윤리

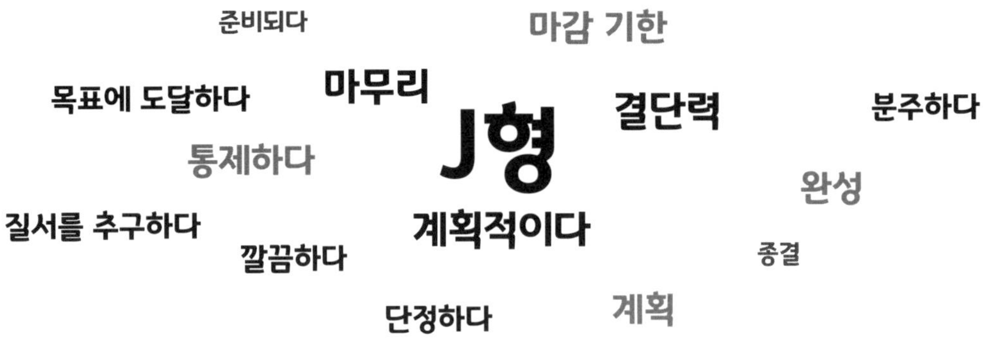
준비되다
마감 기한
목표에 도달하다
마무리
J형
결단력
분주하다
통제하다
완성
질서를 추구하다
계획적이다
깔끔하다
종결
단정하다
계획

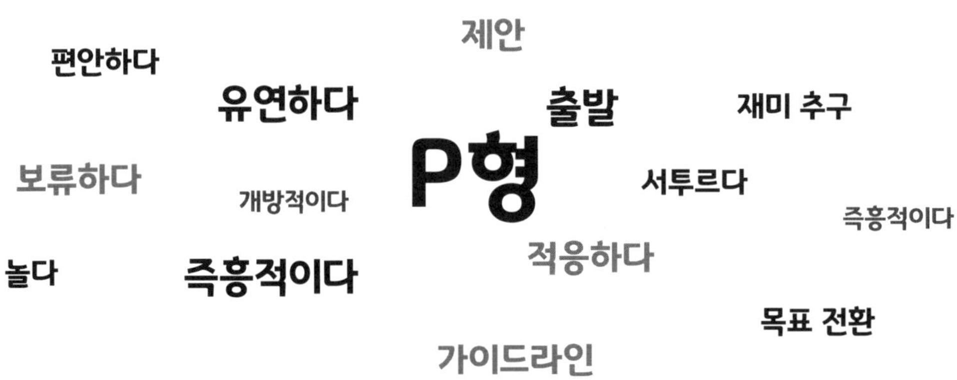
제안
편안하다
유연하다
출발
재미 추구
보류하다
개방적이다
P형
서투르다
즉흥적이다
적응하다
놀다
즉흥적이다
목표 전환
가이드라인

제2부

ISTJ: 북극곰
ESTJ: 흑곰
곰
ISFJ: 코알라
ESFJ: 곰인형
ENFJ: 돌고래
INFJ: 해마
해양 동물
ENFP: 흰동가리
INFP: 물개
ENTJ: 독수리
ENTP: 매
새
INTJ: 가면올빼미
INTP: 숲올빼미
ESFP: 사자
ESTP: 검은표범
고양이
ISFP: 고양이
ISTP: 호랑이

제6장
성격 유형별 일대일 관계 알아보기

이 장의 중점

▶ 어떻게 당신이 성격 유형의 충돌과 어려움을 극복할지 알아보기

▶ 모든 학생이 발전하도록 가르침을 개별화하기

다른 성격의 만남은 마치 두 가지 화학 물질이 만나는 것과도 같다.
어떤 반응이라도 있으면 둘 다 변할 수 있다.
Carl Jung

일대일 관계는 수업에서 중요하다. 대부분의 사람들은 적어도 정말 가까웠던 선생님 한 명은 기억할 것이다. 학생들이 생각하기에 이해심이 깊고, 존경스럽고, 자신을 지지했던 교사가 그럴 것이다. 다음 섹션은 교사가 개별 학생의 성격 선호가 충돌하기보다는 서로를 보완할 수 있는 방법을 제안함으로써 개별 학생과 연결하는 데 도움이 되도록 설계되었다. 만약 당신이 자신의 성격 유형을 알고 학생의 성격 유형을 안다면, 아래의 표를 참고해서 어떻게 좋은 관계를 맺을지 찾아보라.

		학생							
		북극곰 (ISTJ)	흑곰 (ESTJ)	곰인형 (ESFJ)	코알라 (ISFJ)	사자 (ESFP)	검은표범 (ESTP)	호랑이 (ISTP)	고양이 (ISFP)
교사	북극곰 (ISTJ)	4	1	12	13	7	9	5	16
	흑곰 (ESTJ)	20	17	28	29	23	25	21	32
	곰인형 (ESFJ)	34	35	33	46	39	38	42	43
	코알라 (ISFJ)	52	59	53	49	62	63	56	58
	사자 (ESFP)	77	65	66	78	70	69	73	74
	검은표범 (ESTP)	86	81	85	87	91	88	90	92
	호랑이 (ISTP)	101	102	98	105	107	109	104	108
	고양이 (ISFP)	126	113	114	128	117	116	120	121
	해마 (INFJ)	143	131	129	144	135	132	136	138
	물개 (INFP)	153	146	148	154	145	147	155	156
	흰동가리 (ENFP)	169	162	164	170	161	163	171	172
	돌고래 (ENFJ)	189	180	179	190	182	181	185	186
	독수리 (ENTJ)	196	202	200	198	205	206	195	194
	매 (ENTP)	223	214	215	210	212	220	216	221
	숲올빼미 (INTP)	237	225	226	238	230	229	233	234
	가면올빼미 (INTJ)	241	253	254	242	250	249	245	246

		학생							
		해마 (INFJ)	물개 (INFP)	흰동가리 (ENFP)	돌고래 (ENFJ)	독수리 (ENTJ)	매 (ENTP)	숲올빼미 (INTP)	가면올빼미 (INTJ)
교사	북극곰 (ISTJ)	14	2	3	6	15	10	11	8
	흑곰 (ESTJ)	30	18	19	22	31	26	27	24
	곰인형 (ESFJ)	47	44	40	36	37	41	45	48
	코알라 (ISFJ)	64	60	51	55	57	50	54	61
	사자 (ESFP)	79	75	71	67	68	72	76	80
	검은표범 (ESTP)	95	96	82	84	83	89	94	93
	호랑이 (ISTP)	100	112	110	99	106	103	97	111
	고양이 (ISFP)	124	122	118	115	127	119	123	125
	해마 (INFJ)	141	140	137	139	134	130	133	142
	물개 (INFP)	157	159	152	151	149	150	160	158
	흰동가리 (ENFP)	173	175	168	167	165	166	176	174
	돌고래 (ENFJ)	191	187	183	177	178	184	188	192
	독수리 (ENTJ)	201	208	204	199	197	203	207	193
	매 (ENTP)	217	213	222	224	219	209	218	211
	숲올빼미 (INTP)	239	235	231	227	228	232	236	240
	가면올빼미 (INTJ)	243	247	251	255	256	252	248	244

1
북극곰 유형 선생님(Polar Bear teacher) & 흑곰 유형 학생(Black Bear student)
ISTJ & ESTJ

이 두 유형의 사람들은 반 안팎에서 자연스럽게 리더의 역할을 한다. 그들은 책임을 지고 과제를 마칠 수밖에 없다. 그들이 서로 이해하는 것은 실질적인 관계의 바탕에 기초하여 만들어진다. 의견 충돌은 학생이 선생님으로부터 지배권을 빼앗으려 할 때 일어난다. 좋은 북극곰의 성향을 가진 선생님은 학생에게 그들의 조직화된 재능을 발휘할 수 있도록 기회를 준다. 선천적으로 적극적인 학생의 능력을 최대한 이끌어 내기 위해서 선생님들은

- 학생의 견해와 엉뚱한 말일지라도 참고 열정적으로 들어 주라.
- 인내하며 '어리석은' 아이디어가 이끄는 곳을 살펴보라. 학생은 크게 말하면서 생각하는데, 이것이 그들이 가장 잘 배우는 방법이다.
- 특히 모둠 토론에서 논란이 될 만한 주제 · 논제는 학생에게 주지 마라.
- 수업하는 동안에 **E**형 학생들이 다른 **E**형 학생들과 대화할 수 있는 기회를 많이 만들어라.
- 또한 교사의 생각도 제시하라. 시간이 초과될 경우 요청하라.
- 학생이 말하기 전에 충분히 생각하게 하라. 그렇지 않으면 수업을 방해할 수 있다.

선생님과 학생 모두 지식을 똑같은 방법으로 얻는다. 그들은 자세한 사항들을 감각(그들이 보고, 듣고, 느끼는 것에 깨어 있는 것)들을 통해 알아챈다. 모두 현재에 관심이 있다. 선생님은 본능적으로 실용적, 합리적, 현실적이다. 선생님은 그들의 교육 방식을 보여 주어 학생들이 그 지도에 따르도록 격려할 것이다. 견고하고 동료 같은 관계는 선생님과 학생이 서로가 과제를 완수하기 위해 각자 무엇을 해야 할지 상호 이해하면서 발전한다. 기본적으로 현실적인 학생의 능력을 최대한 이끌어 내기 선생님은

- 배운 것이 실제 현실에서 어떻게 적용되는지 설명하라.
- 학생이 역량을 갖출 때까지 반복하고 연습할 기회를 주라.
- 수업에 상상력을 유용하게 사용하도록 권장하라(그것은 시간 낭비가 아니다.).

선생님과 학생 모두 업무 중심적이고, 정확하며, 일관되고 정직하다. 교실은 업무에 충실하고, 목적 의식이 뚜렷한 분위기를 가질 가능성이 있다. 학생은 행동, 숙제 등에서 기대되는 명확한 지침을 받는다. 만약 학생이 선생님에게 이의를 제기한다면 그것은 아마 (지침에 대해) 확인하기 위해서일 것이다. 잘해야 모든 사람이 어디에 서고, 어떻게 행동해야 하는지 안다는 뜻이다. 선천적으로 업무 중심적인 학생의 능력을 최대한 이끌어 내기 위해서 선생님은

- 학생들의 기술과 지식을 경쟁적으로 시험하는 방법으로 수업하라(경쟁, 도전, 퀴즈, 개인 최고 점수 갱신 및 측정).
- 학생들에게 사람의 50%는 **F**형이고 피드백을 비판으로 해석할 수 있음을 이해하도록 도와주라.
- 학생이 성취한 것과 그다음에 해야 할 것에 집중하게 하라.
- 때때로 타협할 수 있도록 준비하라.
- 잠재된 감정적인 원인을 고려하지 않고 문제된 어떤 것을 해결하려는 시도를 피하라.

J형 선생님은 시간 계획 짜는 것을 즐긴다. 그들은 체계적이고 결단력 있다. 그들은 계획을 세우고 그것에 충실하며, 종종 인상적인 할 일 목록에 의해 도움을 받는다. 그들의 교실은 대개 정리가 잘 되어 있다. 과목은 아마도 수업 분량의 크기대로 잘게 나뉘고 교육과정의 기준 등을 고려해서 그해의 세부 계획이 세워질 것이다. 많은 **J**형 학생은 계획을 세우는 선생님의 끝없는 열의에 안심한다. 그들은 단순히 일정을 수용하고, 합의한 내용을 전달하며, 대개 모든 업무를 제시간에 완료한다. 흥미롭게도, 몇몇 **J**형 학생은 선생님이 선의로 하는 철저함을 꺼릴 것이다. 그들은 다른 사람의 계획을 채택하기보다는 그들 자신의 계획을 세우고 그것을 실천하기를 원한다. 이것은 **J**형의 통제 욕구 때문이다. 그래서 비록 최소한 모든 작업은 완료되겠지만 두 **J**형이 서로 충돌할 수 있다. 대부분의 중등학교는 학생들이 매우 체계적이어서 잠재적으로 두 **J**형이 가장 좋은 조합으로 이루어지기를 요구한다. 선천적으로 조직적인 학생의 능력을

최대한 이끌어 내기 위해서 선생님은

- 질서, 깔끔함, 마감 기일 준수에 대한 공통의 욕구를 즐겨라.
- 학생이 진정으로 원할 경우 그들의 방식대로 작업을 자립적으로 계획할 수 있도록 허락하라.
- 외적인 일로 교사의 세심한 준비가 방해 받을 경우 자신의 계획을 조정할 준비를 하라(그리고 학생이 때때로 유연성을 받아들이도록 권장하라.).
- 예상 가능한 수업이 지겹지 않도록 때때로 변화를 주어라.
- 선택할 수 있는 모든 것을 고려하기도 전에 해야 할 일에 대해 신속하게 결정하지 마라.

2 북극곰 유형 선생님(Polar Bear teacher) & 물개 유형 학생(Seal student) ISTJ & INFP

선천적으로 분명하고 자신감 넘치는 북극곰 유형의 선생님들은 그들의 물개 유형 학생과는 단 하나의 비슷한 성향을 공유하고 있다. 두 유형 모두 결론에 도달하기 전에 생각을 먼저 하는 것을 좋아한다. 이렇게 거의 정반대의 성향들이 잘 맞기 위해서는 그들은 서로의 차이를 받아들이고 귀하게 여기면서 균형 있고 열린 마음의 수업 분위기를 만들어야 한다. 선천적으로 생각이 깊은 물개 유형 학생의 능력을 최대한 이끌어 내기 위해서 선생님은

- 학생의 사생활과 독립성을 존중하라.
- 학생이 심사숙고할 수 있도록 충분한 시간을 허락하라.
- 당신이 무엇을 하고 있는지 확실히 알 수 있도록 정중하게 의견을 말하라.
- 교사 자신의 생각을 명확히 밝힐 시간을 가지고, 어떤 말을 해야 한다면 차분하고 직접적으로 전달하되 대립하는 것을 피하라.
- 비언어적 의사소통을 사용하라—미소와 제스처는 **I**형 학생들을 안심시킨다. 피드백을 전달하기 위해 포스트잇 · 전자 메일을 사용할 수도 있다.

북극곰 유형 교사는 자신의 경험을 사용하여 주변 환경을 이해하는 것을 좋아한다. 교사는 본질적으로 실용적, 순차적, 현실적이며 학생들이 이를 따라오도록 격려한다. 물개 유형 학생은 기껏해야 이것을 어렵게 여기거나 최악의 경우 지루하고 단순하게 여길 것이다. 교사는 학생을 공상가, 자신만의 세계에서 길을 잃거나 '정신 나간' 사람으로 낙인찍을 가능성이 높다. 교사는 학생들을 꾸짖고 싶은 유혹을 물리쳐야 한다. 왜냐하면 이것이 학생들이 정보를 받아들이고 세상을 이해하는 방식이기 때문이다. 올바른 맥락에서 공상은 새로운 통찰력으로 이어질 수 있다. 선천적으로 상상력이 많은 학생의 능력을 최대한 이끌어 내기 위해서 선생님은

- 학생의 상상력과 통찰력, 그리고 그것이 수업에도 가져올 수 있음을 받아들여라.
- 학생에게 **S**형 접근 방식(사실, 세부 사항, 절차, 실험, 경험 적용, 구조, 단계별 모델)이 수업에 중요하게 기여함을 깨닫도록 하라.

선생님은 과업에 먼저 집중하고 그다음에 사람 · 관계에 집중한다. 교실은 사무적이고 목적이 있는 분위기일 것이다. 학생들은 행동, 숙제 등의 측면에서 기대되는 명확한 지침을 받는다. 이것은 기껏해야 모든 사람이 자신이 어디에 있고 어떻게 행동해야 하는지를 안다는 것을 의미한다. 최악의 경우 교실은 낙담하고 겁에 질린 신병들로 가득 찬 군대 훈련소와 비슷할 수 있다. 이 학생과의 개인적 관계가 핵심이라는 것을 기억하라. 물개 유형이 선생님을 좋아하고 선생님도 그들을 좋아한다고 느낄 필요가 있다. 이렇게 되면 그들은 더 열심히 공부하겠지만 그렇지 않으면 관심을 완전히 끊을 수도 있다. 이것은 한 학생이 한 해(그들이 좋아하는 선생님과 함께 하면)에 최고의 학생이 될 수도 있고, 신생님이 바뀐 그 이듬해에는 공부에 대해 아예 관심을 보이지 않은 이유를 설명해 준다. 이렇게 사람 중심적인 학생의 능력을 최대한 이끌어 내기 위해서 선생님은

- 공감, 협업 및 팀워크를 사용하여 과제에 집중하는 교사 본연의 성향에 균형을 맞출 수 있는 학습 상황을 제시하라.
- 어떠한 약점이라도 극복할 수 있도록 요령껏 지원하면서 충분하고 정기적으로 칭찬하라. 피드백은 비판으로 쉽게 비칠 수 있으니 전달할 때 계란 껍데기를 밟듯 조심하라.

- 학생에 대한 개인적인 신뢰를 드러내면서 설득하라(나를 실망시키지 마렴, 네가 할 수 있다는 것을 알아. 난 네가 좋단다.).
- 때때로 타협할 준비를 하라.

북극곰 유형의 교사는 시간 계획 짜는 것을 즐긴다. 그들은 체계적이고 결단력 있다. 그들은 계획을 세우고 그것에 충실하며, 종종 인상적인 할 일 목록에 의해 도움을 받는다. 그들의 교실은 대개 정리가 잘 되어 있다. 과목은 아마도 수업 크기별로 잘게 나눠고, 그해의 세부 계획이 세워질 것이다. **P**형의 학생은 아래 세 가지 중 하나의 반응을 보일 것이다.

- 당신의 전문성을 받아들이고 그들의 장기적인 이익을 이해함으로써 긍정적으로 반응한다.
- 당신이 제공하는 내용이나 과정을 진심으로 받아들이지는 않지만 쉬운 삶을 위한 구조 · 계획을 수동적으로 받아들인다.
- 교사와 수업 계획, 그리고 과목별 수업을 완전히 거부하며 부정적으로 반응한다(물리적으로 교실에 있더라도 수업에 몰두하거나 참여하지 않는다.).

선천적으로 느긋한 학생의 능력을 최대한 이끌어 내기 위해서 교사는 학생이 선택할 수 있는 것과 선택하는 것을 좋아하는 것이 아님을 주의해야 한다. 즉, 학생에게 그것은 필요한 것이며 그렇게 해 주지 않으면 몸이 근질거리고 몸부림치거나 반항하기 시작한다. 중등학교 환경은 **P**형 학생들에게 무척 어렵기 때문에 선생님은 압박감을 완화시키는 데 도울 수 있다. 그렇게 하기 위해서 선생님은

- 가능한 한 유연성을 많이 제공하라(다양한 선택 과제, 수업 내 선택).
- 세부 일정을 피하라(어차피 지키지도 못할 것이다.).
- 예상 가능한 수업이 지겹지 않도록 때때로 변화를 주어라.
- 꼭 필요한 것보다 중요하지 않은 세부 사항을 까다롭게 다루지 마라.
- 학생이 중요한 작업을 마지막까지 서두르지 않고 완료할 수 있도록 시간을 조직하고 관리할 수 있는 간단한 방법을 찾아보라.

3
북극곰 유형 선생님(Polar Bear teacher) & 흰동가리 유형 학생(Clownfish student)
ISTJ & ENFP

교사와 학생은 어떠한 성향도 서로 공유하지 않는다. 성공적인 관계는 서로의 다름을 인정하고 받아들이는 것에서 시작한다. 선생님이 말이 많고 야단스럽고 재미를 추구하는 학생들에 대해서 조직적이고 과업 중심적인 것들을 요구할 때 갈등은 흔히 일어나곤 한다. 이렇게 생기 넘치는 학생의 능력을 최대한 이끌어 내기 위해서 선생님은

- 학생의 견해와 엉뚱한 말일지라도 참고 열정적으로 들어 주라.
- 인내하며 '어리석은' 아이디어가 이끄는 곳을 살펴보라. 학생은 크게 말하면서 생각하는데, 이것이 그들이 가장 잘 배우는 방법이다.
- 특히 모둠 토론에서 논란이 될 만한 주제 · 논제는 학생에게 주지 마라.
- 수업하는 동안에 **E**형 학생들이 다른 **E**형 학생들과 대화할 수 있는 기회를 많이 만들어라.
- 또한 교사의 생각도 제시하라. 시간이 초과될 경우 요청하라.
- 학생이 말하기 전에 충분히 생각하게 하라. 그렇지 않으면 수업을 방해할 수 있다.

북극곰 유형의 교사는 자신의 경험을 사용하여 주변 환경을 이해하는 것을 좋아한다. 교사는 본질적으로 실용적, 순차적, 현실적이며 학생들이 이를 따라오도록 격려한다. **N**형 학생은 기껏해야 이것을 어렵게 여기거나 최악의 경우 지루하고 단순하게 여길 것이다. 곰 유형 교사는 학생을 공상가, 자신만의 세계에서 길을 잃거나 '정신 나간' 사람으로 낙인찍을 가능성이 높다. 교사는 학생들을 꾸짖고 싶은 유혹을 물리쳐야 한다. 왜냐하면 이것이 학생들이 정보를 받아들이고 세상을 이해하는 방식이기 때문이다. 올바른 맥락에서 공상은 자동차, 비행기, 의약품 및 컴퓨터의 발명으로 이어질 수 있다. 선천적으로 상상력이 많은 학생의 능력을 최대한 이끌어 내기 위해서 선생님은

- 학생의 상상력과 통찰력, 그리고 그것이 수업에도 가

져올 수 있음을 받아들여라.

■ 학생에게 **S**형 접근 방식(사실, 세부 사항, 절차, 실험, 경험 적용, 구조, 단계별 모델)이 수업에 중요하게 기여함을 깨닫도록 하라.

선생님은 과업에 먼저 집중하고 그다음에 사람 · 관계에 집중한다. 교실은 사무적이고 목적이 있는 분위기일 것이다. 학생들은 행동, 숙제 등의 측면에서 기대되는 명확한 지침을 받는다. 이것은 기껏해야 모든 사람이 자신이 어디에 있고 어떻게 행동해야 하는지를 안다는 것을 의미한다. 최악의 경우 교실은 의기소침하고 겁에 질린 신병들로 가득 찬 군대 훈련소와 비슷할 수 있다. 기억하라, 선생님과 학생 사이의 개인적인 관계는 과제와 과목 내용에 초점을 맞추는 것이 아니라 열심히 공부하는 학생을 보장하는 열쇠라는 것을. 흰동가리 유형이 선생님을 좋아하고 선생님도 그들을 좋아한다고 느낄 필요가 있다. 이렇게 되면 그들은 더 열심히 공부하겠지만 그렇지 않으면 관심을 완전히 끊을 수도 있다. 이것은 한 학생이 한 해(그들이 좋아하는 선생님과 함께 하면)에 최고의 학생이 될 수도 있고, 선생님이 바뀐 그 이듬해에는 공부에 대해 아예 관심을 보이지 않은 이유를 설명해 준다. 이렇게 사람 중심적인 학생의 능력을 최대한 이끌어 내기 위해서 선생님은

■ 공감, 협업 및 팀워크를 사용하여 과제에 집중하는 교사 본연의 성향에 균형을 맞출 수 있는 학습 상황을 제시하라.
■ 어떠한 약점이라도 극복할 수 있도록 요령껏 지원하면서 충분하고 정기적으로 칭찬하라. 피드백은 비판으로 쉽게 비칠 수 있으니 전달할 때 계란 껍데기를 밟듯 조심하라.
■ 학생에 대한 개인적인 신뢰를 드러내면서 설득하라(나를 실망시키지 마렴, 네가 할 수 있다는 것을 알아. 난 네가 좋단다.).
■ 때때로 타협할 준비를 하라.

J형의 교사는 시간 계획 짜는 것을 즐긴다. 그들은 체계적이고 결단력 있다. 그들은 계획을 세우고 그것에 충실하며, 종종 인상적인 할 일 목록에 의해 도움을 받는다. 그들의 교실은 학교 내에서 가장 정리가 잘 되어 있다. 과목은 아마도 수업 크기별로 잘게 나뉘고, 그해의 세부 계획이 세워질 것이다. **P**형의 학생은 아래 세 가지 중 하나의 반응을 보일 것이다.

■ 당신의 전문성을 받아들이고 그들의 장기적인 이익을 이해함으로써 긍정적으로 반응한다.
■ 당신이 제공하는 내용이나 과정을 진심으로 받아들이지는 않지만 쉬운 삶을 위한 구조 · 계획을 수동적으로 받아들인다.
■ 교사와 수업 계획, 그리고 과목별 수업을 완전히 거부하며 부정적으로 반응한다(물리적으로 교실에 있더라도 수업에 몰두하거나 참여하지 않는다.).

선생님은 선천적으로 느긋한 학생의 능력을 최대한 이끌어 내기 위해서 학생이 그저 선택할 수 있는 것과 선택하는 것을 좋아하는 것이 아님을 주의해야 한다. 즉, 학생에게 그것은 필요한 것이며 그렇게 해 주지 않으면 몸이 근질거리고 몸부림치거나 반항하기 시작한다. 중등학교 환경은 **P**형 학생들에게 무척 어렵기 때문에 선생님은 압박감을 완화시키는 데 도울 수 있다. 그렇게 하기 위해서 선생님은

■ 가능한 한 유연성을 많이 제공하라(다양한 선택 과제, 수업 내 선택).
■ 세부 일정을 피하라(어차피 지키지도 못할 것이다.).
■ 예상 가능한 수업이 지겹지 않도록 때때로 변화를 주어라.
■ 학생이 반드시 성공할 수 있도록 간단하지만 효과적인 몇 가지 전략을 찾을 수 있게 도와주라.

4
북극곰 유형 선생님(Polar Bear teacher) & 북극곰 유형 학생(Polar Bear student)
ISTJ & ISTJ

북극곰 유형들은 조직적이고 결단력 있으며 자신을 잘 조절한다. 그들은 과업 중심적이고 성공하기 위해서 결단을 잘한다. 이런 그들의 공통된 성격의 기반들은 건설적인 관계로 이어진다. 만약 학생의 주장이 잘못 받아들여져 투쟁성 발언으로 받아들여지지 않는 한 갈등은 거의 일어나지 않을 것이다. 선천적으로 생각이 깊은 북극곰 유형인 학생의 능력을 최대한 이끌어 내기 위해서 선생님은

■ 학생의 사생활과 독립성을 존중하라.

- 학생이 심사숙고할 수 있도록 충분한 시간을 허락하라.
- 당신이 무엇을 하고 있는지 확실히 알 수 있도록 정중하게 의견을 말하라.
- 교사 자신의 생각을 명확히 밝힐 시간을 가지고, 어떤 말을 해야 한다면 차분하고 직접적으로 전달하되 대립하는 것을 피하라.
- 비언어적 의사소통을 사용하라—미소와 제스처는 **I**형 학생들을 안심시킨다. 피드백을 전달하기 위해 포스트잇 · 전자 메일을 사용할 수도 있다.

선생님과 학생 모두 지식을 똑같은 방법으로 얻는다. 그들은 자세한 사항들을 감각들(그들이 보고, 듣고, 느끼는 것에 깨어 있는 것)을 통해 알아챈다. 둘 다 자신이 보고 주목한 것을 이해하기 위해 자신의 경험을 사용한다. 모두 현재에 관심이 있다. 선생님은 교육 방식이 본능적으로 실용적, 합리적, 현실적이어서 선생님은 학생들이 그 지도에 따르도록 격려할 것이다. 견고하고 동료 같은 관계는 선생님과 학생이 서로가 과제를 완수하기 위해 각자 무엇을 해야 할지 상호 이해하면서 발전한다. 기본적으로 현실적인 학생의 능력을 최대한 이끌어 내기 위해서 선생님은

- 배운 것이 실제 현실에서 어떻게 적용되는지 설명하라.
- 학생이 역량을 갖출 때까지 반복하고 연습할 기회를 주라.
- 수업에 상상력을 유용하게 사용하도록 권장하라(그것은 시간 낭비가 아니다.).

선생님과 학생 모두 업무 중심적이고, 정확하며, 일관되고 정직하다. 교실은 사무적이고, 목적 의식이 뚜렷한 분위기를 가질 가능성이 있다. 학생은 행동, 숙제 등에서 기대되는 명확한 지침을 받는다. 만약 학생이 선생님에게 이의를 제기한다면 그것은 아마 (지침에 대해) 확인하기 위해서일 것이다. 기껏해야 모든 사람이 어디에 서고, 어떻게 행동해야 하는지 안다는 뜻이다. 선천적으로 업무 중심적인 학생의 능력을 최대한 이끌어 내기 위해서 선생님은

- 학생들의 기술과 지식을 경쟁적으로 시험하는 방법으로 수업하라(경쟁, 도전, 퀴즈, 개인 최고 점수 갱신 및 측정).
- 학생들에게 사람의 50%는 **F**형이고 피드백을 비판으로 해석할 수 있음을 이해하도록 도와주라.
- 학생이 성취한 것과 그다음에 해야 할 것에 집중하게 하라.
- 때때로 타협할 수 있도록 준비하라.
- 잠재된 감정적인 원인을 고려하지 않고 문제된 어떤 것을 해결하려는 시도를 피하라.

북극곰 유형의 사람들은 반드시 스케줄을 짜고 그대로 움직여야 한다. 그들은 가장 계획적이고 결단력이 있는 유형이다. 그들은 계획을 세우고 잘 지키며, 그들의 계획은 옳은 것이다. 그들의 반은 대체적으로 정리가 잘 되어 있다. 과목은 아마도 수업 분량의 크기대로 잘게 나뉘고 교육과정의 기준 등을 고려해서 그해의 세부 계획이 세워질 것이다. 많은 **J**형 학생은 계획을 세우는 선생님의 끝없는 열의에 안심한다. 그들은 단순히 일정을 수용하고, 합의한 내용을 전달하며, 대개 모든 업무를 제시간에 완료한다. 흥미롭게도, 몇몇 **J**형 학생은 선생님이 선의로 하는 철저함을 꺼릴 것이다. 그들은 다른 사람의 계획을 채택하기보다는 그들 자신의 계획을 세우고 그것을 실천하기를 원한다. 이것은 **J**형의 통제 욕구 때문이다. 그래서 비록 최소한 모든 작업은 완료되겠지만 두 **J**형이 서로 충돌할 수 있다. 대부분의 중등학교는 학생들이 매우 체계적이어서 잠재적으로 두 **J**형이 가장 좋은 조합으로 이루어지기를 요구한다. 선천적으로 조직적인 학생의 능력을 최대한 이끌어 내기 위해서 선생님은

- 질서, 깔끔함, 마감 기일 준수에 대한 공통의 욕구를 즐겨라.
- 학생이 진정으로 원할 경우 그들의 방식대로 작업을 자립적으로 계획할 수 있도록 허락하라.
- 외적인 일로 교사의 세심한 준비가 방해 받을 경우 자신의 계획을 조정할 준비를 하라(그리고 학생이 때때로 유연성을 받아들이도록 권장하라.).
- 예상 가능한 수업이 지겹지 않도록 때때로 변화를 주어라.
- 선택할 수 있는 모든 것을 고려하기도 전에 해야 할 일에 대해 신속하게 결정하지 마라.

5
북극곰 유형 선생님(Polar Bear teacher) & 호랑이 유형 학생(Tiger student)
ISTJ & ISTP

북극곰 유형과 호랑이 유형은 야단스럽지 않고 차분하며 객관적이고 현재의 목표를 지향한다는 공통점을 갖는다. 차이점은 학생은 사색적이고 융통성 있는 것을 추구하는 반면에 선생님은 직설적이고 잘 짜여진 것을 추구한다는 점이다. 선천적으로 독립적인 학생의 능력을 최대한 이끌어 내기 위해서 선생님은

- 학생의 사생활과 독립성을 존중하라.
- 학생이 심사숙고할 수 있도록 충분한 시간을 허락하라.
- 당신이 무엇을 하고 있는지 확실히 알 수 있도록 정중하게 의견을 말하라.
- 교사 자신의 생각을 명확히 밝힐 시간을 가지고, 어떤 말을 해야 한다면 차분하고 직접적으로 전달하되 대립하는 것을 피하라.
- 비언어적 의사소통을 사용하라—미소와 제스처는 **I**형 학생들을 안심시킨다. 피드백을 전달하기 위해 포스트잇 · 전자 메일을 사용할 수도 있다.

선생님과 학생 모두 지식을 똑같은 방법으로 얻는다. 그들은 자세한 사항들을 감각들을 통해 알아챈다(그들이 보고, 듣고, 느끼는 것에 깨어 있는 것). 모두 현재에 관심이 있다. 선생님의 본능적으로 실용적이고 합리적, 현실적이어서 선생님은 학생들이 그 지도에 따르도록 격려할 것이다. 견고하고 동료 같은 관계는 선생님과 학생이 서로가 과제를 완수하기 위해 각자 무엇을 해야 할지 상호 이해하면서 발전한다. 기본적으로 현실적인 학생의 능력을 최대한 이끌어 내기 위해서 선생님은

- 배운 것이 실제 현실에서 어떻게 적용되는지 설명하라.
- 학생이 역량을 갖출 때까지 반복하고 연습할 기회를 주라.
- 수업에 상상력을 유용하게 사용하도록 권장하라(그것은 시간 낭비가 아니다.).

교사와 학생 모두 업무 중심적이고, 직접적이며, 일관되고 정직하다. 교실은 사무적이고 목적이 있는 분위기일 것이다. 학생들은 행동, 숙제 등의 측면에서 기대되는 명확한 지침을 받는다. 학생이 선생님에게 이의를 제기한다면 그것은 아마 (지침에 대해) 확인하기 위해서일 것이다. 이것은 기껏해야 모든 사람이 자신이 어디에 있고 어떻게 행동해야 하는지를 안다는 것을 의미한다. 근본적으로 과제 중심적인 학생의 능력을 최대한 이끌어 내기 위해서 선생님은

- 학생들의 기술과 지식을 경쟁적으로 시험하는 방법으로 수업하라(경쟁, 도전, 퀴즈, 개인 최고 점수 갱신 및 측정).
- 학생들에게 사람의 50%는 **F**형이고 피드백을 비판으로 해석할 수 있음을 이해하도록 도와주라.
- 학생이 성취한 것과 그다음에 해야 할 것에 집중하게 하라.
- 때때로 타협할 수 있도록 준비하라.
- 잠재된 감정적인 원인을 고려하지 않고 문제된 어떤 것을 해결하려는 시도를 피하라.

J형의 교사는 시간 계획 짜는 것을 즐긴다. 그들은 체계적이고 결단력 있다. 그들은 계획을 세우고 그것에 충실하며, 종종 인상적인 할 일 목록에 의해 도움을 받는다. 그들의 교실은 학교 내에서 가장 정리가 잘 되어 있다. 과목은 아마도 수업 크기별로 잘게 나뉘고, 그해의 세부 계획이 세워질 것이다. **P**형의 학생은 아래 세 가지 중 하나의 반응을 보일 것이다.

- 당신의 전문성을 받아들이고 그들의 장기적인 이익을 이해함으로써 긍정적으로 반응한다.
- 당신이 제공하는 내용이나 과정을 진심으로 받아들이지는 않지만 쉬운 삶을 위한 구조 · 계획을 수동적으로 받아들인다.
- 교사와 수업 계획, 그리고 과목별 수업을 완전히 거부하며 부정적으로 반응한다(물리적으로 교실에 있더라도 수업에 몰두하거나 참여하지 않는다.).

선생님은 선천적으로 느긋한 학생의 능력을 최대한 이끌어 내기 위해서 학생이 그저 선택할 수 있는 것과 선택하는 것을 좋아하는 것이 아님을 주의해야 한다. 즉, 학생에게 그것은 필요한 것이며 그렇게 해 주지 않으면 몸이 근질거리고 몸부림치거나 반항하기 시작한다. 중등학교 환경은 **P**형 학생들에게 무척 어렵기 때문에 선생님은 압박감을 완화시키는 데 도울 수 있다. 그렇게

하기 위해서 선생님은

- 가능한 한 유연성을 많이 제공하라(다양한 선택 과제, 수업 내 선택).
- 세부 일정을 피하라(어차피 지키지도 못할 것이다.).
- 예상 가능한 수업이 지겹지 않도록 때때로 변화를 주어라.
- 꼭 필요한 것보다 중요하지 않은 세부 사항을 까다롭게 다루지 마라.
- 학생이 중요한 작업을 마지막까지 서두르지 않고 완료할 수 있도록 시간을 조직하고 관리할 수 있는 간단한 방법을 찾아보라.

6
북극곰 유형 선생님(Polar Bear teacher) & 돌고래 유형 학생(Dolphin student)
ISTJ & ENFJ

교사와 학생은 하나의 성향만을 공유한다. 둘 다 조직적이고 마감 기일을 준수하는 성향이다. 그들은 정보를 받아들이고 가공하는 방법에서 차이를 보인다. 돌고래 유형의 학생의 능력을 최대한 이끌어 내려면, 교사는 그들이 교실 과제에 추가할 수 있는 상상력, 섬세함, 동정심을 포용해야 한다. 선천적으로 활발한 학생의 능력을 최대한 이끌어 내기 위해서 선생님들은

- 학생의 견해와 엉뚱한 말일지라도 참고 열정적으로 들어 주라.
- 인내하며 '어리석은' 아이디어가 이끄는 곳을 살펴보라. 학생은 크게 말하면서 생각하는데, 이것이 그들이 가장 잘 배우는 방법이다.
- 특히 모둠 토론에서 논란이 될 만한 주제 · 논제는 학생에게 주지 마라.
- 수업하는 동안에 **E**형 학생들이 다른 **E**형 학생들과 대화할 수 있는 기회를 많이 만들어라.
- 또한 교사의 생각도 제시하라. 시간이 초과될 경우 요청하라.
- 학생이 말하기 전에 충분히 생각하게 하라. 그렇지 않으면 수업을 방해할 수 있다.

북극곰 유형의 교사는 자신의 경험을 사용하여 주변 환경을 이해하는 것을 좋아한다. 교사는 수업 방식이 본질적으로 실용적, 순차적, 현실적이며 학생들이 이를 따라오도록 격려한다. **N**형 학생은 기껏해야 이것을 어렵게 여기거나 최악의 경우 지루하게 여길 것이다. 교사는 학생을 공상가로 낙인찍거나, 자신만의 세계에서 길을 잃었다고 볼 것이다. 교사는 학생들을 꾸짖고 싶은 유혹을 물리쳐야 한다. 왜냐하면 이것이 학생들이 정보를 받아들이고 세상을 이해하는 방식이기 때문이다. 올바른 맥락에서 공상은 그룹의 모든 학생을 위한 수업 내용을 흡수하고 유지하는 새로운 방법으로 이끌 수 있다. 선천적으로 상상력이 많은 학생의 능력을 최대한 이끌어 내기 위해서 선생님은

- 학생의 상상력과 통찰력, 그리고 그것이 수업에도 가져올 수 있음을 받아들여라.
- 학생에게 **S**형 접근 방식(사실, 세부 사항, 절차, 실험, 경험 적용, 구조, 단계별 모델)이 수업에 중요하게 기여함을 깨닫도록 하라.

선생님은 과업에 먼저 집중하고 그다음에 사람 · 관계에 집중한다. 교실은 사무적이고 목적이 있는 분위기일 것이다. 학생들은 행동, 숙제 등의 측면에서 기대되는 명확한 지침을 받는다. 이것은 기껏해야 모든 사람이 자신이 어디에 있고 어떻게 행동해야 하는지를 안다는 것을 의미한다. 최악의 경우 교실은 의기소침하고 겁에 질린 신병들로 가득 찬 군대 훈련소와 비슷할 수 있다. 선생님이 이 학생과 발전시키는 개인적인 관계가 핵심이라는 것을 기억하라. 돌고래 유형이 선생님을 좋아하고 선생님도 그들을 좋아한다고 느낄 필요가 있다. 이렇게 되면 그들은 더 열심히 공부하겠지만 그렇지 않으면 관심을 완전히 끊을 수도 있다. 이것은 한 학생이 한 해(그들이 좋아하는 선생님과 함께 하면)에 최고의 학생이 될 수도 있고, 선생님이 바뀐 그 이듬해에는 공부에 대해 아예 관심을 보이지 않은 이유를 설명해 준다. 이렇게 사람 중심적인 학생의 능력을 최대한 이끌어 내기 위해서 선생님은

- 공감, 협업 및 팀워크를 사용하여 과제에 집중하는 교사 본연의 성향에 균형을 맞출 수 있는 학습 상황을 제시하라.
- 어떠한 약점이라도 극복할 수 있도록 요령껏 지원하면서 충분하고 정기적으로 칭찬하라. 피드백은 비판으로 쉽게 비칠 수 있으니 전달할 때 계란 껍데기를

밟듯 조심하라.

- 학생에 대한 개인적인 신뢰를 드러내면서 설득하라(나를 실망시키지 마렴, 네가 할 수 있다는 것을 알아. 난 네가 좋단다.).
- 때때로 타협할 준비를 하라.

J형 선생님은 시간 계획 짜는 것을 즐긴다. 그들은 체계적이고 결단력 있다. 그들은 계획을 세우고 그것에 충실하며, 종종 인상적인 할 일 목록에 의해 도움을 받는다. 그들의 교실은 대개 정리가 잘 되어 있다. 과목은 아마도 수업 분량의 크기대로 잘게 나눠고 그해의 세부 계획이 재빠르게 세워질 것이다. 많은 J형 학생은 선생님의 조직적인 열의에 안심한다. 그들은 단순히 일정을 수용하고, 합의한 내용을 전달하며, 대개 모든 업무를 제시간에 완료한다. 흥미롭게도, 몇몇 J형 학생은 선생님이 선의로 하는 철저함을 꺼릴 것이다. 그들은 다른 사람의 계획을 채택하기보다는 그들 자신의 계획을 세우고 그것을 실천하기를 원한다. 이것은 J형의 통제 욕구 때문이다. 그래서 비록 최소한 모든 작업은 완료되겠지만 두 J형이 서로 충돌할 수 있다. 대부분의 중등학교는 학생들이 매우 체계적이어서 잠재적으로 두 J형이 가장 좋은 조합으로 이루어지기를 요구한다. 선천적으로 조직적인 학생의 능력을 최대한 이끌어 내기 위해서 선생님은

- 질서, 깔끔함, 마감 기일 준수에 대한 공통의 욕구를 즐겨라.
- 학생이 진정으로 원할 경우 그들의 방식대로 작업을 자립적으로 계획할 수 있도록 허락하라.
- 외적인 일로 교사의 세심한 준비가 방해 받을 경우 자신의 계획을 조정할 준비를 하라(그리고 학생이 때때로 유연성을 받아들이도록 권장하라.).
- 예상 가능한 수업이 지겹지 않도록 때때로 변화를 주어라.
- 선택할 수 있는 모든 것을 고려하기도 전에 해야 할 일에 대해 신속하게 결정하지 마라.

7
북극곰 유형 선생님(Polar Bear teacher) & 사자 유형 학생(Lion student)
ISTJ & ESFP

교사와 학생 모두 무엇이 이치에 맞는지 그들의 관찰과 경험을 활용해서 판단하는 것을 좋아한다. 그들은 결론을 향해 나아가는 방법에서 차이를 보인다. 사자 유형의 사람은 사람들에게 나타날 영향을 고려하고 북극곰 유형의 사람은 객관적으로 사실을 분석하기를 원한다. 선천적으로 놀기 좋아하고 재미를 추구하는 학생의 능력을 최대한 이끌어 내기 위해서 선생님은

- 학생의 견해와 엉뚱한 말일지라도 참고 열정적으로 들어 주라.
- 인내하며 '어리석은' 아이디어가 이끄는 곳을 살펴보라. 학생은 크게 말하면서 생각하는데, 이것이 그들이 가장 잘 배우는 방법이다.
- 특히 모둠 토론에서 논란이 될 만한 주제 · 논제는 학생에게 주지 마라.
- 수업하는 동안에 E형 학생들이 다른 E형 학생들과 대화할 수 있는 기회를 많이 만들어라.
- 또한 교사의 생각도 제시하라. 시간이 초과될 경우 요청하라.
- 학생이 말하기 전에 충분히 생각하게 하라. 그렇지 않으면 수업을 방해할 수 있다.

선생님과 학생 모두 같은 방법으로 정보를 수집한다. 그들은 자신의 감각(보고 듣고 느끼는 것을 인지함)을 사용하여 세부 사항을 알아차린다. 그들 둘 다 그들이 보고 주목한 것을 이해하기 위해 그들의 경험을 사용한다. 그들은 둘 다 현재에 관심 있다. 교사는 교육 방식이 본능적으로 실용적, 합리적, 현실적이며 학생들이 이를 따르도록 격려한다. 견실하고 동료 같은 관계는 교사와 학생 모두가 그 일을 완수하기 위해 각각 무엇을 해야 하는지를 상호 이해하면서 발전한다. 본질적으로 현실적인 학생의 능력을 최대한 이끌어 내기 위해서 선생님은

- 배운 것이 실제 현실에서 어떻게 적용되는지 설명하라.
- 학생이 역량을 갖출 때까지 반복하고 연습할 기회를 주라.
- 수업에 상상력을 유용하게 사용하도록 권장하라(그것은 시간 낭비가 아니다.).

학생은 과업보다 사람에 먼저 집중하는 반면에 선생님은 그 반대로 집중한다. 교실은 사무적이고 목적이 있는 분위기일 것이다. 학생들은 행동, 숙제 등의 측면에서 기대되는 명확한 지침을 받는다. 이것은 기껏해야 모

든 사람이 자신이 어디에 있고 어떻게 행동해야 하는지를 안다는 것을 의미한다. 최악의 경우 교실은 의기소침하고 겁에 질린 신병들로 가득 찬 군대 훈련소와 비슷할 수 있다. 선생님이 이 학생과 발전시키는 개인적인 관계가 핵심이라는 것을 기억하라. 사자 유형은 선생님을 좋아하고 선생님도 그들을 좋아한다고 느낄 필요가 있다. 이렇게 되면 그들은 더 열심히 공부하겠지만 그렇지 않으면 관심을 완전히 끊을 수도 있다. 이는 학생이 한 해에 반에서 1등(좋아하는 선생님과 함께)을 할 수 있고, 다음 해에 교사를 바꾸면 그 과목에 전혀 관심을 보이지 않는 이유를 설명해 준다. 본능적으로 사람 중심적인 학생의 능력을 최대한 이끌어 내기 위해서 선생님은

- 공감, 협업 및 팀워크를 사용하여 과제에 집중하는 교사 본연의 성향에 균형을 맞출 수 있는 학습 상황을 제시하라.
- 어떠한 약점이라도 극복할 수 있도록 요령껏 지원하면서 충분하고 정기적으로 칭찬하라. 피드백은 비판으로 쉽게 비칠 수 있으니 전달할 때 계란 껍데기를 밟듯 조심하라.
- 학생에 대한 개인적인 신뢰를 드러내면서 설득하라(나를 실망시키지 마렴, 네가 할 수 있다는 것을 알아. 난 네가 좋단다.).
- 때때로 타협할 준비를 하라. 그렇지 않으면 사자처럼 울지도 모른다.

북극곰 유형의 교사는 시간을 계획해야 한다. 그들은 모든 유형 중에서 가장 체계적이고 결단력 있다. 그들은 계획을 세우고 그것에 충실하며, 종종 인상적인 할 일 목록에 의해 도움을 받고 그 계획은 올바르다. 그들의 교실은 학교에서 가장 정리가 잘 되어 있다. 과목은 아마도 수업 분량의 크기대로 잘게 나뉘고 그해의 세부 계획이 열정을 갖고 세워질 것이다. **P**형의 학생은 아래 세 가지 중 하나의 반응을 보일 것이다.

- 당신의 전문성을 받아들이고 그들의 장기적인 이익을 이해함으로써 긍정적으로 반응한다.
- 당신이 제공하는 내용이나 과정을 진심으로 받아들이지는 않지만 쉬운 삶을 위한 구조 · 계획을 수동적으로 받아들인다.
- 교사와 수업 계획, 그리고 과목별 수업을 완전히 거부하며 부정적으로 반응한다(물리적으로 교실에 있더라도 수업에 몰두하거나 참여하지 않는다.).

선생님은 선천적으로 느긋한 학생의 능력을 최대한 이끌어 내기 위해서 학생이 그저 선택할 수 있는 것과 선택하는 것을 좋아하는 것이 아님을 주의해야 한다. 즉, 학생에게 그것은 필요한 것이며 그렇게 해 주지 않으면 몸이 근질거리고 몸부림치거나 반항하기 시작한다. 중등학교 환경은 **P**형 학생들에게 무척 어렵기 때문에 선생님은 압박감을 완화시키는 데 도울 수 있다. 그렇게 하기 위해서 선생님은

- 가능한 한 유연성을 많이 제공하라(다양한 선택 과제, 수업 내 선택).
- 세부 일정을 피하라(어차피 지키지도 못할 것이다.).
- 꼭 필요한 것보다 중요하지 않은 세부 사항을 까다롭게 다루지 마라.
- 예상 가능한 수업이 지겹지 않도록 때때로 변화를 주어라.
- 학생이 중요한 작업을 마지막까지 서두르지 않고 완료할 수 있도록 시간을 조직하고 관리할 수 있는 간단한 방법을 찾아보라.

8
북극곰 유형 선생님(Polar Bear teacher) & 가면올빼미 유형 학생(Barn Owl student)
ISTJ & INTJ

북극곰 유형과 가면올빼미 유형은 세 가지의 성향을 공유한다. 둘 다 내성적이고, 결단력 있고, 객관적이며 양심적이다. 그들은 정보를 모으고 이해하는 데에서 차이를 보인다. 가면올빼미 유형은 전략적으로 생각하며 전체 상황을 그리는 반면에 북극곰 유형은 이성적이고 신중한 사실의 접근을 중시한다. 선천적으로 신중한 학생의 능력을 최대한 이끌어 내기 위해서 선생님은

- 학생의 사생활과 독립성을 존중하라.
- 학생이 심사숙고할 수 있도록 충분한 시간을 허락하라.
- 당신이 무엇을 하고 있는지 확실히 알 수 있도록 정중하게 의견을 말하라.
- 교사 자신의 생각을 명확히 밝힐 시간을 가지고, 어떤 말을 해야 한다면 차분하고 직접적으로 전달하되

대립하는 것을 피하라.

- 비언어적 의사소통을 사용하라—미소와 제스처는 **I**형 학생들을 안심시킨다. 피드백을 전달하기 위해 포스트잇 · 전자 메일을 사용할 수도 있다.

북극곰 유형의 교사는 교사는 자신의 경험을 사용하여 주변 환경을 이해하는 것을 좋아한다. 교사는 본질적으로 수업 방식이 실용적, 순차적, 현실적이며 학생들이 이를 따라오도록 격려한다. **N**형 학생은 기껏해야 이것을 어렵게 여기거나 최악의 경우 지루하게 여길 것이다. 교사는 학생을 공상가, 자신만의 세계에서 길을 잃은 사람으로 낙인찍을 것이다. 교사는 학생들을 꾸짖고 싶은 유혹을 물리쳐야 한다. 왜냐하면 이것이 학생들이 정보를 받아들이고 세상을 이해하는 방식이기 때문이다. 올바른 맥락에서 공상은 자동차, 비행기, 의약품 및 컴퓨터의 발명으로 이어질 수 있다. 선천적으로 상상력이 많은 학생의 능력을 최대한 이끌어 내기 위해서 선생님은

- 학생의 상상력과 통찰력, 그리고 그것이 수업에도 가져올 수 있음을 받아들여라.
- 학생에게 **S**형 접근 방식(사실, 세부 사항, 절차, 실험, 경험 적용, 구조, 단계별 모델)이 수업에 중요하게 기여함을 깨닫도록 하라.

선생님과 학생 모두 업무 중심적이고, 정확하며, 일관되고 정직하다. 교실은 사무적이고, 목적 의식이 뚜렷한 분위기를 가질 가능성이 있다. 학생은 행동, 숙제 등에서 기대되는 명확한 지침을 받는다. 만약 학생이 선생님에게 이의를 제기한다면 그것은 아마 (지침에 대해) 확인하기 위해서일 것이다. 잘해야 이것은 모든 사람이 어디에 서고, 어떻게 행동해야 하는지 안다는 것을 의미한다. 선천적으로 업무 중심적인 학생의 능력을 최대한 이끌어 내기 위해서 선생님은

- 학생들의 기술과 지식을 경쟁적으로 시험하는 방법으로 수업하라(경쟁, 도전, 퀴즈, 개인 최고 점수 갱신 및 측정).
- 학생들에게 사람의 50%는 **F**형이고 피드백을 비판으로 해석할 수 있음을 이해하도록 도와주라.
- 학생이 성취한 것과 그다음에 해야 할 것에 집중하게 하라.
- 때때로 타협할 수 있도록 준비하라.
- 잠재된 감정적인 원인을 고려하지 않고 문제된 어떤 것을 해결하려는 시도를 피하라.

J형 선생님은 시간 계획 짜는 것을 즐긴다. 그들은 체계적이고 결단력 있다. 그들은 계획을 세우고 그것에 충실하며, 종종 인상적인 할 일 목록에 의해 도움을 받는다. 그들의 교실은 대개 정리가 잘 되어 있다. 과목은 아마도 수업 분량의 크기대로 잘게 나뉘고 그해의 세부 계획이 꼼꼼하게 세워질 것이다. 많은 **J**형 학생은 선생님의 체계적인 열의에 안심한다. 그들은 단순히 일정을 수용하고, 합의한 내용을 전달하며, 대개 모든 업무를 제시간에 완료한다. 흥미롭게도, 몇몇 **J**형 학생은 선생님이 선의로 하는 철저함을 꺼릴 것이다. 그들은 다른 사람의 계획을 채택하기보다는 그들 자신의 계획을 세우고 그것을 실천하기를 원한다. 이것은 **J**형의 통제 욕구 때문이다. 그래서 비록 최소한 모든 작업은 완료되겠지만 두 **J**형이 서로 충돌할 수 있다. 대부분의 중등학교는 학생들이 매우 체계적이어서 두 **J**형이 가장 좋은 조합으로 이루어지기를 요구한다. 선천적으로 조직적인 학생의 능력을 최대한 이끌어 내기 위해서 선생님은

- 질서, 깔끔함, 마감 기일 준수에 대한 공통의 욕구를 즐겨라.
- 학생이 진정으로 원할 경우 그들의 방식대로 작업을 자립적으로 계획할 수 있도록 허락하라.
- 외적인 일로 교사의 세심한 준비가 방해 받을 경우 자신의 계획을 조정할 준비를 하라(그리고 학생이 때때로 유연성을 받아들이도록 권장하라.).
- 예상 가능한 수업이 지겹지 않도록 때때로 변화를 주어라.
- 선택할 수 있는 모든 것을 고려하기도 전에 해야 할 일에 대해 신속하게 결정하지 마라.

9
북극곰 유형 선생님(Polar Bear teacher) & 검은표범 유형 학생(Panther student)
ISTJ & ESTP

북극곰 유형과 검은표범 유형은 모두 선천적으로 지도자들이다. 그들의 상호적인 이해는 두 가지 공통된 성향에서 비롯되며 이것은 효과적인 관계의 기반을 형성한다. 갈등은 학생이 교사의 통제를 벗어나려고 싸울 때 일어날 수 있다. 좋은 북극곰 유형의 교사들은 검은표범

유형의 학생들에게 그들의 유머 감각을 표현할 수 있도록 기회를 준다. 선천적으로 말 많은 학생의 능력을 최대한 이끌어 내기 위해서 선생님은

- 학생의 견해와 엉뚱한 말일지라도 참고 열정적으로 들어 주라.
- 인내하며 '어리석은' 아이디어가 이끄는 곳을 살펴보라. 학생은 크게 말하면서 생각하는데, 이것이 그들이 가장 잘 배우는 방법이다.
- 특히 모둠 토론에서 논란이 될 만한 주제 · 논제는 학생에게 주지 마라.
- 수업하는 동안에 **E**형 학생들이 다른 **E**형 학생들과 대화할 수 있는 기회를 많이 만들어라.
- 또한 교사의 생각도 제시하라. 시간이 초과될 경우 요청하라.
- 학생이 말하기 전에 충분히 생각하게 하라. 그렇지 않으면 수업을 방해할 수 있다.

선생님과 학생 모두 지식을 똑같은 방법으로 얻는다. 그들은 자세한 사항들을 감각들(그들이 보고, 듣고, 느끼는 것에 깨어 있는 것)을 통해 알아챈다. 둘 다 그들이 보고 주목한 것을 이해하는 데 그들의 경험을 사용한다. 모두 현재에 초점을 둔다. 선생님은 본능적으로 교육 방식이 실용적, 합리적, 현실적이며, 학생들이 그 지도에 따르도록 격려할 것이다. 견고하고 동료 같은 관계는 선생님과 학생이 서로가 과제를 완수하기 위해 각자 무엇을 해야 할지 상호 이해하면서 발전한다. 기본적으로 현실적인 학생의 능력을 최대한 이끌어 내기 위해서 선생님은

- 배운 것이 실제 현실에서 어떻게 적용되는지 설명하라.
- 학생이 역량을 갖출 때까지 반복하고 연습할 기회를 주라.
- 수업에 상상력을 유용하게 사용하도록 권장하라(그것은 시간 낭비가 아니다.).

선생님과 학생 모두 업무 중심적이고, 정확하며, 일관되고 정직하다. 교실은 사무적이고, 목적 의식이 뚜렷한 분위기일 것이다. 학생은 행동, 숙제 등에서 명확한 지침을 받는다. 만약 학생이 선생님에게 이의를 제기한다면 그것은 아마 (지침에 대해) 확인하기 위해서일 것이다. 이것은 기껏해야 모든 사람이 어디에 서고, 어떻게 행동해야 하는지 안다는 의미이다. 선천적으로 업무 중심적인 학생의 능력을 최대한 이끌어 내기 위해서 선생님은

- 질서, 깔끔함, 마감 기일 준수에 대한 공통의 욕구를 즐겨라.
- 선택할 수 있는 모든 것을 고려하기도 전에 해야 할 일에 대해 신속하게 결정하지 마라.
- 학생들에게 사람의 50%는 **F**형이고 피드백을 비판으로 해석할 수 있음을 이해하도록 도와주라.
- 학생이 성취한 것과 그다음에 해야 할 것에 집중하게 하라.
- 때때로 타협할 수 있도록 준비하라. 그렇지 않으면 검은표범 유형이 저항할 수 있다.

J형 선생님은 시간 계획 짜는 것을 즐긴다. 그들은 체계적이고 결단력 있다. 그들은 계획을 세우고 그것에 충실하며, 종종 인상적인 할 일 목록에 의해 도움을 받는다. 그들의 교실은 대개 정리가 잘 되어 있다. 과목은 아마도 수업 분량의 크기대로 잘게 나눠고 그해의 세부 계획이 열정을 가지고 세워질 것이다. **P**형의 학생은 아래 세 가지 중 하나의 반응을 보일 것이다.

- 당신의 전문성을 받아들이고 그들의 장기적인 이익을 이해함으로써 긍정적으로 반응한다.
- 당신이 제공하는 내용이나 과정을 진심으로 받아들이지는 않지만 쉬운 삶을 위한 구조 · 계획을 수동적으로 받아들인다.
- 교사와 수업 계획, 그리고 과목별 수업을 완전히 거부하며 부정적으로 반응한다(물리적으로 교실에 있더라도 수업에 몰두하거나 참여하지 않는다.).

선생님은 선천적으로 느긋한 학생의 능력을 최대한 이끌어 내기 위해서 학생이 선택할 수 있는 것과 선택하는 것을 좋아하는 것이 아님을 주의해야 한다. 즉, 학생에게 그것은 필요한 것이며 그렇게 해 주지 않으면 몸이 근질거리고 몸부림치거나 반항하기 시작한다. 중등학교 환경은 **P**형 학생들에게 무척 어렵기 때문에 선생님은 압박감을 완화시키는 데 도울 수 있다. 그렇게 하기 위해서 선생님은

- 가능한 한 유연성을 많이 제공하라(다양한 선택 과제, 수업 내 선택).
- 세부 일정을 피하라(어차피 지키지도 못할 것이다.).
- 꼭 필요한 것보다 중요하지 않은 세부 사항을 까다롭게 다루지 마라.

- 예상 가능한 수업이 지겹지 않도록 때때로 변화를 주어라.
- 학생이 중요한 작업을 마지막까지 서두르지 않고 완료할 수 있도록 시간을 조직하고 관리할 수 있는 간단한 방법을 찾아보라.

10
북극곰 유형 선생님(Polar Bear teacher) & 매 유형 학생(Falcon student)
ISTJ & ENTP

북극곰 유형과 매 유형은 모두 선천적으로 지도자들이다. 그들의 상호적인 이해는 하나의 공통된 성향(현실적이고 감성적이지 않은 세상을 향한 시선)에서 비롯되며 이것은 효과적인 관계의 기반을 형성한다. 갈등은 학생이 교사의 통제를 벗어나려고 싸울 때 일어날 수 있다. 좋은 북극곰 유형의 교사들은 매 유형 학생들에게 그들의 논쟁적이며 정확한 의견을 표출할 수 있는 기회를 준다. 선천적으로 대립을 즐기는 학생의 능력을 최대한 이끌어 내기 위해서 선생님은

- 학생의 견해와 엉뚱한 말일지라도 참고 열정적으로 들어 주라.
- 인내하며 '어리석은' 아이디어가 이끄는 곳을 살펴보라. 학생은 크게 말하면서 생각하는데, 이것이 그들이 가장 잘 배우는 방법이다.
- 특히 모둠 토론에서 논란이 될 만한 주제 · 논제는 학생에게 주지 마라.
- 수업하는 동안에 **E**형 학생들이 다른 **E**형 학생들과 대화할 수 있는 기회를 많이 만들어라.
- 또한 교사의 생각도 제시하라. 시간이 초과될 경우 요청하라.
- 학생이 말하기 전에 충분히 생각하게 하라. 그렇지 않으면 수업을 방해할 수 있다.

북극곰 유형 교사는 자신의 경험을 사용하여 주변 환경을 이해하는 것을 좋아한다. 교사는 본질적으로 수업 방식이 실용적, 순차적, 현실적이며 학생들이 이를 따라오도록 격려한다. **N**형 학생은 기껏해야 이것을 어렵게 여기거나 최악의 경우 지루하게 여길 것이다. 교사는 그 학생에게 논쟁적이거나 심지어 오만하다고 낙인찍을 것이다. 교사는 학생들을 꾸짖고 싶은 유혹을 물리쳐야 한다. 왜냐하면 이것이 학생들이 정보를 받아들이고 세상을 이해하는 방식이기 때문이다. 교사는 학생들을 꾸짖고 싶은 유혹을 물리쳐야 한다. 왜냐하면 이것이 그들이 정보를 받아들이고 세상을 이해하는 방식이기 때문이다. 올바른 맥락에서 공상은 자동차, 비행기, 의약품 및 컴퓨터의 발명으로 이어질 수 있다. 선천적으로 상상력이 많은 학생의 능력을 최대한 이끌어 내기 위해서 선생님은

- 학생의 상상력과 통찰력, 그리고 그것이 수업에도 가져올 수 있음을 받아들여라.
- 학생에게 **S**형 접근 방식(사실, 세부 사항, 절차, 실험, 경험 적용, 구조, 단계별 모델)이 수업에 중요하게 기여함을 깨닫도록 하라.

선생님과 학생 모두 업무 중심적이고, 정확하며, 일관되고 정직하다. 교실은 사무적이고, 목적 의식이 뚜렷한 분위기일 것이다. 학생은 행동, 숙제 등에서 기대되는 명확한 지침을 받는다. 만약 학생이 선생님에게 이의를 제기한다면 그것은 아마 (지침에 대해) 확인하기 위해서일 것이다. 이것은 잘해야 모든 사람이 어디에 서고, 어떻게 행동해야 하는지 안다는 의미이다. 선천적으로 업무 중심적인 학생의 능력을 최대한 이끌어 내기 위해서 선생님은

- 학생들의 기술과 지식을 경쟁적으로 시험하는 방법으로 수업하라(경쟁, 도전, 퀴즈, 개인 최고 점수 갱신 및 측정).
- 학생들에게 사람의 50%는 **F**형이고 피드백을 비판으로 해석할 수 있음을 이해하도록 도와주라.
- 학생이 성취한 것과 그다음에 해야 할 것에 집중하게 하라.
- 때때로 타협할 수 있도록 준비하라.
- 잠재된 감정적인 원인을 고려하지 않고 문제된 어떤 것을 해결하려는 시도를 피하라.

북극곰 유형의 교사는 시간을 계획해야 한다. 그들은 모든 유형 중에서 가장 체계적이고 결단력 있다. 그들은 계획을 세우고 그것에 충실하며, 종종 인상적인 할 일 목록에 의해 도움을 받고 그 계획은 올바르다. 그들의 교실은 학교에서 가장 정리가 잘 되어 있다. 과목은 아마도 수업 분량의 크기대로 잘게 나뉘고 그해의 세부

계획이 열정을 갖고 세워질 것이다. **P**형의 학생은 아래 세 가지 중 하나의 반응을 보일 것이다.

- 당신의 전문성을 받아들이고 그들의 장기적인 이익을 이해함으로써 긍정적으로 반응한다.
- 당신이 제공하는 내용이나 과정을 진심으로 받아들이지는 않지만 쉬운 삶을 위한 구조·계획을 수동적으로 받아들인다.
- 교사와 수업 계획, 그리고 과목별 수업을 완전히 거부하며 부정적으로 반응한다(물리적으로 교실에 있더라도 수업에 몰두하거나 참여하지 않는다.).

선생님은 선천적으로 느긋한 학생의 능력을 최대한 이끌어 내기 위해서 학생이 선택할 수 있는 것과 선택하는 것을 좋아하는 것이 아님을 주의해야 한다. 즉, 학생에게 그것은 필요한 것이며 그렇게 해 주지 않으면 몸이 근질거리고 몸부림치거나 반항하기 시작한다. **P**형의 학생들에게 중등학교의 교육 환경은 어려워서 교사들은 이 압박감을 조금 유연하게 하는 데 도울 수 있다. 그렇게 하기 위해서 선생님은

- 가능한 한 유연성을 많이 제공하라(다양한 선택 과제, 수업 내 선택).
- 세부 일정을 피하라(어차피 지키지도 못할 것이다.).
- 꼭 필요한 것보다 중요하지 않은 세부 사항을 까다롭게 다루지 마라.
- 예상 가능한 수업이 지겹지 않도록 때때로 변화를 주어라.
- 학생이 반드시 성공할 수 있도록 간단한 시간 관리 전략을 찾아보라.

11
북극곰 유형 선생님(Polar Bear teacher) & 숲올빼미 유형 학생(Tawny Owl student)
ISTJ & INTP

북극곰 유형과 숲올빼미 유형은 두 가지 성향을 공유한다. 둘 다 감성과는 거리가 멀다. 그들의 차이점은 상당하고 그들의 관계가 긍정적으로 지속되기 위해서 서로 존중해야 한다. 실용적이고 직설적인 곰 유형은 이론적이고 권위적인 올빼미 유형과는 대립된다. 선천적으로 자기 성찰적인 학생의 능력을 최대한 이끌어 내기 위해서 선생님은

- 학생의 사생활과 독립성을 존중하라.
- 학생이 심사숙고할 수 있도록 충분한 시간을 허락하라.
- 당신이 무엇을 하고 있는지 확실히 알 수 있도록 정중하게 의견을 말하라.
- 교사 자신의 생각을 명확히 밝힐 시간을 가지고, 어떤 말을 해야 한다면 차분하고 직접적으로 전달하되 대립하는 것을 피하라.
- 비언어적 의사소통을 사용하라—미소와 제스처는 **I**형 학생들을 안심시킨다. 피드백을 전달하기 위해 포스트잇·전자 메일을 사용할 수도 있다.

북극곰 유형 교사는 자신의 경험을 사용하여 주변 환경을 이해하는 것을 좋아한다. 교사는 본질적으로 수업 방식이 실용적, 순차적, 현실적이며 학생들이 이를 따라오도록 격려한다. **N**형 학생은 기껏해야 이것을 어렵게 여기거나 최악의 경우 지루하게 여길 것이다. 교사는 그 학생에게 논쟁적이거나 심지어 오만하다고 낙인찍을 것이다. 교사는 학생들을 꾸짖고 싶은 유혹을 물리쳐야 한다. 왜냐하면 이것이 학생들이 정보를 받아들이고 세상을 이해하는 방식이기 때문이다. 올바른 맥락에서 공상은 전체 학급이 즐길 수 있는 새로운 통찰력으로 이어질 수 있다. 선천적으로 상상력이 많은 학생의 능력을 최대한 이끌어 내기 위해서 선생님은

- 학생의 상상력과 통찰력, 그리고 그것이 수업에도 가져올 수 있음을 받아들여라.
- 학생에게 **S**형 접근 방식(사실, 세부 사항, 절차, 실험, 경험 적용, 구조, 단계별 모델)이 수업에 중요하게 기여함을 깨닫도록 하라.

선생님과 학생 모두 업무 중심적이고, 정확하며, 일관되고 정직하다. 교실은 사무적이고, 목적 의식이 뚜렷한 분위기일 것이다. 학생은 행동, 숙제 등에서 기대되는 명확한 지침을 받는다. 만약 학생이 선생님에게 이의를 제기한다면 그것은 아마 (지침에 대해) 확인하기 위해서일 것이다. 잘해야 이것은 모든 사람이 어디에 서고, 어떻게 행동해야 하는지 안다는 의미이다. 업무 중심적인 학생의 능력을 최대한 이끌어 내기 위해서 선생님은

- 학생이 성취한 것과 그다음에 해야 할 것에 집중하게

하라.

- 때때로 타협할 수 있도록 준비하라.
- 잠재된 감정적인 원인을 고려하지 않고 문제된 어떤 것을 해결하려는 시도를 피하라.
- 학생들의 기술과 지식을 경쟁적으로 시험하는 방법으로 수업하라(경쟁, 도전, 퀴즈, 개인 최고 점수 갱신 및 측정).
- 학생들에게 사람의 50%는 **F**형이고 피드백을 비판으로 해석할 수 있음을 이해하도록 도와주라.

J형 선생님은 시간 계획 짜는 것을 즐긴다. 그들은 체계적이고 결단력 있다. 그들은 계획을 세우고 그것에 충실하며, 종종 인상적인 할 일 목록에 의해 도움을 받는다. 그들의 교실은 대개 정리가 잘 되어 있다. 과목은 아마도 수업 분량의 크기대로 잘게 나눠고 그해의 세부 계획이 열정을 가지고 세워질 것이다. **P**형의 학생은 아래 세 가지 중 하나의 반응을 보일 것이다.

- 당신의 전문성을 받아들이고 그들의 장기적인 이익을 이해함으로써 긍정적으로 반응한다.
- 당신이 제공하는 내용이나 과정을 진심으로 받아들이지는 않지만 쉬운 삶을 위한 구조 · 계획을 수동적으로 받아들인다.
- 교사와 수업 계획, 그리고 과목별 수업을 완전히 거부하며 부정적으로 반응한다(물리적으로 교실에 있더라도 수업에 몰두하거나 참여하지 않는다.).

선생님은 선천적으로 느긋한 학생의 능력을 최대한 이끌어 내기 위해서 학생이 선택할 수 있는 것과 선택하는 것을 좋아하는 것이 아님을 주의해야 한다. 즉, 학생에게 그것은 필요한 것이며 그렇게 해 주지 않으면 몸이 근질거리고 몸부림치거나 반항하기 시작한다. 중등학교 환경은 **P**형 학생들에게 무척 어렵기 때문에 선생님은 압박감을 완화시키는 데 도울 수 있다. 그렇게 하기 위해서 선생님은

- 가능한 한 유연성을 많이 제공하라(다양한 선택 과제, 수업 내 선택).
- 세부 일정을 피하라(어차피 지키지도 못할 것이다.).
- 학생이 성공할 수 있도록 간단한 시간 관리 전략을 확인하라.
- 꼭 필요한 것보다 중요하지 않은 세부 사항을 까다롭게 다루지 마라.
- 예상 가능한 수업이 지겹지 않도록 때때로 변화를 주어라.

12
북극곰 유형 선생님(Polar Bear teacher) & 곰인형 유형 학생(Teddy Bear student)
ISTJ & ESFJ

교사와 학생은 모두 그들의 존재를 만들어 가는 것을 이해하고 스케줄을 그대로 따르며 과업을 효율적으로 끝내는 것에 대해 관심이 있다. 그러나 그들은 힘을 얻고 결론을 도출하는 방식에는 차이를 보인다. 곰인형 유형의 사람은 사람들에게 나타날 영향을 고려하고 북극곰 유형의 사람은 객관적으로 사실을 분석하기를 원한다. 선천적으로 사교적인 곰인형 학생의 능력을 최대한 이끌어 내기 위해서 선생님은

- 학생의 견해와 엉뚱한 말일지라도 참고 열정적으로 들어 주라.
- 인내하며 '어리석은' 아이디어가 이끄는 곳을 살펴보라. 학생은 크게 말하면서 생각하는데, 이것이 그들이 가장 잘 배우는 방법이다.
- 특히 모둠 토론에서 논란이 될 만한 주제 · 논제는 학생에게 주지 마라.
- 수업하는 동안에 **E**형 학생들이 다른 **E**형 학생들과 대화할 수 있는 기회를 많이 만들어라.
- 또한 교사의 생각도 제시하라. 시간이 초과될 경우 요청하라.
- 학생이 말하기 전에 충분히 생각하게 하라. 그렇지 않으면 수업을 방해할 수 있다.

선생님과 학생 모두 지식을 똑같은 방법으로 얻는다. 그들은 자세한 사항들을 감각들(그들이 보고, 듣고, 느끼는 것에 깨어 있는 것)을 통해 알아챈다. 모두 현재에 관심이 있다. 선생님은 본능적으로 교육 방식이 실용적, 합리적, 현실적이며, 선생님은 학생들이 그 지도에 따르도록 격려할 것이다. 견고하고 동료 같은 관계는 선생님과 학생이 서로가 과제를 완수하기 위해 각자 무엇을 해야 할지 상호 이해하면서 발전한다. 기본적으로 현실적인 학생의 능력을 최대한 이끌어 내기 위해서 선생님은

- 배운 것이 실제 현실에서 어떻게 적용되는지 증거를

들어가며 보여 주라.

- 학생이 역량을 갖출 때까지 반복하고 연습할 기회를 주라.
- 수업에 상상력을 유용하게 사용하도록 권장하라(그것은 시간 낭비가 아니다.).

선생님은 과업에 먼저 집중하고 그다음에 사람 · 관계에 집중한다. 교실은 사무적이고 목적이 있는 분위기일 것이다. 학생들은 행동, 숙제 등의 측면에서 기대되는 명확한 지침을 받는다. 이것은 기껏해야 모든 사람이 자신이 어디에 있고 어떻게 행동해야 하는지를 안다는 것을 의미한다. 최악의 경우 교실은 의기소침하고 겁에 질린 신병들로 가득 찬 군대 훈련소와 비슷할 수 있다. 이 학생과 맺는 개인적 관계가 성공의 핵심이라는 것을 기억하라. 곰인형 유형이 선생님을 좋아하고 선생님도 그들을 좋아한다고 느낄 필요가 있다. 이렇게 되면 그들은 더 열심히 공부하겠지만 그렇지 않으면 관심을 완전히 끊을 수도 있다. 이것은 한 학생이 한 해(그들이 좋아하는 선생님과 함께 하면)에 최고의 학생이 될 수도 있고, 선생님이 바뀐 그 이듬해에는 공부에 대해 아예 관심을 보이지 않은 이유를 설명해 준다. 본능적으로 사람 중심적인 학생의 능력을 최대한 이끌어 내기 위해 교사는

- 공감, 협업 및 팀워크를 사용하여 과제에 집중하는 교사 본연의 성향에 균형을 맞출 수 있는 학습 상황을 제시하라.
- 어떠한 약점이라도 극복할 수 있도록 요령껏 지원하면서 충분하고 정기적으로 칭찬하라. 피드백은 비판으로 쉽게 비칠 수 있으니 전달할 때 계란 껍데기를 밟듯 조심하라.
- 학생에 대한 개인적인 신뢰를 드러내면서 설득하라(나를 실망시키지 마렴, 네가 할 수 있다는 것을 알아. 난 네가 좋단다.).
- 때때로 타협할 준비를 하라. 안 그러면 곰인형 유형은 뾰로통해질 것이다.

북극곰 유형 교사는 시간을 계획해야 한다. 그들은 모든 유형 중에서 가장 체계적이고 결단력 있다. 그들은 계획을 세우고 그것에 충실하며, 종종 인상적인 할 일 목록에 의해 도움을 받고 그 계획은 올바르다. 그들의 교실은 학교에서 대개 정리가 잘 되어 있다. 과목은 아마도 수업 분량의 크기대로 잘게 나뉘고 그해의 세부 계획이 꼼꼼하게 세워질 것이다. 많은 **J**형 학생은 선생님의 조직적인 열의에 안심한다. 그들은 단순히 일정을 수용하고, 합의한 내용을 전달하며, 대개 모든 업무를 제시간에 완료한다. 흥미롭게도, 몇몇 **J**형 학생은 선생님이 선의로 하는 철저함을 꺼릴 것이다. 그들은 다른 사람의 계획을 채택하기보다는 그들 자신의 계획을 세우고 그것을 실천하기를 원한다. 이것은 **J**형이 통제력에 대해 열망하기 때문이다. 그래서 비록 최소한 모든 작업은 완료되겠지만 두 **J**형이 서로 충돌할 수 있다. 대부분의 중등학교는 학생들이 매우 체계적이어서 두 **J**형이 가장 좋은 조합으로 이루어지기를 요구한다. 선천적으로 조직적인 학생의 능력을 최대한 이끌어 내기 위해서 선생님은

- 질서, 깔끔함, 마감 기일 준수에 대한 공통의 욕구를 즐겨라.
- 외적인 일로 교사의 세심한 준비가 방해 받을 경우 자신의 계획을 조정할 준비를 하라(그리고 학생이 때때로 유연성을 받아들이도록 권장하라.).
- 예상 가능한 수업이 지겹지 않도록 때때로 변화를 주어라.
- 선택할 수 있는 모든 것을 고려하기도 전에 해야 할 일에 대해 신속하게 결정하지 마라.
- 학생이 진정으로 원할 경우 그들의 방식대로 작업을 자립적으로 계획할 수 있도록 허락하라.

13
북극곰 유형 선생님(Polar Bear teacher) & 코알라 유형 학생(Koala student)
ISTJ & ISFJ

두 곰 유형의 교사와 학생은 모두 무엇이 이치에 맞는지 그들의 관찰과 경험을 활용해서 판단하는 것을 좋아한다. 그들은 결론을 향해 나아가는 방법에서 차이를 보인다. 코알라 유형의 사람은 사람들에게 나타날 영향을 고려하고, 북극곰 유형의 사람은 객관적으로 사실을 분석하기를 원한다. 선천적으로 자기의 감정을 숨기는 학생의 능력을 최대한 이끌어 내기 위해서 선생님은

- 학생의 사생활과 독립성을 존중하라.
- 학생이 심사숙고할 수 있도록 충분한 시간을 허락

하라.

- 당신이 무엇을 하고 있는지 확실히 알 수 있도록 정중하게 의견을 말하라.
- 교사 자신의 생각을 명확히 밝힐 시간을 가지고, 어떤 말을 해야 한다면 차분하고 직접적으로 전달하되 대립하는 것을 피하라.
- 비언어적 의사소통을 사용하라—미소와 제스처는 **I**형 학생들을 안심시킨다. 피드백을 전달하기 위해 포스트잇 · 전자 메일을 사용할 수도 있다.

선생님과 학생 모두 지식을 똑같은 방법으로 얻는다. 그들은 자세한 사항들을 감각들(그들이 보고, 듣고, 느끼는 것에 깨어 있는 것)을 통해 알아챈다. 모두 현재에 관심이 있다. 선생님은 본능적으로 교육 방식이 실용적이고 합리적이며, 현실적이어서 선생님은 학생들이 그 지도에 따르도록 격려할 것이다. 견고하고 동료 같은 관계는 선생님과 학생이 서로가 과제를 완수하기 위해 각자 무엇을 해야 할지 상호 이해하면서 발전한다. 기본적으로 현실적인 학생의 능력을 최대한 이끌어 내기 위해서 선생님은

- 배운 것이 실제 현실에서 어떻게 적용되는지 설명하라.
- 학생이 역량을 갖출 때까지 반복하고 연습할 기회를 주라.
- 수업에 상상력을 유용하게 사용하도록 권장하라(그것은 시간 낭비가 아니다.).

선생님은 과업에 먼저 집중하고 그다음에 사람 · 관계에 집중한다. 교실은 사무적이고 목적이 있는 분위기일 것이다. 학생들은 행동, 숙제 등의 측면에서 기대되는 명확한 지침을 받는다. 이것은 기껏해야 모든 사람이 자신이 어디에 있고 어떻게 행동해야 하는지를 안다는 것을 의미한다. 최악의 경우 교실은 군대 신병 훈련소와 비슷할 수 있다. 이 학생과 맺는 개인적 관계가 성공의 핵심이라는 것을 기억하라. 코알라 유형이 선생님을 좋아하고 선생님도 그들을 좋아한다고 느낄 필요가 있다. 이렇게 되면 그들은 더 열심히 공부하겠지만 그렇지 않으면 관심을 완전히 끊을 수도 있다. 이것은 한 학생이 한 해(그들이 좋아하는 선생님과 함께 하면)에 최고의 학생이 될 수도 있고, 선생님이 바뀐 그 이듬해에는 공부에 대해 아예 관심을 보이지 않은 이유를 설명해 준다. 선천적으로 사람 중심적인 학생의 능력을 최대한 이끌어 내기 위해 선생님은

- 공감, 협업 및 팀워크를 사용하여 과제에 집중하는 교사 본연의 성향에 균형을 맞출 수 있는 학습 상황을 제시하라.
- 어떠한 약점이라도 극복할 수 있도록 요령껏 지원하면서 충분하고 정기적으로 칭찬하라. 피드백은 비판으로 쉽게 비칠 수 있으니 전달할 때 조심스럽게 다루어라.
- 학생에 대한 개인적인 신뢰를 바탕으로 하여 조용하고 정기적으로 말하라(나를 실망시키지 마렴, 네가 할 수 있다는 것을 알아. 난 네가 좋단다.).
- 일상적인 것을 좋아하는 코알라 유형의 학생을 안심시키기 위해 때때로 타협할 준비를 하라.

곰유형의 선생님은 일정을 짜는 것을 좋아한다. 그들은 계획적이고 결단력이 있다. 그들은 계획을 잘 지키고, 가끔씩 인상 깊었던 할 일 목록에 도움을 받기도 한다. 그들의 반은 대체적으로 정리가 잘 되어 있다. 과목을 한 수업 단위로 쪼개고, 교육과정의 기준 등을 고려해서 일 년 계획을 세우게 될 것이다. 많은 **J**형 학생은 선생님의 조직적인 열의에 안심한다. 그들은 단순히 일정을 수용하고, 합의한 내용을 전달하며, 대개 모든 업무를 제시간에 완료한다. 흥미롭게도, 몇몇 **J**형 학생은 선생님이 선의로 하는 철저함을 꺼릴 것이다. 그들은 다른 사람의 계획을 채택하기보다는 그들 자신의 계획을 세우고 그것을 실천하기를 원한다. 이것은 **J**형이 통제력에 대해 열망하기 때문이다. 그래서 비록 최소한 모든 작업은 완료되겠지만 두 **J**형이 서로 충돌할 수 있다. 대부분의 중등학교는 학생들이 매우 체계적이어서 두 **J**형이 가장 좋은 조합으로 이루어지기를 요구한다. 선천적으로 조직적인 학생의 능력을 최대한 이끌어 내기 위해서 선생님은

- 질서, 깔끔함, 마감 기일 준수에 대한 공통의 욕구를 즐겨라.
- 학생이 진정으로 원할 경우 그들의 방식대로 작업을 자립적으로 계획할 수 있도록 허락하라.
- 외적인 일로 교사의 세심한 준비가 방해 받을 경우 자신의 계획을 조정할 준비를 하라(그리고 학생이 때때로 유연성을 받아들이도록 권장하라.).
- 예상 가능한 수업이 지겹지 않도록 때때로 변화를 주어라.

■ 선택할 수 있는 모든 것을 고려하기도 전에 해야 할 일에 대해 신속하게 결정하지 마라.

14
북극곰 유형 선생님(Polar Bear teacher) & 해마 유형 학생(Seahorse student)
ISTJ & INFJ

북극곰 유형과 해마 유형은 두 가지 성향을 공유한다. 그들은 결론을 도출하는 방식에서 차이를 보인다. 해마 유형은 환상적인 일을 좋아하고 사람들에게 끼칠 영향을 고려하는 반면, 북극곰은 사실을 객관적으로 분석하는 것을 좋아한다. 선천적으로 자기 성찰적인 학생의 능력을 최대한 이끌어 내기 위해서 선생님은

■ 차분히 속도를 낮추고 간결하게 이야기하라.
■ 질문과 답변 사이에 충분한 시간을 주라. 학생이 답하기 전에 생각하고 되돌아볼 시간이 필요함을 존중하라.
■ 문제를 즉시 해결하거나 학생들의 말을 가로채지 마라.
■ 학생들에게 스스로 작업할 수 있는 시간과 공간을 제공하라. 그들 머리 위를 맴돌면서 참견하려고 하지 마라.
■ 상호 보완적인 유형들과 짝을 이루게 하라(코알라 · 고양이 · 물개 유형).
■ **E**형 학생이 많은 모둠 · 팀에 **I**형 학생 한 명만을 두지 마라(그들은 조용히 앉아 있을 것이다.).
■ (말뿐만 아니라) 글로 써서 칭찬하라.

북극곰 유형 교사는 자신의 경험을 사용하여 주변 환경을 이해하는 것을 좋아한다. 교사는 본질적으로 수업 방식이 실용적, 순차적, 현실적이며 학생들이 이를 따라오도록 격려한다. **N**형 학생은 기껏해야 이것을 어렵게 여기거나 최악의 경우 지루하게 여길 것이다. 교사는 그 학생에게 논쟁적이거나 심지어 오만하다고 낙인찍을 것이다. 교사는 학생들을 꾸짖고 싶은 유혹을 물리쳐야 한다. 왜냐하면 이것이 학생들이 정보를 받아들이고 세상을 이해하는 방식이기 때문이다. 올바른 맥락에서 공상은 자동차, 비행기, 의약품 및 컴퓨터의 발명으로 이어질 수 있다. 선천적으로 상상력이 많은 학생의 능력을 최대한 이끌어 내기 위해서 선생님은

■ 학생의 상상력과 통찰력, 그리고 그것이 수업에도 가져올 수 있음을 받아들여라.
■ 학생에게 **S**형 접근 방식(사실, 세부 사항, 절차, 실험, 경험 적용, 구조, 단계별 모델)이 수업에 중요하게 기여함을 깨닫도록 하라.

선생님은 과업에 먼저 집중하고 그다음에 사람 · 관계에 집중한다. 교실은 사무적이고 목적이 있는 분위기일 것이다. 학생들은 행동, 숙제 등의 측면에서 기대되는 명확한 지침을 받는다. 이것은 기껏해야 모든 사람이 자신이 어디에 있고 어떻게 행동해야 하는지를 안다는 것을 의미한다. 최악의 경우 교실은 군대 신병 훈련소와 비슷할 수 있다. 이 학생과 맺는 개인적 관계가 성공의 핵심이라는 것을 기억하라. 해마 유형이 선생님을 좋아하고 선생님도 그들을 좋아한다고 느낄 필요가 있다. 이렇게 되면 그들은 더 열심히 공부하겠지만 그렇지 않으면 관심을 완전히 끊을 수도 있다. 이것은 한 학생이 한 해(그들이 좋아하는 선생님과 함께 하면)에 최고의 학생이 될 수도 있고, 선생님이 바뀐 그 이듬해에는 공부에 대해 아예 관심을 보이지 않은 이유를 설명해 준다. 본능적으로 사람 중심적인 학생의 능력을 최대한 이끌어 내기 위해 교사는

■ 공감, 협업 및 팀워크를 사용하여 과제에 집중하는 교사 본연의 성향에 균형을 맞출 수 있는 학습 상황을 제시하라.
■ 어떠한 약점이라도 극복할 수 있도록 요령껏 지원하면서 충분하고 정기적으로 칭찬하라. 피드백은 비판으로 쉽게 비칠 수 있으니 전달할 때 계란 껍데기를 밟듯 조심하라.
■ 학생에 대한 개인적인 신뢰를 드러내면서 설득하거나 영향력을 행사하라(나를 실망시키지 마렴, 네가 할 수 있다는 것을 알아. 난 네가 좋단다.).
■ 때때로 타협할 준비를 하라.

J 성향을 가진 선생님은 일정 짜는 것을 좋아한다. 그들은 계획적이고 결단력이 있다. 그들은 계획을 잘 지키고, 가끔씩 인상 깊었던 할 일 목록에 도움을 받기도 한다. 그들의 반은 대체적으로 정리가 잘 되어 있다. 과목을 한 수업 단위로 쪼개고, 교육과정의 기준 등을 고려해서 일 년 계획을 세우게 될 것이다. 많은 **J**형 학생은

선생님의 조직적인 열의에 안심한다. 그들은 단순히 일정을 수용하고, 합의한 내용을 전달하며, 대개 모든 업무를 제시간에 완료한다. 흥미롭게도, 몇몇 **J**형 학생은 선생님이 선의로 하는 철저함을 꺼릴 것이다. 그들은 다른 사람의 계획을 채택하기보다는 그들 자신의 계획을 세우고 그것을 실천하기를 원한다. 이것은 **J**형이 통제력에 대해 열망하기 때문이다. 그래서 비록 최소한 모든 작업은 완료되겠지만 두 **J**형이 서로 충돌할 수 있다. 대부분의 중등학교는 학생들이 매우 체계적이어서 두 **J**형이 가장 좋은 조합으로 이루어지기를 요구한다. 선천적으로 조직적인 학생의 능력을 최대한 이끌어 내기 위해서 선생님은

- 질서, 깔끔함, 마감 기일 준수에 대한 공통의 욕구를 즐겨라.
- 학생이 진정으로 원할 경우 그들의 방식대로 작업을 자립적으로 계획할 수 있도록 허락하라.
- 외적인 일로 교사의 세심한 준비가 방해 받을 경우 자신의 계획을 조정할 준비를 하라(그리고 학생이 때때로 유연성을 받아들이도록 권장하라.).
- 예상 가능한 수업이 지겹지 않도록 때때로 변화를 주어라.
- 선택할 수 있는 모든 것을 고려하기도 전에 해야 할 일에 대해 신속하게 결정하지 마라.

15
북극곰 유형 선생님(Polar Bear teacher) & 독수리 유형 학생(Eagle student)
ISTJ & ENTJ

북극곰 유형과 독수리 유형은 모두 일을 맡아서 하는 것을 좋아한다. 그들의 상호적인 이해는 두 가지 공통된 성향에서 비롯되며 이것은 효과적인 관계의 기반을 형성한다. 갈등은 학생이 교사의 통제를 벗어나려고 싸울 때 일어날 수 있다. 좋은 북극곰 유형의 교사들은 독수리 유형의 학생들에게 그들의 지도하려는 성향을 발현할 수 있는 기회와 그들만의 솔직한 의견을 말할 수 있는 기회를 준다. 선천적으로 대립이 잦은 학생의 능력을 최대한 이끌어 내기 위해서 선생님은

- 학생의 견해와 엉뚱한 말일지라도 참고 열정적으로 들어 주라.
- 인내하며 '어리석은' 아이디어가 이끄는 곳을 살펴보라. 학생은 크게 말하면서 생각하는데, 이것이 그들이 가장 잘 배우는 방법이다.
- 특히 모둠 토론에서 논란이 될 만한 주제 · 논제는 학생에게 주지 마라.
- 수업하는 동안에 **E**형 학생들이 다른 **E**형 학생들과 대화할 수 있는 기회를 많이 만들어라.
- 또한 교사의 생각도 제시하라. 시간이 초과될 경우 요청하라.
- 학생이 말하기 전에 충분히 생각하게 하라. 그렇지 않으면 수업을 방해할 수 있다.

북극곰 유형 교사는 자신의 경험을 사용하여 주변 환경을 이해하는 것을 좋아한다. 교사는 본질적으로 수업 방식이 실용적, 순차적, 현실적이며 학생들이 이를 따라오도록 격려한다. **N**형 학생은 기껏해야 이것을 어렵게 여기거나 최악의 경우 지루하게 여길 것이다. 교사는 그 학생에게 논쟁적이거나 심지어 오만하다고 낙인찍을 것이다. 교사는 학생들을 꾸짖고 싶은 유혹을 물리쳐야 한다. 왜냐하면 이것이 학생들이 정보를 받아들이고 세상을 이해하는 방식이기 때문이다. 올바른 맥락에서 공상은 자동차, 비행기, 의약품 및 컴퓨터의 발명으로 이어질 수 있다. 선천적으로 상상력이 많은 학생의 능력을 최대한 이끌어 내기 위해서 선생님은

- 학생의 상상력과 통찰력, 그리고 그것을 수업에도 가져올 수 있음을 받아들여라.
- 학생에게 **S**형 접근 방식(사실, 세부 사항, 절차, 실험, 경험 적용, 구조, 단계별 모델)이 수업에 중요하게 기여함을 깨닫도록 하라.

선생님과 학생 모두 업무 중심적이고, 정확하며, 일관되고 정직하다. 이 반은 사무적이고, 목적 의식이 뚜렷한 분위기일 것이다. 학생은 행동, 숙제 등에서 기대되는 명확한 지침을 받는다. 만약 학생이 선생님에게 이의를 제기한다면 그것은 아마 (지침에 대해) 확인하기 위해서일 것이다. 잘해야 모든 사람이 어디에 서고, 어떻게 행동해야 하는지 안다는 의미이다. 특징적으로 업무 중심적인 학생의 능력을 최대한 이끌어 내기 위해서 선생님은

- 학생들의 기술과 지식을 경쟁적으로 시험하는 방법으로 수업하라(경쟁, 도전, 퀴즈, 개인 최고 점수 갱신 및

측정).
- 학생들에게 사람의 50%는 **F**형이고 피드백을 비판으로 해석할 수 있음을 이해하도록 도와주라.
- 학생이 성취한 것과 그다음에 해야 할 것에 집중하게 하라.
- 때때로 타협할 수 있도록 준비하라.
- 잠재된 감정적인 원인을 고려하지 않고 문제된 어떤 것을 해결하려는 시도를 피하라.

곰 유형의 선생님은 일정 짜는 것을 좋아한다. 그들은 계획적이고 결단력이 있다. 그들은 계획을 잘 지키고, 가끔씩 인상 깊었던 할 일 목록에 도움을 받기도 한다. 그들의 반은 대체적으로 정리가 잘 되어 있다. 과목을 한 수업 단위로 쪼개고, 교육과정의 기준 등을 고려해서 일 년 계획을 세우게 될 것이다. 많은 **J**형 학생은 선생님의 조직적인 열의에 안심한다. 그들은 단순히 일정을 수용하고, 합의한 내용을 전달하며, 대개 모든 업무를 제시간에 완료한다. 흥미롭게도, 몇몇 **J**형 학생은 선생님이 선의로 하는 철저함을 꺼릴 것이다. 그들은 다른 사람의 계획을 채택하기보다는 그들 자신의 계획을 세우고 그것을 실천하기를 원한다. 이것은 **J**형이 통제력에 대해 열망하기 때문이다. 그래서 비록 최소한 모든 작업은 완료되겠지만 두 **J**형이 서로 충돌할 수 있다. 대부분의 중등학교는 학생들이 매우 체계적이어서 두 **J**형이 가장 좋은 조합으로 이루어지기를 요구한다. 선천적으로 조직적인 학생의 능력을 최대한 이끌어 내기 위해서 선생님은

- 질서, 깔끔함, 마감 기일 준수에 대한 공통의 욕구를 즐겨라.
- 학생이 진정으로 원할 경우 그들의 방식대로 작업을 자립적으로 계획할 수 있도록 허락하라.
- 외적인 일로 교사의 세심한 준비가 방해 받을 경우 자신의 계획을 조정할 준비를 하라(그리고 학생이 때때로 유연성을 받아들이도록 권장하라.).
- 예상 가능한 수업이 지겹지 않도록 때때로 변화를 주어라.
- 선택할 수 있는 모든 것을 고려하기도 전에 해야 할 일에 대해 신속하게 결정하지 마라.

16
북극곰 유형 선생님(Polar Bear teacher) & 고양이 유형 학생(Cat student)
ISTJ & ISFP

선천적으로 자신감 있고 주장이 강한 북극곰 유형의 교사는 그들의 고양이 유형 학생과 두 가지 성향을 공유한다. 효과적인 관계를 만들기 위해서는 그들은 서로 다른 점을 받아들이고 인정해 줘야 한다. 고양이 유형은 일하는 것이 재미있을 때 만족을 얻지만 곰 유형은 그들이 일할 때 즐거움을 얻는다. 선천적으로 자기 성찰적인 학생의 능력을 최대한 이끌어 내기 위해서 선생님은

- 차분히 속도를 낮추고 간결하게 이야기하라.
- 질문과 답변 사이에 충분한 시간을 주라. 학생이 답하기 전에 생각하고 되돌아볼 시간이 필요함을 존중하라.
- 문제를 즉시 해결하거나 학생들의 말을 가로채지 마라.
- 학생들에게 스스로 작업할 수 있는 시간과 공간을 제공하라. 그들 머리 위를 맴돌면서 참견하려고 하지 마라.
- 상호 보완적인 유형들과 짝을 이루게 하라(호랑이 · 물개 · 숲올빼미 유형).
- **E**형 학생이 많은 모둠 · 팀에 **I**형 학생 한 명만을 두지 마라(그들은 조용히 앉아 있을 것이다.).
- (말뿐만 아니라) 글로 써서 칭찬하라.
- 학생이 쉬는 시간에 교사에게 와서 항상 이야기할 수 있으며, 나중에 교사가 답변할 수 있는 질문 · 문제를 적어 놓을 수 있음을 학생에게 알려 주라.

선생님과 학생 모두 지식을 똑같은 방법으로 얻는다. 그들은 자세한 사항들을 감각들(그들이 보고, 듣고, 느끼는 것에 깨어 있는 것)을 통해 알아챈다. 둘 다 자신이 보고 주목한 것을 이해하기 위해 자신의 경험을 사용한다. 모두 현재에 관심이 있다. 선생님은 교육 방식이 본능적으로 실용적이고 합리적이며, 현실적이며 선생님은 학생들이 그 지도에 따르도록 격려할 것이다. 견고하고 동료 같은 관계는 선생님과 학생이 서로가 과제를 완수하기 위해 각자 무엇을 해야 할지 상호 이해하면서 발전한다. 기본적으로 현실적인 학생의 능력을 최대한

이끌어 내기 위해서 선생님은

- 배운 것이 실제 현실에서 어떻게 적용되는지 증거를 들어가며 보여 주라.
- 학생이 역량을 갖출 때까지 반복하고 연습할 기회를 주라.
- 수업에 상상력을 유용하게 사용하도록 권장하라(그것은 시간 낭비가 아니다.).

선생님은 과업에 먼저 집중하고 그다음에 사람·관계에 집중한다. 교실은 사무적이고 목적이 있는 분위기일 것이다. 학생들은 행동, 숙제 등의 측면에서 기대되는 명확한 지침을 받는다. 이것은 기껏해야 모든 사람이 자신이 어디에 있고 어떻게 행동해야 하는지를 안다는 것을 의미한다. 최악의 경우 교실은 의기소침하고 둘 다 자신이 보고 주목한 것을 이해하기 위해 자신의 경험을 사용한다. 신병들로 가득 찬 군대 훈련소와 비슷할 수 있다. 이 학생과 맺는 개인적 관계가 성공의 핵심이라는 것을 기억하라. 고양이 유형이 선생님을 좋아하고 선생님도 그들을 좋아한다고 느낄 필요가 있다. 이렇게 되면 그들은 더 열심히 공부하겠지만 그렇지 않으면 관심을 완전히 끊을 수도 있다. 이는 학생이 한 해에 반에서 1등(좋아하는 선생님과 함께)을 할 수 있고, 다음 해에 교사를 바꾸면 그 과목에 전혀 관심을 보이지 않는 이유를 설명해 준다. 본능적으로 사람 중심적인 학생의 능력을 최대한 이끌어 내기 위해 선생님은

- 공감, 협업 및 팀워크를 사용하여 과제에 집중하는 교사 본연의 성향에 균형을 맞출 수 있는 학습 상황을 제시하라.
- 어떠한 약점이라도 극복할 수 있도록 요령껏 지원하면서 충분하고 정기적으로 칭찬하라. 피드백은 비판으로 쉽게 비칠 수 있으니 전달할 때 계란 껍데기를 밟듯 조심하라.
- 학생에 대한 개인적인 신뢰를 드러내면서 설득하라(나를 실망시키지 마렴, 네가 할 수 있다는 것을 알아. 난 네가 좋단다.).
- 때때로 타협할 준비를 하라.

J형 선생님은 시간 계획 짜는 것을 즐긴다. 그들은 체계적이고 결단력 있다. 그들은 계획을 세우고 그것에 충실하며, 종종 인상적인 할 일 목록에 의해 도움을 받는다. 그들의 교실은 학교에서 가장 정리가 잘 되어 있다. 과목은 아마도 수업 분량의 크기대로 잘게 나뉘고 그해의 세부 계획이 열성적으로 세워질 것이다. **P**형의 학생은 아래 세 가지 중 하나의 반응을 보일 것이다.

- 당신의 전문성을 받아들이고 그들의 장기적인 이익을 이해함으로써 긍정적으로 반응한다.
- 당신이 제공하는 내용이나 과정을 진심으로 받아들이지는 않지만 쉬운 삶을 위한 구조·계획을 수동적으로 받아들인다.
- 교사와 수업 계획, 그리고 과목별 수업을 완전히 거부하며 부정적으로 반응한다(물리적으로 교실에 있더라도 수업에 몰두하거나 참여하지 않는다.).

선생님은 선천적으로 느긋한 학생의 능력을 최대한 이끌어 내기 위해서 학생이 그저 선택할 수 있는 것과 선택하는 것을 좋아하는 것이 아님을 주의해야 한다. 즉, 학생에게 그것은 필요한 것이며 그렇게 해 주지 않으면 몸이 근질거리고 몸부림치거나 반항하기 시작한다. **P**형의 학생들에게 중등학교의 교육 환경은 어려워서 교사들은 이 압박감을 조금 유연하게 할 필요가 있다. 그렇게 하기 위해서 선생님은

- 가능한 한 유연성을 많이 제공하라(다양한 선택 과제, 수업 내 선택).
- 세부 일정을 피하라(어차피 지키지도 못할 것이다.).
- 예상 가능한 수업이 지겹지 않도록 때때로 변화를 주어라.
- 학생이 반드시 성공할 수 있도록 간단하지만 효과적인 몇 가지 전략을 찾을 수 있게 도와주라.

17
흑곰 유형 선생님(Black Bear teacher) & 흑곰 유형 학생(Black Bear student)
ESTJ & ESTJ

흑곰 유형은 선천적으로 리더형이다. 그들은 일을 직접 해서 끝내지 않고는 버티지 못한다. 그들은 서로 이해함으로 효과적인 관계를 형성한다. 갈등은 학생이 교사의 통제를 벗어나려고 싸울 때 일어날 수 있다. 좋은 흑곰 유형의 교사들은 흑곰 유형의 학생들에게 그들의 조직적인 재능을 보일 수 있는 기회를 준다. 선천적으로 야단스러운 학생의 능력을 최대한 이끌어 내기 위해서 선

생님은

- 새로운 생각과 발상을 불러일으키는 것이 적절할 때 생동감 넘치는 농담을 즐겨라. 학생은 이러한 방법으로 가장 잘 배우지만, 교실에 수많은 다른 학생들도 있다는 사실을 기억하라.
- 요점에 충실하고 긍정적인 자세를 취하라. 잔소리하지 마라.
- 했던 일을 또 반복하지 마라.
- 차분하고 명확하게 행동하라. 그렇지 않으면 **E** 유형인 두 사람은 서로의 말을 듣지 않고 점점 더 크게 말할 수 있다.
- 어떤 생각은 말하지 않을 수도 있음을 기억하라(그러면 여러분은 나중에 어떤 것, 특히 비판적인 생각을 표현할 더 나은 방법을 생각할 수 있다.).
- 열정적이고 지지하는 청자가 되라. 교사의 생각을 주장하기보다는 학생 자신의 생각을 명확히 하고 발전시킬 수 있도록 도와주라.
- 서로 조용히 하는 법을 배우고 수업에서 **I** 유형 학생이 자신을 표현할 수 있도록 격려하라.

선생님과 학생 모두 똑같은 방법으로 지식을 얻는다. 그들은 자세한 사항들을 감각들(그들이 보고, 듣고, 느끼는 것에 깨어 있는 것)을 통해 알아챈다. 둘 다 자신이 보고 주목한 것을 이해하기 위해 자신의 경험을 사용한다. 모두 현재에 관심이 있다. 선생님은 교육 방식이 본능적으로 실용적, 합리적, 현실적이다. 선생님은 학생들이 그 지도에 따르도록 격려할 것이다. 견고하고 동료 같은 관계는 선생님과 학생이 서로가 과제를 완수하기 위해 각자 무엇을 해야 할지 상호 이해하면서 발전한다. 기본적으로 현실적인 학생의 능력을 최대한 이끌어 내기 위해서 선생님은

- 배운 것이 실제 현실에서 어떻게 적용되는지 설명하라.
- 학생이 역량을 갖출 때까지 반복하고 연습할 기회를 주라.
- 수업에 상상력을 유용하게 사용하도록 권장하라(그것은 시간 낭비가 아니다.).

선생님과 학생 모두 일에 집중하고, 정확하며, 일관되고 정직하다. 교실은 업무 중심적이고, 목적 의식이 뚜렷한 분위기일 것이다. 학생은 행동, 숙제 등에서 기대되는 명확한 지침을 받는다. 만약 학생이 선생님에게 이의를 제기한다면 그것은 아마 (지침에 대해) 확인하기 위해서일 것이다. 잘해야 모든 사람이 어디에 서고, 어떻게 행동해야 하는지 안다는 의미이다. 선천적으로 업무 중심적인 학생의 능력을 최대한 이끌어 내기 위해서 선생님은

- 학생들의 기술과 지식을 경쟁적으로 시험하는 방법으로 수업하라(경쟁, 도전, 퀴즈, 개인 최고 점수 갱신 및 측정).
- 학생들에게 사람의 50%는 **F**형이고 피드백을 비판으로 해석할 수 있음을 이해하도록 도와주라.
- 학생이 성취한 것과 그다음에 해야 할 것에 집중하게 하라.
- 때때로 타협할 수 있도록 준비하라.
- 잠재된 감정적인 원인을 고려하지 않고 문제된 어떤 것을 해결하려는 시도를 피하라.

J형의 선생님은 일정 짜는 것을 좋아한다. 그들은 계획적이고 결단력이 있다. 그들은 계획을 잘 지키고, 가끔씩 인상 깊었던 할 일 목록에 도움을 받기도 한다. 그들의 반은 대체적으로 정리가 잘 되어 있다. 과목을 한 수업 단위로 쪼개고, 교육과정의 기준 등을 고려해서 일년 계획을 세우게 될 것이다. 많은 **J**형 학생은 선생님의 조직적인 열의에 안심한다. 그들은 단순히 일정을 수용하고, 합의한 내용을 전달하며, 대개 모든 업무를 제시간에 완료한다. 흥미롭게도, 몇몇 **J**형 학생은 선생님이 선의로 하는 철저함을 꺼릴 것이다. 그들은 다른 사람의 계획을 채택하기보다는 그들 자신의 계획을 세우고 그것을 실천하기를 원한다. 이것은 **J**형이 통제력에 대해 열망하기 때문이다. 그래서 비록 최소한 모든 작업은 완료되겠지만 두 **J**형이 서로 충돌할 수 있다. 대부분의 중등학교는 학생들이 매우 체계적이어서 두 **J**형이 가장 좋은 조합으로 이루어지기를 요구한다. 선천적으로 조직적인 학생의 능력을 최대한 이끌어 내기 위해서 선생님은

- 질서, 깔끔함, 마감 기일 준수에 대한 공통의 욕구를 즐겨라.
- 학생이 진정으로 원할 경우 그들의 방식대로 작업을 자립적으로 계획할 수 있도록 허락하라.
- 외적인 일로 교사의 세심한 준비가 방해 받을 경우 자신의 계획을 조정할 준비를 하라(그리고 학생이 때때로 유연성을 받아들이도록 권장하라.).
- 예상 가능한 수업이 지겹지 않도록 때때로 변화를 주

어라.

- 선택할 수 있는 모든 것을 고려하기도 전에 해야 할 일에 대해 신속하게 결정하지 마라.

18
흑곰 유형 선생님(Black Bear teacher) & 물개 유형 학생(Seal student)
ESTJ & INFP

선천적으로 자신감 있고 주장을 잘하는 흑곰 유형의 교사는 물개 유형의 학생과 어떤 성향도 같지 않다. 다른 성향들이 서로 끌리려면, 그들은 서로의 차이점을 받아들이고 인정해야 한다. 선천적으로 자기 성찰적인 학생의 능력을 최대한 이끌어 내기 위해서 선생님은

- 차분히 속도를 낮추고 간결하게 이야기하라.
- 질문과 답변 사이에 충분한 시간을 주라. 학생이 답하기 전에 생각하고 되돌아볼 시간이 필요함을 존중하라.
- 문제를 즉시 해결하거나 학생들의 말을 가로채지 마라.
- 학생들에게 스스로 작업할 수 있는 시간과 공간을 제공하라. 그들 머리 위를 맴돌면서 참견하려고 하지 마라.
- **E**형 학생이 많은 모둠 · 팀에 **I**형 학생 한 명만을 두지 마라(그들은 조용히 앉아 있을 것이다.).
- (말뿐만 아니라) 글로 써서 칭찬하라.

흑곰 유형 선생님은 주변 환경을 이해하기 위해 자신의 경험을 활용하는 것을 좋아한다. 교사는 선천적으로 수업 방식이 실용적, 순차적, 현실적이며 학생들이 이를 따라오도록 격려한다. **N**형인 학생은 이를 도전적이거나 지루하다고 여길 수 있다. 흑곰 유형 교사는 학생을 공상가, 자신만의 세계에서 길을 잃거나 '정신 나간' 사람으로 낙인찍을지도 모른다. 교사는 학생들을 꾸짖고 싶은 유혹을 물리쳐야 한다. 왜냐하면 이것이 학생들이 정보를 받아들이고 세상을 이해하는 방식이기 때문이다. 올바른 맥락에서 공상은 자동차, 비행기, 의약품 및 컴퓨터의 발명으로 이어질 수 있다. 선천적으로 상상력이 많은 학생의 능력을 최대한 이끌어 내기 위해서 선생님은

- 학생의 상상력과 통찰력, 그리고 그것이 수업에도 가져올 수 있음을 받아들여라.
- 학생에게 **S**형 접근 방식(사실, 세부 사항, 절차, 실험, 경험 적용, 구조, 단계별 모델)이 수업에 중요하게 기여함을 깨닫도록 하라.

선생님은 과업에 먼저 집중하고 그다음에 사람 · 관계에 집중한다. 교실은 사무적이고 목적이 있는 분위기일 것이다. 학생들은 행동, 숙제 등의 측면에서 기대되는 명확한 지침을 받는다. 이것은 기껏해야 모든 사람이 자신이 어디에 있고 어떻게 행동해야 하는지를 안다는 것을 의미한다. 최악의 경우 교실은 의기소침하고 겁에 질린 신병들로 가득 찬 군대 훈련소와 비슷할 수 있다. 이 학생과 맺는 개인적 관계가 성공의 핵심이라는 것을 기억하라. 물개 유형이 선생님을 좋아하고 선생님도 그들을 좋아한다고 느낄 필요가 있다. 이렇게 되면 그들은 더 열심히 공부하겠지만 그렇지 않으면 관심을 완전히 끊을 수도 있다. 이것은 한 학생이 한 해(그들이 좋아하는 선생님과 함께 하면)에 최고의 학생이 될 수도 있고, 선생님이 바뀐 그 이듬해에는 공부에 대해 아예 관심을 보이지 않은 이유를 설명해 준다. 이렇게 사람 중심적인 학생의 능력을 최대한 이끌어 내기 위해서 선생님은

- 공감, 협업 및 팀워크를 사용하여 과제에 집중하는 교사 본연의 성향에 균형을 맞출 수 있는 학습 상황을 제시하라.
- 어떠한 약점이라도 극복할 수 있도록 요령껏 지원하면서 충분하고 정기적으로 칭찬하라. 피드백은 비판으로 쉽게 비칠 수 있으니 전달할 때 계란 껍데기를 밟듯 조심하라.
- 학생에 대한 개인적인 신뢰를 드러내면서 설득하거나 영향력을 행사하라(나를 실망시키지 마렴, 네가 할 수 있다는 것을 알아. 난 네가 좋단다.).
- 때때로 타협할 준비를 하라.

흑곰 유형 선생님은 시간 계획 짜는 것을 즐긴다. 그들은 체계적이고 결단력 있다. 그들은 계획을 세우고 그것에 충실하며, 종종 인상적인 할 일 목록에 의해 도움을 받는다. 그들의 교실은 학교에서 가장 정리가 잘 되어 있다. 과목은 아마도 수업 분량의 크기대로 잘게 나뉘고 그해의 세부 계획이 열성적으로 세워질 것이다. **P**형의 학생은 아래 세 가지 중 하나의 반응을 보일 것이다.

- 당신의 전문성을 받아들이고 그들의 장기적인 이익

을 이해함으로써 긍정적으로 반응한다.

- 당신이 제공하는 내용이나 과정을 진심으로 받아들이지는 않지만 쉬운 삶을 위한 구조 · 계획을 수동적으로 받아들인다.
- 교사와 수업 계획, 그리고 과목별 수업을 완전히 거부하며 부정적으로 반응한다(물리적으로 교실에 있더라도 수업에 몰두하거나 참여하지 않는다.).

선생님은 선천적으로 느긋한 학생의 능력을 최대한 이끌어 내기 위해서 학생이 그저 선택할 수 있는 것과 선택하는 것을 좋아하는 것이 아님을 주의해야 한다. 즉, 학생에게 그것은 필요한 것이며 그렇게 해 주지 않으면 몸이 근질거리고 몸부림치거나 반항하기 시작한다. 중등학교 환경은 **P**형 학생들에게 무척 어렵기 때문에 선생님은 압박감을 완화시키는 데 도울 수 있다. 그렇게 하기 위해서 선생님은

- 가능한 한 유연성을 많이 제공하라(다양한 선택 과제, 수업 내 선택).
- 세부 일정을 피하라(어차피 지키지도 못할 것이다.).
- 꼭 필요한 것보다 중요하지 않은 세부 사항을 까다롭게 다루지 마라.
- 예상 가능한 수업이 지겹지 않도록 때때로 변화를 주어라.
- 학생이 반드시 성공할 수 있도록 간단한 시간 관리 전략을 찾아보라.

19
흑곰 유형 선생님(Black Bear teacher) & 흰동가리 유형 학생(Clownfish student)
ESTJ & ENFP

교사와 학생은 모두 선천적으로 열정적이고 주장이 강하다. 그들은 세 가지 성향이 다른데, 이것은 그들이 서로의 차이점을 받아들여야지 성공적인 관계를 맺을 수 있다는 것을 알려 준다. 교사의 과업 중심의 조직적 열의가 변덕스럽고 재미를 추구하는 학생과 만날 때 충돌이 발생한다. 패기만만한 교사와 동등하게 흥분하기 쉬운 학생이 교사와 손발이 척척 맞기 위해서는

- 새로운 생각과 발상을 불러일으키는 것이 적절할 때 생동감 넘치는 농담을 즐겨라. 학생은 이러한 방법으로 가장 잘 배우지만, 교실에 수많은 다른 학생들도 있다는 사실을 기억하라.
- 요점에 충실하고 긍정적인 자세를 취하라. 잔소리하지 마라.
- 했던 일을 또 반복하지 마라.
- 차분하고 명확하게 행동하라. 그렇지 않으면 **E** 유형인 두 사람은 서로의 말을 듣지 않고 점점 더 크게 말할 수 있다.
- 어떤 생각은 말하지 않을 수도 있음을 기억하라(그러면 여러분은 나중에 어떤 것, 특히 비판적인 생각을 표현할 더 나은 방법을 생각할 수 있다.).
- 열정적이고 지지하는 청자가 되라. 교사의 생각을 주장하기보다는 학생 자신의 생각을 명확히 하고 발전시킬 수 있도록 도와주라.
- 서로 조용히 하는 법을 배우고 수업에서 **I** 유형 학생이 자신을 표현할 수 있도록 격려하라.

흑곰 유형 선생님은 주변 환경을 이해하기 위해 자신의 경험을 활용하는 것을 좋아한다. 교사는 선천적으로 수업 방식이 실용적, 순차적, 현실적이며 학생들이 이를 따라오도록 격려한다. **N**형인 학생은 이를 도전적이거나 지루하다고 여길 수 있다. 흑곰 유형 교사는 학생을 공상가, 자신만의 세계에서 길을 잃거나 '정신 나간' 사람으로 낙인찍을지도 모른다. 교사는 학생들을 꾸짖고 싶은 유혹을 물리쳐야 한다. 왜냐하면 이것이 학생들이 정보를 받아들이고 세상을 이해하는 방식이기 때문이다. 올바른 맥락에서 공상은 자동차, 비행기, 의약품 및 컴퓨터의 발명으로 이어질 수 있다. 선천적으로 상상력이 많은 학생의 능력을 최대한 이끌어 내기 위해서 선생님은

- 학생의 상상력과 통찰력, 그리고 그것을 수업에도 가져올 수 있음을 받아들여라.
- 학생에게 **S**형 접근 방식(사실, 세부 사항, 절차, 실험, 경험 적용, 구조, 단계별 모델)이 수업에 중요하게 기여함을 깨닫도록 하라.

선생님은 과업에 먼저 집중하고 그다음에 사람 · 관계에 집중한다. 교실은 사무적이고 목적이 있는 분위기일 것이다. 학생들은 행동, 숙제 등의 측면에서 기대되는 명확한 지침을 받는다. 이것은 기껏해야 모든 사람이 자신이 어디에 있고 어떻게 행동해야 하는지를 안다는 것

을 의미한다. 최악의 경우 교실은 의기소침하고 겁에 질린 신병들로 가득 찬 군대 훈련소와 비슷할 수 있다. 이 학생과 맺는 개인적 관계가 성공의 핵심이라는 것을 기억하라. 흰동가리 유형이 선생님을 좋아하고 선생님도 그들을 좋아한다고 느낄 필요가 있다. 이렇게 되면 그들은 더 열심히 공부하겠지만 그렇지 않으면 관심을 완전히 끊을 수도 있다. 이것은 한 학생이 한 해(그들이 좋아하는 선생님과 함께 하면)에 최고의 학생이 될 수도 있고, 선생님이 바뀐 그 이듬해에는 공부에 대해 아예 관심을 보이지 않은 이유를 설명해 준다. 이렇게 사람 중심적인 학생의 능력을 최대한 이끌어 내기 위해서 선생님은

- 공감, 협업 및 팀워크를 사용하여 과제에 집중하는 교사 본연의 성향에 균형을 맞출 수 있는 학습 상황을 제시하라.
- 학생에 대한 개인적인 신뢰를 드러내면서 설득하라(나를 실망시키지 마렴, 네가 할 수 있다는 것을 알아. 난 네가 좋단다.).
- 때때로 타협할 준비를 하라. 흰동가리 유형이 화가 나면 삐지거나 수업에 방해가 될 수 있다.
- 어떠한 약점이라도 극복할 수 있도록 요령껏 지원하면서 충분하고 정기적으로 칭찬하라. 피드백은 비판으로 쉽게 비칠 수 있으니 전달할 때 계란 껍데기를 밟듯 조심하라.

J형 선생님은 시간 계획 짜는 것을 즐긴다. 그들은 체계적이고 결단력 있다. 그들은 계획을 세우고 그것에 충실하며, 종종 인상적인 할 일 목록에 의해 도움을 받는다. 그들의 교실은 학교에서 가장 정리가 잘 되어 있다. 과목은 아마도 수업 분량의 크기대로 잘게 나뉘고 그해의 세부 계획이 열성적으로 세워질 것이다. **P**형의 학생은 아래 세 가지 중 하나의 반응을 보일 것이다.

- 당신의 전문성을 받아들이고 그들의 장기적인 이익을 이해함으로써 긍정적으로 반응한다.
- 당신이 제공하는 내용이나 과정을 진심으로 받아들이지는 않지만 쉬운 삶을 위한 구조 · 계획을 수동적으로 받아들인다.
- 교사와 수업 계획, 그리고 과목별 수업을 완전히 거부하며 부정적으로 반응한다(물리적으로 교실에 있더라도 수업에 몰두하거나 참여하지 않는다.).

선생님은 선천적으로 느긋한 학생의 능력을 최대한 이끌어 내기 위해서 학생이 그저 선택할 수 있는 것과 선택하는 것을 좋아하는 것이 아님을 주의해야 한다. 즉, 학생에게 그것은 필요한 것이며 그렇게 해 주지 않으면 몸이 근질거리고 몸부림치거나 반항하기 시작한다. 중등학교 환경은 **P**형 학생들에게 무척 어렵기 때문에 선생님은 압박감을 완화시키는 데 도울 수 있다. 그렇게 하기 위해서 선생님은

- 가능한 한 유연성을 많이 제공하라(다양한 선택 과제, 수업 내 선택).
- 세부 일정을 피하라(어차피 지키지도 못할 것이다.).
- 꼭 필요한 것보다 중요하지 않은 세부 사항을 까다롭게 다루지 마라.
- 예상 가능한 수업이 지겹지 않도록 때때로 변화를 주어라.
- 학생이 중요한 작업을 마지막까지 당황하지 않고 완료할 수 있도록 시간을 조직하고 관리할 수 있는 간단한 방법을 찾아보라.

20
흑곰 유형 선생님(Black Bear teacher) & 북극곰 유형 학생(Polar Bear student)
ESTJ & ISTJ

흑곰과 북극곰들은 조직적이고 결단력 있으며 상황을 잘 조정하는 능력이 있다. 그들은 또한 과업 중심적이며 성공을 위해서 결단력이 있다. 이런 비슷한 성격의 근간은 보통 건설적인 관계를 이끈다. 만약 학생의 주장이 잘못 해석되어서 호전적인 것으로만 비춰지면 갈등이 일어날 가능성이 높다. 학생의 능력을 최대한 이끌어 내기 위해서 선생님은

- 차분히 속도를 낮추고 간결하게 이야기하라.
- 질문과 답변 사이에 충분한 시간을 주라. 학생이 답하기 전에 생각하고 되돌아볼 시간이 필요함을 존중하라.
- 학생들에게 스스로 작업할 수 있는 시간과 공간을 제공하라. 그들 머리 위를 맴돌면서 참견하려고 하지 마라.
- 문제를 즉시 해결하거나 학생들의 말을 가로채지 마라.

- 상호 보완적인 유형들과 짝을 이루게 하라(곰 · 올빼미 유형).
- (말뿐만 아니라) 글로 써서 칭찬하라.
- 학생이 쉬는 시간에 교사에게 와서 항상 이야기할 수 있으며, 나중에 교사가 답변할 수 있는 질문 · 문제를 적어 놓을 수 있음을 학생에게 알려 주라.

선생님과 학생 모두 지식을 똑같은 방법으로 얻는다. 그들은 자세한 사항들을 감각들(그들이 보고, 듣고, 느끼는 것에 깨어 있는 것)을 통해 알아챈다. 둘 다 자신이 보고 주목한 것을 이해하기 위해 자신의 경험을 사용한다. 모두 현재에 관심이 있다. 교사는 선천적으로 수업 방식이 실용적, 순차적, 현실적이며 학생들이 이를 따라오도록 격려한다. 견고하고 동료 같은 관계는 선생님과 학생이 서로가 과제를 완수하기 위해 각자 무엇을 해야 할지 상호 이해하면서 발전한다. 기본적으로 현실적인 학생의 능력을 최대한 이끌어 내기 위해서 선생님은

- 배운 것이 실제 현실에서 어떻게 적용되는지 설명하라.
- 학생이 역량을 갖출 때까지 반복하고 연습할 기회를 주라.
- 수업에 상상력을 유용하게 사용하도록 권장하라(그것은 시간 낭비가 아니다.).

선생님과 학생 모두 업무 중심적이고, 정확하며, 일관되고 정직하다. 교실은 사무적이고, 목적 의식이 뚜렷한 분위기일 것이다. 학생은 행동, 숙제 등에서 기대되는 명확한 지침을 받는다. 만약 학생이 선생님에게 이의를 제기한다면 그것은 아마 (지침에 대해) 확인하기 위해서일 것이다. 기대되는 모든 사람이 어디에 서고, 어떻게 행동해야 하는지 안다는 뜻이다. 선천적으로 업무 중심적인 학생의 능력을 최대한 이끌어 내기 위해서 선생님은

- 학생들의 기술과 지식을 경쟁적으로 시험하는 방법으로 수업하라(경쟁, 도전, 퀴즈, 개인 최고 점수 갱신 및 측정).
- 학생들에게 사람의 50%는 **F**형이고 피드백을 비판으로 해석할 수 있음을 이해하도록 도와주라.
- 학생이 성취한 것과 그다음에 해야 할 것에 집중하게 하라.
- 때때로 타협할 수 있도록 준비하라.
- 잠재된 감정적인 원인을 고려하지 않고 문제된 어떤 것을 해결하려는 시도를 피하라.

J형 선생님은 시간 계획 짜는 것을 즐긴다. 그들은 체계적이고 결단력 있다. 그들은 계획을 세우고 그것에 충실하며, 종종 인상적인 할 일 목록에 의해 도움을 받는다. 그들의 교실은 대개 정리가 잘 되어 있다. 과목은 아마도 수업 분량의 크기대로 잘게 나뉘고 교육과정의 기준 등을 고려해서 그해의 세부 계획이 세워질 것이다. 많은 **J**형 학생은 선생님의 체계적인 열의에 안심한다. 그들은 단순히 일정을 수용하고, 합의한 내용을 전달하며, 대개 모든 업무를 제시간에 완료한다. 흥미롭게도, 몇몇 **J**형 학생은 선생님이 선의로 하는 철저함을 꺼릴 것이다. 그들은 다른 사람의 계획을 채택하기보다는 그들 자신의 계획을 세우고 그것을 실천하기를 원한다. 이것은 **J**형의 통제 욕구 때문이다. 그래서 비록 최소한 모든 작업은 완료되겠지만 두 **J**형이 서로 충돌할 수 있다. 대부분의 중등학교는 학생들이 매우 체계적이어서 두 **J**형이 가장 좋은 조합으로 이루어지기를 요구한다. 선천적으로 조직적인 학생의 능력을 최대한 이끌어 내기 위해서 선생님은

- 질서, 깔끔함, 마감 기일 준수에 대한 공통의 욕구를 즐겨라.
- 학생이 진정으로 원할 경우 그들의 방식대로 작업을 자립적으로 계획할 수 있도록 허락하라.
- 외적인 일로 교사의 세심한 준비가 방해 받을 경우 자신의 계획을 조정할 준비를 하라(그리고 학생이 때때로 유연성을 받아들이도록 권장하라.).
- 예상 가능한 수업이 지겹지 않도록 때때로 변화를 주어라.
- 선택할 수 있는 모든 것을 고려하기도 전에 해야 할 일에 대해 신속하게 결정하지 마라.

21
흑곰 유형 선생님(Black Bear teacher) & 호랑이 유형 학생(Tiger student)
ESTJ & ISTP

흑곰 유형과 호랑이 유형의 사람들은 현재에 대해서 객관적으로 집중한다. 차이점은 학생들은 심사숙고하고 유연한 것에 대한 갈망이 있는 반면 교사는 직설적이고 조직적이라는 것이다. 선천적으로 내성적인 학생의 능

력을 최대한 이끌어 내기 위해서 선생님은

- 차분히 속도를 낮추고 간결하게 이야기하라.
- 질문과 답변 사이에 충분한 시간을 주라. 학생이 답하기 전에 생각하고 되돌아볼 시간이 필요함을 존중하라.
- 문제를 즉시 해결하거나 학생들의 말을 가로채지 마라.
- 학생들에게 스스로 작업할 수 있는 시간과 공간을 제공하라. 그들 머리 위를 맴돌면서 참견하려고 하지 마라.
- 상호 보완적인 유형들과 짝을 이루게 하라(고양이 · 흑표범 · 숲올빼미 유형).
- **E**형 학생이 많은 모둠 · 팀에 **I**형 학생 한 명만을 두지 마라(그들은 조용히 앉아 있을 것이다.).
- (말뿐만 아니라) 글로 써서 칭찬하라.
- 학생이 쉬는 시간에 교사에게 와서 항상 이야기할 수 있으며, 나중에 교사가 답변할 수 있는 질문 · 문제를 적어 놓을 수 있음을 학생에게 알려 주라.

선생님과 학생 모두 지식을 똑같은 방법으로 얻는다. 그들은 자세한 사항들을 감각들(그들이 보고, 듣고, 느끼는 것에 깨어 있는 것)을 통해 알아챈다. 둘 다 자신이 보고 주목한 것을 이해하기 위해 자신의 경험을 사용한다. 그들 모두 현실에 집중한다. 교사는 선천적으로 수업 방식이 실용적, 순차적, 현실적이며 학생들이 이를 따라오도록 격려한다. 견고하고 동료 같은 관계는 선생님과 학생이 서로가 과제를 완수하기 위해 각자 무엇을 해야 할지 상호 이해하면서 발전한다. 기본적으로 현실적인 학생의 능력을 최대한 이끌어 내기 위해서 선생님은

- 배운 것이 실제 현실에서 어떻게 적용되는지 설명하라.
- 학생이 역량을 갖출 때까지 반복하고 연습할 기회를 주라.
- 수업에 상상력을 유용하게 사용하도록 권장하라(그것은 시간 낭비가 아니다.).

선생님과 학생 모두 업무 중심적이고, 정확하며, 일관되고 정직하다. 이 교실은 사무적이고, 목적 의식이 뚜렷한 분위기일 것이다. 학생은 행동, 숙제 등에서 기대되는 명확한 지침을 받는다. 만약 학생이 선생님에게 이의를 제기한다면 그것은 아마 (지침에 대해) 확인하기 위해서일 것이다. 잘하면 모든 사람이 어디에 서고, 어떻게 행동해야 하는지 안다는 뜻이다. 선천적으로 업무 중심적인 학생의 능력을 최대한 이끌어 내기 위해서 선생님은

- 학생들의 기술과 지식을 경쟁적으로 시험하는 방법으로 수업하라(경쟁, 도전, 퀴즈, 개인 최고 점수 갱신 및 측정).
- 학생들에게 사람의 50%는 **F**형이고 피드백을 비판으로 해석할 수 있음을 이해하도록 도와주라.
- 학생이 성취한 것과 그다음에 해야 할 것에 집중하게 하라.
- 때때로 타협할 수 있도록 준비하라.
- 잠재된 감정적인 원인을 고려하지 않고 문제된 어떤 것을 해결하려는 시도를 피하라.

J형 선생님은 시간 계획 짜는 것을 즐긴다. 그들은 체계적이고 결단력 있다. 그들은 계획을 세우고 그것에 충실하며, 종종 인상적인 할 일 목록에 의해 도움을 받는다. 그들의 교실은 학교에서 가장 정리가 잘 되어 있다. 과목은 아마도 수업 분량의 크기대로 잘게 나뉘고 열의를 가지고 그해의 세부 계획이 세워질 것이다. **P**형 학생은 교사의 전문 지식을 수용하고 얻을 수 있는 장기적인 이점을 이해할 것이다. 교사가 선천적으로 느긋한 학생의 능력을 최대한 이끌어 내기 위해서는 학생들이 단순히 학생이 선택할 수 있는 것과 선택하는 것을 좋아하는 것이 아니라 필수적인 것이고 그렇게 해 주지 않으면 몸이 근질거리고 몸부림치거나 반항하기 시작된다는 것을 알아야 한다. 중등학교 환경은 **P**형 학생들에게 무척 어렵기 때문에 선생님은 압박감을 완화시키는 데 도울 수 있다. 그렇게 하기 위해서 선생님은

- 가능한 한 유연성을 많이 제공하라(다양한 선택 과제, 수업 내 선택).
- 세부 일정을 피하라(어차피 지키지도 못할 것이다.).
- 꼭 필요한 것보다 중요하지 않은 세부 사항을 까다롭게 다루지 마라.
- 예상 가능한 수업이 지겹지 않도록 때때로 변화를 주어라.
- 학생이 중요한 작업을 마지막까지 서두르지 않고 완료할 수 있도록 시간을 조직하고 관리할 수 있는 간단한 방법을 찾아보라.

22
흑곰 유형 선생님(Black Bear teacher) & 돌고래 유형 학생(Dolphin student)
ESTJ & ENFJ

흑곰 유형과 돌고래 유형은 비슷한 에너지를 공유하고 제시간에 일들을 마치려는 의지를 갖는다. 그들은 정보를 받아들이고 가공하는 방법에서 차이를 보인다. 돌고래 유형 학생들에게서 가장 좋은 결과를 얻기 위해서 교사들은 그들의 상상력을 받아들여야 하고 그들의 꼼꼼함과 공감 능력이 수업의 활동들에게 좋은 영향을 줄 것이라는 점을 알아야 한다. 선천적으로 야단스러운 학생의 능력을 최대한 이끌어 내기 위해서 선생님은

- 새로운 생각과 발상을 불러일으키는 것이 적절할 때 생동감 넘치는 농담을 즐겨라. 학생은 이러한 방법으로 가장 잘 배우지만, 교실에 수많은 다른 학생들도 있다는 사실을 기억하라.
- 교사와 학생 모두 쉽게 산만해지고 궤도를 벗어나기 때문에 요점을 고수하고 긍정적으로 생각하라(잔소리하지 마라.).
- 했던 일을 또 반복하지 마라.
- 차분하고 명확하게 행동하라. 그렇지 않으면 **E** 유형인 두 사람은 PMQs(영국 수상 질의)처럼 점점 더 크게 말할 수 있다(아무것도 듣지 않는다.).
- 어떤 생각은 말하지 않을 수도 있음을 기억하라(그러면 여러분은 나중에 어떤 것, 특히 비판적인 생각을 표현할 더 나은 방법을 생각할 수 있다.).
- 열정적이고 지지하는 청자가 되라. 교사의 생각을 주장하기보다는 학생 자신의 생각을 명확히 하고 발전시킬 수 있도록 도와주라.
- 서로 조용히 하는 법을 배우고 수업에서 **I** 유형 학생이 자신을 표현할 수 있도록 격려하라.

흑곰 유형 선생님은 주변 환경을 이해하기 위해 자신의 경험을 활용하는 것을 좋아한다. 교사는 선천적으로 수업 방식이 실용적, 순차적, 현실적이며 학생들이 이를 따라오도록 격려한다. **N**형인 학생은 이를 도전적이거나 지루하다고 여길 수 있다. 교사는 돌고래 유형 학생을 공상가, 자신만의 세계에서 길을 잃거나 '정신 나간' 사람으로 낙인찍을지도 모른다. 교사는 학생들을 꾸짖고 싶은 유혹을 물리쳐야 한다. 왜냐하면 이것이 학생들이 정보를 받아들이고 세상을 이해하는 방식이기 때문이다. 올바른 맥락에서 공상은 자동차, 비행기, 의약품 및 컴퓨터의 발명으로 이어질 수 있다. 선천적으로 상상력이 많은 학생의 능력을 최대한 이끌어 내기 위해서 선생님은

- 학생의 상상력과 통찰력, 그리고 그것이 수업에도 가져올 수 있음을 받아들여라.
- 학생에게 **S**형 접근 방식(사실, 세부 사항, 절차, 실험, 경험 적용, 구조, 단계별 모델)이 수업에 중요하게 기여함을 깨닫도록 하라.

선생님은 과업에 먼저 집중하고 그다음에 사람 · 관계에 집중한다. 교실은 사무적이고 목적이 있는 분위기일 것이다. 학생들은 행동, 숙제 등의 측면에서 기대되는 명확한 지침을 받는다. 이것은 기껏해야 모든 사람이 자신이 어디에 있고 어떻게 행동해야 하는지를 안다는 것을 의미한다. 최악의 경우 교실은 의기소침하고 겁에 질린 신병들로 가득 찬 군대 훈련소와 비슷할 수 있다. 이 학생과 맺는 개인적 관계가 성공의 핵심이라는 것을 기억하라. 돌고래 유형이 선생님을 좋아하고 선생님도 그들을 좋아한다고 느낄 필요가 있다. 이렇게 되면 그들은 더 열심히 공부하겠지만 그렇지 않으면 관심을 완전히 끊을 수도 있다. 이것은 한 학생이 한 해(그들이 좋아하는 선생님과 함께 하면)에 최고의 학생이 될 수도 있고, 선생님이 바뀐 그 이듬해에는 공부에 대해 아예 관심을 보이지 않은 이유를 설명해 준다. 이렇게 사람 중심적인 학생의 능력을 최대한 이끌어 내기 위해서 선생님은

- 공감, 협업 및 팀워크를 사용하여 과제에 집중하는 교사 본연의 성향에 균형을 맞출 수 있는 학습 상황을 제시하라.
- 어떠한 약점이라도 극복할 수 있도록 요령껏 지원하면서 충분하고 정기적으로 칭찬하라. 피드백은 비판으로 쉽게 비칠 수 있으니 전달할 때 계란 껍데기를 밟듯 조심하라.
- 학생에 대한 개인적인 신뢰를 드러내면서 설득하거나 영향력을 행사하라(나를 실망시키지 마렴, 네가 할 수 있다는 것을 알아. 난 네가 좋단다.).
- 때때로 타협할 준비를 하라.

흑곰 유형의 선생님은 시간 계획 짜는 것을 즐긴다. 그들은 체계적이고 결단력 있다. 그들은 계획을 세우고 그

것에 충실하며, 종종 인상적인 할 일 목록에 의해 도움을 받는다. 그들의 교실은 대개 정리가 잘 되어 있다. 과목은 아마도 수업 분량의 크기대로 잘게 나뉘고 교육과정의 기준 등을 고려해서 그해의 세부 계획이 세워질 것이다. 많은 **J**형 학생은 조직적인 열의에 안심한다. 그들은 단순히 일정을 수용하고, 합의한 내용을 전달하며, 대개 모든 업무를 제시간에 완료한다. 흥미롭게도, 몇몇 **J**형 학생은 선생님이 선의로 하는 철저함을 꺼릴 것이다. 그들은 다른 사람의 계획을 채택하기보다는 그들 자신의 계획을 세우고 그것을 실천하기를 원한다. 이것은 **J**형의 통제 욕구 때문이다. 그래서 비록 최소한 모든 작업은 완료되겠지만 두 **J**형이 서로 충돌할 수 있다. 대부분의 중등학교는 학생들이 매우 체계적이어서 두 **J**형이 잠재적으로 가장 좋은 조합으로 이루어지기를 요구한다. 이를 돕기 위해서 선생님은

- 질서, 깔끔함, 마감 기일 준수에 대한 공통의 욕구를 즐겨라.
- 학생이 진정으로 원할 경우 그들의 방식대로 작업을 자립적으로 계획할 수 있도록 허락하라.
- 외적인 일로 교사의 세심한 준비가 방해 받을 경우 자신의 계획을 조정할 준비를 하라(그리고 학생이 때때로 유연성을 받아들이도록 권장하라.).
- 예상 가능한 수업이 지겹지 않도록 때때로 변화를 주어라.
- 선택할 수 있는 모든 것을 고려하기도 전에 해야 할 일에 대해 신속하게 결정하지 마라.

23
흑곰 유형 선생님(Black Bear teacher) & 사자 유형 학생(Lion student)
ESTJ & ESFP

흑곰 유형과 교사와 사자 유형 학생 모두 무엇이 이치에 맞는지 그들의 관찰과 경험을 활용해서 판단하는 것을 좋아한다. 그들은 결론을 향해 나아가는 방법에서 차이를 보인다. 사자 유형의 사람은 사람들에게 나타날 영향을 고려하고 흑곰 유형의 사람은 객관적으로 사실을 분석하기를 원한다. 선천적으로 놀기 좋아하고 재미를 추구하는 학생의 능력을 최대한 이끌어 내기 위해서 선생님은

- 새로운 생각과 발상을 불러일으키는 것이 적절할 때 생동감 넘치는 농담을 즐겨라. 학생은 이러한 방법으로 가장 잘 배우지만, 교실에 수많은 다른 학생들도 있다는 사실을 기억하라.
- 교사와 학생 모두 쉽게 산만해지고 궤도를 벗어나기 때문에 요점을 고수하고 긍정적으로 생각하라(잔소리하지 마라.).
- 했던 일을 또 반복하지 마라.
- 차분하고 명확하게 행동하라. 그렇지 않으면 **E** 유형인 두 사람은 PMQs(영국 수상 질의)처럼 점점 더 크게 말할 수 있다(아무것도 듣지 않는다.).
- 어떤 생각은 말하지 않을 수도 있음을 기억하라(그러면 여러분은 나중에 어떤 것, 특히 비판적인 생각을 표현할 더 나은 방법을 생각할 수 있다.).
- 열정적이고 지지하는 청자가 되라. 교사의 생각을 주장하기보다는 학생 자신의 생각을 명확히 하고 발전시킬 수 있도록 도와주라.
- 서로 조용히 하는 법을 배우고 수업에서 **I** 유형 학생이 자신을 표현할 수 있도록 도와주라.

선생님과 학생 모두 지식을 똑같은 방법으로 얻는다. 그들은 자세한 사항들을 감각들(그들이 보고, 듣고, 느끼는 것에 깨어 있는 것)을 통해 알아챈다. 둘 다 자신이 보고 주목한 것을 이해하기 위해 자신의 경험을 사용한다. 그들 모두 현실에 집중한다. 교사는 본능적으로 수업 방식이 실용적, 순차적, 현실적이며 학생들이 이를 따라오도록 격려한다. 견고하고 동료 같은 관계는 선생님과 학생이 서로가 과제를 완수하기 위해 각자 무엇을 해야 할지 상호 이해하면서 발전한다. 기본적으로 현실적인 학생의 능력을 최대한 이끌어 내기 위해서 선생님은

- 배운 것이 실제 현실에서 어떻게 적용되는지 설명하라.
- 학생이 역량을 갖출 때까지 반복하고 연습할 기회를 주라.
- 수업에 상상력을 유용하게 사용하도록 권장하라(그것은 시간 낭비가 아니다.).

선생님은 과업에 먼저 집중하고 그다음에 사람 · 관계에 집중한다. 교실은 사무적이고 목적이 있는 분위기일 것이다. 학생들은 행동, 숙제 등의 측면에서 기대되는 명확한 지침을 받는다. 이것은 기껏해야 모든 사람이 자

신이 어디에 있고 어떻게 행동해야 하는지를 안다는 것을 의미한다. 최악의 경우 교실은 의기소침하고 겁에 질린 신병들로 가득 찬 군대 훈련소와 비슷할 수 있다. 이 학생과 맺는 개인적 관계가 성공의 핵심이라는 것을 기억하라. 사자 유형이 선생님을 좋아하고 선생님도 그들을 좋아한다고 느낄 필요가 있다. 이렇게 되면 그들은 더 열심히 공부하겠지만 그렇지 않으면 관심을 완전히 끊을 수도 있다. 이것은 한 학생이 한 해(그들이 좋아하는 선생님과 함께 하면)에 최고의 학생이 될 수도 있고, 선생님이 바뀐 그 이듬해에는 공부에 대해 아예 관심을 보이지 않은 이유를 설명해 준다. 본능적으로 사람 중심적인 학생의 능력을 최대한 이끌어 내기 위해서 선생님은

- 공감, 협업 및 팀워크를 사용하여 과제에 집중하는 교사 본연의 성향에 균형을 맞출 수 있는 학습 상황을 제시하라.
- 어떠한 약점이라도 극복할 수 있도록 요령껏 지원하면서 충분하고 정기적으로 칭찬하라. 피드백은 비판으로 쉽게 비칠 수 있으니 전달할 때 계란 껍데기를 밟듯 조심하라.
- 학생에 대한 개인적인 신뢰를 드러내면서 설득하거나 영향력을 행사하라(나를 실망시키지 마렴, 네가 할 수 있다는 것을 알아. 난 네가 좋단다.).
- 때때로 타협할 준비를 하라.

J형 선생님은 시간 계획 짜는 것을 즐긴다. 그들은 체계적이고 결단력 있다. 그들은 계획을 세우고 그것에 충실하며, 종종 인상적인 할 일 목록에 의해 도움을 받는다. 그들의 교실은 학교에서 가장 정리가 잘 되어 있다. 과목은 아마도 수업 분량의 크기대로 잘게 나뉘고 그해의 세부 계획이 열성적으로 세워질 것이다. **P**형의 학생은 아래 세 가지 중 하나의 반응을 보일 것이다.

- 당신의 전문성을 받아들이고 그들의 장기적인 이익을 이해함으로써 긍정적으로 반응한다.
- 당신이 제공하는 내용이나 과정을 진심으로 받아들이지는 않지만 쉬운 삶을 위한 구조·계획을 수동적으로 받아들인다.
- 교사와 수업 계획, 그리고 과목별 수업을 완전히 거부하며 부정적으로 반응한다(물리적으로 교실에 있더라도 수업에 몰두하거나 참여하지 않는다.).

선생님은 선천적으로 느긋한 학생의 능력을 최대한 이끌어 내기 위해서 학생이 그저 선택할 수 있는 것과 선택하는 것을 좋아하는 것이 아님을 주의해야 한다. 즉, 학생에게 그것은 필요한 것이며 그렇게 해 주지 않으면 몸이 근질거리고 몸부림치거나 반항하기 시작한다. 중등학교 환경은 **P**형 학생들에게 무척 어렵기 때문에 선생님은 압박감을 완화시키는 데 도울 수 있다. 그렇게 하기 위해서 선생님은

- 가능한 한 유연성을 많이 제공하라(다양한 선택 과제, 수업 내 선택).
- 세부 일정을 피하라(어차피 지키지도 못할 것이다.).
- 꼭 필요한 것보다 중요하지 않은 세부 사항을 까다롭게 다루지 마라.
- 예상 가능한 수업이 지겹지 않도록 때때로 변화를 주어라.
- 학생이 중요한 작업을 마지막까지 서두르지 않고 완료할 수 있도록 시간을 조직하고 관리할 수 있는 간단한 방법을 찾아보라.

24
흑곰 유형 선생님(Black Bear teacher) & 가면올빼미 유형 학생(Barn Owl student)
ESTJ & INFJ

흑곰 유형과 가면올빼미 유형은 결론을 도출하는 데 비슷하게 객관적인 방법을 공유한다. 그들은 정보를 수집하고 이해하는 방법에서 차이를 보인다. 곰 유형이 실용적이고 직설적인 반면에 부엉이 유형은 체계적이다. 선천적으로 꼼꼼한 학생의 능력을 최대한 이끌어 내기 위해서 선생님은

- 차분히 속도를 낮추고 간결하게 이야기하라.
- 질문과 답변 사이에 충분한 시간을 주라. 학생이 답하기 전에 생각하고 되돌아볼 시간이 필요함을 존중하라.
- 학생들에게 스스로 작업할 수 있는 시간과 공간을 제공하라. 그들 머리 위를 맴돌면서 참견하려고 하지 마라.
- 문제를 즉시 해결하거나 학생들의 말을 가로채지 마라.
- 상호 보완적인 유형들과 짝을 이루게 하라(곰·물

개 · 숲올빼미 유형).

- E형 학생이 많은 모둠 · 팀에 I형 학생 한 명만을 두지 마라(그들은 조용히 앉아 있을 것이다.).
- (말뿐만 아니라) 글로 써서 칭찬하라.
- 학생이 쉬는 시간에 교사에게 와서 항상 이야기할 수 있으며, 나중에 교사가 답변할 수 있는 질문 · 문제를 적어 놓을 수 있음을 학생에게 알려 주라.

흑곰 유형의 교사는 자신의 경험을 사용하여 주변 환경을 이해하는 것을 좋아한다. 교사는 본질적으로 수업 방식이 실용적, 순차적, 현실적이며 학생들이 이를 따라오도록 격려한다. N형 학생은 기껏해야 이것을 어렵게 여기거나 최악의 경우 지루하게 여길 것이다. 교사는 그 학생이 공상가, 자신만의 세계에서 길을 잃었다고 낙인찍을지도 모른다. 교사는 학생들을 꾸짖고 싶은 유혹을 물리쳐야 하는데, 왜냐하면 이것이 학생들이 정보를 받아들이고 세상을 이해하는 방식이기 때문이다. 올바른 맥락에서 공상은 자동차, 비행기, 의약품 및 컴퓨터의 발명으로 이어질 수 있다. 선천적으로 상상력이 많은 학생의 능력을 최대한 이끌어 내기 위해서 선생님은

- 학생의 상상력과 통찰력, 그리고 그것이 수업에도 가져올 수 있음을 받아들여라.
- 학생에게 S형 접근 방식(사실, 세부 사항, 절차, 실험, 경험 적용, 구조, 단계별 모델)이 수업에 중요하게 기여함을 깨닫도록 하라.

선생님과 학생 모두 업무 중심적이고, 정확하며, 일관되고 정직하다. 교실은 사무적이고, 목적 의식이 뚜렷한 분위기일 것이다. 학생은 행동, 숙제 등에서 기대되는 명확한 지침을 받는다. 만약 학생이 선생님에게 이의를 제기한다면 그것은 아마 (지침에 대해) 확인하기 위해서일 것이다. 기껏해야 이것은 모든 사람이 어디에 서고, 어떻게 행동해야 하는지 안다는 뜻이다. 선천적으로 업무 중심적인 학생의 능력을 최대한 이끌어 내기 위해서 선생님은

- 학생들의 기술과 지식을 경쟁적으로 시험하는 방법으로 수업하라(경쟁, 도전, 퀴즈, 개인 최고 점수 갱신 및 측정).
- 학생들에게 사람의 50%는 F형이고 피드백을 비판으로 해석할 수 있음을 이해하도록 도와주라.
- 학생이 성취한 것과 그다음에 해야 할 것에 집중하게 하라.
- 때때로 타협할 수 있도록 준비하라.
- 잠재된 감정적인 원인을 고려하지 않고 문제된 어떤 것을 해결하려는 시도를 피하라.

J형 선생님은 시간 계획 짜는 것을 즐긴다. 그들은 체계적이고 결단력 있다. 그들은 계획을 세우고 그것에 충실하며, 종종 인상적인 할 일 목록에 의해 도움을 받는다. 그들의 교실은 대개 정리가 잘 되어 있다. 과목은 아마도 수업 분량의 크기대로 잘게 나뉘고 교육과정의 기준 등을 고려해서 그해의 세부 계획이 세워질 것이다. 많은 J형 학생은 선생님의 체계적인 열의에 안심한다. 그들은 단순히 일정을 수용하고, 합의한 내용을 전달하며, 대개 모든 업무를 제시간에 완료한다. 흥미롭게도, 몇몇 J형 학생은 선생님이 선의로 하는 철저함을 꺼릴 것이다. 그들은 다른 사람의 계획을 채택하기보다는 그들 자신의 계획을 세우고 그것을 실천하기를 원한다. 이것은 J형의 통제 욕구 때문이다. 그래서 비록 최소한 모든 작업은 완료되겠지만 두 J형이 서로 충돌할 수 있다. 대부분의 중등학교는 학생들이 매우 체계적이어서 두 J형이 가장 좋은 조합으로 이루어지기를 요구한다. 교사가 학생의 배움을 극대화하기 위해서

- 질서, 깔끔함, 마감 기일 준수에 대한 공통의 욕구를 즐겨라.
- 학생이 진정으로 원할 경우 그들의 방식대로 작업을 자립적으로 계획할 수 있도록 허락하라.
- 외적인 일로 교사의 세심한 준비가 방해 받을 경우 자신의 계획을 조정할 준비를 하라(그리고 학생이 때때로 유연성을 받아들이도록 권장하라.).
- 예상 가능한 수업이 지겹지 않도록 때때로 변화를 주어라.
- 선택할 수 있는 모든 것을 고려하기도 전에 해야 할 일에 대해 신속하게 결정하지 마라.

25
흑곰 유형 선생님(Black Bear teacher) & 검은표범 유형 학생(Panther student)
ESTJ & ESTP

흑곰 유형과 검은표범 유형은 선천적으로 지도자 유형

이다. 세 가지 공통된 성향을 바탕으로 효과적인 관계를 맺는다. 학생이 교사의 훈육에 대항해서 반항을 한다면 갈등이 일어날 수 있다. 좋은 흑곰 유형 선생님은 검은 표범 유형 학생들이 그들의 유머 감각을 뽐낼 수 있도록 기회를 준다. 선천적으로 말 많은 학생의 능력을 최대한 이끌어 내기 위해서 선생님은

- 새로운 생각과 발상을 불러일으키는 것이 적절할 때 생동감 넘치는 농담을 즐겨라. 학생은 이러한 방법으로 가장 잘 배우지만, 교실에 수많은 다른 학생들도 있다는 사실을 기억하라.
- 요점에 충실하고 긍정적인 자세를 취하라(잔소리하지 마라.).
- 했던 일을 또 반복하지 마라.
- 차분하고 명확하게 행동하라. 그렇지 않으면 **E** 유형인 두 사람은 서로의 말을 듣지 않고 점점 더 크게 말할 수 있다.
- 어떤 생각은 말하지 않을 수도 있음을 기억하라(그러면 여러분은 나중에 어떤 것, 특히 비판적인 생각을 표현할 더 나은 방법을 생각할 수 있다.).
- 열정적이고 지지하는 청자가 되라. 교사의 생각을 주장하기보다는 학생 자신의 생각을 명확히 하고 발전시킬 수 있도록 도와주라.
- 서로 조용히 하는 법을 배우고 수업에서 **I** 유형 학생이 자신을 표현할 수 있도록 격려하라.

선생님과 학생 모두 지식을 똑같은 방법으로 얻는다. 그들은 자세한 사항들을 감각들(그들이 보고, 듣고, 느끼는 것에 깨어 있는 것)을 통해 알아챈다. 둘 다 자신이 보고 주목한 것을 이해하기 위해 자신의 경험을 사용한다. 그들 모두 현실에 집중한다. 교사는 본능적으로 수업 방식이 실용적, 순차적, 현실적이며 학생들이 이를 따라오도록 격려한다. 견고하고 동료 같은 관계는 선생님과 학생이 서로가 과제를 완수하기 위해 각자 무엇을 해야 할지 상호 이해하면서 발전한다. 기본적으로 현실적인 학생의 능력을 최대한 이끌어 내기 위해서 선생님은

- 배운 것이 실제 현실에서 어떻게 적용되는지 설명하라.
- 학생이 역량을 갖출 때까지 반복하고 연습할 기회를 주라.
- 수업에 상상력을 유용하게 사용하도록 권장하라(그것은 시간 낭비가 아니다.).

선생님과 학생 모두 업무 중심적이고, 정확하며, 일관되고 정직하다. 교실은 사무적이고, 목적 의식이 뚜렷한 분위기일 것이다. 학생은 행동, 숙제 등에서 기대되는 명확한 지침을 받는다. 만약 학생이 선생님에게 이의를 제기한다면 그것은 아마 (지침에 대해) 확인하기 위해서일 것이다. 기껏해야 이것은 모든 사람이 어디에 서고, 어떻게 행동해야 하는지 안다는 뜻이다. 선천적으로 업무 중심적인 학생의 능력을 최대한 이끌어 내기 위해서 선생님은

- 학생들의 기술과 지식을 경쟁적으로 시험하는 방법으로 수업하라(경쟁, 도전, 퀴즈, 개인 최고 점수 갱신 및 측정).
- 학생들에게 사람의 50%는 **F**형이고 피드백을 비판으로 해석할 수 있음을 이해하도록 도와주라.
- 학생이 성취한 것과 그다음에 해야 할 것에 집중하게 하라.
- 때때로 타협할 수 있도록 준비하라.
- 잠재된 감정적인 원인을 고려하지 않고 문제된 어떤 것을 해결하려는 시도를 피하라.

J형 선생님은 시간 계획 짜는 것을 즐긴다. 그들은 체계적이고 결단력 있다. 그들은 계획을 세우고 그것에 충실하며, 종종 인상적인 할 일 목록에 의해 도움을 받는다. 그들의 교실은 학교에서 가장 정리가 잘 되어 있다. 과목은 아마도 수업 분량의 크기대로 잘게 나뉘고 그해의 세부 계획이 세워질 것이다. **P**형의 학생은 아래 세 가지 중 하나의 반응을 보일 것이다.

- 당신의 전문성을 받아들이고 그들의 장기적인 이익을 이해함으로써 긍정적으로 반응한다.
- 당신이 제공하는 내용이나 과정을 진심으로 받아들이지는 않지만 쉬운 삶을 위한 구조·계획을 수동적으로 받아들인다.
- 교사와 수업 계획, 그리고 과목별 수업을 완전히 거부하며 부정적으로 반응한다(물리적으로 교실에 있더라도 수업에 몰두하거나 참여하지 않는다.).

선생님은 선천적으로 느긋한 학생의 능력을 최대한 이끌어 내기 위해서 학생이 그저 선택할 수 있는 것과 선택하는 것을 좋아하는 것이 아님을 주의해야 한다. 즉, 학생에게 그것은 필요한 것이며 그렇게 해 주지 않으면 몸이 근질거리고 몸부림치거나 반항하기 시작한다. 중등학교 환경은 **P**형 학생들에게 무척 어렵기 때문에 선

생님은 압박감을 완화시키는 데 도울 수 있다. 그렇게 하기 위해서 선생님은

- 가능한 한 유연성을 많이 제공하라(다양한 선택 과제, 수업 내 선택).
- 세부 일정을 피하라(어차피 지키지도 못할 것이다.).
- 예상 가능한 수업이 지겹지 않도록 때때로 변화를 주어라.
- 꼭 필요한 것보다 중요하지 않은 세부 사항을 까다롭게 다루지 마라.
- 학생이 중요한 작업을 마지막까지 서두르지 않고 완료할 수 있도록 시간을 조직하고 관리할 수 있는 간단한 방법을 찾아보라.

26
흑곰 유형 선생님(Black Bear teacher) & 매 유형 학생(Falcon student)
ESTJ & ENTP

흑곰 유형과 매 유형은 모두 선천적으로 지도자들이다. 그들의 상호적인 이해는 두 가지 공통된 성향에서 비롯되며 이것은 효과적인 관계의 기반을 형성한다. 갈등은 학생이 교사의 통제를 벗어나려고 싸울 때 일어날 수 있다. 좋은 흑곰 유형의 교사들은 매 유형의 학생들에게 그들의 유머 감각을 표현할 수 있도록 기회를 준다. 선천적으로 말 많은 학생의 능력을 최대한 이끌어 내기 위해서 선생님은

- 새로운 생각과 발상을 불러일으키는 것이 적절할 때 생동감 넘치는 농담을 즐겨라. 학생은 이러한 방법으로 가장 잘 배우지만, 교실에 수많은 다른 학생들도 있다는 사실을 기억하라.
- 요점에 충실하고 긍정적인 자세를 취하라(잔소리하지 마라.).
- 했던 일을 또 반복하지 마라.
- 차분하고 명확하게 행동하라. 그렇지 않으면 **E** 유형인 두 사람은 서로의 말을 듣지 않고 점점 더 크게 말할 수 있다.
- 어떤 생각은 말하지 않을 수도 있음을 기억하라(그러면 여러분은 나중에 어떤 것, 특히 비판적인 생각을 표현할 더 나은 방법을 생각할 수 있다.).
- 열정적이고 지지하는 청자가 되라. 교사의 생각을 주장하기보다는 학생 자신의 생각을 명확히 하고 발전시킬 수 있도록 도와주라.
- 서로 조용히 하는 법을 배우고 수업에서 **I** 유형 학생이 자신을 표현할 수 있도록 격려하라.

흑곰 유형 선생님은 주변 환경을 이해하기 위해 자신의 경험을 활용하는 것을 좋아한다. 교사는 선천적으로 수업 방식이 실용적, 순차적, 현실적이며 학생들이 이를 따라오도록 격려한다. **N**형인 학생은 이를 도전적이거나 지루하다고 여길 수 있다. 교사는 매 유형 학생을 논쟁적이거나 오만하다고 낙인찍을지도 모른다. 교사는 학생들을 꾸짖고 싶은 유혹을 물리쳐야 한다. 왜냐하면 이것이 학생들이 정보를 받아들이고 세상을 이해하는 방식이기 때문이다. 올바른 맥락에서 공상은 자동차, 비행기, 의약품 및 컴퓨터의 발명으로 이어질 수 있다. 선천적으로 상상력이 많은 학생의 능력을 최대한 이끌어 내기 위해서 선생님은

- 학생의 상상력과 통찰력, 그리고 그것이 수업에도 가져올 수 있음을 받아들여라.
- 학생에게 **S**형 접근 방식(사실, 세부 사항, 절차, 실험, 경험 적용, 구조, 단계별 모델)이 수업에 중요하게 기여함을 깨닫도록 하라.

선생님과 학생 모두 업무 중심적이고, 정확하며, 일관되고 정직하다. 교실은 사무적이고, 목적 의식이 뚜렷한 분위기일 것이다. 학생은 행동, 숙제 등에서 기대되는 명확한 지침을 받는다. 만약 학생이 선생님에게 이의를 제기한다면 그것은 아마 (지침에 대해) 확인하기 위해서일 것이다. 기대되는 모든 사람이 어디에 서고, 어떻게 행동해야 하는지 안다는 뜻이다. 선천적으로 업무 중심적인 학생의 능력을 최대한 이끌어 내기 위해서 선생님은

- 학생들의 기술과 지식을 경쟁적으로 시험하는 방법으로 수업하라(경쟁, 도전, 퀴즈, 개인 최고 점수 갱신 및 측정).
- 학생들에게 사람의 50%는 **F**형이고 피드백을 비판으로 해석할 수 있음을 이해하도록 도와주라.
- 학생이 성취한 것과 그다음에 해야 할 것에 집중하게 하라.
- 때때로 타협할 수 있도록 준비하라.
- 잠재된 감정적인 원인을 고려하지 않고 문제된 어떤

것을 해결하려는 시도를 피하라.

J형 선생님은 시간 계획 짜는 것을 즐긴다. 그들은 체계적이고 결단력 있다. 그들은 계획을 세우고 그것에 충실하며, 종종 인상적인 할 일 목록에 의해 도움을 받는다. 그들의 교실은 학교에서 가장 정리가 잘 되어 있다. 과목은 아마도 수업 분량의 크기대로 잘게 나뉘고 색상으로 구분된 그해의 세부 계획이 세워질 것이다. **P**형의 학생은 아래 세 가지 중 하나의 반응을 보일 것이다.

- 당신의 전문성을 받아들이고 그들의 장기적인 이익을 이해함으로써 긍정적으로 반응한다.
- 당신이 제공하는 내용이나 과정을 진심으로 받아들이지는 않지만 쉬운 삶을 위한 구조 · 계획을 수동적으로 받아들인다.
- 교사와 수업 계획, 그리고 과목별 수업을 완전히 거부하며 부정적으로 반응한다(물리적으로 교실에 있더라도 수업에 몰두하거나 참여하지 않는다.).

선생님은 선천적으로 느긋한 학생의 능력을 최대한 이끌어 내기 위해서 학생이 그저 선택할 수 있는 것과 선택하는 것을 좋아하는 것이 아님을 주의해야 한다. 즉, 학생에게 그것은 필요한 것이며 그렇게 해 주지 않으면 몸이 근질거리고 몸부림치거나 반항하기 시작한다. 중등학교 환경은 **P**형 학생들에게 무척 어렵기 때문에 선생님은 압박감을 완화시키는 데 도울 수 있다. 그렇게 하기 위해서 선생님은

- 가능한 한 유연성을 많이 제공하라(다양한 선택 과제, 수업 내 선택).
- 세부 일정을 피하라(어차피 지키지도 못할 것이다.).
- 꼭 필요한 것보다 중요하지 않은 세부 사항을 까다롭게 다루지 마라.
- 예상 가능한 수업이 지겹지 않도록 때때로 변화를 주어라.
- 학생이 중요한 작업을 마지막까지 서두르지 않고 완료할 수 있도록 시간을 조직하고 관리할 수 있는 간단한 방법을 찾아보라.

27
흑곰 유형 선생님(Black Bear teacher) & 숲올빼미 유형 학생(Tawny Owl student)
ESTJ & INTP

흑곰 유형과 숲올빼미 유형은 단 하나의 성향만을 공유한다. 둘 다 감성적인 것과는 거리가 멀다. 그들은 꽤나 차이가 있기 때문에 긍정적인 관계를 유지하기 위해서는 서로의 차이를 존중해야 한다. 실용적이고 직설적인 곰 유형은 이론적이고 권위적인 올빼미 유형과는 대립된다. 선천적으로 자기 성찰적인 학생의 능력을 최대한 이끌어 내기 위해서 선생님은

- 차분히 속도를 낮추고 간결하게 이야기하라.
- 질문과 답변 사이에 충분한 시간을 주라. 학생이 답하기 전에 생각하고 되돌아볼 시간이 필요함을 존중하라.
- 학생들에게 스스로 작업할 수 있는 시간과 공간을 제공하라. 그들 머리 위를 맴돌면서 참견하려고 하지 마라.
- 문제를 즉시 해결하거나 학생들의 말을 가로채지 마라.
- 상호 보완적인 유형들과 짝을 이루게 하라(북극곰 · 고양이 · 올빼미 유형).
- **E**형 학생이 많은 모둠 · 팀에 **I**형 학생 한 명만을 두지 마라(그들은 조용히 앉아 있을 것이다.).
- (말뿐만 아니라) 글로 써서 칭찬하라.

흑곰 유형 선생님은 주변 환경을 이해하기 위해 자신의 경험을 활용하는 것을 좋아한다. 교사는 선천적으로 수업 방식이 실용적, 순차적, 현실적이며 학생들이 이를 따라오도록 격려한다. **N**형인 학생은 이를 도전적이거나 지루하다고 여길 수 있다. 교사는 숲올빼미 유형 학생을 논쟁적이거나 오만하다고 낙인찍을지도 모른다. 교사는 학생들을 꾸짖고 싶은 유혹을 물리쳐야 한다. 왜냐하면 이것이 학생들이 정보를 받아들이고 세상을 이해하는 방식이기 때문이다. 올바른 맥락에서 공상은 자동차, 비행기, 의약품 및 컴퓨터의 발명으로 이어질 수 있다. 선천적으로 상상력이 많은 학생의 능력을 최대한 이끌어 내기 위해서 선생님은

- 학생의 상상력과 통찰력, 그리고 그것이 수업에도 가

져올 수 있음을 받아들여라.

- 학생에게 **S**형 접근 방식(사실, 세부 사항, 절차, 실험, 경험 적용, 구조, 단계별 모델)이 수업에 중요하게 기여함을 깨닫도록 하라.

선생님과 학생 모두 업무 중심적이고, 정확하며, 일관되고 정직하다. 교실은 사무적이고, 목적 의식이 뚜렷한 분위기일 것이다. 학생은 행동, 숙제 등에서 기대되는 명확한 지침을 받는다. 만약 학생이 선생님에게 이의를 제기한다면 그것은 아마 (지침에 대해) 확인하기 위해서일 것이다. 이것은 기껏해야 모든 사람이 어디에 서고, 어떻게 행동해야 하는지 안다는 뜻이다. 이것은 선천적으로 업무 중심적인 학생의 능력을 최대한 이끌어 내기 위해서 선생님은

- 학생들의 기술과 지식을 경쟁적으로 시험하는 방법으로 수업하라(경쟁, 도전, 퀴즈, 개인 최고 점수 갱신 및 측정).
- 학생들에게 사람의 50%는 **F**형이고 피드백을 비판으로 해석할 수 있음을 이해하도록 도와주라.
- 학생이 성취한 것과 그다음에 해야 할 것에 집중하게 하라.
- 때때로 타협할 수 있도록 준비하라.
- 잠재된 감정적인 원인을 고려하지 않고 문제된 어떤 것을 해결하려는 시도를 피하라.

J형 선생님은 시간 계획 짜는 것을 즐긴다. 그들은 체계적이고 결단력 있다. 그들은 계획을 세우고 그것에 충실하며, 종종 인상적인 할 일 목록에 의해 도움을 받는다. 그들의 교실은 학교에서 가장 정리가 잘 되어 있다. 과목은 아마도 수업 분량의 크기대로 잘게 나눠고 색상으로 구분된 그해의 세부 계획이 세워질 것이다. **P**형의 학생은 아래 세 가지 중 하나의 반응을 보일 것이다.

- 당신의 전문성을 받아들이고 그들의 장기적인 이익을 이해함으로써 긍정적으로 반응한다.
- 당신이 제공하는 내용이나 과정을 진심으로 받아들이지는 않지만 쉬운 삶을 위한 구조 · 계획을 수동적으로 받아들인다.
- 교사와 수업 계획, 그리고 과목별 수업을 완전히 거부하며 부정적으로 반응한다(물리적으로 교실에 있더라도 수업에 몰두하거나 참여하지 않는다.).

선생님은 선천적으로 느긋한 학생의 능력을 최대한 이끌어 내기 위해서 학생이 그저 선택할 수 있는 것과 선택하는 것을 좋아하는 것이 아님을 주의해야 한다. 즉, 학생에게 그것은 필요한 것이며 그렇게 해 주지 않으면 몸이 근질거리고 몸부림치거나 반항하기 시작한다. 중등학교 환경은 **P**형 학생들에게 무척 어렵기 때문에 선생님은 압박감을 완화시키는 데 도울 수 있다. 그렇게 하기 위해서 선생님은

- 가능한 한 유연성을 많이 제공하라(다양한 선택 과제, 수업 내 선택).
- 세부 일정을 피하라(어차피 지키지도 못할 것이다.).
- 꼭 필요한 것보다 중요하지 않은 세부 사항을 까다롭게 다루지 마라.
- 예상 가능한 수업이 지겹지 않도록 때때로 변화를 주어라.
- 학생이 중요한 작업을 마지막까지 서두르지 않고 완료할 수 있도록 시간을 조직하고 관리할 수 있는 간단한 방법을 찾아보라.

28
흑곰 유형 선생님(Black Bear teacher) & 곰인형 유형 학생(Teddy Bear student)
ESTJ & ESFJ

교사와 학생은 모두 그들의 경험을 통해 자신의 주변을 이해하고 스케줄을 그대로 따르며 과업을 효율적으로 끝내는 것에 대해 관심이 있다. 그러나 그들은 결론을 도출하는 방식에서 차이를 보인다. 곰인형 유형의 사람은 사람들에게 나타날 영향을 고려하는 반면 북극곰 유형의 사람은 객관적으로 사실을 분석한다. 선천적으로 사교적인 곰인형 학생의 능력을 최대한 이끌어 내기 위해시 선생님은

- 새로운 생각과 발상을 불러일으키는 것이 적절할 때 생동감 넘치는 농담을 즐겨라. 학생은 이러한 방법으로 가장 잘 배우지만, 교실에 수많은 다른 학생들도 있다는 사실을 기억하라.
- 교사와 학생 모두 쉽게 산만해지고 궤도를 벗어나기 때문에 요점을 고수하고 긍정적으로 생각하라(잔소리하지 마라.).

- 했던 일을 또 반복하지 마라.
- 어떤 생각은 말하지 않을 수도 있음을 기억하라(그러면 여러분은 나중에 어떤 것, 특히 비판적인 생각을 표현할 더 나은 방법을 생각할 수 있다.).
- 서로 조용히 하는 법을 배우고 수업에서 **I** 유형 학생이 자신을 표현할 수 있도록 격려하라.
- 열정적이고 지지하는 청자가 되라. 교사의 생각을 주장하기보다는 학생 자신의 생각을 명확히 하고 발전시킬 수 있도록 도와주라.

선생님과 학생 모두 지식을 똑같은 방법으로 얻는다. 그들은 자세한 사항들을 감각들(그들이 보고, 듣고, 느끼는 것에 깨어 있는 것)을 통해 알아챈다. 둘 다 자신이 보고 주목한 것을 이해하기 위해 자신의 경험을 사용한다. 그들 모두 현실에 집중한다. 교사는 본능적으로 수업 방식이 실용적, 순차적, 현실적이며 학생들이 이를 따라오도록 격려한다. 견고하고 동료 같은 관계는 선생님과 학생이 서로가 과제를 완수하기 위해 각자 무엇을 해야 할지 상호 이해하면서 발전한다. 기본적으로 현실적인 학생의 능력을 최대한 이끌어 내기 위해서 선생님은

- 배운 것이 실제 현실에서 어떻게 적용되는지 설명하라.
- 학생이 역량을 갖출 때까지 반복하고 연습할 기회를 주라.
- 수업에 상상력을 유용하게 사용하도록 권장하라(그것은 시간 낭비가 아니다.).

선생님은 과업에 먼저 집중하고 그다음에 사람·관계에 집중한다. 교실은 사무적이고 목적이 있는 분위기일 것이다. 학생들은 행동, 숙제 등의 측면에서 기대되는 명확한 지침을 받는다. 이것은 기껏해야 모든 사람이 자신이 어디에 있고 어떻게 행동해야 하는지를 안다는 것을 의미한다. 최악의 경우 교실은 의기소침하고 겁에 질린 신병들로 가득 찬 군대 훈련소와 비슷할 수 있다. 이 학생과 맺는 개인적 관계가 성공의 핵심이라는 것을 기억하라. 곰인형 유형이 선생님을 좋아하고 선생님도 그들을 좋아한다고 느낄 필요가 있다. 이렇게 되면 그들은 더 열심히 공부하겠지만 그렇지 않으면 관심을 완전히 끊을 수도 있다. 이것은 한 학생이 한 해(그들이 좋아하는 선생님과 함께 하면)에 최고의 학생이 될 수도 있고, 선생님이 바뀐 그 이듬해에는 공부에 대해 아예 관심을 보이지 않은 이유를 설명해 준다. 선천적으로 사람 중심적인 학생의 능력을 최대한 이끌어 내기 위해서 선생님은

- 공감, 협업 및 팀워크를 사용하여 과제에 집중하는 교사 본연의 성향에 균형을 맞출 수 있는 학습 상황을 제시하라.
- 어떠한 약점이라도 극복할 수 있도록 요령껏 지원하면서 충분하고 정기적으로 칭찬하라. 피드백은 비판으로 쉽게 비칠 수 있으니 전달할 때 계란 껍데기를 밟듯 조심하라.
- 학생에 대한 개인적인 신뢰를 드러내면서 동기를 부여하라(나를 실망시키지 마렴, 네가 할 수 있다는 것을 알아. 난 네가 좋단다.).
- 때때로 타협할 준비를 하라.

J형 선생님은 시간 계획 짜는 것을 즐긴다. 그들은 체계적이고 결단력 있다. 그들은 계획을 세우고 그것에 충실하며, 종종 인상적인 할 일 목록에 의해 도움을 받는다. 그들의 교실은 대개 정리가 잘 되어 있다. 과목은 아마도 수업 분량의 크기대로 잘게 나뉘고 교육과정의 기준 등을 고려해서 그해의 세부 계획이 세워질 것이다. 많은 **J**형 학생은 조직적인 열의에 안심한다. 그들은 단순히 일정을 수용하고, 합의한 내용을 전달하며, 대개 모든 업무를 제시간에 완료한다. 흥미롭게도, 몇몇 **J**형 학생은 선생님이 선의로 하는 철저함을 꺼릴 것이다. 그들은 다른 사람의 계획을 채택하기보다는 그들 자신의 계획을 세우고 그것을 실천하기를 원한다. 이것은 **J**형의 통제 욕구 때문이다. 그래서 비록 최소한 모든 작업은 완료되겠지만 두 **J**형이 서로 충돌할 수 있다. 대부분의 학교는 학생들이 매우 체계적이어서 두 **J**형이 잠재적으로 가장 좋은 조합으로 이루어지기를 요구한다. 성격상 조직적인 학생을 돕기 위해서 선생님은

- 질서, 깔끔함, 마감 기일 준수에 대한 공통된 욕구를 즐겨라.
- 학생이 진정으로 원할 경우 그들의 방식대로 작업을 자립적으로 계획할 수 있도록 허락하라.
- 외적인 일로 교사의 세심한 준비가 방해 받을 경우 자신의 계획을 조정할 준비를 하라(그리고 학생이 때때로 유연성을 받아들이도록 권장하라.).
- 예상 가능한 수업이 지겹지 않도록 때때로 일을 뒤섞어라.
- 선택할 수 있는 모든 것을 고려하기도 전에 해야 할 일에 대해 신속하게 결정하지 마라.

29
흑곰 유형 선생님(Black Bear teacher) & 코알라 유형 학생(Koala Bear student)
ESTJ & ISFJ

두 곰 유형 모두 실제 세계를 경험과 관찰을 통해서 이해하면서 살아간다. 그들은 결론을 도출해 가는 방식에서 차이를 보인다. 코알라 유형은 사람들에게 미치는 영향을 고려하고, 흑곰 유형은 사실을 객관적으로 분석한다. 선천적으로 말수가 적은 학생의 능력을 최대한 이끌어 내기 위해서 선생님은

- 차분히 속도를 낮추고 간결하게 이야기하라.
- 질문과 답변 사이에 충분한 시간을 주라. 학생이 답하기 전에 생각하고 되돌아볼 시간이 필요함을 존중하라.
- 학생들에게 스스로 작업할 수 있는 시간과 공간을 제공하라. 그들 머리 위를 맴돌면서 참견하려고 하지 마라.
- 문제를 즉시 해결하거나 학생들의 말을 가로채지 마라.
- 상호 보완적인 유형들과 짝을 이루게 하라(해마 · 고양이 · 물개 유형).
- **E**형 학생이 많은 모둠 · 팀에 **I**형 학생 한 명만을 두지 마라(그들은 조용히 앉아 있을 것이다.).
- (말뿐만 아니라) 글로 써서 칭찬하라.

선생님과 학생 모두 지식을 똑같은 방법으로 얻는다. 그들은 자세한 사항들을 감각들(그들이 보고, 듣고, 느끼는 것에 깨어 있는 것)을 통해 알아챈다. 둘 다 자신의 주변을 이해하기 위해 자신의 경험을 사용한다. 그들 모두 현실에 집중한다. 교사는 본능적으로 수업 방식이 실용적, 순차적, 현실적이며 학생들이 이를 따라오도록 격려한다. 견고하고 동료 같은 관계는 선생님과 학생이 서로가 과제를 완수하기 위해 각자 무엇을 해야 할지 상호 이해하면서 발전한다. 기본적으로 현실적인 학생의 능력을 최대한 이끌어 내기 위해서 선생님은

- 배운 것이 실제 현실에서 어떻게 적용되는지 설명하라.
- 학생이 역량을 갖출 때까지 반복하고 연습할 기회를 주라.
- 수업에 상상력을 유용하게 사용하도록 권장하라(그것은 시간 낭비가 아니다.).

선생님은 과업에 먼저 집중하고 그다음에 사람 · 관계에 집중한다. 교실은 사무적이고 목적이 있는 분위기일 것이다. 학생들은 행동, 숙제 등의 측면에서 기대되는 명확한 지침을 받는다. 이것은 기껏해야 모든 사람이 자신이 어디에 있고 어떻게 행동해야 하는지를 안다는 것을 의미한다. 최악의 경우 교실은 군대 훈련소와 비슷할 수 있다. 이 학생과 맺는 개인적 관계가 성공의 핵심이라는 것을 기억하라. 코알라 유형이 선생님을 좋아하고 선생님도 그들을 좋아한다고 느낄 필요가 있다. 이렇게 되면 그들은 더 열심히 공부하겠지만 그렇지 않으면 관심을 완전히 끊을 수도 있다. 이것은 한 학생이 한 해(그들이 좋아하는 선생님과 함께 하면)에 최고의 학생이 될 수도 있고, 선생님이 바뀐 그 이듬해에는 공부에 대해 아예 관심을 보이지 않은 이유를 설명해 준다. 선천적으로 사람 중심적인 학생의 능력을 최대한 이끌어 내기 위해서 선생님은

- 공감, 협업 및 팀워크를 사용하여 과제에 집중하는 교사 본연의 성향에 균형을 맞출 수 있는 학습 상황을 제시하라.
- 어떠한 약점이라도 극복할 수 있도록 요령껏 지원하면서 충분하고 정기적으로 칭찬하라. 피드백은 비판으로 쉽게 받아들일 수 있으니 전달할 때 조심하여 다루어라.
- 학생에 대한 개인적인 신뢰를 드러내면서 설득하라(나를 실망시키지 마렴, 네가 할 수 있다는 것을 알아. 난 네가 좋단다.).
- 때때로 타협할 준비를 하여 규칙을 따르는 코알라 유형을 주기적으로 안심시켜라.

J형 선생님은 시간 계획 짜는 것을 즐긴다. 그들은 체계적이고 결단력 있다. 그들은 계획을 세우고 그것에 충실하며, 종종 인상적인 할 일 목록에 의해 도움을 받는다. 그들의 교실은 대개 정리가 잘 되어 있다. 과목은 아마도 수업 분량의 크기대로 잘게 나뉘고 교육과정의 기준 등을 고려해서 그해의 세부 계획이 세워질 것이다. 많은 **J**형 학생은 선생님의 체계적인 열의에 안심한다. 그들은 단순히 일정을 수용하고, 합의한 내용을 전달하며, 대개 모든 업무를 제시간에 완료한다. 흥미롭게도, 몇몇 **J**형 학생은 선생님이 선의로 하는 철저함을 꺼릴 것이

다. 그들은 다른 사람의 계획을 채택하기보다는 그들 자신의 계획을 세우고 그것을 실천하기를 원한다. 이것은 **J**형의 통제 욕구 때문이다. 그래서 비록 최소한 모든 작업은 완료되겠지만 두 **J**형이 서로 충돌할 수 있다. 대부분의 학교는 학생들이 매우 체계적이어서 두 **J**형이 가장 좋은 조합으로 이루어지기를 요구한다. 선천적으로 조직적인 학생의 능력을 최대한 이끌어 내기 위해서 선생님은

- 질서, 깔끔함, 마감 기일 준수에 대한 공통의 욕구를 즐겨라.
- 학생이 진정으로 원할 경우 그들의 방식대로 작업을 자립적으로 계획할 수 있도록 허락하라.
- 외적인 일로 교사의 세심한 준비가 방해 받을 경우 자신의 계획을 조정할 준비를 하라. 그리고 학생이 때때로 유연성을 받아들이도록 권장하라.
- 예상 가능한 수업이 지겹지 않도록 때때로 변화를 주어라.
- 선택할 수 있는 모든 것을 고려하기도 전에 해야 할 일에 대해 신속하게 결정하지 마라.

30
흑곰 유형 선생님(Black Bear teacher) & 해마 유형 학생(Seahorse student)
ESTJ & INFJ

북극곰 유형과 해마 유형은 두 가지 성향을 공유한다. 그들은 결론을 도출하는 방식에서 차이를 보인다. 해마 유형은 환상적인 일을 좋아하고 사람들에게 미칠 영향을 고려하는 반면, 북극곰은 사실을 객관적으로 분석하는 것을 좋아한다. 선천적으로 자기 성찰적인 학생의 능력을 최대한 이끌어 내기 위해서 선생님은

- 차분히 속도를 낮추고 간결하게 이야기하라.
- 질문과 답변 사이에 충분한 시간을 주라. 학생이 답하기 전에 생각하고 되돌아볼 시간이 필요함을 존중하라.
- 문제를 즉시 해결하거나 학생들의 말을 가로채지 마라.
- 학생들에게 스스로 작업할 수 있는 시간과 공간을 제공하라. 그들 머리 위를 맴돌면서 참견하려고 하지 마라.
- 상호 보완적인 유형들과 짝을 이루게 하라(코알라 · 고양이 · 물개 유형).
- **E**형 학생이 많은 모둠 · 팀에 **I**형 학생 한 명만을 두지 마라(그들은 조용히 앉아 있을 것이다.).
- (말뿐만 아니라) 글로 써서 칭찬하라.

흑곰 유형의 교사는 주변 환경을 이해하기 위해 자신의 경험을 활용하는 것을 좋아한다. 교사는 선천적으로 수업 방식이 실용적, 순차적, 현실적이며 학생들이 이를 따라오도록 격려한다. **N**형인 학생은 이를 도전적이거나 지루하다고 여길 수 있다. 교사는 해마 유형 학생을 논쟁적이거나 오만하다고 낙인찍을지도 모른다. 교사는 학생들을 꾸짖고 싶은 유혹을 물리쳐야 한다. 왜냐하면 이것이 그들이 정보를 받아들이고 세상을 이해하는 방식이기 때문이다. 올바른 맥락에서 공상은 자동차, 비행기, 의약품 및 컴퓨터의 발명으로 이어질 수 있다. 선천적으로 상상력이 많은 학생의 능력을 최대한 이끌어 내기 위해서 선생님은

- 해마 유형 학생의 상상력과 통찰력, 그리고 그것이 수업에도 가져올 수 있음을 받아들여라.
- 학생에게 **S**형 접근 방식(사실, 세부 사항, 절차, 실험, 경험 적용, 구조, 단계별 모델)이 수업에 중요하게 기여함을 깨닫도록 하라.

선생님은 과업에 먼저 집중하고 그다음에 사람 · 관계에 집중한다. 교실은 사무적이고 목적이 있는 분위기일 것이다. 학생들은 행동, 숙제 등의 측면에서 기대되는 명확한 지침을 받는다. 이것은 기껏해야 모든 사람이 자신이 어디에 있고 어떻게 행동해야 하는지를 안다는 것을 의미한다. 최악의 경우 교실은 군대 훈련소와 비슷할 수 있다. 이 학생과 맺는 개인적 관계가 성공의 핵심이라는 것을 기억하라. 해마 유형이 선생님을 좋아하고 선생님도 그들을 좋아한다고 느낄 필요가 있다. 이렇게 되면 그들은 더 열심히 공부하겠지만 그렇지 않으면 관심을 완전히 끊을 수도 있다. 이것은 한 학생이 한 해(그들이 좋아하는 선생님과 함께 하면)에 최고의 학생이 될 수도 있고, 선생님이 바뀐 그 이듬해에는 공부에 대해 아예 관심을 보이지 않은 이유를 설명해 준다. 선천적으로 사람 중심적인 학생의 능력을 최대한 이끌어 내기 위해서 선생님은

- 공감, 협업 및 팀워크를 사용하여 과제에 집중하는 교사 본연의 성향에 균형을 맞출 수 있는 학습 상황을 제시하라.
- 어떠한 약점이라도 극복할 수 있도록 요령껏 지원하면서 충분하고 정기적으로 칭찬하라. 피드백은 비판으로 쉽게 비칠 수 있으니 전달할 때 계란 껍데기를 밟듯 조심하라.
- 학생에 대한 개인적인 신뢰를 드러내면서 호소하라(나를 실망시키지 마렴, 네가 할 수 있다는 것을 알아. 난 네가 좋단다.).
- 때때로 타협할 준비를 하여 규칙을 따르는 해마 유형을 주기적으로 안심시키라.

J형 선생님은 시간 계획 짜는 것을 즐긴다. 그들은 체계적이고 결단력 있다. 그들은 계획을 세우고 그것에 충실하며, 종종 인상적인 할 일 목록에 의해 도움을 받는다. 그들의 교실은 대개 정리가 잘 되어 있다. 과목은 아마도 수업 분량의 크기대로 잘게 나뉘고 교육과정의 기준 등을 고려해서 그해의 세부 계획이 세워질 것이다. 많은 **J**형 학생은 선생님의 체계적인 능숙함에 안심한다. 그들은 단순히 일정을 수용하고, 합의한 내용을 전달하며, 대개 모든 업무를 제시간에 완료한다. 흥미롭게도, 몇몇 **J**형 학생은 선생님이 선의로 하는 철저함을 꺼릴 것이다. 그들은 다른 사람의 계획을 채택하기보다는 그들 자신의 계획을 세우고 그것을 실천하기를 원한다. 이것은 **J**형의 통제 욕구 때문이다. 그래서 비록 최소한 모든 작업은 완료되겠지만 두 **J**형이 서로 충돌할 수 있다. 대부분의 학교는 학생들이 매우 체계적이어서 두 **J**형이 가장 좋은 조합으로 이루어지기를 요구한다. 선천적으로 조직적인 학생의 능력을 최대한 이끌어 내기 위해서 선생님은

- 질서, 깔끔함, 마감 기일 준수에 대한 공통의 욕구를 즐겨라.
- 학생이 진정으로 원할 경우 그들의 방식대로 작업을 자립적으로 계획할 수 있도록 허락하라.
- 외적인 일로 교사의 세심한 준비가 방해 받을 경우 자신의 계획을 조정할 준비를 하라. 그리고 학생이 때때로 유연성을 받아들이도록 권장하라.
- 선택할 수 있는 모든 것을 고려하기도 전에 해야 할 일에 대해 신속하게 결정하지 마라.
- 예상 가능한 수업이 지겹지 않도록 때때로 변화를 주어라.

31
흑곰 유형 선생님(Black Bear teacher) & 독수리 유형 학생(Eagle student)
ESTJ & ENTJ

흑곰 유형과 독수리 유형은 모두 선천적으로 지도자들이다. 그들의 상호적인 이해는 두 가지 공통된 성향에서 비롯되며 이것은 효과적인 관계의 기반을 형성한다. 갈등은 학생이 교사의 통제를 벗어나려고 싸울 때 일어날 수 있다. 좋은 흑곰 유형의 교사들은 독수리 유형의 학생들에게 그들의 지도하려는 성향을 발현할 수 있는 기회와 그들만의 솔직한 의견을 말할 수 있도록 해 주는 기회를 준다. 선천적으로 대립이 잦은 학생의 능력을 최대한 이끌어 내기 위해서 선생님은

- 새로운 생각과 발상을 불러일으키는 것이 적절할 때 생동감 넘치는 농담을 즐겨라. 학생은 이러한 방법으로 가장 잘 배우지만, 교실에 수많은 다른 학생들도 있다는 사실을 기억하라.
- 요점에 충실하고 긍정적인 자세를 취하라(잔소리하지 마라.).
- 했던 일을 또 반복하지 마라.
- 차분하고 명확하게 행동하라. 그렇지 않으면 **E** 유형인 두 사람은 PMQs(영국 수상 질의)처럼 점점 더 크게 말할 수 있다(아무것도 듣지 않는다.).
- 어떤 생각은 말하지 않을 수도 있음을 기억하라(그러면 여러분은 나중에 어떤 것, 특히 비판적인 생각을 표현할 더 나은 방법을 생각할 수 있다.).
- 열정적이고 지지하는 청자가 되라. 교사의 생각을 주장하기보다는 학생 자신의 생각을 명확히 하고 발전시킬 수 있도록 도와주라.
- 서로 조용히 하는 법을 배우고 수업에서 **I** 유형 학생이 자신을 표현할 수 있도록 격려하라.

흑곰 유형의 교사는 그들의 경험을 통해 주변 환경을 이해하는 것을 좋아한다. 이러한 교사는 수업 방식이 매우 실용적, 순차적, 현실적이며, 학생들도 이렇게 따라오도록 권면할 것이다. **N** 유형의 학생은 기껏해야 이것이 도전적이며 최악의 경우 지루해 할 수 있다. 교사는 독수리 유형의 학생을 논쟁적이고 심지어 오만하다고 말할 수 있다. 교사는 학생들을 꾸짖고 싶은 유혹을 물리

쳐야 한다. 왜냐하면 이것이 그들이 정보를 받아들이고 세상을 이해하는 방식이기 때문이다. 올바른 맥락에서 공상은 자동차, 비행기, 의약품 및 컴퓨터의 발명으로 이어질 수 있다. 선천적으로 상상력이 많은 학생의 능력을 최대한 이끌어 내기 위해서 선생님은

- 학생의 상상력과 통찰력, 그리고 그것이 수업에도 가져올 수 있음을 받아들여라.
- 학생에게 **S**형 접근 방식(사실, 세부 사항, 절차, 실험, 경험 적용, 구조, 단계별 모델)이 수업에 중요하게 기여함을 깨닫도록 하라.

선생님과 학생 모두 업무 중심적이고, 정확하며, 일관되고 정직하다. 교실은 사무적이고, 목적 의식이 뚜렷한 분위기일 것이다. 학생은 행동, 숙제 등에서 기대되는 명확한 지침을 받는다. 만약 학생이 선생님에게 이의를 제기한다면 그것은 아마 (지침에 대해) 확인하기 위해서일 것이다. 이것은 기껏해야 모든 사람이 어디에 서고, 어떻게 행동해야 하는지 안다는 뜻이다. 선천적으로 업무 중심적인 학생의 능력을 최대한 이끌어 내기 위해서 선생님은

- 학생들의 기술과 지식을 경쟁적으로 시험하는 방법으로 수업하라(경쟁, 도전, 퀴즈, 개인 최고 점수 갱신 및 측정).
- 학생이 성취한 것과 그다음에 해야 할 것에 집중하게 하라.
- 때때로 타협할 수 있도록 준비하라.
- 잠재된 감정적인 원인을 고려하지 않고 문제된 어떤 것을 해결하려는 시도를 피하라.
- 학생들에게 사람의 50%는 **F**형이고 피드백을 비판으로 해석할 수 있음을 이해하도록 도와주라.

J형 선생님은 시간 계획 짜는 것을 즐긴다. 그들은 체계적이고 결단력 있다. 그들은 계획을 세우고 그것에 충실하며, 종종 인상적인 할 일 목록에 의해 도움을 받는다. 그들의 교실은 대개 정리가 잘 되어 있다. 과목은 아마도 수업 분량의 크기대로 잘게 나뉘고 교육과정의 기준 등을 고려해서 그해의 세부 계획이 세워질 것이다. 많은 **J**형 학생은 선생님의 체계적인 열정에 안심한다. 그들은 단순히 일정을 수용하고, 합의한 내용을 전달하며, 대개 모든 업무를 제시간에 완료한다. 흥미롭게도, 몇몇 **J**형 학생은 선생님이 선의로 하는 철저함을 꺼릴 것이다. 그들은 다른 사람의 계획을 채택하기보다는 그들 자신의 계획을 세우고 그것을 실천하기를 원한다. 이것은 **J**형의 통제 욕구 때문이다. 그래서 비록 최소한 모든 작업은 완료되겠지만 두 **J**형이 서로 충돌할 수 있다. 대부분의 학교는 학생들이 매우 체계적이어서 두 **J**형이 가장 좋은 조합으로 이루어지기를 요구한다. 선천적으로 조직적인 학생의 능력을 최대한 이끌어 내기 위해서 선생님은

- 학생이 진정으로 원할 경우 그들의 방식대로 작업을 자립적으로 계획할 수 있도록 허락하라.
- 외적인 일로 교사의 세심한 준비가 방해받을 경우 자신의 계획을 조정할 준비를 하라.
- 예상 가능한 수업이 지겹지 않도록 때때로 변화를 주어라.
- 선택할 수 있는 모든 것을 고려하기도 전에 해야 할 일에 대해 신속하게 결정하지 마라.
- 질서, 깔끔함, 마감 기일 준수에 대한 공통의 욕구를 즐겨라.

32
흑곰 유형 선생님(Black Bear teacher) & 고양이 유형 학생(Cat student)
ESTJ & ISFP

선천적으로 자신감 있고 주장이 강한 흑곰 유형의 교사는 그들의 고양이 유형 학생과 한 가지 성향을 공유한다. 효과적인 관계를 만들기 위해서는, 그들은 서로 다른 점을 받아들이고 인정해 줘야 한다. 고양이 유형은 일하는 것이 재미있을 때 만족을 얻지만, 곰 유형은 그들이 일할 때 즐거움을 얻는다. 선천적으로 자기 성찰적인 학생의 능력을 최대한 이끌어 내기 위해서 선생님은

- 차분히 속도를 낮추고 간결하게 이야기하라.
- 학생들에게 스스로 작업할 수 있는 시간과 공간을 제공하라. 그들 머리 위를 맴돌면서 참견하려고 하지 마라.
- 질문과 답변 사이에 충분한 시간을 주라. 학생이 답하기 전에 생각하고 되돌아볼 시간이 필요함을 존중하라.
- 문제를 즉시 해결하거나 학생들의 말을 가로채지

마라.

- 상호 보완적인 유형들과 짝을 이루게 하라(호랑이 · 물개 · 숲올빼미 유형).
- **E**형 학생이 많은 모둠 · 팀에 **I**형 학생 한 명만을 두지 마라(그들은 조용히 앉아 있을 것이다.).
- (말뿐만 아니라) 글로 써서 칭찬하라.
- 학생이 쉬는 시간에 교사에게 와서 항상 이야기할 수 있으며, 나중에 교사가 답변할 수 있는 질문 · 문제를 적어 놓을 수 있음을 학생에게 알려 주라.

선생님과 학생 모두 지식을 똑같은 방법으로 얻는다. 그들은 자세한 사항들을 감각들(그들이 보고, 듣고, 느끼는 것에 깨어 있는 것)을 통해 알아챈다. 둘 다 자신이 보고 주목한 것을 이해하기 위해 자신의 경험을 사용한다. 그들 모두 현실에 집중한다. 교사는 본능적으로 수업 방식이 실용적, 순차적, 현실적이며 학생들이 이를 따라오도록 격려한다. 견고하고 동료 같은 관계는 선생님과 학생이 서로가 과제를 완수하기 위해 각자 무엇을 해야 할지 상호 이해하면서 발전한다. 기본적으로 현실적인 학생의 능력을 최대한 이끌어 내기 위해서 선생님은

- 배운 것이 실제 현실에서 어떻게 적용되는지 설명하라.
- 학생이 역량을 갖출 때까지 반복하고 연습할 기회를 주라.
- 수업에 상상력을 유용하게 사용하도록 권장하라(그것은 시간 낭비가 아니다.).

선생님은 과업에 먼저 집중하고 그다음에 사람 · 관계에 집중한다. 교실은 사무적이고 목적이 있는 분위기일 것이다. 학생들은 행동, 숙제 등의 측면에서 기대되는 명확한 지침을 받는다. 이것은 기껏해야 모든 사람이 자신이 어디에 있고 어떻게 행동해야 하는지를 안다는 것을 의미한다. 최악의 경우 교실은 의기소침하고 겁에 질린 신병들로 가득 찬 군대 훈련소와 비슷할 수 있다. 이 학생과 맺는 개인적 관계가 성공의 핵심이라는 것을 기억하라. 고양이 유형이 선생님을 좋아하고 선생님도 그들을 좋아한다고 느낄 필요가 있다. 이렇게 되면 그들은 더 열심히 공부하겠지만 그렇지 않으면 관심을 완전히 끊을 수도 있다. 이것은 한 학생이 한 해(그들이 좋아하는 선생님과 함께 하면)에 최고의 학생이 될 수도 있고, 선생님이 바뀐 그 이듬해에는 공부에 대해 아예 관심을 보이지 않은 이유를 설명해 준다. 선천적으로 사람 중심적인 학생의 능력을 최대한 이끌어 내기 위해서 선생님은

- 공감, 협업 및 팀워크를 사용하여 과제에 집중하는 교사 본연의 성향에 균형을 맞출 수 있는 학습 상황을 제시하라.
- 어떠한 약점이라도 극복할 수 있도록 요령껏 지원하면서 충분하고 정기적으로 칭찬하라. 피드백은 비판으로 쉽게 비칠 수 있으니 전달할 때 계란 껍데기를 밟듯 조심하라.
- 학생에 대한 개인적인 신뢰를 드러내면서 설득하라(나를 실망시키지 마렴, 네가 할 수 있다는 것을 알아. 난 네가 좋단다.).
- 때때로 타협할 준비를 하라. 그렇지 않으면 고양이 유형이 토라질 수 있다.

흑곰 유형의 교사는 시간 계획 짜는 것을 즐긴다. 그들은 체계적이고 결단력 있다. 그들은 계획을 세우고 그것에 충실하며, 종종 인상적인 할 일 목록에 의해 도움을 받는다. 그들의 교실은 학교에서 가장 정리가 잘 되어 있다. 과목은 아마도 수업 분량의 크기대로 잘게 나뉘고 그해의 세부 계획이 열의를 갖고 세워질 것이다. **P**형의 학생은 아래 세 가지 중 하나의 반응을 보일 것이다.

- 당신의 전문성을 받아들이고 그들의 장기적인 이익을 이해함으로써 긍정적으로 반응한다.
- 당신이 제공하는 내용이나 과정을 진심으로 받아들이지는 않지만 쉬운 삶을 위한 구조 · 계획을 수동적으로 받아들인다.
- 교사와 수업 계획, 그리고 과목별 수업을 완전히 거부하며 부정적으로 반응한다(물리적으로 교실에 있더라도 수업에 몰두하거나 참여하지 않는다.).

선생님은 선천적으로 느긋한 학생의 능력을 최대한 이끌어 내기 위해서 학생이 그저 선택할 수 있는 것과 선택하는 것을 좋아하는 것이 아님을 주의해야 한다. 즉, 학생에게 그것은 필요한 것이며 그렇게 해 주지 않으면 몸이 근질거리고 몸부림치거나 반항하기 시작한다. 중등학교 환경은 **P**형 학생들에게 무척 어렵기 때문에 선생님은 압박감을 완화시키는 데 도울 수 있다. 그렇게 하기 위해서 선생님은

- 가능한 한 유연성을 많이 제공하라(다양한 선택 과제, 수업 내 선택).

- 세부 일정을 피하라(어차피 지키지도 못할 것이다.).
- 꼭 필요한 것보다 필요 이상으로 세부 사항을 까다롭게 다루지 마라.
- 예상 가능한 수업이 지겹지 않도록 때때로 변화를 주어라.
- 학생이 학교의 조직적 문제에 대처할 수 있도록 효과적인 시간 관리 전략을 찾도록 도와주라.

33
곰인형 유형 선생님(Teddy Bear teacher) & 곰인형 유형 학생(Teddy Bear student)
ESFJ & ESFJ

선천적으로 사교성 좋고 돌보는 곰인형 유형의 교사는 자신과 비슷한 학생과 가장 좋은 호흡을 보여 준다. 교사는 그들의 학생에게 곰인형 유형이 얼마나 열심히 공부하고 따뜻함을 잘 결합할 수 있는지를 보여 주는 훌륭한 롤 모델이 될 수 있다. 선천적으로 자신의 감정을 잘 드러내는 학생의 능력을 최대한 이끌어 내기 위해서 선생님은

- 새로운 생각과 발상을 불러일으키는 것이 적절할 때 생동감 넘치는 농담을 즐겨라. 학생은 이러한 방법으로 가장 잘 배우지만, 교실에 수많은 다른 학생들도 있다는 사실을 기억하라.
- 교사와 학생 모두 쉽게 산만해지고 궤도를 벗어나기 때문에 요점을 고수하고 긍정적으로 생각하라(잔소리하지 마라.).
- 어떤 생각은 말하지 않을 수도 있음을 기억하라(그러면 여러분은 나중에 어떤 것, 특히 비판적인 생각을 표현할 더 나은 방법을 생각할 수 있다.).
- 열정적이고 지지하는 청자가 되라. 교사의 생각을 주장하기보다는 학생 자신의 생각을 명확히 하고 발전시킬 수 있도록 도와주라.
- 서로 조용히 하는 법을 배우고 수업에서 **I** 유형 학생이 자신을 표현할 수 있도록 도와주라.
- 했던 일을 또 반복하지 마라.
- 차분하고 명확하게 행동하라. 그렇지 않으면 **E** 유형인 두 사람은 서로의 말을 듣지 않고 점점 더 크게 말할 수 있다.

선생님과 학생 모두 지식을 똑같은 방법으로 얻는다. 그들은 자세한 사항들을 감각들(그들이 보고, 듣고, 느끼는 것에 깨어 있는 것)을 통해 알아챈다. 둘 다 그들의 주변 환경을 이해하기 위해 자신의 경험을 기본적으로 사용한다. 그들 모두 현실적이다. 교사는 선천적으로 수업 방식이 실용적, 순차적, 현실적이며 학생들이 이를 따라오도록 격려한다. 견고하고 동료 같은 관계는 선생님과 학생이 서로가 과제를 완수하기 위해 각자 무엇을 해야 할지 상호 이해하면서 발전한다. 기본적으로 현실적인 학생의 능력을 최대한 이끌어 내기 위해서 선생님은

- 배운 것이 실제 현실에서 어떻게 적용되는지 설명하라.
- 학생이 역량을 갖출 때까지 반복하고 연습할 기회를 주라.
- 수업에 상상력을 유용하게 사용하도록 권장하라(그것은 시간 낭비가 아니다.).

교사와 학생 모두 사람과 관계를 일 · 내용보다 더 중요시한다. 그들은 학생들을 싫어하지 않는 이상 모든 학생들과 개인적인 관계를 맺는 것을 좋아한다. 곰인형 유형의 교사들은 그들이 가장 좋아하는 학생이 한 명 있곤 하지만, 그것을 능히 감출 수 있다. 곰인형 유형의 학생들은 모든 성향을 공유하고 있기 때문에 흔히 바로 그 가장 좋아하는 학생이 되곤 한다. 곰인형 유형의 교사들은 감정적으로 일하는 경향이 있기 때문에, 그들은 학생들과 약속을 자주 하고 너무 무리해서 일하거나 심지어 학생들이 스스로 해야 할 일까지도 해 주는 경향이 있다. 교사와 학생 모두 따뜻하고 친근한 분위기의 교실을 선호한다. 곰인형 유형이 가십거리와 생물학적 지식을 마구 혼용해서 자유롭게 이야기할 때면 수업 시간이 마치 미용실에서 잡담하는 시간처럼 비춰질지도 모른다. 칭찬은 때때로 학생뿐만 아니라 교사의 약한 자신감을 북돋아 줄 수 있다. 곰인형 유형의 학생들은 그들이 선생님을 좋아하고 선생님도 자신을 좋아한다고 느끼는 것이 중요하다. 만약 이것이 일어난다면, 그들은 더 열심히 공부할 것이지만 만약 그렇지 않다면 그들은 흥미를 잃어버릴 것이다. 이것은 한 학생이 한 해(그들이 좋아하는 선생님과 함께 하면)에 최고의 학생이 될 수도 있고, 선생님이 바뀐 그 이듬해에는 공부에 대해 아예 관심을 보이지 않은 이유를 설명해 준다. 이렇게 관계 중심적인 학생의 능력을 최대한 이끌어 내기 위해서 선생님은

- 공감, 협업 및 팀워크를 사용하여 과제에 집중하는 교사 본연의 성향에 균형을 맞출 수 있는 학습 상황을 제시하라.
- 어떠한 약점이라도 극복할 수 있도록 요령껏 지원하면서 충분하고 정기적으로 칭찬하라.
- 학생에 대한 개인적인 신뢰를 드러내면서 동기를 부여하라(나를 실망시키지 마렴, 네가 할 수 있다는 것을 알아. 난 네가 좋단다.).

곰인형 유형 선생님은 일정을 짜는 것을 좋아한다. 그들은 계획적이고 결단력이 있다. 그들은 계획을 잘 지키고, 가끔씩 인상 깊었던 할 일 목록에 도움을 받기도 한다. 그들의 반은 대체적으로 조직적이다. 과목을 한 수업 단위로 쪼개고, 교육과정의 기준 등을 고려해서 일년 계획을 세우게 될 것이다. 많은 곰인형 유형의 학생들은 선생님의 조직적인 기량으로 인해서 자신감을 얻는다(그들은 보통 좋은 소문 때문에 일정을 취소한다.). 그들은 그 계획을 쉽게 받아들이고, 시간에 맞춰 과제를 마친다. 흥미로운 것은 어떤 J형의 학생들은 선생님의 좋은 의도를 가진 철저함을 꺼린다. 그들은 자신만의 계획을 만들고, 그에 따라 일하는 것이 다른 사람의 계획을 받아들이는 것보다 좋아한다. 이것은 J 성향이 가진 통제에 대한 갈망 때문이다. 그래서 J형 사람들이 같이 일할 때, 일은 다 끝낼지라도 언쟁이 일어날 수 있다. 대부분의 중등학교가 학생들이 조직적이길 원하므로 두 명의 J형의 학생들을 어쩌면 가장 건설적인 조합으로 여길 수 있다. 선천적으로 조직적인 학생의 능력을 최대한 이끌어 내기 위해서 선생님은

- 질서, 깔끔함, 마감 기일 준수에 대한 공통의 욕구를 즐겨라.
- 학생이 진정으로 원할 경우 그들의 방식대로 작업을 자립적으로 계획할 수 있도록 허락하라.
- 외적인 일로 교사의 세심한 준비가 방해 받을 경우 자신의 계획을 조정할 준비를 하라(그리고 학생이 때때로 유연성을 받아들이도록 권장하라.).
- 예상 가능한 수업이 지겹지 않도록 때때로 변화를 주어라.
- 선택할 수 있는 모든 것을 고려하기도 전에 해야 할 일에 대해 신속하게 결정하지 마라.

34
곰인형 유형 선생님(Teddy Bear teacher) & 북극곰 유형 학생(Polar Bear student)
ESFJ & ISTJ

이 두 곰 유형은 공통점이 많다. 둘 다 권위를 존중하고 학교의 목적을 염두에 두고 있다. 학생은 요점을 고수하기를 열망하며 선생님의 사교성에 좌절할 수도 있다. 학생은 이를 시간 낭비라 생각할 수 있다. 내면에 더 집중하는 학생의 능력을 최대한 이끌어 내기 위해서 선생님은

- 차분히 속도를 낮추고 간결하게 이야기하라.
- 학생에게 답변이나 의견을 강요하지 마라. 학생이 답하기 전에 생각하고 되돌아볼 시간이 필요함을 존중하라.
- 학생들에게 스스로 작업할 수 있는 시간과 공간을 제공하라. 그들 머리 위를 맴돌면서 참견하려고 하지 마라.
- 문제를 즉시 해결하거나 학생들의 말을 가로채지 마라.
- (말뿐만 아니라) 글로 써서 칭찬하라.
- 학생이 쉬는 시간에 교사에게 와서 항상 이야기할 수 있으며, 나중에 교사가 답변할 수 있는 질문·문제를 적어 놓을 수 있음을 학생에게 알려 주라.
- 학생의 사적인 성향을 존중하라(다른 학생 앞에서 "어머나는 어떠셔?"라고 물어보는 것조차 매우 당황스러워 할 것이다.).

선생님과 학생 모두 지식을 똑같은 방법으로 얻는다. 그들은 자세한 사항들을 감각들(그들이 보고, 듣고, 느끼는 것에 깨어 있는 것)을 통해 알아챈다. 둘 다 그들이 주목한 것을 이해하기 위해 자신의 경험을 사용한다. 그들 모두 현실적이다. 교사는 선천적으로 수업 방식이 실용적, 순차적, 현실적이다. 북극곰 유형은 같은 접근법을 채택하기 위해 약간의 격려가 필요하다. 견고하고 동료 같은 관계는 선생님과 학생이 서로가 과제를 완수하기 위해 각자 무엇을 해야 할지 상호 이해하면서 발전한다. 기본적으로 현실적인 학생의 능력을 최대한 이끌어 내기 위해서 선생님은

- 배운 것이 실제 현실에서 어떻게 적용되는지 설명하라.

- 학생이 역량을 갖출 때까지 반복하고 연습할 기회를 주라.
- 수업에 상상력을 유용하게 사용하도록 권장하라. 그리고 그것이 시간 낭비가 아님을 설명하라.

교사는 관계를 일보다 더 중시하는 반면에 학생은 그 반대다. 교사는 학생이 다르다는 것을 받아들여야 한다. 학생이 차갑고 무뚝뚝하며 불친절한 것이 아니라, 단순히 과제에 먼저 집중할 뿐이다. 만약 교사가 이것을 받아들인다면 교사와 학생에게 모두 긍정적일 것이다. 선천적으로 객관적인 학생의 능력을 최대한 이끌어 내기 위해서 선생님은

- 대상을 정해 칭찬하라. 모든 것이 훌륭하다고 말하는 것은 학생에게 깊은 인상을 주거나 도움이 되지 않는다. 사실, 그것은 학생이 선생님을 존경하지 않는 결과를 초래할 수 있고, 교사가 거짓말하거나 아니면 부드러운 접촉이라고 결론지을 수 있다. 교사가 칭찬할 때, 증거를 요구받을 수도 있다.
- 논의할 때 감정적이기보다는 논리적이고 객관적으로 하라.
- 학생이 교사에게 이의를 제기한다면 그것은 아마 여러분의 권위나 인격을 무시하기보다 그들의 생각을 명확히 알리기 위한 것일 수 있다. 아마도 '이를 개선하거나 바꾸려면 어떻게 하겠니?' 또는 '너는 어떻게 생각하니?'라고 물어보라. 일단 학생이 생각을 명확히 하고 나면 교사가 생각하는 것을 물어보고 받아들일 준비가 되어 있을 것이다.
- 학생의 기량과 지식을 경쟁적으로 시험하는 방식으로 수업하라(학생의 경쟁력을 높인다.).
- 사람의 50%가 **F**형이고 피드백을 비판으로 해석하여 이해할 수 있다는 것을 도와주라. 이는 특히 북극곰 성향의 남성에게 귀중한 교훈일 것이다.

선생님과 학생은 시간 계획 짜는 것을 즐긴다. 그들은 체계적이고 결단력 있다. 그들은 계획을 세우고 그것에 충실하며, 종종 인상적인 할 일 목록에 의해 도움을 받는다. 그들의 교실은 대개 정리가 잘 되어 있다. 과목은 아마도 수업 분량의 크기대로 잘게 나뉘고 교육과정의 기준 등을 고려해서 그해의 세부 계획이 세워질 것이다. 몇몇 **J**형 학생은 선생님의 체계적인 열의에 안심한다. 그들은 단순히 일정을 수용하고, 합의한 내용을 전달하며, 대개 모든 업무를 제시간에 완료한다. 흥미롭게도, 몇몇 **J**형 학생은 선생님이 선의로 하는 철저함을 꺼릴 것이다. 그들은 다른 사람의 계획을 채택하기보다는 그들 자신의 계획을 세우고 그것을 실천하기를 원한다. 이것은 **J**형의 통제 욕구 때문이다. 그래서 비록 최소한 모든 작업은 완료되겠지만 두 **J**형이 서로 충돌할 수 있다. 대부분의 중등학교는 학생들이 매우 체계적이어서 두 **J**형이 가장 좋은 조합으로 이루어지기를 요구한다. 선천적으로 조직적인 학생의 능력을 최대한 이끌어 내기 위해서 선생님은

- 질서, 깔끔함, 마감 기일 준수에 대한 공통의 욕구를 즐겨라.
- 학생이 진정으로 원할 경우 그들의 방식대로 작업을 자립적으로 계획할 수 있도록 허락하라.
- 선택할 수 있는 모든 것을 고려하기도 전에 해야 할 일에 대해 신속하게 결정하지 마라.
- 외적인 일로 교사의 세심한 준비가 방해 받을 경우 자신의 계획을 조정할 준비를 하라(그리고 학생이 때때로 유연성을 받아들이도록 권장하라.).
- 예상 가능한 수업이 지겹지 않도록 때때로 변화를 주어라.

35
곰인형 유형 선생님(Teddy Bear teacher) & 흑곰 유형 학생(Black Bear student)
ESFJ & ESTJ

두 곰 유형들은 공통점이 많다. 그들은 일이 효율적으로 끝날 때까지 사실을 정교화하고 과업을 명확하게 처리하는 것에 관심이 많다. 차이점은 그들의 관심이 어디에 있는지에 있는데, 학생의 경우 일에 있고 선생님의 경우 관계에 있다. 그래서 교사가 학생의 필요 이상으로 개인적인 관계에 더 초점을 맞추기 때문에 긴장을 유발될 수 있다. 선천적으로 주장이 강한 학생의 능력을 최대한 이끌어 내기 위해서 선생님은

- 새로운 생각과 발상을 불러일으키는 것이 적절할 때 생동감 넘치는 농담을 즐겨라. 학생은 이러한 방법으로 가장 잘 배우지만, 교실에 수많은 다른 학생들도 있다는 사실을 기억하라.

- 요점에서 벗어나지 마라. 곰인형 유형의 교사는 쉽게 산만해지고 궤도를 벗어나기 쉽다.
- 학생의 요청이 없는 한 했던 일을 또 반복하지 마라.
- 차분하고 명확하게 행동하라. 그렇지 않으면 두 **E** 유형 사람은 PMQs(영국 수상 질의)처럼 점점 더 크게 말할 수 있다(아무것도 듣지 않는다.).
- 어떤 생각은 말하지 않을 수도 있음을 기억하라.
- 열정적이고 지지하는 청자가 되라. 교사의 생각을 주장하기보다는 학생 자신의 생각을 명확히 하고 발전시킬 수 있도록 도와주라.
- 서로 조용히 하는 법을 배우고 수업에서 **I** 유형 학생이 자신을 표현할 수 있도록 격려하라.

선생님과 학생 모두 지식을 똑같은 방법으로 얻는다. 그들은 자세한 사항들을 감각들(그들이 보고, 듣고, 느끼는 것에 깨어 있는 것)을 통해 알아챈다. 둘 다 그들이 주목한 것을 이해하기 위해 그들의 경험을 사용한다. 모두 현재에 관심이 있다. 교사는 교육 방식에서 선천적으로 실용적, 순차적, 합리적, 현실적이며 학생들에게 이를 따르도록 격려할 것이다. 견고하고 동료 같은 관계는 선생님과 학생이 서로가 과제를 완수하기 위해 각자 무엇을 해야 할지 상호 이해하면서 발전한다. 기본적으로 현실적인 학생의 능력을 최대한 이끌어 내기 위해서 선생님은

- 배운 것이 실제 현실에서 어떻게 적용되는지 설명하라.
- 학생이 역량을 갖출 때까지 반복하고 연습할 기회를 주라.
- 수업에 상상력을 유용하게 사용하도록 권장하라(그것은 시간 낭비가 아니다.).

교사는 관계를 일보다 더 중시하는 반면에 학생은 그 반대다. 교사는 학생이 다르다는 것을 받아들여야 한다. 즉, 학생이 차갑고, 무뚝뚝하며, 불친절한 것이 아니라 단순히 과제에 먼저 집중할 뿐이다. 만약 교사가 이것을 받아들인다면 교사와 학생에게 모두 긍정적일 것이다. 선천적으로 객관적인 학생의 능력을 최대한 이끌어 내기 위해서 선생님은

- 대상을 정해 칭찬하라. 모든 것이 훌륭하다고 말하는 것은 학생에게 깊은 인상을 주거나 도움이 되지 않는다. 사실, 그것은 학생이 선생님을 존경하지 않는 결과를 초래할 수 있고, 교사가 거짓말하거나 아니면 부드러운 접촉이라고 결론지을 수 있다. 교사가 칭찬할 때, 증거를 요구받을 수도 있다.
- 논의할 때 감정적이기보다는 논리적이고 객관적으로 하라.
- 학생이 교사에게 이의를 제기한다면 그것은 아마 여러분의 권위나 인격을 무시하기보다 그들의 생각을 명확히 알리기 위한 것일 수 있다. 아마도 '이를 개선하거나 바꾸려면 어떻게 하겠니?' 또는 '너는 어떻게 생각하니?'라고 물어보라. 일단 학생이 생각을 명확히 하고 나면 교사가 생각하는 것을 물어보고 받아들일 준비가 되어 있을 것이다.
- 사람의 50%가 **F**형이고 피드백을 비판으로 해석할 수 있다는 것을 도와주라.
- 학생의 기량과 지식을 경쟁적으로 시험하는 방식으로 수업하라(학생의 경쟁력을 높인다.).

곰 유형은 시간 계획 짜는 것을 즐긴다. 그들은 체계적이고 결단력 있다. 그들은 계획을 세우고 그것에 충실하며, 종종 인상적인 할 일 목록에 의해 도움을 받는다. 그들의 교실은 대개 정리가 잘 되어 있다. 과목은 아마도 수업 분량의 크기대로 잘게 나뉘고 교육과정의 기준 등을 고려해서 그해의 세부 계획이 세워질 것이다. 많은 **J**형 학생은 조직적인 열의에 안심한다. 그들은 단순히 일정을 수용하고, 합의한 내용을 전달하며, 대개 모든 업무를 제시간에 완료한다. 흥미롭게도, 몇몇 **J**형 학생은 선생님이 선의로 하는 철저함을 꺼릴 것이다. 그들은 다른 사람의 계획을 채택하기보다는 그들 자신의 계획을 세우고 그것을 실천하기를 원한다. 이것은 **J**형의 통제 욕구 때문이다. 그래서 비록 최소한 모든 작업은 완료되겠지만 두 **J**형이 서로 충돌할 수 있다. 대부분의 중등학교는 학생들이 매우 체계적이어서 두 **J**형이 잠재적으로 가장 좋은 조합으로 이루어지기를 요구한다. 선천적으로 조직적인 학생의 능력을 최대한 이끌어 내기 위해서 선생님은

- 질서, 깔끔함, 마감 기일 준수에 대한 공통의 욕구를 즐겨라.
- 학생이 진정으로 원할 경우 그들의 방식대로 작업을 자립적으로 계획할 수 있도록 허락하라.
- 외적인 일로 교사의 세심한 준비가 방해 받을 경우 자신의 계획을 조정할 준비를 하라(그리고 학생이 때때로 유연성을 받아들이도록 권장하라.).
- 예상 가능한 수업이 지겹지 않도록 때때로 변화를 주어라.

- 선택할 수 있는 모든 것을 고려하기도 전에 해야 할 일에 대해 신속하게 결정하지 마라.

36
곰인형 유형 선생님(Teddy Bear teacher) & 돌고래 유형 학생(Dolphin student)
ESFJ & ENFJ

곰인형 유형과 돌고래 유형은 세 가지 성향을 공통으로 갖는다. 둘 다 사교적이면서 조직적이다. 그들은 편하게 서로 주말에 어땠는지 나눌 수 있는 관계라고 생각하면 된다. 그들이 특히 사람에 관해서 너무 많이 떠들지 않는다면 같이 일하면 좋을 것이다. 선천적으로 자신의 감정을 잘 드러내는 학생의 능력을 최대한 이끌어 내기 위해서 선생님은

- 새로운 생각과 발상을 불러일으키는 것이 적절할 때 생동감 넘치는 농담을 즐겨라. 학생은 이러한 방법으로 가장 잘 배우지만, 교실에 수많은 다른 학생들도 있다는 사실을 기억하라.
- 교사와 학생 모두 쉽게 산만해지고 궤도를 벗어나기 때문에 요점을 고수하고 긍정적으로 생각하라(잔소리하지 마라.).
- 교육과정에 중심을 두지 않는 한 했던 일을 또 반복하지 마라.
- 차분하고 명확하게 행동하라. 그렇지 않으면 **E** 유형인 두 사람은 PMQs(영국 수상 질의)처럼 점점 더 크게 말할 수 있다(아무것도 듣지 않는다.).
- 어떤 생각은 말하지 않을 수도 있음을 기억하라(그러면 여러분은 나중에 어떤 것, 특히 비판적인 생각을 표현할 더 나은 방법을 생각할 수 있다.).
- 열정적이고 지지하는 청자가 되라. 교사의 생각을 주장하기보다는 학생 자신의 생각을 명확히 하고 발전시킬 수 있도록 도와주라.
- 서로 조용히 하는 법을 배우고 수업에서 **I** 유형 학생이 자신을 표현할 수 있도록 격려하라.

곰인형 유형의 교사는 자신의 경험을 사용하여 세상을 이해하는 것을 좋아한다. 교사는 수업 방식이 자연스럽게 순차적, 현실적이어서 학생들이 따라오도록 격려한다. **N** 유형의 학생은 기껏해야 이것을 난처해하고 최악의 경우 재미없다고 여길 수 있다. 교사는 학생을 공상가로 여길 수 있다. 교사는 학생들을 꾸짖고 싶은 유혹을 물리쳐야 한다. 왜냐하면 학생들이 정보를 받아들이고 자신의 세계를 이해하는 방식이기 때문이다. 올바른 맥락에서 공상은 새로운 통찰력으로 이어질 수 있다. 선천적으로 상상력이 많은 학생의 능력을 최대한 이끌어 내기 위해서 선생님은

- 학생의 상상력과 통찰력, 그리고 그것이 수업에도 가져올 수 있음을 받아들여라.
- 학생에게 **S**형 접근 방식(사실, 세부 사항, 절차, 실험, 경험 적용, 구조, 단계별 모델)이 수업에 중요하게 기여함을 깨닫도록 하라.

교사와 학생 모두 과제 · 과목을 고려하기 전에 사람과의 관계를 먼저 고려한다. 물개 유형 선생님은 학생이 마음에 들지 않는 한 모든 학생들과 개인적인 관계를 형성하는 것을 좋아한다(**F**형 선생님은 **T**형 선생님이 좋아하는 것을 더 좋아하는 경향이 있다.). 선생님이 감정적으로 움직이기 때문에 이러한 선생님들은 학생들에게 약속하고, 지나치게 무리하며, 심지어 학생들이 해야 할 일마저도 대신 할 가능성이 더 높다. 선생님과 학생 모두 따뜻하고 친근한 교실 분위기를 즐긴다. 칭찬은 학생뿐만 아니라 교사 둘 모두에게 자신감을 북돋아 줄 것이다. 돌고래 유형 학생은 선생님을 좋아하고 선생님도 그들을 좋아한다고 느낄 필요가 있다. 이렇게 되면 그들은 더 열심히 공부할 것이다. 이것은 한 학생이 한 해(그들이 좋아하는 선생님과 함께 하면)에 최고의 학생이 될 수도 있고, 선생님이 바뀐 그 이듬해에는 공부에 대해 아예 관심을 보이지 않은 이유를 설명해 준다. 이렇게 관계 중심적인 학생의 능력을 최대한 이끌어 내기 위해서 선생님은

- 공감, 협업 및 팀워크를 사용하여 과제에 집중하는 교사 본연의 성향에 균형을 맞출 수 있는 학습 상황을 제시하라.
- 어떠한 약점이라도 극복할 수 있도록 요령껏 지원하면서 충분하고 정기적으로 칭찬하라.
- 학생에 대한 개인적인 신뢰를 드러내면서 설득하거나 영향력을 행사하라(나를 실망시키지 마렴, 네가 할 수 있다는 것을 알아. 난 네가 좋단다.).

곰인형 유형의 선생님은 시간을 짜는 것을 즐긴다. 그들

은 조직적이고 결단력 있다. 그들은 종종 인상적인 할 일 목록의 도움을 받아 계획을 세우고 그것을 지키고자 한다. 그들의 교실은 보통 정리가 잘 되어 있다. 과목은 아마 수업 크기별로 나눠지고 그 해 계획이 꼼꼼하게 세워졌을 것이다. 많은 돌고래 유형의 학생은 교사의 조직적인 열정에 안심한다. 그들은 단순히 일정을 채택하고 계약 내용을 전달하며, 일반적으로 모든 업무를 제시간에 완료한다. 흥미롭게도, 어떤 돌고래 유형 학생은 선생님의 선의의 철저함을 비웃는다. 학생들은 다른 사람의 계획을 채택하기보다는 그들 자신의 계획을 세우고 그것에 따라 일하기를 원한다. 이것은 **J**형의 통제력 욕망 때문이다. 따라서 두 **J**형은 서로 충돌할 수 있지만 적어도 그들의 모든 일은 끝날 것이다. 많은 중등학교가 학생들이 조직적이길 원하므로 두 명의 **J**형의 학생들을 어쩌면 가장 건설적인 조합으로 여길 수 있다. 선천적으로 조직적인 학생의 능력을 최대한 이끌어 내기 위해서 선생님은

- 질서, 깔끔함, 마감 기일 준수에 대한 공통의 욕구를 즐겨라.
- 학생이 진정으로 원할 경우 그들의 방식대로 작업을 자립적으로 계획할 수 있도록 허락하라.
- 예상 가능한 수업이 지겹지 않도록 때때로 변화를 주어라.
- 선택할 수 있는 모든 것을 고려하기도 전에 해야 할 일에 대해 신속하게 결정하지 마라.
- 외적인 일로 교사의 세심한 준비가 방해 받을 경우 자신의 계획을 조정할 준비를 하라(돌고래 유형의 학생이 때때로 유연성을 받아들이도록 권장하라.).

37
곰인형 유형 선생님(Teddy Bear teacher) & 독수리 유형 학생(Eagle student)
ESFJ & ENTJ

곰인형 유형과 독수리 유형은 두 가지 공통된 성향을 갖는다. 둘 다 외부적으로 자신감이 있고 조직적이다. 그들은 정보를 받아들이고 결정을 내리는 방식에서 차이가 있다. 실용적이고 사회적인 교사와 이론적이고 자신의 주장이 강한 학생은 이 방식 때문에 갈등을 겪을 수도 있다. 선천적으로 솔직담백한 학생의 능력을 최대한 이끌어 내기 위해서 선생님은

- 새로운 생각과 발상을 불러일으키는 것이 적절할 때 생동감 넘치는 농담을 즐겨라. 학생은 이러한 방법으로 가장 잘 배우지만, 교실에 30명이 더 있을 수 있다는 것을 기억하라.
- 교사와 학생 모두 쉽게 산만해지고 궤도를 벗어나기 때문에 요점을 고수하고 긍정적으로 생각하라(잔소리하지 마라.).
- 차분하고 명확하게 행동하라. 그렇지 않으면 **E** 유형인 두 사람은 서로의 말을 듣지 않고 점점 더 크게 말할 수 있다.
- 어떤 생각은 말하지 않을 수도 있음을 기억하라(그러면 여러분은 나중에 어떤 것, 특히 비판적인 생각을 표현할 더 나은 방법을 생각할 수 있다.).
- 열정적이고 지지하는 청자가 되라. 교사의 생각을 주장하기보다는 학생 자신의 생각을 명확히 하고 발전시킬 수 있도록 도와주라.
- 서로 조용히 하는 법을 배우고 수업에서 I 유형 학생이 자신을 표현할 수 있도록 격려하라.

곰인형 유형의 교사는 그들의 경험을 통해 보이는 것을 이해하는 것을 좋아한다. 그들은 현재에 관심이 있다. 선생님은 선천적으로 수업 방식이 실용적, 순차적, 현실적이고 학생들이 그에 따라오도록 격려할 것이다. **N** 유형의 학생은 기껏해야 이것이 도전적이며 최악의 경우 따분해 할 수 있다. 교사는 학생이 자신의 세계에서 길을 잃었다고 여길지 모른다. 학생들이 정보를 받아들이고 세상을 이해하는 방식이기 때문에 학생들을 꾸짖고 싶은 마음을 참아야 한다. 올바른 맥락에서 공상은 놀라운 새로운 발견으로 이어질 수 있다. 선천적으로 상상력이 많은 학생의 능력을 최대한 이끌어 내기 위해서 선생님은

- 학생의 상상력과 통찰력, 그리고 그것이 수업에도 가져올 수 있음을 받아들여라.
- 학생에게 **S**형 접근 방식(사실, 세부 사항, 절차, 실험, 경험 적용, 구조, 단계별 모델)이 수업에 중요하게 기여함을 깨닫도록 하라.

곰인형 유형의 교사는 일보다 관계를 더 중시하는 반면에 학생은 그 반대다. 교사는 학생이 다르다는 것을 받아들여야 한다. 즉, 학생이 차갑고, 무뚝뚝하며, 불친절

한 것이 아니라 단순히 과제에 먼저 집중할 뿐이다. 만약 교사가 이것을 받아들인다면 교사와 학생에게 모두 긍정적일 것이다. 선천적으로 객관적인 학생의 능력을 최대한 이끌어 내기 위해서 선생님은

- 대상을 정해 칭찬하라. 모든 것이 훌륭하다고 말하는 것은 학생에게 깊은 인상을 주거나 도움이 되지 않는다. 사실, 그것은 학생이 선생님을 존경하지 않는 결과를 초래할 수 있고, 교사가 거짓말하거나 아니면 부드러운 접촉이라고 결론지을 수 있다. 교사가 칭찬할 때, 증거를 요구받을 수도 있다.
- 논의할 때 감정적이기보다는 논리적이고 객관적으로 하라.
- 학생이 교사에게 이의를 제기한다면 그것은 아마 여러분의 권위나 인격을 무시하기보다 그들의 생각을 명확히 알리기 위한 것일 수 있다. 아마도 '이를 개선하거나 바꾸려면 어떻게 하겠니?' 또는 '너는 어떻게 생각하니?'라고 물어보라. 일단 학생이 생각을 명확히 하고 나면 교사가 생각하는 것을 물어보고 받아들일 준비가 되어 있을 것이다.
- 학생의 기량과 지식을 경쟁적으로 시험하는 방식으로 수업하라(학생의 경쟁력을 높인다.).
- 사람의 50%가 **F**형이고 피드백을 비판으로 해석할 수 있다는 것을 도와주라.

곰인형 유형 선생님은 시간 계획 짜는 것을 즐긴다. 그들은 체계적이고 결단력 있다. 그들은 계획을 세우고 그것에 충실하며, 종종 인상적인 할 일 목록에 의해 도움을 받는다. 그들의 교실은 대개 정리가 잘 되어 있다. 과목은 아마도 수업 분량의 크기대로 잘게 나뉘어졌을 것이다. 몇몇 독수리 유형 학생은 선생님의 끝없는 열의에 안심한다. 그들은 단순히 일정을 수용하고, 합의한 내용을 전달하며, 대개 모든 업무를 제시간에 완료한다. 흥미롭게도, 몇몇 독수리 유형 학생은 선생님이 선의로 하는 철저함을 꺼릴 것이다. 그들은 다른 사람의 계획을 채택하기보다는 그들 자신의 계획을 세우고 그것을 실천하기를 원한다. 이것은 **J**형의 통제 욕구 때문이다. 그래서 비록 최소한 모든 작업은 완료되겠지만 두 **J**형이 서로 충돌할 수 있다. 대부분의 중등학교는 학생들이 매우 체계적이어서 두 **J**형이 가장 좋은 조합으로 이루어지기를 요구한다. 선천적으로 조직적인 학생의 능력을 최대한 이끌어 내기 위해서 선생님은

- 질서, 깔끔함, 마감 기일 준수에 대한 공통의 욕구를 즐겨라.
- 학생이 진정으로 원할 경우 그들의 방식대로 작업을 자립적으로 계획할 수 있도록 허락하라.
- 외적인 일로 교사의 세심한 준비가 방해 받을 경우 자신의 계획을 조정할 준비를 하라(그리고 학생이 때때로 유연성을 받아들이도록 권장하라.).
- 예상 가능한 수업이 지겹지 않도록 때때로 변화를 주어라.
- 선택할 수 있는 모든 것을 고려하기도 전에 해야 할 일에 대해 신속하게 결정하지 마라. 독수리 유형의 학생이 당신이 하는 어떤 실수라도 모두 일아차릴 것이다.

38
곰인형 유형 선생님(Teddy Bear teacher) & 검은표범 유형 학생(Panther student)
ESFJ & ESTP

곰인형 유형과 검은표범 유형은 두 가지 성향을 공유한다. 둘 다 말이 많고 표현을 잘한다. 그들은 이론화하는 것보다 그냥 실행하는 것을 더 좋아한다. 학생의 생기발랄함이 통제를 벗어나고 그들이 교사의 따뜻함과 세심한 주의를 억압과 간섭으로 받아들이기 시작하면 갈등이 일어난다. 선천적으로 자신의 감정을 잘 드러내는 학생의 능력을 최대한 이끌어 내기 위해서 선생님은

- 새로운 생각과 발상을 불러일으키는 것이 적절할 때 생동감 넘치는 농담을 즐겨라. 학생은 이러한 방법으로 가장 잘 배우지만, 교실에 수많은 다른 학생들도 있다는 사실을 기억하라.
- 교사와 학생 모두 쉽게 산만해지고 궤도를 벗어나기 때문에 요점을 고수하고 긍정적으로 생각하라(잔소리하지 마라.).
- 했던 일을 또 반복하지 마라.
- 차분하고 명확하게 행동하라. 그렇지 않으면 두 **E** 유형 사람은 PMQs(영국 수상 질의)처럼 점점 더 크게 말할 수 있다(아무것도 듣지 않는다.).
- 어떤 생각은 말하지 않을 수도 있음을 기억하라(그러면 여러분은 나중에 어떤 것, 특히 비판적인 생각을 표현할

더 나은 방법을 생각할 수 있다.).

- 열정적이고 지지하는 청자가 되라. 교사의 생각을 주장하기보다는 학생 자신의 생각을 명확히 하고 발전시킬 수 있도록 도와주라.
- 서로 조용히 하는 법을 배우고 수업에서 **I** 유형 학생이 자신을 표현할 수 있도록 격려하라.

선생님과 학생 모두 지식을 똑같은 방법으로 얻는다. 그들은 자세한 사항들을 감각들(그들이 보고, 듣고, 느끼는 것에 깨어 있는 것)을 통해 알아챈다. 선생님은 본능적으로 수업 방식이 순차적, 현실적이며 학생들이 그 지도에 따르도록 격려할 것이다. 견고하고 동료 같은 관계는 선생님과 학생이 서로가 과제를 완수하기 위해 각자 무엇을 해야 할지 상호 이해하면서 발전한다. 기본적으로 현실적인 학생의 능력을 최대한 이끌어 내기 위해서 선생님은

- 배운 것이 실제 현실에서 어떻게 적용되는지 보여주라.
- 학생이 역량을 갖출 때까지 반복하고 연습할 기회를 제공하라.
- 수업 목록에 상상력을 유용하게 사용하도록 권장하라.

교사는 관계를 일보다 더 중시하는 반면에 학생은 그 반대다. 교사는 학생이 다르다는 것을 받아들여야 한다. 즉, 학생이 차갑고, 무뚝뚝하며, 불친절한 것이 아니라 단순히 과제에 먼저 집중할 뿐이다. 만약 교사가 이것을 받아들인다면 교사와 학생에게 모두 긍정적일 것이다. 선천적으로 객관적인 학생의 능력을 최대한 이끌어 내기 위해서 선생님은

- 대상을 정해 칭찬하라. 모든 것이 훌륭하다고 말하는 것은 학생에게 깊은 인상을 주거나 도움이 되지 않는다. 사실, 그것은 학생이 선생님을 존경하지 않는 결과를 초래할 수 있고, 교사가 거짓말하거나 아니면 부드러운 접촉이라고 결론지을 수 있다. 교사가 칭찬할 때, 증거를 요구받을 수도 있다.
- 논의할 때 감정적이기보다는 논리적이고 객관적으로 하라.
- 학생이 교사에게 이의를 제기한다면 그것은 아마 여러분의 권위나 인격을 무시하기보다 그들의 생각을 명확히 알리기 위한 것일 수 있다. 아마도 '이를 개선하거나 바꾸려면 어떻게 하겠니?' 또는 '너는 어떻게 생각하니?'라고 물어보라. 일단 학생이 생각을 명확히 하고 나면 교사가 생각하는 것을 물어보고 받아들일 준비가 되어 있을 것이다.
- 학생의 기량과 지식을 경쟁적으로 시험하는 방식으로 수업하라(학생의 경쟁력을 높인다.).
- 사람의 50%가 **F**형이고 피드백을 비판으로 받아들일 수 있다는 것을 도와주라.

J형 선생님은 시간 계획 짜는 것을 즐긴다. 그들은 체계적이고 결단력 있다. 그들은 계획을 세우고 그것에 충실하며, 종종 인상적인 할 일 목록에 의해 도움을 받는다. 그들의 교실은 대개 정리가 잘 되어 있다. 과목은 아마도 수업 분량의 크기대로 잘게 나뉘고 교육과정의 기준 등을 고려해서 한 해의 계획이 세워질 것이다. **P**형의 학생은 아래 세 가지 중 하나의 반응을 보일 것이다.

- 당신의 전문성을 받아들이고 그들의 장기적인 이익을 이해함으로써 긍정적으로 반응한다.
- 당신이 제공하는 내용이나 과정을 진심으로 받아들이지는 않지만 쉬운 삶을 위한 구조 · 계획을 수동적으로 받아들인다.
- 교사와 수업 계획, 그리고 과목별 수업을 완전히 거부하며 부정적으로 반응한다(물리적으로 교실에 있더라도 수업에 몰두하거나 참여하지 않는다.).

선생님은 선천적으로 느긋한 학생의 능력을 최대한 이끌어 내기 위해서 학생이 그저 선택할 수 있는 것과 선택하는 것을 좋아하는 것이 아님을 주의해야 한다. 즉, 학생에게 그것은 필요한 것이며 그렇게 해 주지 않으면 몸이 근질거리고 몸부림치거나 반항하기 시작한다. 중등학교 환경은 **P**형 학생들에게 무척 어렵기 때문에 선생님은 압박감을 완화시키는 데 도울 수 있다. 그렇게 하기 위해서 선생님은

- 가능한 한 유연성을 많이 제공하라(다양한 선택 과제, 수업 내 선택).
- 세부 일정으로 학생에게 부담 주고 싶은 마음을 피하라.
- 꼭 필요한 것보다 중요하지 않은 세부 사항을 까다롭게 다루지 마라.
- 예상 가능한 수업이 지겹지 않도록 때때로 변화를 주어라.
- 학생이 중요한 작업을 마지막까지 서두르지 않고 완료할 수 있도록 시간을 조직하고 관리할 수 있는 방법을 찾도록 도와주라.

39
곰인형 유형 선생님(Teddy Bear teacher) & 사자 유형 학생(Lion student)
ESFJ & ESFP

곰인형 유형과 사자 유형은 세 가지 성향을 공유한다. 둘 다 성실하고 따뜻하다. 사자 유형이 요구된 일들을 하고 기간에 맞춰서 일을 끝내는 것을 주저할 때 갈등이 일어날 수 있다. 선천적으로 의견을 잘 표현하는 학생의 능력을 최대한 이끌어 내기 위해서 선생님은

- 새로운 생각과 발상을 불러일으키는 것이 적절할 때 생동감 넘치는 농담을 즐겨라. 학생은 이러한 방법으로 가장 잘 배우지만, 교실에 30명이 더 있을 수 있다는 것을 기억하라.
- 요점에서 벗어나지 마라. 교사와 학생 모두 쉽게 산만해지고 궤도를 벗어나기 쉽다(잔소리하지 마라.).
- 학생의 요청이 없는 한 했던 일을 또 반복하지 마라.
- 차분하고 명확하게 행동하라. 그렇지 않으면 두 **E** 유형 사람은 아무것도 듣지 않고 점점 더 크게 말할 수 있다.
- 어떤 생각은 말하지 않을 수도 있음을 기억하라(그러면 여러분은 나중에 어떤 것, 특히 비판적인 생각을 표현할 더 나은 방법을 생각할 수 있다.).
- 열정적이고 지지하는 청자가 되라. 교사의 생각을 주장하기보다는 학생 자신의 생각을 명확히 하고 발전시킬 수 있도록 도와주라.
- 서로 조용히 하는 법을 배우고 수업에서 **I** 유형 학생이 자신을 표현할 수 있도록 격려하라.

선생님과 학생 모두 지식을 똑같은 방법으로 얻는다. 그들은 자세한 사항들을 감각들(그들이 보고, 듣고, 느끼는 것에 깨어 있는 것)을 통해 알아챈다. 교사는 선천적으로 수업 방식이 순차적, 현실적이며 학생들이 이를 따라오도록 격려한다. 견고하고 동료 같은 관계는 선생님과 학생이 서로가 과제를 완수하기 위해 각자 무엇을 해야 할지 상호 이해하면서 발전한다. 기본적으로 현실적인 학생의 능력을 최대한 이끌어 내기 위해서 선생님은

- 배운 것이 실제 현실에서 어떻게 적용되는지 보여주라.
- 학생이 역량을 갖출 때까지 반복하고 연습할 기회를 주라.
- 수업 목록에 상상력을 유용하게 사용하도록 권장하라.

교사와 학생 모두 과제·과목을 고려하기 전에 사람과의 관계를 먼저 고려한다. 선생님은 학생이 마음에 들지 않는 한 모든 학생들과 개인적인 관계를 형성하는 것을 좋아한다(**F**형 선생님은 **T**형 선생님이 좋아하는 것을 더 좋아하는 경향이 있다.). 선생님이 감정적으로 움직이기 때문에 이러한 선생님들은 학생들에게 약속하고, 지나치게 무리하며, 심지어 학생들이 해야 할 일마저도 대신할 가능성이 더 높다. 선생님과 학생 모두 따뜻하고 친근한 교실 분위기를 즐긴다. 칭찬은 학생뿐만 아니라 교사 둘 모두에게 자신감을 북돋아 줄 것이다. 이렇게 관계 중심적인 학생의 능력을 최대한 이끌어 내기 위해서 선생님은

- 공감, 협업 및 팀워크를 사용하여 과제에 집중하는 교사 본연의 성향에 균형을 맞출 수 있는 학습 상황을 제시하라.
- 어떠한 약점이라도 극복할 수 있도록 요령껏 지원하면서 충분하고 정기적으로 칭찬하라.
- 학생에 대한 개인적인 신뢰를 드러내면서 설득하라(나를 실망시키지 마렴, 네가 할 수 있다는 것을 알아. 난 네가 좋단다.).

J형 선생님은 시간 계획 짜는 것을 즐긴다. 그들은 체계적이고 결단력 있다. 그들은 계획을 세우고 그것에 충실하며, 종종 인상적인 할 일 목록에 의해 도움을 받는다. 그들의 교실은 대개 정리가 잘 되어 있다. 과목은 아마도 수업 분량의 크기대로 잘게 나눠고 민첩하게 한 해의 계획이 세워질 것이다. **P**형의 학생은 아래 세 가지 중 하나의 반응을 보일 것이다.

- 당신의 전문성을 받아들이고 그들의 장기적인 이익을 이해함으로써 긍정적으로 반응한다.
- 당신이 제공하는 내용이나 과정을 진심으로 받아들이지는 않지만 쉬운 삶을 위한 구조·계획을 수동적으로 받아들인다.
- 교사와 수업 계획, 그리고 과목별 수업을 완전히 거부하며 부정적으로 반응한다(물리적으로 교실에 있더라도 수업에 몰두하거나 참여하지 않는다.).

선택할 수 있는 것과 선택하는 것을 좋아하는 것이 아님을 주의해야 한다. 즉, 학생에게 그것은 필요한 것이며

그렇게 해 주지 않으면 몸부림치거나 반항하기 시작한다. 중등학교 환경은 **P**형 학생들에게 무척 어렵기 때문에 선생님은 압박감을 완화시키는 데 도울 수 있다. 그렇게 하기 위해서 선생님은

- 가능한 한 유연성을 많이 제공하라(다양한 선택 과제, 수업 내 선택).
- 세부 일정으로 학생에게 부담 주고 싶은 마음을 피하라.
- 꼭 필요한 것보다 중요하지 않은 세부 사항을 까다롭게 다루지 마라.
- 예상 가능한 수업이 지겹지 않도록 때때로 변화를 주어라.
- 학생이 중요한 작업을 마지막까지 서두르지 않고 완료할 수 있도록 시간을 조직하고 관리할 수 있는 방법을 찾도록 도와주라.
- 수업에 다양한 놀라움과 변화를 도입하여 학생을 계속 즐겁게 하라.

40
곰인형 유형 선생님(Teddy Bear teacher) & 흰동가리 유형 학생(Clownfish student)
ESFJ & ENFP

곰인형과 흰동가리 유형은 두 가지의 성향을 공유한다. 둘 다 말하는 것을 좋아하고 친근하고 긍정적인 수업 분위기를 좋아한다. 그들의 차이보다는 비슷한 점들 때문에 갈등이 일어날 수 있는데, 너무 말이 많거나 과민할 때 그렇다. 선천적으로 항상 명랑한 학생의 능력을 최대한 이끌어 내기 위해서 선생님은

- 새로운 생각과 발상을 불러일으키는 것이 적절할 때 생동감 넘치는 농담을 즐겨라. 학생은 이러한 방법으로 가장 잘 배우지만, 교실에 수많은 다른 학생들도 있다는 사실을 기억하라.
- 교사와 학생 모두 쉽게 산만해지고 궤도를 벗어나기 때문에 요점을 고수하고 긍정적으로 생각하라(잔소리하지 마라.).
- 했던 일을 또 반복하지 마라.
- 차분하고 명확하게 행동하라. 그렇지 않으면 두 **E** 유형 사람은 PMQs(영국 수상 질의)처럼 점점 더 크게 말할 수 있다(아무것도 듣지 않는다.).
- 어떤 생각은 말하지 않을 수도 있음을 기억하라(그러면 여러분은 나중에 어떤 것, 특히 비판적인 생각을 표현할 더 나은 방법을 생각할 수 있다.).
- 열정적이고 지지하는 청자가 되라. 교사의 생각을 주장하기보다는 학생 자신의 생각을 명확히 하고 발전시킬 수 있도록 도와주라.
- 서로 조용히 하는 법을 배우고 수업에서 **I** 유형 학생이 자신을 표현할 수 있도록 격려하라.

곰인형 유형의 교사는 자신의 경험을 사용하여 학습을 이해하는 것을 좋아한다. 자연스럽게 수업 방식이 순차적, 실용적, 사실적이며 학생들이 이에 따라오도록 격려한다. **N** 유형의 학생은 이것을 지루하다고 느낄 수 있다. 교사는 학생을 공상가로 여길 수 있다. 교사는 학생들을 꾸짖고 싶은 유혹을 물리쳐야 한다. 왜냐하면 학생들이 정보를 받아들이고 자신의 세계를 이해하는 방식이기 때문이다. 올바른 맥락에서 공상은 주제를 더 잘 이해하고 유지할 수 있다. 선천적으로 독창적인 학생의 능력을 최대한 이끌어 내기 위해서

- 학생의 상상력과 통찰력, 그리고 그것이 수업에도 가져올 수 있음을 받아들여라.
- 학생에게 **S**형 접근 방식(사실, 세부 사항, 절차, 실험, 경험 적용, 구조, 단계별 모델)이 수업에 중요하게 기여함을 깨닫도록 하라.

교사와 학생 모두 과제 · 과목을 고려하기 전에 사람과의 관계를 먼저 고려한다. 선생님은 학생이 마음에 들지 않는 한 모든 학생들과 개인적인 관계를 형성하는 것을 좋아한다(**F**형 선생님은 **T**형 선생님이 좋아하는 것을 더 좋아하는 경향이 있다.). 선생님이 감정적으로 움직이기 때문에 이러한 선생님들은 학생들에게 약속하고, 지나치게 무리하며, 심지어 학생들이 해야 할 일마저도 대신 할 가능성이 더 높다. 선생님과 학생 모두 따뜻하고 친근한 교실 분위기를 즐긴다. 칭찬은 학생뿐만 아니라 교사 둘 모두에게 자신감을 북돋아 줄 것이다. 관계 중심적인 학생의 능력을 최대한 이끌어 내기 위해서 선생님은

- 공감, 협업 및 팀워크를 사용하여 과제에 집중하는 교사 본연의 성향에 균형을 맞출 수 있는 학습 상황을 제시하라.
- 어떠한 약점이라도 극복할 수 있도록 요령껏 지원하

면서 충분하고 정기적으로 칭찬하라.

- 학생에 대한 개인적인 신뢰를 드러내면서 설득하라(나를 실망시키지 마렴, 네가 할 수 있다는 것을 알아. 난 네가 좋단다.).

J형 선생님은 시간 계획 짜는 것을 즐긴다. 그들은 체계적이고 결단력 있다. 그들은 계획을 세우고 그것에 충실하며, 종종 인상적인 할 일 목록에 의해 도움을 받는다. 그들의 교실은 대개 정리가 잘 되어 있다. 과목은 아마도 수업 분량의 크기대로 잘게 나뉘고 교육과정의 기준 등을 고려해서 그해의 세부 계획이 세워질 것이다. **P**형의 학생은 아래 세 가지 중 하나의 반응을 보일 것이다.

- 당신의 전문성을 받아들이고 그들의 장기적인 이익을 이해함으로써 긍정적으로 반응한다.
- 당신이 제공하는 내용이나 과정을 진심으로 받아들이지는 않지만 쉬운 삶을 위한 구조·계획을 수동적으로 받아들인다.
- 교사와 수업 계획, 그리고 과목별 수업을 완전히 거부하며 부정적으로 반응한다(물리적으로 교실에 있더라도 수업에 몰두하거나 참여하지 않는다.).

교사가 선천적으로 느긋한 학생의 능력을 최대한 이끌어 내기 위해서 학생이 선택할 수 있는 것과 선택하는 것을 좋아하는 것이 아님을 주의해야 한다. 즉, 학생에게 그것은 필요한 것이며 그렇게 해 주지 않으면 몸이 근질거리고 몸부림치거나 반항하기 시작한다. 중등학교 환경은 많은 **P**형 학생들에게 어렵다. 교사들은 이 압박감을 조금 유연하게 하기 위해서

- 가능한 한 유연성을 많이 제공하라(다양한 선택 과제, 수업 내 선택).
- 세부 일정으로 학생에게 부담 주고 싶은 마음을 피하라.
- 꼭 필요한 것보다 중요하지 않은 세부 사항을 까다롭게 다루지 마라.
- 예상 가능한 수업이 지겹지 않도록 때때로 변화를 주어라.
- 흰동가리 유형이 중요한 작업을 마지막까지 우왕좌왕하지 않고 완료할 수 있도록 시간을 조직하고 관리할 수 있는 방법을 찾도록 도와주라.

41
곰인형 유형 선생님(Teddy Bear teacher) & 매 유형 학생(Falcon student)
ESFJ & ENTP

곰인형 유형과 매 유형은 한 가지 성향을 공유한다. 그들은 모두 사교적이다. 그들의 차이는 쉽게 혼돈과 갈등을 불러일으킬 수 있다. 조화를 추구하는 곰인형 유형은 매 유형의 꾀 많고 상상력이 풍부하고 만족할 줄 모르며 의논을 활발히 하기 위해 일부러 반대 의견을 말하는 그들의 성향과 반대된다. 선천적으로 자신의 감정을 잘 드러내는 학생의 능력을 최대한 이끌어 내기 위해서 선생님은

- 새로운 생각과 발상을 불러일으키는 것이 적절할 때 생동감 넘치는 농담을 즐겨라. 학생은 이러한 방법으로 가장 잘 배우지만, 교실에 30명이 더 있을 수 있다는 것을 기억하라.
- 요점에서 벗어나지 마라. 교사와 학생 모두 쉽게 산만해지고 궤도를 벗어나기 쉽다(잔소리하지 마라.).
- 했던 일을 또 반복하지 마라.
- 차분하고 명확하게 행동하라. 그렇지 않으면 두 **E** 유형 사람은 아무것도 듣지 않고 점점 더 크게 말할 수 있다.
- 어떤 생각은 말하지 않을 수도 있음을 기억하라(그러면 여러분은 나중에 어떤 것, 특히 비판적인 생각을 표현할 더 나은 방법을 생각할 수 있다.).
- 열정적이고 지지하는 청자가 되라. 교사의 생각을 주장하기보다는 학생 자신의 생각을 명확히 하고 발전시킬 수 있도록 도와주라.
- 서로 조용히 하는 법을 배우고 수업에서 **I** 유형 학생이 자신을 표현할 수 있도록 격려하라.

교사는 자신의 경험을 사용하여 학습을 이해하는 것을 좋아한다. 자연스럽게 수업 방식이 순차적, 합리적, 현실적이며 학생들이 이를 따라오도록 격려한다. **N** 유형의 학생은 이러한 접근을 헤아릴 수 없을 정도로 지루하게 느낄 수 있다. 교사는 학생을 공상가로 여길 수 있다. 교사는 학생들을 꾸짖고 싶은 유혹을 물리쳐야 한다. 왜냐하면 학생들이 정보를 받아들이고 자신의 세계를 이해하는 방식이기 때문이다. 올바른 맥락에서 공상

은 주제를 더 잘 이해하고 유지할 수 있다. 선천적으로 독창적인 학생의 능력을 최대한 이끌어 내기 위해서 선생님은

- 학생의 상상력과 통찰력, 그리고 그것이 수업에도 가져올 수 있음을 받아들여라.
- 학생에게 **S**형 접근 방식(사실, 세부 사항, 절차, 실험, 경험 적용, 구조, 단계별 모델)이 수업에 중요하게 기여함을 깨닫도록 하라.

교사는 관계를 일보다 더 중시하는 반면에 학생은 그 반대다. 교사는 학생이 다르다는 것을 받아들여야 한다. 즉, 학생이 차갑고, 무뚝뚝하며, 불친절한 것이 아니라 단순히 과제에 먼저 집중할 뿐이다. 만약 교사가 이것을 받아들인다면 교사와 학생에게 모두 긍정적일 것이다. 근본적으로 적극적인 학생의 능력을 최대한 이끌어 내기 위해서 선생님은

- 대상을 정해 칭찬하라. 모든 것이 훌륭하다고 말하는 것은 학생에게 깊은 인상을 주거나 도움이 되지 않는다. 사실, 그것은 학생이 선생님을 존경하지 않는 결과를 초래할 수 있고, 교사가 거짓말하거나 아니면 부드러운 접촉이라고 결론지을 수 있다. 교사가 칭찬할 때, 증거를 요구받을 수도 있다.
- 논의할 때 감정적이기보다는 논리적이고 객관적으로 하라.
- 학생이 교사에게 이의를 제기한다면 그것은 아마 여러분의 권위나 인격을 무시하기보다 그들의 생각을 명확히 알리기 위한 것일 수 있다. 아마도 '이를 개선하거나 바꾸려면 어떻게 하겠니?' 또는 '너는 어떻게 생각하니?'라고 물어보라. 일단 학생이 생각을 명확히 하고 나면 교사가 생각하는 것을 물어보고 받아들일 준비가 되어 있을 것이다.
- 학생의 기량과 지식을 경쟁적으로 시험하는 방식으로 수업하라(학생의 경쟁력을 높인다.).
- 사람의 50%가 **F**형이고 피드백을 비판으로 해석할 수 있다는 것을 도와주라.

J형 선생님은 시간 계획 짜는 것을 즐긴다. 그들은 체계적이고 결단력 있다. 그들은 계획을 세우고 그것에 충실하며, 종종 인상적인 할 일 목록에 의해 도움을 받는다. 그들의 교실은 대개 정리가 잘 되어 있다. 과목은 아마도 수업 분량의 크기대로 잘게 나뉘고 교육과정의 기준 등을 고려해서 그해의 세부 계획이 세워질 것이다. **P**형의 학생은 아래 세 가지 중 하나의 반응을 보일 것이다.

- 당신의 전문성을 받아들이고 그들의 장기적인 이익을 이해함으로써 긍정적으로 반응한다.
- 당신이 제공하는 내용이나 과정을 진심으로 받아들이지는 않지만 쉬운 삶을 위한 구조·계획을 수동적으로 받아들인다.
- 교사와 수업 계획, 그리고 과목별 수업을 완전히 거부하며 부정적으로 반응한다(물리적으로 교실에 있더라도 수업에 몰두하거나 참여하지 않는다.).

교사가 선천적으로 느긋한 학생의 능력을 최대한 이끌어 내기 위해서 학생이 선택할 수 있는 것과 선택하는 것을 좋아하는 것이 아님을 주의해야 한다. 즉, 학생에게 그것은 필요한 것이며 그렇게 해 주지 않으면 몸이 근질거리고 몸부림치거나 반항하기 시작한다. 중등학교 환경은 많은 **P**형 학생들에게 어렵다. 선생님이 압박감을 완화시키는 데 돕기 위해

- 가능한 한 유연성을 많이 제공하라(다양한 선택 과제, 수업 내 선택).
- 세부 일정으로 학생에게 부담 주고 싶은 마음을 거부하라.
- 꼭 필요한 것보다 중요하지 않은 세부 사항을 까다롭게 다루지 마라.
- 예상 가능한 수업이 지겹지 않도록 때때로 변화를 주어라.
- 학생이 작업을 구성하고 완료할 수 있도록 단순하고 효율적인 전략을 찾도록 도와주라.

42
곰인형 유형 선생님(Teddy Bear teacher) & 호랑이 유형 학생(Tiger student)
ESFJ & ISTP

곰인형 유형과 호랑이 유형은 하나의 성향을 공유한다. 모두 실용적이다. 그들의 차이는 매우 크게 느껴질 수 있다. 따뜻하고 돌보는 성향의 교사는 호랑이 유형의 학생이 독립을 중요시하고 필요하며 그들의 일을 완성하기 위한 공간이 필요함을 빨리 알아야 한다. 선천적으로 내성적인 학생의 능력을 최대한 이끌어 내기 위해서 선

생님은

- 차분히 속도를 낮추고 간결하게 이야기하라.
- 질문과 답변 사이에 충분한 시간을 주라. 학생이 답하기 전에 생각하고 되돌아볼 시간이 필요함을 존중하라.
- 학생들에게 스스로 작업할 수 있는 시간과 공간을 제공하라. 그들 머리 위를 맴돌면서 참견하려고 하지 마라.
- 문제를 즉시 해결하거나 학생들의 말을 가로채지 마라.
- **E**형 학생이 많은 모둠 · 팀에 **I**형 학생 한 명만을 두지 마라(그들은 질식할 것이다.).
- (말뿐만 아니라) 글로 써서 칭찬하라.

선생님과 학생 모두 지식을 똑같은 방법으로 얻는다. 그들은 자세한 사항들을 감각들(그들이 보고, 듣고, 느끼는 것에 깨어 있는 것)을 통해 알아챈다. 교사는 그들의 교육 방식이 자연스럽게 순차적, 현실적이며 학생들이 이를 따라오도록 격려한다. 견고하고 동료 같은 관계는 교사와 학생 모두가 그 일을 완수하기 위해 각자 무엇을 해야 하는지를 상호 이해하면서 발전한다. 기본적으로 현실적인 학생의 능력을 최대한 이끌어 내기 위해서 선생님은

- 배운 것이 실제 현실에서 어떻게 적용되는지 보여주라.
- 학생이 역량을 갖출 때까지 반복하고 연습할 기회를 주라.
- 수업 목록에 상상력을 유용하게 사용하도록 권장하라.

교사는 자신의 경험을 사용하여 학습을 이해하는 것을 좋아한다. 자연스럽게 수업 방식이 순차적, 합리적, 현실적이며 학생들이 이를 따라오도록 격려한다. **N** 유형의 학생은 이러한 접근을 따분하게 느낄 수 있다. 교사는 학생을 공상가로 여길 수 있다. 교사는 학생들을 꾸짖고 싶은 유혹을 물리쳐야 한다. 왜냐하면 학생들이 정보를 받아들이고 자신의 세계를 이해하는 방식이기 때문이다. 올바른 맥락에서 공상은 주제를 더 잘 흡수하고 유지할 수 있다. 타고난 기발한 학생의 능력을 최대한 이끌어 내기 위해 선생님이 할 수 있는 것은

- 학생의 상상력과 통찰력, 그리고 그것이 수업에도 가져올 수 있음을 받아들여라.
- 학생에게 **S**형 접근 방식(사실, 세부 사항, 절차, 실험, 경험 적용, 구조, 단계별 모델)이 수업에 중요하게 기여함을 깨닫도록 하라.

교사는 관계를 일보다 더 중시하는 반면에 학생은 그 반대다. 교사는 학생이 다르다는 것을 받아들여야 한다. 즉, 학생이 차갑고, 무뚝뚝하며, 불친절한 것이 아니라 단순히 과제에 먼저 집중할 뿐이다. 만약 교사가 이것을 받아들인다면 교사와 학생에게 모두 긍정적일 것이다. 선천적으로 객관적인 학생의 능력을 최대한 이끌어 내기 위해서 선생님은

- 대상을 정해 칭찬하라. 모든 것이 훌륭하다고 말하는 것은 학생에게 깊은 인상을 주거나 도움이 되지 않는다. 사실, 그것은 학생이 선생님을 존경하지 않는 결과를 초래할 수 있고, 교사가 거짓말하거나 아니면 부드러운 접촉이라고 결론지을 수 있다. 교사가 칭찬할 때, 증거를 요구받을 수도 있다.
- 논의할 때 감정적이기보다는 논리적이고 객관적으로 하라.
- 학생이 교사에게 이의를 제기한다면 그것은 아마 여러분의 권위나 인격을 무시하기보다 그들의 생각을 명확히 알리기 위한 것일 수 있다. 아마도 '이를 개선하거나 바꾸려면 어떻게 하겠니?' 또는 '너는 어떻게 생각하니?'라고 물어보라. 일단 학생이 생각을 명확히 하고 나면 교사가 생각하는 것을 물어보고 받아들일 준비가 되어 있을 것이다.
- 학생의 기량과 지식을 경쟁적으로 시험하는 방식으로 수업하라(학생의 경쟁력을 높인다.).
- 사람의 50%가 **F**형이고 피드백을 비판으로 받아들일 수 있다는 것을 도와주라.

J형 선생님은 시간 계획 짜는 것을 즐긴다. 그들은 체계적이고 결단력 있다. 그들은 계획을 세우고 그것에 충실하며, 종종 인상적인 할 일 목록에 의해 도움을 받는다. 그들의 교실은 대개 정리가 잘 되어 있다. 과목은 아마도 수업 분량의 크기대로 잘게 나뉘어 있고, 교육과정의 기준 등을 고려해서 한 해의 계획이 세워질 것이다. **P**형의 학생은 아래 세 가지 중 하나의 반응을 보일 것이다.

- 당신의 전문성을 받아들이고 그들의 장기적인 이익을 이해함으로써 긍정적으로 반응한다.
- 당신이 제공하는 내용이나 과정을 진심으로 받아들이지는 않지만 쉬운 삶을 위한 구조 · 계획을 수동적으로 받아들인다.

- 교사와 수업 계획, 그리고 과목별 수업을 완전히 거부하며 부정적으로 반응한다(물리적으로 교실에 있더라도 수업에 몰두하거나 참여하지 않는다.).

교사가 선천적으로 느긋한 학생의 능력을 최대한 이끌어 내기 위해서 학생이 선택할 수 있는 것과 선택하는 것을 좋아하는 것이 아님을 주의해야 한다. 즉, 학생에게 그것은 필요한 것이며 그렇게 해 주지 않으면 몸이 근질거리고 몸부림치거나 반항하기 시작한다. 중등학교 환경은 많은 **P**형 학생들에게 어렵다. 선생님이 압박감을 완화시키는 데 돕기 위해

- 가능한 한 유연성을 많이 제공하라(다양한 선택 과제, 수업 내 선택).
- 세부 일정으로 학생에게 부담 주고 싶은 마음을 피하라.
- 꼭 필요한 것보다 중요하지 않은 세부 사항을 까다롭게 다루지 마라.
- 예상 가능한 수업이 지겹지 않도록 때때로 변화를 주어라.
- 학생이 중요한 작업을 마지막까지 서두르지 않고 완료할 수 있도록 시간을 조직하고 관리할 수 있는 방법을 찾도록 도와주라.

43
곰인형 유형 선생님(Teddy Bear teacher) & 고양이 유형 학생(Cat student)
ESFJ & ISFP

곰인형 유형과 고양이 유형은 두 가지 성향을 공유한다. 둘 다 현실에 기반을 두고, 사교적이다. 교사가 간섭하거나 독립적인 고양이 유형을 너무 조정하려고 할 때 갈등이 일어난다. 선천적으로 내성적인 학생의 능력을 최대한 이끌어 내기 위해서 선생님은

- 차분히 속도를 낮추고 간결하게 이야기하라.
- 질문과 답변 사이에 충분한 시간을 주라. 학생이 답하기 전에 생각하고 되돌아볼 시간이 필요함을 존중하라.
- 학생들에게 스스로 작업할 수 있는 시간과 공간을 제공하라. 그들 머리 위를 맴돌면서 참견하려고 하지 마라.
- 문제를 즉시 해결하거나 학생들의 말을 가로채지 마라.
- **E**형 학생이 많은 모둠 · 팀에 **I**형 학생 한 명만을 두지 마라(그들은 질식할 것이다.).
- (말뿐만 아니라) 글로 써서 칭찬하라.

선생님과 학생 모두 지식을 똑같은 방법으로 얻는다. 그들은 자세한 사항들을 감각들(그들이 보고, 듣고, 느끼는 것에 깨어 있는 것)을 통해 알아챈다. 교사는 그들의 교육 방식이 자연스럽게 순차적, 현실적이며 학생들이 이를 따라오도록 격려한다. 견고하고 동료 같은 관계는 교사와 학생 모두가 그 일을 완수하기 위해 각자 무엇을 해야 하는지를 상호 이해하면서 발전한다. 기본적으로 현실적인 학생의 능력을 최대한 이끌어 내기 위해서 선생님은

- 배운 것이 실제 현실에서 어떻게 적용되는지 보여주라.
- 학생이 역량을 갖출 때까지 반복하고 연습할 기회를 주라.
- 수업 목록에 상상력을 추가하여 유용하게 사용하도록 권장하라.

교사와 학생 모두 과제 · 과목을 고려하기 전에 사람과의 관계를 먼저 고려한다. 그들은 학생들을 싫어하지 않는 이상 그들의 학생들과 개인적인 관계를 맺는 것을 좋아한다(**F**형의 교사들이 **T**형의 교사들보다 가장 좋아하는 학생이 있을 확률이 더 높다.). **F** 유형의 교사들은 감정적으로 일하는 경향이 있기 때문에, 그들은 학생들과 약속을 자주 하고 너무 무리해서 일하거나 심지어 학생들이 스스로 해야 할 일까지도 해 주는 경향이 있다. 교사와 학생 모두 따뜻하고 친근한 분위기의 교실을 선호한다. 칭찬은 학생뿐만 아니라 교사 둘 모두에게 자신감을 북돋아 줄 수 있다. 관계 중심적인 학생의 능력을 최대한 이끌어 내기 위해서 선생님은

- 공감, 협업 및 팀워크를 사용할 수 있는 학습 상황을 제시하라.
- 어떠한 약점이라도 극복할 수 있도록 요령껏 지원하면서 충분하고 정기적으로 칭찬하라.
- 학생에 대한 개인적인 신뢰를 드러내면서 설득하라(나를 실망시키지 마렴, 네가 할 수 있다는 것을 알아. 난 네가 좋단다.).

J형 선생님은 시간 계획 짜는 것을 즐긴다. 그들은 체계적이고 결단력 있다. 그들은 계획을 세우고 그것에 충실하며, 종종 인상적인 할 일 목록에 의해 도움을 받는다. 그들의 교실은 대개 정리가 잘 되어 있다. 과목은 아마도 수업 분량의 크기대로 잘게 나뉘고 교육과정의 기준 등을 고려해서 그해의 세부 계획이 세워질 것이다. **P** 학생은 다음과 같이 반응할 것이다.

- 당신의 전문성을 받아들이고 그들의 장기적인 이익을 이해함으로써 긍정적으로 반응한다.
- 당신이 제공하는 내용이나 과정을 진심으로 받아들이지는 않지만 쉬운 삶을 위한 구조·계획을 수동적으로 받아들인다.
- 교사와 수업 계획, 그리고 과목별 수업을 완전히 거부하며 부정적으로 반응한다(물리적으로 교실에 있더라도 수업에 몰두하거나 참여하지 않는다.).

교사가 선천적으로 느긋한 학생의 능력을 최대한 이끌어 내기 위해서 학생이 선택할 수 있는 것과 선택하는 것을 좋아하는 것이 아님에 주목해야 한다. 그들은 그것들이 필요하고 그렇지 않으면 몸이 근질거리고 몸을 꼼지락거리거나 반항하기 시작한다. 많은 **P**형의 학생들에게 중등학교 환경은 어렵다. 교사는 압박감을 완화시키기 위해

- 예상 가능한 수업이 지겹지 않도록 때때로 변화를 주어라.
- 다양함이 삶의 감초이므로 무작위적인 놀라움과 변화를 소개하라.
- 학생이 반드시 성공할 수 있도록 간단한 시간 관리 전략을 찾아보라.
- 가능한 한 유연성을 많이 제공하라(선택 과제, 수업 내 선택).
- 세부 일정으로 학생에게 부담 주고 싶은 유혹을 참아라.
- 꼭 필요한 것보다 중요하지 않은 세부 사항을 까다롭게 다루지 마라.

44
곰인형 유형 선생님(Teddy Bear teacher) & 물개 유형 학생(Seal student)
ESFJ & INFP

곰인형 유형과 물개 유형은 한 가지 성향만을 공유한다. 둘 다 조화로운 교실의 환경을 추구한다. 그들의 차이는 현실적이고 조직적인 교사가 상상력이 풍부한 물개 유형인 학생의 잠재력을 더 끌어올릴 수 있도록 인도해 준다면 상호 보완적인 효과를 낼 수 있다. 선천적으로 내성적인 학생의 능력을 최대한 이끌어 내기 위해서 선생님은

- 차분히 속도를 낮추고 간결하게 이야기하라.
- 질문과 답변 사이에 충분한 시간을 주라. 학생이 답하기 전에 생각하고 되돌아볼 시간이 필요함을 존중하라.
- 학생들에게 스스로 작업할 수 있는 시간과 공간을 제공하라. 그들 머리 위를 맴돌면서 참견하려고 하지 마라.
- 문제를 즉시 해결하거나 학생들의 말을 가로채지 마라.
- 상호 보완적인 유형들과 짝을 이루게 하라(해마·곰인형·돌고래 유형).
- **E**형 학생이 많은 모둠·팀에 **I**형 학생 한 명만을 두지 마라(그들은 질식할 것이다.).
- (말뿐만 아니라) 글로 써서 칭찬하라.

교사는 자신의 경험을 사용하여 학습을 이해하는 것을 좋아한다. 교사는 자연스럽게 수업 방식이 순차적, 합리적, 현실적이며 학생들이 이를 따라오도록 격려한다. **N** 유형의 학생은 이러한 접근을 따분하게 느낄 수 있다. 교사는 학생을 공상가로 여길 수 있다. 교사는 학생들을 꾸짖고 싶은 유혹을 물리쳐야 한다. 왜냐하면 이것이 학생들이 정보를 받아들이고 세상을 이해하는 방식이기 때문이다. 올바른 맥락에서 공상은 주제를 더 잘 흡수하고 유지할 수 있다. 선생님은 본질적으로 기발한 학생의 능력을 최대한 이끌어 내기 위해 다음과 같이 할 수 있다.

- 학생의 상상력과 통찰력, 그리고 그것이 수업에도 가져올 수 있음을 받아들여라.

■ 학생에게 **S**형 접근 방식(사실, 세부 사항, 절차, 실험, 경험 적용, 구조, 단계별 모델)이 수업에 중요하게 기여함을 깨닫도록 하라.

교사와 학생 모두 과제·과목을 고려하기 전에 사람과의 관계를 먼저 고려한다. 선생님은 학생이 마음에 들지 않는 한 모든 학생들과 개인적인 관계를 형성하는 것을 좋아한다(**F**형 선생님은 **T**형 선생님이 좋아하는 것을 더 좋아하는 경향이 있다.). 교사들은 감정적으로 일하는 경향이 있기 때문에 학생들과 약속을 자주 하고 너무 무리해서 일하거나 심지어 학생들이 스스로 해야 할 일까지도 해 주는 경향이 있다. 교사와 학생 모두 따뜻하고 친근한 분위기의 교실을 선호한다. 칭찬은 학생뿐만 아니라 교사 둘 모두에게 자신감을 북돋아 줄 수 있다. 관계 중심적인 학생의 능력을 최대한 이끌어 내기 위해서 선생님은

■ 공감, 협업 및 팀워크를 사용할 수 있는 학습 상황을 제시하라.
■ 어떠한 약점이라도 극복할 수 있도록 요령껏 지원하면서 충분하고 정기적으로 칭찬하라.
■ 학생에 대한 개인적인 신뢰를 드러내면서 동기를 부여하라(나를 실망시키지 마렴, 네가 할 수 있다는 것을 알아. 난 네가 좋단다.).

J형 선생님은 시간 계획 짜는 것을 즐긴다. 그들은 체계적이고 결단력 있다. 그들은 계획을 세우고 그것에 충실하며, 종종 인상적인 할 일 목록에 의해 도움을 받는다. 그들의 교실은 대개 정리가 잘 되어 있다. 과목은 아마도 수업 분량의 크기대로 잘게 나뉘고 교육과정의 기준 등을 고려해서 한 해의 계획이 세워질 것이다. **P**형의 학생은 아래 세 가지 중 하나의 반응을 보일 것이다.

■ 당신의 전문성을 받아들이고 그들의 장기적인 이익을 이해함으로써 긍정적으로 반응한다.
■ 당신이 제공하는 내용이나 과정을 진심으로 받아들이지는 않지만 쉬운 삶을 위한 구조·계획을 수동적으로 받아들인다.
■ 교사와 수업 계획, 그리고 과목별 수업을 완전히 거부하며 부정적으로 반응한다(물리적으로 교실에 있더라도 수업에 몰두하거나 참여하지 않는다.).

교사가 선천적으로 느긋한 학생의 능력을 최대한 이끌어 내기 위해서 학생이 선택할 수 있는 것과 선택하는 것을 좋아하는 것이 아님에 주목해야 한다. 즉, 그들은 그것들이 필요하고 그렇지 않으면 몸이 근질거리고 몸을 꼼지락거리거나 반항하기 시작한다. 많은 **P**형의 학생들에게 중등학교 환경은 어렵다. 교사는 다음과 같은 방법으로 압박감을 완화시킬 수 있다.

■ 가능한 한 유연성을 많이 제공하라(다양한 선택 과제, 수업 내 선택).
■ 세부 일정으로 학생에게 부담 주고 싶은 마음을 거부하라.
■ 학생이 중요한 작업을 마지막까지 서두르지 않고 완료할 수 있도록 시간을 조직하고 관리할 수 있는 방법을 찾도록 도와주라.
■ 꼭 필요한 것보다 중요하지 않은 세부 사항을 까다롭게 다루지 마라.
■ 예상 가능한 수업이 지겹지 않도록 때때로 변화를 주어라.

45
곰인형 유형 선생님(Teddy Bear teacher) & 숲올빼미 유형 학생(Tawny Owl student)
ESFJ & INTP

아주 강한 적군을 만났다! 하지만 정반대의 성향은 서로를 성장하게 하고 발전할 수 있게 한다. 선천적으로 내성적인 학생의 능력을 최대한 이끌어 내기 위해서 선생님은

■ 차분히 속도를 낮추고 간결하게 이야기하라.
■ 질문과 답변 사이에 충분한 시간을 주라. 학생이 답하기 전에 생각하고 되돌아볼 시간이 필요함을 존중하라.
■ 학생들에게 스스로 작업할 수 있는 시간과 공간을 제공하라. 그들 머리 위를 맴돌면서 참견하려고 하지 마라.
■ 문제를 즉시 해결하거나 학생들의 말을 가로채지 마라.
■ **E**형 학생이 많은 모둠·팀에 **I**형 학생 한 명만을 두지 마라(그들은 질식할 것이다.).
■ (말뿐만 아니라) 글로 써서 칭찬하라.

교사는 자신의 경험을 사용하여 학습을 이해하는 것을 좋아한다. 교사는 자연스럽게 수업 방식이 순차적, 합리적, 현실적이며 학생들이 이를 따라오도록 격려한다. **N** 유형의 학생은 이러한 접근을 따분하게 느낄 수 있다. 교사는 학생을 공상가로 여길 수 있다. 교사는 학생들을 꾸짖고 싶은 유혹을 물리쳐야 한다. 왜냐하면 이것이 학생들이 정보를 받아들이고 세상을 이해하는 방식이기 때문이다. 올바른 맥락에서 공상은 주제를 더 잘 흡수하고 유지할 수 있다. 선생님은 본질적으로 기발한 학생의 능력을 최대한 이끌어 내기 위해

- 학생의 상상력과 통찰력, 그리고 그것이 수업에도 가져올 수 있음을 받아들여라.
- 학생에게 **S**형 접근 방식(사실, 세부 사항, 절차, 실험, 경험 적용, 구조, 단계별 모델)이 수업에 중요하게 기여함을 깨닫도록 하라.

교사는 관계를 일보다 더 중시하는 반면에 학생은 그 반대다. 교사는 학생이 다르다는 것을 받아들여야 한다. 즉, 학생이 차갑고, 무뚝뚝하며, 불친절한 것이 아니라 단순히 과제에 먼저 집중할 뿐이다. 만약 교사가 이것을 받아들인다면 교사와 학생에게 모두 긍정적일 것이다. 선천적으로 객관적인 학생의 능력을 최대한 이끌어 내기 위해서 선생님은

- 대상을 정해 칭찬하라. 모든 것이 훌륭하다고 말하는 것은 학생에게 깊은 인상을 주거나 도움이 되지 않는다. 사실, 그것은 학생이 선생님을 존경하지 않는 결과를 초래할 수 있고, 교사가 거짓말하거나 아니면 부드러운 접촉이라고 결론지을 수 있다. 교사가 칭찬할 때, 증거를 요구받을 수도 있다.
- 논의할 때 감정적이기보다는 논리적이고 객관적으로 하라.
- 학생이 교사에게 이의를 제기한다면 그것은 아마 여러분의 권위나 인격을 무시하기보다 그들의 생각을 명확히 알리기 위한 것일 수 있다. 아마도 '이를 개선하거나 바꾸려면 어떻게 하겠니?' 또는 '너는 어떻게 생각하니?'라고 물어보라. 일단 학생이 생각을 명확히 하고 나면 교사가 생각하는 것을 물어보고 받아들일 준비가 되어 있을 것이다.
- 학생의 기량과 지식을 경쟁적으로 시험하는 방식으로 수업하라(학생의 경쟁력을 높인다.).
- 사람의 50%가 **F**형이고 피드백을 비판으로 해석할 수 있다는 것을 도와주라.

J형 선생님은 시간 계획 짜는 것을 즐긴다. 그들은 체계적이고 결단력 있다. 그들은 계획을 세우고 그것에 충실하며, 종종 인상적인 할 일 목록에 의해 도움을 받는다. 그들의 교실은 대개 정리가 잘 되어 있다. 과목은 아마도 수업 분량의 크기대로 잘게 나뉘고 교육과정의 기준 등을 고려해서 한 해의 계획이 세워질 것이다. **P**형의 학생은 아래 세 가지 중 하나의 반응을 보일 것이다.

- 당신의 전문성을 받아들이고 그들의 장기적인 이익을 이해함으로써 긍정적으로 반응한다.
- 당신이 제공하는 내용이나 과정을 진심으로 받아들이지는 않지만 쉬운 삶을 위한 구조 · 계획을 수동적으로 받아들인다.
- 교사와 수업 계획, 그리고 과목별 수업을 완전히 거부하며 부정적으로 반응한다(물리적으로 교실에 있더라도 수업에 몰두하거나 참여하지 않는다.).

교사가 선천적으로 느긋한 학생의 능력을 최대한 이끌어 내기 위해서 학생이 선택할 수 있는 것과 선택하는 것을 좋아하는 것이 아님에 주목해야 한다. 즉, 그들은 그것들이 필요하고 그렇지 않으면 몸이 근질거리고 몸을 꼼지락거리거나 반항하기 시작한다. 많은 **P**형의 학생들에게 중등학교 환경은 어렵다. 교사는 다음과 같은 방법으로 압박감을 완화시킬 수 있다.

- 가능한 한 유연성을 많이 제공하라(다양한 선택 과제, 수업 내 선택).
- 세부 일정으로 학생에게 부담 주고 싶은 마음을 피하라.
- 꼭 필요한 것보다 중요하지 않은 세부 사항을 까다롭게 다루지 마라.
- 예상 가능한 수업이 지겹지 않도록 때때로 변화를 주어라.
- 학생이 작업을 구성하고 완료할 수 있도록 단순하고 효율적인 전략을 찾도록 도와주라.

46
곰인형 유형 선생님(Teddy Bear teacher) & 코알라 유형 학생(Koala Bear student)
ESFJ & ISFJ

곰인형과 코알라 유형은 세 가지 성향을 공유한다. 둘 다 따뜻하고, 실용적이고, 조직적이며 보통 서로 잘 맞는다. 특히 교사가 경청하는 법을 배우고 학생 말을 끊고 이야기하거나 하지 않는 경우에 더 그러하다. 선천적으로 내성적인 학생의 능력을 최대한 이끌어 내기 위해서 선생님은

- 차분히 속도를 낮추고 간결하게 이야기하라.
- 질문과 답변 사이에 충분한 시간을 주라. 학생이 답하기 전에 생각하고 되돌아볼 시간이 필요함을 존중하라.
- 학생들에게 스스로 작업할 수 있는 시간과 공간을 제공하라. 그들 머리 위를 맴돌면서 참견하려고 하지 마라.
- 문제를 즉시 해결하거나 학생들의 말을 가로채지 마라.
- 상호 보완적인 유형들과 짝을 이루게 하라(해마 · 물개 · 곰인형 · 돌고래 유형).
- **E**형 학생이 많은 모둠 · 팀에 **I**형 학생 한 명만을 두지 마라(그들은 조용히 앉아 있을 것이다.).
- (말뿐만 아니라) 글로 써서 칭찬하라.

선생님과 학생 모두 지식을 똑같은 방법으로 얻는다. 그들은 자세한 사항들을 감각들(그들이 보고, 듣고, 느끼는 것에 깨어 있는 것)을 통해 알아챈다. 선생님은 본능적으로 순차적, 현실적이다. 선생님은 그들의 교육 방식을 보여 주어 학생들이 그 지도에 따르도록 격려할 것이다. 견고하고 동료 같은 관계는 선생님과 학생이 서로가 과제를 완수하기 위해 각자 무엇을 해야 할지 상호 이해하면서 발전한다. 기본적으로 현실적인 학생의 능력을 최대한 이끌어 내기 위해서 선생님은

- 배운 것이 실제 현실에서 어떻게 적용되는지 보여 주라.
- 학생이 역량을 갖출 때까지 반복하고 연습할 기회를 주라.
- 수업 목록에 상상력을 유용하게 사용하도록 권장하라.

교사와 학생 모두 사람과 관계를 일과 내용보다 더 중요시 한다. 그들은 학생들을 싫어하지 않는 이상 그들의 학생들과 개인적인 관계를 맺는 것을 좋아한다(**F**형의 교사들이 **T**형의 교사들보다 가장 좋아하는 학생이 있을 확률이 더 높다.). **F** 유형의 교사들은 감정적으로 일하는 경향이 있기 때문에, 그들은 학생들과 약속을 자주 하고 너무 무리해서 일하거나 심지어 학생들이 스스로 해야 할 일까지도 해 주는 경향이 있다. 교사와 학생 모두 따뜻하고 친근한 분위기의 교실을 선호한다. 칭찬은 학생뿐만 아니라 교사 둘 모두에게 자신감을 북돋아 줄 수 있다. 이렇게 관계 중심적인 학생의 능력을 최대한 이끌어 내기 위해서 선생님은

- 공감, 협업 및 팀워크를 사용할 수 있는 학습 상황을 제시하라.
- 어떠한 약점이라도 극복할 수 있도록 요령껏 지원하면서 충분하고 정기적으로 칭찬하라.
- 학생에 대한 개인적인 신뢰를 드러내면서 설득하라(나를 실망시키지 마렴, 네가 할 수 있다는 것을 알아. 난 네가 좋단다.).

J형 선생님은 시간 계획 짜는 것을 즐긴다. 그들은 체계적이고 결단력 있다. 그들은 계획을 세우고 그것에 충실하며, 종종 인상적인 할 일 목록에 의해 도움을 받는다. 그들의 교실은 대개 정리가 잘 되어 있다. 과목은 아마도 수업 분량의 크기대로 잘게 나뉘고 1년 내내 색상으로 구분된 스프레드시트로 계획될 것이다. 많은 **J**형 학생은 계획을 세우는 선생님의 끝없는 열의에 안심한다. 그들은 단순히 일정을 수용하고, 합의한 내용을 전달하며, 대개 모든 업무를 제시간에 완료한다. 흥미롭게도, 몇몇 **J**형 학생은 선생님이 선의로 하는 철저함을 꺼릴 것이다. 그들은 다른 사람의 계획을 채택하기보다는 그들 자신의 계획을 세우고 그것을 실천하기를 원한다. 이것은 **J**형의 통제 욕구 때문이다. 그래서 비록 최소한 모든 작업은 완료되겠지만 두 **J**형이 서로 충돌할 수 있다. 대부분의 중등학교는 학생들이 매우 체계적이어서 두 **J**형이 가장 좋은 조합으로 이루어지기를 요구한다. 선천적으로 개성적인 학생의 능력을 최대한 이끌어 내기 위해서 선생님은

- 외적인 일로 교사의 세심한 준비가 방해 받을 경우 자신의 계획을 조정할 준비를 하라(그리고 학생이 때때로 유연성을 받아들이도록 권장하라.).

- 예상 가능한 수업이 지겹지 않도록 때때로 변화를 주어라.
- 선택할 수 있는 모든 것을 고려하기도 전에 해야 할 일에 대해 신속하게 결정하지 마라.
- 질서, 깔끔함, 마감 기일 준수에 대한 공통의 욕구를 즐겨라.
- 학생이 진정으로 원할 경우 그들의 방식대로 작업을 자립적으로 계획할 수 있도록 허락하라.

47
곰인형 유형 선생님(Teddy Bear teacher) & 해마 유형 학생(Seahorse student)
ESFJ & INFJ

곰인형 유형과 해마 유형은 두 가지 성향을 공유한다. 둘 다 조직적이고 친근하다. 교사는 꿈속에 있는 듯한 학생을 학업에 집중할 수 있도록 도울 수 있다. 선천적으로 자기 성찰적인 학생의 능력을 최대한 이끌어 내기 위해서 선생님은

- 차분히 속도를 낮추고 간결하게 이야기하라.
- 질문과 답변 사이에 충분한 시간을 주라. 학생이 답하기 전에 생각하고 되돌아볼 시간이 필요함을 존중하라.
- 학생들에게 스스로 작업할 수 있는 시간과 공간을 제공하라. 그들 머리 위를 맴돌면서 참견하려고 하지 마라.
- 문제를 즉시 해결하거나 학생들의 말을 가로채지 마라.
- **E**형 학생이 많은 모둠 · 팀에 **I**형 학생 한 명만을 두지 마라(그들은 질식할 것이다.).
- 말로만이 아니라 글로 쓴 칭찬을 하라.

교사는 자신의 경험을 사용하여 학습을 이해하는 것을 좋아한다. 교사는 자연스럽게 수업 방식이 순차적, 합리적, 현실적이며 학생들이 이를 따라오도록 격려한다. **N** 유형의 학생은 이러한 접근을 따분하게 느낄 수 있다. 교사는 학생을 공상가로 여길 수 있다. 교사는 학생들을 꾸짖고 싶은 유혹을 물리쳐야 한다. 왜냐하면 이것이 학생들이 정보를 받아들이고 세상을 이해하는 방식이기 때문이다. 올바른 맥락에서 공상은 주제를 더 잘 흡수하고 유지할 수 있다. 선생님은 본질적으로 기발한 학생의 능력을 최대한 이끌어 내기 위해

- 학생의 상상력과 통찰력, 그리고 그것이 수업에도 가져올 수 있음을 받아들여라.
- 학생에게 **S**형 접근 방식(사실, 세부 사항, 절차, 실험, 경험 적용, 구조, 단계별 모델)이 수업에 중요하게 기여함을 깨닫도록 하라.

교사와 학생 모두 과제 · 과목을 고려하기 전에 사람과의 관계를 먼저 고려한다. 선생님은 학생이 마음에 들지 않는 한 모든 학생들과 개인적인 관계를 형성하는 것을 좋아한다(**F**형 선생님은 **T**형 선생님이 좋아하는 것을 더 좋아하는 경향이 있다.). 선생님이 감정적으로 움직이기 때문에 이러한 선생님들은 학생들에게 약속하고, 지나치게 무리하며, 심지어 학생들이 해야 할 일마저도 대신 할 가능성이 더 높다. 선생님과 학생 모두 따뜻하고 친근한 교실 분위기를 즐긴다. 칭찬은 학생뿐만 아니라 교사 둘 모두에게 자신감을 북돋아 줄 것이다. 관계 지향적인 학생의 능력을 최대한 이끌어 내기 위해서 선생님은

- 공감, 협업 및 팀워크를 사용할 수 있는 학습 상황을 제시하라.
- 어떠한 약점이라도 극복할 수 있도록 요령껏 지원하면서 충분하고 정기적으로 칭찬하라.
- 학생에 대한 개인적인 신뢰를 드러내면서 설득하라(나를 실망시키지 마렴, 네가 할 수 있다는 것을 알아. 난 네가 좋단다.).

J형 선생님은 시간 계획 짜는 것을 즐긴다. 그들은 체계적이고 결단력 있다. 그들은 계획을 세우고 그것에 충실하며, 종종 인상적인 할 일 목록에 의해 도움을 받는다. 그들의 교실은 대개 정리가 잘 되어 있다. 과목은 아마도 수업 분량의 크기대로 잘게 나뉘고 1년 내내 색상으로 구분된 스프레드시트로 계획될 것이다. 많은 **J**형 학생은 계획을 세우는 선생님의 끝없는 열의에 안심한다. 그들은 단순히 일정을 수용하고, 합의한 내용을 전달하며, 대개 모든 업무를 제시간에 완료한다. 흥미롭게도, 몇몇 **J**형 학생은 선생님이 선의로 하는 철저함을 꺼릴 것이다. 그들은 다른 사람의 계획을 채택하기보다는 그들 자신의 계획을 세우고 그것을 실천하기를 원한다. 이것은 **J**형의 통제 욕구 때문이다. 그래서 비록 최소한 모

든 작업은 완료되겠지만 두 **J**형이 서로 충돌할 수 있다. 대부분의 중등학교는 학생들이 매우 체계적이어서 두 **J**형이 가장 좋은 조합으로 이루어지기를 요구한다. 선천적으로 조직적인 학생의 능력을 최대한 이끌어 내기 위해서 선생님은

- 질서, 깔끔함, 마감 기일 준수에 대한 공통의 욕구를 즐겨라.
- 학생이 진정으로 원할 경우 그들의 방식대로 작업을 자립적으로 계획할 수 있도록 허락하라.
- 외적인 일로 교사의 세심한 준비가 방해 받을 경우 자신의 계획을 조정할 준비를 하라(그리고 학생이 때때로 유연성을 받아들이도록 권장하라.).
- 예상 가능한 수업이 지겹지 않도록 때때로 변화를 주어라.
- 선택할 수 있는 모든 것을 고려하기도 전에 해야 할 일에 대해 신속하게 결정하지 마라.

48
곰인형 유형 선생님(Teddy Bear teacher) & 가면올빼미 유형 학생(Barn Owl student)
ESFJ & INFJ

곰인형 유형과 가면올빼미 유형은 한 가지 성향을 공유한다. 둘 다 조직적이다. 선천적으로 자기 성찰적이고 영특하고 이론적인 올빼미 유형은 정보를 처리하고 소화하는 데 이질감을 느끼는 몇몇 곰인형 유형 교사에게는 어려울 수 있다. 학생이 뛰어난 성과를 내도록 하기 위해서 선생님은

- 차분히 속도를 낮추고 간결하게 이야기하라.
- 질문과 답변 사이에 충분한 시간을 주라. 학생이 답하기 전에 생각하고 되돌아볼 시간이 필요함을 존중하라.
- 학생들에게 스스로 작업할 수 있는 시간과 공간을 제공하라. 그들 머리 위를 맴돌면서 참견하려고 하지 마라.
- 문제를 즉시 해결하거나 학생들의 말을 가로채지 마라.
- 상호 보완적인 유형들과 짝을 이루게 하라(해마 · 물개 · 곰인형 · 돌고래 유형).
- (말뿐만 아니라) 글로 써서 칭찬하라.
- 학생이 쉬는 시간에 교사에게 와서 항상 이야기할 수 있으며, 나중에 교사가 답변할 수 있는 질문 · 문제를 적어 놓을 수 있음을 학생에게 알려 주라.

교사는 자신의 경험을 사용하여 학습을 이해하는 것을 좋아한다. 교사는 자연스럽게 수업 방식이 순차적, 합리적, 현실적이며 학생들이 이를 따라오도록 격려한다. **N** 유형의 학생은 이러한 접근을 따분하게 느낄 수 있다. 교사는 학생을 공상가로 여길 수 있다. 교사는 학생들을 꾸짖고 싶은 유혹을 물리쳐야 한다. 왜냐하면 이것이 학생들이 정보를 받아들이고 세상을 이해하는 방식이기 때문이다. 올바른 맥락에서 공상은 주제를 더 잘 흡수하고 유지할 수 있다. 선생님은 본질적으로 기발한 학생의 능력을 최대한 이끌어 내기 위해

- 학생의 상상력과 통찰력, 그리고 그것이 수업에도 가져올 수 있음을 받아들여라.
- 학생에게 **S**형 접근 방식(사실, 세부 사항, 절차, 실험, 경험 적용, 구조, 단계별 모델)이 수업에 중요하게 기여함을 깨닫도록 하라.

교사는 관계를 일보다 더 중시하는 반면에 학생은 그 반대다. 교사는 학생이 다르다는 것을 받아들여야 한다. 즉, 학생이 차갑고, 무뚝뚝하며, 불친절한 것이 아니라 단순히 과제에 먼저 집중할 뿐이다. 만약 교사가 이것을 받아들인다면 교사와 학생에게 모두 긍정적일 것이다. 선천적으로 객관적인 가면올빼미 학생의 능력을 최대한 이끌어 내기 위해서 선생님은

- 대상을 정해 칭찬하라. 모든 것이 훌륭하다고 말하는 것은 학생에게 깊은 인상을 주거나 도움이 되지 않는다. 사실, 그것은 학생이 선생님을 존경하지 않는 결과를 초래할 수 있고, 교사가 거짓말하거나 아니면 부드러운 접촉이라고 결론지을 수 있다. 교사가 칭찬할 때, 증거를 요구받을 수도 있다.
- 논의할 때 감정적이기보다는 논리적이고 객관적으로 하라.
- 학생의 기량과 지식을 경쟁적으로 시험하는 방식으로 수업하라(학생의 경쟁력을 높인다.).
- 사람의 50%가 **F**형이고 피드백을 비판으로 해석할 수 있다는 것을 도와주라.
- 학생이 교사에게 이의를 제기한다면 그것은 아마 여

러분의 권위나 인격을 무시하기보다 그들의 생각을 명확히 알리기 위한 것일 수 있다. 아마도 '이를 개선하거나 바꾸려면 어떻게 하겠니?' 또는 '너는 어떻게 생각하니?'라고 물어보라. 일단 학생이 생각을 명확히 하고 나면 교사가 생각하는 것을 물어보고 받아들일 준비가 되어 있을 것이다.

J형 선생님은 시간 계획 짜는 것을 즐긴다. 그들은 체계적이고 결단력 있다. 그들은 계획을 세우고 그것에 충실하며, 종종 인상적인 할 일 목록에 의해 도움을 받는다. 그들의 교실은 대개 정리가 잘 되어 있다. 과목은 아마도 수업 분량의 크기대로 잘게 나뉘고 1년 내내 장황하게 세부적으로 계획될 것이다. 많은 **J**형 학생은 계획을 세우는 선생님의 끝없는 열의에 안심한다. 그들은 단순히 일정을 수용하고, 합의한 내용을 전달하며, 대개 모든 업무를 제시간에 완료한다. 흥미롭게도, 몇몇 **J**형 학생은 선생님이 선의로 하는 철저함을 꺼릴 것이다. 그들은 다른 사람의 계획을 채택하기보다는 그들 자신의 계획을 세우고 그것을 실천하기를 원한다. 이것은 **J**형의 통제 욕구 때문이다. 그래서 비록 최소한 모든 작업은 완료되겠지만 두 **J**형이 서로 충돌할 수 있다. 대부분의 중등학교는 학생들이 매우 체계적이어서 두 **J**형이 가장 좋은 조합으로 이루어지기를 요구한다. 선천적으로 조직적인 학생의 능력을 최대한 이끌어 내기 위해서 선생님은

- 질서, 깔끔함, 마감 기일 준수에 대한 공통의 욕구를 즐겨라.
- 학생이 진정으로 원할 경우 그들의 방식대로 작업을 자립적으로 계획할 수 있도록 허락하라.
- 외적인 일로 교사의 세심한 준비가 방해 받을 경우 자신의 계획을 조정할 준비를 하라(그리고 학생이 때때로 유연성을 받아들이도록 권장하라.).
- 예상 가능한 수업이 지겹지 않도록 때때로 변화를 주어라.
- 선택할 수 있는 모든 것을 고려하기도 전에 해야 할 일에 대해 신속하게 결정하지 마라. 가면올빼미 유형의 학생은 모순을 발견하고 그 오류를 알려 둘 것이다.

49
코알라 유형 선생님(Koala Bear teacher) & 코알라 유형 학생(Koala Bear student)
ISFJ & ISFJ

선천적으로 내성적이고 따뜻한 코알라 유형의 선생님과 학생의 조합은 상호 이해의 표본이 되며 조용하면서도 단호한 조합이 된다. 그들은 "착한(nice)"이라는 꼬리표가 따라다니는 것을 좋아하지 않을 수도 있지만 이 단어야말로 이상적인 코알라 유형의 수업 환경과 기질을 사로잡는다. 본질적으로 배려하고 신중한 학생의 능력을 최대한 이끌어 내기 위해서 선생님은

- 학생의 사생활과 독립성을 존중하라.
- 학생이 심사숙고할 수 있도록 충분한 시간을 허락하라.
- 교사 자신의 생각을 명확히 하는 시간을 가지되 대립을 피하지 마라. 어떤 말을 해야 한다면 차분하고 직접적으로 전달하라.
- 비언어적 의사소통을 사용하라—미소와 제스처는 **I**형 학생들을 안심시킨다. 피드백을 전달하기 위해 포스트잇 · 전자 메일을 사용할 수도 있다.
- 학생들에게 때때로 혼란한 교실 환경에서 떨어져서 당신을 1:1로 볼 수 있는 기회를 제공하라.

선생님과 학생 모두 같은 방법으로 정보를 수집한다. 그들은 그들이 보고 듣고 느낄 수 있는 것에 완전히 몰두하는 감각을 사용하여 세부 사항을 알아차린다. 둘 다 그들의 환경을 이해하기 위해 그들의 경험을 사용한다. 그들 모두 현재에 관심 있다. 선생님은 본능적으로 실용적, 합리적, 현실적이다. 선생님은 그들의 교육 방식을 보여 주어 학생들이 그 지도에 따르도록 격려할 것이다. 견고하고 동료 같은 관계는 선생님과 학생이 서로가 과제를 완수하기 위해 각자 무엇을 해야 할지 상호 이해하면서 발전한다. 학생의 능력을 최대한 이끌어 내기 위해서 선생님은

- 배운 것이 실제 현실에서 어떻게 적용되는지 보여 주라.
- 학생이 역량을 갖출 때까지 반복하고 연습할 기회를 주라.
- 수업에 상상력을 유용하게 사용하도록 권장하라(그

것은 시간 낭비가 아니다.).

교사와 학생 모두 과제·과목을 고려하기 전에 사람과의 관계를 먼저 고려한다. 코알라 유형 선생님은 학생이 마음에 들지 않는 한 모든 학생들과 개인적인 관계를 형성하는 것을 좋아한다(**F**형 선생님은 **T**형 선생님이 좋아하는 것을 더 좋아하는 경향이 있다.). 선생님이 감정적으로 움직이기 때문에 이러한 선생님들은 학생들에게 약속을 하고, 지나치게 무리하며, 심지어 학생들이 해야 할 일마저도 대신 할 가능성이 더 높다. 선생님과 학생 모두 따뜻하고 친근한 교실 분위기를 즐긴다. 칭찬은 학생뿐만 아니라 교사 둘 모두에게 자신감을 북돋아 줄 것이다. 코알라 유형의 학생은 선생님을 좋아하고 선생님도 그들을 좋아한다고 느낄 필요가 있다. 이렇게 되면 그들은 더 열심히 공부하겠지만 그렇지 않으면 공부에 신경을 완전히 끊을지도 모른다. 이것은 한 학생이 한 해(그들이 좋아하는 선생님과 함께 하면)에 최고의 학생이 될 수도 있고, 선생님이 바뀐 그 이듬해에는 공부에 대해 아예 관심을 보이지 않은 이유를 설명해 준다. 이렇게 관계 중심적인 학생의 능력을 최대한 이끌어 내기 위해서 선생님은

- 공감, 협업 및 팀워크를 사용할 수 있는 학습 상황을 제시하라.
- 어떠한 약점이라도 극복할 수 있도록 요령껏 지원하면서 충분하고 정기적으로 칭찬하라.
- 학생에 대한 개인적인 신뢰를 드러내면서 동기를 부여하라(나를 실망시키지 마렴, 네가 할 수 있다는 것을 알아. 난 네가 좋단다.).

J형 선생님은 시간 계획 짜는 것을 즐긴다. 그들은 체계적이고 결단력 있다. 그들은 계획을 세우고 그것에 충실하며, 종종 인상적인 할 일 목록에 의해 도움을 받는다. 그들의 교실은 대개 조용한 편이다. 과목은 아마도 수업 분량의 크기대로 잘게 나뉘고 교육과정의 기준 등을 고려해서 그해의 세부 계획이 세워질 것이다. 많은 **J**형 학생은 선생님의 체계적인 열의에 안심한다. 그들은 단순히 일정을 수용하고, 합의한 내용을 전달하며, 대개 모든 업무를 제시간에 완료한다. 흥미롭게도, 몇몇 **J**형 학생은 선생님이 선의로 하는 철저함을 꺼릴 것이다. 그들은 다른 사람의 계획을 채택하기보다는 그들 자신의 계획을 세우고 그것을 실천하기를 원한다. 이것은 **J**형의 통제 욕구 때문이다. 그래서 비록 최소한 모든 작업은 완료되겠지만 두 **J**형이 서로 충돌할 수 있다. 대부분의 중등학교는 학생들이 매우 체계적이어서 두 **J**형이 가장 좋은 조합으로 이루어지기를 요구한다. 선천적으로 조직적인 학생에게 능력을 최대한 이끌어 내기 위해서 선생님은

- 질서, 깔끔함, 마감 기일 준수에 대한 공통의 욕구를 즐겨라.
- 학생이 진정으로 원할 경우 그들의 방식대로 작업을 자립적으로 계획할 수 있도록 허락하라.
- 외적인 일로 교사의 세심한 준비가 방해 받을 경우 자신의 계획을 조정할 준비를 하라(그리고 학생이 때때로 유연성을 받아들이도록 권장하라.).
- 예상 가능한 수업이 지겹지 않도록 때때로 변화를 주어라.
- 선택할 수 있는 모든 것을 고려하기도 전에 해야 할 일에 대해 신속하게 결정하지 마라.

50
코알라 유형 선생님(Koala Bear teacher) & 매 유형 학생(Falcon student)
ISFJ & ENTP

네 가지 성향 모두 다른 이 두 유형은 교실에서 흔히 갈등을 초래할 수도 있는 조합이다. 선천적으로 자신감 있고 주장이 강한 매 유형 학생은 근본적으로 차분하고 합의를 좋아하는 코알라 유형의 교사와 갈등을 흔히 유발한다. 교사는 외부적으로 가만히 있지 못하는 학생들이 교사가 만들고자 하는 모든 것을 없애려는 의중이 있는 것은 아니라는 것을 알아야 한다. 학생들은 그들의 진짜 성향대로 살고 있을 뿐이다. 만약 교사가 학생의 성향과 조화를 이루어 내는 방법을 찾을 수 없다면, 그들은 지루해 하면서 더 파괴적으로 변할 수도 있다. 반대 성향은 서로로부터 더 많은 것을 배울 수 있다. 돌보는 성향의 코알라 유형 교사는 관습을 파괴하려 하는 매 유형 학생들에게 차분하고 꾸준히 집중할 수 있도록 도와줄 수 있고, 매 유형은 반대로 그들의 에너지와 재미있는 즐거움을 선사해 줄 수 있다. 올바른 조합은 학급 전체에 이익이 된다. 생동감 넘치는 학생의 능력을 최대한 이끌어 내기 위해서 선생님은

- 학생의 브레인스토밍과 횡설수설하는 말이라도 인내하고 열중하여 들어 주라.
- '유치한' 아이디어일지라도 마음을 열고 그것이 이끄는 곳을 살펴보라. 학생은 크게 말하면서 생각하는데, 이것이 그들이 가장 잘 배우는 방법이다.
- 또한 교사의 생각도 제시하라. 시간이 초과될 경우 요청하라.
- 학생이 말하기 전에 충분히 생각하게 하라. 그렇지 않으면 수업을 방해할 수 있다.
- 특히 모둠 토론에서 논란이 될 만한 주제 · 논제는 학생에게 주지 마라.
- 수업하는 동안에 **E**형 학생들이 다른 **E**형 학생들과 대화할 수 있는 기회를 많이 만들어라.

교사는 자신의 경험을 사용하여 그들이 주목한 것을 이해하는 것을 좋아한다. 코알라 유형의 교사는 자연스럽게 수업 방식이 실용적, 순차적, 합리적, 현실적이며 학생들이 이를 따라오도록 격려한다. **N** 학생은 기껏해야 이것을 어렵게 여기거나 최악의 경우 지루하게 여길 것이다. 교사는 학생을 공상가, 자신만의 세계에서 길을 잃거나 '정신 나간' 사람으로 볼 가능성이 높다. 교사는 학생들을 꾸짖고 싶은 유혹을 물리쳐야 한다. 왜냐하면 이것이 학생들이 정보를 받아들이고 세상을 이해하는 방식이기 때문이다. 올바른 맥락에서 공상은 자동차, 비행기, 의약품 및 컴퓨터의 발명으로 이어질 수 있다. 선천적으로 상상력이 많은 학생의 능력을 최대한 이끌어 내기 위해서 선생님은

- 학생의 상상력과 통찰력, 그리고 그것이 수업에도 가져올 수 있음을 받아들여라.
- 학생에게 **S**형 접근 방식(사실, 세부 사항, 절차, 실험, 경험 적용, 구조, 단계별 모델)이 수업에 중요하게 기여함을 깨닫도록 하라.

교사는 관계를 일보다 더 중시하는 반면에 학생은 그 반대다. 교사는 학생이 다르다는 것을 받아들여야 한다. 그들이 차갑고 무뚝뚝하고 논쟁적인 것이 아니라 먼저 과업에 초점을 맞추고 교사와 다를 뿐이다. 만약 교사가 이것을 받아들인다면 교사와 학생에게 모두 긍정적일 것이다. 본질적으로 패기만만한 학생의 능력을 최대한 이끌어 내기 위해서 선생님은

- 대상을 정해 칭찬하라. 모든 것이 훌륭하다고 말하는 것은 학생에게 깊은 인상을 주거나 도움이 되지 않는다. 사실, 그것은 학생이 선생님을 존경하지 않는 결과를 초래할 수 있고, 교사가 거짓말하거나 아니면 부드러운 접촉이라고 결론지을 수 있다. 교사가 칭찬할 때, 증거를 요구받을 수도 있다.
- 논의할 때 감정적이기보다는 논리적이고 객관적으로 하라.
- 학생이 교사에게 이의를 제기한다면 그것은 아마 여러분의 권위나 인격을 무시하기보다 그들의 생각을 명확히 알리기 위한 것일 수 있다. 아마도 '이를 개선하거나 바꾸려면 어떻게 하겠니?' 또는 '너는 어떻게 생각하니?'라고 물어보라. 일단 학생이 생각을 명확히 하고 나면 교사가 생각하는 것을 물어보고 받아들일 준비가 되어 있을 것이다.
- 학생의 기량과 지식을 경쟁적으로 시험하는 방식으로 수업하라(학생의 경쟁력을 높인다.).
- 사람의 50%가 **F**형이고 피드백을 비판으로 해석할 수 있다는 것을 도와주라.

코알라 유형 선생님은 시간 계획 짜는 것을 즐긴다. 그들은 체계적이고 결단력 있다. 그들은 계획을 세우고 그것에 충실하며, 대개 그들의 세심한 준비로 도움을 받는다. 그들의 교실은 기름칠 잘된 기계와 같을 것이다. 과목은 아마도 수업 크기별로 나누어졌을 것이다. **P**형의 학생은 아래와 같은 반응을 보일 것이다.

- 당신의 전문성을 받아들이고 그들의 장기적인 이익을 이해함으로써 긍정적으로 반응한다.
- 당신이 제공하는 내용이나 과정을 진심으로 받아들이지는 않지만 쉬운 삶을 위한 구조 · 계획을 수동적으로 받아들인다.
- 교사와 수업 계획, 그리고 과목별 수업을 완전히 거부하며 부정적으로 반응한다(비록 그들이 교실에는 앉아 있지만 어떤 활동에도 참여하지 않을 것이다.).

교사가 선천적으로 느긋한 학생의 능력을 최대한 이끌어 내기 위해서 학생이 선택할 수 있는 것과 선택하는 것을 좋아하는 것이 아님에 주목해야 한다. 즉, 그들은 그것들이 필요하고 그렇지 않으면 몸이 근질거리고 몸을 꼼지락거리거나 반항하기 시작한다. 많은 **P**형의 학생들에게 중등학교 환경은 어렵다. 교사는 다음과 같은 방법으로 압박감을 완화시킬 수 있다. 그렇게 하기 위해서 선생님은

- 가능한 한 유연성을 많이 제공하라(다양한 선택 과제,

수업 내 선택).

- 세부 일정을 피하라(어차피 지키지도 못할 것이다.).
- 꼭 필요한 것보다 중요하지 않은 세부 사항을 까다롭게 다루지 마라.
- 예상 가능한 수업이 지겹지 않도록 때때로 변화를 주어라.
- 학생이 중요한 작업을 마지막까지 서두르지 않고 완료할 수 있도록 시간을 조직하고 관리할 수 있는 간단한 방법을 찾아보라.

51
코알라 유형 선생님(Koala Bear teacher) & 흰동가리 유형 학생(Clownfish student)
ISFJ & ENFP

F 성향 하나만을 공유한다는 것은 학생과 교사가 양육과 개인적 관계를 만들고자 하는 열망으로 뭉친다는 것을 의미한다. 조용한 구조와 안정성을 갈망하는 교사와 흥분과 혼란을 갈망하는 학생의 나머지 성향의 충돌은 잠재적으로 부식될 수 있다. 선생님이 흰동가리 유형의 자발성과 상상력을 포용할 때 학급 전체가 혜택을 받을 수 있다. 코알라 유형의 교사는 선천적으로 흥분하기 쉬운 학생의 능력을 최대한 이끌어 내기 위해서

- 학생의 브레인스토밍과 횡설수설하는 말이라도 인내하고 열중하여 들어 주라.
- '유치한' 아이디어일지라도 마음을 열고 그것이 이끄는 곳을 살펴보라. 학생은 크게 말하면서 생각하는데, 이것이 그들이 가장 잘 배우는 방법이다.
- 또한 교사의 생각도 제시하라. 시간이 초과될 경우 요청하라.
- 학생이 말하기 전에 충분히 생각하게 하라. 그렇지 않으면 수업을 방해할 수 있다.
- 특히 모둠 토론에서 논란이 될 만한 주제·논제는 학생에게 주지 마라.
- 수업하는 동안에 **E**형 학생들이 다른 **E**형 학생들과 대화할 수 있는 기회를 많이 만들어라.

교사는 그들이 주목한 것을 이해하기 위해 자신의 경험을 사용하기를 좋아한다. 그들 모두 현재에 관심이 있다. 교사는 자연스럽게 수업 방식이 순차적, 현실적이며 학생들이 이를 따라오도록 격려한다. **N** 학생은 기껏해야 이것을 어렵게 여기거나 최악의 경우 지루하게 여길 것이다. 교사는 학생을 공상가, 자신만의 세계에서 길을 잃거나 '정신 나간' 사람으로 볼 가능성이 높다. 교사는 학생들을 꾸짖고 싶은 유혹을 물리쳐야 한다. 왜냐하면 이것이 학생들이 정보를 받아들이고 세상을 이해하는 방식이기 때문이다. 올바른 맥락에서 공상은 자동차, 비행기, 의약품 및 컴퓨터의 발명으로 이어질 수 있다. 선천적으로 상상력이 많은 학생의 능력을 최대한 이끌어 내기 위해서 선생님은

- 학생의 상상력과 통찰력, 그리고 그것이 수업에도 가져올 수 있음을 받아들여라.
- 학생에게 **S**형 접근 방식(사실, 세부 사항, 절차, 실험, 경험 적용, 구조, 단계별 모델)이 수업에 중요하게 기여함을 깨닫도록 하라.

교사와 학생 모두 과제·과목을 고려하기 전에 사람과의 관계를 먼저 고려한다. 코알라 유형 선생님은 학생이 마음에 들지 않는 한 모든 학생들과 개인적인 관계를 형성하는 것을 좋아한다(**F**형 선생님은 **T**형 선생님이 좋아하는 것을 더 좋아하는 경향이 있다.). 선생님이 감정적으로 움직이기 때문에 이러한 선생님들은 학생들에게 약속을 하고, 지나치게 무리하며, 심지어 학생들이 해야 할 일마저도 대신 할 가능성이 더 높다. 선생님과 학생 모두 따뜻하고 친근한 교실 분위기를 즐긴다. 칭찬은 학생뿐만 아니라 교사 둘 모두에게 자신감을 북돋아 줄 것이다. 흰동가리 유형의 학생은 선생님을 좋아하고 선생님도 그들을 좋아한다고 느낄 필요가 있다. 이렇게 되면 그들은 더 열심히 공부하겠지만 그렇지 않으면 공부에 신경을 완전히 끊을지도 모른다. 이것은 한 학생이 한 해(그들이 좋아하는 선생님과 함께 하면)에 최고의 학생이 될 수도 있고, 선생님이 바뀐 그 이듬해에는 공부에 대해 아예 관심을 보이지 않은 이유를 설명해 준다. 이렇게 관계 중심적인 학생의 능력을 최대한 이끌어 내기 위해서 선생님은

- 공감, 협업 및 팀워크를 사용할 수 있는 학습 상황을 제시하라.
- 어떠한 약점이라도 극복할 수 있도록 요령껏 지원하면서 충분하고 정기적으로 칭찬하라.
- 학생에 대한 개인적인 신뢰를 드러내면서 설득하라(나를 실망시키지 마렴, 네가 할 수 있다는 것을 알아. 난 네

가 좋단다.).

J형 선생님은 시간 계획 짜는 것을 즐긴다. 그들은 체계적이고 결단력 있다. 그들은 계획을 세우고 그것에 충실하며, 종종 꼼꼼한 보상에 도움을 받는다. 그들의 교실은 기름칠이 잘 된 기계와 비슷할지도 모른다. 과목은 아마도 수업 분량의 크기대로 잘게 나누어져 있다. P형의 학생은 아래와 같은 반응을 보일 것이다.

- 당신의 전문성을 받아들이고 그들의 장기적인 이익을 이해함으로써 긍정적으로 반응한다.
- 당신이 제공하는 내용이나 과정을 진심으로 받아들이지는 않지만 쉬운 삶을 위한 구조·계획을 수동적으로 받아들인다.
- 교사와 수업 계획, 그리고 과목별 수업을 완전히 거부하며 부정적으로 반응한다(물리적으로 교실에 있더라도 수업에 몰두하거나 참여하지 않는다.).

교사가 선천적으로 느긋한 학생의 능력을 최대한 이끌어 내기 위해서 학생이 선택할 수 있는 것과 선택하는 것을 좋아하는 것이 아님에 주목해야 한다. 즉, 그들은 그것들이 필요하고 그렇지 않으면 몸이 근질거리고 몸을 꼼지락거리거나 반항하기 시작한다. 많은 P형의 학생들에게 중등학교 환경은 어렵다. 교사는 다음과 같은 방법으로 압박감을 완화시킬 수 있다. 그렇게 하기 위해서 선생님은

- 가능한 한 유연성을 많이 제공하라(다양한 선택 과제, 수업 내 선택).
- 세부 일정을 피하라(어차피 지키지도 못할 것이다.).
- 꼭 필요한 것보다 중요하지 않은 세부 사항을 까다롭게 다루지 마라.
- 예상 가능한 수업이 지겹지 않도록 때때로 변화를 주어라.
- 학생이 반드시 성공할 수 있도록 간단한 시간 관리 전략을 찾아보라.

52
코알라 유형 선생님(Koala Bear teacher) & 북극곰 유형 학생(Polar Bear student)
ISFJ & ISTJ

코알라 유형과 북극곰 유형은 세 가지 성향을 공유한다. 그들은 둘 다 반복되는 일상, 전통, 그리고 열심히 일하는 것의 가치를 인정한다. 교사가 학생의 개인적 시간의 필요를 존중하고 그들의 잘못을 조용하게 고쳐 주면 그들은 유연한 이해 관계를 맺을 것이다. 선천적으로 신중한 학생의 능력을 최대한 이끌어 내기 위해서 선생님은

- 다른 사람의 필요를 인식하면서 학생이 독립심을 키울 수 있도록 도와주라.
- 학생이 심사숙고할 수 있도록 충분한 시간을 허락하라.
- 아이디어와 생각을 정기적으로 공유하여 두 사람 모두 무엇을 하는지 알 수 있게 하라.
- 교사 자신의 생각을 명확히 하는 시간을 가지되 대립을 피하지 마라. 어떤 말을 해야 한다면 차분하고 직접적으로 전달하라.
- 비언어적 의사소통을 사용하라—미소와 제스처는 I형 학생들을 안심시킨다. 피드백을 전달하기 위해 포스트잇·전자 메일을 사용할 수도 있다.
- 학생들에게 때때로 혼란한 교실 환경에서 떨어져서 당신을 1:1로 볼 수 있는 기회를 제공하라.

선생님과 학생 모두 같은 방법으로 정보를 수집한다. 그들은 자신의 감각(보고 듣고 느끼는 것을 인지함)을 사용하여 세부 사항을 알아차리고, 그들 둘 다 그들이 주목한 것을 이해하기 위해 그들의 경험을 사용한다. 그들은 둘 다 현재에 관심 있다. 교사는 교육 방식이 선천적으로 실용적, 순차적, 합리적, 현실적이며 학생들이 이를 따르도록 격려한다. 견고하고 동료 같은 관계는 선생님과 학생이 서로가 과제를 완수하기 위해 각자 무엇을 해야 할지 상호 이해하면서 발전한다. 기본적으로 현실적인 학생의 능력을 최대한 이끌어 내기 위해서 선생님은

- 배운 것이 실제 현실에서 어떻게 적용되는지 보여주라.
- 학생이 역량을 갖출 때까지 반복하고 연습할 기회를 주라.
- 수업에 상상력을 유용하게 사용하도록 권장하라(그것은 시간 낭비가 아니다.).

교사는 관계와 과제를 고민하는 반면, 학생은 그 반대이다. 교사는 학생이 다르다는 것을 받아들이는 법을 배워야 한다. 즉, 학생이 차갑고, 무뚝뚝하며, 불친절한 것이 아니라 단순히 과제에 먼저 집중할 뿐이다. 만약 선생님

이 이것을 받아들일 수 있다면, 그 관계는 선생님과 학생 모두에게 정말 긍정적일 수 있다. 선천적으로 객관적인 학생의 능력을 최대한 이끌어 내기 위해서 선생님은

- 대상을 정해 칭찬하라. 모든 것이 훌륭하다고 말하는 것은 학생에게 깊은 인상을 주거나 도움이 되지 않는다. 사실, 그것은 학생이 선생님을 존경하지 않는 결과를 초래할 수 있고, 교사가 거짓말하거나 아니면 부드러운 접촉이라고 결론지을 수 있다. 교사가 칭찬할 때, 증거를 요구받을 수도 있다.
- 논의할 때 감정적이기보다는 논리적이고 객관적으로 하라.
- 학생이 교사에게 이의를 제기한다면 그것은 아마 여러분의 권위나 인격을 무시하기보다 그들의 생각을 명확히 알리기 위한 것일 수 있다. 아마도 '이를 개선하거나 바꾸려면 어떻게 하겠니?' 또는 '너는 어떻게 생각하니?'라고 물어보라. 일단 학생이 생각을 명확히 하고 나면 교사가 생각하는 것을 물어보고 받아들일 준비가 되어 있을 것이다.
- 학생의 기량과 지식을 경쟁적으로 시험하는 방식으로 수업하라(학생의 경쟁력을 높인다.).
- 사람의 50%가 **F**형이고 피드백을 비판으로 해석할 수 있다는 것을 도와주라.

J형 선생님은 시간 계획 짜는 것을 즐긴다. 그들은 체계적이고 결단력 있다. 그들은 계획을 세우고 그것에 충실하며, 종종 인상적인 할 일 목록에 의해 도움을 받는다. 그들의 교실은 대개 정리가 잘 되어 있다. 과목은 아마도 수업 분량의 크기대로 잘게 나뉘고 교육과정의 기준 등을 고려해서 그해의 세부 계획이 세워질 것이다. 많은 **J**형 학생은 선생님의 체계적인 열의에 안심한다. 그들은 단순히 일정을 수용하고, 합의한 내용을 전달하며, 대개 모든 업무를 제시간에 완료한다. 흥미롭게도, 몇몇 **J**형 학생은 선생님이 선의로 하는 철저함을 꺼릴 것이다. 그들은 다른 사람의 계획을 채택하기보다는 그들 자신의 계획을 세우고 그것을 실천하기를 원한다. 이것은 **J**형의 통제 욕구 때문이다. 그래서 비록 최소한 모든 작업은 완료되겠지만 두 **J**형이 서로 충돌할 수 있다. 대부분의 중등학교는 학생들이 매우 체계적이어서 두 **J**형이 가장 좋은 조합으로 이루어지기를 요구한다. 선천적으로 조직적인 북극곰 유형의 학생의 능력을 최대한 이끌어 내기 위해서 선생님은

- 질서, 깔끔함, 마감 기일 준수에 대한 공통의 욕구를 즐겨라.
- 학생이 진정으로 원할 경우 그들의 방식대로 작업을 자립적으로 계획할 수 있도록 허락하라.
- 외적인 일로 교사의 세심한 준비가 방해 받을 경우 자신의 계획을 조정할 준비를 하라(그리고 학생이 때때로 유연성을 받아들이도록 권장하라.).
- 예상 가능한 수업이 지겹지 않도록 때때로 변화를 주어라.
- 선택할 수 있는 모든 것을 고려하기도 전에 해야 할 일에 대해 신속하게 결정하지 마라.

53
코알라 유형 선생님(Koala Bear teacher) & 곰인형 유형 학생(Teddy Bear student)
ISFJ & ESFJ

곰 유형은 많은 것을 공유한다. 그들은 현실적이고 정돈되고 열심히 일한다. 이것이 수업을 원활히 진행되게 하는 힘이다. 두 유형은 또한 돌봄이 필요한 사람들을 생각한다는 점에서 비슷하다. 그들의 다른 에너지는 갈등을 유발할 수 있다. 사회적으로 유능한 곰인형 유형은 일하면서 일을 하든지 말을 하든지 하는 코알라 유형과 달리 말하면서 일한다. 이것이 집중하고 싶은 선생님을 지치게 하고 언짢게 할 수 있다. 말 많은 학생의 능력을 최대한 이끌어 내기 위해서 선생님은

- 곰인형 유형인 학생의 이야기, 관찰, 잡담이라도 인내하고 열중하여 들어 주라.
- 이것이 그들이 가장 잘 배우는 방법이기 때문에 소리 내며 생각하는 학생에게 열린 마음을 유지하라.
- 또한 교사의 생각도 제시하라. 시간이 초과될 경우 요청하라.
- 학생이 말하기 전에 충분히 생각하게 하라. 그렇지 않으면 수업을 방해할 수 있다.
- 특히 모둠 토론에서 논란이 될 만한 주제 · 논제는 학생에게 주지 마라.
- 수업하는 동안에 **E**형 학생들이 다른 **E**형 학생들과 대화할 수 있는 기회를 많이 만들어라.

선생님과 학생 모두 같은 방법으로 정보를 수집한다. 그

들은 자신의 감각(보고 듣고 느끼는 것을 인지함)을 사용하여 세부 사항을 알아차리고, 그들 둘 다 그들이 주목한 것을 이해하기 위해 그들의 경험을 사용한다. 그들은 둘 다 현재에 관심 있다. 교사는 교육 방식이 자연스럽게 순차적, 합리적, 현실적이며 학생들이 이를 따르도록 격려한다. 견실하고 동료 같은 관계는 교사와 학생 모두가 그 일을 완수하기 위해 각각 무엇을 해야 하는지를 상호 이해하면서 발전한다. 기본적으로 현실적인 학생의 능력을 최대한 이끌어 내기 위해서 선생님은

- 배운 것이 실제 현실에서 어떻게 적용되는지 설명하라.
- 학생이 역량을 갖출 때까지 반복하고 연습할 기회를 주라.
- 수업에 상상력을 유용하게 사용하도록 권장하라(그것은 시간 낭비가 아니다.).

교사와 학생 모두 과제 · 과목을 고려하기 전에 사람과의 관계를 먼저 고려한다. 선생님은 학생이 마음에 들지 않는 한 모든 학생들과 개인적인 관계를 형성하는 것을 좋아한다(**F**형 선생님은 **T**형 선생님이 좋아하는 것을 더 좋아하는 경향이 있다.). 선생님이 감정적으로 운영되기 때문에 이러한 선생님들은 학생들에게 약속을 하고, 지나치게 무리하며, 심지어 학생들이 해야 할 일마저도 대신할 가능성이 더 높다. 선생님과 학생 모두 따뜻하고 친근한 교실 분위기를 즐긴다. 칭찬은 학생뿐만 아니라 교사 둘 모두에게 자신감을 북돋아 줄 것이다. 곰인형 유형의 학생은 선생님을 좋아하고 선생님도 그들을 좋아한다고 느낄 필요가 있다. 이렇게 되면 그들은 더 열심히 공부하겠지만 그렇지 않으면 공부에 신경을 완전히 끊을지도 모른다. 이것은 한 학생이 한 해(그들이 좋아하는 선생님과 함께 하면)에 최고의 학생이 될 수도 있고, 선생님이 바뀐 그 이듬해에는 공부에 대해 아예 관심을 보이지 않은 이유를 설명해 준다. 이렇게 관계 중심적인 학생의 능력을 최대한 이끌어 내기 위해서 선생님은

- 공감, 협업 및 팀워크를 사용할 수 있는 학습 상황을 제시하라.
- 어떠한 약점이라도 극복할 수 있도록 요령껏 지원하면서 충분하고 정기적으로 칭찬하라.
- 학생에 대한 개인적인 신뢰를 드러내면서 동기를 부여하라(나를 실망시키지 마렴, 네가 할 수 있다는 것을 알아. 난 네가 좋단다.).

J형 선생님은 시간 계획 짜는 것을 즐긴다. 그들은 체계적이고 결단력 있다. 그들은 계획을 세우고 그것에 충실하며, 종종 인상적인 할 일 목록에 의해 도움을 받는다. 그들의 교실은 대개 정리가 잘 되어 있다. 과목은 아마도 수업 분량의 크기대로 잘게 나뉘고 교육과정의 기준 등을 고려해서 그해의 세부 계획이 세워질 것이다. 많은 **J**형 학생은 선생님의 체계적인 열의에 안심한다. 그들은 단순히 일정을 수용하고, 합의한 내용을 전달하며, 대개 모든 업무를 제시간에 완료한다. 흥미롭게도, 몇몇 **J**형 학생은 선생님의 의도된 철저함을 꺼릴 것이다. 그들은 다른 사람의 계획을 채택하기보다는 그들 자신의 계획을 세우고 그것을 실천하기를 원한다. 이것은 **J**형의 통제 욕구 때문이다. 그래서 비록 최소한 모든 작업은 완료되겠지만 두 **J**형이 서로 충돌할 수 있다. 대부분의 중등학교는 학생들이 매우 체계적이어서 두 **J**형이 가장 좋은 조합으로 이루어지기를 요구한다. 개성적으로 조직적인 학생의 능력을 최대한 이끌어 내기 위해서 선생님은

- 질서, 깔끔함, 마감 기일 준수에 대한 공통의 욕구를 즐겨라.
- 학생이 진정으로 원할 경우 그들의 방식대로 작업을 자립적으로 계획할 수 있도록 허락하라.
- 외적인 일로 교사의 세심한 준비가 방해 받을 경우 자신의 계획을 조정할 준비를 하라(그리고 학생이 때때로 유연성을 받아들이도록 권장하라.).
- 예상 가능한 수업이 지겹지 않도록 때때로 변화를 주어라.
- 선택할 수 있는 모든 것을 고려하기도 전에 해야 할 일에 대해 신속하게 결정하지 마라.

54
코알라 유형 선생님(Koala Bear teacher) & 숲올빼미 유형 학생(Tawny Owl student)
ISFJ & INTP

코알라 유형과 숲올빼미 유형은 한 가지 성향을 공유한다. 그들 둘 다 기부하기 전에 신중히 숙고한다. 남은 차이점이 충돌로 이어질 수 있다. 보수적인 코알라 유형은 숲올빼미 유형의 탐구적이고 끈질긴 상상력에 놀라거

나 그들 주변의 세계를 탐험하고 이해하는 그들의 다른 방식을 받아들일 수 있다. 교사가 선천적으로 활기찬 학생의 능력을 최대한 이끌어 내기 위해서 선생님은

- 학생의 사생활과 독립성을 존중하라.
- 학생이 심사숙고할 수 있도록 충분한 시간을 허락하라.
- 아이디어와 생각을 정기적으로 공유하여 두 사람 모두 무엇을 하는지 알 수 있게 하라.
- 교사 자신의 생각을 명확히 하는 시간을 가지되 대립을 피하지 마라. 어떤 말을 해야 한다면 차분하고 직접적으로 전달하라.
- 비언어적 의사소통을 사용하라—미소와 제스처는 **I**형 학생들을 안심시킨다. 피드백을 전달하기 위해 포스트잇 · 전자 메일을 사용할 수도 있다.
- 학생들에게 때때로 혼란한 교실 환경에서 떨어져서 당신을 1:1로 볼 수 있는 기회를 제공하라.

교사는 그들이 주목한 것을 이해하기 위해 자신의 경험을 사용하기를 좋아한다. 둘 모두 현실에 관심 있다. 교사는 자연스럽게 수업 방식이 실용적, 순차적이며 학생들이 이를 따라오도록 격려한다. **N** 학생은 기껏해야 이것을 어렵게 여기거나 최악의 경우 지루하게 여길 것이다. 교사는 학생을 공상가, 자신만의 세계에서 길을 잃거나 '정신 나간' 사람으로 볼 가능성이 높다. 교사는 학생들을 꾸짖고 싶은 유혹을 물리쳐야 한다. 왜냐하면 이것이 학생들이 정보를 받아들이고 세상을 이해하는 방식이기 때문이다. 올바른 맥락에서 공상은 자동차, 비행기, 의약품 및 컴퓨터의 발명으로 이어질 수 있다. 선천적으로 상상력이 많은 학생의 능력을 최대한 이끌어 내기 위해서 선생님은

- 학생의 상상력과 통찰력, 그리고 그것이 수업에도 가져올 수 있음을 받아들여라.
- 학생에게 **S**형 접근 방식(사실, 세부 사항, 절차, 실험, 경험 적용, 구조, 단계별 모델)이 수업에 중요하게 기여함을 깨닫도록 하라.

교사는 관계와 과제를 고민하는 반면, 학생은 그 반대이다. 교사는 학생이 다르다는 것을 받아들이는 법을 배워야 한다. 즉, 학생이 차갑고, 무뚝뚝하며, 불친절한 것이 아니라 단순히 과제에 먼저 집중할 뿐이다. 만약 선생님이 이것을 받아들일 수 있다면, 그 관계는 선생님과 학생 모두에게 정말 긍정적일 수 있다. 선천적으로 객관적인 학생의 능력을 최대한 이끌어 내기 위해서 선생님은

- 대상을 정해 칭찬하라. 모든 것이 훌륭하다고 말하는 것은 학생에게 깊은 인상을 주거나 도움이 되지 않는다. 사실, 그것은 학생이 선생님을 존경하지 않는 결과를 초래할 수 있고, 교사가 거짓말하거나 아니면 부드러운 접촉이라고 결론지을 수 있다. 교사가 칭찬할 때, 증거를 요구받을 수도 있다.
- 논의할 때 감정적이기보다는 논리적이고 객관적으로 하라.
- 학생이 교사에게 이의를 제기한다면 그것은 아마 여러분의 권위나 인격을 무시하기보다 그들의 생각을 명확히 알리기 위한 것일 수 있다. 아마도 '이를 개선하거나 바꾸려면 어떻게 하겠니?' 또는 '너는 어떻게 생각하니?'라고 물어보라. 일단 학생이 생각을 명확히 하고 나면 교사가 생각하는 것을 물어보고 받아들일 준비가 되어 있을 것이다.
- 학생의 기량과 지식을 경쟁적으로 시험하는 방식으로 수업하라(학생의 경쟁력을 높인다.).
- 사람의 50%가 **F**형이고 피드백을 비판으로 해석할 수 있다는 것을 도와주라.

J형 선생님은 시간 계획 짜는 것을 즐긴다. 그들은 체계적이고 결단력 있다. 그들은 계획을 세우고 그것에 충실하며, 종종 꼼꼼한 보상에 도움을 받는다. 그들의 교실은 기름칠이 잘 된 기계와 비슷할지도 모른다. 과목은 의도적으로 수업 분량의 크기대로 잘게 나누어질 것이다. **P**형의 학생은 아래 세 가지 중 하나의 반응을 보일 것이다.

- 당신의 전문성을 받아들이고 그들의 장기적인 이익을 이해함으로써 긍정적으로 반응한다.
- 당신이 제공하는 내용이나 과정을 진심으로 받아들이지는 않지만 쉬운 삶을 위한 구조 · 계획을 수동적으로 받아들인다.
- 교사와 수업 계획, 그리고 과목별 수업을 완전히 거부하며 부정적으로 반응한다(물리적으로 교실에 있더라도 수업에 몰두하거나 참여하지 않는다.).

교사가 선천적으로 느긋한 학생의 능력을 최대한 이끌어 내기 위해서 학생이 선택할 수 있는 것과 선택하는 것을 좋아하는 것이 아님에 주목해야 한다. 즉, 그들은 그것들이 필요하고 그렇지 않으면 몸이 근질거리고 몸을 꼼지락거리거나 반항하기 시작한다. **P**형의 학생들

에게 중등학교 환경은 어려워서 교사는 다음과 같은 방법으로 압박감을 완화하는 데 도울 수 있다. 그렇게 하기 위해서 선생님은

- 가능한 한 유연성을 많이 제공하라(다양한 선택 과제, 수업 내 선택).
- 세부 일정을 피하라(어차피 지키지도 못할 것이다.).
- 꼭 필요한 것보다 중요하지 않은 세부 사항을 까다롭게 다루지 마라.
- 예상 가능한 수업이 지겹지 않도록 때때로 변화를 주어라.

55
코알라 유형 선생님(Koala Bear teacher) & 돌고래 유형 학생(Dolphin student)
ISFJ & ENFJ

코알라 유형의 교사와 돌고래 유형의 학생은 두 가지 성향을 공유한다. 둘 다 친근하고 따뜻하고 효율적인 것을 좋아한다. 그들이 정보를 받아들이는 데서 차이를 보이는데, 조용하고 현실적인 코알라 유형과 기운이 넘치고 상상력이 뛰어난 돌고래 유형은 다르다. 사교적인 학생의 능력을 최대한 이끌어 내기 위해서 코알라 유형의 선생님은

- 돌고래 유형의 생각과 횡설수설하는 말이라도 인내하고 열중하여 들어 주라.
- '유치한' 아이디어가 이끄는 곳을 살펴보라. 학생은 크게 말하면서 생각하는데, 이것이 그들이 가장 잘 배우는 방법이다.
- 또한 교사의 생각도 제시하라. 시간이 초과될 경우 요청하라.
- 학생이 말하기 전에 충분히 생각하게 하라. 그렇지 않으면 수업을 방해할 수 있다.
- 수업하는 동안에 **E**형 학생들이 다른 **E**형 학생들과 대화할 수 있는 기회를 많이 만들어라.

코알라 유형의 교사는 그들이 주목한 것을 이해하기 위해 자신의 경험을 사용하기를 좋아한다. 그들 둘 모두 현실에 관심이 있다. 교사는 자연스럽게 수업 방식이 실용적, 순차적, 합리적, 현실적이며 학생들이 이를 따라오도록 격려한다. **N** 학생은 기껏해야 이것을 어렵게 여기거나 최악의 경우 지루하게 여길 것이다. 교사는 학생을 공상가, 자신만의 세계에서 길을 잃거나 '정신 나간' 사람으로 볼 가능성이 높다. 교사는 학생들을 꾸짖고 싶은 유혹을 물리쳐야 한다. 왜냐하면 이것이 학생들이 정보를 받아들이고 세상을 이해하는 방식이기 때문이다. 올바른 맥락에서 공상은 놀라운 발명품으로 이어질 수 있다. 선천적으로 상상력이 많은 학생의 능력을 최대한 이끌어 내기 위해서 선생님은

- 학생의 상상력과 통찰력, 그리고 그것이 수업에도 가져올 수 있음을 받아들여라.
- 학생에게 **S**형 접근 방식(사실, 세부 사항, 절차, 실험, 경험 적용, 구조, 단계별 모델)이 수업에 중요하게 기여함을 깨닫도록 하라.

교사와 학생 모두 과제 · 과목을 고려하기 전에 사람과의 관계를 먼저 고려한다. 선생님은 학생이 마음에 들지 않는 한 모든 학생들과 개인적인 관계를 형성하는 것을 좋아한다(**F**형 선생님은 **T**형 선생님이 좋아하는 것을 더 좋아하는 경향이 있다.). 선생님이 감정적으로 운영하기 때문에 이러한 선생님들은 학생들에게 약속을 하고, 지나치게 무리하며, 심지어 학생들이 해야 할 일마저도 대신할 가능성이 더 높다. 선생님과 학생 모두 따뜻하고 친근한 교실 분위기를 즐긴다. 칭찬은 학생뿐만 아니라 교사 둘 모두에게 자신감을 북돋아 줄 것이다. 돌고래 유형의 학생은 선생님을 좋아하고 선생님도 그들을 좋아한다고 느낄 필요가 있다. 이렇게 되면 그들은 더 열심히 공부하겠지만 그렇지 않으면 공부에 신경을 완전히 끊을지도 모른다. 이것은 한 학생이 한 해(그들이 좋아하는 선생님과 함께 하면)에 최고의 학생이 될 수도 있고, 선생님이 바뀐 그 이듬해에는 공부에 대해 아예 관심을 보이지 않은 이유를 설명해 준다. 관계 지향적인 학생의 능력을 최대한 이끌어 내기 위해서 선생님은

- 공감, 협업 및 팀워크를 사용할 수 있는 학습 상황을 제시하라.
- 어떠한 약점이라도 극복할 수 있도록 요령껏 지원하면서 충분하고 정기적으로 칭찬하라.
- 학생에 대한 개인적인 신뢰를 드러내면서 동기를 부여하라(나를 실망시키지 마렴, 네가 할 수 있다는 것을 알아. 난 네가 좋단다.).
- 문제를 은폐하지 말고 큰 문제가 되기 전에 조기에

논의하라.

J형 선생님은 시간 계획 짜는 것을 즐긴다. 그들은 체계적이고 결단력 있다. 그들은 계획을 세우고 그것에 충실하며, 종종 인상적인 할 일 목록에 의해 도움을 받는다. 그들의 교실은 대개 정리가 잘 되어 있다. 과목은 아마도 수업 크기별로 잘게 나뉘고 과목은 아마도 수업 크기별로 잘게 나뉘고 교육과정의 기준 등을 고려해서 그해의 세부 계획이 세워질 것이다. 많은 J형 학생은 계획을 세우는 선생님의 끝없는 열의에 안심한다. 그들은 단순히 일정을 수용하고, 합의한 내용을 전달하며, 대개 모든 업무를 제시간에 완료한다. 흥미롭게도, 몇몇 돌고래 유형 학생은 선생님이 선의로 하는 철저함을 꺼릴 것이다. 그들은 다른 사람의 계획을 채택하기보다는 그들 자신의 계획을 세우고 그것을 실천하기를 원한다. 이것은 J형의 통제 욕구 때문이다. 그래서 비록 최소한 모든 작업은 완료되겠지만 두 J형이 서로 충돌할 수 있다. 대부분의 중등학교는 학생들이 매우 체계적이어서 두 J형이 가장 좋은 조합으로 이루어지기를 요구한다. 개성적으로 조직적인 학생의 능력을 최대한 이끌어 내기 위해서 선생님은

- 질서, 깔끔함, 마감 기일 준수에 대한 공통의 욕구를 즐겨라.
- 학생이 진정으로 원할 경우 그들의 방식대로 작업을 자립적으로 계획할 수 있도록 허락하라.
- 외적인 일로 교사의 세심한 준비가 방해 받을 경우 자신의 계획을 조정할 준비를 하라(그리고 학생이 때때로 유연성을 받아들이도록 권장하라.).
- 예상 가능한 수업이 지겹지 않도록 때때로 변화를 주어라.
- 선택할 수 있는 모든 것을 고려하기도 전에 해야 할 일에 대해 신속하게 결정하지 마라.

56
코알라 유형 선생님(Koala Bear teacher) & 호랑이 유형 학생(Tiger student)
ISFJ &

코알라 유형 교사와 호랑이 유형 학생 둘은 두 가지 성향을 공유한다. 둘 다 현실적이고 문자 그대로 받아들이며 소통한다. 교사의 보수적인 접근 방식과 모험적이고 반항적인 학생의 접근 방식이 문제를 일으킬 수 있다. 모든 고양이 유형은 행동을 추구하고 움직이고 직접 함으로써 배우는 것을 좋아한다. 그래서 코알라 유형은 지루함을 예방하기 위해서 충분한 기회를 줘야 한다. 선천적으로 사색적인 학생의 능력을 최대한 이끌어 내기 위해서 선생님은

- 학생의 사생활과 독립성을 존중하라.
- 학생이 심사숙고할 수 있도록 충분한 시간을 허락하라.
- 아이디어와 생각을 정기적으로 공유하여 두 사람 모두 무엇을 하는지 알 수 있게 하라.
- 교사 자신의 생각을 명확히 하는 시간을 가지되 대립을 피하지 마라. 어떤 말을 해야 한다면 차분하고 직접적으로 전달하라.
- 비언어적 의사소통을 사용하라—미소와 제스처는 I형 학생들을 안심시킨다. 피드백을 전달하기 위해 포스트잇 · 전자 메일을 사용할 수도 있다.
- 학생들에게 때때로 혼란한 교실 환경에서 떨어져서 당신을 1:1로 볼 수 있는 기회를 제공하라.

선생님과 학생 모두 같은 방법으로 정보를 수집한다. 그들은 자신의 감각(보고 듣고 느끼는 것을 인지함)을 사용하여 세부 사항을 알아차리고, 그들 둘 다 그들이 주목한 것을 이해하기 위해 그들의 경험을 사용한다. 그들은 둘 다 현재에 관심 있다. 교사는 교육 방식이 자연스럽게 실용적, 순차적, 합리적, 현실적이어서 학생들이 이를 따르도록 격려한다. 견실하고 동료 같은 관계는 교사와 학생 모두가 그 일을 완수하기 위해 각각 무엇을 해야 하는지를 상호 이해하면서 발전한다. 기본적으로 현실적인 학생의 능력을 최대한 이끌어 내기 위해서 선생님은

- 배운 것이 실제 현실에서 어떻게 적용되는지 설명하라.
- 학생이 역량을 갖출 때까지 반복하고 연습할 기회를 주라.
- 수업에 상상력을 유용하게 사용하도록 권장하라(그것은 시간 낭비가 아니다.).

코알라 유형의 교사는 관계와 과제를 고민하는 반면, 학생은 그 반대이다. 교사는 학생이 다르다는 것을 받아들

이는 법을 배워야 한다. 즉, 학생이 차갑고, 무뚝뚝하며, 불친절한 것이 아니라 교사와는 다르고 과제에 먼저 집중할 뿐이다. 만약 선생님이 이것을 받아들일 수 있다면, 그 관계는 선생님과 학생 모두에게 정말 긍정적일 수 있다. 선천적으로 기본적인 바탕이 있는 학생의 능력을 최대한 이끌어 내기 위해서 선생님은

- 대상을 정해 칭찬하라. 모든 것이 훌륭하다고 말하는 것은 학생에게 깊은 인상을 주거나 도움이 되지 않는다. 사실, 그것은 학생이 선생님을 존경하지 않는 결과를 초래할 수 있고, 교사가 거짓말하거나 아니면 부드러운 접촉이라고 결론지을 수 있다. 교사가 칭찬할 때, 증거를 요구받을 수도 있다.
- 논의할 때 감정적이기보다는 논리적이고 객관적으로 하라.
- 학생이 교사에게 이의를 제기한다면 그것은 아마 여러분의 권위나 인격을 무시하기보다 그들의 생각을 명확히 알리기 위한 것일 수 있다. 아마도 '이를 개선하거나 바꾸려면 어떻게 하겠니?' 또는 '너는 어떻게 생각하니?'라고 물어보라. 일단 학생이 생각을 명확히 하고 나면 교사가 생각하는 것을 물어보고 받아들일 준비가 되어 있을 것이다.
- 학생의 기량과 지식을 경쟁적으로 시험하는 방식으로 수업하라(학생의 경쟁력을 높인다.).
- 사람의 50%가 **F**형이고 피드백을 비판으로 받아들일 수 있다는 것을 도와주라.

J형 선생님은 시간 계획 짜는 것을 즐긴다. 그들은 체계적이고 결단력 있다. 그들은 계획을 세우고 그것에 충실하며, 종종 꼼꼼한 보상에 도움을 받는다. 그들의 교실은 기름칠이 잘 된 기계와 비슷할지도 모른다. 과목은 아마도 수업 분량의 크기대로 잘게 나누어져 있다. **P**형의 학생은 아래 세 가지 중 하나의 반응을 보일 것이다.

- 당신의 전문성을 받아들이고 그들의 장기적인 이익을 이해함으로써 긍정적으로 반응한다.
- 당신이 제공하는 내용이나 과정을 진심으로 받아들이지는 않지만 쉬운 삶을 위한 구조 · 계획을 수동적으로 받아들인다.
- 교사와 수업 계획, 그리고 과목별 수업을 완전히 거부하며 부정적으로 반응한다(물리적으로 교실에 있더라도 수업에 몰두하거나 참여하지 않는다.).

교사가 선천적으로 느긋한 학생의 능력을 최대한 이끌어 내기 위해서 학생이 선택할 수 있는 것과 선택하는 것을 좋아하는 것이 아님에 주목해야 한다. 즉, 그들은 그것들이 필요하고 그렇지 않으면 몸이 근질거리고 몸을 꼼지락거리거나 반항하기 시작한다. 많은 **P**형의 학생들에게 중등학교 환경은 어려워서 교사는 다음과 같은 방법으로 압박감을 완화시킬 수 있다. 그렇게 하기 위해서 선생님은

- 가능한 한 유연성을 많이 제공하라(다양한 선택 과제, 수업 내 선택).
- 세부 일정을 피하라(어차피 지키지도 못할 것이다.).
- 꼭 필요한 것보다 중요하지 않은 세부 사항을 까다롭게 다루지 마라.
- 예상 가능한 수업이 지겹지 않도록 때때로 변화를 주어라.

57
코알라 유형 선생님(Koala Bear teacher) & 독수리 유형 학생(Eagle student)
ISFJ & ENTJ

코알라 유형은 새 유형을 가장 어려운 유형의 학생들이라 생각한다. 선천적으로 자신감 있고, 체계적이며 주장이 강한 독수리 유형의 학생은 코알라 유형 교사가 조심스럽게 들여온 체제와 규칙에 대해서 의문을 제기할 수 있다. 독수리 유형은 리더가 되지 않고는 참지 못하기에 이 특성을 잘 수용할 방법을 찾은 교사는 모든 학생에게 긍정적인 학습 환경을 제공할 수 있다. 선천적으로 생동감 넘치는 학생들에게서 최상의 결과를 내기 위해 교사는

- 학생의 생각과 횡설수설하는 말이라도 인내하고 열중하여 들어 주라.
- '유치한' 아이디어가 이끄는 곳을 살펴보라. 학생은 크게 말하면서 생각하는데, 이것이 그들이 가장 잘 배우는 방법이다.
- 또한 교사의 생각도 제시하라. 시간이 초과될 경우 요청하라.
- 학생이 말하기 전에 충분히 생각하게 하라. 그렇지 않으면 수업을 방해할 수 있다.

- 특히 모둠 토론에서 논란이 될 만한 주제 · 논제는 학생에게 주지 마라.
- 수업하는 동안에 **E**형 학생들이 다른 **E**형 학생들과 대화할 수 있는 기회를 많이 만들어라.

교사는 관계와 과제를 고민하는 반면, 학생은 그 반대이다. 교사는 학생이 다르다는 것을 받아들이는 법을 배워야 한다. 즉, 학생이 차갑고, 무뚝뚝하며, 불친절한 것이 아니라 교사와는 다르고 과제에 먼저 집중할 뿐이다. 만약 선생님이 이것을 받아들일 수 있다면, 그 관계는 선생님과 학생 모두에게 정말 긍정적일 수 있다. 교사가 선천적으로 자기 주장이 강한 학생의 능력을 최대한 이끌어 내기 위해서 선생님은

- 대상을 정해 칭찬하라. 모든 것이 훌륭하다고 말하는 것은 학생에게 깊은 인상을 주거나 도움이 되지 않는다. 사실, 그것은 학생이 선생님을 존경하지 않는 결과를 초래할 수 있고, 교사가 거짓말하거나 아니면 부드러운 접촉이라고 결론지을 수 있다. 교사가 칭찬할 때, 증거를 요구받을 수도 있다.
- 논의할 때 감정적이기보다는 논리적이고 객관적으로 하라.
- 학생이 교사에게 이의를 제기한다면 그것은 아마 여러분의 권위나 인격을 무시하기보다 그들의 생각을 명확히 알리기 위한 것일 수 있다. 아마도 '이를 개선하거나 바꾸려면 어떻게 하겠니?' 또는 '너는 어떻게 생각하니?'라고 물어보라. 일단 학생이 생각을 명확히 하고 나면 교사가 생각하는 것을 물어보고 받아들일 준비가 되어 있을 것이다.
- 학생의 기량과 지식을 경쟁적으로 시험하는 방식으로 수업하라(학생의 경쟁력을 높인다.).
- 사람의 50%가 **F**형이고 피드백을 비판으로 해석할 수 있다는 것을 도와주라.

코알라 유형 선생님은 시간 계획 짜는 것을 즐긴다. 그들은 체계적이고 결단력 있다. 그들은 계획을 세우고 그것에 충실하며, 종종 인상적인 할 일 목록에 의해 도움을 받는다. 그들의 교실은 대개 조용하다. 과목은 아마도 수업 크기별로 잘게 나뉘고 그해의 세부 계획이 꼼꼼하게 세워질 것이다. 많은 **J**형 학생은 선생님의 체계적인 열의에 안심한다. 그들은 단순히 일정을 수용하고, 합의한 내용을 전달하며, 대개 모든 업무를 제시간에 완료한다. 흥미롭게도, 몇몇 **J**형 학생은 선생님이 선의로 하는 철저함을 꺼릴 것이다. 그들은 다른 사람의 계획을 채택하기보다는 그들 자신의 계획을 세우고 그것을 실천하기를 원한다. 이것은 **J**형의 통제 욕구 때문이다. 그래서 비록 최소한 모든 작업은 완료되겠지만 두 **J**형이 서로 충돌할 수 있다. 대부분의 중등학교는 학생들이 매우 체계적이어서 두 **J**형이 가장 좋은 조합으로 이루어지기를 요구한다. 선천적으로 조직적인 학생의 능력을 최대한 이끌어 내기 위해서 선생님은

- 학생이 진정으로 원할 경우 그들의 방식대로 작업을 자립적으로 계획할 수 있도록 허락하라.
- 외적인 일로 교사의 세심한 준비가 방해 받을 경우 자신의 계획을 조정할 준비를 하라(그리고 학생이 때때로 유연성을 받아들이도록 권장하라.).
- 예상 가능한 수업이 지겹지 않도록 때때로 변화를 주어라.
- 선택할 수 있는 모든 것을 고려하기도 전에 해야 할 일에 대해 신속하게 결정하지 마라.
- 질서, 깔끔함, 마감 기일 준수에 대한 공통의 욕구를 즐겨라.

58
코알라 유형 선생님(Koala Bear teacher) & 고양이 유형 학생(Cat student)
ISFJ & ISFP

코알라 유형과 고양이 유형은 세 가지 성향을 공유한다. 둘 다 친근하고 체계적인 환경에서 일하기를 선호한다. 교사의 보수적인 접근과 모험을 더 즐기는 학생과의 차이는 갈등을 일으킬 수 있다. 모든 고양이 유형은 행동을 추구하고 직접 행동을 통해서 배우기를 원하기에 코알라 유형은 고양이 유형이 지루해 하지 않기 위해서 충분한 기회들을 제공해야 한다. 선천적으로 자족하는 학생의 능력을 최대한 이끌어 내기 위해서 선생님은

- 학생의 사생활과 독립성을 존중하라.
- 학생이 심사숙고할 수 있도록 충분한 시간을 허락하라.
- 아이디어와 생각을 정기적으로 공유하여 두 사람 모두 무엇을 하는지 알 수 있게 하라.

- 교사 자신의 생각을 명확히 하는 시간을 가지되 대립을 피하지 마라. 어떤 말을 해야 한다면 차분하고 직접적으로 전달하라.
- 비언어적 의사소통을 사용하라—미소와 제스처는 **I**형 학생들을 안심시킨다. 피드백을 전달하기 위해 포스트잇 · 전자 메일을 사용할 수도 있다.
- 학생들에게 때때로 혼란한 교실 환경에서 떨어져서 당신을 1:1로 볼 수 있는 기회를 제공하라.

선생님과 학생 모두 같은 방법으로 정보를 수집한다. 그들은 자신의 감각(보고 듣고 느끼는 것을 인지함)을 사용하여 세부 사항을 알아차리고, 그들 둘 다 그들이 본 것을 이해하기 위해 그들의 경험을 사용한다. 그들은 둘 다 현재에 관심 있다. 교사는 교육 방식이 자연스럽게 실용적, 순차적, 합리적, 현실적이어서 학생들이 이를 따르도록 격려한다. 견실하고 동료 같은 관계는 교사와 학생 모두가 그 일을 완수하기 위해 각각 무엇을 해야 하는지를 상호 이해하면서 발전한다. 기본적으로 기초가 있는 학생의 능력을 최대한 이끌어 내기 위해서 선생님은

- 수업에 상상력을 유용하게 사용하도록 권장하라(그것은 시간 낭비가 아니다.).
- 배운 것이 실제 현실에서 어떻게 적용되는지 설명하라.
- 학생이 역량을 갖출 때까지 반복하고 연습할 기회를 주라.

교사와 학생 모두 과제 · 과목을 고려하기 전에 사람과의 관계를 먼저 고려한다. 선생님은 학생이 마음에 들지 않는 한 모든 학생들과 개인적인 관계를 형성하는 것을 좋아한다(**F**형 선생님은 **T**형 선생님이 좋아하는 것을 더 좋아하는 경향이 있다.). 선생님이 감정적으로 운영하기 때문에 이러한 선생님들은 학생들에게 약속을 하고, 지나치게 무리하며, 심지어 학생들이 해야 할 일마저도 대신할 가능성이 더 높다. 선생님과 학생 모두 따뜻하고 친근한 교실 분위기를 즐긴다. 칭찬은 학생뿐만 아니라 교사 둘 모두에게 자신감을 북돋아 줄 것이다. 고양이 유형의 학생은 선생님을 좋아하고 선생님도 그들을 좋아한다고 느낄 필요가 있다. 본질적으로 관계 중심적인 학생의 능력을 최대한 이끌어 내기 위해서 선생님은

- 공감, 협업 및 팀워크를 사용하여 과제에 집중하는 교사 본연의 성향에 균형을 맞출 수 있는 학습 상황을 제시하라.
- 어떠한 약점이라도 극복할 수 있도록 요령껏 지원하면서 충분하고 정기적으로 칭찬하라.
- 학생에 대한 개인적인 신뢰를 드러내면서 설득하라(나를 실망시키지 마렴, 네가 할 수 있다는 것을 알아. 난 네가 좋단다.).

코알라 유형 선생님은 시간 계획 짜는 것을 즐긴다. 그들은 체계적이고 결단력 있다. 그들은 계획을 세우고 그것에 충실하며, 종종 꼼꼼한 보상에 도움을 받는다. 그들의 교실은 기름칠이 잘 된 기계와 비슷할지도 모른다. 과목은 아마도 수업 분량의 크기대로 잘게 나누어져 있다. **P**형의 학생은 다음과 같이 반응할 것이다.

- 당신의 전문성을 받아들이고 그들의 장기적인 이익을 이해함으로써 긍정적으로 반응한다.
- 당신이 제공하는 내용이나 과정을 진심으로 받아들이지는 않지만 쉬운 삶을 위한 구조 · 계획을 수동적으로 받아들인다.
- 교사와 수업 계획, 그리고 과목별 수업을 완전히 거부하며 부정적으로 반응한다(물리적으로 교실에 있더라도 수업에 몰두하거나 참여하지 않는다.).

교사가 선천적으로 느긋한 학생의 능력을 최대한 이끌어 내기 위해서 학생이 선택할 수 있는 것과 선택하는 것을 좋아하는 것이 아님에 주목해야 한다. 즉, 그들은 그것들이 필요하고 그렇지 않으면 몸이 근질거리고 몸을 꼼지락거리거나 반항하기 시작한다. 많은 **P**형의 학생들에게 중등학교 환경은 어려워서 교사는 다음과 같은 방법으로 압박감을 완화시킬 수 있다. 그렇게 하기 위해서 선생님은

- 가능한 한 유연성을 많이 제공하라(다양한 선택 과제, 수업 내 선택).
- 세부 일정을 피하라(어차피 지키지도 못할 것이다.).
- 꼭 필요한 것보다 중요하지 않은 세부 사항을 까다롭게 다루지 마라.
- 예상 가능한 수업이 지겹지 않도록 때때로 변화를 주어라.
- 학생이 중요한 작업을 마지막까지 서두르지 않고 완료할 수 있도록 시간을 조직하고 관리할 수 있는 간단한 방법을 찾아보라.

59
코알라 유형 선생님(Koala Bear teacher) & 흑곰 유형 학생(Black Bear student)
ISFJ & ESTJ

곰 유형은 많은 것을 공유한다. 그들은 현실적이고 정돈되고 열심히 일한다. 이것이 수업을 원활히 진행되게 하는 힘이다. 두 유형은 또한 돌봄이 필요한 사람들을 생각한다는 점에서 비슷하다. 코알라 유형과 흑곰 유형은 그들이 선호하는 일에 대한 접근 방식이 다르다. 코알라 유형은 보수적이고 사람 중심적인 반면에 흑곰 유형은 솔직하고 과업 중심적이다. 추진력 있는 학생의 능력을 최대한 이끌어 내기 위해서 선생님은

- 학생의 계획, 생각과 조언을 인내하고 열중하여 들어주라.
- 야심찬 생각이 이끄는 곳을 열린 마음으로 살펴보라. 학생은 크게 말하면서 생각하는데, 이것이 그들이 가장 잘 배우는 방법이다.
- 또한 교사의 생각도 제시하라. 시간이 초과될 경우 요청하라.
- 학생이 말하기 전에 충분히 생각하게 하라. 그렇지 않으면 수업을 방해할 수 있다.
- 특히 모둠 토론에서 논란이 될 만한 주제 · 논제는 학생에게 주지 마라.
- 수업하는 동안에 **E**형 학생들이 다른 **E**형 학생들과 대화할 수 있는 기회를 많이 만들어라.

선생님과 학생 모두 같은 방법으로 정보를 수집한다. 그들은 자신의 감각(보고 듣고 느끼는 것을 인지함)을 사용하여 세부 사항을 알아차리고, 그들 둘 다 그들이 본 것을 이해하기 위해 그들의 경험을 사용한다. 그들은 둘 다 현재에 관심 있다. 교사는 교육 방식이 자연스럽게 실용적, 순차적, 합리적, 현실적이어서, 학생들이 이를 따르도록 격려한다. 견실하고 동료 같은 관계는 교사와 학생 모두가 그 일을 완수하기 위해 각각 무엇을 해야 하는지를 상호 이해하면서 발전한다. 기본적으로 현실적인 학생의 능력을 최대한 이끌어 내기 위해서 선생님은

- 배운 것이 실제 현실에서 어떻게 적용되는지 설명하라.
- 학생이 역량을 갖출 때까지 반복하고 연습할 기회를 주라.
- 수업에 상상력을 유용하게 사용하도록 권장하라(그것은 시간 낭비가 아니다.).

코알라 유형의 교사는 관계와 과제를 고민하는 반면, 흑곰 유형의 학생은 그 반대이다. 교사는 학생이 다르다는 것을 받아들이는 법을 배워야 한다. 즉, 학생이 차갑고, 무뚝뚝하며, 불친절한 것이 아니라 교사와는 다르고 과제에 먼저 집중할 뿐이다. 만약 선생님이 이것을 받아들일 수 있다면, 그 관계는 선생님과 학생 모두에게 정말 긍정적일 수 있다. 선천적으로 객관적인 학생의 능력을 최대한 이끌어 내기 위해서 선생님은

- 대상을 정해 칭찬하라. 모든 것이 훌륭하다고 말하는 것은 학생에게 깊은 인상을 주거나 도움이 되지 않는다. 사실, 그것은 학생이 선생님을 존경하지 않는 결과를 초래할 수 있고, 교사가 거짓말하거나 아니면 부드러운 접촉이라고 결론지을 수 있다. 교사가 칭찬할 때, 증거를 요구받을 수도 있다.
- 논의할 때 감정적이기보다는 논리적이고 객관적으로 하라.
- 사람의 50%가 **F**형이고 피드백을 비판으로 해석할 수 있다는 것을 도와주라.
- 학생이 교사에게 이의를 제기한다면 그것은 아마 여러분의 권위나 인격을 무시하기보다 그들의 생각을 명확히 알리기 위한 것일 수 있다. 아마도 '이를 개선하거나 바꾸려면 어떻게 하겠니?' 또는 '너는 어떻게 생각하니?'라고 물어보라. 일단 학생이 생각을 명확히 하고 나면 교사가 생각하는 것을 물어보고 받아들일 준비가 되어 있을 것이다.
- 학생의 기량과 지식을 경쟁적으로 시험하는 방식으로 수업하라(학생의 경쟁력을 높인다.).

J형 선생님은 시간 계획 짜는 것을 즐긴다. 그들은 체계적이고 결단력 있다. 그들은 계획을 세우고 그것에 충실하며, 종종 인상적인 할 일 목록에 의해 도움을 받는다. 그들의 교실은 대개 정리가 잘 되어 있다. 과목은 아마도 수업 크기별로 잘게 나뉘고 교육과정의 기준 등을 고려해서 그해의 세부 계획이 세워질 것이다. 많은 **J**형 학생은 선생님의 체계적인 열의에 안심한다. 그들은 단순히 일정을 수용하고, 합의한 내용을 전달하며, 대개 모든 업무를 제시간에 완료한다. 흥미롭게도, 몇몇 **J**형 학생은 선생님이 선의로 하는 철저함을 꺼릴 것이다. 그들

은 다른 사람의 계획을 채택하기보다는 그들 자신의 계획을 세우고 그것을 실천하기를 원한다. 이것은 **J**형의 통제 욕구 때문이다. 그래서 비록 최소한 모든 작업은 완료되겠지만 두 **J**형이 서로 충돌할 수 있다. 대부분의 중등학교는 학생들이 매우 체계적이어서 두 **J**형이 가장 좋은 조합으로 이루어지기를 요구한다. 선천적으로 조직적인 학생의 능력을 최대한 이끌어 내기 위해서 선생님은

- 질서, 깔끔함, 마감 기일 준수에 대한 공통의 욕구를 즐겨라.
- 학생이 진정으로 원할 경우 그들의 방식대로 작업을 자립적으로 계획할 수 있도록 허락하라.
- 선택할 수 있는 모든 것을 고려하기도 전에 해야 할 일에 대해 신속하게 결정하지 마라.
- 외적인 일로 교사의 세심한 준비가 방해 받을 경우 자신의 계획을 조정할 준비를 하라(그리고 학생이 때때로 유연성을 받아들이도록 권장하라.).
- 예상 가능한 수업이 지겹지 않도록 때때로 변화를 주어라.

60
코알라 유형 선생님(Koala Bear teacher) & 물개 유형 학생(Seal student)
ISFJ & INFP

코알라 유형과 물개 유형은 차분히 서로 돌보는 환경에서 일하는 것을 좋아한다. 물개 유형은 가장 큰 공상가이며 그들의 생각에 빠져들곤 한다. 이것이 집중하고 실용적인 코알라 유형을 언짢게 할 수도 있다. 그러나 물개 유형은 '실제 세계'에 오래 있지를 못한다. 물개 유형의 활발한 상상력을 포용하는 교사는 혜택을 누릴 것이다. 선천적으로 창의적인 학생의 능력을 최대한 이끌어 내기 위해서 선생님은

- 학생의 사생활과 독립성을 존중하라.
- 학생이 심사숙고할 수 있도록 충분한 시간을 허락하라.
- 아이디어와 생각을 정기적으로 공유하여 두 사람 모두 무엇을 하는지 알 수 있게 하라.
- 교사 자신의 생각을 명확히 하는 시간을 가지되 대립을 피하지 마라. 어떤 말을 해야 한다면 차분하고 직접적으로 전달하라.
- 비언어적 의사소통을 사용하라—미소와 제스처는 **I**형 학생들을 안심시킨다. 피드백을 전달하기 위해 포스트잇 · 전자 메일을 사용할 수도 있다.
- 학생들에게 때때로 혼란한 교실 환경에서 떨어져서 당신을 1:1로 볼 수 있는 기회를 제공하라.

교사는 그들이 주목한 것을 이해하기 위해 자신의 경험을 사용하기를 좋아한다. 코알라 유형의 교사는 자연스럽게 수업 방식이 실용적, 순차적, 합리적, 현실적이며 학생들이 이를 따라오도록 격려한다. **N** 학생은 기껏해야 이것을 어렵게 여기거나 최악의 경우 지루하게 여길 것이다. 교사는 학생을 공상가, 자신만의 세계에서 길을 잃거나 '정신 나간' 사람으로 볼 가능성이 높다. 교사는 학생들을 꾸짖고 싶은 유혹을 물리쳐야 한다. 왜냐하면 이것이 학생들이 정보를 받아들이고 세상을 이해하는 방식이기 때문이다. 올바른 맥락에서 공상은 놀라운 아이디어와 발명으로 이어질 수 있다. 선천적으로 상상력이 많은 학생의 능력을 최대한 이끌어 내기 위해서 선생님은

- 학생의 상상력과 통찰력, 그리고 그것이 수업에도 가져올 수 있음을 받아들여라.
- 학생에게 **S**형 접근 방식(사실, 세부 사항, 절차, 실험, 경험 적용, 구조, 단계별 모델)이 수업에 중요하게 기여함을 깨닫도록 하라.

교사와 학생 모두 과제 · 과목을 고려하기 전에 사람과의 관계를 먼저 고려한다. 선생님은 학생이 마음에 들지 않는 한 모든 학생들과 개인적인 관계를 형성하는 것을 좋아한다(**F**형 선생님은 **T**형 선생님이 좋아하는 것을 더 좋아하는 경향이 있다.). 선생님이 감정적으로 운영하기 때문에 이러한 선생님들은 학생들에게 약속을 하고, 지나치게 무리하며, 심지어 학생들이 해야 할 일마저도 대신할 가능성이 더 높다. 선생님과 학생 모두 따뜻하고 친근한 교실 분위기를 즐긴다. 칭찬은 학생뿐만 아니라 교사 둘 모두에게 자신감을 북돋아 줄 것이다. 물개 유형의 학생은 선생님을 좋아하고 선생님도 그들을 좋아한다고 느낄 필요가 있다. 관계 지향적인 학생의 능력을 최대한 이끌어 내기 위해서 선생님은

- 공감, 협업 및 팀워크를 사용할 수 있는 학습 상황을

제시하라.

- 어떠한 약점이라도 극복할 수 있도록 요령껏 지원하면서 충분하고 정기적으로 칭찬하라.
- 학생에 대한 개인적인 신뢰를 드러내면서 설득하라(나를 실망시키지 마렴, 네가 할 수 있다는 것을 알아. 난 네가 좋단다.).

코알라 유형의 선생님은 시간 계획 짜는 것을 즐긴다. 그들은 체계적이고 결단력 있다. 그들은 계획을 세우고 그것에 충실하며, 보통 그들의 고된 준비로써 도움을 받는다. 그들의 교실은 기름칠이 잘 된 기계와 비슷할지도 모른다. 과목은 아마도 수업 분량의 크기대로 잘게 나누어져 있다. **P**형의 학생은 다음과 같이 반응할 것이다.

- 당신의 전문성을 받아들이고 그들의 장기적인 이익을 이해함으로써 긍정적으로 반응한다.
- 당신이 제공하는 내용이나 과정을 진심으로 받아들이지는 않지만 쉬운 삶을 위한 구조 · 계획을 수동적으로 받아들인다.
- 교사와 수업 계획, 그리고 과목별 수업을 완전히 거부하며 부정적으로 반응한다(물리적으로 교실에 있더라도 수업에 몰두하거나 참여하지 않는다.).

교사가 선천적으로 느긋한 학생의 능력을 최대한 이끌어 내기 위해서 학생이 선택할 수 있는 것과 선택하는 것을 좋아하는 것이 아님에 주목해야 한다. 즉, 그들은 그것들이 필요하고 그렇지 않으면 몸이 근질거리고 몸을 꼼지락거리거나 반항하기 시작한다. 많은 **P**형의 학생들에게 중등학교 환경은 어렵다. 교사는 다음과 같은 방법으로 압박감을 완화시킬 수 있다. 그렇게 하기 위해서 선생님은

- 가능한 한 유연성을 많이 제공하라(다양한 선택 과제, 수업 내 선택).
- 세부 일정을 피하라(어차피 지키지도 못할 것이다.).
- 꼭 필요한 것보다 중요하지 않은 세부 사항을 까다롭게 다루지 마라.
- 예상 가능한 수업이 지겹지 않도록 때때로 변화를 주어라.
- 학생이 중요한 작업을 마지막까지 서두르지 않고 완료할 수 있도록 시간을 조직하고 관리할 수 있는 간단한 방법을 찾아보라.

61
코알라 유형 선생님(Koala Bear teacher) & 가면올빼미 유형 학생(Barn Owl student)
ISFJ & INTJ

코알라 유형은 가면올빼미 유형과 딜레마 상황에 부딪히곤 한다. 선천적으로 자신감 있고 체계적이며 조용히 주장이 강한 가면올빼미 유형은 코알라 유형 교사가 조심스럽게 들여온 체계와 규칙에 대해 의문을 품곤 한다. 가면올빼미 유형은 리더가 되지 않고는 참지 못하기에 이 특성을 잘 수용할 방법을 찾은 교사는 모든 학생에게 긍정적인 학습 환경을 제공할 수 있다. 선천적으로 생동감 넘치는 학생들에게서 최상의 결과를 내기 위해 교사는

- 학생의 사생활과 독립성을 존중하라.
- 학생이 심사숙고할 수 있도록 충분한 시간을 허락하라.
- 아이디어와 생각을 정기적으로 공유하여 두 사람 모두 무엇을 하는지 알 수 있게 하라.
- 교사 자신의 생각을 명확히 하는 시간을 가지되 대립을 피하지 마라. 어떤 말을 해야 한다면 차분하고 직접적으로 전달하라.
- 비언어적 의사소통을 사용하라—미소와 제스처는 **I**형 학생들을 안심시킨다. 피드백을 전달하기 위해 포스트잇 · 전자 메일을 사용할 수도 있다.
- 학생들에게 때때로 혼란한 교실 환경에서 떨어져서 당신을 1:1로 볼 수 있는 기회를 제공하라.

교사는 그들이 주목한 것을 이해하기 위해 자신의 경험을 사용하기를 좋아한다. 그들 모두 현재에 관심이 있다. 교사는 자연스럽게 수업 방식이 실용적, 순차적, 합리적, 현실적이며 학생들이 이를 따라오도록 격려한다. **N** 학생은 기껏해야 이것을 어렵게 여기거나 최악의 경우 지루하게 여길 것이다. 교사는 학생을 공상가, 자신만의 세계에서 길을 잃거나 '정신 나간' 사람으로 볼 가능성이 높다. 교사는 학생들을 꾸짖고 싶은 유혹을 물리쳐야 한다. 왜냐하면 이것이 학생들이 정보를 받아들이고 세상을 이해하는 방식이기 때문이다. 올바른 맥락에서 공상은 자동차, 비행기, 의약품 및 컴퓨터의 발명으로 이어질 수 있다. 선천적으로 상상력이 많은 학생의

능력을 최대한 이끌어 내기 위해서 선생님은

- 학생의 상상력과 통찰력, 그리고 그것이 수업에도 가져올 수 있음을 받아들여라.
- 학생에게 **S**형 접근 방식(사실, 세부 사항, 절차, 실험, 경험 적용, 구조, 단계별 모델)이 수업에 중요하게 기여함을 깨닫도록 하라.

교사는 관계와 과제를 고민하는 반면, 학생은 그 반대이다. 교사는 학생이 다르다는 것을 받아들이는 법을 배워야 한다. 즉, 학생이 차갑고, 무뚝뚝하며, 불친절한 것이 아니라 교사와는 다르고 과제에 먼저 집중할 뿐이다. 만약 선생님이 이것을 받아들일 수 있다면, 그 관계는 선생님과 학생 모두에게 정말 긍정적일 수 있다. 선천적으로 객관적인 학생의 능력을 최대한 이끌어 내기 위해서 선생님은

- 학생의 기량과 지식을 경쟁적으로 시험하는 방식으로 수업하라(학생의 경쟁력을 높인다.).
- 사람의 50%가 **F**형이고 피드백을 비판으로 해석할 수 있다는 것을 도와주라.
- 대상을 정해 칭찬하라. 모든 것이 훌륭하다고 말하는 것은 학생에게 깊은 인상을 주거나 도움이 되지 않는다. 사실, 그것은 학생이 선생님을 존경하지 않는 결과를 초래할 수 있고, 교사가 거짓말하거나 아니면 부드러운 접촉이라고 결론지을 수 있다. 교사가 칭찬할 때, 증거를 요구받을 수도 있다.
- 논의할 때 감정적이기보다는 논리적이고 객관적으로 하라.
- 학생이 교사에게 이의를 제기한다면 그것은 아마 여러분의 권위나 인격을 무시하기보다 그들의 생각을 명확히 알리기 위한 것일 수 있다. 아마도 '이를 개선하거나 바꾸려면 어떻게 하겠니?' 또는 '너는 어떻게 생각하니?'라고 물어보라. 일단 학생이 생각을 명확히 하고 나면 교사가 생각하는 것을 물어보고 받아들일 준비가 되어 있을 것이다.

J형 선생님은 시간 계획 짜는 것을 즐긴다. 그들은 체계적이고 철저하다. 그들은 계획을 세우고 그것에 충실하며, 종종 인상적인 할 일 목록에 의해 도움을 받는다. 그들의 교실은 대개 정리가 잘 되어 있다. 과목은 아마도 수업 분량의 크기대로 잘게 나뉘고 교육과정의 기준 등을 고려해서 그해의 세부 계획이 세워질 것이다. 많은 **J**형 학생은 계획을 세우는 선생님의 체계적인 열의에 안심한다. 그들은 단순히 일정을 수용하고, 합의한 내용을 전달하며, 대개 모든 업무를 제시간에 완료한다. 흥미롭게도 일부 **J**형은 교사의 선의의 까다로움을 꺼린다. 그들은 다른 사람의 계획을 채택하기보다는 그들 자신의 계획을 세우고 그것을 실천하기를 원한다. 이것은 **J**형의 통제 욕구 때문이다. 그래서 비록 최소한 모든 작업은 완료되겠지만 두 **J**형이 서로 충돌할 수 있다. 대부분의 중등학교는 학생들이 매우 체계적이어서 두 **J**형이 가장 좋은 조합으로 이루어지기를 요구한다. 선천적으로 조직적인 학생의 능력을 최대한 이끌어 내기 위해서 선생님은

- 질서, 깔끔함, 마감 기일 준수에 대한 공통의 욕구를 즐겨라.
- 학생이 진정으로 원할 경우 그들의 방식대로 작업을 자립적으로 계획할 수 있도록 허락하라.
- 외적인 일로 교사의 세심한 준비가 방해 받을 경우 자신의 계획을 조정할 준비를 하라(그리고 학생이 때때로 유연성을 받아들이도록 권장하라.).
- 예상 가능한 수업이 지겹지 않도록 때때로 변화를 주어라.
- 선택할 수 있는 모든 것을 고려하기도 전에 해야 할 일에 대해 신속하게 결정하지 마라.

62
코알라 유형 선생님(Koala Bear teacher) & 사자 유형 학생(Lion student)
ISFJ & ESFP

코알라 유형과 사자 유형은 두 가지 성향을 공유한다. 둘 다 친근하고 체계적인 환경에서 일하기를 선호한다. 교사의 보수적인 접근과 모험을 더 즐기는 학생의 차이는 갈등을 일으킬 수 있다. 모든 고양이 유형들은 행동을 추구하고 직접 행동을 통해서 배우기를 원하기에 코알라 유형은 이들이 지루해 하지 않기 위해서 충분한 기회들을 제공해야 한다. 선천적으로 활발한 학생의 능력을 최대한 이끌어 내기 위해서 선생님은

- 학생의 생각과 횡설수설하는 말이라도 참고 열중하여 들어 주라.

- 인내하며 열린 자세를 가지고 '유치한' 아이디어가 이끄는 곳을 살펴보라. 학생은 크게 말하면서 생각하는데, 이것이 그들이 가장 잘 배우는 방법이다.
- 또한 교사의 생각도 제시하라. 시간이 초과될 경우 요청하라.
- 학생이 말하기 전에 충분히 생각하게 하라. 그렇지 않으면 수업을 방해할 수 있다.
- 특히 모둠 토론에서 논란이 될 만한 주제 · 논제는 학생에게 주지 마라.
- 수업하는 동안에 **E**형 학생들이 다른 **E**형 학생들과 대화할 수 있는 기회를 많이 만들어라.

선생님과 학생 모두 같은 방법으로 정보를 수집한다. 그들은 자신의 감각(보고 듣고 느끼는 것을 인지함)을 사용하여 세부 사항을 알아차리고, 그들 둘 다 그들이 보는 것을 이해하기 위해 그들의 경험을 사용한다. 그들은 둘 다 현재에 관심 있다. 교사는 교육 방식이 자연스럽게 실용적, 순차적, 합리적, 현실적이어서 학생들이 이를 따르도록 격려한다. 견실하고 동료 같은 관계는 교사와 학생 모두가 그 일을 완수하기 위해 각각 무엇을 해야 하는지를 상호 이해하면서 발전한다. 기본적으로 현실적인 학생의 능력을 최대한 이끌어 내기 위해서 선생님은

- 배운 것이 실제 현실에서 어떻게 적용되는지 설명하라.
- 학생이 역량을 갖출 때까지 반복하고 연습할 기회를 주라.
- 수업에 상상력을 유용하게 사용하도록 권장하라(그것은 시간 낭비가 아니다.).

교사와 학생 모두 과제 · 과목을 고려하기 전에 사람과의 관계를 먼저 고려한다. 선생님은 학생이 마음에 들지 않는 한 모든 학생들과 개인적인 관계를 형성하는 것을 좋아한다(**F**형 선생님은 **T**형 선생님이 좋아하는 것을 더 좋아하는 경향이 있다.). 선생님이 감정적으로 운영하기 때문에 이러한 선생님들은 학생들에게 약속을 하고, 지나치게 무리하며, 심지어 학생들이 해야 할 일마저도 대신할 가능성이 더 높다. 선생님과 학생 모두 따뜻하고 친근한 교실 분위기를 즐긴다. 칭찬은 학생뿐만 아니라 교사 둘 모두에게 자신감을 북돋아 줄 것이다. 사자 유형의 학생은 선생님을 좋아하고 선생님도 그들을 좋아한다고 느낄 필요가 있다. 이렇게 되면 그들은 더 열심히 공부하겠지만 그렇지 않으면 공부에 신경을 완전히 끊을지도 모른다. 이것은 한 학생이 한 해(그들이 좋아하는 선생님과 함께 하면)에 최고의 학생이 될 수도 있고, 선생님이 바뀐 그 이듬해에는 공부에 대해 아예 관심을 보이지 않은 이유를 설명해 준다. 관계 지향적인 학생의 능력을 최대한 이끌어 내기 위해서 선생님은

- 공감, 협업 및 팀워크를 사용할 수 있는 학습 상황을 제시하라.
- 학생에 대한 개인적인 신뢰를 드러내면서 동기를 부여하라(나를 실망시키지 마렴, 네가 할 수 있다는 것을 알아. 난 네가 좋단다.).
- 어떠한 약점이라도 극복할 수 있도록 요령껏 지원하면서 충분하고 정기적으로 칭찬하라.

코알라 유형의 선생님은 시간 계획 짜는 것을 즐긴다. 그들은 체계적이고 결단력 있다. 그들은 계획을 세우고 그것에 충실하며, 대개 꼼꼼한 준비로써 도움을 받는다. 그들의 교실은 기름칠이 잘 된 기계와 비슷할지도 모른다. 과목은 분명히 수업 분량의 크기대로 나누어져 있다. **P**형의 학생은 다음과 같이 반응할 것이다.

- 당신의 전문성을 받아들이고 그들의 장기적인 이익을 이해함으로써 긍정적으로 반응한다.
- 당신이 제공하는 내용이나 과정을 진심으로 받아들이지는 않지만 쉬운 삶을 위한 구조 · 계획을 수동적으로 받아들인다.
- 교사와 수업 계획, 그리고 과목별 수업을 완전히 거부하며 부정적으로 반응한다(물리적으로 교실에 있더라도 수업에 몰두하거나 참여하지 않는다.).

교사가 선천적으로 느긋한 학생의 능력을 최대한 이끌어 내기 위해서 학생이 선택할 수 있는 것과 선택하는 것을 좋아하는 것이 아님에 주목해야 한다. 즉, 그들은 그것들이 필요하고 그렇지 않으면 몸이 근질거리고 몸을 꼼지락거리거나 반항하기 시작한다. 많은 **P**형의 학생들에게 중등학교 환경은 어려워서 교사는 다음과 같은 방법으로 압박감을 완화시킬 수 있다. 그렇게 하기 위해서 선생님은

- 가능한 한 유연성을 많이 제공하라(다양한 선택 과제, 수업 내 선택).
- 세부 일정을 피하라(어차피 지키지도 못할 것이다.).
- 꼭 필요한 것보다 중요하지 않은 세부 사항을 까다롭게 다루지 마라.

- 예상 가능한 수업이 지겹지 않도록 때때로 변화를 주어라.
- 학생이 중요한 작업을 마지막까지 서두르지 않고 완료할 수 있도록 시간을 조직하고 관리할 수 있는 간단한 방법을 찾아보라.

63
코알라 유형 선생님(Koala Bear teacher) & 검은표범 유형 학생(Panther student)
ISFJ & ESTP

네 가지 성격 유형 중에서 세 가지가 다르다는 것은 교실에서 흔히 갈등을 유발하게 할 수 있다. 선천적으로 놀기 좋아하고 주장이 강한 검은표범 유형의 학생과 차분한 코알라 유형의 교사는 잘 충돌한다. 교사는 계속 가만히 있지 못하는 학생이 교사가 만들고자 하는 모든 것을 엎으려는 생각을 하고 있는 것이 아니라는 것을 생각해야 한다. 그들은 그저 내면에 잠재된 반체제적인 성향을 보이는 것뿐이다. 만약 교사가 학생의 성향과 조화를 이루는 방법을 찾을 수 없다면, 그들은 지루해 하면서 더 파괴적으로 변할 수도 있다. 반대 성향은 서로로부터 더 많은 것을 배울 수 있다. 돌보는 성향의 코알라 유형 교사는 용감하고 충동적인 검은표범 유형 학생들에게 차분하고 꾸준히 집중할 수 있도록 도와줄 수 있고, 검은표범 유형은 반대로 그들의 에너지와 재미있는 즐거움을 선사해 줄 수 있다. 올바른 조합은 학급 전체에 이익이 된다. 생동감 넘치는 학생의 능력을 최대한 이끌어 내기 위해서 선생님은

- 학생의 아이디어와 공헌을 인내하고 열중하여 들어주라.
- 마음을 열고 기발한 생각이 이끄는 곳을 살펴보라. 학생은 크게 말하면서 생각하는데, 이것이 그들이 가장 잘 배우는 방법이다.
- 또한 교사의 생각도 제시하라. 시간이 초과될 경우 요청하라.
- 학생이 말하기 전에 충분히 생각하게 하라. 그렇지 않으면 수업을 방해할 수 있다.
- 검은표범 학생에게 모둠 토론에서 논란이 될 만한 주제 · 논제는 학생에게 주지 마라.
- 수업하는 동안에 **E**형 학생들이 다른 **E**형 학생들과 대화할 수 있는 기회를 많이 만들어라.

선생님과 학생 모두 같은 방법으로 정보를 수집한다. 그들은 자신의 감각(보고 듣고 느끼는 것을 인지함)을 사용하여 세부 사항을 알아차리고, 그들 둘 다 그들이 본 것을 이해하기 위해 그들의 경험을 사용한다. 그들은 둘 다 현재에 관심 있다. 교사는 교육 방식이 자연스럽게 실용적, 순차적, 합리적, 사실적이어서, 학생들이 이를 따르도록 격려한다. 견실하고 동료 같은 관계는 교사와 학생 모두가 그 일을 완수하기 위해 각각 무엇을 해야 하는지를 상호 이해하면서 발전한다. 기본적으로 활기가 넘치는 학생의 능력을 최대한 이끌어 내기 위해서 선생님은

- 배운 것이 실제 현실에서 어떻게 적용되는지 설명하라.
- 학생이 역량을 갖출 때까지 반복하고 연습할 기회를 주라.
- 상상력이 문제 해결 과정에 유용하게 사용하도록 권장하라.

코알라 유형의 교사는 관계와 과제를 고민하는 반면, 검은표범 유향의 학생은 그 반대이다. 교사는 학생이 다르다는 것을 받아들이는 법을 배워야 한다. 즉, 학생이 차갑고, 무뚝뚝하며, 불친절한 것이 아니라 교사와는 다르고 과제에 먼저 집중할 뿐이다. 만약 선생님이 이것을 받아들일 수 있다면, 그 관계는 선생님과 학생 모두에게 정말 긍정적일 수 있다. 선천적 자기 주장이 강한 학생의 능력을 최대한 이끌어 내기 위해서 선생님은

- 대상을 정해 칭찬하라. 모든 것이 훌륭하다고 말하는 것은 학생에게 깊은 인상을 주거나 도움이 되지 않는다. 사실, 그것은 학생이 선생님을 존경하지 않는 결과를 초래할 수 있고, 교사가 거짓말하거나 아니면 부드러운 접촉이라고 결론지을 수 있다. 교사가 칭찬할 때, 증거를 요구받을 수도 있다.
- 논의할 때 감정적이기보다는 논리적이고 객관적으로 하라.
- 학생이 교사에게 이의를 제기한다면 그것은 아마 여러분의 권위나 인격을 무시하기보다 그들의 생각을 명확히 알리기 위한 것일 수 있다. 아마도 '이를 개선하거나 바꾸려면 어떻게 하겠니?' 또는 '너는 어떻게 생각하니?'라고 물어보라. 일단 학생이 생각을 명확히 하고 나면 교사가 생각하는 것을 물어보고 받아들

일 준비가 되어 있을 것이다.

- 학생의 기량과 지식을 경쟁적으로 시험하는 방식으로 수업하라(학생의 경쟁력을 높인다.).
- 사람의 50%가 **F**형이고 피드백을 비판으로 해석할 수 있다는 것을 도와주라.

J형 선생님은 시간 계획 짜는 것을 즐긴다. 그들은 체계적이고 결단력 있다. 그들은 계획을 세우고 그것에 충실하며, 대개 꼼꼼한 준비로써 도움을 받는다. 그들의 교실은 기름칠이 잘 된 기계와 비슷할지도 모른다. 과목은 아마도 수업 분량의 크기대로 나누어져 있다. **P**형의 학생은 다음과 같이 반응할 것이다.

- 당신의 전문성을 받아들이고 그들의 장기적인 이익을 이해함으로써 긍정적으로 반응한다.
- 당신이 제공하는 내용이나 과정을 진심으로 받아들이지는 않지만 쉬운 삶을 위한 구조·계획을 수동적으로 받아들인다.
- 교사와 수업 계획, 그리고 과목별 수업을 완전히 거부하며 부정적으로 반응한다(물리적으로 교실에 있더라도 수업에 몰두하거나 참여하지 않는다.).

교사가 선천적으로 느긋한 학생의 능력을 최대한 이끌어 내기 위해서 학생이 선택할 수 있는 것과 선택하는 것을 좋아하는 것이 아님에 주목해야 한다. 즉, 그들은 그것들이 필요하고 그렇지 않으면 몸이 근질거리고 몸을 꼼지락거리거나 반항하기 시작한다. 많은 **P**형의 학생들에게 중등학교 환경은 어려워서 교사는 다음과 같은 방법으로 압박감을 완화시킬 수 있다. 그렇게 하기 위해서 선생님은

- 가능한 한 유연성을 많이 제공하라(다양한 선택 과제, 수업 내 선택).
- 세부 일정을 피하라(어차피 지키지도 못할 것이다.).
- 꼭 필요한 것보다 중요하지 않은 세부 사항을 까다롭게 다루지 마라.
- 예상 가능한 수업이 지겹지 않도록 때때로 변화를 주어라.
- 학생이 중요한 작업을 제때에 마칠 수 있도록 효과적인 시간 관리 전략을 찾도록 도와주라.

64
코알라 유형 선생님(Koala Bear teacher) & 해마 유형 학생(Seahorse student)
ISFJ & INFJ

코알라 유형과 해마 유형은 세 가지 성향을 공유한다. 그들은 일반적으로 서로를 잘 이해한다. 둘 다 예의가 바르고, 따뜻하고, 좋은 메너를 가지고 일을 더 효율적으로 한다. 둘 다 초등학교에서 두각을 나타낼 가능성이 높지만 야단법석인 중등학교에서는 더 어렵다는 것을 알게 될 것이다. 그들은 함께 할 때 너무 편안해서 교사는 학생에게서 더 많은 것을 끌어내지 못할 수도 있다. 코알라 유형은 이것을 해마 유형의 활발한 상상력을 이끌어냄으로써 가능하게 할 수 있다. 선천적으로 내성적인 학생의 능력을 최대한 이끌어 내기 위해서 선생님은

- 학생의 사생활과 독립성을 존중하라.
- 학생이 심사숙고할 수 있도록 충분한 시간을 허락하라.
- 아이디어와 생각을 정기적으로 공유하여 두 사람 모두 무엇을 하는지 알 수 있게 하라.
- 교사 자신의 생각을 명확히 하는 시간을 가지되 대립을 피하지 마라. 어떤 말을 해야 한다면 차분하고 직접적으로 전달하라.
- 비언어적 의사소통을 사용하라—미소와 제스처는 **I**형 학생들을 안심시킨다. 피드백을 전달하기 위해 포스트잇·전자 메일을 사용할 수도 있다.
- 학생들에게 때때로 혼란한 교실 환경에서 떨어져서 당신을 1:1로 볼 수 있는 기회를 제공하라.

코알라 유형의 교사는 그들이 주목한 것을 이해하기 위해 자신의 경험을 사용하기를 좋아한다. 둘 모두 현실에 관심이 많다. 교사는 선천적으로 수업 방식이 실용적, 순차적, 합리적, 현실적이며 학생들이 이를 따라오도록 격려한다. **N** 학생은 기껏해야 이것을 어렵게 여기거나 최악의 경우 지루하게 여길 것이다. 교사는 학생을 공상가, 자신만의 세계에서 길을 잃거나 '정신 나간' 사람으로 볼 가능성이 높다. 교사는 학생들을 꾸짖고 싶은 유혹을 물리쳐야 한다. 왜냐하면 이것이 학생들이 정보를 받아들이고 세상을 이해하는 방식이기 때문이다. 올바른 맥락에서 공상은 자동차, 비행기, 의약품 및 컴퓨터의

발명으로 이어질 수 있다. 선천적으로 상상력이 많은 학생의 능력을 최대한 이끌어 내기 위해서 선생님은

■ 학생의 상상력과 통찰력, 그리고 그것이 수업에도 가져올 수 있음을 받아들여라.
■ 학생에게 **S**형 접근 방식(사실, 세부 사항, 절차, 실험, 경험 적용, 구조, 단계별 모델)이 수업에 중요하게 기여함을 깨닫도록 하라.

교사와 학생 모두 과제 · 과목을 고려하기 전에 사람과의 관계를 먼저 고려한다. 선생님은 학생이 마음에 들지 않는 한 모든 학생들과 개인적인 관계를 형성하는 것을 좋아한다(**F**형 선생님은 **T**형 선생님이 좋아하는 것을 더 좋아하는 경향이 있다.). 선생님이 감정적으로 운영하기 때문에 이러한 선생님들은 학생들에게 약속을 하고, 지나치게 무리하며, 심지어 학생들이 해야 할 일마저도 대신할 가능성이 더 높다. 선생님과 학생 모두 따뜻하고 친근한 교실 분위기를 즐긴다. 칭찬은 학생뿐만 아니라 교사 둘 모두에게 자신감을 북돋아 줄 것이다. 해마 유형의 학생은 선생님을 좋아하고 선생님도 그들을 좋아한다고 느낄 필요가 있다. 이렇게 되면 그들은 더 열심히 공부하겠지만 그렇지 않으면 공부에 신경을 완전히 끊을지도 모른다. 이렇게 관계 중심적인 학생의 능력을 최대한 이끌어 내기 위해서 선생님은

■ 공감, 협업 및 팀워크를 사용할 수 있는 학습 상황을 제시하라.
■ 어떠한 약점이라도 극복할 수 있도록 요령껏 지원하면서 충분하고 정기적으로 칭찬하라.
■ 학생에 대한 개인적인 신뢰를 드러내면서 설득하라(나를 실망시키지 마렴, 네가 할 수 있다는 것을 알아. 난 네가 좋단다.).

J형 선생님은 시간 계획 짜는 것을 즐긴다. 그들은 체계적이고 결단력 있다. 그들은 계획을 세우고 그것에 충실하며, 종종 인상적인 할 일 목록에 의해 도움을 받는다. 그들의 교실은 대개 정리가 잘 되어 있다. 과목은 아마도 수업 크기별로 잘게 나뉘고, 교육과정의 기준 등을 고려해서 그해의 세부 계획이 세워질 것이다. 많은 **J**형 학생은 계획을 세우는 선생님의 끝없는 열의에 안심한다. 그들은 단순히 일정을 수용하고, 합의한 내용을 전달하며, 대개 모든 업무를 제시간에 완료한다. 흥미롭게도, 몇몇 **J**형 학생은 선생님이 선의로 하는 철저함을 꺼릴 것이다. 그들은 다른 사람의 계획을 채택하기보다는 그들 자신의 계획을 세우고 그것을 실천하기를 원한다. 이것은 **J**형의 통제 욕구 때문이다. 그래서 비록 최소한 모든 작업은 완료되겠지만 두 **J**형이 서로 충돌할 수 있다. 대부분의 중등학교는 두 **J**형이 가장 좋은 조합이 되도록 학생들이 조직하기를 요구한다. 선천적으로 조직적인 학생의 능력을 최대한 이끌어 내기 위해서 교사가 필요한 것은

■ 질서, 깔끔함, 마감 기일 준수에 대한 공통의 욕구를 즐겨라.
■ 학생이 진정으로 원할 경우 그들의 방식대로 작업을 자립적으로 계획할 수 있도록 허락하라.
■ 외적인 일로 교사의 세심한 준비가 방해 받을 경우 자신의 계획을 조정할 준비를 하라(그리고 학생이 때때로 유연성을 받아들이도록 권장하라.).
■ 선택할 수 있는 모든 것을 고려하기도 전에 해야 할 일에 대해 신속하게 결정하지 마라.
■ 예상 가능한 수업이 지겹지 않도록 때때로 변화를 주어라.

65
사자 유형 선생님(Lion teacher) & 흑곰 유형 학생(Black Bear student)
ESFP & ESTJ

사자 유형과 흑곰 유형은 두 가지 성향을 공유한다. 둘 다 적극적이고 현실주의자이다. 잘 놀아 주고 사회적인 선생님은 꽤 수동적이고 객관적인 학생과 균형을 이룬다. 대부분 갈등은 곰 유형의 타고난 리더십 기질이 선생님의 재미있고 활기찬 스타일에 도전할 때 발생하기 쉽다. 본능적으로 허풍스러운 흑곰 유형 학생의 능력을 최대한 이끌어 내기 위해서 선생님은

■ 새로운 생각과 발상을 불러일으키는 것이 적절할 때 생동감 넘치는 농담을 즐겨라. 학생은 이러한 방법으로 가장 잘 배우지만, 교실에 수많은 다른 학생들도 있다는 사실을 기억하라.
■ 요점에 충실하고 긍정적인 자세를 취하라. 잔소리하지 마라.
■ 학생의 요청이 없는 한 했던 일을 또 반복하지 마라.

- 차분하고 명확하게 행동하라. 그렇지 않으면 **E** 유형인 두 사람은 서로의 말을 듣지 않고 점점 더 크게 말할 수 있다.
- 어떤 생각은 말하지 않을 수도 있음을 기억하라(그러면 여러분은 나중에 어떤 것, 특히 비판적인 생각을 표현할 더 나은 방법을 생각할 수 있다.).
- 열정적이고 지지하는 청자가 되라. 교사의 생각을 주장하기보다는 학생 자신의 생각을 명확히 하고 발전시킬 수 있도록 도와주라.
- 서로 조용히 하는 법을 배우고 수업에서 **I** 유형 학생이 자신을 표현할 수 있도록 격려하라.

선생님과 학생 모두 같은 방법으로 정보를 수집한다. 그들은 자신의 감각(보고 듣고 느끼는 것을 인지함)을 사용하여 세부 사항을 알아차린다. 그들은 둘 다 현재에 관심있다. 교사는 교육 방식이 선천적으로 순차적, 현실적이어서 학생들이 이를 따르도록 격려한다. 견실하고 동료 같은 관계는 교사와 학생 모두가 그 일을 완수하기 위해 각각 무엇을 해야 하는지를 상호 이해하면서 발전한다. 현실적인 학생의 능력을 최대한 이끌어 내기 위해서 선생님은

- 배운 것이 실제 현실에서 어떻게 적용되는지 보여주라.
- 학생이 역량을 갖출 때까지 반복하고 연습할 기회를 주라.
- 학습 목록에 상상력이 문제 해결 과정에 유용하게 사용하도록 권장하라.

교사는 관계와 과제를 고민하는 반면, 학생은 그 반대이다. 교사는 학생이 다르다는 것을 받아들이는 법을 배워야 한다. 즉, 학생이 차갑고, 무뚝뚝하며, 불친절한 것이 아니라 단순히 과제에 먼저 집중할 뿐이다. 만약 선생님이 이것을 받아들일 수 있다면, 그 관계는 선생님과 학생 모두에게 정말 긍정적일 수 있다. 근본적으로 자신감 넘치는 흑곰 학생의 능력을 최대한 이끌어 내기 위해서 선생님은

- 대상을 정해 칭찬하라. 모든 것이 훌륭하다고 말하는 것은 학생에게 깊은 인상을 주거나 도움이 되지 않는다. 사실, 그것은 학생이 선생님을 존경하지 않는 결과를 초래할 수 있고, 교사가 거짓말하거나 아니면 부드러운 접촉이라고 결론지을 수 있다. 교사가 칭찬할 때, 증거를 요구받을 수도 있다.
- 논의할 때 감정적이기보다는 논리적이고 객관적으로 하라.
- 사람의 50%가 **F**형이고 피드백을 비판으로 받아들일 수 있다는 것을 도와주라.
- 학생이 교사에게 이의를 제기한다면 그것은 아마 여러분의 권위나 인격을 무시하기보다 그들의 생각을 명확히 알리기 위한 것일 수 있다. 아마도 '이를 개선하거나 바꾸려면 어떻게 하겠니?' 또는 '너는 어떻게 생각하니?'라고 물어보라. 일단 학생이 생각을 명확히 하고 나면 교사가 생각하는 것을 물어보고 받아들일 준비가 되어 있을 것이다.
- 학생의 기량과 지식을 경쟁적으로 시험하는 방식으로 수업하라(학생의 경쟁력을 높인다.).

느긋하고 유연하며 즉흥적인 교사가 선천적으로 체계적인 학생과 함께 하는 것은 꿈의 팀이 될 수도 있고 재앙이 될 수도 있다. 긍정적인 관계를 만들기 위해 그들은 서로의 장점을 살려야 한다. 학생은 계획을 바꾸고 적응하는 선생님의 능력으로부터 혜택을 받을 수 있고, 선생님은 그들이 일하고 완성할 수 있는 계획을 가지고 싶어 하는 학생의 열망으로부터 혜택을 받을 수 있다. 선생님은 또한

- 질서, 깔끔함, 마감 기일 준수에 대한 학생의 욕구를 격려하고 지지하라.
- 학생이 진정으로 원할 경우 그들의 방식대로 작업을 자립적으로 계획할 수 있도록 허락하라.
- 단지 계획을 바꾸기 위한 계획은 하지 마라. 이것은 학생을 좌절시킬 뿐이다.
- 흑곰 유형이 언제든지 재미와 유연성을 발휘할 수 있도록 도와주라.

66
사자 유형 선생님(Lion teacher) & 곰인형 유형 학생(Teddy Bear student)
ESFP & ESFJ

사자 유형과 곰인형 유형은 세 가지 성향을 공유한다. 둘 다 활기차고 사교적이며 현실주의자이다. 잘 놀아 주고 사교적인 선생님은 체계적이고 집중적인 학생과 균

형을 이룬다. 대부분 갈등은 더 진지한 기질의 곰인형 유형이 선생님의 재미있고 즉흥적인 스타일에 도전할 때 발생하기 쉽다. 본능적으로 허풍스러운 곰인형 유형 학생의 능력을 최대한 이끌어 내기 위해서 선생님은

- 새로운 생각과 발상을 불러일으키는 것이 적절할 때 생동감 넘치는 농담을 즐겨라. 학생은 이러한 방법으로 가장 잘 배우지만, 교실에 수많은 다른 학생들도 있다는 사실을 기억하라.
- 교사와 학생 모두 쉽게 산만해지고 궤도를 벗어나기 때문에 요점을 고수하고 긍정적으로 생각하라(잔소리하지 마라.).
- 했던 일을 반복하지 마라.
- 차분하고 명확하게 행동하라. 그렇지 않으면 **E** 유형인 두 사람은 서로의 말을 듣지 않고 점점 더 크게 말할 수 있다.
- 어떤 생각은 말하지 않을 수도 있음을 기억하라(그러면 여러분은 나중에 어떤 것, 특히 비판적인 생각을 표현할 더 나은 방법을 생각할 수 있다.).
- 열정적이고 지지하는 청자가 되라. 교사의 생각을 주장하기보다는 학생 자신의 생각을 명확히 하고 발전시킬 수 있도록 도와주라.
- 서로 조용히 하는 법을 배우고 수업에서 **I** 유형 학생이 자신을 표현할 수 있도록 격려하라.

선생님과 학생 모두 같은 방법으로 정보를 수집한다. 그들은 자신의 감각(보고 듣고 느끼는 것을 인지함)을 사용하여 세부 사항을 알아차린다. 교사는 교육 방식이 선천적, 순차적, 사실적이어서 학생들이 이를 따르도록 격려한다. 견실하고 동료 같은 관계는 교사와 학생 모두가 그 일을 완수하기 위해 각각 무엇을 해야 하는지를 상호 이해하면서 발전한다. 현실적인 학생의 능력을 최대한 이끌어 내기 위해서 선생님은

- 배운 것이 실제 현실에서 어떻게 적용되는지 보여주라.
- 학생이 역량을 갖출 때까지 반복하고 연습할 기회를 주라.
- 상상력이 문제 해결 과정에 유용하게 사용하도록 권장하라.

교사와 학생 모두 과제 · 과목을 고려하기 전에 사람과의 관계를 먼저 고려한다. 선생님은 학생이 마음에 들지 않는 한 모든 학생들과 개인적인 관계를 형성하는 것을 좋아한다(**F**형 선생님은 **T**형 선생님이 좋아하는 것을 더 좋아하는 경향이 있다.). 선생님이 감정적으로 운영하기 때문에 이러한 선생님들은 학생들에게 약속을 하고, 지나치게 무리하며, 심지어 학생들이 해야 할 일마저도 대신할 가능성이 더 높다. 선생님과 학생 모두 따뜻하고 친근한 교실 분위기를 즐긴다. 칭찬은 학생뿐만 아니라 교사 둘 모두에게 자신감을 북돋아 줄 것이다. 관계에 집중하는 학생의 능력을 최대한 이끌어 내기 위해서 선생님은

- 공감, 협업 및 팀워크를 사용할 수 있는 학습 상황을 제시하라.
- 어떠한 약점이라도 극복할 수 있도록 요령껏 지원하면서 충분하고 정기적으로 칭찬하라.
- 학생에 대한 개인적인 신뢰를 드러내면서 동기를 부여하라(나를 실망시키지 마렴, 네가 할 수 있다는 것을 알아. 난 네가 좋단다.).

느긋하고 유연하며 즉흥적인 교사가 선천적으로 체계적인 학생과 함께 하는 것은 꿈의 팀이 될 수도 있고 재앙이 될 수도 있다. 긍정적인 관계를 만들기 위해 그들은 서로의 장점을 살려야 한다. 학생은 계획을 바꾸고 적응하는 선생님의 능력으로부터 혜택을 받을 수 있고, 선생님은 그들이 일하고 완성할 수 있는 계획을 가지고 싶어 하는 학생의 열망으로부터 혜택을 받을 수 있다. 선생님은 또한

- 질서, 깔끔함, 마감 기일 준수에 대한 학생의 욕구를 격려하고 지지하라.
- 학생이 진정으로 원할 경우 그들의 방식대로 작업을 자립적으로 계획할 수 있도록 허락하라.
- 학생이 때때로 유연성을 수용하도록 도와주라.
- 단지 계획을 바꾸기 위한 계획은 하지 마라. 이것은 학생을 좌절시킬 뿐이다.

67
사자 유형 선생님(Lion teacher) & 돌고래 유형 학생(Dolphin student)
ESFP & ENFJ

사자 유형과 돌고래 유형은 두 가지 성향을 공유한다.

둘 다 에너지가 넘치고 따뜻하다. 교사가 안전한 관계를 구축하고 상상력을 발휘하여 빛을 발하려는 돌고래 유형의 핵심 욕구를 이해하지 못하면 충돌이 발생할 수 있다. 감각을 추구하는 사자 유형의 수업 전달은 일부 돌고래 유형들에게는 너무 즉흥적이고 충동적일 수 있다. 타고난 팀플레이 유형의 학생을 완전히 발달시키기 위해서 선생님은

- 새로운 생각과 발상을 불러일으키는 것이 적절할 때 생동감 넘치는 농담을 즐겨라. 학생은 이러한 방법으로 가장 잘 배우지만, 교실에 수많은 다른 학생들도 있다는 사실을 기억하라.
- 요점에서 벗어나지 마라. 교사와 학생 모두 쉽게 산만해지고 궤도를 벗어나기 쉽다(잔소리하지 마라.).
- 했던 일을 또 반복하지 마라.
- 차분하고 명확하게 행동하라. 그렇지 않으면 두 **E** 유형 사람은 아무것도 듣지 않고 점점 더 크게 말할 수 있다.
- 어떤 생각은 말하지 않을 수도 있음을 기억하라(그러면 여러분은 나중에 어떤 것, 특히 비판적인 생각을 표현할 더 나은 방법을 생각할 수 있다.).
- 열정적이고 지지하는 청자가 되라. 교사의 생각을 주장하기보다는 학생 자신의 생각을 명확히 하고 발전시킬 수 있도록 도와주라.
- 서로 조용히 하는 법을 배우고 수업에서 **I** 유형 학생이 자신을 표현할 수 있도록 격려하라.

교사는 자신의 경험을 사용하여 학습을 이해하는 것을 좋아한다. 교사는 선천적으로 수업 방식이 순차적, 합리적, 현실적이며 학생들이 이를 따라오도록 격려한다. **N** 유형의 학생은 이러한 접근을 따분하게 느낄 수 있다. 교사는 학생을 공상가로 여길 수 있다. 교사는 학생들을 꾸짖고 싶은 유혹을 물리쳐야 한다. 왜냐하면 이것이 학생들이 정보를 받아들이고 세상을 이해하는 방식이기 때문이다. 올바른 맥락에서 공상은 주제를 더 잘 흡수하고 유지할 수 있다. 선생님은 본질적으로 기발한 돌고래 유형인 학생의 능력을 최대한 이끌어 내기 위해

- 학생의 상상력과 통찰력, 그리고 그것이 수업에도 가져올 수 있음을 받아들여라.
- 학생에게 **S**형 접근 방식(사실, 세부 사항, 절차, 실험, 경험 적용, 구조, 단계별 모델)이 수업에 중요하게 기여함을 깨닫도록 하라.

교사와 학생 모두 과제 · 과목을 고려하기 전에 사람과의 관계를 먼저 고려한다. 선생님은 학생이 마음에 들지 않는 한 모든 학생들과 개인적인 관계를 형성하는 것을 좋아한다(**F**형 선생님은 **T**형 선생님이 좋아하는 것을 더 좋아하는 경향이 있다.). 선생님이 감정적으로 운영하기 때문에 이러한 선생님들은 학생들에게 약속을 하고, 지나치게 무리하며, 심지어 학생들이 해야 할 일마저도 대신 할 가능성이 더 높다. 선생님과 학생 모두 따뜻하고 친근한 교실 분위기를 즐긴다. 칭찬은 학생뿐만 아니라 교사 둘 모두에게 자신감을 북돋아 줄 것이다. 관계 지향적인 학생의 능력을 최대한 이끌어 내기 위해서 선생님은

- 공감, 협업 및 팀워크를 사용할 수 있는 학습 상황을 제시하라.
- 어떠한 약점이라도 극복할 수 있도록 요령껏 지원하면서 충분하고 정기적으로 칭찬하라.
- 학생에 대한 개인적인 신뢰를 드러내면서 동기를 부여하라(나를 실망시키지 마렴, 네가 할 수 있다는 것을 알아. 난 네가 좋단다.).

느긋하고 유연하며 즉흥적인 교사가 선천적으로 체계적인 학생과 함께 하는 것은 꿈의 팀이 될 수도 있고 재앙이 될 수도 있다. 긍정적인 관계를 만들기 위해 그들은 서로의 장점을 살려야 한다. 학생은 계획을 바꾸고 적응하는 선생님의 능력으로부터 혜택을 받을 수 있고, 선생님은 그들이 일하고 완성할 수 있는 계획을 가지고 싶어 하는 학생의 열망으로부터 혜택을 받을 수 있다. 선생님은 또한

- 질서, 깔끔함, 마감 기일 준수에 대한 학생의 욕구를 격려하고 지지하라.
- 학생이 진정으로 원할 경우 그들의 방식대로 작업을 자립적으로 계획할 수 있도록 허락하라.
- 단지 계획을 바꾸기 위한 계획은 하지 마라. 이것은 학생을 좌절시킬 뿐이다.
- 학생이 가끔 일상을 바꾸도록 격려하라.

68
사자 유형 선생님(Lion teacher) & 독수리 유형 학생(Eagle student)
ESFP & ENTJ

사자 유형과 독수리 유형은 두 가지 성향을 공유한다. 둘 다 적극적이고 행동을 즐긴다. 잘 놀아 주고 사교적인 선생님은 꽤 수동적이고 창의적인 학생과 균형을 이룬다. 대부분 갈등은 독수리 유형의 타고난 리더십 기질이 선생님의 재미있고 통통 튀는 스타일에 도전할 때 발생하기 쉽다. 본능적으로 체계적인 독수리 유형의 학생을 완전히 발달시키기 위해서 선생님은

- 새로운 생각과 발상을 불러일으키는 것이 적절할 때 생동감 넘치는 농담을 즐겨라. 학생은 이러한 방법으로 가장 잘 배우지만, 교실에 수많은 다른 학생들도 있다는 사실을 기억하라.
- 요점에서 벗어나지 마라. 교사와 학생 모두 쉽게 산만해지고 궤도를 벗어나기 쉽다(잔소리하지 마라.).
- 했던 일을 또 반복하지 마라.
- 차분하고 명확하게 행동하라. 그렇지 않으면 두 **E** 유형 사람은 아무것도 듣지 않고 점점 더 크게 말할 수 있다.
- 어떤 생각은 말하지 않을 수도 있음을 기억하라(그러면 여러분은 나중에 어떤 것, 특히 비판적인 생각을 표현할 더 나은 방법을 생각할 수 있다.).
- 열정적이고 지지하는 청자가 되라. 교사의 생각을 주장하기보다는 학생 자신의 생각을 명확히 하고 발전시킬 수 있도록 도와주라.
- 서로 조용히 하는 법을 배우고 수업에서 **I** 유형 학생이 자신을 표현할 수 있도록 격려하라.

교사는 자신의 경험을 사용하여 학습을 이해하는 것을 좋아한다. 교사는 선천적으로 수업 방식이 순차적, 합리적, 현실적이며 학생들이 이를 따라오도록 격려한다. **N** 유형의 학생은 이러한 접근을 따분하게 느낄 수 있다. 교사는 학생을 공상가로 여길 수 있다. 교사는 학생들을 꾸짖고 싶은 유혹을 물리쳐야 한다. 왜냐하면 이것이 학생들이 정보를 받아들이고 세상을 이해하는 방식이기 때문이다. 올바른 맥락에서 공상은 주제를 더 잘 흡수하고 유지할 수 있다. 선생님은 기발한 학생의 능력을 최대한 이끌어 내기 위해

- 학생의 상상력과 통찰력, 그리고 그것이 수업에도 가져올 수 있음을 받아들여라.
- 학생에게 **S**형 접근 방식(사실, 세부 사항, 절차, 실험, 경험 적용, 구조, 단계별 모델)이 수업에 중요하게 기여함을 깨닫도록 하라.

교사는 관계와 과제를 고민하는 반면, 학생은 그 반대이다. 교사는 학생이 다르다는 것을 받아들이는 법을 배워야 한다. 즉, 학생이 차갑고, 무뚝뚝하며, 불친절한 것이 아니라 단순히 과제에 먼저 집중할 뿐이다. 만약 선생님이 이것을 받아들일 수 있다면, 그 관계는 선생님과 학생 모두에게 정말 긍정적일 수 있다. 근본적으로 적극적인 학생의 능력을 최대한 이끌어 내기 위해서 선생님은

- 대상을 정해 칭찬하라. 모든 것이 훌륭하다고 말하는 것은 학생에게 깊은 인상을 주거나 도움이 되지 않는다. 사실, 그것은 학생이 선생님을 존경하지 않는 결과를 초래할 수 있고, 교사가 거짓말하거나 아니면 부드러운 접촉이라고 결론지을 수 있다. 교사가 칭찬할 때, 증거를 요구받을 수도 있다.
- 논의할 때 감정적이기보다는 논리적이고 객관적으로 하라.
- 학생이 교사에게 이의를 제기한다면 그것은 아마 여러분의 권위나 인격을 무시하기보다 그들의 생각을 명확히 알리기 위한 것일 수 있다. 아마도 '이를 개선하거나 바꾸려면 어떻게 하겠니?' 또는 '너는 어떻게 생각하니?'라고 물어보라. 일단 학생이 생각을 명확히 하고 나면 교사가 생각하는 것을 물어보고 받아들일 준비가 되어 있을 것이다.
- 사람의 50%가 **F**형이고 피드백을 비판으로 해석할 수 있다는 것을 도와주라.
- 학생의 기량과 지식을 경쟁적으로 시험하는 방식으로 수업하라(학생의 경쟁력을 높인다.).

느긋하고 유연하며 즉흥적인 교사가 선천적으로 체계적인 학생과 함께 하는 것은 꿈의 팀이 될 수도 있고 재앙이 될 수도 있다. 긍정적인 관계를 만들기 위해 그들은 서로의 장점을 살려야 한다. 학생은 계획을 바꾸고 적응하는 선생님의 능력으로부터 혜택을 받을 수 있고, 선생님은 그들이 일하고 완성할 수 있는 계획을 가지고 싶어 하는 학생의 열망으로부터 혜택을 받을 수 있다. 선생님은 또한

- 단지 계획을 바꾸기 위한 계획은 하지 마라. 이것은 학생을 좌절시킬 뿐이다.
- 학생이 때때로 유연성을 수용하도록 도와주라.
- 질서, 깔끔함, 마감 기일 준수에 대한 학생의 욕구를 격려하고 지지하라.
- 학생이 진정으로 원할 경우 그들의 방식대로 작업을 자립적으로 계획할 수 있도록 허락하라.

69
사자 유형 선생님(Lion teacher) & 검은표범 유형 학생(Panther student)
ESFP & ESTP

네 고양이 유형 모두 현실적이고 적응을 잘하고 행동적이다. 전통적인 수업 방식은 이들의 타고난 장점을 발휘하지 못하게 한다. 사자 유형 선생님은 경험, 재미 그리고 행동으로부터 배우는 것에 대한 학생의 흥미를 활용하여, 특히 중등학교의 검은표범 유형 학생의 장점을 이끌어 낼 수 있다. 타고나기를 자신감 있고 적극적인 선생님과 마찬가지로 흥분하기 쉬운 학생의 조합은 축제 같은 교실 분위기를 만들어 낸다. 활기찬 검은표범 유형 학생의 능력을 최대한 이끌어 내기 위해서 선생님은

- 새로운 생각과 발상을 불러일으키는 것이 적절할 때 생동감 넘치는 농담을 즐겨라. 학생은 이러한 방법으로 가장 잘 배우지만, 교실에 수많은 다른 학생들도 있다는 사실을 기억하라.
- 요점에서 벗어나지 마라. 교사와 학생 모두 쉽게 산만해지고 궤도를 벗어나기 쉽다(잔소리하지 마라.).
- 학생의 요청이 없는 한 했던 일을 또 반복하지 마라.
- 차분하고 명확하게 행동하라. 그렇지 않으면 두 **E** 유형 사람은 아무것도 듣지 않고 점점 더 크게 말할 수 있다.
- 어떤 생각은 말하지 않을 수도 있음을 기억하라(그러면 여러분은 나중에 어떤 것, 특히 비판적인 생각을 표현할 더 나은 방법을 생각할 수 있다.).
- 열정적이고 지지하는 청자가 되라. 교사의 생각을 주장하기보다는 학생 자신의 생각을 명확히 하고 발전시킬 수 있도록 도와주라.
- 서로 조용히 하는 법을 배우고 수업에서 **I** 유형 학생이 자신을 표현할 수 있도록 격려하라.

선생님과 학생 모두 같은 방법으로 정보를 수집한다. 그들은 자신의 감각(보고 듣고 느끼는 것을 인지함)을 사용하여 세부 사항을 알아차린다. 교사는 교육 방식이 선천적으로 순차적, 사실적이어서 학생들이 이를 따르도록 격려한다. 견실하고 동료 같은 관계는 교사와 학생 모두가 그 일을 완수하기 위해 각각 무엇을 해야 하는지를 상호 이해하면서 발전한다. 현실적인 학생의 능력을 최대한 이끌어 내기 위해서 선생님은

- 배운 것이 실제 현실에서 어떻게 적용되는지 보여 주라.
- 학생이 역량을 갖출 때까지 반복하고 연습할 기회를 주라.
- 수업 목록에 상상력을 추가하여 유용하게 사용하도록 권장하라.

교사는 관계와 과제를 고민하는 반면, 학생은 그 반대이다. 교사는 학생이 다르다는 것을 받아들이는 법을 배워야 한다. 즉, 학생이 차갑고, 무뚝뚝하며, 불친절한 것이 아니라 단순히 과제에 먼저 집중할 뿐이다. 만약 선생님이 이것을 받아들일 수 있다면, 그 관계는 선생님과 학생 모두에게 정말 긍정적일 수 있다. 근본적으로 적극적인 학생의 능력을 최대한 이끌어 내기 위해서 선생님은

- 대상을 정해 칭찬하라. 모든 것이 훌륭하다고 말하는 것은 학생에게 깊은 인상을 주거나 도움이 되지 않는다. 사실, 그것은 학생이 선생님을 존경하지 않는 결과를 초래할 수 있고, 교사가 거짓말하거나 아니면 부드러운 접촉이라고 결론지을 수 있다. 교사가 칭찬할 때, 증거를 요구받을 수도 있다.
- 논의할 때 감정적이기보다는 논리적이고 객관적으로 하라.
- 학생이 교사에게 이의를 제기한다면 그것은 아마 여러분의 권위나 인격을 무시하기보다 그들의 생각을 명확히 알리기 위한 것일 수 있다. 아마도 '이를 개선하거나 바꾸려면 어떻게 하겠니?' 또는 '너는 어떻게 생각하니?'라고 물어보라. 일단 학생이 생각을 명확히 하고 나면 교사가 생각하는 것을 물어보고 받아들일 준비가 되어 있을 것이다.
- 사람의 50%가 **F**형이고 피드백을 비판으로 해석할 수 있다는 것을 도와주라.
- 학생의 기량과 지식을 경쟁적으로 시험하는 방식으

로 수업하라(학생의 경쟁력을 높인다.).

사자 유형과 검은표범 유형은 조직적이고 효율적인 것을 배울 수 있지만, 열정적으로 포용하기보다는 용인된다. 교사는 학교의 필수적이지만 빡빡하고 제한적인 시간표와 과제 마감 기한 속에서 각자에게 제공되는 자발성과 즉흥성에 대한 상호 존중을 즐기면서, 필요한 과제들을 완수해야 함을 기억해야 한다. 비록 재미있고 인기 있는 선생님이 되겠지만, 또한 학생들이 사회적으로 그리고 학문적으로 성공할 수 있도록 준비하는 과제에 집중하게 할 필요가 있다. 둘 다 일을 끝내는 것보다 시작하는 것을 좋아한다. 그들의 초기 열정은 빠르게 증발할 수 있다. 둘 다 그들이 중요한 과제를 식별하고 완수하도록 확실히 해야 한다. 그렇지 않으면 학생(또는 그들의 부모)은 결국 어색한 질문을 할 수 있다. 교사가 선천적으로 느긋한 학생의 능력을 최대한 이끌어 내기 위해서는 학생들이 단순히 학생이 선택할 수 있는 것과 선택하는 것을 좋아하는 것이 아니라 필수적인 것이고, 그렇게 해 주지 않으면 몸이 근질거리고 몸을 꼼지락거리거나 반항하기 시작된다는 것을 알아야 한다. 체계적이고 시간표가 짜여 있으며 일상이 풍부한 중등학교 환경은 많은 **P**형 학생들에게 어렵다. 교사가 도울 수 있도록

- 가능한 한 유연성을 많이 제공하라(다양한 선택 과제, 수업 내 선택).
- 세부 일정을 피하라(어차피 지키지도 못할 것이다.).
- 예상 가능한 수업이 지겹지 않도록 때때로 변화를 주어라.
- 학생이 중요한 작업을 끝까지 당황하지 않고 완료하도록 시간을 조직하고 관리하는 간단한 방법을 찾도록 도와주라.

70
사자 유형 선생님(Lion teacher) & 사자 유형 학생(Lion student)
ESFP & ESFP

네 가지 고양잇과 유형 모두 현실적이고 적응을 잘하고 행동 지향적이다. 전통적인 수업 방식은 이들의 타고난 강점과 맞지 않다. 사자 유형의 교사는 사자 유형인 학생의 능력을 최대로 이끌어 내고 경험, 재미, 행동을 통해 학습에 대한 관심을 활용하여 학생이 성공하도록 도울 수 있다. 타고나기를 자신감 있고 적극적인 선생님과 마찬가지로 흥이 많은 학생의 조합은 롤러코스터 같은 교실 분위기를 만들어 낸다. 야단스러운 사자 유형 학생의 능력을 최대한 이끌어 내기 위해서 선생님은

- 새로운 생각과 발상을 불러일으키는 것이 적절할 때 생동감 넘치는 농담을 즐겨라. 학생은 이러한 방법으로 가장 잘 배우지만, 교실에 수많은 다른 학생들도 있다는 사실을 기억하라.
- 요점에서 벗어나지 마라. 교사와 학생 모두 쉽게 산만해지고 궤도를 벗어나기 쉽다(잔소리하지 마라.).
- 했던 일을 또 반복하지 마라.
- 차분하고 명확하게 행동하라. 그렇지 않으면 두 **E** 유형 사람은 아무것도 듣지 않고 점점 더 크게 말할 수 있다.
- 어떤 생각은 말하지 않을 수도 있음을 기억하라(그러면 여러분은 나중에 어떤 것, 특히 비판적인 생각을 표현할 더 나은 방법을 생각할 수 있다.).
- 열정적이고 지지하는 청자가 되라. 교사의 생각을 주장하기보다는 학생 자신의 생각을 명확히 하고 발전시킬 수 있도록 도와주라.
- 서로 조용히 하는 법을 배우고 수업에서 **I** 유형 학생이 자신을 표현할 수 있도록 격려하라.

선생님과 학생 모두 같은 방법으로 정보를 수집한다. 그들은 자신의 감각(보고 듣고 느끼는 것을 인지함)을 사용하여 세부 사항을 알아차린다. 교사는 교육 방식이 선천적으로 순차적, 현실적이어서 학생들이 이를 따르도록 격려한다. 견실하고 동료 같은 관계는 교사와 학생 모두가 그 일을 완수하기 위해 각각 무엇을 해야 하는지를 상호 이해하면서 발전한다. 현실적인 학생의 능력을 최대한 이끌어 내기 위해서 선생님은

- 배운 것이 실제 현실에서 어떻게 적용되는지 보여 주라.
- 학생이 역량을 갖출 때까지 반복하고 연습할 기회를 제공하라.
- 수업 목록에 상상력이 문제 해결 과정에 유용하게 사용하도록 권장하라.

교사와 학생 모두 과제·과목을 고려하기 전에 사람과의 관계를 먼저 고려한다. 사자 유형 선생님은 학생이

마음에 들지 않는 한 모든 학생들과 개인적인 관계를 형성하는 것을 좋아한다(**F**형 선생님은 **T**형 선생님이 좋아하는 것을 더 좋아하는 경향이 있다.). 선생님이 감정적으로 운영하기 때문에 이러한 선생님들은 학생들에게 약속을 하고, 지나치게 무리하며, 심지어 학생들이 해야 할 일마저도 대신 할 가능성이 더 높다. 선생님과 학생 모두 따뜻하고 친근한 교실 분위기를 즐긴다. 칭찬은 학생뿐만 아니라 교사 둘 모두에게 자신감을 북돋아 줄 것이다. 관계 지향적인 학생의 능력을 최대한 이끌어 내기 위해서 선생님은

- 공감, 협업 및 팀워크를 사용할 수 있는 학습 상황을 제시하라.
- 어떠한 약점이라도 극복할 수 있도록 요령껏 지원하면서 충분하고 정기적으로 칭찬하라.
- 학생에 대한 개인적인 신뢰를 드러내면서 동기를 부여하라(나를 실망시키지 마렴, 네가 할 수 있다는 것을 알아. 난 네가 좋단다.).

사자 유형은 해야 할 일 목록, 일정, 예측 가능성을 혐오한다. 즉, 그들은 후천적으로 얻은 미각이나 연마된 기술의 경지에 도달하는 경우가 드물다. 교사는 학교의 필수적이지만 빡빡하고 제한적인 시간표와 과제 마감 기한 속에서 각자에게 제공되는 자발성과 즉흥성에 대한 상호 존중을 즐기면서, 필요한 과제들을 완수해야 함을 기억해야 한다. 비록 재미있고 인기 있는 선생님이 되겠지만, 또한 학생들이 사회적으로 그리고 학문적으로 성공할 수 있도록 준비하는 과제에 집중하게 할 필요가 있다. 둘 다 일을 끝내는 것보다 시작하는 것을 좋아한다. 그들의 초기 열정은 빠르게 증발할 수 있다. 둘 다 그들이 중요한 과제를 식별하고 완수하도록 확실히 해야 한다. 그렇지 않으면 학생(또는 그들의 부모)은 결국 어색한 질문을 할 수 있다. 교사가 선천적으로 느긋한 학생의 능력을 최대한 이끌어 내기 위해서는 학생들이 단순히 학생이 선택할 수 있는 것과 선택하는 것을 좋아하는 것이 아니라 필수적인 것이고, 그렇게 해 주지 않으면 몸이 근질거리고 몸을 꼼지락거리거나 반항하기 시작된다는 것을 알아야 한다. 체계적이고 시간표가 짜여 있으며 일상이 풍부한 중등학교 환경은 많은 **P**형 학생들에게 어렵다. 교사가 도울 수 있도록

- 학생이 중요한 작업을 끝까지 서두르지 않고 완료하도록 시간을 조직하고 관리하는 간단한 방법을 찾도록 도와주라.
- 가능한 한 유연성을 많이 제공하라(다양한 선택 과제, 수업 내 선택).
- 세부 일정을 피하라(어차피 지키지도 못할 것이다.).
- 예상 가능한 수업이 지겹지 않도록 때때로 변화를 주어라.

71
사자 유형 선생님(Lion teacher) & 흰동가리 유형 학생(Clownfish student)
ESFP & ENFP

사자 유형과 흰동가리 유형은 세 가지 성향을 공유한다. 비록 선생님은 현실적이고 학생은 상상력이 뛰어나다는 점에서 다르지만, 둘 다 사교적이고 유연한 면이 있다. 갈등은 학생의 재미를 추구하는 면이 과제를 세세히 그리고 제시간에 끝내야 할 필요성에 영향을 미칠 때 발생한다. 본능적으로 충동적인 흰동가리 유형의 학생을 완전히 발달시키기 위해서 선생님은

- 새로운 생각과 발상을 불러일으키는 것이 적절할 때 생동감 넘치는 농담을 즐겨라. 학생은 이러한 방법으로 가장 잘 배우지만, 교실에 수많은 다른 학생들도 있다는 사실을 기억하라.
- 요점에서 벗어나지 마라. 교사와 학생 모두 쉽게 산만해지고 궤도를 벗어나기 쉽다(잔소리하지 마라.).
- 했던 일을 또 반복하지 마라.
- 차분하고 명확하게 행동하라. 그렇지 않으면 두 **E** 유형 사람은 아무것도 듣지 않고 점점 더 크게 말할 수 있다.
- 어떤 생각은 말하지 않을 수도 있음을 기억하라(그러면 여러분은 나중에 어떤 것, 특히 비판적인 생각을 표현할 더 나은 방법을 생각할 수 있다.).
- 열정적이고 지지하는 청자가 되라. 교사의 생각을 주장하기보다는 학생 자신의 생각을 명확히 하고 발전시킬 수 있도록 도와주라.
- 서로 조용히 하는 법을 배우고 수업에서 **I** 유형 학생이 자신을 표현할 수 있도록 격려하라.

교사는 자신의 경험을 사용하여 학습을 이해하는 것을

좋아한다. 교사는 선천적으로 수업 방식이 순차적, 합리적, 현실적이며 학생들이 이를 따라오도록 격려한다. **N** 유형의 학생은 이러한 접근을 따분하게 느낄 수 있다. 교사는 학생을 공상가로 여길 수 있다. 교사는 학생들을 꾸짖고 싶은 유혹을 물리쳐야 한다. 왜냐하면 이것이 학생들이 정보를 받아들이고 세상을 이해하는 방식이기 때문이다. 올바른 맥락에서 공상은 주제를 더 잘 흡수하고 유지할 수 있다. 선생님은 본질적으로 기발한 학생의 능력을 최대한 이끌어 내기 위해 다음과 같이 할 수 있다.

- 학생의 상상력과 통찰력, 그리고 그것이 수업에도 가져올 수 있음을 받아들여라.
- 학생에게 **S**형 접근 방식(사실, 세부 사항, 절차, 실험, 경험 적용, 구조, 단계별 모델)이 수업에 중요하게 기여함을 깨닫도록 하라.

교사와 학생 모두 과제 · 과목을 고려하기 전에 사람과의 관계에 관심이 있다. 선생님은 학생이 마음에 들지 않는 한 모든 학생들과 개인적인 관계를 형성하는 것을 좋아한다(**F**형 선생님은 **T**형 선생님이 좋아하는 것을 더 좋아하는 경향이 있다.). 선생님이 감정적으로 운영하기 때문에 이러한 선생님들은 학생들에게 약속을 하고, 지나치게 무리하며, 심지어 학생들이 해야 할 일마저도 대신할 가능성이 더 높다. 선생님과 학생 모두 따뜻하고 친근한 교실 분위기를 즐긴다. 칭찬은 학생뿐만 아니라 교사 둘 모두에게 자신감을 높여 준다. 관계 지향적인 학생의 능력을 최대한 이끌어 내기 위해서 선생님은

- 공감, 협업 및 팀워크를 사용할 수 있는 학습 상황을 제시하라.
- 어떠한 약점이라도 극복할 수 있도록 요령껏 지원하면서 충분하고 정기적으로 칭찬하라.
- 학생에 대한 개인적인 신뢰를 드러내면서 동기를 부여하라(나를 실망시키지 마렴, 네가 할 수 있다는 것을 알아. 난 네가 좋단다.).

P형은 조직화되고 효율적일 수 있다. 즉, 악화시킬 가치가 거의 없다. 교사는 학교의 필수적이지만 빡빡하고 제한적인 시간표와 과제 마감 기한 속에서 각자에게 제공되는 자발성과 즉흥성에 대한 상호 존중을 즐기면서, 필요한 과제들을 완수해야 함을 기억해야 한다. 비록 재미있고 인기 있는 선생님이 되겠지만, 또한 학생들이 사회적으로 그리고 학문적으로 성공할 수 있도록 준비하는 과제에 집중하게 할 필요가 있다. 둘 다 일을 끝내는 것보다 시작하는 것을 좋아한다. 그들의 초기 열정은 빠르게 증발할 수 있다. 둘 다 그들이 중요한 과제를 식별하고 완수하도록 확실히 해야 한다. 그렇지 않으면 학생(또는 그들의 부모)은 결국 어색한 질문을 할 수 있다. 교사가 선천적으로 느긋한 학생의 능력을 최대한 이끌어 내기 위해서는 학생들이 단순히 학생이 선택할 수 있는 것과 선택하는 것을 좋아하는 것이 아니라 필수적인 것이고 그렇게 해 주지 않으면 몸이 근질거리고 몸을 꼼지락거리거나 반항하기 시작된다는 것을 알아야 한다. 체계적이고 시간표가 짜여 있으며 일상이 풍부한 중등학교 환경은 많은 **P**형 학생들에게 어렵다. 선생님이 도울 수 있도록

- 가능한 한 유연성을 많이 제공하라(다양한 선택 과제, 수업 내 선택).
- 학생이 중요한 작업을 끝까지 서두르지 않고 완료하도록 시간을 조직하고 관리하는 간단한 방법을 찾을 수 있게 도와주라.
- 세부 일정을 피하라(어차피 지키지도 못할 것이다.).
- 학생의 관심을 유지하기 위해 무작위적인 놀라움과 변화를 소개하라.

72
사자 유형 선생님(Lion teacher) & 매 유형 학생(Falcon student)
ESFP & ENTP

사자 유형과 매 유형은 두 가지 성향을 공유한다. 둘 다 사교적이고 유연한 면이 있다. 따뜻하고 현실적인 선생님은 상상력이 뛰어나고 논쟁적인 학생과 다르다. 갈등은 학생의 재미를 추구하는 면이 과제를 세세히 그리고 제시간에 끝내야 할 필요성에 영향을 미칠 때 발생한다. 본능적으로 충동적인 학생을 충분히 발달시키기 위해서 사자 유형의 선생님은

- 새로운 생각과 발상을 불러일으키는 것이 적절할 때 생동감 넘치는 농담을 즐겨라. 학생은 이러한 방법으로 가장 잘 배우지만, 교실에 수많은 다른 학생들도 있다는 사실을 기억하라.

- 교사와 학생 모두 쉽게 산만해지고 궤도를 벗어나기 때문에 요점을 고수하고 긍정적으로 생각하라(잔소리하지 마라.).
- 했던 일을 또 반복하지 마라.
- 차분하고 명확하게 행동하라. 그렇지 않으면 두 **E** 유형 사람은 PMQs(영국 수상 질의)처럼 점점 더 크게 말할 수 있다(아무것도 듣지 않는다.).
- 열정적이고 지지하는 청자가 돼라. 교사의 생각을 주장하기보다는 학생 자신의 생각을 명확히 하고 발전시킬 수 있도록 도와주라.
- 서로 조용히 하는 법을 배우고 수업에서 **I** 유형 학생이 자신을 표현할 수 있도록 격려하라. 『Top Gear』[1]에서 볼 수 있는 것처럼 그들의 언어적 스파링과 동료애는 교실의 다른 학생들에게 불쾌감을 줄 수 있다.

사자 유형 교사는 자신의 경험을 사용하여 학습을 이해하는 것을 좋아한다. 교사는 선천적으로 수업 방식이 순차적, 합리적, 현실적이며 학생들이 이를 따라오도록 격려한다. **N** 유형의 학생은 이러한 접근을 답답하게 느낄 수 있다. 교사는 학생을 공상가로 여길 수 있다. 교사는 학생들을 꾸짖고 싶은 유혹을 물리쳐야 한다. 왜냐하면 이것이 학생들이 정보를 받아들이고 세상을 이해하는 방식이기 때문이다. 올바른 맥락에서 공상은 주제를 더 잘 흡수하고 유지할 수 있다. 선생님은 본질적으로 기발한 학생의 능력을 최대한 이끌어 내기 위해

- 학생의 상상력과 통찰력, 그리고 그것이 수업에도 가져올 수 있음을 받아들여라.
- 학생에게 **S**형 접근 방식(사실, 세부 사항, 절차, 실험, 경험 적용, 구조, 단계별 모델)이 수업에 중요하게 기여함을 깨닫도록 하라.

교사는 관계와 과제를 고민하는 반면, 학생은 그 반대이다. 교사는 학생이 다르다는 것을 받아들이는 법을 배워야 한다. 즉, 학생이 차갑고, 무뚝뚝하며, 불친절한 것이 아니라 단순히 과제에 먼저 집중할 뿐이다. 만약 선생님이 이것을 받아들일 수 있다면, 그 관계는 선생님과 학생 모두에게 정말 긍정적일 수 있다. 독창적인 성격의 학생의 능력을 최대한 이끌어 내기 위해서 선생님은

- 대상을 정해 칭찬하라. 모든 것이 훌륭하다고 말하는 것은 학생에게 깊은 인상을 주거나 도움이 되지 않는다. 사실, 그것은 학생이 선생님을 존경하지 않는 결과를 초래할 수 있고, 교사가 거짓말하거나 아니면 부드러운 접촉이라고 결론지을 수 있다. 교사가 칭찬할 때, 증거를 요구받을 수도 있다.
- 논의할 때 감정적이기보다는 논리적이고 객관적으로 하라.
- 학생이 교사에게 이의를 제기한다면 그것은 아마 여러분의 권위나 인격을 무시하기보다 그들의 생각을 명확히 알리기 위한 것일 수 있다. 아마도 '이를 개선하거나 바꾸려면 어떻게 하겠니?' 또는 '너는 어떻게 생각하니?'라고 물어보라. 일단 학생이 생각을 명확히 하고 나면 교사가 생각하는 것을 물어보고 받아들일 준비가 되어 있을 것이다.
- 학생의 기량과 지식을 경쟁적으로 시험하는 방식으로 수업하라(학생의 경쟁력을 높인다.).
- 사람의 50%가 **F**형이고 피드백을 비판으로 해석할 수 있다는 것을 도와주라.

P형은 조직화이고 효율적인 것을 배울 수 있지만 그것은 열정적으로 수용되기보다는 용인된다. 교사는 학교의 필수적이지만 빡빡하고 제한적인 시간표와 과제 마감 기한 속에서 각자에게 제공되는 자발성과 즉흥성에 대한 상호 존중을 즐기면서, 필요한 과제들을 완수해야 함을 기억해야 한다. 비록 재미있고 인기 있는 선생님이 되겠지만, 또한 학생들이 사회적으로 그리고 학문적으로 성공할 수 있도록 준비하는 과제에 집중하게 할 필요가 있다. 둘 다 일을 끝내는 것보다 시작하는 것을 좋아한다. 그들의 초기 열정은 빠르게 사라질 수 있다. 둘 다 그들이 중요한 과제를 식별하고 완수하도록 확실히 해야 한다. 그렇지 않으면 학생(또는 그들의 부모)은 결국 어색한 질문을 할 수 있다. 교사가 선천적으로 느긋한 학생의 능력을 최대한 이끌어 내기 위해서는 학생들이 단순히 학생이 선택할 수 있는 것과 선택하는 것을 좋아하는 것이 아니라 필수적인 것이고 그렇게 해 주지 않으면 몸이 근질거리고 몸을 꼼지락거리거나 반항하기 시작된다는 것을 알아야 한다. 체계적이고 시간표가 짜여 있으며 일상이 풍부한 중등학교 환경은 많은 **P**형 학생들에게 어렵다. 선생님은 다음과 같이 도울 수 있다.

1) 영국 BBC에서 1977년부터 현재까지 방영되고 있는 자동차 버라이어티 프로그램으로, 슈퍼카, 일반 양산형 자동차, 골동품 자동차, 오토바이, 전동 휠체어 등 바퀴가 달린 모든 종류의 탈 것을 이용하여 다양한 경주와 실험을 하는 것으로 유명하다. 여기엔 3명의 호스트가 나오는데 이 호스트들이 벌이는 무모한 실험들을 빗대어 말한 것 같다.—위키피디아

- 가능한 한 유연성을 많이 제공하라(다양한 선택 과제, 수업 내 선택).
- 세부 일정을 피하라(어차피 지키지도 못할 것이다.).
- 예상 가능한 수업이 지겹지 않도록 때때로 변화를 주어라.
- 학생이 성공할 수 있도록 시간 관리 기술을 식별할 수 있도록 도와주라. 이는 특별히 매 유형 학생에게 유용하다.

73
사자 유형 선생님(Lion teacher) & 호랑이 유형 학생(Tiger student)
ESFP & ISTP

네 가지 고양잇과 유형 모두 현실적이고 적응을 잘하고 행동적이다. 전통적인 수업 방식은 이들의 타고난 강점과 맞지 않다. 사자 유형의 교사는 경험과 행동과는 별개로 학습에 대한 관심을 활용하여 호랑이 유형인 학생의 장점을 이끌어 내고 성공하도록 격려할 수 있다. 그들은 또한

- 차분히 속도를 낮추고 간결하게 이야기하라.
- 질문과 답변 사이에 충분한 시간을 주라. 학생이 답하기 전에 생각하고 되돌아볼 시간이 필요함을 존중하라.
- 학생들에게 스스로 작업할 수 있는 시간과 공간을 제공하라. 그들 머리 위를 맴돌면서 참견하려고 하지 마라.
- 문제를 즉시 해결하거나 학생들의 말을 가로채지 마라.
- **E**형 학생이 많은 모둠 · 팀에 **I**형 학생 한 명만을 두지 마라(그들은 질식할 것이다.).
- (말뿐만 아니라) 글로 써서 칭찬하라.

선생님과 학생 모두 같은 방법으로 정보를 수집한다. 그들은 자신의 감각(보고 듣고 느끼는 것을 인지함)을 사용하여 세부 사항을 알아차린다. 교사는 교육 방식이 선천적으로 순차적, 현실적이어서 학생들이 선례를 따르도록 장려한다. 견실하고 동료 같은 관계는 교사와 학생 모두가 그 일을 완수하기 위해 각각 무엇을 해야 하는지를 상호 이해하면서 발전한다. 현실적인 학생의 능력을 최대한 이끌어 내기 위해서 선생님은

- 배운 것이 실제 현실에서 어떻게 적용되는지 보여주라.
- 학생이 역량을 갖출 때까지 반복하고 연습할 기회를 주라.
- 수업 목록에 상상력을 추가하여 유용하게 사용하도록 권장하라.

교사는 관계와 과제를 고민하는 반면, 학생은 그 반대이다. 교사는 학생이 다르다는 것을 받아들이는 법을 배워야 한다. 학생이 차갑고 무뚝뚝하며 불친절한 것이 아니라 단순히 과제에 먼저 집중할 뿐이다. 만약 선생님이 이것을 받아들일 수 있다면, 그 관계는 선생님과 학생 모두에게 정말 긍정적일 수 있다. 선천적으로 객관적인 학생의 능력을 최대한 이끌어 내기 위해서 선생님은

- 대상을 정해 칭찬하라. 모든 것이 훌륭하다고 말하는 것은 학생에게 깊은 인상을 주거나 도움이 되지 않는다. 사실, 그것은 학생이 선생님을 존경하지 않는 결과를 초래할 수 있고, 교사가 거짓말하거나 아니면 부드러운 접촉이라고 결론지을 수 있다. 교사가 칭찬할 때, 증거를 요구받을 수도 있다.
- 논의할 때 감정적이기보다는 논리적이고 객관적으로 하라.
- 학생이 교사에게 이의를 제기한다면 그것은 아마 여러분의 권위나 인격을 무시하기보다 그들의 생각을 명확히 알리기 위한 것일 수 있다. 아마도 '이를 개선하거나 바꾸려면 어떻게 하겠니?' 또는 '너는 어떻게 생각하니?'라고 물어보라. 일단 학생이 생각을 명확히 하고 나면 교사가 생각하는 것을 물어보고 받아들일 준비가 되어 있을 것이다.
- 학생의 기량과 지식을 경쟁적으로 시험하는 방식으로 수업하라(학생의 경쟁력을 높인다.).
- 사람의 50%가 **F**형이고 피드백을 비판으로 해석할 수 있다는 것을 도와주라.

사자 유형과 호랑이 유형은 해야 할 일 목록, 일정, 예측 가능성을 혐오한다. 즉, 그들은 후천적인 심미안이나 연마된 기술의 경지에 도달하는 경우가 드물다. 교사는 학교의 필수적이지만 빡빡하고 제한적인 시간표와 과제 마감 기한 속에서 각자에게 제공되는 자발성과 즉흥성에 대한 상호 존중을 즐기면서, 필요한 과제들을 완수

해야 함을 기억해야 한다. 비록 재미있고 인기 있는 선생님이 되겠지만, 또한 학생들이 사회적으로 그리고 학문적으로 성공할 수 있도록 준비하는 과제에 집중하게 할 필요가 있다. 둘 다 일을 끝내는 것보다 시작하는 것을 좋아한다. 그들의 초기 열정은 빠르게 증발할 수 있다. 둘 다 그들이 중요한 과제를 식별하고 완수하도록 확실히 해야 한다. 그렇지 않으면 학생(또는 그들의 부모)은 결국 어색한 질문을 할 수 있다. 교사가 선천적으로 느긋한 학생의 능력을 최대한 이끌어 내기 위해서는 학생들이 단순히 학생이 선택할 수 있는 것과 선택하는 것을 좋아하는 것이 아니라 필수적인 것이고 그렇게 해 주지 않으면 몸이 근질거리고 몸을 꼼지락거리거나 반항하기 시작된다는 것을 알아야 한다. 체계적이고 시간표가 짜여 있으며 일상이 풍부한 중등학교 환경은 많은 **P**형 학생들에게 어렵다. 교사는 다음을 통해 도움을 줄 수 있다.

- 가능한 한 유연성을 많이 제공하라(다양한 선택 과제, 수업 내 선택).
- 세부 일정을 피하라(어차피 지키지도 못할 것이다.).
- 학생이 중요한 작업을 끝까지 서두르지 않고 완료하도록 시간을 조직하고 관리하는 간단한 방법을 찾을 수 있게 도와주라.
- 예상 가능한 수업이 지겹지 않도록 때때로 변화를 주어라. 무작위적인 놀라움과 변화는 호랑이 유형을 기쁘게 할 것이다.

74
사자 유형 선생님(Lion teacher) & 고양이 유형 학생(Cat student)
ESFP & ISFP

네 가지 고양잇과 유형 모두 현실적이고 적응을 잘하고 행동적이다. 전통적인 수업 방식은 이들의 타고난 강점과 맞지 않다. 사자 유형 선생님은 고양이 유형 학생들에게서 최고의 능력을 이끌어 낼 수 있고 그들이 경험과 행동에서 독립적으로 배우는 것에 대한 흥미를 이용하여 이어나갈 수 있도록 격려한다. 그들은 또한

- 차분히 속도를 낮추고 간결하게 이야기하라.
- 학생에게 답변이나 의견을 강요하지 마라. 학생이 답하기 전에 생각하고 되돌아볼 시간이 필요함을 존중하라.
- 학생들에게 스스로 작업할 수 있는 시간과 공간을 제공하라. 그들 머리 위를 맴돌면서 참견하려고 하지 마라.
- 문제를 즉시 해결하거나 학생들의 말을 가로채지 마라.
- **E**형 학생이 많은 모둠 · 팀에 **I**형 학생 한 명만을 두지 마라(그들은 질식할 것이다.).
- (말뿐만 아니라) 글로 써서 칭찬하라.
- 학생이 쉬는 시간에 교사에게 와서 항상 이야기할 수 있으며, 나중에 교사가 답변할 수 있는 질문 · 문제를 적어 놓을 수 있음을 학생에게 알려 주라.

선생님과 학생 모두 같은 방법으로 정보를 수집한다. 그들은 자신의 감각(보고 듣고 느끼는 것을 인지함)을 사용하여 세부 사항을 알아차린다. 교사는 교육 방식이 선천적으로 순차적, 현실적이어서 학생들이 이를 따르도록 격려한다. 견실하고 동료 같은 관계는 교사와 학생 모두가 그 일을 완수하기 위해 각각 무엇을 해야 하는지를 상호 이해하면서 발전한다. 현실적인 학생의 능력을 최대한 이끌어 내기 위해서 선생님은

- 배운 것이 실제 현실에서 어떻게 적용되는지 보여 주라.
- 학생이 역량을 갖출 때까지 반복하고 연습할 기회를 주라.
- 수업 목록에 상상력을 추가하여 유용하게 사용하도록 권장하라.

교사와 학생 모두 과제 · 과목을 고려하기 전에 사람과의 관계를 먼저 고려한다. 사자 유형의 선생님이 감정적으로 운영하기 때문에 이러한 선생님들은 학생들에게 약속을 하고, 지나치게 무리하며, 심지어 학생들이 해야 할 일마저도 대신 할 가능성이 더 높다. 선생님과 학생 모두 따뜻하고 친근한 교실 분위기를 즐긴다. 칭찬은 학생뿐만 아니라 교사 둘 모두에게 자신감을 북돋아 줄 것이다. 학생의 발전을 돕기 위해 사자 유형의 선생님은

- 공감, 협업 및 팀워크를 사용할 수 있는 학습 상황을 제시하라.
- 어떠한 약점이라도 극복할 수 있도록 요령껏 지원하면서 충분하고 정기적으로 칭찬하라.

- 학생에 대한 개인적인 신뢰를 드러내면서 동기를 부여하라(나를 실망시키지 마렴, 네가 할 수 있다는 것을 알아. 난 네가 좋단다.).

사자 유형과 고양이 유형은 조직적이고 효율적일 수 있다. 즉, 그것은 단지 노력에 의한 것일 뿐이다. 교사는 학교의 필수적이지만 빡빡하고 제한적인 시간표와 과제 마감 기한 속에서 각자에게 제공되는 자발성과 즉흥성에 대한 상호 존중을 즐기면서, 필요한 과제들을 완수해야 함을 기억해야 한다. 비록 재미있고 인기 있는 선생님이 되겠지만, 또한 학생들이 사회적으로 그리고 학문적으로 성공할 수 있도록 준비하는 과제에 집중하게 할 필요가 있다. 둘 다 일을 끝내는 것보다 시작하는 것을 좋아한다. 그들의 초기 열정은 빠르게 쇠약해질 수 있다. 둘 다 그들이 중요한 과제를 식별하고 완수하도록 확실히 해야 한다. 그렇지 않으면 학생(또는 그들의 부모)은 결국 어색한 질문을 할 수 있다. 교사가 선천적으로 느긋한 학생의 능력을 최대한 이끌어 내기 위해서는 학생들이 단순히 학생이 선택할 수 있는 것과 선택하는 것을 좋아하는 것이 아니라 필수적인 것이고 그렇게 해 주지 않으면 몸이 근질거리고 몸을 꼼지락거리거나 반항하기 시작된다는 것을 알아야 한다. 체계적이고 시간표가 짜여 있으며 일상이 풍부한 중등학교 환경은 많은 **P**형 학생들에게 어렵다. 교사는 다음을 통해 도움을 줄 수 있다.

- 세부 일정을 피하라(어차피 지키지도 못할 것이다.).
- 예상 가능한 수업이 지겹지 않도록 때때로 변화를 주어라.
- 학생이 중요한 작업을 끝까지 서두르지 않고 완료하도록 시간을 조직하고 관리하는 간단한 방법을 찾을 수 있게 도와주라.
- 가능한 한 유연성을 많이 제공하라(다양한 선택 과제, 수업 내 선택).

75
사자 유형 선생님(Lion teacher) & 물개 유형 학생(Seal student)
ESFP & INFP

사자 유형과 물개 유형은 두 가지 성향을 공유한다. 둘 다 따뜻한 성격을 가졌고 적응을 잘한다. 대부분 갈등은 사자 유형 선생님의 에너지 넘치는 스타일의 수업이 좀 더 숙고하고 자아 성찰적인 물개 유형에 강요될 때 발생하기 쉽다. 타고난 호기심 많은 학생의 능력을 최대한 이끌어 내기 위해 사자 유형의 선생님은

- 차분히 속도를 낮추고 간결하게 이야기하라.
- 질문과 답변 사이에 충분한 시간을 주라. 학생이 답하기 전에 생각하고 되돌아볼 시간이 필요함을 존중하라.
- 학생들에게 스스로 작업할 수 있는 시간과 공간을 제공하라. 그들 머리 위를 맴돌면서 참견하려고 하지 마라.
- 문제를 즉시 해결하거나 학생들의 말을 가로채지 마라.
- **E**형 학생이 많은 모둠 · 팀에 **I**형 학생 한 명만을 두지 마라(그들은 질식할 것이다.).
- (말뿐만 아니라) 글로 써서 칭찬하라.

교사는 자신의 경험을 사용하여 그들의 세상을 이해하는 것을 좋아한다. 사자 유형 교사는 선천적으로 수업 방식이 순차적, 합리적, 사실적이며 학생들이 이를 따라오도록 장려한다. 물개 유형은 이 방법이 따분하고 예측 가능하다는 것을 알게 될 것이다. 교사는 학생을 공상가로 여길 수 있다. 교사는 학생들을 꾸짖고 싶은 유혹을 물리쳐야 한다. 왜냐하면 이것이 학생들이 정보를 받아들이고 세상을 이해하는 방식이기 때문이다. 올바른 맥락에서 공상은 주제를 더 잘 흡수하고 유지할 수 있다. 선생님은 본질적으로 기발한 학생의 능력을 최대한 이끌어 내기 위해

- 학생의 상상력과 통찰력, 그리고 그것이 수업에도 가져올 수 있음을 받아들여라.
- 학생에게 **S**형 접근 방식(사실, 세부 사항, 절차, 실험, 경험 적용, 구조, 단계별 모델)이 수업에 중요하게 기여함을 깨닫도록 하라.

교사와 학생 모두 과제 · 과목을 고려하기 전에 사람과의 관계를 먼저 고려한다. 선생님은 학생이 마음에 들지 않는 한 모든 학생들과 개인적인 관계를 형성하는 것을 좋아한다(**F**형 선생님은 **T**형 선생님이 좋아하는 것을 더 좋아하는 경향이 있다.). 선생님이 감정적으로 운영하기 때문에 이러한 선생님들은 학생들에게 약속을 하고,

지나치게 무리하며, 심지어 학생들이 해야 할 일마저도 대신 할 가능성이 더 높다. 선생님과 학생 모두 따뜻하고 친근한 교실 분위기를 즐긴다. 칭찬은 학생뿐만 아니라 교사 둘 모두에게 자신감을 북돋아 줄 것이다. 관계 지향적인 학생의 능력을 최대한 이끌어 내기 위해서 선생님은

- 공감, 협업 및 팀워크를 사용할 수 있는 학습 상황을 제시하라.
- 어떠한 약점이라도 극복할 수 있도록 요령껏 지원하면서 충분하고 정기적으로 칭찬하라.
- 학생에 대한 개인적인 신뢰를 드러내면서 동기를 부여하라(나를 실망시키지 마렴, 네가 할 수 있다는 것을 알아. 난 네가 좋단다.).

P형은 조직적이고 효율적인 것을 배울 수 있지만, 열정적으로 포용하기보다는 마지못해 용인된다. 교사는 학교의 필수적이지만 빡빡하고 제한적인 시간표와 과제 마감 기한 속에서 각자에게 제공되는 자발성과 즉흥성에 대한 상호 존중을 즐기면서, 필요한 과제들을 완수해야 함을 기억해야 한다. 비록 재미있고 인기 있는 선생님이 되겠지만, 또한 학생들이 사회적으로 그리고 학문적으로 성공할 수 있도록 준비하는 과제에 집중하게 할 필요가 있다. 둘 다 일을 끝내는 것보다 시작하는 것을 좋아한다. 그들의 초기 열정은 빠르게 쇠약해질 수 있다. 둘 다 그들이 중요한 과제를 식별하고 완수하도록 확실히 해야 한다. 그렇지 않으면 학생(또는 그들의 부모)은 결국 어색한 질문을 할 수 있다. 교사가 선천적으로 느긋한 학생의 능력을 최대한 이끌어 내기 위해서는 학생들이 단순히 학생이 선택할 수 있는 것과 선택하는 것을 좋아하는 것이 아니라 필수적인 것이고 그렇게 해 주지 않으면 몸이 근질거리고 몸을 꼼지락거리거나 반항하기 시작된다는 것을 알아야 한다. 체계적이고 시간표가 짜여 있으며 일상이 풍부한 중등학교 환경은 많은 **P**형 학생들에게 어렵다. 교사는 도움을 주기 위해

- 가능한 한 유연성을 많이 제공하라(다양한 선택 과제, 수업 내 선택).
- 세부 일정을 피하라(어차피 지키지도 못할 것이다.).
- 예상 가능한 수업이 지겹지 않도록 때때로 변화를 주어라.
- 물개 유형 학생이 중요한 작업을 끝까지 두려워 하지 않고 완료하도록 시간을 조직하고 관리하는 간단한 방법을 찾을 수 있게 도와주라.

76 사자 유형 선생님(Lion teacher) & 숲올빼미 유형 학생(Tawny Owl student) ESFP & INTP

사자 유형과 숲올빼미 유형은 오직 한 가지 성향을 공유한다. 잘 놀아 주고 사교적인 선생님은 질문을 좋아하고 자아 성찰적인 학생과 균형을 이룬다. 대부분 갈등은 숙고하고 호기심이 많은 숲올빼미 유형이 선생님의 재미있고 현실적인 스타일과 부딪칠 때 발생하기 쉽다. 타고난 분석적인 학생의 능력을 최대한 이끌어 내기 위해서 선생님은

- 차분히 속도를 낮추고 간결하게 이야기하라.
- 질문과 답변 사이에 충분한 시간을 주라. 학생이 답하기 전에 생각하고 되돌아볼 시간이 필요함을 존중하라.
- 학생들에게 스스로 작업할 수 있는 시간과 공간을 허락하라. 굶주린 사자처럼 달려들기 위해 머리 위를 맴돌지 마라.
- 문제를 즉시 해결하거나 학생들의 말을 가로채지 마라.
- **E**형 학생이 많은 모둠 · 팀에 **I**형 학생 한 명만을 두지 마라(그들은 질식할 것이다.).
- (말뿐만 아니라) 글로 써서 칭찬하라.

교사는 자신의 경험을 사용하여 학습을 이해하는 것을 좋아한다. 교사는 선천적으로 수업 방식이 순차적, 합리적, 현실적이며 학생들이 이를 따라오도록 격려한다. **N** 유형의 학생은 이러한 접근을 따분하게 느낄 수 있다. 교사는 학생을 공상가로 여길 수 있다. 교사는 학생들을 꾸짖고 싶은 유혹을 물리쳐야 한다. 왜냐하면 이것이 학생들이 정보를 받아들이고 세상을 이해하는 방식이기 때문이다. 올바른 맥락에서 공상은 주제를 더 잘 흡수하고 유지할 수 있다. 선생님은 본질적으로 기발한 학생의 능력을 최대한 이끌어 내기 위해

- 학생의 상상력과 통찰력, 그리고 그것이 수업에도 가져올 수 있음을 받아들여라.

- 학생에게 **S**형 접근 방식(사실, 세부 사항, 절차, 실험, 경험 적용, 구조, 단계별 모델)이 수업에 중요하게 기여함을 깨닫도록 하라.

사자 유형의 교사는 관계와 과제를 관심이 있는 반면, 숲올빼미 유형의 학생은 그 반대이다. 교사는 학생이 다르다는 것을 받아들이는 법을 배워야 한다. 즉, 학생이 차갑고 무뚝뚝하며 불친절한 것이 아니라, 단순히 과제에 먼저 집중할 뿐이다. 만약 선생님이 이것을 받아들일 수 있다면, 그 관계는 선생님과 학생 모두에게 정말 긍정적일 수 있다. 교사가 특징적으로 객관적인 학생의 능력을 최대한 이끌어 내기 위해

- 대상을 정해 칭찬하라. 모든 것이 훌륭하다고 말하는 것은 학생에게 깊은 인상을 주거나 도움이 되지 않는다. 사실, 그것은 학생이 선생님을 존경하지 않는 결과를 초래할 수 있고, 교사가 거짓말하거나 아니면 부드러운 접촉이라고 결론지을 수 있다. 교사가 칭찬할 때, 증거를 요구받을 수도 있다.
- 논의할 때 감정적이기보다는 논리적이고 객관적으로 하라.
- 학생이 교사에게 이의를 제기한다면 그것은 아마 여러분의 권위나 인격을 무시하기보다 그들의 생각을 명확히 알리기 위한 것일 수 있다. 아마도 '이를 개선하거나 바꾸려면 어떻게 하겠니?' 또는 '너는 어떻게 생각하니?'라고 물어보라. 일단 학생이 생각을 명확히 하고 나면 교사가 생각하는 것을 물어보고 받아들일 준비가 되어 있을 것이다.
- 학생의 기량과 지식을 경쟁적으로 시험하는 방식으로 수업하라(학생의 경쟁력을 높인다.).
- 사람의 50%가 **F**형이고 피드백을 비판으로 해석할 수 있다는 것을 도와주라.

밀어붙이면, **P**형은 체계적이고 효율적으로 만들 수 있다. 즉, 그것은 단지 노력에 의한 것일 뿐이다. 교사는 학교의 필수적이지만 빡빡하고 제한적인 시간표와 과제 마감 기한 속에서 각자에게 제공되는 자발성과 즉흥성에 대한 상호 존중을 즐기면서, 필요한 과제들을 완수해야 함을 기억해야 한다. 비록 재미있고 인기 있는 선생님이 되겠지만, 또한 학생들이 사회적으로 그리고 학문적으로 성공할 수 있도록 준비하는 과제에 집중하게 할 필요가 있다. 둘 다 일을 끝내는 것보다 시작하는 것을 좋아한다. 그들의 초기 열정은 빠르게 증발할 수 있다. 둘 다 그들이 중요한 과제를 식별하고 완수하도록 확실히 해야 한다. 그렇지 않으면 학생(또는 그들의 부모)은 결국 어색한 질문을 할 수 있다. 교사가 선천적으로 느긋한 학생의 능력을 최대한 이끌어 내기 위해서는 학생들이 단순히 학생이 선택할 수 있는 것과 선택하는 것을 좋아하는 것이 아니라 필수적인 것이고 그렇게 해 주지 않으면 몸이 근질거리고 몸을 꿈틀거리거나 반항이 시작된다는 것을 알아야 한다. 체계적이고 시간표가 짜여 있으며 일상이 풍부한 중등학교 환경은 많은 **P**형 학생들에게 어렵다. 교사는 도움을 주기 위해

- 가능한 한 유연성을 많이 제공하라(다양한 선택 과제, 수업 내 선택).
- 세부 일정을 피하라(어차피 지키지도 못할 것이다.).
- 예상 가능한 수업이 지겹지 않도록 때때로 변화를 주어라.
- 학생이 성공할 수 있도록 간단한 시간 관리 기술을 식별할 수 있도록 도와주라.

77
사자 유형 선생님(Lion teacher) & 북극곰 유형 학생(Polar Bear student)
ESFP & ISTJ

사자 유형과 북극곰 유형은 오직 한 가지 성향을 공유한다. 둘 다 자신감이 있고 현실주의자이다. 잘 놀아 주고 사교적인 선생님은 꽤 수동적이고 객관적인 학생과 균형을 이룬다. 대부분 갈등은 곰 유형의 타고난 리더십 기질이 선생님의 재미있고 활기찬 스타일에 도전할 때 발생하기 쉽다. 진지한 성격인 학생의 능력을 최대한 이끌어 내기 위해서 선생님은

- 차분히 속도를 낮추고 간결하게 이야기하라.
- 질문과 답변 사이에 충분한 시간을 주라. 학생이 답하기 전에 생각하고 되돌아볼 시간이 필요함을 존중하라.
- 학생들에게 스스로 작업할 수 있는 시간과 공간을 허락하라. 달려들기를 기다리거나 그들의 머리 위를 맴돌지 마라.
- 문제를 즉시 해결하거나 학생들의 말을 가로채지

마라.

- E형 학생이 많은 모둠 · 팀에 I형 학생 한 명만을 두지 마라(그들은 질식할 것이다.).
- (말뿐만 아니라) 글로 써서 칭찬하라.

선생님과 학생 모두 같은 방법으로 정보를 수집한다. 그들은 자신의 감각(보고 듣고 느끼는 것을 인지함)을 사용하여 세부 사항을 알아차린다. 교사는 교육 방식이 선천적으로 순차적, 사실적이어서 학생들이 이를 따르도록 격려한다. 견실하고 동료 같은 관계는 교사와 학생 모두가 그 일을 완수하기 위해 각각 무엇을 해야 하는지를 상호 이해하면서 발전한다. 현실적인 학생의 능력을 최대한 이끌어 내기 위해서 선생님은

- 배운 것이 실제 현실에서 어떻게 적용되는지 보여주라.
- 학생이 역량을 갖출 때까지 반복하고 연습할 기회를 주라.
- 수업 목록에 상상력을 추가하여 유용하게 사용하도록 권장하라.

교사는 관계와 과제를 고민하는 반면, 학생은 그 반대이다. 교사는 학생이 다르다는 것을 받아들이는 법을 배워야 한다. 즉, 학생이 차갑고 무뚝뚝하며 불친절한 것이 아니라, 단순히 과제에 먼저 집중할 뿐이다. 만약 선생님이 이것을 받아들일 수 있다면, 그 관계는 선생님과 학생 모두에게 정말 긍정적일 수 있다. 교사가 선천적으로 적극적인 학생의 능력을 최대한 이끌어 내기 위해

- 대상을 정해 칭찬하라. 모든 것이 훌륭하다고 말하는 것은 학생에게 깊은 인상을 주거나 도움이 되지 않는다. 사실, 그것은 학생이 선생님을 존경하지 않는 결과를 초래할 수 있고, 교사가 거짓말하거나 아니면 부드러운 접촉이라고 결론지을 수 있다. 교사가 칭찬할 때, 증거를 요구받을 수도 있다.
- 논의할 때 감정적이기보다는 논리적이고 객관적으로 하라.
- 학생이 교사에게 이의를 제기한다면 그것은 아마 여러분의 권위나 인격을 무시하기보다 그들의 생각을 명확히 알리기 위한 것일 수 있다. 아마도 '이를 개선하거나 바꾸려면 어떻게 하겠니?' 또는 '너는 어떻게 생각하니?'라고 물어보라. 일단 학생이 생각을 명확히 하고 나면 교사가 생각하는 것을 물어보고 받아들일 준비가 되어 있을 것이다.
- 사람의 50%가 F형이고 피드백을 비판으로 해석할 수 있다는 것을 도와주라.
- 학생의 기량과 지식을 경쟁적으로 시험하는 방식으로 수업하라(학생의 경쟁력을 높인다.).

느긋하고 유연하며 즉흥적인 교사가 선천적으로 체계적인 학생과 함께 하는 것은 꿈의 팀이 될 수도 있고 재앙이 될 수도 있다. 긍정적인 관계를 만들기 위해 그들은 서로의 장점을 살려야 합니다. 학생은 계획을 바꾸고 적응하는 선생님의 능력으로부터 혜택을 받을 수 있고, 선생님은 그들이 일하고 완성할 수 있는 계획을 가지고 싶어 하는 학생의 열망으로부터 혜택을 받을 수 있다. 교사는 또한

- 질서, 깔끔함, 마감 기일 준수에 대한 학생의 욕구를 격려하고 지지하라.
- 학생이 진정으로 원할 경우 그들의 방식대로 작업을 자립적으로 계획할 수 있도록 허락하라.
- 학생이 때때로 유연성을 수용하도록 도와주라.
- 단지 계획을 바꾸기 위한 계획은 하지 마라. 이것은 학생을 좌절시킬 뿐이다.

78
사자 유형 선생님(Lion teacher) & 코알라 유형 학생(Koala student)
ESFP & ISFJ

타고나기를 자신감 있고 적극적인 사자 유형 선생님과 말수가 없고 믿음직한 코알라 유형 학생은 두 가지 성향을 공유한다. 코알라 유형은 난간 위로 고개를 드는 일이 드물고 그러므로 문제를 일으킬 가능성이 거의 없다. 사자 유형의 성격에 압도되어 코알라 유형은 보이지 않을 수 있다. 진지한 내성적인 학생의 능력을 최대한 이끌어 내기 위해서 선생님은

- 차분히 속도를 낮추고 간결하게 이야기하라.
- 질문과 답변 사이에 충분한 시간을 주라. 학생이 답하기 전에 생각하고 되돌아볼 시간이 필요함을 존중하라.
- 학생들에게 스스로 작업할 수 있는 시간과 공간을 제공하라. 그들 머리 위를 맴돌면서 참견하려고 하지

마라.

- 상호 보완적인 유형들과 짝을 이루게 하라(해마 · 물개 · 고양이 유형).
- **E**형 학생이 많은 모둠 · 팀에 **I**형 학생 한 명만을 두지 마라(그들은 질식할 것이다.).
- (말뿐만 아니라) 글로 써서 칭찬하라.
- 문제를 즉시 해결하거나 학생들의 말을 가로채지 마라.

선생님과 학생 모두 같은 방법으로 정보를 수집한다. 그들은 자신의 감각(보고 듣고 느끼는 것을 인지함)을 사용하여 세부 사항을 알아차린다. 교사는 교육 방식이 선천적으로 순차적, 현실적이어서 학생들이 이를 따르도록 격려한다. 견실하고 동료 같은 관계는 교사와 학생 모두가 그 일을 완수하기 위해 각각 무엇을 해야 하는지를 상호 이해하면서 발전한다. 현실적인 학생의 능력을 최대한 이끌어 내기 위해서 선생님은

- 학생이 역량을 갖출 때까지 반복하고 연습할 기회를 주라.
- 배운 것이 실제 현실에서 어떻게 적용되는지 보여 주라.
- 수업 목록에 상상력을 추가하여 유용하게 사용하도록 권장하라.

교사와 학생 모두 과제 · 과목을 고려하기 전에 사람과의 관계를 먼저 고려한다. 선생님은 학생이 마음에 들지 않는 한 모든 학생들과 개인적인 관계를 형성하는 것을 좋아한다(**F**형 선생님은 **T**형 선생님이 좋아하는 것을 더 좋아하는 경향이 있다.). 선생님이 감정적으로 운영하기 때문에 이러한 선생님들은 학생들에게 약속을 하고, 지나치게 무리하며, 심지어 학생들이 해야 할 일마저도 대신 할 가능성이 더 높다. 선생님과 학생 모두 따뜻하고 친근한 교실 분위기를 즐긴다. 칭찬은 학생뿐만 아니라 교사 둘 모두에게 자신감을 북돋아 줄 것이다. 관계 지향적인 학생의 능력을 최대한 이끌어 내기 위해서 선생님은

- 공감, 협업 및 팀워크를 사용할 수 있는 학습 상황을 제시하라.
- 어떠한 약점이라도 극복할 수 있도록 요령껏 지원하면서 충분하고 정기적으로 칭찬하라.
- 학생에 대한 개인적인 신뢰를 드러내면서 동기를 부여하라(나를 실망시키지 마렴, 네가 할 수 있다는 것을 알아. 난 네가 좋단다.).

느긋하고 유연하며 즉흥적인 교사가 선천적으로 체계적인 학생과 함께 하는 것은 꿈의 팀이 될 수도 있고 재앙이 될 수도 있다. 긍정적인 관계를 만들기 위해 그들은 서로의 장점을 살려야 한다. 학생은 계획을 바꾸고 적응하는 선생님의 능력으로부터 혜택을 받을 수 있고, 선생님은 그들이 일하고 완성할 수 있는 계획을 가지고 싶어 하는 학생의 열망으로부터 혜택을 받을 수 있다. 선생님은 또한

- 학생이 진정으로 원할 경우 그들의 방식대로 작업을 자립적으로 계획할 수 있도록 허락하라.
- 단지 계획을 바꾸기 위한 계획은 하지 마라. 이것은 학생을 좌절시킬 뿐이다.
- 학생이 때때로 유연성을 수용하도록 도와주라.
- 질서, 깔끔함, 마감 기일 준수에 대한 학생의 욕구를 격려하고 지지하라.

79
사자 유형 선생님(Lion teacher) & 해마 유형 학생(Seahorse student)
ESFP & INFJ

타고나기를 사교적인 사자 유형 선생님과 말수가 없고 믿음직한 해마 유형 학생은 오직 한 가지 성향을 공유한다. 해마 유형은 조용하고 자아 성찰적이다. 그러므로 문제를 일으킬 가능성이 거의 없다. 사자 유형의 성격에 압도되어 해마 유형은 보이지 않을 수 있다. 내성적인 해마 학생의 능력을 최대한 이끌어 내기 위해서 선생님은

- 차분히 속도를 낮추고 간결하게 이야기하라.
- 질문과 답변 사이에 충분한 시간을 주라. 학생이 답하기 전에 생각하고 되돌아볼 시간이 필요함을 존중하라.
- 학생들에게 스스로 작업할 수 있는 시간과 공간을 제공하라. 그들 머리 위를 맴돌면서 참견하려고 하지 마라.
- 문제를 즉시 해결하거나 학생들의 말을 가로채지 마라.

- 상호 보완적인 유형들과 짝을 이루게 하라(물개 · 곰인형 · 코알라 · 돌고래 유형).
- **E**형 학생이 많은 모둠 · 팀에 **I**형 학생 한 명만을 두지 마라(그들은 질식할 것이다.).
- (말뿐만 아니라) 글로 써서 칭찬하라.

교사는 자신의 경험을 사용하여 학습을 이해하는 것을 좋아한다. 교사는 선천적으로 수업 방식이 순차적, 합리적, 현실적이며 학생들이 이를 따라오도록 격려한다. **N** 유형의 학생은 이러한 접근을 따분하게 느낄 수 있다. 교사는 학생을 공상가로 여길 수 있다. 교사는 학생들을 꾸짖고 싶은 유혹을 물리쳐야 한다. 왜냐하면 이것이 학생들이 정보를 받아들이고 세상을 이해하는 방식이기 때문이다. 올바른 맥락에서 공상은 주제를 더 잘 흡수하고 유지할 수 있다. 선생님은 본질적으로 기발한 학생의 능력을 최대한 이끌어 내기 위해

- 학생의 상상력과 통찰력, 그리고 그것이 수업에도 가져올 수 있음을 받아들여라.
- 학생에게 **S**형 접근 방식(사실, 세부 사항, 절차, 실험, 경험 적용, 구조, 단계별 모델)이 수업에 중요하게 기여함을 깨닫도록 하라.

교사와 학생 모두 과제 · 과목을 고려하기 전에 사람과의 관계를 먼저 고려한다. 사자 유형 선생님은 학생이 마음에 들지 않는 한 모든 학생들과 개인적인 관계를 형성하는 것을 좋아한다(**F**형 선생님은 **T**형 선생님이 좋아하는 것을 더 좋아하는 경향이 있다.). 선생님이 감정적으로 운영하기 때문에 이러한 선생님들은 학생들에게 약속을 하고, 지나치게 무리하며, 심지어 학생들이 해야 할 일마저도 대신 할 가능성이 더 높다. 선생님과 학생 모두 따뜻하고 친근한 교실 분위기를 즐긴다. 칭찬은 학생뿐만 아니라 교사 둘 모두에게 자신감을 북돋아 줄 것이다. 관계 지향적인 학생의 능력을 최대한 이끌어 내기 위해서 선생님은

- 공감, 협업 및 팀워크를 사용할 수 있는 학습 상황을 제시하라.
- 어떠한 약점이라도 극복할 수 있도록 요령껏 지원하면서 충분하고 정기적으로 칭찬하라.
- 학생에 대한 개인적인 신뢰를 드러내면서 동기를 부여하라(나를 실망시키지 마렴, 네가 할 수 있다는 것을 알아. 난 네가 좋단다.).

느긋하고 유연하며 즉흥적인 교사가 선천적으로 체계적인 학생과 함께 하는 것은 꿈의 팀이 될 수도 있고 재앙이 될 수도 있다. 긍정적인 관계를 만들기 위해 그들은 서로의 장점을 살려야 한다. 학생은 계획을 바꾸고 적응하는 선생님의 능력으로부터 혜택을 받을 수 있고, 선생님은 그들이 일하고 완성할 수 있는 계획을 가지고 싶어 하는 학생의 열망으로부터 혜택을 받을 수 있다. 선생님은 또한

- 질서, 깔끔함, 마감 기일 준수에 대한 학생의 욕구를 격려하고 지지하라.
- 학생이 진정으로 원할 경우 그들의 방식대로 작업을 자립적으로 계획할 수 있도록 허락하라.
- 단지 계획을 바꾸기 위한 계획은 하지 마라. 이것은 학생을 좌절시킬 뿐이다.
- 학생들이 새로운 접근법과 활동을 시도하도록 격려하라. 다양성은 인생의 묘미이다.

80
사자 유형 선생님(Lion teacher) & 가면올빼미 유형 학생(Barn Owl student)
ESFP & INTJ

사자 유형과 가면올빼미 유형은 겹치는 성격 유형이 없다. 잘 놀아 주고 사교적인 선생님은 사색적이고 체계적인 선생님과 균형을 이룬다. 갈등은 가면올빼미 유형의 조용한 리더십 기질이 재미있고, 객관적이고 통통 튀는 스타일의 선생님과 부딪칠 때 발생하기 쉽다. 서로 다른 점에 매력을 느끼지 못한다면, 그들은 서로 다름을 받아들이려고 노력해야 한다. 선생님은 선천적으로 분석적인 가면올빼미 유형 학생을 도와주기 위해

- 차분히 속도를 낮추고 간결하게 이야기하라.
- 질문과 답변 사이에 충분한 시간을 주라. 학생이 답하기 전에 생각하고 되돌아볼 시간이 필요함을 존중하라.
- 학생들에게 스스로 작업할 수 있는 시간과 공간을 허락하라. 달려들기를 기다리거나 그들의 머리 위를 맴돌지 마라.
- 문제를 즉시 해결하거나 학생들의 말을 가로채지

마라.

- **E**형 학생이 많은 모둠 · 팀에 **I**형 학생 한 명만을 두지 마라(그들은 질식할 것이다.).
- (말뿐만 아니라) 글로 써서 칭찬하라.

교사는 자신의 경험을 사용하여 학습을 이해하는 것을 좋아한다. 교사는 선천적으로 수업 방식이 순차적, 합리적, 현실적이며 학생들이 이를 따라오도록 격려한다. **N**유형의 학생은 이러한 접근을 따분하게 느낄 수 있다. 교사는 학생을 공상가로 여길 수 있다. 교사는 학생들을 꾸짖고 싶은 유혹을 물리쳐야 한다. 왜냐하면 이것이 학생들이 정보를 받아들이고 세상을 이해하는 방식이기 때문이다. 올바른 맥락에서 공상은 주제를 더 잘 흡수하고 유지할 수 있다. 선생님은 본질적으로 기발한 학생의 능력을 최대한 이끌어 내기 위해

- 학생의 상상력과 통찰력, 그리고 그것이 수업에도 가져올 수 있음을 받아들여라.
- 학생에게 **S**형 접근 방식(사실, 세부 사항, 절차, 실험, 경험 적용, 구조, 단계별 모델)이 수업에 중요하게 기여함을 깨닫도록 하라.

교사는 관계와 과제에 관심이 있는 고민하는 반면, 학생은 그 반대이다. 교사는 학생이 다르다는 것을 받아들이는 법을 배워야 한다. 즉, 학생이 차갑고 무뚝뚝하며 불친절한 것이 아니라, 단순히 과제에 먼저 집중할 뿐이다. 만약 선생님이 이것을 받아들일 수 있다면, 그 관계는 선생님과 학생 모두에게 정말 긍정적일 수 있다. 교사가 특징적으로 적극적인 학생의 능력을 최대한 이끌어 내기 위해

- 대상을 정해 칭찬하라. 모든 것이 훌륭하다고 말하는 것은 학생에게 깊은 인상을 주거나 도움이 되지 않는다. 사실, 그것은 학생이 선생님을 존경하지 않는 결과를 초래할 수 있고, 교사가 거짓말하거나 아니면 부드러운 접촉이라고 결론지을 수 있다. 교사가 칭찬할 때, 증거를 요구받을 수도 있다.
- 논의할 때 감정적이기보다는 논리적이고 객관적으로 하라.
- 학생이 교사에게 이의를 제기한다면 그것은 아마 여러분의 권위나 인격을 무시하기보다 그들의 생각을 명확히 알리기 위한 것일 수 있다. 아마도 '이를 개선하거나 바꾸려면 어떻게 하겠니?' 또는 '너는 어떻게 생각하니?'라고 물어보라. 일단 학생이 생각을 명확히 하고 나면 교사가 생각하는 것을 물어보고 받아들일 준비가 되어 있을 것이다.
- 학생의 기량과 지식을 경쟁적으로 시험하는 방식으로 수업하라(학생의 경쟁력을 높인다.).
- 사람의 50%가 **F**형이고 피드백을 비판으로 해석할 수 있다는 것을 도와주라.

느긋하고 유연하며 즉흥적인 교사가 선천적으로 체계적인 학생과 함께 하는 것은 꿈의 팀이 될 수도 있고 재앙이 될 수도 있다. 긍정적인 관계를 만들기 위해 그들은 서로의 장점을 살려야 한다. 학생은 계획을 바꾸고 적응하는 선생님의 능력으로부터 혜택을 받을 수 있고, 선생님은 그들이 일하고 완성할 수 있는 계획을 가지고 싶어 하는 학생의 열망으로부터 혜택을 받을 수 있다.

- 질서, 깔끔함, 마감 기일 준수에 대한 학생의 욕구를 격려하고 지지하라.
- 학생이 진정으로 원할 경우 그들의 방식대로 작업을 자립적으로 계획할 수 있도록 허락하라.
- 학생이 때때로 유연성을 수용하도록 도와주라.
- 단지 계획을 바꾸기 위한 계획은 하지 마라. 이것은 학생을 좌절시킬 뿐이다.

81
검은표범 유형 선생님(Panther teacher) & 흑곰 유형 학생(Black Bear student)
ESTP & ESTJ

검은표범 유형과 흑곰 유형은 세 가지 성향을 공유한다. 둘 다 직설적이고 자신감 넘치며 일할 때 붕 떠 있다. 좀 더 놀이에 집중하고 유연성 있는 접근을 하는 선생님과 타고난 과업 중심의 학생은 부딪칠 수 있다. 이러한 차이점을 받아들이고 수용했을 때 이들은 수업 중 효과적인 조합이 될 수 있다. 본능적으로 야단스러운 학생의 능력을 최대한 이끌어 내기 위해서 선생님은

- 새로운 생각과 발상을 불러일으키는 것이 적절할 때 생동감 넘치는 농담을 즐겨라. 학생은 이러한 방법으로 가장 잘 배우지만, 교실에 수많은 다른 학생들도 있다는 사실을 기억하라.
- 교사와 학생 모두 쉽게 산만해지고 궤도를 벗어나기

때문에 요점을 고수하고 긍정적으로 생각하라(잔소리하지 마라.).

- 했던 일을 또 반복하지 마라.
- 차분하고 명확하게 행동하라. 그렇지 않으면 두 **E** 유형 사람은 PMQs(영국 수상 질의)처럼 점점 더 크게 말할 수 있다(아무것도 듣지 않는다.).
- 어떤 생각은 말하지 않을 수도 있음을 기억하라(그러면 여러분은 나중에 어떤 것, 특히 비판적인 생각을 표현할 더 나은 방법을 생각할 수 있다.).
- 열정적이고 지지하는 청자가 되라. 교사의 생각을 주장하기보다는 학생 자신의 생각을 명확히 하고 발전시킬 수 있도록 도와주라.
- 서로 조용히 하는 법을 배우고 수업에서 **I** 유형 학생이 자신을 표현할 수 있도록 격려하라.

선생님과 학생 모두 같은 방법으로 정보를 수집한다. 그들은 자신의 감각(보고 듣고 느끼는 것을 인지함)을 사용하여 세부 사항을 알아차린다. 둘 다 그들의 세상을 이해하기 위해 경험에 의존한다. 그들은 둘 다 현재에 관심있다. 교사는 교육 방식이 일반적으로 실용적, 순차적, 현실적이어서 흑곰 유형의 학생들이 이를 따르도록 격려한다. 견실하고 동료 같은 관계는 교사와 학생 모두가 그 일을 완수하기 위해 각각 무엇을 해야 하는지를 상호 이해하면서 견고한 관계로 발전한다.

- 배운 것이 실제 현실에서 어떻게 적용되는지 설명하라.
- 학생이 역량을 갖출 때까지 반복하고 연습할 기회를 주라.
- 수업에 상상력을 유용하게 사용하도록 권장하라(그것은 시간 낭비가 아니다.).

선생님과 학생 모두 과제 중심적이고 직설적이고, 꾸준하며 정직한다. 교실은 사무적이고 목적을 가진 분위기일 것이다. 학생들은 행동, 숙제 등에 관해 명확한 지침을 받는다. 만약 학생이 선생님에게 이의를 제기한다면, 그것은 아마 (지침에 대해) 확인하기 위해서일 것이다. 잘해야 이것은 모두가 자신이 어느 위치에 있고 어떻게 행동해야 할지 안다는 것을 의미한다. 선생님은 타고난 업무 충실형 학생의 능력을 최대한 이끌어 내기 위해

- 학생들의 기술과 지식을 경쟁적으로 시험하는 방법으로 수업하라(경쟁, 도전, 퀴즈, 개인 최고 점수 갱신 및 측정).
- 학생들에게 사람의 50%는 **F**형이고 피드백을 비판으로 해석할 수 있음을 이해하도록 도와주라.
- 학생이 성취한 것과 그다음에 해야 할 것에 집중하게 하라.
- 때때로 타협할 수 있도록 준비하라.
- 잠재된 감정적인 원인을 고려하지 않고 문제된 어떤 것을 해결하려는 시도를 피하라.

느긋하고 유연하며 즉흥적인 교사가 선천적으로 체계적인 학생과 함께 하는 것은 꿈의 팀이 될 수도 있고 재앙이 될 수도 있다. 긍정적인 관계를 만들기 위해 그들은 서로의 장점을 살려야 한다. 학생은 계획을 바꾸고 적응하는 선생님의 능력으로부터 혜택을 받을 수 있고, 선생님은 그들이 일하고 완성할 수 있는 계획을 가지고 싶어 하는 학생의 열망으로부터 혜택을 받을 수 있다. 선생님은 또한

- 질서, 깔끔함, 마감 기일 준수에 대한 학생의 욕구를 격려하고 지지하라.
- 학생이 진정으로 원할 경우 그들의 방식대로 작업을 자립적으로 계획할 수 있도록 허락하라.
- 단지 계획을 바꾸기 위한 계획은 하지 마라. 이것은 학생을 좌절시킬 뿐이다.
- 학생들이 변화를 받아들이도록 격려하라. 곰 유형은 유연성 향상의 이점을 누릴 것이다.

82
검은표범 유형 선생님(Panther teacher) & 흰동가리 유형 학생(Clownfish student)
ESTP & ENFP

검은표범 유형과 흰동가리 유형은 두 가지 성향을 공유한다. 둘 다 유연하고 수업 중 즉흥적으로 대처하는 것을 좋아한다. 그들은 정보를 다르게 받아들이고 처리하는데, 이것은 수업 상황에서 갈등보다는 혼란을 야기할 수 있다. 선천적으로 외향적인 학생의 능력을 최대한 이끌어 내기 위해서 선생님은

- 새로운 생각과 발상을 불러일으키는 것이 적절할 때 생동감 넘치는 농담을 즐겨라. 학생은 이러한 방법으로 가장 잘 배우지만, 교실에 수많은 다른 학생들도

있다는 사실을 기억하라.

- 요점에서 벗어나지 마라. 교사와 학생 모두 쉽게 산만해지고 궤도를 벗어나기 쉽다(잔소리하지 마라.).
- 했던 일을 또 반복하지 마라.
- (말뿐만 아니라) 글로 써서 칭찬하라.
- 학생이 쉬는 시간에 교사에게 와서 항상 이야기할 수 있으며, 나중에 교사가 답변할 수 있는 질문 · 문제를 적어 놓을 수 있음을 학생에게 알려 주라.
- 차분하고 명확하게 행동하라. 그렇지 않으면 두 **E** 유형 사람은 PMQs(영국 수상 질의)처럼 점점 더 크게 말할 수 있다(아무것도 듣지 않는다.).
- 어떤 생각은 말하지 않을 수도 있음을 기억하라(그러면 여러분은 나중에 어떤 것, 특히 비판적인 생각을 표현할 더 나은 방법을 생각할 수 있다.).
- 열정적이고 지지하는 청자가 되라. 교사의 생각을 주장하기보다는 학생 자신의 생각을 명확히 하고 발전시킬 수 있도록 도와주라.
- 서로 조용히 하는 법을 배우고 수업에서 **I** 유형 학생이 자신을 표현할 수 있도록 격려하라.

검은표범 유형은 그들이 주목한 것을 이해하기 위해 자신의 경험을 사용하기를 좋아한다. 둘 모두 현실에 관심이 많다. 교사는 선천적으로 수업 방식이 실용적, 사실적이며 학생들이 이를 따라오도록 격려한다. 흰동가리 유형은 이것을 너무 단순하고 깊이가 부족하다고 생각할지도 모른다. 교사는 학생을 공상가, '정신 나간' 사람으로 볼 가능성이 있다. 교사는 학생들을 꾸짖고 싶은 유혹을 물리쳐야 한다. 왜냐하면 이것이 학생들이 정보를 받아들이고 세상을 이해하는 방식이기 때문이다. 올바른 맥락에서 공상에 잠기는 흰동가리 유형은 놀랍도록 창의적이고 통찰력이 있다. 교사가 선천적으로 상상력이 풍부한 학생을 최대한 활용하기 위해

- 학생의 상상력과 통찰력, 그리고 그것이 수업에도 가져올 수 있음을 받아들여라.
- 학생에게 **S**형 접근 방식(사실, 세부 사항, 절차, 실험, 경험 적용, 구조, 단계별 모델)이 수업에 중요하게 기여함을 깨닫도록 하라.

선생님은 먼저 업무에 집중하고 그다음 사람 · 관계에 집중한다. 교실은 결단력 있는 분위기일 것이다. 학생들은 행동, 숙제 등에 관해 기대되는 명확한 지침을 받는다. 잘해야 그것은 모두가 자신이 어느 위치에 있고 어떻게 행동해야 할지 안다는 것을 의미한다. 최악의 경우 교실은 경쟁적이고 냉정한 분위기가 될 수 있다. 선생님이 이러한 학생과 개인적인 관계를 구축하는 것이 핵심이라는 것을 기억하라. 흰동가리 학생들은 자신이 선생님을 좋아하고 선생님 또한 자신을 좋아한다는 것을 느껴야 한다. 이렇게 되면 그들은 더 열심히 공부하겠지만 그렇지 않으면 관심을 완전히 끌 수도 있다. 이는 학생이 한 해에 반에서 1등(좋아하는 선생님과 함께 하면)을 할 수 있고, 다음 해에 교사를 바꾸면 그 과목에 전혀 관심을 보이지 않는 이유를 설명해 준다. 선생님은 열정적인 학생의 능력을 최대한 이끌어 내기 위해

- 공감, 협업 및 팀워크를 사용하여 과제에 집중하는 교사 본연의 성향에 균형을 맞출 수 있는 학습 상황을 제시하라.
- 어떠한 약점이라도 극복할 수 있도록 요령껏 지원하면서 충분하고 정기적으로 칭찬하라. 피드백은 비판으로 쉽게 비칠 수 있으니 전달할 때 계란 껍데기를 밟듯 조심하라.
- 학생에 대한 개인적인 신뢰를 드러내면서 영향력을 발휘하라(나를 실망시키지 마렴, 네가 할 수 있다는 것을 알아. 난 네가 좋단다.).
- 외견상 자신만만한 많은 흰동가리의 나약한 자신감을 보호하려고 무뚝뚝하게 접근하는 방식을 때때로 타협할 수 있도록 준비하라.

검은표범 유형과 흰동가리 유형은 체계적이고 효율적으로 만들 수 있다. 즉, 그것은 단지 노력에 의한 것일 뿐이다. 교사는 학교의 필수적이지만 빡빡하고 제한적인 시간표와 과제 마감 기한 속에서 각자에게 제공되는 자발성과 즉흥성에 대한 상호 존중을 즐기면서, 필요한 과제들을 완수해야 함을 기억해야 한다. 비록 재미있고 인기 있는 선생님이 되겠지만, 또한 학생들이 사회적으로 그리고 학문적으로 성공할 수 있도록 준비하는 과제에 집중하게 할 필요가 있다. 둘 다 일을 끝내는 것보다 시작하는 것을 좋아한다. 그들의 초기 열정은 빠르게 증발할 수 있다. 둘 다 그들이 중요한 과제를 식별하고 완수하도록 확실히 해야 한다. 그렇지 않으면 학생(또는 그들의 부모)은 결국 어색한 질문을 할 수 있다. 교사가 선천적으로 느긋한 학생의 능력을 최대한 이끌어 내기 위해서는 학생들이 단순히 학생이 선택할 수 있는 것과 선택하는 것을 좋아하는 것이 아니라 필수적이다. 중등학교 환경은 많은 **P**형 학생들에게 어렵다. 교사는 다음을 통

해 학생의 성취를 도울 수 있다.

- 가능한 한 유연성을 많이 제공하라(다양한 선택 과제, 수업 내 선택).
- 세부 일정을 피하라(어차피 지키지도 못할 것이다.).
- 예상 가능한 수업이 지겹지 않도록 때때로 변화를 주어라.
- 휜동가리 유형이 자연스럽게 혼란스러운 접근 방식을 극복할 수 있도록 시간 관리 팁을 제공하라.

83 검은표범 유형 선생님(Panther teacher) & 독수리 유형 학생(Eagle student)

ESTP & ENTJ

검은표범 유형과 독수리 유형은 두 가지 성향을 공유한다. 둘 다 적극적이고 직설적이다. 갈등은 적극적인 면모가 공격성이나 반항성으로 비춰질 때 발생할 수 있다. 독수리 유형 학생들이 자신들의 분석적인 힘을 뽐내려고 할 가능성이 있다. 선생님이 빠르게 대처를 한다면 독수리 유형은 성질 고약한 반란군이 아니라 유용한 지원군이 되어 줄 것이다. 본질적으로 외향적인 '타고난 지도자'인 학생의 능력을 최대한 이끌어 내기 위해서 선생님은

- 새로운 생각과 발상을 불러일으키는 것이 적절할 때 생동감 넘치는 농담을 즐겨라. 학생은 이러한 방법으로 가장 잘 배우지만, 교실에 수많은 다른 학생들도 있다는 사실을 기억하라.
- 요점에서 벗어나지 마라. 교사와 학생 모두 쉽게 산만해지고 궤도를 벗어나기 쉽다(잔소리하지 마라.).
- 했던 일을 또 반복하지 마라.
- (말뿐만 아니라) 글로 써서 칭찬하라.
- 학생이 쉬는 시간에 교사에게 와서 항상 이야기할 수 있으며, 나중에 교사가 답변할 수 있는 질문 · 문제를 적어 놓을 수 있음을 학생에게 알려 주라.
- 차분하고 명확하게 행동하라. 그렇지 않으면 두 **E** 유형 사람은 PMQs(영국 수상 질의)처럼 점점 더 크게 말할 수 있다(아무것도 듣지 않는다.).
- 어떤 생각은 말하지 않을 수도 있음을 기억하라(그러면 여러분은 나중에 어떤 것, 특히 비판적인 생각을 표현할 더 나은 방법을 생각할 수 있다.).
- 열정적이고 지지하는 청자가 되라. 교사의 생각을 주장하기보다는 학생 자신의 생각을 명확히 하고 발전시킬 수 있도록 도와주라.
- 서로 조용히 하는 법을 배우고 수업에서 **I** 유형 학생이 자신을 표현할 수 있도록 격려하라.

교사는 자신의 경험을 사용하여 그들이 주목한 것을 이해하기를 좋아한다. 교사는 선천적으로 수업 방식이 실용적, 사실적이며 학생들이 이를 따라오도록 격려한다. 독수리 유형의 학생은 이 문제를 표면적으로 파악하여 추가적인 정밀 조사가 필요하다고 생각할 수 있다. 교사는 독수리 유형 학생의 분석적인 욕구를 받아들이거나 그들의 권위를 가볍게 여기는 당황스러운 경험을 하기 쉽다. 검은표범 유형의 교사는 학생들을 꾸짖고 싶은 유혹을 물리쳐야 한다. 왜냐하면 이것이 그들이 정보를 받아들이고 세상을 이해하는 방식이기 때문이다. 올바른 맥락에서 대립적이고 질의하는 스타일은 주제 내용을 더 깊게 흡수하고 유지하게 한다. 교사가 선천적으로 경쟁적인 학생의 능력을 최대한 이끌어 내기 위해서 선생님은

- 학생의 상상력과 통찰력, 그리고 그것이 수업에도 가져올 수 있음을 받아들여라.
- 학생에게 **S**형 접근 방식(사실, 세부 사항, 절차, 실험, 경험 적용, 구조, 단계별 모델)이 수업에 중요하게 기여함을 깨닫도록 하라.

교사와 학생 모두 업무 중심적이고, 직접적이며, 일관되고 개방적이다. 교실은 축제 분위기가 물씬 풍길 것 같다. 학생들은 행동, 숙제 등의 측면에서 기대하는 명확한 지침을 받는다. 학생이 선생님에게 이의를 제기한다면 그것은 아마 (지침에 대해) 확인하기 위해서일 것이다. 이것은 기껏해야 모든 사람이 자신이 어디에 있고 어떻게 행동해야 하는지를 안다는 것을 의미한다. 교사가 근본적으로 과제 중심인 학생의 능력을 최대한 이끌어 내기 위해

- 학생들의 기술과 지식을 경쟁적으로 시험하는 방법으로 수업하라(경쟁, 도전, 퀴즈, 개인 최고 점수 갱신 및 측정).
- 학생들에게 사람의 50%는 **F**형이고 피드백을 비판으로 해석할 수 있음을 이해하도록 도와주라.

- 잠재된 감정적인 원인을 고려하지 않고 문제된 어떤 것을 해결하려는 시도를 피하라.

느긋하고 유연하며 즉흥적인 교사가 선천적으로 체계적인 학생과 함께 하는 것은 꿈의 팀이 될 수도 있고 재앙이 될 수도 있다. 긍정적인 관계를 만들기 위해 그들은 서로의 장점을 살려야 한다. 학생은 계획을 바꾸고 적응하는 선생님의 능력으로부터 혜택을 받을 수 있고, 선생님은 그들이 일하고 완성할 수 있는 계획을 가지고 싶어 하는 학생의 열망으로부터 혜택을 받을 수 있다. 선생님은 또한

- 질서, 깔끔함, 마감 기일 준수에 대한 학생의 욕구를 격려하고 지지하라.
- 학생이 진정으로 원할 경우 그들의 방식대로 작업을 자립적으로 계획할 수 있도록 허락하라.
- 단지 계획을 바꾸기 위한 계획은 하지 마라. 이것은 학생을 좌절시킬 뿐이다.
- 학생들이 유연성을 받아들이도록 격려하라. 독수리 유형은 유연성 향상의 이점을 누릴 것이다.

84
검은표범 유형 선생님(Panther teacher) & 돌고래 유형 학생(Dolphin student)
ESTP & ENFJ

검은표범 유형과 돌고래 유형은 한 가지 성향을 공유한다. 둘 다 사교적이고 외향적이다. 그들은 정보를 받아들이고 결정하는 방식과 학교와 삶에 대한 태도가 다르다. 검은표범 유형의 객관적이고 유연한 방식은 돌고래 유형의 체계적이고 공감적인 스타일과 대립된다. 내면이 따뜻하고 친근한 학생의 능력을 최대한 이끌어 내기 위해서 선생님은

- 새로운 생각과 발상을 불러일으키는 것이 적절할 때 생동감 넘치는 농담을 즐겨라. 학생은 이러한 방법으로 가장 잘 배우지만, 교실에 수많은 다른 학생들도 있다는 사실을 기억하라.
- 요점에서 벗어나지 마라. 교사와 학생 모두 쉽게 산만해지고 궤도를 벗어나기 쉽다(잔소리하지 마라.).
- 했던 일을 또 반복하지 마라.
- (말뿐만 아니라) 글로 써서 칭찬하라.
- 학생이 쉬는 시간에 교사에게 와서 항상 이야기할 수 있으며, 나중에 교사가 답변할 수 있는 질문 · 문제를 적어 놓을 수 있음을 학생에게 알려 주라.
- 차분하고 명확하게 행동하라. 그렇지 않으면 두 **E** 유형 사람은 PMQs(영국 수상 질의)처럼 점점 더 크게 말할 수 있다(아무것도 듣지 않는다.).
- 어떤 생각은 말하지 않을 수도 있음을 기억하라(그러면 여러분은 나중에 어떤 것, 특히 비판적인 생각을 표현할 더 나은 방법을 생각할 수 있다.).
- 열정적이고 지지하는 청자가 되라. 교사의 생각을 주장하기보다는 학생 자신의 생각을 명확히 하고 발전시킬 수 있도록 도와주라.
- 서로 조용히 하는 법을 배우고 수업에서 **I** 유형 학생이 자신을 표현할 수 있도록 격려하라.

교사는 자신의 경험을 사용하여 그들이 주목한 것을 이해하기를 좋아한다. 교사는 선천적으로 수업 방식이 실용적, 현실적이며 학생들이 이를 따라오도록 격려한다. 돌고래 유형의 학생은 이를 도전적이거나 피상적이라고 여길 수 있다. 교사는 학생을 공상가 또는 '정신 나간' 사람으로 여길지도 모른다. 교사는 학생들을 꾸짖고 싶은 유혹을 물리쳐야 한다. 왜냐하면 이것이 학생들이 정보를 받아들이고 세상을 이해하는 방식이기 때문이다. 올바른 맥락에서 공상은 주제를 더 잘 흡수하고 유지할 수 있다. 상상력이 돋보이는 학생의 능력을 최대한 이끌어 내기 위해서 선생님은

- 학생의 상상력과 통찰력, 그리고 그것이 수업에도 가져올 수 있음을 받아들여라.
- 학생에게 **S**형 접근 방식(사실, 세부 사항, 절차, 실험, 경험 적용, 구조, 단계별 모델)이 수업에 중요하게 기여함을 깨닫도록 하라.

선생님은 과업에 먼저 집중하고 그다음에 사람 · 관계에 집중한다. 교실은 결단력 있는 분위기가 될 것 같다. 학생들은 행동, 숙제 등의 측면에서 예상되는 것에 대한 명확한 지침을 받는다. 이것은 기껏해야 모든 사람이 자신이 어디에 있고 어떻게 행동해야 하는지를 안다는 것을 의미한다. 최악의 경우 교실은 돌고래 유형을 양성하는 데 전투적이고 거칠게 느껴질 수 있다. 이 학생과의 개인적 관계가 핵심이라는 것을 기억하라. 돌고래 유형이 선생님을 좋아하고 선생님도 그들을 좋아한다고 느

길 필요가 있다. 이렇게 되면 그들은 더 열심히 공부하겠지만 그렇지 않으면 관심을 완전히 끌 수도 있다. 이것은 한 학생이 한 해(그들이 좋아하는 선생님과 함께 하면)에 최고의 학생이 될 수도 있고, 선생님이 바뀐 그 이듬해에는 공부에 대해 아예 관심을 보이지 않은 이유를 설명해 준다. 교사는 근본적으로 사람 중심적인 학생의 능력을 최대한 이끌어 내기 위해

- 공감과 개인적 성찰을 사용하여 과제와 토론에 집중하는 본연의 성향을 상쇄할 수 있는 학습 상황을 제시하라.
- 어떠한 약점이라도 극복할 수 있도록 요령껏 지원하면서 충분하고 정기적으로 칭찬하라. 피드백은 비판으로 쉽게 비칠 수 있으니 전달할 때 계란 껍데기를 밟듯 조심하라.
- 학생에 대한 개인적인 신뢰를 드러내면서 설득하라(나를 실망시키지 마렴, 네가 할 수 있다는 것을 알아. 난 네가 좋단다.).
- 돌고래의 감정을 보호하기 위해 당신의 패기만만한 접근 방식을 타협할 준비를 하라.

느긋하고 유연하며 즉흥적인 교사가 선천적으로 체계적인 학생과 함께 하는 것은 꿈의 팀이 될 수도 있고 재앙이 될 수도 있다. 긍정적인 관계를 만들기 위해 그들은 서로의 장점을 살려야 한다. 학생은 계획을 바꾸고 적응하는 선생님의 능력으로부터 혜택을 받을 수 있고, 선생님은 그들이 일하고 완성할 수 있는 계획을 가지고 싶어 하는 학생의 열망으로부터 혜택을 받을 수 있다. 선생님은 또한

- 질서, 깔끔함, 마감 기일 준수에 대한 학생의 욕구를 격려하고 지지하라.
- 학생이 진정으로 원할 경우 그들의 방식대로 작업을 자립적으로 계획할 수 있도록 허락하라.
- 단지 계획을 바꾸기 위한 계획은 하지 마라. 이것은 학생을 좌절시킬 뿐이다.
- 돌고래 유형이 진정하는 데 도움이 되므로 때때로 유연성을 수용하도록 학생을 격려하라.

85
검은표범 유형 선생님(Panther teacher) & 곰인형 유형 학생(Teddy Bear student)
ESTP & ESFJ

검은표범 유형과 곰인형 유형은 두 가지 성향을 공유한다. 둘 다 사교적이고 사실적 현실 세상에 집중하고 경험으로부터 배운다. 그들은 결정하는 방식과 학교와 삶에 대한 태도가 다르다. 검은표범 유형의 객관적이고 유연한 방식은 곰인형 유형의 체계적이고 공감적인 스타일과 대립된다. 내면이 따뜻하고 친근한 학생의 능력을 최대한 이끌어 내기 위해서 선생님은

- 새로운 생각과 발상을 불러일으키는 것이 적절할 때 생동감 넘치는 농담을 즐겨라. 학생은 이러한 방법으로 가장 잘 배우지만, 교실에 수많은 다른 학생들도 있다는 사실을 기억하라.
- 교사와 학생 모두 쉽게 산만해지고 궤도를 벗어나기 때문에 요점을 고수하고 긍정적으로 생각하라(잔소리하지 마라.).
- 했던 일을 또 반복하지 마라.
- (말뿐만 아니라) 글로 써서 칭찬하라.
- 학생이 쉬는 시간에 교사에게 와서 항상 이야기할 수 있으며, 나중에 교사가 답변할 수 있는 질문 · 문제를 적어 놓을 수 있음을 학생에게 알려 주라.
- 차분하고 명확하게 행동하라. 그렇지 않으면 두 **E** 유형 사람은 PMQs(영국 수상 질의)처럼 점점 더 크게 말할 수 있다(아무것도 듣지 않는다.).
- 어떤 생각은 말하지 않을 수도 있음을 기억하라(그러면 여러분은 나중에 어떤 것, 특히 비판적인 생각을 표현할 더 나은 방법을 생각할 수 있다.).
- 열정적이고 지지하는 청자가 되라. 교사의 생각을 주장하기보다는 학생 자신의 생각을 명확히 하고 발전시킬 수 있도록 도와주라.
- 서로 조용히 하는 법을 배우고 수업에서 **I** 유형 학생이 자신을 표현할 수 있도록 격려하라.

검은표범 유형과 곰인형 유형은 자신의 경험을 사용하여 그들이 주목한 것을 이해하기를 좋아한다. 둘 모두 현실에 관심이 있다. 교사는 선천적으로 수업 방식이 실용적, 현실적이며 학생들이 이를 따라오도록 격

려한다. 교사와 학생 모두 그 일을 하기 위해 각자 무엇을 해야 하는지를 이해함으로써 관계가 돈독해진다. 교사가 선천적으로 현실적인 학생을 최대한 활용하기 위해

- 배운 것이 실제 현실에서 어떻게 적용되는지 설명하라.
- 학생이 역량을 갖출 때까지 반복하고 연습할 기회를 주라.
- 수업에 상상력을 유용하게 사용하도록 권장하라(그것은 시간 낭비가 아니다.).

선생님은 과업에 먼저 집중하고 그다음에 사람 · 관계에 집중한다. 교실은 목적 의식이 있는 분위기일 것이다. 학생들은 행동, 숙제 등의 측면에서 기대되는 명확한 지침을 받는다. 이것은 기껏해야 모든 사람이 자신이 어디에 있고 어떻게 행동해야 하는지를 안다는 것을 의미한다. 최악의 경우 교실은 곰인형 유형을 양성하는 데 전투적이고 힘들게 느껴질 수 있다. 이 학생과의 개인적 관계가 핵심이라는 것을 기억하라. 곰인형 유형이 선생님을 좋아하고 선생님도 그들을 좋아한다고 느낄 필요가 있다. 이렇게 되면 그들은 더 열심히 공부하겠지만 그렇지 않으면 관심을 완전히 끌 수도 있다. 이것은 한 학생이 한 해(그들이 좋아하는 선생님과 함께 하면)에 최고의 학생이 될 수도 있고, 선생님이 바뀐 그 이듬해에는 공부에 대해 아예 관심을 보이지 않은 이유를 설명해 준다. 교사는 근본적으로 사람 중심적인 학생의 능력을 최대한 이끌어 내기 위해

- 공감과 개인적 성찰을 사용하여 과제와 토론에 집중하는 본연의 성향을 보충할 수 있는 학습 상황을 제시하라.
- 어떠한 약점이라도 극복할 수 있도록 요령껏 지원하면서 충분하고 정기적으로 칭찬하라. 피드백은 비판으로 쉽게 비칠 수 있으니 전달할 때 계란 껍데기를 밟듯 조심하라.
- 학생에 대한 개인적인 신뢰를 드러내면서 설득하라(나를 실망시키지 마렴, 네가 할 수 있다는 것을 알아. 난 네가 좋단다.).
- 많은 곰인형 유형의 약한 자신감을 보호하기 위해 당신의 거만한 접근 방식을 타협할 준비를 하라.

느긋하고 유연하며 즉흥적인 교사가 선천적으로 체계적인 학생과 만나면 서로를 보완하거나 극적인 충돌을 할 수 있다. 긍정적인 관계를 만들기 위해 그들은 서로의 장점을 살려야 한다. 학생은 계획을 바꾸고 적응하는 선생님의 능력으로부터 혜택을 받을 수 있고, 선생님은 그들이 일하고 완성할 수 있는 계획을 가지고 싶어 하는 학생의 열망으로부터 혜택을 받을 수 있다. 선생님은 또한

- 질서, 깔끔함, 마감 기일 준수에 대한 학생의 욕구를 격려하고 지지하라.
- 학생이 진정으로 원할 경우 그들의 방식대로 학습을 자립적으로 계획할 수 있도록 허락하라.
- 단지 계획을 바꾸기 위한 계획은 하지 마라. 이것은 학생을 좌절시킬 뿐이다.
- 곰인형 유형이 긴장을 푸는 데 도움이 되므로 학생이 유연성을 받아들이도록 학생을 격려하라.

86
검은표범 유형 선생님(Panther teacher) & 북극곰 유형 학생(Polar Bear student)
ESTP & ISTJ

검은표범 유형과 곰인형 유형은 두 가지 성향을 공유한다. 둘 다 직설적이고 객관적이며, 경험으로부터 배우는 것을 좋아한다. 선생님이 학생의 수업에 충실해야 하는 방식에 대한 필요를 이해하지 못한다면 재미있는 것을 좋아하는 검은표범 유형은 좀 더 진지한 북극곰 유형과 부딪힐 수 있다. 이런 상황을 피하기 위해 선생님은

- 차분히 속도를 낮추고 간결하게 이야기하라.
- 질문과 답변 사이에 충분한 시간을 주라. 학생이 답하기 전에 생각하고 되돌아볼 시간이 필요함을 존중하라.
- 학생들에게 스스로 작업할 수 있는 시간과 공간을 제공하라. 그들 머리 위를 맴돌면서 참견하려고 하지 마라.
- 문제를 즉시 해결하거나 학생들의 말을 가로채지 마라.
- 상호 보완적인 유형들과 짝을 이루게 하라(곰인형 · 호랑이 유형).
- **E**형 학생이 많은 모둠 · 팀에 **I**형 학생 한 명만을 두

지 마라(그들은 질식할 것이다.).
- (말뿐만 아니라) 글로 써서 칭찬하라.

검은표범 유형과 북극곰 유형 둘 다 현재를 이해하기 위해 과거의 경험을 사용하는 경향이 있다. 선생님은 원래 수업 방식이 실용적, 현실적이며 학생들이 이를 따라오도록 격려한다. 교사와 학생 모두 그 일을 하기 위해 각자 무엇을 해야 하는지를 이해함으로써 관계가 돈독해진다. 교사가 선천적으로 현실적인 학생을 최대한 활용하기 위해

- 배운 것이 실제 현실에서 어떻게 적용되는지 설명하라.
- 학생이 역량을 갖출 때까지 반복하고 연습할 기회를 주라.
- 수업에 상상력을 유용하게 사용하도록 권장하라(그것은 시간 낭비가 아니다.).

교사와 학생 모두 과업 중심적이고, 직접적이며, 일관되고 개방적이다. 교실은 축제 분위기가 물씬 풍길 것 같다. 학생들은 행동, 숙제 등의 측면에서 기대되는 명확한 지침을 받는다. 학생이 선생님에게 이의를 제기한다면 그것은 아마 (지침에 대해) 확인하기 위해서일 것이다. 이것은 기꺼해야 모든 사람이 자신이 어디에 있고 어떻게 행동해야 하는지를 안다는 것을 의미한다. 교사가 근본적으로 과제 중심적인 학생의 능력을 최대한 이끌어내기 위해 필요한 것은

- 학생들의 기술과 지식을 경쟁적으로 시험하는 방법으로 수업하라(경쟁, 도전, 퀴즈, 개인 최고 점수 갱신 및 측정).
- 학생들에게 사람의 50%는 **F**형이고 피드백을 비판으로 해석할 수 있음을 이해하도록 도와주라.
- 잠재된 감정적인 원인을 고려하지 않고 문제된 어떤 것을 해결하려는 시도를 피하라.
- 학생이 성취한 것과 그다음에 해야 할 것에 집중하게 하라.
- 때때로 타협할 수 있도록 준비하라.

느긋하고 유연하며 즉흥적인 교사가 선천적으로 체계적인 북극곰 유형의 학생과 함께 하는 것은 꿈의 팀이 될 수도 있고 재앙이 될 수도 있다. 긍정적인 관계를 만들기 위해 그들은 서로의 장점을 살려야 한다. 학생은 계획을 바꾸고 적응하는 선생님의 능력으로부터 혜택을 받을 수 있고, 선생님은 그들이 일하고 완성할 수 있는 계획을 가지고 싶어 하는 학생의 열망으로부터 혜택을 받을 수 있다. 선생님은 또한

- 질서, 깔끔함, 마감 기일 준수에 대한 학생의 욕구를 격려하고 지지하라.
- 학생이 진정으로 원할 경우 그들의 방식대로 작업을 자립적으로 계획할 수 있도록 허락하라.
- 단지 계획을 바꾸기 위한 계획은 하지 마라. 이것은 학생을 좌절시킬 뿐이다.

87
검은표범 유형 선생님(Panther teacher) & 코알라 유형 학생(Koala student)
ESTP & ISFJ

검은표범 유형과 코알라 유형은 한 가지 성향을 공유한다. 둘 다 사실을 바탕으로 한 현실 세계에 집중하고 경험으로부터 배운다. 둘은 충돌하기보다 선생님이 잠재적으로 존재감이 없는 코알라 유형을 무시할 가능성이 크다. 이런 상황을 피하기 위해 선생님은

- 차분히 속도를 낮추고 간결하게 이야기하라.
- 질문과 답변 사이에 충분한 시간을 주라. 학생이 답하기 전에 생각하고 되돌아볼 시간이 필요함을 존중하라.
- 학생들에게 스스로 작업할 수 있는 시간과 공간을 허락하라. 학생이 질문하기를 마냥 기다리거나 주변을 맴돌지 마라.
- 문제를 즉시 해결하거나 학생들의 말을 가로채지 마라.
- **E**형 학생이 많은 모둠 · 팀에 **I**형 학생 한 명만을 두지 마라(그들은 질식할 것이다.).
- (말뿐만 아니라) 글로 써서 칭찬하라.

검은표범 유형과 코알라 유형은 자신의 경험을 사용하여 그들이 주목한 것을 이해하기를 좋아한다. 둘 모두 현실에 관심이 있다. 교사는 선천적으로 수업 방식이 실용적, 현실적이며 학생들이 이를 따라오도록 격려한다. 교사와 학생 모두 그 일을 하기 위해 각자 무엇을 해야 하는지를 이해함으로써 관계를 돈독히 할 수 있다. 교

사가 선천적으로 현실에 기반을 둔 학생을 최대한 돕기 위해

- 배운 것이 실제 현실에서 어떻게 적용되는지 설명하라.
- 학생이 역량을 갖출 때까지 반복하고 연습할 기회를 주라.
- 수업에 상상력을 유용하게 사용하도록 권장하라(그것은 시간 낭비가 아니다.).

선생님은 과업에 먼저 집중하고 그다음에 사람 · 관계에 집중한다. 교실은 목적지향적일 것이다. 학생들은 행동, 숙제 등의 측면에서 기대되는 명확한 지침을 받는다. 이것은 기껏해야 모든 사람이 자신이 어디에 있고 어떻게 행동해야 하는지를 안다는 것을 의미한다. 최악의 경우 교실은 전투적이고 거칠어서 수줍은 코알라 유형을 압도할 수 있다. 이 학생과의 개인적 관계가 핵심이라는 것을 기억하라. 코알라 유형이 선생님을 좋아하고 선생님도 그들을 좋아한다고 느낄 필요가 있다. 이렇게 되면 그들은 더 열심히 공부하겠지만 그렇지 않으면 관심을 완전히 잃을 수도 있다. 이것은 한 학생이 한 해(그들이 좋아하는 선생님과 함께 하면)에 최고의 학생이 될 수도 있고, 선생님이 바뀐 그 이듬해에는 공부에 대해 아예 관심을 보이지 않은 이유를 설명해 준다. 교사는 근본적으로 사람 중심적인 학생의 능력을 최대한 이끌어 내기 위해

- 공감과 개인적 성찰을 사용하여 과제와 토론에 집중하는 본연의 성향을 보충할 수 있는 학습 상황을 제시하라.
- 어떠한 약점이라도 극복할 수 있도록 요령껏 지원하면서 충분하고 정기적으로 칭찬하라. 피드백은 비판으로 쉽게 비칠 수 있으니 전달할 때 주의하여 다루어라.
- 학생에 대한 개인적인 신뢰를 드러내면서 설득하라(나를 실망시키지 마렴, 네가 할 수 있다는 것을 알아. 난 네가 좋단다.).
- 많은 고알라 유형의 허약한 자신감을 보호하기 위해 군림하려 드는 접근 방식을 타협할 준비를 하라.

느긋하고 유연하며 즉흥적인 교사가 선천적으로 체계적인 학생과 만날 때 서로를 보완하거나 극적인 충돌을 할 수 있다. 긍정적인 관계를 형성하기 위해 그들은 서로의 장점을 살려야 한다. 학생은 계획을 바꾸고 적응하는 선생님의 능력으로부터 혜택을 받을 수 있고, 선생님은 그들이 일하고 완성할 수 있는 계획을 가지고 싶어하는 학생의 열망으로부터 혜택을 받을 수 있다. 선생님은 또한

- 질서, 깔끔함, 마감 기일 준수에 대한 학생의 욕구를 격려하고 지지하라.
- 학생이 진정으로 원할 경우 그들의 방식대로 학습을 자립적으로 계획할 수 있도록 허락하라.
- 단지 계획을 바꾸기 위한 계획은 하지 마라. 이것은 학생을 좌절시킬 뿐이다.
- 유연성을 기르면 흥분한 코알라들이 진정하는 데 도움이 된다.

88
검은표범 유형 선생님(Panther teacher) & 검은표범 유형 학생(Panther student)
ESTP & ESTP

본능적으로 적극적인 선생님과 학생은 네 가지 성향 모두 공유한다. 검은표범 유형의 선생님은 드물기 때문에 검은표범 학생은 그들이 모방하고 동일시할 수 있는 롤모델과 함께 함으로써 큰 혜택을 받을 수 있다. 충돌은 학생의 극적인 상황과 재미에 대한 욕망이 계속 수업시간에 나타나면 발생할 것이다. 이것은 심지어 같은 유형의 선생님의 인내심까지도 시험할 수 있다. 선천적으로 열정적인 학생의 능력을 최대한 이끌어 내기 위해서 선생님은

- 새로운 생각과 발상을 불러일으키는 것이 적절할 때 생동감 넘치는 농담을 즐겨라. 학생은 이러한 방법으로 가장 잘 배우지만, 교실에 수많은 다른 학생들도 있다는 사실을 기억하라.
- 교사와 학생 모두 쉽게 산만해지고 궤도를 벗어나기 때문에 요점을 고수하고 긍정적으로 생각하라(잔소리하지 마라.).
- 했던 일을 또 반복하지 마라.
- (말뿐만 아니라) 글로 써서 칭찬하라.
- 학생이 쉬는 시간에 교사에게 와서 항상 이야기할 수 있으며, 나중에 교사가 답변할 수 있는 질문 · 문제를

적어 놓을 수 있음을 학생에게 알려 주라.

- 차분하고 명확하게 행동하라. 그렇지 않으면 두 **E** 유형 사람은 아무것도 듣지 않고 점점 더 크게 말할 수 있다.
- 어떤 생각은 말하지 않을 수도 있음을 기억하라(그러면 여러분은 나중에 어떤 것, 특히 비판적인 생각을 표현할 더 나은 방법을 생각할 수 있다.).
- 열정적이고 지지하는 청자가 되라. 교사의 생각을 주장하기보다는 학생 자신의 생각을 명확히 하고 발전시킬 수 있도록 도와주라.
- 서로 조용히 하는 법을 배우고 수업에서 **I** 유형 학생이 자신을 표현할 수 있도록 격려하라.

선생님과 학생은 똑같이 긴급한 방법으로 정보를 수집한다. 그들은 자신의 감각(보고 듣고 느끼는 것을 인지함)을 사용하여 세부 사항을 알아차린다. 둘 다 그들의 세상을 이해하기 위해 경험을 활용한다. 그들은 둘 다 순간에 관심 있다. 교사와 학생 모두 그 일을 하기 위해 각자 무엇을 해야 하는지를 이해함으로써 관계가 돈독해진다. 교사가 선천적으로 현실에 기반을 둔 학생을 최대한 활용하기 위해 필요한 것은

- 배운 것이 실제 현실에서 어떻게 적용되는지 설명하라.
- 학생이 역량을 갖출 때까지 반복하고 연습할 기회를 주라.
- 수업에 상상력을 유용하게 사용하도록 권장하라(그것은 시간 낭비가 아니다.).

교사와 학생 모두 업무 중심적이고, 직접적이며, 일관되고 개방적이다. 교실은 축제 분위기가 물씬 풍길 것 같다. 학생들은 행동, 숙제 등의 측면에서 기대되는 명확한 지침을 받는다. 학생이 선생님에게 이의를 제기한다면 그것은 아마 (지침에 대해) 확인하기 위해서일 것이다. 이것은 기껏해야 모든 사람이 자신이 어디에 있고 어떻게 행동해야 하는지를 안다는 것을 의미한다. 교사가 근본적으로 과제 중심적인 학생의 능력을 최대한 이끌어 내기 위해 필요한 것은

- 학생들의 기술과 지식을 경쟁적으로 시험하는 방법으로 수업하라(경쟁, 도전, 퀴즈, 개인 최고 점수 갱신 및 측정).
- 학생들에게 사람의 50%는 **F**형이고 피드백을 비판으로 해석할 수 있음을 이해하도록 도와주라.
- 잠재된 감정적인 원인을 고려하지 않고 문제된 어떤 것을 해결하려는 시도를 피하라.
- 학생이 성취한 것과 그다음에 해야 할 것에 집중하게 하라.
- 때때로 타협할 수 있도록 준비하라.

검은표범 유형은 조직적이고 효율적인 것을 배울 수 있지만, 열정적으로 포용하기보다는 용인된다. 교사는 학교의 필수적이지만 빡빡하고 제한적인 시간표와 과제 마감 기한 속에서 각자에게 제공되는 자발성과 즉흥성에 대한 상호 존중을 즐기면서, 필요한 과제들을 완수해야 함을 기억해야 한다. 비록 재미있고 인기 있는 선생님이 되겠지만, 또한 학생들이 사회적으로 그리고 학문적으로 성공할 수 있도록 준비하는 과제에 집중하게 할 필요가 있다. 둘 다 일을 끝내는 것보다 시작하는 것을 좋아한다. 그들의 초기 열정은 빠르게 증발할 수 있다. 둘 다 그들이 중요한 과제를 식별하고 완수하도록 확실히 해야 한다. 그렇지 않으면 학생(또는 그들의 부모)은 결국 어색한 질문을 할 수 있다. 교사가 선천적으로 느긋한 학생의 능력을 최대한 이끌어 내기 위해서는 학생들이 단순히 학생이 선택할 수 있는 것과 선택하는 것을 좋아하는 것이 아니라 필수적이라는 것을 이해해야 한다. 중등학교 환경은 **P**형 학생들에게 무척 어렵기 때문에 선생님들은 학생들의 성취를 돕기 위해

- 학생이 중요한 작업을 끝까지 서두르지 않고 완료하도록 시간을 조직하고 관리하는 간단한 방법을 찾을 수 있게 도와주라.
- 가능한 한 유연성을 많이 제공하라(다양한 선택 과제, 수업 내 선택).
- 세부 일정을 피하라(어차피 지키지도 못할 것이다.).
- 예상 가능한 수업이 지겹지 않도록 때때로 변화를 주어라.

89
검은표범 유형 선생님(Panther teacher) & 매 유형 학생(Falcon student)
ESTP & ENTP

Bart Simpson과 Bob Geldof가 만났다. 매우 자신감이

넘치는 검은표범 유형 선생님과 비슷하게 흥이 많은 매 유형 학생은 쉽게 볼 수 없는 조합이다. 둘 다 반항 기질을 타고났고 가만히 있지 못한다. 또한 활동을 갈망한다. 어떤 과목이 다른 곳을 돌아다니는 마음을 딱 정착시킬 정도로 흥미롭다면 둘은 잘 맞을 것이다. 매 유형 학생은 전통적인 수업 분위기에 가장 도전적이다. 관습을 따르지 않는 수업 분위기를 만들어 내는 선생님은 매 유형과 제일 잘 맞는다. 선천적으로 감정 표현이 과장된 학생의 능력을 최대한 이끌어 내기 위해서 선생님은

- 새로운 생각과 발상을 불러일으키는 것이 적절할 때 생동감 넘치는 농담을 즐겨라. 학생은 이러한 방법으로 가장 잘 배우지만, 교실에 수많은 다른 학생들도 있다는 사실을 기억하라.
- 교사와 학생 모두 쉽게 산만해지고 궤도를 벗어나기 때문에 요점을 고수하고 긍정적으로 생각하라(잔소리하지 마라.).
- 했던 일을 또 반복하지 마라.
- 어떤 생각은 말하지 않을 수도 있음을 기억하라(그러면 여러분은 나중에 어떤 것, 특히 비판적인 생각을 표현할 더 나은 방법을 생각할 수 있다.).
- 열정적이고 지지하는 청자가 되라. 교사의 생각을 주장하기보다는 학생 자신의 생각을 명확히 하고 발전시킬 수 있도록 도와주라.
- 차분하고 명확하게 행동하라. 그렇지 않으면 두 **E** 유형 사람은 PMQs(영국 수상 질의)처럼 점점 더 크게 말할 수 있다(아무것도 듣지 않는다.).
- 서로 조용히 하는 법을 배우고 수업에서 **I** 유형 학생이 자신을 표현할 수 있도록 격려하라.

교사는 자신의 경험을 사용하여 그들이 주목한 것을 이해하기를 좋아한다. 교사는 선천적으로 수업 방식이 실용적, 현실적이며 학생들이 이를 따라오도록 격려한다. **N**형인 매 유형의 학생은 이를 도전적이거나 지루하다고 여길 수 있다. 교사는 학생을 공상가 또는 '정신 나간' 사람으로 볼 가능성이 높다. 교사는 학생들을 꾸짖고 싶은 유혹을 물리쳐야 한다. 왜냐하면 이것이 학생들이 정보를 받아들이고 세상을 이해하는 방식이기 때문이다. 올바른 맥락에서 공상은 자동차, 비행기, 의약품 및 컴퓨터의 발명으로 이어질 수 있다. 선천적으로 상상력이 돋보이는 학생의 능력을 최대한 이끌어 내기 위해서 선생님은

- 학생의 상상력과 통찰력, 그리고 그것이 수업에도 가져올 수 있음을 받아들여라.
- 학생에게 **S**형 접근 방식(사실, 세부 사항, 절차, 실험, 경험 적용, 구조, 단계별 모델)이 수업에 중요하게 기여함을 깨닫도록 하라.

교사와 학생 모두 업무 중심적이고, 직접적이며, 일관되고 개방적이다. 교실은 축제 분위기가 물씬 풍길 것 같다. 학생들은 행동, 숙제 등의 측면에서 기대되는 명확한 지침을 받는다. 학생이 선생님에게 이의를 제기한다면 그것은 아마 (지침에 대해) 확인하기 위해서일 것이다. 이것은 기껏해야 모든 사람이 자신이 어디에 있고 어떻게 행동해야 하는지를 안다는 것을 의미한다. 교사가 근본적으로 과제 중심적인 학생의 능력을 최대한 이끌어 내기 위해 필요한 것은

- 학생들의 기술과 지식을 경쟁적으로 시험하는 방법으로 수업하라(경쟁, 도전, 퀴즈, 개인 최고 점수 갱신 및 측정).
- 학생들에게 사람의 50%는 **F**형이고 피드백을 비판으로 해석할 수 있음을 이해하도록 도와주라.
- 학생이 성취한 것과 그다음에 해야 할 것에 집중하게 하라.
- 때때로 타협할 수 있도록 준비하라.
- 잠재된 감정적인 원인을 고려하지 않고 문제된 어떤 것을 해결하려는 시도를 피하라.

검은표범 유형과 매 유형은 해야 할 일 목록, 일정, 예측 가능성을 혐오한다. 교사는 학교의 필수적이지만 빡빡하고 제한적인 시간표와 과제 마감 기한 속에서 각자에게 제공되는 자발성과 즉흥성에 대한 상호 존중을 즐기면서, 필요한 과제들을 완수해야 함을 기억해야 한다. 비록 재미있고 인기 있는 선생님이 되겠지만, 또한 학생들이 사회적으로 그리고 학문적으로 성공할 수 있도록 준비하는 과제에 집중하게 할 필요가 있다. 둘 다 일을 끝내는 것보다 시작하는 것을 좋아한다. 그들의 초기 열정은 빠르게 증발할 수 있다. 둘 다 그들이 중요한 과제를 식별하고 완수하도록 확실히 해야 한다. 그렇지 않으면 학생(또는 그들의 부모)은 결국 어색한 질문을 할 수 있다. 교사가 선천적으로 느긋한 학생의 능력을 최대한 이끌어 내기 위해서는 학생들이 단순히 학생이 선택할 수 있는 것과 선택하는 것을 좋아하는 것이 아니라 필수적인 것이고 그렇게 해 주지 않으면 몸이

근질거리고 몸을 꼼지락거리거나 반항하기 시작된다는 것을 알아야 한다. 체계적이고 시간표가 짜여 있으며 일상이 풍부한 중등학교 환경은 많은 **P**형 학생들에게 어렵다. 교사는 학생의 성취를 돕기 위해

- 가능한 한 유연성을 많이 제공하라(다양한 선택 과제, 수업 내 선택).
- 세부 일정을 피하라(어차피 지키지도 못할 것이다.).
- 예상 가능한 수업이 지겹지 않도록 때때로 수업을 섞어라.
- 학생이 중요한 작업을 끝까지 서두르지 않고 완료하도록 시간을 조직하고 관리하는 간단한 방법을 찾을 수 있게 도와주라.

90
검은표범 유형 선생님(Panther teacher) & 호랑이 유형 학생(Tiger student)
ESTP & ISTP

네 가지 고양잇과 유형 모두 현실적이고 적응을 잘하며 행동적이다. 전통적인 '가만히 앉아서 듣는' 수업 방식은 이들의 타고난 강점과 맞지 않다. 선생님은 호랑이 유형 학생들에게서 최고의 성량을 이끌어 낼 수 있고 그들이 경험과 행동에서 독립적으로 배우는 것에 대한 흥미를 이용하여 이어나갈 수 있도록 격려한다. 둘 다 활동하는 것을 좋아하고 다양성을 추구하며 수업이 내용도 좋으면서 재미있을 때 뛰어난 성량을 보인다. 선생님은 또한

- 차분히 속도를 낮추고 간결하게 이야기하라.
- 대답이나 의견을 학생에게 구하는 것을 피하라. 학생이 답하기 전에 생각하고 되돌아볼 시간이 필요함을 존중하라.
- (말뿐만 아니라) 글로 써서 칭찬하라.
- 학생들에게 스스로 작업할 수 있는 시간과 공간을 허락하라. 달려들기를 기다리거나 그들의 머리 위를 맴돌지 마라.
- 학생이 쉬는 시간에 교사에게 와서 항상 이야기할 수 있으며, 나중에 교사가 답변할 수 있는 질문·문제를 적어 놓을 수 있음을 학생에게 알려 주라.
- 문제를 즉시 해결하거나 학생들의 말을 가로채지 마라.
- **E**형 학생이 많은 모둠·팀에 **I**형 학생 한 명만을 두지 마라(그들은 질식할 것이다.).

선생님과 학생 모두 같은 방법으로 정보를 수집한다. 그들은 자신의 감각(보고 듣고 느끼는 것을 인지함)을 사용하여 세부 사항을 알아차린다. 둘 다 그들의 세상을 이해하기 위해 경험을 이용한다. 그들은 둘 다 현재에 관심 있다. 교사는 교육 방식이 일반적으로 순차적, 현실적이어서 학생들이 이를 따르도록 격려한다. 견실하고 동료 같은 관계는 교사와 학생 모두가 그 일을 완수하기 위해 각각 무엇을 해야 하는지를 상호 이해하면서 견고한 관계로 발전한다. 현실적인 학생의 능력을 최대한 이끌어 내기 위해서 선생님은

- 배운 것이 실제 현실에서 어떻게 적용되는지 설명하라.
- 학생이 역량을 갖출 때까지 반복하고 연습할 기회를 주라.
- 수업에 상상력을 유용하게 사용하도록 권장하라(그것은 시간 낭비가 아니다.).

교사와 학생 모두 업무 중심적이고, 일관되며 정직하다. 교실은 목적이 있는 분위기일 것이다. 학생들은 행동, 숙제 등의 측면에서 기대되는 명확한 지침을 받는다. 학생이 선생님에게 이의를 제기한다면 그것은 아마 (지침에 대해) 확인하기 위해서일 것이다. 이것은 기꺼해야 모든 사람이 자신이 어디에 있고 어떻게 행동해야 하는지를 안다는 것을 의미한다. 교사가 근본적으로 현실에 기반을 둔 학생의 능력을 최대한 이끌어 내기 위해 필요한 것은

- 학생들의 기술과 지식을 경쟁적으로 시험하는 방법으로 수업하라(경쟁, 도전, 퀴즈, 개인 최고 점수 갱신 및 측정).
- 학생들에게 사람의 50%는 **F**형이고 피드백을 비판으로 해석할 수 있음을 이해하도록 도와주라.
- 때때로 타협할 수 있도록 준비하라.
- 학생이 성취한 것과 그다음에 해야 할 것에 집중하게 하라.
- 잠재된 감정적인 원인을 고려하지 않고 문제된 어떤 것을 해결하려는 시도를 피하라.

P형은 조직화이고 효율적일 수 있다. 즉, 그것은 단지 노력일 뿐이다. 교사는 학교의 필수적이지만 빡빡하고 제한적인 시간표와 과제 마감 기한 속에서 각자에게 제공되는 자발성과 즉흥성에 대한 상호 존중을 즐기면서, 필요한 과제들을 완수해야 함을 기억해야 한다. 비록 재미있고 인기 있는 선생님이 되겠지만, 또한 학생들이 사회적으로 그리고 학문적으로 성공할 수 있도록 준비하는 과제에 집중하게 할 필요가 있다. 둘 다 일을 끝내는 것보다 시작하는 것을 좋아한다. 그들의 초기 열정은 빠르게 사라질 수 있다. 둘 다 그들이 중요한 과제를 식별하고 완수하도록 확실히 해야 한다. 그렇지 않으면 학생(또는 그들의 부모)은 결국 어색한 질문을 할 수 있다. 교사가 선천적으로 느긋한 학생의 능력을 최대한 이끌어 내기 위해서는 학생들이 단순히 학생이 선택할 수 있는 것과 선택하는 것을 좋아하는 것이 아니라 필수적임을 이해해야 한다. 중등학교 환경은 **P**형 학생들에게 무척 어렵기 때문에 선생님은 학생들의 성취를 돕기 위해

- 가능한 한 유연성을 많이 제공하라(다양한 선택 과제, 수업 내 선택).
- 세부 일정을 피하라(어차피 지키지도 못할 것이다.).
- 예상 가능한 수업이 지겹지 않도록 때때로 변화를 주어라.
- 호랑이 유형이 중요한 작업을 제때에 완료할 수 있도록 시간을 조직하고 관리하는 간단한 기술을 소개하라.

91
검은표범 유형 선생님(Panther teacher) & 사자 유형 학생(Lion student)
ESTP & ESFP

검은표범 유형 선생님과 사자 유형 학생은 세 가지 성향을 공유한다. 둘 다 행동을 좋아하고 다양성을 추구하며 수업 내용이 좋으면서 재미있을 때 뛰어난 역량을 보인다. 하지만 영화 『Top Gear』의 한 장면처럼, 무모한 동지애는 도가 지나칠 수 있으므로, 선생님은

- 새로운 생각과 발상을 불러일으키는 것이 적절할 때 생동감 넘치는 농담을 즐겨라. 학생은 이러한 방법으로 가장 잘 배우지만, 교실에 수많은 다른 학생들도 있다는 사실을 기억하라.
- 교사와 학생 모두 쉽게 산만해지고 궤도를 벗어나기 때문에 요점을 고수하고 긍정적으로 생각하라(잔소리하지 마라.).
- 서로 조용히 하는 법을 배우고 수업에서 **I** 유형 학생이 자신을 표현할 수 있도록 격려하라.
- 했던 일을 또 반복하지 마라.
- 차분하고 명확하게 행동하라. 그렇지 않으면 두 **E** 유형 사람은 PMQs(영국 수상 질의)처럼 점점 더 크게 말할 수 있다(아무것도 듣지 않는다.).
- 어떤 생각은 말하지 않을 수도 있음을 기억하라(그러면 여러분은 나중에 어떤 것, 특히 비판적인 생각을 표현할 더 나은 방법을 생각할 수 있다.).
- 열정적이고 지지하는 청자가 되라. 교사의 생각을 주장하기보다는 학생 자신의 생각을 명확히 하고 발전시킬 수 있도록 도와주라.

선생님과 학생 모두 같은 방법으로 정보를 수집한다. 그들은 자신의 감각(보고 듣고 느끼는 것을 인지함)을 사용하여 세부 사항을 알아차린다. 둘 다 그들의 세상을 이해하기 위해 경험을 이용한다. 그들은 둘 다 현재에 관심 있다. 교사는 교육 방식이 일반적으로 순차적, 현실적이어서 학생들이 이를 따라오면 좋아한다. 견실하고 동료 같은 관계는 교사와 학생 모두가 그 일을 완수하기 위해 각각 무엇을 해야 하는지를 상호 이해하면서 견고한 관계로 발전한다. 선생님이 선천적으로 현실적인 학생의 능력을 최대한 이끌어 내기 위해 필요한 것은

- 배운 것이 실제 현실에서 어떻게 적용되는지 설명하라.
- 수업에 상상력을 유용하게 사용하도록 권장하라(그것은 시간 낭비가 아니다.).
- 학생이 역량을 갖출 때까지 반복하고 연습할 기회를 주라.

선생님은 과업에 먼저 집중하고 그다음에 사람 · 관계에 집중한다. 교실은 사무적이고 목적이 있는 분위기일 것이다. 학생들은 행동, 숙제 등의 측면에서 기대되는 명확한 지침을 받는다. 이것은 기껏해야 모든 사람이 자신이 어디에 있고 어떻게 행동해야 하는지를 안다는 것을 의미한다. 최악의 경우 교실은 전투적이고 거칠게 느껴질 수 있다. 이 학생과의 개인적 관계가 핵심

이라는 것을 기억하라. 사자 유형이 선생님을 좋아하고 선생님도 그들을 좋아한다고 느낄 필요가 있다. 이렇게 되면 그들은 더 열심히 공부하겠지만 그렇지 않으면 관심을 완전히 끌 수도 있다. 이것은 한 학생이 한 해(그들이 좋아하는 선생님과 함께 하면)에 최고의 학생이 될 수도 있고, 선생님이 바뀐 그 이듬해에는 공부에 대해 아예 관심을 보이지 않은 이유를 설명해 준다. 교사는 근본적으로 사람 중심적인 학생의 능력을 최대한 이끌어 내기 위해

- 학생에 대한 개인적인 신뢰를 드러내면서 영향을 주어라(나를 실망시키지 마렴, 네가 할 수 있다는 것을 알아. 난 네가 좋단다.).
- 공감, 협업 및 팀워크를 사용하여 과제에 집중하는 교사 본연의 성향에 균형을 맞출 수 있는 학습 상황을 제시하라.
- 어떠한 약점이라도 극복할 수 있도록 요령껏 지원하면서 충분하고 정기적으로 칭찬하라. 피드백은 비판으로 쉽게 비칠 수 있으니 전달할 때 계란 껍데기를 밟듯 조심하라.
- 때때로 타협할 준비를 하라.

검은표범 유형과 사자 유형은 해야 할 일 목록, 일정, 예측 가능성을 혐오한다. 즉, 그들은 후천적인 심미안이나 연마된 기술의 경지에 도달하는 경우가 드물다. 교사는 학교의 필수적이지만 빡빡하고 제한적인 시간표와 과제 마감 기한 속에서 각자에게 제공되는 자발성과 즉흥성에 대한 상호 존중을 즐기면서, 필요한 과제들을 완수해야 함을 기억해야 한다. 비록 재미있고 인기 있는 선생님이 되겠지만, 또한 학생들이 사회적으로 그리고 학문적으로 성공할 수 있도록 준비하는 과제에 집중하게 할 필요가 있다. 둘 다 일을 끝내는 것보다 시작하는 것을 좋아한다. 그들의 초기 열정은 빠르게 증발할 수 있다. 둘 다 그들이 중요한 과제를 식별하고 완수하도록 확실히 해야 한다. 그렇지 않으면 학생(또는 그들의 부모)은 결국 어색한 질문을 할 수 있다. 교사가 선천적으로 느긋한 학생의 능력을 최대한 이끌어 내기 위해서는 학생들이 단순히 학생이 선택할 수 있는 것과 선택하는 것을 좋아하는 것이 아니라 필수적임을 이해해야 한다. 중등학교 환경은 **P**형 학생들에게 무척 어렵기 때문에 선생님은 학생들의 성취를 돕기 위해

- 가능한 한 유연성을 많이 제공하라(다양한 선택 과제, 수업 내 선택).
- 학생이 성공할 수 있도록 간단하지만 효과적인 전략을 찾도록 도와주라.
- 세부 일정을 피하라(어차피 지키지도 못할 것이다.).
- 예상 가능한 수업이 지겹지 않도록 때때로 변화를 주어라.

92
검은표범 유형 선생님(Panther teacher) & 고양이 유형 학생(Cat student)
ESTP & ISFP

네 가지 고양잇과 유형 모두 현실적이고 적응을 잘하고 행동 지향적이다. 전통적인 수업 방식은 이들의 타고난 강점과 맞지 않다. 검은표범 유형 선생님은 경험과 행동과 독립적으로 학습에 대한 관심을 사용하여 고양이 유형의 장점을 이끌어 내고 성공하도록 도울 수 있다. 검은표범 유형과 고양이 유형은 두 가지 성향을 공유한다. 둘 다 다양성을 추구하며 수업 내용도 좋으면서 재미있을 때 뛰어난 역량을 보인다. 선생님은 선천적으로 내성적인 학생의 능력을 최대한 이끌어 내기 위해

- 문제를 즉시 해결하거나 학생들의 말을 가로채지 마라.
- 상호 보완적인 유형들과 짝을 이루게 하라(해마 · 물개 · 곰인형 · 돌고래 유형).
- **E**형 학생이 많은 모둠 · 팀에 **I**형 학생 한 명만을 두지 마라(그들은 질식할 것이다.).
- (말뿐만 아니라) 글로 써서 칭찬하라.
- 학생이 쉬는 시간에 교사에게 와서 항상 이야기할 수 있으며, 나중에 교사가 답변할 수 있는 질문 · 문제를 적어 놓을 수 있음을 학생에게 알려 주라.
- 차분히 속도를 낮추고 간결하게 이야기하라.
- 질문과 답변 사이에 충분한 시간을 주라. 학생이 답하기 전에 생각하고 되돌아볼 시간이 필요함을 존중하라.
- 학생들에게 스스로 작업할 수 있는 시간과 공간을 제공하라. 달려들기를 기다리거나 그들의 머리 위를 맴돌지 마라.

선생님과 학생 모두 같은 방법으로 정보를 수집한다. 그들은 자신의 감각(보고 듣고 느끼는 것을 인지함)을 사용하여 세부 사항을 알아차린다. 둘 다 그들의 세상을 이해하기 위해 경험을 이용한다. 그들은 둘 다 현재에 관심 있다. 교사는 교육 방식이 일반적으로 순차적, 현실적이어서 학생들이 이를 따라오면 좋아한다. 견실하고 동료 같은 관계는 교사와 학생 모두가 그 일을 완수하기 위해 각각 무엇을 해야 하는지를 상호 이해하면서 견고한 관계로 발전한다. 선생님이 선천적으로 현실적인 학생의 능력을 최대한 이끌어 내기 위해 필요한 것은

- 배운 것이 실제 현실에서 어떻게 적용되는지 설명하라.
- 학생이 역량을 갖출 때까지 반복하고 연습할 기회를 주라.
- 수업에 상상력을 유용하게 사용하도록 권장하라(그것은 시간 낭비가 아니다.).

선생님은 과업에 먼저 집중하고 그다음에 사람 · 관계에 집중한다. 교실은 사무적이고 목적이 있는 분위기일 것 같다. 학생들은 행동, 숙제 등의 측면에서 기대되는 명확한 지침을 받는다. 이것은 기껏해야 모든 사람이 자신이 어디에 있고 어떻게 행동해야 하는지를 안다는 것을 의미한다. 최악의 경우 교실은 『Top Gear』의 한 장면처럼 경쟁적이고 냉정하게 느낄 수 있다. 이 학생과의 개인적 관계가 핵심이라는 것을 기억하라. 고양이 유형이 선생님을 좋아하고 선생님도 그들을 좋아한다고 느낄 필요가 있다. 이렇게 되면 그들은 더 열심히 공부하겠지만 그렇지 않으면 관심을 완전히 끌 수도 있다. 이것은 한 학생이 한 해(그들이 좋아하는 선생님과 함께 하면)에 최고의 학생이 될 수도 있고, 선생님이 바뀐 그 이듬해에는 공부에 대해 아예 관심을 보이지 않은 이유를 설명해 준다. 교사는 근본적으로 사람 중심적인 학생의 능력을 최대한 이끌어 내기 위해

- 공감, 협업 및 팀워크를 사용하여 과제에 집중하는 교사 본연의 성향에 균형을 맞출 수 있는 학습 상황을 제시하라.
- 어떠한 약점이라도 극복할 수 있도록 요령껏 지원하면서 충분하고 정기적으로 칭찬하라. 피드백은 비판으로 쉽게 비칠 수 있으니 전달할 때 계란 껍데기를 밟듯 조심하라.
- 학생에 대한 개인적인 신뢰를 드러내면서 설득하라 (나를 실망시키지 마렴, 네가 할 수 있다는 것을 알아. 난 네가 좋단다.).
- 때때로 타협할 준비를 하라.

검은표범 유형과 고양이 유형은 조직적이고 효율적이다. 즉, 그것은 단지 노력에 의한 것일 뿐이다. 교사는 학교의 필수적이지만 빡빡하고 제한적인 시간표와 과제 마감 기한 속에서 각자에게 제공되는 자발성과 즉흥성에 대한 상호 존중을 즐기면서, 필요한 과제들을 완수해야 함을 기억해야 한다. 비록 재미있고 인기 있는 선생님이 되겠지만, 또한 학생들이 사회적으로 그리고 학문적으로 성공할 수 있도록 준비하는 과제에 집중하게 할 필요가 있다. 둘 다 일을 끝내는 것보다 시작하는 것을 좋아한다. 그들의 초기 열정은 빠르게 증발할 수 있다. 둘 다 그들이 중요한 과제를 식별하고 완수하도록 확실히 해야 한다. 그렇지 않으면 학생(또는 그들의 부모)은 결국 어색한 질문을 할 수 있다. 교사가 선천적으로 느긋한 학생의 능력을 최대한 이끌어 내기 위해서는 학생들이 단순히 학생이 선택할 수 있는 것과 선택하는 것을 좋아하는 것이 아니라 필수적임을 이해해야 한다. 중등학교 환경은 **P**형 학생들에게 무척 어렵기 때문에 선생님은 학생들의 성취를 돕기 위해

- 가능한 한 유연성을 많이 제공하라(다양한 선택 과제, 수업 내 선택).
- 세부 일정을 피하라(어차피 지키지도 못할 것이다.).
- 예상 가능한 수업이 지겹지 않도록 때때로 변화를 주어라.
- 학생이 중요한 작업을 끝까지 서두르지 않고 완료하도록 시간을 조직하고 관리하는 간단한 방법을 찾도록 도와주라.

93
검은표범 유형 선생님(Panther teacher) & 가면올빼미 유형 학생(Barn Owl student)
ESTP & INTJ

검은표범 유형과 가면올빼미 유형은 두 가지 성향을 공유한다. 둘 다 적극적이고 직설적이다. 갈등은 적극적인 면모가 공격성이나 반항성으로 비춰질 때 발생할 수 있

다. 가면올빼미 유형 학생들이 자신의 분석적인 힘을 뽐치려고 할 가능성이 있다. 선생님이 빠르게 대처를 한다면 가면올빼미 유형은 성질 고약한 반란군이 아니라 유용한 지원군이 되어 줄 것이다. 선천적으로 자아 성찰적인 올빼미 유형 학생의 능력을 최대한 이끌어 내기 위해서 선생님은

- 차분히 속도를 낮추고 간결하게 이야기하라.
- 질문과 답변 사이에 충분한 시간을 주라. 학생이 답하기 전에 생각하고 되돌아볼 시간이 필요함을 존중하라.
- 학생들에게 스스로 작업할 수 있는 시간과 공간을 제공하라. 달려들기를 기다리거나 그들의 머리 위를 맴돌지 마라.
- 문제를 즉시 해결하거나 가면올빼미 유형인 학생들의 말을 가로채지 마라.
- 상호 보완적인 유형들과 짝을 이루게 하라(올빼미 · 호랑이 · 북극곰 유형).
- **E**형 학생이 많은 모둠 · 팀에 **I**형 학생 한 명만을 두지 마라(그들이 귀찮게 하거나 무시할 것이다.).
- (말뿐만 아니라) 글로 써서 칭찬하라.
- 학생이 쉬는 시간에 교사에게 와서 항상 이야기할 수 있으며, 나중에 교사가 답변할 수 있는 질문 · 문제를 적어 놓을 수 있음을 학생에게 알려 주라.

검은표범 유형 교사는 자신의 경험을 사용하여 그들이 주목한 것을 이해하기를 좋아한다. 그들은 현재에 관심이 있다. 교사는 선천적으로 수업 방식이 실용적, 충동적이며 학생들이 이를 따라오도록 격려한다. 가면올빼미 유형의 학생은 이를 의욕을 돋구거나 지루하다고 여길 수 있다. 교사는 학생을 전술가 또는 공상가로 여길 수 있다. 교사는 학생들을 꾸짖고 싶은 유혹을 물리쳐야 한다. 왜냐하면 이것이 학생들이 정보를 받아들이고 세상을 이해하는 방식이기 때문이다. 올바른 맥락에서 공상은 새로운 통찰력과 발명으로 이어질 수 있다. 교사가 이성적인 학생을 최대한 활용하려면

- 학생의 상상력과 통찰력, 그리고 그것이 수업에도 가져올 수 있음을 받아들여라.
- 학생에게 **S**형 접근 방식(사실, 세부 사항, 절차, 실험, 경험 적용, 구조, 단계별 모델)이 수업에 중요하게 기여함을 깨닫도록 하라.

선생님과 학생은 모두 객관적이고 직설적이다. 교실은 목적이 있는 분위기일 것이다. 학생들은 행동, 숙제 등에 관해 명확한 지침을 받는다. 만약 학생이 선생님과 부딪친다면, 그것은 명확한 설명을 요구하는 것일 가능성이 크다. 기껏해야 이것은 모두가 자신이 어느 위치에 있고 어떻게 행동해야 할지 안다는 것을 의미한다. 선생님은 타고난 분석적인 학생의 능력을 최대한 이끌어 내기 위해

- 학생들의 기술과 지식을 경쟁적으로 시험하는 방법으로 수업하라(경쟁, 도전, 퀴즈, 개인 최고 점수 갱신 및 측정).
- 학생들에게 사람의 50%는 **F**형이고 피드백을 비판으로 해석할 수 있음을 이해하도록 도와주라.
- 학생이 성취한 것과 그다음에 해야 할 것에 집중하게 하라.
- 때때로 타협할 수 있도록 준비하라.
- 잠재된 감정적인 원인을 고려하지 않고 문제된 어떤 것을 해결하려는 시도를 피하라.

본능적으로 체계적인 학생과 느긋하고 상황에 잘 대처하는 즉흥적인 선생님은 매우 좋은 팀이 되거나 재앙이 될 수 있다. 긍정적인 관계를 성립하기 위해서 서로의 장점을 살릴 필요가 있다. 학생들은 적응을 잘하고 계획을 때에 따라 변경하는 선생님의 능력으로부터 혜택을 받을 수 있고, 선생님은 자신이 맡은 일에 대해 계획을 세우고 완성하려는 학생들의 욕구로부터 혜택을 받을 수 있다. 선생님은 또한

- 질서, 깔끔함, 마감 기일 준수에 대한 학생의 욕구를 격려하고 지지하라.
- 학생이 진정으로 원할 경우 그들의 방식대로 작업을 자립적으로 계획할 수 있도록 허락하라.
- 단지 계획을 바꾸기 위한 계획은 하지 마라. 이것은 학생을 좌절시킬 뿐이다.
- 올빼미 유형이 진정하는 데 도움이 되므로 학생들이 유연성을 받아들이도록 격려하라.

94
검은표범 유형 선생님(Panther teacher) & 숲올빼미 유형 학생(Tawny Owl student)
ESTP & INTP

검은표범 유형과 숲올빼미 유형은 두 가지 성향을 공유한다. 둘 다 적극적이고 직설적이다. 갈등은 적극적인 면모가 공격성이나 반항성으로 비춰질 때 발생할 수 있다. 숲올빼미 유형 학생들이 자신의 분석적인 힘을 뽐내려고 할 가능성이 있다. 선생님이 빠르게 대처를 한다면 올빼미 유형은 수업을 방해는 '망나니 교수'가 아니라 유용한 지원군이 되어 줄 것이다. 선천적으로 자아 성찰적인 학생의 능력을 최대한 이끌어 내기 위해서 선생님은

- 차분히 속도를 낮추고 간결하게 이야기하라.
- 질문과 답변 사이에 충분한 시간을 주라. 학생이 답하기 전에 생각하고 되돌아볼 시간이 필요함을 존중하라.
- 학생들에게 스스로 작업할 수 있는 시간과 공간을 제공하라. 달려들기를 기다리거나 그들의 머리 위를 맴돌지 마라.
- 문제를 즉시 해결하거나 올빼미 유형인 학생들의 말을 가로채지 마라.
- 상호 보완적인 유형들과 짝을 이루게 하라(올빼미 · 호랑이 · 북극곰 유형).
- **E**형 학생이 많은 모둠 · 팀에 **I**형 학생 한 명만을 두지 마라(그들이 귀찮게 하거나 무시할 것이다.).
- (말뿐만 아니라) 글로 써서 칭찬하라.

검은표범 유형 교사는 자신의 경험을 사용하여 그들이 주목한 것을 이해하기를 좋아한다. 그들은 현재에 관심이 있다. 교사는 선천적으로 수업 방식이 실용적, 충동적이며 학생들이 이를 따라오도록 격려한다. 숲올빼미 유형의 학생은 이를 의욕을 돋구거나 지루하다고 여길 수 있다. 교사는 학생을 공상가로 여길 수 있다. 교사는 학생들을 꾸짖고 싶은 유혹을 물리쳐야 한다. 왜냐하면 이것이 학생들이 정보를 받아들이고 세상을 이해하는 방식이기 때문이다. 올바른 맥락에서 공상은 새로운 통찰력과 발명으로 이어질 수 있다. 교사가 이성적인 학생을 최대한 활용하려면

- 학생의 상상력과 통찰력, 그리고 그것이 수업에도 가져올 수 있음을 받아들여라.
- 학생에게 **S**형 접근 방식(사실, 세부 사항, 절차, 실험, 경험 적용, 구조, 단계별 모델)이 수업에 중요하게 기여함을 깨닫도록 하라.

선생님과 학생 모두 객관적이고 직접적이다. 교실은 사무적이고 목적이 있는 분위기일 것이다. 학생들은 행동, 숙제 등의 측면에서 기대되는 명확한 지침을 받는다. 학생이 선생님에게 이의를 제기한다면 그것은 아마 (지침에 대해) 확인하기 위해서일 것이다. 이것은 기껏해야 모든 사람이 자신이 어디에 있고 어떻게 행동해야 하는지를 안다는 것을 의미한다. 교사는 근본적으로 분석적인 학생의 능력을 최대한 이끌어 내기 위해

- 학생들의 기술과 지식을 경쟁적으로 시험하는 방법으로 수업하라(경쟁, 도전, 퀴즈, 개인 최고 점수 갱신 및 측정).
- 학생들에게 사람의 50%는 **F**형이고 피드백을 비판으로 해석할 수 있음을 이해하도록 도와주라.
- 학생이 성취한 것과 그다음에 해야 할 것에 집중하게 하라.
- 때때로 타협할 수 있도록 준비하라.
- 잠재된 감정적인 원인을 고려하지 않고 문제된 어떤 것을 해결하려는 시도를 피하라.

검은표범 유형과 숲올빼미 유형은 조직적이고 효율적이다. 즉, 그것은 단지 노력에 의한 것일 뿐이다. 교사는 학교의 필수적이지만 빡빡하고 제한적인 시간표와 과제 마감 기한 속에서 각자에게 제공되는 자발성과 즉흥성에 대한 상호 존중을 즐기면서, 필요한 과제들을 완수해야 함을 기억해야 한다. 비록 재미있고 인기 있는 선생님이 되겠지만, 또한 학생들이 사회적으로 그리고 학문적으로 성공할 수 있도록 준비하는 과제에 집중하게 할 필요가 있다. 둘 다 일을 끝내는 것보다 시작하는 것을 좋아한다. 그들의 초기 열정은 빠르게 증발할 수 있다. 둘 다 그들이 중요한 과제를 식별하고 완수하도록 확실히 해야 한다. 그렇지 않으면 학생(또는 그들의 부모)은 결국 어색한 질문을 할 수 있다. 교사가 선천적으로 느긋한 학생의 능력을 최대한 이끌어 내기 위해서는 학생들이 단순히 학생이 선택할 수 있는 것과 선택하는 것을 좋아하는 것이 아니라 필수적임을 이해해야 한다. 중등학교 환경은 **P**형 학생들에게 무척 어렵기 때문에 선생님은 학생들의 성취를 돕기 위해

- 세부 일정을 피하라(어차피 지키지도 못할 것이다.).
- 예상 가능한 수업이 지겹지 않도록 때때로 수업을 섞어라.
- 학생이 성공할 수 있도록 시간 관리 전략 찾도록 도와주라.
- 가능한 한 유연성을 많이 제공하라(다양한 선택 과제,

수업 내 선택).

95
검은표범 유형 선생님(Panther teacher) & 해마 유형 학생(Seahorse student)
ESTP & INFJ

검은표범 유형과 해마 유형은 겹치는 성격 유형이 없다. 그들이 서로의 특징을 받아들이고 수용한다면 다른 점이 매력적으로 나타날 것이다. 선생님이 학생이 생각하고 공상하며 학습에 대해 생각할 시간과 자신의 일을 정리할 필요성을 존중하고 이용해 준다면 서로 견고한 관계를 구축할 수 있다. 해마 유형은 타고난 공감성이 돋보이는 학생이므로 좀 더 거친 스타일을 추구하는 검은표범 선생님이 다음처럼 해 주면 좋다.

- 차분히 속도를 낮추고 간결하게 이야기하라.
- 질문과 답변 사이에 충분한 시간을 주라. 학생이 답하기 전에 생각하고 되돌아볼 시간이 필요함을 존중하라.
- 학생들에게 스스로 작업할 수 있는 시간과 공간을 허락하라. 달려들기를 기다리거나 그들의 머리 위를 맴돌지 마라.
- 문제를 즉시 해결하거나 학생들의 말을 가로채지 마라.
- **E**형 학생이 많은 모둠 · 팀에 **I**형 학생 한 명만을 두지 마라(그들은 질식할 것이다.).
- (말뿐만 아니라) 글로 써서 칭찬하라.

교사는 자신의 경험을 사용하여 그들이 주목한 것을 이해하기를 좋아한다. 그들은 현재에 관심이 있다. 교사는 선천적으로 수업 방식이 실용적, 현실적이며 학생들이 이를 따라오도록 격려한다. 해마 유형은 이 방식이 너무 단순하고 깊이가 부족하다고 여길 수 있다. 교사는 학생을 공상가, '정신 나간' 사람으로 볼 가능성이 있다. 학생들의 상상을 무시하고 싶은 유혹을 이겨내야 한다. 왜냐하면 이것이 학생들이 정보를 받아들이고 세상을 이해하는 방식이기 때문이다. 올바른 맥락에서 공상은 해마 유형이 그들의 성향을 이용하여 더 많은 학습을 흡수하고 유지할 수 있다. 교사가 상상력이 풍부한 학생을 최대한 활용하려면

- 학생의 상상력과 통찰력, 그리고 그것이 수업에도 가져올 수 있음을 받아들여라.
- 학생에게 **S**형 접근 방식(사실, 세부 사항, 절차, 실험, 경험 적용, 구조, 단계별 모델)이 수업에 중요하게 기여함을 깨닫도록 하라.

선생님은 과업에 먼저 집중하고 그다음에 사람 · 관계에 집중한다. 교실은 목적이 있는 분위기일 것이다. 학생들은 행동, 숙제 등의 측면에서 기대되는 명확한 지침을 받는다. 이것은 기껏해야 모든 사람이 자신이 어디에 있고 어떻게 행동해야 하는지를 안다는 것을 의미한다. 최악의 경우 교실은 전투적이고 거칠게 느껴질 수 있다. 이 학생과의 개인적 관계가 핵심이라는 것을 기억하라. 해마 유형이 선생님을 좋아하고 선생님도 그들을 좋아한다고 느낄 필요가 있다. 이렇게 되면 그들은 더 열심히 공부하겠지만 그렇지 않으면 관심을 완전히 끌 수도 있다. 이것은 한 학생이 한 해(그들이 좋아하는 선생님과 함께 하면)에 최고의 학생이 될 수도 있고, 선생님이 바뀐 그 이듬해에는 공부에 대해 아예 관심을 보이지 않은 이유를 설명해 준다. 교사는 근본적으로 사람 중심적인 학생의 능력을 최대한 이끌어 내기 위해

- 공감, 협업 및 팀워크를 사용하여 과제에 집중하는 교사 본연의 성향에 균형을 맞출 수 있는 학습 상황을 제시하라.
- 어떠한 약점이라도 극복할 수 있도록 요령껏 지원하면서 충분하고 정기적으로 칭찬하라. 피드백은 비판으로 쉽게 비칠 수 있으니 전달할 때 계란 껍데기를 밟듯 조심하라.
- 학생에 대한 개인적인 신뢰를 드러내면서 설득하라(나를 실망시키지 마렴, 네가 할 수 있다는 것을 알아. 난 네가 좋단다.).
- 많은 해마 유형의 연약한 자신감을 보호하기 위해 무뚝뚝한 접근 방식을 타협할 준비를 하라.

본능적으로 체계적인 학생과 느긋하고 상황에 잘 대처하는 즉흥적인 선생님은 매우 좋은 팀이 되거나 재앙이 될 수 있다. 긍정적인 관계를 성립하기 위해서 서로의 장점을 살릴 필요가 있다. 학생들은 적응을 잘하고 계획을 때에 따라 변경하는 선생님의 능력으로부터 혜택을 받을 수 있고, 선생님은 자신이 맡은 일에 대해 계획을 세우고 완성하려는 학생들의 욕구로부터 혜택을 받을

수 있다. 선생님은 또한

- 질서, 깔끔함, 마감 기일 준수에 대한 학생의 욕구를 격려하고 지지하라.
- 학생이 진정으로 원할 경우 그들의 방식대로 작업을 자립적으로 계획할 수 있도록 허락하라.
- 단지 계획을 바꾸기 위한 계획은 하지 마라. 이것은 학생을 좌절시킬 뿐이다.
- 학생들이 유연성을 받아들이도록 격려하라. 해마 유형조차도 때때로 휴식을 취해야 한다.

96
검은표범 유형 선생님(Panther teacher) & 물개 유형 학생(Seal student)
ESTP & INFP

검은표범 유형과 물개 유형은 융통성이 있고 교실에서 즉흥적인 기회를 즐긴다. 교사가 곰곰이 생각할 수 있는 공간에 대한 물개 유형의 욕구를 존중하고 활용할 때, 공상을 하고 학습을 개인화할 때 강한 관계가 형성될 가능성이 크다. 물개 유형은 모든 유형 중에서 가장 포용력이 있고 공감 능력이 뛰어나기 때문에 선천적으로 무신경한 검은표범 선생님이 다음처럼 해 주면 좋다.

- 차분히 속도를 낮추고 간결하게 이야기하라.
- 질문과 답변 사이에 충분한 시간을 주라. 학생이 답하기 전에 생각하고 되돌아볼 시간이 필요함을 존중하라.
- 학생들에게 스스로 작업할 수 있는 시간과 공간을 허락하라. 달려들기를 기다리거나 그들의 머리 위를 맴돌지 마라.
- 문제를 즉시 해결하거나 학생들의 말을 가로채지 마라.
- **E**형 학생이 많은 모둠 · 팀에 **I**형 학생 한 명만을 두지 마라(그들은 질식할 것이다.).
- (말뿐만 아니라) 글로 써서 칭찬하라.

검은표범 유형은 자신의 경험을 사용하여 그들이 주목한 것을 이해하기를 좋아한다. 그들은 현재에 관심이 있다. 교사는 선천적으로 수업 방식이 실용적, 현실적이며 학생들이 이를 따라오도록 격려한다. 물개 유형은 이 방식이 너무 단순하고 깊이가 부족하다고 여길 수 있다. 교사는 학생을 공상가, '정신 나간' 사람으로 볼 가능성이 있다. 교사는 학생들을 꾸짖고 싶은 유혹을 이겨내야 한다. 왜냐하면 이것이 학생들이 정보를 받아들이고 세상을 이해하는 방식이기 때문이다. 올바른 맥락에서 공상에 잠긴 물개 유형은 소설, 시를 쓰고, 철학적 생각을 할 수 있다. 교사가 선천적으로 상상력이 풍부한 학생을 최대한 활용하려면

- 학생의 상상력과 통찰력, 그리고 그것이 수업에도 가져올 수 있음을 받아들여라.
- 학생에게 **S**형 접근 방식(사실, 세부 사항, 절차, 실험, 경험 적용, 구조, 단계별 모델)이 수업에 중요하게 기여함을 깨닫도록 하라.

선생님은 과업에 먼저 집중하고 그다음에 사람 · 관계에 집중한다. 교실은 목적이 있는 분위기일 것이다. 학생들은 행동, 숙제 등의 측면에서 기대되는 명확한 지침을 받는다. 이것은 기껏해야 모든 사람이 자신이 어디에 있고 어떻게 행동해야 하는지를 안다는 것을 의미한다. 최악의 경우 교실은 전투적이고 거칠게 느껴질 수 있다. 이 학생과의 개인적 관계가 핵심이라는 것을 기억하라. 물개 유형이 선생님을 좋아하고 선생님도 그들을 좋아한다고 느낄 필요가 있다. 이렇게 되면 그들은 더 열심히 공부하겠지만 그렇지 않으면 관심을 완전히 끌 수도 있다. 이것은 한 학생이 한 해(그들이 좋아하는 선생님과 함께 하면)에 최고의 학생이 될 수도 있고, 선생님이 바뀐 그 이듬해에는 공부에 대해 아예 관심을 보이지 않은 이유를 설명해 준다. 교사는 근본적으로 사람 중심적인 학생의 능력을 최대한 이끌어 내기 위해

- 공감, 협업 및 팀워크를 사용하여 과제에 집중하는 교사 본연의 성향에 균형을 맞출 수 있는 학습 상황을 제시하라.
- 어떠한 약점이라도 극복할 수 있도록 요령껏 지원하면서 충분하고 정기적으로 칭찬하라. 피드백은 비판으로 쉽게 비칠 수 있으니 전달할 때 계란 껍데기를 밟듯 조심하라.
- 학생에 대한 개인적인 신뢰를 드러내면서 설득하라(나를 실망시키지 마렴, 네가 할 수 있다는 것을 알아. 난 네가 좋단다.).
- 많은 물개 유형의 연약한 자신감을 보호하기 위해 통명스러운 접근 방식을 타협할 준비를 하라.

검은표범 유형과 물개 유형은 조직적이고 효율적이다. 즉, 그것은 단지 노력에 의한 것일 뿐이다. 교사는 학교의 필수적이지만 빡빡하고 제한적인 시간표와 과제 마감 기한 속에서 각자에게 제공되는 자발성과 즉흥성에 대한 상호 존중을 즐기면서, 필요한 과제들을 완수해야 함을 기억해야 한다. 비록 재미있고 인기 있는 선생님이 되겠지만, 또한 학생들이 사회적으로 그리고 학문적으로 성공할 수 있도록 준비하는 과제에 집중하게 할 필요가 있다. 둘 다 일을 끝내는 것보다 시작하는 것을 좋아한다. 그들의 초기 열정은 빠르게 증발할 수 있다. 둘 다 그들이 중요한 과제를 식별하고 완수하도록 확실히 해야 한다. 그렇지 않으면 학생(또는 그들의 부모)은 결국 어색한 질문을 할 수 있다. 교사가 선천적으로 느긋한 학생의 능력을 최대한 이끌어 내기 위해서는 학생들이 단순히 학생이 선택할 수 있는 것과 선택하는 것을 좋아하는 것이 아니라 필수적임을 이해해야 한다. 중등학교 환경은 **P**형 학생들에게 무척 어렵기 때문에 선생님은 학생들의 성취를 돕기 위해

- 가능한 한 유연성을 많이 제공하라(다양한 선택 과제, 수업 내 선택).
- 세부 일정을 피하라(어차피 지키지도 못할 것이다.).
- 예상 가능한 수업이 지겹지 않도록 때때로 수업을 섞어라.
- 물개 유형이 중요한 과제를 제때에 완료하는 데 도움이 되는 시간 관리 요령을 소개하라.

97
호랑이 유형 선생님(Tiger teacher) & 숲올빼미 유형 학생(Tawny Owl student)
ISTP & INTP

호랑이 유형과 숲올빼미 유형은 세 가지 측면에서 성향이 비슷하다. 두 유형 모두가 내성적이고 냉철한 관찰자적 측면이 있다는 것과 독립적이고 자주적인 성향이 있다는 점이다. 호랑이 유형 교사와 숲올빼미 유형 학생은 이런 측면에서 유사하기 때문에 강한 유대감을 가질 수 있다. 하지만 숲올빼미 유형 학생들은 독립적인 성향 때문에 정작 도움이 필요할 때조차도 도움을 요청하지 않아서 교사와 갈등이 생기기도 한다. 천성이 내성적인 학생들에게 도움이 되려면 교사는 다음과 같은 사항을 기억해야 한다.

- 학생의 사생활과 독립성의 필요성을 존중하라.
- 교사 자신의 생각을 명확히 하는 시간을 가지되 대립을 피하지 마라. 어떤 말을 해야 한다면 차분하고 직접적으로 전달하라.
- 비언어적 의사소통을 사용하라—미소와 제스처는 **I**형 학생들을 안심시킨다. 피드백을 전달하기 위해 포스트잇 · 전자 메일을 사용할 수도 있다.
- 학생이 심사숙고할 수 있도록 충분한 시간을 허락하라.
- 아이디어와 생각을 정기적으로 공유하여 두 사람 모두 무엇을 하는지 알 수 있게 하라.

교사는 자신의 경험을 사용하여 사물을 이해하는 것을 좋아한다. 한 번에 한 단계씩 진행하는 교사는 학생들이 이를 따르도록 권장한다. **N**형 학생은 기껏해야 이것이 지나치게 단순하고 최악의 경우 지루하다고 생각할 것이다. 교사는 학생에게 '정신 나갔다'고 낙인찍을 가능성이 높다. 교사는 학생들을 꾸짖고 싶은 유혹을 물리쳐야 한다. 왜냐하면 이것이 학생들이 정보를 받아들이고 세상을 이해하는 방식이기 때문이다 올바른 맥락에서 학생들이 하는 공상은 문제를 이해하고 받아들이는 새로운 방법으로 이어질 수 있다. 이렇게 선천적으로 상상력이 풍부한 학생의 능력을 최대한 이끌어 내기 위해서

- 학생의 상상력과 통찰력, 그리고 그것이 수업에도 가져올 수 있음을 받아들여라.
- 학생에게 **S**형 접근 방식(사실, 세부 사항, 절차, 실험, 경험 적용, 구조, 단계별 모델)이 수업에 중요하게 기여함을 깨닫도록 하라.

교사와 학생 둘 다 과업 중심적이고, 직접적이고 한결같고 정직하다. 교실은 사무적이고 결단력 있는 환경이기 쉽다. 학생들은 행동, 숙제 등을 할 때 어떻게 해야 하는지 기대되는 명확한 지침을 받는다. 만약 학생이 교사에게 이의를 제기하려고 한다면 그것은 아마 지침에 대해 확인하기 위해서일 것이다. 이것은 기껏해야 모든 사람이 자신이 어디에 있고 어떻게 행동해야 하는지를 안다는 것을 의미한다. 최악의 경우 교실은 재미와 참여는 배제된 채 일종의 학습 모듈 생산 라인처럼 변질될 수가 있다. 과업 중심인 학생의 능력을 최대한 이끌어 내기 위해서 교사는

- 학생들의 기술과 지식을 경쟁적으로 시험하는 방법으로 수업하라(경쟁, 도전, 퀴즈, 개인 최고 점수 갱신 및 측정).
- 학생들에게 사람의 50%는 **F**형이고 피드백을 비판으로 해석할 수 있음을 이해하도록 도와주라.
- 학생이 성취한 것과 그다음에 해야 할 것에 집중하게 하라.
- 때때로 타협할 수 있도록 준비하라.
- 잠재된 감정적인 원인을 고려하지 않고 문제된 어떤 것을 해결하려는 시도를 피하라.

호랑이 유형과 숲올빼미 유형은 조직적이고 효율적이다. 즉, 그것은 단지 노력에 의한 것일 뿐이다. 교사는 학교의 필수적이지만 빡빡하고 제한적인 시간표와 과제 마감 기한 속에서 각자에게 제공되는 자발성과 즉흥성에 대한 상호 존중을 즐기면서, 필요한 과제들을 완수해야 함을 기억해야 한다. 비록 재미있고 인기 있는 선생님이 되겠지만, 또한 학생들이 사회적으로 그리고 학문적으로 성공할 수 있도록 준비하는 과제에 집중하게 할 필요가 있다. 둘 다 일을 끝내는 것보다 시작하는 것을 좋아한다. 그들의 초기 열정은 빠르게 증발할 수 있다. 둘 다 그들이 중요한 과제를 식별하고 완수하도록 확실히 해야 한다. 그렇지 않으면 학생(또는 그들의 부모)은 결국 어색한 질문을 할 수 있다. 교사가 선천적으로 느긋한 학생의 능력을 최대한 이끌어 내기 위해서는 학생들이 단순히 학생이 선택할 수 있는 것과 선택하는 것을 좋아하는 것이 아니라 필수적이며, 그렇게 해 주지 않으면 몸이 근질거리고 몸을 꼼지락거리거나 반항하기 시작된다는 것을 알아야 한다. 중등학교 환경은 **P**형 학생들에게 무척 어렵기 때문에 선생님은 학생들의 성취를 돕기 위해

- 가능한 한 유연성을 많이 제공하라(다양한 선택 과제, 수업 내 선택).
- 세부 일정을 피하라(어차피 지키지도 못할 것이다.).
- 예상 가능한 수업이 지겹지 않도록 때때로 변화를 주어라.
- 업무량을 성공적으로 관리할 수 있도록 명확한 전략 제시하라.

98
호랑이 유형 선생님(Tiger teacher) & 곰인형 유형 학생(Teddy Bear student)
ISTP & ESFJ

호랑이 유형과 곰인형 유형은 한 가지 성향을 공유한다. 이들이 잘 맞을 때 서로에게 좋은 영향을 줄 수 있고 이것은 전체 학급을 긍정적으로 만들어 줄 것이다. 곰인형 유형 학생의 능력을 최대한 이끌어 내기 위해서는 교사가 곰인형 유형 학생들이 사람들과 어울리고 싶어 하고, 활동을 구성하고 싶어 하는 것을 받아들이고 이해해야 한다. 선천적으로 적극적인 학생들을 지지하기 위해서 교사들은 또한

- 학생이 자신의 생각을 충동적으로 표현할지라도 인내하며 열정을 가지고 들어 주라.
- 마음을 열고 '유치한' 생각이 이끄는 곳을 살펴보라. 학생은 크게 말하면서 생각하는데, 이것이 그들이 가장 잘 배우는 방법이다.
- 또한 교사의 생각도 제시하라. 시간이 초과될 경우 요청하라.
- 학생이 말하기 전에 충분히 생각하게 하라. 그렇지 않으면 수업을 방해할 수 있다.
- 특히 모둠 토론에서 학생에게 논쟁의 여지가 있는 주제는 멀리하라.
- 수업하는 동안에 **E**형 학생들이 다른 **E**형 학생들과 대화할 수 있는 기회를 많이 만들어라.

선생님과 학생 모두 같은 방법으로 정보를 수집한다. 그들은 자신의 감각(보고 듣고 느끼는 것을 인지함)을 사용하여 세부 사항을 알아차린다. 둘 모두 현실에 관심이 있다. 교사는 교육 방식이 자연스럽게 순차적, 현실적이어서 학생들이 이를 따르도록 격려한다. 견실하고 동료 같은 관계는 교사와 학생 모두가 그 일을 완수하기 위해 각각 무엇을 해야 하는지를 상호 이해하면서 발전한다. 교사는 현실적인 학생의 능력을 최대한 이끌어 내기 위해

- 학생이 역량을 갖출 때까지 반복하고 연습할 기회를 주라.
- 배운 것이 실제 현실에서 어떻게 적용되는지 설명하라.

- 수업에 상상력을 유용하게 사용하도록 권장하라(그것은 시간 낭비가 아니다.).

선생님은 과업에 먼저 집중하고 그다음에 사람·관계에 집중한다. 교실은 사무적이고 결단력 있는 분위기일 것이다. 학생들은 행동, 숙제 등의 측면에서 기대되는 명확한 지침을 받는다. 이것은 기껏해야 모든 사람이 자신이 어디에 있고 어떻게 행동해야 하는지를 안다는 것을 의미한다. 최악의 경우 그 교실은 재미가 없는 신병 훈련소와 비슷할 수 있다. 이 학생과의 개인적 관계가 핵심이라는 것을 기억하라. 곰인형 유형이 선생님을 좋아하고 선생님도 그들을 좋아한다고 느낄 필요가 있다. 이렇게 되면 그들은 더 열심히 공부하겠지만 그렇지 않으면 관심을 완전히 끌 수도 있다. 이것은 한 학생이 한 해(그들이 좋아하는 선생님과 함께 하면)에 최고의 학생이 될 수도 있고, 선생님이 바뀐 그 이듬해에는 공부에 대해 아예 관심을 보이지 않은 이유를 설명해 준다. 교사는 근본적으로 사람 중심적인 학생의 능력을 최대한 이끌어 내기 위해

- 공감, 협업 및 팀워크를 사용하여 과제에 집중하는 교사 본연의 성향에 균형을 맞출 수 있는 학습 상황을 제시하라.
- 어떠한 약점이라도 극복할 수 있도록 요령껏 지원하면서 충분하고 정기적으로 칭찬하라. 피드백은 비판으로 쉽게 비칠 수 있으니 전달할 때 계란 껍데기를 밟듯 조심하라.
- 학생에 대한 개인적인 신뢰를 드러내면서 설득하라(나를 실망시키지 마렴, 네가 할 수 있다는 것을 알아. 난 네가 좋단다.).
- 곰인형 유형이 삐칠 수 있으므로 때때로 타협할 준비를 하라.

느긋하고 융통성 있고 즉흥적인 호랑이 유형의 교사와 선천적으로 체계적인 곰인형 학생은 드림팀이 될 수도 있고, 반대로 최악의 팀이 될 수도 있다. 긍정적인 관계를 만들기 위해서 그들은 서로의 강점을 인정하고 배워야 한다. 예를 들어, 학생 측면에서는 계획을 조정하고 수정할 수 있는 교사의 능력을 통해 혜택을 받을 수 있다. 교사 측면에서는 학생 자신이 성취 가능하고 마감 내에 끝낼 수 있는 계획을 세우고자 하는 학생의 욕구를 통해 혜택을 받을 수 있다. 또한 교사들은

- 질서, 깔끔함, 마감 기일 준수에 대한 학생의 욕구를 격려하고 지지하라.
- 학생이 진정으로 원할 경우 그들의 방식대로 작업을 자립적으로 계획할 수 있도록 허락하라.
- 단지 계획을 바꾸기 위한 계획은 하지 마라. 이것은 학생을 좌절시킬 뿐이다.
- 학생들이 유연성을 받아들이도록 때때로 격려하라.

99
호랑이 유형 선생님(Tiger teacher) & 돌고래 유형 학생(Dolphin student)
ISTP & ENFJ

호랑이 유형과 돌고래 유형은 정반대의 유형이다. 이들이 잘 맞을 때 서로에게 좋은 영향을 주고, 이것은 전체 학급을 긍정적으로 만들 수도 있다. 돌고래 유형 학생의 능력을 최대한 이끌어 내기 위해서는 호랑이 유형 교사는 돌고래 유형 학생들의 특성을 이해해야 한다. 돌고래 유형 학생들은 자신이 생각하고 있는 것을 말하고, 그것이 사람들에게 어떤 영향을 미칠 것인지에 대해 토의하는 과정이 필요하다는 사실을 받아들여야 한다. 선천적으로 박식한 돌고래 유형 학생의 능력을 최대한 이끌어 내기 위해서 교사는

- 학생이 자신의 생각을 충동적으로 표현할지라도 인내하며 열정을 가지고 들어 주라.
- 마음을 열고 '유치한' 생각이 이끄는 곳을 살펴보라. 학생은 크게 말하면서 생각하는데, 이것이 그들이 가장 잘 배우는 방법이다.
- 또한 교사의 생각도 제시하라. 시간이 초과될 경우 요청하라.
- 학생이 말하기 전에 충분히 생각하게 하라. 그렇지 않으면 수업을 방해할 수 있다.
- 특히 모둠 토론에서 학생에게 논쟁의 여지가 있는 주제는 멀리하라.
- 수업하는 동안에 **E**형 학생들이 다른 **E**형 학생들과 대화할 수 있는 기회를 많이 만들어라.

교사는 자신의 경험을 사용하여 사물을 이해하는 것을 좋아한다. 한 번에 한 단계씩 진행하는 교사는 학생들이 이를 따르도록 권장한다. **N**형 학생은 기껏해야 이것이

지나치게 단순하고 최악의 경우 지루하다고 생각할 것이다. 교사는 학생에게 '정신 나갔다'고 낙인찍을 가능성이 높다. 교사는 학생들을 꾸짖고 싶은 유혹을 물리쳐야 한다. 왜냐하면 이것이 학생들이 정보를 받아들이고 세상을 이해하는 방식이기 때문이다. 올바른 맥락에서의 공상은 정보를 받아들이고 유지하는 새로운 방법으로 이어질 수 있다. 이러한 선천적으로 상상력이 풍부한 학생의 능력을 최대한 이끌어 내기 위해서 교사는

- 학생의 상상력과 통찰력, 그리고 그것이 수업에도 가져올 수 있음을 받아들여라.
- 학생에게 **S**형 접근 방식(사실, 세부 사항, 절차, 실험, 경험 적용, 구조, 단계별 모델)이 수업에 중요하게 기여함을 깨닫도록 하라.

선생님은 과업에 먼저 집중하고 그다음에 사람・관계에 집중한다. 교실은 사무적이고 결단력 있는 분위기일 것이다. 학생들은 행동, 숙제 등의 측면에서 기대되는 명확한 지침을 받는다. 이것은 기껏해야 모든 사람이 자신이 어디에 있고 어떻게 행동해야 하는지를 안다는 것을 의미한다. 최악의 경우 그 교실은 재미가 없는 신병 훈련소와 비슷할 수 있다. 이 학생과의 개인적 관계가 핵심이라는 것을 기억하라. 돌고래 유형이 선생님을 좋아하고 선생님도 그들을 좋아한다고 느낄 필요가 있다. 이렇게 되면 그들은 더 열심히 공부하겠지만 그렇지 않으면 관심을 완전히 끌 수도 있다. 이는 학생이 한 해에 반에서 1등(좋아하는 선생님과 함께 하면)을 할 수 있고, 다음 해에 교사를 바꾸면 그 과목에 전혀 관심을 보이지 않는 이유를 설명해 준다. 교사는 근본적으로 사람 중심적인 학생의 능력을 최대한 이끌어 내기 위해

- 공감, 협업 및 팀워크를 사용하여 과제에 집중하는 교사 본연의 성향에 균형을 맞출 수 있는 학습 상황을 제시하라.
- 어떠한 약점이라도 극복할 수 있도록 요령껏 지원하면서 충분하고 정기적으로 칭찬하라. 피드백은 비판으로 쉽게 비칠 수 있으니 전달할 때 계란 껍데기를 밟듯 조심하라.
- 학생에 대한 개인적인 신뢰를 드러내면서 설득하라(나를 실망시키지 마렴, 네가 할 수 있다는 것을 알아. 난 네가 좋단다.).
- 돌고래 유형에게 그들의 기여에 진심으로 감사함을 표현하기 위해 때때로 타협할 준비를 하라.

느긋하고 융통성 있고 즉흥적인 교사와 선천적으로 체계적인 학생은 드림팀이 될 수도 있고, 반대로 최악의 팀이 될 수도 있다. 긍정적인 관계를 만들기 위해서 그들은 서로의 강점을 인정하고 그것을 배워야 한다. 예를 들어, 학생 측면에서는 계획을 조정하고 수정할 수 있는 교사의 능력을 통해 혜택을 받을 수 있다. 교사 측면에서는 성취 가능하고 마감 내에 끝낼 수 있는 계획을 세우고자 하는 학생의 욕구를 통해 혜택을 받을 수 있다. 또한 교사들은

- 질서, 깔끔함, 마감 기일 준수에 대한 학생의 욕구를 격려하고 지지하라.
- 학생이 진정으로 원할 경우 그들의 방식대로 작업을 자립적으로 계획할 수 있도록 허락하라.
- 단지 계획을 바꾸기 위한 계획은 하지 마라. 이것은 학생을 좌절시킬 뿐이다.
- 학생들이 유연성을 받아들이도록 때때로 격려하라. 그러면 새로운 통찰력을 얻을 수 있다.

100
호랑이 유형 선생님(Tiger teacher) & 해마 유형 학생(Seahorse student)
ISTP & INFJ

호랑이 유형과 해마 유형이 만나는 것은 카우보이인 클린트 이스트우드(Clint Eastwood)[2](호랑이 유형)와 영적인 북아메리카 원주민(해마 유형)이 교실을 함께 쓰는 것과 같다. 두 유형 모두 자주적이다. 두 유형 사이에 존재하는 차이점들이 교사에겐 어려움을 만들어 낼 수 있다. 상상력이 풍부하고 자상하고 체계적인 학생에게 다가가기 위해서 교사는 더 '남성스러운' 스타일을 자제해야 한다. 선천적으로 자주적인 학생의 능력을 최대한 이끌어 내기 위해서는

- 학생의 사생활과 독립성을 존중하라.
- 교사 자신의 생각을 명확히 하는 시간을 가지되 대립을 피하지 마라. 어떤 말을 해야 한다면 차분하고 직접적으로 전달하라.

2) 1960~70년대 서부 영화에서 거친 성격의 카우보이 역할로 유명했던 미국 영화배우(출처: 위키피디아).

- 비언어적 의사소통을 사용하라—미소와 제스처는 **I**형 학생들을 안심시킨다. 피드백을 전달하기 위해 포스트잇 · 전자 메일을 사용할 수도 있다.
- 학생이 심사숙고할 수 있도록 충분한 시간을 허락하라.
- 아이디어와 생각을 정기적으로 공유하여 두 사람 모두 무엇을 하는지 알 수 있게 하라.

교사는 자신의 경험을 사용하여 사물을 이해하는 것을 좋아한다. 한 번에 한 단계씩 진행하는 교사는 학생들이 이를 따르도록 권장한다. **N**형 학생은 기껏해야 이것이 지나치게 단순하고 최악의 경우 지루하다고 생각할 것이다. 교사는 학생에게 '정신 나갔다'고 낙인찍을 가능성이 높다. 교사는 학생들을 꾸짖고 싶은 유혹을 물리쳐야 한다. 왜냐하면 이것이 학생들이 정보를 받아들이고 세상을 이해하는 방식이기 때문이다 올바른 맥락에서 학생들이 하는 공상은 문제를 이해하고 받아들이는 새로운 방법으로 이어질 수 있다. 이렇게 선천적으로 상상력이 풍부한 학생의 능력을 최대한 이끌어 내기 위해서 교사는

- 학생의 상상력과 통찰력, 그리고 그것이 수업에도 가져올 수 있음을 받아들여라.
- 학생에게 **S**형 접근 방식(사실, 세부 사항, 절차, 실험, 경험 적용, 구조, 단계별 모델)이 수업에 중요하게 기여함을 깨닫도록 하라.

선생님은 과업에 먼저 집중하고 그다음에 사람 · 관계에 집중한다. 교실은 사무적이고 결단력 있는 분위기일 것이다. 학생들은 행동, 숙제 등의 측면에서 기대되는 명확한 지침을 받는다. 이것은 기껏해야 모든 사람이 자신이 어디에 있고 어떻게 행동해야 하는지를 안다는 것을 의미한다. 최악의 경우 그 교실은 재미가 없는 신병 훈련소와 비슷할 수 있다. 이 학생과의 개인적 관계가 핵심이라는 것을 기억하라. 해마 유형이 선생님을 좋아하고 선생님도 그들을 좋아한다고 느낄 필요가 있다. 이렇게 되면 그들은 더 열심히 공부하겠지만 그렇지 않으면 관심을 완전히 끌 수도 있다. 교사는 학교의 필수적이지만 빡빡하고 제한적인 시간표와 과제 마감 기한 속에서 각자에게 제공되는 자발성과 즉흥성에 대한 상호 존중을 즐기면서, 필요한 과제들을 완수해야 함을 기억해야 한다. 교사는 근본적으로 사람 중심적인 학생의 능력을 최대한 이끌어 내기 위해

- 공감, 협업 및 팀워크를 사용하여 과제에 집중하는 교사 본연의 성향에 균형을 맞출 수 있는 학습 상황을 제시하라.
- 어떠한 약점이라도 극복할 수 있도록 요령껏 지원하면서 충분하고 정기적으로 칭찬하라. 피드백은 비판으로 쉽게 비칠 수 있으니 전달할 때 주의하여 다루어라.
- 학생에 대한 개인적인 신뢰를 드러내면서 설득하라(나를 실망시키지 마렴, 네가 할 수 있다는 것을 알아. 난 네가 좋단다.).
- 학생이 삐칠 수 있으므로 때때로 타협할 준비를 하라.

느긋하고 융통성 있고 즉흥적인 교사와 선천적으로 체계적인 학생은 드림팀이 될 수도 있고, 반대로 최악의 팀이 될 수도 있다. 긍정적인 관계를 만들기 위해서 그들은 서로의 강점을 인정하고 그것을 배워야 한다. 예를 들어, 학생 측면에서는 계획을 조정하고 수정할 수 있는 교사의 능력을 통해 혜택을 받을 수 있다. 교사 측면에서는 성취 가능하고 마감 내에 끝낼 수 있는 계획을 세우고자 하는 학생의 욕구를 통해 혜택을 받을 수 있다. 또한 교사들은

- 질서, 깔끔함, 마감 기일 준수에 대한 학생의 욕구를 격려하고 지지하라.
- 학생이 진정으로 원할 경우 그들의 방식대로 작업을 자립적으로 계획할 수 있도록 허락하라.
- 단지 계획을 바꾸기 위한 계획은 하지 마라. 이것은 학생을 좌절시킬 뿐이다.
- 학생들이 유연성을 받아들이도록 때때로 격려하라.

101
호랑이 유형 선생님(Tiger teacher) & 북극곰 유형 학생(Polar Bear student)
ISTP & ISTJ

호랑이 유형과 북극곰 유형은 세 가지 성향을 공유한다. 두 유형 모두 현실적이고 객관적이고, 독립성을 추구한다. 북극곰 유형의 활동적인 리더십 성향이 호랑이 유형에 의해 제시된 좀 더 절제된 계획을 위협할 때 상호 충돌이 발생할 가능성이 있다. 선천적으로 현실에 기반을

둔 학생의 능력을 최대한 이끌어 내기 위해 교사는

- 학생의 사생활과 독립성의 필요성을 존중하라.
- 교사 자신의 생각을 명확히 하는 시간을 가지되 대립을 피하지 마라. 어떤 말을 해야 한다면 차분하고 직접적으로 전달하라.
- 비언어적 의사소통을 사용하라—미소와 제스처는 I형 학생들을 안심시킨다. 피드백을 전달하기 위해 포스트잇 · 전자 메일을 사용할 수도 있다.
- 학생이 심사숙고할 수 있도록 충분한 시간을 허락하라.
- 아이디어와 생각을 정기적으로 공유하여 두 사람 모두 무엇을 하는지 알 수 있게 하라.

선생님과 학생 모두 같은 방법으로 정보를 수집한다. 그들은 자신의 감각(보고 듣고 느끼는 것을 인지함)을 사용하여 세부 사항을 알아차린다. 둘 모두 현실에 관심이 있다. 교사는 교육 방식이 자연스럽게 순차적, 사실적이어서 학생들이 이를 따르도록 격려한다. 견실하고 동료 같은 관계는 교사와 학생 모두가 그 일을 완수하기 위해 각각 무엇을 해야 하는지를 상호 이해하면서 발전한다. 교사는 규칙을 좋아하는 학생의 능력을 최대한 이끌어 내기 위해

- 학생이 역량을 갖출 때까지 반복하고 연습할 기회를 주라.
- 배운 것이 실제 현실에서 어떻게 적용되는지 설명하라.
- 수업에 상상력을 유용하게 사용하도록 권장하라(그것은 시간 낭비가 아니다.).

교사와 학생 둘 다 과업 중심적이고, 직접적이고 한결같고 정직하다. 교실은 사무적이고 결단력 있는 환경일 가능성이 높다. 학생들은 행동, 숙제 등의 측면에서 기대되 명확한 지침을 받는다. 만약 학생이 교사에게 이의를 제기하려고 한다면 그것은 아마 (지침에 대해) 확인하기 위해서일 것이다. 기껏해야 이것은 모든 사람이 그들이 서 있는 곳이 어디인지, 어떻게 행동해야 하는지 안다는 것이다. 최악의 경우에는 교실은 재미와 진정한 참여가 없는 진지한 학습 모듈의 생산 라인처럼 될 수도 있다. 이러한 선천적으로 과업 중심인 학생의 능력을 최대한 이끌어 내기 위해서 교사는

- 학생들의 기술과 지식을 경쟁적으로 시험하는 방법으로 수업하라(경쟁, 도전, 퀴즈, 개인 최고 점수 갱신 및 측정).
- 학생들에게 사람의 50%는 **F**형이고 피드백을 비판으로 해석할 수 있음을 이해하도록 도와주라.
- 학생이 성취한 것과 그다음에 해야 할 것에 집중하게 하라.
- 때때로 타협할 수 있도록 준비하라.
- 잠재된 감정적인 원인을 고려하지 않고 문제된 어떤 것을 해결하려는 시도를 피하라.

느긋하고 융통성 있고 즉흥적인 교사와 선천적으로 체계적인 학생은 드림팀이 될 수도, 재앙이 될 수도 있다. 긍정적인 관계를 만들기 위해서 그들은 서로의 강점을 인정하고 그것을 배워야 한다. 학생은 계획을 조정하고 바꾸는 교사의 능력에서 혜택을 받을 수 있고 교사는 자신이 할 수 있고 끝낼 수 있는 계획을 세우는 학생의 욕심에서 혜택을 받을 수 있다. 또한 교사들은

- 질서, 깔끔함, 마감 기일 준수에 대한 학생의 욕구를 격려하고 지지하라.
- 학생이 진정으로 원할 경우 그들의 방식대로 작업을 자립적으로 계획할 수 있도록 허락하라.
- 학생이 때때로 일상에서 벗어나도록 권장하라.
- 단지 계획을 바꾸기 위한 계획은 하지 마라. 이것은 학생을 좌절시킬 뿐이다.

102
호랑이 유형 선생님(Tiger teacher) & 흑곰 유형 학생(Black Bear student)
ISTP & ENFJ

호랑이 유형과 흑곰 유형은 두 가지 성향을 공유한다. 두 유형 모두 실용적이고, 현실적이고 독립을 열망한다. 곰 유형의 활동적인 리더십 성향이 호랑이 유형에 의해 제시된 좀 더 절제된 계획을 집어삼키려고 할 때 상호 충돌이 발생할 가능성이 있다. 선천적으로 적극적인 학생의 능력을 최대한 이끌어 내기 위해서는

- 학생이 자신의 생각을 표현할 때 인내하며 열정을 가지고 들어 주라.
- 마음을 열고 즉흥적인 생각이 이끄는 곳을 살펴보라.

학생은 크게 말하면서 생각하는데, 이것이 그들이 가장 잘 배우는 방법이다.

- 또한 교사의 생각도 제시하라. 시간이 초과될 경우 요청하라.
- 학생이 말하기 전에 충분히 생각하게 하라. 그렇지 않으면 수업을 방해할 수 있다.
- 특히 모둠 토론에서 학생에게 논쟁의 여지가 있는 주제는 멀리하라.
- 수업하는 동안에 **E**형 학생들이 다른 **E**형 학생들과 대화할 수 있는 기회를 많이 만들어라.

선생님과 학생 모두 같은 방법으로 정보를 수집한다. 그들은 자신의 감각(보고 듣고 느끼는 것을 인지함)을 사용하여 세부 사항을 알아차린다. 둘 모두 현실에 관심이 있다. 교사는 교육 방식이 자연스럽게 순차적이어서 학생들이 이를 따르도록 격려한다. 견실하고 동료 같은 관계는 교사와 학생 모두가 그 일을 완수하기 위해 각각 무엇을 해야 하는지를 상호 이해하면서 발전한다. 교사는 현실적인 학생의 능력을 최대한 이끌어 내기 위해

- 학생이 역량을 갖출 때까지 반복하고 연습할 기회를 주라.
- 배운 것이 실제 현실에서 어떻게 적용되는지 설명하라.
- 수업에 상상력을 유용하게 사용하도록 권장하라(그것은 시간 낭비가 아니다.).

선생님과 학생 모두 과제 중심적이고, 직접적이고, 일관되며, 정직하다. 교실은 사무적이고 목적이 있는 분위기일 것이다. 학생들은 행동, 숙제 등의 측면에서 기대되는 명확한 지침을 받는다. 학생이 선생님에게 이의를 제기한다면 그것은 아마 (지침에 대해) 확인하기 위해서일 것이다. 이것은 기껏해야 모든 사람이 자신이 어디에 있고 어떻게 행동해야 하는지를 안다는 것을 의미한다. 최악의 경우, 교실은 재미와 진정한 참여가 없는 진지한 학습 모듈의 조립 라인일 수 있다. 선천적으로 과업 중심적인 학생의 능력을 최대한 이끌어 내기 위해 선생님이 필요한 것은

- 학생들의 기술과 지식을 경쟁적으로 시험하는 방법으로 수업하라(경쟁, 도전, 퀴즈, 개인 최고 점수 갱신 및 측정).
- 학생들에게 사람의 50%는 **F**형이고 피드백을 비판으로 해석할 수 있음을 이해하도록 도와주라.
- 학생이 성취한 것과 그다음에 해야 할 것에 집중하게 하라.
- 때때로 타협할 수 있도록 준비하라.
- 잠재된 감정적인 원인을 고려하지 않고 문제된 어떤 것을 해결하려는 시도를 피하라.

느긋하고 융통성 있고 즉흥적인 교사와 선천적으로 체계적인 학생은 드림팀이 될 수도, 재앙이 될 수도 있다. 긍정적인 관계를 만들기 위해서 그들은 서로의 강점을 인정하고 그것을 배워야 한다. 학생은 계획을 조정하고 바꾸는 교사의 능력에서 혜택을 받을 수 있고 교사는 할 수 있고 끝낼 수 있는 계획을 세우는 학생의 욕심에서 혜택을 받을 수 있다. 또한 교사들은

- 질서, 깔끔함, 마감 기일 준수에 대한 학생의 욕구를 격려하고 지지하라.
- 학생이 진정으로 원할 경우 그들의 방식대로 작업을 자립적으로 계획할 수 있도록 허락하라.
- 단지 계획을 바꾸기 위한 계획은 하지 마라. 이것은 학생을 좌절시킬 뿐이다.
- 흑곰 유형이 유연성을 받아들이도록 격려하여 때때로 삶에 묘미를 더하게 하라.

103
호랑이 유형 선생님(Tiger teacher) & 매 유형 학생(Falcon student)
ISTP & ENTP

호랑이 유형과 매 유형은 두 가지 성향을 공유한다. 두 유형 모두 지독하게 독립적인 분석가들이다. 그들의 독립성은 십중팔구 갈등의 원인이 될 것이다. 교사가 몇몇의 과도한 행동들을 하지 않을 수 있다면 이 둘은 훌륭한 교실 콤비가 될 수 있을 것이다. 선천적으로 '매우 활동적인' 학생의 능력을 최대한 이끌어 내기 위해서는

- 학생이 자신의 생각을 표현할 때 인내하며 열정을 가지고 들어 주라.
- 마음을 열고 즉흥적인 생각이 이끄는 곳을 살펴보라. 학생은 크게 말하면서 생각하는데, 이것이 그들이 가장 잘 배우는 방법이다.
- 또한 교사의 생각도 제시하라. 시간이 초과될 경우

요청하라.

- 학생이 말하기 전에 충분히 생각하게 하라. 그렇지 않으면 수업을 방해할 수 있다.
- 특히 모둠 토론에서 학생에게 논쟁의 여지가 있는 주제는 멀리하라.
- 수업하는 동안에 **E**형 학생들이 다른 **E**형 학생들과 대화할 수 있는 기회를 많이 만들어라.

호랑이 유형 교사는 사물을 이해하기 위해 자신의 경험을 사용하는 것을 좋아한다. 한 번에 한 단계씩 하는 교사는 학생들이 그들을 따라하도록 격려한다. **N**형의 학생들은 잘해 봐야 이러한 접근법이 지나치게 단순하다고 느낄 것이고, 최악의 경우에는 지루하다고 생각할 것이다. 교사는 학생을 '정신 나간' 사람이라고 낙인찍을지도 모른다. 교사는 학생들을 꾸짖고 싶은 유혹을 물리쳐야 한다. 왜냐하면 이것이 그들이 정보를 받아들이고 주제를 이해하는 방식이기 때문이다. 올바른 맥락에서의 공상은 정보를 이해하고 받아들이는 새로운 방법으로 이어질 수 있다. 이러한 선천적으로 상상력이 풍부한 학생의 능력을 최대한 이끌어 내기 위해서

- 학생의 상상력과 통찰력, 그리고 그것이 수업에도 가져올 수 있음을 받아들여라.
- 학생에게 **S**형 접근 방식(사실, 세부 사항, 절차, 실험, 경험 적용, 구조, 단계별 모델)이 수업에 중요하게 기여함을 깨닫도록 하라.

선생님과 학생 모두 과제 중심적이고, 직접적이고, 일관되며, 정직하다. 교실은 사무적이고 결단력 있는 분위기일 것이다. 학생들은 행동, 숙제 등의 측면에서 기대되는 명확한 지침을 받는다. 학생이 선생님에게 이의를 제기한다면 그것은 아마 (지침에 대해) 확인하기 위해서일 것이다. 이것은 기껏해야 모든 사람이 자신이 어디에 있고 어떻게 행동해야 하는지를 안다는 것을 의미한다. 최악의 경우, 교실은 재미와 진정한 참여가 없는 진지한 학습 모듈의 조립 라인일 수 있다. 선천적으로 과업 중심적인 학생의 능력을 최대한 이끌어 내기 위해 선생님은

- 학생들의 기술과 지식을 경쟁적으로 시험하는 방법으로 수업하라(경쟁, 도전, 퀴즈, 개인 최고 점수 갱신 및 측정).
- 학생들에게 사람의 50%는 **F**형이고 피드백을 비판으로 해석할 수 있음을 이해하도록 도와주라.
- 학생이 성취한 것과 그다음에 해야 할 것에 집중하게 하라.
- 때때로 타협할 수 있도록 준비하라.
- 잠재된 감정적인 원인을 고려하지 않고 문제된 어떤 것을 해결하려는 시도를 피하라.

호랑이 유형과 매 유형은 조직적이고 효율적이다. 즉, 그것은 단지 노력에 의한 것일 뿐이다. 교사는 학교의 필수적이지만 빡빡하고 제한적인 시간표와 과제 마감 기한 속에서 각자에게 제공되는 자발성과 즉흥성에 대한 상호 존중을 즐기면서, 필요한 과제들을 완수해야 함을 기억해야 한다. 비록 재미있고 인기 있는 선생님이 되겠지만, 또한 학생들이 사회적으로 그리고 학문적으로 성공할 수 있도록 준비하는 과제에 집중하게 할 필요가 있다. 둘 다 일을 끝내는 것보다 시작하는 것을 좋아한다. 그들의 초기 열정은 빠르게 증발할 수 있다. 둘 다 그들이 중요한 과제를 식별하고 완수하도록 확실히 해야 한다. 그렇지 않으면 학생(또는 그들의 부모)은 결국 어색한 질문을 할 수 있다. 교사가 선천적으로 느긋한 학생의 능력을 최대한 이끌어 내기 위해서는 학생들이 단순히 학생이 선택할 수 있는 것과 선택하는 것을 좋아하는 것이 아니라 필수적이며, 그렇게 해 주지 않으면 몸이 근질거리고 몸을 꼼지락거리거나 반항하기 시작된다는 것을 알아야 한다. 중등학교 환경은 **P**형 학생들에게 무척 어렵기 때문에 선생님은 학생들의 성취를 돕기 위해

- 가능한 한 유연성을 많이 제공하라(다양한 선택 과제, 수업 내 선택).
- 세부 일정을 피하라(어차피 지키지도 못할 것이다.).
- 예상 가능한 수업이 지겹지 않도록 때때로 변화를 주어라.
- 매 유형 학생이 반드시 성공할 수 있도록 간단한 시간 관리 전략을 찾도록 도와주라.

104
호랑이 유형 선생님(Tiger teacher) & 호랑이 유형 학생(Tiger student)
ISTP & ISTP

호랑이 유형은 가장 '터프가이 같은' 유형이다. 이것은 강한 교실 관계의 기초가 될 수 있는데 호랑이 유형 학생들은 그들이 쉽게 파악하고 모방할 수 있는 롤 모델을 보며 혜택을 받을 수 있다. 학생들이 독립성에 대한 선호를 거부당할 때 상호 충돌이 발생할 가능성이 있다. 사색적인 학생의 능력을 최대한 이끌어 내기 위해 교사가 할 수 있는 것은

- 학생의 사생활과 독립성의 필요성을 존중하라.
- 교사 자신의 생각을 명확히 하는 시간을 가지되 대립을 피하지 마라. 어떤 말을 해야 한다면 차분하고 직접적으로 전달하라.
- 비언어적 의사소통을 사용하라—미소와 제스처는 **I**형 학생들을 안심시킨다. 피드백을 전달하기 위해 포스트잇 · 전자 메일을 사용할 수도 있다.
- 학생이 심사숙고할 수 있도록 충분한 시간을 허락하라.
- 아이디어와 생각을 정기적으로 공유하여 두 사람 모두 무엇을 하는지 알 수 있게 하라.

선생님과 학생 모두 같은 방법으로 정보를 수집한다. 그들은 자신의 감각(보고 듣고 느끼는 것을 인지함)을 사용하여 세부 사항을 알아차린다. 둘 모두 현실에 관심이 있다. 교사는 교육 방식이 자연스럽게 순차적이고 현실적이어서 학생들이 이를 따르도록 격려한다. 견실하고 동료 같은 관계는 교사와 학생 모두가 그 일을 완수하기 위해 각각 무엇을 해야 하는지를 상호 이해하면서 발전한다. 교사는 현실적인 학생의 능력을 최대한 이끌어 내기 위해 선생님은

- 학생이 역량을 갖출 때까지 반복하고 연습할 기회를 주라.
- 배운 것이 실제 현실에서 어떻게 적용되는지 설명하라.
- 수업에 상상력을 유용하게 사용하도록 권장하라(그것은 시간 낭비가 아니다.).

교사와 학생 모두 업무 중심적이고, 일관되며 정직하다. 교실은 사무적이고 목적이 있는 분위기일 것이다. 학생들은 행동, 숙제 등의 측면에서 기대되는 명확한 지침을 받는다. 학생이 선생님에게 이의를 제기한다면 그것은 아마 (지침에 대해) 확인하기 위해서일 것이다. 이것은 기껏해야 모든 사람이 자신이 어디에 있고 어떻게 행동해야 하는지를 안다는 것을 의미한다. 최악의 경우, 교실은 재미와 진정한 참여가 없는 진지한 학습 모듈의 조립 라인일 수 있다. 선천적으로 과업 중심적인 학생의 능력을 최대한 이끌어 내기 위해 선생님은

- 학생들에게 사람의 50%는 **F**형이고 피드백을 비판으로 해석할 수 있음을 이해하도록 도와주라.
- 학생이 성취한 것과 그다음에 해야 할 것에 집중하게 하라.
- 때때로 타협할 수 있도록 준비하라.
- 잠재된 감정적인 원인을 고려하지 않고 문제된 어떤 것을 해결하려는 시도를 피하라.
- 학생들의 기술과 지식을 경쟁적으로 시험하는 방법으로 수업하라(경쟁, 도전, 퀴즈, 개인 최고 점수 갱신 및 측정).

호랑이 유형은 해야 할 일 목록, 일정, 예측 가능성을 혐오한다. 즉, 그들은 후천적인 심미안이나 연마된 기술의 경지에 도달하는 경우가 드물다. 교사는 학교의 필수적이지만 빡빡하고 제한적인 시간표와 과제 마감 기한 속에서 각자에게 제공되는 자발성과 즉흥성에 대한 상호 존중을 즐기면서, 필요한 과제들을 완수해야 함을 기억해야 한다. 비록 재미있고 인기 있는 선생님이 되겠지만, 또한 학생들이 사회적으로 그리고 학문적으로 성공할 수 있도록 준비하는 과제에 집중하게 할 필요가 있다. 둘 다 일을 끝내는 것보다 시작하는 것을 좋아한다. 그들의 초기 열정은 빠르게 증발할 수 있다. 둘 다 그들이 중요한 과제를 식별하고 완수하도록 확실히 해야 한다. 그렇지 않으면 학생(또는 그들의 부모)은 결국 어색한 질문을 할 수 있다. 교사가 선천적으로 느긋한 학생의 능력을 최대한 이끌어 내기 위해서는 학생들이 단순히 학생이 선택할 수 있는 것과 선택하는 것을 좋아하는 것이 아니라 필수적인 것이고 그렇게 해 주지 않으면 몸이 근질거리고 몸을 꼼지락거리거나 반항하기 시작된다는 것을 알아야 한다. 중등학교 환경은 많은 **P**형 학생들에게 어렵기 때문에 교사는 학생의 성취를 돕기 위해

- 가능한 한 유연성을 많이 제공하라(다양한 선택 과제, 수업 내 선택).
- 세부 일정을 피하라(어차피 지키지도 못할 것이다.).
- 예상 가능한 수업이 지겹지 않도록 때때로 변화를 주어라.
- 학생이 반드시 성공할 수 있도록 간단한 시간 관리 전략을 찾도록 도와주라.

105
호랑이 유형 선생님(Tiger teacher) & 코알라 유형 학생(Koala student)
ISTP & ISFJ

호랑이 유형과 코알라 유형은 두 가지 성향을 공유한다. 두 유형 모두 내성적이고 일을 할 때 체계적이다. 코알라 유형은 교실에서 소란을 피우지는 않을 것 같지만, 교사가 무미건조하고 엄격한 사랑 방식을 누그러뜨리지 않는다면 이 학생들은 쉽게 무시 받고 이리저리 휘둘릴 수 있다. 본질적으로 보수적인 학생의 능력을 최대한 이끌어 내기 위해서 선생님은

- 학생의 사생활과 독립성의 필요성을 존중하라.
- 교사 자신의 생각을 명확히 하는 시간을 가지되 대립을 피하지 마라. 어떤 말을 해야 한다면 차분하고 직접적으로 전달하라.
- 비언어적 의사소통을 사용하라—미소와 제스처는 **I**형 학생들을 안심시킨다. 피드백을 전달하기 위해 포스트잇 · 전자 메일을 사용할 수도 있다.
- 학생이 심사숙고할 수 있도록 충분한 시간을 허락하라.
- 아이디어와 생각을 정기적으로 공유하여 두 사람 모두 무엇을 하는지 알 수 있게 하라.

선생님과 학생 모두 같은 방법으로 정보를 수집한다. 그들은 자신의 감각(보고 듣고 느끼는 것을 인지함)을 사용하여 세부 사항을 알아차린다. 둘 모두 현실에 관심이 있다. 교사는 교육 방식이 자연스럽게 순차적, 현실적이어서 학생들이 이를 따르도록 격려한다. 견실하고 동료 같은 관계는 교사와 학생 모두가 그 일을 완수하기 위해 각각 무엇을 해야 하는지를 상호 이해하면서 발전한다. 교사는 현실적인 학생의 능력을 최대한 이끌어 내기 위해

- 학생이 역량을 갖출 때까지 반복하고 연습할 기회를 주라.
- 배운 것이 실제 현실에서 어떻게 적용되는지 설명하라.
- 수업에 상상력을 유용하게 사용하도록 권장하라(그것은 시간 낭비가 아니다.).

선생님은 과업에 먼저 집중하고 그다음에 사람 · 관계에 집중한다. 교실은 사무적이고 목적이 있는 분위기일 것이다. 학생들은 행동, 숙제 등의 측면에서 기대되는 명확한 지침을 받는다. 이것은 기껏해야 모든 사람이 자신이 어디에 있고 어떻게 행동해야 하는지를 안다는 것을 의미한다. 최악의 경우 그 교실은 재미가 없는 신병 훈련소와 비슷할 수 있다. 이러한 학생과의 개인적 관계가 핵심이라는 것을 기억하라. 코알라 유형이 선생님을 좋아하고 선생님도 그들을 좋아한다고 느낄 필요가 있다. 이렇게 되면 그들은 더 열심히 공부하겠지만 그렇지 않으면 관심을 완전히 끌 수도 있다. 이것은 한 학생이 한 해(그들이 좋아하는 선생님과 함께 하면)에 최고의 학생이 될 수도 있고, 선생님이 바뀐 그 이듬해에는 공부에 대해 아예 관심을 보이지 않은 이유를 설명해 준다. 교사는 근본적으로 사람 중심적인 학생의 능력을 최대한 이끌어 내기 위해

- 공감, 협업 및 팀워크를 사용하여 과제에 집중하는 교사 본연의 성향에 균형을 맞출 수 있는 학습 상황을 제시하라.
- 어떠한 약점이라도 극복할 수 있도록 요령껏 지원하면서 충분하고 정기적으로 칭찬하라. 피드백은 비판으로 쉽게 비칠 수 있으니 전달할 때 계란 껍데기를 밟듯 조심하라.
- 학생에 대한 개인적인 신뢰를 드러내면서 영향력을 행사하라(나를 실망시키지 마렴, 네가 할 수 있다는 것을 알아. 난 네가 좋단다.).
- 때때로 타협할 준비를 하라.

느긋하고 융통성 있고 즉흥적인 교사와 선천적으로 체계적인 학생은 드림팀이 될 수도, 재앙이 될 수도 있다. 긍정적인 관계를 만들기 위해서 그들은 서로의 강점을 인정하고 그것을 배워야 한다. 학생은 계획을 조정하고 바꾸는 교사의 능력에서 혜택을 받을 수 있고 교사는 할 수 있고 끝낼 수 있는 계획을 세우는 학생의 욕심에서 혜택을 받을 수 있다. 또한 교사들은

- 질서, 깔끔함, 마감 기일 준수에 대한 학생의 욕구를 격려하고 지지하라.
- 학생이 진정으로 원할 경우 그들의 방식대로 작업을 자립적으로 계획할 수 있도록 허락하라.
- 학생이 때때로 유연성을 수용하도록 도와주라.
- 단지 계획을 바꾸기 위한 계획은 하지 마라. 이것은

학생을 좌절시킬 뿐이다.

106
호랑이 유형 선생님(Tiger teacher) & 독수리 유형 학생(Eagle student)
ISTP & ENTJ

호랑이 유형과 독수리 유형은 한 가지 성향을 공유한다. 두 유형 모두 독립을 열망한다. 독수리 유형의 활기찬 리더십 성향이 호랑이 유형이 제시한 절제된 계획을 위협할 때 충돌할 가능성이 높다. 선천적으로 활발한 학생의 능력을 최대한 이끌어 내기 위해서 선생님은

- 학생이 자신의 생각을 충동적으로 표현할지라도 인내하며 열중하여 들어 주라.
- 학생의 '유치한' 아이디어일지라도 마음을 열고 그것이 이끄는 곳을 살펴보라. 학생은 크게 말하면서 생각하는데, 이것이 그들이 가장 잘 배우는 방법이다.
- 또한 교사의 생각도 제시하라. 시간이 초과될 경우 요청하라.
- 학생이 말하기 전에 충분히 생각하게 하라. 그렇지 않으면 수업을 방해할 수 있다.
- 특히 모둠 토론에서 논란이 될 만한 주제는 학생에게 주지 마라.
- 수업하는 동안에 **E**형 학생들이 다른 **E**형 학생들과 대화할 수 있는 기회를 많이 만들어라.

교사는 사물을 이해하기 위해 자신의 경험을 사용하는 것을 좋아한다. 한 번에 한 단계씩 하는 교사는 학생들이 그들을 따라하도록 격려한다. **N**형의 학생들은 잘해 봐야 이러한 접근법이 지나치게 단순하다고 느낄 것이고, 최악의 경우에는 그 접근법이 따분하다고 생각할 것이다. 교사는 학생을 '정신 나간' 사람이라고 낙인찍을지도 모른다. 교사는 학생들을 꾸짖고 싶은 유혹을 물리쳐야 한다. 왜냐하면 이것이 그들이 정보를 받아들이고 주제를 이해하는 방식이기 때문이다. 올바른 맥락에서의 공상은 정보를 흡수하고 유지하는 새로운 방법으로 이어질 수 있다. 이러한 선천적으로 상상력이 풍부한 학생의 능력을 최대한 이끌어 내기 위해서 교사는

- 학생의 상상력과 통찰력, 그리고 그것이 수업에도 가져올 수 있음을 받아들여라.
- 학생에게 **S**형 접근 방식(사실, 세부 사항, 절차, 실험, 경험 적용, 구조, 단계별 모델)이 수업에 중요하게 기여함을 깨닫도록 하라.

선생님과 학생 모두 과제 중심적이고, 직접적이고, 일관되며, 정직하다. 교실은 사무적이고 목적이 있는 분위기일 것이다. 학생들은 행동, 숙제 등의 측면에서 기대되는 명확한 지침을 받는다. 만약 학생이 교사에게 이의를 제기한다면 그것은 아마 (지침에 대해) 확인하기 위해서일 것이다. 기껏해야 이것은 모든 사람이 그들이 서 있는 곳이 어디인지, 어떻게 행동해야 하는지 안다는 것이다. 최악의 경우에는 교실은 재미와 진정한 참여가 없는 진지한 학습 모듈의 생산 라인처럼 될 수도 있다. 이러한 근본적으로 과업 중심인 학생의 능력을 최대한 이끌어 내기 위해서 교사는

- 학생들의 기술과 지식을 경쟁적으로 시험하는 방법으로 수업하라(경쟁, 도전, 퀴즈, 개인 최고 점수 갱신 및 측정).
- 학생들에게 사람의 50%는 **F**형이고 피드백을 비판으로 해석할 수 있음을 이해하도록 도와주라.
- 학생이 성취한 것과 그다음에 해야 할 것에 집중하게 하라.
- 때때로 타협할 수 있도록 준비하라.
- 잠재된 감정적인 원인을 고려하지 않고 문제된 어떤 것을 해결하려는 시도를 피하라.

느긋하고 융통성 있고 즉흥적인 교사와 선천적으로 체계적인 학생은 드림팀이 될 수도, 재앙이 될 수도 있다. 긍정적인 관계를 만들기 위해서 그들은 서로의 강점을 인정하고 배워야 한다. 학생은 계획을 조정하고 바꾸는 교사의 능력에서 혜택을 받을 수 있고 교사는 자신이 할 수 있고 끝낼 수 있는 계획을 세우는 학생의 욕심에서 혜택을 받을 수 있다. 또한 교사들은

- 질서, 깔끔함, 마감 기일 준수에 대한 학생의 욕구를 격려하고 지지하라.
- 학생이 때때로 유연성을 받아들이도록 격려하라.
- 학생이 진정으로 원할 경우 그들의 방식대로 작업을 자립적으로 계획할 수 있도록 허락하라.
- 단지 계획을 바꾸기 위한 계획은 하지 마라. 이것은 학생을 좌절시킬 뿐이다.

107
호랑이 유형 선생님(Tiger teacher) & 사자 유형 학생(Lion student)
ISTP & ESFP

호랑이 유형과 사자 유형은 두 가지 성향을 공유한다. 두 유형 모두 행동 지향적인 현실주의자들이다. 사자 유형은 독립적이고 냉정한 호랑이 유형 교사에게 너무 수다스럽고, 꼬치꼬치 캐물으려고 할 수도 있다. 선천적으로 기운이 넘치는 학생의 능력을 최대한 이끌어 내기 위해서 선생님은

- 학생이 자신의 생각을 충동적으로 표현할지라도 인내하며 열중하여 들어 주라.
- 학생의 '유치한' 아이디어일지라도 마음을 열고 그것이 이끄는 곳을 살펴보라. 학생은 크게 말하면서 생각하는데, 이것이 그들이 가장 잘 배우는 방법이다.
- 또한 교사의 생각도 제시하라. 시간이 초과될 경우 요청하라.
- 학생이 말하기 전에 충분히 생각하게 하라. 그렇지 않으면 수업을 방해할 수 있다.
- 특히 모둠 토론에서 논란이 될 만한 주제는 학생에게 주지 마라.
- 수업하는 동안에 **E**형 학생들이 다른 **E**형 학생들과 대화할 수 있는 기회를 많이 만들어라.

고양잇과의 네 유형들은 모두 정보를 같은 방식으로 얻는다. 그들은 그들의 감각들(그들이 볼 수 있고 들을 수 있고 느낄 수 있는 것을 인지하는)을 이용해서 세부 사항들을 안다. 교사와 학생 모두 현실적이다. 교사는 교육 방식이 자연스럽게 순차적, 현실적이어서 학생들이 이를 따르도록 격려한다. 견고하고 동료 같은 관계는 선생님과 학생이 서로가 과제를 완수하기 위해 각자 무엇을 해야 할지 상호 이해하면서 발전한다. 현실적인 학생의 능력을 최대한 이끌어 내기 위해서 교사는

- 학생이 역량을 갖출 때까지 반복하고 연습할 기회를 주라.
- 배운 것이 실제 현실에서 어떻게 적용되는지 설명하라.
- 수업에 상상력을 유용하게 사용하도록 권장하라(그것은 시간 낭비가 아니다.).

교사는 과업에 먼저 집중하고 그다음에 사람 · 관계에 집중한다. 교실은 사무적이고 목적이 있는 분위기일 것이다. 학생들은 행동, 숙제 등의 측면에서 기대되는 명확한 지침을 받는다. 기껏해야 이것은 모든 사람이 그들이 서 있는 곳이 어디인지, 어떻게 행동해야 하는지 안다는 것이다. 최악의 경우에는 교실이 재미가 전혀 없는 신병 훈련소와 비슷해질 수 있다. 이 학생과 맺는 개인적 관계가 핵심이라는 것을 기억하라. 사자 유형의 학생은 그들이 교사를 좋아하고 교사가 그들을 좋아하는 것을 느껴야 한다. 만약 이렇게 된다면 그들은 열심히 공부하지만 이렇게 되지 않는다면 그들은 아예 관심 없어 할 수도 있다. 이것은 한 학생이 한 해(그들이 좋아하는 선생님과 함께 하면)에 최고의 학생이 될 수도 있고, 선생님이 바뀐 그 이듬해에는 공부에 대해 아예 관심을 보이지 않은 이유를 설명해 준다. 이러한 근본적으로 사람 중심적인 학생의 능력을 최대한 이끌어 내기 위해서 교사는

- 공감, 협업 및 팀워크를 사용하여 과제에 집중하는 교사 본연의 성향에 균형을 맞출 수 있는 학습 상황을 제시하라.
- 어떠한 약점이라도 극복할 수 있도록 요령껏 지원하면서 칭찬을 충분하고 정기적으로 하라. 피드백은 비판으로 쉽게 비칠 수 있으니 전달할 때 계란 껍데기를 밟듯 조심하라.
- 학생에 대한 개인적인 신뢰를 드러내면서 설득하거나 영향력을 발휘하라(나를 실망시키지 마렴, 네가 할 수 있다는 것을 알아, 난 네가 좋단다.).
- 때때로 타협할 준비를 하라. 즉 사자 유형이 몇 번의 전투에서 이기면 전쟁에서 이길 수 있다.

고양잇과의 네 유형에 속하는 사람들은 체계적이고 효율적으로 행동할 수는 있지만 그것은 단지 노력에 의한 것일 뿐이다. 교사는 학교의 필수적이지만 빡빡하고 제한적인 시간표와 과제 마감 기한 속에서 각자에게 제공되는 자발성과 즉흥성에 대한 상호 존중을 즐기면서, 필요한 과제들을 완수해야 함을 기억해야 한다. 비록 재미있고 인기 있는 선생님이 되겠지만, 그들은 또한 학생들이 사회적으로 그리고 학문적으로 성공할 수 있도록 준비하는 과제에 집중하게 할 필요가 있다. 교사와 학생은 일들을 끝내는 것보단 시작하는 것을 더 좋아한다. 그들의 초기의 열정은 빠르게 줄어든다. 교사와 학생은 반드시 그들이 중요한 과업을 식별하고 완료하도록 해야 한다. 그렇지 않으면 학생(또는 학부모)이 어색한 질문을 할

수도 있다. 이러한 선천적으로 느긋한 학생의 능력을 최대한 이끌어 내기 위해서 학생들이 단순히 학생이 선택할 수 있는 것과 선택하는 것을 좋아하는 것이 아니라 필수적인 것이고 그렇게 해 주지 않으면 몸이 근질거리고 몸을 꼼지락거리거나 반항하기 시작된다는 것을 알아야 한다. 중등학교 환경은 **P**형 학생들에게 무척 어렵기 때문에 교사들은 학생들이 성취할 수 있도록

- 가능한 한 많은 융통성을 제공하라(다양하게 선택할 수 있는 숙제, 수업 안에서의 선택권).
- 세부적인 일정을 피하라(학생들은 어차피 그걸 지키지 못할 것이다.).
- 예측 가능한 수업이 지루함으로 바뀌는 것을 막기 위해 이따금씩 방식들을 바꾸어 주라.
- 무작위로 놀라게 할 일들과 변화들을 만들어라.
- 학생이 자신의 작업량을 성공적으로 관리할 수 있도록 효과적인 전략을 반드시 찾아보라.

108
호랑이 유형 선생님(Tiger teacher) & 고양이 유형 학생(Cat student)
ISTP & ISFP

고양잇과의 네 유형은 모두 사실적이고 적응을 잘하고 행동 지향적이다. 전통적인 교실 수업은 이들의 선천적인 강점들을 발달시키지 못한다. 호랑이 유형 교사는 고양이 유형 학생이 최선을 발휘할 수 있게 하고 경험과 행동에서 독립적으로 배우는 것에 대한 학생들의 흥미를 사용함으로써 성공할 수 있도록 도울 수 있다. 근본적으로 개인적인(자신의 일을 잘 말하지 않는) 학생의 능력을 최대한 이끌어 내기 위해서 선생님은

- 학생의 사생활과 독립성을 존중하라.
- 교사 자신의 생각을 명확히 하는 시간을 가지되 대립을 피하지 마라. 어떤 말을 해야 한다면 차분하고 직접적으로 전달하라.
- 비언어적 의사소통을 사용하라—미소와 제스처는 **I**형 학생들을 안심시킨다. 피드백을 전달하기 위해 포스트잇 · 전자 메일을 사용할 수도 있다.
- 학생이 심사숙고할 수 있도록 충분한 시간을 허락하라.
- 교사의 아이디어와 생각을 정기적으로 공유하여 서로가 하고 있는 것이 무엇인지 반드시 기억하라.

교사와 학생 둘 다 정보를 같은 방식으로 얻는다. 그들은 그들의 감각들(그들이 볼 수 있고 들을 수 있고, 느낄 수 있는 것을 인지하는)을 이용해서 세부 사항들을 알아차린다. 교사는 선천적으로 수업 방식이 현실적이고 '본보기를 보여 이끌어' 학생들이 이를 따라오도록 격려한다. 견고하고 동료 같은 관계는 선생님과 학생이 서로가 과제를 완수하기 위해 각자 무엇을 해야 할지 상호 이해하면서 발전한다. 현실적인 학생의 능력을 최대한 이끌어 내기 위해서 교사는

- 학생이 역량을 갖출 때까지 반복하고 연습할 기회를 주라.
- 배운 것이 실제 현실에서 어떻게 적용되는지 설명하라.
- 수업에 상상력을 유용하게 사용하도록 권장하라(그것은 시간 낭비가 아니다.).

선생님은 과업에 먼저 집중하고 그다음에 사람 · 관계에 집중한다. 교실은 목적이 있는 분위기일 것이다. 학생들은 행동, 숙제 등의 측면에서 기대되는 명확한 지침을 받는다. 기껏해야 이것은 모든 사람이 그들이 서 있는 곳이 어디인지, 어떻게 행동해야 하는지 안다는 것이다. 최악의 경우에는 교실이 재미가 전혀 없는 신병 훈련소와 비슷해질 수 있다. 당신이 이 학생과의 개인적인 관계가 중요하다는 것을 기억하라. 고양이 유형의 학생은 그들이 교사를 좋아하고 교사가 그들을 좋아하는 것을 느껴야 한다. 만약 이렇게 된다면 그들은 열심히 공부하지만 이렇게 되지 않는다면 그들은 아예 관심 없어할 수도 있다. 이것은 한 학생이 한 해(그들이 좋아하는 선생님과 함께 하면)에 최고의 학생이 될 수도 있고, 선생님이 바뀐 그 이듬해에는 공부에 대해 아예 관심을 보이지 않은 이유를 설명해 준다. 이러한 근본적으로 사람 중심적인(관계 중심적인) 학생의 능력을 최대한 이끌어 내기 위해서 교사는

- 공감, 협업 및 팀워크를 사용하여 과제에 집중하는 교사 본연의 성향에 균형을 맞출 수 있는 학습 상황을 제시하라.
- 어떠한 약점이라도 극복할 수 있도록 요령껏 지원하면서 칭찬을 충분하고 정기적으로 하라. 피드백은 비

판으로 쉽게 비칠 수 있으니 전달할 때 계란 껍데기를 밟듯 조심하라.

- 학생에 대한 개인적인 신뢰를 드러내면서 영향력을 발휘하라(나를 실망시키지 마렴, 네가 할 수 있다는 것을 알아, 난 네가 좋단다.).
- 때때로 타협할 준비를 하라.

호랑이 유형 사람들과 고양이 유형 사람들은 체계적이고 효율적이지만 그것은 단지 노력에 의한 것일 뿐이다. 교사는 학교의 필수적이지만 빡빡하고 제한적인 시간표와 과제 마감 기한 속에서 각자에게 제공되는 자발성과 즉흥성에 대한 상호 존중을 즐기면서, 필요한 과제들을 완수해야 함을 기억해야 한다. 비록 재미있고 인기 있는 선생님이 되겠지만, 그들은 또한 학생들이 사회적으로 그리고 학문적으로 성공할 수 있도록 준비하는 과제에 집중하게 할 필요가 있다. 교사와 학생은 일들을 끝내는 것보단 시작하는 것을 더 좋아한다. 그들의 초기의 열정은 빠르게 줄어든다. 교사와 학생은 반드시 그들이 중요한 과업을 식별하고 완료하도록 해야 한다. 그렇지 않으면 학생(또는 학부모)이 어색한 질문을 할 수도 있다. 이러한 선천적으로 느긋한 학생의 능력을 최대한 이끌어 내기 위해서 교사는 학생들이 단순히 학생이 선택할 수 있는 것과 선택하는 것을 좋아하는 것이 아니라 필수적인 것이고 그렇게 해 주지 않으면 몸이 근질거리고 몸을 꼼지락거리거나 반항하기 시작된다는 것을 알아야 한다. 중등학교 환경은 **P**형 학생들에게 무척 어렵기 때문에 교사들은 학생들이 성취할 수 있도록

- 가능한 한 많은 융통성을 제공하라(다양하게 선택할 수 있는 숙제, 수업 안에서의 선택권).
- 세부적인 일정을 피하라(학생들은 어차피 그걸 지키지 못할 것이다.).
- 예측 가능한 수업이 지루함으로 바뀌는 것을 막기 위해 이따금씩 방식들을 바꾸어 주라. 무작위로 놀라게 할 일들과 변화들을 만들어라.
- 학생이 성공할 수 있도록 간단한 시간 관리 기술을 찾도록 도와주라.

109 호랑이 유형 선생님(Tiger teacher) & 검은표범 유형 학생(Panther student) ISTP & ESTP

고양잇과의 네 유형은 모두 사실적이고 적응을 잘하고 행동 지향적이다. 전통적인 교실 수업은 이들의 선천적인 강점들을 발달시키지 못한다. 호랑이 유형 교사는 검은표범 유형 학생들이 최선을 발휘할 수 있게 하고 경험과 행동에서 독립적으로 배우는 것에 대한 학생들의 흥미를 사용함으로써 성공할 수 있도록 도울 수 있다. 열정이 넘치는 학생의 능력을 최대한 이끌어 내기 위해서 교사는

- 학생이 자신의 생각을 충동적으로 표현할지라도 인내하며 열중하여 들어 주라.
- 특히 모둠 토론에서 논란이 될 만한 주제는 학생에게 주지 마라.
- 수업하는 동안에 **E**형 학생들이 다른 **E**형 학생들과 대화할 수 있는 기회를 많이 만들어라.
- 학생의 '유치한' 아이디어일지라도 마음을 열고 그것이 이끄는 곳을 살펴보라. 학생은 크게 말하면서 생각하는데, 이것이 그들이 가장 잘 배우는 방법이다.
- 또한 교사의 생각도 제시하라. 시간이 초과될 경우 요청하라.
- 학생이 말하기 전에 충분히 생각하게 하라. 그렇지 않으면 수업을 방해할 수 있다.

두 유형 모두 정보를 같은 방식으로 얻는다. 그들은 그들의 감각들(그들이 볼 수 있고, 들을 수 있고 느낄 수 있는 것을 인지하는)을 이용해서 세부 사항들을 알아차린다. 선생님과 학생 모두 현실에 관심 있다. 선생님은 선천적으로 수업 방식이 순차적, 현실적이어서 학생들이 이를 따라오도록 격려한다. 견고하고 동료 같은 관계는 선생님과 학생이 서로가 과제를 완수하기 위해 각자 무엇을 해야 할지 상호 이해하면서 발전한다. 현실적인 학생의 능력을 최대한 이끌어 내기 위해서 교사는

- 학생이 역량을 갖출 때까지 반복하고 연습할 기회를 주라.
- 배운 것이 실제 현실에서 어떻게 적용되는지 설명하라.

- 수업에 상상력을 유용하게 사용하도록 권장하라(그것은 시간 낭비가 아니다.).

교사와 학생 둘 다 과업 중심적이고, 직접적이고 한결같고 정직하다. 교실은 사무적이고 목적이 있는 분위기일 것이다. 학생들은 행동, 숙제 등의 측면에서 기대되는 명확한 지침을 받는다. 만약 학생이 교사에게 이의를 제기하려고 한다면 그것은 아마 (지침에 대해) 확인하기 위해서일 것이다. 기껏해야 이것은 모든 사람이 그들이 서 있는 곳이 어디인지, 어떻게 행동해야 하는지 안다는 것이다. 최악의 경우에는 교실은 재미와 진정한 참여가 없는 진지한 학습 모듈의 생산 라인처럼 될 수도 있다. 이러한 근본적으로 과업 중심인 학생의 능력을 최대한 이끌어 내기 위해서 교사는

- 학생들의 기술과 지식을 경쟁적으로 시험하는 방법으로 수업하라(경쟁, 도전, 퀴즈, 개인 최고 점수 갱신 및 측정).
- 학생들에게 사람의 50%는 **F**형이고 피드백을 비판으로 해석할 수 있음을 이해하도록 도와주라.
- 학생이 성취한 것과 그다음에 해야 할 것에 집중하게 하라.
- 때때로 타협할 수 있도록 준비하라.
- 잠재된 감정적인 원인을 고려하지 않고 문제된 어떤 것을 해결하려는 시도를 피하라.

호랑이 유형과 검은표범 유형은 체계적이고 효율적으로 행동할 수는 있지만 그것은 단지 노력에 의한 것일 뿐이다. 교사는 학교의 필수적이지만 빡빡하고 제한적인 시간표와 과제 마감 기한 속에서 각자에게 제공되는 자발성과 즉흥성에 대한 상호 존중을 즐기면서, 필요한 과제들을 완수해야 함을 기억해야 한다. 비록 재미있고 인기 있는 선생님이 되겠지만, 그들은 또한 학생들이 사회적으로 그리고 학문적으로 성공할 수 있도록 준비하는 과제에 집중하게 할 필요가 있다. 둘 다 일을 끝내는 것보다 시작하는 것을 선호한다. 그들의 초기 열정은 금방 시들어질 수 있다. 둘 다 그들이 중요한 일을 식별하고 완수하도록 확실히 해야 한다. 그렇지 않으면 학생(또는 그들의 부모)은 결국 어색한 질문을 할 수 있다. 이러한 선천적으로 느긋한 학생의 능력을 최대한 이끌어 내기 위해서 교사는 학생들이 단순히 학생이 선택할 수 있는 것과 선택하는 것을 좋아하는 것이 아니라 필수적인 것이고 그렇게 해 주지 않으면 몸이 근질거리고 몸을 꼼지락거리거나 반항하기 시작된다는 것을 알아야 한다. 중등학교 환경은 **P**형 학생들에게 무척 어렵기 때문에 교사들은 학생들이 성취할 수 있도록

- 가능한 한 많은 융통성을 제공하라(다양하게 선택할 수 있는 숙제, 수업 안에서의 선택권).
- 세부적인 일정을 피하라(학생들은 어차피 그걸 지키지 못할 것이다.).
- 예측 가능한 수업이 지루함으로 바뀌는 것을 막기 위해 이따금씩 방식들을 바꾸어 주라. 무작위로 놀라게 할 일들과 변화들을 만들어라.
- 선천적으로 체계적이지 못한 검은표범의 성공을 돕기 위해 간단하지만 효과적인 시간 관리 전략을 확인하라.

110
호랑이 유형 선생님(Tiger teacher) & 흰동가리 유형 학생(Clownfish student)
ISTP & ENFP

호랑이 유형과 흰동가리 유형은 한 가지 성향을 공유한다. 두 유형 모두 융통성이 있다. 선천적으로 과장스러운 학생의 능력을 최대한 이끌어 내기 위해서 교사들은 학생들의 차이점들, 특히 학생들이 가진 의논하고 생각을 공유하고 확인 받을 필요성을 수용해야 한다. 교사는 학생의 능력을 최대한 이끌어 내기 위해

- 새로운 생각과 아이디어를 불러일으키기에 적절할 때 농담을 활기차게 즐겨라. 이 학생은 이런 방식으로 가장 잘 배운다. 하지만 교실에는 다른 학생들도 있다는 사실을 기억하라.
- 교사와 학생 모두 쉽게 주의가 산만해지거나 주제에서 벗어나는 경향이 있으므로, 요점을 벗어나지 말고 긍정적으로 생각하라(**T**형 학생에게 잔소리하거나 **F**형 학생을 아이인 것처럼 대하지 마라).
- 했던 일을 또 하지 마라.
- 어떤 생각을 말하지 않을 수 있다는 것을 명심하라(이렇게 한다면 여러분은 나중에 어떤 것, 특히 비판적인 생각을 표현할 더 나은 방식을 생각할 수도 있다).
- 열심히 경청하고 지지하는 사람이 되어라. 교사의 생

각을 주장하기보다 학생이 자신의 생각을 분명하게 하고 발전시킬 수 있도록 도와주라.

- 경청할 수 있는 기술을 연습하고 **I**형 학생들이 기여할 수 있도록 격려하라.
- 차분하고 명확하게 행동하라. 그렇지 않으면 **E**형인 두 사람은 서로의 말을 듣지 않은 채 서로에게 점점 더 크게 말할 수 있다,

교사는 사물을 이해하기 위해 자신의 경험을 사용하는 것을 좋아한다. 한 번에 한 단계씩 하는 교사는 학생들이 그들을 따라하도록 격려한다. **N**형의 학생들은 잘해봐야 이러한 접근법이 지나치게 단순하다고 느낄 것이고, 최악의 경우에는 지루하다고 생각할 것이다. 당신은 이러한 학생들에게 '정신 나간' 학생이라고 낙인찍어버릴 가능성이 있다. 학생을 꾸짖고 싶은 욕망을 참아야 하는데 왜냐하면 이것이 그 학생들이 정보를 받아들이고 대상을 이해하는 방법이기 때문이다. 올바른 맥락에서의 공상은 정보를 흡수하고 유지하는 새로운 방법으로 이어질 수 있다. 이러한 선천적으로 상상력이 풍부한 학생의 능력을 최대한 이끌어 내기 위해서 교사는

- 학생의 상상력과 통찰력, 그리고 그것이 수업에도 가져올 수 있음을 받아들여라.
- 학생에게 **S**형 접근 방식(사실, 세부 사항, 절차, 실험, 경험 적용, 구조, 단계별 모델)이 수업에 중요하게 기여함을 깨닫도록 하라.

학생은 사람(관계)에 먼저 집중하고 그다음에 과업에 집중하는데 교사는 반대의 방식으로 생각한다. 교실은 사무적이고 목적이 있는 분위기일 것이다. 학생들은 행동, 숙제 등의 측면에서 기대되는 명확한 지침을 받는다. 기껏해야 이것은 모든 사람이 그들이 서 있는 곳이 어디인지, 어떻게 행동해야 하는지 안다는 것이다. 최악의 경우에는 교실이 동정심이 결여된 신병 훈련소와 비슷할 수 있다. 당신이 이 학생과 맺는 개인적인 관계가 중요하다는 것을 기억하라. 흰동가리 유형의 학생은 그들이 교사를 좋아하고 교사가 그들을 좋아하는 것을 느껴야 한다. 만약 이렇게 된다면 그들은 열심히 공부하지만 이렇게 되지 않는다면 그들은 아예 관심 없어 할 수도 있다. 이것은 한 학생이 한 해(그들이 좋아하는 선생님과 함께 하면)에 최고의 학생이 될 수도 있고, 선생님이 바뀐 그 이듬해에는 공부에 대해 아예 관심을 보이지 않은 이유를 설명해 준다. 이러한 근본적으로 사람 중심적인(관계 중심적인) 학생의 능력을 최대한 이끌어 내기 위해서 교사는

- 공감, 협업 및 팀워크를 사용하여 과제에 집중하는 교사 본연의 성향에 균형을 맞출 수 있는 학습 상황을 제시하라.
- 어떠한 약점이라도 극복할 수 있도록 요령껏 지원하면서 칭찬을 충분하고 정기적으로 하라. 피드백은 비판으로 쉽게 비칠 수 있으니 전달할 때 계란 껍데기를 밟듯 조심하라.
- 학생에 대한 개인적인 신뢰를 드러내면서 설득하라(나를 실망시키지 마렴, 네가 할 수 있다는 것을 알아, 난 네가 좋단다.).
- 때때로 타협할 준비를 하라. 그렇지 않으면 흰동가리 유형 학생들은 수업에 지장을 줄 수 있다.

호랑이 유형 교사와 흰동가리 유형 학생은 체계적이고 효율적으로 행동할 수는 있지만 그것은 단지 노력에 의한 것일 뿐이다. 교사는 학교의 필수적이지만 빡빡하고 제한적인 시간표와 과제 마감 기한 속에서 각자에게 제공되는 자발성과 즉흥성에 대한 상호 존중을 즐기면서, 필요한 과제들을 완수해야 함을 기억해야 한다. 비록 재미있고 인기 있는 선생님이 되겠지만, 그들은 또한 학생들이 사회적으로 그리고 학문적으로 성공할 수 있도록 준비하는 과제에 집중하게 할 필요가 있다. 교사와 학생은 일들을 끝내는 것보단 시작하는 것을 더 좋아한다. 그들의 초기의 열정은 빠르게 줄어든다. 교사와 학생은 반드시 그들이 중요한 과업을 식별하고 완료하도록 해야 한다. 그렇지 않으면 학생(또는 학부모)이 어색한 질문을 할 수도 있다. 이러한 선천적으로 느긋한 학생의 능력을 최대한 이끌어 내기 위해서 교사는 학생들이 학생들이 단순히 학생이 선택할 수 있는 것과 선택하는 것을 좋아하는 것이 아니라 필수적인 것임을 이해해야 한다. 중등학교 환경은 **P**형 학생들에게 무척 어렵기 때문에 교사들은

- 가능한 한 많은 융통성을 제공하라(다양하게 선택할 수 있는 숙제, 수업 안에서의 선택권).
- 세부적인 일정을 피하라(학생들은 어차피 그걸 지키지 못할 것이다.).
- 예측 가능한 수업이 지루함으로 바뀌는 것을 막기 위해 이따금씩 방식들을 바꾸어 주라. 무작위로 놀라게 할 일들과 변화들을 만들어라.

■ 흰동가리 유형 학생이 서두르지 않고 마지막 순간까지 중요한 작업을 완료할 수 있도록 시간을 조직하고 관리하는 방법을 식별할 수 있게 도와주라.

111
호랑이 유형 선생님(Tiger teacher) & 가면올빼미 유형 학생(Barn Owl student)
ISTP & INTJ

호랑이 유형과 가면올빼미 유형은 두 가지 성향을 공유한다. 두 유형 모두 내성적이고 공정한 관찰자들이고, 지독하게 자주적이다. 그들의 유사점들은 강한 유대감의 토대가 된다. 독립적 성향인 학생이 도움이 필요한 순간에 도움 받는 것을 방해 받을 때 충돌은 일어나기도 한다. 선천적으로 내성적인 학생의 능력을 최대한 이끌어 내기 위해서는

■ 학생의 사생활과 독립성을 존중하라.
■ 교사 자신의 생각을 명확히 하는 시간을 가지되 대립을 피하지 마라. 어떤 말을 해야 한다면 차분하고 직접적으로 전달하라.
■ 비언어적 의사소통을 사용하라—미소와 제스처는 **I**형 학생들을 안심시킨다. 피드백을 전달하기 위해 포스트잇 · 전자 메일을 사용할 수도 있다.
■ 학생이 심사숙고할 수 있도록 충분한 시간을 허락하라.
■ 교사의 아이디어와 생각을 정기적으로 공유하여 서로가 하고 있는 것이 무엇인지 반드시 알게 하라.

교사는 사물을 이해하기 위해 자신의 경험을 사용하는 것을 좋아한다. 한 번에 한 단계씩 가르치는 교사는 학생들이 그들을 따라하도록 격려한다. **N**형의 학생들은 잘해 봐야 이러한 접근법이 지나치게 단순하다고 느낄 것이고, 최악의 경우에는 지루하다고 생각할 것이다. 당신은 이러한 학생들에게 '정신 나간' 학생이라고 낙인찍어 버릴 가능성이 있다. 학생을 꾸짖고 싶은 욕망을 참아야 하는데 왜냐하면 이것이 학생들이 정보를 받아들이고 대상을 이해하는 방법이기 때문이다. 올바른 맥락에서의 공상은 정보를 흡수하고 유지하는 방법으로 이어질 수 있다. 이러한 선천적으로 상상력이 풍부한 학생의 능력을 최대한 이끌어 내기 위해서 교사는

■ 학생의 상상력과 통찰력, 그리고 그것이 수업에도 가져올 수 있음을 받아들여라.
■ 학생에게 **S**형 접근 방식(사실, 세부 사항, 절차, 실험, 경험 적용, 구조, 단계별 모델)이 수업에 중요하게 기여함을 깨닫도록 하라.

교사와 학생 둘 다 과업 중심적이고, 직접적이고 한결같고 정직하다. 교실은 사무적이고 목적이 있는 분위기일 것이다. 학생들은 행동, 숙제 등의 측면에서 기대되는 명확한 지침을 받는다. 만약 학생이 교사에게 이의를 제기한다면 그것은 아마 (지침에 대해) 확인하기 위해서일 것이다. 기껏해야 이것은 모든 사람이 그들이 서 있는 곳이 어디인지, 어떻게 행동해야 하는지 안다는 것이다. 최악의 경우에는 교실은 재미와 진정한 참여가 없는 진지한 학습 모듈의 생산 라인처럼 될 수도 있다. 이러한 근본적으로 과업 중심인 학생의 능력을 최대한 이끌어 내기 위해서 교사는

■ 학생들의 기술과 지식을 경쟁적으로 시험하는 방법으로 수업하라(경쟁, 도전, 퀴즈, 개인 최고 점수 갱신 및 측정).
■ 학생들에게 사람의 50%는 **F**형이고 피드백을 비판으로 해석할 수 있음을 이해하도록 도와주라.
■ 학생이 성취한 것과 그다음에 해야 할 것에 집중하게 하라.
■ 때때로 타협할 수 있도록 준비하라.
■ 잠재된 감정적인 원인을 고려하지 않고 문제된 어떤 것을 해결하려는 시도를 피하라.

느긋하고 융통성 있고 즉흥적인 교사와 선천적으로 체계적인 학생은 드림팀이 될 수도, 재앙이 될 수도 있다. 긍정적인 관계를 만들기 위해서 그들은 서로의 강점을 인정하고 그것을 배워야 한다. 학생은 계획을 조정하고 바꾸는 교사의 능력에서 혜택을 받을 수 있고 교사는 자신이 할 수 있고 끝낼 수 있는 계획을 세우는 학생의 욕심에서 혜택을 받을 수 있다. 또한 교사들은

■ 학생이 진정으로 원할 경우 자립적으로 그들의 방식대로 작업을 계획할 수 있도록 허락하라.
■ 단지 계획을 바꾸기 위한 계획을 하지 마라. 이것은 학생을 좌절시킬 뿐이다.
■ 학생이 때때로 융통성을 받아들이도록 격려하라.

- 질서, 깔끔함, 마감 기한에 대한 가면올빼미 유형 학생의 욕구를 격려하고 지지하라.

112
호랑이 유형 선생님(Tiger teacher) & 물개 유형 학생(Seal student)
ISTP & INFP

호랑이 유형과 물개 유형은 두 가지 성향을 공유한다. 두 유형 모두 개인적이고 적응을 잘한다. 두 유형 사이의 갈등은 거의 없지만 꼬치꼬치 캐묻고 상상력이 풍부한 학생의 방식이 냉철하고 실용적인 교사와 충돌할 때 갈등이 생겨날 수도 있다. 이상적인 학생의 능력을 최대한 이끌어 내기 위해서는

- 학생의 사생활과 독립성을 존중하라.
- 교사 자신의 생각을 명확히 하는 시간을 가지되 대립을 피하지 마라. 어떤 말을 해야 한다면 차분하고 직접적으로 전달하라.
- 비언어적 의사소통을 사용하라—미소와 제스처는 **I**형 학생들을 안심시킨다. 피드백을 전달하기 위해 포스트잇 · 전자 메일을 사용할 수도 있다.
- 학생이 심사숙고할 수 있도록 충분한 시간을 허락하라.
- 교사의 아이디어와 생각을 정기적으로 공유하여 서로가 하고 있는 것이 무엇인지 반드시 알게 하라.

교사는 사물을 이해하기 위해 자신의 경험을 사용하는 것을 좋아한다. 한 번에 한 단계씩 진행하는 교사는 학생들이 그들을 따라하도록 격려한다. **N**형의 학생들은 잘해 봐야 이러한 접근법이 지나치게 단순하다고 느낄 것이고, 최악의 경우에는 지루하다고 생각할 것이다. 당신은 이러한 학생들에게 '정신 나간' 학생이라고 낙인찍어 버릴 가능성이 있다. 학생을 꾸짖고 싶은 욕망을 참아야 하는데 왜냐하면 이것이 그 학생들이 정보를 받아들이고 대상을 이해하는 방법이기 때문이다. 올바른 맥락에서 공상은 정보를 받아들이고 유지하는 새로운 방법으로 이어질 수 있다. 이러한 선천적으로 상상력이 풍부한 학생의 능력을 최대한 이끌어 내기 위해서 교사는

- 학생의 상상력과 통찰력, 그리고 그것이 수업에도 가져올 수 있음을 받아들여라.
- 학생에게 **S**형 접근 방식(사실, 세부 사항, 절차, 실험, 경험 적용, 구조, 단계별 모델)이 수업에 중요하게 기여함을 깨닫도록 하라.

교사는 과업에 먼저 집중하고 그다음에 사람들 · 관계에 집중한다. 교실은 사무적이고 목적이 있는 분위기일 것이다. 학생들은 행동, 숙제 등의 측면에서 기대되는 명확한 지침을 받는다. 기껏해야 이것은 모든 사람이 그들이 서 있는 곳이 어디인지, 어떻게 행동해야 하는지 안다는 것이다. 최악의 경우에는 교실이 따뜻함이 전혀 없는 신병 훈련소와 비슷할 수 있다. 당신이 이 학생과 맺는 개인적인 관계가 중요하다는 것을 기억하라. 물개 유형의 학생은 그들이 교사를 좋아하고 교사가 그들을 좋아하는 것을 느껴야 한다. 만약 이렇게 된다면 그들은 열심히 하지만 이렇게 되지 않는다면 그들은 아예 관심 없어 할 수도 있다. 이것은 한 학생이 한 해(그들이 좋아하는 선생님과 함께 하면)에 최고의 학생이 될 수도 있고, 선생님이 바뀐 그 이듬해에는 공부에 대해 아예 관심을 보이지 않은 이유를 설명해 준다. 이러한 근본적으로 사람 중심적인 학생의 능력을 최대한 이끌어 내기 위해서 교사는

- 공감, 협업 및 팀워크를 사용하여 과제에 집중하는 교사 본연의 성향에 균형을 맞출 수 있는 학습 상황을 제시하라.
- 어떠한 약점이라도 극복할 수 있도록 요령껏 지원하면서 칭찬을 충분하고 정기적으로 하라. 피드백은 비판으로 쉽게 비칠 수 있으니 전달할 때 계란 껍데기를 밟듯 조심하라.
- 학생에 대한 개인적인 신뢰를 드러내면서 영향력을 발휘하라(나를 실망시키지 마렴, 네가 할 수 있다는 것을 알아, 난 네가 좋단다.).
- 때때로 타협할 준비를 하라. 그렇지 않으면 물개 유형이 뒤로 물러날지도 모른다.

P형은 조직적이고 효율적일 수 있다. 즉, 그것은 단지 노력일 뿐이다. 교사는 학교의 필수적이지만 빡빡하고 제한적인 시간표와 과제 마감 기한 속에서 각자에게 제공되는 자발성과 즉흥성에 대한 상호 존중을 즐기면서, 필요한 과제들을 완수해야 함을 기억해야 한다. 비록 재미있고 인기 있는 선생님이 되겠지만, 그들은 또한 학생들이 사회적으로 그리고 학문적으로 성공할 수 있도

록 준비하는 과제에 집중하게 할 필요가 있다. 교사와 학생은 일들을 끝내는 것보단 시작하는 것을 더 좋아한다. 그들의 초기의 열정은 빠르게 줄어들 수 있다. 교사와 학생은 반드시 그들이 중요한 과업을 식별하고 완료하도록 해야 한다. 그렇지 않으면 학생(또는 학부모)이 어색한 질문을 할 수도 있다. 이러한 선천적으로 느긋한 학생의 능력을 최대한 이끌어 내기 위해서 교사는 학생들이 학생들이 단순히 학생이 선택할 수 있는 것과 선택하는 것을 좋아하는 것이 아니라 필수적인 것이고 그렇게 해 주지 않으면 몸이 근질거리고 몸을 꼼지락거리거나 반항하기 시작된다는 것을 알아야 한다. 중등학교 환경은 **P**형 학생들에게 무척 어렵기 때문에 교사들은 학생들이 성취할 수 있도록 돕기 위해

- 가능한 한 많은 융통성을 제공하라(다양하게 선택할 수 있는 숙제, 수업 안에서의 선택권).
- 세부적인 일정을 피하라(학생들은 어차피 그걸 지키지 못할 것이다.).
- 예측 가능한 수업이 지루함으로 바뀌는 것을 막기 위해 이따금씩 방식들을 바꾸어 주라. 무작위로 놀라게 할 일들과 변화들을 만들어라.
- 물개 유형이 번창할 수 있도록 간단한 시간 관리 전략을 확인하라.

113
고양이 유형 선생님(Cat teacher) & 흑곰 유형 학생(Black Bear student)
ISFP & ESTJ

고양이 유형과 흑곰 유형은 한 가지 성향을 공유한다. 두 유형 모두 아는 것이 많고 단계적으로 하는 방식으로 배운다. 흑곰 유형 학생이 고양이 유형 교사가 선호하는 좀 더 느긋한 교실에서 주도권을 잡으려고 한다면 갈등이 생길 수도 있다. 선천적으로 적극적인 학생의 능력을 최대한 이끌어 내기 위해서

- 학생이 자신의 생각을 충동적으로 표현할지라도 인내하며 열중하여 들어 주라.
- 학생의 '유치한' 아이디어일지라도 마음을 열고 그것이 이끄는 곳을 살펴보라. 학생은 크게 말하면서 생각하는데, 이것이 그들이 가장 잘 배우는 방법이다.
- 또한 교사의 생각도 제시하라. 시간이 초과될 경우 요청하라.
- 학생이 말하기 전에 충분히 생각하게 하라. 그렇지 않으면 수업을 방해할 수 있다.
- 특히 모둠 토론에서 논란이 될 만한 주제는 학생에게 주지 마라.
- 수업하는 동안에 **E**형 학생들이 다른 **E**형 학생들과 대화할 수 있는 기회를 많이 만들어라.

고양이 유형 교사와 흑곰 유형 학생 둘 다 정보를 같은 방식으로 얻는다. 그들은 그들의 감각들(그들이 볼 수 있고 들을 수 있고, 느낄 수 있는 것을 인지하는)을 이용해서 세부 사항들을 알아차린다. 교사와 학생 모두 현실적이다. 선생님은 교육 방식이 본능적으로 순차적, 현실적이어서 학생들이 그 지도에 따르도록 격려할 것이다. 견고하고 동료 같은 관계는 선생님과 학생이 서로가 과제를 완수하기 위해 각자 무엇을 해야 할지 상호 이해하면서 발전한다. 이러한 현실적인 학생의 능력을 최대한 이끌어 내기 위해서 교사는

- 학생이 역량을 갖출 때까지 반복하고 연습할 기회를 주라.
- 배운 것이 실제 현실에서 어떻게 적용되는지 설명하라.
- 수업에 상상력을 유용하게 사용하도록 권장하라(그것은 시간 낭비가 아니다.).

교사는 과업보다 먼저 관계를 고려하는 반면 학생은 정반대로 생각한다. 교사는 학생이 자신과 다르다는 것을 수용하는 법을 배워야 한다. 즉, 학생이 차갑고, 무뚝뚝하며, 불친절한 것이 아니라 교사와는 다르고 과제에 먼저 집중할 뿐이다. 교사가 이것을 받아들일 수 있다면 이 관계는 교사와 학생 둘 모두에게 있어 매우 긍정적일 수 있다. 이러한 본질적으로 자신감 있는 흑곰 유형 학생의 능력을 최대한 이끌어 내기 위해서 교사는

- 대상을 정해 칭찬하라. 모든 것이 훌륭하다고 말하는 것은 학생에게 깊은 인상을 주거나 도움이 되지 않는다. 사실, 그것은 학생이 선생님을 존경하지 않는 결과를 초래할 수 있고, 교사가 거짓말하거나 아니면 부드러운 접촉이라고 결론지을 수 있다. 교사가 칭찬할 때, 증거를 요구받을 수도 있다.
- 논의할 때 감정적이기보다는 논리적이고 객관적으

로 하라.

- 학생이 교사에게 이의를 제기한다면 그것은 아마 여러분의 권위나 인격을 무시하기보다 그들의 생각을 명확히 알리기 위한 것일 수 있다. 아마도 '이를 개선하거나 바꾸려면 어떻게 하겠니?' 또는 '너는 어떻게 생각하니?'라고 물어보라. 일단 학생이 생각을 명확히 하고 나면 교사가 생각하는 것을 물어보고 받아들일 준비가 되어 있을 것이다.
- 학생의 기량과 지식을 경쟁적으로 시험하는 방식으로 수업하라(경쟁력을 높인다.).
- 사람의 50%가 **F**형이고 피드백을 비판으로 해석하여 이해할 수 있다는 것을 도와주라.

느긋하고 융통성 있고 즉흥적인 교사와 선천적으로 체계적인 학생은 드림팀이 될 수도, 재앙이 될 수도 있다. 긍정적인 관계를 만들기 위해서 그들은 서로의 강점을 인정하고 그것을 배워야 한다. 학생은 계획을 조정하고 바꾸는 교사의 능력에서 혜택을 받을 수 있고 교사는 자신이 할 수 있고 끝낼 수 있는 계획을 세우는 학생의 욕심에서 혜택을 받을 수 있다. 또한 교사들은

- 질서, 깔끔함, 마감 기일 준수에 대한 학생의 욕구를 격려하고 지지하라.
- 학생이 진정으로 원할 경우 그들의 방식대로 작업을 자립적으로 계획할 수 있도록 허락하라.
- 단지 계획을 바꾸기 위한 계획은 하지 마라. 이것은 학생을 좌절시킬 뿐이다.
- 경험을 넓히는 방법으로 유연성을 수용하도록 학생에게 권장하라.

114
고양이 유형 선생님(Cat teacher) & 곰인형 유형 학생(Teddy Bear student)
ISFP & ESFJ

고양이 유형과 곰인형 유형은 두 가지 성향을 공유한다. 두 유형 모두 따뜻한 품성을 가지고 있고 현실적이다. 알코올이 든 칵테일보다는 밀크 티가 든 보온병 같다. 선천적으로 적극적인 학생의 능력을 최대한 이끌어 내기 위해서

- 학생이 자신의 생각을 충동적으로 표현할지라도 인내하며 열중하여 들어 주라.
- 학생의 '유치한' 아이디어일지라도 마음을 열고 그것이 이끄는 곳을 살펴보라. 학생은 크게 말하면서 생각하는데, 이것이 그들이 가장 잘 배우는 방법이다.
- 또한 교사의 생각도 제시하라. 시간이 초과될 경우 요청하라.
- 학생이 말하기 전에 충분히 생각하게 하라. 그렇지 않으면 수업을 방해할 수 있다.
- 특히 모둠 토론에서 논란이 될 만한 주제는 학생에게 주지 마라.
- 수업하는 동안에 **E**형 학생들이 다른 **E**형 학생들과 대화할 수 있는 기회를 많이 만들어라.

고양이 유형과 곰인형 유형 둘 다 정보를 같은 방식으로 얻는다. 그들은 그들의 감각들(그들이 볼 수 있고 들을 수 있고, 느낄 수 있는 것을 인지하는)을 이용해서 세부 사항들을 알아차린다. 교사와 학생 모두 현실적이다. 선생님은 교육 방식이 본능적으로 순차적, 현실적이어서 학생들이 그 지도에 따르도록 격려할 것이다. 견고하고 동료 같은 관계는 선생님과 학생이 서로가 과제를 완수하기 위해 각자 무엇을 해야 할지 상호 이해하면서 발전한다. 이러한 현실적인 학생의 능력을 최대한 이끌어 내기 위해서 교사는

- 학생이 역량을 갖출 때까지 반복하고 연습할 기회를 주라.
- 배운 것이 실제 현실에서 어떻게 적용되는지 설명하라.
- 수업에 상상력을 유용하게 사용하도록 권장하라(그것은 시간 낭비가 아니다.).

교사와 학생 모두 과업 · 문제 내용에 앞서 사람과 관계를 가장 먼저 고려한다. 이들은 따뜻한 개인적 관계를 형성하는 것을 좋아한다. 칭찬은 학생뿐만 아니라 교사 둘 모두에게 자신감을 북돋아 줄 것이다. 곰인형 유형 학생은 그들이 교사를 좋아하고 교사가 그들을 좋아하는 것을 느껴야 한다. 만약 이렇게 된다면 그들은 열심히 공부하지만 이렇게 되지 않는다면 그들은 아예 관심 없어 할 수도 있다. 이것은 한 학생이 한 해(그들이 좋아하는 선생님과 함께 하면)에 최고의 학생이 될 수도 있고, 선생님이 바뀐 그 이듬해에는 공부에 대해 아예 관심을 보이지 않은 이유를 설명해 준다. 이러한 근본적으로 관

계 중심적인 학생의 능력을 최대한 이끌어 내기 위해서 교사는

- 공감, 협업 및 팀워크를 활용할 수 있는 학습 상황을 제공하라.
- 어떠한 약점이라도 극복할 수 있도록 요령껏 지원하면서 충분하고 정기적으로 칭찬하라.
- 학생에 대한 개인적인 신념의 힘에 호소하여 동기를 부여하라(나를 실망시키지 마렴, 네가 할 수 있다는 것을 알아, 난 네가 좋단다.).

느긋하고 융통성 있고 즉흥적인 교사와 선천적으로 체계적인 학생은 드림팀이 될 수도, 재앙이 될 수도 있다. 긍정적인 관계를 만들기 위해서 그들은 서로의 강점을 인정하고 그것을 배워야 한다. 학생은 계획을 조정하고 바꾸는 교사의 능력에서 혜택을 받을 수 있고 교사는 자신이 할 수 있고 끝낼 수 있는 계획을 세우는 학생의 욕심에서 혜택을 받을 수 있다. 또한 교사들은 다음과 같이 할 수도 있다.

- 질서, 깔끔함, 마감 기일 준수에 대한 학생의 욕구를 격려하고 지지하라.
- 학생이 진정으로 원할 경우 그들의 방식대로 작업을 자립적으로 계획할 수 있도록 허락하라.
- 학생이 때때로 유연성을 받아들이도록 격려하라.
- 단지 계획을 바꾸기 위한 계획은 하지 마라. 이것은 학생을 좌절시킬 뿐이다.

115
고양이 유형 선생님(Cat teacher) & 돌고래 유형 학생(Dolphin student)
ISFP & ENFJ

고양이 유형과 돌고래 유형은 한 가지 성향을 공유한다. 이 두 유형은 친근한 교실 분위기를 위해 기여하는 것에 관심이 있다. 선천적으로 사교적인 학생의 능력을 최대한 이끌어 내기 위해서 교사는

- 학생이 자신의 생각을 충동적으로 표현할지라도 인내하며 열중하여 들어 주라.
- 학생의 '유치한' 아이디어일지라도 마음을 열고 그것이 이끄는 곳을 살펴보라. 학생은 크게 말하면서 생각하는데, 이것이 그들이 가장 잘 배우는 방법이다.
- 또한 교사의 생각도 제시하라. 시간이 초과될 경우 요청하라.
- 학생이 말하기 전에 충분히 생각하게 하라. 그렇지 않으면 수업을 방해할 수 있다.
- 특히 모둠 토론에서 논란이 될 만한 주제는 학생에게 주지 마라.
- 수업하는 동안에 **E**형 학생들이 다른 **E**형 학생들과 대화할 수 있는 기회를 많이 만들어라.

교사는 사물을 이해하기 위해 자신의 경험을 사용하는 것을 좋아한다. 한 번에 한 단계씩 진행하는 교사는 학생들이 그들을 따라하도록 격려한다. **N**형의 학생들은 잘해 봐야 이러한 접근법이 지나치게 단순하다고 느낄 것이고, 최악의 경우에는 지루하다고 생각할 것이다. 당신은 이러한 학생들에게 '정신 나간' 학생이라고 낙인찍어 버릴 가능성이 있다. 학생을 비판하고 싶은 욕망을 참아야 하는데 왜냐하면 이것이 그 학생들이 정보를 받아들이고 대상을 이해하는 방법이기 때문이다. 올바른 맥락에서 공상은 정보를 받아들이고 유지하는 새로운 방법으로 이어질 수 있다. 이러한 선천적으로 상상력이 풍부한 학생의 능력을 최대한 이끌어 내기 위해서 교사는

- 학생의 상상력과 통찰력, 그리고 그것이 수업에도 가져올 수 있음을 받아들여라.
- 학생에게 **S**형 접근 방식(사실, 세부 사항, 절차, 실험, 경험 적용, 구조, 단계별 모델)이 수업에 중요하게 기여함을 깨닫도록 하라.

교사와 학생 모두 과업 · 문제 내용에 앞서 사람과 관계를 가장 먼저 고려한다. 이들은 따뜻한 개인적 관계를 형성하는 것을 좋아한다. 칭찬은 학생뿐만 아니라 교사 둘 모두에게 자신감을 북돋아 줄 것이다. 돌고래 유형 학생은 그들이 교사를 좋아하고 교사가 그들을 좋아하는 것을 느껴야 한다. 만약 이렇게 된다면 그들은 열심히 하지만 이렇게 되지 않는다면 그들은 아예 관심 없어할 수도 있다. 이것은 한 학생이 한 해(그들이 좋아하는 선생님과 함께 하면)에 최고의 학생이 될 수도 있고, 선생님이 바뀐 그 이듬해에는 공부에 대해 아예 관심을 보이지 않은 이유를 설명해 준다. 관계 중심적인 학생의 능력을 최대한 이끌어 내기 위해서 교사는

■ 공감, 협업 및 팀워크를 활용할 수 있는 학습 상황을 제공하라.
■ 어떠한 약점이라도 극복할 수 있도록 요령껏 지원하면서 충분하고 정기적으로 칭찬하라.
■ 학생에 대한 개인적인 신념의 힘에 호소하여 설득하거나 영향력을 행사하라(나를 실망시키지 마렴, 네가 할 수 있다는 것을 알아, 난 네가 좋단다.).

느긋하고 융통성 있고 즉흥적인 교사와 선천적으로 체계적인 학생은 드림팀이 될 수도, 재앙이 될 수도 있다. 긍정적인 관계를 만들기 위해서 그들은 서로의 강점을 인정하고 그것을 배워야 한다. 학생은 계획을 조정하고 바꾸는 교사의 능력에서 혜택을 받을 수 있고 교사는 자신이 할 수 있고 끝낼 수 있는 계획을 세우는 학생의 욕심에서 혜택을 받을 수 있다. 또한 교사들은

■ 질서, 깔끔함, 마감 기일 준수에 대한 학생의 욕구를 격려하고 지지하라.
■ 학생이 때때로 유연성을 받아들이도록 격려하라.
■ 학생이 진정으로 원할 경우 그들의 방식대로 작업을 자립적으로 계획할 수 있도록 허락하라.
■ 단지 계획을 바꾸기 위한 계획은 하지 마라. 이것은 학생을 좌절시킬 뿐이다.

116
고양이 유형 선생님(Cat teacher) & 검은표범 유형 학생(Panther student)
ISFP & ESTP

고양이 유형과 검은표범 유형은 두 가지 성향을 공유한다. 모든 고양잇과 유형들처럼 이들은 둘 다 행동과 다양성을 추구하고 필요로 한다. 만약 교사가 검은표범 유형 학생의 끝없는 에너지를 잘 이끈다면 이들은 잘 지낼 수 있다. 선천적으로 활동적인 학생의 능력을 최대한 이끌어 내기 위해서 교사는

■ 학생이 자신의 생각을 충동적으로 표현할지라도 인내하며 열중하여 들어 주라.
■ 학생의 '유치한' 아이디어일지라도 마음을 열고 그것이 이끄는 곳을 살펴보라. 학생은 크게 말하면서 생각하는데, 이것이 그들이 가장 잘 배우는 방법이다.
■ 또한 교사의 생각도 제시하라. 시간이 초과될 경우 요청하라.
■ 학생이 말하기 전에 충분히 생각하게 하라. 그렇지 않으면 수업을 방해할 수 있다.
■ 특히 모둠 토론에서 논란이 될 만한 주제는 학생에게 주지 마라.
■ 수업하는 동안에 **E**형 학생들이 다른 **E**형 학생들과 대화할 수 있는 기회를 많이 만들어라.

두 유형 모두 정보를 같은 방식으로 얻는다. 그들은 그들의 감각들(그들이 볼 수 있고 들을 수 있고, 느낄 수 있는 것을 인지하는)을 이용해서 세부 사항들을 알아차린다. 교사와 학생 모두 현실적이다. 선생님은 교육 방식이 본능적으로 순차적, 사실적이어서 학생들이 그 지도에 따르도록 격려할 것이다. 견고하고 동료 같은 관계는 선생님과 학생이 서로가 과제를 완수하기 위해 각자 무엇을 해야 할지 상호 이해하면서 발전한다. 현실적인 학생의 능력을 최대한 이끌어 내기 위해서 교사는

■ 학생이 역량을 갖출 때까지 반복하고 연습할 기회를 주라.
■ 배운 것이 실제 현실에서 어떻게 적용되는지 설명하라.
■ 수업에 상상력을 유용하게 사용하도록 권장하라(그것은 시간 낭비가 아니다.).

교사는 과업보다 먼저 관계를 고려하는 반면 학생은 정반대로 생각한다. 교사는 학생이 자신과 다르다는 것을 수용하는 법을 배워야 한다. 즉, 학생이 차갑고, 무뚝뚝하며, 불친절한 것이 아니라 교사와는 다르고 과제에 먼저 집중할 뿐이다. 교사가 이것을 받아들일 수 있다면 이 관계는 교사와 학생 둘 모두에게 있어 매우 긍정적일 수 있다. 이러한 본질적으로 객관적인 학생의 능력을 최대한 이끌어 내기 위해서 교사는

■ 대상을 정해 칭찬하라. 모든 것이 훌륭하다고 말하는 것은 학생에게 깊은 인상을 주거나 도움이 되지 않는다. 사실, 그것은 학생이 선생님을 존경하지 않는 결과를 초래할 수 있고, 교사가 거짓말하거나 아니면 부드러운 접촉이라고 결론지을 수 있다. 교사가 칭찬할 때, 증거를 요구받을 수도 있다.
■ 논의할 때 감정적이기보다는 논리적이고 객관적으로 하라.
■ 학생이 교사에게 이의를 제기한다면 그것은 아마 여

러분의 권위나 인격을 무시하기보다 그들의 생각을 명확히 알리기 위한 것일 수 있다. 아마도 '이를 개선하거나 바꾸려면 어떻게 하겠니?' 또는 '너는 어떻게 생각하니?'라고 물어보라. 일단 학생이 생각을 명확히 하고 나면 교사가 생각하는 것을 물어보고 받아들일 준비가 되어 있을 것이다.

- 학생의 기량과 지식을 경쟁적으로 시험하는 방식으로 수업하라(경쟁력을 높인다.).
- 사람의 50%가 **F**형이고 피드백을 비판으로 해석하여 이해할 수 있다는 것을 도와주라.

고양이 유형과 검은표범 유형은 해야 할 일들 목록, 일정, 예상 가능한 일들을 혐오한다. 그들은 후천적인 심미안이나 연마된 기술의 경지에 도달하는 경우가 드물다. 교사는 학교의 필수적이지만 빡빡하고 제한적인 시간표와 과제 마감 기한 속에서 각자에게 제공되는 자발성과 즉흥성에 대한 상호 존중을 즐기면서, 필요한 과제들을 완수해야 함을 기억해야 한다. 비록 재미있고 인기 있는 선생님이 되겠지만, 그들은 또한 학생들이 사회적으로 그리고 학문적으로 성공할 수 있도록 준비하는 과제에 집중하게 할 필요가 있다. 교사와 학생은 일들을 끝내는 것보단 시작하는 것을 더 좋아한다. 그들의 초기의 열정은 빠르게 줄어든다. 교사와 학생은 반드시 그들이 중요한 과업을 식별하고 완료하도록 해야 한다. 그렇지 않으면 학생(또는 학부모)이 어색한 질문을 할 수도 있다. 이러한 선천적으로 느긋한 학생의 능력을 최대한 이끌어 내기 위해서 교사는 학생들이 선택할 수 있는 것과 선택하는 것을 좋아하는 것이 아니라 필수적인 것이고 그렇게 해 주지 않으면 몸이 근질거리고 몸을 꼼지락거리거나 반항이 시작된다는 것을 알아야 한다. 중등학교 환경은 **P**형 학생들에게 무척 어렵기 때문에 교사들은 학생들이 성취할 수 있도록 돕기 위해

- 가능한 한 많은 융통성을 제공하라(다양하게 선택할 수 있는 숙제, 수업 안에서의 선택권).
- 세부적인 일정을 피하라(학생들은 어차피 그걸 지키지 못할 것이다.).
- 예측 가능한 수업이 지루함으로 바뀌는 것을 막기 위해 무작위로 놀라게 할 일들과 변화들을 만들어라.
- 학생이 서두르지 않고 마지막 순간까지 중요한 작업을 완료할 수 있도록 시간을 정리하고 관리하는 방법을 식별할 수 있게 도와주라.

117
고양이 유형 선생님(Cat teacher) & 사자 유형 학생(Lion student)
ISFP & ESFP

호랑이 유형과 사자 유형은 세 가지 성향을 공유한다. 두 유형 모두 행동과 다양성, 재미를 추구한다. 그러나 『Top Gear』의 한 에피소드에서처럼 무모한 동지애는 아주 좋지 않게 끝나 버릴 수도 있다. 그러므로 사자 유형 학생을 통제하고 길들이는 것은 교실의 조화를 위해서 종종 불가피하다. 이러한 선천적으로 적극적인 학생의 능력을 최대한 이끌어 내기 위해서 교사는 다음과 같이 해야 한다.

- 학생이 자신의 생각을 충동적으로 표현할지라도 인내하며 열중하여 들어 주라.
- 학생의 '유치한' 아이디어일지라도 마음을 열고 그것이 이끄는 곳을 살펴보라. 학생은 크게 말하면서 생각하는데, 이것이 그들이 가장 잘 배우는 방법이다.
- 또한 교사의 생각도 제시하라. 시간이 초과될 경우 요청하라.
- 학생이 말하기 전에 충분히 생각하게 하라. 그렇지 않으면 수업을 방해할 수 있다.
- 특히 모둠 토론에서 논란이 될 만한 주제는 학생에게 주지 마라.
- 수업하는 동안에 **E**형 학생들이 다른 **E**형 학생들과 대화할 수 있는 기회를 많이 만들어라.

교사와 학생 모두 정보를 같은 방식으로 얻는다. 그들은 그들의 감각들(그들이 볼 수 있고 들을 수 있고, 느낄 수 있는 것을 인지하는)을 이용해서 세부 사항들을 알아차린다. 교사와 학생 모두 현실적이다. 교사는 선천적으로 수업 방식이 순차적이며 학생들이 이를 따라오도록 격려한다. 견고하고 동료 같은 관계는 선생님과 학생이 서로가 과제를 완수하기 위해 각자 무엇을 해야 할지 상호 이해하면서 발전한다. 현실적인 학생의 능력을 최대한 이끌어 내기 위해서 교사는 다음과 같이 해야 한다.

- 학생이 역량을 갖출 때까지 반복하고 연습할 기회를 주라.
- 배운 것이 실제 현실에서 어떻게 적용되는지 설명하라.

- 수업에 상상력을 유용하게 사용하도록 권장하라(그것은 시간 낭비가 아니다.).

교사와 학생 모두 과업·문제 내용에 앞서 사람과 관계를 가장 먼저 고려한다. 이들은 따뜻한 개인적 관계를 형성하는 것을 좋아한다. 칭찬은 학생뿐만 아니라 교사의 자신감을 북돋아 줄 수 있다. 사자 유형 학생은 그들이 교사를 좋아하고 교사가 그들을 좋아하는 것을 느낄 수도 있다. 이러한 근본적으로 관계 중심적인 학생의 능력을 최대한 이끌어 내기 위해서 교사는

- 공감, 협업 및 팀워크를 활용할 수 있는 학습 상황을 제공하라.
- 어떠한 약점이라도 극복할 수 있도록 요령껏 지원하면서 충분하고 정기적으로 칭찬하라.
- 학생에 대한 개인적인 신념의 힘에 호소하여 설득하거나 영향력을 행사하라(나를 실망시키지 마렴, 네가 할 수 있다는 것을 알아, 난 네가 좋단다.).

고양이 유형과 사자 유형은 조직적이고 효율적일 수 있다. 즉, 그것은 단지 노력일 뿐이다. 교사는 학교의 필수적이지만 빡빡하고 제한적인 시간표와 과제 마감 기한 속에서 각자에게 제공되는 자발성과 즉흥성에 대한 상호 존중을 즐기면서, 필요한 과제들을 완수해야 함을 기억해야 한다. 비록 재미있고 인기 있는 선생님이 되겠지만, 그들은 또한 학생들이 사회적으로 그리고 학문적으로 성공할 수 있도록 준비하는 과제에 집중하게 할 필요가 있다. 교사와 학생은 일들을 끝내는 것보단 시작하는 것을 더 좋아한다. 그들의 초기의 열정은 빠르게 줄어든다. 교사와 학생은 반드시 그들이 중요한 과업을 식별하고 완료하도록 해야 한다. 그렇지 않으면 학생(또는 학부모)이 어색한 질문을 할 수도 있다. 이러한 선천적으로 느긋한 학생의 능력을 최대한 이끌어 내기 위해서 교사는 학생들이 선택할 수 있는 것과 선택하는 것을 좋아하는 것이 아니라 필수적인 것이고 그렇게 해 주지 않으면 몸이 근질거리고 몸을 꼼지락거리거나 반항이 시작된다는 것을 알아야 한다. 중등학교 환경은 **P**형 학생들에게 무척 어렵기 때문에 교사들은 학생들이 성취할 수 있도록 돕기 위해

- 가능한 한 많은 융통성을 제공하라(다양하게 선택할 수 있는 숙제, 수업 안에서의 선택권).
- 세부적인 일정을 피하라(학생들은 어차피 그걸 지키지 못할 것이다.).
- 예측 가능한 수업이 지루함으로 바뀌는 것을 막기 위해 이따금씩 방식들을 재조직하라.
- 학생이 서두르지 않고 중요한 작업을 완료할 수 있도록 시간을 정리하고 관리하는 방법을 식별할 수 있게 도와주라.
- 가만히 있지 못하는 사자 유형 학생들을 만족시키기 위해 무작위로 놀라게 할 일들과 변화들을 만들어라.

118
고양이 유형 선생님(Cat teacher) & 흰동가리 유형 학생(Clownfish student)
ISFP & ENFP

호랑이 유형과 흰동가리 유형은 두 가지 성향을 공유한다. 두 유형 모두 사교적이고 융통성 있는 교실 환경을 좋아한다. 학생이 많은 고양이 유형이 가진 조용하고 사색적인 방식에 적응할 수 없을 때 두 유형 간 충돌이 생긴다. 이러한 선천적으로 적극적인 학생의 능력을 최대한 이끌어 내기 위해서 교사는

- 학생이 자신의 생각을 충동적으로 표현할지라도 인내하며 열중하여 들어 주라.
- 학생의 '유치한' 아이디어일지라도 마음을 열고 그것이 이끄는 곳을 살펴보라. 학생은 크게 말하면서 생각하는데, 이것이 그들이 가장 잘 배우는 방법이다.
- 또한 교사의 생각도 제시하라. 시간이 초과될 경우 요청하라.
- 학생이 말하기 전에 충분히 생각하게 하라. 그렇지 않으면 수업을 방해할 수 있다.
- 특히 모둠 토론에서 논란이 될 만한 주제는 학생에게 주지 마라.
- 수업하는 동안에 **E**형 학생들이 다른 **E**형 학생들과 대화할 수 있는 기회를 많이 만들어라.

고양이 유형 교사는 사물을 이해하기 위해 자신의 경험을 사용하는 것을 좋아한다. 한 번에 한 단계씩 진행하는 교사는 학생들이 그들을 따라하도록 격려한다. **N**형의 학생들은 잘해 봐야 이러한 접근법이 지나치게 단순하다고 느낄 것이고, 최악의 경우에는 지루하다고 생각할 것이다. 당신은 이러한 학생들에게 '정신 나간' 학생

이라고 낙인찍어 버릴 가능성이 있다. 학생을 비판하고 싶은 욕망을 참아야 하는데 왜냐하면 이것이 그 학생들이 정보를 받아들이고 대상을 이해하는 방법이기 때문이다. 올바른 맥락에서 공상은 정보를 흡수하고 유지하는 새로운 방법으로 이어질 수 있다. 이러한 본질적으로 상상력이 풍부한 학생의 능력을 최대한 이끌어 내기 위해서 교사는

- 학생의 상상력과 통찰력, 그리고 그것이 수업에도 가져올 수 있음을 받아들여라.
- 학생에게 **S**형 접근 방식(사실, 세부 사항, 절차, 실험, 경험 적용, 구조, 단계별 모델)이 수업에 중요하게 기여함을 깨닫도록 하라.

교사와 학생 모두 과업·문제 내용보다 사람과 관계를 가장 먼저 고려한다. 이들은 따뜻한 개인적 관계를 형성하는 것을 좋아한다. 칭찬은 학생뿐만 아니라 교사의 자신감을 북돋아 줄 수 있다. 흰동가리 유형 학생은 그들이 교사를 좋아하고 교사가 그들을 좋아하는 것을 느껴야 한다. 만약 이렇게 된다면 그들은 열심히 공부하지만 이렇게 되지 않는다면 그들은 아예 관심 없어 할 수도 있다. 이것은 한 학생이 한 해(그들이 좋아하는 선생님과 함께 하면)에 최고의 학생이 될 수도 있고, 선생님이 바뀐 그 이듬해에는 공부에 대해 아예 관심을 보이지 않은 이유를 설명해 준다. 이러한 근본적으로 관계 중심적인 학생의 능력을 최대한 이끌어 내기 위해서 교사는

- 공감, 협업 및 팀워크를 활용할 수 있는 학습 상황을 제공하라.
- 어떠한 약점이라도 극복할 수 있도록 요령껏 지원하면서 충분하고 정기적으로 칭찬하라.
- 학생에 대한 개인적인 신념의 힘에 호소하여 동기를 부여하라(나를 실망시키지 마렴, 네가 할 수 있다는 것을 알아, 난 네가 좋단다.).

P 유형들은 해야 할 일들 목록, 일정, 예상 가능한 일들을 혐오한다. 그들은 후천적인 심미안이나 연마된 기술의 경지에 도달하는 경우가 드물다. 교사는 학교의 필수적이지만 빡빡하고 제한적인 시간표와 과제 마감 기한 속에서 각자에게 제공되는 자발성과 즉흥성에 대한 상호 존중을 즐기면서, 필요한 과제들을 완수해야 함을 기억해야 한다. 비록 재미있고 인기 있는 선생님이 되겠지만, 그들은 또한 학생들이 사회적으로 그리고 학문적으로 성공할 수 있도록 준비하는 과제에 집중하게 할 필요가 있다. 둘 다 일을 끝내는 것보다 시작하는 것을 선호한다. 그들의 초기 열정은 빠르게 줄어든다. 교사와 학생은 반드시 그들이 중요한 과업을 식별하고 완료하도록 해야 한다. 그렇지 않으면 학생(또는 학부모)이 어색한 질문을 할 수도 있다. 이러한 선천적으로 느긋한 학생의 능력을 최대한 이끌어 내기 위해서 교사는 학생들이 선택할 수 있는 것과 선택하는 것을 좋아하는 것이 아니라 필수적인 것이고 그렇게 해 주지 않으면 몸이 근질거리고 몸을 꼼지락거리거나 반항이 시작된다는 것을 알아야 한다. 중등학교 환경은 **P**형 학생들에게 무척 어렵기 때문에 교사들은 학생들이 성취할 수 있도록 돕기 위해

- 가능한 한 많은 융통성을 제공하라(다양하게 선택할 수 있는 숙제, 수업 안에서의 선택권).
- 세부적인 일정을 피하라(학생들은 어차피 그걸 지키지 못할 것이다.).
- 학생이 서두르지 않고 중요한 작업을 완료할 수 있도록 시간을 정리하고 관리하는 방법을 식별할 수 있게 도와주라.
- 가만히 있지 못하는 흰동가리 유형 학생을 참여시키기 위해 무작위로 놀라게 할 일들과 변화들을 만들어라.

119
고양이 유형 선생님(Cat teacher) & 매 유형 학생(Falcon student)
ISFP & ENTP

고양이 유형과 매 유형은 한 가지 성향을 공유한다. 두 유형 모두 유연하고 자발적인 업무 환경을 좋아한다. 매 유형은 종종 침착해지고 지시를 받아야 하는데, 그르릉거리는 고양이 유형 교사는 지시를 내리기에 이상적인 입장에 있다. 선천적으로 적극적인 학생의 능력을 최대한 이끌어 내기 위해서 교사는

- 학생이 자신의 생각을 충동적으로 표현할지라도 인내하며 열중하여 들어 주라.
- 학생의 '유치한' 아이디어일지라도 마음을 열고 그것이 이끄는 곳을 살펴보라. 학생은 크게 말하면서 생

각하는데, 이것이 그들이 가장 잘 배우는 방법이다.

- 또한 교사의 생각도 제시하라. 시간이 초과될 경우 요청하라.
- 학생이 말하기 전에 충분히 생각하게 하라. 그렇지 않으면 수업을 방해할 수 있다.
- 특히 모둠 토론에서 논란이 될 만한 주제는 학생에게 주지 마라.
- 수업하는 동안에 **E**형 학생들이 다른 **E**형 학생들과 대화할 수 있는 기회를 많이 만들어라.

고양이 유형 교사는 사물을 이해하기 위해 자신의 경험을 사용하는 것을 좋아한다. 한 번에 한 단계씩 진행하는 교사는 학생들이 그들을 따라하도록 격려한다. **N**형의 학생들은 잘해 봐야 이러한 접근법이 지나치게 단순하다고 느낄 것이고, 최악의 경우에는 지루하다고 생각할 것이다. 당신은 이러한 학생들에게 '정신 나간' 학생이라고 낙인찍어 버릴 가능성이 있다. 학생을 비판하고 싶은 욕망을 참아야 하는데 왜냐하면 이것이 그 학생들이 정보를 받아들이고 대상을 이해하는 방법이기 때문이다. 올바른 맥락에서의 공상은 정보를 흡수하고 유지하는 새로운 방법으로 이어질 수 있다. 이러한 선천적으로 상상력이 풍부한 학생의 능력을 최대한 이끌어 내기 위해서 교사는

- 학생의 상상력과 통찰력, 그리고 그것이 수업에도 가져올 수 있음을 받아들여라.
- 학생에게 **S**형 접근 방식(사실, 세부 사항, 절차, 실험, 경험 적용, 구조, 단계별 모델)이 수업에 중요하게 기여함을 깨닫도록 하라.

교사는 과업보다 관계를 먼저 고려하는 반면 학생은 정반대로 생각한다. 교사는 학생이 자신과 다르다는 것을 수용하는 법을 배워야 한다. 즉, 학생이 차갑고, 무뚝뚝하며, 불친절한 것이 아니라 교사와는 다르고 과제에 먼저 집중할 뿐이다. 교사가 이것을 받아들일 수 있다면 이 관계는 교사와 학생 둘 모두에게 있어 매우 긍정적일 수 있다. 이러한 선천적으로 자신감 있는 학생의 능력을 최대한 이끌어 내기 위해서 교사는

- 대상을 정해 칭찬하라. 모든 것이 훌륭하다고 말하는 것은 학생에게 깊은 인상을 주거나 도움이 되지 않는다. 사실, 그것은 학생이 선생님을 존경하지 않는 결과를 초래할 수 있고, 교사가 거짓말하거나 아니면 부드러운 접촉이라고 결론지을 수 있다. 교사가 칭찬할 때, 증거를 요구받을 수도 있다.
- 논의할 때 감정적이기보다는 논리적이고 객관적으로 하라.
- 학생이 교사에게 이의를 제기한다면 그것은 아마 여러분의 권위나 인격을 무시하기보다 그들의 생각을 명확히 알리기 위한 것일 수 있다. 아마도 '이를 개선하거나 바꾸려면 어떻게 하겠니?' 또는 '너는 어떻게 생각하니?'라고 물어보라. 일단 학생이 생각을 명확히 하고 나면 교사가 생각하는 것을 물어보고 받아들일 준비가 되어 있을 것이다.
- 학생의 기량과 지식을 경쟁적으로 시험하는 방식으로 수업하라(경쟁력을 높인다.).
- 사람의 50%가 **F**형이고 피드백을 비판으로 해석하여 이해할 수 있다는 것을 도와주라.

고양이 유형과 매 유형은 조직적이고 효율적일 수 있다. 즉, 그것은 단지 노력일 뿐이다. 교사는 학교의 필수적이지만 빡빡하고 제한적인 시간표와 과제 마감 기한 속에서 각자에게 제공되는 자발성과 즉흥성에 대한 상호 존중을 즐기면서, 필요한 과제들을 완수해야 함을 기억해야 한다. 비록 재미있고 인기 있는 선생님이 되겠지만, 그들은 또한 학생들이 사회적으로 그리고 학문적으로 성공할 수 있도록 준비하는 과제에 집중하게 할 필요가 있다. 교사와 학생은 일들을 끝내는 것보단 시작하는 것을 더 좋아한다. 그들의 초기의 열정은 빠르게 줄어든다. 교사와 학생은 반드시 그들이 중요한 과업을 식별하고 완료하도록 해야 한다. 그렇지 않으면 학생(또는 학부모)이 어색한 질문을 할 수도 있다. 이러한 선천적으로 느긋한 학생의 능력을 최대한 이끌어 내기 위해서 교사는 학생들이 선택할 수 있는 것과 선택하는 것을 좋아하는 것이 아니라 필수적인 것이고 그렇게 해 주지 않으면 학생들은 근질거려하고 꼼지락거리고 반항할 수도 있다. 중등학교 환경은 **P**형 학생들에게 무척 어렵기 때문에 교사들은 학생들이 성취할 수 있도록 돕기 위해

- 가능한 한 많은 융통성을 제공하라(다양하게 선택할 수 있는 숙제, 수업 안에서의 선택권).
- 세부적인 일정을 피하라(학생들은 어차피 그걸 지키지 못할 것이다.).
- 학생이 서두르지 않고 마지막 순간까지 중요한 작업을 완료할 수 있도록 시간을 정리하고 관리하는 방법을 식별할 수 있게 도와주라.
- 혈기왕성한 매 유형 학생의 활기를 북돋우기 위해 무

작위로 놀라게 할 일들과 변화들을 만들어라.

120
고양이 유형 선생님(Cat teacher) & 호랑이 유형 학생(Tiger student)
ISFP & ISTP

고양이 유형과 호랑이 유형은 세 가지 성향을 공유한다. 둘 다 경험이 풍부하고 편안한 작업 환경을 좋아한다. 두 유형 모두 최소한의 통제를 선호한다. 선천적으로 적극적인 학생의 능력을 최대한 이끌어 내기 위해서 교사는

- 학생의 사생활과 독립성을 존중하라.
- 교사 자신의 생각을 명확히 하는 시간을 가지되 대립을 피하지 마라. 어떤 말을 해야 한다면 차분하고 직접적으로 전달하라.
- 비언어적 의사소통을 사용하라—미소와 제스처는 **I**형 학생들을 안심시킨다. 피드백을 전달하기 위해 포스트잇 · 전자 메일을 사용할 수도 있다.
- 학생이 심사숙고할 수 있도록 충분한 시간을 허락하라.
- 교사의 아이디어와 생각을 정기적으로 공유하여 서로가 하고 있는 것이 무엇인지 반드시 알게 하라.

교사와 학생 둘 다 정보를 같은 방식으로 얻는다. 그들은 그들의 감각들(그들이 볼 수 있고 들을 수 있고, 느낄 수 있는 것을 인지하는)을 이용해서 세부 사항들을 알아차린다. 교사와 학생 모두 현실적이다. 선생님은 교육 방식이 본능적으로 현실적이어서 학생들이 그 지도에 따르도록 격려할 것이다. 견고하고 동료 같은 관계는 선생님과 학생이 서로가 과제를 완수하기 위해 각자 무엇을 해야 할지 상호 이해하면서 발전한다. 현실적인 학생의 능력을 최대한 이끌어 내기 위해서 교사는

- 학생이 역량을 갖출 때까지 반복하고 연습할 기회를 주라.
- 배운 것이 실제 현실에서 어떻게 적용되는지 설명하라.
- 수업에 상상력을 유용하게 사용하도록 권장하라(그것은 시간 낭비가 아니다.).

교사는 과업보다 관계를 먼저 고려하는 반면 학생은 정반대이다. 교사는 학생이 자신과 다르다는 것을 수용하는 법을 배워야 한다. 즉, 학생이 차갑고, 무뚝뚝하며, 불친절한 것이 아니라 교사와는 다르고 과제에 먼저 집중할 뿐이다. 교사가 이것을 받아들일 수 있다면 이 관계는 교사와 학생 둘 모두에게 있어 매우 긍정적일 수 있다. 이러한 본질적으로 자신감 있는 학생의 능력을 최대한 이끌어 내기 위해서 교사는

- 대상을 정해 칭찬하라. 모든 것이 훌륭하다고 말하는 것은 학생에게 깊은 인상을 주거나 도움이 되지 않는다. 사실, 그것은 학생이 선생님을 존경하지 않는 결과를 초래할 수 있고, 교사가 거짓말하거나 아니면 부드러운 접촉이라고 결론지을 수 있다. 교사가 칭찬할 때, 증거를 요구받을 수도 있다.
- 논의할 때 감정적이기보다는 논리적이고 객관적으로 하라.
- 학생이 교사에게 이의를 제기한다면 그것은 아마 여러분의 권위나 인격을 무시하기보다 그들의 생각을 명확히 알리기 위한 것일 수 있다. 아마도 '이를 개선하거나 바꾸려면 어떻게 하겠니?' 또는 '너는 어떻게 생각하니?'라고 물어보라. 일단 학생이 생각을 명확히 하고 나면 교사가 생각하는 것을 물어보고 받아들일 준비가 되어 있을 것이다.
- 학생의 기량과 지식을 경쟁적으로 시험하는 방식으로 수업하라(경쟁력을 높인다.).
- 사람의 50%가 **F**형이고 피드백을 비판으로 해석하여 이해할 수 있다는 것을 도와주라.

P형은 조직적이고 효율적일 수 있다. 즉, 그것은 단지 노력일 뿐이다. 교사는 학교의 필수적이지만 빡빡하고 제한적인 시간표와 과제 마감 기한 속에서 각자에게 제공되는 자발성과 즉흥성에 대한 상호 존중을 즐기면서, 필요한 과제들을 완수해야 함을 기억해야 한다. 비록 재미있고 인기 있는 선생님이 되겠지만, 그들은 또한 학생들이 사회적으로 그리고 학문적으로 성공할 수 있도록 준비하는 과제에 집중하게 할 필요가 있다. 교사와 학생은 일을 끝내는 것보단 시작하는 것을 더 좋아한다. 그들의 초기의 열정은 빠르게 줄어든다. 교사와 학생은 반드시 그들이 중요한 과업을 식별하고 완료하도록 해야 한다. 그렇지 않으면 학생(또는 학부모)이 어색한 질문을 할 수도 있다. 이러한 선천적으로 느긋한 학생의 능력을 최대한 이끌어 내기 위해서 교사는 학생들이 선택할 수

있는 것과 선택하는 것을 좋아하는 것이 아니라 필수적인 것이고 그렇게 해 주지 않으면 학생들은 근질거려하고 꼼지락거리고 반항할 수도 있다. 중등학교 환경은 **P**형 학생들에게 지나치게 어렵기 때문에 교사들은 학생들이 성취할 수 있도록 돕기 위해

- 가능한 한 많은 융통성을 제공하라(다양하게 선택할 수 있는 숙제, 수업 안에서의 선택권).
- 세부적인 일정을 피하라(학생들은 어차피 그걸 지키지 못할 것이다.).
- 예측 가능한 수업이 지루함으로 바뀌는 것을 막기 위해 이따금씩 방식들을 바꾸어 주라. 무작위로 놀라게 할 일들과 변화들을 만들어라.
- 호랑이 유형 학생들에게 잘 될 수 있다는 것을 확신시켜 주기 위해 간단한 시간 관리법을 수립할 수 있도록 도와주라.

121
고양이 유형 선생님(Cat teacher) & 고양이 유형 학생(Cat student)
ISFP & ISFP

네 성향 모두를 공유하는 것은 교사와 학생이 좋든 나쁘든 서로를 이해하도록 도울 수 있다. 고양이 유형은 독립성을 좋아하는데 이것이 갈등의 원인이 될 가능성이 높다. 선천적으로 내성적인 학생의 능력을 최대한 이끌어 내기 위해 선생님은

- 학생의 사생활과 독립성을 존중하라.
- 교사 자신의 생각을 명확히 하는 시간을 가지되 대립을 피하지 마라. 어떤 말을 해야 한다면 차분하고 직접적으로 전달하라.
- 비언어적 의사소통을 사용하라—미소와 제스처는 **I**형 학생들을 안심시킨다. 피드백을 전달하기 위해 포스트잇 · 전자 메일을 사용할 수도 있다.
- 학생이 심사숙고할 수 있도록 충분한 시간을 허락하라.
- 교사의 아이디어와 생각을 정기적으로 공유하여 서로가 하고 있는 것이 무엇인지 반드시 알게 하라.

고양이 유형들은 정보를 같은 방식으로 얻는다. 그들은 그들의 감각들(그들이 볼 수 있고 들을 수 있고, 느낄 수 있는 것을 인지하는)을 이용해서 세부 사항들을 이해한다. 교사와 학생 모두 현실적이다. 선생님은 교육 방식이 선천적으로 실용적이며 학생들이 이를 따르도록 격려한다. 견고하고 동료 같은 관계는 선생님과 학생이 서로가 과제를 완수하기 위해 각자 무엇을 해야 할지 상호 이해하면서 발전한다. 현실적인 학생의 능력을 최대한 이끌어 내기 위해서 교사는

- 학생이 역량을 갖출 때까지 반복하고 연습할 기회를 주라.
- 배운 것이 실제 현실에서 어떻게 적용되는지 설명하라.
- 수업에 상상력을 유용하게 사용하도록 권장하라(그것은 시간 낭비가 아니다.).

고양이 유형의 사람들은 과업 · 문제 내용보다 사람과의 관계를 가장 먼저 고려한다. 이들은 따뜻한 개인적 관계를 형성하는 것을 좋아한다. 칭찬은 학생뿐만 아니라 교사의 자신감을 북돋아 줄 수 있다. 고양이 유형 학생은 그들이 교사를 좋아하고 교사가 그들을 좋아하는 것을 느껴야 한다. 만약 이렇게 된다면 그들은 열심히 공부하지만 이렇게 되지 않는다면 그들은 아예 관심 없어 할 수도 있다. 이것은 한 학생이 한 해(그들이 좋아하는 선생님과 함께 하면)에 최고의 학생이 될 수도 있고, 선생님이 바뀐 그 이듬해에는 공부에 대해 아예 관심을 보이지 않은 이유를 설명해 준다. 이러한 근본적으로 관계 중심적인 학생의 능력을 최대한 이끌어 내기 위해서 교사는

- 공감, 협업 및 팀워크를 활용할 수 있는 학습 상황을 제공하라.
- 어떠한 약점이라도 극복할 수 있도록 요령껏 지원하면서 충분하고 정기적으로 칭찬하라.
- 학생에 대한 개인적인 신념의 힘에 호소하여 동기를 부여하라(나를 실망시키지 마렴, 네가 할 수 있다는 것을 알아, 난 네가 좋단다.).

고양이 유형 사람들은 조직적이고 효율적일 수 있다. 즉, 그것은 단지 노력일 뿐이다. 교사는 학교의 필수적이지만 빡빡하고 제한적인 시간표와 과제 마감 기한 속에서 각자에게 제공되는 자발성과 즉흥성에 대한 상호 존중을 즐기면서, 필요한 과제들을 완수해야 함을 기억해야 한다. 비록 재미있고 인기 있는 선생님이 되겠지

만, 그들은 또한 학생들이 사회적으로 그리고 학문적으로 성공할 수 있도록 준비하는 과제에 집중하게 할 필요가 있다. 교사와 학생은 일들을 끝내는 것보단 시작하는 것을 더 좋아한다. 그들의 초기의 열정은 빠르게 줄어든다. 교사와 학생은 반드시 그들이 중요한 과업을 식별하고 완료하도록 해야 한다. 그렇지 않으면 학생(또는 학부모)이 어색한 질문을 할 수도 있다. 이러한 선천적으로 느긋한 학생의 능력을 최대한 이끌어 내기 위해서 교사는 학생들이 선택할 수 있는 것과 선택하는 것을 좋아하는 것이 아니라 필수적인 것이고 그렇게 해 주지 않으면 학생들은 근질거려하고 꼼지락거리고 반항할 수도 있다. 중등학교 환경은 **P**형 학생들에게 무척 어렵기 때문에 교사들은 학생들이 성취할 수 있도록 돕기 위해

- 가능한 한 많은 융통성을 제공하라(다양하게 선택할 수 있는 숙제, 수업 안에서의 선택권).
- 세부적인 일정을 피하라(학생들은 어차피 그걸 지키지 못할 것이다.).
- 예측 가능한 수업이 지루함으로 바뀌는 것을 막기 위해 이따금씩 방식들을 바꾸어 주라.
- 고양이 유형 학생이 성공할 수 있도록 시간 관리 기술을 식별할 수 있게 도와주라.

122
고양이 유형 선생님(Cat teacher) & 물개 유형 학생(Seal student)
ISFP & INFP

고양이 유형과 물개 유형은 세 가지 성향을 공유한다. 두 유형 모두 느긋하고 소박하고 서로 힘이 되어 주는 분위기에서 혼자 일하는 시간을 즐긴다. 세심한 학생의 능력을 최대한 이끌어 내기 위해서 선생님은

- 학생의 사생활과 독립성을 존중하라.
- 교사 자신의 생각을 명확히 하는 시간을 가지되 대립을 피하지 마라. 어떤 말을 해야 한다면 차분하고 직접적으로 전달하라.
- 비언어적 의사소통을 사용하라—미소와 제스처는 **I**형 학생들을 안심시킨다. 피드백을 전달하기 위해 포스트잇·전자 메일을 사용할 수도 있다.
- 학생이 심사숙고할 수 있도록 충분한 시간을 허락하라.
- 교사의 아이디어와 생각을 정기적으로 공유하여 서로가 하고 있는 것이 무엇인지 반드시 알게 하라.

교사는 사물을 이해하기 위해 자신의 경험을 사용하는 것을 좋아한다. 한 번에 한 단계씩 진행하는 교사는 학생들이 그들을 따라하도록 격려한다. **N**형의 학생들은 잘해 봐야 이러한 접근법이 지나치게 단순하다고 느낄 것이고, 최악의 경우에는 따분하다고 생각할 것이다. 당신은 이러한 학생들에게 '정신 나간' 학생이라고 낙인 찍어 버릴 가능성이 있다. 학생을 비판하고 싶은 욕망을 참아야 하는데 왜냐하면 이것이 그 학생들이 정보를 받아들이고 대상을 이해하는 방법이기 때문이다. 올바른 맥락에서 공상은 정보를 받아들이고 유지하는 새로운 방법으로 이어질 수 있다. 이러한 선천적으로 상상력이 풍부한 학생의 능력을 최대한 이끌어 내기 위해서 교사는

- 학생의 상상력과 통찰력, 그리고 그것이 수업에도 가져올 수 있음을 받아들여라.
- 학생에게 **S**형 접근 방식(사실, 세부 사항, 절차, 실험, 경험 적용, 구조, 단계별 모델)이 수업에 중요하게 기여함을 깨닫도록 하라.

교사와 학생 모두 과업·문제 내용보다 사람과의 관계를 가장 먼저 고려한다. 이들은 따뜻한 개인적 관계를 형성하는 것을 좋아한다. 칭찬은 학생뿐만 아니라 교사의 자신감을 북돋아 줄 수 있다. 물개 유형 학생은 그들이 교사를 좋아하고 교사가 그들을 좋아하는 것을 느껴야 한다. 만약 이렇게 된다면 그들은 열심히 공부하지만 이렇게 되지 않는다면 그들은 아예 관심 없어 할 수도 있다. 이러한 근본적으로 관계 중심적인 학생의 능력을 최대한 이끌어 내기 위해서 교사는

- 공감, 협업 및 팀워크를 활용할 수 있는 학습 상황을 제공하라.
- 어떠한 약점이라도 극복할 수 있도록 요령껏 지원하면서 충분하고 정기적으로 칭찬하라.
- 학생에 대한 개인적인 신념의 힘에 호소하여 동기를 설득하거나 영향력을 발휘하라(나를 실망시키지 마렴, 네가 할 수 있다는 것을 알아, 난 네가 좋단다.).

고양이 유형과 물개 유형은 해야 할 일들 목록, 일정, 예

상 가능한 일들을 혐오한다. 그들은 후천적인 심미안이나 연마된 기술의 경지에 도달하는 경우가 드물다. 교사는 학교의 필수적이지만 빡빡하고 제한적인 시간표와 과제 마감 기한 속에서 각자에게 제공되는 자발성과 즉흥성에 대한 상호 존중을 즐기면서, 필요한 과제들을 완수해야 함을 기억해야 한다. 비록 재미있고 인기 있는 선생님이 되겠지만, 그들은 또한 학생들이 사회적으로 그리고 학문적으로 성공할 수 있도록 준비하는 과제에 집중하게 할 필요가 있다. 교사와 학생은 일들을 끝내는 것보단 시작하는 것을 더 좋아한다. 그들의 초기의 열정은 빠르게 줄어든다. 교사와 학생은 반드시 그들이 중요한 과업을 식별하고 완료하도록 해야 한다. 그렇지 않으면 학생(또는 학부모)이 어색한 질문을 할 수도 있다. 이러한 선천적으로 느긋한 학생의 능력을 최대한 이끌어 내기 위해서 교사는 학생들이 선택할 수 있는 것과 선택하는 것을 좋아하는 것이 아니라 이들에게 필수적인 것이고 그렇게 해 주지 않으면 학생들은 근질거려하고 꼼지락거리고 반항할 수도 있다. 중등학교 환경은 **P**형 학생들에게 충분히 어렵기 때문에 교사들은 학생들이 성취할 수 있도록 돕기 위해

- 가능한 한 많은 융통성을 제공하라(다양하게 선택할 수 있는 숙제, 수업 안에서의 선택권).
- 세부적인 일정을 피하라(학생들은 어차피 그걸 지키지 못할 것이다.).
- 예측 가능한 수업이 지루함으로 바뀌는 것을 막기 위해 이따금씩 방식들을 바꾸어 주라.
- 학생이 서두르지 않고 마지막 순간까지 중요한 작업을 완료할 수 있도록 시간을 정리하고 관리하는 방법을 수립할 수 있게 도와주라.

123
고양이 유형 선생님(Cat teacher) & 숲올빼미 유형 학생(Tawny Owl student)
ISFP & INTP

고양이 유형과 숲올빼미 유형은 두 가지 성향을 공유한다. 두 유형 모두 침착하게 단호하고, 과업을 완수하는 방법에 대해 선택 사항들을 제공받는 것을 좋아한다. 선천적으로 생각이 깊은 학생의 능력을 최대한 이끌어 내기 위해서 선생님은

- 학생의 사생활과 독립성을 존중하라.
- 교사 자신의 생각을 명확히 하는 시간을 가지되 대립을 피하지 마라. 어떤 말을 해야 한다면 차분하고 직접적으로 전달하라.
- 비언어적 의사소통을 사용하라—미소와 제스처는 **I**형 학생들을 안심시킨다. 피드백을 전달하기 위해 포스트잇 · 전자 메일을 사용할 수도 있다.
- 학생이 심사숙고할 수 있도록 충분한 시간을 허락하라.
- 교사의 아이디어와 생각을 정기적으로 공유하여 서로가 하고 있는 것이 무엇인지 반드시 알게 하라.

교사는 사물을 이해하기 위해 자신의 경험을 사용하는 것을 좋아한다. 한 번에 한 단계씩 진행하는 교사는 학생들이 그들을 따라하도록 격려한다. **N**형의 학생들은 잘해 봐야 이러한 접근법이 지나치게 단순하다고 느낄 것이고, 최악의 경우에는 따분하다고 생각할 것이다. 당신은 이러한 학생들에게 '정신 나간' 학생이라고 낙인 찍어 버릴 가능성이 있다. 학생을 비판하고 싶은 욕망을 참아야 하는데 왜냐하면 이것이 그 학생들이 정보를 받아들이고 대상을 이해하는 방법이기 때문이다. 올바른 맥락에서 공상은 정보를 받아들이고 유지하는 새로운 방법으로 이어질 수 있다. 이러한 선천적으로 상상력이 풍부한 학생의 능력을 최대한 이끌어 내기 위해서 교사는

- 학생의 상상력과 통찰력, 그리고 그것이 수업에도 가져올 수 있음을 받아들여라.
- 학생에게 **S**형 접근 방식(사실, 세부 사항, 절차, 실험, 경험 적용, 구조, 단계별 모델)이 수업에 중요하게 기여함을 깨닫도록 하라.

교사는 과업보다 관계를 먼저 고려하는 반면 학생은 정반대로 생각한다. 교사는 학생이 자신과 다르다는 것을 수용하는 법을 배워야 한다. 즉, 학생이 차갑고, 무뚝뚝하며, 불친절한 것이 아니라 교사와는 다르고 과제에 먼저 집중할 뿐이다. 교사가 이것을 받아들일 수 있다면 이 관계는 교사와 학생 둘 모두에게 있어 매우 긍정적일 수 있다. 이러한 본질적으로 자신감 있는 숲올빼미 학생의 능력을 최대한 이끌어 내기 위해서 교사는

- 대상을 정해 칭찬하라. 모든 것이 훌륭하다고 말하는

것은 학생에게 깊은 인상을 주거나 도움이 되지 않는다. 사실, 그것은 학생이 선생님을 존경하지 않는 결과를 초래할 수 있고, 교사가 거짓말하거나 아니면 부드러운 접촉이라고 결론지을 수 있다. 교사가 칭찬할 때, 증거를 요구받을 수도 있다.

- 논의할 때 감정적이기보다는 논리적이고 객관적으로 하라.
- 학생이 교사에게 이의를 제기한다면 그것은 아마 여러분의 권위나 인격을 무시하기보다 그들의 생각을 명확히 알리기 위한 것일 수 있다. 아마도 '이를 개선하거나 바꾸려면 어떻게 하겠니?' 또는 '너는 어떻게 생각하니?'라고 물어보라. 일단 학생이 생각을 명확히 하고 나면 교사가 생각하는 것을 물어보고 받아들일 준비가 되어 있을 것이다.
- 학생의 기량과 지식을 경쟁적으로 시험하는 방식으로 수업하라(경쟁력을 높인다.).
- 사람의 50%가 **F**형이고 피드백을 비판으로 해석하여 이해할 수 있다는 것을 도와주라.

고양이 유형과 숲올빼미 유형은 조직적이고 효율적일 수 있다. 즉, 그것은 단지 노력일 뿐이다. 교사는 학교의 필수적이지만 빡빡하고 제한적인 시간표와 과제 마감기한 속에서 각자에게 제공되는 자발성과 즉흥성에 대한 상호 존중을 즐기면서, 필요한 과제들을 완수해야 함을 기억해야 한다. 비록 재미있고 인기 있는 선생님이 되겠지만, 그들은 또한 학생들이 사회적으로 그리고 학문적으로 성공할 수 있도록 준비하는 과제에 집중하게 할 필요가 있다. 교사와 학생은 일들을 끝내는 것보단 시작하는 것을 더 좋아한다. 그들의 초기의 열정은 빠르게 줄어든다. 교사와 학생은 반드시 그들이 중요한 과업을 식별하고 완료하도록 해야 한다. 그렇지 않으면 학생(또는 학부모)이 어색한 질문을 할 수도 있다. 이러한 선천적으로 느긋한 학생의 능력을 최대한 이끌어 내기 위해서 교사는 학생들이 선택할 수 있는 것과 선택하는 것을 좋아하는 것이 아니라 필수적인 것이고 그렇게 해 주지 않으면 학생들은 근질거려하고 꼼지락거리고 반항할 수도 있다. 중등학교 환경은 **P**형 학생들에게 무척 어렵기 때문에 교사들은 학생들이 성취할 수 있도록 돕기 위해

- 가능한 한 많은 융통성을 제공하라(다양하게 선택할 수 있는 숙제, 수업 안에서의 선택권).
- 세부적인 일정을 피하라(학생들은 어차피 그걸 지키지 못할 것이다.).
- 무작위로 놀라게 할 일들과 변화들을 만들어라.
- 숲올빼미 유형 학생들의 노력이 꽃 피울 수 있도록 간단한 시간 관리 전략을 수립하라.

124
고양이 유형 선생님(Cat teacher) & 해마 유형 학생(Seahorse student)
ISFP &

고양이 유형과 해마 유형은 두 가지 성향을 공유한다. 두 유형 모두 예의 바르고 마음이 따뜻하다. 선천적으로 내성적인 학생의 능력을 최대한 이끌어 내기 위해서 교사는

- 학생의 사생활과 독립성을 존중하라.
- 교사 자신의 생각을 명확히 하는 시간을 가지되 대립을 피하지 마라. 어떤 말을 해야 한다면 차분하고 직접적으로 전달하라.
- 비언어적 의사소통을 사용하라—미소와 제스처는 **I**형 학생들을 안심시킨다. 피드백을 전달하기 위해 포스트잇 · 전자 메일을 사용할 수도 있다.
- 학생이 심사숙고할 수 있도록 충분한 시간을 허락하라.
- 교사의 아이디어와 생각을 정기적으로 공유하여 서로가 하고 있는 것이 무엇인지 반드시 알게 하라.

교사는 사물을 이해하기 위해 자신의 경험을 사용하는 것을 좋아한다. 한 번에 한 단계씩 진행하는 교사는 학생들이 따라하도록 격려한다. **N**형의 학생들은 잘해 봐야 이러한 접근법이 지나치게 단순하다고 느낄 것이고, 최악의 경우에는 지루하다고 생각할 것이다. 당신은 이러한 학생들에게 '정신 나간' 학생이라고 낙인찍어 버릴 가능성이 있다. 학생을 비판하고 싶은 욕망을 참아야 하는데 왜냐하면 이것이 그 학생들이 정보를 받아들이고 대상을 이해하는 방법이기 때문이다. 올바른 맥락에서 공상은 정보를 받아들이고 유지하는 새로운 방법으로 이어질 수 있다. 이러한 선천적으로 상상력이 풍부한 학생의 능력을 최대한 이끌어 내기 위해서 교사는

- 학생의 상상력과 통찰력, 그리고 그것이 수업에도 가

져올 수 있음을 받아들여라.

- 학생에게 **S**형 접근 방식(사실, 세부 사항, 절차, 실험, 경험 적용, 구조, 단계별 모델)이 수업에 중요하게 기여함을 깨닫도록 하라.

교사와 학생 모두 과업·문제 내용보다 사람·관계를 가장 먼저 고려한다. 이들은 따뜻한 개인적 관계를 형성하는 것을 좋아한다. 칭찬은 학생뿐만 아니라 교사의 자신감을 북돋아 줄 수 있다. 해마 유형 학생은 그들이 교사를 좋아하고 교사가 그들을 좋아하는 것을 느껴야 한다. 만약 이렇게 된다면 그들은 열심히 공부하지만 이렇게 되지 않는다면 그들은 아예 관심 없어 할 수도 있다. 이것은 한 학생이 한 해(그들이 좋아하는 선생님과 함께 하면)에 최고의 학생이 될 수도 있고, 선생님이 바뀐 그 이듬해에는 공부에 대해 아예 관심을 보이지 않은 이유를 설명해 준다. 이러한 근본적으로 관계 중심적인 학생의 능력을 최대한 이끌어 내기 위해서 교사는

- 공감, 협업 및 팀워크를 활용할 수 있는 학습 상황을 제공하라.
- 어떠한 약점이라도 극복할 수 있도록 요령껏 지원하면서 충분하고 정기적으로 칭찬하라.
- 학생에 대한 개인적인 신념의 힘에 호소하여 동기를 부여하라(나를 실망시키지 마렴, 네가 할 수 있다는 것을 알아, 난 네가 좋단다.).

느긋하고 융통성 있고 즉흥적인 교사와 선천적으로 체계적인 학생은 드림팀이 될 수도, 재앙이 될 수도 있다. 긍정적인 관계를 만들기 위해서 그들은 서로의 강점을 인정하고 그것을 배워야 한다. 학생은 계획을 조정하고 바꾸는 교사의 능력에서 혜택을 받을 수 있고 교사는 자신이 할 수 있고 끝낼 수 있는 계획을 세우는 학생의 욕심에서 혜택을 받을 수 있다. 또한 교사들은

- 때때로 유연성을 수용하도록 학생에게 권장하라.
- 질서, 깔끔함, 마감 기일 준수에 대한 학생의 욕구를 격려하고 지지하라.
- 단지 계획을 바꾸기 위한 계획은 하지 마라. 이것은 해마 유형 학생을 좌절시킬 뿐이다.
- 학생이 진정으로 원할 경우 그들의 방식대로 작업을 자립적으로 계획할 수 있도록 허락하라.

125
고양이 유형 선생님(Cat teacher) & 가면올빼미 유형 학생(Barn Owl student)
ISFP & INTJ

고양이 유형과 가면올빼미 유형은 두 가지 성향을 공유한다. 두 유형 모두 내성적이고 사려 깊다. 선천적으로 적극적이지만 내성적인 학생의 능력을 최대한 이끌어 내기 위해서 교사는

- 학생의 사생활과 독립성을 존중하라.
- 교사 자신의 생각을 명확히 하는 시간을 가지되 대립을 피하지 마라. 어떤 말을 해야 한다면 차분하고 직접적으로 전달하라.
- 비언어적 의사소통을 사용하라—미소와 제스처는 **I**형 학생들을 안심시킨다. 피드백을 전달하기 위해 포스트잇·전자 메일을 사용할 수도 있다.
- 학생이 심사숙고할 수 있도록 충분한 시간을 허락하라.
- 교사의 아이디어와 생각을 정기적으로 공유하여 서로가 하고 있는 것이 무엇인지 반드시 알게 하라.

교사는 사물을 이해하기 위해 자신의 경험을 사용하는 것을 좋아한다. 한 번에 한 단계씩 진행하는 교사는 학생들이 따라하도록 격려한다. **N**형의 학생들은 잘해 봐야 이러한 접근법이 지나치게 단순하다고 느낄 것이고, 최악의 경우에는 무기력하다고 생각할 것이다. 당신은 이러한 학생들에게 '정신 나간' 학생이라고 낙인찍어 버릴 가능성이 있다. 학생을 비판하고 싶은 욕망을 참아야 하는데 왜냐하면 이것이 그 학생들이 정보를 받아들이고 대상을 이해하는 방법이기 때문이다. 올바른 맥락에서 공상은 정보를 받아들이고 유지하는 새로운 방법으로 이어질 수 있다. 이러한 선천적으로 상상력이 풍부한 학생의 능력을 최대한 이끌어 내기 위해서 교사는

- 학생의 상상력과 통찰력, 그리고 그것이 수업에도 가져올 수 있음을 받아들여라.
- 학생에게 **S**형 접근 방식(사실, 세부 사항, 절차, 실험, 경험 적용, 구조, 단계별 모델)이 수업에 중요하게 기여함을 깨닫도록 하라.

교사는 과업보다 관계를 먼저 고려하는 반면 학생은 정

반대로 생각한다. 교사는 학생이 자신과 다르다는 것을 수용하는 법을 배워야 한다. 즉, 학생이 차갑고, 무뚝뚝하며, 불친절한 것이 아니라 교사와는 다르고 과제에 먼저 집중할 뿐이다. 교사가 이것을 받아들일 수 있다면 이 관계는 교사와 학생 둘 모두에게 있어 매우 긍정적일 수 있다. 이러한 본질적으로 분석적인 학생의 능력을 최대한 이끌어 내기 위해서 교사는

- 대상을 정해 칭찬하라. 모든 것이 훌륭하다고 말하는 것은 학생에게 깊은 인상을 주거나 도움이 되지 않는다. 사실, 그것은 학생이 선생님을 존경하지 않는 결과를 초래할 수 있고, 교사가 거짓말하거나 아니면 부드러운 접촉이라고 결론지을 수 있다. 교사가 칭찬할 때, 증거를 요구받을 수도 있다.
- 논의할 때 감정적이기보다는 논리적이고 객관적으로 하라.
- 학생이 교사에게 이의를 제기한다면 그것은 아마 여러분의 권위나 인격을 무시하기보다 그들의 생각을 명확히 알리기 위한 것일 수 있다. 아마도 '이를 개선하거나 바꾸려면 어떻게 하겠니?' 또는 '너는 어떻게 생각하니?'라고 물어보라. 일단 학생이 생각을 명확히 하고 나면 교사가 생각하는 것을 물어보고 받아들일 준비가 되어 있을 것이다.
- 학생의 기량과 지식을 경쟁적으로 시험하는 방식으로 수업하라(경쟁력을 높인다.).
- 사람의 50%가 **F**형이고 피드백을 비판으로 해석하여 이해할 수 있다는 것을 도와주라.

느긋하고 융통성 있고 즉흥적인 교사와 선천적으로 체계적인 학생은 드림팀이 될 수도, 재앙이 될 수도 있다. 긍정적인 관계를 만들기 위해서 그들은 서로의 강점을 인정하고 그것을 배워야 한다. 학생은 계획을 조정하고 바꾸는 교사의 능력에서 혜택을 받을 수 있고 교사는 자신이 할 수 있고 끝낼 수 있는 계획을 세우는 학생의 욕심에서 혜택을 받을 수 있다. 또한 교사들은

- 질서, 깔끔함, 마감 기일 준수에 대한 학생의 욕구를 격려하고 지지하라.
- 학생이 진정으로 원할 경우 그들의 방식대로 작업을 자립적으로 계획할 수 있도록 허락하라.
- 단지 계획을 바꾸기 위한 계획은 하지 마라. 이것은 학생을 좌절시킬 뿐이다.

126
고양이 유형 선생님(Cat teacher) & 북극곰 유형 학생(Polar Bear student)
ISFP & ISTJ

고양이 유형과 북극곰 유형은 두 가지 성향을 공유한다. 두 유형 모두 내성적이고, 남의 감정을 고려하여 당면한 일을 계속 하기를 좋아한다. 이들은 일에 접근하는 방법에서 차이가 있는데, 느긋하고 개인적인 고양이 유형과 객관적이고 정확한 곰 유형은 반대된다. 교사는 선천적으로 개인적인 학생의 능력을 최대한 이끌어 내기 위해서 교사는

- 학생의 사생활과 독립성을 존중하라.
- 교사 자신의 생각을 명확히 하는 시간을 가지되 대립을 피하지 마라. 어떤 말을 해야 한다면 차분하고 직접적으로 전달하라.
- 비언어적 의사소통을 사용하라—미소와 제스처는 **I**형 학생들을 안심시킨다. 피드백을 전달하기 위해 포스트잇 · 전자 메일을 사용할 수도 있다.
- 학생이 심사숙고할 수 있도록 충분한 시간을 허락하라.
- 교사의 아이디어와 생각을 정기적으로 공유하여 서로가 하고 있는 것이 무엇인지 반드시 알게 하라.

교사와 학생 둘 다 정보를 같은 방식으로 얻는다. 그들은 그들의 감각들(그들이 볼 수 있고 들을 수 있고, 느낄 수 있는 것을 인지하는)을 이용해서 세부 사항들을 알아차린다. 교사와 학생 모두 현실적이다. 교사는 선천적으로 수업 방식이 사실적이며 학생들이 이를 따라오도록 격려한다. 견고하고 동료 같은 관계는 선생님과 학생이 서로가 과제를 완수하기 위해 각자 무엇을 해야 할지 상호 이해하면서 발전한다. 현실적인 학생의 능력을 최대한 이끌어 내기 위해서 교사는

- 학생이 역량을 갖출 때까지 반복하고 연습할 기회를 주라.
- 배운 것이 실제 현실에서 어떻게 적용되는지 설명하라.
- 수업에 상상력을 유용하게 사용하도록 권장하라(그것은 시간 낭비가 아니다.).

교사는 과업보다 관계를 먼저 고려하는 반면 학생은 정반대로 생각한다. 교사는 학생이 자신과 다르다는 것을 수용하는 법을 배워야 한다. 즉, 학생이 차갑고, 무뚝뚝하며, 불친절한 것이 아니라 교사와는 다르고 과제에 먼저 집중할 뿐이다. 교사가 이것을 받아들일 수 있다면 이 관계는 교사와 학생 둘 모두에게 있어 매우 긍정적일 수 있다. 선천적으로 객관적인 학생의 능력을 최대한 이끌어 내기 위해서 교사는

- 대상을 정해 칭찬하라. 모든 것이 훌륭하다고 말하는 것은 학생에게 깊은 인상을 주거나 도움이 되지 않는다. 사실, 그것은 학생이 선생님을 존경하지 않는 결과를 초래할 수 있고, 교사가 거짓말하거나 아니면 부드러운 접촉이라고 결론지을 수 있다. 교사가 칭찬할 때, 증거를 요구받을 수도 있다.
- 논의할 때 감정적이기보다는 논리적이고 객관적으로 하라.
- 학생이 교사에게 이의를 제기한다면 그것은 아마 여러분의 권위나 인격을 무시하기보다 그들의 생각을 명확히 알리기 위한 것일 수 있다. 아마도 '이를 개선하거나 바꾸려면 어떻게 하겠니?' 또는 '너는 어떻게 생각하니?'라고 물어보라. 일단 학생이 생각을 명확히 하고 나면 교사가 생각하는 것을 물어보고 받아들일 준비가 되어 있을 것이다.
- 학생의 기량과 지식을 경쟁적으로 시험하는 방식으로 수업하라(경쟁력을 높인다.).
- 사람의 50%가 **F**형이고 피드백을 비판으로 해석하여 이해할 수 있다는 것을 도와주라.

느긋하고 융통성 있고 즉흥적인 교사와 선천적으로 체계적인 학생은 드림팀이 될 수도, 재앙이 될 수도 있다. 긍정적인 관계를 만들기 위해서 그들은 서로의 강점을 인정하고 그것을 배워야 한다. 학생은 계획을 조정하고 바꾸는 교사의 능력에서 혜택을 받을 수 있고 교사는 자신이 할 수 있고 끝낼 수 있는 계획을 세우는 학생의 욕심에서 혜택을 받을 수 있다. 또한 교사들은

- 질서, 깔끔함, 마감 기일 준수에 대한 학생의 욕구를 격려하고 지지하라.
- 학생이 때때로 유연성을 받아들이도록 격려하라.
- 학생이 진정으로 원할 경우 그들의 방식대로 작업을 자립적으로 계획할 수 있도록 허락하라.
- 단지 계획을 바꾸기 위한 계획은 하지 마라. 이것은 학생을 좌절시킬 뿐이다.

127
고양이 유형 선생님(Cat teacher) & 독수리 유형 학생(Eagle student)
ISFP & ENTJ

고양이 유형과 독수리 유형은 서로 공유하는 유형이 없다. 반대인 사람들이 끌리기 위해서는[3] 서로의 다른 점을 수용해야 한다. 느긋한 교사와 잠재적으로 권위적인 학생은 서로가 교실에서 보여 주는 방식들을 배울 수 있다. 선천적으로 적극적인 학생의 능력을 최대한 이끌어 내기 위해서 교사는

- 학생이 말하기 전에 충분히 생각하게 하라. 그렇지 않으면 수업을 방해할 수 있다.
- 특히 모둠 토론에서 논란이 될 만한 주제는 학생에게 주지 마라.
- 수업하는 동안에 **E**형 학생들이 다른 **E**형 학생들과 대화할 수 있는 기회를 많이 만들어라.
- 학생이 자신의 생각을 충동적으로 표현할지라도 인내하며 열중하여 들어 주라.
- 학생의 '유치한' 아이디어일지라도 마음을 열고 그것이 이끄는 곳을 살펴보라. 학생은 크게 말하면서 생각하는데, 이것이 그들이 가장 잘 배우는 방법이다.
- 또한 교사의 생각도 제시하라. 시간이 초과될 경우 요청하라.

교사는 사물을 이해하기 위해 자신의 경험을 사용하는 것을 좋아한다. 한 번에 한 단계씩 진행하는 교사는 학생들이 따라하도록 격려한다. **N**형의 학생들은 잘해 봐야 이러한 접근법이 지나치게 단순하다고 느낄 것이고, 최악의 경우에는 지루하다고 생각할 것이다. 당신은 이러한 학생들에게 '정신 나간' 학생이라고 낙인찍어 버릴 가능성이 있다. 학생을 비판하고 싶은 욕망을 참아야 하는데 왜냐하면 이것이 그 학생들이 정보를 받아들이고 대상을 이해하는 방법이기 때문이다. 올바른 맥락에서 공상은 정보를 받아들이고 유지하는 새로운 방법

3) 'Opposites attract(정반대되는 사람들은 서로에게 끌린다.)'라는 격언을 바탕으로 쓴 표현인 것 같다.

으로 이어질 수 있다. 이러한 선천적으로 상상력이 풍부한 학생의 능력을 최대한 이끌어 내기 위해서 교사는

- 학생의 상상력과 통찰력, 그리고 그것이 수업에도 가져올 수 있음을 받아들여라.
- 학생에게 **S**형 접근 방식(사실, 세부 사항, 절차, 실험, 경험 적용, 구조, 단계별 모델)이 수업에 중요하게 기여함을 깨닫도록 하라.

교사는 과업보다 관계를 먼저 고려하는 반면 학생은 정 반대로 생각한다. 교사는 학생이 자신과 다르다는 것을 수용하는 법을 배워야 한다. 즉, 학생이 차갑고, 무뚝뚝하며, 불친절한 것이 아니라 교사와는 다르고 과제에 먼저 집중할 뿐이다. 교사가 이것을 받아들일 수 있다면 이 관계는 교사와 학생 둘 모두에게 있어 매우 긍정적일 수 있다. 이러한 본질적으로 단호한 호랑이 유형 학생의 능력을 최대한 이끌어 내기 위해서 교사는

- 학생이 교사에게 이의를 제기한다면 그것은 아마 여러분의 권위나 인격을 무시하기보다 그들의 생각을 명확히 알리기 위한 것일 수 있다. 아마도 '이를 개선하거나 바꾸려면 어떻게 하겠니?' 또는 '너는 어떻게 생각하니?'라고 물어보라. 일단 학생이 생각을 명확히 하고 나면 교사가 생각하는 것을 물어보고 받아들일 준비가 되어 있을 것이다.
- 경쟁적으로 기량과 지식을 시험하는 방식으로 수업하라(경쟁력을 높인다.).
- 사람의 50%가 **F**형이고 피드백을 비판으로 해석하여 이해할 수 있다는 것을 도와주라.
- 대상을 정해 칭찬하라. 모든 것이 훌륭하다고 말하는 것은 학생에게 깊은 인상을 주거나 도움이 되지 않는다. 사실, 그것은 학생이 선생님을 존경하지 않는 결과를 초래할 수 있고, 교사가 거짓말하거나 아니면 부드러운 접촉이라고 결론지을 수 있다. 교사가 칭찬할 때, 증거를 요구받을 수도 있다.
- 논의할 때 감정적이기보다는 논리적이고 객관적으로 하라.

느긋하고 융통성 있고 즉흥적인 고양이 유형 교사와 선천적으로 체계적인 독수리 유형 학생은 드림팀이 될 수도, 재앙이 될 수도 있다. 긍정적인 관계를 만들기 위해서 그들은 서로의 강점을 인정하고 그것을 배워야 한다. 학생은 계획을 조정하고 바꾸는 교사의 능력에서 혜택을 받을 수 있고 교사는 자신이 할 수 있고 끝낼 수 있는 계획을 세우는 학생의 욕구에서 혜택을 받을 수 있다. 또한 교사들은

- 질서, 깔끔함, 마감 기일 준수에 대한 학생의 욕구를 격려하고 지지하라.
- 학생이 때때로 유연성을 받아들이도록 격려하라.
- 학생이 진정으로 원할 경우 그들의 방식대로 작업을 자립적으로 계획할 수 있도록 허락하라.
- 단지 계획을 바꾸기 위한 계획은 하지 마라. 이것은 학생을 좌절시킬 뿐이다.

128
고양이 유형 선생님(Cat teacher) & 코알라 유형 학생(Koala student)
ISFP & ISFJ

호랑이 유형과 코알라 유형은 세 가지 성향을 공유한다. 두 유형 모두 조용하고 현실적이며 마음이 따뜻하고 교실에서 의견이 잘 맞을 가능성이 높다. 선천적으로 세심한 학생의 능력을 최대한 이끌어 내기 위해서 교사는

- 학생의 사생활과 독립성을 존중하라.
- 교사 자신의 생각을 명확히 하는 시간을 가지되 대립을 피하지 마라. 어떤 말을 해야 한다면 차분하고 직접적으로 전달하라.
- 비언어적 의사소통을 사용하라—미소와 제스처는 **I**형 학생들을 안심시킨다. 피드백을 전달하기 위해 포스트잇 · 전자 메일을 사용할 수도 있다.
- 학생이 심사숙고할 수 있도록 충분한 시간을 허락하라.
- 교사의 아이디어와 생각을 정기적으로 공유하여 서로가 하고 있는 것이 무엇인지 반드시 알게 하라.

교사와 학생 둘 다 정보를 같은 방식으로 얻는다. 그들은 그들의 감각들(그들이 볼 수 있고 들을 수 있고, 느낄 수 있는 것을 인지하는)을 이용해서 세부 사항들을 알아차린다. 교사와 학생 모두 현실적이다. 교사는 선천적으로 수업 방식이 사실적이며 학생들이 이를 따라오도록 격려한다. 견고하고 동료 같은 관계는 선생님과 학생이 서로가 과제를 완수하기 위해 각자 무엇을 해야 할지 상호 이해하면서 발전한다. 현실적인 학생의 능력을 최

대한 이끌어 내기 위해서 교사는

- 학생이 역량을 갖출 때까지 반복하고 연습할 기회를 주라.
- 배운 것이 실제 현실에서 어떻게 적용되는지 설명하라.
- 수업에 상상력을 유용하게 사용하도록 권장하라(그것은 시간 낭비가 아니다.).

교사와 학생 모두 과업·문제 내용보다 사람과의 관계를 가장 먼저 고려한다. 이들은 따뜻한 개인적 관계를 형성하는 것을 좋아한다. 칭찬은 학생뿐만 아니라 교사의 자신감을 북돋아 줄 수 있다. 코알라 유형 학생은 그들이 교사를 좋아하고 교사가 그들을 좋아하는 것을 느껴야 한다. 만약 이렇게 된다면 그들은 열심히 하지만 이렇게 되지 않는다면 그들은 아예 관심 없어 할 수도 있다. 이것은 한 학생이 한 해(그들이 좋아하는 선생님과 함께 하면)에 최고의 학생이 될 수도 있고, 선생님이 바뀐 그 이듬해에는 공부에 대해 아예 관심을 보이지 않은 이유를 설명해 준다. 이러한 근본적으로 관계 중심적인 학생의 능력을 최대한 이끌어 내기 위해서 교사는

- 공감, 협업 및 팀워크를 활용할 수 있는 학습 상황을 제공하라.
- 어떠한 약점이라도 극복할 수 있도록 요령껏 지원하면서 충분하고 정기적으로 칭찬하라.
- 학생에 대한 개인적인 신념의 힘에 호소하여 설득하거나 영향력을 행사하라(나를 실망시키지 마렴, 네가 할 수 있다는 것을 알아, 난 네가 좋단다.).

느긋하고 융통성 있고 즉흥적인 교사와 선천적으로 체계적인 학생은 드림팀이 될 수도, 재앙이 될 수도 있다. 긍정적인 관계를 만들기 위해서 그들은 서로의 강점을 인정하고 그것을 배워야 한다. 학생은 계획을 조정하고 바꾸는 교사의 능력에서 혜택을 받을 수 있고 교사는 자신이 할 수 있고 끝낼 수 있는 계획을 세우는 학생의 욕구에서 혜택을 받을 수 있다. 또한 교사들은

- 질서, 깔끔함, 마감 기일 준수에 대한 학생의 욕구를 격려하고 지지하라.
- 학생이 진정으로 원할 경우 그들의 방식대로 작업을 자립적으로 계획할 수 있도록 허락하라.
- 단지 계획을 바꾸기 위한 계획은 하지 마라. 이것은 학생을 좌절시킬 뿐이다.
- 변화를 수용하도록 학생에게 권장하라. 때때로 그것이 필요하고 유용하다.

129
해마 유형 선생님(Seahorse teacher) & 곰인형 유형 학생(Teddy Bear student)
INFJ & ESFJ

해마 유형과 곰 유형은 둘 다 체계적이다. 현실에 우선적인 곰인형 유형의 접근 방식은 해마 유형 선생님의 상상 위주의 수업 방식과 대조된다. 충돌은 좀 더 내성적인 선생님과 남과 어울리기 좋아하는 학생이 부딪칠 때 발생하기 쉽다. 타고나기를 활기찬 곰인형 유형 학생의 능력을 최대한 이끌어 내기 위해서 선생님은

- 학생이 자신의 생각을 충동적으로 표현할지라도 인내하며 열중하여 들어 주라.
- 학생의 '유치한' 아이디어일지라도 마음을 열고 그것이 이끄는 곳을 살펴보라. 학생은 크게 말하면서 생각하는데, 이것이 그들이 가장 잘 배우는 방법이다.
- 또한 교사의 생각도 제시하라. 시간이 초과될 경우 요청하라.
- 학생이 말하기 전에 충분히 생각하게 하라. 그렇지 않으면 수업을 방해할 수 있다.
- 특히 모둠 토론에서 논란이 될 만한 주제는 학생에게 주지 마라.
- 수업하는 동안에 **E**형 학생들이 다른 **E**형 학생들과 대화할 수 있는 기회를 많이 만들어라.

상상력이 돋보이는 선생님은 모든 학생에게 영감을 줄 수 있지만, 나머지 65% 학생들에게 명확한 지침서, 구조 사실, 세부 사항 그리고 절차를 제공할 필요가 있다는 것을 존중해야 한다. 그렇지 않으면 그 학생들은 불만을 터뜨릴 것이다. 본질적으로 현실적인 학생의 능력을 최대한 이끌어 내기 위해 선생님은

- 배운 것이 실제 현실에서 어떻게 적용되는지 설명하라.
- 학생이 역량을 갖출 때까지 반복하고 연습할 기회를 주라.
- 수업에 상상력을 유용하게 사용하도록 권장하라(그

것은 시간 낭비가 아니다.).

- **S**형 학생에게 손해를 주면서까지 **N**형 학생을 편애하는 것처럼 보이지 않도록 조심하라. 모든 학생은 그들이 선호하는 방법으로 기여할 수 있어야 한다.

선생님과 학생 모두 과제·과목보다 사람과의 관계에 대해 먼저 생각한다. 그들은 정겨운 관계를 만들고 싶어 한다. 칭찬은 학생뿐만 아니라 교사의 자신감을 북돋아 줄 수 있다. 곰인형 유형 학생들은 자신이 선생님을 좋아하고 선생님 또한 자신을 좋아한다는 것을 느껴야 한다. 이러한 것이 이루어지면 학생들은 열심히 수업에 임하지만, 반대의 경우 완전히 수업을 놓게 된다. 이것은 한 학생이 한 해(그들이 좋아하는 선생님과 함께 하면)에 최고의 학생이 될 수도 있고, 선생님이 바뀐 그 이듬해에는 공부에 대해 아예 관심을 보이지 않은 이유를 설명해 준다. 선생님은 관계 중심적인 학생의 능력을 최대한 이끌어 내기 위해

- 공감, 협업 및 팀워크를 활용할 수 있는 학습 상황을 제공하라.
- 어떠한 약점이라도 극복할 수 있도록 요령껏 지원하면서 충분하고 정기적으로 칭찬하라.
- 학생에 대한 개인적인 신념의 힘에 호소하여 영향력을 행사하라(나를 실망시키지 마렴, 네가 할 수 있다는 것을 알아, 난 네가 좋단다.).

J형 선생님은 시간 계획 짜는 것을 좋아한다. 그들은 체계적이고 결단력이 있다. 그들은 계획을 세우고 그것에 충실하며 종종 인상적인 할 일 목록의 도움을 받는다. 그들의 교실은 대개 정리가 잘 되어 있다. 과목은 아마도 수업 크기별로 나누어지고 교육과정의 기준 등을 고려해서 그해의 세부 계획이 세워질 것이다. 많은 **J**형 학생은 계획을 세우는 선생님의 끝없는 열의에 안심한다. 그들은 단순히 일정을 수용하고, 합의한 내용을 전달하며, 대개 모든 업무를 제시간에 완료한다. 흥미롭게도, 몇몇 **J**형 학생은 선생님이 선의로 하는 철저함을 꺼릴 것이다. 그들은 다른 사람의 계획을 채택하기보다는 그들 자신의 계획을 세우고 그것을 실천하기를 원한다. 이것은 **J**형의 통제 욕구 때문이다. 그래서 비록 최소한 모든 작업은 완료되겠지만 두 **J**형이 서로 충돌할 수 있다. 대부분의 중등학교는 두 **J**형이 가장 좋은 조합이 되도록 학생들이 조직하기를 요구한다. 타고나기를 체계적인 학생의 능력을 최대한 이끌어 내기 위해서 선생님은

- 질서, 깔끔함 및 마감 기일 준수에 대한 공통된 욕구를 함께 즐겨라.
- 학생이 진정으로 원할 경우 그들의 방식대로 작업을 자립적으로 계획할 수 있도록 허락하라.
- 외적인 일로 교사의 세심한 준비가 방해 받을 경우 자신의 계획을 조정할 준비를 하라(그리고 학생이 때때로 유연성을 받아들이도록 권장하라.).
- 예상 가능한 수업이 지겹지 않도록 때때로 변화를 주어라.
- 선택할 수 있는 모든 것을 고려하기도 전에 해야 할 일에 대해 신속하게 결정하지 마라.

130
해마 유형 선생님(Seahorse teacher) & 매 유형 학생(Falcon student)
INFJ & ENTP

해마 유형과 새 유형은 그들의 세계를 이해하는 데 상상력을 사용한다. 매 유형은 해마 유형의 개인적인 접근 방식과 충돌할 수 있는 기술적인 문제를 해결하기 위해 상상력을 발휘한다. 수업의 유연성에 대한 학생들의 욕구는 선생님의 차분하고 체계적인 수업 방식과 충돌할 수도 있다. 타고나기를 활기찬 매 유형 학생의 능력을 최대한 이끌어 내기 위해서 선생님은

- 학생이 자신의 생각을 충동적으로 표현할지라도 인내하며 열중하여 들어 주라.
- 학생의 '유치한' 아이디어일지라도 마음을 열고 그것이 이끄는 곳을 살펴보라. 학생은 크게 말하면서 생각하는데, 이것이 그들이 가장 잘 배우는 방법이다.
- 또한 교사의 생각도 제시하라. 시간이 초과될 경우 요청하라.
- 학생이 말하기 전에 충분히 생각하게 하라. 그렇지 않으면 수업을 방해할 수 있다.
- 특히 모둠 토론에서 논란이 될 만한 주제는 학생에게 주지 마라.
- 수업하는 동안에 **E**형 학생들이 다른 **E**형 학생들과 대화할 수 있는 기회를 많이 만들어라.

선생님과 학생 모두 전체 상황을 먼저 보고, 예감, 추리,

상상력을 이용하여 의미를 추론함으로써 정보를 모은다. 선생님은 자연스럽게 교실에서 자신의 상상력을 활용할 것이고 **N**형 학생들은 이에 잘 반응할 것인데, 아마도 공상, 일화, 이야기에 상상의 나래를 펼치며 동참할 것이다. 선생님과 학생 사이의 자연스러운 친밀감은 종종 존재하는데, 그들 둘 다 같은 방식으로 세상을 바라보기 때문이다. 즉, 패턴, 가능성, 아이디어 그리고 이론을 탐구함으로써 사물이 왜 있는지를 이해하려는 뜨거운 호기심을 가지고 있다. 선생님은 **S**형 학생에게 피해를 주면서까지 **N**형 학생을 선호하는 것처럼 보이지 않도록 주의하라. 모든 학생은 자신이 선호하는 방식대로 수업에 참여할 수 있어야 한다. 상상력이 뛰어난 학생의 능력을 최대한 이끌어 내기 위해 선생님은

- 창의적으로 탐구할 수 있는 질문 · 프로젝트를 제공하라.
- 중복된 과제는 피하라. 학생이 빨리 흥미를 잃는다.
- 학생에게 **S**형 접근 방식(사실, 세부 사항, 절차, 실험, 경험 적용, 구조, 단계별 모델)이 수업에 중요하게 기여함을 깨닫도록 하라.

선생님은 수업보다 관계를 먼저 생각하는 반면 학생은 그 반대이다. 선생님은 학생들이 다르다는 것을 이해해야 한다. 즉, 학생이 차갑고, 무뚝뚝하며, 불친절한 것이 아니라 교사와는 다르고 과제에 먼저 집중할 뿐이다. 선생님이 이것을 이해한다면 이 관계는 둘 다에게 긍정적이다. 근본적으로 자신감 넘치는 매 유형 학생의 능력을 최대한 이끌어 내기 위해서 선생님은

- 대상을 정해 칭찬하라. 모든 것이 훌륭하다고 말하는 것은 학생에게 깊은 인상을 주거나 도움이 되지 않는다. 사실, 그것은 학생이 선생님을 존경하지 않는 결과를 초래할 수 있고, 교사가 거짓말하거나 아니면 부드러운 접촉이라고 결론지을 수 있다. 교사가 칭찬할 때, 증거를 요구받을 수도 있다.
- 논의할 때 감정적이기보다는 논리적이고 객관적으로 하라.
- 학생이 교사에게 이의를 제기한다면 그것은 아마 여러분의 권위나 인격을 무시하기보다 그들의 생각을 명확히 알리기 위한 것일 수 있다. 아마도 '이를 개선하거나 바꾸려면 어떻게 하겠니?' 또는 '너는 어떻게 생각하니?'라고 물어보라. 일단 학생이 생각을 명확히 하고 나면 교사가 생각하는 것을 물어보고 받아들일 준비가 되어 있을 것이다.
- 학생의 기량과 지식을 경쟁적으로 시험하는 방식으로 수업하라(경쟁력을 높인다.).
- 사람의 50%가 **F**형이고 피드백을 비판으로 해석하여 이해할 수 있다는 것을 도와주라.

J형 선생님은 시간 계획 짜는 것을 즐긴다. 그들은 체계적이고 결단력 있다. 그들은 계획을 세우고 그것에 충실하며, 종종 인상적인 할 일 목록에 의해 도움을 받는다. 그들의 교실은 대개 정리가 잘 되어 있다. 과목은 아마도 수업 분량의 크기대로 잘게 나뉘고 군사적으로 정확하게 한 해를 계획할 것이다. **P**형 학생들은 다음과 같이 반응할 수 있다.

- 당신의 전문성을 받아들이고 그들의 장기적인 이익을 이해함으로써 긍정적으로 반응한다.
- 당신이 제공하는 내용이나 과정을 진심으로 받아들이지는 않지만 편한 삶을 위해 구조 · 계획을 수동적으로 받아들인다.
- 교사와 수업 계획, 그리고 과목별 수업을 완전히 거부하며 부정적으로 반응한다(물리적으로 교실에 있더라도 수업에 몰두하거나 참여하지 않는다.).

선생님이 본능적으로 느긋한 학생의 능력을 최대한 이끌어 내기 위해서는 학생들이 선택할 수 있는 것과 선택하는 것을 좋아하는 것이 아니라 그것은 필수적인 것이고 그렇게 해 주지 않으면 몸이 근질거리고 몸부림치거나 반항하기 시작된다는 것을 알아야 한다. 중등학교 환경은 많은 **P**형들에게 무척 힘들기 때문에 선생님은 그 부담을 줄여 주어야 한다. 이를 돕기 위해 선생님은

- 가능한 한 유연성을 많이 제공하라(다양한 과제 선택, 수업 내 선택).
- 예상 가능한 수업이 지겹지 않도록 때때로 변화를 주어라.
- 학생이 학업량을 반드시 성공적으로 해낼 수 있도록 효과적인 전략을 찾아보라.
- 세부 일정을 피하라(어차피 지키지도 못할 것이다.).
- 꼭 필요한 것보다 중요하지 않은 세부 사항을 까다롭게 다루지 마라.

131
해마 유형 선생님(Seahorse teacher) & 흑곰 유형 학생(Black Bear student)
INFJ & ESTJ

해마 유형과 곰 유형은 둘 다 체계적이다. 현실에 우선적인 흑곰 유형의 접근 방식은 해마 유형 선생님의 상상 위주의 수업 방식과 대조된다. 충돌은 좀 더 내성적이고 상냥한 선생님과 남과 어울리기 좋아하고 객관적인 성향인 학생이 부딪칠 때 발생하기 쉽다. 타고나기를 활기찬 학생의 능력을 최대한 이끌어 내기 위해서 선생님은

- 학생이 자신의 생각을 충동적으로 표현할지라도 인내하며 열중하여 들어 주라.
- 학생의 '유치한' 아이디어일지라도 마음을 열고 그것이 이끄는 곳을 살펴보라. 학생은 크게 말하면서 생각하는데, 이것이 그들이 가장 잘 배우는 방법이다.
- 또한 교사의 생각도 제시하라. 시간이 초과될 경우 요청하라.
- 학생이 말하기 전에 충분히 생각하게 하라. 그렇지 않으면 수업을 방해할 수 있다.
- 특히 모둠 토론에서 논란이 될 만한 주제는 학생에게 주지 마라.
- 수업하는 동안에 **E**형 학생들이 다른 **E**형 학생들과 대화할 수 있는 기회를 많이 만들어라.

상상력이 돋보이는 선생님은 모든 학생에게 영감을 줄 수 있지만, 흑곰 유형 학생들에게 명확한 지침서, 구조 사실, 세부 사항 그리고 절차를 제공할 필요가 있다는 것을 존중해야 한다. 그렇지 않으면 그 학생들은 불만을 터뜨릴 것이다. 현실적인 학생의 능력을 최대한 이끌어 내기 위해 선생님은

- 배운 것이 실제 현실에서 어떻게 적용되는지 설명하라.
- 학생이 역량을 갖출 때까지 반복하고 연습할 기회를 주라.
- 수업에 상상력을 유용하게 사용하도록 권장하라(그것은 시간 낭비가 아니다.).
- **S**형 학생에게 손해를 입히는 주면서까지 **N**형 학생을 편애하는 것처럼 보이지 않도록 조심하라. 모든 학생은 그들이 선호하는 방법으로 기여할 수 있어야 한다.

교사는 수업보다 관계를 고민하는 반면, 학생은 그 반대이다. 교사는 학생이 다르다는 것을 받아들이는 법을 배워야 한다. 즉, 학생이 차갑고, 무뚝뚝하며, 불친절한 것이 아니라 교사와는 다르고 과제에 먼저 집중할 뿐이다. 만약 선생님이 이것을 받아들일 수 있다면, 그 관계는 선생님과 학생 모두에게 정말 긍정적일 수 있다. 근본적으로 자신감 넘치는 매 유형 학생의 능력을 최대한 이끌어 내기 위해서 선생님은

- 대상을 정해 칭찬하라. 모든 것이 훌륭하다고 말하는 것은 학생에게 깊은 인상을 주거나 도움이 되지 않는다. 사실, 그것은 학생이 선생님을 존경하지 않는 결과를 초래할 수 있고, 교사가 거짓말하거나 아니면 부드러운 접촉이라고 결론지을 수 있다. 교사가 칭찬할 때, 증거를 요구받을 수도 있다.
- 논의할 때 감정적이기보다는 논리적이고 객관적으로 하라.
- 학생이 교사에게 이의를 제기한다면 그것은 아마 여러분의 권위나 인격을 무시하기보다 그들의 생각을 명확히 알리기 위한 것일 수 있다. 아마도 '이를 개선하거나 바꾸려면 어떻게 하겠니?' 또는 '너는 어떻게 생각하니?'라고 물어보라. 일단 학생이 생각을 명확히 하고 나면 교사가 생각하는 것을 물어보고 받아들일 준비가 되어 있을 것이다.
- 학생의 기량과 지식을 경쟁적으로 시험하는 방식으로 수업하라(경쟁력을 높인다.).
- 사람의 50%가 **F**형이고 피드백을 비판으로 해석하여 이해할 수 있다는 것을 도와주라.

J형 선생님은 시간 계획 짜는 것을 즐긴다. 그들은 체계적이고 결단력 있다. 그들은 계획을 세우고 그것에 충실하며, 종종 인상적인 할 일 목록에 의해 도움을 받는다. 그들의 교실은 대개 정리가 잘 되어 있다. 과목은 아마도 수업 크기별로 잘게 나뉘고, 교육과정의 기준 등을 고려해서 그해의 세부 계획이 세워질 것이다. 많은 **J**형 학생은 계획을 세우는 선생님의 끝없는 열의에 안심한다. 그들은 단순히 일정을 수용하고, 합의한 내용을 전달하며, 대개 모든 업무를 제시간에 완료한다. 흥미롭게도, 몇몇 **J**형 학생은 선생님이 선의로 하는 철저함을 꺼릴 것이다. 그들은 다른 사람의 계획을 채택하기보다는 그들 자신의 계획을 세우고 그것을 실천하기를 원한다.

이것은 J형의 통제 욕구 때문이다. 그래서 비록 최소한 모든 작업은 완료되겠지만 두 J형이 함께 충돌할 수 있다. 대부분의 중등학교는 학생들이 매우 체계적이어서 두 J형이 가장 좋은 조합으로 이루어지기를 요구한다. 타고나기를 체계적인 학생의 능력을 최대한 이끌어 내기 위해서 선생님은

- 질서, 깔끔함 및 마감 기일 준수에 대한 공통된 욕구를 함께 즐겨라.
- 학생이 진정으로 원할 경우 그들의 방식대로 작업을 자립적으로 계획할 수 있도록 허락하라.
- 외적인 일로 교사의 세심한 준비가 방해 받을 경우 자신의 계획을 조정할 준비를 하라(그리고 학생이 때때로 유연성을 받아들이도록 권장하라.).
- 예상 가능한 수업이 지겹지 않도록 때때로 변화를 주어라.
- 선택할 수 있는 모든 것을 고려하기도 전에 해야 할 일에 대해 신속하게 결정하지 마라.

132
해마 유형 선생님(Seahorse teacher) & 검은표범 유형 학생(Panther student)
INFJ & ESTP

해마 유형과 검은표범 유형은 성격이 정반대이다. 반대되는 성격은 축복받거나 저주받은 관계를 공유할 수 있다. 선천적으로 상상력이 풍부하고, 내성적이며, 조직적인 해마 유형 선생님은 학생들에게서 이러한 자질을 이끌어 낼 수 있다. 또한 자발적이고 활기차고 쾌락적인 검은표범 유형의 학생을 조용하고 안전한 해변으로 조종하여 받아들여야 한다. 타고나기를 자신감 넘치는 검은표범 유형 학생의 능력을 최대한 이끌어 내기 위해서 선생님은

- 학생이 자신의 생각을 충동적으로 표현할지라도 인내하며 열중하여 들어 주라.
- 학생의 '유치한' 아이디어일지라도 마음을 열고 그것이 이끄는 곳을 살펴보라. 학생은 크게 말하면서 생각하는데, 이것이 그들이 가장 잘 배우는 방법이다.
- 또한 교사의 생각도 제시하라. 시간이 초과될 경우 요청하라.
- 학생이 말하기 전에 충분히 생각하게 하라. 그렇지 않으면 수업을 방해할 수 있다.
- 특히 모둠 토론에서 논란이 될 만한 주제는 학생에게 주지 마라.
- 수업하는 동안에 E형 학생들이 다른 E형 학생들과 대화할 수 있는 기회를 많이 만들어라.

상상력이 풍부한 교사는 모든 학생에게 영감을 줄 수 있지만, 검은표범 유형 학생들에게 명확한 지침, 구조, 사실, 세부 사항 그리고 절차를 제공해야 할 필요가 있음을 존중해야 한다. 그렇지 않으면 그들은 쉽게 산만해질 수 있다. 현실적인 학생의 능력을 최대한 이끌어 내기 위해 선생님은

- 배운 것이 실제 현실에서 어떻게 적용되는지 설명하라.
- 학생이 역량을 갖출 때까지 반복하고 연습할 기회를 주라.
- 수업에 상상력을 유용하게 사용하도록 권장하라(그것은 시간 낭비가 아니다.).
- S형 학생에게 손해를 주면서까지 N형 학생을 편애하는 것처럼 보이지 않도록 조심하라. 모든 학생은 그들이 선호하는 방법으로 기여할 수 있어야 한다.

교사는 수업보다 관계를 고민하는 반면, 학생은 그 반대이다. 교사는 학생이 다르다는 것을 받아들이는 법을 배워야 한다. 즉, 학생이 차갑고, 무뚝뚝하며, 불친절한 것이 아니라 교사와는 다르고 과제에 먼저 집중할 뿐이다. 만약 선생님이 이것을 받아들일 수 있다면, 그 관계는 선생님과 학생 모두에게 정말 긍정적일 수 있다. 근본적으로 적극적인 검은표범 유형 학생의 능력을 최대한 이끌어 내기 위해서 선생님은

- 대상을 정해 칭찬하라. 모든 것이 훌륭하다고 말하는 것은 학생에게 깊은 인상을 주거나 도움이 되지 않는다. 사실, 그것은 학생이 선생님을 존경하지 않는 결과를 초래할 수 있고, 교사가 거짓말하거나 아니면 부드러운 접촉이라고 결론지을 수 있다. 교사가 칭찬할 때, 증거를 요구받을 수도 있다.
- 논의할 때 감정적이기보다는 논리적이고 객관적으로 하라.
- 학생이 교사에게 이의를 제기한다면 그것은 아마 여러분의 권위나 인격을 무시하기보다 그들의 생각을

명확히 알리기 위한 것일 수 있다. 아마도 '이를 개선하거나 바꾸려면 어떻게 하겠니?' 또는 '너는 어떻게 생각하니?'라고 물어보라. 일단 학생이 생각을 명확히 하고 나면 교사가 생각하는 것을 물어보고 받아들일 준비가 되어 있을 것이다.

- 학생의 기량과 지식을 경쟁적으로 시험하는 방식으로 수업하라(경쟁력을 높인다.).
- 사람의 50%가 **F**형이고 피드백을 비판으로 해석하여 이해할 수 있다는 것을 도와주라.

해마 유형 선생님은 시간 계획을 세워야 한다. 그들은 선천적으로 체계적이다. 그들은 계획을 세우고 그것에 충실하는데, 종종 인상적인 할 일 목록에 의해 도움을 받는다. 교실은 대체로 정리가 잘 되어 있다. **P**형 학생들은 다음과 같이 반응할 수 있다.

- 당신의 전문성을 받아들이고 그들의 장기적인 이익을 이해함으로써 긍정적으로 반응한다.
- 당신이 제공하는 내용이나 과정을 진심으로 받아들이지는 않지만 편한 삶을 위해 구조·계획을 수동적으로 받아들인다.
- 교사와 수업 계획, 그리고 과목별 수업을 완전히 거부하며 부정적으로 반응한다(물리적으로 교실에 있더라도 수업에 몰두하거나 참여하지 않는다.).

선생님이 본능적으로 느긋한 학생의 능력을 최대한 이끌어 내기 위해서는 학생들이 단지 선택할 수 있는 것과 선택하는 것을 좋아하는 것이 아니라 그것은 필수적인 것이고 그렇게 해 주지 않으면 몸이 근질거리고 몸부림치거나 반항하기 시작된다는 것을 알아야 한다. 중등학교 환경은 많은 **P**형들에게 무척 힘들기 때문에 선생님은 그 부담을 줄여 주어야 한다. 이를 돕기 위해 선생님은

- 가능한 한 유연성을 많이 제공하라(다양한 선택 과제, 수업 내 선택).
- 세부 일정을 피하라(어차피 지키지도 못할 것이다.).
- 꼭 필요한 것보다 중요하지 않은 세부 사항을 까다롭게 다루지 마라.
- 예상 가능한 수업이 지겹지 않도록 때때로 변화를 주어라.
- 학생에게 성공을 보장하는 간단한 시간 관리 기법을 보여 주라.

133
해마 유형 선생님(Seahorse teacher) & 숲올빼미 유형 학생(Tawny Owl student)
INFJ & INTP

해마 유형과 숲올빼미 유형은 그들의 세계를 이해하기 위해 상상력을 사용한다. 숲올빼미 유형은 해마의 개인적인 접근과 충돌할 수 있는 기술적인 문제를 해결하기 위해 그들의 상상력을 활용한다. 수업의 유연성에 대한 숲올빼미 유형의 욕구는 선생님의 조용하게 조직된 수업 접근법과 충돌할 수도 있다. 타고나기를 내성적인 숲올빼미 유형 학생의 능력을 최대한 이끌어 내기 위해서 선생님은

- 학생의 사생활과 독립성을 존중하라.
- 교사 자신의 생각을 명확히 하는 시간을 가지되 대립을 피하지 마라. 어떤 말을 해야 한다면 차분하고 직접적으로 전달하라.
- 비언어적 의사소통을 사용하라—미소와 제스처는 **I**형 학생들을 안심시킨다. 피드백을 전달하기 위해 포스트잇·전자 메일을 사용할 수도 있다.
- 학생이 심사숙고할 수 있도록 충분한 시간을 허락하라.
- 교사의 아이디어와 생각을 정기적으로 공유하여 서로가 하고 있는 것이 무엇인지 반드시 알게 하라.

선생님과 학생 모두 전체 상황을 먼저 보고, 예감, 추리, 상상력을 이용하여 의미를 추론함으로써 정보를 모은다. 선생님은 자연스럽게 교실에서 자신의 상상력을 활용할 것이고 **N**형 학생들은 이에 잘 반응할 것인데, 아마도 공상, 일화, 이야기에 상상의 나래를 펼치며 동참할 것이다. 선생님과 학생 사이의 자연스러운 친밀감은 종종 존재하는데, 그들 둘 다 같은 방식으로 세상을 바라보기 때문이다. 즉, 패턴, 가능성, 아이디어 그리고 이론을 탐구함으로써 사물이 왜 있는지를 이해하려는 뜨거운 호기심을 가지고 있다. 선생님은 **S**형 학생에게 피해를 주면서까지 **N**형 학생을 선호하는 것처럼 보이지 않도록 주의하라. 모든 학생은 자신이 선호하는 방식대로 수업에 참여할 수 있어야 한다. 상상력이 뛰어난 학생의 능력을 최대한 이끌어 내기 위해 선생님은

- 창의적으로 탐구할 수 있는 질문·프로젝트를 제공

하라.

- 중복된 과제는 피하라. 학생이 빨리 흥미를 잃는다.
- 학생에게 **S**형 접근 방식(사실, 세부 사항, 절차, 실험, 경험 적용, 구조, 단계별 모델)이 수업에 중요하게 기여함을 깨닫도록 하라.

교사는 수업보다 관계를 고민하는 반면, 학생은 그 반대이다. 교사는 학생이 다르다는 것을 받아들이는 법을 배워야 한다. 즉, 학생이 차갑고, 무뚝뚝하며, 불친절한 것이 아니라 교사와는 다르고 과제에 먼저 집중할 뿐이다. 만약 선생님이 이것을 받아들일 수 있다면, 그 관계는 선생님과 학생 모두에게 정말 긍정적일 수 있다. 타고난 분석가 학생의 능력을 최대한 이끌어 내기 위해서 선생님은

- 대상을 정해 칭찬하라. 모든 것이 훌륭하다고 말하는 것은 학생에게 깊은 인상을 주거나 도움이 되지 않는다. 사실, 그것은 학생이 선생님을 존경하지 않는 결과를 초래할 수 있고, 교사가 거짓말하거나 아니면 부드러운 접촉이라고 결론지을 수 있다. 교사가 칭찬할 때, 증거를 요구받을 수도 있다.
- 논의할 때 감정적이기보다는 논리적이고 객관적으로 하라.
- 학생이 교사에게 이의를 제기한다면 그것은 아마 여러분의 권위나 인격을 무시하기보다 그들의 생각을 명확히 알리기 위한 것일 수 있다. 아마도 '이를 개선하거나 바꾸려면 어떻게 하겠니?' 또는 '너는 어떻게 생각하니?'라고 물어보라. 일단 학생이 생각을 명확히 하고 나면 교사가 생각하는 것을 물어보고 받아들일 준비가 되어 있을 것이다.
- 학생의 기량과 지식을 경쟁적으로 시험하는 방식으로 수업하라(경쟁력을 높인다.).
- 사람의 50%가 **F**형이고 피드백을 비판으로 해석하여 이해할 수 있다는 것을 도와주라.

J형 선생님은 시간 계획 짜는 것을 즐긴다. 그들은 체계적이고 결단력 있다. 그들은 계획을 세우고 그것을 고수하는데, 종종 인상적인 할 일 목록에 의해 도움을 받는다. 그들의 교실은 대개 정리가 잘 되어 있다. 과목은 아마도 수업 크기만큼 세분될 것이고, 그해는 꼼꼼하게 계획될 것이다. **P**형 학생들은 다음과 같이 반응할 수 있다.

- 당신의 전문성을 받아들이고 그들의 장기적인 이익을 이해함으로써 긍정적으로 반응한다.
- 당신이 제공하는 내용이나 과정을 진심으로 받아들이지는 않지만 편한 삶을 위해 구조·계획을 수동적으로 받아들인다.
- 교사와 수업 계획, 그리고 과목별 수업을 완전히 거부하며 부정적으로 반응한다(물리적으로 교실에 있더라도 수업에 몰두하거나 참여하지 않는다.).

선생님이 본능적으로 느긋한 학생의 능력을 최대한 이끌어 내기 위해서는 학생들이 단지 선택할 수 있는 것과 선택하는 것을 좋아하는 것이 아니라 그것은 필수적인 것이고 그렇게 해 주지 않으면 몸이 근질거리고 몸부림치거나 반항하기 시작된다는 것을 알아야 한다. 중등학교 환경은 많은 **P**형들에게 무척 힘들기 때문에 선생님은 그 부담을 줄여 주어야 한다. 이를 돕기 위해 선생님은

- 가능한 한 유연성을 많이 제공하라(다양한 선택 과제, 수업 내 선택).
- 세부 일정을 피하라(어차피 지키지도 못할 것이다.).
- 꼭 필요한 것보다 중요하지 않은 세부 사항을 까다롭게 다루지 마라.
- 예상 가능한 수업이 지겹지 않도록 때때로 변화를 주어라.
- 숲올빼미 유형 학생이 성공할 수 있도록 효율적인 시간 관리 전략을 찾아보라.

134
해마 유형 선생님(Seahorse teacher) & 독수리 유형 학생(Eagle student)
INFJ & ENTJ

해마 유형과 독수리 유형은 둘 다 자신의 세상을 만들어 가는 데 상상력을 발휘한다. 독수리 유형은 기술적인 문제를 해결하기 위해 상상력을 이용하는데, 이것이 해마 유형이 개인적인 접근과는 달라 충돌로 이어질 수 있다. 학생의 통제와 독립에 대한 욕구는 선생님의 차분하고 체계적인 수업 방식과 부딪칠 수 있다. 선천적으로 활기찬 독수리 유형 학생의 능력을 최대한 이끌어 내기 위해서 선생님은

- 학생이 자신의 생각을 충동적으로 표현할지라도 인내하며 열중하여 들어 주라.
- 학생의 '유치한' 아이디어일지라도 마음을 열고 그것이 이끄는 곳을 살펴보라. 학생은 크게 말하면서 생각하는데, 이것이 그들이 가장 잘 배우는 방법이다.
- 또한 교사의 생각도 제시하라. 시간이 초과될 경우 요청하라.
- 학생이 말하기 전에 충분히 생각하게 하라. 그렇지 않으면 수업을 방해할 수 있다.
- 특히 모둠 토론에서 논란이 될 만한 주제는 학생에게 주지 마라.
- 수업하는 동안에 **E**형 학생들이 다른 **E**형 학생들과 대화할 수 있는 기회를 많이 만들어라.

선생님과 학생 모두 전체 상황을 먼저 보고, 예감, 추리, 상상력을 이용하여 의미를 추론함으로써 정보를 모은다. 선생님은 자연스럽게 교실에서 자신의 상상력을 활용할 것이고 **N**형 학생들은 이에 잘 반응할 것인데, 아마도 공상, 일화, 이야기에 상상의 나래를 펼치며 동참할 것이다. 선생님과 학생 사이의 자연스러운 친밀감은 종종 존재하는데, 그들 둘 다 같은 방식으로 세상을 바라보기 때문이다. 즉, 패턴, 가능성, 아이디어 그리고 이론을 탐구함으로써 사물이 왜 있는지를 이해하려는 뜨거운 호기심을 가지고 있다. **S**형 학생의 65%에게 피해를 주면서까지 **N**형 학생을 좋아하는 것처럼 보이지 않도록 주의하라. 모든 학생은 자신이 선호하는 방식대로 수업에 참여할 수 있어야 한다. 상상력이 뛰어난 학생의 능력을 최대한 이끌어 내기 위해 선생님은

- 창의적으로 탐구할 수 있는 질문 · 프로젝트를 제공하라.
- 중복된 과제는 피하라. 학생이 빨리 흥미를 잃는다.
- 학생에게 **S**형 접근 방식(사실, 세부 사항, 절차, 실험, 경험 적용, 구조, 단계별 모델)이 수업에 중요하게 기여함을 깨닫도록 하라.

교사는 수업보다 관계를 고민하는 반면, 학생은 그 반대이다. 교사는 학생이 다르다는 것을 받아들이는 법을 배워야 한다. 즉, 학생이 차갑고, 무뚝뚝하며, 불친절한 것이 아니라 교사와는 다르고 과제에 먼저 집중할 뿐이다. 만약 선생님이 이것을 받아들일 수 있다면, 그 관계는 선생님과 학생 모두에게 정말 긍정적일 수 있다. 타고나기를 적극적인 학생의 능력을 최대한 이끌어 내기 위해서 선생님은

- 대상을 정해 칭찬하라. 모든 것이 훌륭하다고 말하는 것은 학생에게 깊은 인상을 주거나 도움이 되지 않는다. 사실, 그것은 학생이 선생님을 존경하지 않는 결과를 초래할 수 있고, 교사가 거짓말하거나 아니면 부드러운 접촉이라고 결론지을 수 있다. 교사가 칭찬할 때, 증거를 요구받을 수도 있다.
- 논의할 때 감정적이기보다는 논리적이고 객관적으로 하라.
- 학생이 교사에게 이의를 제기한다면 그것은 아마 여러분의 권위나 인격을 무시하기보다 그들의 생각을 명확히 알리기 위한 것일 수 있다. 아마도 '이를 개선하거나 바꾸려면 어떻게 하겠니?' 또는 '너는 어떻게 생각하니?'라고 물어보라. 일단 학생이 생각을 명확히 하고 나면 교사가 생각하는 것을 물어보고 받아들일 준비가 되어 있을 것이다.
- 학생의 기량과 지식을 경쟁적으로 시험하는 방식으로 수업하라(경쟁력을 높인다.).
- 사람의 50%가 **F**형이고 피드백을 비판으로 해석하여 이해할 수 있다는 것을 도와주라.

J형 선생님은 시간 계획 짜는 것을 즐긴다. 그들은 체계적이고 결단력 있다. 그들은 계획을 세우고 그것에 충실하며, 종종 인상적인 할 일 목록에 의해 도움을 받는다. 그들의 교실은 대개 정리가 잘 되어 있다. 과목은 아마도 수업 크기별로 잘게 나눠고, 그해의 세부 계획이 세워질 것이다. 많은 **J**형 학생은 계획을 세우는 선생님의 끝없는 열의에 안심한다. 그들은 단순히 일정을 수용하고, 합의한 내용을 전달하며, 대개 모든 업무를 제시간에 완료한다. 흥미롭게도, 몇몇 **J**형 학생은 선생님이 선의로 하는 철저함을 꺼릴 것이다. 그들은 다른 사람의 계획을 채택하기보다는 그들 자신의 계획을 세우고 그것을 실천하기를 원한다. 이것은 **J**형의 통제 욕구 때문이다. 그래서 비록 최소한 모든 작업은 완료되겠지만 두 **J**형이 함께 충돌할 수 있다. 대부분의 중등학교는 학생들이 매우 체계적이어서 두 **J**형이 가장 좋은 조합으로 이루어지기를 요구한다. 타고나기를 체계적인 학생의 능력을 최대한 이끌어 내기 위해서 선생님은

- 질서, 깔끔함 및 마감 기일 준수에 대한 공통된 욕구를 함께 즐겨라.
- 학생이 진정으로 원할 경우 그들의 방식대로 작업을

자립적으로 계획할 수 있도록 허락하라.
- 외적인 일로 교사의 세심한 준비가 방해 받을 경우 자신의 계획을 조정할 준비를 하라(그리고 학생이 때때로 유연성을 받아들이도록 권장하라.).
- 예상 가능한 수업이 지겹지 않도록 때때로 변화를 주어라.
- 선택할 수 있는 모든 것을 고려하기도 전에 해야 할 일에 대해 신속하게 결정하지 마라.

135
해마 유형 선생님(Seahorse teacher) & 사자 유형 학생(Lion student)
INFJ & ESFP

해마 유형과 사자 유형은 오직 하나의 성격 유형을 공유한다. 이들의 차이가 갈등의 시초가 될 가능성이 있다. 매우 체계적인 해마 유형은 즉흥적이고 순간을 즐기는 사자 유형이 힘들게 느껴질 수 있다. 타고나기를 활기찬 사자 유형 학생의 능력을 최대한 이끌어 내기 위해서 선생님은

- 학생이 자신의 생각을 충동적으로 표현할지라도 인내하며 열중하여 들어 주라.
- 학생의 '유치한' 아이디어일지라도 마음을 열고 그것이 이끄는 곳을 살펴보라. 학생은 크게 말하면서 생각하는데, 이것이 그들이 가장 잘 배우는 방법이다.
- 또한 교사의 생각도 제시하라. 시간이 초과될 경우 요청하라.
- 학생이 말하기 전에 충분히 생각하게 하라. 그렇지 않으면 수업을 방해할 수 있다.
- 특히 모둠 토론에서 논란이 될 만한 주제는 학생과 멀리하라.
- 수업하는 동안에 **E**형 학생들이 다른 **E**형 학생들과 대화할 수 있는 기회를 많이 만들어라.

상상력이 풍부한 교사는 모든 학생에게 영감을 줄 수 있지만, 검은표범 유형 학생들에게 명확한 지침, 구조, 사실, 세부 사항 그리고 절차를 제공해야 할 필요가 있음을 존중해야 한다. 그렇지 않으면 그들은 쉽게 산만해질 수 있다. 현실적인 학생의 능력을 최대한 이끌어 내기 위해 선생님은

- 배운 것이 실제 현실에서 어떻게 적용되는지 설명하라.
- 학생이 역량을 갖출 때까지 반복하고 연습할 기회를 주라.
- 수업에 상상력을 유용하게 사용하도록 권장하라(그것은 시간 낭비가 아니다.).
- **S**형 학생에게 손해를 입히는 **N**형 학생을 편애하는 것처럼 보이지 않도록 조심하라. 모든 학생은 그들이 선호하는 방법으로 기여할 수 있어야 한다.

교사와 학생 모두 과제 · 과목을 고려하기 전에 사람과의 관계를 먼저 고려한다. 그들은 따뜻한 인간관계가 형성되기를 좋아한다. 칭찬은 학생뿐만 아니라 교사의 자신감을 북돋아 줄 수 있다. 사자 유형의 학생은 선생님을 좋아하고 선생님도 그들을 좋아한다고 느낄 필요가 있다. 이렇게 되면 그들은 더 열심히 공부하겠지만 그렇지 않으면 공부에 신경을 완전히 끊을지도 모른다. 이것은 한 학생이 한 해(그들이 좋아하는 선생님과 함께 하면)에 최고의 학생이 될 수도 있고, 선생님이 바뀐 그 이듬해에는 공부에 대해 아예 관심을 보이지 않은 이유를 설명해 준다. 선생님은 관계 중심형 학생의 능력을 최대한 이끌어 내기 위해

- 공감, 협업 및 팀워크를 활용할 수 있는 학습 상황을 제공하라.
- 어떠한 약점이라도 극복할 수 있도록 요령껏 지원하면서 충분하고 정기적으로 칭찬하라.
- 학생에 대한 개인적인 신념의 힘에 호소하여 동기를 부여하라(나를 실망시키지 마렴, 네가 할 수 있다는 것을 알아, 난 네가 좋단다.).

J형 선생님은 시간 계획 짜는 것을 즐긴다. 그들은 체계적이고 결단력 있다. 그들은 계획을 세우고 그것에 충실하며, 종종 인상적인 할 일 목록에 의해 도움을 받는다. 그들의 교실은 대개 정리가 잘 되어 있다. 과목은 아마도 수업 분량의 크기대로 잘게 나뉘고 교육청 감독관 때문이든 아니든 한 해의 계획이 세워질 것이다. **P**형 학생들은 다음과 같이 반응할 수 있다.

- 당신의 전문성을 받아들이고 그들의 장기적인 이익을 이해함으로써 긍정적으로 반응한다.
- 당신이 제공하는 내용이나 과정을 진심으로 받아들

이지는 않지만 편한 삶을 위해 구조 · 계획을 수동적으로 받아들인다.

- 교사와 수업 계획, 그리고 과목별 수업을 완전히 거부하며 부정적으로 반응한다(물리적으로 교실에 있더라도 수업에 몰두하거나 참여하지 않는다.).

선생님이 본능적으로 느긋한 학생의 능력을 최대한 이끌어 내기 위해서는 학생들이 단지 선택할 수 있는 것과 선택하는 것을 좋아하는 것이 아니라 그것은 필수적인 것이고 그렇게 해 주지 않으면 몸이 근질거리고 몸부림치거나 반항하기 시작된다는 것을 알아야 한다. 중등학교 환경은 많은 **P**형들에게 무척 힘들기 때문에 선생님은 그 부담을 줄여 주어야 한다. 이를 돕기 위해 선생님은

- 가능한 한 유연성을 많이 제공하라(다양한 선택 과제, 수업 내 선택).
- 세부 일정을 피하라(어차피 지키지도 못할 것이다.).
- 꼭 필요한 것보다 중요하지 않은 세부 사항을 까다롭게 다루지 마라.
- 예상 가능한 수업이 지겹지 않도록 때때로 변화를 주어라.
- 사자 유형 학생이 반드시 성장할 수 있도록 간단한 시간 관리 기술을 확인하라.

136
해마 유형 선생님(Seahorse teacher) & 호랑이 유형 학생(Tiger student)
INFJ & ISTP

해마 유형과 호랑이 유형은 오직 하나의 성향을 공유한다. 이들의 차이가 갈등의 시초가 될 가능성이 있다. 매우 체계적인 해마 유형은 즉흥적이고 순간을 즐기는 호랑이 유형이 힘들게 느껴질 수 있다. 타고나기를 매우 독립적인 호랑이 유형 학생의 능력을 최대한 이끌어 내기 위해서 선생님은

- 학생의 사생활과 독립성을 존중하라.
- 교사 자신의 생각을 명확히 하는 시간을 가지되 대립을 피하지 마라. 어떤 말을 해야 한다면 차분하고 직접적으로 전달하라.
- 비언어적 의사소통을 사용하라—미소와 제스처는 **I**형 학생들을 안심시킨다. 피드백을 전달하기 위해 포스트잇 · 전자 메일을 사용할 수도 있다.
- 학생이 심사숙고할 수 있도록 충분한 시간을 허락하라.
- 교사의 아이디어와 생각을 정기적으로 공유하여 서로가 하고 있는 것이 무엇인지 반드시 알게 하라.

선생님과 학생 모두 같은 방식으로 정보를 수집한다. 자신의 감각을 사용하여 세부 내용(자신이 보고, 듣고, 느끼고 깨달은 것)을 알아차린다. 선생님과 학생 모두 현실적이다. 선생님은 선천적으로 수업 방식이 순차적, 현실적이어서 학생들이 이를 따라오도록 격려한다. 견고하고 동료 같은 관계는 선생님과 학생이 서로가 과제를 완수하기 위해 각자 무엇을 해야 할지 상호 이해하면서 발전한다. 타고나기를 현실적인 학생의 능력을 최대한 이끌어 내기 위해서 선생님은

- 학생이 역량을 갖출 때까지 반복하고 연습할 기회를 주라.
- 배운 것이 실제 현실에서 어떻게 적용되는지 설명하라.
- 수업에 상상력을 유용하게 사용하도록 권장하라(그것은 시간 낭비가 아니다.).

교사는 수업보다 관계를 고민하는 반면, 학생은 그 반대이다. 교사는 학생이 다르다는 것을 받아들이는 법을 배워야 한다. 즉, 학생이 차갑고, 무뚝뚝하며, 불친절한 것이 아니라 교사와는 다르고 과제에 먼저 집중할 뿐이다. 만약 선생님이 이것을 받아들일 수 있다면, 그 관계는 선생님과 학생 모두에게 정말 긍정적일 수 있다. 타고난 독립성이 돋보이는 학생의 능력을 최대한 이끌어 내기 위해서 선생님은

- 대상을 정해 칭찬하라. 모든 것이 훌륭하다고 말하는 것은 학생에게 깊은 인상을 주거나 도움이 되지 않는다. 사실, 그것은 학생이 선생님을 존경하지 않는 결과를 초래할 수 있고, 교사가 거짓말하거나 아니면 부드러운 접촉이라고 결론지을 수 있다. 교사가 칭찬할 때, 증거를 요구받을 수도 있다.
- 논의할 때 감정적이기보다는 논리적이고 객관적으로 하라.
- 학생이 교사에게 이의를 제기한다면 그것은 아마 여러분의 권위나 인격을 무시하기보다 그들의 생각을

명확히 알리기 위한 것일 수 있다. 아마도 '이를 개선하거나 바꾸려면 어떻게 하겠니?' 또는 '너는 어떻게 생각하니?'라고 물어보라. 일단 학생이 생각을 명확히 하고 나면 교사가 생각하는 것을 물어보고 받아들일 준비가 되어 있을 것이다.

- 학생의 기량과 지식을 경쟁적으로 시험하는 방식으로 수업하라(경쟁력을 높인다.).
- 사람의 50%가 **F**형이고 피드백을 비판으로 해석하여 이해할 수 있다는 것을 도와주라.

해마 유형 선생님은 시간 계획 짜는 것을 즐긴다. 그들은 체계적이고 결단력 있다. 그들은 계획을 세우고 그것을 고수하는데, 종종 인상적인 할 일 목록에 의해 도움을 받는다. 그들의 교실은 대개 정리가 잘 되어 있다. 과목은 아마도 수업 크기만큼 세분될 것이고, 그해는 세부적으로 계획될 것이다. **P**형 학생들은 다음과 같이 반응할 수 있다.

- 당신의 전문성을 받아들이고 그들의 장기적인 이익을 이해함으로써 긍정적으로 반응한다.
- 당신이 제공하는 내용이나 과정을 진심으로 받아들이지는 않지만 편한 삶을 위해 구조 · 계획을 수동적으로 받아들인다.
- 교사와 수업 계획, 그리고 과목별 수업을 완전히 거부하며 부정적으로 반응한다(물리적으로 교실에 있더라도 수업에 몰두하거나 참여하지 않는다.).

선생님이 본능적으로 느긋한 학생의 능력을 최대한 이끌어 내기 위해서는 학생들이 단지 선택할 수 있는 것과 선택하는 것을 좋아하는 것이 아니라 그것은 필수적인 것이고 그렇게 해 주지 않으면 몸이 근질거리고 몸부림치거나 반항하기 시작된다는 것을 알아야 한다. 중등학교 환경은 많은 **P**형들에게 무척 힘들기 때문에 선생님은 그 부담을 줄여 주어야 한다. 이를 돕기 위해 선생님은

- 가능한 한 유연성을 많이 제공하라(다양한 선택 과제, 수업 내 선택).
- 세부 일정을 피하라(어차피 지키지도 못할 것이다.).
- 꼭 필요한 것보다 중요하지 않은 세부 사항을 까다롭게 다루지 마라.
- 예상 가능한 수업이 지겹지 않도록 때때로 변화를 주어라.
- 학생이 반드시 성장할 수 있도록 시간 관리 팁을 제공하라.

137
해마 유형 선생님(Seahorse teacher) & 흰동가리 유형 학생(Clownfish student)
INFJ & ENFP

해마 유형과 흰동가리 유형은 두 가지 성향을 공유한다. 둘 다 개인적으로 성장하고 발전하기 위한 방법으로서의 교육에 관심을 가진 '히피족'이다. 학생이 선생님에 의해 보살핌을 받는다고 느낄 때 그들은 잘 반응한다. 체계적이지 못하고 수다스러운 학생은 조직적이고 말수가 적은 선생님에게는 도전이 될 수 있다. 타고나기를 활기찬 흰동가리 유형 학생의 능력을 최대한 이끌어 내기 위해서 선생님은

- 학생이 자신의 생각을 충동적으로 표현할지라도 인내하며 열중하여 들어 주라.
- 학생의 '유치한' 아이디어일지라도 마음을 열고 그것이 이끄는 곳을 살펴보라. 학생은 크게 말하면서 생각하는데, 이것이 그들이 가장 잘 배우는 방법이다.
- 또한 교사의 생각도 제시하라. 시간이 초과될 경우 요청하라.
- 학생이 말하기 전에 충분히 생각하게 하라. 그렇지 않으면 수업을 방해할 수 있다.
- 특히 모둠 토론에서 논란이 될 만한 주제는 학생과 멀리하라.
- 수업하는 동안에 **E**형 학생들이 다른 **E**형 학생들과 대화할 수 있는 기회를 많이 만들어라.

선생님과 학생 모두 전체 상황을 먼저 보고, 예감, 추리, 상상력을 이용하여 의미를 추론함으로써 정보를 모은다. 선생님은 자연스럽게 교실에서 자신의 상상력을 활용할 것이고 **N**형 학생들은 이에 잘 반응할 것인데, 아마도 공상, 일화, 이야기에 상상의 나래를 펼치며 동참할 것이다. 선생님과 학생 사이의 자연스러운 친밀감은 종종 존재하는데, 그들 둘 다 같은 방식으로 세상을 바라보기 때문이다. 즉, 패턴, 가능성, 아이디어 그리고 이론을 탐구함으로써 사물이 왜 있는지를 이해하려는 뜨거운 호기심을 가지고 있다. **S**형 학생의 65%에게 피해

를 주면서까지 **N**형 학생을 좋아하는 것처럼 보이지 않도록 주의하라. 모든 학생은 자신이 선호하는 방식대로 수업에 참여할 수 있어야 한다. 상상력이 뛰어난 학생의 능력을 최대한 이끌어 내기 위해 선생님은

- 창의적으로 탐구할 수 있는 질문 · 프로젝트를 제공하라.
- 중복된 과제는 피하라. 학생이 빨리 흥미를 잃는다.
- 학생에게 **S**형 접근 방식(사실, 세부 사항, 절차, 실험, 경험 적용, 구조, 단계별 모델)이 수업에 중요하게 기여함을 깨닫도록 하라.

교사와 학생 모두 과제 · 과목을 고려하기 전에 사람과의 관계를 먼저 고려한다. 그들은 따뜻한 인간관계가 형성되기를 좋아한다. 칭찬은 학생뿐만 아니라 교사의 자신감을 북돋아 줄 수 있다. 흰동가리 유형의 학생은 선생님을 좋아하고 선생님도 그들을 좋아한다고 느낄 필요가 있다. 이렇게 되면 그들은 더 열심히 공부하겠지만 그렇지 않으면 공부에 신경을 완전히 끊을지도 모른다. 이것은 한 학생이 한 해(그들이 좋아하는 선생님과 함께 하면)에 최고의 학생이 될 수도 있고, 선생님이 바뀐 그 이듬해에는 공부에 대해 아예 관심을 보이지 않은 이유를 설명해 준다. 선생님은 열정적인 학생의 능력을 최대한 이끌어 내기 위해

- 공감, 협업 및 팀워크를 활용할 수 있는 학습 상황을 제공하라.
- 어떠한 약점이라도 극복할 수 있도록 요령껏 지원하면서 충분하고 정기적으로 칭찬하라.
- 학생에 대한 개인적인 신념의 힘에 호소하여 동기를 부여하라(나를 실망시키지 마렴, 네가 할 수 있다는 것을 알아, 난 네가 좋단다.).

J형 선생님은 시간 계획 짜는 것을 즐긴다. 그들은 체계적이고 결단력 있다. 그들은 계획을 세우고 그것을 고수하는데, 종종 인상적인 할 일 목록에 의해 도움을 받는다. 그들의 교실은 대개 정리가 잘 되어 있다. 과목은 아마도 수업 크기만큼 세분될 것이고, 그해는 꼼꼼하게 세부적으로 계획될 것이다. **P**형 학생들은 다음과 같이 반응할 수 있다.

- 당신의 전문성을 받아들이고 그들의 장기적인 이익을 이해함으로써 긍정적으로 반응한다.
- 당신이 제공하는 내용이나 과정을 진심으로 받아들이지는 않지만 편한 삶을 위해 구조 · 계획을 수동적으로 받아들인다.
- 교사와 수업 계획, 그리고 과목별 수업을 완전히 거부하며 부정적으로 반응한다(물리적으로 교실에 있더라도 수업에 몰두하거나 참여하지 않는다.).

선생님이 본능적으로 느긋한 학생의 능력을 최대한 이끌어 내기 위해서는 학생들이 단지 선택할 수 있는 것과 선택하는 것을 좋아하는 것이 아니라 그것은 필요한 것이고 그렇게 해 주지 않으면 몸이 근질거리고 몸부림치거나 반항하기 시작된다는 것을 알아야 한다. 중등학교 환경은 많은 **P**형들에게 무척 힘들기 때문에 선생님은 그 부담을 줄여 주어야 한다. 이를 돕기 위해 선생님은

- 가능한 한 유연성을 많이 제공하라(다양한 선택 과제, 수업 내 선택).
- 꼭 필요한 것보다 중요하지 않은 세부 사항을 까다롭게 다루지 마라.
- 예상 가능한 수업이 지겹지 않도록 때때로 변화를 주어라.
- 학업량을 성공적으로 관리할 수 있도록 효과적인 전략을 수립하라.
- 세부 일정을 피하라(어차피 지키지도 못할 것이다.).

138
해마 유형 선생님(Seahorse teacher) & 고양이 유형 학생(Cat student)
INFJ & ISFP

해마 유형과 고양이 유형은 두 가지 성향을 공유한다. 상상력이 매우 뛰어나고 체계적인 해마 유형은 현실적이고 즉흥적인 고양이 유형 학생을 어렵게 느낄 수 있다. 말수가 적은 고양이 유형 학생의 능력을 최대한 이끌어 내기 위해서 선생님은

- 학생의 사생활과 독립성을 존중하라.
- 교사 자신의 생각을 명확히 하는 시간을 가지되 대립을 피하지 마라. 어떤 말을 해야 한다면 차분하고 직접적으로 전달하라.
- 비언어적 의사소통을 사용하라—미소와 제스처는 **I**형 학생들을 안심시킨다. 피드백을 전달하기 위해 포

스트잇 · 전자 메일을 사용할 수도 있다.
- 학생이 심사숙고할 수 있도록 충분한 시간을 허락하라.
- 아이디어와 생각을 정기적으로 공유하여 두 사람 모두 자신이 하고 있는 일을 알 수 있도록 하라.

상상력이 풍부한 교사는 모든 학생에게 영감을 줄 수 있지만, 고양이 유형 학생들에게 명확한 지침, 구조, 사실, 세부 사항 그리고 절차를 제공해야 할 필요가 있음을 존중해야 한다. 그렇지 않으면 그들은 쉽게 산만해질 수 있다. 현실적인 학생의 능력을 최대한 이끌어 내기 위해 선생님은

- 배운 것이 실제 현실에서 어떻게 적용되는지 설명하라.
- 학생이 역량을 갖출 때까지 반복하고 연습할 기회를 주라.
- 수업에 상상력을 유용하게 사용하도록 권장하라(그것은 시간 낭비가 아니다.).
- **S**형 학생에게 손해를 주면서까지 **N**형 학생을 편애하는 것처럼 보이지 않도록 조심하라. 모든 학생은 그들이 선호하는 방법으로 기여할 수 있어야 한다.

교사와 학생 모두 과제 · 과목을 고려하기 전에 사람과의 관계를 먼저 고려한다. 그들은 따뜻한 인간관계가 형성되기를 좋아한다. 칭찬은 학생뿐만 아니라 교사의 자신감을 북돋아 줄 수 있다. 고양이 유형의 학생은 선생님을 좋아하고 선생님도 그들을 좋아한다고 느낄 필요가 있다. 이렇게 되면 그들은 더 열심히 공부하겠지만 그렇지 않으면 공부에 신경을 완전히 끊을지도 모른다. 이것은 한 학생이 한 해(그들이 좋아하는 선생님과 함께 하면)에 최고의 학생이 될 수도 있고, 선생님이 바뀐 그 이듬해에는 공부에 대해 아예 관심을 보이지 않은 이유를 설명해 준다. 선생님은 관계 지향적 학생의 능력을 최대한 이끌어 내기 위해

- 공감, 협업 및 팀워크를 활용할 수 있는 학습 상황을 제공하라.
- 어떠한 약점이라도 극복할 수 있도록 요령껏 지원하면서 충분하고 정기적으로 칭찬하라.
- 학생에 대한 개인적인 신념의 힘에 호소하여 동기를 부여하라(나를 실망시키지 마렴, 네가 할 수 있다는 것을 알아, 난 네가 좋단다.).

J형 선생님은 시간 계획 짜는 것을 즐긴다. 그들은 체계적이고 결단력 있다. 그들은 계획을 세우고 그것을 고수하는데, 종종 인상적인 할 일 목록에 의해 도움을 받는다. 그들의 교실은 대개 정리가 잘 되어 있다. 과목은 아마도 수업 크기만큼 세분될 것이고, 그해는 꼼꼼하게 계획될 것이다. **P**형 학생들은 다음과 같이 반응할 수 있다.

- 당신의 전문성을 받아들이고 그들의 장기적인 이익을 이해함으로써 긍정적으로 반응한다.
- 당신이 제공하는 내용이나 과정을 진심으로 받아들이지는 않지만 편한 삶을 위해 구조 · 계획을 수동적으로 받아들인다.
- 교사와 수업 계획, 그리고 과목별 수업을 완전히 거부하며 부정적으로 반응한다(물리적으로 교실에 있더라도 수업에 몰두하거나 참여하지 않는다.).

선생님이 본능적으로 느긋한 학생의 능력을 최대한 이끌어 내기 위해서는 학생들이 단지 선택할 수 있는 것과 선택하는 것을 좋아하는 것이 아니라 그것은 필요한 것이고 그렇게 해 주지 않으면 몸이 근질거리고 몸부림치거나 반항하기 시작된다는 것을 알아야 한다. 중등학교 환경은 많은 **P**형들에게 무척 힘들기 때문에 선생님은 그 부담을 줄여 주어야 한다. 이를 돕기 위해 교사는

- 가능한 한 유연성을 많이 제공하라(다양한 선택 과제, 수업 내 선택).
- 세부 일정을 피하라(어차피 지키지도 못할 것이다.).
- 예상 가능한 수업이 지겹지 않도록 때때로 변화를 주어라.
- 학업량을 성공적으로 관리할 수 있도록 효과적인 전략을 수립하라.
- 꼭 필요한 것보다 중요하지 않은 세부 사항을 까다롭게 다루지 마라.

139
해마 유형 선생님(Seahorse teacher) & 돌고래 유형 학생(Dolphin student)
INFJ & ENFJ

해마 유형과 돌고래 유형은 세 가지 성향을 공유한다.

둘 다 개인적으로 성장하고 발전하기 위한 방법으로서의 교육에 관심을 가진 '히피족'이다. 학생이 선생님에 의해 보살핌을 받는다고 느낄 때 그들은 잘 반응한다. 체계적이지 못하고 수다스러운 학생은 조직적이고 말수가 적은 선생님에게는 도전이 될 수 있다. 타고나기를 활기찬 학생의 능력을 최대한 이끌어 내기 위해서 선생님은

- 학생이 자신의 생각을 충동적으로 표현할지라도 인내하며 열중하여 들어 주라.
- 학생의 '유치한' 아이디어일지라도 마음을 열고 그것이 이끄는 곳을 살펴보라. 학생은 크게 말하면서 생각하는데, 이것이 그들이 가장 잘 배우는 방법이다.
- 또한 교사의 생각도 제시하라. 시간이 초과될 경우 요청하라.
- 수업하는 동안에 **E**형 학생들이 다른 **E**형 학생들과 대화할 수 있는 기회를 많이 만들어라.
- 학생이 말하기 전에 충분히 생각하게 하라. 그렇지 않으면 수업을 방해할 수 있다.
- 특히 모둠 토론에서 논란이 될 만한 주제는 학생과 멀리하라.

선생님과 학생 모두 전체 상황을 먼저 보고, 예감, 추리, 상상력을 이용하여 의미를 추론함으로써 정보를 모은다. 선생님은 자연스럽게 교실에서 자신의 상상력을 활용할 것이고 **N**형 학생들은 이에 잘 반응할 것인데, 아마도 공상, 일화, 이야기에 상상의 나래를 펼치며 동참할 것이다. 선생님과 학생 사이의 자연스러운 친밀감은 종종 존재하는데, 그들 둘 다 같은 방식으로 세상을 바라보기 때문이다. 즉, 패턴, 가능성, 아이디어 그리고 이론을 탐구함으로써 사물이 왜 있는지를 이해하려는 뜨거운 호기심을 가지고 있다. **S**형 학생의 65%에게 피해를 주면서까지 **N**형 학생을 좋아하는 것처럼 보이지 않도록 주의하라. 모든 학생은 자신이 선호하는 방식대로 수업에 참여할 수 있어야 한다. 상상력이 뛰어난 학생의 능력을 최대한 이끌어 내기 위해 선생님은

- 창의적으로 탐구할 수 있는 질문 · 프로젝트를 제공하라.
- 중복된 과제는 피하라. 학생이 빨리 흥미를 잃는다.
- 학생에게 **S**형 접근 방식(사실, 세부 사항, 절차, 실험, 경험 적용, 구조, 단계별 모델)이 수업에 중요하게 기여함을 깨닫도록 하라.

교사와 학생 모두 과제 · 과목을 고려하기 전에 사람과의 관계를 먼저 고려한다. 그들은 따뜻한 인간관계가 형성되기를 좋아한다. 칭찬은 학생뿐만 아니라 교사의 자신감을 북돋아 줄 수 있다. 돌고래 유형의 학생은 선생님을 좋아하고 선생님도 그들을 좋아한다고 느낄 필요가 있다. 이렇게 되면 그들은 더 열심히 공부하겠지만 그렇지 않으면 공부에 신경을 완전히 끊을지도 모른다. 이것은 한 학생이 한 해(그들이 좋아하는 선생님과 함께 하면)에 최고의 학생이 될 수도 있고, 선생님이 바뀐 그 이듬해에는 공부에 대해 아예 관심을 보이지 않은 이유를 설명해 준다. 선생님은 관계 집중형 학생의 능력을 최대한 이끌어 내기 위해

- 공감, 협업 및 팀워크를 활용할 수 있는 학습 상황을 제공하라.
- 어떠한 약점이라도 극복할 수 있도록 요령껏 지원하면서 충분하고 정기적으로 칭찬하라.
- 학생에 대한 개인적인 신념의 힘에 호소하여 동기를 부여하라(나를 실망시키지 마렴, 네가 할 수 있다는 것을 알아, 난 네가 좋단다.).

J형 선생님은 계획 짜는 것을 좋아한다. 그들은 체계적이고 결단력이 있다. 때때로 인상 깊은 해야 할 일 목록을 참고하며, 계획을 실행해 나가고 그것을 고수한다. 교실은 믿을 수 없을 정도로 정리가 잘 되어 있다. 과목은 아마도 수업 크기별로 잘게 나뉘고, 그해의 계획이 조심스럽게 세워질 것이다. 많은 돌고래 유형 학생은 계획을 세우는 선생님의 끝없는 열의에 안심한다. 그들은 단순히 일정을 수용하고, 합의한 내용을 전달하며, 대개 모든 업무를 제시간에 완료한다. 흥미롭게도 돌고래 유형 학생들은 당신의 의도되어 완벽한 계획에 거부감을 느낄 수도 있다. 왜냐하면 학생들 또한 본인들이 통제에 대한 욕구가 있기 때문에 계획이 짜여 주어지기보다는 스스로 자신만의 계획을 세우고 싶어 한다. 그래서 결국에는 모든 일이 잘 마무리됨에도 불구하고, 두 **J**형은 충돌할 수도 있다. 대부분의 중등학교는 학생들이 매우 체계적이어서 두 **J**형이 가장 좋은 조합으로 이루어지기를 요구한다. 타고나기를 체계적인 학생의 능력을 최대한 이끌어 내기 위해서 선생님은

- 질서, 깔끔함 및 마감 기일 준수에 대한 공통된 욕구를 함께 즐겨라.
- 학생이 진정으로 원할 경우 그들의 방식대로 작업을

자립적으로 계획할 수 있도록 허락하라.

- 외적인 일로 교사의 세심한 준비가 방해 받을 경우 자신의 계획을 조정할 준비를 하라(그리고 학생이 때때로 유연성을 받아들이도록 권장하라.).
- 예상 가능한 수업이 지겹지 않도록 때때로 변화를 주어라.
- 선택할 수 있는 모든 것을 고려하기도 전에 해야 할 일에 대해 신속하게 결정하지 마라.

140
해마 유형 선생님(Seahorse teacher) & 물개 유형 학생(Seal student)
INFJ & INFP

해마 유형과 물개 유형은 세 가지 성향을 공유한다. 둘 다 개인적으로 성장하고 발전하기 위한 방법으로서의 교육에 관심을 가진 '히피족'이다. 학생이 선생님에 의해 보살핌을 받는다고 느낄 때 그들은 잘 반응한다. 체계적이지 못한 학생은 조직적인 선생님에게는 도전이 될 수 있다. 타고나기를 활기찬 학생의 능력을 최대한 이끌어 내기 위해서 선생님은

- 학생의 사생활과 독립성을 존중하라.
- 교사 자신의 생각을 명확히 하는 시간을 가지되 대립을 피하지 마라. 어떤 말을 해야 한다면 차분하고 직접적으로 전달하라.
- 비언어적 의사소통을 사용하라—미소와 제스처는 **I**형 학생들을 안심시킨다. 피드백을 전달하기 위해 포스트잇 · 전자 메일을 사용할 수도 있다.
- 학생이 심사숙고할 수 있도록 충분한 시간을 허락하라.
- 교사의 아이디어와 생각을 정기적으로 공유하여 서로가 하고 있는 것이 무엇인지 반드시 알게 하라.

선생님과 학생 모두 전체 상황을 먼저 보고, 예감, 추리, 상상력을 이용하여 의미를 추론함으로써 정보를 모은다. 선생님은 자연스럽게 교실에서 자신의 상상력을 활용할 것이고 **N**형 학생들은 이에 잘 반응할 것인데, 아마도 공상, 일화, 이야기에 상상의 나래를 펼치며 동참할 것이다. 선생님과 학생 사이의 자연스러운 친밀감은 종종 존재하는데, 그들 둘 다 같은 방식으로 세상을 바라보기 때문이다. 즉, 패턴, 가능성, 아이디어 그리고 이론을 탐구함으로써 사물이 왜 있는지를 이해하려는 뜨거운 호기심을 가지고 있다. 선생님은 **S**형 학생의 65%에게 피해를 주면서까지 **N**형 학생을 좋아하는 것처럼 보이지 않도록 주의하라. 모든 학생은 자신이 선호하는 방식대로 수업에 참여할 수 있어야 한다. 상상력이 풍부한 학생의 능력을 최대한 이끌어 내기 위해 선생님은

- 창의적으로 탐구할 수 있는 질문 · 프로젝트를 제공하라.
- 중복된 과제는 피하라. 학생이 빨리 흥미를 잃는다.
- 학생에게 **S**형 접근 방식(사실, 세부 사항, 절차, 실험, 경험 적용, 구조, 단계별 모델)이 수업에 중요하게 기여함을 깨닫도록 하라.

교사와 학생 모두 과제 · 과목을 고려하기 전에 사람과의 관계를 먼저 고려한다. 그들은 따뜻한 인간관계가 형성되기를 좋아한다. 칭찬은 학생뿐만 아니라 교사의 자신감을 북돋아 줄 수 있다. 물개 유형의 학생은 선생님을 좋아하고 선생님도 그들을 좋아한다고 느낄 필요가 있다. 이렇게 되면 그들은 더 열심히 공부하겠지만 그렇지 않으면 공부에 신경을 완전히 끊을지도 모른다. 이것은 한 학생이 한 해(그들이 좋아하는 선생님과 함께 하면)에 최고의 학생이 될 수도 있고, 선생님이 바뀐 그 이듬해에는 공부에 대해 아예 관심을 보이지 않은 이유를 설명해 준다. 선생님은 관계 집중형 학생의 능력을 최대한 이끌어 내기 위해

- 공감, 협업 및 팀워크를 활용할 수 있는 학습 상황을 제공하라.
- 어떠한 약점이라도 극복할 수 있도록 요령껏 지원하면서 충분하고 정기적으로 칭찬하라.
- 학생에 대한 개인적인 신념의 힘에 호소하여 동기를 부여하라(나를 실망시키지 마렴, 네가 할 수 있다는 것을 알아, 난 네가 좋단다.).

J형 선생님은 시간 계획 짜는 것을 즐긴다. 그들은 체계적이고 결단력 있다. 그들은 계획을 세우고 그것에 충실하며, 종종 인상적인 할 일 목록에 의해 도움을 받는다. 그들의 교실은 대개 정리가 잘 되어 있다. 과목은 아마도 수업 분량의 크기대로 잘게 나뉘어졌을 것이다. **P**형 학생들은 다음과 같이 반응할 수 있다.

■ 당신의 전문성을 받아들이고 그들의 장기적인 이익을 이해함으로써 긍정적으로 반응한다.
■ 당신이 제공하는 내용이나 과정을 진심으로 받아들이지는 않지만 편한 삶을 위해 구조 · 계획을 수동적으로 받아들인다.
■ 교사와 수업 계획, 그리고 과목별 수업을 완전히 거부하며 부정적으로 반응한다(물리적으로 교실에 있더라도 수업에 몰두하거나 참여하지 않는다.).

선생님이 본능적으로 느긋한 학생의 능력을 최대한 이끌어 내기 위해서는 학생들이 단지 선택을 좋아하는 정도가 아니라는 것을 알아야 한다. 그들은 선택할 수 있는 것과 선택하는 것을 좋아하는 것이 아니라 그것은 필요한 것이고 그렇게 해 주지 않으면 몸이 근질거리고 꿈틀대거나 반항하기 시작된다는 것을 알아야 한다. 중등학교 환경은 많은 **P**형들에게 무척 힘들기 때문에 선생님은 그 부담을 줄여 주어야 한다. 이를 돕기 위해 선생님은

■ 가능한 한 유연성을 많이 제공하라(다양한 선택 과제, 수업 내 선택).
■ 세부 일정을 피하라(어차피 지키지도 못할 것이다.).
■ 꼭 필요한 것보다 중요하지 않은 세부 사항을 까다롭게 다루지 마라.
■ 예상 가능한 수업이 지겹지 않도록 때때로 변화를 주어라.
■ 물개 유형 학생이 탁월한 성과를 낼 수 있도록 시간 관리 기술을 수립하라.

141
해마 유형 선생님(Seahorse teacher) & 해마 유형 학생(Seahorse student)
INFJ & INFJ

해마 유형은 개인적으로 성장하고 발전하기 위한 방법으로서의 교육에 관심을 가진 '히피족'이다. 학생이 선생님에 의해 보살핌을 받는다고 느낄 때 그들은 잘 반응한다. 하지만 동일한 성격 유형은 충돌할 수 있다. 둘 다 조용히 결심하고 선생님에 의해서도 해결되지 않으면 이것은 원망으로 곪을 수 있다. 타고나기를 조용한 학생의 능력을 최대한 이끌어 내기 위해서 선생님은

■ 학생의 사생활과 독립성을 존중하라.
■ 교사 자신의 생각을 명확히 하는 시간을 가지되 대립을 피하지 마라. 어떤 말을 해야 한다면 차분하고 직접적으로 전달하라.
■ 비언어적 의사소통을 사용하라—미소와 제스처는 **I**형 학생들을 안심시킨다. 피드백을 전달하기 위해 포스트잇 · 전자 메일을 사용할 수도 있다.
■ 학생이 심사숙고할 수 있도록 충분한 시간을 허락하라.
■ 교사의 아이디어와 생각을 정기적으로 공유하여 서로가 하고 있는 것이 무엇인지 반드시 알게 하라.

선생님과 학생 모두 전체 상황을 먼저 보고, 예감, 추리, 상상력을 이용하여 의미를 추론함으로써 정보를 모은다. 선생님은 자연스럽게 교실에서 자신의 상상력을 활용할 것이고 **N**형 학생들은 이에 잘 반응할 것인데, 아마도 공상, 일화, 이야기에 상상의 나래를 펼치며 동참할 것이다. 선생님과 학생 사이의 자연스러운 호감은 종종 존재하는데, 왜냐하면 그들은 패턴, 가능성, 아이디어 그리고 이야기를 탐구함으로써 사물이 있는 그대로인 이유를 이해하기 위해 불타는 호기심을 가지고 세상을 보기 때문이다. **S**형 학생에게 피해를 주면서까지 **N**형 학생을 좋아하는 것처럼 보이지 않도록 주의하라. 모든 학생은 자신이 선호하는 방식대로 수업에 참여할 수 있어야 한다. 상상력이 뛰어난 학생의 능력을 최대한 이끌어 내기 위해 선생님은

■ 창의적으로 탐구할 수 있는 질문 · 프로젝트를 제공하라.
■ 중복된 과제는 피하라. 학생이 빨리 흥미를 잃는다.
■ 학생에게 **S**형 접근 방식(사실, 세부 사항, 절차, 실험, 경험 적용, 구조, 단계별 모델)이 수업에 중요하게 기여함을 깨닫도록 하라.

교사와 학생 모두 과제 · 과목을 고려하기 전에 사람과의 관계를 먼저 고려한다. 그들은 따뜻한 인간관계가 형성되기를 좋아한다. 칭찬은 학생뿐만 아니라 교사의 자신감을 북돋아 줄 수 있다. 해마 유형의 학생은 선생님을 좋아하고 선생님도 그들을 좋아한다고 느낄 필요가 있다. 이렇게 되면 그들은 더 열심히 공부하겠지만 그렇지 않으면 공부에 신경을 완전히 끊을지도 모른다. 이것은 한 학생이 한 해(그들이 좋아하는 선생님과 함께 하면)

에 최고의 학생이 될 수도 있고, 선생님이 바뀐 그 이듬해에는 공부에 대해 아예 관심을 보이지 않은 이유를 설명해 준다. 선생님은 관계 중심형 학생의 능력을 최대한 이끌어 내기 위해

- 공감, 협업 및 팀워크를 활용할 수 있는 학습 상황을 제시하라.
- 어떠한 약점이라도 극복할 수 있도록 요령껏 지원하면서 칭찬을 충분하고 정기적으로 하라.
- 학생에 대한 개인적인 신뢰를 드러내면서 영향력을 발휘하라(나를 실망시키지 마렴, 네가 할 수 있다는 것을 알아, 난 네가 좋단다.).

J형 선생님은 시간 계획 짜는 것을 즐긴다. 그들은 체계적이고 결단력 있다. 그들은 계획을 세우고 그것에 충실하며, 종종 인상적인 할 일 목록에 의해 도움을 받는다. 그들의 교실은 대개 매우 정리가 잘 되어 있다. 과목은 아마도 수업 분량의 크기대로 잘게 나뉘고 과목은 아마도 수업 크기별로 잘게 나뉘고, 그해의 계획이 꼼꼼하게 세워질 것이다. 많은 **J**형 학생은 계획을 세우는 선생님의 체계적인 열의에 안심한다. 그들은 단순히 일정을 수용하고, 합의한 내용을 전달하며, 대개 모든 업무를 제시간에 완료한다. 흥미롭게도, 몇몇 **J**형 학생은 선생님이 선의로 하는 철저함을 꺼릴 것이다. 그들은 다른 사람의 계획을 채택하기보다는 그들 자신의 계획을 세우고 그것을 실천하기를 원한다. 이것은 **J**형의 통제 욕구 때문이다. 그래서 비록 최소한 모든 작업은 완료되겠지만 두 **J**형이 함께 충돌할 수 있다. 대부분의 중등학교는 학생들이 매우 체계적이어서 두 **J**형이 가장 좋은 조합으로 이루어지기를 요구한다. 타고나기를 체계적인 학생의 능력을 최대한 이끌어 내기 위해서 선생님은

- 예상 가능한 수업이 지겹지 않도록 때때로 변화를 주어라.
- 선택할 수 있는 모든 것을 고려하기도 전에 해야 할 일에 대해 신속하게 결정하지 마라.
- 질서, 깔끔함 및 마감 기일 준수에 대한 공통된 욕구를 함께 즐겨라.
- 학생이 진정으로 원할 경우 그들의 방식대로 작업을 자립적으로 계획할 수 있도록 허락하라.
- 외적인 일로 교사의 세심한 준비가 방해 받을 경우 자신의 계획을 조정할 준비를 하라(그리고 학생이 때때로 유연성을 받아들이도록 권장하라.).

142
해마 유형 선생님(Seahorse teacher) & 가면올빼미 유형 학생(Barn Owl student)
INFJ & INTJ

해마 유형과 가면올빼미 유형은 그들의 세계를 이해하기 위해 상상력을 사용한다. 올빼미 유형은 해마의 개인적인 접근과 충돌할 수 있는 기술적인 문제를 해결하기 위해 그들의 상상력을 활용한다. 수업의 유연성에 대한 학생의 욕구는 선생님의 조용하게 조직된 수업 접근법과 충돌할 수도 있다. 타고나기를 활기찬 학생의 능력을 최대한 이끌어 내기 위해서 선생님은

- 학생의 사생활과 독립성을 존중하라.
- 교사 자신의 생각을 명확히 하는 시간을 가지되 대립을 피하지 마라. 어떤 말을 해야 한다면 차분하고 직접적으로 전달하라.
- 비언어적 의사소통을 사용하라—미소와 제스처는 **I**형 학생들을 안심시킨다. 피드백을 전달하기 위해 포스트잇 · 전자 메일을 사용할 수도 있다.
- 학생이 심사숙고할 수 있도록 충분한 시간을 허락하라.
- 교사의 아이디어와 생각을 정기적으로 공유하여 서로가 하고 있는 것이 무엇인지 반드시 알게 하라.

교사는 자신의 경험을 사용하여 사물을 이해하기를 좋아한다. 교사는 수업 방식이 천천히 점진적으로 하며 학생들이 이를 따라오도록 격려한다. **N**형의 학생은 이를 지나치게 단순하거나 최악의 경우 지루하다고 여길 수 있다. 교사는 학생을 '정신 나간' 사람으로 볼 가능성이 높다. 교사는 학생들을 꾸짖고 싶은 유혹을 물리쳐야 하는데, 이것이 학생들이 정보를 받아들이고 세상을 이해하는 방식이기 때문이다. 올바른 맥락에서 공상은 정보를 흡수하고 유지하는 새로운 방법으로 이어질 수 있다. 타고난 상상력이 돋보이는 학생의 능력을 최대한 이끌어 내기 위해서 선생님은

- 학생의 상상력과 통찰력, 그리고 그것이 수업에도 가져올 수 있음을 받아들여라.
- 학생에게 **S**형 접근 방식(사실, 세부 사항, 절차, 실험, 경험 적용, 구조, 단계별 모델)이 수업에 중요하게 기여함을 깨닫도록 하라.

선생님은 수업보다 관계에 대해 먼저 생각하는 반면 학생은 그 반대이다. 선생님은 학생들이 다르다는 것을 이해해야 한다. 즉, 학생이 차갑고, 무뚝뚝하며, 불친절한 것이 아니라 교사와는 다르고 과제에 먼저 집중할 뿐이다. 선생님이 이것을 이해한다면, 이 관계는 둘 다에게 긍정적이다. 객관적인 학생의 능력을 최대한 이끌어 내기 위해서 선생님은

- 대상을 정해 칭찬하라. 모든 것이 훌륭하다고 말하는 것은 학생에게 깊은 인상을 주거나 도움이 되지 않는다. 사실, 그것은 학생이 선생님을 존경하지 않는 결과를 초래할 수 있고, 교사가 거짓말하거나 아니면 부드러운 접촉이라고 결론지을 수 있다. 교사가 칭찬할 때, 증거를 요구받을 수도 있다.
- 논의할 때 감정적이기보다는 논리적이고 객관적으로 하라.
- 학생이 교사에게 이의를 제기한다면 그것은 아마 여러분의 권위나 인격을 무시하기보다 그들의 생각을 명확히 알리기 위한 것일 수 있다. 아마도 '이를 개선하거나 바꾸려면 어떻게 하겠니?' 또는 '너는 어떻게 생각하니?'라고 물어보라. 일단 학생이 생각을 명확히 하고 나면 교사가 생각하는 것을 물어보고 받아들일 준비가 되어 있을 것이다.
- 학생의 기량과 지식을 경쟁적으로 시험하는 방식으로 수업하라(경쟁력을 높인다.).
- 사람의 50%가 **F**형이고 피드백을 비판으로 해석하여 이해할 수 있다는 것을 도와주라.

J형 선생님은 시간 계획 짜는 것을 즐긴다. 그들은 체계적이고 결단력 있다. 그들은 계획을 세우고 그것에 충실하며, 종종 인상적인 할 일 목록에 의해 도움을 받는다. 그들의 교실은 매우 정리가 잘 되어 있다. 과목은 아마도 수업 크기별로 잘게 나뉘고, 그해의 계획은 조심스럽게 세워질 것이다. 많은 가면올빼미 유형 학생은 계획을 세우는 선생님의 체계적인 열의에 안심한다. 그들은 단순히 일정을 수용하고, 합의한 내용을 전달하며, 대개 모든 업무를 제시간에 완료한다. 흥미롭게도, 몇몇 가면올빼미 유형 학생은 선생님이 선의로 하는 철저함을 꺼릴 것이다. 그들은 다른 사람의 계획을 채택하기보다는 그들 자신의 계획을 세우고 그것을 실천하기를 원한다. 이것은 **J**형의 통제 욕구 때문이다. 그래서 비록 최소한 모든 작업은 완료되겠지만 두 **J**형이 함께 충돌할 수 있다. 대부분의 중등학교는 학생들이 매우 체계적이어서 두 **J**형이 가장 좋은 조합으로 이루어지기를 요구한다. 타고나기를 체계적인 학생의 능력을 최대한 이끌어 내기 위해서 선생님은

- 질서, 깔끔함 및 마감 기일 준수에 대한 공통된 욕구를 함께 즐겨라.
- 학생이 진정으로 원할 경우 그들의 방식대로 작업을 자립적으로 계획할 수 있도록 허락하라.
- 외적인 일로 교사의 세심한 준비가 방해 받을 경우 자신의 계획을 조정할 준비를 하라(그리고 학생이 때때로 유연성을 받아들이도록 권장하라.).
- 예상 가능한 수업이 지겹지 않도록 때때로 변화를 주어라.
- 선택할 수 있는 모든 것을 고려하기도 전에 해야 할 일에 대해 신속하게 결정하지 마라.

143
해마 유형 선생님(Seahorse teacher) & 북극곰 유형 학생(Polar Bear student)
INFJ & ISTJ

해마 유형과 곰 유형은 둘 다 체계적이다. 현실에 우선적인 북극곰 유형의 접근 방식은 해마 유형 선생님의 상상 위주의 수업 방식과 대조된다. 충돌은 상냥한 선생님과 남과 좀 더 냉정하게 객관적인 학생이 부딪칠 때 발생하기 쉽다. 타고나기를 자신감 넘치는 학생의 능력을 최대한 이끌어 내기 위해서 선생님은

- 학생의 사생활과 독립성을 존중하라.
- 교사 자신의 생각을 명확히 하는 시간을 가지되 대립을 피하지 마라. 어떤 말을 해야 한다면 차분하고 직접적으로 전달하라.
- 비언어적 의사소통을 사용하라—미소와 제스처는 **I**형 학생들을 안심시킨다. 피드백을 전달하기 위해 포스트잇 · 전자 메일을 사용할 수도 있다.
- 학생이 심사숙고할 수 있도록 충분한 시간을 허락하라.
- 교사의 아이디어와 생각을 정기적으로 공유하여 서로가 하고 있는 것이 무엇인지 반드시 알게 하라.

상상력이 풍부한 교사는 모든 학생에게 영감을 줄 수

있지만, 북극곰 유형 학생들에게 명확한 지침, 구조, 사실, 세부 사항 그리고 절차를 제공해야 할 필요가 있음을 존중해야 한다. 그렇지 않으면 그들은 허둥댈 수 있다. 현실적인 학생의 능력을 최대한 이끌어 내기 위해 선생님은

- 배운 것이 실제 현실에서 어떻게 적용되는지 설명하라.
- 학생이 역량을 갖출 때까지 반복하고 연습할 기회를 주라.
- 수업에 상상력을 유용하게 사용하도록 권장하라(그것은 시간 낭비가 아니다.).
- **S**형 학생에게 손해를 주면서까지 **N**형 학생을 편애하는 것처럼 보이지 않도록 조심하라. 모든 학생은 그들이 선호하는 방법으로 기여할 수 있어야 한다.

선생님은 수업보다 관계에 대해 먼저 생각하는 반면 학생은 그 반대이다. 선생님은 학생들이 다르다는 것을 이해해야 한다. 즉, 학생이 차갑고, 무뚝뚝하며, 불친절한 것이 아니라 교사와는 다르고 과제에 먼저 집중할 뿐이다. 선생님이 이것을 이해한다면, 이 관계는 둘 다에게 긍정적이다. 타고나기를 객관적인 학생의 능력을 최대한 이끌어 내기 위해서 선생님은

- 대상을 정해 칭찬하라. 모든 것이 훌륭하다고 말하는 것은 학생에게 깊은 인상을 주거나 도움이 되지 않는다. 사실, 그것은 학생이 선생님을 존경하지 않는 결과를 초래할 수 있고, 교사가 거짓말하거나 아니면 부드러운 접촉이라고 결론지을 수 있다. 교사가 칭찬할 때, 증거를 요구받을 수도 있다.
- 논의할 때 감정적이기보다는 논리적이고 객관적으로 하라.
- 학생이 교사에게 이의를 제기한다면 그것은 아마 여러분의 권위나 인격을 무시하기보다 그들의 생각을 명확히 알리기 위한 것일 수 있다. 아마도 '이를 개선하거나 바꾸려면 어떻게 하겠니?' 또는 '너는 어떻게 생각하니?'라고 물어보라. 일단 학생이 생각을 명확히 하고 나면 교사가 생각하는 것을 물어보고 받아들일 준비가 되어 있을 것이다.
- 학생의 기량과 지식을 경쟁적으로 시험하는 방식으로 수업하라(경쟁력을 높인다.).
- 사람의 50%가 **F**형이고 피드백을 비판으로 해석하여 이해할 수 있다는 것을 도와주라.

J형 선생님은 시간 계획 짜는 것을 즐긴다. 그들은 체계적이고 결단력 있다. 그들은 계획을 세우고 그것에 충실하며, 종종 인상적인 할 일 목록에 의해 도움을 받는다. 그들의 교실은 대개 매우 정리가 잘 되어 있다. 과목은 아마도 수업 분량의 크기대로 잘게 나뉘고 교육과정의 기준 등을 고려해서 한 해의 계획이 세워질 것이다. 많은 **J**형 학생은 선생님들의 체계적인 열의에 안심한다. 그들은 단순히 일정을 수용하고, 합의한 내용을 전달하며, 대개 모든 업무를 제시간에 완료한다. 흥미롭게도, 몇몇 **J**형 학생은 선생님이 선의로 하는 철저함을 꺼릴 것이다. 그들은 다른 사람의 계획을 채택하기보다는 그들 자신의 계획을 세우고 그것을 실천하기를 원한다. 이것은 **J**형의 통제 욕구 때문이다. 그래서 비록 최소한 모든 작업은 완료되겠지만 두 **J**형이 함께 충돌할 수 있다. 대부분의 중등학교는 학생들이 매우 체계적이어서 두 **J**형이 가장 좋은 조합으로 이루어지기를 요구한다. 타고나기를 체계적인 학생의 능력을 최대한 이끌어 내기 위해서 선생님은

- 질서, 깔끔함 및 마감 기일 준수에 대한 공통된 욕구를 함께 즐겨라.
- 외적인 일로 교사의 세심한 준비가 방해 받을 경우 자신의 계획을 조정할 준비를 하라(그리고 학생이 때때로 유연성을 받아들이도록 권장하라.).
- 예상 가능한 수업이 지겹지 않도록 때때로 변화를 주어라.
- 선택할 수 있는 모든 것을 고려하기도 전에 해야 할 일에 대해 신속하게 결정하지 마라.
- 학생이 진정으로 원할 경우 그들의 방식대로 작업을 자립적으로 계획할 수 있도록 허락하라.

144
해마 유형 선생님(Seahorse teacher) & 코알라 유형 학생(Koala student)
INFJ & ISFJ

해마 유형과 코알라 유형은 세 가지 성향을 공유한다. 둘 다 말수가 적고 따뜻하며 체계적이다. 이것은 효율적인 관계의 기초가 될 수 있다. 비록 코알라 유형의 학생은 수업에 참여시킬 때 주의를 기울여 부드럽게 대해

야 함에도 충돌은 거의 일어나지 않는다. 타고난 소심한 학생의 능력을 최대한 이끌어 내기 위해서 선생님은

- 학생의 사생활과 독립성을 존중하라.
- 교사 자신의 생각을 명확히 하는 시간을 가지되 대립을 피하지 마라. 어떤 말을 해야 한다면 차분하고 직접적으로 전달하라.
- 비언어적 의사소통을 사용하라—미소와 제스처는 **I**형 학생들을 안심시킨다. 피드백을 전달하기 위해 포스트잇 · 전자 메일을 사용할 수도 있다.
- 학생이 심사숙고할 수 있도록 충분한 시간을 허락하라.
- 교사의 아이디어와 생각을 정기적으로 공유하여 서로가 하고 있는 것이 무엇인지 반드시 알게 하라.

상상력이 풍부한 교사는 모든 학생에게 영감을 줄 수 있지만, 코알라 유형 학생들에게 명확한 지침, 구조, 사실, 세부 사항 그리고 절차를 제공해야 할 필요가 있음을 존중해야 한다. 그렇지 않으면 그들은 허우적거릴 수 있다. 현실적인 학생의 능력을 최대한 이끌어 내기 위해 선생님은

- 배운 것이 실제 현실에서 어떻게 적용되는지 설명하라.
- 학생이 역량을 갖출 때까지 반복하고 연습할 기회를 주라.
- 수업에 상상력을 유용하게 사용하도록 권장하라(그것은 시간 낭비가 아니다.).
- **S**형 학생에게 손해를 입히면서까지 **N**형 학생을 편애하는 것처럼 보이지 않도록 조심하라. 모든 학생은 그들이 선호하는 방법으로 기여할 수 있어야 한다.

교사와 학생 모두 과제 · 과목을 고려하기 전에 사람과의 관계를 먼저 고려한다. 그들은 따뜻한 인간관계가 형성되기를 좋아한다. 칭찬은 학생뿐만 아니라 교사의 자신감을 북돋아 줄 수 있다. 코알라 유형의 학생은 선생님을 좋아하고 선생님도 그들을 좋아한다고 느낄 필요가 있다. 이렇게 되면 그들은 더 열심히 공부하겠지만 그렇지 않으면 공부에 신경을 완전히 끊을지도 모른다. 이것은 한 학생이 한 해(그들이 좋아하는 선생님과 함께 하면)에 최고의 학생이 될 수도 있고, 선생님이 바뀐 그 이듬해에는 공부에 대해 아예 관심을 보이지 않은 이유를 설명해 준다. 선생님은 관계 중심형 학생의 능력을 최대한 이끌어 내기 위해

- 공감, 협업 및 팀워크를 사용할 수 있는 학습 상황을 제시하라.
- 어떠한 약점이라도 극복할 수 있도록 요령껏 지원하면서 칭찬을 충분하고 정기적으로 하라.
- 학생에 대한 개인적인 신뢰를 드러내면서 설득하거나 영향력을 발휘하라(나를 실망시키지 마렴, 네가 할 수 있다는 것을 알아, 난 네가 좋단다.).

해마 유형 선생님은 시간 계획 짜는 것을 즐긴다. 그들은 체계적이고 결단력 있다. 그들은 계획을 세우고 그것에 충실하며, 종종 인상적인 할 일 목록에 의해 도움을 받는다. 그들의 교실은 대개 정리가 잘 되어 있다. 과목은 아마도 수업 분량의 크기대로 잘게 나뉘고 교육과정의 기준 등을 고려해서 그해의 계획이 세워질 것이다. 많은 **J**형 학생은 선생님들의 체계적인 열의에 안심한다. 그들은 단순히 일정을 채택하고 자기편과 합의한 약속을 지키며, 대개 모든 업무를 제시간에 완료한다. 흥미롭게도, 몇몇 **J**형 학생은 선생님이 선의로 하는 철저함을 꺼릴 것이다. 그들은 다른 사람의 계획을 채택하기보다는 그들 자신의 계획을 세우고 그것을 실천하기를 원한다. 이것은 **J**형의 통제 욕구 때문이다. 그래서 비록 최소한 모든 작업은 완료되겠지만 두 **J**형이 함께 충돌할 수 있다. 대부분의 중등학교는 학생들이 매우 체계적이어서 두 **J**형이 가장 좋은 조합으로 이루어지기를 요구한다. 타고나기를 동등하게 조직된 학생들에게서 최고의 결과를 이끌어 내기 위해 선생님은

- 질서, 깔끔함 및 마감 기일 준수에 대한 공통된 욕구를 함께 즐겨라.
- 학생이 진정으로 원할 경우 그들의 방식대로 작업을 자립적으로 계획할 수 있도록 허락하라.
- 외적인 일로 교사의 세심한 준비가 방해 받을 경우 자신의 계획을 조정할 준비를 하라(그리고 학생이 때때로 유연성을 받아들이도록 권장하라.).
- 예상 가능한 수업이 지겹지 않도록 때때로 변화를 주어라.
- 선택할 수 있는 모든 것을 고려하기도 전에 해야 할 일에 대해 신속하게 결정하지 마라.

145
물개 유형 선생님(Seal teacher) & 사자 유형 학생(Lion student)
INFP & ESFP

물개 유형과 사자 유형은 두 가지 성향을 공유한다. 둘 다 친근하고 편안한 수업 분위기를 좋아한다. 충돌은 '파티'가 끝나고 어려운 과제를 해야만 할 때 발생하기 쉽다. 선천적으로 야단스러운 학생의 능력을 최대한 이끌어 내기 위해서 선생님은

- 학생이 자신의 생각을 충동적으로 표현할지라도 인내하며 열중하여 들어 주라.
- 학생의 '유치한' 아이디어일지라도 마음을 열고 그것이 이끄는 곳을 살펴보라. 학생은 크게 말하면서 생각하는데, 이것이 그들이 가장 잘 배우는 방법이다.
- 또한 교사의 생각도 제시하라. 시간이 초과될 경우 요청하라.
- 학생이 말하기 전에 충분히 생각하게 하라. 그렇지 않으면 수업을 방해할 수 있다.
- 특히 모둠 토론에서 논란이 될 만한 주제는 학생과 멀리하라.
- 수업하는 동안에 **E**형 학생들이 다른 **E**형 학생들과 대화할 수 있는 기회를 많이 만들어라.

상상력이 풍부한 교사는 모든 학생에게 영감을 줄 수 있지만, 학생들에게 명확한 지침, 구조, 사실, 세부 사항 그리고 절차를 제공해야 할 필요가 있음을 존중해야 한다. 그렇지 않으면 그들은 허둥댈 수 있다. 보다 현실적인 학생의 능력을 최대한 이끌어 내기 위해 선생님은

- 배운 것이 실제 현실에서 어떻게 적용되는지 설명하라.
- 학생이 역량을 갖출 때까지 반복하고 연습할 기회를 주라.
- 수업에 상상력을 유용하게 사용하도록 권장하라(그것은 시간 낭비가 아니다.).
- **S**형 학생에게 손해를 주면서까지 **N**형 학생을 편애하는 것처럼 보이지 않도록 조심하라. 모든 학생은 그들이 선호하는 방법으로 기여할 수 있어야 한다.

교사와 학생 모두 과제·과목을 고려하기 전에 사람과의 관계를 먼저 고려한다. 물개 유형 선생님은 학생이 마음에 들지 않는 한 모든 학생들과 개인적인 관계를 형성하는 것을 좋아한다(**F**형 선생님은 **T**형 선생님이 좋아하는 것을 더 좋아하는 경향이 있다.). 선생님이 감정적으로 움직이기 때문에 이러한 선생님들은 학생들에게 약속을 하고, 지나치게 무리하며, 심지어 학생들이 해야 할 일마저도 대신 할 가능성이 더 높다. 선생님과 학생 모두 따뜻하고 친근한 교실 분위기를 즐긴다. 칭찬은 학생뿐만 아니라 교사의 자신감을 북돋아 줄 것이다. 사자 유형의 학생은 선생님을 좋아하고 선생님도 그들을 좋아한다고 느낄 필요가 있다. 이렇게 되면 그들은 더 열심히 공부하겠지만 그렇지 않으면 공부에 신경을 완전히 끊을지도 모른다. 이것은 한 학생이 한 해(그들이 좋아하는 선생님과 함께 하면)에 최고의 학생이 될 수도 있고, 선생님이 바뀐 그 이듬해에는 공부에 대해 아예 관심을 보이지 않은 이유를 설명해 준다. 선생님은 관계 집중형 학생의 능력을 최대한 이끌어 내기 위해

- 공감, 협업 및 팀워크를 활용할 수 있는 학습 상황을 제시하라.
- 어떠한 약점이라도 극복할 수 있도록 요령껏 지원하면서 칭찬을 충분하고 정기적으로 하라.
- 학생에 대한 개인적인 신뢰를 드러내면서 동기를 부여하라(나를 실망시키지 마렴, 네가 할 수 있다는 것을 알아, 난 네가 좋단다.).

P형은 조직적이고 효율적일 수 있다. 즉, 그것은 단지 노력에 의한 것일 뿐이다. 교사는 학교의 필수적이지만 빡빡하고 제한적인 시간표와 과제 마감 기한 속에서 각자에게 제공되는 자발성과 즉흥성에 대한 상호 존중을 즐기면서, 필요한 과제들을 완수해야 함을 기억해야 한다. 비록 재미있고 인기 있는 선생님이 되겠지만, 그럼에도 동시에 학생들이 사회적으로 또 학문적으로 성공하기 위한 준비에 집중해야 한다. 선생님과 학생 모두 과제를 끝내기보다는 시작하는 것을 더 좋아한다. 처음의 열정은 금방 사그라진다. 선생님과 학생 모두 중요한 과제를 식별하고 완료하도록 해야 한다. 그렇지 않으면 학생(또는 학부모)은 어색한 질문을 할 수 있다. 본능적으로 느긋한 학생의 능력을 최대한 이끌어 내기 위해서는 학생들이 단순히 학생이 선택할 수 있는 것과 선택하는 것을 좋아하는 것이 아니라 그것은 필수적인 것이고 그렇게 해 주지 않으면 몸이 근질거리고 몸부림치거나 반항하기 시작된다는 것을 알아야 한다. 중등학교 환경

은 **P**형 학생들에게 무척 어렵기 때문에 선생님은 학생들의 성취를 돕기 위해

- 가능한 한 유연성을 많이 제공하라(다양한 선택 과제, 수업 내 선택).
- 세부 일정을 피하라(어차피 지키지도 못할 것이다.).
- 예상 가능한 수업이 지겹지 않도록 때때로 변화를 주어라.
- 학생이 서두르지 않고 마지막 순간까지 중요한 작업을 완료할 수 있도록 시간을 정리하고 관리하는 방법을 수립할 수 있게 도와주라.

146
물개 유형 선생님(Seal teacher) & 흑곰 유형 학생(Black Bear student)
INFP & ESTJ

물개 유형과 흑곰 유형은 서로 반대되는 성향을 가진다. 충돌은 학생의 인식된 심각성이 교사의 느긋한 상상력에 신경을 건드릴 때 일어날 가능성이 가장 크다. 선천적으로 적극적인 학생의 능력을 최대한 이끌어 내기 위해서 선생님은

- 학생의 아이디어, 브레인스토밍, 두서없는 말일지라도 인내심을 갖고 열중하여 들어 주라.
- '유치한' 아이디어일지라도 마음을 열고 그것이 이끄는 곳을 살펴보라. 학생은 크게 말하면서 생각하는데, 이것이 그들이 가장 잘 배우는 방법이다.
- 또한 교사의 생각도 제시하라. 시간이 초과될 경우 요청하라.
- 학생이 말하기 전에 충분히 생각하게 하라. 그렇지 않으면 수업을 방해할 수 있다.
- 특히 모둠 토론에서 논란이 될 만한 주제 · 논제는 학생과 멀리하라.
- 수업하는 동안에 **E**형 학생들이 다른 **E**형 학생들과 대화할 수 있는 기회를 많이 만들어라.

상상력이 풍부한 물개 유형 교사는 모든 학생에게 영감을 줄 수 있지만, 흑곰 유형 학생들에게 명확한 지침, 구조, 사실, 세부 사항 그리고 절차를 제공해야 할 필요가 있음을 존중해야 한다. 현실적인 학생의 능력을 최대한 이끌어 내기 위해 선생님은

- 배운 것이 실제 현실에서 어떻게 적용되는지 설명하라.
- 학생이 역량을 갖출 때까지 반복하고 연습할 기회를 주라.
- 수업에 상상력을 유용하게 사용하도록 권장하고 그것이 시간 낭비가 아님을 설명하라.
- **S**형 학생에게 손해를 주면서까지 **N**형 학생을 편애하는 것처럼 보이지 않도록 조심하라. 모든 학생은 그들이 선호하는 방법으로 기여할 수 있어야 한다.

선생님은 수업보다 관계에 대해 먼저 생각하는 반면 학생은 그 반대이다. 선생님은 학생들이 다르다는 것을 이해해야 한다. 즉, 학생이 차갑고, 무뚝뚝하며, 불친절한 것이 아니라 단순히 과제에 먼저 집중할 뿐이다. 선생님이 이것을 이해한다면 이 관계는 둘 다에게 긍정적이다. 특성상 적극적인 흑곰 유형 학생의 능력을 최대한 이끌어 내기 위해서 선생님은

- 대상을 정해 칭찬하라. 모든 것이 훌륭하다고 말하는 것은 학생에게 깊은 인상을 주거나 도움이 되지 않는다. 사실, 그것은 학생이 선생님을 존경하지 않는 결과를 초래할 수 있고, 교사가 거짓말하거나 아니면 부드러운 접촉이라고 결론지을 수 있다. 교사가 칭찬할 때, 증거를 요구받을 수도 있다.
- 논의할 때 감정적이기보다는 논리적이고 객관적으로 하라.
- 학생이 교사에게 이의를 제기한다면 그것은 아마 여러분의 권위나 인격을 무시하기보다 그들의 생각을 명확히 알리기 위한 것일 수 있다. 아마도 '이를 개선하거나 바꾸려면 어떻게 하겠니?' 또는 '너는 어떻게 생각하니?'라고 물어보라. 일단 학생이 생각을 명확히 하고 나면 교사가 생각하는 것을 물어보고 받아들일 준비가 되어 있을 것이다.
- 학생의 기량과 지식을 경쟁적으로 시험하는 방식으로 수업하라(경쟁력을 높인다.).
- 사람의 50%가 **F**형이고 피드백을 비판으로 해석할 수 있음을 인식하도록 도와주라.

본능적으로 체계적인 학생과 느긋하고 상황에 잘 대처하는 즉흥적인 선생님은 매우 좋은 팀이 되거나 재앙이 될 수 있다. 긍정적인 관계를 성립하기 위해서 서로의 장점을 살릴 필요가 있다. 학생들은 적응을 잘하고 계획

을 때에 따라 변경하는 선생님의 능력으로부터 혜택을 받을 수 있고, 선생님은 자신이 맡은 일에 대해 계획을 세우고 완성하려는 학생들의 욕구로부터 혜택을 받을 수 있다. 선생님은 또한

- 질서, 깔끔함, 마감 기일 준수에 대한 공통된 욕구를 격려하고 지지하라.
- 학생이 진정으로 원할 경우 그들의 방식대로 작업을 자립적으로 계획할 수 있도록 허락하라.
- 단지 계획을 바꾸기 위한 계획은 하지 마라. 이것은 학생을 좌절시킬 뿐이다.
- 경험을 넓히는 방법으로 유연성을 수용하도록 학생에게 권장하라.

147
물개 유형 선생님(Seal teacher) & 검은표범 유형 학생(Panther student)
INFP & ESTP

물개 유형과 검은표범 유형은 한 가지 성향을 공유한다. 둘 다 편안하고 유연성이 있는 수업 분위기를 좋아한다. 충돌은 힘든 일이 시작되면서 발생하기 쉽다. 선천적으로 익살맞고 장난기 많은 학생의 능력을 최대한 이끌어 내기 위해서 선생님은

- 학생의 아이디어, 브레인스토밍, 두서없는 말일지라도 인내심을 갖고 열중하여 들어 주라.
- '유치한' 아이디어일지라도 마음을 열고 그것이 이끄는 곳을 살펴보라. 학생은 크게 말하면서 생각하는데, 이것이 그들이 가장 잘 배우는 방법이다.
- 또한 교사의 생각도 제시하라. 시간이 초과될 경우 요청하라.
- 학생이 말하기 전에 충분히 생각하게 하라. 그렇지 않으면 수업을 방해할 수 있다.
- 특히 모둠 토론에서 논란이 될 만한 주제 · 논제는 학생과 멀리하라.
- 수업하는 동안에 **E**형 학생들이 다른 **E**형 학생들과 대화할 수 있는 기회를 많이 만들어라.

상상력이 풍부한 물개 유형의 교사는 모든 학생에게 영감을 줄 수 있지만, 검은표범 유형 학생들에게 명확한 지침, 구조, 사실, 세부 사항 그리고 절차를 제공해야 할 필요가 있음을 존중해야 한다. 그렇지 않으면 그들은 넘어질 수 있다. 현실적인 학생의 능력을 최대한 이끌어 내기 위해 선생님은

- 배운 것이 실제 현실에서 어떻게 적용되는지 설명하라.
- 학생이 역량을 갖출 때까지 반복하고 연습할 기회를 주라.
- 수업에 상상력을 유용하게 사용하도록 권장하라. 그리고 그것이 시간 낭비가 아님을 설명하라.
- **S**형 학생에게 손해를 주면서까지 **N**형 학생을 편애하는 것처럼 보이지 않도록 조심하라. 모든 학생은 그들이 선호하는 방법으로 기여할 수 있어야 한다.

선생님은 수업보다 관계에 대해 먼저 생각하는 반면 학생은 그 반대이다. 선생님은 학생들이 다르다는 것을 이해해야 한다. 즉, 학생이 차갑고, 무뚝뚝하며, 불친절한 것이 아니라 단순히 과제에 먼저 집중할 뿐이다. 선생님이 이것을 이해한다면, 이 관계는 둘 다에게 긍정적이다. 근본적으로 적극적인 학생의 능력을 최대한 이끌어 내기 위해서 선생님은

- 대상을 정해 칭찬하라. 모든 것이 훌륭하다고 말하는 것은 학생에게 깊은 인상을 주거나 도움이 되지 않는다. 사실, 그것은 학생이 선생님을 존경하지 않는 결과를 초래할 수 있고, 교사가 거짓말하거나 아니면 부드러운 접촉이라고 결론지을 수 있다. 교사가 칭찬할 때, 증거를 요구받을 수도 있다.
- 논의할 때 감정적이기보다는 논리적이고 객관적으로 하라.
- 학생이 교사에게 이의를 제기한다면 그것은 아마 여러분의 권위나 인격을 무시하기보다 그들의 생각을 명확히 알리기 위한 것일 수 있다. 아마도 '이를 개선하거나 바꾸려면 어떻게 하겠니?' 또는 '너는 어떻게 생각하니?'라고 물어보라. 일단 학생이 생각을 명확히 하고 나면 교사가 생각하는 것을 물어보고 받아들일 준비가 되어 있을 것이다.
- 사람의 50%가 **F**형이고 솔직한 피드백을 개인적인 비판으로 해석할 수 있다는 것을 이해하도록 도와주라.
- 학생의 기량과 지식을 경쟁적으로 시험하는 방식으로 수업하라(경쟁력을 높인다.).

물개 유형과 검은표범 유형은 체계적이고 효율성 있게 행동하는 것을 배울 수 있지만, 이는 좋게 받아들여지지 않고 어쩔 수 없이 수용된다. 교사는 학교의 필수적이지만 빡빡하고 제한적인 시간표와 과제 마감 기한 속에서 각자에게 제공되는 자발성과 즉흥성에 대한 상호 존중을 즐기면서, 필요한 과제들을 완수해야 함을 기억해야 한다. 비록 재미있고 인기 있는 선생님이 되겠지만, 그들은 또한 학생들이 사회적으로 그리고 학문적으로 성공할 수 있도록 준비하는 과제에 집중하게 할 필요가 있다. 선생님과 학생 모두 과제를 끝내기보다는 시작하는 것을 더 좋아한다. 처음의 열정은 금방 사그라진다. 선생님과 학생 모두 중요한 과제를 식별하고 완료하도록 해야 한다. 그렇지 않으면 학생(또는 학부모)은 어색한 질문을 할 수 있다. 본능적으로 느긋한 학생의 능력을 최대한 이끌어 내기 위해서는 학생들이 단순히 학생이 선택할 수 있는 것과 선택하는 것을 좋아하는 것이 아니라 그것은 필수적인 것이고 그렇게 해 주지 않으면 몸이 근질거리고 몸부림치거나 반항하기 시작된다는 것을 알아야 한다. 중등학교 환경은 **P**형 학생들에게 무척 어렵기 때문에 선생님은 학생들의 성취를 돕기 위해

- 가능한 한 유연성을 많이 제공하라(다양한 선택 과제, 수업 내 선택).
- 세부 일정을 피하라(어차피 지키지도 못할 것이다.).
- 예상 가능한 수업이 지겹지 않도록 때때로 변화를 주어라.
- 학생이 서두르지 않고 마지막 순간까지 중요한 작업을 완료할 수 있도록 시간을 정리하고 관리하는 방법을 수립할 수 있게 도와주라.

148
물개 유형 선생님(Seal teacher) & 곰인형 유형 학생(Teddy Bear student)
INFP & ESFJ

물개 유형과 곰인형 유형은 오직 한 가지 성향을 공유한다. 둘 다 따뜻한 마음을 가졌고 배려를 잘한다. 또한 조화로운 교실 분위기를 좋아한다. 그들의 차이점—세상을 인지하고 살아나가는 방법—이 갈등의 시작점이 될 수 있다. 조용하고 창의적인 선생님은 좀 더 전통적이고 수다스러운 학생을 혼란스럽게 하거나 아예 잃을 수도 있다. 선천적으로 사교성이 좋은 학생의 능력을 최대한 이끌어 내기 위해서 선생님은

- 학생의 관찰과 생각을 인내심을 갖고 열중하여 들어주라.
- '유치한' 아이디어일지라도 마음을 열고 그것이 이끄는 곳을 살펴보라. 학생은 크게 말하면서 생각하는데, 이것이 그들이 가장 잘 배우는 방법이다.
- 또한 교사의 생각도 제시하라. 시간이 초과될 경우 요청하라.
- 학생이 말하기 전에 충분히 생각하게 하라. 그렇지 않으면 수업을 방해할 수 있다.
- 특히 모둠 토론에서 논란이 될 만한 주제·논제는 학생과 멀리하라.
- 수업하는 동안에 **E**형 학생들이 다른 **E**형 학생들과 대화할 수 있는 기회를 많이 만들어라.

상상력이 풍부한 물개 유형의 교사는 모든 학생에게 영감을 줄 수 있지만, 곰인형 유형 학생들에게 명확한 지침, 구조, 사실, 세부 사항 그리고 절차를 제공해야 할 필요가 있음을 존중해야 한다. 그렇지 않으면 그들은 허우적거릴 수 있다. 현실적인 학생의 능력을 최대한 이끌어 내기 위해 선생님은

- 배운 것이 실제 현실에서 어떻게 적용되는지 설명하라.
- 학생이 역량을 갖출 때까지 반복하고 연습할 기회를 주라.
- 수업에 상상력을 유용하게 사용하도록 권장하라. 그리고 그것이 시간 낭비가 아님을 설명하라.
- **S**형 학생에게 손해를 주면서까지 **N**형 학생을 편애하는 것처럼 보이지 않도록 조심하라. 모든 학생은 그들이 선호하는 방법으로 기여할 수 있어야 한다.

선생님과 학생 모두 과제·과목을 고려하기 전에 사람과의 관계를 먼저 고려한다. 물개 유형 선생님은 자신이 학생을 싫어하지 않는 이상 모든 학생들과 개인적인 관계를 구축하려고 한다(**T**형 선생님보다 **F**형 선생님이 좀 더 편애하는 경향이 있다.). 그들이 감정적인 상태에서 수업을 하기 때문에 이 선생님은 좀 더 학생들에게 약속을 하고, 자신들이 나서서 학생들이 해야 하는 일을 해 버릴 가능성이 더 크다. 선생님과 학생 모두 친근하고 따듯한 교실 분위기를 좋아한다. 칭찬은 학생뿐만 아니라

교사의 자신감을 북돋아 줄 수 있다. 곰인형 유형의 학생은 선생님을 좋아하고 선생님도 그들을 좋아한다고 느낄 필요가 있다. 이렇게 되면 그들은 더 열심히 공부하겠지만 그렇지 않으면 공부에 신경을 완전히 끊을지도 모른다. 이것은 한 학생이 한 해(그들이 좋아하는 선생님과 함께 하면)에 최고의 학생이 될 수도 있고, 선생님이 바뀐 그 이듬해에는 공부에 대해 아예 관심을 보이지 않은 이유를 설명해 준다. 선생님은 관계 집중형 학생의 능력을 최대한 이끌어 내기 위해

- 공감, 협업 및 팀워크를 활용할 수 있는 학습 상황을 제시하라.
- 어떠한 약점이라도 극복할 수 있도록 요령껏 지원하면서 칭찬을 충분하고 정기적으로 하라.
- 학생에 대한 개인적인 신뢰를 드러내면서 동기를 부여하라(나를 실망시키지 마렴, 네가 할 수 있다는 것을 알아, 난 네가 좋단다.).

본능적으로 체계적인 곰인형 유형 학생과 느긋하고 상황에 잘 대처하는 즉흥적인 물개 유형 선생님은 매우 좋은 팀이 되거나 재앙이 될 수 있다. 긍정적인 관계를 성립하기 위해서 서로의 장점을 살릴 필요가 있다. 학생들은 적응을 잘하고 계획을 때에 따라 변경하는 선생님의 능력으로부터 혜택을 받을 수 있고, 선생님은 자신이 맡은 일에 대해 계획을 세우고 완성하려는 학생들의 학생들의 욕구로부터 혜택을 받을 수 있다. 선생님은 또한

- 질서, 깔끔함, 마감 기일 준수에 대한 학생의 욕구를 격려하고 지지하라.
- 학생이 진정으로 원할 경우 그들의 방식대로 작업을 자립적으로 계획할 수 있도록 허락하라.
- 단지 계획을 바꾸기 위한 계획은 하지 마라. 이것은 학생을 좌절시킬 뿐이다.
- 학생이 가끔이라도 유연함의 황홀감을 받아들이도록 격려하라.

149
물개 유형 선생님(Seal teacher) & 독수리 유형 학생(Ealge student)
INFP & ENFJ

물개 유형과 독수리 유형은 오직 한 가지 성향을 공유한다. 둘 다 상상력이 뛰어나고 독창적이다. 충돌은 자신이 지도적인 위치를 차지하려는 학생의 요구가 선생님의 수업에 방해될 때 일어나기 쉽다. 본질적으로 자신감이 넘치는 학생의 능력을 최대한 이끌어 내기 위해서 선생님은

- 학생의 사상, 이론 및 통찰력을 인내하며 열중하여 들어 주라.
- 학생의 '유치한' 아이디어일지라도 마음을 열고 그것이 이끄는 곳을 살펴보라. 학생은 크게 말하면서 생각하는데, 이것이 그들이 가장 잘 배우는 방법이다.
- 또한 교사의 생각도 제시하라. 시간이 초과될 경우 요청하라.
- 학생이 말하기 전에 충분히 생각하게 하라. 그렇지 않으면 수업을 방해할 수 있다.
- 특히 모둠 토론에서 논란이 될 만한 주제는 학생과 멀리하라.
- 수업하는 동안에 **E**형 학생들이 다른 **E**형 학생들과 대화할 수 있는 기회를 많이 만들어라.

선생님과 학생 모두 전체 상황을 먼저 보고, 예감, 추리, 상상력을 이용하여 의미를 추론함으로써 정보를 모은다. 물개 유형 선생님은 자연스럽게 교실에서 자신의 상상력을 활용할 것이고 **N**형 학생들은 이에 잘 반응할 것인데, 아마도 공상, 일화, 이야기에 상상의 나래를 펼치며 동참할 것이다. 선생님과 학생 사이의 자연스러운 친밀감은 종종 존재하는데, 그들 둘 다 같은 방식으로 세상을 바라보기 때문이다. 즉, 패턴, 가능성, 아이디어 그리고 이론을 탐구함으로써 사물이 왜 있는지를 이해하려는 뜨거운 호기심을 가지고 있다. 선생님은 **S**형 학생에게 피해를 주면서까지 **N**형 학생을 좋아하는 것처럼 보이지 않도록 주의하라. 모든 학생은 자신이 선호하는 방식대로 수업에 참여할 수 있어야 한다. 상상력이 뛰어난 학생의 능력을 최대한 이끌어 내기 위해 선생님은

- 창의적으로 탐구할 수 있는 질문 · 프로젝트를 제공하라.
- 중복된 과제는 피하라. 학생이 빨리 흥미를 잃는다.
- 학생에게 **S**형 접근 방식(사실, 세부 사항, 절차, 실험, 경험 적용, 구조, 단계별 모델)이 수업에 중요하게 기여함을 깨닫도록 하라.

물개 유형 선생님은 수업보다 관계에 대해 먼저 생각하

는 반면 학생은 그 반대이다. 선생님은 학생들이 다르다는 것을 이해해야 한다. 즉, 학생이 차갑고, 무뚝뚝하며, 불친절한 것이 아니라 단순히 과제에 먼저 집중할 뿐이다. 선생님이 이것을 이해한다면, 이 관계는 둘 다에게 긍정적이다. 근본적으로 적극적인 학생의 능력을 최대한 이끌어 내기 위해서 선생님은

- 대상을 정해 칭찬하라. 모든 것이 훌륭하다고 말하는 것은 학생에게 깊은 인상을 주거나 도움이 되지 않는다. 사실, 그것은 학생이 선생님을 존경하지 않는 결과를 초래할 수 있고, 교사가 거짓말하거나 아니면 부드러운 접촉이라고 결론지을 수 있다. 교사가 칭찬할 때, 증거를 요구받을 수도 있다.
- 논의할 때 감정적이기보다는 논리적이고 객관적으로 하라.
- 학생이 교사에게 이의를 제기한다면 그것은 아마 여러분의 권위나 인격을 무시하기보다 그들의 생각을 명확히 알리기 위한 것일 수 있다. 아마도 '이를 개선하거나 바꾸려면 어떻게 하겠니?' 또는 '너는 어떻게 생각하니?'라고 물어보라. 일단 학생이 생각을 명확히 하고 나면 교사가 생각하는 것을 물어보고 받아들일 준비가 되어 있을 것이다.
- 학생의 기량과 지식을 경쟁적으로 시험하는 방식으로 수업하라(경쟁력을 높인다.).
- 사람의 50%가 **F**형이고 피드백을 비판으로 해석하여 이해할 수 있다는 것을 도와주라.

본능적으로 체계적인 학생과 느긋하고 상황에 잘 대처하는 즉흥적인 선생님은 매우 좋은 팀이 되거나 재앙이 될 수 있다. 긍정적인 관계를 성립하기 위해서 서로의 장점을 살릴 필요가 있다. 학생들은 적응을 잘하고 계획을 때에 따라 변경하는 선생님의 능력으로부터 혜택을 받을 수 있고, 선생님은 자신이 맡은 일에 대해 계획을 세우고 완성하려는 학생들의 욕구로부터 혜택을 받을 수 있다. 선생님은 또한

- 질서, 깔끔함, 마감 기일 준수에 대한 학생의 욕구를 격려하고 지지하라.
- 학생이 진정으로 원할 경우 그들의 방식대로 작업을 자립적으로 계획할 수 있도록 허락하라.
- 단지 계획을 바꾸기 위한 계획은 하지 마라. 이것은 학생을 좌절시킬 뿐이다.
- 학생이 때때로 유연성을 받아들이도록 격려하라.

150
물개 유형 선생님(Seal teacher) & 매 유형 학생(Falcon student)
INFP & ENTP

물개 유형과 매 유형은 두 가지 성향을 공유한다. 둘 다 상상력이 뛰어나고 매 유형은 상상력을 발휘하는 것을 두려워하지 않는다. 매 유형은 교육이 자신의 본능과 맞지 않는, 지배적이고 노골적인 스타일(드라마 속 학교를 보고)이라고 오해할 수 있다. 물개 유형 선생님은 매 유형 학생을 따뜻함으로 이끌어 그에게서 최고의 결과를 이끌어 낼 수 있다. 대립을 일삼는 매 유형의 능력을 최대한 이끌어 내기 위해서 선생님은

- 학생의 브레인스토밍과 독백을 인내심을 갖고 열중하여 들어 주라.
- '유치한' 아이디어일지라도 마음을 열고 그것이 이끄는 곳을 살펴보라. 학생은 크게 말하면서 생각하는데, 이것이 그들이 가장 잘 배우는 방법이다.
- 또한 교사의 생각도 제시하라. 시간이 초과될 경우 요청하라.
- 학생이 말하기 전에 충분히 생각하게 하라. 그렇지 않으면 수업을 장악할 수 있다.
- 특히 모둠 토론에서 논란이 될 만한 주제 · 논제는 학생과 멀리하라.
- 수업하는 동안에 **E**형 학생들이 다른 **E**형 학생들과 대화할 수 있는 기회를 많이 만들어라.

선생님과 학생 모두 전체 상황을 먼저 보고, 예감, 추리, 상상력을 이용하여 의미를 추론함으로써 정보를 모은다. 물개 유형 선생님은 자연스럽게 교실에서 자신의 상상력을 활용할 것이고 **N**형 학생들은 이에 잘 반응할 것인데, 아마도 공상, 일화, 이야기에 상상의 나래를 펼치며 동참할 것이다. 선생님과 학생 사이의 자연스러운 친밀감은 종종 존재하는데, 그들 둘 다 같은 방식으로 세상을 바라보기 때문이다. 즉, 패턴, 가능성, 아이디어 그리고 이론을 탐구함으로써 사물이 왜 있는지를 이해하려는 뜨거운 호기심을 가지고 있다. 선생님은 **S**형 학생에게 피해를 주면서까지 **N**형 학생을 좋아하는 것처럼 보이지 않도록 주의하라. 모든 학생은 자신이 선호하는 방식대로 수업에 참여할 수 있어야 한다. 선천적으로 상

상력이 뛰어난 학생의 능력을 최대한 이끌어 내기 위해 선생님은

- 창의적으로 탐구할 수 있는 질문 · 프로젝트를 제공하라.
- 중복된 과제는 피하라. 학생이 빨리 흥미를 잃는다.
- 학생에게 **S**형 접근 방식(사실, 세부 사항, 절차, 실험, 경험 적용, 구조, 단계별 모델)이 수업에 중요하게 기여함을 깨닫도록 하라.

선생님은 수업보다 관계에 대해 먼저 생각하는 반면 학생은 그 반대이다. 선생님은 학생들이 다르다는 것을 이해해야 한다. 즉, 학생이 차갑고, 무뚝뚝하며, 불친절한 것이 아니라 단순히 과제에 먼저 집중할 뿐이다. 선생님이 이것을 이해한다면, 이 관계는 둘 다에게 긍정적이다. 선천적으로 적극적인 학생의 능력을 최대한 이끌어 내기 위해서 선생님은

- 대상을 정해 칭찬하라. 모든 것이 훌륭하다고 말하는 것은 학생에게 깊은 인상을 주거나 도움이 되지 않는다. 사실, 그것은 학생이 선생님을 존경하지 않는 결과를 초래할 수 있고, 교사가 거짓말하거나 아니면 부드러운 접촉이라고 결론지을 수 있다. 교사가 칭찬할 때, 증거를 요구받을 수도 있다.
- 논의할 때 감정적이기보다는 논리적이고 객관적으로 하라.
- 학생이 교사에게 이의를 제기한다면 그것은 아마 여러분의 권위나 인격을 무시하기보다 그들의 생각을 명확히 알리기 위한 것일 수 있다. 아마도 '이를 개선하거나 바꾸려면 어떻게 하겠니?' 또는 '너는 어떻게 생각하니?'라고 물어보라. 일단 학생이 생각을 명확히 하고 나면 교사가 생각하는 것을 물어보고 받아들일 준비가 되어 있을 것이다.
- 학생의 기량과 지식을 경쟁적으로 시험하는 방식으로 수업하라(경쟁력을 높인다.).
- 사람의 50%가 **F**형이고 피드백을 비판으로 해석하여 이해할 수 있다는 것을 도와주라.

P형은 체계적이고 효율성 있게 행동하는 것을 배울 수 있지만, 이는 좋게 받아들여지지 않고 어쩔 수 없이 수용된다. 교사는 학교의 필수적이지만 빡빡하고 제한적인 시간표와 과제 마감 기한 속에서 각자에게 제공되는 자발성과 즉흥성에 대한 상호 존중을 즐기면서, 필요한 과제들을 완수해야 함을 기억해야 한다. 비록 재미있고 인기 있는 선생님이 되겠지만, 그들은 또한 학생들이 사회적으로 그리고 학문적으로 성공할 수 있도록 준비하는 과제에 집중하게 할 필요가 있다. 선생님과 학생 모두 과제를 끝내기보다는 시작하는 것을 더 좋아한다. 처음의 열정은 금방 사그라진다. 선생님과 학생 모두 중요한 과제를 식별하고 완료하도록 해야 한다. 그렇지 않으면 학생(또는 학부모)은 어색한 질문을 할 수 있다. 본능적으로 느긋한 학생의 능력을 최대한 이끌어 내기 위해서는 학생들이 단순히 학생이 선택할 수 있는 것과 선택하는 것을 좋아하는 것이 아니라 그것은 필수적인 것이고 그렇게 해 주지 않으면 몸이 근질거리고 몸부림치거나 반항하기 시작된다는 것을 알아야 한다. 중등학교 환경은 **P**형 학생들에게 무척 어렵기 때문에 선생님은 학생들의 성취를 돕기 위해

- 가능한 한 유연성을 많이 제공하라(다양한 선택 과제, 수업 내 선택).
- 세부 일정을 피하라(어차피 지키지도 못할 것이다.).
- 예상 가능한 수업이 지겹지 않도록 때때로 변화를 주어라.
- 학생이 서두르지 않고 마지막 순간까지 중요한 작업을 완료할 수 있도록 시간을 정리하고 관리하는 방법을 수립할 수 있게 도와주라.

151
물개 유형 선생님(Seal teacher) & 돌고래 유형 학생(Dolphin student)
INFP & ENFJ

물개 유형과 돌고래 유형은 두 가지 성향을 공유한다. 둘 다 따뜻한 마음을 가졌고 사교적이며 상상력이 뛰어나다. 또한 조화로운 교실 분위기를 좋아한다. 충돌은 선생님과 학생과의 개인적인 관계가 무너지면 발생할 수 있다. 선천적으로 사교성이 좋은 학생의 능력을 최대한 이끌어 내기 위해서 선생님은

- 학생의 아이디어, 브레인스토밍, 두서없는 말일지라도 인내심을 갖고 열중하여 들어 주라.
- '유치한' 아이디어일지라도 마음을 열고 그것이 이끄는 곳을 살펴보라. 학생은 크게 말하면서 생각하는

데, 이것이 그들이 가장 잘 배우는 방법이다.

- 또한 교사의 생각도 제시하라. 시간이 초과될 경우 요청하라.
- 학생이 말하기 전에 충분히 생각하게 하라. 그렇지 않으면 수업을 독차지하려 할 것이다.
- 특히 모둠 토론에서 논란이 될 만한 주제 · 논제는 학생과 멀리하라.
- 수업하는 동안에 **E**형 학생들이 다른 **E**형 학생들과 대화할 수 있는 기회를 많이 만들어라.

선생님과 학생 모두 전체 상황을 먼저 보고, 예감, 추리, 상상력을 이용하여 의미를 추론함으로써 정보를 모은다. 선생님은 자연스럽게 교실에서 자신의 상상력을 활용할 것이고 **N**형 학생들은 이에 잘 반응할 것인데, 아마도 공상, 일화, 이야기에 상상의 나래를 펼치며 동참할 것이다. 선생님과 학생 사이의 자연스러운 친밀감은 종종 존재하는데, 그들 둘 다 같은 방식으로 세상을 바라보기 때문이다. 즉, 패턴, 가능성, 아이디어 그리고 이론을 탐구함으로써 사물이 왜 있는지를 이해하려는 뜨거운 호기심을 가지고 있다. 선생님은 **S**형 학생에게 피해를 주면서까지 **N**형 학생을 좋아하는 것처럼 보이지 않도록 주의하라. 모든 학생은 자신이 선호하는 방식대로 수업에 참여할 수 있어야 한다. 본질적으로 상상력이 뛰어난 학생의 능력을 최대한 이끌어 내기 위해 선생님은

- 창의적으로 탐구할 수 있는 질문 · 프로젝트를 제공하라.
- 중복된 과제는 피하라. 학생이 빨리 흥미를 잃는다.
- 학생에게 **S**형 접근 방식(사실, 세부 사항, 절차, 실험, 경험 적용, 구조, 단계별 모델)이 수업에 중요하게 기여함을 깨닫도록 하라.

교사와 학생 모두 과제 · 과목을 고려하기 전에 사람과의 관계를 먼저 고려한다. 물개 유형 선생님은 학생이 마음에 들지 않는 한 모든 학생들과 개인적인 관계를 형성하는 것을 좋아한다(**F**형 선생님은 **T**형 선생님이 좋아하는 것을 더 좋아하는 경향이 있다.). 선생님이 감정적으로 움직이기 때문에 이러한 선생님들은 학생들에게 약속을 하고, 지나치게 무리하며, 심지어 학생들이 해야 할 일마저도 대신 할 가능성이 더 높다. 선생님과 학생 모두 따뜻하고 친근한 교실 분위기를 즐긴다. 칭찬은 학생뿐만 아니라 교사의 자신감을 북돋아 줄 것이다. 돌고래 유형의 학생은 선생님을 좋아하고 선생님도 그들을 좋아한다고 느낄 필요가 있다. 이렇게 되면 그들은 더 열심히 공부하겠지만 그렇지 않으면 공부에 신경을 완전히 끊을지도 모른다. 이것은 한 학생이 한 해(그들이 좋아하는 선생님과 함께 하면)에 최고의 학생이 될 수도 있고, 선생님이 바뀐 그 이듬해에는 공부에 대해 아예 관심을 보이지 않은 이유를 설명해 준다. 선생님은 관계 집중형 학생의 능력을 최대한 이끌어 내기 위해

- 공감, 협업 및 팀워크를 사용하여 과제에 집중하는 교사 본연의 성향에 균형을 맞출 수 있는 학습 상황을 제시하라.
- 어떠한 약점이라도 극복할 수 있도록 요령껏 지원하면서 칭찬을 충분하고 정기적으로 하라.
- 학생에 대한 개인적인 신뢰를 드러내면서 동기를 부여하라(나를 실망시키지 마렴, 네가 할 수 있다는 것을 알아, 난 네가 좋단다.).

본능적으로 체계적인 돌고래 유형 학생과 느긋하고 상황에 잘 대처하는 즉흥적인 물개 유형 선생님은 매우 좋은 팀이 되거나 재앙이 될 수 있다. 긍정적인 관계를 성립하기 위해서 서로의 장점을 살릴 필요가 있다. 학생들은 적응을 잘하고 계획을 때에 따라 변경하는 선생님의 능력으로부터 혜택을 받을 수 있고, 선생님은 자신이 맡은 일에 대해 계획을 세우고 완성하려는 학생들의 욕구로부터 혜택을 받을 수 있다. 선생님은 또한

- 계획을 변경하기 위한 변경을 하지 않는다. 그것은 학생을 좌절시킬 뿐이다.
- 학생들로 하여금 때때로 유연성을 가질 수 있도록 지도하라.
- 학생들의 순서, 질서 그리고 마감 기한을 지키려는 것을 지지하고 격려하라.
- 학생들로 하여금 원하면 자신의 방식대로 계획을 짤 수 있도록 독립성을 인정하라.

152
물개 유형 선생님(Seal teacher) & 흰동가리 유형 학생(Clownfish student)
INFP & ENFP

물개 유형과 휜동가리 유형은 세 가지 성향을 공유한다. 둘 다 상상력이 뛰어나며, '히피'스러운 몽상가들이다. 충돌은 사교성이 좋은 흰동가리 유형 학생이 겸손한 면모를 지닌 선생님에게 화를 낼 때 발생할 수 있다. 매우 활기찬 좋은 학생의 능력을 최대한 이끌어 내기 위해서 선생님은

- 인내심을 갖고 들어 주고 학생의 자발적인 열정을 (어느 정도) 받아들여라.
- '특이한' 생각일지라도 마음을 열고 그것이 이끄는 곳을 살펴보라. 학생은 크게 말하면서 생각하는데, 이것이 그들이 가장 잘 배우는 방법이다.
- 또한 교사의 생각도 제시하라. 시간이 초과될 경우 요청하라.
- 학생이 말하기 전에 충분히 생각하게 하라. 그렇지 않으면 수업을 방해할 수 있다.
- 수업하는 동안에 **E**형 학생들이 다른 **E**형 학생들과 대화할 수 있는 기회를 많이 만들어라.

선생님과 학생 모두 전체 상황을 먼저 보고, 예감, 추리, 상상력을 이용하여 의미를 추론함으로써 정보를 모은다. 선생님은 자연스럽게 교실에서 자신의 상상력을 활용할 것이고 **N**형 학생들은 이에 잘 반응할 것인데, 아마도 공상, 일화, 이야기에 상상의 나래를 펼치며 동참할 것이다. 선생님과 학생 사이의 자연스러운 친밀감은 종종 존재하는데, 그들 둘 다 같은 방식으로 세상을 바라보기 때문이다. 즉, 패턴, 가능성, 아이디어 그리고 이론을 탐구함으로써 사물이 왜 있는지를 이해하려는 깊은 호기심을 가지고 있다. 선생님은 **S**형 학생에게 피해를 주면서까지 **N**형 학생을 선호하는 것처럼 보이지 않도록 주의하라. 모든 학생은 자신이 선호하는 방식대로 수업에 참여할 수 있어야 한다. 상상력이 뛰어난 학생의 능력을 최대한 이끌어 내기 위해 선생님은

- 창의적으로 탐구할 수 있는 질문 · 프로젝트를 제공하라.
- 중복된 과제는 피하라. 학생이 빨리 흥미를 잃는다.
- 학생에게 **S**형 접근 방식(사실, 세부 사항, 절차, 실험, 경험 적용, 구조, 단계별 모델)이 수업에 중요하게 기여함을 깨닫도록 하라.

교사와 학생 모두 과제 · 과목을 고려하기 전에 사람과의 관계를 먼저 고려한다. 물개 유형 선생님은 학생이 마음에 들지 않는 한 모든 학생들과 개인적인 관계를 형성하는 것을 좋아한다(**F**형 선생님은 **T**형 선생님이 좋아하는 것을 더 좋아하는 경향이 있다.). 선생님이 감정적으로 움직이기 때문에 이러한 선생님들은 학생들에게 약속을 하고, 지나치게 무리하며, 심지어 학생들이 해야 할 일마저도 대신 할 가능성이 더 높다. 선생님과 학생 모두 따뜻하고 친근한 교실 분위기를 즐긴다. 칭찬은 학생뿐만 아니라 교사의 자신감을 북돋아 줄 것이다. 흰동가리 유형의 학생은 선생님을 좋아하고 선생님도 그들을 좋아한다고 느낄 필요가 있다. 이렇게 되면 그들은 더 열심히 공부하겠지만 그렇지 않으면 공부에 신경을 완전히 끊을지도 모른다. 이것은 한 학생이 한 해(그들이 좋아하는 선생님과 함께 하면)에 최고의 학생이 될 수도 있고, 선생님이 바뀐 그 이듬해에는 공부에 대해 아예 관심을 보이지 않은 이유를 설명해 준다. 선생님은 관계 집중형 학생의 능력을 최대한 이끌어 내기 위해

- 공감, 협업 및 팀워크를 사용하여 과제에 집중하는 교사 본연의 성향에 균형을 맞출 수 있는 학습 상황을 제시하라.
- 어떠한 약점이라도 극복할 수 있도록 요령껏 지원하면서 칭찬을 충분하고 정기적으로 하라.
- 학생에 대한 개인적인 신뢰를 드러내면서 동기를 부여하라(나를 실망시키지 마렴, 네가 할 수 있다는 것을 알아, 난 네가 좋단다.).

P형은 조직적이고 효율적일 수 있다. 그것은 단지 노력에 의한 것일 뿐이다. 교사는 학교의 필수적이지만 빡빡하고 제한적인 시간표와 과제 마감 기한 속에서 각자에게 제공되는 자발성과 즉흥성에 대한 상호 존중을 즐기면서, 필요한 과제들을 완수해야 함을 기억해야 한다. 비록 재미있고 인기 있는 선생님이 되겠지만, 그들은 또한 학생들이 사회적으로 그리고 학문적으로 성공할 수 있도록 준비하는 과제에 집중하게 할 필요가 있다. 둘 다 일을 끝내는 것보다 시작하는 것을 선호한다. 그들의 초기 열정은 금방 시들어질 수 있다. 둘 다 그들이 중요한 일을 식별하고 완수하도록 확실히 해야 한다. 그렇지 않으면 학생(또는 그들의 부모)은 결국 어색한 질문을 할 수 있다. 본능적으로 느긋한 학생의 능력을 최대한 이끌어 내기 위해서는 학생들이 단순히 학생이 선택할 수 있는 것과 선택하는 것을 좋아하는 것이 아니라 필수적인 것이고 그렇게 해 주지 않으면 몸이 근질거리고 몸부림치거나 반항하기 시작된다는 것을 알아야 한다. 중등학교 환경은 **P**형 학생들에게 무척 어렵기 때문에 선생님은

학생들의 성취를 돕기 위해

- 가능한 한 유연성을 많이 제공하라(다양한 선택 과제, 수업 내 선택).
- 세부 일정을 피하라(어차피 지키지도 못할 것이다.).
- 예상 가능한 수업이 지겹지 않도록 때때로 변화를 주어라.
- 학생이 서두르지 않고 마지막 순간까지 중요한 작업을 완료할 수 있도록 시간을 정리하고 관리하는 방법을 식별할 수 있게 도와주라.

153 물개 유형 선생님(Seal teacher) & 북극곰 유형 학생(Polar Bear student) INFP & ISTJ

거의 반대되는 성격 유형은 서로에게 유용할 것이다. 왜냐하면 함께 서로를 채워 줄 수 있기 때문이다. 매우 체계적이고 현실적인 학생은 공상가인 선생님이 길을 벗어나지 않도록 해 준다. 충돌은 다름에 대해 접근할 때, 이것을 (선생님은) 개인적으로 또는 (학생은) 비전문적인 것으로 오해할 때 발생하기 쉽다. 특징적으로 진지한 학생의 능력을 최대한 이끌어 내기 위해서 선생님은

- 학생의 사생활과 독립성을 존중하라.
- 학생이 심사숙고할 수 있도록 충분한 시간을 허락하라.
- 아이디어와 생각을 정기적으로 공유하여 두 사람 모두 무엇을 하는지 알 수 있게 하라.
- 교사 자신의 생각을 명확히 하는 시간을 가지되 대립을 피하지 마라. 어떤 말을 해야 한다면 차분하고 직접적으로 전달하라.
- 비언어적 의사소통을 사용하라—미소와 제스처는 **I**형 학생들을 안심시킨다. 피드백을 전달하기 위해 포스트잇 · 전자 메일을 사용할 수도 있다.
- 학생이 때때로 교실의 빡빡한 환경에서 벗어나 여러분을 일대일로 볼 수 있는 기회를 제공하라.

상상력이 풍부한 물개 유형 교사는 모든 학생에게 영감을 줄 수 있지만, 북극곰 유형 학생들에게 명확한 지침, 구조, 사실, 세부 사항 그리고 절차를 제공해야 할 필요가 있음을 존중해야 한다. 그렇지 않으면 그들은 허둥댈 수 있다. 현실적인 학생의 능력을 최대한 이끌어 내기 위해 선생님은

- 배운 것이 실제 현실에서 어떻게 적용되는지 설명하라.
- 학생이 역량을 갖출 때까지 반복하고 연습할 기회를 주라.
- 수업에 상상력을 유용하게 사용하도록 권장하라. 그것은 시간 낭비가 아니다.
- **S**형 학생에게 손해를 주면서까지 **N**형 학생을 편애하는 것처럼 보이지 않도록 조심하라. 모든 학생은 그들이 선호하는 방법으로 기여할 수 있어야 한다.

선생님은 관계에 대해 먼저 생각하는 반면 학생은 그 반대이다. 선생님은 학생들이 다르다는 것을 이해해야 한다. 즉, 학생이 차갑고, 무뚝뚝하며, 불친절한 것이 아니라 단순히 과제에 먼저 집중할 뿐이다. 선생님이 이것을 이해한다면, 이 관계는 둘 다에게 긍정적이다. 선천적으로 객관적인 돋보이는 학생의 능력을 최대한 이끌어 내기 위해서 선생님은

- 대상을 정해 칭찬하라. 모든 것이 훌륭하다고 말하는 것은 학생에게 깊은 인상을 주거나 도움이 되지 않는다. 사실, 그것은 학생이 선생님을 존경하지 않는 결과를 초래할 수 있고, 교사가 거짓말하거나 아니면 부드러운 접촉이라고 결론지을 수 있다. 교사가 칭찬할 때, 증거를 요구받을 수도 있다.
- 논의할 때 감정적이기보다는 논리적이고 객관적으로 하라.
- 학생이 교사에게 이의를 제기한다면 그것은 아마 여러분의 권위나 인격을 무시하기보다 그들의 생각을 명확히 알리기 위한 것일 수 있다. 아마도 '이를 개선하거나 바꾸려면 어떻게 하겠니?' 또는 '너는 어떻게 생각하니?'라고 물어보라. 일단 학생이 생각을 명확히 하고 나면 교사가 생각하는 것을 물어보고 받아들일 준비가 되어 있을 것이다.
- 학생의 기량과 지식을 경쟁적으로 시험하는 방식으로 수업하라(경쟁력을 높인다.).
- 사람의 50%가 **F**형이고 피드백을 비판으로 해석하여 이해할 수 있다는 것을 도와주라.

본능적으로 체계적인 학생과 느긋하고 상황에 잘 대처하는 즉흥적인 선생님은 매우 좋은 팀이 되거나 재앙이

될 수 있다. 긍정적인 관계를 성립하기 위해서 서로의 장점을 살릴 필요가 있다. 학생들은 적응을 잘하고 계획을 때에 따라 변경하는 선생님의 능력으로부터 혜택을 받을 수 있고, 선생님은 자신이 맡은 일에 대해 계획을 세우고 완성하려는 학생들의 욕구로부터 혜택을 받을 수 있다. 선생님은 또한

- 질서, 깔끔함, 마감 기일 준수에 대한 공통된 욕구를 격려하고 지지하라.
- 학생이 진정으로 원할 경우 그들의 방식대로 작업을 자립적으로 계획할 수 있도록 허락하라.
- 단지 계획을 바꾸기 위한 계획은 하지 마라. 이것은 학생을 좌절시킬 뿐이다.

154
물개 유형 선생님(Seal teacher) & 코알라 유형 학생(Koala student)
INFP & ISFJ

물개 유형과 코알라 유형은 두 가지 성향을 공유한다. 공유한다. 둘 다 조화와 좋은 습관을 가치 있게 여긴다. 이것은 상호 이익이 되는 관계의 기초를 세운다. 물개 유형 선생님은 소심한 코알라 유형 학생의 숨겨진 장점을 이끌어 낼 수 있다. 코알라 유형 학생은 선생님에게 주의를 기울여 계획을 세우고, 세부적인 내용까지 신경 써야 하는 가치를 보여 줄 수 있다. 타고나기를 내성적인 학생의 능력을 최대한 이끌어 내기 위해서 선생님은

- 학생의 사생활과 독립성을 존중하라.
- 학생이 심사숙고할 수 있도록 충분한 시간을 허락하라.
- 아이디어와 생각을 정기적으로 공유하여 두 사람 모두 무엇을 하는지 알 수 있게 하라.
- 교사 자신의 생각을 명확히 하는 시간을 가지되 대립을 피하지 마라. 어떤 말을 해야 한다면 차분하고 직접적으로 전달하라.
- 비언어적 의사소통을 사용하라—미소와 제스처는 **I**형 학생들을 안심시킨다. 피드백을 전달하기 위해 포스트잇 · 전자 메일을 사용할 수도 있다.
- 학생이 쉬는 시간에 때때로 교실의 빡빡한 환경에서 벗어나 여러분을 일대일로 볼 수 있는 기회를 제공하거나 나중에 답할 수 있도록 질문 · 주제를 써 내도록 제안하라.

상상력이 풍부한 물개 유형 교사는 모든 학생에게 영감을 줄 수 있지만, 3분의 2 가량의 학생들에게 명확한 지침, 구조, 사실, 세부 사항 그리고 절차를 제공해야 할 필요가 있음을 존중해야 한다. 그렇지 않으면 그들은 허둥댈 수 있다. 이것은 특히 조용한 코알라 학생에게 해당된다. 실용적인 학생의 능력을 최대한 이끌어 내기 위해 선생님은

- 배운 것이 실제 현실에서 어떻게 적용되는지 설명하라.
- 학생이 역량을 갖출 때까지 반복하고 연습할 기회를 주라.
- 수업에 상상력을 유용하게 사용하도록 권장하고 그것은 시간 낭비가 아님을 설명하라.
- **S**형 학생에게 피해를 주면서까지 **N**형 학생을 선호하는 것처럼 보이지 않도록 조심하라. 모든 학생은 그들이 선호하는 방법으로 기여할 수 있어야 한다.

교사와 학생 모두 과제 · 과목을 고려하기 전에 사람과의 관계를 먼저 고려한다. 물개 유형 선생님은 학생이 마음에 들지 않는 한 모든 학생들과 개인적인 관계를 형성하는 것을 좋아한다. 선생님이 감정적으로 움직이기 때문에 이러한 선생님들은 학생들에게 약속을 하고, 지나치게 무리하며, 심지어 학생들이 해야 할 일마저도 대신 할 가능성이 더 높다. 선생님과 학생 모두 따뜻하고 친근한 교실 분위기를 즐긴다. 칭찬은 학생뿐만 아니라 교사의 자신감을 북돋아 줄 것이다. 코알라 유형의 학생은 선생님을 좋아하고 선생님도 그들을 좋아한다고 느낄 필요가 있다. 이렇게 되면 그들은 더 열심히 공부하겠지만 그렇지 않으면 공부에 신경을 완전히 끊을지도 모른다. 이것은 한 학생이 한 해(그들이 좋아하는 선생님과 함께 하면)에 최고의 학생이 될 수도 있고, 선생님이 바뀐 그 이듬해에는 공부에 대해 아예 관심을 보이지 않은 이유를 설명해 준다. 선생님은 관계 집중형 학생의 능력을 최대한 이끌어 내기 위해

- 공감, 협업 및 팀워크를 사용하여 과제에 집중하는 교사 본연의 성향에 균형을 맞출 수 있는 학습 상황을 제시하라.
- 어떠한 약점이라도 극복할 수 있도록 요령껏 지원하

면서 칭찬을 충분하고 정기적으로 하라.

- 학생에 대한 개인적인 신뢰를 드러내면서 동기를 부여하라(나를 실망시키지 마렴, 네가 할 수 있다는 것을 알아, 난 네가 좋단다.).

본능적으로 체계적이고 차분한 학생과 느긋하고 상황에 잘 대처하는 즉흥적인 선생님은 매우 좋은 팀이 되거나 재앙이 될 수 있다. 긍정적인 관계를 성립하기 위해서 서로의 장점을 살릴 필요가 있다. 학생들은 적응을 잘하고 계획을 때에 따라 변경하는 선생님의 능력으로부터 혜택을 받을 수 있고, 선생님은 자신이 맡은 일에 대해 계획을 세우고 완성하려는 학생들의 욕구로부터 혜택을 받을 수 있다. 선생님은 또한

- 학생이 때때로 유연성을 받아들이도록 격려하라.
- 단지 계획을 바꾸기 위한 계획은 하지 마라. 이것은 학생을 좌절시킬 뿐이다.
- 질서, 깔끔함, 마감 기일 준수에 대한 공통된 욕구를 격려하고 지지하라.
- 학생이 진정으로 원할 경우 그들의 방식대로 작업을 자립적으로 계획할 수 있도록 허락하라.

155
물개 유형 선생님(Seal teacher) & 호랑이 유형 학생(Tiger student)
INFP & ISTP

물개 유형과 호랑이 유형은 두 가지 성향을 공유한다. 둘 다 차분하고 느긋한 수업 분위기를 좋아한다. 호랑이 유형 학생은 무엇을 어떻게 해야 하는지에 대해 지시를 받는 것을 싫어한다. 이것을 인지하면 교실에서 학생과의 충돌을 막을 수 있을 것이다. 호랑이 유형 학생에게 선택지를 주고 상황에 따라 대처할 수 있도록 해 준다면 그들은 별일 없이 일을 마무리할 것이다. 선천적으로 내성적인 학생의 능력을 최대한 이끌어 내기 위해서 선생님은

- 학생의 사생활과 독립성을 존중하라.
- 학생이 심사숙고할 수 있도록 충분한 시간을 허락하라.
- 교사의 아이디어와 생각을 정기적으로 공유하여 서로가 하고 있는 것이 무엇인지 반드시 알게 하라.
- 교사 자신의 생각을 명확히 하는 시간을 가지되 대립을 피하지 마라. 어떤 말을 해야 한다면 차분하고 직접적으로 전달하라.
- 비언어적 의사소통을 사용하라—미소와 제스처는 **I**형 학생들을 안심시킨다. 피드백을 전달하기 위해 포스트잇 · 전자 메일을 사용할 수도 있다.

상상력이 풍부한 물개 유형 교사는 모든 학생에게 영감을 줄 수 있지만, 호랑이 유형 학생들에게 명확한 지침, 구조, 사실, 세부 사항 그리고 절차를 제공해야 할 필요가 있음을 존중해야 한다. 그렇지 않으면 그들은 쉽게 산만해질 수 있다. 현실적인 학생의 능력을 최대한 이끌어 내기 위해 선생님은

- 배운 것이 실제 현실에서 어떻게 적용되는지 설명하라.
- 학생이 역량을 갖출 때까지 반복하고 연습할 기회를 주라.
- 수업에 상상력을 유용하게 사용하도록 권장하고 그것은 시간 낭비가 아님을 설명하라.
- **S**형 학생에게 손해를 주면서까지 **N**형 학생을 편애하는 것처럼 보이지 않도록 조심하라. 모든 학생은 그들이 선호하는 방법으로 기여할 수 있어야 한다.

선생님은 수업에 앞서 관계에 대해 먼저 생각하는 반면 학생은 그 반대이다. 선생님은 학생들이 다르다는 것을 이해해야 한다. 즉, 학생이 차갑고, 무뚝뚝하며, 불친절한 것이 아니라 단순히 과제에 먼저 집중할 뿐이다. 선생님이 이것을 이해한다면, 이 관계는 둘 다에게 긍정적이다. 학생의 사기를 올려 주기 위해서 선생님은

- 대상을 정해 칭찬하라. 모든 것이 훌륭하다고 말하는 것은 학생에게 깊은 인상을 주거나 도움이 되지 않는다. 사실, 그것은 학생이 선생님을 존경하지 않는 결과를 초래할 수 있고, 교사가 거짓말하거나 아니면 부드러운 접촉이라고 결론지을 수 있다. 교사가 칭찬할 때, 증거를 요구받을 수도 있다.
- 논의할 때 감정적이기보다는 논리적이고 객관적으로 하라.
- 학생이 교사에게 이의를 제기한다면 그것은 아마 여러분의 권위나 인격을 무시하기보다 그들의 생각을 명확히 알리기 위한 것일 수 있다. 아마도 '이를 개선하거나 바꾸려면 어떻게 하겠니?' 또는 '너는 어떻게

생각하니?'라고 물어보라. 일단 학생이 생각을 명확히 하고 나면 교사가 생각하는 것을 물어보고 받아들일 준비가 되어 있을 것이다.

- 학생의 기량과 지식을 경쟁적으로 시험하는 방식으로 수업하라(경쟁력을 높인다.).
- 사람의 50%가 **F**형이고 피드백을 비판으로 해석하여 이해할 수 있다는 것을 도와주라.

P형들은 해야 할 일 목록, 일정, 예측 가능성을 혐오한다. 그들은 후천적인 심미안이나 연마된 기술의 경지에 도달하는 경우가 드물다. 교사는 학교의 필수적이지만 빡빡하고 제한적인 시간표와 과제 마감 기한 속에서 각자에게 제공되는 자발성과 즉흥성에 대한 상호 존중을 즐기면서, 필요한 과제들을 완수해야 함을 기억해야 한다. 비록 재미있고 인기 있는 선생님이 되겠지만, 또한 학생들이 사회적으로 그리고 학문적으로 성공할 수 있도록 준비하는 과제에 집중하게 할 필요가 있다. 둘 다 일을 끝내는 것보다 시작하는 것을 좋아한다. 그들의 초기 열정은 빠르게 사라질 수 있다. 둘 다 그들이 중요한 과제를 식별하고 완수하도록 확실히 해야 한다. 그렇지 않으면 학생(또는 그들의 부모)은 결국 어색한 질문을 할 수 있다. 교사가 자연스럽게 느긋한 학생의 능력을 최대한 이끌어 내기 위해서는 학생들이 단순히 학생이 선택할 수 있는 것과 선택하는 것을 좋아하는 것이 아니라 그것은 필수적인 것이고 그렇게 해 주지 않으면 몸이 근질거리고 몸을 꼼지락거리거나 반항하기 시작된다는 것을 알아야 한다. 중등학교 환경은 호랑이 유형 학생들에게 무척 어렵기 때문에 물개 유형 선생님은 학생들을 돕기 위해

- 세부 일정을 피하라(어차피 지키지도 못할 것이다.).
- 예상 가능한 수업이 지겹지 않도록 때때로 변화를 주어라.
- 학생이 반드시 성공할 수 있도록 간단하지만 효과적인 몇 가지 전략을 수립할 수 있도록 도와주라.
- 가능한 한 유연성을 많이 제공하라(다양한 선택 과제, 수업 내 선택).

156
물개 유형 선생님(Seal teacher) & 고양이 유형 학생(Cat student)
INFP & ISFP

물개 유형과 고양이 유형은 세 가지 성향을 공유한다. 둘 다 정겹고 느긋한 수업 분위기를 좋아한다. 고양이 유형 학생은 스스로 일을 해내고 싶어 한다. 이것을 인지하면 교실에서 학생과의 충돌을 막을 수 있을 것이다. 고양이 유형 학생에게 선택지를 주고 상황에 따라 대처할 수 있도록 해 준다면 그들은 별일 없이 일을 마무리할 것이다. 선천적으로 말수가 적은 학생의 능력을 최대한 이끌어 내기 위해서 선생님은

- 학생의 사생활과 독립성을 존중하라.
- 학생이 심사숙고할 수 있도록 충분한 시간을 허락하라.
- 아이디어와 생각을 정기적으로 공유하여 여러분이 무엇을 하고 있는지 확실히 합니다.
- 교사 자신의 생각을 명확히 하는 시간을 가지되 대립을 피하지 마라. 어떤 말을 해야 한다면 차분하고 직접적으로 전달하라.
- 비언어적 의사소통을 사용하라—미소와 제스처는 **I**형 학생들을 안심시킨다. 피드백을 전달하기 위해 포스트잇 · 전자 메일을 사용할 수도 있다.
- 학생이 때때로 교실의 빡빡한 환경에서 벗어나 여러분을 일대일로 볼 수 있는 기회를 제공하라.

상상력이 풍부한 물개 유형 교사는 모든 학생에게 영감을 줄 수 있지만, 3분의 2 가량의 학생들에게 명확한 지침, 구조, 사실, 세부 사항 그리고 절차를 제공해야 할 필요가 있음을 존중해야 한다. 그렇지 않으면 그들은 허둥댈 수 있다. 더 현실적인 학생의 능력을 최대한 이끌어 내기 위해 선생님은

- 배운 것이 실제 현실에서 어떻게 적용되는지 설명하라.
- 학생이 역량을 갖출 때까지 반복하고 연습할 기회를 주라.
- 수업에 상상력을 유용하게 사용하도록 권장하고 그것은 시간 낭비가 아님을 설명하라.
- **S**형 학생에게 손해를 주면서까지 **N**형 학생을 편애

하는 것처럼 보이지 않도록 조심하라. 모든 학생은 그들이 선호하는 방법으로 기여할 수 있어야 한다.

물개 유형 교사와 고양이 유형 학생 모두 과제·과목을 고려하기 전에 사람과의 관계를 먼저 고려한다. 물개 유형 선생님은 학생이 마음에 들지 않는 한 모든 학생들과 개인적인 관계를 형성하는 것을 좋아한다(**F**형 선생님은 **T**형 선생님이 좋아하는 것을 더 좋아하는 경향이 있다.). 선생님이 감정적으로 움직이기 때문에 이러한 선생님들은 학생들에게 약속을 하고, 지나치게 무리하며, 심지어 학생들이 해야 할 일마저도 대신 할 가능성이 더 높다. 선생님과 학생 모두 따뜻하고 친근한 교실 분위기를 즐긴다. 칭찬은 학생뿐만 아니라 교사의 자신감을 북돋아 줄 것이다. 고양이 유형의 학생은 선생님을 좋아하고 선생님도 그들을 좋아한다고 느낄 필요가 있다. 이렇게 되면 그들은 더 열심히 공부하겠지만 그렇지 않으면 공부에 신경을 완전히 끊을지도 모른다. 이것은 한 학생이 한 해(그들이 좋아하는 선생님과 함께 하면)에 최고의 학생이 될 수도 있고, 선생님이 바뀐 그 이듬해에는 공부에 대해 아예 관심을 보이지 않은 이유를 설명해 준다. 선생님은 관계 집중형 학생의 능력을 최대한 이끌어 내기 위해

- 공감, 협업 및 팀워크를 활용할 수 있는 학습 상황을 제시하라.
- 어떠한 약점이라도 극복할 수 있도록 요령껏 지원하면서 칭찬을 충분하고 정기적으로 하라.
- 학생에 대한 개인적인 신뢰를 드러내면서 동기를 부여하라(나를 실망시키지 마렴, 네가 할 수 있다는 것을 알아, 난 네가 좋단다.).

물개 유형과 고양이 유형은 체계적이고 효율적이다. 이것은 단지 노력에 의한 것일 뿐이다. 교사는 학교의 필수적이지만 빡빡하고 제한적인 시간표와 과제 마감 기한 속에서 각자에게 제공되는 자발성과 즉흥성에 대한 상호 존중을 즐기면서, 필요한 과제들을 완수해야 함을 기억해야 한다. 비록 재미있고 인기 있는 선생님이 되겠지만, 또한 학생들이 사회적으로 그리고 학문적으로 성공할 수 있도록 준비하는 과제에 집중하게 할 필요가 있다. 둘 다 일을 끝내는 것보다 시작하는 것을 좋아한다. 그들의 초기 열정은 빠르게 사라질 수 있다. 둘 다 그들이 중요한 과제를 식별하고 완수하도록 확실히 해야 한다. 그렇지 않으면 학생(또는 그들의 부모)은 결국 어색한 질문을 할 수 있다. 교사가 선천적으로 느긋한 학생의 능력을 최대한 이끌어 내기 위해서는 학생들이 학생이 선택할 수 있는 것과 선택하는 것을 좋아하는 것이 아니라 그것은 필수적인 것이고 그렇게 해 주지 않으면 몸이 근질거리고 몸을 꼼지락거리거나 반항하기 시작된다는 것을 알아야 한다. 학생의 발전을 돕기 위해

- 가능한 한 유연성을 많이 제공하라(다양한 선택 과제, 수업 내 선택).
- 세부 일정을 피하라(어차피 지키지도 못할 것이다.).
- 예상 가능한 수업이 지겹지 않도록 때때로 변화를 주어라.
- 학생이 서두르지 않고 마지막 순간까지 중요한 작업을 완료할 수 있도록 시간을 정리하고 관리하는 방법을 수립할 수 있게 도와주라.

157
물개 유형 선생님(Seal teacher) & 해마 유형 학생(Seahorse student)
INFP & INFJ

물개 유형과 해마 유형은 세 가지 성향을 공유한다. 둘 다 개인적으로 성장하고 발전하기 위한 방법으로서의 교육에 관심을 가진 '히피족'이다. 학생이 선생님에 의해 보살핌을 받는다고 느낄 때 그들은 잘 반응한다. 충돌은 진지하고 개인적인 학생이 마찬가지로 내성적인 선생님과 소통하는 것에 실패했을 때 발생하기 쉽다. 생각이 깊은 학생의 능력을 최대한 이끌어 내기 위해서 선생님은

- 학생의 사생활과 독립성을 존중하라.
- 학생이 심사숙고할 수 있도록 충분한 시간을 허락하라.
- 교사의 아이디어와 생각을 정기적으로 공유하여 서로가 하고 있는 것이 무엇인지 반드시 알게 하라.
- 교사 자신의 생각을 명확히 하는 시간을 가지되 대립을 피하지 마라. 어떤 말을 해야 한다면 차분하고 직접적으로 전달하라.
- 비언어적 의사소통을 사용하라—미소와 제스처는 **I**형 학생들을 안심시킨다. 피드백을 전달하기 위해 포

스트잇 · 전자 메일을 사용할 수도 있다.

선생님과 학생 모두 전체 상황을 먼저 보고, 예감, 추리, 상상력을 이용하여 의미를 추론함으로써 정보를 모은다. 물개 유형 선생님은 선천적으로 교실에서 자신의 상상력을 활용할 것이고 **N**형 학생들은 이에 잘 반응할 것인데, 아마도 공상, 일화, 이야기에 상상의 나래를 펼치며 동참할 것이다. 선생님과 학생 사이의 자연스러운 친밀감은 종종 존재하는데, 그들 둘 다 같은 방식으로 세상을 바라보기 때문이다. 즉, 패턴, 가능성, 아이디어 그리고 이론을 탐구함으로써 사물이 왜 있는지를 이해하려는 뜨거운 호기심을 가지고 있다. 선생님은 **S**형 학생에게 피해를 주면서까지 **N**형 학생을 선호하는 것처럼 보이지 않도록 주의하라. 모든 학생은 자신이 선호하는 방식대로 수업에 참여할 수 있어야 한다. 천성적으로 상상력이 뛰어난 학생의 능력을 최대한 이끌어 내기 위해 선생님은

- 창의적으로 탐구할 수 있는 질문 · 프로젝트를 제공하라.
- 중복된 과제는 피하라. 학생이 빨리 흥미를 잃는다.
- 학생에게 **S**형 접근 방식(사실, 세부 사항, 절차, 실험, 경험 적용, 구조, 단계별 모델)이 수업에 중요하게 기여함을 깨닫도록 하라.

교사와 학생 모두 과제 · 과목을 고려하기 전에 사람과의 관계를 먼저 고려한다. 물개 유형 선생님은 학생이 마음에 들지 않는 한 모든 학생들과 개인적인 관계를 형성하는 것을 좋아한다. 선생님이 감정적으로 움직이기 때문에 이러한 선생님들은 학생들에게 약속을 하고, 지나치게 무리하며, 심지어 학생들이 해야 할 일마저도 대신 할 가능성이 더 높다. 선생님과 학생 모두 따뜻하고 친근한 교실 분위기를 즐긴다. 칭찬은 학생뿐만 아니라 교사의 자신감을 북돋아 줄 것이다. 해마 유형의 학생은 선생님을 좋아하고 선생님도 그들을 좋아한다고 느낄 필요가 있다. 이렇게 되면 그들은 더 열심히 공부하겠지만 그렇지 않으면 공부에 신경을 완전히 끊을지도 모른다. 이것은 한 학생이 한 해(그들이 좋아하는 선생님과 함께 하면)에 최고의 학생이 될 수도 있고, 선생님이 바뀐 그 이듬해에는 공부에 대해 아예 관심을 보이지 않은 이유를 설명해 준다. 선생님은 관계 집중형 학생의 능력을 최대한 이끌어 내기 위해

- 공감, 협업 및 팀워크를 활용할 수 있는 학습 상황을 제시하라.
- 어떠한 약점이라도 극복할 수 있도록 요령껏 지원하면서 칭찬을 충분하고 정기적으로 하라.
- 학생에 대한 개인적인 신뢰를 드러내면서 동기를 부여하라(나를 실망시키지 마렴, 네가 할 수 있다는 것을 알아, 난 네가 좋단다.).

본능적으로 체계적인 학생과 느긋하고 상황에 잘 대처하는 즉흥적인 선생님은 매우 좋은 팀이 되거나 재앙이 될 수 있다. 긍정적인 관계를 성립하기 위해서 서로의 장점을 살릴 필요가 있다. 학생들은 적응을 잘하고 계획을 때에 따라 변경하는 선생님의 능력으로부터 혜택을 받을 수 있고, 선생님은 자신이 맡은 일에 대해 계획을 세우고 완성하려는 학생들의 욕구로부터 혜택을 받을 수 있다. 선생님은 또한

- 질서, 깔끔함, 마감 기일 준수에 대한 학생의 욕구를 격려하고 지지하라.
- 학생이 진정으로 원할 경우 그들의 방식대로 작업을 자립적으로 계획할 수 있도록 허락하라.
- 단지 계획을 바꾸기 위한 계획은 하지 마라. 이것은 학생을 좌절시킬 뿐이다.

158
물개 유형 선생님(Seal teacher) & 가면올빼미 유형 학생(Barn Owl student)
INFP & INTJ

물개 유형과 가면올빼미 유형은 두 가지 성향을 공유한다. 둘 다 자신의 상상력을 발휘하여 주변 세상에 대해 알아간다. 따뜻하고 개인적인 물개 유형 선생님은 전략적이고 객관적인 가면올빼미 유형 학생과 대조된다. 그리고 이것은 갈등의 시작이 될 수 있다. 자기 성찰적인 학생의 능력을 최대한 이끌어 내기 위해서 선생님은

- 학생의 사생활과 독립성을 존중하라.
- 학생이 심사숙고할 수 있도록 충분한 시간을 허락하라.
- 교사의 아이디어와 생각을 정기적으로 공유하여 서로가 하고 있는 것이 무엇인지 반드시 알게 하라.
- 교사 자신의 생각을 명확히 하는 시간을 가지되 대립

을 피하지 마라. 어떤 말을 해야 한다면 차분하고 직접적으로 전달하라.

- 비언어적 의사소통을 사용하라—미소와 제스처는 **I**형 학생들을 안심시킨다. 피드백을 전달하기 위해 포스트잇 · 전자 메일을 사용할 수도 있다.
- 학생이 때때로 정신없이 바쁜 교실 환경에서 떨어져 있는 당신을 일대일로 볼 수 있는 기회를 제공하라.

선생님과 학생 모두 전체 상황을 먼저 보고, 예감, 추리, 상상력을 이용하여 의미를 추론함으로써 정보를 모은다. 물개 유형 선생님은 선천적으로 교실에서 자신의 상상력을 활용할 것이고 **N**형 학생들은 이에 잘 반응할 것인데, 아마도 공상, 일화, 이야기에 상상의 나래를 펼치며 동참할 것이다. 선생님과 학생 사이의 자연스러운 친밀감은 종종 존재하는데, 그들 둘 다 같은 방식으로 세상을 바라보기 때문이다. 즉, 패턴, 가능성, 아이디어 그리고 이론을 탐구함으로써 사물이 왜 있는지를 이해하려는 뜨거운 호기심을 가지고 있다. 선생님은 **S**형 학생에게 피해를 주면서까지 **N**형 학생을 선호하는 것처럼 보이지 않도록 주의하라. 모든 학생은 자신이 선호하는 방식대로 수업에 참여할 수 있어야 한다. 천성적으로 상상력이 뛰어난 학생의 능력을 최대한 이끌어 내기 위해 선생님은

- 창의적으로 탐구할 수 있는 질문 · 프로젝트를 제공하라.
- 중복된 과제는 피하라. 학생이 빨리 흥미를 잃는다.
- 학생에게 **S**형 접근 방식(사실, 세부 사항, 절차, 실험, 경험 적용, 구조, 단계별 모델)이 수업에 중요하게 기여함을 깨닫도록 하라.

물개 유형 선생님은 수업에 앞서 관계에 대해 먼저 생각하는 반면 올빼미 유형 학생은 그 반대이다. 선생님은 학생들이 다르다는 것을 이해해야 한다. 즉, 학생이 차갑고, 무뚝뚝하며, 불친절한 것이 아니라 단순히 과제에 먼저 집중할 뿐이다. 선생님이 이것을 이해한다면, 이 관계는 둘 다에게 긍정적이다. 근본적으로 객관적인 학생의 능력을 최대한 이끌어 내기 위해서 선생님은

- 대상을 정해 칭찬하라. 모든 것이 훌륭하다고 말하는 것은 학생에게 깊은 인상을 주거나 도움이 되지 않는다. 사실, 그것은 학생이 선생님을 존경하지 않는 결과를 초래할 수 있고, 교사가 거짓말하거나 아니면 부드러운 접촉이라고 결론지을 수 있다. 교사가 칭찬할 때, 증거를 요구받을 수도 있다.
- 논의할 때 감정적이기보다는 논리적이고 객관적으로 하라.
- 학생이 교사에게 이의를 제기한다면 그것은 아마 여러분의 권위나 인격을 무시하기보다 그들의 생각을 명확히 알리기 위한 것일 수 있다. 아마도 '이를 개선하거나 바꾸려면 어떻게 하겠니?' 또는 '너는 어떻게 생각하니?'라고 물어보라. 일단 학생이 생각을 명확히 하고 나면 교사가 생각하는 것을 물어보고 받아들일 준비가 되어 있을 것이다.
- 학생의 기량과 지식을 경쟁적으로 시험하는 방식으로 수업하라(경쟁력을 높인다.).
- 사람의 50%가 **F**형이고 피드백을 비판으로 해석하여 이해할 수 있다는 것을 도와주라.

본능적으로 체계적인 가면올빼미 유형 학생과 느긋하고 상황에 잘 대처하는 즉흥적인 물개 유형 선생님은 매우 좋은 팀이 되거나 재앙이 될 수 있다. 긍정적인 관계를 성립하기 위해서 서로의 장점을 살릴 필요가 있다. 학생들은 적응을 잘하고 계획을 때에 따라 변경하는 선생님의 능력으로부터 혜택을 받을 수 있고, 선생님은 자신이 맡은 일에 대해 계획을 세우고 완성하려는 학생들의 욕구로부터 혜택을 받을 수 있다. 선생님은 또한

- 단지 계획을 바꾸기 위한 계획은 하지 마라. 이것은 학생을 좌절시킬 뿐이다.
- 학생이 때때로 유연성을 받아들이도록 권장하라.
- 질서, 깔끔함, 마감 기일 준수에 대한 학생의 욕구를 격려하고 지지하라.
- 학생이 진정으로 원할 경우 그들의 방식대로 작업을 자립적으로 계획할 수 있도록 허락하라.

159
물개 유형 선생님(Seal teacher) & 물개 유형 학생(Seal student)
INFP & INFP

네 가지 성향을 모두 공유하는 것은 단단한 기반이 될 수 있다. 두 물개 유형은 조화로운 수업 분위기를 추구한다. 이렇게 같은 것을 추구하는 것은 긍정적인 관계

의 시작이다. 충돌은 무언가를 생각할 때 사적인 시간이 필요한 학생을 수업이나 선생님에게 관심이 없다고 오해하면서 발생하기 쉽다. 천성적으로 내성적인 학생의 능력을 최대한 이끌어 내기 위해서 선생님은

- 학생의 사생활과 독립성을 존중하라.
- 학생이 심사숙고할 수 있도록 충분한 시간을 허락하라.
- 아이디어와 생각을 정기적으로 공유하여 여러분이 무엇을 하고 있는지 확실히 합니다.
- 교사 자신의 생각을 명확히 하는 시간을 가지되 대립을 피하지 마라. 어떤 말을 해야 한다면 차분하고 직접적으로 전달하라.
- 비언어적 의사소통을 사용하라—미소와 제스처는 **I**형 학생들을 안심시킨다. 피드백을 전달하기 위해 포스트잇 · 전자 메일을 사용할 수도 있다.
- 학생이 때때로 교실의 빡빡한 환경에서 벗어나 여러분을 일대일로 볼 수 있는 기회를 제공하라.

선생님과 학생 모두 전체 상황을 먼저 보고, 예감, 추리, 상상력을 이용하여 의미를 추론함으로써 정보를 모은다. 물개 유형 선생님은 선천적으로 교실에서 자신의 상상력을 활용할 것이고 **N**형 학생들은 이에 잘 반응할 것인데, 아마도 공상, 일화, 이야기에 상상의 나래를 펼치며 동참할 것이다. 선생님과 학생 사이의 자연스러운 친밀감은 종종 존재하는데, 그들 둘 다 같은 방식으로 세상을 바라보기 때문이다. 즉, 패턴, 가능성, 아이디어 그리고 이론을 탐구함으로써 사물이 왜 있는지를 이해하려는 뜨거운 호기심을 가지고 있다. 선생님은 **S**형 학생에게 피해를 주면서까지 **N**형 학생을 선호하는 것처럼 보이지 않도록 주의하라. 모든 학생은 자신이 선호하는 방식대로 수업에 참여할 수 있어야 한다. 선천적으로 상상력이 풍부한 학생의 능력을 최대한 이끌어 내기 위해 선생님은

- 창의적으로 탐구할 수 있는 질문 · 프로젝트를 제공하라.
- 중복된 과제는 피하라. 학생이 빨리 흥미를 잃는다.
- 학생에게 **S**형 접근 방식(사실, 세부 사항, 절차, 실험, 경험 적용, 구조, 단계별 모델)이 수업에 중요하게 기여함을 깨닫도록 하라.

물개 유형 교사와 학생 모두 과제 · 과목을 고려하기 전에 사람과의 관계를 먼저 고려한다. 선생님은 학생이 마음에 들지 않는 한 모든 학생들과 개인적인 관계를 형성하는 것을 좋아한다(**F**형 선생님은 **T**형 선생님이 좋아하는 것을 더 좋아하는 경향이 있다.). 선생님이 감정적으로 움직이기 때문에 이러한 선생님들은 학생들에게 약속을 하고, 지나치게 무리하며, 심지어 학생들이 해야 할 일마저도 대신 할 가능성이 더 높다. 선생님과 학생 모두 따뜻하고 친근한 교실 분위기를 즐긴다. 칭찬은 학생뿐만 아니라 교사의 자신감을 북돋아 줄 것이다. 물개 유형의 학생은 선생님을 좋아하고 선생님도 그들을 좋아한다고 느낄 필요가 있다. 이렇게 되면 그들은 더 열심히 공부하겠지만 그렇지 않으면 공부에 신경을 완전히 끊을지도 모른다. 이것은 한 학생이 한 해(그들이 좋아하는 선생님과 함께 하면)에 최고의 학생이 될 수도 있고, 선생님이 바뀐 그 이듬해에는 공부에 대해 아예 관심을 보이지 않은 이유를 설명해 준다. 선생님은 관계 집중형 학생의 능력을 최대한 이끌어 내기 위해

- 공감, 협업 및 팀워크를 사용하여 허락된 학습 상황을 제시하라.
- 어떠한 약점이라도 극복할 수 있도록 요령껏 지원하면서 칭찬을 충분하고 정기적으로 하라.
- 학생에 대한 개인적인 신뢰를 드러내면서 동기를 부여하라(나를 실망시키지 마렴, 네가 할 수 있다는 것을 알아, 난 네가 좋단다.).

물개 유형들은 해야 할 일 목록, 일정, 예측 가능성을 혐오한다. 그들은 후천적인 심미안이나 연마된 기술의 경지에 도달하는 경우가 드물다. 교사는 학교의 필수적이지만 빡빡하고 제한적인 시간표와 과제 마감 기한 속에서 각자에게 제공되는 자발성과 즉흥성에 대한 상호 존중을 즐기면서, 필요한 과제들을 완수해야 함을 기억해야 한다. 비록 재미있고 인기 있는 선생님이 되겠지만, 또한 학생들이 사회적으로 그리고 학문적으로 성공할 수 있도록 준비하는 과제에 집중하게 할 필요가 있다. 둘 다 일을 끝내는 것보다 시작하는 것을 좋아한다. 그들의 초기 열정은 빠르게 사라질 수 있다. 둘 다 그들이 중요한 과제를 식별하고 완수하도록 확실히 해야 한다. 그렇지 않으면 학생(또는 그들의 부모)은 결국 어색한 질문을 할 수 있다. 교사가 선천적으로 느긋한 학생의 능력을 최대한 이끌어 내기 위해서는 학생들이 단순히 학생이 선택할 수 있는 것과 선택하는 것을 좋아하는 것이 아니라 그것은 필수적인 것이고 그렇게 해 주지 않으면 몸이 근질거리고 몸부림치거나 반항하기 시작된다는

것을 알아야 한다. 중등학교 환경은 **P**형 학생들에게 무척 어렵기 때문에 선생님은 돕기 위해

- 가능한 한 유연성을 많이 제공하라(다양한 선택 과제, 수업 내 선택).
- 세부 일정을 피하라.
- 예상 가능한 수업이 지겹지 않도록 때때로 변화를 주어라.
- 학생이 마지막 순간까지 서두르지 않고 중요한 작업을 완료할 수 있도록 시간을 정리하고 관리하는 방법을 수립할 수 있게 도와주라.

160 물개 유형 선생님(Seal teacher) & 숲올빼미 유형 학생(Tawny Owl student) INFP & INTP

물개 유형과 숲올빼미 유형은 세 가지 성향을 공유한다. 둘 다 현실과 마감 기간에 구애받지 않고 상상력을 발휘한다. 이런 공통 관심사가 그들의 관계를 단단하게 한다. 결정을 내리는 데서 차이—주관적인 물개 유형 대 객관적인 숲올빼미 유형—가 대게 수업 중 갈등의 시작이다. 본래 말수가 적은 학생의 능력을 최대한 이끌어 내기 위해서 선생님은

- 학생의 사생활과 독립성을 존중하라.
- 학생이 심사숙고할 수 있도록 충분한 시간을 허락하라.
- 아이디어와 생각을 정기적으로 공유하여 여러분이 무엇을 하고 있는지 확실히 합니다.
- 교사 자신의 생각을 명확히 하는 시간을 가지되 대립을 피하지 마라. 어떤 말을 해야 한다면 차분하고 직접적으로 전달하라.
- 비언어적 의사소통을 사용하라—미소와 제스처는 **I**형 학생들을 안심시킨다. 피드백을 전달하기 위해 포스트잇 · 전자 메일을 사용할 수도 있다.
- 학생이 때때로 교실의 빡빡한 환경에서 벗어나 여러분을 일대일로 볼 수 있는 기회를 제공하라.

선생님과 학생 모두 전체 상황을 먼저 보고, 예감, 추리, 상상력을 이용하여 의미를 추론함으로써 정보를 모은다. 물개 유형 선생님은 선천적으로 교실에서 자신의 상상력을 활용할 것이고 숲올빼미 유형 학생들은 이에 잘 반응할 것인데, 아마도 공상, 일화, 이야기에 상상의 나래를 펼치며 동참할 것이다. 선생님과 학생 사이의 자연스러운 친밀감은 종종 존재하는데, 그들 둘 다 같은 방식으로 세상을 바라보기 때문이다. 즉, 패턴, 가능성, 아이디어 그리고 이론을 탐구함으로써 사물이 왜 있는지를 이해하려는 뜨거운 호기심을 가지고 있다. 선생님은 **S**형 학생에게 피해를 주면서까지 **N**형 학생을 선호하는 것처럼 보이지 않도록 주의하라. 모든 학생은 자신이 선호하는 방식대로 수업에 참여할 수 있어야 한다. 본래 상상력이 풍부한 학생의 능력을 최대한 이끌어 내기 위해 선생님은

- 창의적으로 탐구할 수 있는 질문 · 프로젝트를 제공하라.
- 중복된 과제는 피하라. 학생이 빨리 흥미를 잃는다.
- 학생에게 **S**형 접근 방식(사실, 세부 사항, 절차, 실험, 경험 적용, 구조, 단계별 모델)이 수업에 중요하게 기여함을 깨닫도록 하라.

물개 유형 선생님은 수업에 앞서 관계에 대해 먼저 생각하는 반면 올빼미 유형 학생은 그 반대이다. 선생님은 학생들이 다르다는 것을 이해해야 한다. 즉, 학생이 차갑고, 무뚝뚝하며, 불친절한 것이 아니라 단순히 과제에 먼저 집중할 뿐이다. 선생님이 이런 관계를 받아들인다면, 이 관계는 둘 다에게 긍정적이다. 학생의 발전을 돕기 위해

- 대상을 정해 칭찬하라. 모든 것이 훌륭하다고 말하는 것은 학생에게 깊은 인상을 주거나 도움이 되지 않는다. 사실, 그것은 학생이 선생님을 존경하지 않는 결과를 초래할 수 있고, 교사가 거짓말하거나 아니면 부드러운 접촉이라고 결론지을 수 있다. 교사가 칭찬할 때, 증거를 요구받을 수도 있다.
- 논의할 때 감정적이기보다는 논리적이고 객관적으로 하라.
- 학생이 교사에게 이의를 제기한다면 그것은 아마 여러분의 권위나 인격을 무시하기보다 그들의 생각을 명확히 알리기 위한 것일 수 있다. 아마도 '이를 개선하거나 바꾸려면 어떻게 하겠니?' 또는 '너는 어떻게 생각하니?'라고 물어보라. 일단 학생이 생각을 명확히 하고 나면 교사가 생각하는 것을 물어보고 받아들

일 준비가 되어 있을 것이다.

- 경쟁적으로 기량과 지식을 시험하는 방식으로 수업하라(경쟁력을 높인다.).
- 사람의 50%가 **F**형이고 피드백을 비판으로 해석하여 이해할 수 있다는 것을 도와주라.

물개 유형과 숲올빼미 유형은 조직적이고 효율적일 수 있다. 그것은 단지 노력에 의한 것일 뿐이다. 학교처럼 큰 조직에서 필수적인 답답하고 제약적인 시간표와 마감일로부터 각자가 마음 놓고 자연스럽게 상호 사랑을 누리면서도, 교사는 또한 어떠한 필수 과제라도 완수해야 함을 기억해야 한다. 비록 재미있고 인기 있는 선생님이 되겠지만, 또한 학생들이 사회적으로 그리고 학문적으로 성공할 수 있도록 준비하는 과제에 집중하게 할 필요가 있다. 둘 다 일을 끝내는 것보다 시작하는 것을 좋아한다. 그들의 초기 열정은 빠르게 사라질 수 있다. 둘 다 그들이 중요한 과제를 식별하고 완수하도록 확실히 해야 한다. 그렇지 않으면 학생(또는 그들의 부모)은 결국 어색한 질문을 할 수 있다. 교사가 자연스럽게 느긋한 학생의 능력을 최대한 이끌어 내기 위해서는 학생들이 단순히 선택 사항과 선택권을 좋아하는 것이 아니라 그것은 필수적인데 이것이 없다면 가렵거나, 움찔거리거나, 반항이 시작된다는 것을 이해해야 한다. 중등학교 환경은 **P**형 학생들에게 무척 어렵기 때문에 선생님들은 학생들의 성취를 돕기 위해

- 가능한 한 유연성을 많이 제공하라(다양한 선택 과제, 수업 내 선택).
- 예상 가능한 수업이 지겹지 않도록 때때로 변화를 주어라.
- 학생이 중요한 작업을 제시간에 완료할 수 있게 시간 관리 전략을 채택하도록 도와주라.

161
흰동가리 유형 선생님(Clownfish teacher) & 사자 유형 학생(Lion student)
ENFP & ESFP

흰동가리 유형과 사자 유형은 세 가지 성향을 공유한다. 두 유형 모두 사교적이고 즐거움을 주는 교실 환경에서 잘 성장한다. '파티(즐거운 일들)'가 끝나고 어려운 일을 해야 할 때는 두 유형 사이에 갈등이 생길 수 있다. 어려운 일을 할 수는 있지만 그것이 재미있지는 않다. 선천적으로 과장스러운 학생의 능력을 최대한 이끌어 내기 위해 교사는

- 새로운 생각과 발상을 불러일으키는 것이 적절할 때 생동감 넘치는 농담을 즐겨라. 학생은 이러한 방법으로 가장 잘 배우지만, 교실에 수많은 다른 학생들도 있다는 사실을 기억하라.
- 교사와 학생 모두 쉽게 산만해지고 궤도를 쉽게 벗어나기 때문에 요점을 벗어나지 말고 긍정적으로 생각하라(잔소리하지 마라.).
- 했던 일을 또 반복하지 마라.
- 차분하고 명확하게 행동하라. 그렇지 않으면 **E**형인 두 사람은 서로의 말을 듣지 않고 점점 더 크게 말할 수 있다.
- 어떤 생각은 말하지 않을 수도 있음을 기억하라(그러면 여러분은 나중에 어떤 것, 특히 비판적인 생각을 표현할 더 나은 방법을 생각할 수 있다.).
- 열정적이고 지지하는 청자가 되라. 교사의 생각을 주장하기보다는 학생 자신의 생각을 명확히 하고 발전시킬 수 있도록 도와주라.
- 서로 조용히 하는 법을 배우고 수업에서 **I**형 학생이 자신을 표현할 수 있도록 격려하라.

상상력이 풍부한 흰동가리 유형 교사는 모든 학생에게 영감을 줄 수 있지만, 3분의 2 가량의 학생들에게 명확한 지침, 구조, 사실, 세부 사항 그리고 절차를 제공해야 할 필요가 있음을 존중해야 한다. 그렇지 않으면 그들은 허둥댈 수 있다. 현실적인 사자 유형 학생의 능력을 최대한 이끌어 내기 위해서 교사는

- 배운 것이 실제 현실에서 어떻게 적용되는지 설명하라.
- 학생이 역량을 갖출 때까지 반복하고 연습할 기회를 주라.
- 수업에 상상력을 유용하게 사용하도록 권장하고 그것은 시간 낭비가 아님을 설명하라.
- **S**형 학생에게 손해를 주면서까지 **N**형 학생을 편애하는 것처럼 보이지 않도록 조심하라. 모든 학생은 그들이 선호하는 방법으로 기여할 수 있어야 한다.

교사와 학생 모두 과제·과목을 고려하기 전에 사람과

의 관계를 먼저 고려한다. 선생님은 학생이 마음에 들지 않는 한 모든 학생들과 개인적인 관계를 형성하는 것을 좋아한다(**F**형 선생님은 **T**형 선생님이 좋아하는 것을 더 좋아하는 경향이 있다.). 선생님이 감정적으로 움직이기 때문에 이러한 선생님들은 학생들에게 약속을 하고, 지나치게 무리하며, 심지어 학생들이 해야 할 일마저도 대신할 가능성이 더 높다. 선생님과 학생 모두 따뜻하고 친근한 교실 분위기를 즐긴다. 칭찬은 학생뿐만 아니라 교사의 자신감을 북돋아 줄 것이다. 사자 유형의 학생은 선생님을 좋아하고 선생님도 그들을 좋아한다고 느낄 필요가 있다. 이렇게 되면 그들은 더 열심히 공부하겠지만 그렇지 않으면 공부에 신경을 완전히 끊을지도 모른다. 이것은 한 학생이 한 해(그들이 좋아하는 선생님과 함께 하면)에 최고의 학생이 될 수도 있고, 선생님이 바뀐 그 이듬해에는 공부에 대해 아예 관심을 보이지 않은 이유를 설명해 준다. 관계 중심적인 학생의 능력을 최대한 이끌어 내기 위해서 교사는

- 공감, 협업 및 팀워크를 활용할 수 있는 학습 상황을 제공하라.
- 어떠한 약점이라도 극복할 수 있도록 요령껏 지원하면서 충분하고 정기적으로 칭찬하라.
- 학생에 대한 개인적인 신념의 힘에 호소하여 동기를 부여하라(나를 실망시키지 마렴, 네가 할 수 있다는 것을 알아, 난 네가 좋단다.).

P형 사람들은 체계적이고 효율적이다. 이는 단지 노력에 의한 것일 뿐이다. 교사는 학교의 필수적이지만 빡빡하고 제한적인 시간표와 과제 마감 기한 속에서 각자에게 제공되는 자발성과 즉흥성에 대한 상호 존중을 즐기면서, 필요한 과제들을 완수해야 함을 기억해야 한다. 비록 재미있고 인기 있는 선생님이 되겠지만, 또한 학생들이 사회적으로 그리고 학문적으로 성공할 수 있도록 준비하는 과제에 집중하게 할 필요가 있다. 둘 다 일을 끝내는 것보다 시작하는 것을 좋아한다. 그들의 초기 열정은 빠르게 사라질 수 있다. 둘 다 그들이 중요한 과제를 식별하고 완수하도록 확실히 해야 한다. 그렇지 않으면 학생(또는 그들의 부모)은 결국 어색한 질문을 할 수 있다. 교사가 선천적으로 느긋한 학생의 능력을 최대한 이끌어 내기 위해서는 학생들이 단순히 선택할 수 있는 것과 선택하는 것을 좋아하는 것이 아니다. 이는 필수적인 것이고 그렇게 해 주지 않으면 그들은 몸이 근질거리고 몸부림치거나 반항하기 시작한다. 중등학교 환경은 **P**형 학생들에게 무척 어렵기 때문에 선생님들은 학생들의 성취를 돕기 위해

- 가능한 한 유연성을 많이 제공하라(다양한 선택 과제, 수업 내 선택).
- 세부 일정을 피하라(어차피 지키지도 못할 것이다.).
- 예상 가능한 수업이 지겹지 않도록 때때로 변화를 주어라.
- 학생이 체계적이고 마지막 순간에 당황하지 않고 중용한 과업을 완수할 수 있도록 시간을 관리할 수 있는 단순한 방법을 수립하라.

162
흰동가리 유형 선생님(Clownfish teacher) & 흑곰 유형 학생(Black Bear student)
ENFP & ESTJ

흰동가리 유형과 흑곰 유형은 한 가지 성향만을 공유한다. 두 유형 모두 사교적이며 자신의 생각을 말할 것이고, 자신의 주장을 고집할 것이다. 학생의 진지함과 교사의 장난기가 부딪칠 때 갈등이 생길 수 있다. 선천적으로 적극적인 학생의 능력을 최대한 이끌어 내기 위해 교사는

- 새로운 생각과 발상을 불러일으키는 것이 적절할 때 생동감 넘치는 농담을 즐겨라. 학생은 이러한 방법으로 가장 잘 배우지만, 교실에 수많은 다른 학생들도 있다는 사실을 기억하라.
- 교사와 학생 모두 쉽게 산만해지고 궤도를 쉽게 벗어나기 때문에 요점을 벗어나지 말고 긍정적으로 생각하라(잔소리하지 마라.).
- 했던 일을 또 반복하지 마라.
- 차분하고 명확하게 행동하라. 그렇지 않으면 **E**형인 두 사람은 서로의 말을 듣지 않고 점점 더 크게 말할 수 있다.
- 어떤 생각은 말하지 않을 수도 있음을 기억하라(그러면 여러분은 나중에 어떤 것, 특히 비판적인 생각을 표현할 더 나은 방법을 생각할 수 있다.).
- 열정적이고 지지하는 청자가 되라. 교사의 생각을 주장하기보다는 학생 자신의 생각을 명확히 하고 발전

시킬 수 있도록 도와주라.

- 서로 조용히 하는 법을 배우고 수업에서 **I**형 학생이 자신을 표현할 수 있도록 격려하라.

상상력이 풍부한 흰동가리 유형 교사는 모든 학생에게 영감을 줄 수 있지만, 학생들의 약 3분의 2가 명확한 지침, 구조, 사실, 세부 사항 그리고 절차를 제공해야 할 필요가 있음을 존중해야 한다. 그렇지 않으면 그들은 허둥댈 수 있다. 현실적인 학생의 능력을 최대한 이끌어 내기 위해서 교사는

- 배운 것이 실제 현실에서 어떻게 적용되는지 설명하라.
- 학생이 역량을 갖출 때까지 반복하고 연습할 기회를 주라.
- 수업에 상상력을 유용하게 사용하도록 권장하고 그것이 시간 낭비가 아님을 설명하라.
- **S**형 학생에게 손해를 입히면서까지 **N**형 학생을 편애하는 것처럼 보이지 않도록 조심하라. 모든 학생은 그들이 선호하는 방법으로 기여할 수 있어야 한다.

교사는 과업보다 관계를 먼저 고려하는 반면 학생은 정반대로 생각한다. 교사는 학생이 자신과 다르다는 것을 수용하는 법을 배워야 한다. 즉, 학생이 차갑고, 무뚝뚝하며, 불친절한 것이 아니라 교사와는 다르고 과제에 먼저 집중할 뿐이다. 교사가 이것을 받아들일 수 있다면 이 관계는 교사와 학생 둘 모두에게 있어 매우 긍정적일 수 있다. 이러한 본능적으로 적극적인 학생의 능력을 최대한 이끌어 내기 위해서 교사는

- 대상을 정해 칭찬하라. 모든 것이 훌륭하다고 말하는 것은 학생에게 깊은 인상을 주거나 도움이 되지 않는다. 사실, 그것은 학생이 선생님을 존경하지 않는 결과를 초래할 수 있고, 교사가 거짓말하거나 아니면 부드러운 접촉이라고 결론지을 수 있다. 교사가 칭찬할 때, 증거를 요구받을 수도 있다.
- 논의할 때 감정적이기보다는 논리적이고 객관적으로 하라.
- 학생이 교사에게 이의를 제기한다면 그것은 아마 여러분의 권위나 인격을 무시하기보다 그들의 생각을 명확히 알리기 위한 것일 수 있다. 아마도 '이를 개선하거나 바꾸려면 어떻게 하겠니?' 또는 '너는 어떻게 생각하니?'라고 물어보라. 일단 학생이 생각을 명확히 하고 나면 교사가 생각하는 것을 물어보고 받아들일 준비가 되어 있을 것이다.
- 학생의 기량과 지식을 경쟁적으로 시험하는 방식으로 수업하라(경쟁력을 높인다.).
- 사람의 50%가 **F**형이고 피드백을 비판으로 해석하여 이해할 수 있다는 것을 도와주라.

느긋하고 융통성 있고 즉흥적인 교사와 선천적으로 체계적인 학생이 만날 때 이들은 서로를 보완할 수도 있거나 엄청나게 충돌할 수도 있다. 긍정적인 관계를 만들기 위해서 그들은 서로의 강점을 인정하고 그것을 배워야 한다. 학생은 계획을 조정하고 바꾸는 교사의 능력에서 혜택을 받을 수 있고 교사는 자신이 할 수 있고 끝낼 수 있는 계획을 세우는 학생의 욕심에서 혜택을 받을 수 있다. 또한 교사들은

- 질서, 깔끔함, 마감 기일 준수에 대한 학생의 욕구를 격려하고 지지하라.
- 학생이 진정으로 원할 경우 그들의 방식대로 작업을 자립적으로 계획할 수 있도록 허락하라.
- 단지 계획을 바꾸기 위한 계획은 하지 마라. 이것은 학생을 좌절시킬 뿐이다.

163
흰동가리 유형 선생님(Clownfish teacher) & 검은표범 유형 학생(Panther student)
ENFP & ESTP

흰동가리 유형과 검은표범 유형은 두 가지 성향을 공유한다. 두 유형 모두 편안하고 사교적인 교실 환경을 좋아한다. 어려운 일을 시작해야 할 때는 두 유형 사이에 갈등이 생길 수 있다. 선천적으로 과장스러운 학생의 능력을 최대한 이끌어 내기 위해 교사는

- 새로운 생각과 발상을 불러일으키는 것이 적절할 때 생동감 넘치는 농담을 즐겨라. 학생은 이러한 방법으로 가장 잘 배우지만, 교실에 수많은 다른 학생들도 있다는 사실을 기억하라.
- 교사와 학생 모두 쉽게 산만해지고 궤도를 쉽게 벗어나기 때문에 요점을 벗어나지 말고 긍정적으로 생각하라(잔소리하지 마라.).
- 했던 일을 또 반복하지 마라.

- 차분하고 명확하게 행동하라. 그렇지 않으면 **E**형인 두 사람은 PMQs(영국 수상 질의)와 같이 점점 더 크게 말할 것이다(서로의 말을 듣지 않는다.).
- 어떤 생각은 말하지 않을 수도 있음을 기억하라(그러면 여러분은 나중에 어떤 것, 특히 비판적인 생각을 표현할 더 나은 방법을 생각할 수 있다.).
- 열정적이고 지지하는 청자가 되라. 교사의 생각을 주장하기보다는 학생 자신의 생각을 명확히 하고 발전시킬 수 있도록 도와주라.
- 서로 조용히 하는 법을 배우고 수업에서 **I**형 학생이 자신을 표현할 수 있도록 격려하라.

상상력이 풍부한 횐동가리 유형 교사는 모든 학생에게 영감을 줄 수 있지만, 3분의 2 가량의 학생들에게 명확한 지침, 구조, 사실, 세부 사항 그리고 절차를 제공해야 할 필요가 있음을 존중해야 한다. 그렇지 않으면 그들은 허둥댈 수 있다. 현실적인 학생의 능력을 최대한 이끌어 내기 위해서 교사는

- 배운 것이 실제 현실에서 어떻게 적용되는지 설명하라.
- 학생이 역량을 갖출 때까지 반복하고 연습할 기회를 주라.
- 수업에 상상력을 유용하게 사용하도록 권장하고, 그것이 시간 낭비가 아님을 설명하라.
- **S**형 학생에게 손해를 주면서까지 **N**형 학생을 편애하는 것처럼 보이지 않도록 조심하라. 모든 학생은 그들이 선호하는 방법으로 기여할 수 있어야 한다.

교사는 과업보다 관계를 먼저 고려하는 반면 학생은 정반대로 생각한다. 교사는 학생이 자신과 다르다는 것을 수용하는 법을 배워야 한다. 즉, 학생이 차갑고, 무뚝뚝하며, 불친절한 것이 아니라 단순히 과제에 먼저 집중할 뿐이다. 교사가 이것을 받아들일 수 있다면 이 관계는 교사와 학생 둘 모두에게 있어 매우 긍정적일 수 있다. 본질적으로 자신감 있는 학생의 능력을 최대한 이끌어 내기 위해서 교사는

- 대상을 정해 칭찬하라. 모든 것이 훌륭하다고 말하는 것은 학생에게 깊은 인상을 주거나 도움이 되지 않는다. 사실, 그것은 학생이 선생님을 존경하지 않는 결과를 초래할 수 있고, 교사가 거짓말하거나 아니면 부드러운 접촉이라고 결론지을 수 있다. 교사가 칭찬할 때, 증거를 요구받을 수도 있다.
- 논의할 때 감정적이기보다는 논리적이고 객관적으로 하라.
- 학생이 교사에게 이의를 제기한다면 그것은 아마 여러분의 권위나 인격을 무시하기보다 그들의 생각을 명확히 알리기 위한 것일 수 있다. 아마도 '이를 개선하거나 바꾸려면 어떻게 하겠니?' 또는 '너는 어떻게 생각하니?'라고 물어보라. 일단 학생이 생각을 명확히 하고 나면 교사가 생각하는 것을 물어보고 받아들일 준비가 되어 있을 것이다.
- 학생의 기량과 지식을 경쟁적으로 시험하는 방식으로 수업하라(경쟁력을 높인다.).
- 사람의 50%가 **F**형이고 피드백을 비판으로 해석하여 이해할 수 있다는 것을 도와주라.

P형 사람들은 체계적이고 효율적이다. 이는 단지 노력에 의한 것이다. 교사는 학교의 필수적이지만 빡빡하고 제한적인 시간표와 과제 마감 기한 속에서 각자에게 제공되는 자발성과 즉흥성에 대한 상호 존중을 즐기면서, 필요한 과제들을 완수해야 함을 기억해야 한다. 비록 재미있고 인기 있는 선생님이 되겠지만, 또한 학생들이 사회적으로 그리고 학문적으로 성공할 수 있도록 준비하는 과제에 집중하게 할 필요가 있다. 둘 다 일을 끝내는 것보다 시작하는 것을 좋아한다. 그들의 초기 열정은 빠르게 증발할 수 있다. 둘 다 그들이 중요한 과제를 식별하고 완수하도록 확실히 해야 한다. 그렇지 않으면 학생(또는 그들의 부모)은 결국 어색한 질문을 할 수 있다. 교사가 선천적으로 느긋한 학생의 능력을 최대한 이끌어 내기 위해서는 학생들이 단순히 학생이 선택할 수 있는 것과 선택하는 것을 좋아하는 것이 아니라 그것은 필수적인 것이고 그렇게 해 주지 않으면 몸이 근질거리고 몸부림치거나 반항하기 시작된다는 것을 알아야 한다. 중등학교 환경은 **P**형 학생들에게 무척 어렵기 때문에 선생님들은 다음을 통해 학생들의 성취를 돕기 위해

- 가능한 한 유연성을 많이 제공하라(다양한 선택 과제, 수업 내 선택).
- 세부 일정을 피하라(어차피 지키지도 못할 것이다.).
- 예상 가능한 수업이 지겹지 않도록 때때로 변화를 주어라.
- 학생이 번창할 수 있도록 간단한 시간 관리 전략을 수립할 수 있게 도와주라.

164 흰동가리 유형 선생님(Clownfish teacher) & 곰인형 유형 학생(Teddy Bear student)

ENFP & ESFJ

흰동가리 유형과 곰인형 유형은 두 가지 성향을 공유한다. 두 유형 모두 사교적이고 배려심이 깊다. 하지만 이들의 세계를 인식하는 방식에서의 차이와 생활양식의 차이가 성가심의 원인이 될 수 있다. 즉흥적이고 창의적인 교사는 상대적으로 더 전통적이고 현실적인 학생을 혼란시키고 헤매게 만들 수도 있다. 선천적으로 과장스러운 학생의 능력을 최대한 이끌어 내기 위해 교사는

- 새로운 생각과 발상을 불러일으키는 것이 적절할 때 생동감 넘치는 농담을 즐겨라. 학생은 이러한 방법으로 가장 잘 배우지만, 교실에 수많은 다른 학생들도 있다는 사실을 기억하라.
- 교사와 학생 모두 쉽게 산만해지고 궤도를 쉽게 벗어나기 때문에 요점을 벗어나지 말고 긍정적으로 생각하라(잔소리하지 마라.).
- 했던 일을 또 반복하지 마라.
- 차분하고 명확하게 행동하라. 그렇지 않으면 **E**형인 두 사람은 PMQs(영국 수상 질의)와 같이 점점 더 크게 말할 것이다(서로의 말을 듣지 않는다.).
- 어떤 생각은 말하지 않을 수도 있음을 기억하라(그러면 여러분은 나중에 어떤 것, 특히 비판적인 생각을 표현할 더 나은 방법을 생각할 수 있다.).
- 열정적이고 지지하는 청자가 되라. 교사의 생각을 주장하기보다는 학생 자신의 생각을 명확히 하고 발전시킬 수 있도록 도와주라.
- 서로 조용히 하는 법을 배우고 수업에서 **I**형 학생이 자신을 표현할 수 있도록 격려하라.

상상력이 풍부한 흰동가리 유형 교사는 모든 학생에게 영감을 줄 수 있지만, 학생들의 약 3분의 2가 명확한 지침, 구조, 사실, 세부 사항 그리고 절차를 제공해야 할 필요가 있음을 존중해야 한다. 그렇지 않으면 그들은 허둥댈 수 있다. 더욱 현실적인 학생의 능력을 최대한 이끌어 내기 위해서 교사는

- 배운 것이 실제 현실에서 어떻게 적용되는지 설명하라.
- 학생이 역량을 갖출 때까지 반복하고 연습할 기회를 주라.
- 수업에 상상력을 유용하게 사용하도록 권장하고, 그것은 시간 낭비가 아님을 설명하라.
- **S**형 학생에게 피해를 주면서까지 **N**형 학생을 선호하는 것처럼 보이지 않도록 조심하라. 모든 학생은 그들이 선호하는 방법으로 기여할 수 있어야 한다.

교사와 학생 모두 과제 · 과목을 고려하기 전에 사람과의 관계를 먼저 고려한다. 흰동가리 유형 선생님은 학생이 마음에 들지 않는 한 모든 학생들과 개인적인 관계를 형성하는 것을 좋아한다(**F**형 선생님은 **T**형 선생님이 좋아하는 것을 더 좋아하는 경향이 있다.). 선생님이 감정적으로 움직이기 때문에 이러한 선생님들은 학생들에게 약속을 하고, 지나치게 무리하며, 심지어 학생들이 해야 할 일마저도 대신 할 가능성이 더 높다. 선생님과 학생 모두 따뜻하고 친근한 교실 분위기를 즐긴다. 칭찬은 학생뿐만 아니라 교사의 자신감을 북돋아 줄 것이다. 곰인형 유형의 학생은 선생님을 좋아하고 선생님도 그들을 좋아한다고 느낄 필요가 있다. 이렇게 되면 그들은 더 열심히 공부하겠지만 그렇지 않으면 공부에 신경을 완전히 끊을지도 모른다. 이것은 한 학생이 한 해(그들이 좋아하는 선생님과 함께 하면)에 최고의 학생이 될 수도 있고, 선생님이 바뀐 그 이듬해에는 공부에 대해 아예 관심을 보이지 않은 이유를 설명해 준다. 관계 중심적인 학생의 능력을 최대한 이끌어 내기 위해서 교사는

- 공감, 협업 및 팀워크를 활용할 수 있는 학습 상황을 제공하라.
- 어떠한 약점이라도 극복할 수 있도록 요령껏 지원하면서 충분하고 정기적으로 칭찬하라.
- 학생에 대한 개인적인 신념의 힘에 호소하여 동기를 부여하라(나를 실망시키지 마렴, 네가 할 수 있다는 것을 알아, 난 네가 좋단다.).

느긋하고 융통성 있고 즉흥적인 교사와 선천적으로 체계적인 학생이 만났을 때 드림팀이 될 수도, 재앙이 될 수도 있다. 긍정적인 관계를 만들기 위해서 그들은 서로의 강점을 인정하고 그것을 배워야 한다. 학생은 계획을 조정하고 바꾸는 교사의 능력에서 혜택을 받을 수 있고 교사는 자신이 할 수 있고 끝낼 수 있는 계획을 세우는 학생의 욕심에서 혜택을 받을 수 있다. 또한 교사들은

- 질서, 깔끔함, 마감 기일 준수에 대한 학생의 욕구를

격려하고 지지하라.

- 학생이 진정으로 원할 경우 그들의 방식대로 작업을 자립적으로 계획할 수 있도록 허락하라.
- 단지 계획을 바꾸기 위한 계획은 하지 마라. 이것은 학생을 좌절시킬 뿐이다.
- 학생이 때때로 유연성을 받아들이도록 격려하라. 다양성은 삶의 묘미이다.

165
흰동가리 유형 선생님(Clownfish teacher) & 독수리 유형 학생(Eagle student)
ENFP & ENTJ

흰동가리 유형과 독수리 유형은 두 가지 성향을 공유한다. 두 유형 모두 적극적이고 독창적이다. 주도권을 잡고 싶은 학생의 열망이 교사의 수업을 방해할 때 충돌이 생길 수 있다. 선천적으로 과장스러운 학생의 능력을 최대한 이끌어 내기 위해 교사는

- 새로운 생각과 발상을 불러일으키는 것이 적절할 때 생동감 넘치는 농담을 즐겨라. 학생은 이러한 방법으로 가장 잘 배우지만, 교실에 수많은 다른 학생들도 있다는 사실을 기억하라.
- 교사와 학생 모두 쉽게 산만해지고 궤도를 쉽게 벗어나기 때문에 요점을 벗어나지 말고 긍정적으로 생각하라(잔소리하지 마라.).
- 했던 일을 또 반복하지 마라.
- 차분하고 명확하게 행동하라. 그렇지 않으면 **E**형인 두 사람은 서로의 말을 듣지 않고 점점 더 크게 말할 수 있다.
- 어떤 생각은 말하지 않을 수도 있음을 기억하라(그러면 여러분은 나중에 어떤 것, 특히 비판적인 생각을 표현할 더 나은 방법을 생각할 수 있다.).
- 열정적이고 지지하는 청자가 되라. 교사의 생각을 주장하기보다는 학생 자신의 생각을 명확히 하고 발전시킬 수 있도록 도와주라.
- 서로 조용히 하는 법을 배우고 수업에서 **I**형 학생이 자신을 표현할 수 있도록 격려하라.

선생님과 학생 모두 전체 상황을 먼저 보고, 예감, 추리, 상상력을 이용하여 의미를 추론함으로써 정보를 모은다. 흰동가리 유형 선생님은 선천적으로 교실에서 자신의 상상력을 활용할 것이고 **N**형 학생들은 이에 잘 반응할 것인데, 아마도 공상, 일화, 이야기에 상상의 나래를 펼치며 동참할 것이다. 선생님과 학생 사이의 자연스러운 친밀감은 종종 존재하는데, 그들 둘 다 같은 방식으로 세상을 바라보기 때문이다. 즉, 패턴, 가능성, 아이디어 그리고 이론을 탐구함으로써 사물이 왜 있는지를 이해하려는 뜨거운 호기심을 가지고 있다. 선생님은 **S**형 학생에게 피해를 주면서까지 **N**형 학생을 선호하는 것처럼 보이지 않도록 주의하라. 모든 학생은 자신이 선호하는 방식으로 수업에 참여할 수 있어야 한다. 교사가 선천적으로 상상력이 풍부한 학생의 능력을 최대한 이끌어 내기 위해서 교사는

- 창의적으로 탐구할 수 있는 질문 · 프로젝트를 제공하라.
- 중복된 과제는 피하라. 학생이 빨리 흥미를 잃는다.
- 학생에게 **S**형 접근 방식(사실, 세부 사항, 절차, 실험, 경험 적용, 구조, 단계별 모델)이 수업에 중요하게 기여함을 깨닫도록 하라.

교사는 과업보다 먼저 관계를 고려하는 반면 학생은 정반대로 생각한다. 교사는 학생이 자신과 다르다는 것을 수용하는 법을 배워야 한다. 즉, 학생이 차갑고, 무뚝뚝하며, 불친절한 것이 아니라 단순히 과제에 먼저 집중할 뿐이다. 교사가 이것을 받아들일 수 있다면 이 관계는 교사와 학생 둘 모두에게 있어 매우 긍정적일 수 있다. 이러한 근본적으로 적극적인 학생의 능력을 최대한 이끌어 내기 위해서 교사는

- 대상을 정해 칭찬하라. 모든 것이 훌륭하다고 말하는 것은 학생에게 깊은 인상을 주거나 도움이 되지 않는다. 사실, 그것은 학생이 선생님을 존경하지 않는 결과를 초래할 수 있고, 교사가 거짓말하거나 아니면 부드러운 접촉이라고 결론지을 수 있다. 교사가 칭찬할 때, 증거를 요구받을 수도 있다.
- 논의할 때 감정적이기보다는 논리적이고 객관적으로 하라.
- 학생이 교사에게 이의를 제기한다면 그것은 아마 여러분의 권위나 인격을 무시하기보다 그들의 생각을 명확히 알리기 위한 것일 수 있다. 아마도 '이를 개선하거나 바꾸려면 어떻게 하겠니?' 또는 '너는 어떻게

생각하니?'라고 물어보라. 일단 학생이 생각을 명확히 하고 나면 교사가 생각하는 것을 물어보고 받아들일 준비가 되어 있을 것이다.

- 사람의 50%가 **F**형이고 피드백을 비판으로 해석하여 이해할 수 있다는 것을 도와주라.
- 학생의 기량과 지식을 경쟁적으로 시험하는 방식으로 수업하라(경쟁력을 높인다.).

느긋하고 융통성 있고 즉흥적인 교사와 선천적으로 체계적인 학생이 만났을 때 드림팀이 될 수도, 재앙이 될 수도 있다. 긍정적인 관계를 만들기 위해서 그들은 서로의 강점을 인정하고 그것을 배워야 한다. 학생은 계획을 조정하고 바꾸는 교사의 능력에서 혜택을 받을 수 있고 교사는 자신이 할 수 있고 끝낼 수 있는 계획을 세우는 학생의 욕심에서 혜택을 받을 수 있다. 또한 교사들은

- 질서, 깔끔함, 마감 기일 준수에 대한 학생의 욕구를 격려하고 지지하라.
- 학생이 진정으로 원할 경우 그들의 방식대로 작업을 자립적으로 계획할 수 있도록 허락하라.
- 학생이 때때로 유연성을 받아들이도록 격려하라.
- 단지 계획을 바꾸기 위한 계획은 하지 마라. 이것은 학생을 좌절시킬 뿐이다.

166
흰동가리 유형 선생님(Clownfish teacher) & 매 유형 학생(Falcon student)
ENFP & ENTP

흰동가리 유형과 매 유형은 세 가지 성향을 공유하며 아주 닮았다. 두 유형 모두 풍부한 상상력을 가졌고 그것을 사용하는 데에 두려움이 없다. 매 유형의 학생들은 선천적이고 지배적이고 대담한 이들의 기질에 (연극학교에는 맞지만 일반적인) 교육과는 맞지 않는다고 종종 오해를 받는다. 흰동가리 유형 교사는 매 유형 학생에게서 최선의 결과를 이끌어 낼 수 있다. '빈 방에 가서 논쟁을 시작할 수 있는(논쟁거리가 없어도 논쟁을 만들어 내는)' 학생의 능력을 최대한 이끌어 내기 위해 교사는

- 새로운 생각과 발상을 불러일으키는 것이 적절할 때 생동감 넘치는 농담을 즐겨라. 학생은 이러한 방법으로 가장 잘 배우지만, 교실에 수많은 다른 학생들도 있다는 사실을 기억하라.
- 교사와 학생 모두 쉽게 산만해지고 궤도를 쉽게 벗어나기 때문에 요점을 벗어나지 말고 긍정적으로 생각하라(잔소리하지 마라.).
- 했던 일을 또 반복하지 마라(중요한 세부 사항이 아니라면).
- 차분하고 명확하게 행동하라. 그렇지 않으면 **E**형인 두 사람은 서로의 말을 듣지 않고 점점 더 크게 말할 수 있다.
- 어떤 생각은 말하지 않을 수도 있음을 기억하라(그러면 여러분은 나중에 어떤 것, 특히 비판적인 생각을 표현할 더 나은 방법을 생각할 수 있다.).
- 열정적이고 지지하는 청자가 되라. 교사의 생각을 주장하기보다는 학생 자신의 생각을 명확히 하고 발전시킬 수 있도록 도와주라.
- 서로 조용히 하는 법을 배우고 수업에서 **I**형 학생이 자신을 표현할 수 있도록 격려하라.

선생님과 학생 모두 전체 상황을 먼저 보고, 예감, 추리, 상상력을 이용하여 의미를 추론함으로써 정보를 모은다. 흰동가리 선생님은 선천적으로 교실에서 자신의 상상력을 활용할 것이고 **N**형 학생들은 이에 잘 반응할 것인데, 아마도 공상, 일화, 이야기에 상상의 나래를 펼치며 동참할 것이다. 선생님과 학생 사이의 자연스러운 친밀감은 종종 존재하는데, 그들 둘 다 같은 방식으로 세상을 바라보기 때문이다. 즉, 패턴, 가능성, 아이디어 그리고 이론을 탐구함으로써 사물이 왜 있는지를 이해하려는 뜨거운 호기심을 가지고 있다. 선생님은 **S**형 학생에게 피해를 주면서까지 **N**형 학생을 편애하는 것처럼 보이지 않도록 주의하라. 모든 학생은 자신이 선호하는 방식으로 수업에 참여할 수 있어야 한다. 선천적으로 상상력이 풍부한 학생의 능력을 최대한 이끌어 내기 위해서 교사는

- 창의적으로 탐구할 수 있는 질문 · 프로젝트를 제공하라.
- 중복된 과제는 피하라. 학생이 빨리 흥미를 잃는다.
- 학생에게 **S**형 접근 방식(사실, 세부 사항, 절차, 실험, 경험 적용, 구조, 단계별 모델)이 수업에 중요하게 기여함을 깨닫도록 하라.

교사는 과업보다 먼저 관계를 고려하는 반면 학생은 정

반대로 생각한다. 교사는 학생이 자신과 다르다는 것을 수용하는 법을 배워야 한다. 즉, 학생이 차갑고, 무뚝뚝하며, 불친절한 것이 아니라 단순히 과제에 먼저 집중할 뿐이다. 교사가 이것을 받아들일 수 있다면 이 관계는 교사와 학생 둘 모두에게 있어 매우 긍정적일 수 있다. 근본적으로 적극적인 학생의 능력을 최대한 이끌어 내기 위해서 교사는

- 대상을 정해 칭찬하라. 모든 것이 훌륭하다고 말하는 것은 학생에게 깊은 인상을 주거나 도움이 되지 않는다. 사실, 그것은 학생이 선생님을 존경하지 않는 결과를 초래할 수 있고, 교사가 거짓말하거나 아니면 부드러운 접촉이라고 결론지을 수 있다. 교사가 칭찬할 때, 증거를 요구받을 수도 있다.
- 논의할 때 감정적이기보다는 논리적이고 객관적으로 하라.
- 학생이 교사에게 이의를 제기한다면 그것은 아마 여러분의 권위나 인격을 무시하기보다 그들의 생각을 명확히 알리기 위한 것일 수 있다. 아마도 '이를 개선하거나 바꾸려면 어떻게 하겠니?' 또는 '너는 어떻게 생각하니?'라고 물어보라. 일단 학생이 생각을 명확히 하고 나면 교사가 생각하는 것을 물어보고 받아들일 준비가 되어 있을 것이다.
- 학생의 기량과 지식을 경쟁적으로 시험하는 방식으로 수업하라(경쟁력을 높인다.).
- 사람의 50%가 **F**형이고 피드백을 비판으로 해석하여 이해할 수 있다는 것을 도와주라.

P형 사람들은 체계적이고 효율적이다. 이는 단지 노력에 의한 것이다. 교사는 학교의 필수적이지만 빡빡하고 제한적인 시간표와 과제 마감 기한 속에서 각자에게 제공되는 자발성과 즉흥성에 대한 상호 존중을 즐기면서, 필요한 과제들을 완수해야 함을 기억해야 한다. 비록 재미있고 인기 있는 선생님이 되겠지만, 또한 학생들이 사회적으로 그리고 학문적으로 성공할 수 있도록 준비하는 과제에 집중하게 할 필요가 있다. 둘 다 일을 끝내는 것보다 시작하는 것을 좋아한다. 그들의 초기 열정은 빠르게 증발할 수 있다. 둘 다 그들이 중요한 과제를 식별하고 완수하도록 확실히 해야 한다. 그렇지 않으면 학생(또는 그들의 부모)은 결국 어색한 질문을 할 수 있다. 교사가 선천적으로 느긋한 학생의 능력을 최대한 이끌어 내기 위해서는 학생들이 단순히 단순히 학생이 선택할 수 있는 것과 선택하는 것을 좋아하는 것이 아니라 이는 필수적인 것이고 그렇게 해 주지 않으면 몸이 근질거리고 몸부림치거나 반항하기 시작된다는 것을 알아야 한다. 중등학교 환경은 **P**형 학생들에게 무척 어렵기 때문에 선생님은 다음과 같이 학생들의 성취를 돕기 위해

- 가능한 한 유연성을 많이 제공하라(다양한 선택 과제, 수업 내 선택).
- 세부 일정을 피하라(어차피 지키지도 못할 것이다.).
- 예상 가능한 수업이 지겹지 않도록 때때로 변화를 주어라.
- 학생이 번창할 수 있도록 간단한 시간 전략을 찾을 수 있게 도와주라.

167
흰동가리 유형 선생님(Clownfish teacher) & 돌고래 유형 학생(Dolphin student)
ENFP & ENFJ

흰동가리 유형과 돌고래 유형은 세 가지 성향을 공유한다. 둘 다 개인적으로 성장하고 발전하기 위한 방법으로서의 교육에 관심을 가진 '히피족'이다. 학생이 선생님에 의해 보살핌을 받는다고 느낄 때 그들은 잘 반응한다. 수업 시간에 잡담하거나 개인적으로 꽁해져 있는 것이 시간이 지나도 풀리지 않을 때 충돌이 일어날 수 있다. 선천적으로 남과 어울리기 좋아하는 학생의 능력을 최대한 이끌어 내기 위해 교사는

- 새로운 생각과 발상을 불러일으키는 것이 적절할 때 생동감 넘치는 농담을 즐겨라. 학생은 이러한 방법으로 가장 잘 배우지만, 교실에 수많은 다른 학생들도 있다는 사실을 기억하라.
- 교사와 학생 모두 쉽게 산만해지고 궤도를 쉽게 벗어나기 때문에 요점을 벗어나지 말고 긍정적으로 생각하라(잔소리하지 마라.).
- 했던 일을 또 반복하지 마라.
- 차분하고 명확하게 행동하라. 그렇지 않으면 **E**형인 두 사람은 PMQs(영국 수상 질의)와 같이 점점 더 크게 말할 것이다(서로의 말을 듣지 않는다.).
- 어떤 생각은 말하지 않을 수도 있음을 기억하라(그러면 여러분은 나중에 어떤 것, 특히 비판적인 생각을 표현할

더 나은 방법을 생각할 수 있다.).

- 열정적이고 지지하는 청자가 되라. 교사의 생각을 주장하기보다는 학생 자신의 생각을 명확히 하고 발전시킬 수 있도록 도와주라.
- 서로 조용히 하는 법을 배우고 수업에서 **I**형 학생이 자신을 표현할 수 있도록 격려하라.

선생님과 학생 모두 전체 상황을 먼저 보고, 예감, 추리, 상상력을 이용하여 의미를 추론함으로써 정보를 모은다. 흰동가리 유형 선생님은 선천적으로 교실에서 자신의 상상력을 활용할 것이고 **N**형 학생들은 이에 잘 반응할 것인데, 아마도 공상, 일화, 이야기에 상상의 나래를 펼치며 동참할 것이다. 선생님과 학생 사이의 자연스러운 친밀감은 종종 존재하는데, 그들 둘 다 같은 방식으로 세상을 바라보기 때문이다. 즉, 패턴, 가능성, 아이디어 그리고 이론을 탐구함으로써 사물이 왜 있는지를 이해하려는 뜨거운 호기심을 가지고 있다. 선생님은 **S**형 학생에게 피해를 주면서까지 **N**형 학생을 선호하는 것처럼 보이지 않도록 주의하라. 모든 학생은 자신이 선호하는 방식으로 수업에 참여할 수 있어야 한다. 선천적으로 상상력이 풍부한 학생의 능력을 최대한 이끌어 내기 위해서 교사는

- 창의적으로 탐구할 수 있는 질문 · 프로젝트를 제공하라.
- 중복된 과제는 피하라. 학생이 빨리 흥미를 잃는다.
- 학생에게 **S**형 접근 방식(사실, 세부 사항, 절차, 실험, 경험 적용, 구조, 단계별 모델)이 수업에 중요하게 기여함을 깨닫도록 하라.

교사와 학생 모두 과제 · 과목을 고려하기 전에 사람과의 관계를 먼저 고려한다. 선생님은 학생이 마음에 들지 않는 한 모든 학생들과 개인적인 관계를 형성하는 것을 좋아한다(**F**형 선생님은 **T**형 선생님이 좋아하는 것을 더 좋아하는 경향이 있다.). 선생님이 감정적으로 움직이기 때문에 이러한 선생님들은 학생들에게 약속을 하고, 지나치게 무리하며, 심지어 학생들이 해야 할 일마저도 대신할 가능성이 더 높다. 선생님과 학생 모두 따뜻하고 친근한 교실 분위기를 즐긴다. 칭찬은 학생뿐만 아니라 교사의 자신감을 북돋아 줄 것이다. 돌고래 유형의 학생은 선생님을 좋아하고 선생님도 그들을 좋아한다고 느낄 필요가 있다. 이렇게 되면 그들은 더 열심히 공부하겠지만 그렇지 않으면 공부에 신경을 완전히 끊을지도 모른다. 이것은 한 학생이 한 해(그들이 좋아하는 선생님과 함께 하면)에 최고의 학생이 될 수도 있고, 선생님이 바뀐 그 이듬해에는 공부에 대해 아예 관심을 보이지 않은 이유를 설명해 준다. 관계 중심적인 학생의 능력을 최대한 이끌어 내기 위해서 교사는

- 공감, 협업 및 팀워크를 활용할 수 있는 학습 상황을 제공하라.
- 어떠한 약점이라도 극복할 수 있도록 요령껏 지원하면서 충분하고 정기적으로 칭찬하라.
- 학생에 대한 개인적인 신념의 힘에 호소하여 동기를 부여하라(나를 실망시키지 마렴, 네가 할 수 있다는 것을 알아, 난 네가 좋단다.).

느긋하고 융통성 있고 즉흥적인 교사와 선천적으로 체계적인 학생은 드림팀이 될 수도, 재앙이 될 수도 있다. 긍정적인 관계를 만들기 위해서 그들은 서로의 강점을 인정하고 그것을 배워야 한다. 학생은 계획을 조정하고 바꾸는 교사의 능력에서 혜택을 받을 수 있고 교사는 자신이 할 수 있고 끝낼 수 있는 계획을 세우는 학생의 욕심에서 혜택을 받을 수 있다. 또한 교사들은

- 학생이 진정으로 원할 경우 그들의 방식대로 작업을 자립적으로 계획할 수 있도록 허락하라.
- 단지 계획을 바꾸기 위한 계획은 하지 마라. 이것은 학생을 좌절시킬 뿐이다.
- 학생이 때때로 유연성을 받아들이도록 격려하라.
- 질서, 깔끔함, 마감 기일 준수에 대한 학생의 욕구를 격려하고 지지하라.

168
흰동가리 유형 선생님(Clownfish teacher) & 흰동가리 유형 학생(Clownfish student)
ENFP & ENFP

같은 유형은 공통의 가치관과 습관을 토대로 금세 친해질 수 있다. 이 유형이 가진 삶에 대한 열정(삶을 즐기려고만 하는 성향)이 교육의 학문적인 부분을 어렵게 만들 때 충돌이 일어날 수 있다. 이들의 관계는 때때로 좋지 않게 끝나버리는 무모하고 논쟁을 벌이는 동지애의 『Top Gear』의 한 에피소드처럼 될 수도 있다. 선천적으

로 남과 어울리기 좋아하는 학생의 능력을 최대한 이끌어 내기 위해 교사는

- 새로운 생각과 발상을 불러일으키는 것이 적절할 때 생동감 넘치는 농담을 즐겨라. 학생은 이러한 방법으로 가장 잘 배우지만, 교실에 수많은 다른 학생들도 있다는 사실을 기억하라.
- 교사와 학생 모두 쉽게 산만해지고 궤도를 쉽게 벗어나기 때문에 요점을 벗어나지 말고 긍정적으로 생각하라(잔소리하지 마라.).
- 했던 일을 또 반복하지 마라.
- 차분하고 명확하게 행동하라. 그렇지 않으면 **E**형인 두 사람은 서로의 말을 듣지 않고 점점 더 크게 말할 수 있다.
- 어떤 생각은 말하지 않을 수도 있음을 기억하라(그러면 여러분은 나중에 어떤 것, 특히 비판적인 생각을 표현할 더 나은 방법을 생각할 수 있다.).
- 열정적이고 지지하는 청자가 되라. 교사의 생각을 주장하기보다는 학생 자신의 생각을 명확히 하고 발전시킬 수 있도록 도와주라.
- 서로 조용히 하는 법을 배우고 수업에서 **I**형 학생이 자신을 표현할 수 있도록 격려하라.

선생님과 학생 모두 전체 상황을 먼저 보고, 예감, 추리, 상상력을 이용하여 의미를 추론함으로써 정보를 모은다. 선생님은 선천적으로 교실에서 자신의 상상력을 활용할 것이고 **N**형 학생들은 이에 잘 반응할 것인데, 아마도 공상, 일화, 이야기에 상상의 나래를 펼치며 동참할 것이다. 선생님과 학생 사이의 자연스러운 친밀감은 종종 존재하는데, 그들 둘 다 같은 방식으로 세상을 바라보기 때문이다. 즉, 패턴, 가능성, 아이디어 그리고 이론을 탐구함으로써 사물이 왜 있는지를 이해하려는 뜨거운 호기심을 가지고 있다. 선생님은 **S**형 학생에게 피해를 주면서까지 **N**형 학생을 편애하는 것처럼 보이지 않도록 주의하라. 모든 학생은 자신이 선호하는 방식으로 수업에 참여할 수 있어야 한다. 선천적으로 상상력이 풍부한 학생의 능력을 최대한 이끌어 내기 위해서 교사는

- 창의적으로 탐구할 수 있는 질문 · 프로젝트를 제공하라.
- 중복된 과제는 피하라. 학생이 빨리 흥미를 잃는다.
- 학생에게 **S**형 접근 방식(사실, 세부 사항, 절차, 실험, 경험 적용, 구조, 단계별 모델)이 수업에 중요하게 기여함을 깨닫도록 하라.

교사와 학생 모두 과제 · 과목을 고려하기 전에 사람과의 관계를 먼저 고려한다. 선생님은 학생이 마음에 들지 않는 한 모든 학생들과 개인적인 관계를 형성하는 것을 좋아한다(**F**형 선생님은 **T**형 선생님이 좋아하는 것을 더 좋아하는 경향이 있다.). 선생님이 감정적으로 움직이기 때문에 이러한 선생님들은 학생들에게 약속을 하고, 지나치게 무리하며, 심지어 학생들이 해야 할 일마저도 대신할 가능성이 더 높다. 선생님과 학생 모두 따뜻하고 친근한 교실 분위기를 즐긴다. 칭찬은 학생뿐만 아니라 교사의 자신감을 북돋아 줄 것이다. 흰동가리 유형의 학생은 선생님을 좋아하고 선생님도 그들을 좋아한다고 느낄 필요가 있다. 이렇게 되면 그들은 더 열심히 공부하겠지만 그렇지 않으면 공부에 신경을 완전히 끊을지도 모른다. 이것은 한 학생이 한 해(그들이 좋아하는 선생님과 함께 하면)에 최고의 학생이 될 수도 있고, 선생님이 바뀐 그 이듬해에는 공부에 대해 아예 관심을 보이지 않은 이유를 설명해 준다. 관계 중심적인 학생의 능력을 최대한 이끌어 내기 위해서 교사는

- 공감, 협업 및 팀워크를 활용할 수 있는 학습 상황을 제공하라.
- 어떠한 약점이라도 극복할 수 있도록 요령껏 지원하면서 충분하고 정기적으로 칭찬하라.
- 학생에 대한 개인적인 신념의 힘에 호소하여 동기를 부여하라(나를 실망시키지 마렴, 네가 할 수 있다는 것을 알아, 난 네가 좋단다.).

흰동가리 유형은 해야 할 일들 목록, 일정, 예상 가능한 일들을 혐오한다. 그들은 후천적인 심미안이나 연마된 기술의 경지에 도달하는 경우가 드물다. 교사는 학교의 필수적이지만 빡빡하고 제한적인 시간표와 과제 마감기한 속에서 각자에게 제공되는 자발성과 즉흥성에 대한 상호 존중을 즐기면서, 필요한 과제들을 완수해야 함을 기억해야 한다. 비록 재미있고 인기 있는 선생님이 되겠지만, 또한 학생들이 사회적으로 그리고 학문적으로 성공할 수 있도록 준비하는 과제에 집중하게 할 필요가 있다. 둘 다 일을 끝내는 것보다 시작하는 것을 좋아한다. 그들의 초기 열정은 빠르게 증발할 수 있다. 둘 다 그들이 중요한 과제를 식별하고 완수하도록 확실히 해야 한다. 그렇지 않으면 학생(또는 그들의 부모)은 결국 어

색한 질문을 할 수 있다. 교사가 선천적으로 느긋한 학생의 능력을 최대한 이끌어 내기 위해서는 학생들이 단순히 선택할 수 있는 것과 선택하는 것을 좋아하는 것이 아니다. 이는 필수적인 것이고 그렇게 해 주지 않으면 그들은 몸이 근질거리고 몸부림치거나 반항하기 시작한다. 중등학교 환경은 **P**형 학생들에게 무척 어렵기 때문에 선생님들은 다음과 같이 학생들의 성취를 돕기 위해

- 가능한 한 유연성을 많이 제공하라(다양한 선택 과제, 수업 내 선택).
- 세부 일정을 피하라(어차피 지키지도 못할 것이다.).
- 예상 가능한 수업이 지겹지 않도록 때때로 변화를 주어라.
- 학생이 중요한 작업을 마지막까지 서두르지 않고 완료할 수 있도록 시간을 조직하고 관리할 수 있는 방법을 수립하도록 도와주라.

169
흰동가리 유형 선생님(Clownfish teacher) & 북극곰 유형 학생(Polar Bear student)
ENFP & ISTJ

흰동가리 유형과 북극곰 유형은 어떠한 성향도 공유하지 않는다. 그러나 함께라면 모든 성향을 망라할 수 있기에 정반대되는 사람들은 서로에게 유용할 수 있다. 선천적으로 체계적이고 현실적인 학생은 장난기 많은 교사가 순조롭게 진행할 수 있게 한다. 접근법에서의 차이가 (교사에게는) 냉정하고 개인적이라고, 또는 (학생에게는) 전문가답지 못하고 마치 악동 같다고 잘못 이해될 때 충돌이 생길 수 있다. 성격상 진지한 학생의 능력을 최대한 이끌어 내기 위해서 교사는

- 차분히 속도를 낮추고 간결하게 이야기하라.
- 질문과 답변 사이에 충분한 시간을 주라. 학생이 답하기 전에 생각하고 되돌아볼 시간이 필요함을 존중하라.
- 학생들에게 스스로 작업할 수 있는 시간과 공간을 제공하라. 그들 머리 위를 맴돌면서 참견하려고 하지 마라.
- 문제를 즉시 해결하거나 학생들의 말을 가로채지 마라.
- **E**형 학생이 많은 모둠 · 팀에 **I**형 학생 한 명만을 두지 마라(그들은 숨막혀 할 것이다.).
- 모둠 활동과 수업 토론이 실망스러워 한숨이 나와도 놀라지 마라.
- (말뿐만 아니라) 글로 써서 칭찬하라.
- 학생이 쉬는 시간에 교사에게 와서 항상 이야기할 수 있으며, 나중에 교사가 답변할 수 있는 질문 · 문제를 적어 놓을 수 있음을 학생에게 알려 주라.

상상력이 풍부한 흰동가리 유형 교사는 모든 학생에게 영감을 줄 수 있지만, 북극곰 유형 학생들에게 명확한 지침, 구조, 사실, 세부 사항 그리고 절차를 제공해야 할 필요가 있음을 존중해야 한다. 그렇지 않으면 그들은 허둥댈 수 있다. 현실적인 학생의 능력을 최대한 이끌어 내기 위해서 교사는

- 배운 것이 실제 현실에서 어떻게 적용되는지 설명하라.
- 학생이 역량을 갖출 때까지 반복하고 연습할 기회를 주라.
- 수업에 상상력을 유용하게 사용하도록 권장하고, 그것이 시간 낭비가 아님을 설명하라.
- **S**형 학생에게 손해를 입히면서까지 **N**형 학생을 편애하는 것처럼 보이지 않도록 조심하라. 모든 학생은 그들이 선호하는 방법으로 수업에 기여할 수 있어야 한다.

교사는 과업보다 먼저 관계를 고려하는 반면 학생은 정반대로 생각한다. 교사는 학생이 자신과 다르다는 것을 수용하는 법을 배워야 한다. 즉, 학생이 차갑고, 무뚝뚝하며, 불친절한 것이 아니라 단순히 과제에 먼저 집중할 뿐이다. 교사가 이것을 받아들일 수 있다면 이 관계는 교사와 학생 둘 모두에게 있어 매우 긍정적일 수 있다. 본질적으로 자신감 있는 북극곰 유형 학생의 능력을 최대한 이끌어 내기 위해서 교사는

- 대상을 정해 칭찬하라. 모든 것이 훌륭하다고 말하는 것은 학생에게 깊은 인상을 주거나 도움이 되지 않는다. 사실, 그것은 학생이 선생님을 존경하지 않는 결과를 초래할 수 있고, 교사가 거짓말하거나 아니면 부드러운 접촉이라고 결론지을 수 있다. 교사가 칭찬할 때, 증거를 요구받을 수도 있다.
- 논의할 때 감정적이기보다는 논리적이고 객관적으

로 하라.

- 학생이 교사에게 이의를 제기한다면 그것은 아마 여러분의 권위나 인격을 무시하기보다 그들의 생각을 명확히 알리기 위한 것일 수 있다. 아마도 '이를 개선하거나 바꾸려면 어떻게 하겠니?' 또는 '너는 어떻게 생각하니?'라고 물어보라. 일단 학생이 생각을 명확히 하고 나면 교사가 생각하는 것을 물어보고 받아들일 준비가 되어 있을 것이다.
- 학생의 기량과 지식을 경쟁적으로 시험하는 방식으로 수업하라(경쟁력을 높인다.).
- 사람의 50%가 **F**형이고 피드백을 비판으로 해석하여 이해할 수 있다는 것을 도와주라.

느긋하고 융통성 있고 즉흥적인 교사와 선천적으로 체계적인 학생은 드림팀이 될 수도, 재앙이 될 수도 있다. 긍정적인 관계를 만들기 위해서 그들은 서로의 강점을 인정하고 그것을 배워야 한다. 학생은 계획을 조정하고 바꾸는 교사의 능력에서 혜택을 받을 수 있고 교사는 자신이 할 수 있고 끝낼 수 있는 계획을 세우는 학생의 욕심에서 혜택을 받을 수 있다. 또한 교사들은

- 질서, 깔끔함 및 마감 기일 준수에 대한 학생의 욕구를 지지하고 격려하라.
- 학생이 진정으로 원할 경우 그들의 방식대로 작업을 자립적으로 계획할 수 있도록 허락하라.
- 학생이 때때로 유연성을 받아들이도록 권장하라.
- 단지 계획을 바꾸기 위한 계획은 하지 마라. 이것은 학생을 좌절시킬 뿐이다.

170
흰동가리 유형 선생님(Clownfish teacher) & 코알라 유형 학생(Koala student)
ENFP & ISFJ

흰동가리 유형과 코알라 유형은 한 가지 성향을 공유한다. 두 유형 모두 조화를 중시한다. 이것은 서로 간에 유익한 관계의 토대가 될 수 있다. 흰동가리 교사는 말 없는 코알라 유형 학생의 숨겨진 강점을 이끌어 낼 수 있다. 코알라 유형 학생은 교사에게 경청의 가치, 계획, 세부 사항에 대한 집중(꼼꼼함)을 보여 줄 수 있다. 교사는 코알라 유형 학생의 감정을 상하게 할 수도 있는 즉흥적이고 개인적인 의견을 말하지 않도록 주의해야 한다. 그러나 함께라면 모든 것을 망라할 수 있기에 정반대되는 사람들은 서로에게 유용할 수 있다. 선천적으로 내성적인 학생의 능력을 최대한 이끌어 내기 위해서 교사는

- 차분히 속도를 낮추고 간결하게 이야기하라.
- 질문과 답변 사이에 충분한 시간을 주라. 학생이 답하기 전에 생각하고 되돌아볼 시간이 필요함을 존중하라.
- 학생들에게 스스로 작업할 수 있는 시간과 공간을 제공하라. 그들 머리 위를 맴돌면서 참견하려고 하지 마라.
- 문제를 즉시 해결하거나 학생들의 말을 가로채지 마라.
- **E**형 학생이 많은 모둠 · 팀에 **I**형 학생 한 명만을 두지 마라(그들은 숨막혀 할 것이다.).
- 모둠 활동과 수업 토론이 실망스러워 한숨이 나와도 놀라지 마라.
- (말뿐만 아니라) 글로 써서 칭찬하라.
- 학생에게 나중에 언제든지 와서 이야기할 수 있음을 알려 주라.

상상력이 풍부한 흰동가리 유형 교사는 모든 학생에게 영감을 줄 수 있지만, 학생들의 약 3분의 2가 명확한 지침, 구조, 사실, 세부 사항 그리고 절차를 제공해야 할 필요가 있음을 존중해야 한다. 그렇지 않으면 그들은 당황할 수 있다. 이것은 특히 코알라 유형 학생에게 해당된다. 현실적인 코알라 유형 학생의 능력을 최대한 이끌어 내기 위해서 교사는

- 배운 것이 실제 현실에서 어떻게 적용되는지 설명하라.
- 학생이 역량을 갖출 때까지 반복하고 연습할 기회를 주라.
- 수업에 상상력을 유용하게 사용하도록 권장하고, 그것이 시간 낭비가 아님을 설명하라.
- **S**형 학생에게 손해를 입히면서까지 **N**형 학생을 편애하는 것처럼 보이지 않도록 조심하라. 모든 학생은 그들이 선호하는 방법으로 수업에 기여할 수 있어야 한다.

교사와 학생 모두 과제 · 과목을 고려하기 전에 사람과의 관계를 먼저 고려한다. 흰동가리 유형 선생님은 학

생이 마음에 들지 않는 한 모든 학생들과 개인적인 관계를 형성하는 것을 좋아한다(**F**형 선생님은 **T**형 선생님이 좋아하는 것을 더 좋아하는 경향이 있다.). 선생님이 감정적으로 움직이기 때문에 이러한 선생님들은 학생들에게 약속을 하고, 지나치게 무리하며, 심지어 학생들이 해야 할 일마저도 대신 할 가능성이 더 높다. 선생님과 학생 모두 따뜻하고 친근한 교실 분위기를 즐긴다. 칭찬은 학생뿐만 아니라 교사의 자신감을 북돋아 줄 것이다. 코알라 유형의 학생은 선생님을 좋아하고 선생님도 그들을 좋아한다고 느낄 필요가 있다. 이렇게 되면 그들은 더 열심히 공부하겠지만 그렇지 않으면 공부에 신경을 완전히 끊을지도 모른다. 이것은 한 학생이 한 해(그들이 좋아하는 선생님과 함께 하면)에 최고의 학생이 될 수도 있고, 선생님이 바뀐 그 이듬해에는 공부에 대해 아예 관심을 보이지 않은 이유를 설명해 준다. 관계 중심적인 학생의 능력을 최대한 이끌어 내기 위해서 교사는

- 공감, 협업 및 팀워크를 활용할 수 있는 학습 상황을 제공하라.
- 어떠한 약점이라도 극복할 수 있도록 요령껏 지원하면서 충분하고 정기적으로 칭찬하라.
- 학생에 대한 개인적인 신념의 힘에 호소하여 동기를 부여하라(나를 실망시키지 마렴, 네가 할 수 있다는 것을 알아, 난 네가 좋단다.).

유연하고 안절부절못하는 교사와 선천적으로 체계적이고 조용한 학생은 드림팀이 될 수도, 재앙이 될 수도 있다. 긍정적인 관계를 만들기 위해서 그들은 서로의 강점을 인정하고 그것을 배워야 한다. 학생은 계획을 조정하고 바꾸는 교사의 능력에서 혜택을 받을 수 있고 교사는 자신이 할 수 있고 끝낼 수 있는 계획을 세우는 학생의 욕심에서 혜택을 받을 수 있다. 또한 교사들은

- 질서, 깔끔함 및 마감 기일 준수에 대한 학생의 욕구를 지지하고 격려하라.
- 학생이 진정으로 원할 경우 그들의 방식대로 작업을 자립적으로 계획할 수 있도록 허락하라.
- 학생이 때때로 유연성을 받아들이도록 권장하라.
- 단지 계획을 바꾸기 위한 계획은 하지 마라. 이것은 학생을 좌절시킬 뿐이다.

171
흰동가리 유형 선생님(Clownfish teacher) & 호랑이 유형 학생(Tiger student)
ENFP & ISTP

흰동가리 유형과 호랑이 유형은 한 가지 성향을 공유한다. 두 유형 모두 무엇을 하는지, 어떻게 그것을 하는지 말하는 것을 싫어한다. 이것을 인식하는 것이 교실에서의 충돌을 막을 수 있다. 만약 호랑이 유형 학생에게 선택권을 주고 융통성을 발휘할 수 있게 한다면 이들은 공연한 소동 없이 정상적으로 일을 완수할 것이다. 선천적으로 독립적인 학생의 능력을 최대한 이끌어 내기 위해서 교사는

- 차분히 속도를 낮추고 간결하게 이야기하라.
- 질문과 답변 사이에 충분한 시간을 주라. 학생이 답하기 전에 생각하고 되돌아볼 시간이 필요함을 존중하라.
- 학생들에게 스스로 작업할 수 있는 시간과 공간을 제공하라. 그들 머리 위를 맴돌면서 참견하려고 하지 마라.
- 문제를 즉시 해결하거나 학생들의 말을 가로채지 마라.
- **E**형 학생이 많은 모둠 · 팀에 **I**형 학생 한 명만을 두지 마라(그들은 숨막혀 할 것이다.).
- 모둠 활동과 수업 토론이 실망스러워 한숨이 나와도 놀라지 마라.
- (말뿐만 아니라) 글로 써서 칭찬하라.

상상력이 풍부한 흰동가리 유형 교사는 모든 학생에게 영감을 줄 수 있지만, 학생들에게 명확한 지침, 구조, 사실, 세부 사항 그리고 절차를 제공해야 할 필요가 있음을 존중해야 한다. 그렇지 않으면 그들은 허우적거릴 수 있다. 현실적인 학생의 능력을 최대한 이끌어 내기 위해서 교사는

- 배운 것이 실제 현실에서 어떻게 적용되는지 설명하라.
- 학생이 역량을 갖출 때까지 반복하고 연습할 기회를 주라.
- 수업에 상상력을 유용하게 사용하도록 권장하고, 그것이 시간 낭비가 아님을 설명하라.

- **S**형 학생에게 손해를 입히면서까지 **N**형 학생을 편애하는 것처럼 보이지 않도록 조심하라. 모든 학생은 그들이 선호하는 방법으로 수업에 기여할 수 있어야 한다.

교사는 과업보다 먼저 관계를 고려하는 반면 학생은 정반대로 생각한다. 교사는 학생이 자신과 다르다는 것을 수용하는 법을 배워야 한다. 즉, 학생이 차갑고, 무뚝뚝하며, 불친절한 것이 아니라 단순히 과제에 먼저 집중할 뿐이다. 교사가 이것을 받아들일 수 있다면 이 관계는 교사와 학생 둘 모두에게 매우 긍정적일 수 있다. 이러한 본능적으로 적극적인 학생의 능력을 최대한 이끌어 내기 위해서 교사는

- 대상을 정해 칭찬하라. 모든 것이 훌륭하다고 말하는 것은 학생에게 깊은 인상을 주거나 도움이 되지 않는다. 사실, 그것은 학생이 선생님을 존경하지 않는 결과를 초래할 수 있고, 교사가 거짓말하거나 아니면 부드러운 접촉이라고 결론지을 수 있다. 교사가 칭찬할 때, 증거를 요구받을 수도 있다.
- 논의할 때 감정적이기보다는 논리적이고 객관적으로 하라.
- 학생이 교사에게 이의를 제기한다면 그것은 아마 여러분의 권위나 인격을 무시하기보다 그들의 생각을 명확히 알리기 위한 것일 수 있다. 아마도 '이를 개선하거나 바꾸려면 어떻게 하겠니?' 또는 '너는 어떻게 생각하니?'라고 물어보라. 일단 학생이 생각을 명확히 하고 나면 교사가 생각하는 것을 물어보고 받아들일 준비가 되어 있을 것이다.
- 학생의 기량과 지식을 경쟁적으로 시험하는 방식으로 수업하라(경쟁력을 높인다.).
- 사람의 50%가 **F**형이고 피드백을 비판으로 해석하여 이해할 수 있다는 것을 도와주라.

P형 사람들은 체계적이고 효율적이다. 이는 단지 노력에 의한 것이다. 교사는 학교의 필수적이지만 빡빡하고 제한적인 시간표와 과제 마감 기한 속에서 각자에게 제공되는 자발성과 즉흥성에 대한 상호 존중을 즐기면서, 필요한 과제들을 완수해야 함을 기억해야 한다. 비록 재미있고 인기 있는 선생님이 되겠지만, 또한 학생들이 사회적으로 그리고 학문적으로 성공할 수 있도록 준비하는 과제에 집중하게 할 필요가 있다. 둘 다 일을 끝내는 것보다 시작하는 것을 좋아한다. 그들의 초기 열정은 빠르게 사라질 수 있다. 둘 다 그들이 중요한 과제를 식별하고 완수하도록 확실히 해야 한다. 그렇지 않으면 학생(또는 그들의 부모)은 결국 어색한 질문을 할 수 있다. 교사가 선천적으로 느긋한 학생의 능력을 최대한 이끌어 내기 위해서는 학생들이 단순히 단순히 학생이 선택할 수 있는 것과 선택하는 것을 좋아하는 것이 아니라 이는 필수적인 것이고 그렇게 해 주지 않으면 몸이 근질거리고 몸부림치거나 반항하기 시작된다는 것을 알아야 한다. 중등학교 환경은 **P**형 학생들에게 무척 어렵기 때문에 선생님들은 다음과 같이 학생들의 성취를 돕기 위해

- 세부 일정을 피하라(어차피 지키지도 못할 것이다.).
- 예상 가능한 수업이 지겹지 않도록 때때로 변화를 주어라.
- 학생이 중요한 작업을 마지막까지 서두르지 않고 완료할 수 있도록 시간을 조직하고 관리할 수 있는 방법을 수립할 수 있게 도와주라.
- 꼭 필요한 것보다 중요하지 않은 세부 사항을 까다롭게 다루지 마라.
- 가능한 한 유연성을 많이 제공하라(선택 과제, 수업 내 선택).

172
흰동가리 유형 선생님(Clownfish teacher) & 고양이 유형 학생(Cat student)
ENFP & ISFP

흰동가리 유형과 고양이 유형은 두 가지 성향을 공유한다. 두 유형 모두 사교적이고 느긋한 교실을 좋아한다. 두 유형 모두 무엇을 하는지 어떻게 그것을 하는지에 대해 말하는 것을 싫어한다. 이것을 인식하는 것은 교실에서의 충돌을 막을 수 있다. 만약 고양이 유형 학생이 선택권과 유연성을 받는다면 최소한의 소란과 과시함으로 정상적으로 일을 완수할 것이다. 선천적으로 개인적인 학생의 능력을 최대한 이끌어 내기 위해서 교사는

- 차분히 속도를 낮추고 간결하게 이야기하라.
- 질문과 답변 사이에 충분한 시간을 주라. 학생이 답하기 전에 생각하고 되돌아볼 시간이 필요함을 존중하라.

- 학생들에게 스스로 작업할 수 있는 시간과 공간을 제공하라. 그들 머리 위를 맴돌면서 참견하려고 하지 마라.
- 문제를 즉시 해결하거나 학생들의 말을 가로채지 마라.
- **E**형 학생이 많은 모둠·팀에 **I**형 학생 한 명만을 두지 마라(그들은 숨막혀 할 것이다.).
- 모둠 활동과 수업 토론이 실망스러워 한숨이 나와도 놀라지 마라.
- (말뿐만 아니라) 글로 써서 칭찬하라.
- 학생이 쉬는 시간에 교사에게 와서 항상 이야기할 수 있으며, 나중에 교사가 답변할 수 있는 질문·문제를 적어 놓을 수 있음을 학생에게 알려 주라.

상상력이 풍부한 흰동가리 유형 교사는 모든 학생에게 영감을 줄 수 있지만, 고양이 유형 학생들에게 명확한 지침, 구조, 사실, 세부 사항 그리고 절차를 제공해야 할 필요가 있음을 존중해야 한다. 그렇지 않으면 그들은 허둥댈 수 있다. 현실적인 학생의 능력을 최대한 이끌어 내기 위해서 교사는

- 배운 것이 실제 현실에서 어떻게 적용되는지 설명하라.
- 학생이 역량을 갖출 때까지 반복하고 연습할 기회를 주라.
- 수업에 상상력을 유용하게 사용하도록 권장하고, 그것이 시간 낭비가 아닌지를 설명하라.
- **S**형 학생에게 손해를 입히면서까지 **N**형 학생을 편애하는 것처럼 보이지 않도록 조심하라. 모든 학생은 그들이 선호하는 방법으로 수업에 기여할 수 있어야 한다.
- 당신이 설정한 과업에 무엇이 관련되어 있는지 명확히 하되 과업에 접근하는 방법에 대한 선택권을 제공하라.

교사와 학생 모두 과제·과목을 고려하기 전에 사람과의 관계를 먼저 고려한다. 흰동가리 유형 선생님은 학생이 마음에 들지 않는 한 모든 학생들과 개인적인 관계를 형성하는 것을 좋아한다(**F**형 선생님은 **T**형 선생님이 좋아하는 것을 더 좋아하는 경향이 있다.). 선생님이 감정적으로 움직이기 때문에 이러한 선생님들은 학생들에게 약속을 하고, 지나치게 무리하며, 심지어 학생들이 해야 할 일마저도 대신 할 가능성이 더 높다. 선생님과 학생 모두 따뜻하고 친근한 교실 분위기를 즐긴다. 칭찬은 학생뿐만 아니라 교사의 자신감을 북돋아 줄 것이다. 고양이 유형의 학생은 선생님을 좋아하고 선생님도 그들을 좋아한다고 느낄 필요가 있다. 이렇게 되면 그들은 더 열심히 공부하겠지만 그렇지 않으면 공부에 관심을 완전히 끊을지도 모른다. 근본적으로 관계 중심적인 학생의 능력을 최대한 이끌어 내기 위해서 교사는

- 공감, 협업 및 팀워크를 활용할 수 있는 학습 상황을 제공하라.
- 어떠한 약점이라도 극복할 수 있도록 요령껏 지원하면서 충분하고 정기적으로 칭찬하라.
- 학생에 대한 개인적인 신념의 힘에 호소하여 동기를 부여하라(나를 실망시키지 마렴, 네가 할 수 있다는 것을 알아, 난 네가 좋단다.).

흰동가리 유형과 고양이 유형의 사람들은 체계적이고 효율적이다. 이는 단지 노력에 의한 것이다. 교사는 학교의 필수적이지만 빡빡하고 제한적인 시간표와 과제 마감 기한 속에서 각자에게 제공되는 자발성과 즉흥성에 대한 상호 존중을 즐기면서, 필요한 과제들을 완수해야 함을 기억해야 한다. 비록 재미있고 인기 있는 선생님이 되겠지만, 또한 학생들이 사회적으로 그리고 학문적으로 성공할 수 있도록 준비하는 과제에 집중하게 할 필요가 있다. 둘 다 일을 끝내는 것보다 시작하는 것을 좋아한다. 그들의 초기 열정은 빠르게 증발할 수 있다. 둘 다 그들이 중요한 과제를 식별하고 완수하도록 확실히 해야 한다. 그렇지 않으면 학생(또는 그들의 부모)은 결국 어색한 질문을 할 수 있다. 교사가 선천적으로 느긋한 학생의 능력을 최대한 이끌어 내기 위해서는 학생들이 단순히 학생이 선택할 수 있는 것과 선택하는 것을 좋아하는 것이 아니라 이는 필수적인 것이고 그렇게 해주지 않으면 몸이 근질거리고 몸을 꼼지락거리거나 반항하기 시작된다는 것을 알아야 한다. 중등학교 환경은 **P**형 학생들에게 무척 어렵기 때문에 교사는 학생의 성취를 돕기 위해

- 가능한 한 유연성을 많이 제공하라(다양한 선택 과제, 수업 내 선택).
- 세부 일정을 피하라(어차피 지키지도 못할 것이다.).
- 예상 가능한 수업이 지겹지 않도록 때때로 변화를 주어라.
- 학생이 중요한 작업을 마지막까지 서두르지 않고 완

료할 수 있도록 시간을 조직하고 관리할 수 있는 방법을 수립하도록 도와주라.

173
흰동가리 유형 선생님(Clownfish teacher) & 해마 유형 학생(Seahorse student)
ENFP & INFJ

흰동가리 유형과 해마 유형은 두 가지 성향을 공유한다. 두 유형 모두 다른 사람과 공감하기 위해 상상력을 사용하고 사이가 좋은 교실 환경을 위해 노력한다. 열정적이고 사적인 학생이 활기 넘치고 상황에 따라 결정이 달라지는 교사와 소통할 수 없을 때 충돌할 수 있다. 선천적으로 내성적인 학생의 능력을 최대한 이끌어 내기 위해서 교사는

- 문제를 즉시 해결하거나 학생들의 말을 가로채지 마라.
- 차분히 속도를 낮추고 간결하게 이야기하라.
- 질문과 답변 사이에 충분한 시간을 주라. 학생이 답하기 전에 생각하고 되돌아볼 시간이 필요함을 존중하라.
- 학생들에게 스스로 작업할 수 있는 시간과 공간을 제공하라. 그들 머리 위를 맴돌면서 참견하려고 하지 마라.
- **E**형 학생이 많은 모둠 · 팀에 **I**형 학생 한 명만을 두지 마라(그들은 숨막혀 할 것이다.).
- 모둠 활동과 수업 토론이 실망스러워 한숨이 나와도 놀라지 마라.
- (말뿐만 아니라) 글로 써서 칭찬하라.
- 학생이 쉬는 시간에 교사에게 와서 항상 이야기할 수 있으며, 나중에 교사가 답변할 수 있는 질문 · 문제를 적어 놓을 수 있음을 학생에게 알려 주라.

선생님과 학생 모두 전체 상황을 먼저 보고, 예감, 추리, 상상력을 이용하여 의미를 추론함으로써 정보를 모은다. 선생님은 선천적으로 교실에서 자신의 상상력을 활용할 것이고 **N**형 학생들은 이에 잘 반응할 것인데, 아마도 공상, 일화, 이야기에 상상의 나래를 펼치며 동참할 것이다. 선생님과 학생 사이의 자연스러운 친밀감은 종종 존재하는데, 그들 둘 다 같은 방식으로 세상을 바라보기 때문이다. 즉, 패턴, 가능성, 아이디어 그리고 이론을 탐구함으로써 사물이 왜 있는지를 이해하려는 뜨거운 호기심을 가지고 있다. 선생님은 **S**형 학생에게 피해를 주면서까지 **N**형 학생을 편애하는 것처럼 보이지 않도록 주의하라. 모든 학생은 자신이 선호하는 방식으로 수업에 참여할 수 있어야 한다. 선천적으로 상상력이 풍부한 학생의 능력을 최대한 이끌어 내기 위해서 교사는

- 창의적으로 탐구할 수 있는 질문 · 프로젝트를 제공하라.
- 중복된 과제는 피하라. 학생이 빨리 흥미를 잃는다.
- 학생에게 **S**형 접근 방식(사실, 세부 사항, 절차, 실험, 경험 적용, 구조, 단계별 모델)이 수업에 중요하게 기여함을 깨닫도록 하라.

교사와 학생 모두 과제 · 과목을 고려하기 전에 사람과의 관계를 먼저 고려한다. 흰동가리 유형 선생님은 학생이 마음에 들지 않는 한 모든 학생들과 개인적인 관계를 형성하는 것을 좋아한다(**F**형 선생님은 **T**형 선생님이 좋아하는 것을 더 좋아하는 경향이 있다.). 선생님이 감정적으로 움직이기 때문에 이러한 선생님들은 학생들에게 약속을 하고, 지나치게 무리하며, 심지어 학생들이 해야 할 일마저도 대신 할 가능성이 더 높다. 선생님과 학생 모두 따뜻하고 친근한 교실 분위기를 즐긴다. 칭찬은 학생뿐만 아니라 교사의 자신감을 북돋아 줄 것이다. 해마 유형의 학생은 선생님을 좋아하고 선생님도 그들을 좋아한다고 느낄 필요가 있다. 이렇게 되면 그들은 더 열심히 공부하겠지만 그렇지 않으면 공부에 신경을 완전히 끊을지도 모른다. 이것은 한 학생이 한 해(그들이 좋아하는 선생님과 함께 하면)에 최고의 학생이 될 수도 있고, 선생님이 바뀐 그 이듬해에는 공부에 대해 아예 관심을 보이지 않은 이유를 설명해 준다. 이러한 근본적으로 관계 중심적인 학생의 능력을 최대한 이끌어 내기 위해서 교사는

- 공감, 협업 및 팀워크를 활용할 수 있는 학습 상황을 제공하라.
- 어떠한 약점이라도 극복할 수 있도록 요령껏 지원하면서 충분하고 정기적으로 칭찬하라.
- 학생에 대한 개인적인 신념의 힘에 호소하여 동기를 부여하라(나를 실망시키지 마렴, 네가 할 수 있다는 것을

알아, 난 네가 좋단다.).

느긋하고 융통성 있고 즉흥적인 교사와 선천적으로 체계적인 학생은 드림팀이 될 수도, 재앙이 될 수도 있다. 긍정적인 관계를 만들기 위해서 그들은 서로의 강점을 인정하고 그것을 배워야 한다. 학생은 계획을 조정하고 바꾸는 교사의 능력에서 혜택을 받을 수 있고 교사는 자신이 할 수 있고 끝낼 수 있는 계획을 세우는 학생의 욕심에서 혜택을 받을 수 있다. 또한 교사들은

- 질서, 깔끔함 및 마감 기일 준수에 대한 학생의 욕구를 지지하고 격려하라.
- 학생이 때때로 유연성을 받아들이도록 권장하라.
- 학생이 진정으로 원할 경우 그들의 방식대로 작업을 자립적으로 계획할 수 있도록 허락하라.
- 단지 계획을 바꾸기 위한 계획은 하지 마라. 이것은 학생을 좌절시킬 뿐이다.

174
흰동가리 유형 선생님(Clownfish teacher) & 가면올빼미 유형 학생(Barn Owl student)
ENFP & INTJ

흰동가리 유형과 가면올빼미 유형은 한 가지 성향을 공유한다. 두 유형 모두 주위에 있는 세계를 이해할 때 상상력을 사용하는 것을 좋아한다. 따뜻하고 활기 넘치는 흰동가리 유형 교사는 체계적이고 객관적인 가면올빼미 유형과는 대조를 이룬다. 그리고 이것은 대개 갈등의 원인이 된다. 선천적으로 내성적인 학생의 능력을 최대한 이끌어 내기 위해서 교사는

- 질문과 답변 사이에 충분한 시간을 주라. 학생이 자신의 생각을 완전히 정리할 수 있도록 기다려 주라.
- 문제를 즉시 해결하거나 학생들의 말을 가로채지 마라.
- **E**형 학생이 많은 모둠 · 팀에 **I**형 학생 한 명만을 두지 마라(그들은 숨막혀 할 것이다.).
- 모둠 활동과 수업 토론이 실망스러워 한숨이 나와도 놀라지 마라.
- (말뿐만 아니라) 글로 써서 칭찬하라.
- 차분히 속도를 낮추고 간결하게 이야기하라.
- 학생들에게 스스로 작업할 수 있는 시간과 공간을 제공하라. 그들 머리 위를 맴돌면서 참견하려고 하지 마라.

선생님과 학생 모두 전체 상황을 먼저 보고, 예상, 추리, 상상력을 이용하여 의미를 추론함으로써 정보를 모은다. 흰동가리 유형 선생님은 자연스럽게 교실에서 자신의 상상력을 활용할 것이고 **N**형 학생들은 이에 잘 반응할 것인데, 아마도 공상, 일화, 이야기에 상상의 나래를 펼치며 동참할 것이다. 선생님과 학생 사이의 자연스러운 친밀감은 종종 존재하는데, 그들 둘 다 같은 방식으로 세상을 바라보기 때문이다. 즉, 패턴, 가능성, 아이디어 그리고 이론을 탐구함으로써 사물이 왜 있는지를 이해하려는 뜨거운 호기심을 가지고 있다. 선생님은 **S**형 학생에게 피해를 주면서까지 **N**형 학생을 선호하는 것처럼 보이지 않도록 주의하라. 모든 학생은 자신이 선호하는 방식으로 수업에 참여할 수 있어야 한다. 교사가 선천적으로 상상력이 풍부한 학생의 능력을 최대한 이끌어 내기 위해서

- 창의적으로 탐구할 수 있는 질문 · 프로젝트를 제공하라.
- 중복된 과제는 피하라. 학생이 빨리 흥미를 잃는다.
- 학생에게 **S**형 접근 방식(사실, 세부 사항, 절차, 실험, 경험 적용, 구조, 단계별 모델)이 수업에 중요하게 기여함을 깨닫도록 하라.

교사는 과업보다 먼저 관계를 고려하는 반면 학생은 정반대로 생각한다. 교사는 학생이 자신과 다르다는 것을 수용하는 법을 배워야 한다. 즉, 학생이 차갑고, 무뚝뚝하며, 불친절한 것이 아니라 단순히 과제에 먼저 집중할 뿐이다. 교사가 이것을 받아들일 수 있다면 이 관계는 교사와 학생 둘 모두에게 있어 매우 긍정적일 수 있다. 이러한 본질적으로 객관적인 학생의 능력을 최대한 이끌어 내기 위해서 교사는

- 대상을 정해 칭찬하라. 모든 것이 훌륭하다고 말하는 것은 학생에게 깊은 인상을 주거나 도움이 되지 않는다. 사실, 그것은 학생이 선생님을 존경하지 않는 결과를 초래할 수 있고, 교사가 거짓말하거나 아니면 부드러운 접촉이라고 결론지을 수 있다. 교사가 칭찬할 때, 증거를 요구받을 수도 있다.
- 학생의 기량과 지식을 경쟁적으로 시험하는 방식으로 수업하라(경쟁력을 높인다.).

- 사람의 50%가 **F**형이고 피드백을 비판으로 해석하여 이해할 수 있다는 것을 도와주라.
- 논의할 때 감정적이기보다는 논리적이고 객관적으로 하라.
- 학생이 교사에게 이의를 제기한다면 그것은 아마 여러분의 권위나 인격을 무시하기보다 그들의 생각을 명확히 알리기 위한 것일 수 있다. 아마도 '이를 개선하거나 바꾸려면 어떻게 하겠니?' 또는 '너는 어떻게 생각하니?'라고 물어보라. 일단 학생이 생각을 명확히 하고 나면 교사가 생각하는 것을 물어보고 받아들일 준비가 되어 있을 것이다.

느긋하고 융통성 있고 즉흥적인 교사와 선천적으로 체계적인 학생이 만날 때 이들은 서로를 보완할 수 있거나 엄청나게 충돌할 수 있다. 긍정적인 관계를 만들기 위해서 그들은 서로의 강점을 인정하고 그것을 배워야 한다. 학생은 계획을 조정하고 바꾸는 교사의 능력에서 혜택을 받을 수 있고 교사는 자신이 할 수 있고 끝낼 수 있는 계획을 세우는 학생의 욕심에서 혜택을 받을 수 있다. 또한 교사들은

- 질서, 깔끔함, 마감 기일 준수에 대한 학생의 욕구를 격려하고 지지하라.
- 학생이 진정으로 원할 경우 그들의 방식대로 작업을 자립적으로 계획할 수 있도록 허락하라.
- 단지 계획을 바꾸기 위한 계획은 하지 마라. 이것은 학생을 좌절시킬 뿐이다.
- 때때로 유연성을 수용하도록 학생에게 권장하라.

175
흰동가리 유형 선생님(Clownfish teacher) & 물개 유형 학생(Seal student)
ENFP & INFP

흰동가리 유형과 물개 유형은 세 가지 성향을 공유한다. 두 유형 모두 사이가 좋은 교실 환경을 선호한다. 이러한 공유된 바람은 긍정적인 관계를 강화시킨다. 물개 유형에게 필요한 깊게 생각하기 위한 혼자 있는 시간이 과목이나 교사에 대한 무관심으로 잘못 해석될 때 충돌이 생길 수 있다. 선천적으로 내성적인 학생의 능력을 최대한 이끌어 내기 위해서 교사는

- 질문과 답변 사이에 충분한 시간을 주라. 학생이 자신의 생각을 완전히 정리할 수 있도록 기다려 주라.
- 문제를 즉시 해결하거나 학생들의 말을 가로채지 마라.
- **E**형 학생이 많은 모둠 · 팀에 **I**형 학생 한 명만을 두지 마라(그들은 숨막혀 할 것이다.).
- 모둠 활동과 수업 토론이 실망스러워 한숨이 나와도 놀라지 마라.
- (말뿐만 아니라) 글로 써서 칭찬하라.
- 차분히 속도를 낮추고 간결하게 이야기하라.
- 학생들에게 스스로 작업할 수 있는 시간과 공간을 제공하라. 그들 머리 위를 맴돌면서 참견하려고 하지 마라.
- 학생에게 나중에 언제든지 와서 이야기해도 좋다는 것을 알려 주라.

선생님과 학생 모두 전체 상황을 먼저 보고, 예감, 추리, 상상력을 이용하여 의미를 추론함으로써 정보를 모은다. 흰동가리 유형 선생님은 선천적으로 교실에서 자신의 상상력을 활용할 것이고 **N**형 학생들은 이에 잘 반응할 것인데, 아마도 공상, 일화, 이야기에 상상의 나래를 펼치며 동참할 것이다. 선생님과 학생 사이의 자연스러운 친밀감은 종종 존재하는데, 그들 둘 다 같은 방식으로 세상을 바라보기 때문이다. 즉, 패턴, 가능성, 아이디어 그리고 이론을 탐구함으로써 사물이 왜 있는지를 이해하려는 뜨거운 호기심을 가지고 있다. 선생님은 **S**형 학생에게 피해를 주면서까지 **N**형 학생을 편애하는 것처럼 보이지 않도록 주의하라. 모든 학생은 자신이 선호하는 방식으로 수업에 참여할 수 있어야 한다. 선천적으로 상상력이 풍부한 학생의 능력을 최대한 이끌어 내기 위해서 교사는

- 창의적으로 탐구할 수 있는 질문 · 프로젝트를 제공하라.
- 중복된 과제는 피하라. 학생이 빨리 흥미를 잃는다.
- 학생에게 **S**형 접근 방식(사실, 세부 사항, 절차, 실험, 경험 적용, 구조, 단계별 모델)이 수업에 중요하게 기여함을 깨닫도록 하라.

교사와 학생 모두 과제 · 과목을 고려하기 전에 사람과의 관계를 먼저 고려한다. 흰동가리 유형 선생님은 학생이 마음에 들지 않는 한 모든 학생들과 개인적인 관계를

형성하는 것을 좋아한다(**F**형 선생님은 **T**형 선생님이 좋아하는 것을 더 좋아하는 경향이 있다.). 선생님이 감정적으로 움직이기 때문에 이러한 선생님들은 학생들에게 약속을 하고, 지나치게 무리하며, 심지어 학생들이 해야 할 일마저도 대신 할 가능성이 더 높다. 선생님과 학생 모두 따뜻하고 친근한 교실 분위기를 즐긴다. 칭찬은 학생뿐만 아니라 교사의 자신감을 북돋아 줄 것이다. 물개 유형의 학생은 선생님을 좋아하고 선생님도 그들을 좋아한다고 느낄 필요가 있다. 이렇게 되면 그들은 더 열심히 공부할 것이다. 이러한 근본적으로 관계 중심적인 학생의 능력을 최대한 이끌어 내기 위해서 교사는

- 공감, 협업 및 팀워크를 활용할 수 있는 학습 상황을 제공하라.
- 어떠한 약점이라도 극복할 수 있도록 요령껏 지원하면서 충분하고 정기적으로 칭찬하라.
- 학생에 대한 개인적인 신념의 힘에 호소하여 동기를 부여하라(나를 실망시키지 마렴, 네가 할 수 있다는 것을 알아, 난 네가 좋단다.).

흰동가리 유형과 물개 유형은 조직적이고 효율적일 수 있다. 이는 너무 어려울 뿐이다. 교사는 학교의 필수적이지만 빡빡하고 제한적인 시간표와 과제 마감 기한 속에서 각자에게 제공되는 자발성과 즉흥성에 대한 상호 존중을 즐기면서, 필요한 과제들을 완수해야 함을 기억해야 한다. 비록 재미있고 인기 있는 선생님이 되겠지만, 또한 학생들이 사회적으로 그리고 학문적으로 성공할 수 있도록 준비하는 과제에 집중하게 할 필요가 있다. 둘 다 일을 끝내는 것보다 시작하는 것을 좋아한다. 그들의 초기 열정은 빠르게 증발할 수 있다. 둘 다 그들이 중요한 과제를 식별하고 완수하도록 확실히 해야 한다. 그렇지 않으면 학생(또는 그들의 부모)은 결국 어색한 질문을 할 수 있다. 교사가 선천적으로 느긋한 학생의 능력을 최대한 이끌어 내기 위해서는 학생들이 단순히 학생이 선택할 수 있는 것과 선택하는 것을 좋아하는 것이 아니라 이는 필수적인 것이고 그렇게 해 주지 않으면 몸이 근질거리고 몸을 꼼지락거리거나 반항하기 시작된다는 것을 알아야 한다. 중등학교 환경은 **P**형 학생들에게 무척 어렵기 때문에 교사는 다음을 통해 학생의 성취를 돕기 위해

- 가능한 한 유연성을 많이 제공하라(다양한 선택 과제, 수업 내 선택).
- 세부 일정을 피하라(어차피 지키지도 못할 것이다.).
- 예상 가능한 수업이 지겹지 않도록 때때로 변화를 주어라.
- 학생이 중요한 작업을 마지막까지 서두르지 않고 완료할 수 있도록 시간을 조직하고 관리할 수 있는 방법을 수립하도록 도와주라.

176
흰동가리 유형 선생님(Clownfish teacher) & 숲올빼미 유형 학생(Tawny Owl student)
ENFP & INTP

흰동가리 유형과 숲올빼미 유형은 두 가지 성향을 공유한다. 둘 다 실용성과 마감 기한에 구애받지 않고 상상력을 사용하는 것을 즐긴다. 이러한 공통의 관심사는 그들의 관계를 공고하게 할 수 있다. 스타일상의 차이점—대담한 성격인 흰동가리 유형과 내성적인 성격인 숲올빼미의 차이점—은 보통 교실 내 갈등의 근원이다. 선천적으로 내성적인 학생의 능력을 최대한 이끌어 내기 위해서 교사는

- 문제를 즉시 해결하거나 학생들의 말을 가로채지 마라.
- 차분히 속도를 낮추며 차분하고 간결하게 이야기하라.
- 질문과 답변 사이에 충분한 시간을 주라. 학생이 답하기 전에 생각하고 되돌아볼 시간이 필요함을 존중하라.
- 학생들에게 스스로 작업할 수 있는 시간과 공간을 제공하라. 그들 머리 위를 맴돌면서 참견하려고 하지 마라.
- **E**형 학생이 많은 모둠 · 팀에 **I**형 학생 한 명만을 두지 마라(그들은 숨막혀 할 것이다.).
- 모둠 활동과 수업 토론이 실망스러워 한숨이 나와도 놀라지 마라.
- (말뿐만 아니라) 글로 써서 칭찬하라.
- 학생이 쉬는 시간에 교사에게 와서 항상 이야기할 수 있으며, 나중에 교사가 답변할 수 있는 질문 · 문제를 적어 놓을 수 있음을 학생에게 알려 주라.

선생님과 학생 모두 전체 상황을 먼저 보고, 예감, 추리,

상상력을 이용하여 의미를 추론함으로써 정보를 모은다. 흰동가리 유형 선생님은 선천적으로 교실에서 자신의 상상력을 활용할 것이고 **N**형 학생들은 이에 잘 반응할 것인데, 아마도 공상, 일화, 이야기에 상상의 나래를 펼치며 동참할 것이다. 선생님과 학생 사이의 자연스러운 친밀감은 종종 존재하는데, 그들 둘 다 같은 방식으로 세상을 바라보기 때문이다. 즉, 패턴, 가능성, 아이디어 그리고 이론을 탐구함으로써 사물이 왜 있는지를 이해하려는 뜨거운 호기심을 가지고 있다. 선생님은 **S**형 학생에게 피해를 입히면서까지 **N**형 학생을 선호하는 것처럼 보이지 않도록 주의하라. 모든 학생은 자신이 선호하는 방식으로 수업에 참여할 수 있어야 한다. 선천적으로 상상력이 풍부한 학생의 능력을 최대한 이끌어 내기 위해서 교사는

- 창의적으로 탐구할 수 있는 질문 · 프로젝트를 제공하라.
- 중복된 과제는 피하라. 학생이 빨리 흥미를 잃는다.
- 학생에게 **S**형 접근 방식(사실, 세부 사항, 절차, 실험, 경험 적용, 구조, 단계별 모델)이 수업에 중요하게 기여함을 깨닫도록 하라.

교사는 과업보다 먼저 관계를 고려하는 반면 학생은 정반대로 생각한다. 교사는 학생이 자신과 다르다는 것을 수용하는 법을 배워야 한다. 즉, 학생이 차갑고, 무뚝뚝하며, 불친절한 것이 아니라 단순히 과제에 먼저 집중할 뿐이다. 교사가 이것을 받아들일 수 있다면 이 관계는 교사와 학생 둘 모두에게 있어 매우 긍정적일 수 있다. 학생의 전문적 잠재력을 활용하려면 교사는

- 대상을 정해 칭찬하라. 모든 것이 훌륭하다고 말하는 것은 학생에게 깊은 인상을 주거나 도움이 되지 않는다. 사실, 그것은 학생이 선생님을 존경하지 않는 결과를 초래할 수 있고, 교사가 거짓말하거나 아니면 부드러운 접촉이라고 결론지을 수 있다. 교사가 칭찬할 때, 증거를 요구받을 수도 있다.
- 논의할 때 감정적이기보다는 논리적이고 객관적으로 하라.
- 학생의 기량과 지식을 경쟁적으로 시험하는 방식으로 수업하라(경쟁력을 높인다.).
- 사람의 50%가 **F**형이고 피드백을 비판으로 해석하여 이해할 수 있다는 것을 도와주라.
- 학생이 교사에게 이의를 제기한다면 그것은 아마 여러분의 권위나 인격을 무시하기보다 그들의 생각을 명확히 알리기 위한 것일 수 있다. 아마도 '이를 개선하거나 바꾸려면 어떻게 하겠니?' 또는 '너는 어떻게 생각하니?'라고 물어보라. 일단 학생이 생각을 명확히 하고 나면 교사가 생각하는 것을 물어보고 받아들일 준비가 되어 있을 것이다.

P형은 조직적이고 효율적일 수 있다. 그냥 너무 이질적이다. 교사는 학교의 필수적이지만 빡빡하고 제한적인 시간표와 과제 마감 기한 속에서 각자에게 제공되는 자발성과 즉흥성에 대한 상호 존중을 즐기면서, 필요한 과제들을 완수해야 함을 기억해야 한다. 비록 재미있고 인기 있는 선생님이 되겠지만, 또한 학생들이 사회적으로 그리고 학문적으로 성공할 수 있도록 준비하는 과제에 집중하게 할 필요가 있다. 둘 다 일을 끝내는 것보다 시작하는 것을 좋아한다. 그들의 초기 열정은 빠르게 증발할 수 있다. 둘 다 그들이 중요한 과제를 식별하고 완수하도록 확실히 해야 한다. 그렇지 않으면 학생(또는 그들의 부모)은 결국 어색한 질문을 할 수 있다. 교사가 선천적으로 느긋한 학생의 능력을 최대한 이끌어 내기 위해서는 학생들이 단순히 학생이 선택할 수 있는 것과 선택하는 것을 좋아하는 것이 아니라 이는 필수적인 것이고 그렇게 해 주지 않으면 몸이 근질거리고 몸을 꼼지락거리거나 반항하기 시작된다는 것을 알아야 한다. 중등학교 환경은 **P**형 학생들에게 무척 어렵기 때문에 교사는 학생의 성취를 돕기 위해

- 가능한 한 유연성을 많이 제공하라(다양한 선택 과제, 수업 내 선택).
- 세부 일정을 피하라(어차피 지키지도 못할 것이다.).
- 예상 가능한 수업이 지겹지 않도록 때때로 변화를 주어라.
- 학생이 중요한 작업을 마지막까지 서두르지 않고 완료할 수 있도록 시간을 조직하고 관리할 수 있는 방법을 수립하도록 도와주라.

177
돌고래 유형 선생님(Dolphin teacher) & 돌고래 유형 학생(Dolphin student)
ENFJ & ENFJ

돌고래 유형 사람들은 자신감 있고 마음이 따뜻하며 친절하다. 교사와 학생은 사이가 좋은 교실 환경을 만들고자 하는 서로의 바람을 좋아할 수 있다. 충돌은 거의 없을 것이지만 과민 반응에 의해 야기될 수도 있다. 선천적으로 과장스러운 학생의 능력을 최대한 이끌어 내기 위해 교사는

- 새로운 생각과 발상을 불러일으키는 것이 적절할 때 생동감 넘치는 농담을 즐겨라. 학생은 이러한 방법으로 가장 잘 배우지만, 교실에 수많은 다른 학생들도 있다는 사실을 기억하라.
- 교사와 학생 모두 쉽게 산만해지고 궤도를 쉽게 벗어나기 때문에 요점을 벗어나지 말고 긍정적으로 생각하라(잔소리하지 마라.).
- 했던 일을 또 반복하지 마라.
- 차분하고 명확하게 행동하라. 그렇지 않으면 **E** 유형인 두 사람은 서로의 말을 듣지 않고 점점 더 크게 말할 수 있다.
- 어떤 생각은 말하지 않을 수도 있음을 기억하라(그러면 여러분은 나중에 어떤 것, 특히 비판적인 생각을 표현할 더 나은 방법을 생각할 수 있다.).
- 열정적이고 지지하는 청자가 되라. 교사의 생각을 주장하기보다는 학생 자신의 생각을 명확히 하고 발전시킬 수 있도록 도와주라.
- 서로 조용히 하는 법을 배우고 수업에서 **I** 유형 학생이 자신을 표현할 수 있도록 격려하라.

돌고래 유형 선생님과 학생 모두 전체 상황을 먼저 보고, 예감, 추리, 상상력을 이용하여 의미를 추론함으로써 정보를 모은다. 선생님은 선천적으로 교실에서 자신의 상상력을 활용할 것이고 **N**형 학생들은 이에 잘 반응할 것인데, 아마도 공상, 일화, 이야기에 상상의 나래를 펼치며 동참할 것이다. 선생님과 학생 사이의 자연스러운 친밀감은 종종 존재하는데, 그들 둘 다 같은 방식으로 세상을 바라보기 때문이다. 즉, 패턴, 가능성, 아이디어 그리고 이론을 탐구함으로써 사물이 왜 있는지를 이해하려는 뜨거운 호기심을 가지고 있다. 선생님은 **S**형 학생에게 피해를 주면서까지 **N**형 학생을 선호하는 것처럼 보이지 않도록 주의하라. 모든 학생은 자신이 선호하는 방식으로 수업에 참여할 수 있어야 한다. 선천적으로 상상력이 풍부한 학생의 능력을 최대한 이끌어 내기 위해서 교사는

- 창의적으로 탐구할 수 있는 질문 · 프로젝트를 제공하라.
- 중복된 과제는 피하라. 학생이 빨리 흥미를 잃는다.
- 학생에게 **S**형 접근 방식(사실, 세부 사항, 절차, 실험, 경험 적용, 구조, 단계별 모델)이 수업에 중요하게 기여함을 깨닫도록 하라.

돌고래 유형은 과제 · 과목을 고려하기 전에 사람과의 관계를 먼저 관심을 가진다. 선생님은 학생이 마음에 들지 않는 한 모든 학생들과 개인적인 관계를 형성하는 것을 좋아한다(**F**형 선생님은 **T**형 선생님이 좋아하는 것을 더 좋아하는 경향이 있다.). 선생님이 감정적으로 움직이기 때문에 이러한 선생님들은 학생들에게 약속을 하고, 지나치게 무리하며, 심지어 학생들이 해야 할 일마저도 대신 할 가능성이 더 높다. 선생님과 학생 모두 따뜻하고 친근한 교실 분위기를 즐긴다. 칭찬은 학생뿐만 아니라 교사의 자신감을 북돋아 줄 것이다. 이러한 관계 중심적인 학생의 능력을 최대한 이끌어 내기 위해서 교사는

- 공감, 협업 및 팀워크를 활용할 수 있는 학습 상황을 제공하라.
- 어떠한 약점이라도 극복할 수 있도록 요령껏 지원하면서 충분하고 정기적으로 칭찬하라.
- 학생에 대한 개인적인 신념의 힘에 호소하여 동기를 부여하라(나를 실망시키지 마렴, 네가 할 수 있다는 것을 알아, 난 네가 좋단다.).

돌고래 유형 선생님은 시간 계획 짜는 것을 즐긴다. 그들은 체계적이고 결단력 있다. 그들은 계획을 세우고 그것에 충실하며, 종종 인상적인 할 일 목록에 의해 도움을 받는다. 그들의 교실은 대개 정리가 잘 되어 있다. 과목은 아마도 수업 분량의 크기대로 잘게 나눠고 한 해의 계획이 구체적으로 세워질 것이다. 많은 돌고래 유형 학생은 계획을 세우는 선생님의 끝없는 열의에 안심한다. 그들은 단순히 일정을 수용하고, 합의한 내용을 전달하며, 대개 모든 업무를 제시간에 완료한다. 흥미롭게도, 몇몇 **J**형 학생은 선생님이 선의로 하는 철저함을 꺼릴 것이다. 그들은 다른 사람의 계획을 채택하기보다는 그들 자신의 계획을 세우고 그것을 실천하기를 원한다. 이것은 **J**형의 통제 욕구 때문이다. 그래서 비록 최소한 모든 작업은 완료되겠지만 두 **J**형이 서로 충돌할 수 있다. 대부분의 중등학교는 학생들이 매우 체계적이어서 두 **J**형이 가장 좋은 조합으로 이루어지기를 요구한다. 이러

한 성격상 체계적인 학생의 능력을 최대한 이끌어 내기 위해서 교사는

- 질서, 깔끔함 및 마감 기일 준수에 대한 공통된 욕구를 함께 즐겨라.
- 학생이 진정으로 원할 경우 그들의 방식대로 작업을 자립적으로 계획할 수 있도록 허락하라.
- 외적인 일로 교사의 세심한 준비가 방해 받을 경우 자신의 계획을 조정할 준비를 하라(그리고 학생이 때때로 유연성을 받아들이도록 권장하라.).
- 예상 가능한 수업이 지겹지 않도록 때때로 변화를 주어라.
- 선택할 수 있는 모든 것을 고려하기도 전에 해야 할 일에 대해 신속하게 결정하지 마라.

178
돌고래 유형 선생님(Dolphin teacher) & 독수리 유형 학생(Eagle student)
ENFJ & ENTJ

돌고래 유형과 독수리 유형은 세 가지 성향을 공유한다. 두 유형 모두 선천적으로 체계적이고 자신감 있고 적극적이다. 그리고 이것은 강한 유대감의 토대가 될 수 있다. 학생의 객관적인 접근법과 교사의 주관적인 접근법이 갈등의 원인이 될 수도 있다. 선천적으로 열렬한 학생의 능력을 최대한 이끌어 내기 위해 교사는

- 새로운 생각과 발상을 불러일으키는 것이 적절할 때 생동감 넘치는 농담을 즐겨라. 학생은 이러한 방법으로 가장 잘 배우지만, 교실에 수많은 다른 학생들도 있다는 사실을 기억하라.
- 교사와 학생 모두 쉽게 산만해지고 궤도를 쉽게 벗어나기 때문에 요점을 벗어나지 말고 긍정적으로 생각하라(잔소리하지 마라.).
- 했던 일을 또 반복하지 마라.
- 차분하고 명확하게 행동하라. 그렇지 않으면 **E**형인 두 사람은 서로의 말을 듣지 않고 점점 더 크게 말할 수 있다.
- 어떤 생각은 말하지 않을 수도 있음을 기억하라(그러면 여러분은 나중에 어떤 것, 특히 비판적인 생각을 표현할 더 나은 방법을 생각할 수 있다.).
- 열정적이고 지지하는 청자가 되라. 교사의 생각을 주장하기보다는 학생 자신의 생각을 명확히 하고 발전시킬 수 있도록 도와주라.
- 서로 조용히 하는 법을 배우고 수업에서 **I**형 학생이 자신을 표현할 수 있도록 격려하라.

선생님과 학생 모두 전체 상황을 먼저 보고, 예감, 추리, 상상력을 이용하여 의미를 추론함으로써 정보를 모은다. 선생님은 선천적으로 교실에서 자신의 상상력을 활용할 것이고 **N**형 학생들은 이에 잘 반응할 것인데, 아마도 공상, 일화, 이야기에 상상의 나래를 펼치며 동참할 것이다. 선생님과 학생 사이의 자연스러운 친밀감은 종종 존재하는데, 그들 둘 다 같은 방식으로 세상을 바라보기 때문이다. 즉, 패턴, 가능성, 아이디어 그리고 이론을 탐구함으로써 사물이 왜 있는지를 이해하려는 뜨거운 호기심을 가지고 있다. 선생님은 **S**형 학생에게 피해를 주면서까지 **N**형 학생을 선호하는 것처럼 보이지 않도록 주의하라. 모든 학생은 자신이 선호하는 방식으로 수업에 참여할 수 있어야 한다. 선천적으로 상상력이 풍부한 학생의 능력을 최대한 이끌어 내기 위해서 교사는

- 창의적으로 탐구할 수 있는 질문 · 프로젝트를 제공하라.
- 중복된 과제는 피하라. 학생이 빨리 흥미를 잃는다.
- 학생에게 **S**형 접근 방식(사실, 세부 사항, 절차, 실험, 경험 적용, 구조, 단계별 모델)이 수업에 중요하게 기여함을 깨닫도록 하라.

교사는 과업보다 먼저 관계를 고려하는 반면 학생은 정반대로 생각한다. 교사는 학생이 자신과 다르다는 것을 수용하는 법을 배워야 한다. 즉, 학생이 차갑고, 무뚝뚝하며, 불친절한 것이 아니라 단순히 과제에 먼저 집중할 뿐이다. 교사가 이것을 받아들일 수 있다면 이 관계는 교사와 학생 둘 모두에게 있어 매우 긍정적일 수 있다. 이러한 근본적으로 적극적인 학생의 능력을 최대한 이끌어 내기 위해서 교사는

- 대상을 정해 칭찬하라. 모든 것이 훌륭하다고 말하는 것은 학생에게 깊은 인상을 주거나 도움이 되지 않는다. 사실, 그것은 학생이 선생님을 존경하지 않는 결과를 초래할 수 있고, 교사가 거짓말하거나 아니면 부드러운 접촉이라고 결론지을 수 있다. 교사가 칭찬

할 때, 증거를 요구받을 수도 있다.

- 사람의 50%가 **F**형이고 피드백을 비판으로 해석하여 이해할 수 있다는 것을 도와주라.
- 논의할 때 감정적이기보다는 논리적이고 객관적으로 하라.
- 학생이 교사에게 이의를 제기한다면 그것은 아마 여러분의 권위나 인격을 무시하기보다 그들의 생각을 명확히 알리기 위한 것일 수 있다. 아마도 '이를 개선하거나 바꾸려면 어떻게 하겠니?' 또는 '너는 어떻게 생각하니?'라고 물어보라. 일단 학생이 생각을 명확히 하고 나면 교사가 생각하는 것을 물어보고 받아들일 준비가 되어 있을 것이다.
- 학생의 기량과 지식을 경쟁적으로 시험하는 방식으로 수업하라(경쟁력을 높인다.).

J형 선생님은 시간 계획 짜는 것을 즐긴다. 그들은 체계적이고 결단력 있다. 그들은 계획을 세우고 그것에 충실하며, 종종 인상적인 할 일 목록에 의해 도움을 받는다. 그들의 교실은 대개 정리가 잘 되어 있다. 과목은 아마도 수업 분량의 크기대로 나뉘어져 있을 것이다. 많은 **J**형 학생은 계획을 세우는 선생님의 끝없는 열의에 안심한다. 그들은 단순히 일정을 수용하고, 합의한 내용을 전달하며, 대개 모든 업무를 제시간에 완료한다. 흥미롭게도, 몇몇 **J**형 학생은 선생님이 선의로 하는 철저함을 꺼릴 것이다. 그들은 다른 사람의 계획을 채택하기보다는 그들 자신의 계획을 세우고 그것을 실천하기를 원한다. 이것은 **J**형의 통제 욕구 때문이다. 그래서 비록 최소한 모든 작업은 완료되겠지만 두 **J**형이 서로 충돌할 수 있다. 대부분의 중등학교는 학생들이 매우 체계적이어서 두 **J**형이 가장 좋은 조합으로 이루어지기를 요구한다. 선천적으로 체계적인 학생의 능력을 최대한 이끌어 내기 위해서 교사는

- 질서, 깔끔함 및 마감 기일 준수에 대한 공통된 욕구를 함께 즐겨라.
- 예상 가능한 수업이 지겹지 않도록 때때로 변화를 주어라.
- 선택할 수 있는 모든 것을 고려하기도 전에 해야 할 일에 대해 신속하게 결정하지 마라.
- 학생이 진정으로 원할 경우 그들의 방식대로 작업을 자립적으로 계획할 수 있도록 허락하라.
- 외적인 일로 교사의 세심한 준비가 방해 받을 경우 자신의 계획을 조정할 준비를 하라. 또한 학생이 때때로 유연성을 받아들이도록 권장하라.

179
돌고래 유형 선생님(Dolphin teacher) & 곰인형 유형 학생(Teddy Bear student)
ENFJ & ESFJ

돌고래 유형과 곰인형 유형은 세 가지 성향을 공유한다. 두 유형 모두 사교적이고 체계적이다. 이들의 관계는 그들이 휴식을 취할 때 서로의 주말에 있었던 일들에 대해 이야기하는 두 명의 헤어 디자이너들의 관계와 같을 수 있다. 이들이 너무 많은 잡담(특히 사람에 관한)을 하지 않는다면 이들은 함께 일을 잘할 수 있을 것이다. 선천적으로 과장스러운 학생의 능력을 최대한 이끌어 내기 위해 교사는

- 새로운 생각과 발상을 불러일으키는 것이 적절할 때 생동감 넘치는 농담을 즐겨라. 학생은 이러한 방법으로 가장 잘 배우지만, 교실에 수많은 다른 학생들도 있다는 사실을 기억하라.
- 교사와 학생 모두 쉽게 산만해지고 궤도를 쉽게 벗어나기 때문에 요점을 벗어나지 말고 긍정적으로 생각하라(잔소리하지 마라.).
- 했던 일을 또 반복하지 마라.
- 어떤 생각은 말하지 않을 수도 있음을 기억하라(그러면 여러분은 나중에 어떤 것, 특히 비판적인 생각을 표현할 더 나은 방법을 생각할 수 있다.).
- 열정적이고 지지하는 청자가 되라. 교사의 생각을 주장하기보다는 학생 자신의 생각을 명확히 하고 발전시킬 수 있도록 도와주라.
- 차분하고 명확하게 행동하라. 그렇지 않으면 **E**형인 두 사람은 서로의 말을 듣지 않고 점점 더 크게 말할 수 있다.
- 서로 조용히 하는 법을 배우고 수업에서 **I**형 학생이 자신을 표현할 수 있도록 격려하라.

상상력이 풍부한 돌고래 유형 교사는 모든 학생에게 영감을 줄 수 있지만, 곰인형 유형 학생들에게 명확한 지침, 구조, 사실, 세부 사항 그리고 절차를 제공해야 할 필요가 있음을 존중해야 한다. 그렇지 않으면 그들은 허둥

댈 수 있다. 현실적인 학생의 능력을 최대한 이끌어 내기 위해서 교사는

- 배운 것이 실제 현실에서 어떻게 적용되는지 설명하라.
- 학생이 역량을 갖출 때까지 반복하고 연습할 기회를 주라.
- 수업에 상상력을 유용하게 사용하도록 권장하라(그것은 시간 낭비가 아니다.).
- **S**형 학생에게 손해를 주면서까지 **N**형 학생을 편애하는 것처럼 보이지 않도록 조심하라. 모든 학생은 그들이 선호하는 방법으로 수업에 기여할 수 있어야 한다.

교사와 학생 모두 과제 · 과목을 고려하기 전에 사람과 관계를 먼저 고려한다. 선생님은 학생이 마음에 들지 않는 한 모든 학생들과 개인적인 관계를 형성하는 것을 좋아한다(**F**형 선생님은 **T**형 선생님이 좋아하는 것을 더 좋아하는 경향이 있다.). 선생님이 감정적으로 움직이기 때문에 이러한 선생님들은 학생들에게 약속을 하고, 지나치게 무리하며, 심지어 학생들이 해야 할 일마저도 대신할 가능성이 더 높다. 선생님과 학생 모두 따뜻하고 친근한 교실 분위기를 즐긴다. 칭찬은 학생뿐만 아니라 교사의 자신감을 북돋아 줄 것이다. 관계 중심적인 학생의 능력을 최대한 이끌어 내기 위해서 교사는

- 공감, 협업 및 팀워크를 활용할 수 있는 학습 상황을 제공하라.
- 어떠한 약점이라도 극복할 수 있도록 요령껏 지원하면서 충분하고 정기적으로 칭찬하라.
- 학생에 대한 개인적인 신념의 힘에 호소하여 동기를 부여하라(나를 실망시키지 마렴, 네가 할 수 있다는 것을 알아, 난 네가 좋단다.).

J형 선생님은 시간 계획 짜는 것을 즐긴다. 그들은 체계적이고 완료시키기 위해 의욕이 넘친다. 그들은 계획을 세우고 그것에 충실하며, 종종 인상적인 할 일 목록에 의해 도움을 받는다. 그들의 교실은 대개 정리가 잘 되어 있다. 과목은 아마도 수업 분량의 크기대로 잘게 나뉘어졌을 것이다. 많은 **J**형 학생은 계획을 세우는 선생님의 끝없는 열의에 안심한다. 그들은 단순히 일정을 수용하고, 합의한 내용을 전달하며, 대개 모든 업무를 제시간에 완료한다. 흥미롭게도, 몇몇 **J**형 학생은 선생님이 선의로 하는 철저함을 꺼릴 것이다. 그들은 다른 사람의 계획을 채택하기보다는 그들 자신의 계획을 세우고 그것을 실천하기를 원한다. 이것은 **J**형의 통제 욕구 때문이다. 그래서 비록 최소한 모든 작업은 완료되겠지만 두 **J**형이 서로 충돌할 수 있다. 대부분의 중등학교는 학생들이 매우 체계적이어서 두 **J**형이 가장 좋은 조합으로 이루어지기를 요구한다. 이러한 성격상 체계적인 학생의 능력을 최대한 이끌어 내기 위해서 교사는

- 질서, 깔끔함 및 마감 기일 준수에 대한 공통된 욕구를 함께 즐겨라.
- 학생이 진정으로 원할 경우 그들의 방식대로 작업을 자립적으로 계획할 수 있도록 허락하라.
- 외적인 일로 교사의 세심한 준비가 방해 받을 경우 자신의 계획을 조정할 준비를 하라(그리고 학생이 때때로 유연성을 받아들이도록 권장하라.).
- 선택할 수 있는 모든 것을 고려하기도 전에 해야 할 일에 대해 신속하게 결정하지 마라.
- 예상 가능한 수업이 지겹지 않도록 때때로 변화를 주어라.

180
돌고래 유형 선생님(Dolphin teacher) & 흑곰 유형 학생(Black Bear student)
ENFJ & ESTJ

돌고래 유형과 흑곰 유형은 두 가지 성향을 공유한다. 두 유형 모두 선천적으로 체계적이고 적극적이다. 어처구니 없어하고 찌푸린 얼굴을 한 Sugar 경 앞의 어프렌티스 참가자[4]처럼 선천적으로 리더인 학생이 교실을 차지하려고 할 때 충돌이 일어날 수 있다. 선천적으로 완강한 학생의 능력을 최대한 이끌어 내기 위해 교사는

- 새로운 생각과 발상을 불러일으키는 것이 적절할 때 생동감 넘치는 농담을 즐겨라. 학생은 이러한 방법으로 가장 잘 배우지만, 교실에 수많은 다른 학생들도

4) 어프렌티스(The Apprentice)는 최고의 비즈니스맨을 꿈꾸는 젊은 경쟁자들이 10만 파운드 연봉의 앨런 슈거(Alan Sugar) 밑에서 일할 수 있는 기회를 얻기 위해 경쟁하는 리얼리티 TV 프로그램이다. 앨런 슈거와 참가자의 관계에 빗대어 설명한 것 같다.〈출처: 네이버 블로그〉

있다는 사실을 기억하라.

- 교사와 학생 모두 쉽게 산만해지고 궤도를 쉽게 벗어나기 때문에 요점을 벗어나지 말고 긍정적으로 생각하라(잔소리하지 마라.).
- 차분하고 명확하게 행동하라. 그렇지 않으면 **E**형인 두 사람은 서로의 말을 듣지 않고 점점 더 크게 말할 수 있다.
- 열정적이고 지지하는 청자가 되라. 교사의 생각을 주장하기보다는 학생 자신의 생각을 명확히 하고 발전시킬 수 있도록 도와주라.
- 서로 조용히 하는 법을 배우고 수업에서 **I**형 학생이 자신을 표현할 수 있도록 격려하라.

상상력이 풍부한 돌고래 유형 교사는 모든 학생에게 영감을 줄 수 있지만, 흑곰 유형 학생들에게 명확한 지침, 구조, 사실, 세부 사항 그리고 절차를 제공해야 할 필요가 있음을 존중해야 한다. 그렇지 않으면 그들은 허둥댈 수 있다. 현실적인 사자 유형 학생의 능력을 최대한 이끌어 내기 위해서 교사는

- 배운 것이 실제 현실에서 어떻게 적용되는지 설명하라.
- 학생이 역량을 갖출 때까지 반복하고 연습할 기회를 주라.
- 수업에 상상력을 유용하게 사용하도록 권장하라(그것은 시간 낭비가 아니다.).
- **S**형 학생에게 손해를 주면서까지 **N**형 학생을 편애하는 것처럼 보이지 않도록 조심하라. 모든 학생은 그들이 선호하는 방법으로 기여할 수 있어야 한다.

교사는 과업보다 먼저 관계를 고려하는 반면 학생은 정반대로 생각한다. 교사는 학생이 자신과 다르다는 것을 수용하는 법을 배워야 한다. 즉, 학생이 차갑고, 무뚝뚝하며, 불친절한 것이 아니라 단순히 과제에 먼저 집중할 뿐이다. 교사가 이것을 받아들일 수 있다면 이 관계는 교사와 학생 둘 모두에게 매우 긍정적일 수 있다. 이러한 본질적으로 적극적인 곰 유형 학생의 능력을 최대한 이끌어 내기 위해서 교사는

- 대상을 정해 칭찬하라. 모든 것이 훌륭하다고 말하는 것은 학생에게 깊은 인상을 주거나 도움이 되지 않는다. 사실, 그것은 학생이 선생님을 존경하지 않는 결과를 초래할 수 있고, 교사가 거짓말하거나 아니면 부드러운 접촉이라고 결론지을 수 있다. 교사가 칭찬할 때, 증거를 요구받을 수도 있다.
- 논의할 때 감정적이기보다는 논리적이고 객관적으로 하라.
- 학생이 교사에게 이의를 제기한다면 그것은 아마 여러분의 권위나 인격을 무시하기보다 그들의 생각을 명확히 알리기 위한 것일 수 있다. 아마도 '이를 개선하거나 바꾸려면 어떻게 하겠니?' 또는 '너는 어떻게 생각하니?'라고 물어보라. 일단 학생이 생각을 명확히 하고 나면 교사가 생각하는 것을 물어보고 받아들일 준비가 되어 있을 것이다.
- 사람의 50%가 **F**형이고 피드백을 비판으로 해석하여 이해할 수 있다는 것을 도와주라.
- 학생의 기량과 지식을 경쟁적으로 시험하는 방식으로 수업하라(경쟁력을 높인다.).

J형 선생님은 시간 계획 짜는 것을 즐긴다. 그들은 체계적이고 결단력 있다. 그들은 계획을 세우고 그것에 충실하며, 종종 인상적인 할 일 목록에 의해 도움을 받는다. 그들의 교실은 대개 정리가 잘 되어 있다. 과목은 아마도 수업 분량의 크기대로 잘게 나뉘어졌을 것이다. 많은 **J**형 학생은 계획을 세우는 선생님의 끝없는 열의에 안심한다. 그들은 단순히 일정을 수용하고, 합의한 내용을 전달하며, 대개 모든 업무를 제시간에 완료한다. 흥미롭게도, 몇몇 **J**형 학생은 선생님이 선의로 하는 철저함을 꺼릴 것이다. 그들은 다른 사람의 계획을 채택하기보다는 그들 자신의 계획을 세우고 그것을 실천하기를 원한다. 이것은 **J**형의 통제 욕구 때문이다. 그래서 비록 최소한 모든 작업은 완료되겠지만 두 **J**형이 서로 충돌할 수 있다. 대부분의 중등학교는 학생들이 매우 체계적이어서 두 **J**형이 가장 좋은 조합으로 이루어지기를 요구한다. 이러한 선천적으로 체계적인 학생의 능력을 최대한 이끌어 내기 위해서 교사는

- 질서, 깔끔함 및 마감 기일 준수에 대한 욕구를 함께 즐겨라.
- 학생이 진정으로 원할 경우 그들의 방식대로 작업을 자립적으로 계획할 수 있도록 허락하라.
- 외적인 일로 교사의 세심한 준비가 방해 받을 경우 자신의 계획을 조정할 준비를 하라(그리고 학생이 때때로 유연성을 받아들이도록 권장하라.).
- 예상 가능한 수업이 지겹지 않도록 때때로 변화를 주어라.
- 선택할 수 있는 모든 것을 고려하기도 전에 해야 할

일에 대해 신속하게 결정하지 마라.

181
돌고래 유형 선생님(Dolphin teacher) & 검은표범 유형 학생(Panther student)
ENFJ & ESTP

돌고래 유형과 검은표범 유형은 한 가지 성향을 공유한다. 두 유형 모두 사교적이다. 학생들의 타고난 과잉 활동적 성향을 다른 곳으로 돌릴 수 없을 때 언쟁이 일어날 수 있다. 선천적으로 활동적인 학생의 능력을 최대한 이끌어 내기 위해 교사는

- 새로운 생각과 발상을 불러일으키는 것이 적절할 때 생동감 넘치는 농담을 즐겨라. 학생은 이러한 방법으로 가장 잘 배우지만, 교실에 수많은 다른 학생들도 있다는 사실을 기억하라.
- 교사와 학생 모두 쉽게 산만해지고 궤도를 쉽게 벗어나기 때문에 요점을 벗어나지 말고 긍정적으로 생각하라(잔소리하지 마라.).
- 했던 일을 또 반복하지 마라.
- 차분하고 명확하게 행동하라. 그렇지 않으면 **E**형인 두 사람은 PMQs(영국 수상 질의)처럼 점점 더 크게 말할 것이다(서로의 말을 듣지 않는다.).
- 어떤 생각은 말하지 않을 수도 있음을 기억하라(그러면 여러분은 나중에 어떤 것, 특히 비판적인 생각을 표현할 더 나은 방법을 생각할 수 있다.).
- 열정적이고 지지하는 청자가 되라. 교사의 생각을 주장하기보다는 학생 자신의 생각을 명확히 하고 발전시킬 수 있도록 도와주라.
- 서로 조용히 하는 법을 배우고 수업에서 **I**형 학생이 자신을 표현할 수 있도록 격려하라.

상상력이 풍부한 교사는 모든 학생에게 영감을 줄 수 있지만, 검은표범 유형 학생들에게 명확한 지침, 구조, 사실, 세부 사항 그리고 절차를 제공해야 할 필요가 있음을 존중해야 한다. 그렇지 않으면 그들은 허둥댈 수 있다. 현실적인 학생의 능력을 최대한 이끌어 내기 위해서 교사는

- 배운 것이 실제 현실에서 어떻게 적용되는지 보여주라.
- 가만히 있지 못하는 학생이 역량을 갖출 때까지 반복하고 연습할 기회를 주라.
- 수업에 유용한 과정으로 상상력을 사용하도록 권장하라.
- **S**형 학생에게 손해를 주면서까지 **N**형 학생을 편애하는 것처럼 보이지 않도록 조심하라. 모든 학생은 그들이 선호하는 방법으로 기여할 수 있어야 한다.

교사는 과업보다 먼저 관계를 고려하는 반면 학생은 정반대로 생각한다. 교사는 학생이 자신과 다르다는 것을 수용하는 법을 배워야 한다. 즉, 학생이 차갑고, 무뚝뚝하며, 불친절한 것이 아니라 단순히 과제에 먼저 집중할 뿐이다. 교사가 이것을 받아들일 수 있다면 이 관계는 교사와 학생 둘 모두에게 있어 매우 긍정적일 수 있다. 만족할 줄 모르는 학생의 능력을 최대한 이끌어 내기 위해서 교사는

- 대상을 정해 칭찬하라. 모든 것이 훌륭하다고 말하는 것은 학생에게 깊은 인상을 주거나 도움이 되지 않는다. 사실, 그것은 학생이 선생님을 존경하지 않는 결과를 초래할 수 있고, 교사가 거짓말하거나 아니면 부드러운 접촉이라고 결론지을 수 있다. 교사가 칭찬할 때, 증거를 요구받을 수도 있다.
- 논의할 때 감정적이기보다는 논리적이고 객관적으로 하라.
- 학생의 기량과 지식을 경쟁적으로 시험하는 방식으로 수업하라(경쟁력을 높인다.).
- 사람의 50%가 **F**형이고 피드백을 비판으로 해석하여 이해할 수 있다는 것을 도와주라.
- 학생이 교사에게 이의를 제기한다면 그것은 아마 여러분의 권위나 인격을 무시하기보다 그들의 생각을 명확히 알리기 위한 것일 수 있다. 아마도 '이를 개선하거나 바꾸려면 어떻게 하겠니?' 또는 '너는 어떻게 생각하니?'라고 물어보라. 일단 학생이 생각을 명확히 하고 나면 교사가 생각하는 것을 물어보고 받아들일 준비가 되어 있을 것이다.

돌고래 유형 선생님은 시간 계획 짜는 것을 즐긴다. 그들은 체계적이고 결단력 있다. 그들은 계획을 세우고 그것에 충실하며, 종종 인상적인 할 일 목록에 의해 도움을 받는다. 그들의 교실은 대개 정리가 잘 되어 있다. 과목은 아마도 수업 분량의 크기대로 잘게 나뉘고 교육

과정의 기준 등을 고려해서 그해의 세부 계획이 세워질 것이다. **P**형 학생은 다음과 같이 반응할 것이다.

- 당신의 전문성을 긍정적으로 받아들이고 그들이 얻을 장기간의 이득들을 이해할 것이다.
- 당신이 제공하는 내용이나 과정을 진심으로 받아들이지는 않지만 편한 삶을 위해 구조·계획을 수동적으로 받아들인다.
- 교사와 수업 계획, 그리고 과목별 수업을 완전히 거부하며 부정적으로 반응한다(물리적으로 교실에 있더라도 수업에 몰두하거나 참여하지 않는다.).

교사가 선천적으로 느긋한 학생의 능력을 최대한 이끌어 내기 위해서는 학생들이 단순히 학생이 선택할 수 있는 것과 선택하는 것을 좋아하는 것이 아니라 이는 필수적인 것이고 그렇게 해 주지 않으면 몸이 근질거리고 몸부림치거나 반항하기 시작된다는 것을 알아야 한다. 중등학교 환경은 **P**형 학생들에게 무척 어렵다. 선생님이 압박감을 완화시키기 위해

- 가능한 한 유연성을 많이 제공하라(다양한 과제 선택, 수업 내 선택).
- 세부적인 일정으로 학생을 부담주려는 유혹을 뿌리쳐라.
- 꼭 필요한 것보다 중요하지 않은 세부 사항을 까다롭게 다루지 마라.
- 수업에 다양한 변화를 주라. 검은표범 유형은 예측할 수 없는 상황에서 확장한다.

182
돌고래 유형 선생님(Dolphin teacher) & 사자 유형 학생(Lion student)
ENFJ & ESFP

돌고래 유형과 사자 유형은 두 가지 성향을 공유한다—두 유형 모두 에너지와 따뜻함을 뿜어낸다. 충돌은 교사가 '파티광'인 사자 유형의 학생을 과제 방향으로 이끌지 못할 때 일어나기 십상이다. 선천적으로 감정 표현이 과장된 학생의 능력을 최대한 이끌어 내기 위해서 교사는

- 새로운 생각과 발상을 불러일으키는 것이 적절할 때 생동감 넘치는 농담을 즐겨라. 학생은 이러한 방법으로 가장 잘 배우지만, 교실에 수많은 다른 학생들도 있다는 사실을 기억하라.
- 어떤 생각은 말하지 않을 수도 있음을 기억하라(그러면 여러분은 나중에 어떤 것, 특히 비판적인 생각을 표현할 더 나은 방법을 생각할 수 있다.).
- 열정적이고 지지하는 청자가 되라. 교사의 생각을 주장하기보다는 학생 자신의 생각을 명확히 하고 발전시킬 수 있도록 도와주라.
- 교사와 학생 모두 쉽게 산만해지고 궤도를 쉽게 벗어나기 때문에 요점을 벗어나지 말고 긍정적으로 생각하라(잔소리하지 마라.).
- 차분하고 명확하게 행동하라. 그렇지 않으면 **E**형인 두 사람은 서로의 말을 듣지 않고 점점 더 크게 말할 수 있다.
- 서로 조용히 하는 법을 배우고 수업에서 **I**형 학생이 자신을 표현할 수 있도록 격려하라.

상상력이 풍부한 돌고래 유형 교사는 모든 학생에게 영감을 줄 수 있지만, 65퍼센트 학생들에게 명확한 지침, 구조, 사실, 세부 사항 그리고 절차를 제공해야 할 필요가 있음을 존중해야 한다. 그렇지 않으면 그들은 허둥댈 수 있다. 현실적인 학생의 능력을 최대한 이끌어 내기 위해서 교사는

- 배운 것이 실제 현실에서 어떻게 적용되는지 설명하라.
- 학생이 역량을 갖출 때까지 반복하고 연습할 기회를 주라.
- 수업에 상상력을 유용하게 사용하도록 권장하라(그것은 시간 낭비가 아니다.).
- **S**형 학생에게 손해를 주면서까지 **N**형 학생을 편애하는 것처럼 보이지 않도록 조심하라. 모든 학생은 그들이 선호하는 방법으로 기여할 수 있어야 한다.

교사와 학생 모두 과제·과목을 고려하기 전에 사람과의 관계를 먼저 관심을 갖고 있다. 선생님은 학생이 마음에 들지 않는 한 모든 학생들과 개인적인 관계를 형성하는 것을 좋아한다(**F**형 선생님은 **T**형 선생님이 좋아하는 것을 더 좋아하는 경향이 있다.). 선생님이 감정적으로 움직이기 때문에 이러한 선생님들은 학생들에게 약속을 하고, 지나치게 무리하며, 심지어 학생들이 해야 할

일마저도 대신 할 가능성이 더 높다. 선생님과 학생 모두 따뜻하고 친근한 교실 분위기를 즐긴다. 칭찬은 학생뿐만 아니라 교사의 자신감을 북돋아 줄 것이다. 관계 중심적인 학생의 능력을 최대한 이끌어 내기 위해서 교사는

- 공감, 협업 및 팀워크를 활용할 수 있는 학습 상황을 제공하라.
- 어떠한 약점이라도 극복할 수 있도록 요령껏 지원하면서 충분하고 정기적으로 칭찬하라.
- 학생에 대한 개인적인 신념의 힘에 호소하여 동기를 부여하라(나를 실망시키지 마렴, 네가 할 수 있다는 것을 알아, 난 네가 좋단다.).

J형 선생님은 시간 계획 짜는 것을 즐긴다. 그들은 체계적이고 결단력 있다. 그들은 계획을 세우고 그것에 충실하며, 종종 인상적인 할 일 목록에 의해 도움을 받는다. 그들의 교실은 대개 정리가 잘 되어 있다. 과목은 아마도 수업 분량의 크기대로 잘게 나뉘고 교육과정의 기준 등을 고려해서 그해의 세부 계획이 세워질 것이다. **P**형 학생은 다음과 같이 반응할 것이다.

- 당신의 전문성을 긍정적으로 받아들이고 그들이 얻을 장기간의 이득들을 이해할 것이다.
- 당신이 제공하는 내용이나 과정을 진심으로 받아들이지는 않지만 편한 삶을 위해 구조 · 계획을 수동적으로 받아들인다.
- 교사와 수업 계획, 그리고 과목별 수업을 완전히 거부하며 부정적으로 반응한다(물리적으로 교실에 있더라도 수업에 몰두하거나 참여하지 않는다.).

교사가 선천적으로 느긋한 학생의 능력을 최대한 이끌어 내기 위해서는 학생들이 단순히 학생이 선택할 수 있는 것과 선택하는 것을 좋아하는 것이 아니라 이는 필수적인 것이고 그렇게 해 주지 않으면 몸이 근질거리고 몸부림치거나 반항하기 시작한다. 중등학교 환경은 **P**형 학생들에게 무척 어렵다. 선생님이 압박감을 완화시키기 위해

- 가능한 한 유연성을 많이 제공하라(다양한 과제 선택, 수업 내 선택).
- 세부적인 일정으로 학생을 부담 주려는 유혹을 뿌리쳐라.
- 꼭 필요한 것보다 중요하지 않은 세부 사항을 까다롭게 다루지 마라.
- 예상 가능한 수업이 지겹지 않도록 때때로 변화를 주어라.
- 학생이 중요한 작업을 마지막까지 서두르지 않고 완료할 수 있도록 시간을 조직하고 관리할 수 있는 방법을 수립하도록 도와주라.

183
돌고래 유형 선생님(Dolphin teacher) & 흰동가리 유형 학생(Clownfish student)
ENFJ & ENFP

돌고래 유형과 흰동가리 유형은 세 가지 성향을 공유한다. 두 유형 모두 선천적으로 사교적이고 상상력이 풍부하다. 돌고래 유형 교사가 학생이 필요로 하는 긍정적인 관심을 충족시켜 준다면 교사들은 학생들의 에너지를 과업을 완료하는 데 쏟을 수 있도록 할 수 있다. 선천적으로 감정 표현이 과장스러운 학생의 능력을 최대한 이끌어 내기 위해 교사는

- 새로운 생각과 발상을 불러일으키는 것이 적절할 때 생동감 넘치는 농담을 즐겨라. 학생은 이러한 방법으로 가장 잘 배우지만, 교실에 수많은 다른 학생들도 있다는 사실을 기억하라.
- 어떤 생각은 말하지 않을 수도 있음을 기억하라(그러면 여러분은 나중에 어떤 것, 특히 비판적인 생각을 표현할 더 나은 방법을 생각할 수 있다.).
- 열정적이고 지지하는 청자가 되라. 교사의 생각을 주장하기보다는 학생 자신의 생각을 명확히 하고 발전시킬 수 있도록 도와주라.
- 교사와 학생 모두 쉽게 산만해지고 궤도를 쉽게 벗어나기 때문에 요점을 벗어나지 말고 긍정적으로 생각하라.
- 했던 일을 또 반복하지 마라.
- 차분하고 명확하게 행동하라. 그렇지 않으면 **E**형인 두 사람은 서로의 말을 듣지 않고 점점 더 크게 말할 수 있다.
- 서로 조용히 하는 법을 배우고 수업에서 **I**형 학생이 자신을 표현할 수 있도록 격려하라.

선생님과 학생 모두 전체 상황을 먼저 보고, 예감, 추리, 상상력을 이용하여 의미를 추론함으로써 정보를 모은다. 선생님은 선천적으로 교실에서 자신의 상상력을 활용할 것이고 **N**형 학생들은 이에 잘 반응할 것인데, 아마도 공상, 일화, 이야기에 상상의 나래를 펼치며 동참할 것이다. 선생님과 학생 사이의 자연스러운 친밀감은 종종 존재하는데, 그들 둘 다 같은 방식으로 세상을 바라보기 때문이다. 즉, 패턴, 가능성, 아이디어 그리고 이론을 탐구함으로써 사물이 왜 있는지를 이해하려는 뜨거운 호기심을 가지고 있다. 선생님은 **S**형 학생에게 피해를 주면서까지 **N**형 학생을 선호하는 것처럼 보이지 않도록 주의하라. 모든 학생은 자신이 선호하는 방식으로 수업에 참여할 수 있어야 한다. 선천적으로 상상력이 풍부한 학생의 능력을 최대한 이끌어 내기 위해서 교사는

- 창의적으로 탐구할 수 있는 질문 · 프로젝트를 제공하라.
- 중복된 과제는 피하라. 학생이 빨리 흥미를 잃는다.
- 학생에게 **S**형 접근 방식(사실, 세부 사항, 절차, 실험, 경험 적용, 구조, 단계별 모델)이 수업에 중요하게 기여함을 깨닫도록 하라.

선생님과 학생 모두 과제 · 과목을 고려하기 전에 사람과 관계를 먼저 고려한다. 돌고래 유형의 선생님은 학생이 마음에 들지 않는 한 모든 학생들과 개인적인 관계를 형성하는 것을 좋아한다(**F**형 선생님은 **T**형 선생님이 좋아하는 것을 더 좋아하는 경향이 있다.). 선생님이 감정적으로 움직이기 때문에 이러한 선생님들은 학생들에게 약속을 하고, 지나치게 무리하며, 심지어 학생들이 해야 할 일마저도 대신 할 가능성이 더 높다. 선생님과 학생 모두 따뜻하고 친근한 교실 분위기를 즐긴다. 칭찬은 학생뿐만 아니라 교사의 자신감을 북돋아 줄 것이다. 관계 중심적인 학생의 능력을 최대한 이끌어 내기 위해서 교사는

- 공감, 협업 및 팀워크를 활용할 수 있는 학습 상황을 제공하라.
- 어떠한 약점이라도 극복할 수 있도록 요령껏 지원하면서 충분하고 정기적으로 칭찬하라.
- 학생에 대한 개인적인 신념의 힘에 호소하여 동기를 부여하라(나를 실망시키지 마렴, 네가 할 수 있다는 것을 알아, 난 네가 좋단다.).

J형 선생님은 시간 계획 짜는 것을 즐긴다. 그들은 체계적이고 결단력 있다. 그들은 계획을 세우고 그것에 충실하며, 종종 인상적인 할 일 목록에 의해 도움을 받는다. 그들의 교실은 대개 정리가 잘 되어 있다. 과목은 아마도 수업 분량의 크기대로 잘게 나눠고 교육과정의 기준 등을 고려해서 그해의 세부 계획이 세워질 것이다. **P**형 학생은 다음 중 하나처럼 반응할 것이다.

- 당신의 전문성을 긍정적으로 받아들이고 그들이 얻을 장기간의 이득들을 이해할 것이다.
- 당신이 제공하는 내용이나 과정을 진심으로 받아들이지는 않지만 편한 삶을 위해 구조 · 계획을 수동적으로 받아들인다.
- 교사와 수업 계획, 그리고 과목별 수업을 완전히 거부하며 부정적으로 반응한다(물리적으로 교실에 있더라도 수업에 몰두하거나 참여하지 않는다.).

교사가 선천적으로 느긋한 학생의 능력을 최대한 이끌어 내기 위해서는 학생들이 단순히 학생이 선택할 수 있는 것과 선택하는 것을 좋아하는 것이 아니라 이는 필수적임을 이해해야 한다. 중등학교 환경은 **P**형 학생들에게 무척 어렵다. 선생님이 압박감을 완화시키기 위해

- 가능한 한 유연성을 많이 제공하라(다양한 과제 선택, 수업 내 선택).
- 세부적인 일정으로 학생을 부담주려는 유혹을 뿌리쳐라.
- 꼭 필요한 것보다 중요하지 않은 세부 사항을 까다롭게 다루지 마라.
- 예상 가능한 수업이 지겹지 않도록 때때로 변화를 주어라.
- 학생이 중요한 작업을 마지막까지 서두르지 않고 완료할 수 있도록 시간을 조직하고 관리할 수 있는 방법을 수립하도록 도와주라.

184
돌고래 유형 선생님(Dolphin teacher) & 매 유형 학생(Falcon student)
ENFJ & ENTP

돌고래 유형과 매 유형은 두 가지 성향을 공유한다. 두

유형 모두 마치 불꽃처럼 아이디어와 말을 모든 곳에 뿌린다. 이들의 활동적이고 다급한 방식은 서로에게 협력할 수 있게 한다. 학생의 눈치 없는 수업 참여와 산만한 접근법은 갈등을 일으키는 원인이 될 수도 있다. 선천적으로 감정 표현이 과장스러운 학생의 능력을 최대한 이끌어 내기 위해 교사는

- 어떤 생각은 말하지 않을 수도 있음을 기억하라(그러면 여러분은 나중에 어떤 것, 특히 비판적인 생각을 표현할 더 나은 방법을 생각할 수 있다.).
- 열정적이고 지지하는 청자가 되라. 교사의 생각을 주장하기보다는 학생 자신의 생각을 명확히 하고 발전시킬 수 있도록 도와주라.
- 서로 조용히 하는 법을 배우고 수업에서 **I**형 학생이 자신을 표현할 수 있도록 격려하라.
- 새로운 생각과 발상을 불러일으키는 것이 적절할 때 생동감 넘치는 농담을 즐겨라. 학생은 이러한 방법으로 가장 잘 배우지만, 교실에 수많은 다른 학생들도 있다는 사실을 기억하라.
- 교사와 학생 모두 쉽게 산만해지고 궤도를 쉽게 벗어나기 때문에 요점을 벗어나지 말고 긍정적으로 생각하라(잔소리하지 마라.).
- 했던 일을 또 반복하지 마라.
- 차분하고 명확하게 행동하라. 그렇지 않으면 **E**형인 두 사람은 서로의 말을 듣지 않고 점점 더 크게 말할 수 있다.

선생님과 학생 모두 전체 상황을 먼저 보고, 예감, 추리, 상상력을 이용하여 의미를 추론함으로써 정보를 모은다. 선생님은 선천적으로 교실에서 자신의 상상력을 활용할 것이고 **N**형 학생들은 이에 잘 반응할 것인데, 아마도 공상, 일화, 이야기에 상상의 나래를 펼치며 동참할 것이다. 선생님과 학생 사이의 자연스러운 친밀감은 종종 존재하는데, 그들 둘 다 같은 방식으로 세상을 바라보기 때문이다. 즉, 패턴, 가능성, 아이디어 그리고 이론을 탐구함으로써 사물이 왜 있는지를 이해하려는 뜨거운 호기심을 가지고 있다. 선생님은 **S**형 학생에게 피해를 주면서까지 **N**형 학생을 선호하는 것처럼 보이지 않도록 주의하라. 모든 학생은 자신이 선호하는 방식으로 수업에 참여할 수 있어야 한다. 선천적으로 상상력이 풍부한 학생의 능력을 최대한 이끌어 내기 위해서 교사는

- 창의적으로 탐구할 수 있는 질문 · 프로젝트를 제공하라.
- 중복된 과제는 피하라. 학생이 빨리 흥미를 잃는다.
- 학생에게 **S**형 접근 방식(사실, 세부 사항, 절차, 실험, 경험 적용, 구조, 단계별 모델)이 수업에 중요하게 기여함을 깨닫도록 하라.

교사는 과업보다 먼저 관계를 고려하는 반면 학생은 정반대로 생각한다. 교사는 학생이 자신과 다르다는 것을 수용하는 법을 배워야 한다. 즉, 학생이 차갑고, 무뚝뚝하며, 불친절한 것이 아니라 단순히 과제에 먼저 집중할 뿐이다. 교사가 이것을 받아들일 수 있다면 이 관계는 교사와 학생 둘 모두에게 있어 매우 긍정적일 수 있다. 특징적으로 자기 주장이 강한 학생의 능력을 최대한 이끌어 내기 위해서 교사는

- 대상을 정해 칭찬하라. 모든 것이 훌륭하다고 말하는 것은 학생에게 깊은 인상을 주거나 도움이 되지 않는다. 사실, 그것은 학생이 선생님을 존경하지 않는 결과를 초래할 수 있고, 교사가 거짓말하거나 아니면 부드러운 접촉이라고 결론지을 수 있다. 교사가 칭찬할 때, 증거를 요구받을 수도 있다.
- 경쟁적으로 기량과 지식을 시험하는 방식으로 수업하라(경쟁력을 높인다.).
- 사람의 50%가 **F**형이고 피드백을 비판으로 해석하여 이해할 수 있다는 것을 도와주라.
- 학생이 교사에게 이의를 제기한다면 그것은 아마 여러분의 권위나 인격을 무시하기보다 그들의 생각을 명확히 알리기 위한 것일 수 있다. 아마도 '이를 개선하거나 바꾸려면 어떻게 하겠니?' 또는 '너는 어떻게 생각하니?'라고 물어보라. 일단 학생이 생각을 명확히 하고 나면 교사가 생각하는 것을 물어보고 받아들일 준비가 되어 있을 것이다.
- 논의할 때 감정적이기보다는 논리적이고 객관적으로 하라.

J형 선생님은 시간 계획 짜는 것을 즐긴다. 그들은 체계적이고 결단력 있다. 그들은 계획을 세우고 그것에 충실하며, 종종 인상적인 할 일 목록에 의해 도움을 받는다. 그들의 교실은 대개 정리가 잘 되어 있다. 과목은 아마도 수업 분량의 크기대로 잘게 나뉘고 교육과정의 기준 등을 고려해서 그해의 계획이 세워질 것이다. **P**형 학생은 다음과 같이 반응할 것이다.

- 당신의 전문성을 긍정적으로 받아들이고 그들이 얻을 장기간의 이득들을 이해할 것이다.
- 당신이 제공하는 내용이나 과정을 진심으로 받아들이지는 않지만 편한 삶을 위해 구조 · 계획을 수동적으로 받아들인다.
- 교사와 수업 계획, 그리고 과목별 수업을 완전히 거부하며 부정적으로 반응한다(물리적으로 교실에 있더라도 수업에 몰두하거나 참여하지 않는다.).

교사가 선천적으로 느긋한 학생의 능력을 최대한 이끌어 내기 위해서는 학생들이 단순히 학생이 선택할 수 있는 것과 선택하는 것을 좋아하는 것이 아니라 이는 필수적인 것이고 그렇게 해 주지 않으면 몸이 근질거리고 몸부림치거나 반항하기 시작한다. 중등학교 환경은 **P**형 학생들에게 무척 어렵다. 선생님이 압박감을 완화시키기 위해

- 가능한 한 유연성을 많이 제공하라(다양한 과제 선택, 수업 내 선택).
- 세부적인 일정으로 학생을 부담 주려는 유혹을 뿌리쳐라.
- 꼭 필요한 것보다 중요하지 않은 세부 사항을 까다롭게 다루지 마라.
- 예상 가능한 수업이 지겹지 않도록 때때로 변화를 주어라. 호랑이 유형의 행동 취향을 드러내기 위해 무작위의 놀라움과 변화를 소개하라.

185
돌고래 유형 선생님(Dolphin teacher) & 호랑이 유형 학생(Tiger student)
ENFJ & ISTP

돌고래 유형과 호랑이 유형은 공유하는 성향이 없다. 반대되는 사람들은 서로를 성장하게 하거나 상반되는 접근법에 적응할 수 있도록 도울 수 있다. 독립적인 호랑이 유형 학생은 따뜻하고 세심한 돌고래 유형 교사에 의해 질식되는 것처럼 느낄 수 있다. 교사가 활동 지향적이고 자율적으로 하는 활동들을 통해 학생에게 자유를 준다면 학생들은 대개 빛날 것이다. 선천적으로 내성적인 학생의 능력을 최대한 이끌어 내기 위해서 교사는

- 차분히 속도를 낮추고 간결하게 이야기하라.
- 질문과 답변 사이에 충분한 시간을 주라. 학생이 자신의 생각을 완전히 정리할 수 있도록 기다려 주라.
- 학생들에게 스스로 작업할 수 있는 시간과 공간을 제공하라. 그들 머리 위를 맴돌면서 참견하려고 하지 마라.
- 문제를 즉시 해결하거나 학생들의 말을 가로채지 마라.
- 상호 보완적인 유형들과 짝을 이루게 하라(해마 · 물개 · 코알라 유형).
- **E**형 학생이 많은 모둠 · 팀에 **I**형 학생 한 명만을 두지 마라(그들은 숨막혀 할 것이다.).
- (말뿐만 아니라) 글로 써서 칭찬하라.

상상력이 풍부한 돌고래 유형 교사는 모든 학생에게 영감을 줄 수 있지만, 고양이 유형 학생들에게 명확한 지침, 구조, 사실, 세부 사항 그리고 절차를 제공해야 할 필요가 있음을 존중해야 한다. 그렇지 않으면 그들은 몸부림칠 수 있다. 현실적인 학생의 능력을 최대한 이끌어 내기 위해서 교사는

- 배운 것이 실제 현실에서 어떻게 적용되는지 설명하라.
- 학생이 역량을 갖출 때까지 반복하고 연습할 기회를 주라.
- 수업에 상상력을 유용하게 사용하도록 권장하라(그것은 시간 낭비가 아니다.).
- **S**형 학생에게 손해를 입히면서까지 **N**형 학생을 선호하는 것처럼 보이지 않도록 조심하라. 모든 학생은 그들이 선호하는 방법으로 기여할 수 있어야 한다.

교사는 과제보다 관계를 먼저 고려하는 반면 학생은 정반대로 생각한다. 교사는 학생이 자신과 다르다는 것을 수용하는 법을 배워야 한다. 즉, 학생이 차갑고, 무뚝뚝하며, 불친절한 것이 아니라 단순히 과제에 먼저 집중할 뿐이다. 선생님이 이것을 받아들일 수 있다면 이 관계는 교사와 학생 둘 모두에게 매우 긍정적일 수 있다. 선천적으로 객관적인 학생의 능력을 최대한 이끌어 내기 위해 교사는

- 대상을 정해 칭찬하라. 모든 것이 훌륭하다고 말하는 것은 학생에게 깊은 인상을 주거나 도움이 되지 않는다. 사실, 그것은 학생이 선생님을 존경하지 않는 결과를 초래할 수 있고, 교사가 거짓말하거나 아니면

부드러운 접촉이라고 결론지을 수 있다. 교사가 칭찬할 때, 증거를 요구받을 수도 있다.

- 논의할 때 감정적이기보다는 논리적이고 객관적으로 하라.
- 학생이 교사에게 이의를 제기한다면 그것은 아마 여러분의 권위나 인격을 무시하기보다 그들의 생각을 명확히 알리기 위한 것일 수 있다. 아마도 '이를 개선하거나 바꾸려면 어떻게 하겠니?' 또는 '너는 어떻게 생각하니?'라고 물어보라. 일단 학생이 생각을 명확히 하고 나면 교사가 생각하는 것을 물어보고 받아들일 준비가 되어 있을 것이다.
- 학생의 기량과 지식을 경쟁적으로 시험하는 방식으로 수업하라(경쟁력을 높인다.).
- 사람의 50%가 **F**형이고 피드백을 비판으로 해석하여 이해할 수 있다는 것을 도와주라.

J형 선생님은 시간 계획 짜는 것을 즐긴다. 그들은 체계적이고 결단력 있다. 그들은 계획을 세우고 그것에 충실하며, 종종 인상적인 할 일 목록에 의해 도움을 받는다. 그들의 교실은 대개 정리가 잘 되어 있다. 과목은 아마도 수업 분량의 크기대로 잘게 나눠고 교육과정의 기준 등을 고려해서 그해의 계획이 세워질 것이다. **P**형 학생은 다음과 같이 반응할 것이다.

- 당신의 전문성을 긍정적으로 받아들이고 그들이 얻을 장기간의 이득들을 이해할 것이다.
- 당신이 제공하는 내용이나 과정을 진심으로 받아들이지는 않지만 편한 삶을 위해 구조 · 계획을 수동적으로 받아들인다.
- 교사와 수업 계획, 그리고 과목별 수업을 완전히 거부하며 부정적으로 반응한다(물리적으로 교실에 있더라도 수업에 몰두하거나 참여하지 않는다.).

교사가 선천적으로 느긋한 학생의 능력을 최대한 이끌어 내기 위해서는 학생들이 단순히 학생이 선택할 수 있는 것과 선택하는 것을 좋아하는 것이 아니라 이는 필수적인 것이고 그렇게 해 주지 않으면 도움이 필요하거나 몸이 근질거리고 몸부림치거나 반항하기 시작한다. 중등학교 환경은 **P**형 학생들에게 무척 어렵다. 선생님이 압박감을 완화하는 데 돕기 위해

- 가능한 한 유연성을 많이 제공하라(다양한 과제 선택, 수업 내 선택).
- 세부적인 일정으로 학생에게 부담 주려는 유혹을 뿌리쳐라.
- 꼭 필요한 것보다 중요하지 않은 세부 사항을 까다롭게 다루지 마라.
- 예상 가능한 수업이 지겹지 않도록 무작위적인 놀라움과 변화를 도입하라.
- 학생이 학문적으로 성공할 수 있도록 간단한 시간 관리 전략을 수립할 수 있도록 지원하라.

186
돌고래 유형 선생님(Dolphin teacher) & 고양이 유형 학생(Cat student)
ENFJ & ISFP

돌고래 유형과 고양이 유형은 한 가지 성향을 공유한다. 두 유형 모두 화기애애한 환경에서 일하는 것을 좋아한다. 독립적인 고양이 유형은 세심한 돌고래 유형 교사에 의해 질식되는 것처럼 느낄 수 있다. 교사가 활동 지향적이고 자율적으로 하는 활동들을 통해 학생에게 자유를 준다면 학생들은 대개 잘 자랄 것이다. 선천적으로 내성적인 학생의 능력을 최대한 이끌어 내기 위해서 교사는

- 차분히 속도를 낮추고 간결하게 이야기하라.
- 질문과 답변 사이에 충분한 시간을 주라. 학생이 답하기 전에 생각하고 되돌아볼 시간이 필요함을 존중하라.
- 학생들에게 스스로 작업할 수 있는 시간과 공간을 제공하라. 그들 머리 위를 맴돌면서 참견하려고 하지 마라.
- 문제를 즉시 해결하거나 학생들의 말을 가로채지 마라.
- 상호 보완적인 유형들과 짝을 이루게 하라(해마, 물개, 돌고래 유형).
- **E**형 학생이 많은 모둠 · 팀에 **I**형 학생 한 명만을 두지 마라(그들은 숨막혀 할 것이다.).
- (말뿐만 아니라) 글로 써서 칭찬하라.

바다 동물 유형은 전체 상황을 먼저 보고, 예감, 추리, 상상력을 이용하여 의미를 추론함으로써 정보를 모은다. 선생님은 자연스럽게 교실에서 자신의 상상력을 활용

할 것이고 **N**형 학생들은 이에 잘 반응할 것인데, 아마도 공상, 일화, 이야기에 상상의 나래를 펼치며 동참할 것이다. 선생님과 학생 사이의 자연스러운 친밀감은 종종 존재하는데, 그들 둘 다 같은 방식으로 세상을 바라보기 때문이다. 즉, 패턴, 가능성, 아이디어 그리고 이론을 탐구함으로써 사물이 왜 있는지를 이해하려는 뜨거운 호기심을 가지고 있다. 선생님은 **S**형 학생에게 피해를 주면서까지 **N**형 학생을 선호하는 것처럼 보이지 않도록 주의하라. 선천적으로 상상력이 풍부한 학생의 능력을 최대한 이끌어 내기 위해 선생님은

- 창의적으로 탐구할 수 있는 질문—프로젝트를 제공하라.
- 중복된 과제는 피하라. 학생이 빨리 흥미를 잃는다.
- 학생에게 **S**형 접근 방식(사실, 세부 사항, 절차, 실험, 경험 적용, 구조, 단계별 모델)이 수업에 중요하게 기여함을 깨닫도록 격려하라.

교사와 학생 모두 과제·과목을 고려하기 전에 사람과의 관계를 먼저 고려한다. 선생님은 학생이 마음에 들지 않는 한 모든 학생들과 개인적인 관계를 형성하는 것을 좋아한다(**F**형 선생님은 **T**형 선생님이 좋아하는 것을 더 좋아하는 경향이 있다.). 선생님이 감정적으로 움직이기 때문에 이러한 선생님들은 학생들에게 약속을 하고, 지나치게 무리하며, 심지어 학생들이 해야 할 일마저도 대신할 가능성이 더 높다. 선생님과 학생 모두 따뜻하고 친근한 교실 분위기를 즐긴다. 칭찬은 학생뿐만 아니라 교사의 자신감을 북돋아 줄 것이다. 이러한 근본적으로 관계 중심적인 학생의 능력을 최대한 이끌어 내기 위해서 교사는

- 공감, 협업 및 팀워크를 활용할 수 있는 학습 상황을 제공하라.
- 어떠한 약점이라도 극복할 수 있도록 요령껏 지원하면서 충분하고 정기적으로 칭찬하라.
- 학생에 대한 개인적인 신념의 힘에 호소하여 동기를 부여하라(나를 실망시키지 마렴, 네가 할 수 있다는 것을 알아, 난 네가 좋단다.).

J형 선생님은 시간 계획 짜는 것을 즐긴다. 그들은 체계적이고 결단력 있다. 그들은 계획을 세우고 그것에 충실하며, 종종 인상적인 할 일 목록에 의해 도움을 받는다. 그들의 교실은 대개 정리가 잘 되어 있다. 과목은 아마도 수업 분량의 크기대로 잘게 나뉘고 교육과정의 기준 등을 고려해서 그해의 계획이 세워질 것이다. **P**형 학생은 다음과 같이 반응할 것이다.

- 당신의 전문성을 긍정적으로 받아들이고 그들이 얻을 장기간의 이득들을 이해할 것이다.
- 당신이 제공하는 내용이나 과정을 진심으로 받아들이지는 않지만 편한 삶을 위해 구조·계획을 수동적으로 받아들인다.
- 교사와 수업 계획, 그리고 과목별 수업을 완전히 거부하며 부정적으로 반응한다(물리적으로 교실에 있더라도 수업에 몰두하거나 참여하지 않는다.).

교사가 선천적으로 느긋한 학생의 능력을 최대한 이끌어 내기 위해서는 학생들이 단순히 학생이 선택할 수 있는 것과 선택하는 것을 좋아하는 것이 아니라 이는 필수적인 것이고 그렇게 해 주지 않으면 도움이 필요하거나 몸이 근질거리고 몸부림치거나 반항하기 시작한다. 중등학교 환경은 **P**형 학생들에게 무척 어렵다. 선생님이 압박감을 완화하는 데 돕기 위해

- 가능한 한 유연성을 많이 제공하라(다양한 과제 선택, 수업 내 선택).
- 세부적인 일정으로 학생에게 부담을 주려는 유혹을 뿌리쳐라.
- 꼭 필요한 것보다 중요하지 않은 세부 사항을 까다롭게 다루지 마라.
- 예상 가능한 수업이 지겹지 않도록 무작위적인 놀라움과 변화를 도입하라.
- 학생이 학문적으로 성공할 수 있도록 간단한 시간 관리 전략을 수립할 수 있도록 도와주라.

187
돌고래 유형 선생님(Dolphin teacher) & 물개 유형 학생(Seal student)
ENFJ & INFP

돌고래 유형과 물개 유형은 두 가지 성향을 공유한다. 두 유형 모두 교실에 따뜻함과 상상력을 가져온다. 물개 유형 학생들은 공상가이며 교사는 이런 창의력을 성공을 위해서 과업을 완료시키도록 이끌어야 한다. 선천적으로 내성적인 학생의 능력을 최대한 이끌어 내기 위해

서 교사는

- 차분히 속도를 낮추고 간결하게 이야기하라.
- 질문과 답변 사이에 충분한 시간을 주라. 학생이 답하기 전에 생각하고 되돌아볼 시간이 필요함을 존중하라.
- 학생들에게 스스로 작업할 수 있는 시간과 공간을 제공하라. 그들 머리 위를 맴돌면서 참견하려고 하지 마라.
- 문제를 즉시 해결하거나 학생들의 말을 가로채지 마라.
- **E**형 학생이 많은 모둠·팀에 **I**형 학생 한 명만을 두지 마라(그들은 숨막혀 할 것이다.).
- (말뿐만 아니라) 글로 써서 칭찬하라.

해양 동물 유형은 전체 상황을 먼저 보고, 예감, 추리, 상상력을 이용하여 의미를 추론함으로써 정보를 모은다. 선생님은 자연스럽게 교실에서 마음의 눈을 활용할 것이고 **N**형 학생들은 이에 잘 반응할 것인데, 아마도 공상, 일화, 이야기에 상상의 나래를 펼치며 동참할 것이다. 선생님과 학생 사이의 자연스러운 친밀감은 종종 존재하는데, 그들 둘 다 같은 방식으로 세상을 바라보기 때문이다. 즉, 패턴, 가능성, 아이디어 그리고 이론을 탐구함으로써 사물이 왜 있는지를 이해하려는 뜨거운 호기심을 가지고 있다. 선생님은 **S**형 학생에게 피해를 주면서까지 **N**형 학생을 선호하는 것처럼 보이지 않도록 주의하라. 모든 학생은 자신이 선호하는 방식으로 수업에 참여할 수 있어야 한다. 선천적으로 상상력이 풍부한 학생의 능력을 최대한 이끌어 내기 위해서 교사는

- 창의적으로 탐구할 수 있는 질문·프로젝트를 제공하라.
- 중복된 과제는 피하라. 학생이 빨리 흥미를 잃는다.
- 학생에게 **S**형 접근 방식(사실, 세부 사항, 절차, 실험, 경험 적용, 구조, 단계별 모델)이 수업에 중요하게 기여함을 깨닫도록 하라.

선생님과 학생 모두 과제·과목을 고려하기 전에 사람과의 관계를 먼저 관심 있어 한다. 선생님은 학생이 마음에 들지 않는 한 모든 학생들과 개인적인 관계를 형성하는 것을 좋아한다(**F**형 선생님은 **T**형 선생님이 좋아하는 것을 더 좋아하는 경향이 있다.). 선생님이 감정적으로 움직이기 때문에 이러한 선생님들은 학생들에게 약속을 하고, 지나치게 무리하며, 심지어 학생들이 해야 할 일마저도 대신 할 가능성이 더 높다. 선생님과 학생 모두 따뜻하고 친근한 교실 분위기를 즐긴다. 칭찬은 학생뿐만 아니라 교사의 자신감을 북돋아 줄 것이다. 관계 중심적인 학생의 능력을 최대한 이끌어 내기 위해서 교사는

- 공감, 협업 및 팀워크를 활용할 수 있는 학습 상황을 제공하라.
- 어떠한 약점이라도 극복할 수 있도록 요령껏 지원하면서 충분하고 정기적으로 칭찬하라.
- 학생에 대한 개인적인 신념의 힘에 호소하여 동기를 부여하라(나를 실망시키지 마렴, 네가 할 수 있다는 것을 알아, 난 네가 좋단다.).

돌고래 유형 선생님은 시간 계획 짜는 것을 즐긴다. 그들은 체계적이고 결단력 있다. 그들은 계획을 세우고 그것에 충실하며, 종종 인상적인 할 일 목록에 의해 도움을 받는다. 그들의 교실은 대개 정리가 잘 되어 있다. 과목은 아마도 수업 분량의 크기대로 잘게 나뉘고 교육과정의 기준 등을 고려해서 그해의 계획이 세워질 것이다. **P**형 학생은 다음과 같이 반응할 것이다.

- 당신의 전문성을 긍정적으로 받아들이고 그들이 얻을 장기간의 이득들을 이해할 것이다.
- 당신이 제공하는 내용이나 과정을 진심으로 받아들이지는 않지만 편한 삶을 위해 구조·계획을 수동적으로 받아들인다.
- 교사와 수업 계획, 그리고 과목별 수업을 완전히 거부하며 부정적으로 반응한다(물리적으로 교실에 있더라도 수업에 몰두하거나 참여하지 않는다.).

교사가 선천적으로 느긋한 학생의 능력을 최대한 이끌어 내기 위해서는 학생들이 단순히 학생이 선택할 수 있는 것과 선택하는 것을 좋아하는 것이 아니라 이는 필수적인 것이고 그렇게 해 주지 않으면 도움이 필요하거나 몸이 근질거리고 몸부림치거나 반항하기 시작한다. 중등학교 환경은 **P**형 학생들에게 무척 어렵다. 선생님이 압박감을 완화하는 데 돕기 위해

- 가능한 한 유연성을 많이 제공하라(다양한 과제 선택, 수업 내 선택).
- 세부적인 일정으로 학생에게 부담을 주려는 유혹을 뿌리쳐라.
- 꼭 필요한 것보다 중요하지 않은 세부 사항을 까다롭게 다루지 마라.

- 예상 가능한 수업이 지겹지 않도록 무작위적인 놀라움과 변화를 소개하라.

188
돌고래 유형 선생님(Dolphin teacher) & 숲올빼미 유형 학생(Tawny Owl student)
ENFJ & INTP

돌고래 유형과 숲올빼미 유형은 한 가지 성향을 공유한다. 두 유형 모두 세계를 이해하기 위해 상상력을 사용한다. 따뜻하고 세심한 교사는 숲올빼미 유형 학생의 능력을 최대한 이끌어 내기 위해서 어떤 것을 학생 자신의 방식대로 생각할 수 있도록 공간과 시간을 확보해 주어야 한다. 교사들은 또한

- 차분히 속도를 낮추고 간결하게 이야기하라.
- 질문과 답변 사이에 충분한 시간을 주라. 학생이 답하기 전에 생각하고 되돌아볼 시간이 필요함을 존중하라.
- 학생들에게 스스로 작업할 수 있는 시간과 공간을 제공하라. 그들 머리 위를 맴돌면서 참견하려고 하지 마라.
- 문제를 즉시 해결하거나 학생들의 말을 가로채지 마라.
- 올빼미 유형을 상호 보완적인 유형들과 짝을 이루게 하라.
- **E**형 학생이 많은 모둠 · 팀에 **I**형 학생 한 명만을 두지 마라(그들은 숨막혀 할 것이다.).
- (말뿐만 아니라) 글로 써서 칭찬하라.

선생님과 학생 모두 전체 상황을 먼저 보고, 예감, 추리, 상상력을 이용하여 의미를 추론함으로써 정보를 모은다. 선생님은 선천적으로 교실에서 자신의 상상력을 활용할 것이고 **N**형 학생들은 이에 잘 반응할 것인데, 아마도 공상, 일화, 이야기에 상상의 나래를 펼치며 동참할 것이다. 선생님과 학생 사이의 자연스러운 친밀감은 종종 존재하는데, 그들 둘 다 같은 방식으로 세상을 바라보기 때문이다. 즉, 패턴, 가능성, 아이디어 그리고 이론을 탐구함으로써 사물이 왜 있는지를 이해하려는 뜨거운 호기심을 가지고 있다. 선생님은 **S**형 학생에게 피해를 주면서까지 **N**형 학생을 선호하는 것처럼 보이지 않도록 주의하라. 모든 학생은 자신이 선호하는 방식으로 수업에 참여할 수 있어야 한다. 선천적으로 상상력이 풍부한 학생의 능력을 최대한 이끌어 내기 위해서 교사는

- 창의적으로 탐구할 수 있는 질문 · 프로젝트를 제공하라.
- 중복된 과제는 피하라. 학생이 빨리 흥미를 잃는다.
- 학생에게 **S**형 접근 방식(사실, 세부 사항, 절차, 실험, 경험 적용, 구조, 단계별 모델)이 수업에 중요하게 기여함을 깨닫도록 하라.

돌고래 유형 교사는 과업보다 먼저 관계를 고려하는 반면 학생은 정반대로 생각한다. 교사는 학생이 자신과 다르다는 것을 수용하는 법을 배워야 한다. 즉, 학생이 차갑고, 무뚝뚝하며, 불친절한 것이 아니라 단순히 과제에 먼저 집중할 뿐이다. 교사가 이것을 받아들일 수 있다면 이 관계는 교사와 학생 둘 모두에게 매우 긍정적일 수 있다. 이러한 근본적으로 분석적인 학생의 능력을 최대한 이끌어 내기 위해서 교사는

- 대상을 정해 칭찬하라. 모든 것이 훌륭하다고 말하는 것은 학생에게 깊은 인상을 주거나 도움이 되지 않는다. 사실, 그것은 학생이 선생님을 존경하지 않는 결과를 초래할 수 있고, 교사가 거짓말하거나 아니면 부드러운 접촉이라고 결론지을 수 있다. 교사가 칭찬할 때, 증거를 요구받을 수도 있다.
- 논의할 때 감정적이기보다는 논리적이고 객관적으로 하라.
- 학생이 교사에게 이의를 제기한다면 그것은 아마 여러분의 권위나 인격을 무시하기보다 그들의 생각을 명확히 알리기 위한 것일 수 있다. 아마도 '이를 개선하거나 바꾸려면 어떻게 하겠니?' 또는 '너는 어떻게 생각하니?'라고 물어보라. 일단 학생이 생각을 명확히 하고 나면 교사가 생각하는 것을 물어보고 받아들일 준비가 되어 있을 것이다.
- 학생의 기량과 지식을 경쟁적으로 시험하는 방식으로 수업하라(경쟁력을 높인다.).
- 사람의 50%가 **F**형이고 피드백을 비판으로 해석하여 이해할 수 있다는 것을 도와주라.

돌고래 유형 선생님은 시간 계획 짜는 것을 즐긴다. 그들은 체계적이고 결단력 있다. 그들은 계획을 세우고 그것에 충실하며, 종종 인상적인 할 일 목록에 의해 도움

을 받는다. 그들의 교실은 대개 정리가 잘 되어 있다. 과목은 아마도 수업 분량의 크기대로 잘게 나뉘고 그해의 계획이 아주 세부적으로 세워질 것이다. **P**형 학생은 다음 중 하나처럼 반응할 것이다.

- 당신의 전문성을 긍정적으로 받아들이고 그들이 얻을 장기간의 이득들을 이해할 것이다.
- 당신이 제공하는 내용이나 과정을 진심으로 받아들이지는 않지만 편한 삶을 위해 구조 · 계획을 수동적으로 받아들인다.
- 교사와 수업 계획, 그리고 과목별 수업을 완전히 거부하며 부정적으로 반응한다(물리적으로 교실에 있더라도 수업에 몰두하거나 참여하지 않는다.).

교사가 선천적으로 느긋한 학생의 능력을 최대한 이끌어 내기 위해서는 학생들이 단순히 학생이 선택할 수 있는 것과 선택하는 것을 좋아하는 것이 아니라 이는 필수적인 것이고 그렇게 해 주지 않으면 도움이 필요하거나 몸이 근질거리고 몸부림치거나 반항하기 시작한다. 중등학교 환경은 **P**형 학생들에게 무척 어렵다. 선생님이 압박감을 완화하는 데 돕기 위해

- 가능한 한 유연성을 많이 제공하라(다양한 과제 선택, 수업 내 선택).
- 세부적인 일정으로 학생을 부담주려는 유혹을 뿌리쳐라.
- 꼭 필요한 것보다 중요하지 않은 세부 사항을 까다롭게 다루지 마라.
- 예상 가능한 수업이 지겹지 않도록 때때로 상황을 바꾸어 주라.
- 숲올빼미 유형의 학생의 끝없는 호기심을 이끌어 내기 위해 무작위적인 수업의 변화를 계획하라.

189
돌고래 유형 선생님(Dolphin teacher) & 북극곰 유형 학생(Polar Bear student)
ENFJ & ISTJ

돌고래 유형과 북극곰 유형은 한 가지 성향을 공유한다. 둘 다 선천적으로 체계적이다. 교사는 학생의 능력을 최대한 이끌어 내기 위해 학생들에게 논리, 객관성, 성찰이 필요함을 존중해야 한다. 선생님은 또한

- 차분히 속도를 낮추고 간결하게 이야기하라.
- 질문과 답변 사이에 충분한 시간을 주라. 학생이 답하기 전에 생각하고 되돌아볼 시간이 필요함을 존중하라.
- 학생들에게 스스로 작업할 수 있는 시간과 공간을 제공하라. 그들 머리 위를 맴돌면서 참견하려고 하지 마라.
- 문제를 즉시 해결하거나 학생들의 말을 가로채지 마라.
- **E**형 학생이 많은 모둠 · 팀에 **I**형 학생 한 명만을 두지 마라(그들은 숨막혀 할 것이다.).
- (말뿐만 아니라) 글로 써서 칭찬하라.

상상력이 풍부한 돌고래 유형 교사는 모든 학생에게 영감을 줄 수 있지만, 북극곰 유형 학생들에게 명확한 지침, 구조, 사실, 세부 사항 그리고 절차를 제공해야 할 필요가 있음을 존중해야 한다. 그렇지 않으면 그들은 허둥댈 수 있다. 근본적으로 현실적인 학생의 능력을 최대한 이끌어 내기 위해서 교사는

- 배운 것이 실제 현실에서 어떻게 적용되는지 설명하라.
- 학생이 역량을 갖출 때까지 반복하고 연습할 기회를 주라.
- 수업에 상상력을 유용하게 사용하도록 권장하라(그것은 시간 낭비가 아니다.).
- **S**형 학생에게 손해를 입히면서까지 **N**형 학생을 편애하는 것처럼 보이지 않도록 조심하라. 모든 학생은 그들이 선호하는 방법으로 수업에 기여할 수 있어야 한다.

교사는 과업보다 관계를 먼저 고려하는 반면 학생은 정반대로 생각한다. 교사는 학생이 자신과 다르다는 것을 수용하는 법을 배워야 한다. 즉, 학생이 차갑고, 무뚝뚝하며, 불친절한 것이 아니라 단순히 과제에 먼저 집중할 뿐이다. 교사가 이것을 받아들일 수 있다면 이 관계는 교사와 학생 둘 모두에게 있어 매우 긍정적일 수 있다. 본질적으로 논리적인 학생의 능력을 최대한 이끌어 내기 위해서 교사는

- 대상을 정해 칭찬하라. 모든 것이 훌륭하다고 말하는 것은 학생에게 깊은 인상을 주거나 도움이 되지 않는

다. 사실, 그것은 학생이 선생님을 존경하지 않는 결과를 초래할 수 있고, 교사가 거짓말하거나 아니면 부드러운 접촉이라고 결론지을 수 있다. 교사가 칭찬할 때, 증거를 요구받을 수도 있다.

- 논의할 때 감정적이기보다는 논리적이고 객관적으로 하라.
- 학생이 교사에게 이의를 제기한다면 그것은 아마 여러분의 권위나 인격을 무시하기보다 그들의 생각을 명확히 알리기 위한 것일 수 있다. 아마도 '이를 개선하거나 바꾸려면 어떻게 하겠니?' 또는 '너는 어떻게 생각하니?'라고 물어보라. 일단 학생이 생각을 명확히 하고 나면 교사가 생각하는 것을 물어보고 받아들일 준비가 되어 있을 것이다.
- 학생의 기량과 지식을 경쟁적으로 시험하는 방식으로 수업하라(경쟁력을 높인다.).
- 사람의 50%가 **F**형이고 피드백을 비판으로 해석하여 이해할 수 있다는 것을 도와주라.

J형 선생님은 시간 계획 짜는 것을 즐긴다. 그들은 체계적이고 결단력 있다. 그들은 계획을 세우고 그것에 충실하며, 종종 인상적인 할 일 목록에 의해 도움을 받는다. 그들의 교실은 대개 정리가 잘 되어 있다. 과목은 아마도 수업 분량의 크기대로 나뉘고 색상으로 구분된 스프레드시트로써 1년 전체가 계획될 것이다. 많은 **J**형 학생들은 계획을 고수하려는 선생님의 끝없는 욕구에 안심하고 있다. 그들은 단순히 일정을 수용하고, 합의한 내용을 전달하며, 대개 모든 업무를 제시간에 완료한다. 흥미롭게도, 몇몇 **J**형 학생은 선생님이 선의로 하는 철저함을 꺼릴 것이다. 그들은 다른 사람의 계획을 채택하기보다는 그들 자신의 계획을 세우고 그것을 실천하기를 원한다. 이것은 **J**형의 통제 욕구 때문이다. 그래서 비록 최소한 모든 작업은 완료되겠지만 두 **J**형이 서로 충돌할 수 있다. 대부분의 중등학교는 학생들이 매우 체계적이어서 두 **J**형이 가장 좋은 조합으로 이루어지기를 요구한다. 이러한 기본적으로 체계적인 학생의 능력을 최대한 이끌어 내기 위해서 교사는

- 질서, 깔끔함 및 마감 기일 준수에 대한 공통된 욕구를 함께 즐겨라.
- 예상 가능한 수업이 지겹지 않도록 때때로 변화를 주어라.
- 선택할 수 있는 모든 것을 고려하기도 전에 해야 할 일에 대해 신속하게 결정하지 마라.
- 학생이 진정으로 원할 경우 그들의 방식대로 작업을 자립적으로 계획할 수 있도록 허락하라.
- 외적인 일로 교사의 세심한 준비가 방해 받을 경우 자신의 계획을 조정할 준비를 하라.

190
돌고래 유형 선생님(Dolphin teacher) & 코알라 유형 학생(Koala student)
ENFJ & ISFJ

돌고래 유형과 코알라 유형은 두 가지 성향을 공유한다. 두 유형 모두 친절하고 체계적이다. 존재감이 희미할 수도 있는 학생의 능력을 최대한 이끌어 내기 위해서 교사는

- 차분히 속도를 낮추고 간결하게 이야기하라.
- 질문과 답변 사이에 충분한 시간을 주라. 학생이 답하기 전에 생각하고 되돌아볼 시간이 필요함을 존중하라.
- 학생들에게 스스로 작업할 수 있는 시간과 공간을 제공하라. 그들 머리 위를 맴돌면서 참견하려고 하지 마라.
- 문제를 즉시 해결하거나 학생들의 말을 가로채지 마라.
- 상호 보완적인 유형들과 짝을 이루게 하라(해마 · 물개 · 곰인형 · 돌고래 유형).
- **E**형 학생이 많은 모둠 · 팀에 **I**형 학생 한 명만을 두지 마라(그들은 숨막혀 할 것이다.).
- (말뿐만 아니라) 글로 써서 칭찬하라.

상상력이 풍부한 돌고래 유형 교사는 모든 학생에게 영감을 줄 수 있지만, 코알라 유형 학생들에게 명확한 지침, 구조, 사실, 세부 사항 그리고 절차를 제공해야 할 필요가 있음을 존중해야 한다. 그렇지 않으면 그들은 허둥댈 수 있다. 근본적으로 현실적인 학생의 능력을 최대한 이끌어 내기 위해서 교사는

- 배운 것이 실제 현실에서 어떻게 적용되는지 설명하라.
- 학생이 역량을 갖출 때까지 반복하고 연습할 기회를 주라.

- 수업에 상상력을 유용하게 사용하도록 권장하라(그것은 시간 낭비가 아니다.).
- **S**형 학생에게 손해를 입히면서까지 **N**형 학생을 편애하는 것처럼 보이지 않도록 조심하라. 모든 학생은 그들이 선호하는 방법으로 수업에 기여할 수 있어야 한다.

돌고래 유형은 과제 · 과목을 고려하기 전에 사람과의 관계를 먼저 고려한다. 이 유형의 선생님은 학생이 마음에 들지 않는 한 모든 학생들과 개인적인 관계를 형성하는 것을 좋아한다(**F**형 선생님은 **T**형 선생님이 좋아하는 것을 더 좋아하는 경향이 있다.). 선생님이 감정적으로 움직이기 때문에 이러한 선생님들은 학생들에게 약속을 하고, 지나치게 무리하며, 심지어 학생들이 해야 할 일마저도 대신 할 가능성이 더 높다. 선생님과 학생 모두 따뜻하고 친근한 교실 분위기를 즐긴다. 칭찬은 학생뿐만 아니라 교사의 자신감을 북돋아 줄 것이다. 관계 중심적인 학생의 능력을 최대한 이끌어 내기 위해서 교사는

- 공감, 협업 및 팀워크를 활용할 수 있는 학습 상황을 제공하라.
- 어떠한 약점이라도 극복할 수 있도록 요령껏 지원하면서 충분하고 정기적으로 칭찬하라.
- 학생에 대한 개인적인 신념의 힘에 호소하여 동기를 부여하라(나를 실망시키지 마렴, 네가 할 수 있다는 것을 알아, 난 네가 좋단다.).

돌고래 유형 선생님은 시간 계획 짜는 것을 즐긴다. 그들은 체계적이고 결단력 있다. 그들은 계획을 세우고 그것에 충실하며, 종종 인상적인 할 일 목록에 의해 도움을 받는다. 그들의 교실은 대개 정리가 잘 되어 있다. 과목은 아마도 수업 분량의 크기별로 나뉘고 1년 전체가 군사적으로 정확하게 계획될 것이다. 많은 **J**형 학생들은 계획을 고수하려는 선생님의 끝없는 욕구에 안심하고 있다. 그들은 단순히 일정을 수용하고, 합의한 내용을 전달하며, 대개 모든 업무를 제시간에 완료한다. 흥미롭게도, 몇몇 **J**형 학생은 선생님이 선의로 하는 철저함을 꺼릴 것이다. 그들은 다른 사람의 계획을 채택하기보다는 그들 자신의 계획을 세우고 그것을 발전시키기를 원한다. 이것은 **J**형의 통제 욕구 때문이다. 그래서 비록 최소한 모든 작업은 완료되겠지만 두 **J**형이 서로 충돌할 수 있다. 대부분의 중등학교는 학생들이 매우 체계적이어서 두 **J**형이 가장 좋은 조합으로 이루어지기를 요구한다. 선천적으로 체계적인 학생의 능력을 최대한 이끌어 내기 위해서 교사는

- 질서, 깔끔함 및 마감 기일 준수에 대한 공통된 욕구를 함께 즐겨라.
- 학생이 진정으로 원할 경우 그들의 방식대로 작업을 자립적으로 계획할 수 있도록 허락하라.
- 외적인 일로 교사의 세심한 준비가 방해 받을 경우 자신의 계획을 조정할 준비를 하라(그리고 학생이 때때로 유연성을 받아들이도록 권장하라.).
- 선택할 수 있는 모든 것을 고려하기도 전에 해야 할 일에 대해 신속하게 결정하지 마라.
- 예상 가능한 수업이 지겹지 않도록 때때로 변화를 주어라.

191
돌고래 유형 선생님(Dolphin teacher) & 해마 유형 학생(Seahorse student)
ENFJ & INFJ

돌고래 유형과 해마 유형은 세 가지 성향을 공유한다. 두 유형 모두 사이가 좋은, 서로의 성장을 돕는, 효율적인 교실을 바란다. 선호하는 의사소통 방법이 서로 달라 혼란을 초래하는 것을 피하기 위해 교사는

- 차분히 속도를 낮추고 간결하게 이야기하라.
- 질문과 답변 사이에 충분한 시간을 주라. 학생이 답하기 전에 생각하고 되돌아볼 시간이 필요함을 존중하라.
- 학생들에게 스스로 작업할 수 있는 시간과 공간을 제공하라. 그들 머리 위를 맴돌면서 참견하려고 하지 마라.
- 문제를 즉시 해결하거나 학생들의 말을 가로채지 마라.
- 상호 보완적인 유형들과 짝을 이루게 하라(물개 · 코알라 · 고양이 유형).
- **E**형 학생이 많은 모둠 · 팀에 **I**형 학생 한 명만을 두지 마라(그들은 숨막혀 할 것이다.).
- (말뿐만 아니라) 글로 써서 칭찬하라.

해양 동물 유형의 선생님과 학생 모두 전체 상황을 먼저

보고, 예감, 추리, 상상력을 이용하여 의미를 추론함으로써 정보를 모은다. 선생님은 자연스럽게 교실에서 자신의 상상력을 활용할 것이고 **N**형 학생들은 이에 잘 반응할 것인데, 아마도 공상, 일화, 이야기에 상상의 나래를 펼치며 동참할 것이다. 선생님과 학생 사이의 자연스러운 친밀감은 종종 존재하는데, 그들 둘 다 같은 방식으로 세상을 바라보기 때문이다. 즉, 패턴, 가능성, 아이디어 그리고 이론을 탐구함으로써 사물이 왜 있는지를 이해하려는 뜨거운 호기심을 가지고 있다. **S**형 학생에게 피해를 주면서까지 선생님은 **N**형 학생을 선호하는 것처럼 보이지 않도록 주의하라. 모든 학생은 자신이 선호하는 방식으로 수업에 참여할 수 있어야 한다. 선천적으로 상상력이 풍부한 학생의 능력을 최대한 이끌어 내기 위해서 교사는

- 창의적으로 탐구할 수 있는 질문 · 프로젝트를 제공하라.
- 중복된 과제는 피하라. 학생이 빨리 흥미를 잃는다.
- 학생에게 **S**형 접근 방식(사실, 세부 사항, 절차, 실험, 경험 적용, 구조, 단계별 모델)이 수업에 중요하게 기여함을 깨닫도록 하라.

해양 동물 유형은 과제 · 과목을 고려하기 전에 사람과의 관계를 먼저 고려한다. 이 유형의 선생님은 학생이 마음에 들지 않는 한 모든 학생들과 개인적인 관계를 형성하는 것을 좋아한다(**F**형 선생님은 **T**형 선생님이 좋아하는 것을 더 좋아하는 경향이 있다.). 선생님이 감정적으로 움직이기 때문에 이러한 선생님들은 학생들에게 약속을 하고, 지나치게 무리하며, 심지어 학생들이 해야 할 일마저도 대신 할 가능성이 더 높다. 선생님과 학생 모두 따뜻하고 친근한 교실 분위기를 즐긴다. 칭찬은 학생뿐만 아니라 교사의 자신감을 북돋아 줄 것이다. 이러한 관계 중심적인 학생의 능력을 최대한 이끌어 내기 위해서 교사는

- 공감, 협업 및 팀워크를 활용할 수 있는 학습 상황을 제공하라.
- 어떠한 약점이라도 극복할 수 있도록 요령껏 지원하면서 충분하고 정기적으로 칭찬하라.
- 학생에 대한 개인적인 신념의 힘에 호소하여 동기를 부여하라(나를 실망시키지 마렴, 네가 할 수 있다는 것을 알아, 난 네가 좋단다.).

J형 선생님은 시간 계획 짜는 것을 즐긴다. 그들은 체계적이고 결단력 있다. 그들은 계획을 세우고 그것에 충실하며, 종종 인상적인 할 일 목록에 의해 도움을 받는다. 그들의 교실은 대개 정리가 잘 되어 있다. 과목은 아마도 수업 분량의 크기대로 잘게 나뉘고 한 해의 계획이 치밀하게 세워질 것이다. 많은 **J**형 학생들은 계획을 고수하려는 선생님의 끝없는 욕구에 안심하고 있다. 그들은 단순히 일정을 수용하고, 합의한 내용을 전달하며, 대개 모든 업무를 제시간에 완료한다. 흥미롭게도, 몇몇 **J**형 학생은 선생님이 선의로 하는 철저함을 꺼릴 것이다. 그들은 다른 사람의 계획을 채택하기보다는 그들 자신의 계획을 세우고 그것을 실천하기를 원한다. 이것은 **J**형의 통제 욕구 때문이다. 그래서 비록 최소한 모든 작업은 완료되겠지만 두 **J**형이 서로 충돌할 수 있다. 대부분의 중등학교는 학생들이 매우 체계적이어서 두 **J**형이 가장 좋은 조합으로 이루어지기를 요구한다. 기본적으로 체계적인 학생의 능력을 최대한 이끌어 내기 위해서 교사는

- 질서, 깔끔함 및 마감 기일 준수에 대한 공통된 욕구를 함께 즐겨라.
- 학생이 진정으로 원할 경우 그들의 방식대로 작업을 자립적으로 계획할 수 있도록 허락하라.
- 외적인 일로 교사의 세심한 준비가 방해 받을 경우 자신의 계획을 조정할 준비를 하라(그리고 학생이 때때로 유연성을 받아들이도록 권장하라.).
- 예상 가능한 수업이 지겹지 않도록 때때로 변화를 주어라.
- 선택할 수 있는 모든 것을 고려하기도 전에 해야 할 일에 대해 신속하게 결정하지 마라.

192
돌고래 유형 선생님(Dolphin teacher) & 가면올빼미 유형 학생(Barn Owl student)
ENFJ & INTJ

돌고래 유형과 가면올빼미 유형은 두 가지 성향을 공유한다. 두 유형 모두 상상력이 풍부하고 체계적이다. 따뜻하고 세심한 교사는 가면올빼미 유형 학생의 능력을 최대한 이끌어 내기 위해서 어떤 것을 학생 자신의 방식대로 생각할 수 있도록 공간과 시간을 확보해 줘야 한다.

선천적으로 내성적인 학생을 격려하기 위해서 교사는

- 차분히 속도를 낮추고 간결하게 이야기하라.
- 질문과 답변 사이에 충분한 시간을 주라. 학생이 답하기 전에 생각하고 되돌아볼 시간이 필요함을 존중하라.
- 학생들에게 스스로 작업할 수 있는 시간과 공간을 제공하라. 그들 머리 위를 맴돌면서 참견하려고 하지 마라.
- 문제를 즉시 해결하거나 학생들의 말을 가로채지 마라.
- **E**형 학생이 많은 모둠 · 팀에 **I**형 학생 한 명만을 두지 마라(그들은 숨막혀 할 것이다.).
- (말뿐만 아니라) 글로 써서 칭찬하라.

선생님과 학생 모두 전체 상황을 먼저 보고, 예감, 추리, 상상력을 이용하여 의미를 추론함으로써 정보를 모은다. 선생님은 자연스럽게 교실에서 자신의 상상력을 활용할 것이고 **N**형 학생들은 이에 잘 반응할 것인데, 아마도 공상, 일화, 이야기에 상상의 나래를 펼치며 동참할 것이다. 선생님과 학생 사이의 자연스러운 친밀감은 종종 존재하는데, 그들 둘 다 같은 방식으로 세상을 바라보기 때문이다. 즉, 패턴, 가능성, 아이디어 그리고 이론을 탐구함으로써 사물이 왜 있는지를 이해하려는 뜨거운 호기심을 가지고 있다. 선생님은 **S**형 학생에게 피해를 주면서까지 **N**형 학생을 선호하는 것처럼 보이지 않도록 주의하라. 모든 학생은 자신이 선호하는 방식으로 수업에 참여할 수 있어야 한다. 선천적으로 상상력이 풍부한 학생의 능력을 최대한 이끌어 내기 위해서 교사는

- 창의적으로 탐구할 수 있는 질문 · 프로젝트를 제공하라.
- 중복된 과제는 피하라. 학생이 빨리 흥미를 잃는다.
- 학생에게 **S**형 접근 방식(사실, 세부 사항, 절차, 실험, 경험 적용, 구조, 단계별 모델)이 수업에 중요하게 기여함을 깨닫도록 하라.

교사는 과업보다 먼저 관계를 고려하는 반면 학생은 정반대로 생각한다. 교사는 학생이 자신과 다르다는 것을 수용하는 법을 배워야 한다. 즉, 학생이 차갑고, 무뚝뚝하며, 불친절한 것이 아니라 단순히 과제에 먼저 집중할 뿐이다. 교사가 이것을 받아들일 수 있다면 이 관계는 교사와 학생 둘 모두에게 있어 매우 긍정적일 수 있다.

이러한 본질적으로 객관적인 학생의 능력을 최대한 이끌어 내기 위해서 교사는

- 대상을 정해 칭찬하라. 모든 것이 훌륭하다고 말하는 것은 학생에게 깊은 인상을 주거나 도움이 되지 않는다. 사실, 그것은 학생이 선생님을 존경하지 않는 결과를 초래할 수 있고, 교사가 거짓말하거나 아니면 부드러운 접촉이라고 결론지을 수 있다. 교사가 칭찬할 때, 증거를 요구받을 수도 있다.
- 논의할 때 감정적이기보다는 논리적이고 객관적으로 하라.
- 학생이 교사에게 이의를 제기한다면 그것은 아마 여러분의 권위나 인격을 무시하기보다 그들의 생각을 명확히 알리기 위한 것일 수 있다. 아마도 '이를 개선하거나 바꾸려면 어떻게 하겠니?' 또는 '너는 어떻게 생각하니?'라고 물어보라. 일단 학생이 생각을 명확히 하고 나면 교사가 생각하는 것을 물어보고 받아들일 준비가 되어 있을 것이다.
- 학생의 기량과 지식을 경쟁적으로 시험하는 방식으로 수업하라(경쟁력을 높인다.).
- 사람의 50%가 **F**형이고 피드백을 비판으로 해석하여 이해할 수 있다는 것을 도와주라.

J형 선생님은 시간 계획 짜는 것을 즐긴다. 그들은 체계적이고 결단력 있다. 그들은 계획을 세우고 그것에 충실하며, 종종 인상적인 할 일 목록에 의해 도움을 받는다. 그들의 교실은 대개 정리가 잘 되어 있다. 과목은 아마도 수업 분량의 크기대로 잘게 나뉘고 한 해의 계획이 세밀하게 세워질 것이다. 많은 **J**형 학생들은 계획을 고수하려는 선생님의 끝없는 욕구에 안심하고 있다. 그들은 단순히 일정을 수용하고, 합의한 내용을 전달하며, 대개 모든 업무를 제시간에 완료한다. 흥미롭게도, 몇몇 **J**형 학생은 선생님이 선의로 하는 철저함을 꺼릴 것이다. 그들은 다른 사람의 계획을 채택하기보다는 그들 자신의 계획을 세우고 그것을 실천하기를 원한다. 이것은 **J**형의 통제 욕구 때문이다. 그래서 비록 최소한 모든 작업은 완료되겠지만 두 **J**형이 서로 충돌할 수 있다. 대부분의 중등학교는 학생들이 매우 체계적이어서 두 **J**형이 가장 좋은 조합으로 이루어지기를 요구한다. 이러한 선천적으로 체계적인 학생의 능력을 최대한 이끌어 내기 위해서 교사는

- 질서, 깔끔함 및 마감 기일 준수에 대한 공통된 욕구

를 함께 즐겨라.

- 학생이 진정으로 원할 경우 그들의 방식대로 작업을 자립적으로 계획할 수 있도록 허락하라.
- 외적인 일로 교사의 세심한 준비가 방해 받을 경우 자신의 계획을 조정할 준비를 하라(그리고 학생이 때때로 유연성을 받아들이도록 권장하라.).
- 예상 가능한 수업이 지겹지 않도록 때때로 변화를 주어라.
- 선택할 수 있는 모든 것을 고려하기도 전에 해야 할 일에 대해 신속하게 결정하지 마라.

193
독수리 유형 선생님(Eagle teacher) & 가면올빼미 유형 학생(Barn Owl student)
ENTJ & INTJ

독수리 유형과 가면올빼미 유형은 세 가지 성향을 공유한다. 모두들 독립적인 리더들이다. 유사성이 그들의 갈등 요소의 대부분이라는 것이다. 그 교사가 선천적으로 주의 깊은 학생의 능력을 최대한 이끌어 내기 위해서 필요한 것은

- 차분히 속도를 낮추고 간결하게 이야기하라.
- 질문과 답변 사이에 충분한 시간을 주라. 학생이 답하기 전에 생각하고 되돌아볼 시간이 필요함을 존중하라.
- 학생들에게 스스로 작업할 수 있는 시간과 공간을 제공하라. 그들 머리 위를 맴돌면서 참견하려고 하지 마라.
- 문제를 즉시 해결하거나 학생들의 말을 가로채지 마라.
- (말뿐만 아니라) 글로 써서 칭찬하라.

선생님과 학생 모두 전체 상황을 먼저 보고, 예감, 추리, 상상력을 이용하여 의미를 추론함으로써 정보를 모은다. 선생님은 자연스럽게 교실에서 자신의 상상력을 활용할 것이고 **N**형 학생들은 이에 잘 반응할 것인데, 아마도 공상, 일화, 이야기에 상상의 나래를 펼치며 동참할 것이다. 선생님과 학생 사이의 자연스러운 친밀감은 종종 존재하는데, 그들 둘 다 같은 방식으로 세상을 바라보기 때문이다. 즉, 패턴, 가능성, 아이디어 그리고 이론을 탐구함으로써 사물이 왜 있는지를 이해하려는 뜨거운 호기심을 가지고 있다. 선생님은 **S**형 학생에게 피해를 주면서까지 **N**형 학생을 선호하는 것처럼 보이지 않도록 주의하라. 모든 학생은 자신이 선호하는 방식으로 수업에 참여할 수 있어야 한다. 선천적으로 상상력이 풍부한 학생의 능력을 최대한 이끌어 내기 위해서 교사는

- 창의적으로 탐구할 수 있는 질문 · 프로젝트를 제공하라.
- 중복된 과제는 피하라. 학생이 빨리 흥미를 잃는다.
- 학생에게 **S**형 접근 방식(사실, 세부 사항, 절차, 실험, 경험 적용, 구조, 단계별 모델)이 수업에 중요하게 기여함을 깨닫도록 하라.

선생님과 학생 모두 업무 중심적이고, 정확하며, 일관되고 정직하다. 이 반은 사무적이고, 목적 의식이 뚜렷한 분위기를 가질 가능성이 있다. 학생은 행동, 숙제 등에서 기대되는 명확한 지침을 받는다. 만약 학생이 선생님에게 이의를 제기한다면 그것은 아마 (지침에 대해) 확인하기 위해서일 것이다. 잘해야 모든 사람이 자기가 어디에 서고, 어떻게 행동해야 하는지 알게 됨을 의미한다. 최악의 경우, 교실은 재미와 진정한 참여가 없는 진지한 학습 모듈의 조립 라인일 수 있다. 근본적으로 업무 중심적인 학생의 능력을 최대한 이끌어 내기 위해 교사는

- 학생들의 기술과 지식을 경쟁적으로 시험하는 방법으로 수업하라(경쟁, 도전, 퀴즈, 개인 최고 점수 갱신 및 측정).
- 학생들에게 사람의 50%는 **F**형이고 피드백을 비판으로 해석할 수 있음을 이해하도록 도와주라.
- 학생이 성취한 것과 그다음에 해야 할 것에 집중하게 하라.
- 올빼미 유형의 학생들이 고집을 부릴 때 때때로 타협할 수 있도록 준비하라.
- 잠재된 감정적인 원인을 고려하지 않고 문제된 어떤 것을 해결하려는 시도를 피하라.

독수리 유형 선생님은 시간 계획 짜는 것을 즐긴다. 그들은 체계적이고 결단력 있다. 그들은 계획을 세우고 그것에 충실하며, 종종 인상적인 할 일 목록에 의해 도움을 받는다. 그들의 교실은 대개 정리가 잘 되어 있다. 과목은 아마도 수업 분량의 크기대로 잘게 나뉘고 교육기

준청 감독관이 예상하든 아니든 그해의 계획이 세워질 것이다. 많은 가면올빼미 유형 학생은 계획을 세우는 선생님의 끝없는 열의에 안심한다. 그들은 단순히 일정을 수용하고, 합의한 내용을 전달하며, 대개 모든 업무를 제시간에 완료한다. 그러나 몇몇 올빼미 유형 학생은 선생님이 선의로 하는 철저함을 꺼릴 것이다. 그들은 다른 사람의 계획을 채택하기보다는 그들 자신의 계획을 세우고 그것을 실천하기를 원한다. 이것은 **J**형의 통제 욕구 때문이다. 그래서 비록 최소한 모든 작업은 완료되겠지만 두 **J**형이 서로 충돌할 수 있다. 대부분의 중등학교는 학생들이 매우 체계적이어서 두 **J**형이 가장 좋은 조합으로 이루어지기를 요구한다. 선천적으로 체계적인 학생의 능력을 최대한 이끌어 내기 위해서 교사는

- 질서, 깔끔함 및 마감 기일 준수에 대한 공통된 욕구를 함께 즐겨라.
- 학생이 진정으로 원할 경우 그들의 방식대로 작업을 자립적으로 계획할 수 있도록 허락하라.
- 외적인 일로 교사의 세심한 준비가 방해 받을 경우 자신의 계획을 조정할 준비를 하라(그리고 학생이 때때로 유연성을 받아들이도록 권장하라.).
- 예상 가능한 수업이 지겹지 않도록 때때로 변화를 주어라.
- 선택할 수 있는 모든 것을 고려하기도 전에 해야 할 일에 대해 신속하게 결정하지 마라.

교사가 선천적으로 느긋한 학생의 능력을 최대한 이끌어 내기 위해서는 학생들이 단순히 학생이 선택할 수 있는 것과 선택하는 것을 좋아하는 것이 아니라 이는 필수적인 것이고 그렇게 해 주지 않으면 도움이 필요하거나 몸이 근질거리고 몸부림치거나 반항하기 시작한다. 중등학교 환경은 **P**형 학생들에게 무척 어렵기 때문에 교사가 학생들이 성취하도록 돕기 위해

- 가능한 한 유연성을 많이 제공하라(다양한 선택 과제, 수업 내 선택).
- 세부 일정을 피하라(어차피 지키지도 못할 것이다.).
- 예상 가능한 수업이 지겹지 않도록 때때로 변화를 주어라.
- 학생이 잘 할 수 있도록 간단한 시간 관리 전략을 수립하도록 도와주라.

194
독수리 유형 선생님(Eagle teacher) & 고양이 유형 학생(Cat student)
ENTJ & ISFP

독수리 유형과 고양이 유형은 공유하는 성향이 없다. 반대 성향들이 매력을 끌기 위해서는 그들의 차이점들을 포용하는 것이 필요하다. 느긋한 학생과 잠재적으로 거만한 교사는 그들의 다른 수업 방식으로 배울 수 있다. 선천적으로 내성적인(자기 이야기를 잘하지 않는) 학생의 능력을 최대한 이끌어 내기 위해 교사는

- 차분히 속도를 낮추고 간결하게 이야기하라.
- 질문과 답변 사이에 충분한 시간을 주라. 학생이 답하기 전에 생각하고 되돌아볼 시간이 필요함을 존중하라.
- 학생들에게 스스로 작업할 수 있는 시간과 공간을 제공하라. 그들 머리 위를 맴돌면서 참견하려고 하지 마라.
- 문제를 즉시 해결하거나 학생들의 말을 가로채지 마라.
- (말뿐만 아니라) 글로 써서 칭찬하라.

상상력이 풍부한 교사는 모든 학생에게 영감을 줄 수 있지만, 고양이 유형 학생들에게 명확한 지침, 구조, 사실, 세부 사항 그리고 절차를 제공해야 할 필요가 있음을 존중해야 한다. 그렇지 않으면 그들은 허둥댈 수 있다. 현실적인 학생의 능력을 최대한 이끌어 내기 위해 교사는

- 배운 것이 실제 현실에서 어떻게 적용되는지 설명하라.
- 학생이 역량을 갖출 때까지 반복하고 연습할 기회를 주라.
- 수업에 상상력을 유용하게 사용하도록 권장하라(그것은 시간 낭비가 아니다.).
- **S**형 학생에게 손해를 주면서까지 **N**형 학생을 편애하는 것처럼 보이지 않도록 조심하라. 모든 학생은 그들이 선호하는 방법으로 수업에 기여할 수 있어야 한다.

학생은 사람들에게 먼저 집중하고 그다음에는 일에 집중하는 반면에 선생님은 그 반대이다. 교실은 사무적이

고, 목적 의식이 뚜렷한 분위기를 가질 가능성이 있다. 학생들은 행동, 숙제 등의 측면에서 기대되는 명확한 지침을 받는다. 이것은 기껏해야 모든 사람이 자신이 어디에 있고 어떻게 행동해야 하는지를 안다는 것을 의미한다. 최악의 경우 교실은 재미없는 군대 신병 훈련소처럼 보일 수 있다. 이 학생과의 개인적 관계가 핵심이라는 것을 기억하라. 고양이 유형은 선생님을 좋아하고 선생님도 그들을 좋아한다고 느낄 필요가 있다. 이렇게 되면 그들은 더 열심히 공부겠지만 그렇지 않으면 관심을 완전히 끌 수도 있다. 이것은 한 학생이 한 해(그들이 좋아하는 선생님과 함께 하면)에 최고의 학생이 될 수도 있고, 선생님이 바뀐 그 이듬해에는 공부에 대해 아예 관심을 보이지 않은 이유를 설명해 준다. 근본적으로 사람 중심적인 학생의 능력을 최대한 이끌어 내기 위해 교사는

- 공감, 협업 및 팀워크를 사용하여 과제에 집중하는 교사 본연의 성향에 균형을 맞출 수 있는 학습 상황을 제시하라.
- 어떠한 약점이라도 극복할 수 있도록 요령껏 지원하면서 칭찬을 충분하고 정기적으로 하라. 피드백은 비판으로 쉽게 비칠 수 있으니 전달할 때 계란 껍데기를 밟듯 조심하라.
- 학생에 대한 개인적인 신뢰를 드러내면서 설득하라(나를 실망시키지 마렴, 네가 할 수 있다는 것을 알아, 난 네가 좋단다.).
- 때때로 타협할 준비를 하라. 그렇지 않으면 고양이 유형 학생을 실망시킬 수 있다.

J형 선생님은 시간 계획 짜는 것을 즐긴다. 그들은 체계적이고 결단력 있다. 그들은 계획을 세우고 그것에 충실하며, 종종 인상적인 할 일 목록에 의해 도움을 받는다. 그들의 교실은 대개 정리가 잘 되어 있다. 과목은 아마도 수업 분량의 크기대로 잘게 나뉘고 교육과정의 기준 등을 고려해서 그해의 계획이 세워질 것이다. **P** 유형 학생은 다음과 같이 응답할 것이다.

- 당신의 전문성을 긍정적으로 받아들이고 그들이 얻을 장기간의 이득들을 이해할 것이다.
- 당신이 제공하는 내용이나 과정을 진심으로 받아들이지는 않지만 편한 삶을 위해 구조 · 계획을 수동적으로 받아들인다.
- 교사와 수업 계획, 그리고 과목별 수업을 완전히 거부하며 부정적으로 반응한다(물리적으로 교실에 있더라도 수업에 몰두하거나 참여하지 않는다.).

교사가 선천적으로 느긋한 학생의 능력을 최대한 이끌어 내기 위해서는 학생들이 단순히 선택할 수 있는 것과 선택하는 것을 좋아하는 것이 아니라 이는 필수적인 것이고 그렇게 해 주지 않으면 몸이 근질거리고 몸부림치거나 반항하기 시작한다. 중등학교 환경은 **P**형 학생들에게 무척 어렵기 때문에 선생님은 학생의 압박감을 완화시킬 수 있다. 이를 돕기 위해서는

- 가능한 한 유연성을 많이 제공하라(다양한 과제 선택, 수업 내 선택).
- 세부 일정을 피하라(어차피 지키지도 못할 것이다.).
- 꼭 필요한 것보다 중요하지 않은 세부 사항을 까다롭게 다루지 마라.
- 예상 가능한 수업이 지겹지 않도록 때때로 변화를 주어라.
- 학생이 반드시 성공할 수 있도록 간단한 시간 관리 전략을 수립하도록 도와주라.

195 독수리 유형 선생님(Eagle teacher) & 호랑이 유형 학생(Tiger student) ENTJ & ISTP

독수리 유형과 호랑이 유형은 모두 하나의 성향을 공유한다. 모두 객관적이고 정서적인 것을 피한다. 만약 교사가 학생들에게 독립성을 허락한다면 그들의 관계는 번영될 것이다. 본래 내성적인 학생의 능력을 최대한 이끌어 내기 위해 교사는

- 차분히 속도를 낮추고 간결하게 이야기하라.
- 질문과 답변 사이에 충분한 시간을 주라. 학생이 답하기 전에 생각하고 되돌아볼 시간이 필요함을 존중하라.
- 학생들에게 스스로 작업할 수 있는 시간과 공간을 제공하라. 그들 머리 위를 맴돌면서 참견하려고 하지 마라.
- 문제를 즉시 해결하거나 학생들의 말을 가로채지 마라.
- (말뿐만 아니라) 글로 써서 칭찬하라.

상상력이 풍부한 교사는 모든 학생에게 영감을 줄 수 있지만, 호랑이 유형 학생들에게 명확한 지침, 구조, 사실, 세부 사항 그리고 절차를 제공해야 할 필요가 있음을 존중해야 한다. 그렇지 않으면 그들은 허둥댈 수 있다. 현실적인 학생의 능력을 최대한 이끌어 내기 위해 교사는

- 배운 것이 실제 현실에서 어떻게 적용되는지 설명하라.
- 학생이 역량을 갖출 때까지 반복하고 연습할 기회를 주라.
- 수업에 상상력을 유용하게 사용하도록 권장하라(그것은 시간 낭비가 아니다.).
- **S**형 학생에게 손해를 주면서까지 **N**형 학생을 편애하는 것처럼 보이지 않도록 조심하라. 모든 학생은 그들이 선호하는 방법으로 기여할 수 있어야 한다.

교사와 학생 모두 업무 중심적이고, 정확하고, 일관되며 정직하다. 교실은 사무적이고, 목적 의식이 뚜렷한 분위기를 가질 가능성이 있다. 학생은 행동, 숙제 등에서 기대되는 명확한 지침을 받는다. 만약 학생이 교사에게 이의를 제기한다면 그것은 아마 (지침에 대해) 확인하기 위해서일 것이다. 잘해야 모든 사람들이 자기가 어디에 서고, 어떻게 행동해야 하는지 알게 됨을 의미한다. 최악의 경우, 교실은 재미와 진정한 참여가 없는 진지한 학습 모듈의 조립 라인일 수 있다. 교사가 근본적으로 업무 중심적인 학생의 능력을 최대한 이끌어 내기 위해 교사는

- 학생들의 기술과 지식을 경쟁적으로 시험하는 방법으로 수업하라(경쟁, 도전, 퀴즈, 개인 최고 점수 갱신 및 측정).
- 학생들에게 사람의 50%는 **F**형이고 피드백을 비판으로 해석할 수 있음을 이해하도록 도와주라.
- 학생이 성취한 것과 그다음에 해야 할 것에 집중하게 하라.
- 때때로 타협할 수 있도록 준비하라.
- 잠재된 감정적인 원인을 고려하지 않고 문제된 어떤 것을 해결하려는 시도를 피하라.

J형 선생님은 시간 계획 짜는 것을 즐긴다. 그들은 체계적이고 결단력 있다. 그들은 계획을 세우고 그것에 충실하며, 종종 인상적인 할 일 목록에 의해 도움을 받는다. 그들의 교실은 대개 정리가 잘 되어 있다. 과목은 아마도 수업 분량의 크기대로 잘게 나뉘고 색깔로 조정된 그해의 계획이 세부적으로 세워질 것이다. **P**형 학생은 다음과 같이 응답할 것이다.

- 당신의 전문성을 긍정적으로 받아들이고 그들이 얻을 장기간의 이득들을 이해할 것이다.
- 당신이 제공하는 내용이나 과정을 진심으로 받아들이지는 않지만 편한 삶을 위해 구조 · 계획을 수동적으로 받아들인다.
- 교사와 수업 계획, 그리고 과목별 수업을 완전히 거부하며 부정적으로 반응한다(물리적으로 교실에 있더라도 수업에 몰두하거나 참여하지 않는다.).

교사가 선천적으로 느긋한 학생을 지원하기 위해서 호랑이 유형 학생이 선택할 수 있는 것과 선택하는 것을 좋아하는 것이 아님을 주의해야 한다. 학생에게 그것은 필요한 것이며 그렇게 해 주지 않으면 몸이 근질거리고 몸부림치거나 반항하기 시작한다. 중등학교 환경은 **P**형 학생들에게 무척 어렵기 때문에 선생님은 압박감을 완화시키는 데 도울 수 있다. 이를 돕기 위해

- 가능한 한 유연성을 많이 제공하라(다양한 선택 과제, 수업 내 선택).
- 학생이 반드시 성공할 수 있도록 간단하지만 효과적인 전략을 수립할 수 있도록 도와주라.
- 세부 일정을 피하라(어차피 지키지도 못할 것이다.).
- 꼭 필요한 것보다 중요하지 않은 세부 사항을 까다롭게 다루지 마라.
- 예상 가능한 수업이 지겹지 않도록 때때로 변화를 주어라.

196
독수리 유형 선생님(Eagle teacher) & 북극곰 유형 학생(Polar Bear student)
ENTJ & ISTJ

호랑이 유형과 북극곰 유형은 두 가지의 성향을 공유한다. 두 유형 모두 객관적이고 체계적이다. 그들은 세상을 이해하는 방법이 다르다. 현실적인 학생은 때때로 교사의 상상력과 힘에 지칠 수도 있다. 근본적으로 내성적인 학생의 능력을 최대한 이끌어 내기 위해 교사는

- 차분히 속도를 낮추고 간결하게 이야기하라.
- 질문과 답변 사이에 충분한 시간을 주라. 학생이 답하기 전에 생각하고 되돌아볼 시간이 필요함을 존중하라.
- 학생들에게 스스로 작업할 수 있는 시간과 공간을 제공하라. 그들 머리 위를 맴돌면서 참견하려고 하지 마라.
- 문제를 즉시 해결하거나 학생들의 말을 가로채지 마라.
- (말뿐만 아니라) 글로 써서 칭찬하라.

상상력이 풍부한 교사는 모든 학생에게 영감을 줄 수 있지만, 북극곰 유형 학생들에게 명확한 지침, 구조, 사실, 세부 사항 그리고 절차를 제공해야 할 필요가 있음을 존중해야 한다. 그렇지 않으면 그들은 몸부림칠 수 있다. 현실적인 학생의 능력을 최대한 이끌어 내기 위해 교사에게 필요한 것은

- 배운 것이 실제 현실에서 어떻게 적용되는지 설명하라.
- 학생이 역량을 갖출 때까지 반복하고 연습할 기회를 주라.
- 수업에 상상력을 유용하게 사용하도록 권장하라(그것은 시간 낭비가 아니다.).
- **S**형 학생에게 손해를 주면서까지 **N**형 학생을 편애하는 것처럼 보이지 않도록 조심하라. 모든 학생은 그들이 선호하는 방법으로 수업에 기여할 수 있어야 한다.

교사와 학생 모두 업무 중심적이고, 정확하고, 일관되며 정직하다. 교실은 사무적이고, 목적 의식이 뚜렷한 분위기를 가질 가능성이 있다. 학생은 행동, 숙제 등에서 기대되는 명확한 지침을 받는다. 만약 학생이 교사에게 이의를 제기한다면 그것은 아마 (지침에 대해) 확인하기 위해서일 것이다. 잘해야 모든 사람들이 자기가 어디에 서고, 어떻게 행동해야 하는지 알게 됨을 의미한다. 최악으로는 교실이 재미와 진정한 참여가 없어져 진지한 학습 모듈의 조립 라인이 될 수가 있다. 근본적으로 업무 중심적인 학생의 능력을 최대한 이끌어 내기 위해 교사는

- 학생들의 기술과 지식을 경쟁적으로 시험하는 방법으로 수업하라(경쟁, 도전, 퀴즈, 개인 최고 점수 갱신 및 측정).
- 학생들에게 사람의 50%는 **F**형이고 피드백을 비판으로 해석할 수 있음을 이해하도록 도와주라.
- 학생이 성취한 것과 그다음에 해야 할 것에 집중하게 하라.
- 때때로 타협할 수 있도록 준비하라.
- 잠재된 감정적인 원인을 고려하지 않고 문제된 어떤 것을 해결하려는 시도를 피하라.

J형 선생님은 시간 계획 짜는 것을 즐긴다. 그들은 체계적이고 결단력 있다. 그들은 계획을 세우고 그것에 충실하며, 종종 인상적인 할 일 목록에 의해 도움을 받는다. 그들의 교실은 대개 정리가 잘 되어 있다. 과목은 아마도 수업 분량의 크기대로 잘게 나뉘고 교육과정의 기준 등을 고려해서 그해의 세부 계획이 세워질 것이다. 많은 북극곰 유형 학생은 계획을 세우는 선생님의 끝없는 열의에 안심한다. 그들은 단순히 일정을 수용하고, 합의한 내용을 전달하며, 대개 모든 업무를 제시간에 완료한다. 흥미롭게도, 몇몇 북극곰 유형 학생은 선생님이 선의로 하는 철저함을 꺼릴 것이다. 그들은 다른 사람의 계획을 채택하기보다는 그들 자신의 계획을 세우고 그것을 실천하기를 원한다. 이것은 **J**형의 통제 욕구 때문이다. 그래서 비록 최소한 모든 작업은 완료되겠지만 두 **J**형이 서로 충돌할 수 있다. 대부분의 중등학교는 학생들이 매우 체계적이어서 두 **J**형이 가장 좋은 조합으로 이루어지기를 요구한다. 선천적으로 체계화된 학생의 능력을 최대한 이끌어 내기 위해서 교사는

- 질서, 깔끔함 및 마감 기일 준수에 대한 공통된 욕구를 함께 즐겨라.
- 학생이 진정으로 원할 경우 그들의 방식대로 작업을 자립적으로 계획할 수 있도록 허락하라.
- 외적인 일로 교사의 세심한 준비가 방해 받을 경우 자신의 계획을 조정할 준비를 하라(그리고 학생이 때때로 유연성을 받아들이도록 권장하라.).
- 예상 가능한 수업이 지겹지 않도록 때때로 변화를 주어라.
- 선택할 수 있는 모든 것을 고려하기도 전에 해야 할 일에 대해 신속하게 결정하지 마라.

197
독수리 유형 선생님(Eagle teacher) & 독수리 유형 학생(Eagle student)
ENTJ & ENTJ

독수리 유형은 선생님이든 아니든 자신이 책임지고 싶어 한다. 이것은 한 교실에 두 명의 지도자가 너무 많다고 여기기 때문에 갈등의 원인이 된다. 그들이 혁신하고 분석하며, 조직화하는 것에 욕구를 공유할 유대감이 형성되었을 때 학급 전체에 이익이다. 선생님이 억누를 수 없을 정도로 적극적인 학생의 능력을 최대로 이끌어 내기 위해서 교사는

- 새로운 생각과 발상을 불러일으키는 것이 적절할 때 생동감 넘치는 농담을 즐겨라. 학생은 이러한 방법으로 가장 잘 배우지만, 교실에 다른 학생들도 있다는 것을 기억하라.
- 교사와 학생 모두 쉽게 산만해지고 궤도를 쉽게 벗어나기 때문에 요점을 벗어나지 말고 긍정적으로 생각하라(**T**형 학생에게는 잔소리하지 말고, **F**형 학생에게는 엄마처럼 행동하라).
- 했던 일을 또 반복하지 마라.
- 차분하고 명확하게 행동하라. 그렇지 않으면 **E** 유형인 두 사람은 서로의 말을 듣지 않고 점점 더 크게 말할 수 있다.
- 어떤 생각은 말하지 않을 수도 있음을 기억하라(그러면 여러분은 나중에 어떤 것, 특히 비판적인 생각을 표현할 더 나은 방법을 생각할 수 있다.).
- 열정적이고 지지하는 청자가 되라. 교사의 생각을 주장하기보다는 학생 자신의 생각을 명확히 하고 발전시킬 수 있도록 도와주라.
- 서로 조용히 하는 법을 배우고 수업에서 **I** 유형 학생이 자신을 표현할 수 있도록 격려하라.

선생님과 학생 모두 전체 상황을 먼저 보고, 예감, 추리, 상상력을 이용하여 의미를 추론함으로써 정보를 모은다. 선생님은 자연스럽게 교실에서 자신의 상상력을 활용할 것이고 **N**형 학생들은 이에 잘 반응할 것인데, 아마도 공상, 일화, 이야기에 상상의 나래를 펼치며 동참할 것이다. 선생님과 학생 사이의 자연스러운 친밀감은 종종 존재하는데, 그들 둘 다 같은 방식으로 세상을 바라보기 때문이다. 즉, 패턴, 가능성, 아이디어 그리고 이론을 탐구함으로써 사물이 왜 있는지를 이해하려는 뜨거운 호기심을 가지고 있다. 선생님은 **S**형 학생에게 피해를 주면서까지 **N**형 학생을 선호하는 것처럼 보이지 않도록 주의하라. 모든 학생은 자신이 선호하는 방식으로 수업에 참여할 수 있어야 한다. 선천적으로 상상력이 풍부한 학생의 능력을 최대한 이끌어 내기 위해서 교사는

- 창의적으로 탐구할 수 있는 질문 · 프로젝트를 제공하라.
- 중복된 과제는 피하라. 학생이 빨리 흥미를 잃는다.
- 학생에게 **S**형 접근 방식(사실, 세부 사항, 절차, 실험, 경험 적용, 구조, 단계별 모델)이 수업에 중요하게 기여함을 깨닫도록 하라.

선생님과 학생 모두 업무 중심적이고, 정확하며, 일관되고 정직하다. 교실은 사무적이고, 목적 의식이 뚜렷한 분위기를 가질 가능성이 있다. 학생은 행동, 숙제 등에서 기대되는 명확한 지침을 받는다. 만약 학생이 선생님에게 이의를 제기한다면 그것은 아마 (지침에 대해) 확인하기 위해서일 것이다. 잘해야 모든 사람들이 자기가 어디에 서고, 어떻게 행동해야 하는지 알게 됨을 의미한다. 최악의 경우, 교실은 재미와 진정한 참여가 없는 진지한 학습 모듈의 조립 라인일 수 있다. 교사가 근본적으로 업무 중심적인 학생의 능력을 최대한 이끌어 내기 위해 교사는

- 학생들의 기술과 지식을 경쟁적으로 시험하는 방법으로 수업하라(경쟁, 도전, 퀴즈, 개인 최고 점수 갱신 및 측정).
- 학생들에게 사람의 50%는 **F**형이고 피드백을 비판으로 해석할 수 있음을 이해하도록 도와주라.
- 학생이 성취한 것과 그다음에 해야 할 것에 집중하게 하라.
- 때때로 타협할 수 있도록 준비하라.
- 잠재된 감정적인 원인을 고려하지 않고 문제된 어떤 것을 해결하려는 시도를 피하라.

독수리 유형 선생님은 시간 계획 짜는 것을 즐긴다. 그들은 체계적이고 결단력 있다. 그들은 계획을 세우고 그것에 충실하며, 종종 인상적인 할 일 목록에 의해 도움을 받는다. 그들의 교실은 대개 정리가 잘 되어 있다. 과목은 아마도 수업 분량의 크기대로 잘게 나눠고 한 해의

계획이 세부적으로 세워질 것이다. 많은 **J**형 학생은 계획을 세우는 선생님의 끝없는 열의에 안심한다. 그들은 단순히 일정을 수용하고, 합의한 내용을 전달하며, 대개 모든 업무를 제시간에 완료한다. 흥미롭게도, 몇몇 독수리 유형 학생은 선생님이 선의로 하는 철저함을 꺼릴 것이다. 그들은 다른 사람의 계획을 채택하기보다는 그들 자신의 계획을 세우고 그것을 실천하기를 원한다. 이것은 **J**형의 통제 욕구 때문이다. 그래서 비록 최소한 모든 작업은 완료되겠지만 두 독수리 유형이 충돌할 수 있다. 대부분의 중등학교는 학생들이 매우 체계적이어서 두 **J**형이 가장 좋은 조합으로 이루어지기를 요구한다. 선천적으로 체계화된 학생의 능력을 최대한 이끌어 내기 위해서 교사는

- 질서, 깔끔함 및 마감 기일 준수에 대한 공통된 욕구를 함께 즐겨라.
- 예상 가능한 수업이 지겹지 않도록 때때로 변화를 주어라.
- 선택할 수 있는 모든 것을 고려하기도 전에 해야 할 일에 대해 신속하게 결정하지 마라.
- 학생이 진정으로 원할 경우 그들의 방식대로 작업을 자립적으로 계획할 수 있도록 허락하라.
- 외적인 일로 교사의 세심한 준비가 방해 받을 경우 자신의 계획을 조정할 준비를 하라(그리고 학생이 때때로 유연성을 받아들이도록 권장하라.).

198
독수리 유형 선생님(Eagle teacher) & 코알라 유형 학생(Koala student)
ENTJ & ISFJ

독수리 유형과 코알라 유형은 하나의 유형을 공유한다. 모두 본래 체계적이다. 조용한 코알라 유형 학생은 문제를 일으키기보다는 독수리 교사의 교실에서 눈에 띄지 않으려고 하는 경향이 더 크다. 내성적인 학생의 능력을 최대한 이끌어 내기 위해 교사는

- 차분히 속도를 낮추고 간결하게 이야기하라.
- 질문과 답변 사이에 충분한 시간을 주라. 학생이 답하기 전에 생각하고 되돌아볼 시간이 필요함을 존중하라.
- 학생들에게 스스로 작업할 수 있는 시간과 공간을 제공하라. 그들 머리 위를 맴돌면서 참견하려고 하지 마라.
- 문제를 즉시 해결하거나 학생들의 말을 가로채지 마라.
- (말뿐만 아니라) 글로 써서 칭찬하라.

상상력이 풍부한 독수리 유형 교사는 모든 학생에게 영감을 줄 수 있지만, 코알라 유형 학생들에게 명확한 지침, 구조, 사실, 세부 사항 그리고 절차를 제공해야 할 필요가 있음을 존중해야 한다. 그렇지 않으면 그들은 허둥댈 수 있다. 본질적으로 현실적인 학생의 능력을 최대한 이끌어 내기 위해 교사는

- 학생이 역량을 갖출 때까지 반복하고 연습할 기회를 주라.
- 수업에 상상력을 유용하게 사용하도록 권장하라(그것은 시간 낭비가 아니다.).
- **S**형 학생에게 손해를 주면서까지 **N**형 학생을 편애하는 것처럼 보이지 않도록 조심하라. 모든 학생은 그들이 선호하는 방법으로 기여할 수 있어야 한다.
- 배운 것이 실제 현실에서 어떻게 적용되는지 설명하라.

코알라 유형 학생은 사람들에게 먼저 집중하고 그다음에는 일에 집중하는 반면에 선생님은 그 반대이다. 교실은 사무적이고, 목적 의식이 뚜렷한 분위기를 가질 가능성이 있다. 학생은 행동, 숙제 등의 측면에서 기대되는 명확한 지침을 받는다. 기껏해야 모든 사람이 자기가 어디에 서고, 어떻게 행동해야 하는지 알게 됨을 의미한다. 최악의 경우 교실은 따뜻함이 없는 거친 빅토리아 시대의 작업장과 비슷할 수 있다. 코알라 유형 학생과의 개인적 관계가 핵심이라는 것을 기억하라. 학생이 선생님을 좋아하고 선생님도 그들을 좋아한다고 느낄 필요가 있다. 이렇게 되면 그들은 더 열심히 공부하겠지만 그렇지 않으면 공부에 관심을 완전히 끌 수도 있다. 이것은 한 학생이 한 해(그들이 좋아하는 선생님과 함께 하면)에 최고의 학생이 될 수도 있고, 선생님이 바뀐 그 이듬해에는 공부에 대해 아예 관심을 보이지 않은 이유를 설명해 준다. 근본적으로 사람 중심적인 학생의 능력을 최대한 이끌어 내기 위해 교사는

- 공감, 협업 및 팀워크를 사용하여 과제에 집중하는

교사 본연의 성향에 균형을 맞출 수 있는 학습 상황을 제시하라.

- 어떠한 약점이라도 극복할 수 있도록 요령껏 지원하면서 충분하고 정기적으로 칭찬하라. 피드백은 비판으로 쉽게 비칠 수 있으니 전달할 때 조심해서 다루어라.
- 학생에 대한 개인적인 신뢰를 드러내면서 조용이 정기적으로 말하라(나를 실망시키지 마렴, 네가 할 수 있다는 것을 알아, 난 네가 좋단다.).
- 일상을 사랑하는 코알라 유형의 학생을 안심시키기 위해 때때로 타협할 준비를 하라.

J형 선생님은 시간 계획 짜는 것을 즐긴다. 그들은 체계적이고 결단력 있다. 그들은 계획을 세우고 그것에 충실하며, 종종 인상적인 할 일 목록에 의해 도움을 받는다. 그들의 교실은 대개 정리가 잘 되어 있다. 과목은 아마도 수업 분량의 크기대로 잘게 나뉘고 치밀하게 한 해의 계획이 세워질 것이다. 대부분의 코알라 유형 학생은 선생님의 뛰어난 조직력에 안심한다. 그들은 단순히 일정을 수용하고, 합의한 내용을 전달하며, 대개 모든 업무를 제시간에 완료한다. 흥미롭게도, 몇몇 코알라 유형 학생은 선생님이 선의로 하는 철저함을 꺼릴 것이다. 그들은 다른 사람의 계획을 채택하기보다는 그들 자신의 계획을 세우고 그것을 실천하기를 원한다. 이것은 코알라 유형의 자율성 욕구 때문이다. 실제로 충돌하기보다는 결과적으로 드러나지 않은 저항이 일어날 가능성이 있다. 대부분의 중등학교는 학생들이 매우 체계적이어서 두 **J**형이 가장 좋은 조합으로 이루어지기를 요구한다. 선천적으로 체계화된 학생의 능력을 최대한 이끌어내기 위해서 교사는

- 질서, 깔끔함 및 마감 기일 준수에 대한 공통된 욕구를 함께 즐겨라.
- 학생이 진정으로 원할 경우 그들의 방식대로 작업을 자립적으로 계획할 수 있도록 허락하라.
- 외적인 일로 교사의 세심한 준비가 방해 받을 경우 자신의 계획을 조정할 준비를 하라(그리고 학생이 때때로 유연성을 받아들이도록 권장하라.).
- 선택할 수 있는 모든 것을 고려하기도 전에 해야 할 일에 대해 신속하게 결정하지 마라.
- 예상 가능한 수업이 지겹지 않도록 때때로 변화를 주어라.

199
독수리 유형 선생님(Eagle teacher) & 돌고래 유형 학생(Dolphin student)
ENTJ & ENFJ

호랑이 유형과 돌고래 유형은 세 가지의 성향을 공유한다. 모두 에너지가 넘치고, 흉내 낼 수 없고(독특하고), 본래 체계적이다. 독수리 유형 교사는 기술적 문제를 해결하기 위해 그들의 지능에 집중하는 반면 돌고래 유형 학생은 사람들을 이해하기 위해 그들의 지능을 사용한다. 본래 지나치게 감정적인 학생의 능력을 최대한 이끌어내기 위해 교사는

- 새로운 생각과 발상을 불러일으키는 것이 적절할 때 생동감 넘치는 농담을 즐겨라. 학생은 이러한 방법으로 가장 잘 배우지만, 교실에 다른 학생들도 있다는 것을 기억하라.
- 요점을 벗어나지 말고 긍정적으로 생각하라. 교사와 학생 모두 쉽게 산만해지고 궤도를 쉽게 벗어나기 때문에 잔소리하지 마라.
- 했던 일을 또 반복하지 마라.
- 차분하고 명확하게 행동하라. 그렇지 않으면 **E** 유형인 두 사람은 서로의 말을 듣지 않고 점점 더 크게 말할 수 있다.
- 어떤 생각은 말하지 않을 수도 있음을 기억하라(그러면 여러분은 나중에 어떤 것, 특히 비판적인 생각을 표현할 더 나은 방법을 생각할 수 있다.).
- 열정적이고 지지하는 청자가 되라. 교사의 생각을 주장하기보다는 학생 자신의 생각을 명확히 하고 발전시킬 수 있도록 도와주라.
- 듣기 기술을 연습하고 수업에서 **I**형이 수업에 기여할 수 있도록 격려하라.

선생님과 학생 모두 전체 상황을 먼저 보고, 예감, 추리, 상상력을 이용하여 의미를 추론함으로써 정보를 모은다. 선생님은 자연스럽게 교실에서 자신의 상상력을 활용할 것이고 **N**형 학생들은 이에 잘 반응할 것인데, 아마도 공상, 일화, 이야기에 상상의 나래를 펼치며 동참할 것이다. 선생님과 학생 사이의 자연스러운 친밀감은 종종 존재하는데, 그들 둘 다 같은 방식으로 세상을 바라보기 때문이다. 즉, 패턴, 가능성, 아이디어 그리고 이

론을 탐구함으로써 사물이 왜 있는지를 이해하려는 뜨거운 호기심을 가지고 있다. 선생님은 **S**형 학생에게 피해를 주면서까지 **N**형 학생을 선호하는 것처럼 보이지 않도록 주의하라. 모든 학생은 자신이 선호하는 방식으로 수업에 참여할 수 있어야 한다. 선천적으로 상상력이 풍부한 학생의 능력을 최대한 이끌어 내기 위해서 교사는

- 창의적으로 탐구할 수 있는 질문 · 프로젝트를 제공하라.
- 중복된 과제는 피하라. 학생이 빨리 흥미를 잃는다.
- 학생에게 **S**형 접근 방식(사실, 세부 사항, 절차, 실험, 경험 적용, 구조, 단계별 모델)이 수업에 중요하게 기여함을 깨닫도록 하라.

교사는 일에 먼저 집중하고 그다음에 사람들 · 관계에 집중한다. 교실은 사무적이고, 목적 의식이 뚜렷한 분위기를 가질 가능성이 있다. 학생은 행동, 숙제 등에서 기대되는 명확한 지침을 받는다. 만약 학생이 선생님에게 이의를 제기한다면 그것은 아마 (지침에 대해) 확인하기 위해서일 것이다. 잘해야 모든 사람이 자기가 어디에 서고, 어떻게 행동해야 하는지 알게 될 것이다. 최악으로는 교실이 공감과 재미가 없는 신병 훈련소와 비슷해질지도 모른다. 학생과의 개인적 관계가 핵심이라는 것을 기억하라. 돌고래 유형이 선생님을 좋아하고 선생님도 그들을 좋아한다고 느낄 필요가 있다. 이렇게 되면 그들은 더 열심히 공부하겠지만 그렇지 않으면 공부에 관심을 완전히 끌 수도 있다. 이것은 한 학생이 한 해(그들이 좋아하는 선생님과 함께 하면)에 최고의 학생이 될 수도 있고, 선생님이 바뀐 그 이듬해에는 공부에 대해 아예 관심을 보이지 않은 이유를 설명해 준다. 근본적으로 사람 중심적인 학생의 능력을 최대한 이끌어 내기 위해 교사는

- 공감, 협업 및 팀워크를 사용하여 과제에 집중하는 교사 본연의 성향에 균형을 맞출 수 있는 학습 상황을 제시하라.
- 어떠한 약점이라도 극복할 수 있도록 요령껏 지원하면서 칭찬을 충분하고 정기적으로 하라. 피드백은 비판으로 쉽게 비칠 수 있으니 전달할 때 계란 껍데기를 밟듯 조심하라.
- 학생에 대한 개인적인 신뢰를 드러내면서 설득하거나 영향력을 발휘하라(나를 실망시키지 마렴, 네가 할 수 있다는 것을 알아, 난 네가 좋단다.).
- 때때로 타협할 준비를 하라.

J형 선생님은 시간 계획 짜는 것을 즐긴다. 그들은 체계적이고 결단력 있다. 그들은 계획을 세우고 그것에 충실하며, 종종 인상적인 할 일 목록에 의해 도움을 받는다. 그들의 교실은 대개 매우 정리가 잘 되어 있다. 과목은 아마도 수업 분량의 크기대로 잘게 나뉘고 교육과정의 기준 등을 고려해서 그해의 세부 계획이 세워질 것이다. 많은 돌고래 유형 학생은 선생님의 끝없는 열의에 안심한다. 그들은 단순히 일정을 수용하고, 합의한 내용을 전달하며, 대개 모든 업무를 제시간에 완료한다. 흥미롭게도, 몇몇 돌고래 유형 학생은 선생님이 선의로 하는 철저함을 꺼릴 것이다. 그들은 다른 사람의 계획을 채택하기보다는 그들 자신의 계획을 세우고 그것을 실천하기를 원한다. 이것은 **J**형의 통제 욕구 때문이다. 그래서 비록 최소한 모든 작업은 완료되겠지만 두 **J**형이 서로 충돌할 수 있다. 대부분의 중등학교는 학생들이 매우 체계적이어서 두 **J**형이 가장 좋은 조합으로 이루어지기를 요구한다. 선천적으로 체계화된 학생의 능력을 최대한 이끌어 내기 위해서 교사는

- 질서, 깔끔함 및 마감 기일 준수에 대한 공통된 욕구를 함께 즐겨라.
- 학생이 진정으로 원할 경우 그들의 방식대로 작업을 자립적으로 계획할 수 있도록 허락하라.
- 외적인 일로 교사의 세심한 준비가 방해 받을 경우 자신의 계획을 조정할 준비를 하라(그리고 학생이 때때로 유연성을 받아들이도록 권장하라.).
- 예상 가능한 수업이 지겹지 않도록 때때로 변화를 주어라.
- 선택할 수 있는 모든 것을 고려하기도 전에 해야 할 일에 대해 신속하게 결정하지 마라.

200
독수리 유형 선생님(Eagle teacher) & 곰인형 유형 학생(Teddy Bear student)
ENTJ & ESFJ

독수리 유형과 곰인형 유형은 두 개의 성향을 공유한다.

둘 다 에너지가 넘치고 양심적이며 본질적으로 조직자이다. 독수리 유형은 기술적 문제를 해결하기 위해서 그들의 지능에 초점을 맞추는 반면에 곰인형 유형은 조화로운 관계에 집중을 한다. 즉, 그래서 이것은 충돌을 불러일으키기도 한다. 본래 지나치게 감정적인 학생의 능력을 최대한 이끌어 내기 위해서 교사는

- 새로운 생각과 발상을 불러일으키는 것이 적절할 때 생동감 넘치는 농담을 즐겨라. 학생은 이러한 방법으로 가장 잘 배우지만, 교실에 다른 학생들도 있다는 것을 기억하라.
- 교사와 학생 모두 쉽게 산만해지고 궤도를 쉽게 벗어나기 때문에 요점을 벗어나지 말고 긍정적으로 생각하라(**T**형 학생에게는 잔소리하지 말고, **F**형 학생에게는 엄마처럼 행동하라).
- 했던 일을 또 반복하지 마라.
- 차분하고 명확하게 행동하라; 그렇지 않으면 **E**형인 두 사람은 서로의 말을 듣지 않고 점점 더 크게 말할 수 있다.
- 어떤 생각은 말하지 않을 수도 있음을 기억하라(그러면 여러분은 나중에 어떤 것, 특히 비판적인 생각을 표현할 더 나은 방법을 생각할 수 있다.).
- 열정적이고 지지하는 청자가 되라. 교사의 생각을 주장하기보다는 학생 자신의 생각을 명확히 하고 발전시킬 수 있도록 도와주라.
- 듣기 기술을 연습하고 수업에서 **I**형이 수업에 기여할 수 있도록 격려하라.

상상력이 풍부한 교사는 모든 학생에게 영감을 줄 수 있지만, 곰인형 유형 학생들에게 명확한 지침, 구조, 사실, 세부 사항 그리고 절차를 제공해야 할 필요가 있음을 존중해야 한다. 그렇지 않으면 그들은 허둥댈 수 있다. 현실적인 학생의 능력을 최대한 이끌어 내기 위해 교사는

- 배운 것이 실제 현실에서 어떻게 적용되는지 설명하라.
- 학생이 역량을 갖출 때까지 반복하고 연습할 기회를 주라.
- 수업에 상상력을 유용하게 사용하도록 권장하라(그것은 시간 낭비가 아니다.).
- **S**형 학생에게 손해를 주면서까지 **N**형 학생을 편애하는 것처럼 보이지 않도록 조심하라. 모든 학생은 그들이 선호하는 방법으로 수업에 기여할 수 있어야 한다.

교사는 일에 먼저 집중하고 그다음에 사람들 · 관계에 집중한다. 교실은 사무적이고, 목적 의식이 뚜렷한 분위기를 가질 가능성이 있다. 학생은 행동, 숙제 등에서 기대되는 명확한 지침을 받는다. 잘해야 모든 사람들이 자기가 어디에 서고, 어떻게 행동해야 하는지 알게 됨을 의미한다. 최악으로는 교실이 공감과 재미가 없는 신병 훈련소와 비슷해질지도 모른다. 학생과의 개인적 관계가 핵심이라는 것을 기억하라. 곰인형 유형이 선생님을 좋아하고 선생님도 그들을 좋아한다고 느낄 필요가 있다. 이렇게 되면 그들은 더 열심히 공부하겠지만 그렇지 않으면 공부에 관심을 완전히 끌 수도 있다. 이것은 한 학생이 한 해(그들이 좋아하는 선생님과 함께 하면)에 최고의 학생이 될 수도 있고, 선생님이 바뀐 그 이듬해에는 공부에 대해 아예 관심을 보이지 않은 이유를 설명해 준다. 근본적으로 사람 중심적인 학생의 능력을 최대한 이끌어 내기 위해서 교사는

- 공감, 협업 및 팀워크를 사용하여 과제에 집중하는 교사 본연의 성향에 균형을 맞출 수 있는 학습 상황을 제시하라.
- 어떠한 약점이라도 극복할 수 있도록 요령껏 지원하면서 칭찬을 충분하고 정기적으로 하라. 피드백은 비판으로 쉽게 비칠 수 있으니 전달할 때 계란 껍데기를 밟듯 조심하라.
- 학생에 대한 개인적인 신뢰를 드러내면서 영향력을 발휘하라(나를 실망시키지 마렴, 네가 할 수 있다는 것을 알아, 난 네가 좋단다.).
- 때때로 타협할 준비를 하라.

독수리 유형 선생님은 시간 계획 짜는 것을 즐긴다. 그들은 체계적이고 결단력 있다. 그들은 계획을 세우고 그것에 충실하며, 종종 인상적인 할 일 목록에 의해 도움을 받는다. 그들의 교실은 대개 정리가 잘 되어 있다. 과목은 아마도 수업 분량의 크기대로 잘게 나뉘고 한 해의 계획이 철저히 세워질 것이다. 많은 곰인형 유형 학생은 선생님의 조직적인 열의에 안심한다. 그들은 열성적으로 일정을 수용하고, 합의한 내용을 전달하며, 대개 모든 업무를 제시간에 완료한다. 흥미롭게도, 몇몇 곰인형 유형 학생은 선생님이 선의로 하는 철저함을 꺼릴 것이다. 그들은 다른 사람의 계획을 채택하기보다는 그들 자신의 계획을 세우고 그것을 실천하기를 원한다. 이것은

J형의 통제 욕구 때문이다. 그래서 비록 최소한 모든 작업은 완료되겠지만 두 J형이 함께 충돌할 수 있다. 대부분의 중등학교는 학생들이 매우 체계적이어서 두 J형이 가장 좋은 조합으로 이루어지기를 요구한다. 선천적으로 조작적인 학생의 능력을 최대한 이끌어 내기 위해서 교사는

- 질서, 깔끔함 및 마감 기일 준수에 대한 공통된 욕구를 함께 즐겨라.
- 학생이 진정으로 원할 경우 그들의 방식대로 작업을 자립적으로 계획할 수 있도록 허락하라.
- 외적인 일로 교사의 세심한 준비가 방해 받을 경우 자신의 계획을 조정할 준비를 하라(그리고 학생이 때때로 유연성을 받아들이도록 권장하라.).
- 예상 가능한 수업이 지겹지 않도록 때때로 변화를 주어라.
- 선택할 수 있는 모든 것을 고려하기도 전에 해야 할 일에 대해 신속하게 결정하지 마라.

201
독수리 유형 선생님(Eagle teacher) & 해마 유형 학생(Seahorse student)
ENTJ & INFJ

독수리 유형과 해마 유형은 두 가지 성향을 공유한다. 둘 다 직관적이고 조직적이다. 교사는 조용한 해마 유형의 학생과 조화로운 관계를 형성하려면 그들을 제압하고 싶어도 참고 견딜 필요가 있다. 교사가 도움을 주려면

- 차분히 속도를 낮추고 간결하게 이야기하라.
- 질문과 답변 사이에 충분한 시간을 주라. 학생이 답하기 전에 생각하고 되돌아볼 시간이 필요함을 존중하라.
- 학생들에게 스스로 작업할 수 있는 시간과 공간을 제공하라. 그들 머리 위를 맴돌면서 참견하려고 하지 마라.
- 문제를 즉시 해결하거나 학생들의 말을 가로채지 마라.
- (말뿐만 아니라) 글로 써서 칭찬하라.

선생님과 학생 모두 전체 상황을 먼저 보고, 예감, 추리, 상상력을 이용하여 의미를 추론함으로써 정보를 모은다. 선생님은 자연스럽게 교실에서 자신의 상상력을 활용할 것이고 N형 학생들은 이에 잘 반응할 것인데, 아마도 공상, 일화, 이야기에 상상의 나래를 펼치며 동참할 것이다. 선생님과 학생 사이의 자연스러운 친밀감은 종종 존재하는데, 그들 둘 다 같은 방식으로 세상을 바라보기 때문이다. 즉, 패턴, 가능성, 아이디어 그리고 이론을 탐구함으로써 사물이 왜 있는지를 이해하려는 뜨거운 호기심을 가지고 있다. 선생님은 S형 학생에게 피해를 주면서까지 N형 학생을 선호하는 것처럼 보이지 않도록 주의하라. 모든 학생은 자신이 선호하는 방식으로 수업에 참여할 수 있어야 한다. 선천적으로 상상력이 풍부한 학생의 능력을 최대한 이끌어 내기 위해서 교사는

- 창의적으로 탐구할 수 있는 질문 · 프로젝트를 제공하라.
- 중복된 과제는 피하라. 학생이 빨리 흥미를 잃는다.
- 학생에게 S형 접근 방식(사실, 세부 사항, 절차, 실험, 경험 적용, 구조, 단계별 모델)이 수업에 중요하게 기여함을 깨닫도록 하라.

독수리 유형 교사는 일에 먼저 집중하고 그다음에 사람들 · 관계에 집중한다. 교실은 사무적이고, 목적 의식이 뚜렷한 분위기를 가질 가능성이 있다. 학생은 행동, 숙제 등에서 기대되는 명확한 지침을 받는다. 만약 학생이 선생님에게 이의를 제기한다면 그것은 아마 (지침에 대해) 확인하기 위해서일 것이다. 기껏해야 모든 사람들이 자기가 어디에 서고, 어떻게 행동해야 하는지 알게 됨을 의미한다. 최악으로는 교실이 공감과 재미가 없는 신병 훈련소와 비슷해질지도 모른다. 학생과의 개인적 관계가 핵심이라는 것을 기억하라. 해마 유형이 선생님을 좋아하고 선생님도 그들을 좋아한다고 느낄 필요가 있다. 이렇게 되면 그들은 더 열심히 공부하겠지만 그렇지 않으면 공부에 관심을 완전히 끌 수도 있다. 이것은 한 학생이 한 해(그들이 좋아하는 선생님과 함께 하면)에 최고의 학생이 될 수도 있고, 선생님이 바뀐 그 이듬해에는 공부에 대해 아예 관심을 보이지 않은 이유를 설명해 준다. 근본적으로 사람 중심적인 학생의 능력을 최대한 이끌어 내기 위해 교사는

- 공감, 협업 및 팀워크를 사용하여 과제에 집중하는 교사 본연의 성향에 균형을 맞출 수 있는 학습 상황

을 제시하라.

- 어떠한 약점이라도 극복할 수 있도록 요령껏 지원하면서 칭찬을 충분하고 정기적으로 하라. 피드백은 비판으로 쉽게 비칠 수 있으니 전달할 때 계란 껍데기를 밟듯 조심하라.
- 학생에 대한 개인적인 신뢰를 드러내면서 설득하거나 영향력을 발휘하라(나를 실망시키지 마렴, 네가 할 수 있다는 것을 알아, 난 네가 좋단다.).
- 때때로 타협할 준비를 하라.

독수리 유형 선생님은 시간 계획 짜는 것을 즐긴다. 그들은 체계적이고 결단력 있다. 그들은 계획을 세우고 그것에 충실하며, 종종 인상적인 할 일 목록에 의해 도움을 받는다. 그들의 교실은 대개 매우 정리가 잘 되어 있다. 과목은 아마도 수업 분량의 크기대로 잘게 나뉘고 한 해의 계획을 부지런히 세울 것이다. 많은 해마 유형 학생은 선생님의 체계적인 열의에 안심한다. 그들은 단순히 일정을 수용하고, 합의한 내용을 전달하며, 대개 모든 업무를 제시간에 완료한다. 흥미롭게도, 몇몇 **J**형 학생은 선생님이 선의로 하는 철저함을 꺼릴 것이다. 그들은 다른 사람의 계획을 채택하기보다는 그들 자신의 계획을 세우고 그것을 실천하기를 원한다. 이것은 **J**형의 통제 욕구 때문이다. 그래서 비록 최소한 모든 작업은 완료되겠지만 두 **J**형이 서로 충돌할 수 있다. 대부분의 중등학교는 학생들이 매우 체계적이어서 두 **J**형이 가장 좋은 조합으로 이루어지기를 요구한다. 선천적으로 체계적인 학생의 능력을 최대한 이끌어 내기 위해서 교사는

- 질서, 깔끔함 및 마감 기일 준수에 대한 공통된 욕구를 함께 즐겨라.
- 학생이 진정으로 원할 경우 그들의 방식대로 작업을 자립적으로 계획할 수 있도록 허락하라.
- 외적인 일로 교사의 세심한 준비가 방해 받을 경우 자신의 계획을 조정할 준비를 하라(그리고 학생이 때때로 유연성을 받아들이도록 권장하라.).
- 예상 가능한 수업이 지겹지 않도록 때때로 변화를 주어라.
- 선택할 수 있는 모든 것을 고려하기도 전에 해야 할 일에 대해 신속하게 결정하지 마라.

202
독수리 유형 선생님(Eagle teacher) & 흑곰 유형 학생(Black Bear student)
ENTJ & INFJ

독수리 유형과 흑곰 유형은 지배에 대한 열망을 공유한다. 둘 다 책임감 있고 지도자 역할하는 것을 편안해 한다. 선천적으로 적극적인 학생의 능력을 최대한 이끌어 내기 위해 교사는

- 새로운 생각과 발상을 불러일으키는 것이 적절할 때 생동감 넘치는 농담을 즐겨라. 학생은 이러한 방법으로 가장 잘 배우지만, 교실에 다른 학생들도 있다는 것을 기억하라.
- 교사와 학생 모두 쉽게 산만해지고 궤도를 쉽게 벗어나기 때문에 요점을 벗어나지 말고 긍정적으로 생각하라(잔소리하지 마라.).
- 했던 일을 또 반복하지 마라.
- 차분하고 명확하게 행동하라. 그렇지 않으면 **E**형인 두 사람은 서로의 말을 듣지 않고 점점 더 크게 말할 수 있다.
- 어떤 생각은 말하지 않을 수도 있음을 기억하라(그러면 여러분은 나중에 어떤 것, 특히 비판적인 생각을 표현할 더 나은 방법을 생각할 수 있다.).
- 열정적이고 지지하는 청자가 되라. 교사의 생각을 주장하기보다는 학생 자신의 생각을 명확히 하고 발전시킬 수 있도록 도와주라.
- 듣기 기술을 연습하고 수업에서 **I**형이 수업에 기여할 수 있도록 격려하라.

상상력이 풍부한 독수리 유형 교사는 모든 학생에게 영감을 줄 수 있지만, 흑곰 유형 학생들에게 명확한 지침, 구조, 사실, 세부 사항 그리고 절차를 제공해야 할 필요가 있음을 존중해야 한다. 그렇지 않으면 그들은 허둥댈 수 있다. 현실적인 학생의 능력을 최대한 이끌어 내기 위해 교사는

- 배운 것이 실제 현실에서 어떻게 적용되는지 설명하라.
- 학생이 역량을 갖출 때까지 반복하고 연습할 기회를 주라.
- 수업에 상상력을 유용하게 사용하도록 권장한다(그

것은 시간 낭비가 아니다.).

- **S**형 학생에게 손해를 주면서까지 **N**형 학생을 편애하는 것처럼 보이지 않도록 조심하라. 모든 학생은 그들이 선호하는 방법으로 수업에 기여할 수 있어야 한다.

선생님과 학생 모두 업무 중심적이고, 정확하며, 일관되고 정직하다. 교실은 사무적이고, 목적 의식이 뚜렷한 분위기를 가질 가능성이 있다. 학생은 행동, 숙제 등에서 기대되는 명확한 지침을 받는다. 만약 학생이 선생님에게 이의를 제기한다면 그것은 아마 (지침에 대해) 확인하기 위해서일 것이다. 잘해야 모든 사람들이 자기가 어디에 서고, 어떻게 행동해야 하는지 알게 됨을 의미한다. 최악의 경우, 교실은 재미와 실제 참여가 결여된 진지한 학습 모듈의 조립 라인이 될 수 있다. 근본적으로 그들의 업무 중심적인 학생의 능력을 최대한 이끌어 내기 위해 교사는

- 학생들의 기술과 지식을 경쟁적으로 시험하는 방법으로 수업하라(경쟁, 도전, 퀴즈, 개인 최고 점수 갱신 및 측정).
- 학생들에게 사람의 50%는 **F**형이고 피드백을 비판으로 해석할 수 있음을 이해하도록 도와주라.
- 학생이 성취한 것과 그다음에 해야 할 것에 집중하게 하라.
- 때때로 타협할 수 있도록 준비하라.
- 잠재된 감정적인 원인을 고려하지 않고 문제된 어떤 것을 해결하려는 시도를 피하라.

독수리 유형 선생님은 시간 계획 짜는 것을 즐긴다. 그들은 체계적이고 결단력 있다. 그들은 계획을 세우고 그것에 충실하며, 종종 인상적인 할 일 목록에 의해 도움을 받는다. 그들의 교실은 대개 정리가 잘 되어 있다. 과목은 아마도 수업 분량의 크기대로 잘게 나뉘고 그해의 계획이 재빠르게 세워질 것이다. 대부분 흑곰 유형 학생은 선생님의 체계적인 열의에 안심한다. 그들은 단순히 일정을 수용하고, 합의한 내용을 전달하며, 대개 모든 업무를 제시간에 완료한다. 흥미롭게도, 몇몇 **J**형 학생은 선생님이 선의로 하는 철저함을 꺼릴 것이다. 그들은 다른 사람의 계획을 채택하기보다는 그들 자신의 계획을 세우고 그것을 실천하기를 원한다. 이것은 **J**형의 통제 욕구 때문이다. 그래서 비록 최소한 모든 작업은 완료되겠지만 두 **J**형이 서로 충돌할 수 있다. 대부분의 중등학교는 학생들이 매우 체계적이어서 두 **J**형이 가장 좋은 조합으로 이루어지기를 요구한다. 선천적으로 체계화된 학생의 능력을 최대한 이끌어 내기 위해서 교사는

- 질서, 깔끔함 및 마감 기일 준수에 대한 공통된 욕구를 함께 즐겨라.
- 학생이 진정으로 원할 경우 그들의 방식대로 작업을 자립적으로 계획할 수 있도록 허락하라.
- 외적인 일로 교사의 세심한 준비가 방해 받을 경우 자신의 계획을 조정할 준비를 하라(그리고 학생이 때때로 유연성을 받아들이도록 권장하라.).
- 예상 가능한 수업이 지겹지 않도록 때때로 변화를 주어라.
- 선택할 수 있는 모든 것을 고려하기도 전에 해야 할 일에 대해 신속하게 결정하지 마라.

203
독수리 유형 선생님(Eagle teacher) & 매 유형 학생(Falcon student)
ENTJ & INFJ

독수리 유형과 매 유형은 세 가지 성향을 공유한다. 모두 상상력이 풍부하고, 주장이 강하며, 생기가 있다. 갈등은 무모한 농담과 동지애가 독소적이고 무의미한 폭언으로 전락할 수 있는 『Top Gear』에서 보여지듯이 그들의 (아이디어의) 보스가 되고자 하는 공통된 욕망 때문에 일어날 가능성이 크다. 본래 지나치게 감정적인 학생의 능력을 최대한 이끌어 내기 위해 교사는

- 새로운 생각과 발상을 불러일으키는 것이 적절할 때 생동감 넘치는 농담을 즐겨라. 학생은 이러한 방법으로 가장 잘 배우지만, 교실에 다른 학생들도 있다는 것을 기억하라.
- 교사와 학생 모두 쉽게 산만해지고 궤도를 쉽게 벗어나기 때문에 요점을 벗어나지 말고 긍정적으로 생각하라(**T**형 학생에게는 잔소리하지 말고, **F**형 학생에게는 엄마처럼 행동하라).
- 했던 일을 또 반복하지 마라.
- 차분하고 명확하게 행동하라. 그렇지 않으면 **E**형인 두 사람은 서로의 말을 듣지 않고 점점 더 크게 말할

수 있다.

- 어떤 생각은 말하지 않을 수도 있음을 기억하라(그러면 여러분은 나중에 어떤 것, 특히 비판적인 생각을 표현할 더 나은 방법을 생각할 수 있다.).
- 열정적이고 지지하는 청자가 되라. 교사의 생각을 주장하기보다는 학생 자신의 생각을 명확히 하고 발전시킬 수 있도록 도와주라.
- 듣기 기술을 연습하고 수업에서 **I**형이 수업에 기여할 수 있도록 격려하라.

선생님과 학생 모두 전체 상황을 먼저 보고, 예감, 추리, 상상력을 이용하여 의미를 추론함으로써 정보를 모은다. 선생님은 자연스럽게 교실에서 자신의 상상력을 활용할 것이고 **N**형 학생들은 이에 잘 반응할 것인데, 아마도 공상, 일화, 이야기에 상상의 나래를 펼치며 동참할 것이다. 선생님과 학생 사이의 자연스러운 친밀감은 종종 존재하는데, 그들 둘 다 같은 방식으로 세상을 바라보기 때문이다. 즉, 패턴, 가능성, 아이디어 그리고 이론을 탐구함으로써 사물이 왜 있는지를 이해하려는 뜨거운 호기심을 가지고 있다. 선생님은 65%의 **S**형 학생에게 피해를 주면서까지 **N**형 학생을 선호하는 것처럼 보이지 않도록 주의하라. 모든 학생은 자신이 선호하는 방식으로 수업에 참여할 수 있어야 한다. 선천적으로 상상력이 풍부한 학생의 능력을 최대한 이끌어 내기 위해 교사는

- 창의적으로 탐구할 수 있는 질문 · 프로젝트를 제공하라.
- 중복된 과제는 피하라. 학생이 빨리 흥미를 잃는다.
- 학생에게 **S**형 접근 방식(사실, 세부 사항, 절차, 실험, 경험 적용, 구조, 단계별 모델)이 수업에 중요하게 기여함을 깨닫도록 하라.

독수리 유형 선생님과 매 유형 학생 모두 업무 중심적이고, 정확하며, 일관되고 정직하다. 교실은 사무적이고, 목적 의식이 뚜렷한 분위기를 가질 가능성이 있다. 학생은 행동, 숙제 등에서 기대되는 명확한 지침을 받는다. 만약 학생이 선생님에게 이의를 제기한다면 그것은 아마 (지침에 대해) 확인하기 위해서일 것이다. 잘해야 모든 사람이 자기가 어디에 서고, 어떻게 행동해야 하는지 알게 됨을 의미한다. 최악의 경우, 교실은 재미와 실제 참여가 결여된 진지한 학습 모듈의 조립 라인이 될 수 있다. 근본적으로 업무 중심적인 학생의 능력을 최대한 이끌어 내기 위해 교사는

- 학생들의 기술과 지식을 경쟁적으로 시험하는 방법으로 수업하라(경쟁, 도전, 퀴즈, 개인 최고 점수 갱신 및 측정).
- 학생들에게 사람의 50%는 **F**형이고 피드백을 비판으로 해석할 수 있음을 이해하도록 도와주라.
- 학생이 성취한 것과 그다음에 해야 할 것에 집중하게 하라.
- 때때로 타협할 수 있도록 준비하라.
- 잠재된 감정적인 원인을 고려하지 않고 문제된 어떤 것을 해결하려는 시도를 피하라.

독수리 유형 선생님은 시간 계획 짜는 것을 즐긴다. 그들은 체계적이고 결단력 있다. 그들은 계획을 세우고 그것에 충실하며, 종종 인상적인 할 일 목록에 의해 도움을 받는다. 그들의 교실은 대개 교실은 사무적이고 과목은 아마도 수업 분량의 크기대로 잘게 나뉘어 한 해의 계획이 세워질 것이다. **P**형 학생은 다음과 같이 응답할 것이다.

- 당신의 전문성을 긍정적으로 받아들이고 그들이 얻을 장기간의 이득들을 이해할 것이다.
- 당신이 제공하는 내용이나 과정을 진심으로 받아들이지는 않지만 편한 삶을 위해 구조 · 계획을 수동적으로 받아들인다.
- 교사와 수업 계획, 그리고 과목별 수업을 완전히 거부하며 부정적으로 반응한다(물리적으로 교실에 있더라도 수업에 몰두하거나 참여하지 않는다.).

교사가 선천적으로 느긋한 학생의 능력을 최대한 이끌어 내기 위해서는 학생들이 단순히 선택할 수 있는 것과 선택하는 것을 좋아하는 것이 아님을 주의해야 한다. 학생에게 그것은 필요한 것이며 그렇게 해 주지 않으면 도움이 필요하거나 몸이 근질거리고 몸부림치거나 반항하기 시작한다. 중등학교 환경은 **P**형 학생들에게 무척 어렵기 때문에 선생님은 압박감을 완화시키는 데 도울 수 있다. 이를 돕기 위해

- 가능한 한 유연성을 많이 제공하라(다양한 과제 선택, 수업 내 선택).
- 세부 일정을 피하라(어차피 지키지도 못할 것이다.).
- 꼭 필요한 것보다 중요하지 않은 세부 사항을 까다롭게 다루지 마라.

- 예상 가능한 수업이 지겹지 않도록 때때로 변화를 주어라.
- 학생이 성장할 수 있게 간단한 시간 관리 전략을 수립하도록 도와주라.

204
독수리 유형 선생님(Eagle teacher) & 흰동가리 유형 학생(Clownfish student)
ENTJ & INFJ

독수리 유형과 흰동가리 유형은 두 가지 성향을 공유한다. 모두 생기 있고 상상력이 풍부하다. 교사가 학생을 양육하기보다 이끌려고 한다면 충돌이 일어날 가능성이 크다. 본래 표현이 과장된 학생의 능력을 최대한 이끌어 내기 위해 교사는

- 새로운 생각과 발상을 불러일으키는 것이 적절할 때 생동감 넘치는 농담을 즐겨라. 학생은 이러한 방법으로 가장 잘 배우지만, 교실에 다른 학생들도 있다는 것을 기억하라.
- 교사와 학생 모두 쉽게 산만해지고 궤도를 쉽게 벗어나기 때문에 요점을 벗어나지 말고 긍정적으로 생각하라(**T**형 학생에게는 잔소리하지 말고, **F**형 학생에게는 엄마처럼 행동하라).
- 했던 일을 또 반복하지 마라.
- 차분하고 명확하게 행동하라. 그렇지 않으면 **E** 유형인 두 사람은 서로의 말을 듣지 않고 점점 더 크게 말할 수 있다.
- 어떤 생각은 말하지 않을 수도 있음을 기억하라(그러면 여러분은 나중에 어떤 것, 특히 비판적인 생각을 표현할 더 나은 방법을 생각할 수 있다.).
- 열정적이고 지지하는 청자가 되라. 교사의 생각을 주장하기보다는 학생 자신의 생각을 명확히 하고 발전시킬 수 있도록 도와주라.
- 듣기 기술을 연습하고 수업에서 **I**형이 수업에 기여할 수 있도록 격려하라.

선생님과 학생 모두 전체 상황을 먼저 보고, 예감, 추리, 상상력을 이용하여 의미를 추론함으로써 정보를 모은다. 선생님은 자연스럽게 교실에서 자신의 상상력을 활용할 것이고 **N**형 학생들은 이에 잘 반응할 것인데, 아마도 공상, 일화, 이야기에 상상의 나래를 펼치며 동참할 것이다. 선생님과 학생 사이의 자연스러운 친밀감은 종종 존재하는데, 그들 둘 다 같은 방식으로 세상을 바라보기 때문이다. 즉, 패턴, 가능성, 아이디어 그리고 이론을 탐구함으로써 사물이 왜 있는지를 이해하려는 뜨거운 호기심을 가지고 있다. 선생님은 **S**형 학생에게 피해를 주면서까지 **N**형 학생을 선호하는 것처럼 보이지 않도록 주의하라. 모든 학생은 자신이 선호하는 방식으로 수업에 참여할 수 있어야 한다. 선천적으로 상상력이 풍부한 학생의 능력을 최대한 이끌어 내기 위해서 교사는

- 창의적으로 탐구할 수 있는 질문 · 프로젝트를 제공하라.
- 중복된 과제는 피하라. 학생이 빨리 흥미를 잃는다.
- 학생에게 **S**형 접근 방식(사실, 세부 사항, 절차, 실험, 경험 적용, 구조, 단계별 모델)이 수업에 중요하게 기여함을 깨닫도록 하라.

독수리 유형 교사는 일에 먼저 집중하고 그다음에 사람 · 관계에 집중한다. 교실은 사무적이고, 목적 의식이 뚜렷한 분위기를 가질 가능성이 있다. 학생은 행동, 숙제 등에서 기대되는 명확한 지침을 받는다. 잘해야 모든 사람이 자기가 어디에 서고, 어떻게 행동해야 하는지 알게 됨을 의미한다. 최악으로는 교실이 공감과 재미가 없는 신병 훈련소와 비슷해질지도 모른다. 학생과의 개인적 관계가 핵심이라는 것을 기억하라. 흰동가리 유형이 선생님을 좋아하고 선생님도 그들을 좋아한다고 느낄 필요가 있다. 이렇게 되면 그들은 더 열심히 공부하겠지만 그렇지 않으면 공부에 관심을 완전히 끌 수도 있다. 이것은 한 학생이 한 해(그들이 좋아하는 선생님과 함께 하면)에 최고의 학생이 될 수도 있고, 선생님이 바뀐 그 이듬해에는 공부에 대해 아예 관심을 보이지 않은 이유를 설명해 준다. 근본적으로 사람 중심적인 학생의 능력을 최대한 이끌어 내기 위해 교사는

- 공감, 협업 및 팀워크를 사용하여 과제에 집중하는 교사 본연의 성향에 균형을 맞출 수 있는 학습 상황을 제시하라.
- 어떠한 약점이라도 극복할 수 있도록 요령껏 지원하면서 충분하고 정기적으로 칭찬하라. 피드백은 비판으로 쉽게 비칠 수 있으니 전달할 때 계란 껍데기를

밟듯 조심하라.

- 학생에 대한 개인적인 신뢰를 드러내면서 설득하라(나를 실망시키지 마렴, 네가 할 수 있다는 것을 알아. 난 네가 좋단다.).
- 때때로 타협할 준비를 하라. 흰동가리 유형이 소리 없이 헉헉거리거나 큰소리로 방해할 수도 있다.

J형 선생님은 시간 계획 짜는 것을 즐긴다. 그들은 체계적이고 결단력 있다. 그들은 계획을 세우고 그것을 고수하는데, 종종 인상적인 할 일 목록에 의해 도움을 받는다. 그들의 교실은 대개 정리가 잘 되어 있다. 과목은 아마도 수업 크기만큼 세분될 것이고, 교육과정의 기준 등을 고려해서 그해의 계획이 어렴풋이 세워질 것이다. **P**형 학생은 다음과 같이 응답할 것이다.

- 당신의 전문성을 받아들이고 그들의 장기적인 이익을 이해함으로써 긍정적으로 반응한다.
- 당신이 제공하는 내용이나 과정을 진심으로 받아들이지는 않지만 편한 삶을 위해 구조·계획을 수동적으로 받아들인다.
- 교사와 수업 계획, 그리고 과목별 수업을 완전히 거부하며 부정적으로 반응한다(물리적으로 교실에 있더라도 수업에 몰두하거나 참여하지 않는다.).

교사가 선천적으로 느긋한 학생의 능력을 최대한 이끌어 내기 위해서는 학생들이 단순히 선택할 수 있는 것과 선택하는 것을 좋아하는 것이 아님을 주의해야 한다. 학생에게 그것은 필요한 것이며 그렇게 해 주지 않으면 도움이 필요하거나 몸이 근질거리고 몸부림치거나 반항하기 시작한다. 중등학교 환경은 **P**형 학생들에게 무척 어렵기 때문에 선생님은 압박감을 완화시키는 데 도울 수 있다. 이를 돕기 위해

- 가능한 한 유연성을 많이 제공하라(다양한 과제 선택, 수업 내 선택).
- 세부 일정을 피하라(어차피 지키지도 못할 것이다.).
- 꼭 필요한 것보다 중요하지 않은 세부 사항을 까다롭게 다루지 마라.
- 예상 가능한 수업이 지겹지 않도록 때때로 변화를 주어라.
- 선천적으로 혼란스러운 흰동가리 유형이 대처하는 데 도움이 되는 간단한 시간 관리 팁을 제공하라.

205
독수리 유형 선생님(Eagle teacher) & 사자 유형 학생(Lion student)
ENTJ & ESFP

독수리 유형과 사자 유형은 하나의 성향을 공유한다. 두 유형은 모두 에너지가 넘치고 생기가 넘친다. 그들은 서로 다른 방식으로 에너지를 전달하므로 이것이 갈등이 일어나는 원인의 대부분이다. 본래 사교적인 학생의 능력을 최대한 이끌어 내기 위해 교사는

- 새로운 생각과 발상을 불러일으키는 것이 적절할 때 생동감 넘치는 농담을 즐겨라. 학생은 이러한 방법으로 가장 잘 배우지만, 교실에 다른 학생들도 있다는 것을 기억하라.
- 교사와 학생 모두 쉽게 산만해지고 궤도를 쉽게 벗어나기 때문에 요점을 벗어나지 말고 긍정적으로 생각하라(잔소리하지 마라.).
- 했던 일을 또 반복하지 마라.
- 차분하고 명확하게 행동하라. 그렇지 않으면 **E**형인 두 사람은 서로의 말을 듣지 않고 점점 더 크게 말할 수 있다.
- 어떤 생각은 말하지 않을 수도 있음을 기억하라(그러면 여러분은 나중에 어떤 것, 특히 비판적인 생각을 표현할 더 나은 방법을 생각할 수 있다.).
- 열정적이고 지지하는 청자가 되라. 교사의 생각을 주장하기보다는 학생 자신의 생각을 명확히 하고 발전시킬 수 있도록 도와주라.
- 듣기 기술을 연습하고 수업에서 **I**형이 수업에 기여할 수 있도록 격려하라.

상상력이 풍부한 독수리 유형 교사는 모든 학생에게 영감을 줄 수 있지만, 사자 유형 학생들에게 명확한 지침, 구조, 사실, 세부 사항 그리고 절차를 제공해야 할 필요가 있음을 존중해야 한다. 그렇지 않으면 그들은 허둥댈 수 있다. 선천적으로 현실적인 학생의 능력을 최대한 이끌어 내기 위해 교사는

- 배운 것이 실제 현실에서 어떻게 적용되는지 설명하라.
- 학생이 역량을 갖출 때까지 반복하고 연습할 기회를 주라.

- 수업에 상상력이 유용한 과정으로 사용하도록 권장하라(이것은 시간 낭비가 아니다.).
- **S**형 학생에게 손해를 주면서까지 **N**형 학생을 편애하는 것처럼 보이지 않도록 조심하라. 모든 학생은 그들이 선호하는 방법으로 수업에 기여할 수 있어야 한다.

교사는 일에 먼저 집중하고 그다음에 사람·관계에 집중한다. 교실은 사무적이고, 목적 의식이 뚜렷한 분위기를 가질 가능성이 있다. 학생은 행동, 숙제 등에서 기대되는 명확한 지침을 받는다. 이것은 기껏해야 모든 사람이 자신이 어디에 있고 어떻게 행동해야 하는지를 안다는 것을 의미한다. 최악의 경우 그 교실은 따뜻함과 재미없는 신병 훈련소와 비슷할 수 있다. 학생과의 개인적 관계가 핵심이라는 것을 기억하라. 사자 유형 학생이 선생님을 좋아하고 선생님도 그들을 좋아한다고 느낄 필요가 있다. 이렇게 되면 그들은 더 열심히 공부하겠지만 그렇지 않으면 공부에 관심을 완전히 끌 수도 있다. 이것은 한 학생이 한 해(그들이 좋아하는 선생님과 함께 하면)에 최고의 학생이 될 수도 있고, 선생님이 바뀐 그 이듬해에는 공부에 대해 아예 관심을 보이지 않은 이유를 설명해 준다. 근본적으로 사람 중심적인 학생의 능력을 최대한 이끌어 내기 위해 교사는

- 공감, 협업 및 팀워크를 사용하여 과제에 집중하는 교사 본연의 성향에 균형을 맞출 수 있는 학습 상황을 제시하라.
- 어떠한 약점이라도 극복할 수 있도록 요령껏 지원하면서 칭찬을 충분하고 정기적으로 하라. 피드백은 비판으로 쉽게 비칠 수 있으니 전달할 때 계란 껍데기를 밟듯 조심하라.
- 학생에 대한 개인적인 신뢰를 드러내면서 설득하거나 영향력을 발휘하라(나를 실망시키지 마렴, 네가 할 수 있다는 것을 알아, 난 네가 좋단다.).
- 때때로 타협할 준비를 하라. 그렇지 않으면 사자 유형 학생이 으르렁거리거나 물 것이다.

독수리 유형 선생님은 시간 계획 짜는 것을 즐긴다. 그들은 체계적이고 결단력 있다. 그들은 계획을 세우고 그것을 고수하는데, 종종 인상적인 할 일 목록에 의해 도움을 받는다. 그들의 교실은 대개 정리가 잘 되어 있다. 과목은 아마도 수업 크기만큼 세분될 것이고, 그해는 조심성 있게 계획될 것이다. **P**형 학생은 다음과 같이 응답할 것이다.

- 당신의 전문성을 받아들이고 그들의 장기적인 이익을 이해함으로써 긍정적으로 반응한다.
- 당신이 제공하는 내용이나 과정을 진심으로 받아들이지는 않지만 편한 삶을 위해 구조·계획을 수동적으로 받아들인다.
- 교사와 수업 계획, 그리고 과목별 수업을 완전히 거부하며 부정적으로 반응한다(물리적으로 교실에 있더라도 수업에 몰두하거나 참여하지 않는다.).

교사가 선천적으로 느긋한 학생의 능력을 최대한 이끌어 내기 위해서는 사자 유형 학생들이 단순히 선택할 수 있는 것과 선택하는 것을 좋아하는 것이 아님을 주의해야 한다. 즉, 학생에게 그것은 필요한 것이며 그렇게 해주지 않으면 몸이 근질거리고 몸부림치거나 반항하기 시작한다. 중등학교 환경은 **P**형 학생들에게 무척 어렵기 때문에 선생님은 압박감을 완화시키는 데 도울 수 있다. 이를 돕기 위해

- 가능한 한 유연성을 많이 제공하라(다양한 과제 선택, 수업 내 선택).
- 세부 일정을 전달하지 마라(어차피 지키지도 못할 것이다.).
- 꼭 필요한 것보다 중요하지 않은 세부 사항을 까다롭게 다루지 마라.
- 예상 가능한 수업이 지겹지 않도록 때때로 변화를 주어라.
- 사자 유형 학생이 선택할 수 있도록 간단한 시간 관리 전략을 파악하게 하라.

206
독수리 유형 선생님(Eagle teacher) & 검은표범 유형 학생(Panther student)
ENTJ & INFJ

독수리 유형과 검은표범 유형은 모두 생기발랄하고 행동 지향적이다. 선생님이 학생들의 행동에서 가끔 일어나는 일시적인 상황 변화를 받아들일 때, 학생들이 교실 레퍼토리에 침착함과 집중력을 더하는 방법을 도울 수 있다. 본래 활기찬 학생의 능력을 최대한 이끌어 내기

위해 독수리 유형 교사는

- 새로운 생각과 발상을 불러일으키는 것이 적절할 때 생동감 넘치는 농담을 즐겨라. 학생은 이러한 방법으로 가장 잘 배우지만, 교실에 다른 학생들도 있다는 것을 기억하라.
- 교사와 학생 모두 쉽게 산만해지고 궤도를 쉽게 벗어나기 때문에 요점을 벗어나지 말고 긍정적으로 생각하라(**T**형 학생에게는 잔소리하지 말고, **F**형 학생에게는 엄마처럼 행동하라).
- 했던 일을 또 반복하지 마라.
- 차분하고 명확하게 행동하라. 그렇지 않으면 **E**형인 두 사람은 서로의 말을 듣지 않고 점점 더 크게 말할 수 있다.
- 어떤 생각은 말하지 않을 수도 있음을 기억하라(그러면 여러분은 나중에 어떤 것, 특히 비판적인 생각을 표현할 더 나은 방법을 생각할 수 있다.).
- 열정적이고 지지하는 청자가 되라. 교사의 생각을 주장하기보다는 학생 자신의 생각을 명확히 하고 발전시킬 수 있도록 도와주라.
- 듣기 기술을 연습하고 수업에서 **I**형이 수업에 기여할 수 있도록 격려하라.

상상력이 풍부한 교사는 모든 학생에게 영감을 줄 수 있지만, 검은표범 유형 학생들에게 명확한 지침, 구조, 사실, 세부 사항 그리고 절차를 제공해야 할 필요가 있음을 존중해야 한다. 그렇지 않으면 그들은 허둥댈 수 있다. 현실적인 학생의 능력을 최대한 이끌어 내기 위해 교사는

- 배운 것이 실제 현실에서 어떻게 적용되는지 설명하라.
- 학생이 역량을 갖출 때까지 반복하고 연습할 기회를 주라.
- 수업에 상상력을 유용하게 사용하도록 격려하라(그것은 시간 낭비가 아니다.).
- **S**형 학생에게 손해를 주면서까지 **N**형 학생을 편애하는 것처럼 보이지 않도록 조심하라. 모든 학생은 그들이 선호하는 방법으로 수업에 기여할 수 있어야 한다.

선생님과 학생 모두 업무 중심적이고, 정확하며, 일관되고 정직하다. 교실은 사무적이고, 목적 의식이 뚜렷한 분위기를 가질 가능성이 있다. 학생은 행동, 숙제 등에서 기대되는 명확한 지침을 받는다. 만약 학생이 선생님에게 이의를 제기한다면 그것은 아마 (지침에 대해) 확인하기 위해서일 것이다. 잘해야 모든 사람이 자기가 어디에 서고, 어떻게 행동해야 하는지 알게 됨을 의미한다. 최악의 경우, 교실은 재미와 실제 참여가 결여된 진지한 학습 모듈의 조립 라인이 될 수 있다. 근본적으로 업무 중심적인 학생의 능력을 최대한 이끌어 내기 위해 교사에게 필요한 것은

- 학생들의 기술과 지식을 경쟁적으로 시험하는 방법으로 수업하라(경쟁, 도전, 퀴즈, 개인 최고 점수 갱신 및 측정).
- 학생들에게 사람의 50%는 **F**형이고 피드백을 비판으로 해석할 수 있음을 이해하도록 도와주라.
- 학생이 성취한 것과 그다음에 해야 할 것에 집중하게 하라.
- 때때로 타협할 수 있도록 준비하라.
- 잠재된 감정적인 원인을 고려하지 않고 문제된 어떤 것을 해결하려는 시도를 피하라.

독수리 유형 선생님은 시간 계획 짜는 것을 즐긴다. 그들은 체계적이고 결단력 있다. 그들은 계획을 세우고 그것에 충실하며, 종종 인상적인 할 일 목록에 의해 도움을 받는다. 그들의 교실은 대개 정리가 잘 되어 있다. 과목은 아마도 수업 분량의 크기대로 잘게 나뉘고 교육과정의 기준 등을 고려해서 한 해의 계획이 세워질 것이다. **P**형 학생은 다음과 같이 응답할 것이다.

- 당신의 전문성을 받아들이고 그들의 장기적인 이익을 이해함으로써 긍정적으로 반응한다.
- 당신이 제공하는 내용이나 과정을 진심으로 받아들이지는 않지만 편한 삶을 위해 구조 · 계획을 수동적으로 받아들인다.
- 교사와 수업 계획, 그리고 과목별 수업을 완전히 거부하며 부정적으로 반응한다(물리적으로 교실에 있더라도 수업에 몰두하거나 참여하지 않는다.).

교사가 선천적으로 느긋한 학생의 능력을 최대한 이끌어 내기 위해서는 학생들이 단순히 선택할 수 있는 것과 선택하는 것을 좋아하는 것이 아님을 주의해야 한다. 즉, 학생에게 그것은 필요한 것이며 그렇게 해 주지 않으면 몸이 근질거리고 몸부림치거나 반항하기 시작한다. 중등학교 환경은 **P**형 학생들에게 무척 어렵기 때문에 선생님은 압박감을 완화시키는 데 도울 수 있다. 이

를 돕기 위해

- 가능한 한 유연성을 많이 제공하라(다양한 과제 선택, 수업 내 선택).
- 세부 일정을 전달하지 마라(어차피 지키지도 못할 것이다.).
- 꼭 필요한 것보다 중요하지 않은 세부 사항을 까다롭게 다루지 마라.
- 예상 가능한 수업이 지겹지 않도록 때때로 변화를 주어라.
- 학생이 통합할 수 있는 간단한 시간 관리 전략을 수립하라.

207
독수리 유형 선생님(Eagle teacher) & 숲올빼미 유형 학생(Tawny Owl student)
ENTJ & INTP

새 유형은 탐구적이고 객관적인 마음을 공유한다. 독수리 유형과 숲올빼미 유형은 학생의 소극적이고 독립적인 접근 방식이 교사의 활기차고 조직적인 방식과 대조될 때 충돌할 가능성이 가장 높다. 본래 내성적인 학생의 능력을 최대한 이끌어 내기 위해 교사는

- 차분히 속도를 낮추고 간결하게 이야기하라.
- 질문과 답변 사이에 충분한 시간을 주라. 학생이 답하기 전에 생각하고 되돌아볼 시간이 필요함을 존중하라.
- 학생들에게 스스로 작업할 수 있는 시간과 공간을 제공하라. 그들 머리 위를 맴돌면서 참견하려고 하지 마라.
- 문제를 즉시 해결하거나 학생들의 말을 가로채지 마라.
- (말뿐만 아니라) 글로 써서 칭찬하라.

선생님과 학생 모두 전체 상황을 먼저 보고, 예감, 추리, 상상력을 이용하여 의미를 추론함으로써 정보를 모은다. 선생님은 자연스럽게 교실에서 자신의 상상력을 활용할 것이고 **N**형 학생들은 이에 잘 반응할 것인데, 아마도 공상, 일화, 이야기에 상상의 나래를 펼치며 동참할 것이다. 선생님과 학생 사이의 자연스러운 친밀감은 종종 존재하는데, 그들 둘 다 같은 방식으로 세상을 바라보기 때문이다. 즉, 패턴, 가능성, 아이디어 그리고 이론을 탐구함으로써 사물이 왜 있는지를 이해하려는 뜨거운 호기심을 가지고 있다. 선생님은 **S**형 학생에게 피해를 주면서까지 **N**형 학생을 선호하는 것처럼 보이지 않도록 주의하라. 모든 학생은 자신이 선호하는 방식으로 수업에 참여할 수 있어야 한다. 선천적으로 상상력이 풍부한 학생의 능력을 최대한 이끌어 내기 위해서 교사는

- 창의적으로 탐구할 수 있는 질문 · 프로젝트를 제공하라.
- 중복된 과제는 피하라. 학생이 빨리 흥미를 잃는다.
- 학생에게 **S**형 접근 방식(사실, 세부 사항, 절차, 실험, 경험 적용, 구조, 단계별 모델)이 수업에 중요하게 기여함을 깨닫도록 하라.

선생님과 학생 모두 업무 중심적이고, 정확하며, 일관되고 정직하다. 교실은 사무적이고, 목적 의식이 뚜렷한 분위기를 가질 가능성이 있다. 학생은 행동, 숙제 등에서 기대되는 명확한 지침을 받는다. 만약 학생이 선생님에게 이의를 제기한다면 그것은 아마 (지침에 대해) 확인하기 위해서일 것이다. 잘해야 모든 사람이 자기가 어디에 서고, 어떻게 행동해야 하는지 알게 됨을 의미한다. 최악의 경우, 교실은 재미와 실제 참여가 결여된 진지한 학습 모듈의 조립 라인이 될 수 있다. 근본적으로 업무 중심적인 학생의 능력을 최대한 이끌어 내기 위해 교사는

- 학생들의 기술과 지식을 경쟁적으로 시험하는 방법으로 수업하라(경쟁, 도전, 퀴즈, 개인 최고 점수 갱신 및 측정).
- 학생들에게 사람의 50%는 **F**형이고 피드백을 비판으로 해석할 수 있음을 이해하도록 도와주라.
- 학생이 성취한 것과 그다음에 해야 할 것에 집중하게 하라.
- 때때로 타협할 수 있도록 준비하라.
- 잠재된 감정적인 원인을 고려하지 않고 문제된 어떤 것을 해결하려는 시도를 피하라.

독수리 유형 선생님은 시간 계획 짜는 것을 즐긴다. 그들은 체계적이고 결단력 있다. 그들은 계획을 세우고 그것을 고수하는데, 종종 인상적인 할 일 목록에 의해 도움을 받는다. 그들의 교실은 대개 정리가 잘 되어 있다.

과목은 아마도 수업 크기만큼 세분될 것이고, 교육과정의 기준 등을 고려해서 그해의 계획이 세워질 것이다. **P**형 학생은 다음과 같이 응답할 것이다.

- 당신의 전문성을 받아들이고 그들의 장기적인 이익을 이해함으로써 긍정적으로 반응한다.
- 당신이 제공하는 내용이나 과정을 진심으로 받아들이지는 않지만 편한 삶을 위해 구조·계획을 수동적으로 받아들인다.
- 교사와 수업 계획, 그리고 과목별 수업을 완전히 거부하며 부정적으로 반응한다(물리적으로 교실에 있더라도 수업에 몰두하거나 참여하지 않는다.).

교사가 선천적으로 느긋한 학생의 능력을 최대한 이끌어 내기 위해서는 선택할 수 있는 것과 선택하기를 요청한다. 그렇게 해 주지 않으면 아마 몸이 근질거리고 몸부림치거나 반항하기 시작할 것이다. 중등학교 환경은 **P**형 학생들에게 무척 어려워서 선생님은 압박감을 완화시키는 데 도울 수 있다. 이를 돕기 위해

- 가능한 한 유연성을 많이 제공하라(다양한 과제 선택, 수업 내 선택).
- 세부 일정을 전달하지 마라(어차피 지키지도 못할 것이다.).
- 꼭 필요한 것보다 중요하지 않은 세부 사항을 까다롭게 다루지 마라.
- 예상 가능한 수업이 지겹지 않도록 때때로 변화를 주어라.
- 학생이 학업량을 성공적으로 관리할 수 있도록 효율적인 전략을 수립하라.

208
독수리 유형 선생님(Eagle teacher) & 물개 유형 학생(Seal student)
ENTJ & INFP

독수리 유형과 물개 유형 모두는 하나의 유형을 공유한다. 둘 모두 상상력이 풍부하고 창의적이다. 갈등은 그들의 다른 스타일—공격적인 독수리 유형과 사색적이고 공감형의 물개 유형—에서 올 수 있다. 본래 내성적인 학생의 능력을 최대한 이끌어 내기 위해 교사는

- 차분히 속도를 낮추고 간결하게 이야기하라.
- 질문과 답변 사이에 충분한 시간을 주라. 학생이 답하기 전에 생각하고 되돌아볼 시간이 필요함을 존중하라.
- 학생들에게 스스로 작업할 수 있는 시간과 공간을 제공하라. 그들 머리 위를 맴돌면서 참견하려고 하지 마라.
- 문제를 즉시 해결하거나 학생들의 말을 가로채지 마라.
- (말뿐만 아니라) 글로 써서 칭찬하라.

선생님과 학생 모두 전체 상황을 먼저 보고, 예감, 추리, 상상력을 이용하여 의미를 추론함으로써 정보를 모은다. 선생님은 자연스럽게 교실에서 자신의 상상력을 활용할 것이고 **N**형 학생들은 이에 잘 반응할 것인데, 아마도 공상, 일화, 이야기에 상상의 나래를 펼치며 동참할 것이다. 선생님과 학생 사이의 자연스러운 친밀감은 종종 존재하는데, 그들 둘 다 같은 방식으로 세상을 바라보기 때문이다. 즉, 패턴, 가능성, 아이디어 그리고 이론을 탐구함으로써 사물이 왜 있는지를 이해하려는 뜨거운 호기심을 가지고 있다. 선생님은 65%의 **S**형 학생에게 피해를 주면서까지 **N**형 학생을 선호하는 것처럼 보이지 않도록 주의하라. 모든 학생은 자신이 선호하는 방식으로 수업에 참여할 수 있어야 한다. 선천적으로 상상력이 풍부한 학생의 능력을 최대한 이끌어 내기 위해서 교사는

- 창의적으로 탐구할 수 있는 질문·프로젝트를 제공하라.
- 중복된 과제는 피하라. 학생이 빨리 흥미를 잃는다.
- 학생에게 **S**형 접근 방식(사실, 세부 사항, 절차, 실험, 경험 적용, 구조, 단계별 모델)이 수업에 중요하게 기여함을 깨닫도록 하라.

교사는 일에 먼저 집중하고 그다음에 사람·관계에 집중한다. 교실은 사무적이고, 목적 의식이 뚜렷한 분위기를 가질 가능성이 있다. 학생은 행동, 숙제 등에서 기대되는 명확한 지침을 받는다. 잘해야 모든 사람이 자기가 어디에 서고, 어떻게 행동해야 하는지 알게 됨을 의미한다. 최악의 경우 교실은 성공하기 위해 노력하는 물개 유형에 대해 동정심이 전혀 없는 신병 훈련소처럼 보일 수 있다. 학생과의 개인적 관계가 핵심이라는 것을 기억하라. 물개 유형 학생이 선생님을 좋아하고 선

생님도 그들을 좋아한다고 느낄 필요가 있다. 이렇게 되면 그들은 더 열심히 공부하겠지만 그렇지 않으면 공부에 관심을 완전히 끌 수도 있다. 이것은 한 학생이 한 해(그들이 좋아하는 선생님과 함께 하면)에 최고의 학생이 될 수도 있고, 선생님이 바뀐 그 이듬해에는 공부에 대해 아예 관심을 보이지 않은 이유를 설명해 준다. 근본적으로 사람 중심적인 학생의 능력을 최대한 이끌어 내기 위해 교사는

- 공감, 협업 및 팀워크를 사용하여 과제에 집중하는 교사 본연의 성향에 균형을 맞출 수 있는 학습 상황을 제시하라.
- 어떠한 약점이라도 극복할 수 있도록 요령껏 지원하면서 칭찬을 충분하고 정기적으로 하라. 피드백은 비판으로 쉽게 비칠 수 있으니 전달할 때 계란 껍데기를 밟듯 조심하라.
- 학생에 대한 개인적인 신뢰를 드러내면서 설득하거나 영향력을 발휘하라(나를 실망시키지 마렴, 네가 할 수 있다는 것을 알아, 난 네가 좋단다.).
- 때때로 타협할 준비를 하라. 그렇지 않으면 물개 유형이 움츠러들지 모른다.

J형 선생님은 시간 계획 짜는 것을 즐긴다. 그들은 체계적이고 결단력 있다. 그들은 계획을 세우고 그것을 고수하는데, 종종 인상적인 할 일 목록에 의해 도움을 받는다. 그들의 교실은 대개 정리가 잘 되어 있다. 과목은 아마도 수업 크기만큼 세분될 것이고, 교육과정의 기준 등을 고려해서 그해 계획이 세워질 것이다. **P**형 학생은 다음과 같이 응답할 것이다.

- 당신의 전문성을 받아들이고 그들의 장기적인 이익을 이해함으로써 긍정적으로 반응한다.
- 당신이 제공하는 내용이나 과정을 진심으로 받아들이지는 않지만 편한 삶을 위해 구조·계획을 수동적으로 받아들인다.
- 교사와 수업 계획, 그리고 과목별 수업을 완전히 거부하며 부정적으로 반응한다(물리적으로 교실에 있더라도 수업에 몰두하거나 참여하지 않는다.).

교사가 선천적으로 느긋한 학생의 능력을 최대한 이끌어 내기 위해서는 학생들이 단순히 선택할 수 있는 것과 선택하는 것을 좋아하는 것이 아님을 주의해야 한다. 즉, 학생에게 그것은 필요한 것이며 그렇게 해 주지 않으면 몸이 근질거리고 몸부림치거나 반항하기 시작한다. 중등학교 환경은 **P**형 학생들에게 무척 어렵기 때문에 선생님은 압박감을 완화시키는 데 도울 수 있다. 이를 돕기 위해

- 가능한 한 유연성을 많이 제공하라(다양한 과제 선택, 수업 내 선택).
- 세부 일정을 전달하지 마라(어차피 지키지도 못할 것이다.).
- 꼭 필요한 것보다 중요하지 않은 세부 사항을 까다롭게 다루지 마라.
- 예상 가능한 수업이 지겹지 않도록 때때로 변화를 주어라.
- 업무량을 성공적으로 관리할 수 있도록 효과적인 전략을 수립하라.

209
매 유형 선생님(Falcon teacher) & 매 유형 학생(Falcon student)
ENTP & ENTP

선천적으로 자신감 있고 적극적인 매 유형 교사와 학생은 천생연분일 수도 있고 지옥일 수도 있다. 똑같이 흥분하기 쉬운 선생님과 학생은 즐거움보다는 배움에 집중할 때 함께 일을 잘한다. 하지만 둘 다 타고난 예능인이기 때문에 교실 무대를 함께 하며 서로의 재치와 매력을 즐기는 것이 최선일 수 있다. 선생님이 교과과정이나 수업의 다른 학생들을 잊지 않는 한 균형이 이뤄진다. 교사가 선천적으로 감정 표현이 과장된 학생을 최대한 활용하기 위해서 선생님은

- 새로운 생각과 발상을 불러일으키는 것이 적절할 때 생동감 넘치는 농담을 즐겨라. 학생은 이러한 방법으로 가장 잘 배운다.
- 교사와 학생 모두 쉽게 산만해지고 궤도를 쉽게 벗어나기 때문에 요점을 벗어나지 말고 긍정적으로 생각하라(잔소리하지 마라.).
- 했던 일을 또 반복하지 마라.
- 차분하고 명확하게 행동하라. 그렇지 않으면 **E**형인 두 사람은 서로의 말을 듣지 않고 점점 더 크게 말할 수 있다.

- 어떤 생각은 말하지 않을 수도 있음을 기억하라(그러면 여러분은 나중에 어떤 것, 특히 비판적인 생각을 표현할 더 나은 방법을 생각할 수 있다.).
- 열정적이고 지지하는 청자가 되라. 교사의 생각을 주장하기보다는 학생 자신의 생각을 명확히 하고 발전시킬 수 있도록 도와주라.
- 서로 조용히 하는 법을 배우고 수업에서 **I**형 학생이 자신을 표현할 수 있도록 격려하라.

선생님과 학생 모두 전체 상황을 먼저 보고, 예감, 추리, 상상력을 이용하여 의미를 추론함으로써 정보를 모은다. 선생님은 자연스럽게 교실에서 자신의 상상력을 활용할 것이고 **N**형 학생들은 이에 잘 반응할 것인데, 아마도 공상, 일화, 이야기에 상상의 나래를 펼치며 동참할 것이다. 선생님과 학생 사이의 자연스러운 친밀감은 종종 존재하는데, 그들 둘 다 같은 방식으로 세상을 바라보기 때문이다. 즉, 패턴, 가능성, 아이디어 그리고 이론을 탐구함으로써 사물이 왜 있는지를 이해하려는 뜨거운 호기심을 가지고 있다. 선생님은 **S**형 학생에게 피해를 주면서까지 **N**형 학생을 선호하는 것처럼 보이지 않도록 주의하라. 모든 학생은 자신이 선호하는 방식으로 수업에 참여할 수 있어야 한다. 상상력이 뛰어난 학생의 능력을 최대한 이끌어 내기 위해 선생님은

- 창의적으로 탐구할 수 있는 질문 · 프로젝트를 제공하라.
- 중복된 과제는 피하라. 학생이 빨리 흥미를 잃는다.
- 학생에게 **S**형 접근 방식(사실, 세부 사항, 절차, 실험, 경험 적용, 구조, 단계별 모델)이 수업에 중요하게 기여함을 깨닫도록 하라.

매 유형은 업무 중심적이고, 솔직하며, 일관되고 정직하다. 강의실에는 노련한 복싱 선수들이 아이디어와 이론으로 서로 겨누는 것 같은 분위기처럼 보인다. 학생들은 행동, 숙제 등의 측면에서 기대되는 명확한 지침을 받는다. 학생이 선생님에게 이의를 제기한다면 그것은 아마 (지침에 대해) 확인하기 위해서일 것이다. 이것은 기껏해야 모든 사람이 자신이 어디에 있고 어떻게 행동해야 하는지를 안다는 것을 의미한다. 최악의 경우 교실은 정의가 소멸된 법정과 비슷할 수 있다. 선천적으로 업무 중심적인 학생의 능력을 최대한 이끌어 내기 위해서 교사는

- 학생들의 기술과 지식을 경쟁적으로 시험하는 방법으로 수업하라(경쟁, 도전, 퀴즈, 개인 최고 점수 갱신 및 측정).
- 학생들에게 사람의 50%는 **F**형이고 피드백을 비판으로 해석할 수 있음을 이해하도록 도와주라.
- 매 유형 학생이 성취한 것과 그다음에 해야 할 것에 집중하게 하라.
- 때때로 타협할 수 있도록 준비하라.
- 잠재된 감정적인 원인을 고려하지 않고 문제된 어떤 것을 해결하려는 시도를 피하라.

매 유형은 체계적이고 효율적이지만 그들은 통제가 없는 상태를 갈망한다. 교사는 학교의 필수적이지만 빡빡하고 제한적인 시간표와 과제 마감 기한 속에서 각자에게 제공되는 자발성과 즉흥성에 대한 상호 존중을 즐기면서, 필요한 과제들을 완수해야 함을 기억해야 한다. 비록 재미있고 인기 있는 선생님이 되겠지만, 그들은 또한 학생들이 사회적으로 그리고 학문적으로 성공할 수 있도록 준비하는 과제에 집중하게 할 필요가 있다. 둘 다 일을 끝내는 것보다 시작하는 것을 선호한다. 그들의 초기 열정은 금방 시들어질 수 있다. 둘 다 그들이 중요한 일을 식별하고 완수하도록 확실히 해야 한다. 그렇지 않으면 학생(또는 그들의 부모)은 결국 어색한 질문을 할 수 있다. 교사가 선천적으로 느긋한 학생의 능력을 최대한 이끌어 내기 위해서는 학생들이 단순히 학생이 선택할 수 있는 것과 선택하는 것을 좋아하는 것이 아니라 그것은 필수적인 것이고 그렇게 해 주지 않으면 몸이 근질거리고 몸부림치거나 반항하기 시작된다는 것을 알아야 한다. 중등학교 환경은 **P**형 학생들에게 무척 어렵기 때문에 선생님은 학생들의 성취를 돕기 위해

- 가능한 한 유연성을 많이 제공하라(다양한 과제 선택, 수업 내 선택).
- 세부 일정을 피하라(어차피 지키지도 못할 것이다.).
- 예상 가능한 수업이 지겹지 않도록 때때로 일을 뒤섞어라.
- 매 유형 학생의 마음을 사로잡고 긴장시키기 위해 무작위적인 놀라움과 변화를 소개하라.

210
매 유형 선생님(Falcon teacher) & 코알라 유형 학생(Koala student)
ENTP & ISFJ

매 유형과 코알라 유형은 네 가지 성향이 모두 반대이다. 성공을 위해서는 서로의 변화를 바라는 것이 아니라 서로의 강점을 인정해야 한다. 교사는 온순한 코알라 유형을 쉽게 질식시키거나 무시할 수 있지만 이렇게 하면 그들이 할 수 있는 아이디어와 기여를 잃을 위험이 있다. 매 유형 교사가 매력과 에너지의 무기고에서 몇 가지 비법과 팁을 전달할 수 있다면 코알라 유형은 일반적으로 부족한 단호함을 얻을 수 있다. 매 유형 선생님의 칭찬은 정당한 이유 없이 나오는 경우가 거의 없으므로 학생들, 특히 코알라 유형과 해마 유형이 높이 평가한다는 것을 의미한다. 선천적으로 내성적인 학생의 능력을 최대한 이끌어 내기 위해서 선생님은

- 차분히 속도를 낮추고 간결하게 이야기하라.
- 질문과 답변 사이에 충분한 시간을 주라. 학생이 답하기 전에 생각하고 되돌아볼 시간이 필요함을 존중하라.
- 학생들에게 스스로 작업할 수 있는 시간과 공간을 제공하라. 그들 머리 위를 맴돌면서 참견하려고 하지 마라.
- 문제를 즉시 해결하거나 학생들의 말을 가로채지 마라.
- 상호 보완적인 유형들과 짝을 이루게 하라(해마 · 물개 · 곰인형 · 돌고래 유형).
- **E**형 학생이 많은 모둠 · 팀에 **I**형 학생 한 명만을 두지 마라(그들은 숨막혀 할 것이다.).
- (말뿐만 아니라) 글로 써서 칭찬하라.

매 유형 교사의 생생한 상상력은 모든 학생에게 영감을 줄 수 있지만, 코알라 유형 학생들에게 명확한 지침, 구조, 사실, 세부 사항 그리고 절차를 제공해야 할 필요가 있음을 존중해야 한다. 그렇지 않으면 그들은 허둥댈 수 있다. 끈질긴 학생의 능력을 최대한 이끌어 내기 위해서 선생님에게 필요한 것은

- 배운 것이 실제 현실에서 어떻게 적용되는지 설명하라.
- 학생이 역량을 갖출 때까지 반복하고 연습할 기회를 주라.
- 수업에 상상력을 유용하게 사용하도록 권장하라(이것은 시간 낭비가 아니다.)
- **S**형 학생에게 손해를 주면서까지 **N**형 학생을 편애하는 것처럼 보이지 않도록 조심하라. 모든 학생은 그들이 선호하는 방법으로 수업에 기여할 수 있어야 한다.

교사는 일에 먼저 집중하고 그다음에 사람들 · 관계에 집중한다. 이 반은 활기차고, 목적 의식이 뚜렷한 분위기를 가질 가능성이 있다. 학생은 행동, 숙제 등에서 기대되는 명확한 지침을 받는다. 기껏해야 모든 사람들이 자기가 어디에 서고, 어떻게 행동해야 하는지 알게 됨을 의미한다. 최악의 경우 교실은 의기소침하고 겁에 질린 신병들이 가득한 군대 훈련소와 비슷할 수 있다. 엄중한 분위기는 특히 코알라 유형에게 괴로움을 줄 것이다. 학생과의 개인적 관계가 핵심이라는 것을 기억하라. 코알라 유형 학생이 선생님을 좋아하고 선생님도 그들을 좋아한다고 느낄 필요가 있다. 이렇게 되면 그들은 더 열심히 공부하겠지만 그렇지 않으면 공부에 관심을 완전히 끌 수도 있다. 이것은 한 학생이 한 해(그들이 좋아하는 선생님과 함께 하면)에 최고의 학생이 될 수도 있고, 선생님이 바뀐 그 이듬해에는 공부에 대해 아예 관심을 보이지 않은 이유를 설명해 준다. 근본적으로 사람 중심적인 학생의 발전을 돕기 위해

- 공감, 협업 및 팀워크를 사용하여 과제에 집중하는 교사 본연의 성향에 균형을 맞출 수 있는 학습 상황을 제시하라.
- 어떠한 약점이라도 극복할 수 있도록 요령껏 지원하면서 칭찬을 충분하고 정기적으로 하라. 피드백은 비판으로 쉽게 비칠 수 있으니 전달할 때 계란 조심스럽게 다루어라.
- 학생에 대한 개인적인 신뢰를 조용하고 정기적으로 진술하라(나를 실망시키지 마렴, 네가 할 수 있다는 것을 알아, 난 네가 좋단다.).
- 일상을 사랑하는 코알라 유형을 안심시키기 위해 때때로 타협할 준비를 하라.

느긋하고 유연하며 자발적인 교사가 선천적으로 체계적인 학생과 함께 하는 것은 꿈의 팀이 될 수도 있고 재앙이 될 수도 있다. 긍정적인 관계를 만들기 위해 그들

은 서로의 장점을 살려야 한다. 학생은 계획을 바꾸고 적응하는 선생님의 능력으로부터 혜택을 받을 수 있고, 선생님은 그들이 일하고 완성할 수 있는 계획을 가지고 싶어 하는 학생의 열망으로부터 혜택을 받을 수 있다. 선생님은 또한

- 질서, 깔끔함, 마감 기일 준수에 대한 학생의 욕구를 격려하고 지지하라.
- 학생이 진정으로 원할 경우 그들의 방식대로 작업을 자립적으로 계획할 수 있도록 허락하라.
- 단지 계획을 바꾸기 위한 계획은 하지 마라. 이것은 학생을 좌절시킬 뿐이다.
- 학생이 자신의 삶에 흥미를 더할 수 있는 유연성을 수용하도록 학생에게 권장하라.
- 말싸움을 피하라—매 유형 학생은 대단히 좋아하고 코알라 유형의 학생은 경멸한다.

211
매 유형 선생님(Falcon teacher) & 가면올빼미 유형 학생(Barn Owl student)
ENTP & INTJ

선천적으로 활력이 넘치는 매 유형 교사와 내성적인 가면올빼미 유형 학생은 상상력과 객관성을 발산한다. 이것은 강한 교실 관계의 기반이 될 수 있다. 선천적으로 독립적인 학생의 능력을 최대한 이끌어 내기 위해 교사는

- 차분히 속도를 낮추고 간결하게 이야기하라.
- 질문과 답변 사이에 충분한 시간을 주라. 학생이 답하기 전에 생각하고 되돌아볼 시간이 필요함을 존중하라.
- 학생들에게 스스로 작업할 수 있는 시간과 공간을 제공하라. 그들 머리 위를 맴돌면서 참견하려고 하지 마라.
- 문제를 즉시 해결하거나 학생들의 말을 가로채지 마라.
- 상호 보완적인 유형들과 짝을 이루게 하라(곰 · 돌고래 유형).
- **E**형 학생이 많은 모둠 · 팀에 **I**형 학생 한 명만을 두지 마라(그들은 숨막혀 할 것이다.).
- (말뿐만 아니라) 글로 써서 칭찬하라.

매 유형 선생님과 가면올빼미 유형 학생 모두 전체 상황을 먼저 보고, 예감, 추리, 상상력을 이용하여 의미를 추론함으로써 정보를 모은다. 선생님은 자연스럽게 교실에서 자신의 상상력을 활용할 것이고 **N**형 학생들은 이에 잘 반응할 것인데, 아마도 논쟁, 일화, 이야기에 동참할 것이다. 선생님과 학생 사이의 자연스러운 친밀감은 종종 존재하는데, 그들 둘 다 같은 방식으로 세상을 바라보기 때문이다. 즉, 패턴, 가능성, 아이디어 그리고 이론을 탐구함으로써 사물이 왜 있는지를 이해하려는 뜨거운 호기심을 가지고 있다. 선생님은 **S**형 학생에게 피해를 주면서까지 **N**형 학생을 선호하는 것처럼 보이지 않도록 주의하라. 모든 학생은 자신이 선호하는 방식으로 수업에 참여할 수 있어야 한다. 선천적으로 상상력이 풍부한 학생의 능력을 최대한 이끌어 내기 위해서 교사는

- 창의적으로 탐색할 수 있는 질문 · 프로젝트를 제공하라.
- 학생이 흥미를 빨리 잃기 때문에 반복적인 일은 피하라.
- 학생에게 **S**형 접근 방식(사실, 세부 사항, 절차, 실험, 경험 적용, 구조, 단계별 모델)이 수업에 중요하게 기여함을 깨닫도록 하라.

선생님과 학생 모두 업무 중심적이고, 정확하며, 일관되고 확고하다. 교실은 사무적이고, 목적 의식이 뚜렷한 분위기를 가질 가능성이 있다. 학생은 행동, 숙제 등에서 기대되는 명확한 지침을 받는다. 만약 학생이 선생님에게 이의를 제기한다면 그것은 아마 (지침에 대해) 확인하기 위해서일 것이다. 잘해야 모든 사람이 자기가 어디에 서고, 어떻게 행동해야 하는지 알게 됨을 의미한다. 최악의 경우 교실은 의기소침하고 겁에 질린 신병들로 가득 찬 군대 훈련소와 비슷할 수 있다. 근본적으로 업무 중심적인 학생의 능력을 최대한 이끌어 내기 위해 교사는

- 학생들의 기술과 지식을 경쟁적으로 시험하는 방법으로 수업하라(경쟁, 도전, 퀴즈, 개인 최고 점수 갱신 및 측정).
- 학생들에게 사람의 50%는 **F**형이고 피드백을 비판으로 해석할 수 있음을 이해하도록 도와주라.

- 학생이 성취한 것과 그다음에 해야 할 것에 집중하게 하라.
- 때때로 타협할 수 있도록 준비하라.
- 잠재된 감정적인 원인을 고려하지 않고 문제된 어떤 것을 해결하려는 시도를 피하라.

느긋하고 유연하며 자발적인 교사가 선천적으로 체계적인 학생과 함께 하는 것은 꿈의 팀이 될 수도 있고 재앙이 될 수도 있다. 긍정적인 관계를 만들기 위해 그들은 서로의 장점을 살려야 한다. 학생은 계획을 바꾸고 적응하는 선생님의 능력으로부터 혜택을 받을 수 있고, 선생님은 그들이 일하고 완성할 수 있는 계획을 가지고 싶어 하는 학생의 열망으로부터 혜택을 받을 수 있다. 선생님은 또한

- 질서, 깔끔함, 마감 기일 준수에 대한 학생의 욕구를 격려하고 지지하라.
- 학생이 진정으로 원할 경우 그들의 방식대로 작업을 자립적으로 계획할 수 있도록 허락하라.
- 단지 계획을 바꾸기 위한 계획은 하지 마라. 이것은 학생을 좌절시킬 뿐이다.
- 학생이 가끔 계획을 바꾸는 것을 즐기도록 격려하라.

212
매 유형 선생님(Falcon teacher) & 사자 유형 학생(Lion student)
ENTP & ESFP

매 유형과 사자 유형의 조합은 교육이 재미있고, 융통성 있으며, 모험적이어야 한다는 열망을 서로 공유한다. 모두 선천적으로 자신감이 있고, 적극적이며, 쉽게 산만해진다. 선천적으로 감정 표현이 과장된 학생의 능력을 최대한 이끌어 내기 위해 교사는

- 새로운 생각과 발상을 불러일으키는 것이 적절할 때 생동감 넘치는 농담을 즐겨라. 학생은 이러한 방법으로 가장 잘 배우지만, 교실에 다른 학생들도 있다는 것을 기억하라.
- 교사와 학생 모두 쉽게 산만해지고 궤도를 쉽게 벗어나기 때문에 요점을 벗어나지 말고 긍정적으로 생각하라(잔소리하지 마라.).
- 했던 일을 또 반복하지 마라.
- 차분하고 명확하게 행동하라. 그렇지 않으면 **E**형인 두 사람은 PMQs(영국 수상 질의)처럼 점점 더 크게 말할 것이다(서로의 말을 듣지 않는다.).
- 어떤 생각은 말하지 않을 수도 있음을 기억하라(그러면 여러분은 나중에 어떤 것, 특히 비판적인 생각을 표현할 더 나은 방법을 생각할 수 있다.).
- 열정적이고 지지하는 청자가 되라. 교사의 생각을 주장하기보다는 학생 자신의 생각을 명확히 하고 발전시킬 수 있도록 도와주라.
- 서로 조용히 하는 법을 배우고 수업에서 **I**형 학생이 자신을 표현할 수 있도록 격려하라.

상상력이 풍부한 매 유형 교사는 모든 학생에게 영감을 줄 수 있지만, 사자 유형 학생들에게 명확한 지침, 구조, 사실, 세부 사항 그리고 절차를 제공해야 할 필요가 있음을 존중해야 한다. 그렇지 않으면 그들은 몸부림칠 수 있다. 선천적으로 현실적인 학생의 능력을 최대한 이끌어 내기 위해서 선생님은

- 배운 것이 실제 현실에서 어떻게 적용되는지 설명하라.
- 학생이 역량을 갖출 때까지 반복하고 연습할 기회를 주라.
- 수업에 상상력을 유용하게 사용하도록 권장하라(그것은 시간 낭비가 아니다.).
- **S**형 학생에게 손해를 주면서까지 **N**형 학생을 편애하는 것처럼 보이지 않도록 조심하라. 모든 학생은 그들이 선호하는 방법으로 기여할 수 있어야 한다.

매 유형 선생님은 일을 먼저 집중하고, 그다음에 조화로운 관계에 집중한다. 교실은 사무적이고, 목적 의식이 뚜렷한 분위기를 가질 가능성이 있다. 학생은 행동, 숙제 등에서 행동, 숙제 등등의 면에서 기대되는 명확한 지침을 받는다. 기껏해야 모든 사람이 자기가 어디에 서고, 어떻게 행동해야 하는지 안다는 것을 의미한다. 학생과의 개인적 관계가 핵심이라는 것을 기억하라. 사자 유형 학생이 선생님을 좋아하고 선생님도 그들을 좋아한다고 느낄 필요가 있다. 이렇게 되면 그들은 더 열심히 공부하겠지만 그렇지 않으면 공부에 관심을 완전히 끌 수도 있다. 이것은 한 학생이 한 해(그들이 좋아하는 선생님과 함께 하면)에 최고의 학생이 될 수도 있고, 선생님이 바뀐 그 이듬해에는 공부에 대해 아예 관심을 보이지

않은 이유를 설명해 준다. 근본적으로 사람 중심적인 학생의 능력을 최대한 이끌어 내기 위해 교사는

- 공감, 협업 및 팀워크를 사용하여 과제에 집중하는 교사 본연의 성향에 균형을 맞출 수 있는 학습 상황을 제시하라.
- 어떠한 약점이라도 극복할 수 있도록 요령껏 지원하면서 충분하고 정기적으로 칭찬하라. 피드백은 비판으로 쉽게 비칠 수 있으니 전달할 때 계란 껍데기를 밟듯 조심하라.
- 학생에 대한 개인적인 신뢰를 드러내면서 영향력을 발휘하라(나를 실망시키지 마렴, 네가 할 수 있다는 것을 알아, 난 네가 좋단다.).
- 사자 유형이 화가 나서 씩씩거리지 않도록 때때로 타협할 준비를 하라.

매 유형과 사자 유형은 체계적이고 효율적이다. 이것은 단지 노력에 의한 것이다. 교사는 학교의 필수적이지만 빡빡하고 제한적인 시간표와 과제 마감 기한 속에서 각자에게 제공되는 자발성과 즉흥성에 대한 상호 존중을 즐기면서, 필요한 과제들을 완수해야 함을 기억해야 한다. 비록 재미있고 인기 있는 선생님이 되겠지만, 그들은 또한 학생들이 사회적으로 그리고 학문적으로 성공할 수 있도록 준비하는 과제에 집중하게 할 필요가 있다. 둘 다 일을 끝내는 것보다 시작하는 것을 선호한다. 그들의 초기 열정은 금방 시들어질 수 있다. 둘 다 그들이 중요한 일을 식별하고 완수하도록 확실히 해야 한다. 그렇지 않으면 학생(또는 그들의 부모)은 결국 어색한 질문을 할 수 있다. 학생의 발전을 돕기 위해 학생이 선택할 수 있는 것과 선택하는 것을 좋아하는 것이 아니라 그것은 필수적인 것이고 그렇게 해 주지 않으면 몸이 근질거리고 몸부림치거나 반항하기 시작된다. 중등학교 환경은 **P**형 학생들에게 무척 어렵기 때문에 선생님은 학생들의 성취를 돕기 위해

- 가능한 한 유연성을 많이 제공하라(다양한 과제 선택, 수업 내 선택).
- 세부 일정을 제공하지 마라(어차피 지키지도 못할 것이다.).
- 예상 가능한 수업이 지겹지 않도록 때때로 변화를 주어라.
- 학생이 반드시 성공할 수 있도록 효과적인 시간 관리 전략을 수립하도록 도와주라.

213
매 유형 선생님(Falcon teacher) & 물개 유형 학생(Seal student)
ENTP & INFP

선천적으로 자신감이 넘치고 적극적인 매 유형 선생님과 내성적인 물개 유형 학생은 두 가지 성향을 공유한다. 그들의 유연성과 상상력은 둘을 묶어 준다. 만약 조용하고 주의 깊은 학생이 선생님의 에너지 넘치고 분석적인 방식을 공격적이고 냉정하다고 해석할 때 이들의 차이점은 문제가 될 수 있다. 내향적인 학생의 능력을 최대한 이끌어 내기 위해서 선생님은

- (말뿐만 아니라) 글로 써서 칭찬하라.
- 차분히 속도를 낮추고 간결하게 이야기하라.
- 질문과 답변 사이에 충분한 시간을 주라. 학생이 답하기 전에 생각하고 되돌아볼 시간이 필요함을 존중하라.
- 학생들에게 스스로 작업할 수 있는 시간과 공간을 제공하라. 그들 머리 위를 맴돌면서 참견하려고 하지 마라.
- 문제를 즉시 해결하거나 학생들의 말을 가로채지 마라.
- 상호 보완적인 유형들과 짝을 이루게 하라(해마 · 곰인형 · 돌고래 유형).
- **E**형 학생이 많은 모둠 · 팀에 **I**형 학생 한 명만을 두지 마라(그들은 숨막혀 할 것이다.).

선생님과 학생 모두 전체 상황을 먼저 보고, 예감, 추리, 상상력을 이용하여 의미를 추론함으로써 정보를 모은다. 선생님은 자연스럽게 교실에서 자신의 상상력을 활용할 것이고 **N**형 학생들은 이에 잘 반응할 것인데, 아마도 말도 안 되는 일화, 이야기에 동참할 것이다. 선생님과 학생 사이의 자연스러운 친밀감은 종종 존재하는데, 그들 둘 다 같은 방식으로 세상을 바라보기 때문이다. 즉, 패턴, 가능성, 아이디어 그리고 이론을 탐구함으로써 사물이 왜 있는지를 이해하려는 뜨거운 호기심을 가지고 있다. 선생님은 **S**형 학생에게 피해를 주면서까지 **N**형 학생을 선호하는 것처럼 보이지 않도록 주의하라. 모든 학생은 자신이 선호하는 방식으로 수업에 참여할 수 있어야 한다. 선천적으로 상상력이 풍부한 학생의 능력

을 최대한 이끌어 내기 위해서 교사는

- 창의적으로 탐색할 수 있는 질문 · 프로젝트를 제공하라.
- 학생이 흥미를 빨리 잃기 때문에 반복적인 일은 피하라.
- 학생에게 **S**형 접근 방식(사실, 세부 사항, 절차, 실험, 경험 적용, 구조, 단계별 모델)이 수업에 중요하게 기여함을 깨닫도록 하라.

매 유형 선생님은 과제에 먼저 집중하고 그다음 사람 · 관계에 집중한다. 교실은 목적이 있는 분위기일 것이다. 학생들은 행동이나 숙제의 관점에서 기대되는 명확한 지침을 받겠지만 때때로 매 유형 선생님은 이런 지침을 주지 않을 수도 있다. 최악의 경우 교실은 의기소침하고 겁에 질린 신병들이 가득한 군대 훈련소와 비슷할 수 있다. 학생과의 개인적 관계가 핵심이라는 것을 기억하라. 물개 유형 학생이 선생님을 좋아하고 선생님도 그들을 좋아한다고 느낄 필요가 있다. 이렇게 되면 그들은 더 열심히 공부하겠지만 그렇지 않으면 공부에 관심을 완전히 끌 수도 있다. 이것은 한 학생이 한 해(그들이 좋아하는 선생님과 함께 하면)에 최고의 학생이 될 수도 있고, 선생님이 바뀐 그 이듬해에는 공부에 대해 아예 관심을 보이지 않은 이유를 설명해 준다. 근본적으로 사람 중심적인 학생의 능력을 최대한 이끌어 내기 위해 교사는

- 공감, 협업 및 팀워크를 사용하여 과제에 집중하는 교사 본연의 성향에 균형을 맞출 수 있는 학습 상황을 제시하라.
- 어떠한 약점이라도 극복할 수 있도록 요령껏 지원하면서 충분하고 정기적으로 칭찬하라. 피드백은 비판으로 쉽게 비칠 수 있으니 전달할 때 계란 껍데기를 밟듯 조심하라.
- 학생에 대한 개인적인 신뢰를 드러내면서 동기를 부여하라(나를 실망시키지 마렴, 네가 할 수 있다는 것을 알아.).
- 부루퉁한 물개 유형과 함께 있거나 아니면 때때로 타협할 준비를 하라.

매 유형과 물개 유형은 체계적이고 효율적이다. 그것은 단지 노력에 의한 것일 뿐이다. 교사는 학교의 필수적이지만 빡빡하고 제한적인 시간표와 과제 마감 기한 속에서 각자에게 제공되는 자발성과 즉흥성에 대한 상호 존중을 즐기면서, 필요한 과제들을 완수해야 함을 기억해야 한다. 비록 재미있고 인기 있는 선생님이 되겠지만, 그들은 또한 학생들이 사회적으로 그리고 학문적으로 성공할 수 있도록 준비하는 과제에 집중하게 할 필요가 있다. 둘 다 일을 끝내는 것보다 시작하는 것을 선호한다. 그들의 초기 열정은 금방 시들어질 수 있다. 둘 다 그들이 중요한 일을 식별하고 완수하도록 확실히 해야 한다. 그렇지 않으면 학생(또는 그들의 부모)은 결국 어색한 질문을 할 수 있다. 교사가 선천적으로 느긋한 학생의 능력을 최대한 이끌어 내기 위해서는 학생들이 단순히 선택할 수 있는 것과 선택하는 것을 좋아하는 것이 아니다. 이는 필수적인 것이고 그렇게 해 주지 않으면 근질거려 하고, 움찔거리거나 반항이 시작된다. 중등학교 환경은 **P**형 학생들에게 무척 어렵다. 선생님들은 학생들의 성취를 돕기 위해

- 가능한 한 유연성을 많이 제공하라(다양한 과제 선택, 수업 내 선택).
- 세부 일정을 피하라(어차피 지키지도 못할 것이다.).
- 예상 가능한 수업이 지겹지 않도록 때때로 변화를 주어라.
- 현실에서 학생이 반드시 성공할 수 있도록 효과적인 시간 관리 팁을 수립하도록 도와주라.

214
매 유형 선생님(Falcon teacher) & 흑곰 유형 학생(Black Bear student)
ENTP & ESTJ

본래 적극적인 교사는 똑같이 솔직한 학생과 함께 생기 있는 교실을 만들 수 있다. 서로의 역량에 대한 상호 존중은 성공적인 관계의 핵심이다. 학생은 쉽게 교사의 날카로운 위트와 창의성을 존중할 수 있는 반면에 교사는 열심히 이뤄낸 학생의 일과 헌신을 존중한다. 선천적으로 자신감이 넘치는 학생의 능력을 최대한 이끌어 내기 위해 교사는

- 새로운 생각과 발상을 불러일으키는 것이 적절할 때 생동감 넘치는 농담을 즐겨라. 학생은 이러한 방법으로 가장 잘 배우지만, 교실에 수많은 다른 학생들도 있다는 사실을 기억하라.

- 교사와 학생 모두 쉽게 산만해지고 궤도를 쉽게 벗어나기 때문에 요점을 벗어나지 말고 긍정적으로 생각하라(잔소리하지 마라.).
- 했던 일을 또 반복하지 마라.
- 차분하고 명확하게 행동하라. 그렇지 않으면 **E**형인 두 사람은 서로의 말을 듣지 않고 점점 더 크게 말할 수 있다.
- 어떤 생각은 말하지 않을 수도 있음을 기억하라(그러면 여러분은 나중에 어떤 것, 특히 비판적인 생각을 표현할 더 나은 방법을 생각할 수 있다.).
- 열정적이고 지지하는 청자가 되라. 교사의 생각을 주장하기보다는 학생 자신의 생각을 명확히 하고 발전시킬 수 있도록 도와주라.
- 서로 조용히 하는 법을 배우고 수업에서 **I**형 학생이 자신을 표현할 수 있도록 격려하라.

상상력이 풍부한 매 유형 교사는 모든 학생에게 영감을 줄 수 있지만, 흑곰 유형 학생들에게 명확한 지침, 구조, 사실, 세부 사항 그리고 절차를 제공해야 할 필요가 있음을 존중해야 한다. 그렇지 않으면 그들은 몸부림칠 수 있다. 선천적으로 현실적인 학생의 능력을 최대한 이끌어 내기 위해서 선생님은

- 배운 것이 실제 현실에서 어떻게 적용되는지 설명하라.
- 학생이 역량을 갖출 때까지 반복하고 연습할 기회를 주라.
- 수업에 상상력을 유용하게 사용하도록 권장하라(그것이 시간 낭비가 아니다.).
- **S**형 학생에게 손해를 주면서까지 **N**형 학생을 편애하는 것처럼 보이지 않도록 조심하라. 모든 학생은 그들이 선호하는 방법으로 기여할 수 있어야 한다.

선생님과 학생 모두 업무 중심적이고, 정확하며, 일관되고 정직하다. 교실은 사무적이고, 목적 의식이 뚜렷한 분위기를 가질 가능성이 있다. 학생은 행동, 숙제 등에서 기대되는 명확한 지침을 받는다. 만약 학생이 선생님에게 이의를 제기한다면 그것은 아마 (지침에 대해) 확인하기 위해서일 것이다. 잘해야 모든 사람이 자기가 어디에 서고, 어떻게 행동해야 하는지 알게 됨을 의미한다. 최악의 경우 교실은 군대 훈련소처럼 보일 수 있다. 근본적으로 업무 중심적인 학생의 능력을 최대한 이끌어 내기 위해 교사는

- 학생들의 기술과 지식을 경쟁적으로 시험하는 방법으로 수업하라(경쟁, 도전, 퀴즈, 개인 최고 점수 갱신 및 측정).
- 학생들에게 사람의 50%는 **F**형이고 피드백을 비판으로 해석할 수 있음을 이해하도록 도와주라.
- 학생이 성취한 것과 그다음에 해야 할 것에 집중하게 하라.
- 때때로 타협할 수 있도록 준비하라.
- 잠재된 감정적인 원인을 고려하지 않고 문제된 어떤 것을 해결하려는 시도를 피하라.

느긋하고 유연하며 자발적인 매 유형 교사가 선천적으로 체계적인 흑곰 유형 학생과 함께 하는 것은 꿈의 팀이 될 수도 있고 재앙이 될 수도 있다. 긍정적인 관계를 만들기 위해 그들은 서로의 장점을 살려야 한다. 학생은 계획을 바꾸고 적응하는 선생님의 능력으로부터 혜택을 받을 수 있고, 선생님은 그들이 일하고 완성할 수 있는 계획을 가지고 싶어 하는 학생의 열망으로부터 혜택을 받을 수 있다. 선생님은 또한

- 질서, 깔끔함 및 마감 기일 준수에 대한 학생의 욕구를 지지하고 격려하라.
- 학생이 진정으로 원할 경우 그들의 방식대로 작업을 자립적으로 계획할 수 있도록 허락하라.
- 단지 계획을 바꾸기 위한 계획은 하지 마라. 이것은 학생을 좌절시킬 뿐이다.
- 학생이 때때로 유연성을 받아들이도록 권장하라. 다양성은 인생의 묘미이다.

215
매 유형 선생님(Falcon teacher) & 곰인형 유형 학생(Teddy Bear student)
ENTP & ESFJ

선천적으로 자신감이 넘치고 독단적인 이 짝은 교실에 에너지와 열정을 불러일으키지만, 에너지를 전달하는 방식은 갈등을 일으킬 수 있다. 곰인형 유형은 관계와 작업의 조화에 관심이 있다. 더 무뚝뚝하고 논쟁적인 매 유형은 일반적으로 조화를 지루한 것으로 믿지 않으며 대안을 만들기 위해 상상력을 사용한다. 선천적으로 감

정 표현이 과장된 학생을 최대한 활용하기 위해 교사는

- 새로운 생각과 발상을 불러일으키는 것이 적절할 때 생동감 넘치는 농담을 즐겨라. 학생은 이러한 방법으로 가장 잘 배우지만, 교실에 다른 학생들도 있다는 것을 기억하라.
- 교사와 학생 모두 쉽게 산만해지고 궤도를 쉽게 벗어나기 때문에 요점을 벗어나지 말고 긍정적으로 생각하라(잔소리하지 마라.).
- 했던 일을 또 반복하지 마라.
- 차분하고 명확하게 행동하라. 그렇지 않으면 **E**형인 두 사람은 서로의 말을 듣지 않고 점점 더 크게 말할 수 있다.
- 어떤 생각은 말하지 않을 수도 있음을 기억하라(그러면 여러분은 나중에 어떤 것, 특히 비판적인 생각을 표현할 더 나은 방법을 생각할 수 있다.).
- 열정적이고 지지하는 청자가 되라. 교사의 생각을 주장하기보다는 학생 자신의 생각을 명확히 하고 발전시킬 수 있도록 도와주라.
- 서로 조용히 하는 법을 배우고 수업에서 **I**형 학생이 자신을 표현할 수 있도록 격려하라.

매 유형은 그들의 생생한 상상력을 사용하여 모든 학생에게 영감을 줄 수 있지만, 곰인형 유형 학생들에게 명확한 지침, 구조, 사실, 세부 사항 그리고 절차를 제공해야 할 필요가 있음을 존중해야 한다. 그렇지 않으면 그들은 몸부림칠 수 있다. 현실적인 학생의 능력을 최대한 이끌어 내기 위해서 교사는

- 배운 것이 실제 현실에서 어떻게 적용되는지 설명하라.
- 학생이 역량을 갖출 때까지 반복하고 연습할 기회를 주라.
- 수업에 상상력을 유용하게 사용하도록 권장하라(그것은 시간 낭비가 아니다.).
- **S**형 학생에게 손해를 주면서까지 **N**형 학생을 편애하는 것처럼 보이지 않도록 조심하라. 모든 학생은 그들이 선호하는 방법으로 기여할 수 있어야 한다.

교사는 일에 먼저 집중하고 그다음에 사람·관계에 집중한다. 교실은 사무적이고, 목적 의식이 뚜렷한 분위기를 가질 가능성이 있다. 학생은 행동, 숙제 등에서 기대되는 명확한 지침을 받는다. 기껏해야 이것은 모든 사람이 자신이 어디에 서 있는지, 어떻게 행동해야 하는지를 안다는 것을 의미한다. 학생과의 개인적 관계가 핵심이라는 것을 기억하라. 학생이 선생님을 좋아하고 선생님도 그들을 좋아한다고 느낄 필요가 있다. 이렇게 되면 곰인형 유형은 더 열심히 공부하겠지만 그렇지 않으면 공부에 관심을 완전히 끌 수도 있다. 곰인형 유형은 한 해에 반에서 1등(좋아하는 선생님과 함께 하면)을 할 수 있고, 다음 해에 교사를 바꾸면 그 과목에 전혀 관심을 보이지 않는 이유를 설명해 준다. 사람 중심적인 학생의 능력을 최대한 이끌어 내기 위해 교사는

- 공감, 협업 및 팀워크를 사용하여 과제에 집중하는 교사 본연의 성향에 균형을 맞출 수 있는 학습 상황을 제시하라.
- 어떠한 약점이라도 극복할 수 있도록 요령껏 지원하면서 칭찬을 충분하고 정기적으로 하라. 피드백은 비판으로 쉽게 비칠 수 있으니 전달할 때 계란 껍데기를 밟듯 조심하라.
- 학생에 대한 개인적인 신뢰를 드러내면서 동기를 부여하라(나를 실망시키지 마렴, 네가 할 수 있다는 것을 알아, 난 네가 좋단다.).
- 곰인형 유형은 깐깐한 올림픽 기준에 반감을 가질 수 있기 때문에 때때로 타협할 준비를 하라.

느긋하고 유연하며 자발적인 매 유형 교사와 선천적으로 체계적인 곰인형 유형 학생과 함께 하는 것은 꿈의 팀이 될 수도 있고 재앙이 될 수도 있다. 긍정적인 관계를 만들기 위해 그들은 서로의 장점을 살려야 한다. 학생은 계획을 바꾸고 적응하는 선생님의 능력으로부터 혜택을 받을 수 있고, 선생님은 그들이 일하고 완성할 수 있는 계획을 가지고 싶어 하는 학생의 열망으로부터 혜택을 받을 수 있다. 선생님은 또한

- 질서, 깔끔함 및 마감 기일 준수에 대한 학생의 욕구를 지지하고 격려하라.
- 학생이 진정으로 원할 경우 그들의 방식대로 작업을 자립적으로 계획할 수 있도록 허락하라.
- 단지 계획을 바꾸기 위한 계획은 하지 마라. 이것은 학생을 좌절시킬 뿐이다.
- 학생이 경험을 넓힐 수 있는 유연성을 받아들이도록 권장하라.

216
매 유형 선생님(Falcon teacher) & 호랑이 유형 학생(Tiger student)
ENTP & ISTP

본래 자신감이 넘치고 적극적인 매 유형 교사와 내성적인 호랑이 유형 학생은 두 가지 성향을 공유한다. 객관성과 융통성은 그들을 묶어 놓을 수 있다. 만약 조용하고 독립적인 학생이 교사의 에너지와 분석적인 열정을 억압적이고 과도하다고 여긴다면 그들의 차이는 문제가 될 수 있다. 선천적으로 진지한 학생의 능력을 최대한 이끌어 내기 위해 교사는

- 차분히 속도를 낮추고 간결하게 이야기하라.
- 질문과 답변 사이에 충분한 시간을 주라. 학생이 답하기 전에 생각하고 되돌아볼 시간이 필요함을 존중하라.
- 학생들에게 스스로 작업할 수 있는 시간과 공간을 제공하라. 그들 머리 위를 맴돌면서 참견하려고 하지 마라.
- 문제를 즉시 해결하거나 학생들의 말을 가로채지 마라.
- **E**형 학생이 많은 모둠 · 팀에 **I**형 학생 한 명만을 두지 마라(그들은 숨막혀 할 것이다.).
- (말뿐만 아니라) 글로 써서 칭찬하라.

매 유형의 생생한 상상력은 모든 학생에게 영감을 줄 수 있지만, 그들은 호랑이 유형에게 명확한 지침, 구조, 사실, 세부 사항과 절차가 주어져야 한다는 것을 기억할 필요가 있다. 그렇지 않으면 그들은 몸부림칠 수 있다. 현실적인 학생을 최대한 활용하기 위해서 교사는

- 배운 것이 실제 현실에서 어떻게 적용되는지 설명하라.
- 학생이 역량을 갖출 때까지 반복하고 연습할 기회를 주라.
- 수업에 상상력을 유용하게 사용하도록 권장하라(그것은 시간 낭비가 아니다.).
- **S**형 학생에게 손해를 입히는 **N**형 학생을 편애하는 것처럼 보이지 않도록 조심하라. 모든 학생은 그들이 선호하는 방법으로 기여할 수 있어야 한다.

교사는 먼저 일에 집중하고 그다음에 사람 · 관계에 집중한다. 교실은 사무적이고, 목적 의식이 뚜렷한 분위기를 가질 가능성이 있다. 학생은 행동, 숙제 등에서 기대되는 명확한 지침을 받는다. 기껏해야 이것은 모든 사람이 자기가 어디에 서고, 어떻게 행동해야 하는지 알게 됨을 의미한다. 그들의 관계는 사업적이고 생산적이며 가끔씩은 피상적일 가능성이 있다. 근본적으로 업무 중심적인 학생의 능력을 최대한 이끌어 내기 위해 교사는

- 때때로 타협할 수 있도록 준비하라.
- 잠재된 감정적인 원인을 고려하지 않고 문제된 어떤 것을 해결하려는 시도를 피하라.
- 학생들의 기술과 지식을 경쟁적으로 시험하는 방법으로 수업하라(경쟁, 도전, 퀴즈, 개인 최고 점수 갱신 및 측정).
- 학생들에게 사람의 50%는 **F**형이고 피드백을 비판으로 해석할 수 있음을 이해하도록 도와주라.
- 학생이 성취한 것과 그다음에 해야 할 것에 집중하게 하라.

매 유형과 호랑이 유형은 체계적이고 효율적이다. 그것은 단지 노력에 의한 것일 뿐이다. 교사는 학교의 필수적이지만 빡빡하고 제한적인 시간표와 과제 마감 기한 속에서 각자에게 제공되는 자발성과 즉흥성에 대한 상호 존중을 즐기면서, 필요한 과제들을 완수해야 함을 기억해야 한다. 비록 재미있고 인기 있는 선생님이 되겠지만, 그들은 또한 학생들이 사회적으로 그리고 학문적으로 성공할 수 있도록 준비하는 과제에 집중하게 할 필요가 있다. 둘 다 일을 끝내는 것보다 시작하는 것을 선호한다. 그들의 초기 열정은 금방 시들어질 수 있다. 둘 다 그들이 중요한 일을 식별하고 완수하도록 확실히 해야 한다. 그렇지 않으면 학생(또는 그들의 부모)은 결국 어색한 질문을 할 수 있다. 교사가 선천적으로 느긋한 학생의 능력을 최대한 이끌어 내기 위해서는 학생들이 단순히 선택할 수 있는 것과 선택하는 것을 좋아하는 것이 아니다. 이는 필수적인 것이고 그렇게 해 주지 않으면 근질거려 하고, 움찔거리거나 반항이 시작된다. 중등학교 환경은 **P**형 학생들에게 무척 어렵기 때문에 교사는

- 가능한 한 유연성을 많이 제공하라(다양한 과제 선택, 수업 내 선택).
- 세부 일정을 피하라(어차피 지키지도 못할 것이다.).
- 예상 가능한 수업이 지겹지 않도록 때때로 변화를 주

어라.

■ 현실에서 학생이 반드시 성공할 수 있도록 효과적인 시간 관리 전략을 수립하도록 도와주라.

217
매 유형 선생님(Falcon teacher) & 해마 유형 학생(Seahorse student)
ENTP & INFJ

본래 자신감이 넘치고 적극적인 매 유형 교사와 내성적인 해마 유형 학생은 한 가지 성향을 공유한다. 둘 모두 교실에서 하나로 묶을 수 있는 특징은 모두 상상력이 풍부하고, 호기심이 많다는 것이다. 만약 조용하고 독립적인 학생이 교사의 에너지와 분석적인 열정을 억압적이고 과도하다고 여긴다면, 그들의 차이는 문제가 될 수 있다. 선천적으로 진지한 학생의 능력을 최대한 이끌어 내기 위해 교사는

■ 차분히 속도를 낮추고 간결하게 이야기하라.
■ 질문과 답변 사이에 충분한 시간을 주라. 학생이 답하기 전에 생각하고 되돌아볼 시간이 필요함을 존중하라.
■ 문제를 즉시 해결하거나 학생들의 말을 가로채지 마라.
■ 상호 보완적인 유형들과 짝을 이루게 하라(물개 · 곰인형 · 돌고래 유형).
■ **E**형 학생이 많은 모둠 · 팀에 **I**형 학생 한 명만을 두지 마라(그들은 숨막혀 할 것이다.).
■ (말뿐만 아니라) 글로 써서 칭찬하라.

선생님과 학생 모두 전체 상황을 먼저 보고, 예감, 추리, 상상력을 이용하여 의미를 추론함으로써 정보를 모은다. 선생님은 자연스럽게 교실에서 자신의 상상력을 활용할 것이고 **N**형 학생들은 이에 잘 반응할 것인데, 아마도 공상, 일화, 이야기에 상상의 나래를 펼치며 동참할 것이다. 선생님과 학생 사이의 자연스러운 친밀감은 종종 존재하는데, 그들 둘 다 같은 방식으로 세상을 바라보기 때문이다. 즉, 패턴, 가능성, 아이디어 그리고 이론을 탐구함으로써 사물이 왜 있는지를 이해하려는 뜨거운 호기심을 가지고 있다. 선생님은 **S**형 학생에게 피해를 주면서까지 **N**형 학생을 선호하는 것처럼 보이지 않도록 주의하라. 모든 학생은 자신이 선호하는 방식으로 수업에 참여할 수 있어야 한다. 선천적으로 상상력이 풍부한 학생의 능력을 최대한 이끌어 내기 위해서 교사는

■ 창의적으로 탐색할 수 있는 질문 · 프로젝트를 제공하라.
■ 학생이 흥미를 빨리 잃기 때문에 반복적인 일은 피하라.
■ 학생에게 **S**형 접근 방식(사실, 세부 사항, 절차, 실험, 경험 적용, 구조, 단계별 모델)이 수업에 중요하게 기여함을 깨닫도록 하라.

교사는 일에 먼저 집중하고 그다음에 사람 · 관계에 집중한다. 교실은 사무적이고, 목적 의식이 뚜렷한 분위기를 가질 가능성이 있다. 학생은 행동, 숙제 등에서 기대되는 명확한 지침을 받는다. 이것은 기껏해야 모든 사람이 자신이 어디에 있고 어떻게 행동해야 하는지를 안다는 것을 의미한다. 최악의 경우 교실은 의기소침하고 겁에 질린 신병들이 가득한 군대 훈련소와 비슷할 수 있다. 학생과의 개인적 관계가 그들에게 다가가는 핵심이라는 것을 기억하라. 해마 유형 학생이 선생님을 좋아하고 선생님도 그들을 좋아한다고 느낄 필요가 있다. 이렇게 되면 그들은 더 열심히 공부하겠지만 그렇지 않으면 공부에 관심을 완전히 끌 수도 있다. 이것은 한 학생이 한 해(그들이 좋아하는 선생님과 함께 하면)에 최고의 학생이 될 수도 있고, 선생님이 바뀐 그 이듬해에는 공부에 대해 아예 관심을 보이지 않은 이유를 설명해 준다. 근본적으로 사람 중심적인 학생의 발전을 돕기 위해

■ 공감, 협업 및 팀워크를 사용하여 과제에 집중하는 교사 본연의 성향에 균형을 맞출 수 있는 학습 상황을 제시하라.
■ 어떠한 약점이라도 극복할 수 있도록 요령껏 지원하면서 칭찬을 충분하고 정기적으로 하라. 피드백은 비판으로 쉽게 비칠 수 있으니 전달할 때 계란 껍데기를 밟듯 조심하라.
■ 학생에 대한 개인적인 신뢰를 드러내면서 영향력을 발휘하라(나를 실망시키지 마렴, 네가 할 수 있다는 것을 알아, 난 네가 좋단다.).
■ 해마 유형은 몇 년 동안 조용히 원한을 품 수 있기 때문에 때때로 타협할 준비를 하라.

느긋하고 유연하며 자발적인 교사가 선천적으로 체계적인 학생과 함께 하는 것은 꿈의 팀이 될 수도 있고 재앙이 될 수도 있다. 긍정적인 관계를 만들기 위해 그들은 서로의 장점을 살려야 한다. 학생은 계획을 바꾸고 적응하는 선생님의 능력으로부터 혜택을 받을 수 있고, 선생님은 그들이 일하고 완성할 수 있는 계획을 가지고 싶어 하는 학생의 열망으로부터 혜택을 받을 수 있다. 선생님은 또한

- 질서, 깔끔함 및 마감 기일 준수에 대한 학생의 욕구를 지지하고 격려하라.
- 학생이 진정으로 원할 경우 그들의 방식대로 작업을 자립적으로 계획할 수 있도록 허락하라.
- 단지 계획을 바꾸기 위한 계획은 하지 마라. 이것은 학생을 좌절시킬 뿐이다.
- 학생이 때때로 유연성을 받아들이도록 권장하라. 다양성은 인생의 묘미다.

218
매 유형 선생님(Falcon teacher) & 가면올빼미 유형 학생(Tawny Owl student)
ENTP & INTP

본래 자신감이 넘치고 적극적인 매 유형 교사와 내성적인 가면올빼미 유형 학생은 세 가지 성향을 공유한다. 그들의 융통성과 상상력은 그들을 같이 묶을 수가 있다. 만약 조용하고 독립적인 학생이 교사의 에너지와 분석적인 열정을 억압적이고 과도하다고 여긴다면, 그들의 차이는 문제가 될 수 있다. 본래 진지한 학생의 능력을 최대한 이끌어 내기 위해 교사는

- 차분히 속도를 낮추고 간결하게 이야기하라.
- 질문과 답변 사이에 충분한 시간을 주라. 학생이 답하기 전에 생각하고 되돌아볼 시간이 필요함을 존중하라.
- 학생들에게 스스로 작업할 수 있는 시간과 공간을 제공하라. 그들 머리 위를 맴돌면서 참견하려고 하지 마라.
- 문제를 즉시 해결하거나 학생들의 말을 가로채지 마라.
- **E**형 학생이 많은 모둠 · 팀에 **I**형 학생 한 명만을 두지 마라(그들은 숨막혀 할 것이다.).
- (말뿐만 아니라) 글로 써서 칭찬하라.

선생님과 학생 모두 전체 상황을 먼저 보고, 예감, 추리, 상상력을 이용하여 의미를 추론함으로써 정보를 모은다. 선생님은 자연스럽게 교실에서 자신의 상상력을 활용할 것이고 **N**형 학생들은 이에 잘 반응할 것인데, 아마도 공상, 일화, 이야기에 상상의 나래를 펼치며 동참할 것이다. 선생님과 학생 사이의 자연스러운 친밀감은 종종 존재하는데, 그들 둘 다 같은 방식으로 세상을 바라보기 때문이다. 즉, 패턴, 가능성, 아이디어 그리고 이론을 탐구함으로써 사물이 왜 있는지를 이해하려는 뜨거운 호기심을 가지고 있다. 선생님은 **S**형 학생에게 피해를 주면서까지 **N**형 학생을 선호하는 것처럼 보이지 않도록 주의하라. 선천적으로 상상력이 풍부한 학생의 능력을 최대한 이끌어 내기 위해서 교사는

- 창의적으로 탐구할 수 있는 질문 · 프로젝트를 제공하라.
- 중복된 과제는 피하라. 학생이 빨리 흥미를 잃는다.
- 학생에게 **S**형 접근 방식(사실, 세부 사항, 절차, 실험, 경험 적용, 구조, 단계별 모델)이 수업에 중요하게 기여함을 깨닫도록 하라.

교사는 일에 먼저 집중하고 그다음에 사람 · 관계에 집중한다. 교실은 사무적이고, 목적 의식이 뚜렷한 분위기를 가질 가능성이 있다. 학생은 행동, 숙제 등에서 기대되는 명확한 지침을 받는다. 이것은 기껏해야 모든 사람이 자신이 어디에 있고 어떻게 행동해야 하는지를 안다는 것을 의미한다. 최악의 경우 교실은 의기소침한 겁에 질린 신병들이 가득한 군대 훈련소와 비슷할 수 있다. 학생이 선생님에게 이의를 제기한다면 그것은 아마 (지침에 대해) 확인하기 위해서일 것이다. 기껏해야 둘 다 그들의 입장을 알고 있다. 그들의 관계는 사무적이고 생산적이며 때로는 피상적일 수 있다. 선천적으로 업무 중심적인 학생의 능력을 최대한 이끌어 내기 위해서 선생님은

- 때때로 타협할 수 있도록 준비하라.
- 잠재된 감정적인 원인을 고려하지 않고 문제된 어떤 것을 해결하려는 시도를 피하라.
- 학생들의 기술과 지식을 경쟁적으로 시험하는 방법으로 수업하라(경쟁, 도전, 퀴즈, 개인 최고 점수 갱신 및

측정).

- 학생들에게 사람의 50%는 **F**형이고 피드백을 비판으로 해석할 수 있음을 이해하도록 도와주라.
- 학생이 성취한 것과 그다음에 해야 할 것에 집중하게 하라.

매 유형과 가면올빼미 유형은 체계적이고 효율적이다. 그것은 단지 노력에 의한 것일 뿐이다. 교사는 학교의 필수적이지만 빡빡하고 제한적인 시간표와 과제 마감기한 속에서 각자에게 제공되는 자발성과 즉흥성에 대한 상호 존중을 즐기면서, 필요한 과제들을 완수해야 함을 기억해야 한다. 비록 재미있고 인기 있는 선생님이 되겠지만, 또한 학생들이 사회적으로 그리고 학문적으로 성공할 수 있도록 준비하는 과제에 집중하게 할 필요가 있다. 둘 다 일을 끝내는 것보다 시작하는 것을 좋아한다. 그들의 초기 열정은 빠르게 증발할 수 있다. 둘 다 그들이 중요한 과제를 식별하고 완수하도록 확실히 해야 한다. 그렇지 않으면 학생(또는 그들의 부모)은 결국 어색한 질문을 할 수 있다. 교사가 선천적으로 느긋한 학생의 능력을 최대한 이끌어 내기 위해서는 학생들이 단순히 선택할 수 있는 것과 선택하는 것을 좋아하는 것이 아니다. 이는 필수적인 것이고 그렇게 해 주지 않으면 근질거려 하고, 움찔거리거나 반항이 시작된다. 중등학교 환경은 **P**형 학생들에게 무척 어렵기 때문에 선생님들은 학생들의 성취를 돕기 위해

- 가능한 한 유연성을 많이 제공하고(다양한 선택 과제, 수업 내 선택), 세부 일정을 알려 주지 마라(어차피 지키지도 못할 것이다.).
- 예상 가능한 수업이 지겹지 않도록 때때로 변화를 주어라.
- 학생이 시간 전략을 받아들여 번창할 수 있도록 지원하라.

219
매 유형 선생님(Falcon teacher) & 독수리 유형 학생(Eagle student)
ENTP & ENTJ

두 명의 타고난 리더들은 쉽게 부딪칠 수 있다. 교실 내의 조화를 위해서 그들은 서로의 자연스러운 천재성과 비전들이 다른 유형을 통해 전달 될 수 있음을 이해해야만 한다. 활기찬 독수리 유형 학생의 능력을 최대한 이끌어 내기 위해서 선생님은

- 새로운 생각과 발상을 불러일으키는 것이 적절할 때 생동감 넘치는 농담을 즐겨라. 학생은 이러한 방법으로 가장 잘 배우지만, 교실에 수많은 다른 학생들도 있다는 사실을 기억하라.
- 교사와 학생 모두 쉽게 산만해지고 궤도를 쉽게 벗어나기 때문에 요점을 벗어나지 말고 긍정적으로 생각하라(잔소리하지 마라.).
- 차분하고 명확하게 행동하라. 그렇지 않으면 **E**형인 두 사람은 서로의 말을 듣지 않고 점점 더 크게 말할 수 있다.
- 어떤 생각은 말하지 않을 수도 있음을 기억하라(그러면 여러분은 나중에 어떤 것, 특히 비판적인 생각을 표현할 더 나은 방법을 생각할 수 있다.).
- 열정적이고 지지하는 청자가 되라. 교사의 생각을 주장하기보다는 학생 자신의 생각을 명확히 하고 발전시킬 수 있도록 도와주라.
- 서로 조용히 하는 법을 배우고 수업에서 **I**형 학생이 자신을 표현할 수 있도록 격려하라.

선생님과 학생 모두 전체 상황을 먼저 보고, 예감, 상상력을 이용하여 의미를 추론함으로써 정보를 모은다. 선생님은 자연스럽게 교실에서 자신의 상상력을 활용할 것이고 **N**형 학생들은 이에 잘 반응할 것인데, 아마도 공상, 일화, 이야기에 상상의 나래를 펼치며 동참할 것이다. 선생님과 학생 사이의 자연스러운 친밀감은 종종 존재하는데, 그들 둘 다 같은 방식으로 세상을 바라보기 때문이다. 즉, 패턴, 가능성, 아이디어 그리고 이론을 탐구함으로써 사물이 왜 있는지를 이해하려는 뜨거운 호기심을 가지고 있다. 선생님은 **S**형 학생에게 피해를 입히면서까지 **N**형 학생을 선호하는 것처럼 보이지 않도록 주의하라. 선천적으로 상상력이 풍부한 학생의 능력을 최대한 이끌어 내기 위해서 교사는

- 창의적으로 탐구할 수 있는 질문 · 프로젝트를 제공하라.
- 중복된 과제는 피하라. 학생이 빨리 흥미를 잃는다.
- 학생에게 **S**형 접근 방식(사실, 세부 사항, 절차, 실험, 경험 적용, 구조, 단계별 모델)이 수업에 중요하게 기여함

을 깨닫도록 하라.

교사와 학생 모두는 무뚝뚝하고 정확하며 일관적이다. 교실은 사무적이고, 목적 의식이 뚜렷한 분위기를 가질 가능성이 있다. 학생은 행동, 숙제 등에서 기대되는 명확한 지침을 받는다. 학생이 선생님에게 이의를 제기한다면 그것은 아마 (지침에 대해) 확인하기 위해서일 것이다. 잘해야 모든 사람이 자기가 어디에 서 있는지 알게 됨을 의미한다. 그들의 관계는 사무적이고 생산적이며 가끔씩은 피상적일 수 있다. 근본적으로 업무 중심적인 학생의 능력을 최대한 이끌어 내기 위해 교사는

- 때때로 타협할 수 있도록 준비하라.
- 잠재된 감정적인 원인을 고려하지 않고 문제된 어떤 것을 해결하려는 시도를 피하라.
- 학생들의 기술과 지식을 경쟁적으로 시험하는 방법으로 수업하라(경쟁, 도전, 퀴즈, 개인 최고 점수 갱신 및 측정).
- 학생들에게 사람의 50%는 **F**형이고 피드백을 비판으로 해석할 수 있음을 이해하도록 도와주라.
- 학생이 성취한 것과 그다음에 해야 할 것에 집중하게 하라.

느긋하고 유연하며 자발적 즉흥적인 교사가 선천적으로 체계적인 학생과 함께 하는 것은 꿈의 팀이 될 수도 있고 재앙이 될 수도 있다. 긍정적인 관계를 만들기 위해 그들은 서로의 장점을 살려야 한다. 학생은 계획을 바꾸고 적응하는 선생님의 능력으로부터 혜택을 받을 수 있고, 선생님은 그들이 일하고 완성할 수 있는 계획을 가지고 싶어 하는 학생의 열망으로부터 혜택을 받을 수 있다. 선생님은 또한

- 질서, 깔끔함 및 마감 기일 준수에 대한 학생의 욕구를 지지하고 격려하라.
- 학생이 진정으로 원할 경우 그들의 방식대로 작업을 자립적으로 계획할 수 있도록 허락하라.
- 단지 계획을 바꾸기 위한 계획은 하지 마라. 이것은 학생을 좌절시킬 뿐이다.
- 학생이 때때로 새로운 아이디어와 통찰력을 개발하는 방법으로 유연성을 받아들이도록 권장하라.

220
매 유형 선생님(Falcon teacher) & 검은표범 유형 학생(Panther student)
ENTP & ESTP

노벨과 리암 갤러거(오아시스 멤버이자 형제, 매 유형과 검은표범 유형)은 잘 어울렸고 때때로 약간의 충돌을 일으킨다. 본래 자신감 있고 적극적인 매 유형 교사와 동등하게 흥분하기 쉬운 검은표범 유형 학생은 세 가지의 성향을 공유한다. 그들의 쾌락주의적인 열정은 그들을 하나로 묶을 수 있지만, 그들이 공유하는 불굴의 에너지가 학습에 방해가 되거나 수업의 다른 학생들을 밀어낼 경우 폭발적인 문제가 될 수 있다. 활기가 넘치는 학생의 능력을 최대한 이끌어 내기 위해 선생님은

- 새로운 생각과 발상을 불러일으키는 것이 적절할 때 생동감 넘치는 농담을 즐겨라. 학생은 이러한 방법으로 가장 잘 배우지만, 교실에 수많은 다른 학생들도 있다는 사실을 기억하라.
- 교사와 학생 모두 쉽게 산만해지고 궤도를 쉽게 벗어나기 때문에 요점을 벗어나지 말고 긍정적으로 생각하라(잔소리하지 마라.).
- 차분하고 명확하게 행동하라. 그렇지 않으면 **E**형인 두 사람은 서로의 말을 듣지 않고 점점 더 크게 말할 수 있다.
- 어떤 생각은 말하지 않을 수도 있음을 기억하라(그러면 여러분은 나중에 어떤 것, 특히 비판적인 생각을 표현할 더 나은 방법을 생각할 수 있다.).
- 열정적이고 지지하는 청자가 되라. 교사의 생각을 주장하기보다는 학생 자신의 생각을 명확히 하고 발전시킬 수 있도록 도와주라.
- 서로 조용히 하는 법을 배우고 수업에서 **I**형 학생이 자신을 표현할 수 있도록 격려하라.

매 유형 교사의 생생한 상상력은 모든 학생들에게 영감을 줄 수 있지만, 검은표범 유형들에게 명확한 지침, 구조, 사실, 세부 사항 그리고 절차를 제공해야 할 필요가 있음을 존중해야 한다. 그렇지 않으면, 그들은 잘못된 방향으로 갈 수도 있다. 현실적인 학생의 능력을 최대한 이끌어 내기 위해 교사는

- 배운 것이 실제 현실에서 어떻게 적용되는지 설명

하라.

- 학생이 역량을 갖출 때까지 반복하고 연습할 기회를 주고, 수업에 상상력을 유용하게 사용하도록 권장하라(그것은 시간 낭비가 아니다.).
- **S**형 학생에게 손해를 주면서까지 **N**형 학생을 편애하는 것처럼 보이지 않도록 조심하라. 모든 학생은 그들이 선호하는 방법으로 기여할 수 있어야 한다.

교사는 일에 먼저 집중하고 그다음에 사람 · 관계에 집중한다. 교실은 사무적이고, 목적 의식이 뚜렷한 분위기를 가질 가능성이 있다. 학생은 행동, 숙제 등에서 기대되는 명확한 지침을 받는다. 잘해야 모든 사람이 자기가 어디에 서고, 어떻게 행동해야 하는지 알게 됨을 의미한다. 학생이 선생님에게 이의를 제기한다면 그것은 아마(지침에 대해) 확인하기 위해서일 것이다. 그들의 관계는 불 같을 수 있다. 근본적으로 업무 중심적인 학생의 능력을 최대한 이끌어 내기 위해 교사는

- 때때로 타협할 수 있도록 준비하라.
- 잠재된 감정적인 원인을 고려하지 않고 문제된 어떤 것을 해결하려는 시도를 피하라.
- 학생들의 기술과 지식을 경쟁적으로 시험하는 방법으로 수업하라(경쟁, 도전, 퀴즈, 개인 최고 점수 갱신 및 측정).
- 학생들에게 사람의 50%는 **F**형이고 피드백을 비판으로 해석할 수 있음을 이해하도록 도와주라.
- 학생이 성취한 것과 그다음에 해야 할 것에 집중하게 하라.

매 유형과 검은표범 유형은 해야 할 리스트, 스케줄, 예측성을 혐오한다. 그들은 후천적인 심미안이나 연마된 기술의 경지에 도달하는 경우가 드물다. 교사는 학교의 필수적이지만 빡빡하고 제한적인 시간표와 과제 마감기한 속에서 각자에게 제공되는 자발성과 즉흥성에 대한 상호 존중을 즐기면서, 필요한 과제들을 완수해야 함을 기억해야 한다. 비록 재미있고 인기 있는 선생님이 되겠지만, 또한 학생들이 사회적으로 그리고 학문적으로 성공할 수 있도록 준비하는 과제에 집중하게 할 필요가 있다. 둘 다 일을 끝내는 것보다 시작하는 것을 좋아한다. 그들의 초기 열정은 빠르게 증발할 수 있다. 둘 다 그들이 중요한 과제를 식별하고 완수하도록 확실히 해야 한다. 그렇지 않으면 학생(또는 그들의 부모)은 결국 어색한 질문을 할 수 있다. 교사가 선천적으로 느긋한 학생의 능력을 최대한 이끌어 내기 위해서는 학생들이 단순히 선택할 수 있는 것과 선택하는 것을 좋아하는 것이 아니다. 이는 필수적인 것이고 그렇게 해 주지 않으면 근질거려하고, 움찔거리거나 반항을 시작한다. 중등학교 환경은 **P**형 학생들에게 무척 어렵기 때문에 선생님들은 학생들의 성취를 돕기 위해

- 가능한 한 유연성을 많이 제공하라(다양한 과제 선택, 수업 내 선택).
- 세부 일정을 제공하지 마라(어차피 지키지도 못할 것이다.).
- 예상 가능한 수업이 지겹지 않도록 때때로 변화를 주어라.
- 학생이 효율적인 시간 관리 전략을 수립할 수 있도록 도와주라.
- 수업에 다양한 변화를 가져와라. 검은표범 유형은 놀라움을 즐긴다.

221
매 유형 선생님(Falcon teacher) & 고양이 유형 학생(Cat student)
ENTP & ISFP

본래 자신감 있고 적극적인 매 유형 교사와 내성적인 고양이 유형 학생은 오직 **P**형 하나만을 공유한다. 그들이 공유한 융통성 있는 접근은 긍정적인 일 관계의 기본이 될 수 있다. 또한 우리가 우리와 다른 누군가와 같이 있을 때에 얼마나 다른 접근들이 효과적일 수 있는지 배울 수 있는 좋은 기회이다. 그들의 융통성과 상상력은 그들을 같이 묶을 수가 있다. 본래 과묵한 학생의 능력을 최대한 이끌어 내기 위해 교사는

- 차분히 속도를 낮추고 간결하게 이야기하라.
- 질문과 답변 사이에 충분한 시간을 주라. 학생이 답하기 전에 생각하고 되돌아볼 시간이 필요함을 존중하라.
- 학생들에게 스스로 작업할 수 있는 시간과 공간을 제공하라. 그들 머리 위를 맴돌면서 참견하려고 하지 마라.
- 문제를 즉시 해결하거나 학생들의 말을 가로채지

마라.

- 상호 보완적인 유형들과 짝을 이루게 하라(물개 · 곰인형 · 호랑이 유형).
- **E**형 학생이 많은 모둠 · 팀에 **I**형 학생 한 명만을 두지 마라(그들은 숨막혀 할 것이다.).
- (말뿐만 아니라) 글로 써서 칭찬하라.

상상력이 풍부한 매 유형 교사는 모든 학생들에게 영감을 줄 수 있지만, 고양이 유형에게 명확한 지침, 구조, 사실, 세부 사항 그리고 절차를 제공해야 할 필요가 있음을 존중해야 한다. 그렇지 않으면, 그들은 몸부림칠 수도 있다. 현실적인 학생의 능력을 최대한 이끌어 내기 위해 교사는

- 배운 것이 실제 현실에서 어떻게 적용되는지 설명하라.
- 학생이 역량을 갖출 때까지 반복하고 연습할 기회를 주라.
- 수업에 상상력을 유용하게 사용하도록 권장하라(그것은 시간 낭비가 아니다.).
- **S**형 학생에게 손해를 주면서까지 **N**형 학생을 편애하는 것처럼 보이지 않도록 조심하라. 모든 학생은 그들이 선호하는 방법으로 수업에 기여할 수 있어야 한다.

교사는 일에 먼저 집중하고 그다음에 사람 · 관계에 집중한다. 교실은 사무적이고, 목적 의식이 뚜렷한 분위기를 가질 가능성이 있다. 학생은 행동, 숙제 등에서 기대되는 명확한 지침을 받는다. 기껏해야 이것은 모든 사람이 자기가 어디에 서고, 어떻게 행동해야 하는지 알게 됨을 의미한다. 학생은 선생님을 좋아하고 선생님도 그들을 좋아한다고 느낄 필요가 있다. 이렇게 되면 그들은 더 열심히 공부하겠지만 그렇지 않으면 공부에 신경을 완전히 끊을지도 모른다. 이것은 한 학생이 한 해(그들이 좋아하는 선생님과 함께 하면)에 최고의 학생이 될 수도 있고, 선생님이 바뀐 그 이듬해에는 공부에 대해 아예 관심을 보이지 않은 이유를 설명해 준다. 근본적으로 사람 중심적인 학생의 능력을 최대한 이끌어 내기 위해 교사는

- 공감, 협업 및 팀워크를 사용하여 과제에 집중하는 교사 본연의 성향에 균형을 맞출 수 있는 학습 상황을 제시하라.
- 어떠한 약점이라도 극복할 수 있도록 요령껏 지원하면서 칭찬을 충분하고 정기적으로 하라. 피드백은 비판으로 쉽게 비칠 수 있으니 전달할 때 계란 껍데기를 밟듯 조심하라.
- 학생에 대한 개인적인 신뢰를 드러내면서 설득하거나 영향력을 발휘하라(나를 실망시키지 마렴, 네가 할 수 있다는 것을 알아, 난 네가 좋단다.).
- 때때로 타협할 준비를 하라.

매 유형과 고양이 유형은 체계적이고 효율적이다. 그것은 단지 노력에 의한 것일 뿐이다. 교사는 학교의 필수적이지만 빡빡하고 제한적인 시간표와 과제 마감 기한 속에서 각자에게 제공되는 자발성과 즉흥성에 대한 상호 존중을 즐기면서, 필요한 과제들을 완수해야 함을 기억해야 한다. 비록 재미있고 인기 있는 선생님이 되겠지만, 또한 학생들이 사회적으로 그리고 학문적으로 성공할 수 있도록 준비하는 과제에 집중하게 할 필요가 있다. 둘 다 일을 끝내는 것보다 시작하는 것을 좋아한다. 그들의 초기 열정은 빠르게 증발할 수 있다. 둘 다 그들이 중요한 과제를 식별하고 완수하도록 확실히 해야 한다. 그렇지 않으면 학생(또는 그들의 부모)은 결국 어색한 질문을 할 수 있다. 교사가 선천적으로 느긋한 학생의 능력을 최대한 이끌어 내기 위해서는 학생들이 단순히 선택할 수 있는 것과 선택하는 것을 좋아하는 것이 아니다. 이는 필수적인 것이고 그렇게 해 주지 않으면 근질거려하고, 움찔거리거나 반항이 시작된다. 중등학교 환경은 **P**형 학생들에게 무척 어렵기 때문에 선생님들은 학생들을 도울 수 있다.

- 예상 가능한 수업이 지겹지 않도록 때때로 변화를 주어라.
- 학생이 반드시 성공할 수 있도록 간단하고 효율적인 시간 관리 전략을 수립하도록 격려하라.
- 가능한 한 유연성을 많이 제공하라(다양한 선택 과제, 수업 내 선택).
- 세부 일정을 피하라(어차피 지키지도 못할 것이다.).

222
매 유형 선생님(Falcon teacher) & 흰동가리 유형 학생(Clown Fish student)
ENTP & ENFP

본래 자신감이 넘치고 적극적인 이 짝은 공통된 점이 많다. 모두 그들의 상상력을 과시하고 종종 다른 학생들이 빠른 관찰력, 일화들, 언어 스파링(논쟁)을 유지하는 데에 분투할 때 똑같은 사고방식을 종종 보일 수 있다. 본래 감정 표현이 과장된 학생의 능력을 최대한 이끌어 내기 위해 교사는

- 새로운 생각과 발상을 불러일으키기에 적절할 때 진부한 문제를 검토하지 말고 농담을 즐겨라. 학생은 이러한 방법으로 가장 잘 배우지만, 교실에 수많은 다른 학생들도 있다는 사실을 기억하라.
- 교사와 학생 모두 쉽게 산만해지고 궤도를 쉽게 벗어나기 때문에 요점을 벗어나지 말고 긍정적으로 생각하라(잔소리하지 마라.).
- 차분하고 명확하게 행동하라. 그렇지 않으면 **E**형인 두 사람은 서로의 말을 듣지 않고 점점 더 크게 말할 수 있다.
- 어떤 생각은 말하지 않을 수도 있음을 기억하라(그러면 여러분은 나중에 어떤 것, 특히 비판적인 생각을 표현할 더 나은 방법을 생각할 수 있다.).
- 열정적이고 지지하는 청자가 되라. 교사의 생각을 주장하기보다는 학생 자신의 생각을 명확히 하고 발전시킬 수 있도록 도와주라.
- 서로 조용히 하는 법을 배우고 수업에서 **I**형 학생이 자신을 표현할 수 있도록 격려하라.

선생님과 학생 모두 전체 상황을 먼저 보고, 예감, 추리, 상상력을 이용하여 의미를 추론함으로써 정보를 모은다. 선생님은 자연스럽게 교실에서 자신의 상상력을 활용할 것이고 **N**형 학생들은 이에 잘 반응할 것인데, 아마도 재치 있는 통찰력과 이야기에 동참할 것이다. 선생님과 학생 사이의 자연스러운 친밀감은 종종 존재하는데, 그들 둘 다 같은 방식으로 세상을 바라보기 때문이다. 즉, 패턴, 가능성, 아이디어 그리고 이론을 탐구함으로써 사물이 왜 있는지를 이해하려는 뜨거운 호기심을 가지고 있다. 선생님은 **S**형 학생에게 피해를 주면서까지 **N**형 학생을 선호하는 것처럼 보이지 않도록 주의하라. 모든 학생은 자신이 선호하는 방식으로 수업에 참여할 수 있어야 한다. 선천적으로 상상력이 풍부한 학생의 능력을 최대한 이끌어 내기 위해서 교사는

- 창의적으로 탐구할 수 있는 질문·프로젝트를 제공하라.
- 중복된 과제는 피하라. 학생이 빨리 흥미를 잃는다.
- 학생에게 **S**형 접근 방식(사실, 세부 사항, 절차, 실험, 경험 적용, 구조, 단계별 모델)이 수업에 중요하게 기여함을 깨닫도록 하라.

교사는 일에 먼저 집중하고 그다음에 사람·관계에 집중한다. 교실은 사무적이고, 목적 의식이 뚜렷한 분위기를 가질 가능성이 있다. 학생은 행동, 숙제 등에서 기대되는 명확한 지침을 받는다. 이것은 기껏해야 모든 사람이 자신이 어디에 있고 어떻게 행동해야 하는지를 안다는 것을 의미한다. 학생과의 개인적 관계가 핵심이라는 것을 기억하라. 흰동가리 유형의 학생은 선생님을 좋아하고 선생님도 그들을 좋아한다고 느낄 필요가 있다. 이렇게 되면 그들은 더 열심히 공부하겠지만 그렇지 않으면 공부에 신경을 완전히 끊을지도 모른다. 이것은 한 학생이 한 해(그들이 좋아하는 선생님과 함께 하면)에 최고의 학생이 될 수도 있고, 선생님이 바뀐 그 이듬해에는 공부에 대해 아예 관심을 보이지 않은 이유를 설명해 준다. 근본적으로 사람 중심적인 학생의 능력을 최대한 이끌어 내기 위해 교사는

- 공감, 협업 및 팀워크를 사용하여 과제에 집중하는 교사 본연의 성향에 균형을 맞출 수 있는 학습 상황을 제시하라.
- 어떠한 약점이라도 극복할 수 있도록 요령껏 지원하면서 칭찬을 충분하고 정기적으로 하라. 피드백은 비판으로 쉽게 비칠 수 있으니 전달할 때 계란 껍데기를 밟듯 조심하라.
- 학생에 대한 개인적인 신뢰를 드러내면서 설득하거나 영향력을 발휘하라(나를 실망시키지 마렴, 네가 할 수 있다는 것을 알아, 난 네가 좋단다.).
- 때때로 타협할 준비를 하라. 그렇지 않으면 흰동가리 유형은 오랫동안 웅크리거나 쿵쾅거릴 수 있다.

매 유형과 흰동가리 유형은 해야 할 리스트, 스케줄, 예측성을 혐오한다. 그들은 후천적인 심미안이나 연마된 기술의 경지에 도달하는 경우가 드물다. 학교처럼 큰 조직에서 필수적인 답답하고 제약적인 시간표와 마감일으로부터 각자가 마음 놓고 자연스럽게 상호 사랑을 누리면서도, 교사는 또한 어떠한 필수 과제라도 완수해야 함을 기억해야 한다. 비록 재미있고 인기 있는 선생님이 되겠지만, 또한 학생들이 사회적으로 그리고 학문적으로 성공할 수 있도록 준비하는 과제에 집중하게 할 필

요가 있다. 둘 다 일을 끝내는 것보다 시작하는 것을 좋아한다. 그들의 초기 열정은 빠르게 증발할 수 있다. 둘 다 그들이 중요한 과제를 식별하고 완수하도록 확실히 해야 한다. 그렇지 않으면 학생(또는 그들의 부모)은 결국 어색한 질문을 할 수 있다. 교사가 선천적으로 느긋한 학생의 능력을 최대한 이끌어 내기 위해서는 학생들이 단순히 선택할 수 있는 것과 선택하는 것을 좋아하는 것이 아니다. 이는 필수적인 것이고 그렇게 해 주지 않으면 근질거려하고, 움찔거리거나 반항이 시작된다. 중등학교 환경은 **P**형 학생들에게 무척 어렵기 때문에 선생님들은 학생들의 성취를 돕기 위해

- 가능한 한 유연성을 많이 제공하라(다양한 과제 선택, 수업 내 선택).
- 세부 일정을 제공하지 마라(어차피 지키지도 못할 것이다.).
- 예상 가능한 수업이 지겹지 않도록 때때로 일을 섞어라.
- 흰동가리 유형 학생이 반드시 성공할 수 있도록 단순한 시간 관리 기술을 소개하라.

223
매 유형 선생님(Falcon teacher) & 북극곰 유형 학생(Polar Bear student)
ENTP & ISTJ

매 유형 교사와 북극곰 유형 학생은 직접적이지 않지만 매우 다르다. 학생은 모든 유형에서 가장 기초 지식이 풍부하고 교사는 가장 기초 지식이 풍부하지 못하다. 만약 그들이 서로의 차이를 존중할 수 있다면, 그들은 모두 교실의 나머지 학생들과 함께 관계를 얻을 수 있다. 만약 그들이 서로 다툰다면, 그 부조화의 영향은 교실 전체에 흐를지도 모른다. 스토아 철학의(금욕의) 학생의 능력을 최대한 이끌어 내기 위해 교사는

- 차분히 속도를 낮추고 간결하게 이야기하라.
- 질문과 답변 사이에 충분한 시간을 주라. 학생이 답하기 전에 생각하고 되돌아볼 시간이 필요함을 존중하라.
- 학생들에게 스스로 작업할 수 있는 시간과 공간을 제공하라. 그들 머리 위를 맴돌면서 참견하려고 하지 마라.
- **E**형 학생이 많은 모둠·팀에 **I**형 학생 한 명만을 두지 마라(그들은 숨막혀 할 것이다.).
- (말뿐만 아니라) 글로 써서 칭찬하라.

상상력이 풍부한 교사는 모든 학생에게 영감을 줄 수 있지만, 북극곰 유형 학생들에게 명확한 지침, 구조, 사실, 세부 사항 그리고 절차를 제공해야 할 필요가 있음을 존중해야 한다. 그렇지 않으면 그들은 허둥댈 수 있다. 본래 현실적인 학생의 능력을 최대한 이끌어 내기 위해 교사는

- 배운 것이 실제 현실에서 어떻게 적용되는지 설명하라.
- 학생이 역량을 갖출 때까지 반복하고 연습할 기회를 주라.
- 수업에 상상력을 유용하게 사용하도록 권장하라(그것은 시간 낭비가 아니다.).
- **S**형 학생에게 손해를 주면서까지 **N**형 학생을 편애하는 것처럼 보이지 않도록 조심하라. 모든 학생은 그들이 선호하는 방법으로 기여할 수 있어야 한다.
- 북극곰 유형 학생에게 교사가 올바른 내용을 유지하는지 확인하게 하라—그들은 자연스럽게 감시자가 될 수 있다.

교사와 학생 모두는 과제 집중형이고, 정확하며 단도직입적이고 솔직하다. 교실은 사무적이고, 목적 의식이 뚜렷한 분위기를 가질 가능성이 있다. 학생은 행동, 숙제 등에서 기대되는 명확한 지침을 받는다. 만약 학생이 선생님에게 이의를 제기한다면 그것은 아마 (지침에 대해) 확인하기 위해서일 것이다. 이것은 기껏해야 모든 사람이 자신이 어디에 있고 어떻게 행동해야 하는지를 안다는 것을 의미한다. 최악의 경우 교실은 의기소침하고 겁에 질린 신병들이 가득한 군대 훈련소와 비슷할 수 있다. 선천적으로 업무 중심적인 학생의 능력을 최대한 이끌어 내기 위해서 선생님은

- 학생들의 기술과 지식을 경쟁적으로 시험하는 방법으로 수업하라(경쟁, 도전, 퀴즈, 개인 최고 점수 갱신 및 측정).
- 학생들에게 사람의 50%는 **F**형이고 피드백을 비판으로 해석할 수 있음을 이해하도록 도와주라.
- 학생이 성취한 것과 그다음에 해야 할 것에 집중하게

하라.

- 때때로 타협할 수 있도록 준비하라.
- 잠재된 감정적인 원인을 고려하지 않고 문제된 어떤 것을 해결하려는 시도를 피하라.

느긋하고 유연하며 자발적 즉흥적인 교사가 선천적으로 체계적인 학생과 함께 하는 것은 꿈의 팀이 될 수도 있고 재앙이 될 수도 있다. 긍정적인 관계를 만들기 위해 그들은 서로의 장점을 살려야 한다. 학생은 계획을 바꾸고 적응하는 선생님의 능력으로부터 혜택을 받을 수 있고, 선생님은 그들이 일하고 완성할 수 있는 계획을 가지고 싶어 하는 학생의 열망으로부터 혜택을 받을 수 있다. 선생님은 또한

- 단지 계획을 바꾸기 위한 계획은 하지 마라. 이것은 학생을 좌절시킬 뿐이다.
- 학생이 때때로 유연성을 받아들이도록 권장하라.
- 질서, 깔끔함 및 마감 시간에 대한 욕구를 함께 지지하고 격려하라.
- 학생이 진정으로 원할 경우 그들의 방식대로 작업을 자립적으로 계획할 수 있도록 허락하라.

224
매 유형 선생님(Falcon teacher) & 돌고래 유형 학생(Dolphin student)
ENTP & ENFJ

본래 자신감이 넘치고 적극적인 이 짝은 공통된 점이 많다. 모두 그들의 상상력을 과시하고 종종 다른 학생들이 빠른 관찰력, 일화들, 언어 스파링(논쟁)을 유지하는 데에 분투할 때 똑같은 사고방식을 종종 보일 수 있다. 본래 감정 표현이 과장된 학생의 능력을 최대한 이끌어 내기 위해 교사는

- 새로운 생각과 발상을 불러일으키기에 적절할 때 즐거운 농담을 즐겨라. 학생은 이러한 방법으로 가장 잘 배우지만, 교실에 수많은 다른 학생들도 있다는 사실을 기억하라.
- 교사와 학생 모두 쉽게 산만해지고 궤도를 쉽게 벗어나기 때문에 요점을 벗어나지 말고 긍정적으로 생각하라(잔소리하지 마라.).
- 했던 일을 또 반복하지 마라.
- 차분하고 명확하게 행동하라. 그렇지 않으면 **E** 유형인 두 사람은 서로의 말을 듣지 않고 점점 더 크게 말할 수 있다.
- 어떤 생각은 말하지 않을 수도 있음을 기억하라(그러면 여러분은 나중에 어떤 것, 특히 비판적인 생각을 표현할 더 나은 방법을 생각할 수 있다.).
- 열정적이고 지지하는 청자가 되라. 교사의 생각을 주장하기보다는 학생 자신의 생각을 명확히 하고 발전시킬 수 있도록 도와주라.
- 서로 조용히 하는 법을 배우고 수업에서 **I** 유형 학생이 자신을 표현할 수 있도록 격려하라.

교사와 학생은 먼저 전체 상황을 보고 의미를 해독하기 위해 예감, 추론 및 상상력을 사용하여 정보를 수집하려 한다. 선생님은 자연스럽게 교실에서 자신의 상상력을 활용할 것이고 돌고래 유형 학생들은 이에 잘 반응할 것인데, 아마도 재치 있는 통찰력과 이야기에 동참할 것이다. 선생님과 학생 사이의 자연스러운 친밀감은 종종 존재하는데, 그들 둘 다 같은 방식으로 세상을 바라보기 때문이다. 즉, 패턴, 가능성, 아이디어 그리고 이론을 탐구함으로써 사물이 왜 있는지를 이해하려는 뜨거운 호기심을 가지고 있다. 선생님은 **S**형 학생에게 피해를 입히면서까지 **N**형 학생을 선호하는 것처럼 보이지 않도록 주의하라. 모든 학생은 자신이 선호하는 방식으로 수업에 참여할 수 있어야 한다. 선천적으로 상상력이 풍부한 학생의 능력을 최대한 이끌어 내기 위해서 교사는

- 창의적으로 탐구할 수 있는 질문 · 프로젝트를 제공하라.
- 중복된 과제는 피하라. 학생이 빨리 흥미를 잃는다.
- 학생에게 **S**형 접근 방식(사실, 세부 사항, 절차, 실험, 경험 적용, 구조, 단계별 모델)이 수업에 중요하게 기여함을 깨닫도록 하라.

교사는 일에 먼저 집중하고 그다음에 사람 · 관계에 집중한다. 교실은 사무적이고, 목적 의식이 뚜렷한 분위기를 가질 가능성이 있다. 학생은 행동, 숙제 등에서 기대되는 명확한 지침을 받는다. 잘해야 이것은 모든 이들이 그들이 어디에 서 있고 어떻게 행동하는지를 알게 됨을 의미한다. 교사는 이 학생과의 개인적 관계에서 중요한 열쇠라는 것을 잊지 마라. 돌고래 유형의 학생은 선생님

을 좋아하고 선생님도 그들을 좋아한다고 느낄 필요가 있다. 이렇게 되면 돌고래 유형은 더 열심히 공부하겠지만 그렇지 않으면 공부에 신경을 완전히 끊을지도 모른다. 이것은 돌고래 유형 학생이(그들이 좋아하는 선생님과 함께 하면) 한 해에 학급에서 최고의 학생이 될 수 있고, 이듬해에 선생님이 바뀌면 그 과목에 전혀 관심을 왜 보이지 않는지를 설명해 준다. 근본적으로 사람 중심적인 학생의 능력을 최대한 이끌어 내기 위해 교사는

- 공감, 협업 및 팀워크를 사용하여 과제에 집중하는 교사 본연의 성향에 균형을 맞출 수 있는 학습 상황을 제시하라.
- 어떠한 약점이라도 극복할 수 있도록 요령껏 지원하면서 칭찬을 충분하고 정기적으로 하라. 피드백은 비판으로 쉽게 비칠 수 있으니 전달할 때 계란 껍데기를 밟듯 조심하라.
- 학생에 대한 개인적인 신뢰를 드러내면서 설득하거나 영향력을 발휘하라(나를 실망시키지 마렴, 네가 할 수 있다는 것을 알아, 난 네가 좋단다.).
- 때때로 타협할 준비를 하라.

느긋하고 유연하며 자발적 즉흥적인 교사가 선천적으로 체계적인 학생과 함께 하는 것은 꿈의 팀이 될 수도 있고 재앙이 될 수도 있다. 긍정적인 관계를 만들기 위해 그들은 서로의 장점을 살려야 한다. 학생은 계획을 바꾸고 적응하는 선생님의 능력으로부터 혜택을 받을 수 있고, 선생님은 그들이 일하고 완성할 수 있는 계획을 가지고 싶어 하는 학생의 열망으로부터 혜택을 받을 수 있다. 선생님은 또한

- 질서, 깔끔함 및 마감 기일 준수에 대한 욕구를 지지하고 격려하라.
- 학생이 진정으로 원할 경우 그들의 방식대로 작업을 자립적으로 계획할 수 있도록 허락하라.
- 단지 계획을 바꾸기 위한 계획은 하지 마라. 이것은 학생을 좌절시킬 뿐이다.
- 학생이 때때로 유연성을 받아들이도록 권장하라.

225
숲올빼미 유형 선생님(Tawny Owl Teacher) & 흑곰 유형 학생(Black Bear student)
INTP & ESTJ

숲올빼미 유형과 흑곰 유형은 한 가지 성향을 공유한다. 두 유형 다 직접적이고 솔직하다. 학생들이 본래 생각이 깊은 교사와 반대되게 규칙적으로 토론하고 논쟁하고자 하는 열망이 갈등을 일으킨다. 학생이 교사의 마음을 읽을 수 없다고 기억하라. 생기 있는 학생의 능력을 최대한 이끌어 내기 위해 교사는

- 학생이 자신의 생각을 쏟아낼 때 인내하고 열중하여 들어 주라.
- 아이디어가 어디로 이끌지 열린 자세로 살펴보라. 학생은 크게 말하면서 생각하는데, 이것이 그들이 가장 잘 배우는 방법이다.
- 또한 교사의 생각도 제시하라. 시간이 초과될 경우 요청하라.
- 학생이 말하기 전에 충분히 생각하게 하라. 그렇지 않으면 수업을 방해할 수 있다.
- 특히 모둠 토론에서 논란이 될 만한 주제·논제는 학생에게 주지 마라.
- 수업하는 동안에 **E**형 학생들이 다른 **E**형 학생들과 대화할 수 있는 기회를 많이 만들어라.

상상력이 풍부한 교사는 모든 학생에게 영감을 줄 수 있지만, 흑곰 유형 학생들에게 명확한 지침, 구조, 사실, 세부 사항 그리고 절차를 제공해야 할 필요가 있음을 존중해야 한다. 그렇지 않으면 그들은 허둥댈 수 있다. 본래 현실적인 학생의 능력을 최대한 이끌어 내기 위해 교사는

- 배운 것이 실제 현실에서 어떻게 적용되는지 설명하라.
- 학생이 역량을 갖출 때까지 반복하고 연습할 기회를 주라.
- 수업에 상상력을 유용하게 사용하도록 권장하라(그것은 시간 낭비가 아니다.).
- **S**형 학생에게 손해를 주면서까지 **N**형 학생을 편애하는 것처럼 보이지 않도록 조심하라. 모든 학생은 그들이 선호하는 방법으로 수업에 기여할 수 있어야

한다.

교사와 학생 모두 과제 집중형이고, 직접적이고 일관적이며 때때로 무뚝뚝하다. 교실은 사무적이고, 목적 의식이 뚜렷한 분위기를 가질 가능성이 있다. 학생은 행동, 숙제 등에서 기대되는 명확한 지침을 받는다. 만약 학생이 선생님에게 이의를 제기한다면 이는 명확한 설명을 위한 것이다. 이는 기껏해야 모든 사람이 자기가 어디에 서 있는지 알게 됨을 의미한다. 학생들이 근본적으로 업무 중심적인 학생의 능력을 최대한 이끌어 내기 위해 교사는

- 학생이 성취한 것과 그다음에 해야 할 것에 집중하게 하라.
- 때때로 타협할 수 있도록 준비하라.
- 잠재된 감정적인 원인을 고려하지 않고 문제된 어떤 것을 해결하려는 시도를 피하라.
- 학생들의 기술과 지식을 경쟁적으로 시험하는 방법으로 수업하라(경쟁, 도전, 퀴즈, 개인 최고 점수 갱신 및 측정).
- 학생들에게 사람의 50%는 **F**형이고 피드백을 개인적인 비판으로 해석할 수 있음을 이해하도록 도와주라.

느긋하고 유연하며 자발적 즉흥적인 숲올빼미 유형 교사가 선천적으로 체계적인 북극곰 유형 학생과 함께 하는 것은 꿈의 팀이 될 수도 있고 재앙이 될 수도 있다. 긍정적인 관계를 만들기 위해 그들은 서로의 장점을 살려야 한다. 학생은 계획을 바꾸고 적응하는 선생님의 능력으로부터 혜택을 받을 수 있고, 선생님은 그들이 일하고 완성할 수 있는 계획을 가지고 싶어 하는 학생의 열망으로부터 혜택을 받을 수 있다. 선생님은 또한

- 질서, 깔끔함 및 마감 기일 준수에 대한 학생의 욕구를 지지하고 격려하라.
- 학생이 진정으로 원할 경우 그들의 방식대로 작업을 자립적으로 계획할 수 있도록 허락하라.
- 단지 계획을 바꾸기 위한 계획은 하지 마라. 이것은 흑곰 유형 학생을 좌절시킬 뿐이다.
- 학생에게 새로운 접근과 활동을 시도하도록 격려하라.

226
숲올빼미 유형 선생님(Tawny Owl Teacher) & 곰인형 유형 학생(Teddy Bear student)
INTP & ESFJ

숲올빼미 유형과 곰인형 유형은 어떤 성향도 공유하지 않는다. 만약 교사인 당신이 구별된 부분을 이해한다면 모두 이익이 될 수도 있다. 최상의 지원을 하기 위해선 학생이 개인적이고, 친절하고, 재치 있도록 하라. 사교적이고자 하는 그들의 필요를 칭찬하고 존중해 주어라. 본래 생기가 넘치는 학생의 능력을 최대한 이끌어 내기 위해 교사는

- 학생이 혼란스러운 생각이나 추억을 불쑥 내뱉을 때 인내심을 갖고 열정적으로 경청하라.
- 마음을 열고 재잘거리는 말이 어디로 이끄는지 보라. 학생은 큰 소리 내며 생각하는데 이것이 학생이 가장 잘 배우는 방법이다.
- 또한 자신의 생각을 제시하라. 시간 초과가 필요하면 요청하라.
- 말하기 전에 충분히 생각하도록 격려하라. 그렇지 않으면 수업을 가로챌 것이다.
- 특히 그룹 토론에서 논쟁의 여지가 있는 주제는 학생에게서 멀리하라.
- 수업하는 동안에 **E**형 학생들이 다른 **E**형 학생들과 대화할 수 있는 기회를 많이 만들어라.

숲올빼미 유형 교사의 생생한 상상력은 모든 학생들에게 영감을 줄 수 있지만, 그들은 곰인형 유형의 욕구를 존중하여 분명한 가이드라인, 구조, 사실, 구체적 사항, 절차들을 주어야만 한다. 그렇지 않으면, 그들은 허둥댈 수도 있다. 본래 현실적인 학생의 능력을 최대한 이끌어 내기 위해 교사는

- 배운 것이 실제 현실에서 어떻게 적용되는지 설명하라.
- 학생들이 역량을 갖출 때까지 반복하게 하고 연습할 기회를 주라.
- 유용한 과정으로서 상상력을 사용하도록 격려하라(이것은 시간 낭비가 아니다.).
- **S**형 학생에게 피해를 주면서까지 **N**형 학생을 선호하는 것처럼 보이지 않도록 주의하라. 모든 학생은

그들의 선호된 방식으로 헌신할 필요가 있다.

선생님은 먼저 일을, 그다음에 사람 · 관계에 집중한다. 교실은 사무적이고, 목적 의식이 뚜렷한 분위기를 가질 가능성이 있다. 학생은 행동, 숙제 등에서 기대되는 명확한 지침을 받는다. 이것은 잘해야 모든 사람들이 자기가 어디에 서고, 어떻게 행동해야 하는지 알게 됨을 이해한다. 최악의 경우에는, 교실은 미치광이 교수의 연구실과 비슷해질 것이다. 교사는 학생과 가지는 관계가 학생에게 중요하다는 것을 기억하라. 곰인형 유형의 학생은 선생님을 좋아하고 선생님도 그들을 좋아한다고 느낄 필요가 있다. 이렇게 되면 그들은 더 열심히 공부하겠지만 그렇지 않으면 공부에 신경을 완전히 끊을지도 모른다. 이것은 한 학생이 한 해(그들이 좋아하는 선생님과 함께 하면)에 최고의 학생이 될 수도 있고, 선생님이 바뀐 그 이듬해에는 공부에 대해 아예 관심을 보이지 않은 이유를 설명해 준다. 본래 주관적인 학생의 능력을 최대한 이끌어 내기 위해 교사는

- 공감, 협업 및 팀워크를 사용하여 과제에 집중하는 교사 본연의 성향에 균형을 맞출 수 있는 학습 상황을 제시하라.
- 어떠한 약점이라도 극복할 수 있도록 요령껏 지원하면서 충분하고 정기적으로 칭찬하라.
- 가끔 무뚝뚝하게 피드백하여 설명하라. 피드백은 비판으로 쉽게 비칠 수 있으니 전달할 때 계란 껍데기를 밟듯 조심하라.
- 학생에 대한 개인적인 신뢰를 드러내면서 설득하라(나를 실망시키지 마렴, 네가 할 수 있다는 것을 알아, 난 네가 좋단다.).

느긋하고 유연하며 자발적 즉흥적인 교사가 선천적으로 체계적인 학생과 함께 하는 것은 꿈의 팀이 될 수도 있고 재앙이 될 수도 있다. 긍정적인 관계를 만들기 위해 그들은 서로의 장점을 살려야 한다. 학생은 계획을 바꾸고 적응하는 선생님의 능력으로부터 혜택을 받을 수 있고, 선생님은 그들이 일하고 완성할 수 있는 계획을 가지고 싶어 하는 학생의 열망으로부터 혜택을 받을 수 있다. 선생님이 또한 할 수 있는 것은

- 질서, 깔끔함, 마감 기일 준수에 대한 학생의 욕구를 격려하고 지지하라.
- 학생이 진정으로 원할 경우 그들의 방식대로 작업을 자립적으로 계획할 수 있도록 허락하라.
- 단지 계획을 바꾸기 위한 계획은 하지 마라. 이것은 학생을 좌절시킬 뿐이다.
- 학생이 새로운 접근 방식과 활동을 받아들이도록 격려하라.

227
숲올빼미 유형 선생님(Tawny Owl Teacher) & 돌고래 유형 학생(Dolphin student)
INTP & ENFJ

숲올빼미 유형과 돌고래 유형은 하나의 성향을 공유한다. 그들은 그들의 생생한 상상력을 통해서 연결될 수 있다. 만약 수다스럽고 재치 있는 돌고래 유형이 더 개인적이고 솔직한 올빼미 유형을 화나게 할 때 갈등은 일어날 것이다. 선천적으로 생기 있는 학생의 능력을 최대한 이끌어 내기 위해 교사는

- 학생이 혼란스러운 생각을 불쑥 내뱉을 때 인내심을 갖고 열정적으로 경청하라.
- '유치한' 아이디어일지라도 마음을 열고 그것이 이끄는 곳을 살펴보라. 학생은 크게 말하면서 생각하는데, 이것이 그들이 가장 잘 배우는 방법이다.
- 또한 교사의 생각도 제시하라. 시간이 초과될 경우 요청하라.
- 학생이 말하기 전에 충분히 생각하게 하라. 그렇지 않으면 수업을 방해할 수 있다.
- 특히 모둠 토론에서 논란이 될 만한 주제 · 논제는 학생에게 주지 마라.
- 수업하는 동안에 **E**형 학생들이 다른 **E**형 학생들과 대화할 수 있는 기회를 많이 만들어라.

선생님과 학생 모두 전체 상황을 먼저 보고, 예감, 추리, 상상력을 이용하여 의미를 추론함으로써 정보를 모은다. 선생님은 자연스럽게 교실에서 자신의 상상력을 활용할 것이고 **N**형 학생들은 이에 잘 반응할 것인데, 아마도 공상, 일화, 이야기에 상상의 나래를 펼치며 동참할 것이다. 선생님과 학생 사이의 자연스러운 친밀감은 종종 존재하는데, 그들 둘 다 같은 방식으로 세상을 바라보기 때문이다. 즉, 패턴, 가능성, 아이디어 그리고 이론을 탐구함으로써 사물이 왜 있는지를 이해하려는 뜨거

운 호기심을 가지고 있다. 선생님은 **S**형 학생에게 피해를 주면서까지 **N**형 학생을 선호하는 것처럼 보이지 않도록 주의하라. 선천적으로 상상력이 풍부한 학생의 능력을 최대한 이끌어 내기 위해서 교사는

- 창의적으로 탐구할 수 있는 질문 · 프로젝트를 제공하라.
- 중복된 과제는 피하라. 학생이 빨리 흥미를 잃는다.
- 학생에게 **S**형 접근 방식(사실, 세부 사항, 절차, 실험, 경험 적용, 구조, 단계별 모델)이 수업에 중요하게 기여함을 깨닫도록 하라.

교사는 일에 먼저 집중하고 그다음에 사람 · 관계에 집중한다. 교실은 사무적이고, 목적 의식이 뚜렷한 분위기를 가질 가능성이 있다. 학생은 행동, 숙제 등에서 기대되는 명확한 지침을 받는다. 이것은 잘해야 모든 사람이 자기가 어디에 서고, 어떻게 행동해야 하는지 알게 됨을 의미한다. 최악의 경우에는, 교실이 의기소침하고 겁에 질린 신병들이 가득한 군대 훈련소와 비슷할지도 모른다. 교사는 학생과 가지는 관계가 학생에게 중요하다는 것을 기억하라. 돌고래 유형의 학생은 선생님을 좋아하고 선생님도 그들을 좋아한다고 느낄 필요가 있다. 이렇게 되면 그들은 더 열심히 공부하겠지만 그렇지 않으면 공부에 신경을 완전히 끊을지도 모른다. 이것은 한 학생이 한 해(그들이 좋아하는 선생님과 함께 하면)에 최고의 학생이 될 수도 있고, 선생님이 바뀐 그 이듬해에는 공부에 대해 아예 관심을 보이지 않은 이유를 설명해 준다. 본래 주관적인 학생의 능력을 최대한 이끌어 내기 위해 교사는

- 공감, 협업 및 팀워크를 사용하여 과제에 집중하는 교사 본연의 성향에 균형을 맞출 수 있는 학습 상황을 제시하라.
- 어떠한 약점이라도 극복할 수 있도록 요령껏 지원하면서 충분하고 정기적으로 칭찬하라.
- 가끔 무뚝뚝하게 피드백하여 설명하라. 피드백은 비판으로 쉽게 비칠 수 있으니 전달할 때 계란 껍데기를 밟듯 조심하라.
- 학생에 대한 개인적인 신뢰를 드러내면서 설득하라(나를 실망시키지 마렴, 네가 할 수 있다는 것을 알아, 난 네가 좋단다.).

느긋하고 유연하며 자발적 즉흥적인 교사가 선천적으로 체계적인 학생과 함께 하는 것은 꿈의 팀이 될 수도 있고 재앙이 될 수도 있다. 긍정적인 관계를 만들기 위해 그들은 서로의 장점을 살려야 한다. 학생은 계획을 바꾸고 적응하는 선생님의 능력으로부터 혜택을 받을 수 있고, 선생님은 그들이 일하고 완성할 수 있는 계획을 가지고 싶어 하는 학생의 열망으로부터 혜택을 받을 수 있다. 선생님이 또한

- 단지 계획을 바꾸기 위한 계획은 하지 마라. 이것은 학생을 좌절시킬 뿐이다.
- 학생이 때때로 유연성을 받아들이도록 권장하라.
- 학생이 진정으로 원할 경우 그들의 방식대로 작업을 자립적으로 계획할 수 있도록 허락하라.
- 질서, 깔끔함 및 마감 시간에 대한 학생의 욕구를 지지하고 격려하라.

228
숲올빼미 유형 선생님(Tawny Owl Teacher) & 독수리 유형 학생(Eagle student)
INTP & ENTJ

숲올빼미 유형과 독수리 유형 모두는 두 가지 성향을 공유한다. 모두 지식에 대한 갈망이 있고 직접적이고 독립적인 사고자이다. 모두 타고난 리더 형이기에 갈등은 활발한 독수리 유형 학생이 제공한다. 본래 활발한 학생의 최고의 결과를 얻기 위해 교사는

- 학생이 혼란스러운 생각을 불쑥 내뱉을 때 인내심을 갖고 열정적으로 경청하라.
- '유치한' 아이디어일지라도 마음을 열고 그것이 이끄는 곳을 살펴보라. 학생은 크게 말하면서 생각하는데, 이것이 그들이 가장 잘 배우는 방법이다.
- 또한 교사의 생각도 제시하라. 시간이 초과될 경우 요청하라.
- 학생이 말하기 전에 충분히 생각하게 하라. 그렇지 않으면 수업을 방해할 수 있다.
- 특히 모둠 토론에서 논란이 될 만한 주제 · 논제는 학생에게 주지 마라.
- 수업하는 동안에 **E**형 학생들이 다른 **E**형 학생들과 대화할 수 있는 기회를 많이 만들어라.

선생님과 학생 모두 전체 상황을 먼저 보고, 예감, 추리,

상상력을 이용하여 의미를 추론함으로써 정보를 모은다. 선생님은 본능적으로 교실에서 자신의 상상력을 활용할 것이고 **N**형 학생들은 이에 잘 반응할 것인데, 아마도 자신의 통찰력과 해석을 더하여 동참할 것이다. 선생님과 학생 사이의 자연스러운 친밀감은 종종 존재하는데, 그들 둘 다 같은 방식으로 세상을 바라보기 때문이다. 즉, 패턴, 가능성, 아이디어 그리고 이론을 탐구함으로써 사물이 왜 있는지를 이해하려는 뜨거운 호기심을 가지고 있다. 선생님은 **S**형 학생에게 피해를 주면서까지 **N**형 학생을 선호하는 것처럼 보이지 않도록 주의하라. 선천적으로 상상력이 풍부한 학생의 능력을 최대한 이끌어 내기 위해서 교사는

- 창의적으로 탐구할 수 있는 질문 · 프로젝트를 제공하라.
- 중복된 과제는 피하라. 학생이 빨리 흥미를 잃는다.
- 학생에게 **S**형 접근 방식(사실, 세부 사항, 절차, 실험, 경험 적용, 구조, 단계별 모델)이 수업에 중요하게 기여함을 깨닫도록 하라.

선생님과 학생 모두 업무 중심적이고, 직접적이며, 일관되고 솔직하다. 이 반은 목적 의식이 뚜렷한 분위기를 가질 가능성이 있다. 학생은 행동, 숙제 등에서 기대되는 명확한 지침을 받는다. 만약 학생이 선생님에게 이의를 제기한다면 그것은 아마 (지침에 대해) 확인하기 위해서일 것이다. 이것은 잘해야 모든 사람이 자기가 어디에 서고, 어떻게 행동해야 하는지 알게 됨을 의미한다. 최악의 경우 문화가 군대 훈련소와 비슷할지도 모른다. 근본적으로 전략적인 그들의 학생의 능력을 최대한 이끌어 내기 위해 교사는

- 학생이 성취한 것과 그다음에 해야 할 것에 집중하게 하라.
- 때때로 타협할 수 있도록 준비하라.
- 잠재된 감정적인 원인을 고려하지 않고 문제된 어떤 것을 해결하려는 시도를 피하라.
- 학생들의 기술과 지식을 경쟁적으로 시험하는 방법으로 수업하라(경쟁, 도전, 퀴즈, 개인 최고 점수 갱신 및 측정).
- 학생들에게 사람의 50%는 **F**형이고 피드백을 개인적인 비판으로 객관적으로 해석할 수 있음을 이해하도록 도와주라.

느긋하고 유연하며 자발적 즉흥적인 교사가 선천적으로 체계적인 학생과 함께 하는 것은 꿈의 팀이 될 수도 있고 재앙이 될 수도 있다. 긍정적인 관계를 만들기 위해 그들은 서로의 장점을 살려야 한다. 학생은 계획을 바꾸고 적응하는 선생님의 능력으로부터 혜택을 받을 수 있고, 선생님은 그들이 일하고 완성할 수 있는 계획을 가지고 싶어 하는 학생의 열망으로부터 혜택을 받을 수 있다. 또한 선생님은

- 질서, 깔끔함 및 마감 기일 준수에 대한 학생의 욕구를 지지하고 격려하라.
- 학생이 진정으로 원할 경우 그들의 방식대로 작업을 자립적으로 계획할 수 있도록 허락하라.
- 단지 계획을 바꾸기 위한 계획은 하지 마라. 이것은 학생을 좌절시킬 뿐이다.

229
숲올빼미 유형 선생님(Tawny Owl Teacher) & 검은표범 유형 학생(Panther student)
INTP & ESTP

숲올빼미 유형과 검은표범 유형은 모두 두 가지 성향을 공유한다. 모두 자율(자치)을 갈망한다. 만약 교사가 산탄총과 원기 왕성한 학생을 억제할 수 없다면 갈등이 일어날지도 모른다. 본래 활발한 학생의 능력을 최대한 이끌어 내기 위해 교사는

- 학생이 혼란스러운 생각을 불쑥 내뱉을 때 인내심을 갖고 열정적으로 경청하라.
- '유치한' 아이디어일지라도 마음을 열고 그것이 이끄는 곳을 살펴보라. 학생은 크게 말하면서 생각하는데, 이것이 그들이 가장 잘 배우는 방법이다.
- 또한 교사의 생각도 제시하라. 시간이 초과될 경우 요청하라.
- 학생이 말하기 전에 충분히 생각하게 하라. 그렇지 않으면 수업을 방해할 수 있다.
- 특히 모둠 토론에서 논란이 될 만한 주제 · 논제는 학생에게 주지 마라.
- 수업하는 동안에 **E**형 학생들이 다른 **E**형 학생들과 대화할 수 있는 기회를 많이 만들어라.

상상력이 풍부한 교사는 모든 학생에게 영감을 줄 수 있

지만, 검은표범 유형 학생들에게 명확한 지침, 구조, 사실, 세부 사항 그리고 절차를 제공해야 할 필요가 있음을 존중해야 한다. 그렇지 않으면 그들은 허둥댈 수 있다. 본래 흥분하기 쉬운 학생의 능력을 최대한 이끌어 내기 위해 교사는

- 배운 것이 실제 현실에서 어떻게 적용되는지 설명하라.
- 학생이 역량을 갖출 때까지 반복하고 연습할 기회를 주라.
- 수업에 상상력을 유용하게 사용하도록 권장하라(그것은 시간 낭비가 아니다.).
- **S**형 학생에게 손해를 입히는 **N**형 학생을 편애하는 것처럼 보이지 않도록 조심하라. 모든 학생은 그들이 선호하는 방법으로 기여할 수 있어야 한다.

이 두 가지 유형은 본래 객관적이고, 직접적이고, 일관성 있고, 무뚝뚝하다. 교실은 목적이 뚜렷한 분위기를 가질 것이다. 학생들에게는 행동, 숙제의 관점에서 무엇을 해야 하는지 기대되는 명확한 지침서가 주어진다. 만약 학생이 선생님에게 이의를 제기한다면, 그것은 아마(지침에 대해) 확인하기 위해서일 것이다. 잘해야 이것은 모두가 자신의 위치와 어떻게 행동해야 하는지를 안다는 것을 의미한다. 본래 원기 왕성한 학생의 능력을 최대한 이끌어 내기 위해서 교사는

- 학생이 성취한 것과 그다음에 해야 할 것에 집중하게 하라.
- 때때로 타협할 수 있도록 준비하라.
- 잠재된 감정적인 원인을 고려하지 않고 문제된 어떤 것을 해결하려는 시도를 피하라.
- 학생들의 기술과 지식을 경쟁적으로 시험하는 방법으로 수업하라(경쟁, 도전, 퀴즈, 개인 최고 점수 갱신 및 측정).
- 학생들에게 사람의 50%는 **F**형이고 피드백을 개인적인 비판으로 해석할 수 있음을 이해하도록 도와주라.

숲올빼미 유형과 검은표범 유형은 해야 할 리스트, 예정된 일정, 예측성을 혐오한다. 그들은 후천적인 심미안이나 연마된 기술의 경지에 도달하는 경우가 드물다. 교사는 학교의 필수적이지만 빡빡하고 제한적인 시간표와 과제 마감 기한 속에서 각자에게 제공되는 자발성과 즉흥성에 대한 상호 존중을 즐기면서, 필요한 과제들을 완수해야 함을 기억해야 한다. 비록 변덕스럽고 인기 있는 선생님이 되겠지만, 또한 학생들이 사회적으로 그리고 학문적으로 성공할 수 있도록 준비하는 과제에 집중하게 할 필요가 있다. 둘 다 일을 끝내는 것보다 시작하는 것을 좋아한다. 그들의 초기 열정은 빠르게 증발할 수 있다. 둘 다 그들이 중요한 과제를 식별하고 완수하도록 확실히 해야 한다. 그렇지 않으면 학생(또는 그들의 부모)은 결국 어색한 질문을 할 수 있다. 교사가 선천적으로 느긋한 학생의 능력을 최대한 이끌어 내기 위해서는 학생들이 단순히 선택할 수 있는 것과 선택하는 것을 좋아하는 것이 아니라 그것은 필수적인 것이고 그렇게 해 주지 않으면 꿈틀거리거나 근질거려 하고, 반항하기 시작한다. 체계적이고 시간표가 짜여 있으며 일상적인 중등학교 환경은 **P** 선호 학생들에게 무척 어렵기 때문에 선생님은 학생들의 성취를 돕기 위해

- 가능한 한 유연성을 많이 제공하라(다양한 과제 선택, 수업 내 선택).
- 세부 일정을 제공하지 마라(어차피 지키지도 못할 것이다.).
- 예상 가능한 수업이 지겹지 않도록 때때로 변화를 주어라.
- 학생이 중요한 작업을 마지막까지 서두르지 않고 완료할 수 있도록 시간을 조직하고 관리할 수 있는 방법을 수립하도록 도와주라.

230
숲올빼미 유형 선생님(Tawny Owl Teacher) & 사자 유형 학생(Lion student)
INTP & ESFP

숲올빼미 유형과 사자 유형은 하나의 성향을 공유한다. 모두 접근 방법에 융통성을 가진다. 교사는 갈등을 예방하기 위해서는 행동하길 좋아하는 사자 유형의 관심을 손에 쥐고 있는 과제에 집중시킬 필요가 있다. 본래 활발한 그들의 학생의 능력을 최대한 이끌어 내기 위해 교사는

- 학생이 혼란스러운 생각을 불쑥 내뱉을 때 인내심을 갖고 열정적으로 경청하라.
- 일화나 이야기가 어디로 이어졌는지 보기 위해 열린

자세를 유지하라. 학생은 크게 말하면서 생각하는데 이것이 학생이 가장 잘 배우는 방법이다.

- 또한 교사의 생각도 제시하라. 시간이 초과될 경우 요청하라.
- 학생이 말하기 전에 충분히 생각하게 하라. 그렇지 않으면 수업을 방해할 수 있다.
- 특히 모둠 토론에서 논란이 될 만한 주제 · 논제는 학생에게 주지 마라.
- 수업하는 동안에 **E**형 학생들이 다른 **E**형 학생들과 대화할 수 있는 기회를 많이 만들어라.

상상력이 풍부한 숲올빼미 유형 교사는 모든 학생에게 영감을 줄 수 있지만, 사자 유형 학생들에게 명확한 지침, 구조, 사실, 세부 사항 그리고 절차를 제공해야 할 필요가 있음을 존중해야 한다. 그렇지 않으면 그들은 몸부림칠 수 있다. 학생의 발전을 돕기 위해 교사는

- 배운 것이 실제 현실에서 어떻게 적용되는지 설명하라.
- 학생이 역량을 갖출 때까지 반복하고 연습할 기회를 주라.
- 수업에 상상력을 유용하게 사용하도록 권장하라(그것은 시간 낭비가 아니다.).
- **S**형 학생에게 손해를 주면서까지 **N**형 학생을 편애하는 것처럼 보이지 않도록 조심하라. 모든 학생은 그들이 선호하는 방법으로 수업에 기여할 수 있어야 한다.

교사는 일에 먼저 집중하고 그다음에 사람 · 관계에 집중한다. 교실은 사무적이고, 목적 의식이 뚜렷한 분위기를 가질 가능성이 있다. 학생은 행동, 숙제 등에서 기대되는 명확한 지침을 받는다. 이것은 잘해야 모든 사람이 자기가 어디에 서고, 어떻게 행동해야 하는지 알게 됨을 의미한다. 교사가 학생과 가지는 관계는 학생에게 중요하다는 것을 기억하라. 사자 유형의 학생은 선생님을 좋아하고 선생님도 그들을 좋아한다고 느낄 필요가 있다. 이렇게 되면 그들은 더 열심히 공부하겠지만 그렇지 않으면 공부에 신경을 완전히 끊을지도 모른다. 이것은 한 학생이 한 해(그들이 좋아하는 선생님과 함께 하면)에 최고의 학생이 될 수도 있고, 선생님이 바뀐 그 이듬해에는 공부에 대해 아예 관심을 보이지 않은 이유를 설명해 준다. 선천적으로 주관적인 학생의 능력을 최대한 이끌어 내기 위해 교사는

- 공감, 협업 및 팀워크를 사용하여 과제에 집중하는 교사 본연의 성향에 균형을 맞출 수 있는 학습 상황을 제시하라.
- 어떠한 약점이라도 극복할 수 있도록 요령껏 지원하면서 충분하고 정기적으로 칭찬하라.
- 학생에게 솔직한 피드백을 절충하여 하라. 피드백은 비판으로 쉽게 비칠 수 있으니 전달할 때 계란 껍데기를 밟듯 조심하라.
- 학생에 대한 개인적인 신뢰를 드러내면서 설득하라(나를 실망시키지 마렴, 네가 할 수 있다는 것을 알아, 난 네가 좋단다.).

숲올빼미 유형과 사자 유형은 체계적이고 효율적이다. 그것은 단지 노력에 의한 것일 뿐이다. 교사는 학교의 필수적이지만 빡빡하고 제한적인 시간표와 과제 마감 기한 속에서 각자에게 제공되는 자발성과 즉흥성에 대한 상호 존중을 즐기면서, 필요한 과제들을 완수해야 함을 기억해야 한다. 비록 재미있고 인기 있는 선생님이 되겠지만, 또한 학생들이 사회적으로 그리고 학문적으로 성공할 수 있도록 준비하는 과제에 집중하게 할 필요가 있다. 둘 다 일을 끝내는 것보다 시작하는 것을 좋아한다. 그들의 초기 열정은 빠르게 증발할 수 있다. 둘 다 그들이 중요한 과제를 식별하고 완수하도록 확실히 해야 한다. 그렇지 않으면 학생(또는 그들의 부모)은 결국 어색한 질문을 할 수 있다. 교사가 선천적으로 느긋한 학생의 능력을 최대한 이끌어 내기 위해서는 학생들이 단순히 선택 사항과 선택권을 좋아하는 것이 아니라 그것은 필수적인 것이고 그렇게 해 주지 않으면 근질거려 하고, 움찔거리거나 반발이 시작된다. 구조화되고 시간표가 있으며 일상적인 중등학교 환경은 **P**형 학생들에게 무척 어렵기 때문에 선생님들은 학생을 돕기 위해

- 가능한 한 유연성을 많이 제공하라(다양한 과제 선택, 수업 내 선택).
- 학생이 마지막 순간까지 당황하지 않고 중요한 작업을 완료할 수 있도록 시간을 조직하고 관리할 수 있는 방법을 도와주라.
- 세부 일정을 제공하지 마라(어차피 지키지도 못할 것이다.).
- 예상 가능한 수업이 지겹지 않도록 때때로 변화를 주어라.

231
숲올빼미 유형 선생님(Tawny Owl Teacher) & 흰동가리 유형 학생(Clown Fish student)
INTP & ENFP

숲올빼미 유형과 흰동가리 유형은 모두 두 가지의 성향을 공유한다. 모두 그들의 상상력을 이용해 교실에 재미와 창의성을 가져다준다. 대부분의 갈등 요소는 사교적인 흰동가리 유형이 일에 집중할 수 없을 때이다. 본래 활발한 그들의 학생의 능력을 최대한 이끌어 내기 위해 교사는

- 학생이 혼란스러운 생각을 불쑥 내뱉을 때 인내심을 갖고 열정적으로 경청하라.
- '유치한' 아이디어와 이야기일지라도 마음을 열고 그것이 이끄는 곳을 살펴보라. 학생은 크게 말하면서 생각하는데, 이것이 그들이 가장 잘 배우는 방법이다.
- 또한 교사의 생각도 제시하라. 시간이 초과될 경우 요청하라.
- 학생이 말하기 전에 충분히 생각하게 하라. 그렇지 않으면 수업을 방해할 수 있다.
- 특히 모둠 토론에서 논란이 될 만한 주제 · 논제는 학생에게 주지 마라.
- 수업하는 동안에 **E**형 학생들이 다른 **E**형 학생들과 대화할 수 있는 기회를 많이 만들어라.

선생님과 학생 모두 전체 상황을 먼저 보고, 예감, 추리, 상상력을 이용하여 의미를 추론함으로써 정보를 모은다. 선생님은 자연스럽게 교실에서 자신의 상상력을 활용할 것이고 **N**형 학생들은 이에 잘 반응할 것인데, 아마도 공상, 일화, 이야기에 상상의 나래를 펼치며 동참할 것이다. 선생님과 학생 사이의 자연스러운 친밀감은 종종 존재하는데, 그들 둘 다 같은 방식으로 세상을 바라보기 때문이다. 즉, 패턴, 가능성, 아이디어 그리고 이론을 탐구함으로써 사물이 왜 있는지를 이해하려는 뜨거운 호기심을 가지고 있다. 선생님은 **S**형 학생에게 피해를 주면서까지 **N**형 학생을 선호하는 것처럼 보이지 않도록 주의하라. 선천적으로 상상력이 풍부한 학생의 능력을 최대한 이끌어 내기 위해서 교사는

- 창의적으로 탐구할 수 있는 질문 · 프로젝트를 제공하라.
- 중복된 과제는 피하라. 학생이 빨리 흥미를 잃는다.
- 학생에게 **S**형 접근 방식(사실, 세부 사항, 절차, 실험, 경험 적용, 구조, 단계별 모델)이 수업에 중요하게 기여함을 깨닫도록 하라.

교사는 일에 먼저 집중하고 그다음에 사람 · 관계에 집중한다. 이 반은 업무에 충실하고, 목적 의식이 뚜렷한 분위기를 가질 가능성이 있다. 학생은 행동, 숙제 등에서 기대되는 명확한 지침을 받는다. 잘해야 이것은 모든 사람이 자기가 어디에 서고, 어떻게 행동해야 하는지 알게 됨을 의미한다. 최악의 경우에는, 교실이 의기소침하고 겁에 질린 신병들이 가득한 군대 훈련소와 비슷해질지도 모른다. 교사가 학생과 가지는 관계는 학생에게 매우 중요하다는 것을 기억하라. 흰동가리 유형의 학생은 선생님을 좋아하고 선생님도 그들을 좋아한다고 느낄 필요가 있다. 이렇게 되면 그들은 더 열심히 공부하겠지만 그렇지 않으면 공부에 신경을 완전히 끊을지도 모른다. 이것은 한 학생이 한 해(그들이 좋아하는 선생님과 함께 하면)에 최고의 학생이 될 수도 있고, 선생님이 바뀐 그 이듬해에는 공부에 대해 아예 관심을 보이지 않은 이유를 설명해 준다. 본래 주관적인 학생의 능력을 최대한 이끌어 내기 위해 교사는

- 공감, 협업 및 팀워크를 사용하여 과제에 집중하는 교사 본연의 성향에 균형을 맞출 수 있는 학습 상황을 제시하라.
- 어떠한 약점이라도 극복할 수 있도록 요령껏 지원하면서 충분하고 정기적으로 칭찬하라.
- 학생에게 직설적인 피드백을 절충하여 하라. 피드백은 비판으로 쉽게 비칠 수 있으니 전달할 때 계란 껍데기를 밟듯 조심하라.
- 학생에 대한 개인적인 신뢰를 드러내면서 설득하라(나를 실망시키지 마렴, 네가 할 수 있다는 것을 알아, 난 네가 좋단다.).

숲올빼미 유형과 흰동가리 유형은 해야 할 목록, 예정된 일정, 예측성을 혐오한다. 그들은 후천적인 심미안이나 연마된 기술의 경지에 도달하는 경우가 드물다. 교사는 학교의 필수적이지만 빡빡하고 제한적인 시간표와 과제 마감 기한 속에서 각자에게 제공되는 자발성과 즉흥성에 대한 상호 존중을 즐기면서, 필요한 과제들을 완수해야 함을 기억해야 한다. 비록 재미있고 인기 있는 선

생님이 되겠지만, 또한 학생들이 사회적으로 그리고 학문적으로 성공할 수 있도록 준비하는 과제에 집중하게 할 필요가 있다. 둘 다 일을 끝내는 것보다 시작하는 것을 좋아한다. 그들의 초기 열정은 빠르게 증발할 수 있다. 둘 다 그들이 중요한 과제를 식별하고 완수하도록 확실히 해야 한다. 그렇지 않으면 학생(또는 그들의 부모)은 결국 어색한 질문을 할 수 있다. 교사가 선천적으로 느긋한 학생의 능력을 최대한 이끌어 내기 위해서는 학생들이 단순히 선택할 수 있는 것과 선택하는 것을 좋아하는 것이 아니다. 이는 필수적인 것이고 그렇게 해 주지 않으면 그들은 몸이 근질거리고 꿈틀거리며 반란을 고려한다는 것을 이해할 필요가 있다. 체계적이고 시간표와 일상이 가득한 중등학교 환경은 많은 **P**형에게 어렵다. 교사는 학생을 돕기 위해

- 가능한 한 유연성을 많이 제공하라(다양한 과제 선택, 수업 내 선택).
- 세부 일정을 피하라(어차피 지키지도 못할 것이다.).
- 예상 가능한 수업이 지겹지 않도록 때때로 상황을 바꾸어 주라.
- 학생이 중요한 작업을 마지막까지 서두르지 않고 완료할 수 있도록 시간을 조직하고 관리할 수 있는 방법을 수립하도록 도와주라.

232
숲올빼미 유형 선생님(Tawny Owl Teacher) & 매 유형 학생(Falcon student)
INTP & ENTP

숲올빼미 유형과 매 유형은 모두 세 가지의 성향을 공유한다. 모두 그들의 상상력을 이용해 교실에 재미와 창의성을 가져다준다. 가장 유력한 갈등의 원인은 독단적이고 논쟁적인 매 유형이 일에 정착하지 못할 때이다. 선천적으로 활기찬 그들의 학생의 능력을 최대한 이끌어 내기 위해 교사는

- 학생이 혼란스러운 생각을 불쑥 내뱉을 때 인내심을 갖고 열정적으로 경청하라.
- '유치한' 아이디어일지라도 마음을 열고 그것이 이끄는 곳을 살펴보라. 학생은 크게 말하면서 생각하는데, 이것이 그들이 가장 잘 배우는 방법이다.
- 또한 교사의 생각도 제시하라. 시간이 초과될 경우 요청하라.
- 학생이 말하기 전에 충분히 생각하게 하라. 그렇지 않으면 수업을 방해할 수 있다.
- 특히 모둠 토론에서 논란이 될 만한 주제 · 논제는 학생에게 주지 마라.
- 수업하는 동안에 **E**형 학생들이 다른 **E**형 학생들과 대화할 수 있는 기회를 많이 만들어라.

선생님과 학생 모두 전체 상황을 먼저 보고, 예감, 추리, 상상력을 이용하여 의미를 추론함으로써 정보를 모은다. 선생님은 자연스럽게 교실에서 자신의 상상력을 활용할 것이고 **N**형 학생들은 이에 잘 반응할 것인데, 아마도 공상, 일화, 이야기에 상상의 나래를 펼치며 동참할 것이다. 선생님과 학생 사이의 자연스러운 친밀감은 종종 존재하는데, 그들 둘 다 같은 방식으로 세상을 바라보기 때문이다. 즉, 패턴, 가능성, 아이디어 그리고 이론을 탐구함으로써 사물이 왜 있는지를 이해하려는 뜨거운 호기심을 가지고 있다. 선생님은 **S**형 학생에게 피해를 주면서까지 **N**형 학생을 선호하는 것처럼 보이지 않도록 주의하라. 모든 학생은 자신이 선호하는 방식으로 수업에 기여할 수 있어야 한다. 선천적으로 상상력이 풍부한 학생의 능력을 최대한 이끌어 내기 위해서 교사는

- 창의적으로 탐구할 수 있는 질문 · 프로젝트를 제공하라.
- 중복된 과제는 피하라. 학생이 빨리 흥미를 잃는다.
- 학생에게 **S**형 접근 방식(사실, 세부 사항, 절차, 실험, 경험 적용, 구조, 단계별 모델)이 수업에 중요하게 기여함을 깨닫도록 하라.

선생님과 학생 모두 본래 직접적이고, 일관성 있고, 객관적이다. 교실은 목적이 뚜렷한 분위기를 가질 것이다. 학생들에게는 행동, 숙제의 관점에서 무엇을 해야 하는지 기대되는 명확한 지침서가 주어진다. 만약 학생이 선생님에게 이의를 제기한다면, 그것은 아마 (지침에 대해) 확인하기 위해서일 것이다. 기껏해야 이것은 모두가 자신의 위치와 어떻게 행동해야 하는지를 안다는 것을 의미한다. 선천적으로 과제 집중형 학생의 능력을 최대한 이끌어 내기 위해서 교사는

- 학생이 성취한 것과 그다음에 해야 할 것에 집중하게 하라.

- 때때로 타협할 수 있도록 준비하라.
- 잠재된 감정적인 원인을 고려하지 않고 문제된 어떤 것을 해결하려는 시도를 피하라.
- 학생들의 기술과 지식을 경쟁적으로 시험하는 방법으로 수업하라(경쟁, 도전, 퀴즈, 개인 최고 점수 갱신 및 측정).
- 학생들에게 사람의 50%는 **F**형이고 피드백을 개인적인 비판으로 객관적으로 해석할 수 있음을 이해하도록 도와주라.

숲올빼미 유형과 매 유형은 체계적이고 효율적이다. 그것은 단지 노력에 의한 것일 뿐이다. 교사는 학교의 필수적이지만 빡빡하고 제한적인 시간표와 과제 마감 기한 속에서 각자에게 제공되는 자발성과 즉흥성에 대한 상호 존중을 즐기면서, 필요한 과제들을 완수해야 함을 기억해야 한다. 비록 재미있고 인기 있는 선생님이 되겠지만, 또한 학생들이 사회적으로 그리고 학문적으로 성공할 수 있도록 준비하는 과제에 집중하게 할 필요가 있다. 둘 다 일을 끝내는 것보다 시작하는 것을 좋아한다. 그들의 초기 열정은 빠르게 사라질 수 있다. 둘 다 그들이 중요한 과제를 식별하고 완수하도록 확실히 해야 한다. 그렇지 않으면 학생(또는 그들의 부모)은 결국 어색한 질문을 할 수 있다. 교사가 선천적으로 느긋한 학생의 능력을 최대한 이끌어 내기 위해서는 학생들이 단순히 선택할 수 있는 것과 선택하는 것을 좋아하는 것이 아니라 그것은 필수적인 것이고 그렇게 해 주지 않으면 몸이 근질거리고 몸을 꼼지락거리거나 반항이 시작된다. 체계적이고 시간표와 일상이 가득한 중등학교 환경은 많은 **P**형에게 어렵다. 교사는 학생을 돕기 위해

- 가능한 한 유연성을 많이 제공하라(다양한 과제 선택, 수업 내 선택).
- 세부 일정을 제공하지 마라(어차피 지키지도 못할 것이다.).
- 예상 가능한 수업이 지겹지 않도록 때때로 변화를 주어라.
- 학생이 간단한 시간 관리 기술을 수립하고 사용할 수 있도록 도와주라.

233
숲올빼미 유형 선생님(Tawny Owl Teacher) & 호랑이 유형 학생(Tiger student)
INTP & ISTP

숲올빼미 유형과 호랑이 유형은 모두 세 가지 성향을 공유한다. 모두 조용하게 반성하는 시간을 좋아하고 그들 스스로를 위해 무언가를 하는 것을 좋아한다. 그들(이론적인 올빼미 유형 교사 대 현실적인 호랑이 유형 학생)의 차이는 정보를 흡수하는 방법에 있다. 선천적으로 내성적인 학생의 능력을 최대한 이끌어 내기 위해 교사는

- 학생의 사생활과 독립성을 존중하라.
- 학생이 심사숙고할 수 있도록 충분한 시간을 허락하라.
- 교사의 아이디어와 생각을 정기적으로 공유하여 서로가 하고 있는 것이 무엇인지 반드시 알게 하라.
- 교사 자신의 생각을 명확히 하는 시간을 가지되 대립을 피하지 마라. 어떤 말을 해야 한다면 차분하고 직접적으로 전달하라.
- 비언어적 의사소통을 사용하라—미소와 제스처는 **I**형 학생들을 안심시킨다. 피드백을 전달하기 위해 포스트잇 · 전자 메일을 사용할 수도 있다.
- 학생이 쉬는 시간에 때때로 교실의 빡빡한 환경에서 벗어나 교사와 일대일로 볼 수 있는 기회를 제공하라.

상상력이 풍부한 교사는 모든 학생에게 영감을 줄 수 있지만, 65퍼센트 학생들에게 명확한 지침, 구조, 사실, 세부 사항 그리고 절차를 제공해야 할 필요가 있음을 존중해야 한다. 그렇지 않으면 그들은 허둥댈 수 있다. 선천적으로 현실적인 학생의 능력을 최대한 이끌어 내기 위해 교사는

- 배운 것이 실제 현실에서 어떻게 적용되는지 설명하라.
- 학생이 역량을 갖출 때까지 반복하고 연습할 기회를 주라.
- 수업에 상상력을 유용하게 사용하도록 권장하라(그것은 시간 낭비가 아니다.).
- **S**형 학생에게 손해를 주면서까지 **N**형 학생을 편애하는 것처럼 보이지 않도록 조심하라. 모든 학생은

그들이 선호하는 방법으로 수업에 기여할 수 있어야 한다.

선생님과 학생 모두 업무 중심형이고, 직접적이며, 일관되고 정직하다. 이 반은 목적 의식이 뚜렷한 분위기를 가질 가능성이 있다. 학생은 행동, 숙제 등에서 기대되는 명확한 지침을 받는다. 만약 학생이 선생님에게 이의를 제기한다면 이는 명확한 설명을 위한 것이다. 잘해야 모든 사람들이 자기가 어디에 서고, 어떻게 행동해야 하는지 알게 됨을 의미한다. 선천적으로 업무 중심형인 학생의 능력을 최대한 이끌어 내기 위해 교사는

- 학생이 성취한 것과 그다음에 해야 할 것에 집중하게 하라.
- 때때로 타협할 수 있도록 준비하라.
- 잠재된 감정적인 원인을 고려하지 않고 문제된 어떤 것을 고치려고 하는 시도를 피하라.
- 학생들의 기술과 지식을 경쟁적으로 시험하는 방법으로 수업하라(경쟁, 도전, 퀴즈, 개인 최고 점수 갱신 및 측정).
- 학생들에게 사람의 50%는 **F**형이고 피드백을 개인적인 비판으로 객관적으로 해석할 수 있음을 이해하도록 도와주라.

P형은 체계적이고 효율적이다. 그것은 단지 노력에 의한 것일 뿐이다. 교사는 학교의 필수적이지만 빡빡하고 제한적인 시간표와 과제 마감 기한 속에서 각자에게 제공되는 자발성과 즉흥성에 대한 상호 존중을 즐기면서, 필요한 과제들을 완수해야 함을 기억해야 한다. 비록 재미있고 인기 있는 선생님이 되겠지만, 또한 학생들이 사회적으로 그리고 학문적으로 성공할 수 있도록 준비하는 과제에 집중하게 할 필요가 있다. 둘 다 일을 끝내는 것보다 시작하는 것을 좋아한다. 그들의 초기 열정은 빠르게 증발할 수 있다. 둘 다 그들이 중요한 과제를 식별하고 완수하도록 확실히 해야 한다. 그렇지 않으면 학생(또는 그들의 부모)은 결국 어색한 질문을 할 수 있다. 교사가 선천적으로 느긋한 학생의 능력을 최대한 이끌어 내기 위해서는 학생들이 단순히 선택할 수 있는 것과 선택하는 것을 좋아하는 것이 아니라 그것은 필수적인 것이고 그렇게 해 주지 않으면 몸이 근질거리고 몸을 꼼지락거리거나 반항이 시작된다. 체계적이고 시간표와 일상이 가득한 중등학교 환경은 많은 **P**형에게 어렵다. 교사는 학생을 돕기 위해

- 가능한 한 유연성을 많이 제공하라(다양한 과제 선택, 수업 내 선택).
- 세부 일정을 피하라(어차피 지키지도 못할 것이다.).
- 예상 가능한 수업이 지겹지 않도록 때때로 상황을 바꾸어 주라.
- 학생이 작업을 제때에 완료할 수 있도록 시간을 조직하고 관리할 수 있는 방법을 수립하도록 도와주라.

234
숲올빼미 유형 선생님(Tawny Owl Teacher) & 고양이 유형 학생(Cat student)
INTP & ISFP

숲올빼미 유형과 고양이 유형은 모두 두 가지 성향을 공유한다. 모두 관찰적이고, 사색적이고, 융통성이 있다. 갈등은 갑자기 일어나기보다는 시간이 걸쳐서 서서히 올라올 것이다. 교사는 학생들이 잘하도록 개입하는 것이 드러나지 않게 학생의 절차를 확인할 필요가 있다. 선천적으로 내성적인 학생의 능력을 최대한 이끌어 내기 위해 교사는

- 학생의 사생활과 독립성을 존중하라.
- 학생이 심사숙고할 수 있도록 충분한 시간을 허락하라.
- 교사의 아이디어와 생각을 정기적으로 공유하여 서로가 하고 있는 것이 무엇인지 반드시 알게 하라.
- 교사 자신의 생각을 명확히 하는 시간을 가지되 대립을 피하지 마라. 어떤 말을 해야 한다면 차분하고 직접적으로 전달하라.
- 비언어적 의사소통을 사용하라—미소와 제스처는 **I**형 학생들을 안심시킨다. 피드백을 전달하기 위해 포스트잇 · 전자 메일을 사용할 수도 있다.
- 학생이 쉬는 시간에 때때로 교실의 빡빡한 환경에서 벗어나 교사와 일대일로 볼 수 있는 기회를 제공하라.

상상력이 풍부한 숲올빼미 유형 교사는 모든 학생에게 영감을 줄 수 있지만, 고양이 유형 학생들에게 명확한 지침, 구조, 사실, 세부 사항 그리고 절차를 제공해야 할 필요가 있음을 존중해야 한다. 그렇지 않으면, 그들은

실수할 수도 있다. 본래 기반이 있는 학생의 능력을 최대한 이끌어 내기 위해 교사는

- 배운 것이 실제 현실에서 어떻게 적용되는지 설명하라.
- 학생이 역량을 갖출 때까지 반복하고 연습할 기회를 주라.
- 수업에 상상력을 유용하게 사용하도록 권장하라(그것은 시간 낭비가 아니다.).
- **S**형 학생에게 손해를 주면서까지 **N**형 학생을 편애하는 것처럼 보이지 않도록 조심하라. 모든 학생은 그들이 선호하는 방법으로 수업에 기여할 수 있어야 한다.

교사는 일에 먼저 집중하고 그다음에 사람 · 관계에 집중한다. 교실은 사무적이고, 목적 의식이 뚜렷한 분위기를 가질 가능성이 있다. 학생은 행동, 숙제 등에서 기대되는 명확한 지침을 받는다. 기껏해야 이것은 모든 사람이 자기가 어디에 서고, 어떻게 행동해야 하는지 알게 됨을 의미한다. 최악의 경우에는, 교실은 의기소침하고 겁에 질린 신병들이 가득한 군대 훈련소와 비슷할 것이다. 교사는 학생과의 개인적 관계가 학생에게 매우 중요하다는 것을 기억하라. 고양이 유형의 학생은 선생님을 좋아하고 선생님도 그들을 좋아한다고 느낄 필요가 있다. 이렇게 되면 그들은 더 열심히 공부하겠지만 그렇지 않으면 공부에 신경을 완전히 끊을지도 모른다. 이것은 한 학생이 한 해(그들이 좋아하는 선생님과 함께 하면)에 최고의 학생이 될 수도 있고, 선생님이 바뀐 그 이듬해에는 공부에 대해 아예 관심을 보이지 않은 이유를 설명해 준다. 선천적으로 주관적인 학생의 능력을 최대한 이끌어 내기 위해 교사는

- 공감, 협업 및 팀워크를 사용하여 과제에 집중하는 교사 본연의 성향에 균형을 맞출 수 있는 학습 상황을 제시하라.
- 어떠한 약점이라도 극복할 수 있도록 요령껏 지원하면서 충분하고 정기적으로 칭찬하라.
- 때때로 무뚝뚝한 피드백으로 타협하라. 피드백은 비판으로 쉽게 비칠 수 있으니 전달할 때 계란 껍데기를 밟듯 조심하라.
- 학생에 대한 개인적인 신뢰를 드러내면서 설득하라(나를 실망시키지 마렴, 네가 할 수 있다는 것을 알아, 난 네가 좋단다.).

숲올빼미 유형과 고양이 유형은 체계적이고 효율적이다. 그것은 단지 노력에 의한 것일 뿐이다. 교사는 학교의 필수적이지만 빡빡하고 제한적인 시간표와 과제 마감 기한 속에서 각자에게 제공되는 자발성과 즉흥성에 대한 상호 존중을 즐기면서, 필요한 과제들을 완수해야 함을 기억해야 한다. 비록 기발하고 혁신적인 선생님이 되겠지만, 또한 학생들이 사회적으로 그리고 학문적으로 성공할 수 있도록 준비하는 과제에 집중하게 할 필요가 있다. 둘 다 일을 끝내는 것보다 시작하는 것을 좋아한다. 그들의 초기 열정은 빠르게 증발할 수 있다. 둘 다 그들이 중요한 과제를 식별하고 완수하도록 확실히 해야 한다. 그렇지 않으면 학생(또는 그들의 부모)은 결국 어색한 질문을 할 수 있다. 교사가 선천적으로 느긋한 학생의 능력을 최대한 이끌어 내기 위해서는 학생들이 단순히 선택할 수 있는 것과 선택하는 것을 좋아하는 것이 아니라 그것은 필수적인 것이고 그렇게 해 주지 않으면 몸이 근질거리고 몸을 꼼지락거리거나 반항이 시작된다는 것을 이해해야 할 필요가 있다. 체계적이고 시간표와 일상이 가득한 중등학교 환경은 많은 **P**형에게 어렵다. 교사는 학생을 돕기 위해

- 가능한 한 유연성을 많이 제공하라(다양한 과제 선택, 수업 내 선택).
- 세부 일정을 제공하지 마라(어차피 지키지도 못할 것이다.).
- 예상 가능한 수업이 지겹지 않도록 때때로 변화를 주어라.
- 학생이 중요한 작업을 마지막까지 서두르지 않고 완료할 수 있도록 시간을 조직하고 관리할 수 있는 방법을 수립하도록 도와주라.

235
숲올빼미 유형 선생님(Tawny Owl Teacher) & 물개 유형 학생(Seal student)
INTP & INFP

숲올빼미 유형과 물개 유형은 모두 세 가지 성향을 공유한다. 모두 독립적이고 사색적이고 융통성이 있다. 갈등은 갑자기 일어나기보다는 시간이 걸쳐서 서서히 올라올 것이다. 교사는 학생들이 잘하도록 개입하는 것이 드

러나지 않게 학생의 절차를 확인할 필요가 있다. 선천적으로 내성적인 학생의 능력을 최대한 이끌어 내기 위해 교사는

- 학생의 사생활과 독립성을 존중하라.
- 학생이 심사숙고할 수 있도록 충분한 시간을 허락하라.
- 교사의 아이디어와 생각을 정기적으로 공유하여 서로가 하고 있는 것이 무엇인지 반드시 알게 하라.
- 교사 자신의 생각을 명확히 하는 시간을 가지되 대립을 피하지 마라. 어떤 말을 해야 한다면 차분하고 직접적으로 전달하라.
- 비언어적 의사소통을 사용하라—미소와 제스처는 **I**형 학생들을 안심시킨다. 피드백을 전달하기 위해 포스트잇 · 전자 메일을 사용할 수도 있다.
- 학생이 쉬는 시간에 때때로 교실의 빡빡한 환경에서 벗어나 교사와 일대일로 볼 수 있는 기회를 제공하라.

선생님과 학생 모두 전체 상황을 먼저 보고, 예감, 추리, 상상력을 이용하여 의미를 추론함으로써 정보를 모은다. 선생님은 자연스럽게 교실에서 자신의 상상력을 활용할 것이고 **N**형 학생들은 이에 잘 반응할 것인데, 아마도 공상, 일화, 이야기에 상상의 나래를 펼치며 동참할 것이다. 선생님과 학생 사이의 자연스러운 친밀감은 종종 존재하는데, 그들 둘 다 같은 방식으로 세상을 바라보기 때문이다. 즉, 패턴, 가능성, 아이디어 그리고 이론을 탐구함으로써 사물이 왜 있는지를 이해하려는 뜨거운 호기심을 가지고 있다. 선생님은 **S**형 학생에게 피해를 주면서까지 **N**형 학생을 선호하는 것처럼 보이지 않도록 주의하라. 모든 학생은 자신이 선호하는 방식으로 수업에 참여할 수 있어야 한다. 선천적으로 상상력이 풍부한 학생의 능력을 최대한 이끌어 내기 위해서 교사는

- 창의적으로 탐구할 수 있는 질문 · 프로젝트를 제공하라.
- 중복된 과제는 피하라. 학생이 빨리 흥미를 잃는다.
- 학생에게 **S**형 접근 방식(사실, 세부 사항, 절차, 실험, 경험 적용, 구조, 단계별 모델)이 수업에 중요하게 기여함을 깨닫도록 하라.

교사는 일에 먼저 집중하고 그다음에 사람 · 관계에 집중한다. 교실은 사무적이고, 목적 의식이 뚜렷한 분위기를 가질 가능성이 있다. 학생은 행동, 숙제 등에서 기대되는 명확한 지침을 받는다. 기껏해야 이것은 모든 사람이 자기가 어디에 서고, 어떻게 행동해야 하는지 알게 됨을 의미한다. 최악의 경우에는, 교실이 의기소침하고 겁에 질린 신병들이 가득한 군대 훈련소와 비슷해질지도 모른다. 교사는 학생과의 개인적 관계가 학생에게 중요하다는 것을 기억하라. 물개 유형의 학생은 선생님을 좋아하고 선생님도 그들을 좋아한다고 느낄 필요가 있다. 이렇게 되면 그들은 더 열심히 공부하겠지만 그렇지 않으면 공부에 신경을 완전히 끊을지도 모른다. 이것은 한 학생이 한 해(그들이 좋아하는 선생님과 함께 하면)에 최고의 학생이 될 수도 있고, 선생님이 바뀐 그 이듬해에는 공부에 대해 아예 관심을 보이지 않은 이유를 설명해준다. 본래 주관적인 학생의 능력을 최대한 이끌어 내기 위해 교사는

- 공감, 협업 및 팀워크를 사용하여 과제에 집중하는 교사 본연의 성향에 균형을 맞출 수 있는 학습 상황을 제시하라.
- 어떠한 약점이라도 극복할 수 있도록 요령껏 지원하면서 충분하고 정기적으로 칭찬하라.
- 때때로 무뚝뚝한 피드백으로 타협하라. 피드백은 비판으로 쉽게 비칠 수 있으니 전달할 때 계란 껍데기를 밟듯 조심하라.
- 학생에 대한 개인적인 신뢰를 드러내면서 설득하라(나를 실망시키지 마렴, 네가 할 수 있다는 것을 알아, 난 네가 좋단다.).

숲올빼미 유형과 물개 유형은 체계적이고 효율적이다. 그것은 단지 노력에 의한 것일 뿐이다. 교사는 학교의 필수적이지만 빡빡하고 제한적인 시간표와 과제 마감기한 속에서 각자에게 제공되는 자발성과 즉흥성에 대한 상호 존중을 즐기면서, 필요한 과제들을 완수해야 함을 기억해야 한다. 비록 독창적인 교사일 수 있지만 학생들이 사회적으로 그리고 학문적으로 성공할 수 있도록 준비하는 과제에 집중하게 할 필요가 있다. 둘 다 일을 끝내는 것보다 시작하는 것을 좋아한다. 그들의 초기 열정은 빠르게 증발할 수 있다. 둘 다 그들이 중요한 과제를 식별하고 완수하도록 확실히 해야 한다. 그렇지 않으면 학생(또는 그들의 부모)은 결국 어색한 질문을 할 수 있다. 교사가 선천적으로 느긋한 학생의 능력을 최대한 이끌어 내기 위해서는 학생들이 단순히 선택할 수 있는 것과 선택하는 것을 좋아하는 것이 아니라 그것은 필수

적인 것이고 그렇게 해 주지 않으면 몸이 근질거리고 몸을 꼼지락거리거나 반항한다. 체계적이고 시간표와 일상이 가득한 중등학교 환경은 많은 **P**형에게 어렵다. 교사는 학생을 돕기 위해

- 가능한 한 유연성을 많이 제공하라(다양한 과제 선택, 수업 내 선택).
- 세부 일정을 피하라(어차피 지키지도 못할 것이다.).
- 예상 가능한 수업이 지겹지 않도록 때때로 변화를 주어라.
- 물개 유형이 성공할 수 있도록 효과적인 시간 관리 전략을 수립하도록 지원하라.

236
숲올빼미 유형 선생님(Tawny Owl Teacher) & 숲올빼미 유형 학생(Tawny Owl student)
INTP & INTP

올빼미 유형들은 공통점이 많다. 모두 사람보다는 생각을 다루는 것을 좋아한다. 모두들 상상력이 풍부하고 호기심이 많다. 그들의 유사점은 상호 보완적일 수 있다. 독립적인 학생이 도움이 필요한 순간 도움을 찾을 수 없을 때에 갈등이 생길 수가 있다. 이런 가능성을 줄이기 위해서 교사는

- 학생의 사생활과 독립성을 존중하라.
- 학생이 심사숙고할 수 있도록 충분한 시간을 허락하라.
- 교사의 아이디어와 생각을 정기적으로 공유하여 서로가 하고 있는 것이 무엇인지 반드시 알게 하라.
- 교사 자신의 생각을 명확히 하는 시간을 가지되 대립을 피하지 마라. 어떤 말을 해야 한다면 차분하고 직접적으로 전달하라.
- 비언어적 의사소통을 사용하라—미소와 제스처는 **I**형 학생들을 안심시킨다. 피드백을 전달하기 위해 포스트잇 · 전자 메일을 사용할 수도 있다.
- 학생이 쉬는 시간에 때때로 교실의 빡빡한 환경에서 벗어나 교사와 일대일로 볼 수 있는 기회를 제공하라.

선생님과 학생 모두 전체 상황을 먼저 보고, 예감, 추리, 상상력을 이용하여 의미를 추론함으로써 정보를 모은다. 선생님은 자연스럽게 교실에서 자신의 상상력을 활용할 것이고 **N**형 학생들은 이에 잘 반응할 것인데, 아마도 공상, 일화, 이야기에 상상의 나래를 펼치며 동참할 것이다. 선생님과 학생 사이의 자연스러운 친밀감은 종종 존재하는데, 그들 둘 다 같은 방식으로 세상을 바라보기 때문이다. 즉, 패턴, 가능성, 아이디어 그리고 이론을 탐구함으로써 사물이 왜 있는지를 이해하려는 뜨거운 호기심을 가지고 있다. 선생님은 **S**형 학생에게 피해를 주면서까지 **N**형 학생을 선호하는 것처럼 보이지 않도록 주의하라. 모든 학생은 자신이 선호하는 방식으로 수업에 기여할 수 있어야 한다. 선천적으로 상상력이 풍부한 학생의 능력을 최대한 이끌어 내기 위해서 교사는

- 창의적으로 탐구할 수 있는 질문 · 프로젝트를 제공하라.
- 중복된 과제는 피하라. 학생이 빨리 흥미를 잃는다.
- 학생에게 **S**형 접근 방식(사실, 세부 사항, 절차, 실험, 경험 적용, 구조, 단계별 모델)이 수업에 중요하게 기여함을 깨닫도록 하라.

선생님과 학생 모두 업무 중심형이고, 직접적이며, 일관되고 정직하다. 이 반은 목적 의식이 뚜렷한 분위기를 가질 가능성이 있다. 학생은 행동, 숙제 등에서 기대되는 명확한 지침을 받는다. 만약 학생이 선생님에게 이의를 제기한다면 그것은 아마 (지침에 대해) 확인하기 위해서일 것이다. 잘해야 모든 사람들이 자기가 어디에 서고, 어떻게 행동해야 하는지 알게 됨을 의미한다. 학생의 능력을 최대한 이끌어 내기 위해 교사는

- 학생이 성취한 것과 그다음에 해야 할 것에 집중하게 하라.
- 때때로 타협할 수 있도록 준비하라.
- 잠재된 감정적인 원인을 고려하지 않고 문제된 어떤 것을 해결하려는 시도를 피하라.
- 학생들의 기술과 지식을 경쟁적으로 시험하는 방법으로 수업하라(경쟁, 도전, 퀴즈, 개인 최고 점수 갱신 및 측정).
- 학생들에게 사람의 50%는 **F**형이고 피드백을 개인적인 비판으로 객관적으로 해석할 수 있음을 이해하도록 도와주라.

숲올빼미 유형들은 체계적이고 효율적이다. 그것은 단

지 노력에 의한 것일 뿐이다. 교사는 학교의 필수적이지만 빡빡하고 제한적인 시간표와 과제 마감 기한 속에서 각자에게 제공되는 자발성과 즉흥성에 대한 상호 존중을 즐기면서, 필요한 과제들을 완수해야 함을 기억해야 한다. 비록 재미있고 인기 있는 선생님이 되겠지만, 또한 학생들이 사회적으로 그리고 학문적으로 성공할 수 있도록 준비하는 과제에 집중하게 할 필요가 있다. 둘 다 일을 끝내는 것보다 시작하는 것을 좋아한다. 그들의 초기 열정은 빠르게 증발할 수 있다. 둘 다 그들이 중요한 과제를 식별하고 완수하도록 확실히 해야 한다. 그렇지 않으면 학생(또는 그들의 부모)은 결국 어색한 질문을 할 수 있다. 교사가 선천적으로 느긋한 학생의 능력을 최대한 이끌어 내기 위해서는 학생들이 단순히 선택할 수 있는 것과 선택하는 것을 좋아하는 것이 아니라 그것은 필수적인 것이고 그렇게 해 주지 않으면 몸이 근질거리고 몸을 꼼지락거리거나 반항한다. 체계적이고 시간표와 일상이 가득한 중등학교 환경은 많은 **P**형에게 어렵다. 교사는 학생을 돕기 위해

- 가능한 한 유연성을 많이 제공하라(다양한 과제 선택, 수업 내 선택).
- 학생이 중요한 작업을 마지막까지 서두르지 않고 완료할 수 있도록 시간을 조직하고 관리할 수 있는 방법을 수립하도록 도와주라.
- 세부 일정을 피하라(어차피 지키지도 못할 것이다.).
- 예상 가능한 수업이 지겹지 않도록 때때로 상황을 바꾸어 주라.

237
숲올빼미 유형 선생님(Tawny Owl Teacher) & 북극곰 유형 학생(Polar Bear student)
INTP & ISTJ

숲올빼미 유형과 북극곰 유형은 모두 두 가지 성향을 공유한다. 모두들 사람보다는 생각을 다루는 것을 좋아한다. 그들의 유사점은 상호 보완적일 수 있다. 전통적인 학생이 변덕스러운 올빼미 교수와 관계 맺는 것을 실패할 때에 갈등이 일어날 수 있다. 선천적으로 사실에 입각하는 학생의 능력을 최대한 이끌어 내기 위해 교사는

- 학생의 사생활과 독립성을 존중하라.
- 학생이 심사숙고할 수 있도록 충분한 시간을 허락하라.
- 아이디어와 생각을 정기적으로 공유하여 여러분이 무엇을 하고 있는지 확실히 합니다.
- 교사 자신의 생각을 명확히 하는 시간을 가지되 대립을 피하지 마라. 어떤 말을 해야 한다면 차분하고 직접적으로 전달하라.
- 비언어적 의사소통을 사용하라—미소와 제스처는 **I**형 학생들을 안심시킨다. 피드백을 전달하기 위해 포스트잇 · 전자 메일을 사용할 수도 있다.

상상력이 풍부한 교사는 모든 학생에게 영감을 줄 수 있지만, 북극곰 유형 학생들에게 명확한 지침, 구조, 사실, 세부 사항 그리고 절차를 제공해야 할 필요가 있음을 존중해야 한다. 그렇지 않으면, 그들은 허둥댈 수도 있다. 또한 교사는

- 배운 것이 실제 현실에서 어떻게 적용되는지 설명하라.
- 학생이 역량을 갖출 때까지 반복하고 연습할 기회를 주라.
- 수업에 상상력을 유용하게 사용하도록 권장하라(그것 시간 낭비가 아니다.).
- **S**형 학생에게 손해를 주면서까지 **N**형 학생을 편애하는 것처럼 보이지 않도록 조심하라. 모든 학생은 그들이 선호하는 방법으로 수업에 기여할 수 있어야 한다.

선생님과 학생 모두 업무 중심적이고, 직접적이며, 일관되고 솔직하다. 이 반은 목적 의식이 뚜렷한 분위기를 가질 가능성이 있다. 학생은 행동, 숙제 등에서 기대되는 명확한 지침을 받는다. 만약 학생이 선생님에게 이의를 제기한다면 그것은 아마 (지침에 대해) 확인하기 위해서일 것이다. 잘해야 모든 사람이 자기가 어디에 서고, 어떻게 행동해야 하는지 알게 됨을 의미한다. 근본적으로 과제 집중형인 그들의 학생의 능력을 최대한 이끌어 내기 위해 교사는

- 학생이 성취한 것과 그다음에 해야 할 것에 집중하게 하라.
- 때때로 타협할 수 있도록 준비하라.
- 학생들에게 사람의 50%는 **F**형이고 피드백을 비판으로 해석할 수 있음을 이해하도록 도와주라.

- 잠재된 감정적인 원인을 고려하지 않고 문제된 어떤 것을 해결하려는 시도를 피하라.
- 학생들의 기술과 지식을 경쟁적으로 시험하는 방법으로 수업하라(경쟁, 도전, 퀴즈, 개인 최고 점수 갱신 및 측정).

느긋하고 유연하며 즉흥적인 교사가 선천적으로 체계적인 학생과 함께 하는 것은 꿈의 팀이 될 수도 있고 재앙이 될 수도 있다. 긍정적인 관계를 만들기 위해 그들은 서로의 장점을 살려야 한다. 학생은 계획을 바꾸고 적응하는 선생님의 능력으로부터 혜택을 받을 수 있고, 선생님은 그들이 일하고 완성할 수 있는 계획을 가지고 싶어 하는 학생의 열망으로부터 혜택을 받을 수 있다. 선생님은 또한

- 질서, 깔끔함 및 마감 기일 준수에 대한 학생의 욕구를 지지하고 격려하라.
- 학생이 진정으로 원할 경우 그들의 방식대로 작업을 자립적으로 계획할 수 있도록 허락하라.
- 단지 계획을 바꾸기 위한 계획은 하지 마라. 이것은 학생을 좌절시킬 뿐이다.
- 학생에게 진부함을 방지하기 위해 새로운 접근법을 시도하도록 격려하라.

238
숲올빼미 유형 선생님(Tawny Owl Teacher) & 코알라 유형 학생(Koala student)
INTP & IDFJ

숲올빼미 유형과 코알라 유형은 모두 하나의 성향을 공유한다. 모두 내성적이고 개인적이다. 교사는 조용히 잘 보살피는 접근법을 사용하여 학생들의 유연성과 상상력을 발달시키는 데 도움을 줄 수 있다. 코알라 유형은 명확한 지시와 번창할 계획이 필요한데, 이는 선생님의 '미친 교수' 스타일에 도전이 될 수 있다. 선생님이 선천적으로 소심한 학생을 최대한 활용하기 위해서는

- 학생의 사생활과 독립성을 존중하라.
- 학생이 심사숙고할 수 있도록 충분한 시간을 허락하라.
- 교사의 아이디어와 생각을 정기적으로 공유하여 서로가 하고 있는 것이 무엇인지 반드시 알게 하라.
- 교사 자신의 생각을 명확히 하는 시간을 가지되 대립을 피하지 마라. 어떤 말을 해야 한다면 차분하고 직접적으로 전달하라.
- 비언어적 의사소통을 사용하라—미소와 제스처는 **I**형 학생들을 안심시킨다. 피드백을 전달하기 위해 포스트잇 · 전자 메일을 사용할 수도 있다.
- 학생이 쉬는 시간에 때때로 교실의 빡빡한 환경에서 벗어나 교사와 일대일로 볼 수 있는 기회를 제공하라.

상상력이 풍부한 숲올빼미 유형 교사는 모든 학생에게 영감을 줄 수 있지만, 코알라 유형 학생들에게 명확한 지침, 구조, 사실, 세부 사항 그리고 절차를 제공해야 할 필요가 있음을 존중해야 한다. 그렇지 않으면, 그들은 허우적거릴 수도 있다. 선천적으로 현실적인 학생의 능력을 최대한 이끌어 내기 위해 교사는

- 배운 것이 실제 현실에서 어떻게 적용되는지 설명하라.
- 학생이 역량을 갖출 때까지 반복하고 연습할 기회를 주라.
- 수업에 상상력을 유용하게 사용하도록 권장하라(그것은 시간 낭비가 아니다.).
- **S**형 학생에게 손해를 주면서까지 **N**형 학생을 편애하는 것처럼 보이지 않도록 조심하라. 모든 학생은 그들이 선호하는 방법으로 수업에 기여할 수 있어야 한다.

교사는 일에 먼저 집중하고 그다음에 사람 · 관계에 집중한다. 이 반은 목적 의식이 뚜렷한 분위기를 가질 가능성이 있다. 학생은 행동, 숙제 등에서 기대되는 명확한 지침을 받는다. 잘해야 모든 사람이 자기가 어디에 서고, 어떻게 행동해야 하는지 알게 됨을 의미한다. 최악의 경우 교실은 군대 신병 훈련소와 비슷해질지도 모른다. 교사는 학생과 가지는 관계가 학생에게 중요하다는 것을 기억하라. 코알라 유형의 학생은 선생님을 좋아하고 선생님도 그들을 좋아한다고 느낄 필요가 있다. 이렇게 되면 그들은 더 열심히 공부하겠지만 그렇지 않으면 공부에 신경을 완전히 끊을지도 모른다. 이것은 한 학생이 한 해(그들이 좋아하는 선생님과 함께 하면)에 최고의 학생이 될 수도 있고, 선생님이 바뀐 그 이듬해에는 공부에 대해 아예 관심을 보이지 않은 이유를 설명해 준다. 코알라 유형의 학생을 잘 양육하려면

- 공감, 협업 및 팀워크를 사용하여 과제에 집중하는 교사 본연의 성향에 균형을 맞출 수 있는 학습 상황을 제시하라.
- 어떠한 약점이라도 극복할 수 있도록 요령껏 지원하면서 충분하고 정기적으로 칭찬하라. 피드백은 비판으로 쉽게 비칠 수 있으니 전달할 때 주의 깊게 다루어라.
- 학생에 대한 개인적인 신뢰를 드러내면서 설득하라(나를 실망시키지 마렴, 네가 할 수 있다는 것을 알아, 난 네가 좋단다.).
- 일상을 사랑하는 코알라 유형을 안심시키기 위해 때때로 타협할 준비를 하라.

느긋하고 유연하며 즉흥적인 교사가 선천적으로 체계적인 학생과 함께 하는 것은 꿈의 팀이 될 수도 있고 재앙이 될 수도 있다. 긍정적인 관계를 만들기 위해 그들은 서로의 장점을 살려야 한다. 학생은 계획을 바꾸고 적응하는 선생님의 능력으로부터 혜택을 받을 수 있고, 선생님은 그들이 일하고 완성할 수 있는 계획을 가지고 싶어 하는 학생의 열망으로부터 혜택을 받을 수 있다. 선생님은 또한

- 질서, 깔끔함, 마감 기일 준수에 대한 학생의 욕구를 격려하고 지지하라.
- 학생이 진정으로 원할 경우 그들의 방식대로 작업을 자립적으로 계획할 수 있도록 허락하라.
- 단지 계획을 바꾸기 위한 계획은 하지 마라. 이것은 학생을 좌절시킬 뿐이다.
- 코알라 유형 학생이 새로운 활동과 동호회에 참여하여 스스로 활동 폭을 넓히거나 또래에 대해 더 많이 알도록 격려하라.

239
숲올빼미 유형 선생님(Tawny Owl Teacher) & 해마 유형 학생(Seahorse student)
INTP & INFJ

숲올빼미 유형과 해마 유형은 모두 두 가지 성향을 공유한다. 모두 내성적이고 호기심이 많고 개인적이다. 교사는 조용히 잘 보살피는 접근법을 사용하여 학생들의 유연성과 상상력을 발달시키는 데 도움을 줄 수 있다. 해마 유형이 번성하기 위해서는 그들의 감정을 탐구할 시간이 필요한데, 이는 교사의 객관적인 '미친 교수' 스타일에 도전이 될 수 있다. 조용하고 혁신적인 학생을 최대한 활용하려면 교사는

- 학생의 사생활과 독립성을 존중하라.
- 학생이 심사숙고할 수 있도록 충분한 시간을 허락하라.
- 아이디어와 생각을 정기적으로 공유하여 여러분이 무엇을 하고 있는지 확실히 합니다.
- 교사 자신의 생각을 명확히 하는 시간을 가지되 대립을 피하지 마라. 어떤 말을 해야 한다면 차분하고 직접적으로 전달하라.
- 비언어적 의사소통을 사용하라—미소와 제스처는 **I**형 학생들을 안심시킨다. 피드백을 전달하기 위해 포스트잇 · 전자 메일을 사용할 수도 있다.

선생님과 학생 모두 전체 상황을 먼저 보고, 예감, 추리, 상상력을 이용하여 의미를 추론함으로써 정보를 모은다. 선생님은 자연스럽게 교실에서 자신의 상상력을 활용할 것이고 **N**형 학생들은 이에 잘 반응할 것인데, 아마도 공상, 일화, 이야기에 상상의 나래를 펼치며 동참할 것이다. 선생님과 학생 사이의 자연스러운 친밀감은 종종 존재하는데, 그들 둘 다 같은 방식으로 세상을 바라보기 때문이다. 즉, 패턴, 가능성, 아이디어 그리고 이론을 탐구함으로써 사물이 왜 있는지를 이해하려는 뜨거운 호기심을 가지고 있다. 선생님은 **S**형 학생에게 피해를 주면서까지 **N**형 학생을 선호하는 것처럼 보이지 않도록 주의하라. 모든 학생은 자신이 선호하는 방식으로 수업에 참여할 수 있어야 한다. 선천적으로 상상력이 풍부한 학생의 능력을 최대한 이끌어 내기 위해서 교사는

- 창의적으로 탐구할 수 있는 질문 · 프로젝트를 제공하라.
- 중복된 과제는 피하라. 학생이 빨리 흥미를 잃는다.
- 학생에게 **S**형 접근 방식(사실, 세부 사항, 절차, 실험, 경험 적용, 구조, 단계별 모델)이 수업에 중요하게 기여함을 깨닫도록 하라.

교사는 일에 먼저 집중하고 그다음에 사람 · 관계에 집중한다. 교실은 사무적이고, 목적 의식이 뚜렷한 분위기를 가질 가능성이 있다. 학생은 행동, 숙제 등에서 기대

되는 명확한 지침을 받는다. 기껏해야 이것은 모든 사람이 자기가 어디에 서고, 어떻게 행동해야 하는지 알게 됨을 의미한다. 최악의 경우 교실이 의기소침하고 겁에 질린 신병들이 가득한 군대 훈련소와 비슷해질지도 모른다. 교사가 학생과 가지는 관계는 학생에게 중요하다는 것을 기억하라. 해마 유형의 학생은 선생님을 좋아하고 선생님도 그들을 좋아한다고 느낄 필요가 있다. 이렇게 되면 그들은 더 열심히 공부하겠지만 그렇지 않으면 공부에 신경을 완전히 끊을지도 모른다. 이것은 한 학생이 한 해(그들이 좋아하는 선생님과 함께 하면)에 최고의 학생이 될 수도 있고, 선생님이 바뀐 그 이듬해에는 공부에 대해 아예 관심을 보이지 않은 이유를 설명해 준다. 선천적으로 주관적인 학생의 능력을 최대한 이끌어 내기 위해 교사는

- 공감, 협업 및 팀워크를 사용하여 과제에 집중하는 교사 본연의 성향에 균형을 맞출 수 있는 학습 상황을 제시하라.
- 어떠한 약점이라도 극복할 수 있도록 요령껏 지원하면서 충분하고 정기적으로 칭찬하라.
- 때때로 무뚝뚝한 피드백으로 타협하라. 피드백은 비판으로 쉽게 비칠 수 있으니 전달할 때 계란 껍데기를 밟듯 조심하라.
- 학생에 대한 개인적인 신뢰를 드러내면서 설득하라(나를 실망시키지 마렴, 네가 할 수 있다는 것을 알아, 난 네가 좋단다.).

느긋하고 유연하며 즉흥적인 교사가 선천적으로 체계적인 학생과 함께 하는 것은 꿈의 팀이 될 수도 있고 재앙이 될 수도 있다. 긍정적인 관계를 만들기 위해 그들은 서로의 장점을 살려야 한다. 학생은 계획을 바꾸고 적응하는 선생님의 능력으로부터 혜택을 받을 수 있고, 선생님은 그들이 일하고 완성할 수 있는 계획을 가지고 싶어 하는 학생의 열망으로부터 혜택을 받을 수 있다. 선생님은 또한

- 질서, 깔끔함 및 마감 기일 준수에 대한 학생의 욕구를 지지하고 격려하라.
- 학생이 진정으로 원할 경우 그들의 방식대로 작업을 자립적으로 계획할 수 있도록 허락하라.
- 단지 계획을 바꾸기 위한 계획은 하지 마라. 이것은 학생을 좌절시킬 뿐이다.

240
숲올빼미 유형 선생님(Tawny Owl Teacher) & 가면올빼미 유형 학생(Barn Owl student)
INTP & INTJ

올빼미 유형들은 공통점이 많다. 모두 사람보다는 생각을 다루는 것을 좋아한다. 모두들 상상력이 풍부하고 호기심이 많다. 그들의 유사점은 상호 보완적일 수 있다. 독립적인 학생이 도움이 필요한 순간 도움을 찾을 수 없을 때에 갈등이 생길 수가 있다. 이런 가능성을 줄이기 위해서 교사는

- 학생이 심사숙고할 수 있도록 충분한 시간을 허락하라.
- 교사의 아이디어와 생각을 정기적으로 공유하여 서로가 하고 있는 것이 무엇인지 반드시 알게 하라.
- 학생의 사생활과 독립성을 존중하라.
- 교사 자신의 생각을 명확히 하는 시간을 가지되 대립을 피하지 마라. 어떤 말을 해야 한다면 차분하고 직접적으로 전달하라.
- 비언어적 의사소통을 사용하라—미소와 제스처는 **I**형 학생들을 안심시킨다. 피드백을 전달하기 위해 포스트잇 · 전자 메일을 사용할 수도 있다.

선생님과 학생 모두 전체 상황을 먼저 보고, 예감, 추리, 상상력을 이용하여 의미를 추론함으로써 정보를 모은다. 선생님은 자연스럽게 교실에서 자신의 상상력을 활용할 것이고 **N**형 학생들은 이에 잘 반응할 것인데, 아마도 새로운 이상과 가설로써 동참할 것이다. 선생님과 학생 사이의 자연스러운 친밀감은 종종 존재하는데, 그들 둘 다 '괴짜' 렌즈로 세상을 바라보기 때문이다. 즉, 패턴, 가능성, 아이디어 그리고 이론을 탐구함으로써 사물이 왜 있는지를 이해하려는 맹렬한 호기심으로 뭉쳤다. 선생님은 **S**형 학생에게 피해를 주면서까지 **N**형 학생을 선호하는 것처럼 보이지 않도록 주의하라. 모든 학생은 자신이 선호하는 방식으로 수업에 기여할 수 있어야 한다. 선천적으로 상상력이 풍부한 학생의 능력을 최대한 이끌어 내기 위해서 교사는

- 창의적으로 탐구할 수 있는 질문 · 프로젝트를 제공하라.
- 중복된 과제는 피하라. 학생이 빨리 흥미를 잃는다.

- 학생에게 **S**형 접근 방식(사실, 세부 사항, 절차, 실험, 경험 적용, 구조, 단계별 모델)이 수업에 중요하게 기여함을 깨닫도록 하라.

선생님과 학생 모두 업무 중심형이고, 직접적이며, 일관되고 정직하다. 이 반은 목적 의식이 뚜렷한 분위기를 가질 가능성이 있다. 학생은 행동, 숙제 등에서 기대되는 명확한 지침을 받는다. 만약 학생이 선생님에게 이의를 제기한다면 그것은 아마 (지침에 대해) 확인하기 위해서일 것이다. 잘해야 이것은 모든 사람이 자기가 어디에 서고, 어떻게 행동해야 하는지 알게 됨을 의미한다. 최악의 경우 그 문화는 숨막히게 보일 수 있다. 선천적으로 호기심이 많은 그들의 학생의 능력을 최대한 이끌어 내기 위해 교사는

- 학생이 성취한 것과 그다음에 해야 할 것에 집중하게 하라.
- 때때로 타협할 수 있도록 준비하라.
- 잠재된 감정적인 원인을 고려하지 않고 문제된 어떤 것을 해결하려는 시도를 피하라.
- 학생들의 기술과 지식을 경쟁적으로 시험하는 방법으로 수업하라(경쟁, 도전, 퀴즈, 개인 최고 점수 갱신 및 측정).
- 학생들에게 사람의 50%는 **F**형이고 피드백을 개긴적인 비판으로 객관적으로 해석할 수 있음을 이해하도록 도와주라.

느긋하고 유연하며 즉흥적인 교사가 선천적으로 체계적인 학생과 함께 하는 것은 꿈의 팀이 될 수도 있고 재앙이 될 수도 있다. 긍정적인 관계를 만들기 위해 그들은 서로의 장점을 살려야 한다. 학생은 계획을 바꾸고 적응하는 선생님의 능력으로부터 혜택을 받을 수 있고, 선생님은 그들이 일하고 완성할 수 있는 계획을 가지고 싶어 하는 학생의 열망으로부터 혜택을 받을 수 있다. 선생님은 또한

- 질서, 깔끔함, 마감 기일 준수에 대한 학생의 욕구를 격려하고 지지하라.
- 학생이 진정으로 원할 경우 그들의 방식대로 작업을 자립적으로 계획할 수 있도록 허락하라.
- 학생이 유연성을 받아들이도록 격려하라.
- 단지 계획을 바꾸기 위한 계획은 하지 마라. 이것은 가면올빼미 유형 학생을 좌절시킬 뿐이다.

241
가면올빼미 유형 선생님(Barn Owl Teacher) & 북극곰 유형 학생(Polar Bear student)
INTP & ISTJ

가면올빼미 유형과 북극곰 유형은 세 가지 성향을 공유한다. 모두 내성적이고 객관적이며 양심적이다. 그들의 차이는 정보를 이해하는 방식에 있다. 가면올빼미 유형은 전략적으로 생각하고 전체 상황을 보는 반면, 북극곰 유형은 이성적이고 신중하게 사실을 적용하는 데 초점을 맞춘다. 선천적으로 개인적인 학생의 능력을 최대한 이끌어 내기 위해 교사는

- 학생의 사생활과 독립성을 존중하라.
- 학생이 심사숙고할 수 있도록 충분한 시간을 허락하라.
- 교사의 아이디어와 생각을 정기적으로 공유하여 서로가 하고 있는 것이 무엇인지 반드시 알게 하라.
- 교사 자신의 생각을 명확히 하는 시간을 가지되 대립을 피하지 마라. 어떤 말을 해야 한다면 차분하고 직접적으로 전달하라.
- 비언어적 의사소통을 사용하라—미소와 제스처는 **I**형 학생들을 안심시킨다. 피드백을 전달하기 위해 포스트잇 · 전자 메일을 사용할 수도 있다.

가면올빼미 유형은 모든 학생에게 영감을 줄 수 있지만, 북극곰 유형 학생들에게 명확한 지침, 구조, 사실, 세부 사항 그리고 절차를 제공해야 할 필요가 있음을 존중해야 한다. 그렇지 않으면 그들은 허둥댈 수 있다. 현실적인 학생의 능력을 최대한 이끌어 내기 위해 교사는

- 배운 것이 실제 현실에서 어떻게 적용되는지 설명하라.
- 북극곰 유형 학생이 역량을 갖출 때까지 반복하고 연습할 기회를 주라.
- 수업에 상상력을 유용하게 사용하도록 권장하라(그것은 시간 낭비가 아니다.).
- **S**형 학생에게 손해를 주면서까지 **N**형 학생을 편애하는 것처럼 보이지 않도록 조심하라. 모든 학생은 그들이 선호하는 방법으로 수업에 기여할 수 있어야 한다.

교사와 학생 모두 과제 중심적이고 직접적이며 일관성이 있고 정직하다. 이 학급은 과제에 충실하고, 목적 의식이 뚜렷한 분위기를 가질 가능성이 있다. 학생들은 교실에서 바람직한 행동, 숙제 등에 관한 기대되는 명확한 지침을 받는다. 만약 학생이 교사에게 이의를 제기한다면 그것은 아마 (지침에 대해) 확인하기 위해서일 것이다. 그것이 현학적으로 보일 수도 있다. 이상적으로는 모든 사람이 자신의 위치가 어디이며, 어떻게 행동해야 하는지를 알고 있다는 것을 의미한다. 최악의 경우 학급이 기계적이고 따분하며 권위적일 수 있다. 선천적으로 과제 중심적인 학생의 능력을 최대한 이끌어 내기 위해 교사는

- 학생들의 기술과 지식을 경쟁적으로 시험하는 방법으로 수업하라(경쟁, 도전, 퀴즈, 개인 최고 점수 갱신 및 측정).
- 학생들에게 사람의 50%는 **F**형이고 피드백을 비판으로 해석할 수 있음을 이해하도록 도와주라.
- 학생이 성취한 것과 그다음에 해야 할 것에 집중하게 하라.
- 때때로 타협할 수 있도록 준비하라.
- 잠재된 감정적인 원인을 고려하지 않고 문제된 어떤 것을 확정하려는 시도를 피하라.

가면올빼미 유형 선생님은 시간 계획 짜는 것을 즐긴다. 그들은 체계적이고 결단력 있다. 그들은 계획을 세우고 그것에 충실하며, 종종 인상적인 할 일 목록에 의해 도움을 받는다. 그들의 교실은 대개 정리가 잘 되어 있다. 과목은 아마도 수업 분량의 크기대로 잘게 나뉘고 교육과정의 기준 등을 고려해서 한 해의 계획이 세워질 것이다. 많은 북극곰 유형 학생은 선생님의 조직적인 열의에 안심한다. 그들은 단순히 일정을 수용하고, 합의한 내용을 전달하며, 대개 모든 업무를 제시간에 완료한다. 흥미롭게도, 몇몇 북극곰 유형 학생은 선생님이 선의로 하는 철저함을 꺼릴 것이다. 그들은 다른 사람의 계획을 채택하기보다는 그들 자신의 계획을 세우고 그것을 실천하기를 원한다. 이것은 **J**형의 통제 욕구 때문이다. 그래서 비록 최소한 모든 작업은 완료되겠지만 두 **J**형이 함께 충돌할 수 있다. 대부분의 중등학교는 학생들이 매우 체계적이어서 두 **J**형이 가장 좋은 조합으로 이루어지기를 요구한다. 선천적으로 체계적인 학생의 능력을 최대한 이끌어 내기 위해서 교사는

- 질서, 깔끔함, 마감 기일 준수에 대한 공통의 욕구를 즐겨라.
- 학생이 진정으로 원할 경우 그들의 방식대로 작업을 자립적으로 계획할 수 있도록 허락하라.
- 외적인 일로 교사의 세심한 준비가 방해 받을 경우 자신의 계획을 조정할 준비를 하라(그리고 학생이 때때로 유연성을 받아들이도록 권장하라.).
- 예상 가능한 수업이 지겹지 않도록 때때로 변화를 주어라.
- 선택할 수 있는 모든 것을 고려하기도 전에 해야 할 일에 대해 신속하게 결정하지 마라.

242
가면올빼미 유형 선생님(Barn Owl Teacher) & 코알라 유형 학생(Koala Bear student)
INTJ & ISFJ

가면올빼미 유형과 코알라 유형은 두 성향을 공유한다. 두 유형 모두 내성적이고 양심적이다. 쑥스러움이 많은 코알라 유형은 수업을 방해하는 것과는 거리가 멀며, 눈에 띄지 않는 경향이 있다. 선천적으로 과묵한 학생의 능력을 최대한 이끌어 내기 위해 교사는

- 학생의 사생활과 독립성을 존중하라.
- 학생이 심사숙고할 수 있도록 충분한 시간을 허락하라.
- 아이디어와 생각을 정기적으로 공유하여 두 사람 모두 무엇을 하는지 알 수 있게 하라.
- 교사 자신의 생각을 명확히 하는 시간을 가지되 대립을 피하지 마라. 어떤 말을 해야 한다면 차분하고 직접적으로 전달하라.
- 비언어적 의사소통을 사용하라—미소와 제스처는 **I**형 학생들을 안심시킨다. 피드백을 전달하기 위해 포스트잇 · 전자 메일을 사용할 수도 있다.
- 학생이 편안하고 참여할 가능성이 가장 높을 때 개별적 또는 소그룹으로 학생과 대화할 기회를 만들어라.

상상력이 풍부한 교사는 모든 학생에게 영감을 줄 수 있지만, 학생들의 약 3분의 2가 명확한 지침, 구조, 사실, 세부 사항 그리고 절차를 제공해야 할 필요가 있음을 존

중해야 한다. 그렇지 않으면 학생들은 몸부림칠 수 있다. 현실적인 학생의 능력을 최대한 이끌어 내기 위해 교사는

- 배운 것이 실제 현실에서 어떻게 적용되는지 설명하라.
- 학생이 역량을 갖출 때까지 반복하고 연습할 기회를 주라.
- 수업에 상상력을 유용하게 사용하도록 권장하라(그것은 시간 낭비가 아니다.).
- **S**형 학생에게 손해를 주면서까지 **N**형 학생을 편애하는 것처럼 보이지 않도록 조심하라. 모든 학생은 그들이 선호하는 방법으로 수업에 기여할 수 있어야 한다.

교사는 일에 먼저 집중한 후 그다음에 사람 · 관계에 집중한다. 교실은 사무적이고, 목적 의식이 뚜렷한 분위기를 가질 가능성이 있다. 학생은 행동, 숙제 등에서 명확한 지침을 받는다. 기껏해야 이것은 모든 학생은 자신의 위치와 어떻게 행동해야 하는지를 알고 있음을 의미한다. 이 학생과의 개인적 관계가 핵심이라는 것을 기억하라. 코알라 유형의 학생은 선생님을 좋아하고 선생님도 그들을 좋아한다고 느낄 필요가 있다. 이렇게 되면 그들은 더 열심히 공부하겠지만 그렇지 않으면 공부에 신경을 완전히 끊을지도 모른다. 이것은 한 학생이 한 해(그들이 좋아하는 선생님과 함께 하면)에 최고의 학생이 될 수도 있고, 선생님이 바뀐 그 이듬해에는 공부에 대해 아예 관심을 보이지 않은 이유를 설명해 준다. 본래 관계 중심적인 학생의 능력을 최대한 이끌어 내기 위해 교사는

- 공감, 협업 및 팀워크를 사용하여 과제에 집중하는 교사 본연의 성향에 균형을 맞출 수 있는 학습 상황을 제시하라.
- 어떠한 약점이라도 극복할 수 있도록 요령껏 지원하면서 충분하고 정기적으로 칭찬하라. 피드백은 비판으로 쉽게 비칠 수 있으니 전달할 때 조심스럽게 다루어라.
- 학생에 대한 개인적인 신뢰를 조용하고 정기적으로 진술하라(나를 실망시키지 마렴, 네가 할 수 있다는 것을 알아, 난 네가 좋단다.).
- 일상을 사랑하는 코알라를 안심시키기 위해 때때로 타협할 준비를 하라.

가면올빼미 선생님은 시간 계획 짜는 것을 즐긴다. 그들은 체계적이고 결단력 있다. 그들은 계획을 세우고 그것에 충실하며, 종종 인상적인 할 일 목록에 의해 도움을 받는다. 그들의 교실은 대개 정리가 잘 되어 있다. 과목은 아마도 수업 분량의 크기대로 잘게 나뉘고 교육과정의 기준 등을 고려해서 그해의 계획이 세워질 것이다. 몇몇 **J**형 학생은 선생님의 조직적인 열의에 안심한다. 그들은 단순히 일정을 수용하고, 합의한 내용을 전달하며, 대개 모든 업무를 제시간에 완료한다. 흥미롭게도, 몇몇 **J**형 학생은 선생님이 선의로 하는 철저함을 꺼릴 것이다. 그들은 다른 사람의 계획을 채택하기보다는 그들 자신의 계획을 세우고 그것을 실천하기를 원한다. 이것은 **J**형의 통제 욕구 때문이다. 그래서 비록 최소한 모든 작업은 완료되겠지만 두 **J**형이 서로 충돌할 수 있다. 대부분의 중등학교는 학생들이 매우 체계적이어서 두 **J**형이 가장 좋은 조합으로 이루어지기를 요구한다. 본래 체계적인 학생의 능력을 최대한 이끌어 내기 위해서 교사는

- 외적인 일로 교사의 세심한 준비가 방해 받을 경우 자신의 계획을 조정할 준비를 하라(그리고 학생이 때때로 유연성을 받아들이도록 권장하라.).
- 예상 가능한 수업이 지겹지 않도록 때때로 변화를 주어라.
- 선택할 수 있는 모든 것을 고려하기도 전에 해야 할 일에 대해 신속하게 결정하지 마라.
- 질서, 깔끔함, 마감 기일 준수에 대한 공통의 욕구를 즐겨라.
- 학생이 진정으로 원할 경우 그들의 방식대로 작업을 자립적으로 계획할 수 있도록 허락하라.

243
가면올빼미 유형 선생님(Barn Owl Teacher) & 해마 유형 학생(Sea Horese student)
INTJ & INFJ

가면올빼미 유형과 해마 유형은 세 가지 성향을 공유한다. 두 유형은 모두 개인적이고 상상력이 풍부하며 조직적이다. 그들은 그들의 재능을 다른 방식으로 적용한다. 가면올빼미 유형은 냉정하고 공정하며 해마 유형은 공

감 능력이 뛰어나다. 학생들이 주관적으로 정보를 걸러내고자 하는 욕망을 교사가 이해할 때에 그들의 관계는 좋아질 수 있다. 본래 조용한 학생들을 발달시키기 위해 교사는

- 학생의 사생활과 독립성을 존중하라.
- 학생이 생각을 명확히 할 수 있도록 충분한 시간을 주라.
- 교사의 아이디어를 정기적으로 공유하여 서로가 하고 있는 것이 무엇인지 반드시 알게 하라.
- 비언어적 의사소통을 사용하라—미소와 제스처는 해마 유형 학생들을 안심시킨다.
- 학생이 쉬는 시간에 때때로 교실의 빽빽한 환경에서 벗어나 교사와 일대일로 볼 수 있는 기회를 제공하라.

선생님과 학생 모두 전체 상황을 먼저 보고, 예감, 추리, 상상력을 이용하여 의미를 추론함으로써 정보를 모은다. 선생님은 자연스럽게 교실에서 자신의 상상력을 활용할 것이고 **N**형 학생들은 이에 잘 반응할 것인데, 아마도 공상, 일화, 이야기에 상상의 나래를 펼치며 동참할 것이다. 선생님과 학생 사이의 자연스러운 친밀감은 종종 존재하는데, 그들 둘 다 같은 방식으로 세상을 바라보기 때문이다, 즉, 패턴, 가능성, 아이디어 그리고 이론을 탐구함으로써 사물이 왜 있는지를 이해하려는 뜨거운 호기심을 가지고 있다. 선생님은 **S**형 학생에게 피해를 주면서까지 **N**형 학생을 선호하는 것처럼 보이지 않도록 주의하라. 모든 학생은 자신이 선호하는 방식으로 수업에 참여할 수 있어야 한다. 선천적으로 상상력이 풍부한 학생의 능력을 최대한 이끌어 내기 위해서 교사는

- 창의적으로 탐구할 수 있는 질문 · 프로젝트를 제공하라.
- 중복된 과제는 피하라. 학생이 빨리 흥미를 잃는다.
- 학생에게 **S**형 접근 방식(사실, 세부 사항, 절차, 실험, 경험 적용, 구조, 단계별 모델)이 수업에 중요하게 기여함을 깨닫도록 하라.

학생은 일보다 사람에 먼저 집중하는 반면, 교사는 반대로 작동한다. 학급은 사무적이고, 목적 의식이 뚜렷한 분위기를 가질 가능성이 있다. 학생들은 기대되는 행동, 숙제 등 관한 기대되는 명확한 지침을 제시받는다. 기껏해야 이는 모든 사람이 자기가 어디에 서서 어떻게 행동해야 하는지 알고 있음을 의미한다. 최악의 경우, 교실은 의기소침하며 겁에 질린 신병들이 가득한 군대 훈련소와 같을 것이다. 이 학생과의 개인적 관계가 핵심이라는 것을 기억하라. 해마 유형의 학생은 선생님을 좋아하고 선생님도 그들을 좋아한다고 느낄 필요가 있다. 이렇게 되면 그들은 더 열심히 공부하겠지만 그렇지 않으면 공부에 신경을 완전히 끊을지도 모른다. 이것은 한 학생이 한 해(그들이 좋아하는 선생님과 함께 하면)에 최고의 학생이 될 수도 있고, 선생님이 바뀐 그 이듬해에는 공부에 대해 아예 관심을 보이지 않은 이유를 설명해 준다. 본래 관계 중심적인 학생의 능력을 최대한 이끌어 내기 위해 교사는

- 공감, 협업 및 팀워크를 사용하여 과제에 집중하는 교사 본연의 성향에 균형을 맞출 수 있는 학습 상황을 제시하라.
- 어떠한 약점이라도 극복할 수 있도록 요령껏 지원하면서 충분하고 정기적으로 칭찬하라. 피드백은 비판으로 쉽게 해석될 수 있으니 전달할 때 주의깊게 다루어라.
- 학생에 대한 개인적인 신뢰를 드러내면서 동기를 부여하라(나를 실망시키지 마렴, 네가 할 수 있다는 것을 알아, 난 네가 좋단다.).
- 분열적인 대립을 피하기 위해 타협할 준비를 하라.

J형 선생님은 시간 계획 짜는 것을 즐긴다. 그들은 체계적이고 결단력 있다. 그들은 계획을 세우고 그것에 충실하며, 종종 인상적인 할 일 목록에 의해 도움을 받는다. 그들의 교실은 대개 정리가 잘 되어 있다. 과목은 아마도 수업 분량의 크기대로 잘게 나뉘고 한 해의 계획이 세부적으로 세워질 것이다. 많은 **J**형 학생은 선생님의 체계적인 열의에 안심한다. 그들은 단순히 일정을 수용하고, 합의한 내용을 전달하며, 대개 모든 업무를 제시간에 완료한다. 흥미롭게도, 몇몇 **J**형 학생은 선생님이 선의로 하는 철저함을 꺼릴 것이다. 그들은 다른 사람의 계획을 채택하기보다는 그들 자신의 계획을 세우고 그것을 실천하기를 원한다. 이것은 **J**형의 통제 욕구 때문이다. 그래서 비록 최소한 모든 작업은 완료되겠지만 두 **J**형이 함께 충돌할 수 있다. 대부분의 중등학교는 학생들이 매우 체계적이어서 두 **J**형이 가장 좋은 조합으로 이루어지기를 요구한다. 선천적으로 체계화된 학생의 능력을 최대한 이끌어 내기 위해서 교사는

- 질서, 깔끔함, 마감 기일 준수에 대한 공통의 욕구를

즐겨라.

- 학생이 진정으로 원할 경우 그들의 방식대로 작업을 자립적으로 계획할 수 있도록 허락하라.
- 외적인 일로 교사의 세심한 준비가 방해 받을 경우 자신의 계획을 조정할 준비를 하라(그리고 학생이 때때로 유연성을 받아들이도록 권장하라.).
- 예상 가능한 수업이 지겹지 않도록 때때로 변화를 주어라.
- 선택할 수 있는 모든 것을 고려하기도 전에 해야 할 일에 대해 신속하게 결정하지 마라.

244
가면올빼미 유형 선생님(Barn Owl Teacher) & 가면올빼미 유형 학생(Barn Owl student)
INTJ & INTJ

교사와 학생 모두 네 가지의 성향을 공유하므로 그들은 심지어 동의하지 않을 때라도 서로를 이해해야만 한다. 좋은 관계가 형성될 가능성이 높다. 만약 갈등이 있다면, 가능한 요소는 그들이 공유하는 완고한 성향이다. 선천적으로 개인적인 학생의 능력을 최대한 이끌어 내기 위해 교사는

- 학생의 사생활과 독립성을 존중하라.
- 학생이 심사숙고할 수 있도록 충분한 시간을 허락하라.
- 교사의 아이디어와 생각을 정기적으로 공유하여 서로가 하고 있는 것이 무엇인지 반드시 알게 하라.
- 교사 자신의 생각을 명확히 하는 시간을 가지되 대립을 피하지 마라. 어떤 말을 해야 한다면 차분하고 직접적으로 전달하라.
- 비언어적 의사소통을 사용하라—미소와 제스처는 **I**형 학생들을 안심시킨다. 피드백을 전달하기 위해 포스트잇 · 전자 메일을 사용할 수도 있다.

가면올빼미 유형은 전체 상황을 먼저 보고, 예감, 추리, 상상력을 이용하여 의미를 추론함으로써 정보를 모은다. 선생님은 자연스럽게 교실에서 자신의 상상력을 활용할 것이고 **N**형 학생들은 이에 잘 반응할 것인데, 아마도 공상, 일화, 이야기에 상상의 나래를 펼치며 동참할 것이다. 선생님과 학생 사이의 자연스러운 친밀감은 종종 존재하는데, 그들 둘 다 같은 방식으로 세상을 바라보기 때문이다. 즉, 패턴, 가능성, 아이디어 그리고 이론을 탐구함으로써 사물이 왜 있는지를 이해하려는 뜨거운 호기심을 가지고 있다. 선생님은 **S**형 학생에게 피해를 주면서까지 **N**형 학생을 선호하는 것처럼 보이지 않도록 주의하라. 모든 학생은 자신이 선호하는 방식으로 수업에 참여할 수 있어야 한다. 교사가 선천적으로 상상력이 풍부한 학생의 능력을 최대한 이끌어 내기 위해서 교사는

- 창의적으로 탐구할 수 있는 질문 · 프로젝트를 제공하라.
- 중복된 과제는 피하라. 학생이 빨리 흥미를 잃는다.
- 학생에게 **S**형 접근 방식(사실, 세부 사항, 절차, 실험, 경험 적용, 구조, 단계별 모델)이 수업에 중요하게 기여함을 깨닫도록 하라.

가면올빼미 유형은 모두 업무 중심적이고, 직접적이고, 일관되고 허심탄회하다. 교실은 사무적이고, 목적 의식이 뚜렷한 분위기를 가질 가능성이 있다. 학생은 행동, 숙제 등에서 기대되는 명확한 지침을 받는다. 만약 학생이 선생님에게 이의를 제기한다면 그것은 아마 (지침에 대해) 확인하기 위해서일 것이다. 잘해야 모든 사람들이 자기가 어디에 서고, 어떻게 행동해야 하는지 알게 됨을 의미한다. 최악의 경우 의기소침하고 겁에 질린 신병들이 가득 찬 군대 훈련소 같을 것이다. 선천적으로 업무 중심적인 학생의 능력을 최대한 이끌어 내기 위해 교사는

- 학생들의 기술과 지식을 경쟁적으로 시험하는 방법으로 수업하라(경쟁, 도전, 퀴즈, 개인 최고 점수 갱신 및 측정).
- 학생들에게 사람의 50%는 **F**형이고 피드백을 비판으로 해석할 수 있음을 이해하도록 도와주라.
- 학생이 성취한 것과 그다음에 해야 할 것에 집중하게 하라.
- 때때로 타협할 수 있도록 준비하라.
- 잠재된 감정적인 원인을 고려하지 않고 문제된 어떤 것을 해결하려는 시도를 피하라.

가면올빼미 유형 선생님은 시간 계획 짜는 것을 즐긴다. 그들은 체계적이고 결단력 있다. 그들은 계획을 세우고 그것에 충실하며, 종종 인상적인 할 일 목록에 의

해 도움을 받는다. 그들의 교실은 대개 정리가 잘 되어 있다. 과목은 아마도 수업 분량의 크기대로 잘게 나뉘고 교육과정의 기준 등을 고려해서 한 해의 계획이 세워질 것이다. 많은 가면올빼미 유형 학생은 선생님의 조직적인 열의에 안심한다. 그들은 단순히 일정을 수용하고, 합의한 내용을 전달하며, 대개 모든 업무를 제시간에 완료한다. 흥미롭게도, 몇몇 학생은 선생님이 선의로 하는 철저함을 꺼릴 것이다. 그들은 다른 사람의 계획을 채택하기보다는 그들 자신의 계획을 세우고 그것을 실천하기를 원한다. 이것은 **J**형의 통제 욕구 때문이다. 이것은 **J**형의 통제 욕구 때문이다. 그래서 비록 최소한 모든 작업은 완료되겠지만 두 **J**형이 함께 충돌할 수 있다. 대부분의 중등학교는 학생들이 매우 체계적이어서 두 **J**형이 가장 좋은 조합으로 이루어지기를 요구한다. 선천적으로 체계화된 학생의 능력을 최대한 이끌어 내기 위해서 교사는

- 질서, 깔끔함, 마감 기일 준수에 대한 공통의 욕구를 즐겨라.
- 학생이 진정으로 원할 경우 그들의 방식대로 작업을 자립적으로 계획할 수 있도록 허락하라.
- 예상 가능한 수업이 지겹지 않도록 때때로 변화를 주어라.
- 선택할 수 있는 모든 것을 고려하기도 전에 해야 할 일에 대해 신속하게 결정하지 마라.
- 외적인 일로 교사의 세심한 준비가 방해 받을 경우 자신의 계획을 조정할 준비를 하라(그리고 학생이 때때로 유연성을 받아들이도록 권장하라.).

245
가면올빼미 유형 선생님(Barn Owl Teacher) & 호랑이 유형 학생(Tiger student)
INTJ & ISTP

학생과 교사 모두 그들의 성향의 절반을 공유한다. 가면올빼미 유형과 호랑이 유형 선천적으로 모두 조용하고, 관찰적이고, 단호하고, 객관적이다. 어느 누구도 감정적인 경향이 없어서 강한 관계를 이루는 공통된 부분들이 많다. 갈등의 주요 원인은 가면올빼미 유형의 이론 성향과 호랑이 유형의 행동 성향에 있다. 선천적으로 내성적인 학생의 능력을 최대한 이끌어 내기 위해 교사는

- 학생의 사생활과 독립성을 존중하라.
- 학생이 심사숙고할 수 있도록 충분한 시간을 허락하라.
- 교사의 아이디어와 생각을 정기적으로 공유하여 서로가 하고 있는 것이 무엇인지 반드시 알게 하라.
- 교사 자신의 생각을 명확히 하는 시간을 가지되 대립을 피하지 마라. 어떤 말을 해야 한다면 차분하고 직접적으로 전달하라.
- 비언어적 의사소통을 사용하라—미소와 제스처는 **I**형 학생들을 안심시킨다. 피드백을 전달하기 위해 포스트잇 · 전자 메일을 사용할 수도 있다.

가면올빼미 유형 교사는 모든 학생에게 생생한 상상력으로 영감을 줄 수 있지만, 호랑이 유형 학생들에게 명확한 지침, 구조, 사실, 세부 사항 그리고 절차를 제공해야 할 필요가 있음을 존중해야 한다. 그렇지 않으면 그들은 안절부절못할 수도 있다. 선천적으로 근본을 갖춘 학생의 능력을 최대한 이끌어 내기 위해 교사는

- 배운 것이 실제 현실에서 어떻게 적용되는지 설명하라.
- 학생이 역량을 갖출 때까지 반복하고 연습할 기회를 주라.
- 수업에 상상력을 유용하게 사용하도록 권장하라(그것은 시간 낭비가 아니다.).
- **S**형 학생에게 손해를 주면서까지 **N**형 학생을 편애하는 것처럼 보이지 않도록 조심하라. 모든 학생은 그들이 선호하는 방법으로 수업에 기여할 수 있어야 한다.

선생님과 학생은 모두 업무 중심적이고, 직접적이고, 일관되며 허심탄회하다. 교실은 사무적이고, 목적 의식이 뚜렷한 분위기를 가질 가능성이 있다. 학생은 행동, 숙제 등에서 기대되는 명확한 지침을 받는다. 만약 학생이 선생님에게 이의를 제기한다면 그것은 아마 (지침에 대해) 확인하기 위해서일 것이다. 잘해야 모든 사람이 자기가 어디에 서고, 어떻게 행동해야 하는지 알게 됨을 의미한다. 최악의 경우 재갈을 물리고 겁에 질린 신병들이 가득 찬 군대 훈련소와 같을 것이다. 선천적으로 업무 중심적인 학생의 능력을 최대한 이끌어 내기 위해 교사는

- 학생들의 기술과 지식을 경쟁적으로 시험하는 방법으로 수업하라(경쟁, 도전, 퀴즈, 개인 최고 점수 갱신 및 측정).
- 학생들에게 사람의 50%는 **F**형이고 피드백을 비판으로 해석할 수 있음을 이해하도록 도와주라.
- 학생이 성취한 것과 그다음에 해야 할 것에 집중하게 하라.
- 때때로 타협할 수 있도록 준비하라.
- 잠재된 감정적인 원인을 고려하지 않고 문제된 어떤 것을 해결하려는 시도를 피하라.

가면올빼미 유형 선생님은 시간을 체계화하는 것을 즐긴다. 그들은 꼼꼼하고 결단력 있다. 그들은 계획을 세우고 그것에 충실하며, 종종 인상적인 할 일 목록에 의해 도움을 받는다. 그들의 교실은 대개 정리가 잘 되어 있다. 과목은 아마도 수업 분량의 크기대로 잘게 나뉘어 한 해의 계획이 세워질 것이다. 호랑이 유형 학생은 다음과 같이 응답할 것이다.

- 당신의 전문성을 받아들이고 그들의 장기적인 이익을 이해함으로써 긍정적으로 반응한다.
- 당신이 제공하는 내용이나 과정을 진심으로 받아들이지는 않지만 편한 삶을 위해 구조·계획을 수동적으로 받아들인다.
- 교사와 수업 계획, 그리고 과목별 수업을 완전히 거부하며 부정적으로 반응한다(물리적으로 교실에 있더라도 수업에 몰두하거나 참여하지 않는다.).

교사가 선천적으로 느긋한 학생의 능력을 최대한 이끌어 내기 위해서는 학생들이 단순히 선택할 수 있는 것과 선택하는 것을 좋아하는 것이 아님을 주의해야 한다. 즉, 학생에게 그것은 필요한 것이며 그렇게 해 주지 않으면 몸이 근질거리고 몸부림치거나 반항하기 시작한다. 중등학교 환경은 **P**형 학생들에게 무척 어렵기 때문에 선생님은 압박감을 완화시키는 데 도울 수 있다. 이를 돕기 위해

- 가능한 한 유연성을 많이 제공하라(다양한 과제 선택, 수업 내 선택).
- 세부 일정을 신뢰하지 마라(어차피 지키지도 못할 것이다.).
- 꼭 필요한 것보다 중요하지 않은 세부 사항을 까다롭게 다루지 마라.
- 예상 가능한 수업이 지겹지 않도록 때때로 변화를 주어라.
- 학생이 반드시 성공할 수 있도록 간단하고 효과적인 관리 전략을 수립하도록 도와주라.
- 호랑이 유형은 행동함으로써 배우는 것을 좋아한다. 모든 고양이와 마찬가지로 대부분의 학교에서 **I**, **N** 및 **J**형 성향을 가진 학생에 대한 편견으로 인해 어려움을 겪을 수 있다.

246
가면올빼미 유형 선생님(Barn Owl Teacher) & 고양이 유형 학생(Cat student)
INTJ & ISFP

가면올빼미 유형과 고양이 유형은 한 가지 성향을 공유한다. 그들은 모두 본래 내성적이고 독립을 갈망한다. 교사들이 학생들에게 그들의 방식으로 일을 이해하고 완성하도록 허락할 때 갈등은 생기지 않는다. 본래 조용한 학생의 능력을 최대한 이끌어 내기 위해 교사는

- 학생의 사생활과 독립성을 존중하라.
- 학생이 심사숙고할 수 있도록 충분한 시간을 허락하라.
- 교사의 아이디어와 생각을 정기적으로 공유하여 서로가 하고 있는 것이 무엇인지 반드시 알게 하라.
- 교사 자신의 생각을 명확히 하는 시간을 가지되 대립을 피하지 마라. 어떤 말을 해야 한다면 차분하고 직접적으로 전달하라.
- 비언어적 의사소통을 사용하라—미소와 제스처는 **I**형 학생들을 안심시킨다. 피드백을 전달하기 위해 포스트잇·전자 메일을 사용할 수도 있다.

가면올빼미 유형은 모든 학생에게 생생한 상상력으로 영감을 줄 수 있지만, 학생들의 65퍼센트가 명확한 지침, 구조, 사실, 세부 사항 그리고 절차를 제공해야 할 필요가 있음을 존중해야 한다. 그렇지 않으면 그들은 허둥댈 수 있다. 현실적인 학생의 능력을 최대한 이끌어 내기 위해 교사는

- 배운 것이 실제 현실에서 어떻게 적용되는지 설명하라.
- 학생이 역량을 갖출 때까지 반복하고 연습할 기회를

주라.

- 수업에 상상력을 유용하게 사용하도록 권장하라(그것은 시간 낭비가 아니다.).
- **S**형 학생에게 손해를 입히면서까지 **N**형 학생을 편애하는 것처럼 보이지 않도록 조심하라. 모든 학생은 그들이 선호하는 방법으로 수업에 기여할 수 있어야 한다.

가면올빼미 교사는 일에 먼저 집중하고 그다음에 사람과 관계에 집중한다. 교실은 사무적이고, 목적 의식이 뚜렷한 분위기를 가질 가능성이 있다. 학생은 행동, 숙제 등에서 기대되는 명확한 지침을 받는다. 잘해야 모든 사람이 자기가 어디에 서고, 어떻게 행동해야 하는지 알게 됨을 의미한다. 최악의 경우 교실이 엄격한 빅토리아 시대의 교실 같을 것이다. 이 학생과의 개인적 관계가 핵심이라는 것을 기억하라. 고양이 유형의 학생은 선생님을 좋아하고 선생님도 그들을 좋아한다고 느낄 필요가 있다. 이렇게 되면 그들은 더 열심히 공부하겠지만 그렇지 않으면 공부에 신경을 완전히 끊을지도 모른다. 이것은 한 학생이 한 해(그들이 좋아하는 선생님과 함께 하면)에 최고의 학생이 될 수도 있고, 선생님이 바뀐 그 이듬해에는 공부에 대해 아예 관심을 보이지 않은 이유를 설명해 준다. 학생들이 선천적으로 업무 중심적인 최상의 결과를 얻기 위해 교사는

- 공감, 협업 및 팀워크를 사용하여 과제에 집중하는 교사 본연의 성향에 균형을 맞출 수 있는 학습 상황을 제시하라.
- 어떠한 약점이라도 극복할 수 있도록 요령껏 지원하면서 칭찬을 충분하고 정기적으로 하라. 피드백은 비판으로 쉽게 비칠 수 있으니 전달할 때 계란 껍데기를 밟듯 조심하라.
- 학생에 대한 개인적인 신뢰를 드러내면서 영감을 주라(나를 실망시키지 마렴, 네가 할 수 있다는 것을 알아, 난 네가 좋단다.).
- 때때로 타협할 준비를 하라.

J형 선생님은 시간 계획 짜는 것을 즐긴다. 그들은 체계적이고 결단력 있다. 그들은 계획을 세우고 그것에 충실하며, 종종 인상적인 할 일 목록에 의해 도움을 받는다. 그들의 교실은 대개 정리가 잘 되어 있다. 과목은 아마도 수업 분량의 크기대로 잘게 나뉘고 교육기관청 감독관 때문이든 아니든 한 해의 계획이 세워질 것이다. **P**형 학생은 다음과 같이 응답할 것이다.

- 당신의 전문성을 받아들이고 그들의 장기적인 이익을 이해함으로써 긍정적으로 반응한다.
- 당신이 제공하는 내용이나 과정을 진심으로 받아들이지는 않지만 편한 삶을 위해 구조 · 계획을 수동적으로 받아들인다.
- 교사와 수업 계획, 그리고 과목별 수업을 완전히 거부하며 부정적으로 반응한다(물리적으로 교실에 있더라도 수업에 몰두하거나 참여하지 않는다.).

교사가 선천적으로 느긋한 가면올빼미 유형 학생의 능력을 최대한 개발하기 위해서는 학생들이 단순히 선택할 수 있는 것과 선택하는 것을 좋아하는 것이 아님을 주의해야 한다. 학생에게 그것은 필요한 것이며 그렇게 해 주지 않으면 안절부절못하고 몸부림치거나 반항하기 시작한다. 중등학교 환경은 **P**형 학생들에게 무척 어렵기 때문에 선생님은 압박감을 완화시키는 데 도울 수 있다. 이를 돕기 위해

- 가능한 한 유연성을 많이 제공하라(다양한 과제 선택, 수업 내 선택).
- 세부 일정을 제공하지 마라(어차피 지키지도 못할 것이다.).
- 꼭 필요한 것보다 중요하지 않은 세부 사항을 까다롭게 다루지 마라.
- 예상 가능한 수업이 지겹지 않도록 때때로 변화를 주어라.
- 학생이 반드시 성공할 수 있도록 간단하고 효과적인 관리 전략을 수립하도록 도와주라.
- 고양이 유형은 행동함으로써 배우는 것을 좋아한다. 다른 고양이 유형과 마찬가지로 대부분의 학교에서 **I**, **N** 및 **J**형 선호도를 가진 학생에 대한 편견으로 인해 어려움을 겪을 수 있다.

247
가면올빼미 유형 선생님(Barn Owl Teacher) & 물개 유형 학생(Seal student)
INTJ & INFP

가면올빼미 유형과 물개 유형은 두 가지의 성향을 공유

한다. 그들은 둘 다 의미를 해독하기 위해 생각을 내면화하는 것을 즐긴다. 그들의 차이점은 그들이 결정할 때 지시하고 표현하는 법이 다르다. 즉, 교사는 객관적으로 학생 개인적으로 한다. 물개 유형은 모든 성격 유형 중 가장 큰 공상가이다. 즉, 그들은 내적으로 생각을 숙고할 수 있는 공간을 활용하기 때문에 관심이 없는 것처럼 보일 수 있다. 선천적으로 조용한 학생의 능력을 최대한 이끌어 내기 위해 교사는

- 학생의 사생활과 독립성을 존중하라.
- 학생이 심사숙고할 수 있도록 충분한 시간을 허락하라.
- 교사의 아이디어와 생각을 정기적으로 공유하여 서로가 하고 있는 것이 무엇인지 반드시 알게 하라.
- 교사 자신의 생각을 명확히 하는 시간을 가지되 대립을 피하지 마라. 어떤 말을 해야 한다면 차분하고 직접적으로 전달하라.
- 비언어적 의사소통을 사용하라—미소와 제스처는 **I**형 학생들을 안심시킨다. 피드백을 전달하기 위해 포스트잇 · 전자 메일을 사용할 수도 있다.

선생님과 학생 모두 전체 상황을 먼저 보고, 예감, 추리, 상상력을 이용하여 의미를 추론함으로써 정보를 모은다. 선생님은 자연스럽게 교실에서 자신의 상상력을 활용할 것이고 **N**형 학생들은 이에 잘 반응할 것인데, 아마도 공상, 일화, 이야기에 상상의 나래를 펼치며 동참할 것이다. 선생님과 학생 사이의 자연스러운 친밀감은 종종 존재하는데, 그들 둘 다 같은 방식으로 세상을 바라보기 때문이다. 즉, 패턴, 가능성, 아이디어 그리고 이론을 탐구함으로써 사물이 왜 있는지를 이해하려는 뜨거운 호기심을 가지고 있다. 선생님은 **S**형 학생에게 피해를 주면서까지 **N**형 학생을 선호하는 것처럼 보이지 않도록 주의하라. 모든 학생은 자신이 선호하는 방식으로 수업에 참여할 수 있어야 한다. 교사가 선천적으로 상상력이 풍부한 학생을 온전히 개발하기 위해

- 창의적으로 탐구할 수 있는 질문 · 프로젝트를 제공하라.
- 중복된 과제는 피하라. 학생이 빨리 흥미를 잃는다.
- 학생에게 **S**형 접근 방식(사실, 세부 사항, 절차, 실험, 경험 적용, 구조, 단계별 모델)이 수업에 중요하게 기여함을 깨닫도록 하라.

교사는 먼저 일에 집중하고 그다음에 사람 · 관계에 집중한다. 교실은 사무적이고, 목적 의식이 뚜렷한 분위기를 가질 가능성이 있다. 학생은 행동, 숙제 등에서 기대되는 명확한 지침을 받는다. 잘해야 이것은 모든 사람이 자기가 어디에 서고, 어떻게 행동해야 하는지 알게 됨을 의미한다. 최악의 경우 교실은 주눅 들고 겁에 질린 신병들이 가득 한 군대 훈련소 같을 것이다. 학생들과 개인적으로 친밀한 관계를 가지는 것이 열쇠임을 기억하라. 물개 유형의 학생은 선생님을 좋아하고 선생님도 그들을 좋아한다고 느낄 필요가 있다. 이렇게 되면 그들은 더 열심히 공부하겠지만 그렇지 않으면 공부에 신경을 완전히 끊을지도 모른다. 이것은 한 학생이 한 해(그들이 좋아하는 선생님과 함께 하면)에 최고의 학생이 될 수도 있고, 선생님이 바뀐 그 이듬해에는 공부에 대해 아예 관심을 보이지 않은 이유를 설명해 준다. 선천적으로 사람 중심형 학생의 능력을 최대한 이끌어 내기 위해 교사는

- 어떠한 약점이라도 극복할 수 있도록 요령껏 지원하면서 칭찬을 충분하고 정기적으로 하라. 피드백은 비판으로 쉽게 비칠 수 있으니 전달할 때 계란 껍데기를 밟듯 조심하라.
- 학생에 대한 개인적인 신뢰를 드러내면서 동기를 부여하라(나를 실망시키지 마렴, 네가 할 수 있다는 것을 알아, 난 네가 좋단다.).
- 때때로 타협할 준비를 하라.

J형 선생님은 시간 계획 짜는 것을 즐긴다. 그들은 체계적이고 결단력 있다. 그들은 계획을 세우고 그것에 충실하며, 종종 인상적인 할 일 목록에 의해 도움을 받는다. 그들의 교실은 대개 정리가 잘 되어 있다. 과목은 아마도 수업 분량의 크기대로 잘게 나뉘어 교육과정의 기준 등을 고려해서 한 해의 계획이 세워질 것이다. **P**형 학생은 다음과 같이 응답할 것이다.

- 당신의 전문성을 받아들이고 그들의 장기적인 이익을 이해함으로써 긍정적으로 반응한다.
- 당신이 제공하는 내용이나 과정을 진심으로 받아들이지는 않지만 편한 삶을 위해 구조 · 계획을 수동적으로 받아들인다.
- 교사와 수업 계획, 그리고 과목별 수업을 완전히 거부하며 부정적으로 반응한다(물리적으로 교실에 있더라도 수업에 몰두하거나 참여하지 않는다.).

교사가 선천적으로 느긋한 학생의 능력을 최대한 이끌어 내기 위해서는 학생들이 단순히 선택할 수 있는 것

과 선택하는 것을 좋아하는 것이 아님을 주의해야 한다. 즉, 학생에게 그것은 필요한 것이며 그렇게 해 주지 않으면 꿈틀거리고 몸부림치거나 반항하기 시작한다. 중등학교 환경은 **P**형 학생들에게 무척 어렵기 때문에 선생님은 압박감을 완화시키는 데 도울 수 있다. 이를 돕기 위해

- 가능한 한 유연성을 많이 제공하라(다양한 과제 선택, 수업 내 선택).
- 세부 일정을 제시하지 마라(어차피 지키지도 못할 것이다.).
- 꼭 필요한 것보다 중요하지 않은 세부 사항을 까다롭게 다루지 마라.
- 예상 가능한 수업이 지겹지 않도록 때때로 변화를 주어라.
- 학생이 반드시 성공할 수 있도록 간단하고 효과적인 관리 전략을 알려 주라.

248
가면올빼미 유형 선생님(Barn Owl Teacher) & 숲올빼미 유형 학생(Tawny Owl student)
INTJ & INTP

두 올빼미 유형은 공통점이 많다. 그들은 모두 분석적이고, 객관적이고, 문제해결을 좋아한다. 이는 배움과 상호 존중을 일으키는 강한 결속의 기본이 된다. 올빼미들의 차이는 더 융통성 있고 혼잡한 학생들의 접근과 반대로 교사의 체계화이다. 선천적으로 창의성이 풍부한 학생의 능력을 최대한 이끌어 내기 위해 교사는

- 학생의 사생활과 독립성을 존중하라.
- 학생이 심사숙고할 수 있도록 충분한 시간을 허락하라.
- 자신의 아이디어와 생각을 정기적으로 공유하여 두 사람 모두 자신이 무엇을 하고 있는지 알게 하라.
- 교사 자신의 생각을 명확히 하는 시간을 가지되 대립을 피하지 마라. 어떤 말을 해야 한다면 차분하고 직접적으로 전달하라.
- 비언어적 의사소통을 사용하라—미소와 제스처는 **I**형 학생들을 안심시킨다. 피드백을 전달하기 위해 포스트잇 · 전자 메일을 사용할 수도 있다.
- 학생이 때때로 교실의 빡빡한 환경에서 벗어나 교사와 일대일로 볼 수 있는 기회를 제공하라.

선생님과 학생 모두 전체 상황을 먼저 보고, 예감, 추리, 상상력을 이용하여 의미를 추론함으로써 정보를 모은다. 선생님은 자연스럽게 교실에서 자신의 상상력을 활용할 것이고 **N**형 학생들은 이에 잘 반응할 것인데, 아마도 새로운 이론과 가설로써 동참할 것이다. 선생님과 학생 사이의 자연스러운 친밀감은 종종 존재하는데, 그들 둘 다 같은 '괴짜' 렌즈를 통해 세상을 바라보기 때문이다. 즉, 패턴, 가능성, 아이디어 그리고 이론을 탐구함으로써 사물이 왜 있는지를 이해하려는 맹렬한 호기심을 가지고 있다. 선생님은 **S**형 학생에게 피해를 입히면서까지 **N**형 학생을 선호하는 것처럼 보이지 않도록 주의하라. 모든 학생은 자신이 선호하는 방식으로 수업에 참여할 수 있어야 한다. 선천적으로 호기심이 많은 학생의 능력을 최대한 이끌어 내기 위해서 교사는

- 창의적으로 탐구할 수 있는 질문 · 프로젝트를 제공하라.
- 중복된 과제는 피하라. 학생이 빨리 흥미를 잃는다.
- 학생에게 **S**형 접근 방식(사실, 세부 사항, 절차, 실험, 경험 적용, 구조, 단계별 모델)이 수업에 중요하게 기여함을 깨닫도록 하라.

교사와 학생은 모두 업무 중심적이고, 직접적이고, 일관된다. 즉, 객관적인 진실을 추구한다. 교실은 사무적이고, 목적 의식이 뚜렷한 분위기를 가질 가능성이 있다. 학생은 행동, 숙제 등에서 기대되는 명확한 지침을 받는다. 만약 학생이 선생님에게 이의를 제기한다면 그것은 아마 (지침에 대해) 확인하기 위해서일 것이다. 잘해야 모든 사람들이 자기가 어디에 서고, 어떻게 행동해야 하는지 알게 됨을 의미한다. 최악의 경우 의기소침한 신병들이 가득 찬 군대 훈련소 같을 것이다. 근본적으로 업무 중심적인 학생의 능력을 최대한 이끌어 내기 위해 교사는

- 학생들의 기술과 지식을 경쟁적으로 시험하는 방법으로 수업하라(경쟁, 도전, 퀴즈, 개인 최고 점수 갱신 및 측정).
- 학생들에게 사람의 50%는 **F**형이고 피드백을 비판으로 해석할 수 있음을 이해하도록 도와주라.
- 학생이 성취한 것과 그다음에 해야 할 것에 집중하게

하라.

- 때때로 타협할 수 있도록 준비하라.
- 잠재된 감정적인 원인을 고려하지 않고 문제된 어떤 것을 해결하려는 시도를 피하라.

가면올빼미 유형 선생님은 시간을 단호하게 짜는 것을 즐긴다. 그들은 체계적이고 결단력 있다. 그들은 계획을 세우고 그것에 충실하며, 종종 인상적인 할 일 목록에 의해 도움을 받는다. 그들의 교실은 시계처럼 작동한다. 과목은 아마도 수업 분량의 크기대로 잘게 나뉘고 교육과정의 기준 등을 고려해서 한 해의 계획이 세워질 것이다. 숲올빼미 유형 학생은 다음과 같이 응답할 것이다.

- 당신의 전문성을 받아들이고 그들의 장기적인 이익을 이해함으로써 긍정적으로 반응한다.
- 당신이 제공하는 내용이나 과정을 진심으로 받아들이지는 않지만 편한 삶을 위해 구조 · 계획을 수동적으로 받아들인다.
- 교사와 수업 계획, 그리고 과목별 수업을 완전히 거부하며 부정적으로 반응한다(물리적으로 교실에 있더라도 수업에 몰두하거나 참여하지 않는다.).

교사가 선천적으로 느긋한 학생의 능력을 최대한 이끌어 내기 위해서는 학생들이 단순히 선택할 수 있는 것과 선택하는 것을 좋아하는 것이 아님을 주의해야 한다. 즉, 학생에게 그것은 필요한 것이며 그렇게 해 주지 않으면 안절부절못하고 몸부림치거나 반항하기 시작한다. 중등학교 환경은 **P**형 학생들에게 무척 어렵기 때문에 선생님은 압박감을 완화시키는 데 도울 수 있다. 이를 돕기 위해

- 가능한 한 유연성을 많이 제공하라(다양한 과제 선택, 수업 내 선택).
- 세부 일정을 제공하지 마라(어차피 지키지도 못할 것이다.).
- 꼭 필요한 것보다 중요하지 않은 세부 사항을 까다롭게 다루지 마라.
- 예상 가능한 수업이 지겹지 않도록 때때로 변화를 주어라.
- 학생이 성공할 수 있도록 효과적인 시간 관리 기술을 수립하도록 도와주라.

249
가면올빼미 유형 선생님(Barn Owl Teacher) & 검은표범 유형 학생(Panther student)
INTJ & ESTP

선천적으로 자신감 있고 적극적인 검은표범 유형의 학생들은 조심스럽게 다뤄져야 한다. 검은표범 유형 학생들은 종종 다른 학급 구성원들에게 큰 영향을 미치므로 이러한 튼튼한 포식자들을 데려오기 위한 초기 노력을 기울일 가치가 있다. 그렇게 하는 가면올빼미 유형 교사는 앞으로 몇 년 동안 귀중한 동맹을 맺게 된다. 본래 활발한 학생의 능력을 최대한 이끌어 내기 위해 교사는

- 학생의 이야기 · 브레인스토밍 · 횡설수설하는 말에 인내심을 갖고 열정적으로 경청하라.
- '유치한' 아이디어일지라도 마음을 열고 그것이 이끄는 곳을 살펴보라. 학생은 크게 말하면서 생각하는데, 이것이 그들이 가장 잘 배우는 방법이다.
- 또한 교사의 생각도 제시하라. 시간이 초과될 경우 요청하라.
- 학생이 말하기 전에 충분히 생각하게 하라. 그렇지 않으면 수업을 방해할 수 있다.
- 특히 모둠 토론에서 논란이 될 만한 주제 · 논제는 학생에게 주지 마라. 그들은 종종 수업에 재미를 더하기 위해 가장 논쟁의 여지가 있는 말을 찾는다.
- 수업하는 동안에 **E**형 학생들이 다른 **E**형 학생들과 대화할 수 있는 기회를 많이 만들어라.

상상력이 풍부한 가면올빼미 유형 교사는 모든 학생에게 영감을 줄 수 있지만, 검은표범 유형 학생들에게 명확한 지침, 구조, 사실, 세부 사항 그리고 절차를 제공해야 할 필요가 있음을 존중해야 한다. 본래 현실적인 학생의 능력을 최대한 이끌어 내기 위해 교사는

- 배운 것이 실제 현실에서 어떻게 적용되는지 설명하라.
- 학생이 역량을 갖출 때까지 반복하고 연습할 기회를 주라.
- 수업에 상상력을 유용하게 사용하도록 권장하라(그것은 시간 낭비가 아니다.).
- **S**형 학생에게 손해를 입히면서까지 **N**형 학생을 편애하는 것처럼 보이지 않도록 조심하라. 모든 학생은

그들이 선호하는 방법으로 수업에 기여할 수 있어야 한다.

교사와 학생은 모두 업무 중심적이고, 직접적이고, 일관되며 정직하다. 교실은 사무적이고, 목적 의식이 뚜렷한 분위기를 가질 가능성이 있다. 학생은 행동, 숙제 등에서 기대되는 명확한 지침을 받는다. 만약 학생이 선생님에게 이의를 제기한다면 그것은 아마 (지침에 대해) 확인하기 위해서일 것이다. 잘해야 이것은 모든 사람이 자기가 어디에 서고, 어떻게 행동해야 하는지 알게 됨을 의미한다. 최악의 경우 반란의 기회를 기다리며 안절부절 못하는 신병들이 가득 찬 군대 훈련소 같을 것이다. 근본적으로 업무 중심적인 학생의 능력을 최대한 이끌어 내기 위해 교사는

- 학생들의 기술과 지식을 경쟁적으로 시험하는 방법으로 수업하라(경쟁, 도전, 퀴즈, 개인 최고 점수 갱신 및 측정).
- 학생들에게 사람의 50%는 **F**형이고 피드백을 비판으로 해석할 수 있음을 이해하도록 도와주라.
- 학생이 성취한 것과 그다음에 해야 할 것에 집중하게 하라.
- 때때로 타협할 수 있도록 준비하라.
- 잠재된 감정적인 원인을 고려하지 않고 문제된 어떤 것을 확정하려는 시도를 피하라.

J형 선생님은 시간 계획 짜는 것을 즐긴다. 그들은 체계적이고 결단력 있다. 그들은 계획을 세우고 그것에 충실하며, 종종 인상적인 할 일 목록에 의해 도움을 받는다. 그들의 교실은 대개 정리가 잘 되어 있다. 과목은 아마도 수업 분량의 크기대로 잘게 나뉘어 한 해의 계획이 세워질 것이다. **P**형 학생은 다음과 같이 응답할 것이다.

- 당신의 전문성을 받아들이고 그들의 장기적인 이익을 이해함으로써 긍정적으로 반응한다.
- 당신이 제공하는 내용이나 과정을 진심으로 받아들이지는 않지만 편한 삶을 위해 구조·계획을 수동적으로 받아들인다.
- 교사와 수업 계획, 그리고 과목별 수업을 완전히 거부하며 부정적으로 반응한다(물리적으로 교실에 있더라도 수업에 몰두하거나 참여하지 않는다.).

교사가 선천적으로 느긋한 학생의 능력을 최대한 이끌어 내기 위해서는 학생들이 단순히 선택할 수 있는 것과 선택하는 것을 좋아하는 것이 아님을 주의해야 한다. 즉, 학생에게 그것은 필요한 것이며 그렇게 해 주지 않으면 거부하거나 반항하기 시작한다. 중등학교 환경은 **P**형 학생들에게 무척 어렵기 때문에 선생님은 압박감을 완화시키는 데 도움을 수 있다. 이를 돕기 위해

- 예상 가능한 수업이 지겹지 않도록 때때로 변화를 주어라.
- 학생이 반드시 성공할 수 있도록 효과적인 시간 관리 전략을 수립하도록 도와주라.
- 가능한 한 유연성을 많이 제공하라(다양한 과제 선택, 수업 내 선택).
- 세부 일정을 제공하지 마라(어차피 지키지도 못할 것이다.).
- 꼭 필요한 것보다 중요하지 않은 세부 사항을 까다롭게 다루지 마라.

250
가면올빼미 유형 선생님(Barn Owl Teacher) & 사자 유형 학생(Lion student)
INTJ & ESFP

교사와 학생 모두 선천적으로 자신감이 있고 적극적이다. 그들은 서로 반대되는 성격으로 인해 오해를 불러일으킬 수 있다. 둘 다 조금만 참으면 인생, 학습, 학교에 대한 서로의 전혀 다른 접근 방식을 즐기듯 배울 수 있다. 즉, 체계화되고 의욕이 넘치는 교실에 사자 유형의 학생이 재미와 유연성을 불어넣는다. 선천적으로 활발한 학생으로부터 능력을 최대한 이끌어 내기 위해서 교사는

- 학생이 말하기 전에 충분히 생각하게 하라. 그렇지 않으면 수업을 방해할 수 있다.
- 특히 모둠 토론에서 논란이 될 만한 주제·논제는 학생에게 주지 마라.
- 수업하는 동안에 **E**형 학생들이 다른 **E**형 학생들과 대화할 수 있는 기회를 많이 만들어라.
- 학생이 자신의 생각을 쏟아낼 때 인내하고 열중하여 들어 주라.
- '유치한' 아이디어일지라도 마음을 열고 그것이 이끄

는 곳을 살펴보라. 학생은 크게 말하면서 생각하는데, 이것이 그들이 가장 잘 배우는 방법이다.

- 또한 교사의 생각도 제시하라. 시간이 초과될 경우 요청하라.

상상력이 풍부한 가면올빼미 유형 교사는 모든 학생에게 영감을 줄 수 있지만, 사자 유형 학생들에게 명확한 지침, 구조, 사실, 세부 사항 그리고 절차를 제공해야 할 필요가 있음을 존중해야 한다. 그렇지 않으면 그들은 몸부림칠 수 있다. 선천적으로 현실적인 학생의 능력을 최대한 이끌어 내기 위해 교사는

- 배운 것이 실제 현실에서 어떻게 적용되는지 설명하라.
- 학생이 역량을 갖출 때까지 반복하고 연습할 기회를 주라.
- 수업에 상상력을 유용하게 사용하도록 권장하라(그것은 시간 낭비가 아니다.).
- **S**형 학생에게 손해를 입히면서까지 **N**형 학생을 편애하는 것처럼 보이지 않도록 조심하라. 모든 학생은 그들이 선호하는 방법으로 기여할 수 있어야 한다.

교사는 일에 먼저 집중하고 그다음에 사람 · 관계에 집중한다. 교실은 사무적이고, 목적 의식이 뚜렷한 분위기를 가질 가능성이 있다. 학생은 행동, 숙제 등에서 기대되는 명확한 지침을 받는다. 기껏해야 이것은 모든 사람이 자기가 어디에 서고, 어떻게 행동해야 하는지 알게 됨을 의미한다. 최악의 경우 의기소침한 신병들이 가득한 군대 훈련소와 같을 것이다. 사자 유형은 이리저리 돌아다니며 누군가와 이야기를 나누며 열정과 에너지를 되살릴 수 있는 기회를 최대한 활용한다. 학생들과 개인적으로 친밀한 관계를 가지는 것이 열쇠임을 기억하라. 사자 유형의 학생은 선생님을 좋아하고 선생님도 그들을 좋아한다고 느낄 필요가 있다. 이렇게 되면 그들은 더 열심히 공부하겠지만 그렇지 않으면 공부에 신경을 완전히 끊을지도 모른다. 이것은 한 학생이 한 해(그들이 좋아하는 선생님과 함께 하면)에 최고의 학생이 될 수도 있고, 선생님이 바뀐 그 이듬해에는 공부에 대해 아예 관심을 보이지 않은 이유를 설명해 준다. 근본적으로 사람 중심적인 학생의 능력을 최대한 이끌어 내기 위해 교사는

- 공감, 협업 및 팀워크를 사용하여 과제에 집중하는 교사 본연의 성향에 균형을 맞출 수 있는 학습 상황을 제시하라.
- 어떠한 약점이라도 극복할 수 있도록 요령껏 지원하면서 충분하고 정기적으로 칭찬하라. 학생에게 솔직한 피드백을 절충하여 하라. 피드백은 비판으로 쉽게 비칠 수 있으니 전달할 때 계란 껍데기를 밟듯 조심하라.
- 학생에 대한 개인적인 신뢰를 강하게 드러내면서 설득하라(나를 실망시키지 마렴, 네가 할 수 있다는 것을 알아, 난 네가 좋단다.).
- 분열을 피하기 위해 타협할 준비를 하라.

가면올빼미 유형 선생님은 시간 계획 짜는 것을 즐긴다. 그들은 체계적이고 결단력 있다. 그들은 계획을 세우고 그것에 충실하며, 종종 인상적인 할 일 목록에 의해 도움을 받는다. 그들의 교실은 대개 정리가 잘 되어 있다. 과목은 아마도 수업 분량의 크기대로 잘게 나뉘어 한 해의 계획이 세워질 것이다. 잠재적으로 반항적인 학생은 다음과 같이 응답할 것이다.

- 당신의 전문성을 받아들이고 그들의 장기적인 이익을 이해함으로써 긍정적으로 반응한다.
- 당신이 제공하는 내용이나 과정을 진심으로 받아들이지는 않지만 편한 삶을 위해 구조 · 계획을 수동적으로 받아들인다.
- 교사와 수업 계획, 그리고 과목별 수업을 완전히 거부하며 부정적으로 반응한다(물리적으로 교실에 있더라도 수업에 몰두하거나 참여하지 않는다.).

교사가 선천적으로 느긋한 학생의 능력을 최대한 이끌어 내기 위해서는 학생들이 단순히 선택할 수 있는 것과 선택하는 것을 좋아하는 것이 아님을 주의해야 한다. 즉, 학생에게 그것은 필요한 것이며 그렇게 해 주지 않으면 안절부절못하고 몸부림치거나 반항하기 시작한다. 중등학교 환경은 **P**형 학생들에게 무척 어렵기 때문에 선생님은 압박감을 완화시키는 데 도울 수 있다. 이를 돕기 위해

- 가능한 한 유연성을 많이 제공하라(다양한 과제 선택, 수업 내 선택).
- 세부 일정을 제공하지 마라(어차피 지키지도 못할 것이다.).
- 꼭 필요한 것보다 중요하지 않은 세부 사항을 까다롭게 다루지 마라.
- 예상 가능한 수업이 지겹지 않도록 무작위적인 놀라

움과 변화를 소개하라.

- 학생이 반드시 성공할 수 있도록 효과적인 시간 관리 전략을 수립하도록 도와주라.

251
가면올빼미 유형 선생님(Barn Owl Teacher) & 흰동가리 유형 학생(Clown Fish student)
INTJ & ENFP

가면올빼미 유형의 교사와 흰동가리 유형의 학생은 **N**형의 성향 하나만 공유하지만, 이것은 매우 중요하다. 두 사람 모두 상상력을 적극적으로 발휘하여 세상을 이해하려고 노력한다. 기껏해야 그들은 끈기와 재능으로 서로 아이디어를 튕겨 낼 것이다. 일이 잘못되면 보통 흰동가리 유형 학생이 그들의 자발적인 생각을 억제하지 못하고 가면올빼미 유형 교사의 세심한 계획을 좌절시키고 방해할 수 있다. 본래 활발한 학생의 능력을 최대한 이끌어 내기 위해 교사는

- 학생의 이야기 · 브레인스토밍 · 횡설수설하는 말에 인내심을 갖고 열정적으로 경청하라.
- 특히 모둠 토론에서 논란이 될 만한 주제 · 논제는 학생에게 주지 마라.
- 수업하는 동안에 **E**형 학생들이 다른 **E**형 학생들과 대화할 수 있는 기회를 많이 만들어라.
- '유치한' 아이디어일지라도 마음을 열고 그것이 이끄는 곳을 살펴보라. 학생은 크게 말하면서 생각하는데, 이것이 그들이 가장 잘 배우는 방법이다.
- 또한 교사의 생각도 제시하라. 시간이 초과될 경우 요청하라.
- 학생이 말하기 전에 충분히 생각하게 하라. 그렇지 않으면 수업을 방해할 수 있다.

선생님과 학생 모두 전체 상황을 먼저 보고, 예감, 추리, 상상력을 이용하여 의미를 추론함으로써 정보를 모은다. 선생님은 자연스럽게 교실에서 자신의 상상력을 활용할 것이고 **N**형 학생들은 이에 잘 반응할 것인데, 아마도 공상, 일화, 이야기에 상상의 나래를 펼치며 동참할 것이다. 선생님과 학생 사이의 자연스러운 친밀감은 종종 존재하는데, 그들 둘 다 같은 방식으로 세상을 바라보기 때문이다. 즉, 패턴, 가능성, 아이디어 그리고 이론을 탐구함으로써 사물이 왜 있는지를 이해하려는 뜨거운 호기심을 가지고 있다. 선생님은 **S**형 학생에게 피해를 입히면서까지 **N**형 학생을 선호하는 것처럼 보이지 않도록 주의하라. 모든 학생은 자신이 선호하는 방식으로 수업에 참여할 수 있어야 한다. 선천적으로 상상력이 풍부한 학생의 능력을 최대한 이끌어 내기 위해서 교사는

- 창의적으로 탐구할 수 있는 질문 · 프로젝트를 제공하라.
- 중복된 과제는 피하라. 학생이 빨리 흥미를 잃는다.
- 학생에게 **S**형 접근 방식(사실, 세부 사항, 절차, 실험, 경험 적용, 구조, 단계별 모델)이 수업에 중요하게 기여함을 깨닫도록 하라.

교사는 일에 먼저 집중하고 그다음에 사람 · 관계에 집중한다. 교실은 사무적이고, 목적 의식이 뚜렷한 분위기를 가질 가능성이 있다. 학생은 행동, 숙제 등에서 기대되는 명확한 지침을 받는다. 잘해야 이것은 모든 사람이 자기가 어디에 서고, 어떻게 행동해야 하는지 알게 됨을 의미한다. 최악으로는 교실은 자유분방한 흰동가리 유형에게 억압적이고 유해한 교도소와 같을 것이다. 학생들과 개인적으로 친밀한 관계를 가지는 것이 핵심임을 기억하라. 흰동가리 유형의 학생은 선생님을 좋아하고 선생님도 그들을 좋아한다고 느낄 필요가 있다. 이렇게 되면 그들은 더 열심히 공부하겠지만 그렇지 않으면 공부에 신경을 완전히 끊을지도 모른다. 이것은 한 학생이 한 해(그들이 좋아하는 선생님과 함께 하면)에 최고의 학생이 될 수도 있고, 선생님이 바뀐 그 이듬해에는 공부에 대해 아예 관심을 보이지 않은 이유를 설명해 준다. 근본적으로 사람 중심적인 학생의 능력을 최대한 이끌어 내기 위해 교사는

- 공감, 협업 및 팀워크를 사용하여 과제에 집중하는 교사 본연의 성향에 균형을 맞출 수 있는 학습 상황을 제시하라.
- 어떠한 약점이라도 극복할 수 있도록 요령껏 지원하면서 충분하고 정기적으로 칭찬하라. 학생에게 솔직한 피드백을 절충하여 하라. 피드백은 비판으로 쉽게 비칠 수 있으니 전달할 때 계란 껍데기를 밟듯 조심하라.
- 학생에 대한 개인적인 신뢰를 드러내면서 설득하거

나 영향을 끼쳐라(나를 실망시키지 마렴, 네가 할 수 있다는 것을 알아, 난 네가 좋단다.).

- 흰동가리 유형을 선상에서 유지하기 위해 타협할 준비를 하라.

J형 가면올빼미 유형 선생님은 시간 계획 짜는 것을 즐긴다. 그들은 체계적이고 결단력 있다. 그들은 계획을 세우고 그것에 충실하며, 종종 인상적인 할 일 목록에 의해 도움을 받는다. 그들의 교실은 대개 정리가 잘 되어 있다. 과목은 아마도 수업 분량의 크기대로 잘게 나뉘고 교육과정의 기준 등을 고려해서 한 해의 계획이 세워질 것이다. **P**형 흰동가리 유형 학생은 다음과 같이 응답할 것이다.

- 당신의 전문성을 받아들이고 그들의 장기적인 이익을 이해함으로써 긍정적으로 반응한다.
- 당신이 제공하는 내용이나 과정을 진심으로 받아들이지는 않지만 편한 삶을 위해 구조·계획을 수동적으로 받아들인다.
- 교사와 수업 계획, 그리고 과목별 수업을 완전히 거부하며 부정적으로 반응한다(물리적으로 교실에 있더라도 수업에 몰두하거나 참여하지 않는다.).

교사가 선천적으로 느긋한 학생의 능력을 최대한 이끌어 내기 위해서는 학생들이 단순히 선택할 수 있는 것과 선택하는 것을 좋아하는 것이 아님을 주의해야 한다. 즉, 학생에게 그것은 필요한 것이며 그렇게 해 주지 않으면 안절부절못하고 몸부림치거나 반항하기 시작한다. 중등학교 환경은 **P**형 학생들에게 무척 어렵기 때문에 선생님은 압박감을 완화시키는 데 도울 수 있다. 이를 돕기 위해

- 가능한 한 유연성을 많이 제공하라(다양한 과제 선택, 수업 내 선택).
- 세부 일정을 제공하지 마라(어차피 지키지도 못할 것이다.).
- 꼭 필요한 것보다 중요하지 않은 세부 사항을 까다롭게 다루지 마라.
- 예상 가능한 수업이 지겹지 않도록 때때로 변화를 주어라.
- 학생이 반드시 성공할 수 있도록 효과적인 시간 관리 팁을 제공하라.

252
가면올빼미 유형 선생님(Barn Owl Teacher) & 매 유형 학생(Falcon student)
INTJ & ENTP

셜록 홈즈가 의사 후를 만나다. 선천적으로 자신감 있고 적극적인 매 유형의 학생들은 조심스럽게 다뤄져야 한다. 매 유형 학생들은 종종 다른 학급 구성원들에게 큰 영향을 미치므로 이러한 튼튼한 포식자들을 데려오기 위한 초기 노력을 기울일 가치가 있다. 그렇게 하는 가면올빼미 유형 교사는 앞으로 몇 년 동안 귀중한 동맹을 맺게 된다. 그들의 활발한 학생의 능력을 최대한 이끌어 내기 위해서 교사는

- 학생의 이야기·브레인스토밍·횡설수설하는 말에 인내심을 갖고 열정적으로 경청하라.
- '유치한' 아이디어일지라도 마음을 열고 그것이 이끄는 곳을 살펴보라. 학생은 크게 말하면서 생각하는데, 이것이 그들이 가장 잘 배우는 방법이다.
- 수업하는 동안에 **E**형 학생들이 다른 **E**형 학생들과 대화할 수 있는 기회를 많이 만들어라.
- 또한 교사의 생각도 제시하라. 시간이 초과될 경우 요청하라.
- 학생이 말하기 전에 충분히 생각하게 하라. 그렇지 않으면 수업을 방해할 수 있다.
- 특히 모둠 토론에서 논란이 될 만한 주제·논제는 학생에게 주지 마라.

선생님과 학생 모두 전체 상황을 먼저 보고, 예감, 추리, 상상력을 이용하여 의미를 추론함으로써 정보를 모은다. 선생님은 자연스럽게 교실에서 자신의 상상력을 활용할 것이고 **N**형 학생들은 이에 잘 반응할 것인데, 아마도 공상, 일화, 이야기에 상상의 나래를 펼치며 동참할 것이다. 선생님과 학생 사이의 자연스러운 친밀감은 종종 존재하는데, 그들 둘 다 같은 방식으로 세상을 바라보기 때문이다. 즉, 패턴, 가능성, 아이디어 그리고 이론을 탐구함으로써 사물이 왜 있는지를 이해하려는 뜨거운 호기심을 가지고 있다. 선생님은 **S**형 학생에게 피해를 입히면서까지 **N**형 학생을 선호하는 것처럼 보이지 않도록 주의하라. 모든 학생은 자신이 선호하는 방식으로 수업에 참여할 수 있어야 한다. 선천적으로 상상력

이 풍부한 학생의 능력을 최대한 이끌어 내기 위해서 교사는

- 창의적으로 탐구할 수 있는 질문 · 프로젝트를 제공하라.
- 중복된 과제는 피하라. 학생이 빨리 흥미를 잃는다.
- 학생에게 **S**형 접근 방식(사실, 세부 사항, 절차, 실험, 경험 적용, 구조, 단계별 모델)이 수업에 중요하게 기여함을 깨닫도록 하라.

가면올빼미 유형과 매 유형 모두 업무 중심적이고, 직접적이고, 일관성 있고, 추진력이 있다. 교실은 사무적이고, 목적 의식이 뚜렷한 분위기를 가질 가능성이 있다. 학생은 행동, 숙제 등에서 기대되는 명확한 지침을 받는다. 만약 학생이 선생님에게 이의를 제기한다면 이는 용어에 대해 토론할 가능성이 있다. 기껏해야 이것은 모든 사람들이 자기가 어디에 서고, 어떻게 행동해야 하는지 알게 됨을 의미한다. 최악의 경우 교실은 위생적으로 만들어진 생산 라인과 같을 것이다. 선천적으로 업무 중심적인 학생의 능력을 최대한 이끌어 내기 위해 교사는

- 학생들의 기술과 지식을 경쟁적으로 시험하는 방법으로 수업하라(경쟁, 도전, 퀴즈, 개인 최고 점수 갱신 및 측정).
- 학생들에게 사람의 50%는 **F**형이고 피드백을 비판으로 해석할 수 있음을 이해하도록 도와주라.
- 학생이 성취한 것과 그다음에 해야 할 것에 집중하게 하라.
- 때때로 타협할 수 있도록 준비하라.
- 잠재된 감정적인 원인을 고려하지 않고 문제된 어떤 것을 해결하려는 시도를 피하라.

가면올빼미 유형 선생님은 시간 계획 짜는 것을 즐긴다. 그들은 체계적이고 결단력 있다. 그들은 계획을 세우고 그것에 충실하며, 종종 인상적인 할 일 목록에 의해 도움을 받는다. 그들의 교실은 대개 정리가 잘 되어 있다. 과목은 아마도 수업 분량의 크기대로 잘게 나눠고 뉴턴 학설 신봉자처럼 한 해의 계획이 세워질 것이다. **P**형 학생은 다음과 같이 응답할 것이다.

- 당신의 전문성을 받아들이고 그들의 장기적인 이익을 이해함으로써 긍정적으로 반응한다.
- 당신이 제공하는 내용이나 과정을 진심으로 받아들이지는 않지만 편한 삶을 위해 구조 · 계획을 수동적으로 받아들인다.
- 교사와 수업 계획, 그리고 과목별 수업을 완전히 거부하며 부정적으로 반응한다(물리적으로 교실에 있더라도 수업에 몰두하거나 참여하지 않는다.).

교사가 선천적으로 느긋한 학생의 능력을 최대한 이끌어 내기 위해서는 학생들이 단순히 선택할 수 있는 것과 선택하는 것을 좋아하는 것이 아님을 주의해야 한다. 즉, 학생에게 그것은 필요한 것이며 그렇게 해 주지 않으면 안절부절못하고 몸부림치거나 반항하기 시작한다. 중등학교 환경은 **P**형 학생들에게 무척 어렵기 때문에 선생님은 압박감을 완화시키는 데 도울 수 있다. 이를 돕기 위해

- 가능한 한 유연성을 많이 제공하라(다양한 과제 선택, 수업 내 선택).
- 예상 가능한 수업이 지겹지 않도록 때때로 변화를 주어라.
- 학생이 반드시 성공할 수 있도록 단순하고 효과적인 전략을 수립하도록 도와주라.
- 세부 일정을 제공하지 마라(어차피 지키지도 못할 것이다.).
- 꼭 필요한 것보다 중요하지 않은 세부 사항을 까다롭게 다루지 마라. 매 유형을 적대시하고 동요시킬 뿐이다.

253
가면올빼미 유형 선생님(Barn Owl Teacher) & 흑곰 유형 학생(Black Bear student)
INTJ & ESTJ

가면올빼미 유형과 흑곰 유형 둘 다 타고난 지도자이다. 하지만 교실에 단 한 명의 보스가 있을 수 있으며, 가면올빼미가 그 역할을 장악하도록 해야 한다. 이것은 결연한 흑곰 유형을 본보기로 삼을 때 가장 잘 이루어진다. 곰 유형에게 당신이 얼마나 유능하고 조직적인지 보여주면 곰 유형은 통제권을 인정할 것이다. 책임의 형태로 약간의 회유는 바퀴에 기름을 바른 듯 긍정적인 관계에 기여할 것이다. 본래 활발한 학생의 능력을 최대한 이끌어 내기 위해서 교사는

- 학생의 아이디어와 제안을 쏟아낼 때 인내하고 열중하여 들어 주라.
- '유치한' 아이디어일지라도 마음을 열고 그것이 이끄는 곳을 살펴보라. 학생은 크게 말하면서 생각하는데, 이것이 그들이 가장 잘 배우는 방법이다.
- 또한 교사의 생각도 제시하라. 시간이 초과될 경우 요청하라.
- 학생이 말하기 전에 충분히 생각하도록 격려하라. 그렇지 않으면 수업을 방해할 수 있다.
- 특히 모둠 토론에서 논란이 될 만한 주제 · 논제는 학생에게 주지 마라.
- 수업하는 동안에 **E**형 학생들이 다른 **E**형 학생들과 대화할 수 있는 기회를 많이 만들어라.

가면올빼미 유형은 모든 학생에게 생생한 상상력으로 영감을 줄 수 있지만, 흑곰 유형 학생들에게 명확한 지침, 구조, 사실, 세부 사항 그리고 절차를 제공해야 할 필요가 있음을 존중해야 한다. 그렇지 않으면 그들은 길을 잃을 수 있다. 선천적으로 현실적인 학생의 능력을 최대한 이끌어 내기 위해 교사는

- 배운 것이 실제 현실에서 어떻게 적용되는지 설명하라.
- 학생이 역량을 갖출 때까지 반복하고 연습할 기회를 주라.
- 수업에 상상력을 유용하게 사용하도록 권장하라(그것은 시간 낭비가 아니다.).
- **S**형 학생에게 손해를 입히면서까지 **N**형 학생을 편애하는 것처럼 보이지 않도록 조심하라. 모든 학생은 그들이 선호하는 방법으로 기여할 수 있어야 한다.

교사와 학생 모두 업무 중심적이고, 직접적이고, 일관성 있고, 객관적이다. 이 반은 집중하는 분위기를 가질 가능성이 있다. 학생은 행동, 숙제 등에서 명확한 기대되는 지침을 받는다. 만약 학생이 선생님에게 이의를 제기한다면 그것은 아마 (지침에 대해) 확인하기 위해서일 것이다. 기껏해야 이것은 모든 사람들이 자기가 어디에 서고, 어떻게 행동해야 하는지 알게 됨을 의미한다. 최악의 경우 교실 분위기는 엄중하고 답답할 수 있다. 근본적으로 업무 중심적인 학생의 능력을 최대한 이끌어 내기 위해 교사는

- 학생들의 기술과 지식을 경쟁적으로 시험하는 방법으로 수업하라(경쟁, 도전, 퀴즈, 개인 최고 점수 갱신 및 측정).
- 학생들에게 사람의 50%는 **F**형이고 피드백을 비판으로 해석할 수 있음을 이해하도록 도와주라.
- 학생이 성취한 것과 그다음에 해야 할 것에 집중하게 하라.
- 때때로 타협할 수 있도록 준비하라.
- 잠재된 감정적인 원인을 고려하지 않고 문제된 어떤 것을 해결하려는 시도를 피하라.

가면올빼미 유형 선생님은 시간 계획 짜는 것을 즐긴다. 그들은 체계적이고 결단력 있다. 그들은 계획을 세우고 그것에 충실하며, 종종 인상적인 할 일 목록에 의해 도움을 받는다. 그들의 교실은 대개 정리가 잘 되어 있다. 과목은 아마도 수업 분량의 크기대로 잘게 나뉘어 한 해의 계획이 치밀하게 세워질 것이다. 많은 **J**형 학생은 선생님의 조직적인 열의에 안심한다. 그들은 단순히 일정을 수용하고, 합의한 내용을 전달하며, 대개 모든 업무를 제시간에 완료한다. 흥미롭게도, 몇몇 **J**형 학생은 선생님이 선의로 하는 철저함을 꺼릴 것이다. 그들은 다른 사람의 계획을 채택하기보다는 그들 자신의 계획을 세우고 그것을 실천하기를 원한다. 이것은 **J**형의 통제 욕구 때문이다. 그래서 비록 최소한 모든 작업은 완료되겠지만 두 **J**형이 서로 충돌할 수 있다. 대부분의 중등학교는 학생들이 매우 체계적이어서 두 **J**형이 가장 좋은 조합으로 이루어지기를 요구한다. 선천적으로 통제받는 학생의 능력을 최대한 이끌어 내기 위해서 교사는

- 질서, 깔끔함, 마감 기일 준수에 대한 공통의 욕구를 즐겨라.
- 학생이 진정으로 원할 경우 그들의 방식대로 작업을 자립적으로 계획할 수 있도록 허락하라.
- 외적인 일로 교사의 세심한 준비가 방해 받을 경우 자신의 계획을 조정할 준비를 하라(그리고 학생이 때때로 유연성을 받아들이도록 권장하라.).
- 예상 가능한 수업이 지겹지 않도록 때때로 변화를 주어라. 허둥대지 말고 천천히 일을 처리하는 것은 선생님과 학생 모두에게 유용한 삶의 교훈이다.
- 선택할 수 있는 모든 것을 고려하기도 전에 해야 할 일에 대해 신속하게 결정하지 마라.

254
가면올빼미 유형 선생님(Barn Owl Teacher) & 곰인형 유형 학생(Teddy Bear student)
INTJ & ESFJ

가면올빼미 유형 교사는 곰인형 유형 학생들과 더불어 일을 잘할 수 있다. 곰인형 유형은 그들이 존경하는 선생님들을 기쁘게 하고 싶어 하는데, 이것은 선생님이 그들의 공통된 선호(J)를 체계적이고 명확하게 사용할 때 얻을 수 있다. 가면올빼미 유형 교사는 선천적으로 활기찬 학생의 능력을 최대한 이끌어 내기 위해

- 곰인형 유형의 일화와 횡설수설하는 말에 인내심을 갖고 열정적으로 들어 주라. 그들은 일에 안주하기 전에 사회화될 필요가 있다.
- 또한 교사의 생각도 제시하라. 시간이 초과될 경우 요청하라.
- 학생이 말하기 전에 충분히 생각하도록 장려하라. 그렇지 않으면 수업을 방해할 수 있다.
- 특히 모둠 토론에서 논란이 될 만한 주제 · 논제는 학생에게 주지 마라.
- 수업하는 동안에 **E**형 학생들이 다른 **E**형 학생들과 대화할 수 있는 기회를 많이 만들어라.
- '유치한' 아이디어일지라도 마음을 열고 그것이 이끄는 곳을 살펴보라. 학생은 크게 말하면서 생각하는데, 이것이 그들이 가장 잘 배우는 방법이다.

가면올빼미 유형은 모든 학생에게 생생한 상상력으로 영감을 줄 수 있지만, 곰인형 유형 학생들에게 명확한 지침, 구조, 사실, 세부 사항 그리고 절차를 제공해야 할 필요가 있음을 존중해야 한다. 그렇지 않으면 그들은 허둥댈 수 있다. 본래 근본이 있는 학생의 능력을 최대한 이끌어 내기 위해 교사는

- 배운 것이 실제 현실에서 어떻게 적용되는지 설명하라.
- 학생이 역량을 갖출 때까지 반복하고 연습할 기회를 주라.
- 수업에 상상력을 유용하게 사용하도록 권장하라(그것은 시간 낭비가 아니다.).
- **S**형 학생에게 손해를 입히면서까지 **N**형 학생을 편애하는 것처럼 보이지 않도록 조심하라. 모든 학생은 그들이 선호하는 방법으로 수업에 기여할 수 있어야 한다.

교사는 일에 먼저 집중하고 그다음에 사람 · 관계에 집중한다. 교실은 사무적이고, 목적 의식이 뚜렷한 분위기를 가질 가능성이 있다. 학생은 행동, 숙제 등에서 기대되는 명확한 지침을 받는다. 잘해야 모든 사람이 자기가 어디에 서고, 어떻게 행동해야 하는지 알게 됨을 의미한다. 최악의 경우 교실은 겁에 질린 신병들로 가득 찬 군대 훈련소와 비슷할 수 있다. 학생들과 개인적으로 친밀한 관계를 가지는 것이 핵심임을 기억하라. 곰인형 유형 학생은 그들이 그들의 선생님을 좋아하고 그들의 선생님도 그들을 또한 좋아한다고 느낄 필요가 있다. 만약 그렇게 된다면, 흰동가리 유형 학생이 열심히 공부하지만 그렇지 않으면 관심을 완전히 끌 수도 있다. 이것은 한 학생이 한 해(그들이 좋아하는 선생님과 함께 하면)에 최고의 학생이 될 수도 있고, 선생님이 바뀐 그 이듬해에는 공부에 대해 아예 관심을 보이지 않은 이유를 설명해준다. 선천적으로 업무 중심적인 학생의 능력을 최대한 이끌어 내기 위해 교사는

- 공감, 협업 및 팀워크를 사용하여 과제에 집중하는 교사 본연의 성향에 균형을 맞출 수 있는 학습 상황을 제시하라.
- 어떠한 약점이라도 극복할 수 있도록 요령껏 지원하면서 충분하고 정기적으로 칭찬하라. 피드백은 비판으로 쉽게 비칠 수 있으니 전달할 때 계란 껍데기를 밟듯 조심하라.
- 학생에 대한 개인적인 신뢰를 강하게 드러내면서 영향을 끼쳐라(나를 실망시키지 마렴, 네가 할 수 있다는 것을 알아, 난 네가 좋단다.).
- 때때로 타협할 준비를 하라.

J형 선생님은 시간 계획 짜는 것을 즐긴다. 그들은 체계적이고 결단력 있다. 그들은 계획을 세우고 그것에 충실하며, 종종 인상적인 할 일 목록에 의해 도움을 받는다. 그들의 교실은 대개 정리가 잘 되어 있다. 과목은 아마도 수업 분량의 크기대로 잘게 나뉘고 세밀하게 한 해의 계획이 세워질 것이다. 많은 **J**형 학생은 선생님의 조직적인 열의에 안심한다. 그들은 단순히 일정을 수용하고, 합의한 내용을 전달하며, 대개 모든 업무를 제시간에 완료한다. 흥미롭게도, 몇몇 **J**형 학생은 선생님이 선의로 하는 철저함을 꺼릴 것이다. 그들은 다른 사람

의 계획을 채택하기보다는 그들 자신의 계획을 세우고 그것을 실천하기를 원한다. 이것은 **J**형의 통제 욕구 때문이다. 그래서 비록 최소한 모든 작업은 완료되겠지만 두 **J**형이 서로 충돌할 수 있다. 대부분의 중등학교는 학생들이 매우 체계적이어서 두 **J**형이 가장 좋은 조합으로 이루어지기를 요구한다.선천적으로 조직적인 학생의 능력을 최대한 이끌어 내기 위해서 교사는

- 질서, 깔끔함, 마감 기일 준수에 대한 공통의 욕구를 즐겨라.
- 학생이 진정으로 원할 경우 그들의 방식대로 작업을 자립적으로 계획할 수 있도록 허락하라.
- 외적인 일로 교사의 세심한 준비가 방해 받을 경우 자신의 계획을 조정할 준비를 하라(그리고 학생이 때때로 유연성을 받아들이도록 권장하라.).
- 예상 가능한 수업이 지겹지 않도록 때때로 변화를 주어라.
- 선택할 수 있는 모든 것을 고려하기도 전에 해야 할 일에 대해 신속하게 결정하지 마라.

255
가면올빼미 유형 선생님(Barn Owl Teacher) & 돌고래 유형 학생(Dolphin student)
INTJ & ENFJ

본래 즐거운 돌고래 유형은 모든 교사 유형들과 잘 지낼 수 있다. 학생들은 가면올빼미 유형의 교사들의 상상력을 공유하고 일이 잘 되도록 집중한다. 교실 친구들을 대신하여 사교적이고 옹호하고자 하는 돌고래 유형은 때때로 긴장을 만들기도 하지만 그것은 대개 선의로 한 것이고 재치 있게 의사소통한다. 본래 열정적인 학생의 능력을 최대한 이끌어 내기 위해 교사는

- 돌고래 유형의 생각과 이야기를 인내하고 열중하여 들어 주라.
- '유치한' 아이디어일지라도 마음을 열고 그것이 이끄는 곳을 살펴보라. 학생은 크게 말하면서 생각하는데, 이것이 그들이 가장 잘 배우는 방법이다.
- 또한 교사의 생각도 제시하라. 시간이 초과될 경우 요청하라.
- 학생이 말하기 전에 충분히 생각하게 하라. 그렇지 않으면 수업을 방해할 수 있다.
- 특히 모둠 토론에서 논란이 될 만한 주제 · 논제는 학생에게 주지 마라.
- 수업하는 동안에 **E**형 학생들이 다른 **E**형 학생들과 대화할 수 있는 기회를 많이 만들어라.

교사와 학생 모두 상상 속 세계에 몰입함으로써 정보를 수집한다. 선생님과 학생 모두 전체 상황을 먼저 보고, 예감, 추리, 상상력을 이용하여 의미를 추론함으로써 정보를 모은다. 선생님은 자연스럽게 교실에서 자신의 상상력을 활용할 것이고 **N**형 학생들은 이에 잘 반응할 것인데, 아마도 공상, 일화, 이야기에 상상의 나래를 펼치며 동참할 것이다. 선생님과 학생 사이의 자연스러운 친밀감은 종종 존재하는데, 그들 둘 다 같은 방식으로 세상을 바라보기 때문이다. 즉, 패턴, 가능성, 아이디어 그리고 이론을 탐구함으로써 사물이 왜 있는지를 이해하려는 뜨거운 호기심을 가지고 있다. 선생님은 **S**형 학생에게 피해를 주면서까지 **N**형 학생을 선호하는 것처럼 보이지 않도록 주의하라. 모든 학생은 자신이 선호하는 방식으로 수업에 참여할 수 있어야 한다. 선천적으로 상상력이 풍부한 학생의 능력을 최대한 이끌어 내기 위해서 교사는

- 중복된 과제는 피하라. 학생이 빨리 흥미를 잃을 것이다.
- 학생에게 **S**형 접근 방식(사실, 세부 사항, 절차, 실험, 경험 적용, 구조, 단계별 모델)이 수업에 중요하게 기여함을 깨닫도록 하라.
- 창의적으로 탐구할 수 있는 질문과 프로젝트를 제공하는 것도 학생의 흥미를 끌 것이다.

교사는 일에 먼저 집중하고 그다음에 사람 · 관계에 집중한다. 교실은 사무적이고, 목적 의식이 뚜렷한 분위기를 가질 가능성이 있다. 학생은 행동, 숙제 등에서 기대되는 명확한 지침을 받는다. 기껏해야 이것은 모든 사람이 자기가 어디에 서고, 어떻게 행동해야 하는지 알게 됨을 의미한다. 학생들과 개인적으로 친밀한 관계를 가지는 것이 핵심임을 기억하라. 돌고래 유형의 학생은 선생님을 좋아하고 선생님도 그들을 좋아한다고 느낄 필요가 있다. 이렇게 되면 그들은 더 열심히 공부하겠지만 그렇지 않으면 공부에 신경을 완전히 끊을지도 모른다. 이것은 한 학생이 한 해(그들이 좋아하는 선생님과 함께 하

면)에 최고의 학생이 될 수도 있고, 선생님이 바뀐 그 이듬해에는 공부에 대해 아예 관심을 보이지 않은 이유를 설명해 준다. 선천적으로 업무 중심적인 학생의 능력을 최대한 이끌어 내기 위해 교사는

- 공감, 협업 및 팀워크를 사용하여 과제에 집중하는 교사 본연의 성향에 균형을 맞출 수 있는 학습 상황을 제시하라.
- 어떠한 약점이라도 극복할 수 있도록 요령껏 지원하면서 충분하고 정기적으로 칭찬하라. 피드백은 비판으로 쉽게 비칠 수 있으니 전달할 때 계란 껍데기를 밟듯 조심하라.
- 학생에 대한 개인적인 신뢰를 강하게 드러내면서 설득하라(나를 실망시키지 마렴, 네가 할 수 있다는 것을 알아, 난 네가 좋단다.).
- 불필요한 돌고래 유형의 부루퉁함을 방지하기 위해 타협할 준비를 하라.

가면올빼미 유형 선생님은 시간 계획 짜는 것을 즐긴다. 그들은 체계적이고 결단력 있다. 그들은 계획을 세우고 그것에 충실하며, 종종 인상적인 할 일 목록에 의해 도움을 받는다. 그들의 교실은 대개 정리가 잘 되어 있다. 과목은 아마도 수업 분량의 크기대로 잘게 나뉘어 한 해의 계획은 치밀하게 세워질 것이다. 많은 돌고래 유형 학생은 선생님의 조직적인 열의에 안심한다. 그들은 단순히 일정을 수용하고, 합의한 내용을 전달하며, 대개 모든 업무를 제시간에 완료한다. 흥미롭게도, 몇몇 **J**형 학생은 선생님이 선의로 하는 철저함을 꺼릴 것이다. 그들은 다른 사람의 계획을 채택하기보다는 그들 자신의 계획을 세우고 그것을 실천하기를 원한다. 이것은 **J**형의 통제 욕구 때문이다. 그래서 비록 최소한 모든 작업은 완료되겠지만 두 **J**형이 서로 충돌할 수 있다. 대부분의 중등학교는 학생들이 매우 체계적이어서 두 **J**형이 가장 좋은 조합으로 이루어지기를 요구한다. 선천적으로 체계화된 학생의 능력을 최대한 이끌어 내기 위해서 교사는

- 질서, 깔끔함, 마감 기일 준수에 대한 공통의 욕구를 즐겨라.
- 학생이 진정으로 원할 경우 그들의 방식대로 작업을 자립적으로 계획할 수 있도록 허락하라.
- 외적인 일로 교사의 세심한 준비가 방해 받을 경우 자신의 계획을 조정할 준비를 하라(그리고 학생이 때때로 유연성을 받아들이도록 권장하라.).
- 예상 가능한 수업이 지겹지 않도록 때때로 변화를 주어라.
- 선택할 수 있는 모든 것을 고려하기도 전에 해야 할 일에 대해 신속하게 결정하지 마라.

256
가면올빼미 유형 선생님(Barn Owl Teacher) & 독수리 유형 학생(Eagle student)
INTJ & ENTJ

가면올빼미 유형과 독수리 유형 둘 다 타고난 지도자이다. 하지만 교실에 단 한 명의 보스가 있을 수 있으며, 가면올빼미가 그 역할을 장악하도록 해야 한다. 이것은 독수리 유형을 본보기로 삼을 때 가장 잘 이루어진다. 독수리 유형에게 교사가 얼마나 유능하고 조직적인지 보여 주면 독수리 유형은 통제권을 인정할 것이다. 본래 활발한 학생의 능력을 최대한 이끌어 내기 위해서 교사는

- 학생의 이야기 · 브레인스토밍 · 횡설수설하는 말에 인내심을 갖고 열정적으로 경청하라.
- '유치한' 아이디어일지라도 마음을 열고 그것이 이끄는 곳을 살펴보라. 학생은 크게 말하면서 생각하는데, 이것이 그들이 가장 잘 배우는 방법이다.
- 또한 교사의 생각도 제시하라. 시간이 초과될 경우 요청하라.
- 학생이 말하기 전에 충분히 생각하게 하라. 그렇지 않으면 수업을 방해할 수 있다.
- 특히 모둠 토론에서 논란이 될 만한 주제 · 논제는 학생에게 주지 마라.
- 수업하는 동안에 **E**형 학생들이 다른 **E**형 학생들과 대화할 수 있는 기회를 많이 만들어라.

선생님과 학생 모두 전체 상황을 먼저 보고, 예감, 추리, 상상력을 이용하여 의미를 추론함으로써 정보를 모은다. 선생님은 자연스럽게 교실에서 자신의 상상력을 활용할 것이고 **N**형 학생들은 이에 잘 반응할 것인데, 아마도 공상, 일화, 이야기에 상상의 나래를 펼치며 동참할 것이다. 선생님과 학생 사이의 자연스러운 친밀감은

종종 존재하는데, 그들 둘 다 같은 방식으로 세상을 바라보기 때문이다. 즉, 패턴, 가능성, 아이디어 그리고 이론을 탐구함으로써 사물이 왜 있는지를 이해하려는 뜨거운 호기심을 가지고 있다. 선생님은 **S**형 학생에게 피해를 주면서까지 **N**형 학생을 선호하는 것처럼 보이지 않도록 주의하라. 모든 학생은 자신이 선호하는 방식으로 수업에 참여할 수 있어야 한다. 선천적으로 상상력이 풍부한 학생의 능력을 최대한 이끌어 내기 위해서 교사는

- 창의적으로 탐구할 수 있는 질문 · 프로젝트를 제공하라.
- 중복된 과제는 피하라. 학생이 빨리 흥미를 잃는다.
- 학생에게 **S**형 접근 방식(사실, 세부 사항, 절차, 실험, 경험 적용, 구조, 단계별 모델)이 수업에 중요하게 기여함을 깨닫도록 하라.

교사와 학생 모두 업무 중심적이고, 직접적이고, 단호하고 정직하다. 교실은 사무적이고, 목적 의식이 뚜렷한 분위기를 가질 가능성이 있다. 학생은 행동, 숙제 등에서 기대되는 명확한 지침을 받는다. 만약 학생이 선생님에게 이의를 제기한다면 그것은 아마 (지침에 대해) 확인하기 위해서일 것이다. 잘해야 둘 모두 그들이 있는 곳을 안다. 최악의 경우 교실 분위기는 차갑고 화난 상태일 것이다. 선천적으로 업무 중심적인 학생의 능력을 최대한 이끌어 내기 위해 교사는

- 학생들의 기술과 지식을 경쟁적으로 시험하는 방법으로 수업하라(경쟁, 도전, 퀴즈, 개인 최고 점수 갱신 및 측정).
- 학생들에게 사람의 50%는 **F**형이고 피드백을 비판으로 해석할 수 있음을 이해하도록 도와주라.
- 학생이 성취한 것과 그다음에 해야 할 것에 집중하게 하라.
- 비생산적인 독수리 유형의 짜증을 피하기 위해 타협할 준비를 하라.
- 잠재된 감정적인 원인을 고려하지 않고 문제된 어떤 것을 해결하려는 시도를 피하라.

J형 선생님은 시간 계획 짜는 것을 즐긴다. 그들은 체계적이고 결단력 있다. 그들은 계획을 세우고 그것에 충실하며, 종종 인상적인 할 일 목록에 의해 도움을 받는다. 그들의 교실은 대개 정리가 잘 되어 있다. 과목은 아마도 수업 분량의 크기대로 잘게 나뉘고 교육과정의 기준 등을 고려해서 그해의 계획이 세워질 것이다. 많은 독수리 유형 학생은 선생님의 조직적인 열의에 안심한다. 그들은 단순히 일정을 수용하고, 합의한 내용을 전달하며, 대개 모든 업무를 제시간에 완료한다. 흥미롭게도, 몇몇 독수리 유형 학생은 선생님이 선의로 하는 철저함을 꺼릴 것이다. 그들은 다른 사람의 계획을 채택하기보다는 그들 자신의 계획을 세우고 그것을 실천하기를 원한다. 이것은 독수리 유형이 지배력을 갈망하기 때문이다. 그래서 비록 최소한 모든 작업은 완료되겠지만 두 **J**형이 서로 충돌할 수 있다. 대부분의 중등학교는 학생들이 매우 체계적이어서 두 **J**형이 가장 좋은 조합으로 이루어지기를 요구한다. 자연스럽게 체계화된 학생의 능력을 최대한 이끌어 내기 위해서 교사는

- 질서, 깔끔함, 마감 기일 준수에 대한 공통의 욕구를 즐겨라.
- 학생이 진정으로 원할 경우 그들의 방식대로 작업을 자립적으로 계획할 수 있도록 허락하라.
- 외적인 일로 교사의 세심한 준비가 방해 받을 경우 자신의 계획을 조정할 준비를 하라(그리고 학생이 때때로 유연성을 받아들이도록 권장하라.).
- 예상 가능한 수업이 지루하게 변하는 것을 막기 위해 때때로 변화를 주어라.
- 선택할 수 있는 모든 것을 고려하기도 전에 해야 할 일에 대해 신속하게 결정하지 마라.

참고 문헌

Briggs-Myers, I. (1995) *Gifts Differing: Understanding Personality Type* (Davies-Black).

Bruer, J. T. (1993) *Schools for Thought: A Science of Learning in the Classroom* (MIT Press).

Cotton, K. (1998) *Classroom Questioning* (Northwest Regional Educational Laboratory).

Fuller, C. and Taylor, P. (2008) *A Toolkit of Motivational Skills: Encouraging and Supporting Change in Individuals* (Wiley-Blackwell).

Gilbert, I. (2007) *The Little Book of Thunks: 260 Questions To Make Your Brain Go Ouch!* (Crown House Publishing).

Hammer, A.L. and Kummerow, J.M. (1996) *Strong and MBTI Career Development Guide* (Consulting Psychological Press).

Hicks, B. (2008) *It's Just a Ride*. Available at http://wecanchangetheworld.wordpress.com/2008/03/18/you-tube-john-lennon-watching-the-wheels-bill-hicks-its-just-a-ride/ (accessed 13 December 2011).

Higgins, S., Kokotsaki, D. and Coe, R. (2011) *Toolkit of Strategies to Improve Learning: Summary for Schools Spending the Pupil Premium* (Sutton Trust). Available at http://www.suttontrust.com/research/toolkit-of-strategies-to-improve-learning (accessed 22 November 2011).

Hirsh, S. K. and Kise, J. (1996) *Work it Out: Clues for Solving People Problems at Work* (Davies-Black).

Hirsch, S. K. and Kise, J. (2006) *Soul Types: Matching Your Personality and Spiritual Path* (Augsburg Books).

Hodgson, D. (2006) *The Buzz* (Crown House Publishing).

Keirsey, D. (1984) *Please Understand Me: Character and Temperament Types* (Prometheus Nemesis Book Co.).

Kise, J. (2007) *Differentiation through Personality Types: A Framework for Instruction, Assessment, and Classroom Management* (Corwin Press).

Kise, J. and Russell, B. (2008) *Differentiated School Leadership: Effective Collaboration, Communication, and Change through Personality Type* (Corwin Press).

Kise, J., Stark, D. and Hirsch, S. K. (2005) *Discover Who You Are* (Bethany House).

Kline, P. (1991) *Intelligence: The Psychometric View* (Routledge).

Kroegar, O., Thuesen, J. and Rutledge, H. (1998) *Type Talk: The 16 Personality Types that Determine How We Live, Love, and Work* (Tilder Press).

Lawrence, G. (1995) *People Types and Tiger Stripes* (Centre for Applications of Psychological Type).

McKim, R. (1980) *Experiences in Visual Thinking* (Brooks-Cole)

Miller, W. D. and Rollnick, S. (2002) *Motivational Interviewing: Preparing People for Change* (Guildford Press).

Nash, S. (1999) *Turning Team Performance Inside Out* (Davies-Black).

Nash, S. and Bolin, C. (2003) *Teamwork from the Inside Out Fieldbook* (Davies-Black).

O'Connor, J. (2001) *NLP Workbook* (Element).

Robinson, K. (2001) *Out of our Minds: Learning to be Creative* (Capstone).

Rowe, M. B (1986) Wait time: slowing down may be a way of speeding up! *Journal of Teacher Education 37*(1): 43-50.

Royal Society (2011) *Neuroscience: Implications for Education and Lifelong Learning* (Royal Society). Available at http://royalsociety.org/uploadedFiles/Royal_Society_Content/policy/publications/2011/4294975733-With-Appendices.pdf (accessed 22 November 2011).

Russell, M. T. and Karol, D. L. (1994) *16PF5 Administrator's Manual* (NFER-Nelson).

Sivers, D. (2010) *How to Start a Movement*. Available at http://www.ted.com/talks/lang/en/derek_sivers_how_to_start_a_ movement.html (accessed 23 November 2011).

Tieger, P. and Barron-Tieger, B. (1997) *Nurture by Nature: Understand Your Child's Personality Type — and Become a Better Parent* (Little, Brown & Co.).

Tieger, P. and Barron-Tieger, B. (1998) *The Art of Speed Reading People: Harness the Power of Personality Type and Create What You Want in Business and in Life* (Little, Brown & Co.).

Tieger, P. and Barron-Tieger, B. (2000) *Just Your Type* (Little, Brown & Co.).

Tieger, P. and Barron-Tieger, B. (2001) *Do What You Are: Discover the Perfect Career for You through the Secrets of Personality Type* (Little, Brown & Co.).

Wiseman, R. (2007) *Quirkology: The Curious Science of Everyday Lives* (Macmillan).

『성격 유형과 수업』에 대한 추천사

『성격 유형과 수업』은 David Hodgson의 영감을 주는 책 중 하나입니다. 저는 학생들에게 개별 지도를 제공하는 고등 교육 및 진로 상담가로서 역할을 하고 있는데, 저의 학생들과 함께 하는 활동과 관련하여 흥미롭고 도움이 있는 일대일 관계에 대한 팁을 이 책의 6장을 찾았습니다.

Hodgson은 그의 첫 번째 책인『*The Buzz*』에서 시작한 작업을 이 책에서 확장합니다. 나는 학생들이 대학의 학위 과정과 진로를 선택하는 데 도움을 줄 때『*The Buzz*』를 매일 사용합니다. 흰동가리(Clownfish) 유형인 저는 다른 유형의 학생들을 만날 때, 이 책에서 제안한 팁을 사용할 것입니다. 사실, 저는 대다수의 학생들을 대상으로 MBTI 관련된 척도를 활용하고 있습니다. 자신의 선호하는 성격을 아는 것은 미래의 길을 이해하고 목표를 향해 동기를 부여하는 첫 번째 단계이기 때문입니다.

이 책은 교사들이 학생들을 이해하기 위해 자신이 선호하는 성격을 고려하도록 권장합니다. 모든 연령대의 교사들에게 '필독서'로서, 나는 '모든 선생님과 학생들에게 동기를 부여하고 영감을 주는 것'이라는 부제가 그것을 간결하게 묘사하고 있다고 생각한다.

Stella Barnes(영국의 더럼 지역, 퀸 엘리자베스 식스폼칼리지의 고등 교육 및 진로 상담가)

『성격 유형과 수업』은 초임 교사와 경험 많은 교사 모두에게 훌륭한 책입니다. 특히, 제가 신선하게 느꼈던 것은 필자가 메시지를 재미있고 유머러스한 방식으로 표현한 스타일이었습니다. 오늘날의 십대들에게 효과적인 가르침이 이루어지려면 '무엇'보다 '어떻게'에 중점을 두어야 하기에 이런 표현 스타일은 의미가 꽤 있습니다.

또한 Hodgson의 책은 명확하고 구조화된 방식으로 개인과 전문가 모두에게 발달 및 향상하도록 장려합니다. 그것은 개인적인 초점과 성찰을 긍정적으로 강화하고, 다른 사람에 대한 인식과 교실에서 열린 마음과 수용의 중요성을 연마하게 합니다.

이 책에는 교사가 성격 유형을 사용하여 수업 결과를 향상하고 최선의 수업을 설계하는 데에 활용할 수 있는 재미있고 흥미로운 활동이 많이 담겨져 있습니다.

Kam Stylianou(키프로스 니코시아 지역, The Grammar School의 교감)

David Hodgson의 'Buzz' 교육에 참석한 것은 제가 경험한 가장 놀라운 것 중 하나였습니다. 저는 정기적으로 The Little Book of Inspirational Teaching Activities와 The Buzz Book을 정기적으로 참조하고 있으며, 교실에서『성격 유형과 수업』을 잘 활용하여 보다 효과적인 교육자가 될 생각입니다.

Sam Kalubowila(맨체스터대학교의 '고등 교육 참여 확대 코디네이터')

David Hodgson의 『성격 유형과 수업』은 제 학습 선호도를 평가하는 데 도움이 되었습니다. 직접적인 결과로, 저는 학생들과 더 강한 관계를 구축하기 위해서 제 수업 스타일을 수정했습니다. 이 책은 '어떤 학생들은 독립적인 학습 과제를 받아들이는데, 다른 학생들은 과제를 수행하기 위해 더 많은 지원과 격려가 왜 필요한지'를 설명하는 데 도움이 되었습니다. 또한, 어떤 학생들은 자신이 고민하는 주제에 대해 토론할 기회를 필요로 하는데, 다른 학생들은 말 그대로 토론을 왜 힘들어 하는지 그 이유를 이해하는 데도 도움이 되었습니다.

그 이후로 저는 더 많은 역할극을 소개하기 위해 사용하는 교수 활동을 수정했고 다양성과 재미를 더하기 위해 모의 재판을 사용했습니다. 학생들은 이에 대해 매우 긍정적이었습니다. 어떤 경우에는 개별화된 학습 과제를 사용했지만 핵심 배움 내용은 동일했습니다. 수업 설계에 '선택권'을 도입하는 것은 협력을 증가시킬 수 있고, 학생 행동 관리에도 긍정적인 영향을 미칠 수 있습니다. 또한, 저는 학생 개인에 맞게 설정한 개별화 목표를 조정하기 위해 제가 제공하는 평가 피드백을 가능한 한 수정했습니다. 일부 학생들은 이것이 정말 유용했다고 말했습니다.

마지막으로, 저는 또래 학생 집단의 학습을 장려하기 위해 멘토링 그룹을 구성했습니다. David는 또래 학습이 학습자의 동기부여와 성취도를 향상시키는 데 얼마나 효과적인지 언급했습니다. 이 그룹을 설정함으로써 학습자들과의 관계가 개선되었습니다. 우리는 점심시간에 만나 학생들이 주제를 좀 더 비공식적으로 토론하고 다른 또래 학생들로부터 배울 기회를 갖습니다.

Lynn Hards(식스폼칼리지의 법률 교사)

David Hodgson의 책은 제 자신의 성격 유형과 학생들의 다양한 성격 유형, 그리고 다양한 성격 유형의 사람들이 교실에서 어떻게 상호 작용하는지 이해하는 데 도움이 되었습니다. 그는 일상적인 실천에 통합할 수 있는 많은 실용적인 아이디어를 제시하며, 이를 바탕으로 제 수업을 개선하고 모든 학생의 요구에 더 잘 응답할 수 있는 방법을 설명합니다. 그는 또한 경력 교사이든, 수석 교사이든, 관리자이든 상관없이 동료 교사를 더 잘 지원하고 코칭하기 위해 성격 유형 접근 방식을 사용할 수 있는 방법을 제안합니다.

Julia Huber(런던 원스워스 지역의 사우스필드커뮤니티칼리지, NQT/PGCE 코디네이터)

저는 이 책을 읽는 것이 재미있고, 책 내용에 놀랍도록 쉽게 공감할 수 있다는 것을 알았습니다. 우리 모두는 자신에 대해 더 많이 알고 싶어 한다고 여기지 마십시오! 이것이 이 책의 첫 부분에 관한 것입니다. 그런 다음 완벽한 교사에 대한 질문으로 이동한 다음 다른 모든 사람에게 질문합니다. 우리는 우리 자신에 대해 발견해 내는 것이 다른 사람들에 대해서도 발견해 내는 것임을 깨닫습니다.

이 책의 가장 큰 특징은 모든 성격 유형의 사람들이 다른 성격 유형에 접근할 수 있게 하는 멋진 은유와 비교의 방법을 사용한 점입니다. 우리는 연예인에서 만화 캐릭터에 이르기까지 누군가를 동물로 연관시킬 수 있습니다. 우리는 이러한 비교를 통해 상대방이 어떠한지를 보고, 이해하고, 느낄 수 있습니다.

이 책은 한 번의 경이로움만으로 끝나지 않습니다. 제 경력의 모든 단계에서 사용할 참고서입니다. 경험이 풍부한 담임교사, 학교 관리자에게 도움이 될 것입니다. 저는 이 책이 몇 가지 복잡한 질문에 대한 빠른 답이라고 생각합니다. "저와 다른 성격 유형을 가진 학생이나 동료를 어떻게 대합니까?", "가능한 많은 학생들에게 성공적으로 다가갈 수 있도록 학생 집단을 가르치려면 어떻게 해야 합니까?" 이 책은 최선의 교사뿐만 아니라 인간으로서 역할을 다하기 위해 사용할 수 있는 많은 자원과 아이디어를 제공합니다. 개인적인 학습 선호도를 이해하는 것에 만족하는 것은 너무나 쉽습니다. 우리는 다른 사람들이 어떻게 배우는지를 이해하고, 그들을 어떻게 돌볼 수 있는지를 이해하려면 실제로 쉽지 않은 더 많은 노력이 필요합니다. 이 책은 그것이 가능하다는 것을 가르쳐 주었습니다.

저에게 가장 흥미로운 부분은 장난기(playfulness)에 관한 장(3장)입니다. 성인으로서 놀이는 유치한 것으로 간주되곤 합니다. 그러나 그것은 가르침과 배움의 중요한 부분을 형성합니다. 3장에 설명된 재미있는 활동은 모든 교실에서 사용할 수 있지만, 창의적 사고를 개발하기 위해 제안된 내용들은 학생들이 외국어로 주변 세계에 대해 이야기하도록 가르치는 상황에 적절합니다. 책에서 제시된 다양한 활동을 통해 교사는 학습 환경을 손쉽게 구성할 수 있으며, 학생들은 자신이 배우고 있다는 사실조차 깨닫지 못한 채 학습할 수 있습니다. 교실에서 사용하는 것과 동일한 내용을 교직원 회의에 적용했는데 재미있게도 동일한 일이 발생했습니다. 지루하고 따분하게 여겨지는 대신 재미있어지고 성격 유형에 관계없이 모두가 빛날 기회를 얻을 수 있습니다.

현대 외국어 수업 시간에 '눈사람 활동'은 대히트였습니다! 학생들은 강의 계획에 따라 창의적인 에세이를 작성하게 되었을 뿐만 아니라 그들 자신과 서로에 대해서도 알게 되었습니다. '숫자로 보기 활동'도 비슷한 방식으로 진행되었습니다. 한편, 저는 6장의 교사-학생 성격 유형 비교가 정말 유용하다는 것을 알았습니다. 매일 빠르게 참조할 지침으로 사용하거나, 특정 성격 유형의 학생에게 피드백을 제공할 때, 이것은 사용하기 쉽고 효과적이라는 것을 알았습니다.

이 책은 저의 교수법과 학급 관리 스타일을 모든 학생의 필요에 맞게 조정함으로써 보다 개별화된 유형의 교수법을 개발하는 데 귀중한 자원이 되었습니다. 흑곰 유형의 성향인 저는 주변 사람들의 기분을 상하게 하는 경향이 있고 높은 기준을 가지고 다른 사람들을 불편하게 하는 모습이 있습니다. 저는 이 책을 읽으며 저 자신에 대해 가혹하게 하는 부분을 부드럽게 하는 법을 배웠고, 다른 사람들과의 관계에도 적용하게 되었습니다.

이 책의 저자 David는 간단히 말하면 조력자입니다. 그는 성격 유형에 대해 우리의 눈을 열어 '타자'를 덜 무섭고 접근하기 쉽게 만듭니다. 우리는 힘들이지 않고 우리 자신과 서로에 대해 배우므로 다른 사람들에게 더 관대해지고 모든 관계에서 최선의 결과를 얻게 되었습니다. 이 책은 교실에서 멈추지 않습니다. 우리가 더 관용적인 인간이 되도록 도와주기 때문입니다. 학생, 동료, 친구 및 가족과 이 책을 공유하고 싶습니다.

Malika Power(서레이 지역의 Duke of Kent 고등학교, Head of Modern Foreign Languages이자 주요 시험 위원회의 시험 감독관)

역자 소개

박태호

한국교원대학교에서 박사 학위를 받았다. 현재 공주교육대학교 교수 및 수업코칭연구소 소장이다. 저서로는 『수업 코칭 전략』, 『PCK 수업 설계』, 『국어 수업 관찰과 분석』 등이 있다.

윤운성

미국 멤피스대학교(Univ. of Memphis)에서 박사 학위를 받았다. 현재 선문대학교 상담 산업 심리학과 교수, 사단법인 한국애니어그램인성연구원 이사장이다. 저서로는 『에니어그램과 행복』(공역), 『한국형 에니어그램코칭 워크북』(공역), 『식탁으로 올라온 에니어그램』(역) 등이 있다.

진용성

한국교원대학교와 경인교대를 졸업했으며, 고려대학교 국어교육과 박사 수료를 했다. 현재 평내초등학교 교사와 공주교육대학교 수업 코칭 전문대학원 강사로 재직 중이며, 저서로는 『인문 고전과 썸타기』, 『4C 핵심 역량에 기초한 미래형 교실 수업』(공역) 등이 있다.

김은남

전북대학교 사범대학을 졸업했으며 단국대학교 심리학과 박사 수료를 했다. 현재 유연 통합예술심리교육연구소장, 한국에니어그램협회 일반 이사, 나우인사이드심리센터 전임 강사, 교육센터 마음의씨앗 신뢰서클 진행자로 활동하고 있으며, 저서로는 『나와 공동체를 세우는 수업 나눔』, 『중1, 수학의 발견』 등이 있다.

박선영

광주교육대학교를 졸업했으며 동 대학원에서 석사를, 전남대학교에서 박사 학위를 받았다. 현재 태봉초등학교 교사로 재직 중이다. 저서로는 『교사의 성장을 꽃피우는 수업 나눔 워크북』이 있다. 교사 발달 및 수업 코칭이 주요 관심 분야이다.

이을순

비폭력 대화 서클과 매일 쓰는 감사 일기를 통해 현존하는 삶을 사는 교사이다. 영어교육학 박사이며, 좋은교사수업코칭연구소 SNS 팀장이다. 저서로는 『교사의 성장을 꽃피우는 수업 나눔 워크북』이 있다. 영어 그림책 활용 교육과 개별 맞춤형 수업 등이 주요 관심 분야이다.

이충화

동국대학교 국어국문과를 졸업하고, 경남대학교에서 교육학(국어교육 전공) 석사를 이수했으며 현재 도서출판 더불어함께 대표이다. 대한교과서, 두산동아, 교학사 등에서 초 · 중등 국정, 검정, 인정 국어과 교과서 및 검정, 인정 초 · 중등 교과 교과서를 비롯하여 단행본 등을 편집하였다.

정재훈

한국교원대학교를 졸업했다. 현재 아산 여해학교의 교사, 충남교육청 연구정보원 진로 · 진학 지원단 소통마당 강사로 활동 중이다. 충남교육청 충무교육원 교수 요원으로 재직 당시 40여개 학교에서 MBTI 성격 유형 검사와 해석 강의를 진행하며 학교 사례 중심으로 MBTI에 대한 전문성을 쌓았다.

호민애

현재 서울대학교 사범대학 부설중학교 교사로 근무하고 있으며 비주얼씽킹 수업 연구 모임인 비주얼리터러시연구소 대표이다. 학습자의 사고력을 키우는 수업, 테크놀로지 활용 수업 등에 관심을 갖고 충북대학교 교육 공학 박사 과정 중에 있다.

황진숙

대구교육대학교를 졸업했으며 동대학원에서 석사 학위를 받았다. 현재 고산초등학교에서 수석교사로 학생들을 가르치며 독서 인문 교육에 관심을 쏟고 있다. 저서로는 『시와 그림책 수업』, 『그림책이 말을 건네다』, 『우리 글 쓸래요』 등이 있다.

성격 유형과 수업

Personality in the Classroom: Motivating and inspiring every teacher and student

발 행 일 | 2022년 7월 28일 초판 1쇄 발행
저 자 | David Hodgson
역 자 | 박태호 · 윤운성 · 진용성 · 김은남 · 박선영
이을순 · 이충화 · 정재훈 · 호민애 · 황진숙
발 행 인 | 구본하
발 행 처 | (주)아카데미프레스
주 소 | 서울시 마포구 월드컵북로5길 33 동아빌딩 2층
전 화 | (02)3144-3765
팩 스 | (02)3142-3766
웹 사 이 트 | www.academypress.co.kr
이 메 일 | info@academypress.co.kr
등 록 번 호 | 제2018-000184호
I S B N | 979-11-91791-13-6(93370)

정가 28,000원